★ हिन्दी साहित्य के इतिहास, समीक्षा, सिद्धान्त, विविध काव्य एवं गद्य विधाओं व उनके प्रतिनिधि लेखकों पर प्रसिद्ध विद्वानों के निबन्धों का महत्त्वपूर्ण संग्रह।

★ हिन्दी के शीर्षस्थ विद्वानों—आचार्य हजारीप्रसाद द्विवेदी, डॉ. नगेन्द्र, डॉ. देवेन्द्रनाथ शर्मा, डॉ. उदयभानु सिंह, डॉ. भोलाशंकर व्यास, डॉ. प्रेमशंकर, डॉ. शिवसहाय पाठक, डॉ. राममूर्ति त्रिपाठी, डॉ. विष्णुकान्त शास्त्री आदि के निबन्धों के संकलन से चर्चित व महत्त्वपूर्ण निबन्ध।

★ दलित साहित्य तथा स्वातन्त्र्योत्तर गीत जैसे नव्यतम-प्रासंगिक विषयों पर उत्कृष्ट निबन्धों का संचयन।

....

साहित्यिक निबन्ध का तृतीय संस्करण सन् 1985 में प्रकाशित हुआ था जो शीघ्र ही समाप्त हो गया। पिछले 20 वर्षों से पाठकों को पुस्तक तो नहीं उपलब्ध हो सकी पर माँग बराबर बनी रही। इस बीच प्रभूत साहित्य सामने आया है और उसके विचार-विमर्श का तौर-तरीका भी बदला है। अतः इसके संशोधन एवं परिवर्धन की आवश्यकता का भी अनुभव किया गया। इसे प्रासंगिक बनाने के लिए प्रमुख वाद एवं विधाओं पर अनेक सारगर्भित निबन्ध जोड़े गये हैं, साथ ही पूर्व प्रकाशित अधिकांश निबन्धों को भी तद्वत ले लिया गया है। इस प्रकार प्रस्तुत है *साहित्यिक निबन्ध* का यह परिवर्धित और संशोधित संस्करण।

साहित्यिक निबन्ध

(दसवीं शताब्दी से इक्कीसवीं शताब्दी तक)

सम्पादक

प्रो. त्रिभुवन सिंह

पूर्व कुलपति, महात्मा गांधी काशी विद्यापीठ

व

पूर्व प्रोफेसर एवं अध्यक्ष

हिन्दी विभाग, काशी हिन्दू विश्वविद्यालय, वाराणसी

प्रो. विजय बहादुर सिंह

पूर्व प्रोफेसर, हिन्दी विभाग

काशी हिन्दू विश्वविद्यालय, वाराणसी

वाणी प्रकाशन

प्रकाशन के उत्कृष्टतम 60 वर्ष

पेपरबैक प्रथम संस्करण : 2023

vaniprakashan.com

वाणी प्रकाशन

4695, 21-ए, दरियागंज, नयी दिल्ली-110 002

फ़ोन : +91 11 23273167, 23275710

शाखाएँ

अशोक राजपथ, पटना-800 004, बिहार

कॉफ़ी हाउस कैम्पस, महात्मा गांधी मार्ग, इलाहाबाद-211 001, उत्तर प्रदेश

महात्मा गांधी अन्तरराष्ट्रीय हिन्दी विश्वविद्यालय, वर्धा-442 001, महाराष्ट्र

36/ए, शेक्सपियर सरणी, रानी बिरला गर्ल्स कॉलेज के पास, कोलकाता-700 017, प. बंगाल

sales@vaniprakashan.in
vaniprakashan@gmail.com

Sahityik Nibandh
(Dasvin Shatabdi se Ikkisavin Shatabdi Tak)
Edited by Prof. Tribhuvan Singh, Prof. Vijay Bahadur Singh

ISBN : 978-93-5775-186-5
Essays

मूल्य : ₹ 695

आर. टेक ऑफ़सेट प्रिंटर्स, दिल्ली-110 032 में मुद्रित

वाणी प्रकाशन का लोगो मक़बूल फ़िदा हुसेन की कूची से

भूमिका

हिन्दी भाषा और साहित्य अपने अस्तित्वकाल से ही नवीन सम्भावनाओं और नयी आशाओं से परिपूर्ण था। हिन्दी भाषा के विकास के साथ ही इसमें रचा जाने वाला साहित्य भी उत्तरोत्तर विकासोन्मुख रहा। हिन्दी में रचित और उपलब्ध प्रारम्भिक साहित्य जन-चेतना के विकास में सहायक रहा है। उत्तरोत्तर विकास के क्रम में हिन्दी साहित्य में विविध प्रवृत्तियाँ विकसित होती गयीं। आदिकाल, भक्तिकाल, रीतिकाल और आधुनिककाल के रूप में हिन्दी साहित्य आज जहाँ पहुँच गया है उसे इसके विकास के शिखर रूप में स्वीकार किया जा सकता है। समय-समय पर हिन्दी साहित्य के प्रभूत भण्डार को न केवल साहित्यिक रचनाओं के माध्यम से संवर्द्धित किया गया है, बल्कि समीक्षकों और आलोचकों द्वारा संस्कृत काव्यालोचन की पूर्ण परम्परा का अनुसरण करते हुए विविध स्तरों पर साहित्य को परखने का उपक्रम भी किया गया। वर्तमान में भावगत गहराई, वैचारिक वैशिष्ट्य, तुलनात्मक दृष्टि और विश्व साहित्य के परिप्रेक्ष्य में हिन्दी रचनाओं के मूल्यांकन के फलस्वरूप हिन्दी समीक्षा निरन्तर गतिशील है। गतिशीलता के इस क्रम में आज हिन्दी-समीक्षकों की अपनी स्वतन्त्र समीक्षा दृष्टि है और हिन्दी का अपना स्वयं का समीक्षा-शास्त्र।

प्रस्तुत निबन्ध संग्रह का मूल उद्देश्य है हिन्दी साहित्य के बहुविध विकास क्रम और प्रभूत साहित्य राशि से छात्रों को परिचित कराना। हिन्दी साहित्य के समीक्षकों की अपनी-अपनी समीक्षा दृष्टि रही है। उनकी दृष्टि की अन्यान्य विद्वानों द्वारा समझ कर अपनी लेखनी द्वारा प्रस्तुति ही प्रस्तुत 'साहित्यिक निबन्ध' की विशेषता है। सामान्यतः उच्च कक्षाओं के छात्रों एवं प्रतियोगी परीक्षाओं में सम्मिलित होने वाली युवा पीढ़ी की आवश्यकता और भटकाव को ध्यान में रखते हुए अन्य निबन्ध संग्रहों से थोड़ा हटकर इस संग्रह को तैयार किया गया है। हिन्दी के ख्यातिलब्ध विद्वानों के महत्त्वपूर्ण निबन्धों को संकलित करते हुए बराबर यह प्रयास रहा है कि सुधी पाठक हिन्दी साहित्य की विविध प्रवृत्तियों से भली प्रकार परिचित हो सकें। इस संग्रह में निबन्धों को संकलित करते समय लेखकों के विचार स्वातन्त्र्य का पूरा ध्यान रखा गया है। मेरा विश्वास है कि सुधी पाठकों को कहीं भी वैचारिक संकीर्णता नहीं

दिखाई पड़ेगी। यदि हिन्दी के अध्येताओं और अनुसन्धानकर्ताओं के हित-साधन में यह संकलन किंचित् भी सहायक हो सका तो यही हमारे श्रम की सार्थकता होगी। इस संग्रह की संकल्पना के पीछे काशी हिन्दू विश्वविद्यालय के प्रोफ़ेसर विजय बहादुर सिंह का विशेष आग्रह रहा है। पुस्तक के वर्तमान स्वरूप का प्रतिफलन उनका ही श्रम है।

फाल्गुन पूर्णिमा 2023
बैजनत्था, वाराणसी

प्रो. त्रिभुवन सिंह
पूर्व कुलपति
महात्मा गांधी काशी विद्यापीठ
एवं
पूर्व प्रोफ़ेसर एवं अध्यक्ष, हिन्दी विभाग
काशी हिन्दू विश्वविद्यालय
वाराणसी

पुनश्च

'साहित्यिक निबन्ध' संग्रह का प्रमुख लक्ष्य है हिन्दी साहित्य के चतुर्दिक विकास-क्रम से हिन्दी के सुधी पाठकों को परिचित कराना। हिन्दी साहित्य के अध्ययन-अध्यापन का क्षेत्र-विस्तार विविध दिशाओं में देखने को मिलता है। हिन्दी साहित्य के अध्येताओं, समीक्षकों की अपनी-अपनी समीक्षा-दृष्टि रही है जिसका प्रतिफलन इस संग्रह में देखने को मिलता है। पूज्य पिताश्री प्रो. त्रिभुवन सिंह के अथक प्रयास से निबन्धों का यह ख्यातिलब्ध संग्रह प्रकाशित हुआ था। इस संग्रह के लिए अध्येताओं का बार-बार यह आग्रह होता रहा है कि संग्रह को अद्यतन बनाया जाये। इस सन्दर्भ में प्रो. राधेश्याम दुबे, पूर्व हिन्दी विभागाध्यक्ष, काशी हिन्दू विश्वविद्यालय, डॉ. अभय कुमार ठाकुर (वित्ताधिकारी, काशी हिन्दू विश्वविद्यालय), प्रो. बंशीधर लाल (मगध विश्वविद्यालय, बोधगया), प्रो. वीरेन्द्र नारायण यादव (जयप्रकाश विश्वविद्यालय, छपरा), प्रो. सन्तराम वैश्य (गुरुकुल कांगड़ी विश्वविद्यालय, हरिद्वार), प्रो. विद्याशंकर सिंह (दिल्ली विश्वविद्यालय), डॉ. सिद्धिनाथ श्रीवास्तव, प्रो. समीर कुमार पाठक (वाराणसी), डॉ. प्रिया भारतीय (श्री अग्रसेन कन्या पीजी कॉलेज, वाराणसी), डॉ. सत्यप्रकाश सिंह (काशी हिन्दू विश्वविद्यालय) आदि विद्वानों ने प्रेरित किया। पहले के लिखे अनेक निबन्धों को बदला गया है अथवा उन्हें समय के साथ हुए परिवर्तनों के अनुकूल बनाया गया है। इससे निबन्ध संग्रह की उपयोगिता में चार चाँद

लग गया है। उच्च कक्षाओं के छात्रों के लिए यह संग्रह उपयोगी तो है ही, साथ ही प्रतियोगी परीक्षाओं में सम्मिलित होने वाले छात्रों के लिए भी यह संग्रह अधिक काम का है। प्रसिद्ध लेखकों के लेखों को एकत्र करते समय उनके विचार-स्वातन्त्र्य का भी पूरा ध्यान रखा गया है। विद्वान लेखकों ने उन्मुक्त भाव से अपने मत को व्यक्त किया है और यहाँ वैचारिक संकीर्णता के दर्शन नहीं होते हैं। पूज्य पिताजी के कार्य में मैंने जो कुछ योग किया है, वह सब उन्हीं का प्रसाद है। हिन्दी के अध्येताओं के हित-साधन में यह संकलन किंचित् भी सहायक हो सका तो यह मेरे लिए सौभाग्य की बात होगी। इस संग्रह को पुनः प्रकाशित करने के पीछे वाणी प्रकाशन के यशस्वी प्रकाशक श्री अरुण माहेश्वरी का आग्रह भी क्रियाशील रहा है। इसके लिए माहेश्वरी जी असीम साधुवाद के पात्र हैं।

प्रो. विजय बहादुर सिंह
पूर्व प्रोफ़ेसर एवं अध्यक्ष
हिन्दी विभाग, काशी हिन्दू विश्वविद्यालय
तथा
पूर्व कला संकाय प्रमुख
काशी हिन्दू विश्वविद्यालय
वाराणसी

अनुक्रम

खण्ड-3 : हिन्दी के प्रमुख आलोचक

खण्ड-4 : प्रमुख वाद एवं विधाएँ

खण्ड-5 : प्रमुख रचनाकार

खण्ड-1

इतिहास

1
हिन्दी साहित्य के इतिहासों का इतिहास

– किशोरीलाल गुप्त

तासी कृत 'हिन्दुई साहित्य इतिहास' इतिहास नहीं (1839 ई.)

पेरिस विश्वविद्यालय में उर्दू के प्रोफेसर गार्सा द तासी (1794-1878 ई.) ने 'इस्त्वार द ला लितरेत्युर ऐन्दुई ऐन्दुस्तानी' (Historie de la Literature Hindoui Hindustanee) के नाम से हिन्दुई और हिन्दुस्तानी का इतिहास फ्रांसीसी भाषा में रचा था। इसका पहला संस्करण दो भागों में प्रकाशित हुआ था–पहला भाग 1839 ई. में एवं दूसरा भाग 1847 ई. में। पहले भाग में कवि-परिचय था। दूसरे भाग में कवियों की रचनाओं के उदाहरण, जो फ्रांसीसी भाषा में अनूदित थे। उक्त संस्करण ग्रेट ब्रिटेन और आयरलैंड की ओरियंटल ट्रांसलेशन कमेटी की ओर से प्रकाशित हुआ था। उक्त संस्था की स्थापना 1828 ई. में इंग्लैंड के तत्कालीन बादशाह विलियम चतुर्थ के संरक्षण में लन्दन में हुई थी। उक्त ग्रन्थ फ्रांस के राजकीय मुद्रणालय में छपा था और लन्दन तथा पेरिस दोनों नगरों में विक्रयार्थ रखा गया था।

तासी का हिन्दुई से अभिप्राय हिन्दुओं में बोली जानेवाली हिन्दी से है और हिन्दुस्तानी से मुसलमानों में बोली जाने वाली हिन्दी से, जिसे उत्तरी हिन्दुस्तान में उर्दू कहते हैं और दक्खिनी हिन्दुस्तान में दक्खिनी। उर्दू के प्रोफेसर होने के नाते, 'तासी' का लगाव उर्दू के कवियों से अधिक था, हिन्दी के कवियों से कम। इसीलिए उसने उर्दू कवियों को अधिक स्थान दिया है, उक्त ग्रन्थ के प्रथम भाग में कुल 738 कवि और लेखक थे, जिनमें हिन्दी के कवि केवल 72 थे।

इस ग्रन्थ का द्वितीय संस्करण तीन भागों में प्रकाशित हुआ। प्रथम एवं द्वितीय भाग 1870 ई. में एवं तृतीय भाग 1871 ई. में पेरिस से प्रकाशित हुए। तीनों भागों में कुल 1918 बड़े पृष्ठ और 1224 (1228-1200-201) कवि तथा लेखक हैं। पहले संस्करण के द्वितीय भाग में उदाहरणवाली जो सामग्री थी, उसका अधिकांश दूसरे संस्करण में सम्बन्धित कवियों के विवरणों के पश्चात् संलग्न कर दिया गया है। शेष सामग्री छोड़ दी गयी है।

इलाहाबाद विश्वविद्यालय के हिन्दी विभाग के डॉ. लक्ष्मीसागर वार्ष्णेय ने उक्त ग्रन्थ में आये हिन्दी के कवियों एवं लेखकों सम्बन्धी विवरण का हिन्दी अनुवाद 'हिन्दुई साहित्य का इतिहास' नाम से किया है, जो सन् 1952 ई. में हिन्दुस्तानी एकेडमी, इलाहाबाद से प्रकाशित हुआ है। इस अनूदित ग्रन्थ में कुल 358 कवि और लेखक हैं। इन 358 कवियों में से 47 संस्कृत, बंगला, मराठी, गुजराती, पंजाबी, उर्दू आदि अन्य भाषाओं के हैं, 14 'तासी' की मिथ्या-सृष्टि हैं, 77 विशुद्ध साहित्य को छोड़ विविध वाङ्मय-पाठ्य ग्रन्थ, धार्मिक खण्डन-मण्डन, ज्योतिष और वैद्यक ग्रन्थों के लेखक, साधारण अनुवादक, पत्र-सम्पादक, ग्रन्थ-सम्पादक एवं प्रकाशक हैं। शुद्ध साहित्य के रचनेवाले केवल 220 हैं, जिनमें 160 प्रसिद्ध साहित्यकार हैं, 60 नगण्य कोटि के।

'तासी' की रचना इतिहास नहीं है, यद्यपि उसने अपने ग्रन्थ को अत्यन्त महत्त्वाकांक्षापूर्ण इतिहास शब्द से अभिहित किया है। 'तासी' की रचना कालक्रमानुसार न होकर लेखकों के वर्णानुक्रम से है और इतिहास के लिए कालक्रमानुसार पहली शर्त है। वर्णानुक्रम का अनुसरण ग्रन्थ को कवि-कोश बना देता है और इतिहास पद से उसे वंचित कर देता है। डॉ. वार्ष्णेय ने इस ग्रन्थ को 'हिन्दी साहित्य की दीर्घकालीन गाथा को सूत्रबद्ध रूप से स्पष्ट करने का सर्वप्रथम प्रयास' कहा है, जो ठीक नहीं। इस ग्रन्थ में उर्दू के कवियों की विपुल संख्या में एक तो हिन्दी के कवि खो-से गये हैं, दूसरे वर्णानुक्रम में होने के कारण बिखरी मणियों के सदृश हैं, फिर इनमें एक सूत्रता कहाँ! निश्चय ही 'तासी' को इतिहास का ठीक-ठीक अभिप्राय ज्ञात था और वह इतिहास की पद्धति से अवगत था, जैसा कि भूमिका के इस अंश से स्पष्ट है—

"मौलिक जीवनियाँ जो मेरे ग्रन्थ का मूलाधार हैं, सब तखल्लुसों या काव्योपनामों के अकारादि क्रम से रखी गयी हैं। मैंने यही पद्धति ग्रहण की है, यद्यपि शुरू में मेरा विचार कालक्रम ग्रहण करने का था, और मैं यह बात छिपाना नहीं चाहता कि यह क्रम अधिक अच्छा रहता या कम-से-कम जो शीर्षक मैंने अपने ग्रन्थ को दिया है उसके अधिक उपयुक्त होता, किन्तु मेरे पास अपूर्ण सूचनाएँ होने के कारण उसे ग्रहण करना कठिन ही था।"

—*हिन्दुई साहित्य का इतिहास*, भूमिका, प्रथम संस्करण, पृ. 12

स्पष्ट है कि स्वयं 'तासी' के अनुसार उसके ग्रन्थ को इतिहास कहना अधिक उपयुक्त नहीं है, यद्यपि उसने स्वयं अपने ग्रन्थ को इतिहास की संज्ञा दी है, फिर उसे हिन्दी-साहित्य का निर्विवाद प्रथम इतिहास कहना क्या युक्तियुक्त है?[1]

---

1 "हिन्दी-साहित्य का पहला इतिहास—लेखक गार्सां द तासी था, यह निर्विवाद है।"

—*साहित्य का इतिहास दर्शन*, नलिन विलोचन शर्मा, पृ. 75

'तबकातुश्शुअरा' भी हिन्दी-साहित्य का इतिहास नहीं (1848 ई.)

'तासी' के अनन्तर 'मौलवी करीमुद्दीन' ने 'तबकातुश्शुअरा' या 'तज़किरा-ई-शुअराई-हिन्दी' नामक एक ग्रन्थ प्रस्तुत किया, जो 1848 ई. में देहली कॉलेज द्वारा प्रकाशित हुआ। उर्दू में इसको 'तज़किरा' कहा गया है और ग्रन्थ के मुख पृष्ठ पर इसका जो विवरण अंग्रेजी में दिया गया है, उसमें इसे 'हिस्ट्री' कहा गया है। उक्त विवरण यह है–

'ए हिस्ट्री ऑफ उर्दू पोएट्स' चीफली ट्रांसलेटेड फ्राम 'इस्त्वार द ला लितरेत्युर ऐन्दुई ऐन्दुस्तानी' (Historie de la Literature Hindoui Hindustanee) वाई एफ. फैलन एंड मौलवी करीमुद्दीन विथ एडिशंस। देहली कॉलेज, 1848।

अंग्रेजी में इसे उर्दू कवियों का इतिहास कहा गया है, उर्दू में इसे हिन्दी शायरी की तज़किरा। यह मुख्यतया, पूर्णतया नहीं, तासी के ग्रन्थ का अनुवाद है। अनुवाद का कार्य बिहार शिक्षा विभाग के इंस्पेक्टर फैलन साहब का किया हुआ है। उक्त अनुवाद में करीमुद्दीन ने बहुत कुछ अपनी ओर से जोड़ा है। यह जोड़ कुछ इतना अधिक है कि इस ग्रन्थ को अनुवाद नहीं कहा जा सकता। स्वयं तासी ने इस ग्रन्थ का उपयोग अपनी प्रसिद्ध पुस्तक के द्वितीय संस्करण में किया है और भूमिका में इसे स्वतन्त्र ग्रन्थ जैसा मान दिया है। अपने आधार ग्रन्थों का विवरण देते हुए वे इस ग्रन्थ के सम्बन्ध में लिखते हैं–

"तबकात-उ-श्शुअरा, करीमुद्दीन कृत। 1848 में दिल्ली से प्रकाशित इस 'तज़किरा' को जिसे 'तज़किरा-ई-शुअरा-ई-हिन्दी'–हिन्दुस्तानी कवियों का विवरण भी कहा जाता है। मेरे 'इस्त्वार द ला लितरेत्युर ऐन्दुई ऐन्दुस्तानी' (Historie de la Literature Hindoui Hindustanee) के प्रथम संस्करण से अनूदित कहा गया है, किन्तु यह एक बिल्कुल भिन्न रचना है। मेरा जो कुछ लिया गया है, वह आजकल बिहार शिक्षा-विभाग के इंस्पेक्टर श्री एफ. फैलन द्वारा लिखित रूप में मुसलमान विद्वान् को दिया गया है।"

–*हिन्दुई साहित्य का इतिहास*, पृ. 99

तासी के अनुसार, करीमुद्दीन द्वारा जो वृद्धि की गयी है, वह यह है–

"इजाफा तकरीबन तमाम-का-तमाम या तो खानदाने तैमूरी के शाहजादों के हालात का है, जो अपना वक्त बहलाने के लिए उर्दू शायरी किया करते थे या देहली कॉलेज के प्रोफेसरों के हालात से मुतालिक है। प्रोफेसरों का बयान दिलचस्प है।"

–*खुतबात-ई-गार्सा द तासी*, पृ. 96

तासी के प्रथम संस्करण में कुल 738 कवि थे, करीमुद्दीन के तज़किरे में कवि-संख्या 1004 है। यहाँ कुल 266 कवि बढ़ गये हैं। इन 1004 कवियों में कठिनाई से 60-62 हिन्दी के हैं।

जिस प्रकार तासी को इतिहास का बोध तो था, पर अपूर्ण सूचनाओं के कारण वह अपने तथाकथित इतिहास ग्रन्थ को इतिहास का रूप नहीं दे सका, उसी प्रकार करीमुद्दीन को भी इतिहास का बोध था, पर यह भी अपने ग्रन्थ को इतिहास का ठीक रूप नहीं दे सके। पूर्ववर्ती तज़किरों में कवियों के जन्म-मरण के संवतों का अभाव था, उनके वैयक्तिक जीवन की झलक नहीं थी, यहाँ तक कि उनके काव्य संग्रहों तक का उल्लेख नहीं था। करीमुद्दीन ने इस कमी का अनुभव बुरी तरह से किया है और उनको दूर करने का भी यथाशक्य प्रयास किया है। करीमुद्दीन तासी से एक कदम आगे अवश्य बढ़े हैं। तासी ने कवियों का विवरण अकारादि क्रम से किया है क़रीमुद्दीन ने कालक्रम पर चलने का प्रयास अवश्य किया है, पर उन्हें सफलता नहीं मिली है। हिन्दी उर्दू से पहले की भाषा है, अतः इस ग्रन्थ के प्रथम खण्ड में करीमुद्दीन ने हिन्दी के पुराने कवियों को स्थान दिया है। इस खण्ड में क्रमशः निम्नांकित 39 कवियों का वर्णन है–

(1) बलभद्र, (2) बलराम, (3) भरतरी, (4) भवानन्ददास, (5) भूपति या भूदेव, (6) बिहारीलाल, (7) बीरभान, (8) व्रजवासीदास, (9) चतुर्भुज मिश्र, (10) देवराजा, (11) गोकुलनाथ, (12) दादू, (13) जायसी, (14) कबीर, (15) कनारदास, (16) केशवदास, (17) कृष्णदास, (18) कृष्ण या किशन, (19) लाल, (20) मोतीराम, (21) नाभादास, (22) नेवाज, (23) नन्ददास जू, (24) नानकशाह, (25) शिवनारायण, (26) सुन्दरदास, (27) सूरत, (28) सूरदास, (29) पद्माकर, (30) सुन्दरदास, (31) तुलसीदास, (32) ओंकार, (33) बल्लभ स्वामी, (34) बालालाल गुरु, (35) खुसरो, (36) भानूदास, (37) चन्द, (38) गंग, (39) गुरु रामराऊ।

इन 39 कवियों में कालक्रम से चन्द, खुसरो आदि काल के हैं, जिनकी क्रम संख्या 37, 35 है। कालक्रम से भक्ति काल के कवि हैं कबीर, जायसी, नानक, सूरदास, तुलसीदास, नन्ददास, दादू, सुन्दरदास आदि, इनका क्रम है 14, 13, 24, 28, 31, 23, 12, 26 या 30। स्पष्ट है कि कवियों का विवरण प्रस्तुत करने में कालक्रम का कोई ध्यान नहीं रखा गया है। फिर इसे इतिहास कैसे कह दिया जाये?

ग्रन्थ के दूसरे और तीसरे अध्यायों में उर्दू कवियों के विवरणों के बीच दूल्हाराम (रामसनेही सम्प्रदाय के तीसरे गुरु), राम चरण (राम सनेही सम्प्रदाय के प्रवर्तक), गोविन्द सिंह (सिक्खों के दसवें गुरु), मीर गुलाम नबी रसलीन विलग्रामी, गंगापति, मोती लाल, धर्म नारायण आदि कवियों का विवरण है।

तासी ने यद्यपि 'तज़किरा' और तारीख़ में भेद किया है–

"तारीख़ उसे कहते हैं, जिसमें वाकयात का हालात जमाने में इस जोर पर लिखे जायें कि उससे यह मालूम हो सके कि फलाने जमाने में यह हादसा या वाकया गुजरा,

बरखिलाफ तज़किरा के कि उसमें खास एक किस्म के लोगों का हाल लिखा जाता है। इससे मालूम हुआ कि तज़किरा खास है और इतिहास आम।"

—*नागरी पत्रिका*, वर्ष 1, अंक 2 अक्टूबर-नवम्बर 1967, पृ. 13

डॉ. रामचन्द्र तिवारी विदेशी भाषा फ्रांसीसी में तासी द्वारा लिखित ग्रन्थ को हिन्दी और उर्दू का प्रथम इतिहास मानते हैं और अपने ही देश की भाषा और लिपि (उर्दू) में लिखित करीमुद्दीन के इस ग्रन्थ को हिन्दी-उर्दू का दूसरा इतिहास मानते हैं। उनका कहना है

"वस्तुतः उनका (करीमुद्दीन का) तज़किरा एक भारतीय द्वारा लिखित हिन्दी और उर्दू साहित्य का प्रथम इतिहास है।"

—*नागरी पत्रिका*, अंक वही

करीमुद्दीन ने हिन्दी के 39 प्राचीन कवियों को प्रथम अध्याय में एक साथ रखा है, यहाँ तक तो ठीक, पर डॉ. तिवारी के अनुसार ही—

"प्राचीनों में कालक्रमानुसार पूर्वापर क्रम हो सकता है, इसका ध्यान उसने नहीं रखा है।"

फिर भी इस 'तज़किरे' को 'इतिहास' कहना क्या न्याय संगत है?

करीमुद्दीन के इस ग्रन्थ पर डॉ. महादेव साह एवं श्री नारायण पाण्डेय ने 'कल्पना', अक्टूबर, 1956 में 'हिन्दी साहित्य का एक प्राचीन इतिहास' शीर्षक एक परिचयात्मक लेख लिखा है। स्पष्ट है वे भी इसे हिन्दी-साहित्य का इतिहास मानते हैं। मेरी दृष्टि में यह ग्रन्थ 'तज़किरा' मात्र है, केवल जिक्र (चर्चा) है, इतिहास नहीं।

'शिवसिंह सरोज' (1878 ई.) भी हिन्दी साहित्य का इतिहास नहीं

'शिवसिंह सरोज' की रचना शिवसिंह सेंगर ने की, जो प्रथम बार 1878 ई. में नवलकिशोर प्रेस, लखनऊ से प्रकाशित हुई। शिवसिंह पुलिस के सर्किल इंस्पेक्टर थे और प्राचीन काल में इनकी अभिरुचि थी। इन्होंने 'शिवसिंह सरोज' नाम से 838 कवियों की रचनाओं के नमूने एक में दिये, जिनकी संख्या प्रायः दो हजार है। इस काव्य संग्रह में कवियों की स्थापना अकारादि क्रम से है। काव्य-संग्रह के उपरान्त ग्रन्थ के उत्तरार्द्ध से, प्रायः 125 पृष्ठों में, सेंगरजी ने 1003 कवियों का जीवन चरित्र भी अकारादि क्रम से दिया है। इन 1003 कवियों में से 687 की तिथियाँ भी दी गयी हैं, 13 कवि 'विद्यमान' कहे गये हैं, 263 कवि तिथिहीन हैं। अभी तक किसी भी ग्रन्थ में इतने कवियों का परिचय नहीं दिया गया था। अतः यह ग्रन्थ अत्यन्त महत्त्व का है। अब किसी पुराने कवि पर कार्य करने के पहले यह देख लेना आवश्यक होता है कि सरोजकार ने इस कवि के सम्बन्ध में अपने ग्रन्थ में क्या लिखा है। 'शिवसिंह सरोज' हिन्दी साहित्य के इतिहास का प्रस्थान-बिन्दु है।

जिस प्रकार तासी एवं करीमुद्दीन को इतिहास का बोध था, उसी प्रकार शिवसिंह को भी था। भूमिका के अन्तर्गत एक-एक शती में होने वाले कवियों की उन्होंने परिगणना भी की है और हिन्दी की जड़ की खोज करते हुए वे सं. 779 वि. (सन् 713 ई.) में होने वाले पुण्ड 6, कवि तक पहुँचे हैं। इतना होते हुए भी 'शिवसिंह सरोज' को हिन्दी-साहित्य का इतिहास नहीं कहा जा सकता, क्योंकि इसमें भी कवियों का परिचय कालक्रमानुसार नहीं दिया गया है, अकारादि क्रम से दिया गया है, भले ही आधुनिक युग के बड़े-बड़े महारथी इस ग्रन्थ को हिन्दी-साहित्य का इतिहास कहते सुनते और लिखते देखे जाते हैं।"

हिन्दी-साहित्य का प्रथम इतिहास–ग्रियर्सन कृत 'द मॉडर्न वर्नाक्युलर लिटरेचर ऑफ हिन्दुस्तान' (1888 ई.)

इतिहास कहलाने के लिए जिन दो बातों की आवश्यकता है–कालक्रमानुसार कवि-परिचय और काल-विभाजन, वे पहली बार डॉक्टर सर जार्ज अब्राहम ग्रियर्सन कृत 'द मॉडर्न वर्नाक्युलर लिटरेचर ऑफ हिन्दुस्तान' में पायी जाती हैं, अतः इसे हिन्दी-साहित्य का प्रथम इतिहास होने का गौरव प्राप्त है। आश्चर्य है कि हमारे हिन्दी साहित्य के इतिहास का प्रणयन एक विदेशी विद्वान् ने एक विदेशी भाषा में और वह भी विदेशियों के ही उपयोग के लिए किया। 1886 ई. में ग्रियर्सन ने प्राच्य विद्या विशारदों की अन्तर्राष्ट्रीय सभा के वियना (आस्ट्रिया) अधिवेशन में विशेष रूप से तुलसी के सन्दर्भ में हिन्दुस्तान के मध्यकालीन भाषा-साहित्य पर एक लेख पढ़ा था। वह लेख विशेष ध्यानपूर्वक सुना गया था और प्रशंसित हुआ था। इस लेख की तैयारी में ग्रियर्सन ने कई वर्ष लगाये थे। पर समस्त सामग्री का उपयोग वे नहीं कर पाये थे। अपनी समस्त टिप्पणियों का सदुपयोग करके उन्होंने 1888 ई. में 'रॉयल एशियाटिक सोसाइटी ऑफ बंगाल' के जर्नल के प्रथम भाग में से 'द मॉडर्न वर्नाक्युलर लिटरेचर ऑफ हिन्दुस्तान' नाम से प्रस्तुत ग्रन्थ प्रकाशित कराया। 1889 ई. में उक्त लेख स्वतन्त्र ग्रन्थ के रूप में प्रकाशित हुआ। इस ग्रन्थ का पुनर्मुद्रण नहीं हुआ और यह दुर्लभ हो गया था। अतः मैंने 'हिन्दी-साहित्य का प्रथम इतिहास' नाम से इसका अनुवाद कर दिया है और प्रत्येक कवि के विवरण के अनुवाद के अनन्तर संशोधक टिप्पणियाँ भी जोड़ दी हैं। इस अनुवाद का प्रथम संस्करण 1957 ई. में प्रकाशित हुआ और इसका दूसरा संस्करण 1960 ई. में।

भूमिका में ग्रियर्सन ने हिन्दुस्तान शब्द की व्याख्या की है। हिन्दुस्तान शब्द का प्रयोग उन्होंने हिन्दी भाषा-भाषी प्रदेश के अर्थ में किया है। इस ग्रन्थ में मारवाड़ी, ब्रजी, अवधी, बिहारी के लिखित साहित्य का उल्लेख हुआ है। कुल 951 कवियों का विवरण है। ग्रियर्सन ने इस कृति की रचना में निम्नांकित ग्रन्थों का सहारा लिया है–

(क) काव्य संग्रह–

(1) राग कल्पद्रुम, (2) शृंगार संग्रह, (3) सुन्दरी तिलक, (4) शिवसिंह सरोज, (5) विचित्रोपदेश।

(ख) अन्य ग्रन्थ–

1. तासी कृत 'इस्त्वार द ला लितरेत्यूर ऐन्दुई ऐन्दुस्तानी', प्रथम संस्करण, 1839 ई.

2. विलसन कृत 'रिलिजस सेक्ट्स ऑफ हिन्दूज़'।

3. टॉड कृत 'ऐनल्स एंड एंटिक्विटीज ऑफ राजस्थान'।

4. जर्नल ऑफ रॉयल एशियाटिक सोसाइटी ऑफ बंगाल, भाग 53, अंक एक।

सभी मैथिल कवियों का विवरण इसी अंक के आधार पर दिया गया है।

इस ग्रन्थ को प्रस्तुत करने में सर्वाधिक सहायता सरोज से ली गयी है, 951 कवियों में से 886 कवि सरोज से लिए गये हैं, केवल 65 कवि अन्य सूत्रों में स्वीकृत हैं। स्पष्ट है कि ग्रियर्सन के ग्रन्थ की 94 प्रतिशत सामग्री सरोज से ली गयी है। कहीं-कहीं तो सरोज का सीधा अनुवाद कर दिया गया है। इस सम्बन्ध में ग्रियर्सन ने स्पष्ट रूप से सरोज का ऋण स्वीकार करते हुए भूमिका में लिखा है–

"एक देशी ग्रन्थ, जिस पर मैं अधिकांश निर्भर रहा हूँ और प्रायः सभी छोटे कवियों और अनेक अधिक प्रसिद्ध कवियों के भी सम्बन्ध में प्राप्त सूचनाओं के लिए जिसका मैं ऋणी हूँ, शिवसिंह द्वारा विरचित और मुंशी नवल किशोर द्वारा प्रकाशित अत्यन्त लाभदायक शिवसिंह सरोज (द्वितीय संस्करण, 1883 ई.) है।"

–भूमिका, पृ. 13

ग्रियर्सन ने यद्यपि सरोज के द्वितीय संस्करण के उपयोग की बात लिखी है। पर यह ठीक नहीं है। 1883 में सरोज का तृतीय संस्करण प्रकाशित हुआ था और ग्रियर्सन ने इसके तृतीय संस्करण का ही उपयोग किया था, द्वितीय का नहीं। सरोज के प्रथम दो संस्करणों में कवियों का जीवन चरित्र निम्नांकित पाँच स्तम्भों में दिया गया है–

1. क्रम संख्या
2. नाम
3. संवत्
4. जीवन-चरित्र
5. पन्ना, जिसमें कविताई है।

इन संस्करणों में सरोजकार ने कवियों के जो संवत् दिये हैं, उनके उपस्थिति-काल हैं, क्योंकि सरोजकार ने जो संवत् दिये हैं, उनमें से अनेक इन कवियों के किसी-न-किसी ग्रन्थ के रचनाकाल हैं। सरोजकार ने उदाहरण खण्ड में रचनाकाल सूचक जो अनेक छन्द उद्धृत किये हैं, उनका मेल जीवन चरित्र प्रकरण वाले संवतों से हो जाता है। प्रथम संस्करण के पश्चात ही 1878 में ही, शिवसिंह का 45 वर्ष की

आयु में देहावसान हो गया। प्रेसवालों ने कागज घटाने एवं छपाई की सुविधा की दृष्टि से पाँचों स्तम्भों को भ्रष्ट कर ध्वस्त कर दिया। प्रथम तीन स्तम्भों को मिलाकर शीर्षक लगा दिया। अगले अनुच्छेद में कवि का जीवन-चरित्र दिया और उसी के आगे पृष्ठ संख्या दे दी, बिना इस निर्देश के कि इस पृष्ठ पर कवि की कविता उद्धृत है। शीर्षक में संवत् देते समय प्रथम कवि अकबर के साथ संवत् 1584 (सन् 1527) में उत्पन्न हुए छाप दिया गया और शेष सभी कवियों के संवतों के साथ उसे जोड़ दिया गया, जो स्पष्ट ही 'में उत्पन्न हुए' का संक्षिप्त रूप है। ऐसी स्थिति में ग्रियर्सन ने सरोज के संवतों का जो जन्मकाल माना, उसके लिए उन्हें दोष देना ठीक नहीं। सरोज के संवतों को अभी तक लोग जन्म संवत् मानते चले जा रहे हैं। यद्यपि अब निर्विवाद रूप से सरोज सर्वेक्षण में इन्हें उपस्थितिकाल सिद्ध कर दिया गया है।

ग्रियर्सन ने अपने इस ग्रन्थ को निम्नलिखित अध्यायों में बाँटा है–

1. चारणकाल (700-1400 ई.)
2. पन्द्रहवीं शती का धार्मिक पुनरुत्थान
3. मलिक मुहम्मद का प्रेमकाव्य
4. ब्रज का कृष्ण सम्प्रदाय (1500-1600 ई.)
5. मुगल दरबार
6. तुलसीदास
7. रीतिकाव्य (1580-1692 ई.)
8. तुलसीदास के अन्य परवर्ती (1600-1700 ई.)
   (क) धार्मिक कवि (ख) अन्य कवि
9. अठारहवीं शताब्दी (1700-1800 ई.)
   (क) धार्मिक कवि (ख) अन्य कवि
10. कम्पनी के अन्दर हिन्दुस्तान (1800-1857 ई.)
    (क) बुन्देलखण्ड और बघेलखण्ड (ख) बनारस (ग) अवध (घ) अन्य
11. विक्टोरिया की छत्रछाया में हिन्दुस्तान (1857-1887 ई.)
12. विविध अज्ञात तिथि कवि

ग्रियर्सन के इस ग्रन्थ की निम्नांकित विशेषताएँ हैं। इनमें से कुछ ने बाद में लिखे जाने वाले हिन्दी-साहित्य के इतिहासों को प्रभावित किया है–

(i) इस ग्रन्थ में पहली बार कवियों का विवरण-काल क्रमानुसार लिया गया है।

(ii) इसमें हिन्दी साहित्य के इतिहास के विभिन्न काल-विभाग किये गये हैं। 'विनोद' में बहुत कुछ इन्हीं कालों को स्वीकार कर लिया गया है। आगे चलकर शुक्ल जी के काल विभाग को पूर्ण मान्यता प्राप्त हुई।

(iii) प्रत्येक काल की तो नहीं, कुछ कालों की सामान्य प्रवृत्तियाँ भी दी गयी हैं, यद्यपि यह विवरण अत्यन्त संक्षिप्त है। यथा–सातवें अध्याय 'रीति काव्य', नौवें अध्याय 'अठारहवीं शताब्दी', दसवें अध्याय 'कम्पनी के शासन में हिन्दुस्तान' एवं 11वें अध्याय 'महारानी विक्टोरिया के शासन में हिन्दुस्तान' के प्रारम्भ में। प्रवृत्ति निरूपण का पूर्ण विस्तार आगे चल कर शुक्ल जी के इतिहास में देखने में आया।

(iv) प्रत्येक कवि को एक संख्या दी गयी है। बड़ी आसानी से उस कवि को उक्त संख्या पर देखा जा सकता है। 'विनोद' में इसी पद्धति को अपनाया गया है।

(v) कवियों के विवरण यद्यपि अत्यन्त संक्षिप्त हैं, पर निम्नांकित 18 कवियों का विवरण पर्याप्त विस्तार से दिया गया है–

1. चन्दबरदाई, 2. जगनिक, 3. सारंगधर, 4. कबीरदास, 5. विद्यापति ठाकुर, 6. मलिक मुहम्मद जायसी, 7. बल्लभाचार्य, 8. विट्ठलनाथ, 9. सूरदास, 10. नाभादास, 11. बीरबल, 12. तुलसीदास, 13. बिहारीलाल, 14. सरदार, 15. हरिश्चन्द्र, 16. लल्लूजी लाल, 17. कृष्णानन्द व्यासदेव, 18. राजा शिवप्रसाद सितारे हिन्द।

इनमें से जायसी और तुलसी पर तो अलग-अलग अध्याय ही हैं। सम्भवतः इन्हीं विशिष्ट अध्यायों ने आचार्य शुक्ल का विशेष ध्यान इन कवियों की ओर आकृष्ट किया।

ग्रियर्सन का यह ग्रन्थ हिन्दी-साहित्य के इतिहास की नींव का वह पत्थर है, जिसपर आचार्य शुक्ल ने अपने सुप्रसिद्ध इतिहास का भव्य भवन निर्मित किया। इसने प्रारम्भिक खोज रिपोर्टों एवं मिश्रबन्धु विनोद को पूर्णतः प्रभावित किया है। शुक्ल जी के इतिहास के प्रकाश में आने के पूर्व एक युग था, जब यह ग्रन्थ अत्यन्त महत्त्वपूर्ण समझा जाता था। इसका महत्त्व यद्यपि अक्षुण्ण नहीं रह गया है, पर इसका ऐतिहासिक महत्त्व तो है ही। प्रो. नलिन विलोचन शर्मा का तो यहाँ तक कहना है–

"हिन्दी के विधेयवादी साहित्येतिहास के आदम प्रवर्तक शुक्ल जी नहीं प्रत्युत् ग्रियर्सन हैं।"

–*साहित्य का इतिहास दर्शन*, पृ. 80

अपने कथन के प्रमाण में उन्होंने ग्रियर्सन के आठ उद्धरण भी दिये हैं, (उक्त ग्रन्थ पृ. 41-83)

मिश्रबन्धु विनोद (1913 ई.)

इन्दौजा, ज़िला लखनऊ निवासी पं. गणेशबिहारी मिश्र, रावराजा डॉक्टर श्यामबिहारी मिश्र (1873-19 फरवरी 1947) डी. लिट्., साहित्य वाचस्पति, रायबहादुर

डॉ. शुकदेवबिहारी मिश्र (1878-19 मई 1951 ई.) डी. लिट्., साहित्य वाचस्पति, तीनों सगे भाई थे और 'मिश्रबन्धु' नाम से रचना करते थे। इन लोगों ने दिसम्बर 1901 ई. की 'सरस्वती' में प्रकाशित अपने एक लेख में हिन्दी-साहित्य का इतिहास लिखने का विचार प्रकट किया था। तभी से वे इस ओर प्रयत्नशील रहे। 1900 ई. में काशी नागरी प्रचारिणी सभा ने हस्तलिखित हिन्दी-ग्रन्थों की खोज का कार्य प्रारम्भ किया। 1900 से 1908 तक खोज-कार्य के निरीक्षक बाबू श्यामसुन्दर दास थे। 1909 से 1916 तक इसके निरीक्षक श्यामबिहारी मिश्र एवं शुकदेवबिहारी मिश्र थे। सभा की खोज में नये-नये कवि नित मिलते गये और इन सभी का परिचय मिश्रबन्धुओं को होता गया तथा हिन्दी-साहित्य का एक वृहत् इतिहास प्रस्तुत करने की उनकी योजना परिपक्व होती गयी। फलतः 1970 वि. (1913 ई.) में उन्होंने 'मिश्रबन्धु विनोद' नाम से हिन्दी-साहित्य का एक वृहत् इतिहास तीन भागों में प्रकाशित कराया। इसका चौथा भाग सं. 1991 वि. (1934 ई.) में प्रकाशित हुआ। चारों भागों में कुल मिलाकर (412-569-364-660) 2005 पृष्ठ एवं 4591 कवियों एवं लेखकों का विवरण है। इस विशाल ग्रन्थ के प्रस्तुत करने में निम्नांकित प्रकार की रचनाएँ संलग्न हुई हैं–

1. कवियों के स्वरचित ग्रन्थ।
2. शिवसिंह सरोज तथा अन्य प्राचीन काव्य संग्रह।
3. काशी नागरी प्रचारिणी सभा की खोज रिपोर्ट।
4. ग्रियर्सन कृत 'द मॉडर्न वर्नाक्युलर लिटरेचर ऑफ हिन्दुस्तान'।
5. मिश्रबन्धुओं की स्वकीय जाँच एवं किंवदन्तियाँ।
6. मुंशी देवीप्रसाद, जोधपुर के लेख।

इस संग्रह के प्रस्तुत करने में विभिन्न हिन्दी-प्रेमियों ने भी कवियों के विवरण भेजकर मिश्रबन्धुओं की सहायता की थी। गोविन्द गिल्लाभाई, काठियावाड़ ने कवियों एवं गद्य-लेखकों की विवेचना सहित एक वृहत् सूची भेजी थी, जिससे 500 लेखकों का पता चला। ग्वालियर निवासी भास्कर रामचन्द्र भालेरान से गुजरात, महाराष्ट्र, बुन्देलखण्ड के सौ-डेढ़ सौ अमूल्य कवियों के विवरण मिले थे। जोधपुर निवासी मुंशी देवी प्रसाद ने प्रायः 800 कवियों की एक नामावली भेजी थी, जिसमें 205 नये नाम मिले थे। बाद में इन 205 के विवरण भी उन्होंने भेजे थे। वृन्दावन निवासी गोस्वामी हित रूपलाल जी ने 40-50 नाम विवेचना सहित दिये थे। लाला भगवानदीन ने 185 कायस्थ कवियों की नामावली भेजी थी और मन्नन द्विवेदी, गाजीपुरी ने 40 कवियों की। इन दोनों नामावलियों में प्रायः 60 नाम नये मिले। इसी प्रकार अन्य अनेक महानुभावों ने कवियों के विवरण भेज-भेजकर इस महान साहित्यिक यज्ञ में अपना योगदान दिया था।

इसमें प्रमुख कवियों के विवरण समालोचना सहित विस्तारपूर्वक दिये गये हैं और सामान्य कवियों की नामावली केवल संक्षिप्त सूचनाओं के साथ दे दी गयी है। प्रत्येक कवि की सुनिश्चित संख्या है। विनोद में ये पद्धतियाँ ग्रियर्सन के अनुकरण में अपनाई गयी हैं। बाद में जो नवीन कवि मिले हैं, उनका समावेश उचित स्थल पर कर दिया गया है, पर कवियों की पूर्व संख्या में उलटफेर न हो, इसलिए नवोपलब्ध कवियों की संख्या भिन्न दे दी गयी है। जैसे 535 संख्या पर अनन्य रामावल्लभी सं. 1759 (1702 ई.) है और 536 संख्या पर लोकनाथ चौबे बूँदीवाले, सं. 1760 (1703 ई.) है। पहले संस्करण में कलश कवि 1322 संख्या पर ज्ञात कालिक प्रकरण में थे। द्वितीय संस्करण में इनको 535 और 536 के बीच 536/1 संख्या पर स्थान दिया गया है और इस प्रकार स्पष्ट किया गया कि कलश कवि 1759 वि. (1702 ई.) के आसपास उपस्थित थे। किन्तु कालान्तर में मिश्रबन्धुओं ने अपना यह हठ छोड़ दिया था। द्वितीय भाग (द्वितीय संस्करण) के प्रथम कवि महाकवि सेनापति हैं। इनकी कवि संख्या 278 है। स्पष्ट है कि प्रथम भाग में कुल 277 कवियों के विवरण थे। मेरे सामने विनोद प्रथम भाग का पाँचवाँ संस्करण सं. 2012 (1955 ई.) है, इसके अन्तिम कवि गुजरात प्रान्त के ध्येन कवि हैं, जिनकी कवि संख्या 411 है। प्रथम भाग के पंचम संस्करण में किसी कवि की संख्या भिन्न में नहीं है।

विनोद में कवियों के श्रेणी-भेद किये गये हैं। कवि दो प्रकार के हैं—प्रबन्ध रचयिता एवं मुक्तक रचयिता। प्रबन्ध रचयिता कवियों की तीन श्रेणियाँ निर्धारित की गयी हैं—लाल, छत्र और मधुसूदनदास। मुक्तक परम्परा वाले कवियों की पाँच श्रेणियाँ हैं—सेनापति, दास (भिखारीदास), पद्माकर, नील और साधारण। मिश्रबन्धुओं की इस श्रेणी विभाजन कसौटी को विद्वानों ने पसन्द नहीं किया है।

मिश्रबन्धुओं ने हिन्दी-साहित्य के इतिहास को निम्नांकित कालों में बाँटा है—

1. प्रारम्भिक काल, संवत् 700 से 1444 वि. तक (सन् 643 से 1387 ई.)
2. माध्यमिक काल, संवत् 1445 से 1680 वि. तक (सन् 1388 ई. से 1623 ई.)
3. अलंकृत काल, संवत् 1681 से 1889 वि. तक (सन् 1624 ई. से 1832 ई.)
4. परिवर्तन काल, संवत् 1890 से 1925 वि. तक (सन् 1833 ई. से 1868 ई.)
5. वर्तमान काल, संवत् 1926 से (सन् 1869 ई. से)

'मिश्रबन्धु विनोद' के विभिन्न अध्यायों की सूची निम्नांकित है—

मिश्रबन्धु विनोद—प्रथम भाग, सं. 700-1680 वि. (643 ई.-1623 ई.)

1. हिन्दी की उत्पत्ति और काव्य-लक्षण

प्रारम्भिक हिन्दी

पूर्व प्रारम्भिक हिन्दी—सं. 700 से 1347 वि. (643 ई.-1290 ई.)

2. चन्दपूर्व की हिन्दी—सं. 700-1200 (643 ई. 1143 ई.)

3. रासो काल—सं. 1201-1347 (1144 ई.-1290 ई.)

उत्तर प्रारम्भिक हिन्दी—सं. 1348-1444 वि. (1291 ई.-1387 ई.)

4. उत्तर प्रारम्भिक हिन्दी—सं. 1348-1444 (1291 ई.-1387 ई.)

माध्यमिक हिन्दी

पूर्व माध्यमिक हिन्दी

5. पूर्व माध्यमिक हिन्दी—सं. 1445-1560 (1388 ई.-1503 ई.)

प्रौढ़ माध्यमिक हिन्दी—सं. 1561-1680 वि. (1504 ई.-1623 ई.)

6. अष्टछाप—सं. 1561-1630 (1504 ई.-1573 ई.)

7. सौर काल—सं. 1561-1630 (1504 ई.-1573 ई.)

8. गोस्वामी तुलसीदास और तुलसीकाल की हिन्दी-सं. 1631-1680 (1574 ई.-1623 ई.)

9. पूर्व तुलसीकाल—सं. 1631-1645 (1574 ई.-1588 ई.)

10. माध्यमिक तुलसीकाल—सं. 1646-1670 (1589 ई.-1613 ई.)

11. अन्तिम तुलसीकाल—सं. 1671-1680 (1614 ई.-1623 ई.)

मिश्रबन्धु विनोद-द्वितीय भाग, सं. 1681-1889 वि. (1624 ई.-1832 ई.)

अलंकृत हिन्दी

पूर्वालंकृत प्रकरण सं. 1681-1790 वि. (1624 ई.-1733 ई.)

12. पूर्वालंकृत हिन्दी

13. महाकवि सेनापति

14. सेनापतिकाल—सं. 1681-1706 (1624 ई.-1649 ई.)

15. बिहारीकाल—सं. 1707-1720 (1650 ई.-1663 ई.)

16. भूषणकाल—सं. 1721-1750 (1664 ई.-1693 ई.)

17. आदि देवकाल—सं. 1751-1771 (1694 ई.-1714 ई.)

18. माध्यमिक देवकाल—सं. 1772-1790 (1715 ई.-1733 ई.)

उत्तरालंकृत प्रकरण सं. 1791-1889 वि. (1734 ई.-1832 ई.)

19. उत्तरालंकृत हिन्दी

20. दासकाल—सं. 1791-1810 (1734 ई.-1753 ई.)

21. सूदनकाल—सं. 1811-1830 (1754 ई.-1781 ई.)

22. रामचन्द्रकाल—सं. 1839-1855 (1782 ई.-1798 ई.)

23. बेनी प्रवीनकाल—सं. 1856-1875 (1799 ई.-1818 ई.)

24. पद्माकरकाल—सं. 1876-1889 (1819 ई.-1832 ई.)

मिश्रबन्धु विनोद–तृतीय भाग, सं. 1890-1955 वि. (1833 ई.-1898 ई.)

25. अज्ञातकाल–इस अध्याय में उन प्राचीन कवियों का अकारादि क्रम से वर्णन है, जिनका रचनाकाल ज्ञात नहीं है।

परिवर्तन प्रकरण–सं. 1890-1925 वि. (1833 ई.-1868 ई.)

26. परिवर्तन कालिक हिन्दी

27. द्विजदेवकाल–सं. 1890-1915 (1833 ई.-1858 ई.)

28. दयानन्दकाल–सं. 1916-1925 (1859 ई.-1868 ई.)

वर्तमान प्रकरण–सं. 1926-1945 वि. (1869 ई.-1888 ई.)

29. वर्तमान हिन्दी एवं पत्र-पत्रिकाएँ–सं. 1926-1945 (1869 ई.-1888 ई.)

30. पूर्व हरिश्चन्द्रकाल–सं. 1926-1935 (1869 ई.-1878 ई.)

31. उत्तर हरिश्चन्द्रकाल–1936-1945 (1879 ई.-1888 ई.)

मिश्रबन्धु विनोद–चतुर्थ भाग, सं. 1946-1990 वि. (1889 ई.-1933 ई.)

32. पूर्व नूतन परिपाटी–सं. 1945-1960 (1889 ई.-1903 ई.)
    उत्तर नूतन परिपाटी-सं. 1961-1994 (1904 ई.-1937 ई.)

33. प्रथम भाग–सं. 1961-1975 (1903 ई.-1918 ई.)

34. द्वितीय भाग–आजकल-सं. 1976-1994 तक (1919 ई.-1937 ई.)

अध्यायों की इस सूची से प्रकट होता है कि मिश्रबन्धु ने सूर, तुलसी, सेनापति, बिहारी, भूषण, दास, सूदन, रामचन्द्र, बेनी, प्रवीन, पद्माकर, द्विजदेव, दयानन्द एवं हरिश्चन्द्र के नाम पर उपकालों की भी योजना की है। आलोचकों ने जिस प्रकार मिश्रबन्धुओं के श्रेणी विभाजन की कदर्थना की है, उसी प्रकार प्रमुख कवियों के नाम पर स्थापित इन 14 उपकालों की भी।

प्रो. नलिन विलोचन शर्मा ने 'साहित्य का इतिहास-दर्शन' नामक अपने ग्रन्थ में 'मिश्रबन्धु विनोद' पर विचार करते हुए लिखा है–

1. "मिश्रबन्धुओं को श्रेय यह है कि 'हिन्दी साहित्य का इतिहास' इस नाम के लिए प्रच्छन्न मोह रखते हुए भी; उन्होंने इसका प्रत्यक्ष व्यवहार उस विशाल ग्रन्थ के लिए भी नहीं किया, जिसे उन्होंने 'मिश्रबन्धु विनोद' कहकर ही सन्तोष कर लिया। यदि वे 'विनोद' को 'हिन्दी साहित्य का इतिहास' कहते तो हिन्दी के साहित्यिक इतिहास का अभाव देखते हुए, वह क्षम्य ही माना जाता, उन्होंने ऐसा नहीं किया, यह उनके विवेक, अन्तर्दृष्टि और अपनी सीमाएँ समझने की शक्ति का परिचायक है। मिश्रबन्धुओं ने भले ही साहित्यिक इतिहास न लिखा हो, किन्तु साहित्यिक इतिहास विषयक उनके विचार इस सम्बन्ध में उनकी सजगता के प्रमाण हैं।"

2. "वे विनोद को साहित्यिक इतिहास घोषित ही नहीं करते।" नलिन जी के अनुसार 'मिश्रबन्धु विनोद' इसलिए साहित्यिक इतिहास नहीं है क्योंकि–

"मिश्रबन्धुओं ने उन्नीसवीं शताब्दी के पश्चिमीय साहित्यिक इतिहास की उस प्रचलित प्रणाली पर ध्यान ही नहीं दिया, जिसे विधेयवादी प्रणाली कहते हैं। और जिसे अपनाने का सर्वप्रथम श्रेय शुक्ल जी को दिया जाता है, जिन्हें इसका थोड़ा गर्व भी है।"

जो नलिन जी तासी को निर्विवाद रूप से हिन्दी-साहित्य का पहला इतिहास-लेखक कहते हैं, उनका 'मिश्रबन्धु विनोद' को घुमाफिराकर साहित्य का इतिहास न मानना शोभाजनक एवं युक्ति-युक्त नहीं प्रतीत होता। नलिन जी की ही डफली को श्री देवीशंकर अवस्थी ने हिन्दी-साहित्य कोश, भाग 2 में यह लिखकर बजाया है–

1. "मिश्रबन्धु ने अपने 'विनोद' को हिन्दी साहित्य का इतिहास कहने की गलती स्वयं नहीं की।" पृ. 421

2. "अस्तु 'विनोद' इतिहास नहीं है।" पृ. 421

पर अन्त में अवस्थी जी उपसंहार करते हुए लिखते हैं–

"हिन्दी-साहित्य के विधेयवादी इतिहास-लेखन के क्षेत्र में उनके महत्त्व का मूल्यांकन उन्हें श्रेष्ठ स्थान का अधिकारी सिद्ध करता है।" पृ. 121

यह उपसंहार 'वदतोव्याघात' का अच्छा उदाहरण है। एक ओर 'विनोद' इतिहास नहीं है, दूसरी ओर मिश्रबन्धु ग्रियर्सन के बाद विधेयवादी इतिहास-लेखन के क्षेत्र में द्वितीय स्थान के ही अधिकारी नहीं हो जाते, एक श्रेष्ठ स्थान के भी अधिकारी सिद्ध होते हैं। धन्य है।

प्रो. नलिन एवं प्रो. अवस्थी दोनों का कहना है कि मिश्रबन्धुओं ने 'विनोद' को हिन्दी-साहित्य का इतिहास कहीं नहीं कहा है। यह कथन भी अनर्गल है। मिश्रबन्धुओं ने अपने ग्रन्थ का नाम दिया है–

मिश्रबन्धु विनोद

अथवा

हिन्दी-साहित्य का इतिहास तथा कवि कीर्तन

'मिश्रबन्धु विनोद' तो वैसा ही नाम है, जैसा 'शिवसिंह सरोज'। यह तो ग्रन्थ के साथ अपना नाम जोड़ने का मोह-मात्र है। ग्रन्थ का वास्तविक नाम तो 'हिन्दी साहित्य का इतिहास तथा कवि कीर्तन' ही है।

नलिन जी ने ऊपर उद्धृत प्रथम उद्धरण के पश्चात् 'मिश्रबन्धु विनोद', प्रथम भाग, प्रथम संस्करण की भूमिका से निम्नांकित उद्धरण दिया है–

"इतिहास-ग्रन्थ में छोटे-बड़े सभी कवियों एवं लेखकों को स्थान नहीं मिल सकता। उसमें भाषा सम्बन्धी गुणों एवं परिवर्तनों पर तो मुख्य रूप से ध्यान देना पड़ेगा, कवियों पर गौण रूप से, किन्तु हमने कवियों पर भी पूरा ध्यान रखा है। इस कारण यह ग्रन्थ इतिहास से इतरवालों का भी कथन करता है। हमने इसमें इतिहास सम्बन्धी सभी विषयों एवं गुणों को लाने का यथासाध्य पूर्ण प्रयत्न किया, परन्तु जिन बातों का इतिहास में होना आवश्यक है, उन्हें भी ग्रन्थ से नहीं हटाया।"

स्पष्ट है कि मिश्रबन्धु अपने ग्रन्थ को 'हिन्दी-साहित्य का इतिहास' तो कहते ही हैं, इसे 'कवि कीर्तन' भी कहते हैं। इससे यह ध्वनि तो कदापि नहीं निकलती कि वे अपने ग्रन्थ 'विनोद' को हिन्दी-साहित्य का इतिहास नहीं कहते।

मिश्रबन्धुओं ने हिन्दी-साहित्य का इतिहास भी लिखा है, जो गंगा पुस्तकमाला, लखनऊ से 1939 ई. में प्रकाशित हुआ है। इसकी भूमिका में भी मिश्रबन्धु स्पष्ट रूप से कहते हैं–

विनोद हिन्दी-साहित्य का इतिहास तथा कवि कीर्तन है, इतिहास उसमें है मूल, किन्तु इतिहास से इतर कवि-वर्णन भी आधिक्य से है।"–भूमिका, पृ. 1

मैं निश्चित रूप से स्वीकार करता हूँ कि 'मिश्रबन्धु विनोद' हिन्दी में, किसी भारतीय एवं हिन्दीभाषी द्वारा तथा हिन्दी भाषा-भाषियों के लिए, लिखित हिन्दी का प्रथम इतिहास है। समग्रतः विचार करने पर यह हिन्दी-साहित्य का द्वितीय इतिहास है। अपनी विशालता के कारण यद्यपि भूलों से भी यह भरा-पूरा है, पर अभी तक इतने अधिक कवियों का समावेश करने वाला हिन्दी का कोई इतिहास नहीं लिखा गया। भले ही आचार्य शुक्ल 'मिश्रबन्धु विनोद' को बड़ा भारी कवि वृत्त संग्रह 'प्रकाण्ड कवि वृत्त संग्रह' एवं मिश्रबन्धुओं को उत्साही और परिश्रमी संकलनकर्ता मात्र कहें पर इससे निःसन्देह रूप से वे लाभान्वित भी हुए हैं। रीतिकाल के सम्बन्ध में उन्होंने यह स्वीकार भी किया है।

अंग्रेजी में लिखे दो अल्प लघु इतिहास

1. ए स्केच ऑफ हिन्दी लिटरेचर–पादरी एडमिन ग्रीव्ज, 1917 ई., पृ. 112
2. ए हिस्ट्री ऑफ हिन्दी लिटरेचर–पादरी एफ.ई. के.ई., 1920 ई., पृ. 116

दोनों अत्यन्त लघुकाय हैं। इनमें कोई भी उल्लेखनीय विशेषता नहीं है। ये परिचय मात्र हैं। अतः इनसे किसी की विशेष अभिज्ञता ही नहीं है।

हिन्दी साहित्य का इतिहास—आचार्य पण्डित रामचन्द्र शुक्ल (1929 ई.)

1928 ई. में 'हिन्दी शब्दसागर' का प्रकाशन पूर्ण हुआ। आचार्य शुक्ल ने 'हिन्दी-साहित्य का विकास' लिखा, जो जनवरी 1929 में शब्द-सागर की भूमिका के रूप में प्रकाशित हुआ। इसी वर्ष के मध्य में उस भूमिका के आदि और अन्त में बहुत-सी बातें बढ़ाकर आचार्य शुक्ल ने अपना सुप्रसिद्ध 'हिन्दी-साहित्य का इतिहास' प्रस्तुत किया। 1940 ई. में इसका परिवर्द्धित एवं संशोधित संस्करण प्रकाशित हुआ। इस प्रकार ग्रन्थ-प्रणयन हो गया और इसकी उपयोगिता बढ़ गयी।

शुक्ल जी का 'हिन्दी-साहित्य का इतिहास' हिन्दी का सर्वाधिक एवं प्रथम सुव्यवस्थित इतिहास है। इसकी प्रमुख विशेषताओं का उल्लेख आगे किया जा रहा है—

1. किसी देश का साहित्य वहाँ की जनता की चित्तवृत्ति का स्थायी प्रतिबिम्ब होता है, ये चित्तवृत्तियाँ राजनीतिक, सामाजिक, साम्प्रदायिक एवं धार्मिक कारणों से बदला करती हैं, अतः इन्हीं परिवर्तनों के साथ-साथ साहित्य में भी परिवर्तन होता रहता है। "आदि से अन्त तक इन्हीं चित्तवृत्तियों की परम्परा को परखते हुए साहित्य-परम्परा के साथ उनका सामंजस्य दिखाना ही साहित्य का इतिहास कहलाता है।" आचार्य शुक्ल ने अपने इतिहास में अपनी इस परिभाषा का पूर्ण ध्यान रखा है।

2. शिक्षित जनता की जिन-जिन प्रवृत्तियों के अनुसार हमारे साहित्य के स्वरूप में जो जो परिवर्तन होते गये हैं, जिन-जिन प्रभावों की प्रेरणा से काव्यधारा की भिन्न-भिन्न शाखाएँ फूटती रही हैं, आचार्य शुक्ल ने उनका सम्यक् निरूपण करते हुए सुसंगत काव्य विभाग किया है। आज आचार्य शुक्ल द्वारा किया गया, यह काल विभाग ही सर्वमान्य एवं सर्वप्रचलित है—

1. वीरगाथा काल—सं. 1050-1375
2. भक्तिकाल—सं. 1375-1700
3. रीतिकाल—सं. 1700-1900
4. गद्यकाल—सं. 1900-1984 (या अब तक)

नवीन शोध ने हिन्दी साहित्य के उद्भव काल को प्रायः तीन सौ वर्ष और पूर्व खींच लिया है तथा वीरगाथा कहलाने वाली अधिकांश सामग्री या तो उत्तरकालीन सिद्ध हो गयी या नोटिस मात्र है तथा अन्य अनेकाविध साहित्य भी संप्राप्त हो चुका है, ऐसी स्थिति में इस काल का नामकरण पुनः 'आदिकाल' किया जा रहा है। साथ ही 'रीति-काल' को 'शृंगारकाल' कहने की भी बलवती प्रेरणा कार्य कर रही है।

3. जिस काल खण्ड के भीतर किसी विशेष ढंग की रचनाओं की प्रचुरता दिखाई पड़ी है वह एक अलग काल माना गया है और इसका नामकरण उन्हीं रचनाओं के स्वरूप के अनुसार किया गया है। इस प्रकार प्रत्येक काल का एक निर्दिष्ट

सामान्य लक्षण बताया जा सकता है। काल-निरूपण करते समय किसी विशेष ढंग की रचनाओं की प्रचुरता के साथ-साथ शुक्ल जी ने ग्रन्थों की लोकप्रसिद्धि पर भी ध्यान दिया है।

4. एक ही काल और एक ही कोटि की रचना के भीतर जहाँ भिन्न-भिन्न प्रकार की परम्पराएँ चली हुई पायी गयी हैं, वहाँ अलग शाखाएँ करके सामग्री का विभाग किया गया है। जैसा, भक्तिकाल के भीतर पहले तो दो काव्य–धाराएँ–निर्गुण और सगुण–निर्दिष्ट की गयी हैं, फिर प्रत्येक धारा की दो-दो शाखाएँ–निर्गुण की ज्ञानाश्रयी और प्रेमाश्रयी तथा सगुण की रामाश्रयी एवं कृष्णाश्रयी।

5. शुक्ल जी का उद्देश्य हिन्दी साहित्य के इतिहास का एक पक्का और व्यवस्थित ढाँचा खड़ा करना था, इसीलिए बहुत सारे कवियों का समावेश करना उन्हें अभीष्ट नहीं था। उन्होंने केवल प्रमुख कवियों को लिया है।

6. प्रत्येक काल या शाखा की सामान्य प्रवृत्तियों का वर्णन कर लेने के उपरान्त उससे सम्बद्ध प्रमुख कवियों का वर्णन किया गया है। उस युग में आने वाले इतर कवियों का विवरण उसके भी बाद फुटकर खाते में दिया गया है।

7. यद्यपि शुक्ल जी ने कवियों की साहित्यिक विशेषताओं के सम्बन्ध में दिग्दर्शन मात्र के लिए जो विचार प्रकट किये हैं, वे प्रायशः अत्यन्त संक्षिप्त हैं, पर वे अत्यन्त सटीक हैं। शुक्ल जी के द्वारा लिखित अनेक तथ्य एवं तिथियाँ भले अशुद्ध सिद्ध हो जायें, पर उन्होंने कवियों के सम्बन्ध में जो कुछ आलोचनात्मक विचार स्पष्ट किये हैं, वे अपनी जगह पर अटल हैं और अत्यन्त अर्थपूर्ण हैं। इन आलोचना खण्डों में उनकी सूक्ष्म पकड़ का पता चलता है।

8. हिन्दी-साहित्य के पूर्ववर्ती इतिहासकारों ने साहित्य पर बल न देकर वाङ्मय पर बल दिया था। हिन्दी में जो कुछ लिखा गया था, सबके समावेश का उन्होंने प्रयास किया था। शुक्ल जी ने पहली बार विचार किया कि साहित्य क्या है और साहित्येतर क्या है। उन्होंने साहित्येतर का परित्याग करके केवल शुद्ध साहित्य को अपने इतिहास का विषय बनाया। उन्होंने स्पष्ट घोषणा की है कि सिद्धों और योगियों की रचनाएँ साहित्य-कोटि में नहीं आतीं और योग धारा काव्य या साहित्य की कोई धारा नहीं मानी जा सकती।

9. शुक्ल जी ने कवियों की कविता के उदाहरण में जो रचनाएँ प्रस्तुत की हैं, वे अत्यन्त सरस हैं और शुक्ल जी की सहृदयता का डिमडिम उद्घोष करती हैं।

अपनी इन विशेषताओं के कारण शुक्ल जी के इतिहास को जो मान्यता प्राप्त हुई है, वह आजतक किसी दूसरे इतिहास को नहीं प्राप्त हो सकी, क्योंकि उत्तरकालीन सभी इतिहास आचार्य शुक्ल के इस इतिहास के ऋणी हैं और इसके प्रभाव से बच नहीं सके हैं।

सम्पूर्ण हिन्दी-साहित्य के कुछ प्रमुख इतिहास

शुक्ल जी द्वारा हिन्दी साहित्य के इतिहास लेखन का कार्य प्रशस्त कर दिये जाने पर, उन्हीं की प्रणाली पर मुख्यतया चलते हुए बड़ी शीघ्रता से कई बड़े इतिहास प्रस्तुत किये गये, जिनमें से कुछ ये हैं–

1. **हिन्दी-साहित्य का विवेचनात्मक इतिहास–सूर्यकान्त शास्त्री कृत** 1987 वि., पृ. 533। प्रमुख कवियों पर लम्बी एवं तुलनात्मक समीक्षाएँ इसकी विशेषता है, सामान्य कवियों का विवरण संक्षेप में है।

2. **हिन्दी भाषा और साहित्य–बाबू श्यामसुन्दर दास**, सं. 1987 वि., पृ. 5161 हिन्दी भाषा वाले भाग के छह अध्याय हैं और हिन्दी साहित्य वाले भाग में 10। यह अन्य बड़ी सजधज से इंडियन प्रेस, इलाहाबाद से प्रकाशित हुआ था। इसमें प्रमुख कवियों एवं साहित्यकारों के सुन्दर चित्र आर्ट पेपर पर थे, बाद में 'हिन्दी भाषा' और 'हिन्दी साहित्य' अलग-अलग ग्रन्थों के रूप में प्रकाशित हुए। 'हिन्दी साहित्य' में विशिष्ट धाराओं के वर्णन आद्योपान्त हैं।

3. **हिन्दी-साहित्य का इतिहास–पं. रमाशंकर शुक्ल 'रसाल'** एम.ए.। सं. 1988 वि., पृ. 770। यह एक जिल्द में लिखित हिन्दी का सबसे बड़ा इतिहास है।

4. **हिन्दी भाषा और साहित्य का विकास–पं. अयोध्यासिंह उपाध्याय 'हरिऔध'**, सं. 1388 वि., पृ. 719। इस ग्रन्थ में कवियों की भाषा के सम्बन्ध में विशेष कथन है। सन्, संवतों का प्रायशः अभाव इसका बहुत बड़ा दोष है।

5. **हिन्दी-साहित्य का आलोचनात्मक इतिहास–डॉ. रामकुमार वर्मा**, 1995 वि., 627-86 नामानुक्रमणिका–पृ. 714। यह ग्रन्थ का प्रथम खण्ड मात्र है, इस बड़े ग्रन्थ में केवल आदिकाल और भक्तिकाल (सं. 750-1750 वि.) का इतिहास प्रस्तुत किया गया है।

6. **हिन्दी-साहित्य का इतिहास**–मिश्रबन्धु, सं. 1996 वि., पृ. 367। यह 'मिश्रबन्धु विनोद' के ढाँचे को ही पूर्णरूप से स्वीकार करता हुआ, उसी का संक्षिप्त रूप-सा है।

7. **हिन्दी भाषा और साहित्य का इतिहास–आचार्य चतुरसेन शास्त्री**, सं. 2003, पृ. 735।

8. **हिन्दी साहित्य : उसका उद्भव और विकास–डॉ. हजारीप्रसाद द्विवेदी**, सं. 2009, पृ. 510।

इधर, हाल ही में **डॉ. गणपति गुप्त** का हिन्दी साहित्य का एक वैज्ञानिक इतिहास निकला है, जिसका प्रचुर विज्ञापन हुआ है।

शुक्ल जी के इतिहास के प्रस्तुत कर दिये जाने के कुछ पूर्व से ही हिन्दी-साहित्य के इतिहास के विविध अंगों की दृष्टि से भी इतिहास-ग्रन्थों का प्रणयन होने लगा है। ये अग उपांग निम्नलिखित हैं–

1. हिन्दी साहित्य के इतिहास के विविध कालों के इतिहास।

2. हिन्दी साहित्य की विविध काव्यधाराओं के इतिहास-जैसे वीर काव्य-धारा, सन्त काव्य, रीति काव्य आदि।

3. साहित्य की विविध विधाओं जैसे उपन्यास, नाटक, निबन्ध, कविता और आलोचना के इतिहास।

4. हिन्दी की विभिन्न बोलियों—अपभ्रंश, व्रज बुलि, मैथिली, अवधी, भोजपुरी, ब्रजभाषा, खड़ी बोली, राजस्थानी, मालवी, बुन्देलखण्डी, निमाड़ी, छत्तीसगढ़ी और उर्दू—के इतिहास।

5. जाति की दृष्टि से प्रस्तुत इतिहास, जैसे 'सुकवि सरोज' में सनाढ्य ब्राह्मण एवं ब्रह्मभट्ट कवि सरोज में ब्रह्मभट्टों की साहित्य-सेवा का इतिहास है।

6. विभिन्न भूखण्डों के साहित्यिक इतिहास जैसे बुन्देल वैभव में बुन्देलखण्ड का इतिहास है, राजस्थानी-साहित्य की रूपरेखा, राजस्थानी भाषा और साहित्य, राजस्थान का विगत साहित्य में राजस्थान का इतिहास है, 'हिन्दी-साहित्य और विहार' का इतिहास है।

'भरतपुर कवि—कुसुमांजलि' में भरतपुर राज्य के कवियों की, 'कानपुर के कवि' में कानपुर जनपद के कवियों की एवं 'असनी के हिन्दी कवि' में असनी के कवियों का इतिहास है। पंजाब प्रान्तीय हिन्दी साहित्य का इतिहास भी प्रकाशित हो चुका है।

7. भिन्न-भिन्न धर्मों की दृष्टि से हिन्दी साहित्य के इतिहास-मुसलमानों एवं जैनों की साहित्य सेवा सम्बन्धी ग्रन्थ प्रस्तुत किये गये हैं।

8. विविध सम्प्रदायों—बल्लभ, राधावल्लभ गौण्डीय, निम्बार्क एवं हरियासी सम्प्रदायों की दृष्टि से काव्य-संग्रह एवं इतिहास लिखे जा चुके हैं। बल्लभ सम्प्रदाय में इतिहास अभी तक केवल अष्टछाप तक सीमित है।

'कैम्ब्रिज हिस्ट्री ऑफ इंग्लिश लिटरेचर' के ढंग पर नागरी प्रचारिणी सभा ने सोलह खण्डों में हिन्दी-साहित्य का वृहत् इतिहास प्रकाशित किया है। इसमें प्रत्येक खण्ड के अलग-अलग सम्पादक हैं, जो अपने विषय में अधिकारी विद्वान् हैं। प्रत्येक खण्ड में अपने-अपने अधिकारी लेखक-मण्डल हैं।

2

हिन्दी साहित्य के इतिहास का पुनर्लेखन : एक ऐतिहासिक आवश्यकता

—विजय बहादुर सिंह

भाषागत, विषयगत, रूपगत या दृष्टिकोणगत इतनी विविधता आज हमारे सामने है कि बँधे-बँधाये परम्परित चौखटे में इसे बाँधकर प्रस्तुत करना अत्यन्त कठिन हो गया है। इसके साथ ही इतिहास लेखन का प्रश्न जब सामने आता है, तब हमारी दृष्टि इतिहास की व्यापक अवधारणा की ओर जाती है।

इतिहास शब्द राजनीतिक वृत्तान्त के प्रस्तुतीकरण का पर्याय बन गया है, जिसके माध्यम से अतीतकालीन राजनीतिक घटनाओं, राज्यों एवं साम्राज्यों के उत्थान-पतन तथा आक्रमण-प्रत्याक्रमण जैसी घटनाओं का उल्लेख मात्र कर देना और ऊपरी तौर पर उसके माध्यम से एक निष्कर्ष तक पहुँचना ही इतिहास का दायित्व रहा है। उसके नियामक तत्त्वों, परिस्थितियों और समाज में चलने वाली तत्कालीन अन्तर्धाराओं की ओर इतिहासकारों का ध्यान अपेक्षाकृत बहुत कम गया है। इतिहास की यह शैली जो प्रतिष्ठित हुई, वह किसी-न-किसी रूप में हिन्दी-साहित्य के इतिहास-लेखकों के मन-मस्तिष्क में भी थी। इसके कारण उन्होंने विषय को काव्यगत चौखटे में बाँधकर हिन्दी साहित्य के काल का विभाजन, नामकरण किया और सम्बन्धित कालखण्ड में आने वाली रचनाओं की साहित्यिक व्याख्या की। इस सन्दर्भ में उल्लेखनीय है कि हिन्दी साहित्य के इतिहास को यदि उपलब्ध ग्रन्थों के माध्यम से समग्रतः देखा जाये तो भाषा, विषय, रूप, दृष्टिकोण और उद्देश्य को लेकर इतनी विविधता और विसंगतियाँ हैं कि किसी एक सीधी रेखा का निर्माण करना सरल नहीं हैं—

क्या हिन्दी—साहित्य का इतिहास हिन्दू धर्म का इतिहास है?

कतिपय समीक्षकों ने काफी जोर-शोर से इस बात को उठाया है कि हिन्दी-साहित्य का इतिहास साहित्य का इतिहास न होकर हिन्दू धर्म का इतिहास है, जो कविता के

माध्यम से लिखा गया है। गुनने और पढ़ने में यह बात बेढंगी भले लगती हो पर यदि आरम्भ से लेकर मध्यकालीन साहित्य की समाप्ति तक देखा जाये तो इस आक्षेप में कुछ दम अवश्य दिखता है। हिन्दी-साहित्य का इतिहास कहाँ से शुरू किया जाये, इसे लेकर इतिहासकार आज भी एकमत नहीं हैं। अब तक वे जिस निष्कर्ष पर पहुँचे हैं, उसके आधार पर कहा जा सकता है कि अपभ्रंश आदि के रूप में जो रचनाएँ उपलब्ध हुई हैं, उनमें लोकतात्त्विक भावना का प्राधान्य है। अतः उसे एक कच्चे माल के रूप में ही स्वीकार किया जा सकता है। भाषा के संकट से मुक्त होकर जिस बिन्दु से इस साहित्य की प्रवृत्तियों का भाषागत एवं विषयगत उदय हुआ उसकी बुनियाद में धार्मिक भावनाएँ अवश्य दिखाई पड़ती हैं। यह भावना चाहे नाथपन्थी हों, चाहे सिद्धपन्थी या जैन धार्मिक आस्थाओं से सम्बद्ध हों, सबके यहाँ है। कालान्तर में भक्ति आन्दोलन को लेकर निर्गुण-सगुण और शाखा, उपशाखा के रूप में ज्ञानाश्रयी, प्रेमाश्रयी, कृष्णभक्ति तथा रामभक्ति शाखाओं के रूप में प्रभूत सामग्री हिन्दी-साहित्य के रूप में इतिहास-लेखन के लिए सुलभ हुई, जिसके आधार पर दृढ़तापूर्वक स्थापित एक सुदृढ़ साम्राज्य व्यवस्था के कारण राजनीतिक और सामाजिक परिस्थितियों में बदलाव आया और उसके कारण हिन्दी-साहित्य का स्वर भी बदला।

हिन्दी का 'उत्तर मध्यकाल' जिसे 'रीति' या शृंगारकाल की संज्ञा दी जाती है, ब्रजभाषा के माध्यम से व्यक्त हुआ, शृंगार और कृष्ण की लोकलीला इसकी प्रेरणास्रोत बनी। यहाँ पहुँच कर पूर्ववर्ती वे सभी काव्यधाराएँ अन्तःसलिला होती जान पड़ती हैं, जिन्हें लक्ष्य कर यह कहा गया कि हिन्दी-साहित्य हिन्दू धर्म का इतिहास है। उनके अन्तः सलिला होते ही जो सुघड़, सुन्दर, ललित और व्यवस्थित काव्य ब्रजभाषा के माध्यम से प्रवाहित हुआ, उसे गम्भीरतापूर्वक देखते हुए यह नहीं कहा जा सकता कि वह हिन्दू धार्मिक भावनाओं से बिल्कुल मुक्त है। रीतिकाल के अन्तिम श्रेष्ठ आचार्य भिखारीदास का यह वक्तव्य कि "आगे के सुकवि रीझिहैं तौ कविताई, न तु राधिका कन्हाई सुमिरन को बहानों है।" स्पष्ट घोषित करता है कि हिन्दी-साहित्य की मूल प्रवृत्ति धार्मिक भावों की नींव पर टिकी है। कालगत परिस्थितियाँ कुछ ऐसी आयीं, जिनके कारण साहित्य में अलंकरण एवं काव्यकला के प्रदर्शन तथा शृंगारी भावनाओं के अतिरेक के प्रदर्शन तथा शृंगारी भावनाओं के अतिरेक के प्रति लोगों में रुझान बढ़ा। इस कविताई पर रीझने वाले तो कलाविद् होंगे, पर उसे परम्परा में जीवित रखने का कार्य तो जनमानस ही करेगा, जो उसे राधा कन्हाई के सुमिरन के बहाने से ही सम्भव बना पायेगा। इससे यह स्पष्ट है कि यदि इस ऐतिहासिक फलक में अभिव्यक्ति का माध्यम मात्र कविता न होती और गद्य विकल्प के रूप में सुलभ होता, तो सारा बौद्धिक व्यापार गद्य के माध्यम से ही सामने आता और कविता को कोई दूसरा मार्ग तलाशना पड़ता।

इतिहास और हिन्दी–साहित्य के इतिहास के बीच घटती दूरी

कविता चाहे वह अपभ्रंश में लिखी गयी हो, डिंगल, पिंगल और लोकभाषा में लिखी गयी हो तथा ब्रज और अवधी उसका माध्यम बनी हो, उसकी एकरूपता विषय के धरातल पर बनी रही। इससे स्पष्ट होता है कि दबाव विषय का था, भाषा का नहीं। विषय का सीधा सम्बन्ध इतिहास से होता है। यदि ऐसा न होता तो विषय को दृष्टिपथ में न रखकर, हिन्दी-साहित्य के इतिहास के रूप में मात्र भाषा का इतिहास लिखा जाता। यह एक बहुत बड़ी समस्या है हिन्दी-साहित्य के इतिहास लेखन के धरातल पर। यह कठिनाई इसलिए और बढ़ गयी है कि इतिहास के पुनर्लेखन की आवश्यकता इतिहासकार अनुभव करने लगे हैं और उनका कहना है कि इतिहास मात्र घटनाओं, तिथियों, युद्धों, जय, पराजय और प्रभुतासम्पन्न व्यक्तियों के नामोल्लेख का विषय नहीं, बल्कि उसके माध्यम से सामाजिक, सांस्कृतिक और राजनीतिक परिस्थितियों का भी चित्रांकन होना चाहिए, जिसके कारण इतिहास में घटनाएँ घटीं। यदि इतिहास यह कार्य नहीं कर सकता तो उसकी कोई सार्थकता ही नहीं रह जाती। इस दायित्व के निर्वाह के लिए तत्युगीन साहित्य के पास जाना होगा, जिसमें समय की राजनीतिक, सांस्कृतिक, धार्मिक, आर्थिक और सामाजिक इतिहास-चेतना सुरक्षित रहती है। साहित्य को समझने के लिए भी तत्युगीन इतिहास की जानकारी आवश्यक है। अतः इतिहास और हिन्दी-साहित्य का इतिहास परस्पर निकट आ रहा है, ऐसी स्थिति में हिन्दी-साहित्य के इतिहास लेखन के प्रति भी दृष्टिकोण बदलने का दबाव बुद्धि जीवियों द्वारा बढ़ता जा रहा है।

मध्यकालीन हिन्दी-साहित्य के बाद आधुनिक हिन्दी-साहित्य का इतिहास गद्य और पद्य दोनों के सम्मिश्रण से उपलब्ध रचनाओं का इतिहास है, जिस पर गद्य का वर्चस्व उत्तरोत्तर बढ़ता जा रहा है, क्योंकि कविता और गद्य दोनों एक-दूसरे के निकट आते जा रहे हैं, चिन्तन के क्षेत्र में भी और अभिव्यक्ति के धरातल पर भी। ऐसी स्थिति में हिन्दी-साहित्य के इतिहास का कालविभाजन तो बराबर विवादास्पद रहा ही और अब विषयगत तथा भाषागत विभाजन भी कम विवादास्पद नहीं रह गया है। ऐसी स्थिति में विचार करना होगा कि हिन्दी-साहित्य के इतिहास-लेखन का क्या स्वरूप हो और उसे कहाँ से किस रूप में स्वरूप दिया जाये।

हिन्दी–साहित्य के इतिहास का आरम्भ कहाँ से?

किसी भी देश का साहित्य और उसके विकास की प्रक्रिया अपनी पूर्णता में ही परखी जा सकती है। हिन्दी-साहित्य के इतिहास का मूल्यांकन करते समय भी हमें उपर्युक्त दृष्टि अपनानी पड़ेगी। सुविधा के लिए कालखण्डों में उसे विभक्त करने के लिए विद्वानों ने कुछ आधार प्रस्तुत किये हैं और अपने-अपने ढंग से लोगों ने एक निष्कर्ष

तक पहुँचने की कोशिश भी की है। इस दिशा में हुए किसी भी प्रयत्न को अन्तिम नहीं कहा जा सकता, क्योंकि अभी इस दिशा में कुछ और सोचने-विचारने की गुंजाइश शेष है।

हिन्दी-साहित्य के इतिहास का आरम्भ कहाँ से करें? इस प्रश्न का उत्तर देना अपेक्षाकृत अधिक जटिल है। लिखते समय हिन्दी साहित्य के इतिहास लेखकों के सामने जितनी सामग्री उपलब्ध थी, उसी के आधार पर उन लोगों ने किसी-न-किसी निर्णय पर पहुँचने की चेष्टा की है। दृष्टिकोण की भिन्नता के कारण इतिहास लेखकों के काल-निर्धारण में भी वैमत्य रहा है। भाषा, प्रवृत्ति, उद्देश्य एवं काव्यरूपों को लेकर ही इतिहास लेखकों में मतभेद की स्थिति उत्पन्न हुई है। डॉ. ग्रियर्सन ने अपनी पुस्तक 'लिंग्विस्टिक सर्वे ऑफ इंडिया' में तो यहाँ तक कह दिया है कि ब्रजभाषा के प्रौढ़तम एवं उत्कृष्टतम रूप ग्रहण करने के पूर्व का काल अन्धकार में स्थित है। डॉ. धीरेन्द्र वर्मा इस काल की सामग्री को अविश्वस्त मानने के कारण इन पर कुछ भी प्रकाश डालना सम्भव नहीं मानते। उपर्युक्त सूत्रों के आधार पर कुछ परवर्ती हिन्दी साहित्य के इतिहास-लेखक इस काल को 'अन्धकार युग' की संज्ञा देने में भी संकोच नहीं करते।

हिन्दी में अन्वेषण की आवश्यकता पर बल दिये जाने के कारण और बाद में नागरी प्रचारिणी सभा, वाराणसी; बिहार राष्ट्रभाषा परिषद्, पटना; हिन्दी साहित्य सम्मेलन, प्रयाग; पुरातत्त्व मन्दिर, जयपुर; गायकवाड़ ओरिएंटल सीरीज, बड़ौदा; भारतीय विद्या भवन, मुम्बई तथा सिन्धी जैन ग्रन्थ माला, अहमदाबाद-कलकत्ता जैसी संस्थाओं के सत्प्रयत्न से बहुत-सी सामग्री सामने आयी, जिससे हिन्दी-साहित्य के इतिहास लेखक नये सिरे से सोचने के लिए विवश हुए।

पं. रामचन्द्र शुक्ल ने सर्वप्रथम हिन्दी साहित्य का प्रामाणिक विवेचनात्मक इतिहास प्रस्तुत किया, जो अपनी कतिपय मौलिकताओं के कारण पूर्ववर्ती हिन्दी-साहित्य के इतिहासों से सर्वथा भिन्न था और उसने परवर्ती इतिहास लेखकों को सर्वाधिक प्रभावित किया। लिखते समय शुक्ल जी के सामने जितनी सामग्री थी, उसका समुचित उपयोग उन्होंने किया है। हिन्दी-साहित्य के इतिहास में उन्होंने प्राप्त सामग्रियों की सूचना तो दी है, पर अपनी एक विशेष दृष्टि के कारण उनमें से अधिकांश सामग्री को वे हिन्दी साहित्य के इतिहास का अंग नहीं मान सके। इसका परिणाम यह हुआ कि हिन्दी साहित्य के इतिहास का आरम्भ जहाँ से मानना चाहिए, उन्होंने उसे वहाँ से आरम्भ न करके काफी बाद से आरम्भ किया है।

नाथ, सिद्ध और जैन सम्प्रदायों से सम्बन्धित प्राप्त ग्रन्थों को शुक्ल जी हिन्दी साहित्य के खाते से इसलिए निकाल देते हैं कि वे धार्मिक प्रवृत्ति से प्रेरित होकर

लिखी रचनाएँ हैं। आगे चलकर वे हिन्दी-साहित्य के इतिहास के संशोधित संस्करण में वज्रयानी सिद्धों और नाथपन्थी योगियों की परम्परा के उल्लेख की आवश्यकता दबी ज़बान से स्वीकार भी कर लेते हैं। ग्रन्थ के आरम्भ में जहाँ उन्होंने इसका उल्लेख किया है, वहाँ वे अपने संस्कार और निश्चित दृष्टिकोण के कारण यह टिप्पणी करने से बाज भी नहीं आते कि उल्लेख की आवश्यकता मात्र इसलिए है कि इससे यह जान लेने में सुविधा होती है कि कबीर द्वारा प्रवर्तित निर्गुण सन्त मत के लिए किस प्रकार उन्होंने पहले से रास्ता तैयार कर दिया था। शुक्ल जी का उपर्युक्त कथन इसलिए कमजोर पड़ जाता है, क्योंकि वे हिन्दी-साहित्य के भक्तिकाल और उस काल की कुछ कृतियों पर अत्यधिक रीझे हैं, जब कि वे भी धार्मिक भावनाओं से प्रेरित होकर लिखी गयी हैं। अतः शुक्ल जी ने जहाँ से हिन्दी साहित्य के इतिहास का आरम्भ किया है, उस बिन्दु को और पीछे ले जाकर, तब कहीं से हिन्दी साहित्य के इतिहास का आरम्भ करना होगा। अतः इस आरम्भकाल को नाम हम चाहे जो भी अपने तर्कों के आधार पर दें, पर काल-निर्धारण की इस जटिलता को नजरन्दाज़ नहीं कर सकते।

भाषा, भाव, विचार और मान्यताओं के लिए जब निर्गुनियाँ सन्त नाथ सिद्धों के ऋणी हैं और सगुण भक्तों की भक्ति के बीज भी उनमें मिल जाते हैं, तो कोई कारण नहीं है कि इससे सम्बद्ध प्राप्त सामग्री को हिन्दी साहित्य के इतिहास में स्थान न दिया जाये। महापण्डित राहुल सांकृत्यायन, डॉ. पीताम्बरदत्त बड़थ्वाल, आचार्य हजारीप्रसाद द्विवेदी, पं. परशुराम चतुर्वेदी, डॉ. रामकुमार वर्मा, डॉ. धर्मवीर भारती आदि विद्वानों ने इसके औचित्य को स्वीकार भी किया है। अभी पाण्डुलिपियों की खोज की प्रक्रिया समाप्त नहीं हुई है और नवीन सामग्री प्राप्त होने की सम्भावना बराबर बनी हुई है, जिससे आज भी निश्चयपूर्वक यह कह पाना कठिन है कि हिन्दी-साहित्य के इतिहास का आरम्भ अमुक समय से हुआ।

काल-विभाजन भी विवाद से परे नहीं

प्रवृत्तियों की विविधता, एकाधिक भाषाओं में प्राप्त साहित्यिक रचनाएँ तथा विभिन्न धार्मिक सम्प्रदायों के अन्तर्गत आने वाले काव्य जिस प्रकार आरम्भ में काल-निर्धारण के मार्ग में कठिनाइयाँ उत्पन्न करते हैं, उसी प्रकार अन्य परवर्ती कालों के काल-निर्धारण के मार्ग में भी कठिनाइयाँ हैं। भक्तिकाल अथवा उत्तर-मध्यकाल के समय निर्धारण में जिन तत्त्वों को प्रमुखता दी गयी है, वे कम विवादास्पद नहीं हैं। काव्य के प्रमुख तत्त्व भक्ति-भावना का जहाँ तक सम्बन्ध है, उसकी परम्परा केवल इस काल तक ही सीमित नहीं है, वह पूर्ववर्ती काव्यों में भी मिलती है और किसी-न-किसी रूप में परवर्ती काल में भी विद्यमान रही। काव्य के माध्यम से मुखरित होने वाला

भक्ति आन्दोलन भी निर्गुण एवं सगुण दो प्रमुख प्रवृत्तियों में विभक्त था और वे प्रवृत्तियाँ ज्ञानाश्रयी, प्रेमाश्रयी, कृष्णाश्रयी और रामाश्रयी धाराओं में विभक्त थीं। काव्यरूप में भी कोई एकरूपता नहीं मिलती। दोहा, साखी, सबदी, गीत, गेयपद, मुक्तक और प्रबन्ध-काव्य सभी कुछ तो इस काल में लिखा गया। रचना की भाषा भी एक नहीं रही, क्योंकि ब्रज और अवधी दोनों ही भाषाओं में सुन्दर रचनाएँ हुईं। सन्तों ने भाषा की अपनी अलग खिचड़ी पकाई, जिसे चाहें तो सधुक्कड़ी भी कह लें। भक्तिकाल में प्रयुक्त अवधी भाषा को चाहे तो हम अलग मान सकते हैं। एक और विशिष्ट अन्तर देखने को मिला, वह यह कि इस काल के कवियों ने राजाश्रय की उपेक्षा की तथा उन्होंने अपने-अपने आराध्य का आश्रय ग्रहण किया। ये राजा-महाराजा के दरबारी नहीं, बल्कि 'प्रभु के दरबारी' बने, जब कि रासो परम्परा के अन्तर्गत आने वाले कवि देशी दरबारों से जुड़े रहे। यह प्रवृत्ति आगे चलकर पुनः लोकप्रिय हो गयी और रीतिकाल अथवा उत्तरमध्यकाल के कवि पुनः देशी दरबारों के मुखापेक्षी बने। हम चाहें तो इस व्यवधान के समय की रचनाओं के आधार पर भक्तिकाल की सीमा निर्धारित कर लें।

भक्तिकाल की कृष्णाश्रयी काव्यधारा की ब्रजभाषा ही तो रीति अथवा शृंगारकाल के कलात्मक अभिव्यक्ति की भाषा बनी और लगभग सभी शृंगारी कवियों ने किसी-न-किसी रूप में राधा-कृष्ण का नाम भी लिया। नायक-नायिका भेद और अलंकार शास्त्र-निरूपण का जहाँ तक प्रश्न है, कृष्णभक्ति शाखा के कवियों द्वारा रचित काव्य में उनके स्पष्ट सूत्र ढूँढ़े जा सकते हैं। सूरदास के पदों में और नन्ददास की रचनाओं में तो रीतिकालीन कवियों के लिए प्रभूत मात्रा में प्रेरणाप्रद सामग्री उपलब्ध है। ऐसी स्थिति में आदिकाल से भक्तिकाल और भक्तिकाल से रीतिकाल किस बिन्दु पर साफ-साफ अलग हो गया, कहना अत्यन्त कठिन है। हिन्दी-साहित्य के इतिहास-लेखकों ने बहुमत के सिद्धान्त पर प्रवृत्तिगत प्रमुखता का आधार लेकर काल-सीमा का निर्धारण कर दिया है, जिसे पूर्ण वैज्ञानिक मान लेना कठिन है।

'बहुमत' के आधारगत सिद्धान्त को भी यदि हम थोड़ी देर के लिए स्वीकार कर लें, तो आगे चलकर गाड़ी आधुनिककाल में आकर अटक जाती है। बहुमत का कौन-सा आधार आधुनिककाल के सीमा-निर्धारण के लिए स्वीकार किया जाये, यह एक समस्या है। गद्य के आविर्भाव को आधार माना नहीं जा सकता—क्योंकि वार्ताओं एवं टीकाओं के माध्यम से ही गद्य-लेखन का कार्य किसी-न-किसी रूप में मध्यकाल में भी होता रहा है। आप कह सकते हैं कि भाषा की एकरूपता को आधार बनाया जा सकता है। यह सच है कि आधुनिककाल में खड़ी बोली साहित्य के स्तर पर अभिव्यक्ति का माध्यम बनी। खड़ी बोली के आरम्भ और

विकास के सूत्र को भी मुगल सम्राट् शाहजहाँ के शासन काल में लोग ढूँढ़ते हैं, पर आधुनिककाल के आरम्भ बिन्दु के निर्धारण में यह तर्क सहायक सिद्ध हो सकता है। आधुनिककाल के निर्धारण का यह प्रयास भी आज के परिप्रेक्ष्य में नये सिरे से सोचने पर विवश करता है।

गद्य साहित्य के लिए खड़ी बोली का व्यवहार तो रीतिकाल की समाप्ति के साथ आरम्भ हो गया, पर भारतेन्दु के समय तक ब्रजभाषा किसी-न-किसी प्रकार कविता की भाषा बनी ही रही। अपवादस्वरूप परिष्कृत खड़ी बोली के काव्य की भाषा बन जाने तक भी जगन्नाथदास रत्नाकर ने अत्यन्त प्रौढ़ और परिष्कृत ब्रजभाषा में अपनी रचना 'उद्धव शतक' की सृष्टि की। ब्रजभाषा और खड़ी बोली के सन्दर्भ में काव्य के धरातल पर 'भारतेन्दु हरिश्चन्द्र' को संक्रान्तिकाल के कवि के रूप में स्वीकार कर लेना समीचीन होगा। 'भारतेन्दु' ने काव्य-रचना के लिए ब्रज और गद्य-रचना के लिए खड़ी बोली को चुना, जिसे कुछ लोगों ने 'हरिश्चन्द्री हिन्दी' के नाम से पुकारा है। इस प्रकार तथाकथित 'आधुनिककाल' के आरम्भ की समस्या तो हल हो सकती है, पर इसका फैलाव कहाँ तक माना जाये, यह एक जटिल प्रश्न है, जिसका उत्तर देना शेष रह जाता है।

भाषा की एकरूपता को न तो आदिकाल में आधार बनाया गया, न तो भक्तिकाल में, क्योंकि दोनों ही कालों में एकाधिक भाषा का व्यवहार हुआ है। यह सही है कि रीतिकाल में भाषा की एकरूपता रही है, पर क्या इस आधार पर रीतिकाल को भक्तिकाल की कृष्णभक्ति शाखा का कलात्मक विकास माना जायेगा? अतः आधुनिककाल के नामांकन के लिए भाषा की एकरूपता को आधार मान लेने का कोई कारण नहीं है। अन्य आधारों में से इसे एक आधार मान लिया जा सकता है।

'रीतिकाल' के बाद काव्य और गद्य-साहित्य का समान रूप से समानान्तर विकास हुआ है, जो हिन्दी-साहित्य के इतिहास में एक महत्त्वपूर्ण घटना है। यह विकास भाव-बोध के कई स्तरों पर और साहित्य रूप की कई दिशाओं में हुआ है। रीतिकाल की समाप्ति से भारतेन्दु के उदय तक का जो भावबोध हिन्दी-साहित्य में प्रयुक्त हुआ, 'भारतेन्दु मण्डल' के साहित्यकारों का भाव-बोध निश्चित रूप से वही नहीं रहा। महावीर प्रसाद द्विवेदी के प्रभामण्डल में आने वाले कविगण भाषा एवं भाव की दृष्टि से पूर्ववर्ती कवियों से अपनी भिन्न स्थिति रखते हैं। द्विवेदी-युगीन इतिवृत्तात्मकता के समानान्तर स्वच्छन्दतावादी काव्य का आन्दोलन भी विकासोन्मुख था, जिसके परिणामस्वरूप छायावाद तथा रहस्यवाद जैसी काव्य-प्रवृत्तियाँ स्थापित हुईं। इसके अतिरिक्त नाटक, निबन्ध, उपन्यास, कहानी और आलोचना साहित्य भी पूर्ववर्ती लेखकों की अपेक्षा अधिक परिष्कृत एवं सशक्त रूप में सामने आया। बीच-बीच में

विश्व के रंगमंच पर घटने वाली महायुद्ध जैसी घटनाएँ भी हिन्दी-साहित्य के स्वरूप को प्रभावित करती रहीं। येन-केन-प्रकारेण राष्ट्रीयता की जो लहर 'भारतेन्दु' के उदय काल से हिन्दी-साहित्य में प्रवाहित हुई, वह परिस्थितियों के अनुसार सन् 1947 तक हिन्दी साहित्य में विकास पाती रही और अन्य घटनाएँ किसी-न-किसी रूप में अपना प्रभाव डालते हुए राष्ट्रीय भावधारा का अंग बनती रहीं। महती उपलब्धि के रूप में हमें सन् 1947 ई. में स्वतन्त्रता की प्राप्ति हुई और उसने भारतीय जीवन की भाँति साहित्यकारों के दृष्टिकोण में महान् परिवर्तन उपस्थित किया। अब तक की राष्ट्रीय भावना जो अनेकता में एकता का आभास कराती रही, आंचलिकता के रूप में खण्डित हो गयी, जिससे स्वतन्त्र्योत्तर साहित्य का विकास बहुमुखी तो हुआ, पर छितरा गया। इस प्रकार क्या समूची साहित्यिक उपलब्धियों को आधुनिककाल के अन्तर्गत समाहित किया जा सकता है? इसका विभाजन भी आवश्यक है और अब समूचे हिन्दी-साहित्य को आदिकाल, भक्तिकाल, रीतिकाल या आधुनिककाल नामक चार शीर्षकों में विभक्त करने का मोह छोड़ना होगा।

साझा संस्कृति की विरासत का सवाल

आज का भारतीय जन एवं मन आपसी कट्टरता को भुलाकर मेल-मिलाप के रास्ते पर चलने की कोशिश कर रहा है। सभ्यता के मानदण्डों में इस उदार दृष्टि को शामिल कर लिया जाना इसकी अनिवार्यता को रेखांकित करता है। ऐसा भी नहीं कि इसे सीधे-सीधे मान लिया गया, बल्कि स्वतन्त्रता प्राप्ति के समय का साम्प्रदायिक संघर्ष 1965 और 1971 की लड़ाइयों के दर्दनाक पल तक भी पहुँच गया है, परन्तु इसके प्रति उत्पन्न वैचारिक स्वर ही दृष्टिगत बदलाव की कहानी कहते हैं। इसके परिणामस्वरूप उर्दू और हिन्दी गजल का आसपास आना सिर्फ साहित्य की विधा का ही नहीं और न ही भाषा का सवाल लेकर आता है, अपितु अनुभूति की निजता और प्रामाणिकता के दौर को ज्यादा विश्वसनीय तथा साधारणीकृत करके प्रस्तुत करने में मदद करता है। अपनी चमकदार प्रस्तुति के साथ गजलों ने इस बात पर सोचने के लिए विवश कर दिया कि विषय एवं भाषागत आधार पर इसकी उपस्थिति को अतीत में देखा जाये और अन्तःसलिला हो जाने की स्थिति के कारणों की छानबीन के साथ हिन्दी-साहित्य के इतिहास को खटकने वाली गलती से उबारा जाये।

इसी के साथ जुड़ा है, दक्खिनी हिन्दी का सवाल। इसके सूत्रों को भी हम उर्दू भाषा के बनने के क्रम में तलाश सकते हैं। फारसी और लोकभाषाओं के मिश्रण की याद को दबाये, प्रारम्भ के ये प्रयास पूरी तरह उपेक्षित नहीं किये जा सकते, यह समय की माँग और स्वाभाविकता का तकाजा भी है।

हिन्दी-भाषा और साहित्य की उत्तरोत्तर व्याप्ति इस बात की ओर भी इशारा करती है कि क्षेत्रीय दरबारों के साथ-साथ केन्द्रीय दरबारों की स्थिति भी स्पष्ट की जाये। ऐसा करके हम जहाँ आज के भाषावाद, क्षेत्रवाद जैसी समस्याओं का उचित आधार खोज पायेंगे, वहीं इसके अन्तर्विरोधी संघर्ष को पहचानकर ज्यादा व्यावहारिक सूत्र से हिन्दी-साहित्य के इतिहास को नयी वास्तविकता के अनुरूप प्रस्तुत कर सकते हैं। केन्द्र और राज्य का जो संघर्ष आज इतने विषम रूप में उपस्थित है, उसकी जड़ को बिना खोजे हम अभिव्यक्ति के इस संकट से उबर नहीं सकते। इस दृष्टि से हमें बहादुरशाह जफर, औरंगजेब, अकबर, अलाउद्दीन खिलजी के समय को पुनः एक बार नये सिरे से जाँचना-परखना होगा। हालाँकि यह कार्य इतिहास के दबाव में हिन्दी-साहित्य के इतिहास की व्याख्या जैसा लगता है, पर वर्तमान के ऐतिहासिक दबाव में इस ऐतिहासिक विवशता की पड़ताल करनी ही पड़ेगी।

इसी तरह संस्कृत और लोकभाषा के मिश्रण से बनने वाली भाषाओं की जाँच-पड़ताल करने के लिए हिन्दी-साहित्य के इतिहास को अपभ्रंश से पीछे ले जाया जाये या नहीं, विवेचन का विषय बन सकता है।

क्षेत्र विस्तार एवं हिन्दी के प्रचार-प्रसार को ध्यान में रखकर दक्षिण भारत के प्रयासों की अनदेखी भी नहीं की जा सकती। भगति द्राविड़ी उपजी, लाये रामानन्द की उक्ति सिर्फ उक्ति ही नहीं रह जाये बल्कि रामानन्द के प्रयासों की मूलभूमि की वास्तविकता से भी जुड़ें, यह शिष्टता और कृतज्ञता का तकाजा है। साथ ही अगर हम चाहें तो धर्म और दरबार को लेकर खड़े किये गये विवाद का मूल उत्स और विस्मयकारी सम्मिश्रण संगम ग्रन्थों में खोज सकते हैं।

समय ही सबसे बड़ी कसौटी है

एकाधिक प्रवृत्तियों के समानान्तर जीवित तथा विकसित रहने के कारण नामकरण के मार्ग में जो कठिनाइयाँ आती हैं, इसके निराकरण के लिए हिन्दी-साहित्य के विभिन्न कालों का नामकरण आदिकाल, मध्यकाल तथा आधुनिककाल जैसे शीर्षकों द्वारा न करके समय के आधार पर करना समीचीन होगा। ऐसी स्थिति में विभाजन की रूपरेखा इस प्रकार की हो सकती है–

1. हिन्दी-साहित्य (सन् 1000-1400 ई.)
2. हिन्दी-साहित्य (सन् 1400-1650 ई.)
3. हिन्दी-साहित्य (सन् 1650-1857 ई.)
4. हिन्दी-साहित्य (सन् 1857-1947 ई.)
5. हिन्दी-साहित्य (सन् 1947 से अब तक)

उपर्युक्त विभाजन और नामकरण स्वीकार कर लेने पर इतिहास-लेखक के मार्ग में आने वाली बहुत-सी समस्याएँ अपने आप सुलझ जाती हैं। विशेष प्रवृत्ति के दबाव और फुटकल खाते में डाले जाने की विवशता से हटकर तत्कालीन साहित्य के साथ न्याय भी किया जा सकता है। साथ ही 'आधुनिककाल' जैसा समय सापेक्ष विशेषण जहाँ उत्तरआधुनिकता के नारे के कारण आज संकटग्रस्त है तथा कालान्तर में अपने नामकरण के लिए उपयुक्त नाम की तलाश के लिए अँधेरे में भटकता दिखेगा, उससे भी मुक्त हुआ जा सकता है। समय किस प्रकार से आत्मसंघर्षी स्वर में अपनी बात कहने के लिए दिशा एवं बोध ग्रहण करता है, इसे भी आसानी से दिखाया जा सकता है।

यह विचार न तो अन्तिम है और न ही सर्वमान्य होने की अतिरिक्त महत्त्वाकांक्षा से प्रेरित है। इसमें सिर्फ आज के समय का दबाव ही देखा जा सकता है, जो सोचने एवं विचार करने के लिए एक दिशा ही दे सकता है।

3

हिन्दी साहित्य के इतिहास का काल विभाजन एवं नामकरण

—महेन्द्रनाथ दुबे

हिन्दी-साहित्य के इतिहास ग्रन्थों की परम्परा-प्राप्त कोई सुदृढ़ पृष्ठभूमि नहीं है। नवीन इतिहास-लेखक को कोई ऐसा प्राचीन इतिहास-ग्रन्थ उपलब्ध नहीं है, जिसमें उसके रचनाकार ने अपने काल के पूर्ववर्ती समूचे वाङ्मय का पर्यवेक्षण अथवा सर्वेक्षण प्रस्तुत कर दिया हो; जिससे उसकी रिक्थ पर परवर्ती लेखक को केवल पूर्ववर्ती इतिहासकार के अनन्तर विकसित वाङ्मय का ही विवेचन-विश्लेषण करना शेष हो। हिन्दी साहित्य के पूर्ववर्ती इतिहास-ग्रन्थ अपनी पश्चात्कालीन विधाओं से स्वाभाविक रूप में पराङ्मुख तो हैं ही; पूर्ववर्ती कई विधाओं से भी अस्वाभाविक रूप से अनभिज्ञ हैं, फलतः नवीन साहित्य-इतिहास-प्रणेता अपना काम आरम्भिक युग से ही, नये सिरे से आरम्भ करने को बाध्य हैं।"

1. अल्पज्ञता का बोध

हिन्दी-साहित्य का इतिहास—लेखक अपनी अल्पज्ञता के प्रति सजग है। हिन्दी-साहित्य का वाङ्मय पूर्णतया स्पष्ट नहीं है। उसका अधिकांश क्षितिज के पार तिमिराच्छन्न है। उस क्षेत्र में वह उतना ही कुछ देख पाता है, जितना उसके काल तक पूर्ववर्ती इतिहासकारों द्वारा प्रज्वलित दीपशिखाओं का प्रकाश आलोकित कर पाता है। प्रकाश के प्रधान आलम्बन उन दीपशिखाओं में से भी अधिकांश सुदृढ़ दीपाधारों पर अवस्थित नहीं हैं फलतः समय की गति के साथ स्नेह-शुष्कता के मारे कितने चिराग गुल हो जाते हैं; परिणामस्वरूप उनसे आलोकित कोना पुनः गहनतम में विलीन हो जाता है। इस प्रकार जहाँ एक ओर समूचा वाङ्मय जाना नहीं जा सका है, वहीं दूसरी ओर कुछ ज्ञात तथ्य भी अज्ञात हुए जा रहे हैं।

झंझावातों की चोट—हिन्दी-वाङ्मय का प्रसार अधिकतर हिन्दी भाषा-भाषी प्रदेशों में ही रहा है, किन्तु अतीत की सामग्री का जो कुछ पता अबतक लग पाया है,

उसमें से आरम्भिक युग की अधिकांश सामग्री इस क्षेत्र से उपलब्ध नहीं हुई है। यद्यपि इसका प्रधान कारण इस क्षेत्र में साहित्य-संरक्षण का अभाव ही रहा है, किन्तु जैसे भीषण राजनयिक झंझावातों से यह प्रदेश गुजरा है, उसमें इससे अधिक संरक्षण की आशा भी नहीं की जा सकती। अनेक आक्रमण एवं दैवी प्रकोपों से जैसे यहाँ की प्रभूत वैभव राशि विनष्ट हो गयी, वैसे ही यहाँ के साहित्य का भी अधिकांश भाग काल-कवलित हो गया। केवल वे ही अंश किसी तरह सुरक्षित रह सके हैं, जिन पर आक्रान्ताओं की नजर नहीं पड़ी; जिन्हें किसी प्रकार राजन्य वर्ग का आश्रय प्राप्त हो सका या जो धार्मिक भाव के कारण किसी तरह बचा ली गयीं अथवा जो अतिशय लोकप्रिय होने के कारण कण्ठ-परम्परा में पलती रहीं।

तथाकथित अन्वेषकों की माया—इधर जिस प्रकार नित्य का विकसित साहित्य अत्यधिक प्रकाशित होता जा रहा है, उसी प्रकार कुछ सुधी अन्वेषकों के श्रम से प्राचीन साहित्य का भी बहुत-सा महत्त्वपूर्ण अंश प्रकाश में आता जा रहा है; किन्तु आत्मस्थापन की आकांक्षा के वशीभूत कुछ तथाकथित अन्वेषक पहले कुछ कच्चा पक्का पकाकर प्राचीन तिमिराच्छन्न प्रदेश में फेंक देते हैं, तद्नन्तर औरों के सामने अपनी सर्चलाइट उधर फेंककर महान् तथ्योद्‌घाटक बनकर तालियों की गड़गड़ाहट में शीर्षस्थ मंच पर विराजमान होने की चेष्टा करते रहते हैं। इनकी माया से अतिशय सावधान रहने की आवश्यकता हैं।

प्रकाश का अभाव—किंवदन्ती है कि सरस्वती और लक्ष्मी का मेल नहीं हो पाता। यह चाहे पूर्ण सत्य न हो, पर हिन्दी साहित्य के साथ यह अर्ध सत्य की सीमा तक चरितार्थ होती आयी है। आरम्भ-युग की प्रकाशित सामग्री हमारे समक्ष पूर्णतः प्रकाशित नहीं है, यह सत्य है, पर उस काल का भी सबकुछ प्रकाश पा गया होगा, यह सम्भव नहीं है। आज भी जो कुछ रचा जा रहा है, वह सभी प्रकाशित नहीं हो पा रहा है। 'जो प्रकाशित हो रहा है, वह सबका सब उत्कृष्ट ही है अथवा जो प्रकाशित नहीं हो पा रहा है वह निकृष्ट ही होगा।' यह कहना भी उचित नहीं है। ऐसी स्थिति में हिन्दी-साहित्य का यह दुर्भाग्य इसके मूल्यांकन में आरम्भ से ही बाधक रहा है। प्रस्तुत लेख भी इस कमी से ग्रस्त है। फलतः सुनिश्चित मार्ग का निर्देश करना सामर्थ्य के परे की बात है। फिर भी हिन्दी का जो कुछ अबतक प्रकाश पा गया है और जिससे लेखक कुछ परिचित हो सका है, उसके आधार पर हिन्दी साहित्य के इतिहास के काल-विभाजन एवं नामकरण पर कुछ विचार किया जा रहा है।

2. वृत्त संग्रहों में

आचार्य रामचन्द्र शुक्ल ने अपने 'हिन्दी-साहित्य का इतिहास' ग्रन्थ में ठाकुर शिवसिंह सेंगर, ग्रियर्सन आदि के संकलनों को वृत्त-संग्रह कहा है। वृत्त-संग्रहों की परम्परा

यदि ढूँढ़ी जाये, तो यह विक्रम की सत्रहवीं शती से ही आरम्भ होती जान पड़ेगी, जब नाभादास जी ने अपने **भक्तमाल**[1] वृत्त-संग्रह में लगभग दो सौ भक्तों के चरित्रों का बखान 316 छप्पयों में निबद्ध किया था। यद्यपि यह संग्रह भक्तों के माहात्म्य के बखान के लिए ही प्रस्तुत किया गया था फिर भी इसमें कई भक्त-कवियों के काव्य-सम्बन्धी वैशिष्ट्य का भी संक्षेप में सुसंगत निर्देश हुआ है। इसके अनन्तर ब्रज के वार्ता-साहित्य में भी इस प्रकार के निर्देश यत्र-तत्र मिल जाते हैं। इनमें चौरासी वैष्णवों की वार्ता[2] एवं दो सौ बावन वैष्णवों की वार्ता[3] विशेष उल्लेख्य हैं।

इस्त्वार द ला लितरेत्युर ऐन्दुई ऐन्दुस्तानी—विशुद्ध साहित्यिक वृत्त-संग्रहों का प्रथम प्रयास फ्रेंच भाषा में लिखित फ्रांस के हिन्दी-उर्दू के प्रसिद्ध विद्वान् **गार्सा द तासी** कृत **'इस्त्वार द ला लितरेत्युर ऐन्दुई ऐन्दुस्तानी'**[4] (Historie de la Literature Hindoui Hindustanee) में दिखाई पड़ता है। यद्यपि इसमें संकलित अधिकांश वृत्त उर्दू साहित्यकारों के हैं। कुल 738 कवियों में से हिन्दी-कवियों की संख्या 72 ही है।

तबकातुश्शुअरा—तासी की मूलकृति के अनन्तर फैलन और मौलवी करीमुद्दीन ने इसका अनुवाद कुछ नवीन जोड़ के साथ **'तबकातुश्शुअरा'** या **तज़किरा-ई-शुअरा-ई-हिन्दी**[5] या (History-Urdu Poets) नाम से, दिल्ली से प्रकाशित किया, परन्तु मौलवी करीमुद्दीन ने इसमें इतने अधिक वृत्त अलग से जोड़े थे कि स्वयं तासी ने अपनी पुस्तक के द्वितीय संस्करण में उनका उपयोग किया, जिससे उसका द्वितीय संस्करण तीन भागों[6] में प्रकाशित हुआ, जिसमें कुल 1224 कवियों के वृत्त निबद्ध हुए। यद्यपि इसमें हिन्दी के कुल 358 कवियों के वृत्त ही समाहित हो सके हैं। इसके हिन्दी अंश का अनुवाद डॉ. लक्ष्मीसागर वार्ष्णेय ने **'हिन्दुई साहित्य का इतिहास'**[7] नाम से किया है।

'गार्सा द तासी' के संग्रह में तो वृत्त संग्रह कर देने मात्र का प्रयत्न है, जिसमें कवियों के वृत्त उनके नामों के वर्गों के क्रम के अनुसार निबद्ध हैं। किन्तु करीमुद्दीन ने अपने संग्रह में काल-क्रम का भी ध्यान रखा है, यद्यपि उनका यह प्रयत्न पूर्णतः

---

1 'भक्तमाल' शुक्ल जी के विचार से सं. 1642 के पीछे बना और सं. 1769 में प्रियादास जी ने उसकी टीका लिखी।

2 'चौरासी वैष्णवन की वार्ता' के बारे में प्रसिद्ध है कि यह महाप्रभु बल्लभाचार्य के पौत्र (श्री विट्ठलनाथ के पुत्र) गोसाईं गोकुलनाथ द्वारा लिखी गयी है, किन्तु इसमें गोकुलनाथ का यत्र-तत्र जिस भक्ति-भाव से उल्लेख किया गया है, उससे जान पड़ता है कि यह उनके किसी शिष्य द्वारा रचित है। इसका रचनाकाल सम्भवतः 17वीं शती (वैक्रम) का उत्तरार्ध है।

3 इसका निर्माणकाल सम्भवतः 18वीं शती विक्रमीय ठहरता है।

4 प्रथम संस्करण दो भागों में क्रमशः 1839 एवं 1847 ई. में ग्रेट ब्रिटेन एवं आयरलैंड की ओरिएंटल ट्रांसलेशन कमेटी की ओर से प्रकाशित।

5 दिल्ली कॉलेज, दिल्ली से 1848 ई. में प्रकाशित।

6 प्रथम-द्वितीय भाग 1870 ई. तथा तृतीय 1871 ई. में प्रकाशित।

7 हिन्दुस्तानी एकेडेमी, प्रयाग से 1952 में प्रकाशित।

व्यावहारिक नहीं हो पाया है। काल-विभाजन की चेष्टा इन दोनों ही वृत्त संग्रहों में दृष्टिगोचर नहीं होती।

शिवसिंह सरोज—हिन्दी का प्रथम उल्लेखनीय[1] साहित्यिक वृत्त-संग्रह शिवसिंह सेंगर द्वारा संकलित 'शिवसिंह सरोज'[2] है। इसके पूर्वार्ध में 829 कवियों की कविताएँ संकलित हैं तथा उत्तरार्ध में कुल 1003 कवियों के विवरण हैं। इसमें कवियों को उनके नामों के प्रथमाक्षर के अनुसार अकारादि क्रम से व्यवस्थित किया गया है किन्तु अधिकांश कवियों के कालों का निर्देश दिया गया है।[3] काल-विभाजन का स्पष्ट निर्देश इसमें भी नहीं किया गया है, किन्तु भूमिका में एक-एक शती में होने वाले कवियों की परिगणना की गयी है, जिससे यह संकेत मिलता है कि संग्रह-कर्ता के मन में शताब्दियों के अनुसार विभाजन करने की प्रवृत्ति थी।

द मॉडर्न वर्नाक्युलर लिटरेचर ऑफ हिन्दुस्तान—डॉक्टर ग्रियर्सन ने अपने ग्रन्थ **'द मॉडर्न वर्नाक्युलर लिटरेचर ऑफ हिन्दुस्तान'**[4] के प्रकाशन से हिन्दी वृत्त संग्रहों को, इतिहास-ग्रन्थों को दिशा देने का महत्त्वपूर्ण प्रयास किया। यद्यपि उन्होंने अपने संग्रह में पूर्ववर्ती वृत्त-संग्रहों, विशेषकर 'शिवसिंह सरोज' एवं यत्र-तत्र 'गार्सा द तासी' की कृति पर ही निर्भर किया है, फिर भी अपने ग्रन्थ में उन्होंने हिन्दी-साहित्य की पृष्ठभूमि का निर्देशन, कालविभाजन का प्रयास, सामान्य प्रवृत्तियों पर टिप्पणी तथा विशिष्ट साहित्यकारों का विशद विवेचन कर साहित्यिक इतिहास की सूझ-बूझ का परिचय दिया है। काल-विभाजन का स्पष्ट निर्देश उन्होंने अपने ग्रन्थ के 12वें अध्याय में किया है, जिसके अनुसार हिन्दी साहित्य के इतिहास को निम्नलिखित कालों में विभक्त किया है—

1. चारण काल (700 ई. से 1400 ई.)
2. पन्द्रहवीं शती का धार्मिक पुनर्जागरण
3. मलिक मुहम्मद जायसी का प्रेम काव्य
4. ब्रज का कृष्णकाव्य (1500 ई. से 1600 ई.)
5. मुगल दरबार

---

1 डॉ. रामकुमार वर्मा ने अपने *'हिन्दी साहित्य का आलोचनात्मक इतिहास में'* सरोज के पूर्व महेशदत्त द्वारा संगृहीत *'काव्यसंग्रह'* तथा मातादीन मिश्र कृत *'कवित्त रत्नाकर'* का उल्लेख किया है।

2 नवलकिशोर प्रेस, लखनऊ से सन् 1878 ई. में प्रकाशित।

3 परवर्ती अनेक संग्रहों एवं इतिहासों में सरोजकार द्वारा दी गयी तिथियों को कवि-जन्मकाल मान लिया गया है। किन्तु आचार्य विश्वनाथ प्रसाद मिश्र (*हिन्दी साहित्य का अतीत*, भाग 2) एवं डॉ. किशोरीलाल गुप्त (सरोज-सर्वेक्षण) ने इसे भ्रामक बताया है तथा कहा है कि सरोज में उद्धृत तिथियाँ अधिकतर कृति के रचना-काल या कवि की उपस्थिति अवधि की सूचक हैं।

4 सर्वप्रथम 'द जर्नल ऑफ द रॉयल एशियाटिक सोसायटी ऑफ बंगाल', भाग 1, सन् 1888 के विशेपांक के रूप में प्रकाशित। तद्नन्तर इसी संस्था से 1889 में पुस्तकाकार प्रकाशित।

6. तुलसीदास
7. रीतिकाव्य (1580 ई. से 1692 ई.)
8. तुलसीदास के अन्य परवर्ती (1600 ई. से 1700 ई.)
9. अट्ठारहवीं शताब्दी (1700 ई. से 1800 ई.)
10. कम्पनी के शासन में हिन्दुस्तान
11. विक्टोरिया के शासन में हिन्दुस्तान
12. विविध अज्ञात कवि

डॉ. ग्रियर्सन का उक्त विभाजन किसी विशेष वैज्ञानिक आधार पर स्थित नहीं है जैसा कि उपर्युक्त विभाजन से स्पष्ट है। कहीं रचनाकारों के वर्ग के आधार पर विभाजन का नाम निर्देश है (यथा—चारणकाल) तो कहीं साहित्यिक अथवा साहित्येतर प्रवृत्तियों को आधार बनाया गया है (यथा—रीतिकाल एवं पन्द्रहवीं शती का धार्मिक पुनर्जागरण या मुगल दरबार) तो कहीं पर राजनयिक शासन-तन्त्रों के शासनकाल में विकसित साहित्य को समाहित किया गया है (यथा—कम्पनी अथवा विक्टोरिया के शासन में हिन्दुस्तान)। इस प्रकार ग्रियर्सन का काल-विभाजन वाङ्मय को समझने के लिए सुविधाजनक मार्ग का अन्वेषणमात्र कहा जा सकता है। अतः इस विभाजन के औचित्य अथवा अनौचित्य पर विचार करना व्यर्थ है। फिर भी इस दृष्टि से ग्रियर्सन के विभाजन का विशेष महत्त्व है कि उसने आगामी इतिहास-ग्रन्थों के लिए एक पृष्ठभूमि प्रस्तुत कर दी है।[1]

मिश्रबन्धु विनोद—वृत्त-संग्रहों में सबसे वृहदाकार और सबसे महत्त्वपूर्ण संग्रह मिश्रबन्धुओं (पं. गणेशबिहारी, डॉ. श्यामबिहारी एवं डॉ. शुकदेवबिहारी मिश्र) द्वारा 4 भागों में प्रकाशित किया गया है[2], जिसमें कुल मिलाकर 4591 लेखकों का विवरण संगृहीत है। इस संग्रह के निर्माण में पूर्ववर्ती संग्रहों के अतिरिक्त लेखकों ने अनेक स्रोतों का सहारा लिया है। डॉ. श्यामबिहारी मिश्र, बाबू श्यामसुन्दर दास के बाद (1900 से 1908 तक) सभा के खोजविभाग के निरीक्षक थे। फलतः सर्वाधिक सहायता काशी नागरी प्रचारिणी सभा की खोज-रिपोर्टों से ली गयी है।

मिश्रबन्धुओं ने हिन्दी साहित्य का काल-विभाजन दो प्रकार से किया है— 1. समय के पूर्वा पर प्रवाह—आरम्भ, मध्य एवं वर्तमान—की सीमाओं के अनुसार और 2. स्पष्टीकरण का प्रयास करते हुए विशिष्ट साहित्यकारों के नाम पर काल विशेष का नामकरण एवं उसके पूर्वापर का निर्देश करके अथवा एक जैसी कृतियों या वर्गों के आधार पर। पहले प्रकार के अनुसार उन्होंने निम्नलिखित काल विभाजन किये हैं—

1 सम्प्रति ग्रियर्सन की मूल पुस्तक सुलभ नहीं है। डॉ. किशोरीलाल गुप्त ने इसका हिन्दी अनुवाद *'हिन्दी-साहित्य का प्रथम इतिहास'* नाम से किया है जो हिन्दी प्रचारक पुस्तकालय, वाराणसी से 1957 ई. में प्रकाशित हुआ है।

2 तीन भागों का प्रकाशन सन् 1913 ई. में तथा चौथे का 1924 ई. में।

1. प्रारम्भिककाल (संवत् 700 से 1444 वि. तक)
2. माध्यमिककाल (संवत् 1445 से 1680 वि.)
3. अलंकृतकाल (संवत् 1681 से 1889 वि.)
4. अज्ञातकाल
5. परिवर्तनकाल (संवत् 1890 से 1925 वि.)
6. वर्तमानकाल (संवत् 1926 से......)

दूसरे प्रकार को भी समाविष्ट करते हुए मिश्रबन्धुओं के काल-विभाजन ('विनोद' के विभिन्न अध्यायों में उपलब्ध) का स्वरूप निम्नलिखित है

1. प्रारम्भिक हिन्दी (सं. 700 से 1444)—पूर्व प्रारम्भिक हिन्दी (सं. 700 से 1347); चन्द पूर्व की हिन्दी (सं. 700 से 1200), रासो काल (सं. 1201 से 1347), उत्तर प्रारम्भिक हिन्दी (सं. 1348 से 1444)।

2. माध्यमिक हिन्दी (सं. 1445 से 1680)—पूर्व माध्यमिक हिन्दी (सं. 1445 से 1560); प्रौढ़ माध्यमिक हिन्दी (सं. 1561 से 1680), अष्टछाप (सं. 1561-1630), सौरकाल (सं. 1561-1630), गोस्वामी तुलसीदास तथा तुलसीकाल की हिन्दी (सं. 1631 से 1680), पूर्व तुलसीकाल (सं. 1631-1645), माध्यमिक तुलसीकाल (सं. 1646 से 1670), अन्तिम तुलसीकाल (सं. 1671 से 1680)

3. अलंकृत हिन्दी (सं. 1681 से 1889)

पूर्वालंकृत प्रकरण (सं. 1681 से 1790) पूर्वालंकृत हिन्दी; महाकवि सेनापति; सेनापतिकाल (सं. 1681-1706), बिहारीकाल (सं. 1707 से 1720), भूषणकाल (सं. 1721 से 1750) आदि देवकाल (सं. 1751 से 1771), माध्यमिक देवकाल (सं. 1772 से 1790)।

उत्तरालंकृत प्रकरण (सं. 1791 से 1889), उत्तरालंकृत हिन्दी; दासकाल (सं. 1791-1810), सूदनकाल (सं. 1811 से 1830), रामचन्द्र काल (सं. 1839 से 1855), बेनी प्रवीनकाल (सं. 1856 से 1875), पद्माकारकाल (सं. 1876 से 1889)

4. अज्ञातकाल—उत्तरालंकृत एवं परिवर्तनकाल के उन कवियों का अकारादि क्रम से विवरण, जिनका निश्चित काल ज्ञात नहीं है।

5. परिवर्तन काल (सं. 1890 से 1925)—परिवर्तन कालिक हिन्दी, द्विजदेव काल, दयानन्द काल।

6. वर्तमान काल—वर्तमान हिन्दी एवं पत्र-पत्रिकाएँ (सं. 1926 से 1945), पूर्व हरिश्चन्द्र काल (सं. 1926 से 1935), उत्तर हरिश्चन्द्र काल (सं. 1936 से 1945)।

पूर्व नूतन परिपाटी (सं. 1945 1960) उत्तरनूतन परिपाटी—प्रथम भाग (सं. 1961 से 1975), द्वितीय भाग (सं. 1976 से 1994)—मिश्रबन्धुओं का यह विस्तृत काल-विभाजन किसी सुनिश्चित आधार के अभाव का स्वयं-सूचक है। जो मानदण्ड अपनाये गये हैं, उनमें युग एवं कवि के अनुरूप उलट-फेर भी किया गया है।

विशिष्ट कवियों के नाम पर जो उप-विभाग किये गये हैं, उनमें से कुछ तो अत्यन्त अनपेक्षित हैं। इस प्रकार इसका कच्चापन और इसकी अपूर्णता स्पष्ट है, फलतः इसके विश्लेषण की भी विशेष आवश्यकता नहीं है। हाँ, इतना अवश्य है कि काल-प्रवाह के आधार पर हिन्दी साहित्य के इतिहास को सुनिश्चित आधार पर वर्गीकृत करने का व्यापक प्रयास मिश्रबन्धुओं ने किया है।

3. अन्य परवर्ती संग्रहों में

'मिश्रबन्धु विनोद' के बाद स्वयं *मिश्रबन्धुओं* ने 'हिन्दी नवरत्न' और 'हिन्दी साहित्य का इतिहास' भी प्रकाशित किया, किन्तु इन सब पर 'विनोद' की ही छाया रही। इनके अतिरिक्त श्री रामनरेश त्रिपाठी ने *'कविता कौमुदी'* में एडविन ग्रीब्स ने *'ए स्केच ऑफ हिन्दी लिटरेचर'* (सं. 1974) में, एफ. ई. के ने 'ए हिस्ट्री ऑफ हिन्दी लिटरेचर', (सं. 1977) में, श्री वियोगी हरि ने *'ब्रजमाधुरी सार'* (सं. 1980) में, श्री पदुमलाल पुन्नालाल बख्शी ने *'हिन्दी साहित्य विमर्श'* (सं. 1980) में प्रसंगवशात् हिन्दी कवियों के वृत्त दिये। किन्तु साहित्य के विभाजन की दृष्टि से कोई विशेष उल्लेखनीय संकेत किसी ने नहीं किये। केवल के (Keay) महोदय का दृष्टिकोण कुछ उल्लेख योग्य है, जिसमें उन्होंने हिन्दी की शैशवावस्था के वृत्तों का वर्णन करने के अनन्तरकाल विभाजन का आधार हिन्दी साहित्य में उठने वाले महत्त्वपूर्ण आन्दोलनों को बनाया है, जिनसे साहित्य में कुछ परिवर्तन आ गया था।[1] इसके अनुसार उन्होंने हिन्दी साहित्य को निम्नलिखित कालों में विभक्त किया था–

1. प्राचीन चारण काव्य 1150 से 1400
2. प्राचीन भक्त कवि 1400 से 1550
3. कबीर के उत्तराधिकारी
तुलसीदास और रामावत सम्प्रदाय
कृष्ण सम्प्रदाय
मुगल दरबार और हिन्दी साहित्य में कलात्मक प्रभाव] 1550 से 1800
4. आधुनिककाल 1800 से...

किन्तु यह विभाजन सुष्ठु आधार पर नहीं किया गया था और विभाजन के जिस आधार का ग्रहण किया भी गया था, उसके अनुसार भी साहित्य को विवेचित करने में लेखक को स्वयं कठिनाई पड़ी थी। फलतः यह विभाजन ग्राह्य न हो पाया।

---

1 "The Principle adopted in this book in dividing up the Literature into periods is as follows- first of all the infancy of Hindi literature, connected with the bardic chronicles is described; and after that a new period is dated from each point where an important new influence begins to modify the literature."

—*A History of Hindi Literature*, F.E. Keay, p. 10, Second Edition, 1933

4. साहित्यिक इतिहास-ग्रन्थों में

हिन्दी-साहित्य का इतिहास[1] **: पं. रामचन्द्र शुक्ल**—आचार्य रामचन्द्र शुक्ल ने काल विभाजन का प्रधान आधार जनता चित्तवृत्ति के परिवर्तन को बनाया। उनका विचार है कि "जबकि प्रत्येक देश का साहित्य वहाँ की जनता की चित्तवृत्ति का संचित प्रतिबिम्ब होता है, तब वह निश्चित है कि जनता की चित्तवृत्ति के परिवर्तन के साथ-साथ साहित्य के स्वरूप में परिवर्तन होता चला जाता है। इस दृष्टि से हिन्दी-साहित्य का विवेचन करने में यह बात ध्यान में रखनी होगी कि किसी विशेष समय में लोगों में रुचि-विशेष का संचार और पोषण किधर से और किस प्रकार हुआ।" उपर्युक्त व्यवस्था के अनुसार हम हिन्दी साहित्य के 900 वर्षों के इतिहास को चार कालों में विभक्त कर सकते हैं—

1. आदिकाल (वीरगाथाकाल, संवत् 1050-1375)
2. पूर्वमध्यकाल (भक्तिकाल, सं. 1375-1700)
3. उत्तर मध्यकाल (रीतिकाल, सं. 1700-1900)
4. आधुनिककाल (गद्यकाल, सं. 1900 से 1984)

शुक्ल जी ने जहाँ जनता की चित्तवृत्तियों के परिवर्तन को आधार मानकर उपर्युक्त वर्गीकरण किया, वहीं उन्होंने इस बात का भी स्पष्ट संकेत कर दिया है कि चित्तवृत्तियों में यह परिवर्तन एकाएक और आमूल नहीं होता है। उन्होंने लिखा है कि..."यह न समझना चाहिए कि किसी विशेष काल में और प्रकार की रचनाएँ होती ही नहीं थीं। जैसे भक्तिकाल या रीतिकाल को लें, तो उसमें वीर रस के अनेक काव्य मिलेंगे, जिनमें वीर राजाओं की प्रशंसा उसी ढंग की होगी, जिस ढंग की वीरगाथाकाल में हुआ करती थी।"[2]

इस प्रकार शुक्ल जी ने साहित्य के इतिहास का काल-विभाजन व्यापक एवं ठोस आधार पर किया है। काल की केवल सामयिक सीमा निर्धारित करने के अतिरिक्त उन्होंने प्रभावशाली प्रवृत्ति के आधार पर उसका नामकरण भी किया है। नामकरण की पद्धति के विषय में उन्होंने काल विशेष में रचित किसी एक ढंग की रचनाओं की प्रचुरता को आधार बनाया है। "किसी एक ढंग की रचना की प्रचुरता से अभिप्राय यह है कि दूसरे ढंग की रचनाओं में से किसी [एक] ढंग की रचना को लें, वह परिमाण

---

1 आचार्य शुक्ल की सूचना के अनुसार इसका प्रारूप छात्रों के उपयोग के लिए संक्षिप्त नोट के रूप में तैयार किया गया था जो बाद में कुछ संशोधनोपरान्त काशी नागरी प्रचारिणी सभा द्वारा प्रकाशित 'हिन्दी शब्द सागर' की भूमिका (हिन्दी साहित्य का विकास, शीर्षक) के रूप में 1929 ई. में प्रकाशित हुआ। तद्नन्तर उसी वर्ष कुछ और संशोधन परिवर्धन के साथ सभा से पुस्तकाकार (आषाढ़ शुक्ल 5, 1986 वि.) प्रकाशित किया गया। पुनः (सं. 1997) सन् 1940 में इसका संशोधित और परिवर्धित संस्करण निकला।

2 हिन्दी—*साहित्य का इतिहास*, सं. 2018 वि. संस्करण, पृ. 3, कालविभाग।

में प्रथम के बराबर न होगी; यह नहीं कि और सब ढंगों की रचनाएँ मिल कर भी उसके बराबर न होंगी।"[1] दूसरा आधार उन्होंने ग्रन्थों की प्रसिद्धि को अपनाया है। उनके मतानुसार—"किसी काल के भीतर जिस एक ढंग के बहुत अधिक ग्रन्थ प्रसिद्ध चले आते हैं, उस ढंग की रचना उस काल के लक्षण के अन्तर्गत मानी जायेगी, चाहे और दूसरे ढंग की अप्रसिद्ध और साधारण कोटि की बहुत-सी पुस्तकें भी इधर-उधर कोनों में पड़ी मिल जाया करें।"[2]

शुक्ल जी के सिद्धान्तों को प्रायः सभी परवर्ती काल-विभाजनकर्ताओं ने स्वीकार किया है। नयी गवेषणाओं के आधार पर कुछ लोगों ने शुक्ल जी द्वारा प्रामाणिक मानी गयी कृतियों में से अधिकांश को अप्रामाणिक पाया है। फलतः शुक्ल जी के सिद्धान्तों के अनुसार विचार करने पर भी विभिन्न कालों के शुक्ल जी द्वारा किये गये नामकरण को अपर्याप्त बताया है। इन सबकी चर्चा हम बाद में करेंगे; पहले हम इस बात पर विचार कर लेना चाहेंगे कि उक्त वर्गीकरण से शुक्ल जी को स्वयं क्या असुविधा हुई।

शुक्ल जी ने हिन्दी-साहित्य के इतिहास की आरम्भिक सीमा पूर्ववर्ती इतिहासकारों की अपेक्षा बहुत बाद में स्वीकृत की है। अन्तिम सीमा प्रथम संस्करण में उन्होंने संवत् 1994 (सन् 1927) मानी थी, किन्तु परिवर्धित संस्करण में उन्होंने अपने काल तक विकसित साहित्य को भी विवेच्य बनाया है, जिसमें लगभग सन् 1940-41 तक प्रकाशित कृतियाँ आ गयी हैं। इस प्रकार उन्होंने हिन्दी साहित्य के लगभग 950 वर्षों[3] तक के साहित्य पर प्रकाश डाला है।

परवर्तीकाल-विस्तार ने आधुनिककाल के गद्यकाल नामकरण को अपर्याप्त सिद्ध कर दिया, क्योंकि इसी काल में छायावाद जैसे सशक्त एवं प्रभावकारी काव्यांग की रचना विकसित हुई। इसके अतिरिक्त गद्य की अपेक्षा पद्य साहित्य किसी भी मायने में कमजोर नहीं सिद्ध हो सका। शुक्ल जी ने इसी से इस तथाकथित गद्य-काल में जहाँ एक ओर गद्य के प्रथम, द्वितीय एवं तृतीय उत्थानों का विवेचन किया, वहीं दूसरी ओर पद्य (काव्य खण्ड) के भी प्रथम, द्वितीय एवं तृतीय उत्थानों का पृथक् रूप से विशद विश्लेषण किया है, जिससे स्पष्ट है कि गद्य-काल में उसकी समाई नहीं हो पायी।

आदिकाल का नामकरण उन्होंने *वीरगाथा काल* रखा है। उक्त काल में शुक्ल जी के मतानुसार "दो प्रकार की रचनाएँ मिलती हैं—अपभ्रंश की और देशभाषा (बोल-चाल) की। अपभ्रंश की पुस्तकों में कई तो जैन धर्मतत्त्व निरूपण सम्बन्धी हैं, जो साहित्य कोटि में नहीं आतीं और जिनका उल्लेख केवल यह दिखाने के लिए किया गया है कि अपभ्रंश भाषा का व्यवहार कब से हो रहा था। साहित्य-कोटि में आने

---

1 वही, प्रथम संस्करण का वक्तव्य, पृ. 2

2 उपरिवत्

3 संवत् 1050 से संवत् 1998 तक, यथार्थतः 949 वर्ष

वाली रचनाओं में कुछ तो भिन्न-भिन्न विषयों पर फुटकल दोहे हैं, जिनके अनुसार उस काल की कोई विशेष प्रवृत्ति निर्धारित नहीं की जा सकती।"[1]

उन्होंने इस काल की केवल चार रचनाओं[2] को साहित्यिक पुस्तकें स्वीकार किया है, जिनका सन्निवेश आदिकाल के नामकरण में ग्राह्य समझा है। इसके अतिरिक्त इस काल की सामग्री पर आगे विचार करते हुए उन्होंने बताया है कि "आदिकाल की इस दीर्घ परम्परा के बीच प्रथम डेढ़ सौ वर्ष के भीतर तो रचना की किसी विशेष प्रवृत्ति का निश्चय नहीं होता है—धर्म, नीति, शृंगार, वीर सब प्रकार की रचनाएँ दोहों में मिलती हैं। इस अनिर्दिष्ट लोक-प्रवृत्ति के उपरान्त जब से मुसलमानों की चढ़ाइयों का आरम्भ होता है, तब से हम हिन्दी-साहित्य की प्रवृत्ति एक विशेष रूप में बँधती हुई पाते हैं।"[3]

इस कथन से स्पष्ट है कि आदिकाल के पूर्वार्ध (लगभग 1050 से 1200 वि.) को शुक्ल जी ने किसी विशिष्ट चित्तवृत्ति में आबद्ध होने योग्य नहीं समझा है। अतः नामकरण का आधार उत्तरार्ध (1200 से 1375 वि.) की प्रवृत्तियों को ही बनाया है।

इस काल में उपलब्ध सामग्री की प्रामाणिकता की ओर भी शुक्ल जी ने ध्यान दिया है। उन्होंने लिखा है—"इस काल की जो साहित्यिक सामग्री प्राप्त है, उसमें कुछ तो असन्दिग्ध है और कुछ सन्दिग्ध। असन्दिग्ध सामग्री जो कुछ प्राप्त है, उसकी भाषा अपभ्रंश अर्थात् प्राकृताभास (प्राकृति की रूढ़ियों से बहुत कुछ बद्ध) हिन्दी है।"[4] इस काल की कृतियों में भाषा के बहुविध सन्देहास्पद रूपों की ओर भी शुक्ल जी की दृष्टि गयी थी।

परिवर्द्धित संस्करण में उन्होंने यह दिखाने के लिए कि कबीर द्वारा प्रवर्तित निर्गुण सन्तमत प्रचार के लिए, वज्रयानी सिद्धों और नाथपन्थी योगियों ने पहले ही किसी प्रकार रास्ता तैयार कर दिया था—वज्रयानी सिद्धों एवं नाथपन्थी योगियों की परम्परा का भी विस्तृत विश्लेषण जोड़ दिया। इस प्रकार उन्हें तथाकथित वीरगाथा काल के विवरण के पहले दो प्रकरण (1. सामान्य परिचय, 2. अपभ्रंश काव्य) अलग से रखने पड़े, क्योंकि यह सामग्री वीरगाथा के अन्तर्गत समाहित नहीं हो पा रही थी। परवर्ती कई लेखकों ने शुक्ल जी द्वारा संकेतित प्राकृत की रूढ़ियों के आधार पर अपभ्रंश आदि की तमाम कथानक रूढ़ियों का तथा शुक्ल जी द्वारा सिद्ध और योगियों की रचना को साहित्य-कोटि में परिगणित न करने का सुझाव देते हुए भी, उनका विवेचन करने की प्रवृत्ति का लाभ उठाते हुए वज्रयानी सिद्धों, नाथपन्थी योगियों, कौलाचारियों आदि की बहुत-सी अच्छी-बुरी कृतियों का जो अम्बार इकट्ठा करना शुरू कर दिया, उससे इस काल की क्षीण काया पीन होकर किस प्रकार पाण्डुरोग ग्रस्त हो गयी है।

1 हिन्दी साहित्य का इतिहास, वक्तव्य, पृ. 3

2 1—विजयपाल रासो, 2—हम्मीर रासो, 3—कीर्तिलता और 4—कीर्तिपताका।

3 हिन्दी-साहित्य का इतिहास, प्रकरण 1, पृ. 7

4 हिन्दी-साहित्य का इतिहास, प्रकरण 1, पृ. 8

इसका यदि क्षीण पूर्वाभास भी शुक्ल जी को हो गया होता तो 'वीरगाथाकाल' नाम उन्होंने कभी वापस ले लिया होता।

मध्यकाल के पूर्वार्ध (पूर्व मध्यकाल) का **भक्तिकाल** नामकरण प्रायः सभी ने शुक्ल जी के अनुसार ही मान लिया है। इसे शुक्ल जी ने कुछ व्यापक फलक पर विवेचित भी किया है। इसमें उन्होंने पहले दो विभाग—1. निर्गुण काव्यधारा और 2. सगुण काव्यधारा—किये हैं। तदनन्तर उनके पुनः दो-दो उपविभाग किये हैं—(1) प्रथम के (i) ज्ञानाश्रयी शाखा और (ii) प्रेममार्गी (सूफी) शाखा, (2) द्वितीय के (i) रामभक्ति शाखा और (ii) कृष्णभक्ति शाखा। फिर भी इस विस्तृत सीमा के बाहर भी उन्हें लगभग 22 कवियों की कृतियों एवं अन्य आठ आख्यान कवियों का निर्देशन फुटकल खाते में रखना पड़ा है।

उत्तर मध्यकाल को शुक्ल जी ने रीतिकाल नाम दिया है। यद्यपि यहाँ रीति का उन्होंने इतना व्यापक अर्थ लिया है, जितना व्यापक अर्थ साहित्यिक परम्परा में ग्राह्य नहीं था। इतने पर भी उन्होंने जहाँ रीति ग्रन्थकार 57 कवियों का विवेचन 72 पृष्ठों (पृ. 234-306) में किया, वहीं रीतिकाल के अन्य 46 कवियों का विवेचन भी 72 पृष्ठों (पृ. 307-379) में उन्हें करना पड़ा है, जिससे स्पष्ट है कि 'रीतिकाल' नाम से इस पूरे काव्य-काल को सम्बोधित करने में उन्होंने असुविधा का अनुभव किया था। फिर भी चाहे उन्हें आदर देने के लिए, चाहे किसी अन्य को आदर न देने के लिए, परवर्ती हिन्दी साहित्य की अनेक अधुनातम कृतियों में शुक्ल जी द्वारा किये गये इस नामकरण को ग्रहण किया जाता है।

इस प्रकार शुक्ल जी द्वारा किया गया नामकरण शुक्ल जी को भी पूर्णरूपेण युक्तियुक्त प्रतीत नहीं हुआ, यह स्पष्ट है, किन्तु प्रथम प्रयास होते हुए भी शुक्ल जी ने जो सशक्त निर्देशन किये; अनेक कमियों के बावजूद, परवर्ती अनेक कृतियों को उसने प्रभावित किया है इसमें तनिक भी सन्देह नहीं है। पं. नलिन विलोचन शर्मा का यह कथन पूर्णरूपेण सत्य है कि "शुक्ल जी के इतिहास का जो अकल्याणकारी प्रभाव बाद के हिन्दी-साहित्येतिहासकारों पर पड़ा है, अवश्य इसके लिए वे दोषी नहीं हैं,- इससे तो उनकी सशक्तता ही प्रमाणित होती है।"[1]

5. अन्य उल्लेखनीय प्रयास

आचार्य शुक्ल के बाद लिखे गये अनेक हिन्दी साहित्य के इतिहास[2] ग्रन्थों या

---

1 *साहित्य का इतिहास दर्शन*, अध्याय 13 (5), पृ. 89

2 बाबू श्यामसुन्दर दास, *हिन्दी भाषा और साहित्य*, सं. 1987 पं. अयोध्यासिंह उपाध्याय 'हरिऔध', *हिन्दी भाषा और उसके साहित्य का विकास*, सं. 1987 श्री सूर्यकान्त शास्त्री, *हिन्दी साहित्य का विवेचनात्मक इतिहास*, सं. 1987। डॉ. रामशंकर शुक्ल 'रसाल', *हिन्दी साहित्य का इतिहास*, सं. 1988। पं. कृष्णशंकर शुक्ल, *आधुनिक हिन्दी साहित्य का इतिहास*, सं. 1991। श्री गौरीशंकर सत्येन्द्र, *साहित्य की झाँकी*,

ऐतिहासिक विवेचनों में शुक्ल जी के विभाजन को ही लगभग स्वीकार किया गया है। अतएव यहाँ हम उन सबका आख्यान प्रस्तुत न कर केवल उन विशिष्ट कृतियों के काल-विभाजन पर विचार करेंगे, जिन्होंने कुछ नयी सूझ-बूझ के अनुसार विभाजन को नया मोड़ दिया है।

हिन्दी-साहित्य का विवेचनात्मक इतिहास—शुक्ल जी के अनन्तर श्री सूर्यकान्त शास्त्री ने अपने 'हिन्दी-साहित्य का विवेचनात्मक इतिहास' में कुछ नया वर्गीकरण प्रस्तुत किया, किन्तु वह शुक्ल जी की परम्परा को गति देने की अपेक्षा उनके बहुत पूर्ववर्ती एफ.ई.के. (Keay) के वर्गीकरण का अनुवदन ही था।[1] किसी मौलिक उद्भावना का उसमें अभाव था।

हिन्दी-साहित्य का इतिहास—डॉ. रामशंकर शुक्ल 'रसाल' ने[2] पूरे हिन्दी-साहित्य को नये सिरे से विभाजित किया है; जो इस प्रकार है—

1. **आदिकाल** (1000 संवत् से 1400 संवत् तक)
   (क) पूर्वार्ध—सं. 1000 से 1200 सं. तक
   (ख) उत्तरार्ध—सं. 1200 से 1400 सं. तक
2. **मध्यकाल** (1400 से 1800 सं. तक)
   (क) पूर्वार्ध—सं. 1400 से 1600 सं. तक
   (ख) उत्तरार्ध—सं. 1600 से 1800 सं. तक
3. **आधुनिककाल** (1800 से आज तक)
   (क) परिवर्तन काल—सं. 1800 से 1900 सं. तक
   (ख) वर्तमान—सं. 1900 से अब तक

उपर्युक्त काल-विभाजन के सम्बन्ध में डॉ. शुक्ल का कहना है कि "उसका आधार, उस काल की उस प्रधान विचारधारा के ही रूप में है, जो उस समय हिन्दी-संसार की जनता में पूर्ण प्राधान्य, प्राबल्य और प्रभाव वेग के साथ प्रवाहित रही है।"[3] किन्तु जैसा चौरस विभाजन शुक्ल जी ने किया है; वह भारी-भरकम भूमिका के बावजूद युक्तियुक्त नहीं है। यह इसके प्राक्कथन-लेखक श्री श्यामबिहारी मिश्र ने स्पष्ट कहा भी है।[4]

सं. 1993। महापण्डित राहुल सांकृत्यायन, *पुरातत्त्व निबन्धावली*, सं. 1994 डॉ. रामकुमार वर्मा, *हिन्दी साहित्य का आलोचनात्मक इतिहास*, सं. 1995। डॉ. इन्द्रनाथ मदान, *मॉडर्न हिन्दी लिटरेचर*, 1996। पं. मोतीलाल मेनारिया, *राजस्थानी साहित्य की रूपरेखा*, सं. 1996। पं. हजारीप्रसाद द्विवेदी, *हिन्दी साहित्य की भूमिका*, सं. 1997। श्री ब्रजरत्न दास, *खड़ीबोली हिन्दी का विकास*, सं. 1998 आदि।

1 देखें एफ. ई. के. का वर्गीकरण

2 हिन्दी-साहित्य का इतिहास, डॉ. रामशंकर शुक्ल 'रसाल', इलाहाबाद, 1931 ई.

3 भूमिका, पृ. 5

4 प्राक्कथन, पृ. 5

डॉ. शुक्ल ने आदिकाल को '**जयकाल**' तथा रीतिकाल को '**कला-काल**' नाम दिया है। जयकाल तो आचार्य रामचन्द्र शुक्ल के 'वीरगाथा-काल' की जय बोलता ही है, 'कलाकाल' में भी शुक्ल जी ने रीतिकाल के कलाबाज कवियों के जिस कला-कौशलपूर्ण वर्ण्य-विषय का उल्लेख किया है; उसी की प्रतिध्वनि गूँजती है। डॉ. रामशंकर शुक्ल ने इन नामों का औचित्य-स्थापन करने के लिए कोई महत्त्वपूर्ण आधार प्रस्तुत नहीं किया है।

हिन्दी-साहित्य का आलोचनात्मक इतिहास—'रसाल' जी के पश्चात् काल-विभाजन एवं उनके नामकरण सुझानेवाले इतिहास-ग्रन्थों में डॉ. रामकुमार वर्मा कृत '*हिन्दी-साहित्य का आलोचनात्मक इतिहास*'[1] का विशिष्ट स्थान है। इसमें लेखक ने शुक्ल जी के कालविभाजन को ग्रहण तो किया, किन्तु हिन्दी साहित्य के आदिकाल की सीमा को और पहले से आरम्भ माना है, जिसे उन्होंने सन्धिकाल (सं. 750 से 1000) नाम दिया है। इसके अनन्तर उन्होंने वीरगाथा काल को चारण काल कहते हुए इसकी सीमा सं. 1000 से 1375 निर्धारित की। शेष विभाग शुक्ल जी के अनुसार ही रखा है। यद्यपि इस ग्रन्थ के पंचम संस्करण की भूमिका में उन्होंने ऐसा संकेत दिया है जिससे लगता है कि वे रीतिकाल के लिए 'कलाकाल' नाम ही उपयुक्त समझते हैं।[2]

जैसा हम पहले ही देख चुके हैं ये नाम भी नये नहीं हैं। **चारण काल** नाम ग्रियर्सन के ग्रन्थों में एवं 'कलाकाल' रसाल जी के इतिहास में भी है। इनकी चर्चा यथावसर की गयी है।

6. अन्य महत्त्वपूर्ण रचनाओं में

हिन्दी-साहित्य के इतिहास को आचार्य रामचन्द्र शुक्ल के दृष्टिकोण से परखने और तद्नुसार नामकरण करने का श्रेय महापण्डित *राहुल सांकृत्यायन* और *आचार्य विश्वनाथ प्रसाद मिश्र* को है। इन दोनों विद्वानों ने अपनी पारखी दृष्टि को समूचे हिन्दी-साहित्य के प्रसार पर फैलाने की अपेक्षा काल-विशेष में सीमित करना ही अधिक उचित समझा है। राहुल जी ने आदिकाल पर व्यापक विचार किया है तो मिश्र जी ने उत्तर मध्यकाल पर। चूँकि इन दोनों ही विद्वानों के समक्ष तत्-तत् काल की इतनी प्रभूत सामग्री आ चुकी थी, जितनी शुक्ल जी के काल तक सुलभ नहीं थी—इनमें से अधिकांश सामग्री के उद्घाटन का भी श्रेय इन्हीं को है। अतः उनके

---

1 प्रथम संस्करण, 31 मार्च 1938 (सं. 1995)

2 "यह लिखते हुए मुझे प्रसन्नता है कि इस इतिहास का कलाकाल (जिसे इतिहासकारों ने रीतिकाल नाम दिया है) सम्पूर्ण हो गया है। इस ग्रीष्मावकाश में मैं आधुनिककाल पर भी कार्य आरम्भ कर दूँगा।" —पंचम संस्करण पर कुछ शब्द', पृष्ठ 7

निर्णय भी उस व्यापक धरातल पर किये गये हैं, जिसका अत्यन्त सामान्य अंश ही शुक्ल जी के निर्णय के लिए प्रकाशित हो सका था।

महापण्डित राहुल की दृष्टि—राहुल जी के विवेचन-काल तक जैन ग्रन्थागारों से अनेक अपभ्रंश की रचनाएँ प्रकाश में आ गयी थीं। पूर्व में प्रसिद्ध बँगला साहित्य अनुसन्धायक हरप्रसाद शास्त्री ने प्राचीन बंगीय वाङ्मय की खोज में अनेक ऐसी कृतियों का अनुसन्धान किया (यथा—**कीर्तिलता, विद्यापति के नेपाल राजदरबार पुस्तकालय में संगृहीत पदावली के पद, बौद्ध गान ओ दूहा आदि**) जिन्हें यद्यपि वे प्राचीन बँगला ग्रन्थ ही मानते थे, तथापि वे हिन्दी के अधिक निकट थीं। उनकी परम्परा भी हिन्दी में ही विकसित हुई। राहुल जी ने उन्हें बड़ी दृढ़ता से हिन्दी कृतियाँ सिद्ध भी कर दिया। राहुल जी ने तिब्बत-नेपाल की कई यात्राएँ करके अपभ्रंश प्राकृत के बहुत बड़े छिपे साहित्य का स्वयं उद्‌घाटन भी किया। अपभ्रंश को वे पुरानी हिन्दी ही मानते थे फलतः तद्‌नुरूप वे समूचे हिन्दी वाङ्मय में स्वयंभू को सर्वोत्तम कवि कहते थे। इस व्यापक फलक पर आदिकाल की जो महान् रचना-राशि उन्हें दृष्टिगोचर हुई, उसमें प्रधानता सिद्धों या साधकों की कृतियों की एवं सामन्ती दरबारों में रची गयी रचनाओं की ही थी, फलतः उन्होंने हिन्दी के आदिकाल के लिए 'सिद्ध-सामन्त युग' नाम सुझाया है, जो बहुत दूर तक उस काल के प्रतिनिधि साहित्य रूपों को व्यक्त करता है।

द्विवेदी जी की चिन्ता में—पं. हजारीप्रसाद द्विवेदी ने यद्यपि उपर्युक्त नाम को स्पष्टतः स्वीकार नहीं किया है। तथापि अपने *'हिन्दी-साहित्य का आदिकाल'* व्याख्यान-ग्रन्थ में उन्होंने इस नाम की उपयुक्तता पर जो विचार व्यक्त किये हैं। उनसे ऐसा प्रतीत होता है इस नाम को वे भी सार्थक समझते हैं।[1] वस्तुतः राहुल जी के अनन्तर इस काल का विशद विश्लेषण करने का श्रेय द्विवेदी जी को ही है। इस काल की सारी सामग्री का अनुशीलन उन्होंने पारखी दृष्टि से किया है। राहुल जी की ही भाँति उन्होंने भी इसे विस्तृत फलक पर देखा है। अपभ्रंश के पण्डित होने के कारण अपभ्रंश से उभरती हिन्दी को पहचानने की क्षमता भी उनकी युक्तियुक्त है। आदिकाल के बौद्ध-सिद्धों, गोरखपन्थी नाथों, जैनधर्म ग्रन्थकारों एवं विशुद्ध साहित्यिक अपभ्रंश के ग्रन्थों के साथ-साथ उस काल की अवहट्‌ठ कृत्तियों एवं हिन्दी-प्रदेश

---

1 इस काल का जो भी साहित्य मिलता है, उसमें सिद्धों का लिखा धार्मिक साहित्य ही प्रधान है। यद्यपि यह साहित्य विशुद्ध काव्य की कोटि में नहीं आ सकता, पर नाना प्रकार की सिद्धियाँ इस काव्य में उसी प्रकार प्रेरणा का विषय रहीं, जिस प्रकार परवर्ती काल में भक्ति।... फिर सामन्त काल में सामन्त शब्द से युग की राजनीतिक स्थिति का पता चलता है और अधिकांश चारण जाति के कवियों की राजस्तुतिपरक रचनाओं के प्रेरणास्रोत का भी पता चलता है। सामन्त जिस काव्य का प्रधान आश्रयदाता है, उसमें उसकी झूठी-सच्ची विजयगाथाओं और कल्पित-अकल्पित प्रेम-प्रसंगों का होना उचित ही है...इस प्रकार इस शब्द में इस काल की मुख्य प्रवृत्तियों को स्पष्ट करने का गुण है।

में प्राप्त प्राचीन अवधी का स्वरूप स्पष्ट करानेवाले 'उक्ति व्यक्ति-प्रकरण', प्राचीन मैथिली का स्वरूप उजागर करनेवाले 'वर्णरत्नाकर' आदि ग्रन्थों का भलीभाँति अनुशीलन उन्होंने किया है। शुक्ल जी द्वारा आदिकाल के नामकरण के आधार-रूप में गृहीत कई कृतियों की अप्रामाणिकता अथवा अभाव या उनके परवर्ती काल में रचे जाने का स्पष्ट निर्देश भी उन्होंने किया है।[1] फिर भी इस काल के लिए उन्होंने कोई स्पष्ट नाम नहीं सुझाया है।[2] सम्भवतः उस विस्तृत धरातल को अभिव्यक्त करने में समर्थ कोई सुष्ठ आख्या वे अभी तक निश्चित नहीं कर सके हैं।

उनका विचार है कि "काल-प्रवृत्ति का निर्णय प्राप्त ग्रन्थों की संख्या द्वारा नहीं हो सकता, बल्कि उस काल की मुख्य प्रेरणादायक वस्तु के आधार पर ही हो सकता है।" इसी कारण वे यद्यपि सिद्धों की कृतियों को शुक्ल जी की भाँति ही विशुद्ध साहित्य की सामग्री नहीं मानते फिर भी उनके प्रेरणापरक स्वरूप को देखते हुए उन्हें भी आदिकाल के साहित्य की सीमा में गण्य मानते हैं।[3]

वाङ्मय पर साहित्यिक दृष्टि—आचार्य विश्वनाथप्रसाद मिश्र, आचार्य शुक्ल की भाँति साहित्य की सीमा में सिद्धों-योगियों या तान्त्रिकों की रसहीन शुष्क कृतियों को गिनना उचित नहीं समझते। वे कबीर आदि सन्तों की उलटबाँसियों या शुष्क उपदेशों आदि को भी इस सीमा के बाहर ही मानते हैं। साहित्य में प्रवृत्ति के प्रभाव की बात वे स्वीकार करते हैं। किन्तु साथ ही इस प्रभाव की यथार्थता की यथार्थ पकड़ भी अनिवार्य मानते हैं। इसी कारण ग्रन्थागारों में पड़े, लोक-दृष्टि से ओझल, पश्चात्कालीन अन्वेषकों द्वारा प्रकाशित जैनों या बौद्धों के साम्प्रदायिक साहित्य को भी वे साहित्य की सीमा में रखने के प्रतिकूल हैं। उनका कथन है—"जो हिन्दी के पाठकों को यह समझाते फिरते हैं कि उसकी भूमिका जैनों और बौद्धों की साम्प्रदायिक सर्जना में है, वे स्वयं भ्रम में हैं और उन्हें भी इस इहलाम से भ्रमित करना चाहते हैं। हिन्दी के शुद्ध साहित्य की भूमिका संस्कृत और प्राकृत की सर्जना में तो ढूँढ़ी जा सकती, पर अपभ्रंश की साम्प्रदायिक अर्चना में नहीं। अपभ्रंश के नैसर्गिक साहित्य-प्रवाह से भी उसका सम्बन्ध जोड़ा जा सकता है, पर जैनों के साम्प्रदायिक संवाह से नहीं।[4]

आदिकाल की जो सामग्री साहित्य में ग्रहीत हो सकती है, उसे उन्होंने 6 उपशीर्षकों में विवेचित किया है। (1) अपभ्रंश वाङ्मय, (2) पिंगल काव्य,

---

1 'आदिकाल की सामग्री का पुनर्निरीक्षण, आलोचना अङ्क 5, हिन्दी साहित्य का आदिकाल, प्रथमव्याख्यान, पृ. 1-24; हिन्दी-साहित्य (उद्‌भव और विकास)।

2 वैसे उन्होंने एकाध स्थल पर' अभावेशलीचूर्णवा' की भाँति' आदिकाल' नाम ही ग्रहण करना उचित बताया है।

3 "यद्यपि यह साहित्य विशुद्ध काव्य की कोटि में नहीं आ सकता, नाना प्रकार की सिद्धियाँ इस काव्य में उसी प्रकार प्रेरणा का विषय रहीं जिस प्रकार परवर्ती काल में भक्ति।" पृ. 24

4 *हिन्दी साहित्य का अतीत,* भाग 2, अनुवचन, पृ. 5

(3) डिंगल काव्य, (4) राजस्थानी (लोकभाषा) काव्य, (5) मागधी काव्य और (6) खड़ीबोली की रचना। इस काल के नामकरण के विषय में उनका विचार है—"आदिकाल का नाम वीरगाथा काल सटीक नहीं कहा जा सकता। इसी प्रकार रासोकाल तथा चारणकाल नाम भी है।"[1] किन्तु कौन-सा नाम ग्राह्य होगा, इस ओर उन्होंने स्पष्ट संकेत नहीं किया है। अपने 'वाङ्मय-विमर्श' में उन्होंने इस काल को 'वीरकाल' कहना उचित समझा था। वहाँ उनका कथन है कि "यदि रस या वृत्ति के विचार से विभाग किया जाये तो वीर, भक्ति, शृंगार और प्रेम नाम से चार काल-विभाग होंगे?"[2] किन्तु परवर्ती शोध-परिशोध से प्राप्त समूची सामग्री को देखते हुए सम्भवतः 'वीर' में सबकी समाई न देख वे इस काल के लिए इस नाम पर बहुत अधिक जोर नहीं देते। आधुनिककाल के लिए 'प्रेम' काल कहने का औचित्य बताते हुए उन्होंने कहा है—" 'प्रेम' ऐसा व्यापक नाम लेने से इसके अन्तर्गत दाम्पत्य प्रेम के अतिरिक्त देश-प्रेम, प्रकृति-प्रेम, सन्तति-प्रेम, मित्र-प्रेम, ईश-प्रेम आदि सभी का ग्रहण हो सकता है; ससीम और असीम दोनों प्रेम के अन्तर्भूत हो जाते हैं।"[3]

किन्तु प्रेम के इस व्यापक अर्थ में तो सारा-का-सारा साहित्य ही सिमट आयेगा, आधुनिककाल की बात कौन कहे। इसी प्रकार का व्यापक आधार 'वीर' शब्द में आरोपित करते हुए पण्डित चन्द्रबली पाण्डेय ने कहा था—"वीर, शब्द का अर्थ युद्ध वीर के रूप में ही लेना संकीर्णता का द्योतक है। दानवीर, दयावीर, कर्मवीर, धर्मवीर युद्धवीर। वीर भी नाना प्रकार के होते हैं अतः वीरगाथा काल ही सबसे उपयुक्त संज्ञा है।"[4] किन्तु 'वीर' के इतने व्यापक अर्थ को जिस प्रकार ग्रहण करना काल-विभाजन के लिए युक्तियुक्त नहीं समझा गया, वैसे ही 'प्रेम' के व्यापक अर्थ को ग्रहण करना सम्भव नहीं है।

मिश्र जी द्वारा उत्तर मध्यकाल का 'शृंगारकाल' नामकरण हिन्दी-साहित्य के काल विभाजन में सर्वाधिक उपयुक्त नामकरण है। *'वाङ्मय विमर्श'*, *'बिहारी'* की भूमिका और अन्त में *'हिन्दी-साहित्य का अतीत'* भाग दो में इसे उन्होंने विस्तार से समझाया है। वहाँ काल-विभाजन के सभी आधारों (कृति, कर्ता, विषय और पद्धति) का उल्लेख करते हुए उनमें से साहित्यिक काल-विभाजन के लिए वण्य-विषय की व्याप्ति को ही सबसे उत्तम माना है। वर्ण्य-विषय की दृष्टि से उन्होंने काव्य के बाह्य एवं आभ्यन्तर दोनों पक्षों पर ध्यान रखना उचित समझा है।[5] इस प्रकार सभी दृष्टियों से इस काल

1 *हिन्दी-साहित्य का अतीत,* भाग 1, द्वितीय संस्करण, पृ. 40

2 *वाङ्मय विमर्श,* द्वितीय संस्करण, पृ. 209

3 वही, पृ. 262

4 *'वीरगाथा का विरोध क्यों?'* आलोचना, अंक 11

5 *हिन्दी साहित्य का अतीत,* भाग 2, पृ. 356-57

की उपलब्ध सामग्री पर विचार करते हुए उन्होंने इसे श्रृंगारकाल कहना ही अधिक उचित माना है।[1] इस नाम के ग्रहण से अन्तर्विभाग में भी पूर्ण सौन्दर्य है। मिश्र जी के अनुसार इस काल का अन्तर्विभाग निम्नलिखित प्रकार है–

- श्रृंगारकाल
  - रीतिबद्ध काव्यधारा
    - लक्षणबद्ध काव्य
    - लक्ष्य मात्र काव्य
  - रीतिमुक्त या स्वच्छन्द काव्यधारा
    - रहस्योन्मुख काव्य
    - शुद्ध प्रेम काव्य

इस काल की आरम्भिक सीमा को मिश्र जी कुछ और पहले से मानते हैं। उनका कथन है–"इस काल का आरम्भ संवत् 1600 के आस-पास से ही मानना चाहिए। पर 1600 से 1700 तक वस्तुतः इस काल की प्रस्तावना ही है। श्रृंगार के अभिनय का आरम्भ इसके अनन्तर ही हुआ।"[2] इसी प्रकार इसके अवसान काल के विषय में भी उनका मत है कि "संवत् 1950 के उपरान्त श्रृंगार की पुरानी धारा मन्द पड़ने लगी और लगभग 1975 तक आते-आते विलीन हो गयी। जैसे संवत् 1600 से 1700 तक श्रृंगार का प्रस्तावना काल या उपक्रम काल है वैसे ही 1900 से 1975 तक अवसान काल या उपसंहार काल।"[3]

इस प्रकार जैसे पूर्व मध्यकाल के लिए शुक्ल जी द्वारा दिये गये भक्तिकाल नाम में विभाग एवं अन्तर्विभाग आदि के लिए पूर्ण औचित्य विद्यमान है वैसे ही उत्तर मध्यकाल के लिए मिश्र जी द्वारा गृहीत श्रृंगारकाल में भी सभी सुविधाएँ सुलभ हैं। यद्यपि 'श्रृंगारकाल' नाम के ग्रहण की सम्भावना का संकेत आचार्य शुक्ल ने दिया अवश्य था[4] किन्तु इस नाम के सभी पक्षों पर विचार करते हुए इनकी समस्त सामग्री को सुष्ठ आधार पर विभाजित करने का मार्ग उनके समक्ष स्पष्ट नहीं था। फलतः इसे नानाविध तर्कों से समुचित ठहराने का श्रेय मिश्र जी को ही है।

7. संस्थाओं के प्रयास

हिन्दी-साहित्य के इतिहास के व्यक्तिगत सर्जनकर्ताओं के अतिरिक्त दो अन्य प्रयास

---

1 श्रृंगारकाल के अन्तर्गत अधिकाधिक काव्य-सामग्री आप से आप सिमट आती है। केवल श्रृंगारपरक सर्जना की व्यापक प्रवृत्ति का द्योतन ही इस नाम से नहीं होता, साज-सज्जा अलंकरण के सर्वव्यापक स्वरूप का भी सम्यक् संकेत मिलता है–*वही,* अनुवचन, पृ. 7

2 *हिन्दी-साहित्य का अतीत,* भाग 2, पृ. 371 और 372

3 *वही*

4 'प्रधानता श्रृंगार की ही रही। इससे इस काल को रस के विचार से कोई श्रृंगारकाल कहे तो कह सकता है।' *हिन्दी-साहित्य का इतिहास,* पृ. 233

भी उल्लेखनीय हैं, जो संस्थाओं के द्वारा सर्जित हो रहे हैं। प्रथम, हिन्दी साहित्य का वृहत् इतिहास, जो नागरी प्रचारिणी सभा की ओर से प्रकाशित हो रहा है तथा द्वितीय 'हिन्दी-साहित्य का इतिहास' जो भारत सरकार की ओर से काशी हिन्दू विश्वविद्यालय के हिन्दी विभागान्तर्गत 'व्याकरण और इतिहास' विभाग की ओर से तैयार कराया जा रहा है।[1] इसमें से द्वितीय का तो अभी कोई प्रकाशित रूप सामने नहीं आया है, अतः उसके विषय में कुछ कहना समीचीन नहीं है। प्रथम के जो खण्ड प्रकाशित हुए हैं, वे क्रमबद्ध होते हुए भी व्यतिक्रम से प्रकाशित हुए हैं। इनमें साहित्य को इतने व्यापक अर्थ में गृहीत किया गया है कि प्रथम भाग में तो हिन्दी-साहित्य की पृष्ठभूमि ही विवेचित हुई है। द्वितीय में भाषा का ऐतिहासिक एवं वर्णनात्मक विवेचन है। अन्य भागों में खण्डीय विस्तार ही अधिक हैं। हिन्दी-साहित्य की विकसित परम्परा पूर्णरूपेण सम्बद्ध होकर सामने अभी नहीं आ पायी है। इस वृहत् इतिहास की योजना में सम्पादक मण्डल द्वारा जिस सामान्य सिद्धान्त और पद्धति का निर्धारण किया गया था, उसमें यद्यपि "हिन्दी-साहित्य के विभिन्न कालों का विभाजन युग की मुख्य सामाजिक और साहित्यिक प्रवृत्तियों के आधार पर किये जाने" का संकेत है, किन्तु अभी तक इसका स्वरूप प्रकाशित नहीं हो पाया है।

निवेदन

1. आधुनिककाल की सीमा

उपर्युक्त विवेचन से स्पष्ट है कि हिन्दी साहित्य के काल-विभाजन और उसके नामकरण के सम्बन्ध में आदिकाल और आधुनिककाल की स्थिति अभी तक उलझनपूर्ण ही है। आदिकाल की आरम्भ-सीमा जैसे अनिश्चित है वैसे ही आधुनिककाल की सीमा में भी कुछ परिवर्तन उल्लेखनीय हैं। आचार्य शुक्ल ने जितने को आधुनिक कहा, आज के समीक्षक का आधुनिक उससे व्यापक है फलतः विभाजन की आवश्यकता इधर भी है। मेरे विचार से आचार्य शुक्ल ने जिसे आधुनिककाल माना, उस काल की सीमा रेखा भारतीय स्वतन्त्रता की प्राप्ति के अनन्तर समाप्त हो जाती है, क्योंकि उसके पश्चात्कालीन साहित्य में व्यापक परिवर्तन हुए हैं।

आधुनिक हिन्दी-साहित्य में द्वितीय महायुद्ध की समाप्ति (सन् 1939) के अनन्तर से साधारण रूप से और सन् 1942 के 'भारत छोड़ो' स्वातन्त्र्य संग्राम के पश्चात् विशेष रूप से परिवर्तन होने लगे, जो 15 अगस्त, 1947 की स्वतन्त्रता प्राप्ति से स्पष्टतर होते होते 26 जनवरी, 1950 को भारतीय संविधान की घोषणा के अनन्तर पूर्णरूपेण स्पष्ट हो जाते हैं। इसके अनन्तर का हिन्दी-साहित्य प्रत्येक

1 संप्रित यह प्रयास स्थगित कर दिया गया है।

दृष्टि से अपने पूर्ववर्ती रूप से पृथक् है। आचार्य शुक्ल द्वारा निर्देशित आधुनिककाल, जो संवत् 1900 से आरम्भ होता था, लगभग सौ वर्ष पश्चात् (सन् 1942-43) नयी मोड़ लेने लगा और संवत् 2007 (सन् 1950) तक आते-आते नये रूपों में ढल गया। फलतः उस आधुनिककाल की सीमा संवत् 1900 से 2007 तक निर्धारित की जा सकती है।

2. भाषा की स्थिति

हिन्दी-साहित्य के इतिहास के सुदीर्घ काल-विभाजन पर परम्परा से जो विचार प्राप्त हुए हैं, उनका सिंहावलोकन करने के अनन्तर काल-विभाजन का जो प्रस्ताव किया जा सकता है, उसके सम्बन्ध में इस विकास यात्रा में भाषा की स्थिति पर भी ध्यान दिया जाना चाहिए। जो हिन्दी-साहित्य को अपभ्रंश की गोद से उठाते हैं, वे चाहें तो हिन्दी भाषा की भाँति इसका विकास पथ संस्कृत से भी निर्देशित कर सकते हैं, किन्तु वास्तविकता यह है कि हिन्दी का उत्थान परवर्ती परिनिष्ठित अपभ्रंश या अवहट्ठ से हुआ है। ज्योतिरीश्वर ठाकुर[1], विद्यापति[2], वंशीधर[3] आदि ने अवहट्ठ को काव्य भाषा माना ही है, दामोदर पण्डित और अद्दहमाण[4] ने भी अपने काल में इसके प्रयोग का विवरण दिया है। "अपभ्रंश के अनन्तर यही अवहट्ट भाषा साहित्य की भाषा हो गयी थी और तब सामान्य लोकभाषा देशी कहलाती थी।"[5] इस प्रकार हिन्दी साहित्य की पृष्ठभूमि अवहट्ठ प्रधान है। सौभाग्य से हिन्दी के प्रथम विशिष्ट कवि **विद्यापति** ने अवहट्ठ में **कीर्तिलता** की रचना की है, यद्यपि उस काल तक विकसित अवहट्ठ को सर्वजन-संवेद्य बनाने के लिए उन्होंने उसे 'देसिल बअना' के समान रूप देने का यत्न किया है[6] जिससे स्पष्ट है कि तब अवहट्ठ सामान्य जन से दूर होता चला जा रहा था और विद्यापति की तथाकथित 'देसिल बअना' ही 'सबजन मिट्ठा' हो गयी थी। फलतः उन्होंने इस देसिल बअना में ही अपने पद रचकर हिन्दी-साहित्य की सुदृढ़ नींव स्थापित कर दी।

---

1 "पुनु कइसन भाव। संस्कृत, पराकृत, अवहट्ठ, पैशाची, शौरसेनी, मागधी-छहु भाषाक तत्त्वज्ञ;" *वर्णरत्नाकर* (डॉ. सुनीतिकुमार चाटुर्ज्या और बबुआ मिश्र; सम्पादित), पृ. 55

2 "तञे तइसन जम्पञो अवहट्ठा।" (हरप्रसाद शास्त्री (बँगला), डॉ. बाबूराम सक्सेनाय डॉ. शिवप्रसाद सिंह (हिन्दी) द्वारा सम्पादित)

3 "यया भाषाया अयं ग्रन्थो रचितः सा अवहट्ठ भाषा"—वंशीधर—*प्राकृत पैंगलम् के टीकाकार।*

4 "सन्देशरासक के रचयिता ने 'अवहट्ठय-सक्कय-पाइम्मि-पेसाइयंमि भाषाएँ, रचना करने वाले कवियों को नमस्कार किया है...उक्तिव्यक्ति प्रकरणम् में दामोदर पण्डित ने कोशल की जनभाषा को अपभ्रष्ट कहा है।" *हिन्दी भाषा का उद्भव और विकास,* डॉ. उदय नारायण तिवारी, पृ. 160

5 *वही*

6 सक्कय बाणी बुहअन भावइ पाठअँ रस को मम्मं न पावइ। देसिल बअना सबजनमिट्ठा तञे तइसन जम्पञे अवहट्ठा।

विद्यापति की इस देसिल बअना को उनके बाद मिथिला के प्रसिद्ध पण्डित एवं संगीतज्ञ लोचन ने अपने रागतरङ्गिणी संग्रह में **मिथिलापभ्रंश** कहा है।[1] बँगला क्षेत्र में यही **ब्रजबुलि** कहलाई। आजकल इस ब्रजबुलि के सम्बन्ध में यह कहकर भारी भ्रम फैलाया जा रहा है कि इसका ब्रजभाषा से कोई सम्बन्ध नहीं है। अतः इसके विषय में यहाँ इतना संकेत कर देना चाहूँगा कि सम्प्रति इससे सम्बद्ध जो सबसे प्राचीन उल्लेख 'असमिया' भाषा में उपलब्ध होता है, वह 16वीं शती में लिखित हैं। असम में **शंकर देव** ने विद्यापति के अनुकरण पर ब्रजबुलि का प्रचार किया था। असमियाँ में इस भाषा में रचित पदों को **वरगीत** कहा जाता है। शंकर देव के अतिरिक्त माधवदेव रामचरन ठाकुर, पुरुषोत्तम ठाकुर आदि ने भी वरगीत लिखे हैं। उड़ीसा में भी ब्रजबुलि समन्वित रचना हुई है। बँगला में तो इसकी भरमार है। यद्यपि बँगला में यह धारणा रही है कि ब्रजबुलि विद्यापति के पदों के ही बँगाली छात्रों द्वारा स्खलित अनुकरण एवं बंगीय वैष्णव कीर्तनियाँ गायकों द्वारा मुख-सौख्य के अनुकूल उच्चारण-गायन से बनी। कुछेक उत्साही बंगाली समीक्षक यह भी मान बैठते हैं कि स्वयं विद्यापति ने जैसे मिथिलावासियों के लिए मैथिल-गीत रचे वैसे ही बंगाली लोगों के लिए बँगला मिश्रित मैथिल में पद रचे जो ब्रजबुलि के पद कहलाये। किन्तु यथार्थतः विद्यापति के पदों को ब्रजबुलि कहने का सुष्ठ आधार यह है कि कवि विद्यापति ने मिथिला की बोल-चाल की भाषा को अपने गीतों का आधार तो बनाया अवश्य, किन्तु उसे सार्वजनिक रूप देने के लिए उसमें उन्होंने ब्रज प्रदेश की भाषा (शौरसेनी अपभ्रंश) से विकसित लोक भाषा ब्रजी के व्यापक प्रसार-प्रभाव को देखते हुए उसका भी खूब मेल किया है। आज भी हम यह स्पष्टतः देख सकते हैं कि ब्रजबुलि में सर्वत्र मिथिला की भाषा प्रकृति का ही अनुकरण नहीं हुआ है। उसमें ब्रजलोक या मध्यदेश की उस व्यापक बोली की प्रकृति भी मुखर है। शंकर देव ने विद्यापति की भाँति असमिया क्षेत्र में ब्रज बोली का प्रवाह बहाया, पर विद्यापति की अनुकृति करके नहीं, बल्कि उन्हीं की भाँति उसे ब्रज-रंजित करके। विद्यापति और शंकर देव दोनों ने ब्रज-प्रदेश या दिल्ली तक की यात्राएँ की थीं और मध्यदेश की इस व्यापक बोली से वे परिचित थे। चैतन्य-युग में तो वृन्दावन बंगाली वैष्णवों का एक प्रधान पीठ हो गया था। चैतन्य के प्रधान शिष्य षड्-गोस्वामी बन्धु वृन्दावन में ही निवास करते थे। कीर्तनियाँ गायकों की मण्डलियाँ वृन्दावन से नदिया तक निरन्तर चलती रहती थीं। धार्मिक श्रद्धाभाव एवं मध्यदेशीय बोली के प्रभाव से पूर्वी बोलियों में ब्रजी के पुट आते रहे। इस मिश्रण को पहचानने वालों ने प्रकृत मैथिली से भिन्न ब्रजरंजित मैथिली अथवा असमिया, बँगला, उड़िया के; विद्यापति के पदों की भाँति; ब्रजरंजित रूप को ब्रजबुलि कहा। फलतः पूरब में

1 देश्यामपि स्वदेशीयत्वात् प्रथमं मिथिलापभ्रंशभाषया श्री विद्यापतिकविनिबद्धास्तास्तामैथिलगीतगतयः प्रदर्श्यन्ते। —रागतरङ्गिणी, पृ. 37

हिन्दी का जो रूप विकसित हुआ, वही ब्रजबुलि कहलाया। वह ब्रजभाषा नहीं है, यह सत्य है, पर ब्रजभाषा से सर्वथा असम्पृक्त है; यह केवल भ्रम है। जो विद्यापति की भाषा को खाँटी मैथिली कहते हैं, वे यह भूल जाते हैं कि 'मैथिली' नाम की भाषा का पृथक् रूप विद्यापति के काल तक विकसित नहीं था। तब की मैथिल क्षेत्र की भाषा ब्रज क्षेत्र की भाषा से उतनी दूर नहीं थी, जितनी आज़ की मैथिल है। स्मरणीय है कि भाषा के अर्थ में '**मैथिली**' नाम का प्रयोग सबसे पहले कोलेबुक साहब ने सन् 1801 ई. में (एशियाटिक रिसर्चेज, भाग 7, पृ. 199) किया।

अतः अवहट्ठ के अनन्तर हिन्दी का उन्मेष विद्यापति के पदों एवं अन्य रचनाकारों की कृतियों से हुआ, जो कालान्तर में बंगीय परिवेश में वैष्णव गायकों की पदावली का आदर्श बना और पश्चिम में ब्रजभाषा कवियों की रचना को भी जिसने गति प्रदान की। सूरदास के अनेक पदों की भाषा विद्यापति के पदों से हूबहू मिलती है। बाद में हिन्दी-क्षेत्र में ब्रजभाषा ही प्रमुख स्थान ग्रहण करने लगती है। यद्यपि उसके समानान्तर अवधी भी विकसित होती गयी है। अतः अवहट्ठ के अनन्तर पूरे हिन्दी-साहित्य में ब्रज और अवधी का ही बोल-बाला दिखाई पड़ता है। यद्यपि यत्र-तत्र खड़ीबोली, बुन्देली आदि के रूप भी दिखाई पड़ जाते हैं।

ब्रजभाषा और अवधी का यह आधिपत्य पद्य के क्षेत्र में तो बहुत दिनों तक बना रहा, पर खड़ीबोली गद्य के आविर्भाव से ही इसको भारी ठेस लगी थी तथा तभी से इसके प्रयोग में कमी आने लगी और जब पद्य में भी खड़ीबोली ने अपनी सफलता सिद्ध कर दी, तब तो ब्रजअवधी स्वयमेव सिंहासन से नीचे उतर गईं। इस प्रकार सुदीर्घ हिन्दी-साहित्य को उसके भाषा रूप के अनुसार निम्नलिखित रूप में वर्गीकृत कर सकते हैं।

(1) पृष्ठभूमि–अवहट्ठ काल
(2) उन्मेष–भाषा, ब्रजबुलि, पुरानी ब्रजी, कौरवी या खड़ी एवं अवधी काल
(3) पूर्व भाग–ब्रजभाषा-अवधी काल
(4) उत्तर भाग–खड़ीबोली काल।

3. प्रवृत्ति के आधार पर

प्रवृत्ति के आधार पर यदि हम आदिकाल पर दृष्टि डालते हैं, तो हमें विद्यापति के पद-लालित्य की धारा के सदृश अनेक ललित शृंगारिकवृत्तिवाली रचनाओं के साथ-साथ सिद्धनाथों की प्रचारात्मक उपदेशपरक प्रवृत्ति, जैन धर्माचार्यों की धार्मिक वृत्ति, चारणों की प्रशस्तिपरक विरुदावली गान की वृत्ति और खुसरो की मसखराना प्रकृति की रचनाएँ आदि विभिन्न प्रवृत्तियों की रचनाएँ इस काल में मिलती हैं। इन सबको किसी एक विशेष व्यापक प्रवृत्ति के अन्तर्गत समाहित कर पुनः उनके अन्तर्विभाग का सुष्ठ

आधार कोई सुधी समीक्षक ही कर सकता है। सम्प्रति मैं इसे '**संक्रान्ति काल**' कहना ही उचित समझता हूँ।[1] चूँकि इस काल को अधिकांश प्राचीन कही जाने वाली रचनाएँ परवर्ती सिद्ध हो चुकी हैं। फलतः इसकी आरम्भिक सीमा 1200 विक्रमी से पूर्व ले जाना भी उचित नहीं है। इसी प्रकार आदिकाल की अन्तिम सीमा भी कुछ और पीछे तक खिंच आती है। विद्यापति का स्वर्गवास अब लगभग 1450 ई. के लगभग निश्चित हो गया है। यद्यपि विद्यापति अन्त तक शृंगारिक रचनाएँ करते रहे, तथापि उनके अन्तिम काल की रचनाओं में भक्तिपरक रचनाओं का प्राधान्य दृष्टिगोचर होता है। भक्ति की यह धारा यदि उनके स्वर्गवास से 50 वर्ष पूर्व से ही अंकुरित मानें तो भी भक्ति-युग का श्रीगणेश 1400 ई. अर्थात् 1457 विक्रमाब्द से ही आरम्भ माना जा सकता है। यद्यपि भक्ति की छिटपुट रचनाएँ विद्यापति अपनी आरम्भिक कृतियों में भी करते रहे और कुछेक अन्य भक्तों की रचनाएँ इसके कुछ पूर्व की मिल सकती हैं। किन्तु व्यापक प्रवृत्ति के रूप में भक्ति-युग का प्रसार सं. 1450 के अनन्तर ही दृष्टिगोचर होता है। अतः आदिकाल की अन्तिम सीमा सं. 1450 मानना ही समीचीन है। इस प्रकार इस आदिकाल के साथ शुक्ल जी के पूर्व मध्यकाल और मिश्र जी के उत्तर मध्यकाल के विभाजन को मिलाकर रखा जाये तो हिन्दी-साहित्य के इतिहास का काल विभाजन निम्नलिखित रूप में किया जा सकता है–

1. **पृष्ठ भूमि** सं. 1050 से 1200 वि.
2. **आदिकाल** सं. 1200 से 1450 वि.
3. **मध्यकाल** सं. 1450 से 1900 वि.
   (क) पूर्व मध्यकाल 1450 से 1700 वि.
   (ख) उत्तर मध्यकाल 1700 से 1900 वि.
4. **आधुनिककाल** सं. 1900 से अद्यावधि
   (क) आधुनिककाल सं. 1900 से 2007 वि.
   (ख) उत्तर आधुनिककाल सं. 2007 से अद्यावधि

व्यापक प्रवृत्ति के अनुसार नामकरण करने पर इन्हें हम निम्नलिखित रूप में विवेचित कर सकते हैं–

1. पृष्ठभूमि–**अवहट्ठ काल**
2. आदिकाल–**संक्रान्ति काल** (क) शृंगार (ख) प्रशस्ति (ग) उपदेशपरक (घ) स्वच्छन्द एवं (ङ) धर्मभाव प्रेरित।
3. मध्यकाल–**भक्तिकाल** (अ) निर्गुण (आ) सगुण
   (i) **पूर्वमध्य काल**–(अ) निर्गुण (क) ज्ञानाश्रयी या सन्त काव्य

---

1 भाषा के क्षेत्र में पण्डित उदयनारायण तिवारी ने इस काल को संक्रान्ति काल कहा भी है।

(ख) प्रेमाख्यानक (1) सूफी काव्य

(2) भारतीय प्रेमाख्यानक

(आ) सगुण—(क) कृष्णभक्ति (ख) रामभक्ति

(ii) **उत्तर मध्यकाल : शृंगारकाल**

(क) रीतिबद्ध काव्य

1. लक्षणबद्ध काव्य
2. लक्ष्यमात्र काव्य

(ख) रीतिमुक्त या स्वच्छन्द काव्य

(ग) रीति सिद्ध

1. रहस्योन्मुख
2. शुद्ध काव्य

4. आधुनिककाल— (क) **पूर्व आधुनिककाल : स्वच्छन्दता प्रिय काव्य शैली एवं भाव उभय दृष्टियों से**

(अ) **राष्ट्रीय चेतना परक** (1) गद्य गत

(2) पद्य गत

(आ) **छायावादी स्वाच्छन्द्य** (1) गद्य गत

(2) पद्य गत

(इ) **प्रगतिवादी स्वाच्छन्द्य** (1) गद्य गत

(2) पद्य गत

(ख) **उत्तर आधुनिककाल** : समकालीन साहित्य

नित्यप्रति वर्धनशील-गतिविधि वाले उत्तर आधुनिककाल का अभी से कोई नाम न देकर इसे—समकालीन साहित्य—कहना ही अधिक उचित है। क्योंकि इस काल की बहुविध भाव-भंगिमा अभी किसी प्रबलतम प्रवृत्ति का संकेत नहीं दे सकी है और इस प्रकार के संकेत अभी कई दशकों के वाङ्मय के प्रकाशन के अनन्तर ही स्पष्ट हो सकेंगे।

4

हिन्दी साहित्य का 'आदिकाल'

–सत्यप्रकाश सिंह

आरम्भ

भारतीय साहित्य की प्रवहमान धारा में हिन्दी भाषा के प्रारम्भिक स्वरूप की पहचान का प्रश्न विवाद ग्रस्त रहा है। हिन्दी साहित्य के प्रादुर्भाव का प्रश्न हिन्दी भाषा के इस प्रश्न से ही सम्बद्ध है। इस प्रश्न का उत्तर साहित्येतिहास के जिस प्रभाग से सम्बद्ध है। उसे प्रायः साहित्यकारों ने आदिकाल नाम से अभिहित किया है। अपभ्रंश आदिकाल की प्रधान भाषा रही है जिससे इस सम्पूर्ण कालखण्ड की कालावधि का निर्धारण सम्भव होता है। विद्वानों का एक पक्ष अपभ्रंश को 'पुरानी हिन्दी' मानते हुए हिन्दी साहित्य की आरम्भिक सीमा सातवीं-आठवीं शताब्दी तक मानता है। यह मत प. राहुल सांकृत्यायन के मत पर आधृत है जिससे जार्ज ग्रियर्सन, शिवसिंह सेंगर और अन्य आचार्य सहमत हैं। यह मत 'सरहपाद' को हिन्दी का प्रथम कवि मान लेने से पुष्ट होता है। वहीं दूसरा पक्ष उन विद्वानों का है जो दसवीं शताब्दी से हिन्दी साहित्य का आरम्भ मानते हैं। इस पक्ष को मानने वालों में आचार्य रामचन्द्र शुक्ल, श्यामसुन्दर दास, आचार्य हजारी प्रसाद द्विवेदी प्रभृति आचार्य हैं। आचार्य शुक्ल प्राकृत की अन्तिम अपभ्रश अवस्था से ही हिन्दी साहित्य का भाविभव मानते हैं। उनके अनुसार मुंज और भोज के समय (संवत् 1050) तो ऐसी अपभ्रंश या पुरानी हिन्दी का पूरा प्रचार शुद्ध साहित्य या काव्य रचनाओं में भी पाया जाता है। अतः हिन्दी साहित्य का आदिकाल सं. 1050 से सं. 1375 तक अर्थात् महाराजा भोज के समय से लेकर हम्मीरदेव के समय के कुछ पीछे तक माना जा सकता है।" प्रारम्भिक सीमा की तरह आदिकाल की अन्तिम सीमा का निर्धारण भी विवाद ग्रस्त है। जार्ज ग्रियर्सन इसकी अन्तिम सीमा 1400 ई. तक मानते हैं, मिश्रबन्धु सन् 1389 ई., डॉ. रामशंकर शुक्ल 'रसाल' 1343 ई. मानते हैं। आचार्य रामचन्द्र शुक्ल संवत् 1375 विक्रमी अर्थात् 1318 ई. तक मानते हैं। प्रायः सभी इतिहासकार आचार्य शुक्ल के

मत के आसपास नजर आते है। जैसा कि मैंने प्रारम्भ में ही कहा है कि आदिकाल का कालनिर्धारण पूर्णतः अपभ्रंश भाषा के प्रयोग एवं उसमें परिवर्तन पर आधारित है। जिसे आचार्य हजारीप्रसाद द्विवेदी ने निम्नोक्त तरह से व्याख्यायित किया है–"इस प्रकार दसवीं से चौदहवीं शताब्दी का काल, जिसे हिन्दी का आदिकाल कहते हैं, भाषा की दृष्टि से अपभ्रंश का ही बढ़ाव है। इसी अपभ्रंश के बढ़ांव को कुछ लोग उत्तर कालीन अपभ्रंश कहते हैं और कुछ लोग पुरानी हिन्दी ...बारहवीं शताब्दी तक निश्चित रूप से अपभ्रंश भाषा ही पुरानी हिन्दी के रूप में चलती थी, यद्यपि उसमें नये तत्सम शब्दों का आगमन शुरू हो गया था।" मतलब यह कि बारहवीं शताब्दी से अपभ्रंश भाषा में आधुनिक भारतीय आर्यभाषाओं की प्रकृति के अनुकूल तत्सम शब्दावली का बहुलता में सन्निवेश होना प्रारम्भ हो गया था जिसका आगे चलकर विद्यापति के यहाँ सर्वाधिक पल्लवन दिखाई पड़ता है।

वस्तुतः इन सभी सन्दर्भों, मतों और भाषिक परिवर्तनों को दृष्टिगत रखते हुए हिन्दी साहित्य का आदिकाल 10वीं शताब्दी से 14वीं-15वीं शताब्दी तक मानना उचित होगा।

तत्कालीन सामाजिक, राजनीतिक, सांस्कृतिक, धार्मिक व साहित्यिक वातावरण–

साहित्य और समाज का सम्बन्ध अन्योन्याश्रित होता है। जिस सन्दर्भ में आचार्य रामचन्द्र शुक्ल जी लिखते हैं–"प्रत्येक देश का साहित्य वहाँ की जनता की चित्तवृत्तियों का संचित प्रतिबिम्ब होता है।" ऐसे में यह विवेचन अनिवार्य हो जाता है कि आदिकाल में जो साहित्य सृजित हुआ वह आखिर किन परिस्थितियों में हुआ, जाना जाये।

सामाजिक दृष्टि से तत्कालीन समाज की स्थिति बहुत दयनीय थी। समाज का वर्गीय विभाजन उच्चवर्ग और निम्न वर्ग के रूप में स्पष्ट दिखाई पड़ता है। जनता शासन और धर्म दोनों पाटो के बीच पीसी जा रही थी। अनावश्यक युद्ध, उससे उत्पन्न त्रासदी को जनता झेल रही थी। सती प्रथा जैसे कोढ़ का भयकर प्रकोप था। गृहस्थों पर सिद्धों के चमत्कार का आतंक छाया हुआ था। स्त्री युद्ध, धर्म इन सबके बीच भोग्या मात्र बनकर रह गयी थी। वह समाज की चेतन इकाई न रहकर सम्पत्ति मात्र रह गयी थी जिसे कोई भी बलशाली अपहृत कर सकता था।

यह दौर **राजनीतिक अस्थिरता** का भी दौर है। सम्राट हर्षवर्धन और वर्द्धन-साम्राज्य के पतन के बाद उत्तर भारत में कोई भी ऐसी शक्ति न बची जो सम्पूर्ण भारत को एकसूत्र में निबद्ध कर सके। हर्षवर्धन के समय से ही यवनों के आक्रमण प्रारम्भ हो गये थे जिसे बाद में अस्तित्व में आये विभिन्न राजपूत राज्य भी बन्द नहीं कर पाये। मालवा के पँवार, ग्वालियर में कछवाह, महोबा के चन्देल, दिल्ली के चौहान,

कन्नौज के राठौर, गुजरात के सोलंकी आदि राजाओं में परस्पर मैत्री भाव के बजाय द्वेष भाव था। इनके आपसी युद्धों ने न केवल आक्रमणकारियों को आमन्त्रित किया अपितु भारतीय मनीषा को भी खण्डित किया। बाह्य आक्रमण, देशी राजाओं की लड़ाइयों ने सामाज में कई भावधाराओं को जन्म दिया। जहाँ एक ओर साहस-वीरता के गीत गाये गये तो वहीं विनाश लीला देख आध्यात्मिक मनोभावों का उदय भी हुआ, कोई आसन्न मृत्यु देख पृथ्वी को भोग लेना चाहता तो कोई तलवारों की चमक को जीवन की शान मानता। इसे ही लक्षित करते हुए डॉ. रामगोपाल शर्मा 'दिनेश' लिखते हैं—"यही इस काल की राजनीतिक परिस्थितियों की एक विचित्र देन है, जिसके फलस्वरूप यदि स्त्री भोग, हठयोग से लेकर आध्यात्मिक पलायन और उपदेशों तक का साहित्य एक ओर लिखा गया, तो दूसरी ओर ईश्वर की लोककल्याणकारी सत्ता में विश्वास करने, लड़ते-लड़ते जीने और संसार को सरस बनाने की भावना भी साहित्य-रचना के मूल में सन्निहित हुई।"

इस दौर की धार्मिक स्थिति भी ठीक नहीं थी। ब्राह्मण, बौद्ध, जैन तीनों धर्मावलम्बी आपस में संघर्षरत थे। राजपूतों के हाथ में शक्ति होने के कारण ब्राह्मण धर्म विजयीभाव से था किन्तु बौद्ध धर्म अपने विकृत रूपों में अपघटित होकर समाज में चमत्कार, अन्धविश्वास और भय का कारण बनता जा रहा था। राजा शैव-वैष्णव मतों को लेकर विभक्त थे। शैव मत मजबूत हो रहा था। उत्तर भारत में शैव, बौद्ध एवं जैन मतों को स्वीकार करते हुए नवीन रूप में सामने आ रहा था। तमाम वामाचारों को अपनाते हुए वे कौल कापालिक, पाशुपत आदि मतों में विभक्त हो रहे थे। यही वह समय भी है जब दक्षिण भारत में आलवार और नायनार एक विशेष प्रकार के भक्ति आन्दोलन को उत्तर भारत ला रहे थे। धार्मिक दृष्टिकोण से यह बात भी महत्त्वपूर्ण है कि इसी समय धर्मक्षेत्र में इस्लाम का भी आगमन हो रहा है। शांकर अद्वैत का भी प्रचार हो रहा था। रामानुज निम्बार्क आदि आचार्य भक्ति प्रधान आध्यात्मिकता की बयार ला रहे थे। लेकिन इसका तत्कालीन प्रभाव ज्यादा नहीं रहा। वस्तुतः उस समय एक विषम धार्मिक स्थिति बनी हुई थी। जिसके अनुकूल कवियों ने धार्मिक वामाचारों का विरोध, योग, साधना, वीरता, शृंगार का सृजन किया।

हिन्दी साहित्य के आदिकाल का आरम्भ भारतीय संस्कृति के उत्कर्ष काल में जब कि समाप्ति उस समय हुई, जब इस्लामी संस्कृति का चहुँओर कब्जा था। इस तरह यह काल दो संस्कृतियों के संक्रमण और परिसीमन व परिवर्धन का काल है। सामाजिक दिनचर्या में इस्लामी संस्कृति का व्यापक प्रभाव नजर आने लगा था। भारतीय स्थापत्य कला, संगीत आदि पर इस्लामी छाप स्पष्ट दिखाई पड़ने लगी थी। इस तरह इसे बदलते सांस्कृतिक मूल्यों का भी युग कहा जा सकता है।

आदिकाल में **साहित्य सृजन** उपुर्यक्त वातावरण में हो रहा था। ऐसे में किसी एक विशेष धारा का अनुपालन कर पाना असम्भव था। यही कारण रहा कि इसे "अनिर्दिष्ट लोक प्रवृत्ति का युग भी कहा गया।" इस दौर में साहित्य की एक पारम्परिक धारा प्रवहमान थी जो संस्कृत साहित्य की थी। काव्यशास्त्र के विकास और व्याख्या का यह प्रमुख दौर था जिसमें आनन्दवर्द्धन, अभिनव गुप्त, कुन्तक, क्षेमेन्द्र, भोजदेव, मम्मद जैसे चिन्तक थे। एक दूसरी धारा वह थी जिसमें प्राकृत एवं अपभ्रंश में लेखन चल रहा था। और एक तीसरी धारा हिन्दी भाषा में लिखे जा रहे साहित्य की थी। इन दोनों धाराओं को मैं आदिकालीन जन साहित्य धारा कहना उचित समझता।

नामकरण

आदिकाल में सृजित साहित्य किसी एक धारा को लेकर नहीं लिखा गया। यही कारण रहा कि किसी एक प्रवृत्ति को केन्द्र में रखकर इस काल के नामकरण को लेकर विद्वानों में परस्पर मतभेद रहा। आचार्य रामचन्द्र शुक्ल ने इस काल के साहित्य में वीरगाथाओं के प्राधान्य के कारण इसका नामकरण 'वीरगाथा काल किया है। आचार्य शुक्ल ने इस काल की 12 कृतियों (1) विजयपाल रासो (नल्ल सिंह), (2) हम्मीर रासो (शांर्गधर), (3) कीर्तिलता (विद्यापति), (4) कीर्तिपताका (विद्यापति), (5) खुमाण रासो (दलपति विजय), (6) पृथ्वीराजरासो (चन्दबरदाई), (7) बीसलदेवरासो (नरपति नाल्ह), (8) जयचन्द्र प्रकाश (भट्टकेदार), (9) जयमंयक जसचन्द्रिका (मधुकर भट्ट), (10) परमालरासो (जगनिक), (11) खुसरों की पहेलियाँ, (12) विद्यापति की पदावली के आधार पर यह नामकरण किया। इस युग की अन्य रचनाओं के सन्दर्भ में उन्होंने लिखा कि वे कुछ पीछे की रचनाएँ है और अन्य सभी धार्मिक ग्रन्थों की कोटि की रचनाएँ हैं जिन्हें शुद्ध साहित्य के भीतर नहीं रखा जा सकता। आचार्य शुक्ल ने जिन बारह ग्रन्थों के आधार पर वीरगाथाकाल नाम दिया, बाद में हुए शोध कार्यों से पता चला कि उनमें से छह रचनाएँ परवर्ती दौर की है—'खुमाणरासो', बीसलदेव रासो, 'हम्मीररासो', 'विजयपालरासो', कीर्तिलता', विद्यापति की पदावली'। तीन रचनाएँ केवल नोटिस मात्र हैं—'जयचन्द्र प्रकाश, जयमयंक जस चन्द्रिका कीर्तिपताका और दो रचनाएँ मूलरूप में सुरक्षित नहीं है—'परमालरासो', 'पृथ्वीराजरासो। ऐसे में केवल एक ग्रन्थ 'खुसरों की पहेलियाँ' के आधार पर इतने बड़े युग को 'वीरगाथा काल' की संज्ञा नहीं दी जा सकती।

आचार्य हजारी प्रसाद द्विवेदी ने आचार्य शुक्ल के प्रस्तावित नामकरण का खण्डन करते हुए धार्मिक रचनाओं को भी साहित्य का अंग स्वीकार किया और इस सम्पूर्ण कालखण्ड का नाम 'आदिकाल' प्रस्तावित किया जिससे किसी भी साहित्यिक प्रवृत्ति की उपेक्षा नहीं होती। बाद के अधिकतर विद्वान उसी नाम से सहमत हैं।

यद्यपि राहुल सांस्कृत्यायन ने सिद्धों और सामन्तों के प्रभाव को दृष्टिगत रखते हुए इसे 'सिद्ध सामन्त काल कहा। डॉ. रामकुमार वर्मा ने 'सन्धिकाल' या 'चारण काल', महावीर प्रसाद द्विवेदी ने 'बीजवपन काल', डॉ. मोहन अवस्थी, सुमन राजे और बच्चन सिंह ने 'आधार काल', डॉ. धीरेन्द्र वर्मा व गुलेरी जी ने 'अपभ्रंश काल' व वासुदेव सिंह ने इसका नामकरण 'उद्‌भव काल' किया। किन्तु सम्यक विचार करने से यह पता चलता है कि 'आदिकाल' नाम को छोड़कर अन्य सभी नामों में या तो अतिव्याप्ति दोष है या अव्याप्ति दोष। ऐसे में आदिकाल नाम ही ज्यादा समीचीन प्रतीत होता है।

आदिकालीन साहित्य

जैसा कि पहले कहा जा चुका है कि आदिकाल में साहित्य लेखन की तीन धाराएँ मौजूद थी जिनमें अपभ्रंश और हिन्दी के ही कवियों का सामान्य जनता से सम्बन्ध था। भाषा की दृष्टि से आदिकालीन साहित्य को पाँच भागों में वर्गीकृत किया जा सकता है। जिसमें (1) अपभ्रंश भाषा साहित्य, (2) डिंगल साहित्य, (3) पिंगल साहित्य, (4) लोकभाषा काव्य, (5) अन्य साहित्य।

अपभ्रंश भाषा में सातवीं शताब्दी से ही काव्य रचना होने लगी थी जो आगे तक होती रही। इसमें भी धार्मिक और लौकिक दो कोटियों के साहित्य की रचना हुई है। अपभ्रंश के प्रमुख कवियों में 781 ई. के आसपास विद्यमान 'कवि स्वयंभू' जिन्होंने 'पउमचरिउ', 'रिट्ठनेमिचरिउ' तथा 'स्वयंभू छन्द' नामक रचनाएँ लिखीं। अपभ्रंश के अन्य कवियों में पुष्पदन्त' (महापुराण, णयकुमार चरिउ, जसहर-चरिउ), धनपाल (भविसयत्तकहा), अब्दुल रहमान (सन्देश शसक) आदि हैं।

डिंगल साहित्य राजस्थानी उपभाषा से सम्बन्ध है। 'डिंगल' शब्द का प्रयोग पश्चिमी राजस्थानी के लिए होता है और पूर्वी राजस्थानी के ब्रज मिश्रित रूप के लिए 'पिंगल', नाम चलता है। ऐतिहासिक चरित काव्यों की दृष्टि से डिंगल साहित्य का विशेष महत्त्व हैं। पद्य में रासो, प्रकाश, रूपक और गद्य में ख्यात, बात विगत आदि के रूप में साहित्य मिलता है। 'राठौडॉ री ख्यात, चन्दकुँवर री बात जैसा साहित्य गद्य का और 'राजविलास', जगविलास, राजप्रकाश' भीमप्रकाश, राजरूपक, रतनरूपक आदिकाव्य प्रमुख हैं।

ब्रजमिश्रित पूर्वी राजस्थानी **'पिंगल' भाषा** नाम से जानी जाती है। आदिकालीन लगभग सभी रासों ग्रन्थ इसी भाषा में लिखे गये—खुमाणरासो बीसल देवरासो, परमालरासो, हम्मीररासो, विजयपालरासो, पृथ्वीराजरासो आदि इस भाषा के प्रमुख ग्रन्थ हैं।

इसके अतिरिक्त **लोकभाषा काव्य** भी मिलता है, जिसमें भाषा मिश्रित होती थी। ये प्रायः ऋतुओं, पर्वों और विवाहादि के अवसर पर गाये जाते थे। इस प्रकार का एक ग्रन्थ *'ढोला मारू रा दूहा'* बहुत प्रसिद्ध हुआ।

इस तरह आदिकाल के अन्तर्गत प्रभूत साहित्य की रचना हुई। जिसको अध्ययन की सुविधा के लिए कुछ वर्गों में विभाजित किया जा सकता है–

(1) सिद्ध साहित्य (2) नाथ साहित्य (3) जैन साहित्य (4) रासो साहित्य (5) लौकिक साहित्य (6) गद्य-रचनाएँ।

सिद्ध-साहित्य के अन्तर्गत उन चौरासी सिद्धों की साहित्यिक रचनाएँ आती हैं जो बौद्ध धर्म की महायान शाखा की अनेक उपशाखाओं में से व्रजयान शाखा में सम्बन्ध रखते थे।

बौद्धों की यह शाखा से तान्त्रिक साधना के लिए प्रसिद्ध थी यही कारण रहा कि इन सिद्धों के साहित्य को तान्त्रिक बौद्ध साहित्य भी कहा गया। प्रमुख सिद्धों में सरहपा, शबरपा, लुइपा, डोम्भिपा, कण्हपा, एवं कुक्कुरिया आदि हैं जिनके साहित्य का सीधा प्रभाव भक्तिकालीन निर्गुण साहित्य आदि पर देखा जा सकता है।

'सरहपा' (आठवीं शताब्दी) इस धारा के प्रमुख कवि हैं इन्हें राहुल जी ने हिन्दी का पहला कवि माना है। जिनके लगभग बत्तीस ग्रन्थ बताये जाते हैं जिसमें 'दोहाकोश' सर्वाधिक प्रसिद्ध है। इन्होंने ब्राह्मणीय कर्मकाण्डों का पुरजोर विरोध किया है। वे सहज मार्ग पर बार-बार बल देते हैं।

"सहजे एि णिच्चल जोण किअ, समरसें णिच मणराअ
सिद्धों सो पुणि तक्खणे, रागउ जरामरण दू भाअ।"

शास्त्र जान का माखैल उड़ाते हुए सरहपा कहते हैं।

"पण्डिअ सअल सत्थ वक्खाणअ
देहहिं बुद्ध वसन्त ण जाणअ।।"

इसी धारा के दूसरे कवि क्षत्रिय कुल में उत्पन्न शबरपा (780 ई.) थे। 'चर्यापद' इनकी प्रसिद्ध पुस्तक है। कण्हपा (820 ई.) इस धारा के विद्वान सिद्ध थे। जिन्होंने लगभग चौहत्तर ग्रन्थ लिखे। शास्त्रीय रूढ़ियों का इन्होंने जबरदस्त खण्डन किया है

"आगम वेअ पुराणे-पण्डित मान बहन्ति
पक्क सिरिफल अलिअ, जिम बाहेरित भ्रमयन्ति"

अन्य सिद्ध साधकों का स्वर भी ऐसा ही है। इन सिद्धों की वाणियाँ ही निर्गुण भक्तिकाव्य का साहित्यिक आधार बनीं।

नाथ-साहित्य

नाथपन्थ का निर्माण सिद्धों से ही अलग होकर हुआ है। जिसके प्रवर्तक गोरखनाथ थे। जिन्होंने सिद्धों की वाममार्गी भोगप्रधान योग साधना का विरोध कर ईश्वरवादी

नाथपन्थ की स्थापना की। गोरखनाथ के समय को लेकर काफी मतभेद है। मोटे तौर पर उन्हें पसैवीं से ग्यारहवीं शताब्दी के बीच का मानना चाहिए। गोरखनाथ, मत्स्येन्द्रनाथ के शिष्य थे। उनके लगभग चालीस ग्रन्थ बताये जाते हैं लेकिन गोरख साहित्य के विद्वान अध्येता डॉ. पीताम्बर दत्त षड़थ्वाल ने उनकी केवल चौदह रचनाएँ स्वीकार की हैं। जिसका सम्पादन 'गोरखवाणी' नाम से किया है। गोरखनाथ ने 'हठयोग' का उपदेश दिया था। हठयोगियों के 'सिद्ध सिद्धान्त-पद्धति' ग्रन्थ के अनुसार 'ह' का अर्थ है 'सूर्य' तथा 'ठ' का अर्थ है चन्द्र। इन दोनों के योग को ही 'हठयोग' कहते हैं। नाथपन्थी हठयोगी साधना द्वारा शरीर और मन को शुद्ध करके शून्य में समाधि लगाते थे और वहीं ब्रह्म का साक्षात्कार करते थे।

नाथों की कुल संख्या नौ मानी जाती है जिसमें चौरंगीनाथ, गोपीचन्द्र, चुणकरनाथ, भरथरी, जलन्ध्रीपा आदि प्रमुख है। नाथ ईश्वर की स्थिति घट में मानते थे और आस्तिक विचारधारा से जुड़े थे। लेकिन वे सगुण ईश्वर के प्रति श्रद्धानवत न होकर निरंजन के प्रति आस्थावान थे। यही कारण रहा कि जाति-पाँति का बन्धन तोड़ने में यह पन्थ ज्यादा सफल हुआ। नाथपन्थियों ने मुख्यतः तीन बातों पर जोर दिया– (1) योगमार्ग (2) गुरु गरिमा (3) पिण्ड ब्रह्माण्डवाद।

नाथपन्थ के योगमार्ग में हठयोग की महत्ता है जिसे बिना गुरु कृपा के पूर्ण नहीं किया जा सकता। पिण्ड में ही ब्रह्माण्ड है, यह स्थापना बाद के भक्तिकालीन कवियों तक में गहरी छाप छोड़ती है।

जैन-साहित्य आदिकालीन साहित्य के प्रामाणिक स्रोत है। जैनों ने अपने मत का प्रचार पश्चिमी क्षेत्र में हिन्दी-कविता को माध्यम बनाते हुए किया। इनकी रचनाएँ आचार, रास, फागु, चरित, रहस्य काव्य, पुराण काव्य के रूप में मिलती है। इन जैन काव्यों में धार्मिकता की स्पष्ट छाप है। लेकिन उनमें काव्य तत्त्व भी प्रभूत हैं। किन्तु अपने मूल कलेवर में ये रचनाएँ सिद्धों-नाथों से बहुत भिन्न नहीं है। आचार्य हजारीप्रसाद द्विवेदी जी लिखते हैं–"अगर उनकी (जैनों की) रचनाओं के ऊपर से जैन विशेषण हटा दिया जाये तो वे योगियों और तान्त्रिकों की रचनाओं से बहुत भिन्न नहीं लगेगी।" देवसेन (श्रावकाचार्य) मुनिजिनविजय, (भरतेश्वर बाहुबली रास) आसगु (चन्दनबालारास), जिनधर्मसूरी (स्थूलिभद्ररास), हेमचन्द्र, (प्राकृतव्याकरण), विजयसेन सूरि (रेवंतगिरिरास) आदि जैन साहित्य के बड़े रचनाकार है।

'रासो'–साहित्य आदिकाल के नामकरण से लेकर केन्द्रीय वृत्ति तक को निर्धारित करने में बड़ी भूमिका निभाता है। जैन रास काव्य, वीरगाथात्मकरासो काव्यों से बहुत भिन्न है। 'रासो' शब्द की उत्पत्ति और प्रयोग को लेकर विद्वान एकमत नहीं हैं। आचार्य रामचन्द्र शुक्ल 'रसायण' शब्द से रासों की उत्पत्ति मानते हैं तो आचार्य

हजारीप्रसाद जी नाट्य उपरूपक 'रासक' से इसे प्रादुर्भत मानते हैं। वहीं अन्य विद्वान इसे 'राजयश' 'राजयज्ञ' या 'रहस्य' आदि से निकला हुआ मानते हैं।

राजा, सामन्तों के शौर्य और श्रृंगार के अतिरंजित चित्र प्रस्तुत करना रासो काव्यों का मूल प्रतिपाद्य रहा है। राजाओं के मामूली बातों में हुए आपसी युद्ध ईर्ष्या-द्वेष, कलह, रूप लोभ आदि का वर्णन इनमें खूब हुआ है। रासो काव्यों की प्रामाणिकता को लेकर विद्वानों में कभी मतैक्य नहीं रहा। प्रामाणिकता का विवाद भले ही जो रहा हो, लेकिन इन काव्यों से तत्कालीन समाज की विलासिता और वैयक्तिक शौर्य का भी पता चलता है।

रासो काव्य हमें दो रूपों में मिलता है 'प्रबन्ध' एवं 'वीरगीत (बैलेड्स)' प्रबन्ध का सर्वप्रथम ग्रन्थ 'खुमाण रासो (दलपति विजय, नौवीं शती) और वीरगीत परम्परा का पहला ग्रन्थ 'बीसदेवरासो' (बारहवीं शती, नरपति नाल्ह) है। अन्य प्रमुख रासों काव्यों में 'विजयपाल रासो (नल्हसिंह भाट ग्यारहवीं शती), पृथ्वीराजरासो (चन्दबरदाई, बारहवीं शती), जयचन्द्र प्रकाश (भट्ट केदार, बारहवीं शती), जयमयंक जस चन्द्रिका (मधुकर कवि, बारहवीं शती) परमाल रासो (जगानिक, तेरहवीं शती) आदि प्रमुख हैं।

आदिकाल में इन सभी प्रवृत्तियों के अतिरिक्त भी स्वतन्त्र रूप से कुछ लौकिक काव्य भी लिखे गये जिनमें 'ढोलामारू-रा-दूहा', वसन्त विलास, खुसरो की पहेलियाँ, कीर्तिलता, कीर्तिपताका विद्यापति पदावली आदि सर्व प्रमुख है।

ढोला मारू या दूहा (ग्यारहवीं शती) परिचमी क्षेत्र (राजस्थान) में बहुत प्रसिद्ध रहा। जिसमें कछवाह वंश के राजा नल के पुत्र 'ढोला' और पूगल के राजा पिंगल की रूपवती कन्या 'मारवणी की प्रेम कथा है। दोहों में लिखा यह प्रेम काव्य 'कल्लोल' (कुशललाभ) द्वारा लिखा गया। इस प्रेम काव्य में उन सभी काव्य-रूढ़ियाँ का पालन किया गया है, जिनका आगे के मध्यकाल में बिहारी आदि के यहाँ खूब प्रयोग हुआ है। प्रेमिका द्वारा स्वप्न में प्रिय का दर्शन, दूतों का प्रयोग, प्रिय-प्रेमी मार्ग की बाधाएँ, पक्षियों का विरह, शुक्र द्वारा सन्देश आदि इसमें संयोजित है।

'वसन्त-विलास' के रचयिता का पता नहीं चला है। इसका सम्पादन माता प्रसाद गुप्त जी ने किया। वे कहते हैं, 'यह एक अत्यधिक सरस' साहित्यिक कृति है और आधुनिक भारतीय आर्य-भाषा-साहित्य के आदिकाल के इतिहास में बेजोड़ है।" चौरासी दोहों में रचित यह ग्रन्थ प्रकृति और स्त्री दोनों के मदोन्मत्त स्वरूप श्रृंगार और रस की तीव्र धारा प्रवाहित करता है।

अमीर खुसरो आदिकाल की सीमा रेखा के भीतर नये तरह के प्रस्थानकर्ता कवि हैं। खुसरो खड़ी बोली के प्रथम कवि माने जाते हैं और उर्दू के भी। डॉ. रामकुमार वर्मा इन्हें अवधी का भी पहला कवि मानते हैं। खुसरो ने प्रभूत साहित्य लिखा लेकिन अधिकांश नष्ट हो गया। खुसरो का मूल नाम अबुल हसन और

गुरु 'निजामुद्दीन औलिया' थे। खुसरो सन्त और सत्ता दोनों के बीच के सेतु थे। एक ओर वे अलाउद्दीन खिलजी, तुगलक आदि के राजकवि थे तो दूसरी ओर तसब्बुफ की निर्मल धारा से भी सम्बद्ध थे।

फारसी के उच्च कोटि के कवि खुसरो को हिन्दवी पर बहुत गर्व था। वे कहते हैं–

"चु मन तूतिए हिन्दम, अर रास्त दुर्सी।
जे मन हिन्दुई पुर्स, ता नाज गोयम।।"

अर्थात् "मैं हिन्दुस्तान का तूती हूँ, अगर तुम वास्तव में मुझसे कुछ पूछना चाहते हो तो हिन्दवी में पूछो जिसमें मैं कुछ अद्‌भुत बातें बता सकूँ।"

खुसरो के प्रमुख ग्रन्थों में खालिकबारी पहेलियाँ, मुकरियाँ, दो सुखने, गजल आदि है। 'आवाज-ए-खुसरवी' इनका संगीत सम्बन्धी ग्रन्थ है। 'खालिकबारी वस्तुत, फारसी-हिन्दी शब्दकोश है। इनका एक ग्रन्थ और है 'नुहसिपहर', जिसमें भारतीय बोलियों का विस्तृत वर्णन है।

विद्यापति आदिकाल की लौकिक साहित्य धारा के सबसे बड़े और प्रसिद्ध कवि है। वे मिथिला के राजा कीर्ति सिंह और शिव सिंह के दरबारी थे। संस्कृत, अपभ्रंश, हिन्दी, मैथिली भाषा के पण्डित थे विद्यापति। उन्होंने कीर्तिलता कीर्तिपताका, भूपरिक्रमा, विभागसार, पुरुष परीक्षा, लिखनावली, शैव सर्वस्व सार, गंगावाक्यावली पदावली आदि ग्रन्थ लिखे। जिनमें कीर्तिलता, कीर्तिपताका और पदावली सर्वाधिक प्रसिद्ध हुए।

विद्यापित तीन भाषाओं में एक साथ लेखन कर रहे थे। संस्कृत, अपभ्रंश/अवहट्‌ठ, मैथिली, जिससे भाषा के संक्रमण और परिवर्तन का पता चलता है। अपभ्रंश का स्थान विद्यापति के आने तक बोलियों ने लेना प्रारम्भ कर दिया था। विद्यापति वस्तुतः भारतीय संस्कृति को नये सन्दर्भों के साथ प्रस्तुत कर रहे थे। वे भक्त कवि भी थे और श्रृंगार के भी इससे भी बढ़कर वे भक्ति औ श्रृंगार को एक मेक भाव से प्रस्तुत करते हैं। उन्होंने चरित काव्यों में भी भाषिक प्रांजलता को कायम रखा जिसे कीर्तिलता में लक्षित किया जा सकता है।

कीर्तिलता में राजा कीर्तिसिंह द्वारा तिरहुत के खोये हुए राज्य को पुनः संघर्ष द्वारा प्राप्त करने की कथा है। यह कृति अपने समय के अन्तर्विरोधों सामाजिक अनाचार, शासकाधीन लोगों द्वारा किये गये पतित आचरण को उजागर करता है। मिथिला के राजा 'गणेश्वर' को 'असलान' नामक सुल्तान ने छलपूर्वक मार डाला था। राजकुमार कीर्तिसिंह ने जौनपुर के बादशाह इब्राहिमशाह (14038) की सहायता से असलान को मार गिराया और तिरहुत राज्य को पुन प्राप्त किया, यही कीर्तिलता का सार संक्षेप है। कीर्तिलता में जौनपुर नगर का वर्णन मनोहारी है। कीर्तिलता की भाषा को विद्यापति ने अवहट्‌ठ कहा है–

सक्कय बाणी बहुवन भावइ।
पाउंअ रस को मम्म न पावइ।।
देसिल बयना सब जन मिट्ठा।
तं तैसन जम्पञो अवहट्ठा।।

विद्यापति ने कीर्तिलता की बनायी हुए लीक से हटकर पदावली' की रचना की। राधाकृष्ण के मांसल प्रेम का वर्णन, उन्मुक्त श्रृंगार भाव का प्रदर्शन और साथ ही समर्पित भक्ति का समन्वय उन्होंने इसमें किया है। विद्यापति शैव मतानुयायी थे जिस कारण उनका प्रयास समन्वय की विपुल राशि को एकत्र करने जैसा है। विद्यापति की पदावली के प्रभाव की चर्चा करते हुए आचार्य हजारीप्रसाद जी लिखते है–"इस पुस्तक के पदों ने आगे चलकर बंगाल, असम, उड़ीसा के वैष्णव भक्तों को प्रभावित किया और उन प्रदेशों के भक्त साहित्य में नयी प्रेरणा और नई प्राणधारा संचारित करने में समर्थ हुई। इसीलिए पूर्वी प्रदेश में सर्वत्र यह पुस्तक धर्मग्रन्थ की महिमा पा सकी।"

विद्यापति भक्त कवि थे या श्रृंगार के कवि यह विवाद साहित्य में लम्बा चला। जिस क्रम में आचार्य शुक्ल ने विद्यापति को आड़े हाथों लिया। वे लिखते हैं– "आध्यात्मिक रंग के चश्मे आजकल बहुत सस्ते हो गये हैं, उन्हें चढ़ाकर जैसे कुछ लोगों ने 'गीतगोविन्द' को आध्यात्मिक संकेत बताया है वैसे ही विद्यापति के इन पदों को।" यह विवाद आज तक चल रहा है। इसी सन्दर्भ में डॉ. बच्चन सिंह ने कहा–"विद्यापति की कविता का स्थापत्य श्रृंगारिक है। उसे आध्यात्मिक कहना खजुराहों के मन्दिरों को आध्यात्मिक कहना है। उनके श्रृंगार में यौवनोन्माद का शारीरिक आमन्त्रण है, सम्भोग का सुख है, विलास की विहलता है, वियोग में स्मृतियों का सम्बल हैं और भावुकतापूर्ण तन्मयता है।" पदावली में वर्णित श्रृंगार और भक्ति लगभग ऐसी ही है–

राधा का अपरूप रूप कामदेव के लिए मंगलदाता हैं
सुधामुख के विहि निरमल बाला
अपरूप रूप मनोभव मंगल
त्रिभुवन विजयी माला।

वहाँ अपरूपता का पक्ष केवल राधा के लिए नहीं है। वह कृष्ण में भी है। इन दो अपरूपों का पारस्परिक आकर्षण ही तो प्रेम है।

ए सखि पेखल एक अपरूप
सुनइत मानवि सपन सरूप।

विद्यापति ने **वयः सन्धि** का अद्‌भुत वर्णन किया है। शैशव के उपरान्त जब यौवनागमन होता है, तब किशोरियों के अंग-प्रत्यंग में अभूतपूर्व परितर्वन होने लगता है। शैशव और यौवन के संक्रमण काल का यह चित्र अद्‌भुत है–

"खने खन नयन कोन अनुसरई। खने खन बसन धूलितन भरई।
खने दसन छटा छूट हास। खने खनअधर आगे गहु बास।।
बाला सैसव तारून भेंट। लखए न पारिअ जेठ कनेठ।।

इसी तरह **'नख-शिख वर्णन'**, सधःस्नाता वर्णन, प्रणयकेलि निरूपण आदि के भी चित्र मिलते हैं। लेकिन विद्यापति ने केवल ऐसे मुक्त श्रृंगार के पद ही नहीं लिखे उन्होंने देवी-देवताओं के स्तुतिपरक पद भी लिखे हैं। एक स्तुति में **विद्यापति शिव के अर्द्धनारीश्वर** रूप की मार्मिक झाँकी अंकित करते हुए कहते हैं–

"जय जय संकर त्रिपुरारि। जय अधपुरुष जयति अधनारि
आध धवल तन आधा गोरा। आध सहज कुच आध कठोरा।

x x x

आध चान आध सिंधुर सोभा। आध विरूप आध जगभोग।

आदिकाल में इस तरह के विपुल काव्य संसार के साथ गद्य लेखन में भी प्रारम्भिक प्रयास हुआ जिसे हम राउलवेल', 'उक्ति-व्यक्ति प्रकरण और वर्णरत्नाकर की मार्फत देख सकते है।

'राउलवेल' शिलांकित चम्पू है जिसका पाठ बम्बई के प्रिंस ऑफ वेल्स संग्रहालय से उपलब्ध कर प्रकाशित कराया गया है। यह चम्पू काव्य की प्राचीनतम् हिन्दी कृति है। जिसे 'रोडा' कवि ने लिखा है। 'उक्ति-व्यक्ति प्रकरण दूसरी महत्त्वपूर्ण कृति है। जिसके सम्बन्ध में आचार्य हजारीप्रसाद की लिखते है। " 'उक्ति व्यक्ति प्रकरण" एक अत्यन्त महत्त्वपूर्ण ग्रन्थ है। इससे बनारस और आसपास के प्रदेशों की संस्कृति भाषा आदि पर अच्छा प्रकाश पड़ता है और उस युग के काव्य-रूपों के सम्बन्ध में थोड़ी-बहुत जानकारी प्राप्त होती है।" इस तरह इसकी उपादेयता को समझा जा सकता है।

वर्णरत्नाकर भी कुछ ऐसा ही ग्रन्थ है जिसकी रचना मैथिली हिन्दी में ज्योतिरीश्वर ठाकुर ने की है। यह एक शब्दकोश-सा प्रतीत होता है। हिन्दी गद्य की प्रारम्भिक रचनाओं में यह महत्त्वपूर्ण कृति है।

इस तरह हिन्दी साहित्य का आदिकाल अपने आप में वैविध्य लिये हुए है। जिसका परवर्ती प्रभाव हमें सम्पूर्ण मध्यकाल पर दिखाई पड़ता है। भाषा, छन्द काव्य वस्तु आदि जो बाद में बहुविकसित एवं पल्लवित लिये हुए उनका यहाँ प्रारम्भिक रूप दिखाई पड़ता है।

5

भक्तिकाल की सामाजिक चेतना और कृष्णभक्ति-काव्य

—मैनेजर पाण्डेय

(1)

मध्यकाल के भक्ति-आन्दोलन और **भक्ति काव्य के उत्स, विकास, अन्तस्स्वरूप एवं प्रभाव** की सम्यक् विवेचना तद्युगीन सामाजिक, मनोवैज्ञानिक और सांस्कृतिक परिस्थितियों के विश्लेषण से ही सम्भव है। भक्ति-आन्दोलन तथा भक्ति-काव्य को "बिजली की चमक के समान अचानक समस्त धार्मिक मतों के अन्धकार के ऊपर एक नयी बात या ईसाइयत की देन[1], अपने पौरुष से हताश जाति का भगवान् की शक्ति और करुणा की ओर ध्यान या कालदर्शी भक्तकवि का जनता के हृदय को सँभालने और लीन रखने के लिए दबी हुई भक्ति को जगाने का प्रयास,[2] भारतीय चिन्ता का स्वाभाविक विकास या लोकप्रवृत्ति या शास्त्रसिद्ध आचार्यों और पौराणिक ठोस कल्पनाओं से युक्त हो जाना[3] तथा समाज की धर्मशास्त्रवादी, वेद-उपनिषद्वादी भक्तियों की अपेक्षा सामाजिक कट्टरपन के विरुद्ध जनसाधारण की सांस्कृतिक आकांक्षाओं की अभिव्यक्ति"[4] आदि सिद्धान्त वाक्यों एवं सूत्रों से बाँधा और व्याख्यायित नहीं किया जा सकता है। भक्ति-आन्दोलन तथा भक्ति-काव्य के प्रेरक स्रोत और विकास की गति तथा दिशा को समझने में ऐसे विचार समवेत रूप से सहायक हो सकते हैं। भक्ति-आन्दोलन के उदय, विकास तथा प्रारम्भिक स्वरूप से ईसाई धर्म के विकास की परिस्थितियों का आंशिक साम्य है, उसमें युग-जीवन की आन्तरिक वेदना की स्वानुभूति है, भगवान् की भक्ति और करुणा में स्थिर आशा और आस्था के स्वर हैं, निराश जनता के जीवन में शक्ति-संचार का प्रयास है, भारतीय सांस्कृतिक चिन्तन-परम्परा का समन्वय और विकास है, पौराणिक और

---

1 डॉ. ए. जी. ग्रियर्सन

2 **हिन्दी-साहित्य का इतिहास,** आचार्य रामचन्द्र शुक्ल, पृ. 60-62

3 **हिन्दी-साहित्य**, डॉ. हजारी प्रसाद द्विवेदी, पृ. 8-9

4 **नयी कविता का आत्म संघर्ष तथा अन्य निबन्ध**, मुक्तिबोध, पृ. 87-88

शास्त्रीय कथाओं, प्रतीकों, मिथकों, विचारों एवं अनुभूतिधाराओं का लोकाभिमुखी रूप है तथा उनका लोक-कथाओं और लोक-कलाओं से संयोग है, समाज की निम्नवर्गीय जनता की वर्गचेतना एवं वर्गचेतना से उत्पन्न विद्रोह-भावना, समानता की कामना, आत्म-प्रस्थापना और आत्मचेतना की व्यंजना है तथा सामाजिक-सांस्कृतिक विचारधारा और भावधारा के केन्द्र में 'मनुष्य सत्य' के रूप में सामूहिक चेतना की अभिव्यक्ति के साथ. ही वैयक्तिक भावावेश के व्यक्तिवादी स्वर का भी समावेश है। वस्तुतः भक्ति-काव्य लोक-प्रतिभा की रचनात्मक शक्ति की देन है।

मध्यकाल सांस्कृतिक संक्रान्ति का काल है। संस्कृति के तीन महत्त्वपूर्ण अंग हैं[1]— (क) समाज की विकासशील सावयव संरचना, जिसके माध्यम से संस्कृति के तत्त्वों का सहज संचरण सम्भव होता है, (ख) संस्कृति की विश्लेषणशीलता, जिससे आंचलिक संस्कृति का स्वरूप प्रकट होता है और (ग) धर्म की एकता और विविधता में सन्तुलन एवं समन्वय। धर्म में सिद्धान्त की सार्वभौमिकता के भीतर ही सम्प्रदाय मत और उपासना की विशिष्टताओं में समन्विति होती है। संस्कृति युग और समाज की अन्तश्चेतना तथा रचनात्मक शक्ति का मूर्त रूप और व्यक्ति इसकी अभिव्यक्ति का माध्यम है। व्यक्ति अपनी आत्मा की पूर्णता की अनुभूति ही मनुष्य की आत्मा की प्रकृति का ज्ञान प्राप्त करता है, व्यक्ति आत्मचेतना के सहारे लोकचेतना की स्वानुभूति करता है और इस प्रक्रिया में वह अपने को ज्ञाता और ज्ञेय दोनों रूपों में ग्रहण करता है। धर्म आत्मचेतना और आत्मानुभव में लीन व्यक्ति की स्वानुभूति है, इसीलिए धर्म संस्कृति का अंग बन जाता है। व्यक्ति की चेतना उसके सामाजिक परिवेश के अनुरूप बनती है, अतः संस्कृति व्यक्ति चेतना के माध्यम से युग-चेतना की अभिव्यक्ति है। संस्कृतियों और सभ्यताओं के संघर्ष तथा विकास का इतिहास इस तथ्य का साक्षी है कि संघर्षशील संस्कृति तथा सभ्यताओं में आदान-प्रदान, विघटन-विकास तथा विजय-पराजय की प्रक्रिया अनेक बाह्याभ्यन्तरिक स्तरों से गुजरती है। प्रायः सशक्त संस्कृति निर्बल संस्कृति के उपयोगी उपादानों को आत्मसात् कर लेती है और कमजोर संस्कृति का स्वरूप विघटित हो जाता है। दो सशक्त संस्कृतियों का संघर्ष अत्यन्त तीव्र होता है और कभी-कभी सांस्कृतिक संघर्ष के काल में जीवन्त संस्कृति की सर्जनात्मक शक्ति प्रखर होकर आत्मरक्षा में सफल होती है। भारत में मुसलमानों के आगमन के पहले अनेक जातियाँ अपनी-अपनी संस्कृतियों के साथ यहाँ आयीं और भारतीय संस्कृति ने उन्हें आत्मसात् कर आत्मीय बना लिया। मुसलमानों के साथ जो इस्लाम धर्म और इस्लामी संस्कृति आयी, उसमें उग्रता और कट्टरता अधिक थी, इसलिए भारतीय संस्कृति उसे आत्मलीन न कर सकी। नवीनता में आक्रामकता विशेष होती है, नया धर्म और नये देवता अधिक आक्रामक होते हैं।

---

1 Notes towards the Defnition of Culture, T.S. Eliot, p. 15

मध्यकाल की भारतीय संस्कृति का स्वरूप सामन्तवादी था और नवीन इस्लामी संस्कृति का रूप नवजातीय संस्कृति का था। भारतीय संस्कृति में सुख-सुविधा और भोग की प्रवृत्तियाँ प्रबल थीं, किन्तु इस्लाम में आक्रामकता, संघर्ष और साहस की प्रधानता थी। भारतीय समाज राजनीतिक स्तर पर पराजित, सामाजिक स्तर पर विघटनशील और आर्थिक स्तर पर शोषित होने के कारण सांस्कृतिक स्तर पर असुरक्षा की भावना से पीड़ित था। मध्यकाल में इस्लामी सांस्कृतिक आक्रमण से उत्पीड़ित जनमानस की आत्म-पीड़ा तथा आत्मरक्षा की भावना धार्मिक-सांस्कृतिक स्तर पर अभिव्यक्त हुई। इस्लाम धर्म अधिक था और दर्शन कम। भारतीय संस्कृति में दर्शन का तत्त्व प्रबल था। दर्शन धर्म की जीवन्तता और स्थायित्व का शक्ति-स्रोत है। भारत की दार्शनिक संस्कृति और कला-परम्परा इस सांस्कृतिक संघर्ष के काल में धार्मिक कला-चेतना की सर्जनात्मक शक्ति के सहारे आत्मरक्षण में सक्षम हुई। प्रायः संस्कृति की भाषा में ही राजनीति की इच्छायें व्यक्त होती हैं, मध्यकाल के भक्ति-साहित्य से यह स्पष्टतः परिलक्षित होता है। भक्तिकाल में आशा, आस्था और श्रद्धा धर्म-साधना की मौलिक शक्तियाँ हैं, जो लोकजीवन की प्रेरक शक्तियाँ भी हैं। निराशा में आशा की खोज के फलस्वरूप परलोक लोक का प्रतिनिधि बन गया। परलोकवाद के रूप में धार्मिक स्वप्निल जीव की प्रचुरता यथार्थ जीवन के अभाव की भावना की क्षतिपूर्ति का साधन या प्रतिक्रियात्मक अभिव्यक्ति बन जाती है। यथार्थ जीवन जितना वेदनामय और अभावग्रस्त होता है, व्यक्ति के स्वप्न उतने ही मोहक, मधुर और वैभवशाली होते हैं। अमरता की कामना शाश्वत सुखोपलब्धि की कामना का ही सूक्ष्म रूप है। मोक्ष की कामना लौकिक कष्टों और पीड़ाओं से मुक्ति की कामना की उपज है।

धर्म व्यक्ति की आत्म-चेतना की स्वानुभूति है जिसमें व्यक्ति की वैयक्तिक विशिष्ट भावात्मक एवं विचारात्मक आत्मा संकल्प के साथ ही उसके अपने समाज, संस्कृति और युग की चेतना का संयोग होता है। मध्यकाल का भक्ति-साहित्य लोकचेतना की सृजनधर्मिता की देन है। क्योंकि भक्तकवियों की काव्य-चेतना लोक-चेतना से जुड़ी थी, सामन्ती दरबारी-चेतना से नहीं। उनकी कविता, उनके जीवन की भाँति लोकाश्रयी थी, दरबाराश्रयी नहीं। भक्तकवि लोक-जीवन की भावना, अनुभूति और आत्मशक्ति के कवि हैं। सन्तकाव्य में लोक की पीड़ित आत्म-चेतना की अभिव्यक्ति है और धार्मिक सामाजिक स्तर पर आत्म प्रस्थापन का प्रचार है। मध्यकाल का भारतीय समाज दुहरे सांस्कृतिक सम्पर्क की मनःस्थिति से गुजर रहा था। एक ओर उसे एक विदेशी संस्कृति और सामाजिक दर्शन का आघात तथा प्रभाव झेलना था और दूसरी ओर स्वयं हिन्दू समाज के अन्तर्विरोध प्रकट होकर उसे जर्जर कर रहे थे। हिन्दू समाज में वर्ण-व्यवस्था के विकृत रूप के कारण सामाजिक कुरीतियों एवं धार्मिक अन्धविश्वासों का प्राधान्य था और वंश तथा व्यवस्था की

कट्टरवादिता प्रबल थी। इस्लाम का सामाजिक दर्शन समानता का समर्थक था किन्तु सत्ता की सामन्ती व्यवस्था की विकृतियों से वह दूषित हो चुका था। भारतीय दर्शन में आध्यात्मिक स्तर पर समानता का स्वर था किन्तु सामाजिक व्यवस्था में ऊँच-नीच का भेद-भाव विद्यमान था। भक्तिकाल के निर्गुण साधकों ने, जिनमें अधिकांश निम्न वर्ग के लोग थे, सामाजिक स्तर पर समानता की भावना का प्रसार और समतामूलक व्यवस्था की स्थापना का प्रयास किया। **हिन्दू और मुसलमान दोनों जातियों का निम्न वर्ग आभिजात्य वर्ग से समान रूप से पीड़ित था। इसलिए सामाजिक व्यवस्था के प्रति विद्रोह की भावना दोनों में थी और उसकी अभिव्यक्ति दोनों के काल में हुई है।** मार्क्स का यह विचार कि धार्मिक वेदना एक ओर वास्तविक वेदना की अभिव्यक्ति है और दूसरी ओर वास्तविक कष्ट के प्रति विद्रोह भी। धर्म-दलित व्यक्तियों की आह है, हृदयहीन जगत् का हृदय है एवं आत्मारहित परिस्थितियों की आत्मा है।"[1] मध्यकाल के निर्गुण भक्ति काव्य में व्यक्त सामाजिक चेतना की अन्तः प्रकृति पूर्णतः परिचायक है। सामाजिक परिस्थितियों के अनुरूप ही व्यक्ति की मनःस्थिति बनती है। निर्गुण सन्तकाव्य के रूप में एक समतामूलक संयुक्त जनवादि संस्कृति पनप रही थी किन्तु सगुण मतवाद की पौराणिक संस्कृति के पुनरुत्थान के कारण वह अपने विकासकाल में ही टूट कर बिखर गयी। इस काल में विकसित भक्ति-दर्शन का आधार प्रेम था जिसका स्वरूप समतामूलक और मानवतावादी था, 'मानव सत्य' की उसमें प्रतिष्ठा थी और वह सामाजिक विधि और व्यवस्था के जड़-वचनों से विमुक्ति का समर्थक था। भक्ति-आन्दोलन वस्तुतः लोकाभिमुखी धार्मिक आन्दोलन था। भगवान् का स्वरूप 'लोक संग्रह' की भावना के अनुरूप निर्मित था, लोकरक्षण और लोकरंजन अवतारवाद के लक्ष्य थे। भगवान् के समक्ष सभी भक्त समान थे। भक्ति में भक्त की आन्तरिक भावना महत्त्वपूर्ण थी, सामाजिक स्थिति नहीं। बाद में भक्ति जब एक जीवन-दर्शन के बदले केवल औपचारिकताओं में निबद्ध धर्म बन गयी, तो उसमें आस्था और संकल्पित अनुभूति से धर्म का महत्त्वपूर्ण सम्प्रदायवाद हो गया।

भक्ति-काव्य में सामाजिक-धार्मिक विद्रोह के अन्तर्मुखी रूप के कारण लोकचेतना की मिथकीय पौराणिक और प्रतीकात्मक अभिव्यंजना हुई। इस काल में सामाजिक-सांस्कृतिक द्वन्द्व की अभिव्यक्ति के लिए प्राचीन मिथकों का नवीन सन्दर्भों में प्रयोग तथा नवीन मिथकों का सृजन हुआ। मिथ वस्तुतः आन्तरिक सामाजिक द्विविधाओं के बाह्यीकरण का परिणाम है किन्तु कभी-कभी सामाजिक द्वन्द्वों का अन्तर्मुखी रूप प्रतीकों में प्रकट होता है। मध्यकाल में सामाजिक वेदना या लोक-पीड़ा की स्वानुभूति तथा उससे मुक्ति के प्रयास के आभ्यान्तरिक प्रयाण के फलस्वरूप ही पौराणिक कथाओं, मिथकों एवं प्रतीकों का उपयोग हुआ है। कवि की अन्तश्चेतना में

---

1 *Further Studies in a Dying Culture,* Christopher Caudwell, p. 75

स्थित सामाजिक वेदना का सर्जनात्मक रूप उसके काव्य प्रतीकों में व्यक्त हुआ है। भारत की पौराणिक परम्परा में सत् और असत्, शिव और अशिव अर्थात् दैवी और आसुरी शक्तियों के संघर्ष की कथाएँ विद्यमान थीं, जिनका मध्यकाल के भक्त कवियों ने उपयोग किया। लोक-पीड़क अशिव शक्ति-प्रतीकों के रूप में विरोधी पक्ष का सम्पूर्तन तथा लोकरक्षक और लोक-रंजक शक्ति प्रतीक के रूप में आत्मीय पक्ष का प्रस्तुतीकरण और दोनों के द्वन्द्व में शिव-भक्तियों की विजय-कथाओं से समुद्भूत आशावाद में 'लोक संग्रह' की भावना तथा जीवन-रक्षण का संकल्पित प्रयास मध्यकाल में दिखाई पड़ता है। कंस तथा रावण के समय उस जमाने की सामाजिक वेदना की करण भक्तियों का पूँजीभूत रूप व्यक्त है और कृष्ण तथा राम के संघर्षशील लोकरक्षक रूप में संघर्षशील लोक-चेतना की व्यंजना है। प्राचीन पौराणिक कथाओं एवं व्यक्तियों के माध्यम से एक नवीन सांस्कृतिक चेतना का उन्मेष भक्ति-काव्य में दिखाई पड़ता है, जिसमें जीवन की कामना और आत्मरक्षण के लिए संघर्ष की भावना है।

भक्ति आन्दोलन के फलस्वरूप एक नया जीवन-दर्शन विकसित हुआ, अभिनव वेदान्त का सम्मुदय हुआ जिसका तत्त्व-दर्शन, धर्म-दर्शन, आकार-दर्शन और सामाजिक दर्शन प्राचीन वेदान्त से भिन्न और युगीन सामाजिक परिस्थितियों के अनुकूल था। इस साहित्य में स्वीकृत सामाजिक मूल्यों के स्वीकार के बदले जीवन के अनुभवों से नैतिक मूल्य विकसित करने का प्रयास दिखाई पड़ता है। निर्गुणसन्त शास्त्रीय मतवादों से मुक्त होकर 'मानव-सत्य' की खोज और प्रतिष्ठा का प्रयास कर रहे थे। निर्गुण भक्ति काव्य में आत्मानुभूत सत्य और अनुभवसिद्ध ज्ञान को महत्त्व दिया गया है। निर्गुण भक्तकवि शास्त्र से अधिक अनुभव को महत्त्व देते थे; क्योंकि शास्त्र से सत्य का साक्षात्कार सम्भव नहीं है। वे अनुभव के आधार पर जीवन के सत्य की चर्चा करते थे। ज्ञान के प्रज्ञात्मक और संज्ञात्मक दोनों रूपों का संकल्पात्मक बोध निर्गुण भक्ति काव्य में व्यंजित है। सन्त-कवि शास्त्रीय ज्ञान के बोध को ढोने का नहीं, अनुभव की धारा में बहने का प्रयास कर रहे थे। जीवन की अनेक जटिल उलझनों में फँसे व्यक्तियों को शास्त्रीय उलझनों में डालना उनका लक्ष्य नहीं था, इसलिए वे अनुभवसिद्ध सुलझे विचारों का प्रचार-प्रसार कर रहे थे। सन्तों का अभिनव वेदान्त स्वानुभूतिपरक ज्ञान का काल है। इसमें सत्य और ज्ञान के पारमार्थिक और व्यावहारिक स्वरूपों में विभेद नहीं, ऐक्य-स्थापन का प्रयास है। अद्वैत वेदान्त आध्यात्मिक स्तर पर सभी आत्माओं की मूलभूत एकता एवं समानता का समर्थक होकर भी लोक-जीवन भेदभाव पर वर्ण-व्यवस्था का पोषक था लेकिन निर्गुण सन्तों का भक्ति दर्शन आत्मिक और लौकिक दोनों स्तरों पर पूर्ण समता और एकता का समर्थक है। सन्तों का अद्वैतवाद केवल आध्यात्मिक नहीं था बल्कि वह सामाजिक

अधिक था। निर्गुण भक्तिकाल में वेदान्त के आत्मवाद और समतामूलक मानवतावाद के समन्वित रूप की अभिव्यक्ति है।

भक्तिकाव्य का प्रथम प्रकाश निर्गुण भक्तिकाव्य में हुआ। यह लोकभाषा में लोकजीवन की अनुभूतियों की अभिव्यक्ति का साहित्य है। सन्त-काव्य समतामूलक विवेक से निष्पन्न प्रेमपरक जीवन दर्शन का काव्य है। इसमें व्यक्ति से अधिक समूह की मुक्ति की कामना है। निर्गुण भक्ति में आध्यात्मिक स्तर पर अमूर्त की उपासना का जो भाव था उसका सम्बन्ध उसके सामाजिक दर्शन से भी है। समाज में व्यक्ति मूर्त है और समाज अमूर्त। निर्गुण भक्तिकाल में वंश तथा व्यवस्था के प्रति विद्रोह की भावना है जिसमें समाज की स्वतन्त्रता की कामना निहित है। अमूर्त सदा स्वतन्त्र है किन्तु मूर्त को बन्धन का खतरा है। सन्त काव्य में 'विशिष्ट' के प्रति 'सामान्य' का विद्रोह है। निर्गुण सन्त-कवि अमूर्त की उपासना में लीन होकर भी सामाजिक जीवन की वास्तविकताओं के प्रति उदासीन नहीं थे। निर्गुणभक्ति के समक्ष सगुणभक्ति के उदय तथा निर्गुणमत पर सगुणमतवाद की विजय वस्तुतः सामान्य पर विशिष्ट की, लोक पर शास्त्र की तथा सामान्य जन पर आभिजात्य वर्ग की सामाजिक-सांस्कृतिक विजय है।

सगुणभक्ति में पौराणिक वैष्णवधर्म एवं पौराणिक संस्कृति के पुनरुत्थान तथा पुनर्संस्थापन का प्रयास है। सगुण भक्ति की, विशेषतः कृष्णभक्ति, मानसिक आस्था और भावासक्ति में व्यक्तिवादी भावावेश की प्रधानता है। निर्गुणभक्ति काव्य में विचार का भावात्मक अवबोधन है और सगुण भक्तिकाव्य में विचार का स्वप्न बिम्बों में रूपान्तरण। सगुण भक्ति काव्य में जातीय आद्य रूपों और आदर्शों का पूर्ण उपयोग है और वर्तमान की चेतना का आदर्शीकरण। सगुण भक्तिकाव्य में व्यक्तिपूजा है, सामन्ती जीवन-दृष्टि का प्रभाव है, उसके ऐश्वर्यमूलक सम्भ्रमगत दैन्य में सामन्ती व्यवस्था से पीड़ित समाज की मानसिक दशा का चित्र है। सगुण भक्तिकाव्य में वर्णाश्रम का समर्थन है, वैदिक, पौराणिक, धार्मिक परम्परा की पुनर्स्थापना का प्रयास है। उसमें व्यक्ति, वंश और व्यवस्था की श्रेष्ठता प्रतिपादित है, सारतः वह आभिजात्य वर्ग का साहित्य है। निर्गुण भक्तिकाव्य में समता की भावना है, प्राचीन परम्पराओं एवं रूढ़ियों के बन्धन की अस्वीकृति है, वंश एवं व्यवस्था के प्रति विद्रोह की भावना है अर्थात् वह लोकजीवन का जनवादी-साहित्य है। निर्गुण भक्तिकाव्य में धर्म-साधना तथा सामाजिक जीवन में शास्त्रीय या लौकिक भेदभाव की स्थिति अस्वीकार्य है किन्तु सगुण भक्तिकाव्य की धर्म-साधना तथा सामाजिक जीवन में शास्त्रीय और लौकिक भेदभाव की स्वीकृति है। निर्गुण और सगुण दोनों भक्ति सम्प्रदायों का स्वाभाविक रूप और इस स्वाभाविक रूप की सहज अभिव्यक्ति का काव्य ही लोकचेतना के निकट है; किन्तु दोनों का साम्प्रदायिक आग्रहों से युक्त रूप लोकजीवन से दूर है।

निर्गुण काव्य का रहस्यवादी रूप अन्तर्मुखी, आत्मकेन्द्रित तथा लोकजीवन निरपेक्ष है जबकि सगुण भक्तिकाव्य का सहज रूप लोकाभिमुखी, लोकसंग्रह की भावना से भरपूर और लोकचेतना से सम्पृक्त है। सगुण भक्तिकाव्य में प्रेम और सौन्दर्य की भावना से अनुप्राणित प्रवृत्तिमूलक धर्मसाधना का प्रयोजन था सामाजिक सांस्कृतिक स्तर पर निराश, टूटे-थके मनों में प्रेममूलक भक्ति की भावानुभूति के सहारे मानसिक तथा आत्मिक आशा, आस्था एवं परिपूर्णता का बोध उत्पन्न कर जीवन को सरस और काम्य बनाना। निवृत्तिमूलक निर्गुण भक्ति-साधना के समक्ष प्रवृत्तिमूलक सगुण भक्ति-साधना का आयोजन मानसिक सन्तोष का एक नया प्रयास था। निर्गुण भक्ति के सामाजिक-दर्शन तथा सगुण भक्ति के भाव-दर्शन के संयोग से एक जीवननिष्ठ समतामूलक लोकाभिमुख धर्म विकसित हो सकता था जिसमें जीवन के धर्म तथा धार्मिक जीवन के समन्वय की पूर्ण सम्भावना थी पर ऐसा नहीं हुआ। प्रवृत्तिमूलक सगुण भक्ति की पूजाविधि एवं सेवाविधि में वैभव-विलास तथा भोग की प्रवृत्तियाँ प्रचलित हो गयीं। सगुण भक्ति के क्रमशः प्रबल होने पर सगुण-निर्गुण विवाद एवं संघर्ष की स्थिति भी आ गयी जिसमें सगुण मत की पुराण मतवादी चेतना और निर्गुण मत की जनवादी-चेतना का द्वन्द्व उग्रतर हुआ। निर्गुण भक्ति की उदारवादी और सुधारवादी सांस्कृतिक विचारधारा का पुराण मतवादी संस्कारों से प्रेरित भावावेशवादी आत्मवादी कृष्णभक्ति से संघर्ष भ्रमरगीतों में व्यक्त हुआ।[1] सगुण भक्ति की रामभक्ति शाखा के तुलसीदास के प्रबल व्यक्तित्व के द्वारा निर्गुण मत की सुधारवादी और उदारवादी सामाजिक विचारधारा के ऊपर पुराण निगम-आगम मतवादी कट्टरतावादी विचारधारा की पूर्ण प्रस्थापना हो गयी।

(2)

मध्यकाल का भक्ति आन्दोलन भारत के उस नित्य किन्तु परिवर्तनशील दार्शनिक चेतना और कालातीत विवेक का अंग है जो कालचक्र की गति के साथ अनेक बार व्यक्त, पुनर्व्यक्त, प्रतिष्ठित, विलुप्त और पुनर्प्रतिष्ठित हुआ है। **इस काल के भक्ति-दर्शन की दार्शनिक चेतना, धार्मिक भावना और संकलित चिन्तन का अन्तस्स्वरूप प्राचीन भारतीय धर्म-दर्शन के अनुरूप होते हुए भी अनेक नवीनताओं और विशिष्टताओं से मंडित है।** विश्व में धर्मभावना के विकास के मूल में भय, लोभ या कृतज्ञता की भावनाएँ ही प्रेरक रही हैं किन्तु भक्ति की मूल प्रेरक शक्ति प्रेम है। भक्ति में शास्त्रमत और लोकमत, राग और विराग, अनुभूति और चिन्तन, ज्ञान और भक्ति-रूप और अरूप, ऐन्द्रिक सौन्दर्य चेतना तथा अतीन्द्रिय भावचेतना, व्यक्ति और समाज, आत्मनिष्ठ सांस्कृतिक चेतना और लोकनिष्ठ सामाजिक चेतना तथा

---

1 *नयी कविता का आत्म संघर्ष तथा अन्य निबन्ध*, मुक्तिबोध, पृ. 95-96

कला-साधना और धर्मभावना का समन्वित रूप अभिव्यक्त हुआ है। मध्यकाल की धार्मिक चेतना युग की आकांक्षाओं की उपज है, वह लोकजीवन की सहज धर्म-भावना का परिष्कृत उदात्त रूप है। यही कारण है कि लोकभाषाओं में युग, जीवन और समाज की सांस्कृतिक आकांक्षाओं की अभिव्यक्ति भक्ति-काव्य में हुई। भक्ति मूलतः हृदय का धर्म है, बुद्धि का नहीं, यह लोकधर्म है, शास्त्रीय धर्म कम। यह जीवन के सहज कर्मों के परिष्कार का धर्म है, परिहार का नहीं। मानवीय मनोरागों के उन्नयन और संयमन का धर्म है, दमन का नहीं। भक्ति मानव की रागात्मिक वृत्तियों के स्वाभाविक संयोजन पर आधृत चित्र की भगवदोन्मुखी प्रवृत्ति और प्रकृति का धर्म है। मनुष्य में जीवन की कामना जितनी प्रबल होती है, प्रेम की भावना भी उतनी ही प्रबल होती है। प्रेम जीवन की प्रेरक और क्रियाशील शक्ति है। भक्ति के तत्त्व हैं–(1) प्रेम, (2) आराध्य का माहात्म्य ज्ञान, (3) चित्तवृत्ति की अविच्छिन्नता, (4) भावासक्ति की अनन्यता, (5) कर्म, अकर्म और विकर्म की स्पृहा से मुक्त प्रपत्ति, (प्रपत्ति के तत्त्व हैं–कार्पण्य, आत्मनिवेदन, विश्वास, गोप्तृत्वरण, प्रतिकूलता का वर्जन, अनुकूलता का संकल्प), (6) प्रभु-अनुग्रह, (7) निष्काम या अद्वैत की वृत्ति और (8) सर्वजन अधिकारित्व। सर्वजन अधिकारित्व में ही लोकसंग्रह की भावना और लोकचेतना की स्वचेतनता निहित है जिससे भक्ति का लोकहितत्त्व प्रकट होता है। **भक्ति में तात्त्विक या आध्यात्मिक, व्यक्तित्वपरक, मनोवैज्ञानिक, सामाजिक और रहस्यवादी तत्त्व और लक्षण हैं।** यद्यपि भक्ति के तत्त्व, वेदों, उपनिषदों, ब्राह्मण ग्रन्थों, महाभारत, विभिन्न सूत्र ग्रन्थों, संहिताओं, पुराणों तथा शिलालेखों एवं अभिलेखों में यत्र-तत्र बिखरे हैं और उनकी खोज तथा उपलब्धि का प्रयास भी हुआ है किन्तु मध्यकाल के भक्ति आन्दोलन का उत्स प्रधानतः लोकजीवन की धर्मभावना में है। भक्तों की आत्मा के सहज संगीत के रूप में भक्ति का अस्तित्व प्राचीन है किन्तु आचार्यों की बुद्धि से अनुशासित तथा निर्मित उसका शास्त्रीय रूप परवर्ती है। मध्यकाल की भक्ति-भावना के विकास में लोकमानस की धर्म-भावना भक्तों एवं भावयोगियों की भाव-साधना और आचार्यों के आत्मानुशासित संकल्पित चिन्तन का सहयोग है।

श्रीकृष्ण भक्ति के बीज तत्त्व प्राचीन भारतीय धर्म, दर्शन और साहित्य की परम्पराओं में विद्यमान हैं। कृष्ण का दिव्य स्वरूप, उनकी पूजा-भावना, लीला-विलास तथा लोकरक्षक एवं लोकरंजक रूप किसी एक कवि की कल्पना और भावना की सृजनशीलता की देन नहीं है बल्कि एक सुदीर्घ विकासशील सहज धर्म-भावना, संकल्पित चिन्तन और अनुभूत्यात्मक संकल्पों के चेतनप्रवाह का मूर्तरूप है। कृष्णकथा के सूत्र छान्दोग्य उपनिषद् पतंजलि के महाभाष्य, बौद्ध जातक साहित्य, जैन साहित्य, महाभारत, हरिवंश पुराण तथा भागवतादि पुराणों, कृष्णभक्ति सम्प्रदाय के उपनिषदों, विभिन्न साहित्य-ग्रन्थों, शिलालेखों तथा स्तम्भ लेखों में व्याप्त हैं। मध्यकाल के

लोकरंजक, लीला-विलासी श्रीकृष्ण का स्वरूप अनेक वैदिक-अवैदिक, ऐतिहासिक-पौराणिक, दार्शनिक, धार्मिक, लौकिक एवं शास्त्रीय परम्पराओं के पारस्परिक संघात और सहयोग से विकसित है। सम्भवतः 1100 ई. पू. वैदिक धर्म की पूजा विधि, याज्ञिक हिंसा तथा कठोर धार्मिक रूढ़िवाद के विरुद्ध अहिंसक मानवतावादी लोकोन्मुख भागवत धर्म का विकास हुआ जिसके प्रवर्तक वासुदेव कृष्ण थे।[1] यह भागवत धर्म पाँच रात्र, एकान्तिक नारायण, वासुदेव, सात्वत धर्म आदि अनेक नामों से ज्ञात है। वैष्णव धर्म इस भागवत धर्म का ही विकसित रूप है। वैष्णव धर्म के विकास में व्यूह-सिद्धान्त, अवतारवाद और पुरुष-प्रवृत्ति-सिद्धान्त का योगदान महत्त्वपूर्ण है। ऋग्वेद के आंगिरस कृष्ण तथा इन्द्र के शत्रु कृष्ण, छान्दोग्योपनिषद् के घोर आंगिरस के शिष्य देवकी-पुत्र कृष्ण का दार्शनिक रूप **भागवत धर्म के वासुदेव कृष्ण से संयुक्त हुआ जिससे वैदिक कृष्ण के ऋषि और उपदेष्टा तथा वासुदेव कृष्ण के मानवीय एवं दैवी रूप-गुणों का समुच्चय वासुदेव कृष्ण में प्रकट हुआ।** महाभारत में युग-प्रवर्तक कृष्ण का वासुदेव, विष्णु, नारायण आदि से पूर्ण तादात्म्य स्थापित है। महाभारत-काल में निश्चय ही श्रीकृष्ण के लीलावपुस के विकास में वैदिक विष्णु का देवत्व, ब्राह्मण ग्रन्थों एवं आरण्यकों के नारायण का विश्वात्म तथा दार्शनिक रूप छान्दोग्योपनिषद् के कृष्ण का ज्ञानी स्वरूप और ऐतिहासिक देवता वासुदेव के अतिमानवीय गुणों का संयोग हो गया था। **महाभारत के कृष्ण युग-प्रवर्तक और युग-संस्कारक हैं।** श्रीकृष्ण का बहुमुखी प्रतिभा सम्पन्न व्यक्तित्व भारतीय संस्कृति के इतिहास में अद्वितीय है। जीवन के राजपक्ष, विवेकपक्ष और क्रियापक्ष का अद्भुत समन्वय श्रीकृष्ण के व्यक्तित्व में दिखाई पड़ता है। पुराणों में श्रीकृष्ण का लीलारस रसिक रूप प्रधान है।

मध्यकाल के श्रीकृष्ण लोक-देवता हैं, वे लोक-संस्कृति की देन हैं। श्रीकृष्ण के व्यक्तित्व और स्वरूप के विकास में आभीर संस्कृति का भी योगदान विद्वानों ने स्वीकार किया है। मध्यकाल की कृष्ण भक्ति की साधना तथा साहित्य में श्रीकृष्ण का लीला-विलासी व्रजवासी रूप ही प्रधान है जिसमें जन सामान्य के जीवन के तत्त्वों के तादात्म्य और आत्मीयता की अनुभूति का पर्याप्त अवसर है। श्रीकृष्ण के लोकरक्षक रूप ने लोक-जीवन में हारे थके और निराश मनों को सहारा दिया और लीलारस रसिक लोकरंजक रूप ने जन-जीवन में जीवनरस का संचार किया। यही कारण है कि मध्यकाल में सगुण भक्ति आन्दोलन का प्रारम्भ श्रीकृष्ण भक्ति के रूप में ही हुआ। कृष्णभक्ति के प्रारम्भिक रूप पर निर्गुण भक्तिकाल की उदारवादी, जनवादी चेतना का प्रभाव है। प्रारम्भिक कृष्णभक्ति में सभी वर्गों और वर्गों के व्यक्ति अभेद भाव से उसकी प्रेममूलक सामान्य भावभूमि एवं भाव-साधना में तन्मय तथा तल्लीन दिखाई पड़ते हैं।

---

1 *Early History of Vaishnava Sect,* Roy Chaudhary, p. 7

कृष्णभक्ति की उदार दृष्टि के कारण ही इसमें लोक-लाज एवं लौकिक भेदभाव से मुक्त राजरानी मीरा के आत्मीय भाव-संगीत और स्वर संगीत की मधुर झंकार सुनाई पड़ती है और रसखान तथा आलम जैसे सहृदय मुसलमान कवियों की प्रेमानुभूति का रससिद्ध काव्य-प्रवाह भी है। मध्यकाल की कृष्णभक्ति का भावात्मक पक्ष भागवत धर्म की लोकोन्मुखता, वैष्णव धर्म की सहज अहिंसा-भावना, आलवारों की भक्ति तथा प्रेम-प्रतीकवाद से स्थिर हुआ और निम्बार्क, बल्लभ आदि के चिन्तन से उसका शास्त्रीय पक्ष पुष्ट हुआ। आलवारों की भक्ति और प्रेम-प्रतीकवाद का आधार लिये हुए निम्बार्क और बल्लभाचार्य की शास्त्र-चिन्ता के सहारे भक्ति-गंगा की धारा दक्षिण से उत्तर की ओर प्रवाहित हुई। पूर्वोत्तर भारत में महायान भक्ति, तन्त्रमत की शिव-भक्ति पूजा और सहजिया वैष्णव मत के प्रेममार्ग का इससे संयोग हुआ। सहजिया वैष्णव प्रेममार्ग के कारण ही परकीयोपासना का तत्त्व कृष्णभक्ति से संयुक्त हुआ जिसका चरम उत्कर्ष चैतन्यमत के व्यक्तिवादी भावावेशवाद में दिखाई पड़ता है। कृष्णभक्ति की प्रेमपरक भावासक्ति में सूफी प्रेमभावना का भी प्रभाव दिखाई पड़ता है, विशेषतः परवर्ती कृष्ण-भक्ति-काव्य की प्रेमभावना में।

कृष्ण-भक्ति-काव्य के विकास में एक प्रधान कारण तत्त्व भारतीय साहित्य की प्रेमभावना और सौन्दर्य-भावना का धर्म-भावना से संयोग है। भारतीय काव्य-परम्परा में प्रेमपरक श्रृंगारी की एक सुदीर्घ परम्परा थी, जिसका धर्म-भावना से सम्पर्क होने पर कला-संवेदना तथा धर्म-चेतना का संश्लिष्ट रूप कृष्णभक्ति-काव्य में अभिव्यंजित हुआ। इस प्रेमपरक धार्मिक काव्य की परम्परा लीलाकाव्य के रूप में भी पहले से ही विद्यमान थी। लीलागान की काव्यपरम्परा का केन्द्रीय तत्त्व प्रेम ही है। अनेक पुराणों में लीलावाद के तत्त्व हैं परन्तु श्रीमद्भागवत की कथा कृष्ण-लीला का आकार है। ब्रह्मवैवर्त पुराण और पद्मपुराण में लीलावाद का दार्शनिक और काव्यात्मक निदर्शन है और राधावाद की प्रतिष्ठा की है। नारदपाँचपात्र में लीलावाद की दार्शनिक मीमांसा है। पौराणिक तथा पाँचरात्रिक परम्परा से भिन्न लीलागान की एक साहित्यिक परम्परा सातवीं या आठवीं शताब्दी से ही विकसित हो रही थी जिसमें प्रेम और सौन्दर्यानुभूति की अभिव्यक्ति प्रधान थी। लीलागान की यह परम्परा निश्चय ही लोकजीवन में विकसित हुई थी; क्योंकि इसमें लोकगीतों के समान सहज अनुभूति का प्राकृत रूप मिलता है। लीलागान की इस लोकगीतात्मक परम्परा का ही परिष्कृत रूप जयदेव के 'गीत गोविन्द' में मिलता है। इसमें शास्त्रीय राग-रागिनियों में निबद्ध लीलापदों की रचना हुई है। हजारीप्रसाद द्विवेदी का अनुमान है कि "भागवत पुराण में श्रीकृष्ण लीला की जो परम्परा अभिव्यक्त हुई है उससे भिन्न एक और परम्परा थी जिसका प्रकाश जयदेव के गीतगोविन्द में हुआ है। भागवत परम्परा की रासलीला शरत् पूर्णिमा को हुई थी, गीतगोविन्द परम्परा का रास वसन्त काल का है। प्रथम में राधा का नाम

भी नहीं है, दूसरी में राधा ही प्रधान गोपी हैं।"[1] विद्यापति की पदावली में लीलापदों के गान की जयदेव वाली परम्परा ही अपने सहज़ लौक्य परिवेश और काव्य तत्त्वों से मण्डित होकर लोकभाषा में पुनर्व्यंजित हुई है। विद्यापति के गीतों में राधा-कृष्ण की कामना-मूर्ति है और कृष्ण-राधा की आस्था। ब्रजभाषा के कृष्ण-भक्ति-काव्य में लीलागान की इन दोनों परम्पराओं का तादात्म्य और एकात्म्य स्थापित है। यही कारण है कि ब्रजभाषा के कृष्ण-काव्य में पौराणिक संस्कृतिं और लोक-संस्कृति काव्य और संगीत तथा लोकजीवन और आध्यात्मिक साधना का समन्वय सम्भव हुआ है। धर्मभावना, कला-चेतना, सांस्कृतिक परम्परा और सौन्दर्य-बोध का जैसा संश्लिष्ट रूप कृष्ण-भक्ति-काव्य में उपलब्ध है वह भारतीय काव्य-परम्परा के इतिहास में विरल है।

सगुण भक्ति-आन्दोलन की काव्यात्मक अभिव्यक्ति का प्रथम प्रयास कृष्ण-भक्तिकाव्य में हुआ और इसमें पौराणिक संस्कृति के पुनरुत्थान और पुराण मतवादी चेतना की सर्वप्रथम अभिव्यक्ति हुई। भक्ति-भक्त-भगवन्त गुरु के सिद्धान्त से संचालित मध्यकाल के भक्ति आन्दोलन की आधारभूमि निर्गुणभक्ति से ही निर्मित हुई; किन्तु उसका विकसित रूप कृष्ण-भक्ति में दिखाई पड़ता है। कृष्ण-भक्ति का प्रारम्भिक स्वरूप व्यापक था। उसमें श्रीकृष्ण के लोकरक्षक और लोकरंजक दोनों ही रूप उपलब्ध थे। **महाराष्ट्र की कृष्ण-भक्ति में शृंगार भावना का अभाव था**, वहाँ श्रीकृष्ण का तारणंकर्ता रूप ही प्रबल था। ब्रजप्रदेश या शूरसेन प्रदेश भागवत धर्म या सात्वत धर्म का प्राचीन काल में केन्द्र था, यह प्राचीन अभिलेखों, मूर्तियों, मेगस्थनीज आदि के यात्रा-विवरणों से सिद्ध है। ब्रजप्रदेश मध्यकाल में भी श्रीकृष्ण भक्ति का केन्द्र बन गया और ब्रजभाषा कृष्णभक्ति-काव्य की भाषा। ब्रजप्रदेश में जिस कृष्ण-भक्ति का विकास हुआ उसका व्यापक स्वरूप भागवत धर्म के मानवतावाद, पौराणिक परम्परा के अवतारवाद, आलवारों की भावभक्ति तथा प्रेम-प्रतीकवाद, सहजिया वैष्णवमत की प्रेमाभक्ति, चैतन्यमत ने प्रेमपरक भावावेशवाद, शैव और शाक्त मत के शिव-शक्तिवाद से प्रभावित और प्राचीन वैष्णव धर्म के श्री तत्त्ववाद से विकसित राधावाद, लीलागान की काव्य परम्परा की प्रेम और सौन्दर्य भावना, भारतीय प्रेम कविता की शृंगार भावना, सूफियों की प्रेमभावना और निर्गुण भक्ति की उदारवादी चेतना तथा आत्मवाद के संयोग से निर्मित था। ब्रजप्रदेश में कृष्णभक्ति को विशेष गति और शक्ति निम्बार्क, वल्लभ और चैतन्य के तत्त्व-चिन्तन, भावानुभूति और शास्त्रज्ञान से प्राप्त हुई। ये तीनों आचार्य उच्चकोटि के विदग्ध शास्त्राचार्य और भाव-निमग्न भक्त भी थे, इसलिए इनके भक्ति-दर्शन में श्रेष्ठ दार्शनिक ज्ञान और मन के संवेगपक्ष का सम्यक् संयोग है। ब्रज की प्रारम्भिक कृष्ण-भक्ति में सम्पूर्ण मानव-जीवन की स्वीकृति थी, उसमें भक्ति भावना के क्रमिक विकास का

1 *मध्यकालीन धर्म साधना,* डॉ. हजारीप्रसाद द्विवेदी, पृ. 145

अवसर था और उस भावात्मक विकास क्रम में जीवन का वैविध्य समाहित था। प्रेम भक्ति का मूल तत्त्व था किन्तु उसके शान्त, दास्य, सख्य, वात्सल्य और माधुर्य पाँच रूप स्वीकृत थे। श्रीकृष्ण भक्ति में आत्मचैतन्य की स्थिर अवस्था के फलस्वरूप शान्त, आत्मचेतना, आत्म-समर्पण और आत्मनिवेदन के फलस्वरूप दास्य, विश्वबन्धुत्व की भावना से अनप्राणित सख्य, भ्रातृत्व भावना तथा सन्तानीय भावना के फलस्वरूप वात्सल्य और दाम्पत्य भावना के उन्नत उदात्त रूप माधुर्यभाव का समावेश था। श्रीकृष्ण भक्ति के मूल में स्थित इस प्रेम की व्याप्ति लोक से परलोक तक, जड़ से चेतन तक, व्यक्ति से समाज तक और मानव से भगवान् तक थी। किन्तु ब्रजप्रदेश की परवर्ती कृष्ण-भक्ति में 'प्रेम लक्षणा' भक्ति की प्रधानता के कारण माधुर्यभाव की उपासना प्रबल हुई और काव्य तथा अन्य कलाओं में शृंगार-भावना की प्रधानता हो गयी। प्रेमाभक्ति के विभिन्न सम्प्रदायों में माधुर्य भाव की प्रधानता थी और उसमें चैतन्य मत के भावावेशवाद के साथ परकीयोपासना का संयोग हो गया था। फलतः गोपीभाव और सखीभाव की उपासना बढ़ी जिससे ब्रज की प्रेमलीला और निकुंजलीला की रस साधना तथा निस्संग सुखानुभव तक ही कृष्णभक्ति सीमित हो गयी। गोपीभाव और सखीभाव की उपासना के कारण ही सखियों और मंजरियों की भीड़ बढ़ी, प्रेमभावना सूक्ष्म से सूक्ष्मतर और अन्तर्मुखी होती गयी और लीला में लिंगदेह तथा सिद्धदेह से परे भावदेह से प्रवेश की कामना और भावना प्रबल हो गयी। माधुर्य की प्रधानता और राधावाद की प्रतिष्ठा के कारण परवर्ती कृष्ण-काव्य का विषय-क्षेत्र सीमित हो गया जिसकी परिणति काम-क्रीड़ा और प्रेमलीला के वर्णन में हुई। परवर्ती कृष्ण-भक्ति-काव्य में आत्मचेतना के समक्ष लोकचेतना विस्मृत हो गयी और काव्य में लीला-विलास, क्रीड़ा-हास तथा रति-रस-रंग की ही व्यंजना होने लगी। भक्तकवि लोकचेतना की संचेतना से हट कर व्यापक युगीन जीवन के परिवेश से कटकर अन्तर्मुखी, आत्मकेन्द्रित तथा वैयक्तिक भाव-साधना में लीन हो गये और उनका काव्य भी रति भाव की व्यंजना तक ही सीमित हो गया।

धर्म के दो मुख्य अंग हैं—(क) बौद्धिक आस्था और (ख) भावात्मक साहचर्य। बौद्धिक आस्था में व्यक्तित्व का चिन्तनशील मानस प्रकट होता है और भावात्मक साहचर्य में व्यक्तित्व का संवेग पक्ष। बौद्धिक आस्था से प्रत्येक धार्मिक सम्प्रदाय का दार्शनिक पक्ष विनिर्मित होता है और भावात्मक साहचर्य के कारण अनुभूत भावात्मक तादात्म्य की स्थिति में विभिन्न कलाओं का सृजन होता है। बौद्धिक आस्था के अनुरूप प्रत्येक सम्प्रदाय में ब्रह्म, जीव और जगत् के स्वरूप और सम्बन्ध का तात्त्विक निरूपण होता है। भावना और अनुभूति के स्तर पर विभिन्न धर्मों और सम्प्रदायों में आत्यन्तिक विभेद नहीं होता है बल्कि बौद्धिक अतिरंजना या सम्प्रदायवाद के स्तर पर ही विभिन्न धर्मों में विरोध और विभेद पनपते हैं। धार्मिक चेतना से सम्पुष्ट

मानव-मन की आस्था विभिन्न धर्मों में समान है किन्तु वैयक्तिक, बौद्धिक तथा भावात्मक अतिरंजना के फलस्वरूप सम्प्रदायवाद की स्थापना होती है। सम्प्रदायवाद में ईश्वर अनुभूति की वस्तु कम और प्रदर्शन की वस्तु अधिक बन जाता है तथा पार्थक्य निरूपण के प्रयास में सम्प्रदायों का बाह्याभ्यन्तरिक ढाँचा गढ़ा जाता है। आत्मिक सत्य की विशिष्ट चेतना ही धर्म का मौलिक रूप है किन्तु इस आत्मचेतना की विभिन्न दशाओं एवं स्तरों के सूक्ष्मातिसूक्ष्म भेदोपभेद विवेचन से ही सम्प्रदायों में पारस्परिक भिन्नता के तत्त्व बनते हैं। कृष्णभक्ति के विभिन्न सम्प्रदायों में उपास्य, लीला, धाम, परिकर आदि के स्वरूप की भिन्नता ही पारस्परिक पार्थक्य का आधार है। उत्तर भारत में कृष्णभक्ति को निम्बार्काचार्य, बल्लभाचार्य और चैतन्य महाप्रभु ने दार्शनिक भित्ति प्रदान की। ये तीनों ही शास्त्रज्ञ, आचार्य और सिद्धभक्त थे इसलिए इन्होंने कृष्णभक्ति के शास्त्रपक्ष को सबल किया तथा भाव-साधना और भाव-उपासना के साथ ही सेवाविधि का स्वरूप निर्धारित किया जिससे सम्प्रदायों का विशिष्ट रूप स्थिर हुआ। निम्बार्काचार्य ने अपनी 'दश-श्लोकी' से राधा-कृष्ण की युगल उपासना की प्रतिष्ठा की, बल्लभाचार्य ने कृष्णभक्ति का कर्मकाण्ड-पक्ष सुदृढ़ किया और चैतन्य महाप्रभु ने कृष्णभक्ति के संवेग पक्ष को पुष्ट किया। निम्बार्क-मत की भक्ति का प्रारम्भिक स्वरूप वैधीभक्ति का था। बल्लभाचार्य के 'पुष्टि मार्ग' में वात्सल्य भाव की उपासना प्रधान थी किन्तु चैतन्य मत के प्रभाव से ब्रज की कृष्णभक्ति माधुर्यभाव की रसस्निग्ध उपासना से आप्लावित हो गयी। चैतन्य मत की मधुर आर्द्र कृष्णभक्ति ही ब्रज की भक्ति की मुख्य धारा बन गयी और हरिदासी, राधावल्लभ, ललिल आदि सम्प्रदायों में माधुर्य भाव की उपासना और साधना हुई। निम्बार्काचार्य का निम्बार्क-सम्प्रदाय, बल्लभाचार्य का बल्लभसम्प्रदाय या पुष्टिमार्ग, स्वामी हरिदास प्रवर्तित हरिदासी-सम्प्रदाय, हितहरिवंश का राधावल्लभ-सम्प्रदाय, चैतन्य महाप्रभु का चैतन्य-सम्प्रदाय और 18वीं शती में श्री वंशीअली जी द्वारा संस्थापित ललित सम्प्रदाय में ही कृष्ण-भक्ति के मुख्य पाँच सम्प्रदाय हैं, जो भक्तिभावना और काव्य-साधना की विशिष्टता के कारण विचारणीय हैं।

कृष्णभक्ति-काव्य को मुख्यतः तीन भागों में बाँटा जा सकता है—(1) **सिद्धान्त निरूपक काव्य**, (2) **सिद्धान्ताविष्ट काव्य** और (3) **धर्मबोधयुक्त रससिद्ध काव्य।** कृष्णभक्ति के प्रत्येक सम्प्रदाय में धार्मिक काव्य की एक प्रवृत्ति सिद्धान्त कथन की है। ऐसे काव्यों में छन्दबद्ध या पदबद्ध उपदेशात्मक सिद्धान्त निरूपक काव्यों की गणना होगी जिसमें साम्प्रदायिक मतवादों, सैद्धान्तिक आग्रहों और दार्शनिक विचारों का विन्यास हुआ है। कविता में शास्त्र-चिन्ता की व्यंजना की परम्परा भारत में प्राचीन है। वैद्यक, ज्योतिष, कामशास्त्र, साहित्य-शास्त्र, दर्शन आदि के ग्रन्थों का पद्यमय रूप भारतीय वाङ्मय में प्रचुर मात्रा में उपलब्ध है। कृष्णभक्ति काव्य का भी एक अंश

सिद्धान्त निरूपक काव्य का है। कृष्ण-भक्ति के विभिन्न सम्प्रदायों के संस्थापक प्रायः कवि, आचार्य और भक्त थे। ऐसे आचार्य कविभक्तों ने अपने सम्प्रदाय के दार्शनिक सिद्धान्तों और धार्मिक मताग्रहों का काव्यात्मक आख्यान किया है। निम्बार्क सम्प्रदाय के 'युगल शतक', 'महावाणी', 'परशुराम सागर' आदि में सिद्धान्त कथन का प्रयास है। हरिदासी सम्प्रदाय में स्वामी हरिदास के 'सिद्धान्त के पद' तथा चरणदास के 'रहस्य दर्पण' और 'रहस्य चन्द्रिका' में साम्प्रदायिक सिद्धान्तों का प्रतिपादन है। राधावल्लभ सम्प्रदाय के संस्थापक हितहरिवंश के 'हित चौरासी' में काव्य और दर्शन का सुन्दर समन्वय है। इसी सम्प्रदाय के कवि गुलाबदास के ग्रन्थ 'प्रार्थनाष्टक' में सिद्धान्त-वचन ही है। चैतन्य सम्प्रदाय के आचार्य कवि कृष्णदास कविराज के 'चैतन्य चरितामृत' में दार्शनिक कविता की सिद्धावस्था विद्यमान है। ब्रजभाषा के चैतन्यमतानुयायी कवियों पर इस दार्शनिक कविता की प्रवृत्ति का प्रभाव पड़ा है। इस सम्प्रदाय के एक कवि ने 'चैतन्य चरितामृत' के प्रथम दो खण्डों का ब्रजभाषा में अनुवाद भी किया है। बल्लभ सम्प्रदाय में सिद्धान्त-निरूपण का कार्य अत्यन्त कुशलतापूर्वक बल्लभाचार्य ने ही कर दिया था, इसलिए उस सम्प्रदाय का प्रारम्भिक काव्य सिद्धान्तकथन के आग्रह से मुक्त ही है। नन्ददास तथा चतुर्भुजदास (भक्ति प्रकाश) ने सिद्धान्त-कथन का प्रयास किया है। इस सम्प्रदाय के श्री हरिदास ने सिद्धान्त निरूपक काव्य-ग्रन्थों की रचना की है। अष्टछाप के कुछ कवियों ने भ्रमरगीत के माध्यम से सगुण-निर्गुण तथा ज्ञान-भक्ति के सैद्धान्तिक विवाद को प्रस्तुत किया है। उच्चकोटि के भक्त-कवियों के भ्रमरगीत काव्य में काव्यात्मकता अधिक और धर्म तथा दर्शन का आग्रह कम है किन्तु साधारण कवियों के भ्रमरगीत में धार्मिक मतवाद ही प्रधान है। कृष्णभक्ति का सिद्धान्तविष्ट काव्यांश वह है जहाँ कविता में सिद्धान्तों के निरूपण का प्रयास तो नहीं है किन्तु वह सदा साम्प्रदायिक आग्रहों का अनुसरण करती प्रतीत होती है। साम्प्रदायिक सिद्धान्तों के घेरे में बँध कर चलनेवाली ऐसी कविता मानव के प्रकृति भाव जगत् से दूर होती है और आरोपित व्यक्तित्व की मनोदशाओं की ही उसमें अभिव्यक्ति होती है। कृष्णभक्ति काव्य का विशिष्ट धर्म बोधयुक्त रससिद्ध काव्यांश वह है जिसमें भक्त कवि के मानसिक संस्कारों के रूप में स्थिर धर्मचेतना की अभिव्यक्ति होती है। ऐसी कविता के रचयिता साम्प्रदायिक आग्रहों से मुक्त होकर तथा आत्म-प्रवर्तित विशेष नैतिज मूल्यों एवं मान्यताओं से प्रेरित होकर काव्य-सृजन में लीन होते हैं। ऐसे काव्य में मन की सहज भाव-दशा की अभिव्यक्ति होती है जिसका आस्वादन प्रत्येक सहृदय के लिए सम्भव होता है। इस प्रकार के काव्य में मानसिक आत्म-स्वीकृति होती है। बौद्धिक दुराग्रह नहीं, इसलिए कवि के मन की दशा से सहृदय के मन की दशा का तादात्म्य सम्भव होता है। विशिष्ट धर्म-बोध से युक्त काव्य में कवि भाव-निरूपण, सौन्दर्य-चित्रण और अनुभूति-सम्प्रेषण की प्रक्रिया में आत्मिक आस्था और आत्मिक

विश्वास की अभिव्यक्ति करता है। ऐसा कवि प्रज्ञात्मक और संज्ञात्मक ज्ञान के स्वरूप-बोध के सहारे वस्तुजगत् को अपने अन्तर्जगत् का अभिन्न अंश बनाकर आत्मचेतना के रूप में लोकचेतना की अभिव्यक्ति करता है। कृष्णभक्ति काव्य में सूरदास, मीरा, घनानन्द आदि के काल की यही अन्तःप्रकृति है। इन कवियों के काव्य में सहज अनुभूतियों का निश्छल प्रकाशन है।

भारतीय काव्य-परम्परा में काव्य से धर्म-भावना तथा धार्मिक-बोध का सम्बन्ध प्राचीन है। धर्म और कला दोनों भावात्मक ज्ञान के संयोजित और संकल्पित रूप हैं। धर्म और कला की समान धर्मिता सत्यान्वेषण में प्रकट होती है। धर्म में ईश्वर और सत्य का अन्वेषण प्रधान होता है और काव्य में जीवन के सत्य तथा सौन्दर्य का भारत में कला के प्रतीकों, दर्शन के प्रतीकों और धार्मिक बिम्बों में सहज आन्तरिक साम्य मिलता है। ब्रजभाषा के कृष्णभक्ति-काव्य में काव्य और धर्म-भावना का उदात्त संयोग व्यक्त हुआ है जहाँ सौन्दर्य-संवेदना तथा कला-चेतना का आध्यात्मिक चेतना का प्रसार है और आध्यात्मिक चेतना की अभिव्यक्ति कला-चेतना, सौन्दर्य-संवेदना और काव्य-बिम्बों में हुई है। धार्मिक काव्य के आस्वादन में एक कठिनाई यह है कि **क्या सहृदय को धार्मिक काव्य के आस्वादन के लिए भक्त कवि की आस्था का सहभागी होना आवश्यक है**? टी.एस. इलियट का विचार है कि साहित्य और कला के आस्वादन के लिए कवि की आस्था का सहभागी होना अनिवार्य नहीं है।[1] यद्यपि भक्तिकाल में भक्त और कवि का व्यक्तित्व संयुक्त है किन्तु कवि की भावानुभूति और भक्त की आस्था में पार्थक्य सम्भव है। टी.एस. इलियट ने व्यक्ति की आस्था और कवि की आस्था में अन्तर किया है। उसने दार्शनिक आस्था और काव्यात्मक आस्था की समानुभूति या सह-अनुभूति में अन्तर किया, जो रिचर्ड्स की भावात्मक आस्था और बौद्धिक आस्था के समान है। साहित्य में आस्था का अनुभूत्यात्मक रूप ही सार्थक है। काव्यानुभव आस्था या अनास्था से प्रेरित या अनुशासित नहीं होता है। सूरदास की दार्शनिक आस्था से असहमत होनेवाला व्यक्ति भी उनके पदों में अभिव्यक्ति सहज मानवीय अनुभूतियों और संवेदनाओं की आत्मीयता तथा प्रभावशीलता को स्वीकारता है। मध्यकाल के भक्त कवियों की दार्शनिक आस्था और भावात्मक आस्था में नितान्त पार्थक्य सम्भव नहीं है। काव्यानुभव में भावात्मक आस्था का महत्त्व है क्योंकि भावात्मक आस्था का प्रभाव पाठक की प्रवृत्तियों और भावात्मक प्रतिक्रियाओं पर पड़ता है। काव्य-रचना में भी भावात्मक आस्था या रुझान का महत्त्व है क्योंकि उसका प्रभाव कवि की अनुभूतिशीलता पर पड़ता है, उससे कवि की सहानुभूति के विषय और स्वरूप की दिशा बनती है। कल्पनात्मक अनुभूति और यथार्थ अनुभूति के सामंजस्य से काव्यानुभव पूर्ण होता है। काव्यास्वादन में पाठक कवि की और अपनी बौद्धिक

---

1 *Selected Essays*, T.S. Eliot, p. 269

आस्था से मुक्त होकर काव्य में व्यक्त अनुभूतियों को ग्रहण करता है। वह काव्य में व्यक्त मानवीय अनुभूतियों और भाव-स्थितियों से सहानुभूति स्थापित करता है। रचनाकार की भावात्मक आस्था और भावात्मक रुझान की दिशा के निर्माण में उसकी बौद्धिक आस्था का भी महत्त्वपूर्ण योगदान होता है। कभी-कभी रचनाकार की अनुभूतिशीलता तथा भावात्मक आस्था उसकी बौद्धिक आस्था के अनुरूप बनती है और कभी-कभी उसकी अनुभूतिय तथा भावात्मक प्रतिक्रियाएँ बौद्धिक आस्था से स्वतन्त्र होती हैं। कवि की बौद्धिक आस्था से स्वतन्त्र अनुभूतियों एवं भावात्मक प्रतिक्रियाओं से पाठक के भाव-जगत् की सहज 'तदाकार परिणति' सम्भव होती है। जहाँ कवि की भावात्मक आस्था और बौद्धिक आस्था में ऐक्य होता है और पाठक भी रचनाकार की बौद्धिक आस्था से सहमत होता है, वहाँ रचना की प्रभावशक्ति बढ़ जाती है। परन्तु जहाँ पाठक कवि की बौद्धिक आस्था या विचारधारा से असहमत होता है, वहाँ भी रचना में व्यक्त मानवीय अनुभूतियों से उसकी संवेदनशीलता प्रभावित होती ही है। वस्तुतः आलोचक के लिए विचारणीय यह है कि कवि की अनुभूतिशीलता उसकी बौद्धिक आस्था से किस सीमा तक प्रभावित या बाधित है। पाठक की बौद्धिक आस्था का द्वन्द्व कवि की बौद्धिक आस्था से होता है, रचना में व्यंजित मानवीय अनुभूतियों से नहीं। काव्यास्वादन में पाठक कवि की आस्था का नहीं, उसकी अनुभूतिशीलता और संवेदनशीलता का सहभागी और सहभोगी होता है। कवि की विचारधारा और भावधारा में पार्थक्य सम्भव है। पाठक का सम्बन्ध काव्य में अभिव्यक्त भाव, संवेदना एवं अनुभूति से होता है। भक्ति काव्य के रसास्वादन में कठिनाई सिद्धान्ताविष्ट काव्य के साथ होती है, आत्मचेतनासिद्ध विशुद्ध काव्य में नहीं, क्योंकि ऐसे काव्य में व्यक्त भाव दशा सम्प्रदाय के आग्रहों से मुक्त होने के कारण सामान्य होकर प्रत्येक सहृदय के मन की दशा बन जाती है, भावदशा का साधारणीकरण होता है, सहृदय की वैयक्तिक विशिष्टताएँ निःशेष हो जाती हैं और काव्य में व्यक्त भावानुभूति तथा सौन्दर्य-संवेदना के साथ सहृदय की भावना, संवेदना और अनुभूति का साधारणीकरण हो जाता है। भारतीय रससिद्धान्त में आत्मिक संस्कार की महत्ता स्वीकृत है। वस्तुतः रसास्वादन में विशिष्ट संस्कारशील मन की अनिवार्यता में रस सिद्धान्त की सीमा प्रकट है। भक्तिकाव्य के आस्वादन में चित्त के संस्कारों की प्रकृति का महत्त्व है और यह महत्त्व प्रत्येक प्रकार के धार्मिक काव्य के आस्वादन की सीमा की ओर संकेत करता है। कृष्ण-भक्ति-काव्य का बहुलांश सिद्धान्ताविष्ट होने के कारण विशिष्ट संस्कार सापेक्ष है किन्तु उसका एक अंश जो भाव-निरूपण, सौन्दर्य-चित्रण और अनुभूति-आख्यान प्रधान है, उसका आस्वादन संस्कार सापेक्ष नहीं है, संस्कृति सौन्दर्य-बोध के निरन्तर परिष्कार के प्रयास का फल है और सौन्दर्य-बोध तथा कलाचेतना के निर्माण में सांस्कृतिक परम्परा का महत्त्वपूर्ण

योगदान है। संस्कृति में विशिष्ट संस्कारों की सृजनशीलता की अभिव्यंजना होती है, संस्कृति से संस्कारों का भी संस्कार होता है, इसलिए किसी देश की सांस्कृतिक परम्परा तथा मानसिक संस्कारों के अनुरूप ही उसकी कलाचेतना अर्थात् कला के सृजन और आस्वादन की प्रक्रिया का स्वरूप निर्मित होता है।

भारतीय काव्य-साधना और सांस्कृतिक विकास के इतिहास को भी अरविन्द ने चार सोपानों में बाँटा है।[1] उनके अनुसार भारतीय सांस्कृतिक इतिहास की प्रथम मनःस्थिति नैतिकताप्रधान है। दूसरी मनःस्थिति बौद्धिकताप्रधान है, तीसरी भौतिकताप्रधान है और चौथी मनःस्थिति आत्मभक्तिप्रधान है। वाल्मीकि रामायण में व्यक्त समाज की मनःस्थिति नैतिकताप्रधान है, महाभारत में प्रबल बुद्धिवाद है, कालिदास के काव्य में व्यक्त सौन्दर्य-संवेदना और भावानुभूति में समाज की भौतिकतावादी मनःस्थिति की व्यंजना है किन्तु मध्यकाल का भक्ति-साहित्य आत्मभक्तिप्रधान है। भारत के अनन्त काल की नैतिक चेतना, बौद्धिक चिन्तन और भौतिक अनुभवों का आध्यात्मिक अनुभूति से संयोग तथा सामंजस्य भक्तिकाव्य में अभिव्यक्त है। **कृष्ण-भक्ति-काव्य में भावातीत सौन्दर्य का ऐन्द्रिय बोझी रूप और ऐन्द्रिक सौन्दर्य का भावातीत रूप व्यक्त है।** कवि और भावयोगी की साधना में भावना के स्तर पर समानता है किन्तु अभिव्यक्ति में पार्थक्य है। भक्तिकाल का काव्य भावयोगी कवि की आत्माभिव्यक्ति ही नहीं है, वह आत्मान्वेषण और आत्मोपलब्धि का भी साधन है। कृष्णभक्ति-काव्य में व्यक्त भावचेतना सौन्दर्य-बोध और बौद्धिक अन्तर्द्वन्द्व से भारतीय काव्य-परम्परा में काव्यचेतना का एक अभिनव आयाम उद्घाटित होता है, जहाँ काव्य संगीत, चित्र, नृत्य आदि कलाओं का समन्वय है, स्वर-संवेदना और रूप-संवेदना का उदात्त संयोग है और **सभी कलाओं के सृजन का लक्ष्य आत्मशक्ति का जागरण तथा संवेदनात्मक ज्ञान के सहारे इन्द्रियातीत परम चैतन्य के स्वरूप का बोध उत्पन्न कर मन को उसमें प्रवृत्त और लीन करता है।** भक्तिकाव्य में सर्जनात्मक आत्मा की क्रियाशीलता है, आत्मकेन्द्रित अहं की व्यंजना नहीं। कृष्णभक्ति काव्य के स्वर, लय, शब्द, भाव और विचार के संगीत के मूल में अन्तरात्मा के प्रज्ञात्मक स्पन्दन का संगीत है। अन्तरात्मा के प्रज्ञात्मक स्पन्दन से निष्पन्न भाव-संगीत और भावों की सरूप अनुभूति के संयोग से भक्ति-गीतों की रचना हुई है। **कृष्ण-भक्ति-काव्य में कवि की नैतिक चेतना और सौन्दर्य-चेतना एकरूप और एकलक्ष्य है।** वहाँ भाव-साधना और अनुभूति-व्यंजना का लक्ष्य आत्मतोष नहीं, मनोरागों का कृष्णार्पण है। भक्तकवि का काव्य संकल्पित बोध और संकल्पित अनुभूति का काव्य है।

---

1 Indian Inheritence, Vol. I, p- 91

6

रीतिकाल : एक सामाजिक एवं ऐतिहासिक अनिवार्यता

—त्रिभुवन सिंह

रीतिकालीन काव्य के लिए मैं साहित्य और कवि के लिए साहित्यकार शब्द का प्रयोग करना चाहूँगा। अभिव्यक्ति के माध्यम के रूप में जब गद्य-विधा का विकास नहीं हुआ था तब साहित्य के स्थान पर काव्य शब्द का प्रयोग समीचीन था पर अब साहित्य की सभी विधाओं के लिए काव्य शब्द का प्रयोग समीचीन नहीं रह गया है। एक श्रेष्ठ साहित्यकार सदैव अतीत के प्रति सचेत, वर्तमान के प्रति जागरूक और भविष्य के प्रति चिन्तित रहा है। दायित्वहीन रचना को श्रेष्ठ साहित्य की संज्ञा कभी भी नहीं दी गयी, यह भिन्न बात है कि युगीन परिस्थितियों के अनुसार साहित्यकार के दायित्व का स्वरूप बदलता रहा है। सामाजिक समस्याओं के प्रति साहित्यकार की चिन्ता अपरिहार्य है और इतिहास में ऐसी स्थिति प्रायः कम ही आयी है जिसमें कि सामाजिक समस्याओं को लेकर साहित्यकार को चिन्तित नहीं होना पड़ा है। यह स्थिति जब आती है तब दोनों की मानसिकता में कोई अन्तर नहीं रह जाता। ऐसी स्थिति में 'कला कला के लिए' के प्रति साहित्यकार में आकर्षण बढ़ जाता है और कविता दायित्वहीन होकर मात्र प्रदर्शन की वस्तु बनकर रह जाती है। काव्य की इसी स्थिति को साहित्य का स्वर्णकाल कहने का प्रचलन है और सामाजिक सन्दर्भ में भी सम्भवतः इसी काल को इतिहास के स्वर्णकाल की संज्ञा दी जाती है। रीतिकालीन काव्य की भी क्या कुछ ऐसी ही स्थिति है? इस पर विचार करना होगा।

इस तथ्य से इनकार नहीं किया जा सकता कि ऊपरी तौर पर देखने से तो यही ज्ञात होता है कि रीतिकालीन काव्य दायित्वहीन एक ऐसा काव्यात्मक प्रयत्न है जो मात्र कला-प्रदर्शन और आश्रयदाताओं को प्रसन्न करने के लिए रचा गया है। हिन्दी-साहित्य के इतिहास में भक्तिकाल का एक विशिष्ट स्थान है। इसने कबीर, जायसी, सूर और तुलसी जैसे महाकवियों को जन्म दिया जिन्होंने परम्परा से प्राप्त भारतीय संस्कृति और सभ्यता को अपने-अपने ढंग से युगीन प्रासंगिकता के अनुसार

अभिव्यक्ति प्रदान की। निश्चित रूप से यह काल सभी दृष्टियों से हिन्दी-साहित्य का सर्वाधिक समृद्ध काल है। इसी काल के गर्भ से रीतिकालीन काव्य का जन्म हुआ और देखने में ऐसा लगता है कि वह अपनी इस परम्परा से बिल्कुल अप्रभावित रहा। जीवित अतीत को ही वर्तमान में पहचानना इतिहास-बोध है। किसी भी साहित्यकार को परम्परा ऐतिहासिक विरासत के रूप में स्वतः प्राप्त हो जाती है जिसके आधार पर वह नवीन परम्परा को जन्म देता है। भक्तिकालीन जीवन्त काव्य-परम्परा से रीतिकालीन काव्य-परम्परा का अप्रभावित रहना एक विचारणीय प्रश्न है, जिसका उत्तर देना शेष है। हिन्दी साहित्य की परम्परा में रीतिकालीन काव्य-परम्परा के रूप में जो आकस्मिक परिवर्तन लक्षित हुआ, उसकी संगति पर ठीक से विचार नहीं हुआ जिसकी परम आवश्यकता है।

रीतिकाल का रचनाकाल इतिहास का वह कालखण्ड है जिसमें संगीत, चित्र, मूर्ति एवं भवन-निर्माण-कला उन्नति की अपनी पराकाष्ठा पर थी। संगीत-सम्राट् तानसेन, मुगलकालीन चित्रकारों तथा मूर्तिकारों को तो इस काल-खण्ड ने जन्म दिया ही, उसने फतेहपुर सीकरी के मनोरम महलों, आगरा के विशाल किले और उसके अन्दर बने भव्य महलों, दिल्ली के ऐतिहासिक लाल किले एवं दुनिया को आश्चर्य में डाल देने वाले ताजमहल का भी निर्माण किया। इन श्रेष्ठ प्रस्तुतियों के पीछे एक ऐतिहासिक पृष्ठभूमि है जिसके पीछे मुगल शासकों की सुदृढ़ शासन व्यवस्था और उनकी कलाप्रियता कार्य कर रही थी।

भारतीय साहित्य एवं कला का नवीन प्रभात उसी दिन हुआ जिस दिन दिल्ली के तख्त पर सम्राट् अकबर आसीन हुआ। उसने अपने पचास वर्षों के शासन में मुगल साम्राज्य की नींव इतनी सुदृढ़ कर दी थी कि आगे दो सौ वर्षों तक मुगल सम्राटों ने जमकर सुख भोगा। सम्राट् अकबर की कलाप्रियता, उसके विद्यानुराग, उसकी समन्वयवादी धार्मिक भावना तथा उदारवादी दृष्टिकोण ने भारतीय साहित्य, कला एवं संस्कृति में एक अद्भुत मोड़ उपस्थित किया। ब्रज के समीप आगरा में राजधानी के आ जाने से साहित्यकार कला के विकास में और भी अधिक सहायता मिली। राजधानी और राजदरबार का ब्रजमण्डल के निकट आ जाना ब्रजभाषा की उन्नति के लिए दृढ़ कारण हो गया। अकबरी दरबार के हिन्दी प्रेम को देखकर औरों में भी ब्रजभाषा का प्रेम बढ़ा। रक्षित छोटे-छोटे राजाओं और नवाबों के दरबार में भी हिन्दी-कविता की पहुँच हो गयी क्योंकि ये लोग प्रेरणा अकबरी दरबार से ही पाते थे और बड़े दरबारों की नकलें ही तो छोटी बैठकें होती हैं। इस प्रकार हिन्दी-कवियों के भाग्य खुल गये। अब हिन्दी के कविगण गलियों के चक्कर लगाने वाले नहीं रह गये, वे दरबार के रत्न थे और उन्हें सम्मान के साथ-साथ धन भी मिलता था। सम्राट् अकबर व्यक्तित्व में अनेक अद्भुत गुणों का समन्वय था, पर उसकी मृत्यु के पश्चात्

मुगल सम्राटों की विलासप्रियता बढ़ने लगी और शृंगार-वृत्ति को उन्होंने प्रमुखता दी। सम्राट् औरंगजेब को अपवादस्वरूप लिया जा सकता है पर उसकी धार्मिक कट्टरता ने अन्य विषम समस्याओं को जन्म दिया और रीतिकालीन काव्य को सीधे परम्परा से जुड़ने का अवसर नहीं मिल सका क्योंकि वह उन लोगों का 'जातीय' काव्य था जो अपने घर में ही बेगाने हो रहे थे।

उपर्युक्त तथ्यों के आलोक में क्या यह कहा जा सकता है कि यह काल-खण्ड इतिहास का स्वर्ण काल है? सिक्के का यह एक पहलू है और इसका जो दूसरा पक्ष है उसकी स्थिति इसके ठीक विपरीत है। देश का सबसे बड़ा भाग जो गाँवों में रहता था, अधिकांश गरीबी की रेखा के नीचे रहकर जीवन के लिए संघर्ष कर रहा था। कला और साहित्य को प्रश्रय देने वाली नगरों की दुनिया, गाँवों की दुनिया से बिल्कुल भिन्न थी। वह लूट, अत्याचार, अकाल और पिछड़ेपन की शिकार थी। उसे उन कलाओं से कुछ लेना-देना नहीं था जो सामन्ती नगरों में फूल-फल रही थीं।

अपनी विशिष्ट शैली और भाषा-भंगिमा के कारण अभिव्यक्ति के अन्य माध्यमों की अपेक्षा काव्य लोगों में अधिक लोकप्रिय रहा है। काव्य के माध्यम से प्रस्तुत विषय न केवल लोकप्रिय होता है, बल्कि वह दीर्घकाल तक अपनी परम्परा में सुरक्षित भी रहता है। इस सुरक्षा का यह परिणाम होता है कि भविष्य में समाज को जब कभी उसकी आवश्यकता पड़ती है, वह सुलभ हो जाता है। धर्म, दर्शन, इतिहास आदि सभी को अपने दीर्घजीवन के लिए काव्य का आश्रय लेना पड़ता है। साहित्यकार को भी अपने दायित्व निर्वाह के लिए समय-समय पर धर्म, दर्शन और इतिहास को संरक्षण देने का कार्य करना पड़ता है। इतिहास साक्षी है कि ऐसी स्थितियाँ प्रायः आती ही रहती हैं कि जिसमें सबकुछ नष्ट हो जाने का खतरा स्पष्ट दिखाई पड़ने लग जाता है। इस स्थिति में देश की अर्जित सम्पदा, संस्कृति, धर्म और दर्शन को संरक्षण के लिए साहित्यकार के पास जाना पड़ता है। साहित्यकार उन्हें आत्मसात् कर युगों तक के लिए आने वाली पीढ़ी के हित में सुरक्षित कर देता है। इस प्रकार साहित्य-रक्षक (Preservative) का कार्य करता है। रीतिकालीन काव्य की प्रासंगिकता को समझने के लिए तत्कालीन परिस्थितियों के बीच से गुजरना होगा, तब कहीं जाकर हम इसके मर्म का वास्तविक उद्घाटन कर सकेंगे।

रीतिकालीन काव्य इतिहास में आये सामाजिक संकटकाल का काव्य है। भक्तिकाल के गर्भ से रीतिकालीन काव्य का जन्म हुआ। कृष्णभक्ति काव्य-परम्परा में शृंगारिकता के अंकुर कठोर हो चले थे। विद्यापति और सूरदास की रचनाओं में शृंगार परिपुष्ट हो चला था, पर रामभक्ति परम्परा में तुलसीदास का उदय एक ऐतिहासिक घटना थी जिसने मर्यादा की ऐसी लक्ष्मण रेखा खींच दी थी कि कृष्णभक्ति काव्यपरम्परा की शृंगारिकता मांसल और अनियन्त्रित न हो सकी। रीतिकाल के

वे कवि जो अपनी ऐहिक श्रृंगारिकता के लिए बदनाम हैं, विद्यापति 'सूर' के श्रृंगारवर्णन के सामने नवसिखुवे लगते हैं। यथावसर तुलसी भी जब श्रृंगारवर्णन की भूमिका में उतरते हैं तब वे आसपास के सभी कवियों को पीछे छोड़ जाते हैं, पर क्या मजाल है कि इन भक्त-कवियों पर मांसलता कहीं भी हावी हो सके। भक्ति और मर्यादा का रंग इनकी कविताओं पर इतना गाढ़ा है कि पाठक की मानसिकता ही बदल जाती है, वह सांसारिकता से बहुत ऊपर उठकर एक अद्भुत जगत् के आनन्द का सुख-भोग करने लग जाता है। इस क्रम में रीतिकालीन काव्य सहसा आ धमका और उसने काव्य जगत् से भक्ति और सामाजिक मर्यादा को एकदम निकाल फेंका। ऐसा दिखाई पड़ता है, पर बात ऐसी नहीं है। यदि यह काल भक्ति और सामाजिक मर्यादा विरोधी होता तो काव्य परम्परा में स्वीकृत विषय को भी वह हाथ जोड़ लेता। उसने कृष्ण और राधा तथा अन्य पौराणिक सन्दर्भों को अपनी दृष्टि में बराबर रखा है, इसका कोई-न-कोई कारण अवश्य होगा। राम की लोकप्रियता काव्यजगत् में अवश्य घटी क्योंकि उनकी कथा में मर्यादा का अतिरेक आ गया था जो उस युग की सामाजिक रुचि के अनुकूल नहीं बैठ पा रहा था।

रीतिकालीन काव्य को जिस समाज के बीच जीना था, कृष्ण का चरित्र उसके लिए अपेक्षाकृत अधिक अनुकूल जान पड़ा क्योंकि थोड़े परिवर्तन के साथ कविगण उसे अच्छी प्रकार भुना सकते थे और उन्होंने उसे भुनाया भी। जहाँ एक ओर अपनी सामाजिक स्थिति को ठीक रखने के लिए कवियों को यह सब करना पड़ा, वहीं दूसरी ओर वे इसे भलीभाँति जान गये थे कि इसी ढंग से वे सम्प्रति अपने दायित्व का निर्वाह भी कर सकते हैं। अतः यह एक ऐतिहासिक अनिवार्यता थी कि जिसने मध्यकालीन हिन्दी काव्य परम्परा में आकस्मिक परिवर्तन उपस्थित किया।

अतीत के गर्भ में भविष्य पलता रहता है और उसके वर्तमान बनने के पूर्व ही परिवर्तन के लक्षण स्पष्ट दिखाई पड़ने लगते हैं, पर रीतिकालीन काव्य के अतीत और वर्तमान के बीच में अन्तर इतना कम है कि उसे देखकर चकित रह जाना पड़ता है। आचार्य केशवदास की रचनाओं में ही भक्तिकाल और रीतिकाल एक साथ अत्यन्त आसपास खड़े दिखाई पड़े। परिवर्तन के क्रम में ऐसा प्रायः कम देखने को मिलता है। इससे यह स्पष्ट लक्षित होता है कि इतिहास में यह परिवर्तन अपरिहार्य हो गया था। मुगल साम्राज्य अपने पूर्ण वैभव के साथ प्रतिष्ठित हो, भारतीय सामाजिक जीवन को प्रभावित करने लगा था और उसने जिस काव्य, संस्कृति और कला को प्रश्रय दिया उससे भारतीय मूल सांस्कृतिक सम्पदा के ही नष्ट होने की आशंका थी। परम्परित धर्म पर भी उसने आघात किया और उसकी रक्षा करने वाला भारतीय पौरुष भी कुण्ठित हो रहा था। उदयपुर के महाराणा को छोड़कर शेष अन्य राजपूत राजाओं की तलवारें या तो म्यान में चली गयी थीं या तो उनकी चमक फीकी पड़ गयी थी।

यह एक संकट की घड़ी थी जिसमें कवि भी खुलकर मैदान में नहीं आ सकता था और आना उसे ही था।

रीतिकालीन काव्य के माध्यम से संस्कृत साहित्य में प्राप्त भारतीय संस्कृति एवं पौराणिक परम्परा के बीज को सुरक्षित रखा गया, अन्यथा वे आसन्न कुसमय में ही नष्ट हो जाते। संस्कृत भाषा और साहित्य के लिए रीतिकालीन काल इतिहास की वह संकट की घड़ी थी जिसमें शासक वर्ग उसे नष्ट करने के लिए तुला बैठा था। प्रमादवश लोगों ने संस्कृत भाषा और साहित्य को हिन्दू धर्म का पर्याय मान लिया था। अतः हिन्दू विरोधी शासन-नीति का शिकार होना उसकी ऐतिहासिक नियति थी और इसी नियति ने हिन्दी के मध्यकालीन कवियों को परिवर्तन के एक निर्णायक दौर पर लाकर खड़ा कर दिया। वे अपनी आँखों के सामने ही परम्परा से प्राप्त समृद्ध संस्कृत साहित्य की अनुपम उपलब्धियों को नष्ट होते नहीं देखना चाहते थे, पर वे विवश थे। यह स्पष्ट हो चला था कि संस्कृत-साहित्य को प्रतिष्ठित किये रखना कठिन है और उसके सारतत्त्व को लोकभाषा एवं साहित्य के माध्यम से ही सुरक्षित रखा जा सकता है। लोक भाषाओं के दिन फिरे और अवधी तथा ब्रजभाषा, साहित्यिक भाषाएँ बनीं। इस आकस्मिक परिवर्तन के पीछे इतिहास की शक्ति ही कार्य कर रही थी। विद्वानों ने रीतिकाल का सीमांकन जिस बिन्दु पर किया है, वहाँ पहुँच कर परिस्थितियाँ अपेक्षाकृत और अधिक विषम हो गयी थीं। परिणामस्वरूप काव्य की धारा बिल्कुल बदली तथा भक्ति की जो धारा काव्य में प्रवाहित हो रही थी, वह अन्तःसलिला हो गयी। काव्य की इस अन्तःसलिला के साक्षात्कार के लिए अब स्थूल दृष्टि कारगर नहीं रह गयी। भक्ति-भावना पर शृंगार-भावना हावी हुई क्योंकि यही युग की माँग थी पर कवियों ने उसे किसी-न-किसी परम्परा से जोड़े रखा, यह साधारण उपलब्धि नहीं थी। आचार्य 'केशव' ने परम्परित रामकथा को विषय बनाकर 'रामचन्द्रिका' की सृष्टि अवश्य की पर वे भक्त-कवि नहीं थे। वे मूलतः रीतिकालीन आचार्य थे और संस्कृत के लक्षण ग्रन्थों की परम्परा को उन्होंने हिन्दी में प्रतिष्ठित किया। हिन्दी में कविता करना उनके लिए संकोच का कारण था क्योंकि उनके कुल के दास भी संस्कृत में सम्भाषण करते थे, वे भाषा अर्थात् हिन्दी बोलना जानते ही नहीं थे। इतिहास की यह माँग थी कि हिन्दी संस्कृत का स्थान ले, वह उसकी विकल्प बने, अतः हिन्दी में लिखना दूरदर्शी आचार्य केशव की मजबूरी थी। 'कविप्रिया' और 'रसिकप्रिया' जैसे लक्षण ग्रन्थों के रचयिता 'केशव' ने 'रामचन्द्रिका' क्यों लिखी, क्या यह विचारणीय नहीं है? विद्वानों ने अपने-अपने ढंग से इस प्रश्न पर विचार भी किया है और लगभग सभी ने स्वीकार किया है कि 'रामचन्द्रिका' में भक्तिभावना का सर्वथा अभाव है। संरचना और विषय-चयन की दृष्टि से संस्कृत महाकाव्यों को परम्परा का अनुसरण करना केशव के लिए सम्भव नहीं था क्योंकि तुलसी और उनकी प्रकृति में

कहीं कोई साम्य नहीं था। इस पर भी रामकथा पर उन्होंने लेखनी इसलिए चलायी कि वे आगे आने वाले रीतिकालीन कवियों को आगाह कर देना चाहते थे कि उन्हें किसी-न-किसी प्रकार अपनी परम्परा से जुड़े रहना है, नहीं तो भारतीय संस्कृति की गंगा सूख जायेगी।

रीतिकाल के समर्थ कवि मतिराम में कवि और आचार्य का अद्भुत समन्वय हुआ था। सामन्ती दरबारों में रहते हुए भी उनका आकर्षण गाँवों की ओर बना रहा, ऐसा उनकी रचनाओं में यत्र-तत्र देखने को मिलता है। इसी आधार पर आचार्य हजारी प्रसाद द्विवेदी ने उन्हें गृहस्थी का कवि घोषित किया है। अपने अलंकार ग्रन्थ 'ललित ललाम' में उन्होंने अपने आश्रयदाता भावसिंह और उनके नगर बूँदी का वर्णन किया है। बूँदी नगर की महिमा का वर्णन करते हुए महाकवि मतिराम कहते हैं–

अक्षयवट बालक उदर ज्यों संसार समाय।
सकल जगत पानिप रह्यौ बूँदी में ठहराय ॥

'महाभारत' में आयी मार्कण्डेय ऋषि की बालगोविन्द दर्शन की कथा से जो अपरिचित हैं उन्हें इस दोहे का अर्थ कदापि नहीं लग सकता। कृष्ण ही बालगोविन्द हैं, यह जानकर द्रौपदी-सहित पाण्डवों ने कृष्ण को प्रणाम किया। मार्कण्डेय ऋषि के अनुसार जो कुछ इस चराचर पृथ्वी पर देखने को मिलता है, वह सब अक्षयवट की डाल पर सोये बालक के उदर में विद्यमान है। वह बालक ही सारे संसार का जनक है और द्वापर में वही बालक कृष्णस्वरूप अवतरित है। इस प्रकार दरबारी कवि होते हुए भी मतिराम बूँदी वैभव-वर्णन के प्रसंग में महाभारत की कथा को ला जोड़ते हैं, जो उनके व्यापक अध्ययन का द्योतक भी है और साथ ही उनके इस प्रयास का भी द्योतक है कि दरबारी कविता के माध्यम से भी अपनी परम्परागत साहित्य-सम्पदा की रक्षा होती रहे जिससे जब भी कभी भविष्य में आवश्यकता पड़े और समय आये वह पुनः समादृत हो सके।

कविवर बिहारी के सम्बन्ध में प्रचलित है कि उन्हें एक दोहे की रचना पर पुरस्कारस्वरूप एक मोहर मिलती रही। उनके आश्रयदाता जयपुर-नरेश मिर्जा राजा जयसिंह बड़े ही संगीत और कलाप्रिय शृंगारिक व्यक्ति थे। प्रौढ़ वय में उन्होंने दूसरा ब्याह किया था और इस नयी रानी के प्रेमपाश में वे कुछ इस तरह बँध गये थे कि राज-काज लगभग नौकरों पर छोड़ रखा था। उनकी इसी दायित्वहीनता की ओर संकेत करने के कारण बिहारी को दरबार में प्रवेश मिला–

नहिं परागु नहिं मधुर मधु नहिं विकासु इहि काल।
अली कली ही सौं बँध्यो, आगे कौन हवाल।।

उपर्युक्त दोहा मिर्जा राजा जयसिंह की नाराजगी के लिए पर्याप्त था, पर असर उल्टा हुआ और बिहारी मात्र पुरस्कृत ही नहीं हुए, उन्हें दरबार में सम्मानजनक स्थान भी मिला। बिहारी को इसका क्या पता था, उन्होंने तो खतरा मोल लिया था राज्य की प्रजा के हित में, क्या उनका यह साहस उनके दायित्वपूर्ण कवि व्यक्तित्व की ओर संकेत नहीं करता, अवश्य करता है, पर शृंगारी कवि बनना उनकी ऐतिहासिक नियति थी जिसके माध्यम से ही वे अत्यन्त कलात्मक ढंग से अपने दायित्व का निर्वाह करते हैं। आश्रयदाता मिर्जा राजा जयसिंह की सुरुचि और उनके व्यक्तित्व का स्पष्ट प्रभाव बिहारी सतसई के दोहों पर देखा जा सकता है। इतिहास के जिस बिन्दु पर बिहारी खड़े थे, उनके लिए युगीन दायित्व का निर्वाह कर पाना कठिन था, पर उन्होंने हमें निराश नहीं होने दिया है। उनके इतिहास प्रसिद्ध दोहे में शिवाजी और मिर्जा राजा के ऐतिहासिक सन्दर्भ को देखा जा सकता है—

स्वारथ सुकृत न श्रमवृथा देखि विहंग विचारि।
बाज परायें पानि परि तू पच्छीनु न मारि।।

कलाप्रियता के साथ-ही-साथ मिर्जा राजा जयसिंह की वीरता और उनका रण-कौशल सर्वविदित था। उस युग के विद्रोही राष्ट्रभक्त शिवाजी को पराभूत करने के लिए मुगल सम्राट् औरंगजेब ने मिर्जा राजा जयसिंह का सहारा लिया। सम्राट् का यह ऐतिहासिक निर्णय था, पर बिहारी के उपर्युक्त दोहे ने इतिहास की दिशा ही बदल दी। मिर्जा राजा ने युद्ध न करके शिवाजी को सन्धि के लिए प्रस्तुत किया और परिणामस्वरूप शिवाजी ने आगरा की ऐतिहासिक यात्रा की। वहाँ औरंगजेब ने उनके साथ विश्वासघात किया। यह दूसरी बात है, पर उस काल के दो महान् हिन्दू वीर परस्पर टकराने से तो बच गये। बिहारी के दोहे की इस असाधारण शक्ति से विद्वान् लोग परिचित हैं। यह विचारणीय है कि जिस कवि की कविता में इतिहास की दिशा बदल देने की शक्ति हो, वह नारी के साढ़े तीन हाथ शरीर की नाप-जोख ही करता रहा। यह और कुछ नहीं बल्कि ऐतिहासिक अनिवार्यता और कवि की सामाजिक विवशता थी। उसे स्वयं जीना था और अपनी कविता को जीवित रखना था। जहाँ कहीं भी वह अवसर निकाल पाता है, अपने शृंगारिक दोहों में परम्परित ज्ञान को समाहित करने से नहीं चूकता।

मुग्धावस्था को पारकर मध्यावस्था में प्रवेश करने वाली नायिका का चित्र भी इसी क्रम में विचारणीय है—

पिय बिछुरन कौ दुसहु दुख हरष जात प्योसार।
दुरजोधन लौं देखियति तजत प्रान इहि बार।।

मुग्धावस्था में नायिका का पति से कोई मांसल लगाव नहीं था जिससे वह प्रसन्नतापूर्वक बाप के घर जाती थी, पर अब मध्यावस्था में प्रवेश करने के कारण वह पति-सुख से परिचित हो चुकी है जिससे बाप के घर जाते समय सुख और दुःख की समान अनुभूति उसे हो रही है। नायिका की इस अवस्था की तुलना बिहारी दुर्योधन के अन्तिम क्षणों से करते हैं। 'महाभारत' में यह कथा आती है कि दुर्योधन की मृत्यु भीम की गदा से किये गये उरुभंग से हुई थी। दुर्योधन की इच्छा से अश्वत्थामा ने पाण्डवों के भ्रम में पाण्डव-पुत्रों का वध किया। पाँचों का सिर देखकर दुर्योधन को भी भ्रम के कारण प्रसन्नता हुई थी, पर तत्काल यह जानकर कि अश्वत्थामा द्वारा पाण्डव पुत्रों का वध हुआ है, उसे मरणान्तक पीड़ा भी हुई थी। दुर्योधन को शाप था कि जब उसको हर्ष तथा शोक दोनों की अनुभूति एक साथ होगी, तभी उसकी मृत्यु होगी। बिहारी के उपर्युक्त दोहे को समझने के लिए महाभारत के इस प्रसंग को जानना होगा।

बिहारी नायिका के सौन्दर्य से उत्पन्न नायक के उसके प्रति प्रेम का वर्णन कर जब उसे नायक से मिलने के लिए प्रोत्साहित करते हैं तब लगे हाथ वे ज्योतिषशास्त्र के रहस्यों का भी उद्घाटन कर देते हैं—

सनि कज्जल चख-झख-लगन उपज्यौ सुदिन सनेह।
क्यौं न नृपति ह्वै भोग वै लहि सुदेसु सबु देह।।

कवि का अभिप्रेत तो यही है कि वह नायिका की उस विशेष सुन्दरता का वर्णन करना चाहता है जिसके कारण नायक उस पर अनुरक्त हो गया है, पर उसने इस रूप में उसे प्रस्तुत किया है कि ज्योतिषशास्त्र सम्बन्धी उसके ज्ञान का परिचय भी पाठक को सहज ही मिल जाता है। यदि किसी व्यक्ति के जन्म के समय मीन लग्न हो और शनिग्रह भी उस समय मीन राशि में हो तो ज्योतिषशास्त्र के अनुसार वह व्यक्ति राजा होता है। मीन (मछली) जैसी आँखों में नायिका ने काजल लगा रखे हैं। उनके देखने के कारण नायक के हृदय में प्रेम उत्पन्न हुआ है जिसने उसके सर्वांग पर अधिकार जमा लिया है। नायिका की इसी दशा का वर्णन सखी, बड़ी चतुरता के साथ करके उसे नायक से मिलाना चाहती है। आँखों की उपमा मछली से देकर (यही मीन राशि है) और आँखों में काजल से शनिग्रह (शनि का रंग काला होता है) का बोध कराकर कवि ने प्रेमरूपी बालक के उत्पन्न होने की बात की है। सब देहरूपी सुदेश ही सार्वभौमिक राज्य है जिसके भोग की बात प्रेम के सन्दर्भ में की गयी है। इस प्रकार सखी द्वारा नायिका के हृदय में नायक के प्रति रुचि उत्पन्न करने की जिस कला का वर्णन कविवर बिहारी ने किया है उससे उनके ज्योतिष सम्बन्धी परम्परित ज्ञान का सहज ही पता चल जाता है।

रीतिकालीन काव्य और कवियों पर जो यह आक्षेप किया जाता है कि उन्होंने आश्रयदाताओं की रुचियों का ही अनुकरण किया है और तत्कालीन समाज में व्याप्त कुरीतियों की ओर उनका ध्यान नहीं गया है, वह सर्वथा उचित नहीं। जब कभी अवसर आया है, उन्होंने अपनी कटूक्तियों द्वारा लोगों को सचेत भी किया है। चाटुकारी करके मनसबदारी प्राप्त करने वालों की बिहारी खबर लिये बिना नहीं रहते—

पाइ तरुनि कुच उच्च पदु चिरम ठग्यौ सब गाउँ।
छूटे ठौरु रहि है वहै, जुहो भोलु, छबि नाउँ।।

ऐसे मनसबदारों की तुलना वे घुँघुंची से करते हैं। उपर्युक्त दोहे में घुँघुंची पर अन्योक्ति करते हुए वे कहते हैं कि तरुणी कुचरूपी ऊँचा पद पाकर घुँघुंची ग्रामीणों में थोड़े दिनों के लिए भले ही बहुमूल्य रत्न होने का भ्रम उत्पन्न कर ले पर ज्यों ही वह वहाँ से हट जायेगी, अपनी पूर्व स्थिति को प्राप्त हो जायेगी और उसका सारा अहंकार चूर्ण हो जायेगा। इस प्रकार तत्कालीन इतिहास-बोध को प्रस्तुत करने वाले श्रेष्ठ दोहे तो बिहारी सतसई में मिल ही जाते हैं। उनके अतिरिक्त नीति और उपदेशपरक दोहों से तो वह भरी पड़ी है जो उस काल की सामाजिक आवश्यकता थी।

यह मान बैठना कि रीतिकालीन काव्य मात्र शृंगारिक काव्य है, इस काव्यविधा के साथ अन्याय करना है। वीररस के पर्याय महाकवि भूषण को इसी काल-खण्ड ने जन्म दिया था जिन्होंने न केवल वीररस में रचनाएँ ही कीं, बल्कि उन्होंने औरंगजेब जैसे शक्तिशाली सम्राट् के विरुद्ध अपनी रचनाओं के प्रभाव का सफल प्रयोग भी किया। महाराज शिवाजी को औरंगजेब के विरुद्ध खड़े होने के लिए भूषण की ओजस्विनी कविताओं ने अत्यधिक प्रेरणा प्रदान की थी। भूषण ने भी लक्षण ग्रन्थ लिखे हैं पर इतिहास को वाणी देते हुए जब वे कहते हैं—

दारा की न दौर रार नहीं खुजवे की
बाँधिबो नहीं है कैधौं मीर सहवाल को।
मठ विश्वनाथ को, न बास ग्राम गोकुल को,
देवी को न देहरा, न मन्दिर गोपाल को।।
गाढ़े गढ़ लीन्हें अरु बैरी कतलाम कीन्हें।
ठौर ठौर हासिल उगाहत है साल को।
बूड़ती है दिल्ली सो सम्भारौ क्यों न दिल्लीपत,
धक्का आनि लाग्यो सिवराज महाकाल को।।

तब वे तत्कालीन राष्ट्रीय चेतना के अग्रदूत के रूप में हमारे सामने आते हैं। इस प्रकार रीतिकालीन काव्य की जब हम चर्चा करते हैं, तब प्रायः हमारे सामने उसका

संकीर्ण रूप ही रहता है। लक्षण ग्रन्थों के रूप में अथवा उनको लक्ष्य करके लिखा गया काव्य ही रीतिकालीन काव्य नहीं है बल्कि नीति, उपदेश, प्रशस्तिमूलक और स्वच्छन्द प्रेमपरक रचनाएँ भी इस काल के अन्तर्गत आती हैं जो युगीन परिस्थितियों के स्वरूप को स्पष्ट करने वाली हैं। इस काल की स्वच्छन्द काव्यधारा अत्यन्त महत्त्वपूर्ण है जिसके माध्यम से काव्य की परम्परित जड़ता को तोड़ने और कवि की निजता को स्थापित करने एवं अभिव्यक्ति की निर्भीकता को प्रश्रय मिला। अतः विरुदावलियों और स्वच्छन्द मुक्तकों के रूप में लिखा गया रीतिकालीन काव्य रीतिकालीन समाज की मरणशीलता और उसकी जड़ता को प्रस्तुत करता है।

दरबारी संस्कृति की रूढ़िगत प्रवृत्तियों के कारण जो रीतिकालीन कवि युगीन दायित्व से दूर होते जा रहे थे, घनानन्द ने उनके तिरस्कार की स्पष्ट घोषणा की–

तीछन ईछन बान बखान सो पैनी दसान ले सान चढ़ावत।
प्रानन प्यारे भरे अतिपानिप, मायल घायल चोप चटावत।
यौं घन आनन्द छावत भावत जान सजीवन और तै आवत।
लोग हैं लागि कवित्त बनावत मोहिं तो मेरे कवित्त बनावत ॥

इन्होंने स्वाभिमान खोने के बजाय दरबार छोड़ना ज्यादा पसन्द किया। इसी धारा के कवि ठाकुर आश्रयदाता की पात्रता और आश्रित की मर्यादा का उल्लेख अपने एक कवित्त में करते हैं–

सेवक सिपाही हम उन रजपूतन के,
दान युद्ध जुरिबे में नेकु जो न मुरके।
नीति देन वारे हैं मही के महिपालन कौ
हिये के विसुद्ध हैं सनेही साँचे उरके।
ठाकुर कहत हम बैरिन बेवकूफ़न के,
जालिम दमाद हैं अदानिया ससुर के।
चौजिन के चौजी महा, मौजिन के महाराज,
हम कविराज हैं पै चाकर चतुर के।।

ये कवि उन्हीं का आश्रय पसन्द करते हैं जो देश-जाति का सम्मान अपने प्राणों का उत्सर्ग करके भी करने को तत्पर थे। किसी अवसर पर हिम्मतबहादुर ने कवि ठाकुर को कटुवचन कहे जिस पर उन्होंने अपनी तलवार खींचकर प्रतिवाद में उक्त कवित्त पढ़ा। यह कवित्त तत्कालीन समूची सामन्ती चेतना को व्यक्त करता है।

समाज के प्रति साहित्य के दायित्व के प्रश्न को लेकर सामान्यतः लोग यह आक्षेप करते हैं कि रीतिकालीन काव्य जनता का काव्य नहीं है। यह सर्वविदित है कि किसी

भी युग का काव्य जनता का काव्य नहीं रहा है, वह जनता की समस्याओं से अवश्य जुड़ा रहता है। काव्य समाज के कुछ ऐसे लोगों को प्रभावित करता है जो पूरे समाज को प्रभावित करने की क्षमता रखते हैं और इस प्रकार वह जनता का काव्य बनता है। जो काव्य शुद्ध जनता का काव्य होता है और वह सीधे जनता से जुड़ने का प्रयत्न करता है वह काव्य नहीं बल्कि प्रचार-साहित्य के अन्तर्गत आता है। यह प्रचार-साहित्य अत्यन्त अल्प आय भोगकर समाप्त हो जाता है जबकि श्रेष्ठ काव्य दीर्घजीवी होता है और आगे आने वाली पीढ़ी को भी बहुत दूर तक प्रभावित करता है। रीतिकालीन काव्य अपने विषय और कलात्मक प्रौढ़ता के कारण नागरिक अथवा सामन्ती काव्य अवश्य जान पड़ता है पर वह निश्चित रूप से तत्कालीन राष्ट्रव्यापी समस्याओं से बेखबर नहीं रहा है। सूक्ष्म दृष्टि से विवेचन करने पर हमें इस तत्त्व की जानकारी हो सकती है। अतः मात्र कला-प्रदर्शन के लिए लिखा गया यह काव्य नहीं है, बल्कि भारतीय काव्य-परम्परा के ऐतिहासिक क्रम में इसकी सृष्टि हुई है। हिन्दी-साहित्य के इतिहास पर यदि हम दृष्टि डालें तो यह स्पष्ट हो जायेगा कि इसके विकास क्रम में पहली बार जनता की भाषा ब्रजभाषा काव्य की एकमात्र भाषा बनी जिसका श्रेय रीतिकालीन कवियों को है। भक्त कवि 'सूर' की भाषा भी ब्रजभाषा थी और उनके समकालीन कृष्णभक्त कवियों ने भी उसे अपनी रचना का माध्यम बनाया पर उनके समानान्तर अवधी भाषा में लिखी जाने वाली सशक्त काव्य-परम्परा भी विद्यमान थी जिसने जायसी और तुलसी जैसे महाकवियों की अमर रचनाओं को जन्म दिया है। ब्रजभाषा क्षेत्र में सम्राट् अकबर के राजधानी ले आने के कारण आगरा समस्त उत्तर भारत का केन्द्र बन गया। किसी भी लोक-भाषा के साहित्यिक भाषा बनने के पीछे जो कारण होते हैं, वे सभी कारण ब्रजभाषा के लिए सुलभ हो गये। मुगल दरबार में ब्रजभाषा पहुँची, उच्च-पदस्थ बहुत से सरकारी कर्मचारी और यहाँ तक कि कई मुगल सम्राट् भी ब्रजभाषा में रचना करते थे परिणामस्वरूप राजधानी में आने वाले आश्रित सामन्तों ने भी ब्रजभाषा के महत्त्व को पहचाना और उनके माध्यम से सामन्ती बैठकों में भी ब्रजभाषा को महत्त्व मिला। अवधी भाषा काव्यभाषा के पद से उत्तरोत्तर च्युत होती गयी और उस काल की ब्रजभाषा जो जनभाषा थी, सम्पूर्ण हिन्दी-काव्यजगत् की भाषा बनी और इस प्रकार रीतिकालीन काव्य भाषा की दृष्टि से सीधे लोकजीवन से जुड़ा।

शृंगारिकता के अतिरेक का दूसरा आक्षेप इस पर लगाया जाता है, जो निरर्थक है। शृंगार सृष्टि का कारण भी है और सृष्टि का आकर्षण भी। यह दूसरी बात है कि समय-समय पर उसकी अभिव्यक्ति का स्वरूप और भंगिमा बदलती रहती है। पुरुष और नारी को ब्रह्म और जीव के समानान्तर रखकर भारतीय दार्शनिकों ने कवियों का कार्य आसान कर रखा है। उनकी शृंगार-भावना ब्रह्म को समर्पित होकर मांसल

नहीं रह जाती। रीतिकालीन काव्य में मांसलता का जो अतिरेक है उसके मूल्यांकन के लिए एक विशेष प्रकार की समझदारी पैदा करनी पड़ेगी। शृंगार तो जीवन का लक्षण है। खजुराहो जैसे मन्दिरों में उत्कीर्ण युगनद्ध मूर्तियाँ यदि अश्लील नही हैं तो रीतिकालीन काव्य क्यों अश्लील है। इसे देखने के लिए एक स्वस्थ दृष्टि की आवश्यकता है।

रीतिकालीन कवियों को जिस परिवेश में रचना करनी थी उसमें प्रतिस्पर्द्धा की स्थिति अत्यन्त विकट थी। राजाश्रय के अभाव में तत्काल कुछ कर पाना सम्भव नहीं था और अस्तित्वरक्षा के लिए समसामयिक परिस्थितियों की उपेक्षा करना सम्भव नहीं होता। पूर्व मध्यकाल के भक्त और सन्त-कवियों ने राजाश्रय नहीं ग्रहण किया और इसमें सन्देह नहीं कि वे अपेक्षाकृत अधिक महान् कृतियाँ हिन्दी-जगत् को दे सके हैं। कबीर, जायसी, सूर और तुलसी की रचनाएँ दीर्घजीवी हुईं इसमें सन्देह नहीं पर वे अपनी परम्परा का निर्माण नहीं कर सके। सूर और तुलसी की रचनाएँ अनेक दृष्टियों से दुर्लभ हैं और उनके ठीक बाद ही रीतिकालीन काव्य परम्परा का विकास हुआ। राजाश्रय के न मिलने के कारण सूर और तुलसी की रचनाओं की परम्परा उन्हीं के जीवन काल में ही समाप्त हो चली, क्या यह विचारणीय नहीं है? तत्कालीन दरबारों में चलने वाली विविध कलाओं की प्रतिस्पर्धा में खड़ा होना जहाँ उनके स्वभाव के विरुद्ध था वहीं उनकी प्रबन्धात्मक प्रतिभा के लिए वहाँ अवकाश भी नहीं था।

कम-से-कम समय में प्रभावित और चमत्कृत करने वाली कलाओं की लोकप्रियता बढ़ी। संगीतकार, चित्रकार, मूर्तिकार, वास्तुकलाविद् और कवि दरबार में एक साथ बैठने के लिए विवश थे, सबकी प्रतिस्पर्द्धा सबसे थी क्योंकि सम्राट् अथवा सामन्त की रुचि और उनकी कृपा का सबके लिए महत्त्व था। तानसेन जैसा संगीतज्ञ था जिसके दीपक राग में बुझे दीपक को जला देने की शक्ति थी, ऐसे चित्रकारों की भी कमी नहीं थी कि जो अपनी चित्रकला से लोगों को आश्चर्य में डाल दिया करते थे। पत्रों के हाशिये और पक्षियों के पंख तक रँगने का प्रचलन था। इसी काल में अनेक श्रेष्ठ महाकाव्यों की सचित्र प्रतियाँ भी तैयार करायी गयी थीं। बर्तन और छोटे-छोटे हथियारों की मूठों को चित्रित करने का प्रचलन था। हाथ से बने कपड़ों की बारीकी का आज भी विकल्प नहीं मिल पाया। कहा जाता है कि औरंगजेब की इतिहास प्रसिद्ध पुत्री जेबुन्निसा ने रेशमी साड़ी को सात पर्त करके पहन रखा था, फिर भी उसके पुष्ट और सुन्दर शरीर की छवि झलक मार रही थी। ढाके का मलमल एक अँगूठी में इतना आ जाता था कि अम्बारी सहित विशाल हाथी ढँक जाया करता था। ताजमहल और उसकी दीवारों पर बने संगमरमर के सुन्दर कोमल पुष्पों का निर्माण अनगढ़ हाथों से नहीं हुआ था। इसी परिवेश में हिन्दी कविता को भी अपना चमत्कार थोड़े समय में ही दिखाना था और उसे पुरस्कृत भी होना था। महाकाव्यों का स्थान मुक्तकों ने

लिया और उनमें युगानुरूप शृंगार और कलात्मक अर्थगाम्भीर्य को महत्त्व दिया गया। ये झटके में लिख गयी कविताएँ नहीं थीं जो पुरस्कृत होती थीं बल्कि तानसेन के शास्त्रीय संगीत, चित्रकारों की सधी हुई बारीकी मूर्तिकार की सुन्दर तराश, बुनकरों के रेशमी कमाल और ताजमहल के संगमरमरी कोमल फूलों की रचना के पीछे किये गये सतत अभ्यास की भाँति रियाज की गयी कविताएँ हैं। इन परिस्थितियों में रहकर लिखने वाले रीतिकालीन कवियों ने भारतीय संस्कृति, सभ्यता, दर्शन और उसके सामाजिक मूल्यों के बीज को सुरक्षित रखा, क्या यह साधारण काम था?

आगे चलकर हम देखते हैं कि इन कवियों का श्रम निरर्थक नहीं गया और जैसे ही अनुकूल वातावरण मिला, बीज ने वृक्ष का रूप धारण कर लिया। हिन्दी-साहित्य के आधुनिककाल में ब्रजभाषा का स्थान खड़ी बोली ने लिया और काव्य के साथ-साथ अनेक गद्य-विधाओं का भी विकास हुआ, पर उनके प्रतिपाद्य और विषय चयन की ओर यदि आप ध्यानपूर्वक देखें तो स्पष्ट हो जायेगा कि बड़ी आसानी के साथ इन्होंने रीतिकालीन काव्य में सुरक्षित परम्परा को ग्रहण कर लिया। गद्य-विधाओं के विकास के पीछे राष्ट्रीय और अन्तर्राष्ट्रीय बहुत से और भी कारण थे जिनके कारण वे निरन्तर परम्परा से हटती गयीं, पर काव्यविधा के साथ यह बात नहीं है। उसने बदली सामाजिक और राष्ट्रीय परिस्थितियों के सन्दर्भ में काव्य की प्राप्त विरासत को प्रस्तुत करने का प्रयत्न किया है और इस प्रकार काव्य के माध्यम से विकसित परम्परा के नैरन्तर्य को हम सहज ही देख सकते हैं। भारतेन्दु हरिश्चन्द्र की कविताएँ, उनकी चन्द्रावली नाटिका, जगन्नाथदास रत्नाकर का उद्धवशतक, अयोध्यासिंह उपाध्याय 'हरिऔध' का 'प्रियप्रवास', सियारामशरण गुप्त का 'गोपिका', द्वारिकाप्रसाद मिश्र का 'कृष्णायन', धर्मवीर भारती की 'कनुप्रिया' और 'अन्धा युग' जैसी महत्त्वपूर्ण रचनाओं को देखा जा सकता है।

भारतेन्दु हरिश्चन्द्र ने आधुनिक हिन्दी गद्यविधा के विकास रूपों को विकसित किया और काव्य के क्षेत्र में उनकी भाषा ब्रजभाषा ही बनी रही। उनकी भक्तिपरक कविताओं पर रीतिकालीन शृंगारी प्रवृत्ति का भरपूर प्रभाव देखा जा सकता है और चन्द्रावली नाटिका में प्रस्तुत उनकी भक्तिभावना भी भक्ति परम्परा की अपेक्षा रीतिकालीन-परम्परा के अधिक निकट है। दीर्घकाल तक दरबारों में पढ़ी जाने वाली ब्रजभाषा कविता को 'भारतेन्दु' ने उसके प्रभाव से मुक्त किया और अब वह जनता के दरबार में अपनी दुर्बलताओं और सबलताओं के साथ खड़ी थी। उत्पन्न सामाजिक परिवर्तनों का ही यह परिणाम था कि वह अब सीधे जनता से जुड़ रही थी। 'रत्नाकर' जी के 'उद्धवशतक' की ब्रजभाषा और उसकी छन्द-योजना तो इतनी उच्चकोटि की रही कि रीतिकालीन काव्य की प्रौढ़ता को भी उसने बहुत पीछे छोड़ दिया। जिस प्रकार सूरदास और उनके समकालीन कृष्णभक्त कवियों के राधा-कृष्ण रीतिकाल में

आकर बदल गये थे उसी प्रकार रीतिकाल के राधा-कृष्ण आधुनिककाल में आकर बदल गये। राष्ट्रीय आन्दोलन और सामाजिक सुधार की भावना का प्रभाव आधुनिक हिन्दी-काव्य पर पड़ा जिसे 'प्रियप्रवास', 'गोपिका', 'कृष्णायन' और 'कनुप्रिया' में स्पष्टतः देखा जा सकता है।

गद्यविद्या के प्रभूत विकास और काव्य पर पड़े पाश्चात्य प्रभाव के कारण ब्रजभाषा काव्य-परम्परा अत्यधिक चर्चा में भले न रही हो, पर आधुनिक सन्दर्भ में कृष्ण के जीवन को प्रस्तुत करने वाली रचनाओं का आधुनिक हिन्दी साहित्य में अम्बार लगा हुआ है। कृष्णकाव्य-परम्परा की भाँति रामकाव्य-परम्परा भी निरन्तर विकासमान रही है। अतः वाल्मीकि और 'व्यास' की लेखनी से रामायण और महाभारत की जो गंगा-यमुना प्रवाहित हुईं उनका प्रभाव आज भी शेष है। वे कभी प्रकट मैदान में और कभी अप्रकट अन्तःसलिला के रूप में निरन्तर प्रवाहित होती रही हैं, उन्हें देखने की दृष्टि अपेक्षित है।

खण्ड-2

सिद्धान्त

7

आधुनिक भारतीय आर्य भाषाओं का वर्गीकरण

—राजमणि शर्मा

भारतीय आर्य भाषा के अध्ययन की ओर भाषा वैज्ञानिकों का ध्यान आकृष्ट करने का श्रेय सर विलियम जोंस (1786) को है। उन्होंने सम्पूर्ण भारत की भाषाओं का अध्ययन किया, संस्कृत की महत्ता स्वीकार की और हिन्दी के अस्तित्व की ओर संकेत किया। इसके पश्चात् 'बाप', 'कैरे', 'मैक्समूलर' तथा 'काल्डवेल' का नाम आता है। 'कैरे' ने भारत में 33 भाषाओं के अस्तित्व को खोज निकाला; 'मैक्समूलर' ने मुण्डा भाषाओं की खोज की पर भारतीय भाषाओं के विस्तृत अध्ययन की शृंखला का सूत्रपात करने और उसे एक सुविचारित पथ प्रदान करने का श्रेय 'काल्डवेल' को ही है। उन्होंने 1856 में यह सिद्ध कर दिया कि वस्तुतः दक्षिणी भारत की भाषाएँ—तमिल, तेलुगू, कन्नड़, मलयालम आदि संस्कृत की सन्तान न होकर अलग कुल से उत्पन्न भाषा हैं। इस आधार पर उन्होंने भारत में अनेक भाषा—कुल की भाषाओं के प्रसार की सम्भावना व्यक्त की।

1867 में 'बीम्स' ने 'भारतीय भाषाओं की रूपरेखा' शीर्षक पुस्तक के अन्तर्गत इस देश की सभी भाषाओं का संक्षिप्त विवरण प्रस्तुत कर लोगों का ध्यान इस विषय को ओर आकृष्ट किया।

आधुनिक भारतीय आर्य भाषाओं के अध्ययन के आधार पर सन् 1880 में डॉ. ए.एफ. हार्नले ने यह सिद्धान्त प्रतिपादित किया कि आर्य मूलतः भारत के निवासी नहीं थे। भारत को वर्तमान तथा उनकी पूर्वज भाषाओं के साक्ष्य से इस मत का समर्थन हो जाता है कि भारत पर एक-एक करके आर्यों के लगातार दो आक्रमण हुए। विभिन्न समूहों के आक्रमणकारी ये आर्यगण दो विभिन्न भाषाएँ भी बोलते थे जिनका आपस में एक-दूसरे से घनिष्ठ सम्बन्ध था। पूर्वागत आक्रमणकारी आर्य गंगा-दोआब क्षेत्र के पश्चिमी हिस्से या देश के मध्य भाग में बस गये। इसके बाद आर्यों के दूसरे समूह ने काबुल नदी के मार्ग से गिलगित एवं चित्राल होते हुए मध्य प्रदेश में प्रवेश किया। मध्यदेश की सीमा उत्तर में हिमालय, दक्षिण में विन्ध्य पर्वत,

पश्चिम में सरहिन्द तथा पूरब में गंगा, यमुना के संगम तक थी। 'हार्नले' ने पश्चादागत आक्रमणकारियों के पंजाब में प्रवेश को एक 'पच्चड़' के रूप में लिया। ये नवागंतुक सीधे पंजाब के मध्य में जा घुसे जिसे पूर्वागत आक्रमणकारी आर्य पहले ही अधिकृत किये बैठे थे। इनके आगमन का परिणाम यह हुआ कि प्रथम आक्रमणकारी तीन दिशाओं—पूर्व, दक्षिण तथा पीछे पश्चिम में फैलने के लिए बाध्य हुए।

'हार्नले' के अनुसार इन नवागत आर्यों ने ही वस्तुतः सरस्वती, यमुना तथा गंगा के तट पर यज्ञपरायण संस्कृति को पल्लवित किया। मध्य प्रदेश अथवा केन्द्र में होने के कारण उन्हें 'केन्द्रीय' या 'भीतरी' आर्य के नाम से अभिहित किया गया और चारों ओर फैले हुए पूर्वागत आर्य 'बाहरी' आर्य कहलाये। अपनी इसी मान्यता के आधार पर हार्नले ने आधुनिक भारतीय आर्य भाषाओं को निम्न चार वर्गों में विभक्त किया—

(क) पूर्वी गौडियन—पूर्वी हिन्दी (इसमें बिहारी भी है), बंगला, असमी, उड़िया।

(ख) पश्चिमी गौडिनय—पश्चिमी हिन्दी (राजस्थानी भी), गुजराती, सिन्धी, पंजाबी।

(ग) उत्तरी गौडियन—गढ़वाली, नेपाली, पहाड़ी आदि।

(घ) दक्षिणी गौडियन—मराठी।

हार्नले की 'बाहरी' और 'भीतरी' की मान्यता को आगे चलकर डॉ. ग्रियर्सन ने भी पुष्ट किया। इसीलिए यह कहा जाता है कि ग्रियर्सन ने हार्नले के इसी 'बाहरी' और 'भीतरी' सिद्धान्त को स्वीकार कर अपना वर्गीकरण प्रस्तुत किया। पर ग्रियर्सन 'हार्नले' के व्रत को ठीक उसी रूप में स्वीकार करने के लिए तैयार नहीं थे कि आर्य भारत में सिर्फ दो बार आये और दूसरी बार आर्यों के आने पर पूर्वागत आर्यों को पूर्व, पश्चिम तथा दक्षिण में हटना पड़ा। ग्रियर्सन के अनुसार 'आर्यों' के ये आक्रमण अथवा देशान्तरवास एक सुदीर्घ काल तक धीरे-धीरे होते रहे। चाहे हम दो पृथक् आक्रमणों की भाषाओं में भेद करें चाहे प्रथम तथा अन्तिम देशान्तरवासियों की भाषा में, परिणाम एक ही है।[1] डॉ. ग्रियर्सन आगे कहते हैं—'यह सर्वथा सम्भव है कि सबसे बाद में आने वालों ने विपरीत मार्ग का अवलम्बन किया हो और वे पूर्वागत आर्यों के चारों ओर होते हुए सिन्धु नदी के काठे में पहुँच गये हों तथा वहाँ से अवान्तर युग में भारत के आर-पार पूर्वागत आर्यों के दक्षिण और अन्ततोगत्वा उनके पृष्ठ भाग की ओर पूर्व में बस गये हों। दोनों ही दशाओं में राजनीतिक निष्कर्ष बहुत कुछ समान ही होगा। इस प्रकार भी कुछ लोग केन्द्र में रहेंगे और उन्हें पश्चिम, दक्षिण तथा पूर्व में अन्य लोग घेरे रहेंगे। यदि भारत-प्रवेश का 'पच्चड़' सिद्धान्त ठीक

1 *भारत का भाषा सर्वेक्षण*, प्रथम भाग, डॉ. ग्रियर्सन, पृ. 226

है तो 'केन्द्रीय' निवासी और यदि गलत है तो 'बाहरी' आर्य ही अन्तिम आगन्तुक रहे होंगे।"[1]

डॉ. ग्रियर्सन के वर्गीकरण की विस्तृत आलोचना के सन्दर्भ में डॉ. चटर्जी ने 'इंडो आर्यन रेसेज' भाग-एक पुस्तक के लेखक श्री रामप्रसाद चन्द के मत का भी उल्लेख किया है। श्री चन्द के अनुसार 'बाहरी' तथा 'भीतरी' आर्यों की उत्पत्ति ही अलग स्रोतों से है। श्री चन्द का मत है कि 'बाहरी' आर्यों को नवीन वैदिक संस्कृति का कुछ भी ज्ञान नहीं था। इनका धर्मस्वरूप वैष्णव और शक्ति सम्प्रदाय के रूप में विकसित हुआ। शताब्दियों पश्चात् मध्य भारत के जंगली इलाकों से पश्चिमी भारत से आगे बढ़ने पर तथा पश्चिमी पंजाब, सिन्धु, गुजरात, महाराष्ट्र, बिहार, बंगाल तथा उड़ीसा में अच्छी तरह व्यवस्थित हो जाने पर अन्तिम काल में ये 'भीतरी' आर्यों के धर्म और विचारों से भी प्रभावित हुए। गुजराती, मराठी, बंगाली तथा उड़िया में मिश्रित शिरस्क की प्रबलता है। वे गोल सर 'बाहरी' आर्य, लम्बे सर द्रविड़ और कोल के साथ-ही-साथ मध्यदेश से बाहरी हिस्सों में चारों ओर फैले लम्बे सर 'भीतरी' आर्यों के मिश्रित रूप हैं। इससे यह सिद्ध होता है कि 'बाहरी' आर्यों पर 'भीतरी' आर्यों की संस्कृति आदि का प्रभाव है। अतएव उन पर भीतरी आर्यों की भाषाओं का प्रभाव भी अस्वीकार नहीं किया जा सकता है। वस्तुतः इस उद्धरण द्वारा श्री रामप्रसाद चन्द ने यह सिद्ध करने का प्रयत्न किया है कि 'बाहरी' और 'भीतरी' दोनों दो आर्य वंशों की भाषाएँ हैं जो अपने प्रारम्भिक काल में पूर्ण रूप से अलग थीं किन्तु सम्पर्क के कारण अत्यधिक प्रभावित हुईं और एक-दूसरे के अधिक निकट आ गयीं तथा एक वंश से प्रसूत-सी मानी जाने लगीं। इसमें कुछ तथ्य हो सकता है, पर यह मानने पर एक या दो मूल भाषा तक ही सीमित नहीं रहा जा सकता, हम अनेक मूल भाषाओं की कल्पना कर सकते हैं।

इस विवेचन से स्पष्ट है कि आधुनिक भारतीय आर्यभाषाओं को 'बाहरी' तथा 'भीतरी' वर्गों में विभक्त करने का डॉ. ग्रियर्सन का आधार संगत ही है।

डॉ. ग्रियर्सन का वर्गीकरण

डॉ. ग्रियर्सन ने 'बाहरी' और 'भीतरी' के सिद्धान्त को मूल आधार मानकर तथा मध्यदेश को दृष्टि में रखकर आधुनिक आर्यभाषाओं तथा बोलियों का विभाजन दो मुख्य उपशाखाओं में किया है। इनमें से एक उपशाखा की भाषा उस वृत्त के तीन चौथाई भाग में प्रचलित है, जो पाकिस्तान स्थित हजारा जिले से प्रारम्भ होकर पश्चिमी पंजाब, सिन्ध, महाराष्ट्र, मध्य भारत, उड़ीसा, बिहार, बंगाल तथा असम प्रदेश को स्पर्श करती है। गुजरात की भाषा को ग्रियर्सन ने 'केन्द्रीय' अथवा 'भीतरी'

---

1 *वही*, पृ. 227

उपशाखा के ही अन्तर्गत रखा है, क्योंकि वस्तुतः मध्यदेश स्थित मथुरा वालों ने इस प्रदेश पर आधिपत्य किया था। इस प्रकार भौगोलिक दृष्टि से बाहर स्थित होते हुए भी गुजरात भाषा की दृष्टि से 'केन्द्रीय' अथवा 'भीतरी' समूह के अन्तर्गत है। ग्रियर्सन द्वारा लिंग्विस्टिक सर्वे, भाग एक, खण्ड एक, पृ. 120 पर प्रस्तुत वर्गीकरण निम्न प्रकार है—

प्रथम–उत्तरी-पश्चिमी समुदाय	**प्रथम–उत्तरी-पश्चिमी समुदाय**	1. लंहदा अथवा पश्चिमी हिन्दी 2. सिन्धी
(क) **बाहरी उपशाखा**—	द्वितीय–दक्षिणी समुदाय	3. मराठी
	तृतीय–पूर्वी समुदाय	4. उड़िया 5. बिहारी 6. बंगला 7. असमिया
(ख) **मध्य उपशाखा**—	चतुर्थ–बीच का समुदाय—	8. पूर्वी हिन्दी
	पंचम–केन्द्रीय अथवा भीतरी समुदाय	9. पश्चिमी हिन्दी 10. पंजाबी 11. गुजराती 12. भीली 13. खानदेशी 14. राजस्थानी
(ग) **भीतरी उपशाखा**—	षष्ठ-पहाड़ी समुदाय	15. पूर्वी पहाड़ी अथवा नेपाली 16. मध्य या केन्द्रीय पहाड़ी 17. पश्चिमी पहाड़ी

बाहरी तथा केन्द्रीय या भीतरी उपशाखा सम्बन्धी उपर्युक्त वर्गीकरण का आधार डॉ. ग्रियर्सन के अनुसार वस्तुतः इन दोनों उपशाखाओं में प्रचलित भाषाओं के व्याकरण की भिन्नता है। ध्वनितत्त्व, रूप-तत्त्व और क्रियारूप व्याकरण के मूल आधार हैं।

ध्वनितत्त्व की दृष्टि से 'बाहरी' और 'भीतरी' उपशाखाओं में पर्याप्त अन्तर है। 'बाहरी' उपशाखा के उष्मवर्ण **'श'**, **'ष'**, **'स'** केन्द्रीय अथवा भीतरी उपशाखा में **'स'** के रूप में उच्चरित होते हैं। प्राचीन प्राकृत वैयाकरणों के अनुसार प्राच्य (मागधी) में यह **'स'** **'श'** में परिणत हो गया है। बंगाल तथा महाराष्ट्र के कुछ हिस्सों में **'स'** आज भी **'श'** रूप में ही उच्चरित होता है, किन्तु पूर्वी बंगाल तथा असम में

यह **'ख'** रूप में परिवर्तित हो जाता है। इसके विपरीत उत्तरी-पश्चिमी सीमान्त प्रदेश तथा कश्मीर में यह **'ह'** हो गया है।

संज्ञा के शब्द—रूपों में भी इन शाखाओं की भाषाओं में पर्याप्त अन्तर है। जहाँ 'केन्द्रीय' (भीतरी) उपशाखा की भाषाएँ तथा बोलियाँ विश्लेषणात्मक अवस्था में हैं, वहीं 'बाहरी' उपशाखा की भाषाएँ विकास की परम्परा में एक कदम आगे बढ़ गयी हैं। केन्द्रीय उपशाखा की भाषाओं के प्राचीन कारक रूप विलुप्त हो चुके हैं और संज्ञा पदों के रूप **'का'**, **'की'**, **'से'** आदि परसर्गों की सहायता से सम्पन्न होते हैं। भीतरी उपशाखा की भाषाएँ संस्कृत की भाँति पहले संयोगात्मक अवस्था में थीं, इसके बाद ये वियोगात्मक अवस्था से संयोगात्मक अवस्था की ओर उन्मुख हैं। बंगला की 'एर' विभक्ति इसका सर्वोत्तम उदाहरण है जो संज्ञा से संयुक्त हो जाती है। उदाहरणार्थ- हिन्दी **राम की पुस्तक**, किन्तु बंगला **रामेर बोई**।

'बाहरी' उपशाखा की भाषाओं का सम्बन्ध प्राचीन संस्कृत की उस बोलचाल की भाषा से है जो कर्मवाच्य के कृदन्तीय रूपों के साथ सर्वनाम के लघुरूपों को व्यवहृत करती थी, किन्तु 'केन्द्रीय' अथवा 'भीतरी' उपशाखा की भाषाओं की उत्पत्ति उस बोलचाल की प्राचीन संस्कृत से हुई है जो सर्वनाम के इन लघुरूपों का व्यवहार नहीं करती थीं, इसका परिणाम यह हुआ कि 'केन्द्रीय' अथवा 'भीतरी' उपशाखा की भाषाओं में प्रथम पुरुष तथा वचन में क्रिया के एक ही रूप का व्यवहार होता है। उदाहरण स्वरूप **मैंने मारा, हमने मारा, तूने मारा, तुमने मारा, उसने मारा, उन्होंने मारा** आदि में **'मारा'** रूप अपरिवर्तित रहता है। किन्तु 'बाहरी' उपशाखा में सर्वनाम के लघुरूप कृदन्तीय रूपों में अन्तर्भुक्त हो जाते हैं और इसके फलस्वरूप विभिन्न पुरुषों के क्रियापदों के रूप भी परिवर्तित हो जाते हैं। क्रिया के इन दोनों प्रकार के रूपों ने 'भीतरी' तथा 'बाहरी' उपशाखा की भाषाओं को दो विभिन्न दिशाओं की ओर उन्मुख किया है। 'भीतरी' उपशाखा की भाषाओं तथा बोलियों का व्याकरण 'बाहरी' उपशाखा की भाषाओं तथा बोलियों के व्याकरण से अपेक्षाकृत संक्षिप्त तथा सरल है।

डॉ. चटर्जी ने ग्रियर्सन के उपर्युक्त वर्गीकरण का खण्डन किया है। डॉ. चटर्जी के अनुसार ग्रियर्सन द्वारा संगृहीत भाषा के नमूने बहुत बाद के हैं इसलिए 'बाहरी' उपशाखा में अनेक भाषा अपना स्वतन्त्र अस्तित्व रखती है, उनमें किसी से उत्पत्ति की प्रकृति नहीं दिखाई देती। साथ ही ग्रियर्सन का मूल आधार— वह अन्तर जो बाहरी और भीतरी भाषा में है—ही त्रुटिपूर्ण है। नीचे ग्रियर्सन के वर्गीकरण के विभेदक तत्त्व और उनके साथ चटर्जी की आलोचना विशद रूप में प्रस्तुत है।

(क) ध्वनितत्त्व

(1) डॉ. ग्रियर्सन

बाहरी उपशाखा की उत्तरी पश्चिमी तथा पूर्वी बोलियों में अन्तिम स्वर-**इ, ए** (तथा-उ) वर्तमान है। किन्तु भीतरी उपशाखा की पश्चिमी हिन्दी में ये स्वर लुप्त हो गये हैं। यथा–कश्मीरी **अछि**, सिन्धी **अखि**, बिहारी (मैथिली) **आँखि**। किन्तु हिन्दी में आँख प्रयुक्त होता है।

डॉ. चटर्जी–दोनों उपशाखाओं की बोलियों के विभेदक तत्त्व के रूप में उच्चारण में पूर्ण या आंशिक रूप में अन्तिम **स्वर-इ, ए** की वर्तमानता को स्वीकार करना सम्भव नहीं है। प्रायः सभी भारतीय आर्य भाषाओं में कभी-न-कभी अन्तिम स्वर वर्तमान थे। उड़िया, पूर्वी हिन्दी एवं पश्चिमी हिन्दी के कई स्वरूपों में (उपभाषाओं में) आज भी अन्तिम स्वर विद्यमान हैं। अन्य भाषाओं से अन्तिम स्वर प्रायः लुप्त होने लगे हैं या **इ उ** का उच्चारण अत्यन्त अस्पष्ट होने लगता है जो संक्रान्तिक काल में ही होता है। मैथिली और सिन्धी इसी अवस्था में हैं। यद्यपि मैथिली सिन्धी की अपेक्षा इस अवस्था में काफी आगे बढ़ चुकी है (बनारस का पश्चिमी भोजपुरी में आँखि आँख)। हिन्दी, मराठी, गुजराती और बंगाली से अन्तिम स्वर लुप्त हो चुके हैं। यथा–बंगला आँख। हिन्दी से अन्तिम स्वर **अ** और **उ** लुप्त हैं। यथा–**सुमिरन्, सन्तापू, दागू, दुःख्** आदि।

17वीं शती के मध्य तक हिन्दी (ब्रजभाषा) में भी अन्तिम स्वर वर्तमान थे। यह बात उस युग के ब्रजभाषा के ग्रन्थों को देखने से स्पष्ट हो जाती है। आज भी मध्यदेश की प्रतिनिधि बोलियों–ब्रजभाषा तथा कन्नौजी में अन्तिम स्वर-**इ, उ** वर्तमान हैं। यथा–**बाँटु (हिस्सा बाँटना), मालु (हिन्दी माल् धन), सबु (हिं, सब्), अकालु (हिं. अकाल्), कंकाल (हिं. कंकाल)**, फिरि (हिं. फिर्), करि (हिं. कर्), धरि (हिं. धर्), भरि (हिं. भर्), रामचरितमानस की कोसली (अवधी) में भी अन्तिम–**इ, उ** के अनेक उदाहरण मिलते हैं। यथा–**तफ्सीलु (तफसील), आनन्द रामु (आनन्द राम), टोडरमलु (टोडरमल), तिनि अंशा (तीन अंश)**। आधुनिक पूर्वी हिन्दी (कोसली) में अन्तिम स्वर आज भी विद्यमान है। यथा–**साचु (हि. साँच), झूठु (झूठ), हाथु, (हाथ), दिनु (दिन), अगहनु (अगहन) आदि**। पाँच सौ वर्ष पूर्व बंगला में अन्तिम स्वर उच्चरित होते थे। उड़िया में अन्तिम स्वर सुरक्षित हैं। यथा–**जल, गोपाला, नारायणा आदि**।

अतएव उपर्युक्त अपवादों के रहते हुए अन्तिम स्वर **इ** तथा **उ** की विद्यमानता के आधार पर आधुनिक भारतीय आर्यभाषाओं का 'बाहरी' और 'भीतरी' वर्गीकरण युक्तियुक्त नहीं है।

(2) डॉ. ग्रियर्सन

'बाहरी' उपशाखा की पूर्वी भाषाओं, विशेष रूप से पूर्वी मागधी (बंगला, असमी, उड़िया) में अपनिहित (Epenthesis) वर्तमान है। इसी प्रकार उत्तर तथा पश्चिम की कतिपय भाषाओं में भी अपनिहित वर्तमान है।

डॉ. चटर्जी—अपनिहित वास्तव में 'बाहरी' उपशाखा की विशेषता है। यह सत्य है कि पूर्वी मागधी भाषाओं में अपनिहिति वर्तमान है। किन्तु दूसरी तरफ 'बाहरी' उपशाखा की पश्चिमी भाषाओं—मराठी तथा सिन्धी में यह लुप्त है यद्यपि गुजराती, लंहदी तथा दर्दीय कश्मीरी में यह विद्यमान है। यहाँ यह स्मरणीय है कि प्राचीन बंगला में अपनिहिति का अभाव है और इसका विकास मध्ययुग की बंगला से होता है। मैथिली, पश्चिमी पंजाबी तथा कश्मीरी में भी अपनिहिति का विकास बहुत बाद में हुआ। अतएव अपनिहिति को आधार बनाकर आधुनिक भारतीय आर्य भाषाओं का 'बाहरी' और भीतरी उपशाखा में वर्गीकरण अधिक तर्कसंगत नहीं है।

(3) डॉ. ग्रियर्सन

'बाहरी' उपशाखा की भाषाओं विशेषकर बंगला में इ और उ क्रमशः ए तथा ओ के रूप में उच्चरित होते हैं।

डॉ. चटर्जी—अंग्रेजी के pit और put के स्वरों की भाँति पूर्वी भाषाओं—विशेषतया बंगला में **इ** और **उ** शिथिल स्वर हैं। स्वभावतः इनके उच्चारण में जब जिह्वा बहुत ऊपर नहीं उठती तो प्रकृत्या **ए** तथा **ओ** का उच्चारण होने लगता है। प्राकृत काल में भी दो व्यंजनों के बीच के **इ** तथा **उ** क्रमशः **ए** तथा **ओ** हो जाते थे। यथा—सं. **बिल्व** > प्रा. **बेल्ल** तथा संस्कृत **पुष्कर** > प्रा. **पोखर**। पश्चिमी हिन्दी में **इःए** तथा **उःओ** में परिवर्तित न हो ऐसी बात नहीं है। **मोहि-मुहि, तोहि-तुहि** इसके उदाहरण हैं। वस्तुतः पश्चिमी हिन्दी के णिजन्त तथा अन्य क्रिया रूपों में भी इस प्रकार के परिवर्तन का अभाव नहीं है। पश्चिमी हिन्दी **बोलना : बुलाना, देखना : दिखाना, एक : इकट्ठा** आदि यह स्पष्ट करते हैं कि 'बाहरी' उपशाखा की बंगला आदि की भाँति 'भीतरी' उपशाखा की पश्चिमी हिन्दी में भी इ, उ का उच्चारण शिथिल था।

(4) डॉ. ग्रियर्सन

बाहरी उपशाखा विशेषकर पूर्वी भाषाओं में **उ ᐳ इ**।

डॉ. चटर्जी— **उ** का **इ** परिवर्तन वस्तुतः बाहरी उपशाखा की ही विद्रोषता नहीं है, अपितु अन्य आधुनिक भारतीय आर्य भाषाओं में भी यह विशेषता पायी जाती है। पश्चिमी हिन्दी में यह विद्यमान है। यथा—**खुलना के बदले खिलना, छंगुली के बदले छिंगुली झ छुल्ल अंलिका, फुसलाना, फिसलाना**। इसके विपरीत पश्चिमी हिन्दी बालू >

सं. बालुका = **बंगला बालि**, देखें पश्चिमी हिन्दी **गिनना**, बंगला **गुनना** (यहाँ संस्कृत **अ** पश्चिमी हिन्दी में **इ** तथा बंगला में **उ** हो गया)।

(5) डॉ. ग्रियर्सन

ऐ < **अइ** तथा **औ** > अउ बाहरी उपशाखा की पूर्वी भाषाओं में विवृत **ए** तथा **ओ** में परिणत हो गये हैं।

डॉ. चटर्जी–ऐ तथा **औ** का **ए** तथा **ओ** में विवृत उच्चारण केवल पूर्वी भाषाओं की ही विशेषता नहीं है अपितु यह राजस्थानी, गुजराती, सिन्धी, लंहदी और अन्य बाहरी पश्चिमी भाषाओं में भी इसी रूप में वर्तमान है। पश्चिमी हिन्दी में भी यह **हैट, मैनेजर, हैरिसन, डौटर (डाटर)** आदि में उसी रूप में विद्यमान है।

(6) डॉ. ग्रियर्सन

संस्कृत के **च्** तथा **ज्** 'बाहरी' उपशाखा की पूर्वी भाषाओं में **त्स्** (**स्**) तथा **द्ज** (**ज़्**) में परिवर्तित हो गये हैं।

डॉ. चटर्जी–**च्** तथा **ज्** का **त्स्** (**स्**) तथा **द्ज** (**ज़्**) में परिवर्तन केवल पूर्वी बंगला तथा असमिया में ही मिलता है। पश्चिमी बंगला तथा बिहारी तक में इसका अभाव है। पूर्वी बंगला तथा असमिया में च्, ज् के दन्त्य उच्चारण का मूल कारण सम्भवतः तिब्बती-बर्मी तथा पर्वतीय भाषाओं का प्रभाव है। यद्यपि पूर्वी बंगला तथा असमी में **च्, ज्** का पूर्णतया अभाव नहीं है। इस सन्दर्भ में हमें यह नहीं भूलना चाहिए कि आधुनिक भारतीय भाषाओं में संघर्षी दन्त्य की उपस्थिति से इन भाषाओं तथा बोलियों की पारस्परिक एकता सिद्ध नहीं होती। प्राकृत वैयाकरणों के तालव्य उच्चारण के सम्बन्ध में विचार प्रकट करते हुए ग्रियर्सन ने स्वयं यह स्पष्ट किया है कि शौरसेनी तथा महाराष्ट्री में संस्कृत के **च्, ज्** के उच्चारण **त्स्, द्ज्** हो गये हैं। उत्तरी शौरसेनी में तो **त्स् द्ज्** एक बार पुनः **च्, ज्** में परिवर्तित हो गये हैं। यहाँ एक स्मरणीय है कि शौरसेनी भीतरी उपशाखा तथा पश्चिमी हिन्दी की जन्मदात्री भाषा है। एक ओर **च्, ज्** के दन्त्यकरण में जहाँ बाहरी उपशाखा की मागधी भाषा भीतरी उपशाखा की शौरसेनी की विरोधी है, वहीं दूसरी ओर शौरसेनी उसी बात में बाहरी उपशाखा की महाराष्ट्री के समान है।

(7) डॉ. ग्रियर्सन

र्, ल तथा **ङ, ड** के उच्चारण की भिन्नता भीतरी तथा बाहरी उपशाखा की भाषाओं को अलग करती है।

डॉ. चटर्जी–पश्चिमी हिन्दी में **ल** के लिए **र** तथा **ड्** के लिए **ड़्** का प्रयोग ठीक उसी रूप में मिलता है जिस रूप में सिन्धी तथा बिहारी में। ब्रजभाषा के प्रमुख कवि सूरदास

तथा बिहारी की रचनाओं में ऐसे उदाहरणों की भरमार है। यथा—**बर (बल), गर (गल), जरै (जलै, जले), पकरै (पकड़े), लरिहों (लड़ूँगा), बिगरे (बिगड़े), बीरा (बीड़ा), किवार (किवाड़), बिजुरी (बिजली), सार (श्याल), स्यार (शृगाल)** आदि। बंगाली, उड़िया, मराठी और लंहदी के लिए यह परिवर्तन अपरिचित है। यद्यपि बंगाली बोली में ड़ और स आपस में परिवर्तनीय हैं।

(8) डॉ. ग्रियर्सन

पूरब तथा पश्चिम की भाषाओं में **द्** तथा **ड्** परस्पर परिवर्तित हुए हैं, किन्तु मध्यदेश की भाषा में इस प्रक्रिया का अभाव है।

डॉ. चटर्जी—ब्रजभाषा में ऐसे अनेक उदाहरण मिलते हैं जिनसे ग्रियर्सन के उपर्युक्त मत का खण्डन हो जाता है। **यथा–डीठि (=दृष्टि), ड्यौढ़ी (देहली)** आदि। आधुनिक हिन्दी के **डाढ़ी (दंष्ट्रिका), डँसना (= दंश्) डेढ़ = बंगला देड़** आदि शब्द ग्रियर्सन के सिद्धान्त को अन्यथा सिद्ध करते हैं।

(9) डॉ. ग्रियर्सन

बाहरी उपशाखा की भाषाओं में **म्ब् त्र्म्** तथा भीतरी उपशाखा **म्ब् झ ब** में परिवर्तित हो गये हैं।

डॉ. चटर्जी—पश्चिमी हिन्दी तथा बंगला से प्राप्त उदाहरणों से इस मत का खण्डन हो जाता है। यथा—**प. हि. जामन झ जम्बु, नीम झ निम्ब,** किन्तु बोलचाल की बंगला में **आम** तथा **तामा** के अतिरिक्त **आँव (आम्र) तथा ताँबा (ताम्र)** आदि रूप भी मिलते हैं।

(10) डॉ. ग्रियर्सन

बाहरी उपशाखा की भाषाओं में दो स्वरों के बीच 'र्' का लोप हो जाता है। किन्तु भीतरी उपशाखा में यह वर्तमान है।

डॉ. चटर्जी—पश्चिमी हिन्दी में मिलने वाले उदाहरणों से इस मत का खण्डन हो जाता है। यथा—**अपर, अपरु, औरु, और, औ**। इसी प्रकार **परि‍ पर, पे** आदि। 'बाहरी' उपशाखा की बंगला में तो ऊपर के ' ' का कभी लोप नहीं होता है।

(11) डॉ. ग्रियर्सन

'बाहरी' उपशाखा में स्वर मध्यम् **स् > ह**।

डॉ. चटर्जी—स्वर मध्यम **'स'** का **'ह'** में परिवर्तित होना 'बाहरी' उपशाखा की ही विशेषता नहीं है, इसके उदाहरण पश्चिमी हिन्दी में भी मिलते हैं।

उदाहरण के लिए—**तस्य झ तस्स झ तास ताह झ ता (ता-को, ताहि** आदि में), **करिस्यति झ करिस्सदि झ करिसइ झ करिहइ**। इसके अतिरिक्त 'बाहरी' उपशाखा की पश्चिमी भाषाओं तथा बोलियों में 'स्' वर्तमान है। यथा—गुजराती **करशे**, राजस्थानी (जयपुरी) करसी, लंहदी करेसी। अंकवाची शब्दों में प्रायः **स** > **ह**। यथा—**इगारह या ग्यारह बारह, चौहत्तर** आदि। ब्रजभाषा में भी **स** > **ह** मिलता है। यथा—**केहरि** > **केसरिन्**।

बोलचाल की बंगला में शब्द के आदि का **स् (= श्) 'ह'** असमिया में **'ख्'** में परिणत हो जाता है। सिंहली तथा कश्मीरी में भी यह इसी रूप में परिवर्तित होता है, किन्तु इस प्रकार का परिवर्तन तो इरानी, ग्रीक या केल्तिक (बेल्श) में भी मिलता है। अतएव केवल इस परिवर्तन के आधार पर बोलचाल की बंगला तथा 'बाहरी' उपशाखा की भाषा कश्मीरी के रूप से सम्बन्ध स्थापित करना उचित न होगा।

'श्' 'ष', 'स' का 'श' में परिवर्तन वस्तुतः मागधी की अपनी विशेषता है। यद्यपि यह परिवर्तन किसी स्वर पर आश्रित नहीं है, किन्तु मराठी तथा गुजराती में यह परिवर्तन **'इ', 'ई', 'ए'** अथवा **'य्'** के प्रभाव से होता है और इन स्वरों के पूर्व का **'स' 'श'** में परिवर्तित हो जाता है। प्राकृत वैयाकरणों के अनुसार यह सिद्ध हो चुका है कि 'बाहरी' उपशाखा की महाराष्ट्री प्राकृत में **'स्'** का ही प्रयोग होता था, **'श'** का नहीं। लगभग यही स्थिति 'भीतरी' शाखा की मध्यदेशीय प्राकृत शौरसेनी में भी थी अतएव **'स'** के **'श्'** परिवर्तन के आधार पर **'बाहरी'** तथा भीतरी उपशाखा का वर्गीकरण तर्कसंगत न होगा।

(12) डॉ. ग्रियर्सन

महाप्राण वर्गों के अल्पप्राण में परिवर्तन को भी डॉ. ग्रियर्सन ने भीतरी तथा बाहरी उपशाखा के वर्गीकरण का आधार माना है। उनके अनुसार बाहरी उपशाखा में तो यह क्रिया मिलती है, किन्तु भीतरी उपशाखा की पश्चिमी हिन्दी में इसका अभाव है।

डॉ. चटर्जी—डॉ. चटर्जी ने इसके भी अपवाद खोज निकाले हैं। उनके अनुसार **ख, घ, छ, झ, ठ्, थ, ध, फ, भ** एवं **न्ह, म्ह, ल्ह** आदि महाप्राण वर्ण बंगला में अल्पप्राण में अवश्य परिवर्तित हो जाते हैं किन्तु यह परिवर्तन बाद की परम्परा है। और भी, महाप्राण का अल्पप्राण तथा अल्पप्राण का महाप्राण में परिवर्तन अन्य भाषाओं तथा बोलियों में भी हुआ है। भीतरी उपशाखा की पश्चिमी हिन्दी में भी इसके उदाहरण आसानी से मिल जाते हैं यथा—बहिन < भइनी < भगिनी <, उड़िया से मिलाइए—भैणी तथा पंजाबी **भैण, चाटना** < **चाठना** < **चट्ठनअ** < **चष्ठ, ईंट या ईटा** < **ईठा** < **इष्टक**। पर मध्यदेश की भाषाओं तथा बोलियों में इसके उदाहरण कम ही हैं। इसके विपरीत मध्यदेश की भाषाओं में अल्पप्राण की ओर उन्मुखता अधिक है। यथा—**भेस** < **वेश** < **बेश, विभूति** < **बिभूति आदि**।

(13) डॉ. ग्रियर्सन

द्वित्व व्यंजन के सरलीकरण तथा र्व स्वर के दीर्घीकरण के आधार पर भी 'भीतरी' तथा 'बाहरी' उपशाखा का वर्गीकरण किया जा सकता है।

डॉ. चटर्जी–'बाहरी' उपशाखा की बंगला, असमिया, उड़िया, मैथिली, भोजपुरी, पूर्वी हिन्दी, मराठी एवं 'भीतरी' उपशाखा की गुजराती तथा राजस्थानी में द्वित्व व्यंजन वर्ण के सरलीकरण तथा पूर्व स्वर के दीर्घीकरण में समानता है। केवल पूर्वी मागधी में **'इ'** तथा **'उ'** का दीर्घीकरण नहीं होता। उदाहरण के लिए इसमें भीख के स्थान पर **भिख** तथा पूत के स्थान पर **पुत** मिलता है। इसका कारण वस्तुतः ह्रस्व इ, उ पर संस्कृत के **भिक्षा** तथा **पुत्र** की वर्तनी का प्रभाव है। इससे यह स्पष्ट हो जाता है कि द्वित्व व्यंजन वर्ण के सरलीकरण तथा पूर्व स्वर के दीर्घीकरण में मध्य प्रदेश तथा प्राच्य भाषाओं में पारस्परिक एकता है, किन्तु 'बाहरी' उपशाखा की पश्चिमी भाषाएँ सिन्धी, पंजाबी, लंहदी–इस सम्बन्ध में भीतरी उपशाखा की भाषाओं से समानता रखती है। इससे एक ओर पश्चिमी आधुनिक आर्य भाषाओं तथा दरद या पिशाच भाषाओं से साम्य प्रकट होता है और दूसरी ओर दक्षिण-पश्चिम तथा पूरब की आधुनिक आर्य भाषाओं से वैषम्य। मध्यदेश की भाषाओं में अनेक ऐसे उदाहरण मिलते हैं जहाँ पर द्वित्व व्यंजन वर्ण का सरलीकरण तो हुआ है किन्तु पूर्व स्वर दीर्घ न होकर ह्रस्व ही रह गया है। यथा–प. हि. **साच** या साँच > सच्च अथवा सच्च काल < कल।

(ख) रूपतत्त्व

(1) डॉ. ग्रियर्सन

स्त्री प्रत्यय के रूप में–ई वस्तुतः 'बाहरी' उपशाखा की पश्चिमी एवं पूर्वी दोनों भाषाओं में मिलती है।

डॉ. चटर्जी–ग्रियर्सन द्वारा वर्गीकृत 'बाहरी' तथा 'भीतरी' दोनों उपशाखा की सभी आधुनिक आर्यभाषाओं में स्त्री प्रत्यय के रूप में–**ई** वर्तमान है। संस्कृत का–**आ** अपभ्रंश में–**अ** हुआ और आ.भा.आ. भाषा में इसका स्वरूप हुआ–**ई**। अतएव इसके आधार पर आधुनिक आर्यभाषाओं का 'बाहरी' और 'भीतरी' वर्गीकरण प्रस्तुत करना संगत नहीं है।

(2) डॉ. ग्रियर्सन

किन्तु बाहरी उपशाखा की भाषाएँ पुनः संयोगात्मक अवस्था में प्रविष्ट हो रही हैं, किन्तु 'भीतरी' उपशाखा की भाषाएँ अभी भी वियोगात्मक अवस्था में ही हैं।

डॉ. चटर्जी–वस्तुतः प्राचीन कारक रूपों में कतिपय अवशिष्ट रूप, प्रायः आज भी आधुनिक आर्यभाषाओं में मिलते हैं। यह अवश्य है कि सभी में एक ही रूप नहीं मिलते। मध्यदेश की आधुनिक आर्यभाषाओं में तिर्यक (Oblique) के रूपों में करण अथवा सम्बन्ध कारक के रूप विशेषतः द्रष्टव्य हैं। यथा–प. हि. **घोड़े-का** < **घोड़ाहिकअ = घोटस्य** + **कृत** (?) अथवा **घोटक** + तृतीय के बहुवचन प्रत्यय-**हि** < भिः + कृत? यहाँ घोड़े के रूप में प्राचीन संश्लिष्ट कारक का रूप वर्तमान है, किन्तु बंगला के **घोड़ार = घोटक** + **कर** तथा बिहारी **घोराक=घोटक** + कृत (?) या **घोटक**+ क; क्क (?) में वस्तुतः पुराने संयोगात्मक रूप का अवशिष्ट नहीं वर्तमान है अपितु ये सामासिक रूप हैं। पश्चिमी हिन्दी, बंगला, मराठी तथा गुजराती के शब्दरूपों पर गहराई के साथ विचार करके डॉ. चटर्जी इस परिणाम पर पहुँचे हैं कि इनके आधार पर 'बाहरी' एवं 'भीतरी' उपशाखा का वर्गीकरण नहीं किया जा सकता।

(3) डॉ. ग्रियर्सन

आधुनिक क्रिया-रूपों एवं प्रयोगों का आधार लेकर भी आधुनिक आर्यभाषाओं का 'बाहरी' एवं 'भीतरी' उपशाखा में वर्गीकरण किया है।

डॉ. चटर्जी–प्राचीन संस्कृत-रूपों की समाप्ति के बाद प्राकृत काल में क्रिया के कृदन्तीय रूपों का प्रयोग होने लगा। इनमें सकर्मक क्रियाओं में क्रिया के कृदन्तीय रूप विशेषण के रूप में कर्म से सम्बन्ध स्थापित करते हैं तथा इनमें कर्ता तृतीया के रूप में अथवा करण के रूप में प्रयुक्त होता है। प्रायः सभी आधुनिक भारतीय आर्यभाषा की समर्थक क्रियाओं में कर्मवाच्य के रूप में इस प्रकार के कृदन्तीय रूपों की पद्धति चल पड़ी है; किन्तु एक ओर जहाँ 'बाहरी' उपशाखा की पश्चिमी एवं दक्षिणी आधुनिक आर्यभाषा लंहदी, सिन्धी, गुजराती, राजस्थानी, मराठी में कर्मवाच्य के रूप में सुरक्षित हैं, वहीं मागधी प्रसूत प्राच्य भाषाओं तथा बोलियों में ये कर्मवाच्य से कर्तृवाच्य के रूप में उन्मुख हो गये हैं। इन भाषाओं में वस्तुतः कर्मवाच्य कृदन्तीय रूप अपने में अन्य पुरुष के सर्वनामीय प्रत्ययों के रूपों को अन्तर्भुक्त करके क्रियापद का रूप धारण कर चुके हैं। पश्चिम की लंहदी तथा सिन्धी के कर्मवाच्य के रूपों में भी सर्वनामी रूप जोड़े गये हैं, फिर भी इनमें प्राचीन कर्मवाच्य के रूप इस अर्थ में वर्तमान हैं कि उनमें लिंग तथा वचन का अन्वय कर्म के साथ होता है।

(4) डॉ. ग्रियर्सन

'बाहरी' उपशाखा की कई भाषाओं में भारोपीय से आगत् विशेषणीय प्रत्यय **'ल'** वर्तमान है, किन्तु मध्यदेश की भाषाओं तथा बोलियों में इसका अभाव हैं।

डॉ. चटर्जी–भारोपीय 'ल' प्रत्यय मध्यदेश की भाषाओं में भी वर्तमान है। यह अवश्य है कि पूर्वी तथा मराठी में इसके द्वारा अतीतकाल सम्पन्न होता है तथा गुजराती एवं सिन्धी में इसकी सहायता से कर्मवाच्य के कृदन्तीय रूप सिद्ध होते हैं। पंजाबी एवं लंहदी में इसका अभाव है। इससे स्पष्ट है कि 'बाहरी' उपशाखा की भाषाओं में भी इस सम्बन्ध में पूर्ण एकरूपता नहीं है।

डॉ. चटर्जी का वर्गीकरण

डॉ. चटर्जी ने अपने तर्कों से ग्रियर्सन द्वारा प्रस्तुत वर्गीकरण को अवैज्ञानिक सिद्ध करने का प्रयत्न किया है। हार्नले और ग्रियर्सन द्वारा दो विस्तृत वर्ग में भारतीय आर्यभाषा के विभाजन की बात अस्वीकार करते हुए 'बेवर' आदि विद्वानों की पद्ध ति पर डॉ. चटर्जी ने अपना निम्न वर्गीकरण प्रस्तुत किया–

भारतीय आर्यभाषा
- उदीच्य (उत्तर-पश्चिमी) –सिन्धी, लंहदी, पूर्वी पंजाबी
- –मध्यदेशीय पश्चिमी हिन्दी
- प्रतीच्य (पश्चिमी)
  - गुजराती
  - राजस्थानी
- –प्राच्य (पूर्वी)
  - कोसली या पूर्वी हिन्दी
  - मागधी प्रसूत
    - बिहारी
    - उड़िया
    - बंगला
    - असमिया
- दाक्षिणात्य मराठी

डॉ. चटर्जी का उपर्युक्त वर्गीकरण भाषागत आधार पर आधारित न होकर भौगोलिक आधार पर आधारित है। इसके साथ ही इस वर्गीकरण में अनेक अवैज्ञानिकता भी है; न यह ग्रियर्सन के वर्गीकरण से मूलतत्त्व पर अलग दिखाई देता है और न ही इस वर्गीकरण द्वारा भाषा के पारस्परिक सम्बन्धों का बोध ही हो पाता है। बंगला की अपेक्षा राजस्थानी पश्चिमी हिन्दी के अधिक निकट है किन्तु इस वर्गीकरण से इसका ज्ञान नहीं हो पाता। मराठी, गुजराती से उसी प्रकार अलग दिखाई गयी है जैसे बंगला से, जबकि मराठी, बंगला की अपेक्षा गुजराती के अत्यधिक निकट है। हर सिद्धान्त में अपवाद खोजे जा सकते हैं ठीक यही स्थिति ग्रियर्सन के सिद्धान्त की भी है। ग्रियर्सन के वर्गीकरण की आलोचना तथा उसे दोषपूर्ण सिद्ध करने के लिए चटर्जी ने अपवादों का ही सहारा लिया है, पर अपवाद तो सिद्धान्त को

और पुष्ट करते हैं। अतएव चटर्जी की यह मान्यता स्वीकार्य नहीं है कि ग्रियर्सन का वर्गीकरण पूर्णतया दोषपूर्ण है।

वस्तुतः डॉ. ग्रियर्सन पहले भाषावैज्ञानिक हैं जिन्होंने आधुनिक भारतीय आर्यभाषाओं का विशद विवेचन और एक मान्य वर्गीकरण प्रस्तुत किया तथा आधुनिक भारतीय आर्यभाषाओं के अध्ययन का एक प्रशस्त पथ प्रदान किया। प्रथम अध्येता के नाते ग्रियर्सन के समक्ष इन भाषाओं के अध्ययन और वर्गीकरण में अनेक कठिनाइयाँ भी आयीं। डॉ. ग्रियर्सन के वर्गीकरण में रह गये दोषों का मूल कारण वस्तुतः उनकी विद्वता में कमी नहीं है, अपितु अपनायी गयी पद्धति के कर्णधारों की निष्ठा में कमी का होना है। डॉ. ग्रियर्सन एक उच्चपदस्थ अधिकारी थे। उन्होंने 'उड़ाऊपूत' नामक बाइबिल की कहानी को हर जिले के जिलाधीशों के पास अनुवाद के लिए भेजा था। डॉ. ग्रियर्सन का विश्वास था कि जिलाधीश ईमानदारी से सम्बद्ध भाषा, बोली के व्यवहारकर्ता से अनुवाद करायेंगे; किन्तु उन्होंने यह काम अपने अधीनस्थ कर्मचारियों को सौंपा और अधीनस्थ कर्मचारियों ने अपने अधीन छोटे-छोटे पदों पर कार्य करने वाले लोगों को यह कार्य सौंप दिया। अन्ततः अनुवाद का उत्तरदायित्व निभाया लेखपालों ने। लेखपालों ने अपने क्षेत्र की बोलचाल की भाषा में अनुवाद न कर अपनी लेखपाली भाषा में अनुवाद कर डाला। इस पद्धति से संकलित सामग्री भाषाविशेष की सही सामग्री न थी, वस्तुतः वह उस भाषा की सामग्री थी जिसे लेखपाल अपने कार्य में प्रयुक्त करते थे और जिसमें उर्दू का आधिक्य था। इस दृष्टि से हम विचार करें तो डॉ. ग्रियर्सन के वर्गीकरण की आधारभित्ति ही भहरा जाती है, फिर भी उपलब्ध सामग्री के आधार पर डॉ. ग्रियर्सन द्वारा प्रस्तुत वर्गीकरण आज भी अत्यन्त महत्त्वपूर्ण है। भाषावैज्ञानिकों ने उसी के इर्द-गिर्द घूमकर अपना वर्गीकरण नवीनरूप में प्रस्तुत किया है जिनमें मौलिकता का सर्वथा अभाव है।

डॉ. ग्रियर्सन का द्वितीय संशोधित वर्गीकरण

भाषागत प्रवृत्तियों पर प्रकाश डालना वर्गीकरण का मूल उद्देश्य होता है। यदि इस दृष्टि से ग्रियर्सन और चटर्जी के वर्गीकरण का अवलोकन करें तो स्पष्ट हो जाता है कि चटर्जी की अपेक्षा ग्रियर्सन का निम्न संशोधित वर्गीकरण अधिक उपयुक्त है :

- —बहिरंग उपशाखा—
  - पूर्वी वर्ग—
    - बंगला
    - बिहारी
    - असमी
    - उड़िया
  - दक्षिणी वर्ग—
    - मराठी
  - पश्चिमोत्तरी वर्ग
    - सिन्धी
    - लंहदा

—मध्यवर्त्तीय उपशाखा—	(क) बहिरंग की ओर झुकी हुई—	पूर्वी हिन्दी
	(ख) केन्द्रीय की ओर झुकी हुई—	पंजाबी गुजराती राजस्थानी पहाड़ी पश्चिमी हिन्दी
—केन्द्रीय उपशाखा—		

ग्रियर्सन और चटर्जी के अतिरिक्त तारापोरवाल, डॉ. धीरेन्द्र वर्मा, डॉ. हरदेव बाहरी, डॉ. सीताराम चतुर्वेदी तथा डॉ. भोलानाथ तिवारी के वर्गीकरण का उल्लेख भी अपेक्षित है।

तारापोरवाला ने भी आधुनिक भारतीय आर्यभाषाओं को 'बाहरी', 'भीतरी' एवं मध्यक्षेत्रीय वर्ग में विभक्त किया है। बाहरी शाखा के पूर्वी वर्ग में बिहारी, उड़िया, बंगला और असमी को; उत्तरी पश्चिमी वर्ग में लंहदा (पश्चिमी पंजाबी) और सिन्धी को तथा दक्षिणी वर्ग में मराठी और सिंहली को स्थान दिया है। मध्यवर्गीय वर्ग में पूर्वी हिन्दी की अवधी और छत्तीसगढ़ी बोली को रखा है। इन्होंने अवधी पर पश्चिमी हिन्दी तथा छत्तीसगढ़ी पर उड़िया और मराठी का प्रभाव माना है। भीतरी शाखा को (1) पहाड़ी और (2) राजस्थानी वर्ग में विभाजित किया है। पहाड़ी वर्ग में नेपाली केन्द्रीय पहाड़ी (कुमाउँनी, गढ़वाली) तथा पश्चिमी पहाड़ी को रखा है, राजस्थानी प्रभावित वर्ग के पश्चिमी उपवर्ग में रेखता, दक्खिनी, हिन्दोस्तानी, बाँगरू तथा मध्यदेश की बोलियाँ—ब्रजभाषा, कन्नौजी और बुन्देली को; राजस्थानी उपवर्ग में मारवाड़ी, केन्द्रीय राजस्थानी, उत्तर-पूर्वी राजस्थानी, मालवी तथा लंमनी को और जंगली उपवर्ग में भोली तथा खानदेशी को रखा है। दक्षिणी गुजराती तथा अमृतसर की पंजाबी एवं डोगरी को भी इसी वर्ग में स्थान दिया है। इस वर्गीकरण की अपनी कोई मौलिक विशेषता नहीं है, वस्तुतः यह ग्रियर्सन और चटर्जी के वर्गीकरण का संशोधित एवं परिष्कृत रूप मात्र है।

डॉ. धीरेन्द्र वर्मा का वर्गीकरण

मध्यवर्ग में पश्चिमी हिन्दी से सम्बन्धित भाषाओं अर्थात् पूर्वी हिन्दी, राजस्थानी, बिहारी को रखना डॉ. धीरेन्द्र वर्मा के वर्गीकरण की प्रमुख विशेषता है। पश्चिमी हिन्दी से सम्बन्धित भाषाओं को एक साथ रखने से उनकी परस्पर निकटता तथा अन्य भाषाओं से उनकी अपेक्षित दूरी का बोध होता है। इस विशेषता के अतिरिक्त डॉ. वर्मा द्वारा प्रस्तुत निम्न वर्गीकरण डॉ. चटर्जी के वर्गीकरण का संशोधित रूप मात्र प्रतीत होता है।

		–सिन्धी
		लंहदा
	उत्तरी वर्ग	पंजाबी
आ.भा. आर्य भाषाएँ–		पश्चिमी हिन्दी
	मध्य वर्ग	– पूर्वी हिन्दी
		राजस्थानी
		बिहारी
	पश्चिमी वर्ग	–गुजराती
		बंगला
	पूर्वी वर्ग	–असमी
		उड़िया
	दक्षिणी वर्ग	–मराठी

डॉ. हरदेव बाहरी का वर्गीकरण

डॉ. हरदेव बाहरी ने आधुनिक भारतीय आर्यभाषाओं को 'हिन्दी' एवं हिन्दीतर वर्गों में विभक्त किया है। पश्चिमी हिन्दी के साथ-साथ पूर्वी हिन्दी, राजस्थानी, बिहारी, पहाड़ी को भी उन्होंने हिन्दी वर्ग में रखा है। हिन्दीतर वर्ग को पूर्वी, पश्चिमी उत्तरी एवं दक्षिणी वर्गों में विभाजित किया है। बंगला, असमी और उड़िया को पूर्वी हिन्दीतर वर्ग में रखा गया है। दक्षिणी वर्ग में मराठी के साथ-साथ सिंहली भाषा को भी स्थान दिया गया है। पश्चिमी वर्ग में सिन्धी एवं पंजाबी के साथ-साथ गुजराती को भी रखा गया है। लंहदी को पंजाबी की उपभाषा स्वीकार किया गया है। उत्तरी वर्ग में नेपाली को रखा गया है।

डॉ. बाहरी का वर्गीकरण निम्न प्रकार है–

हिन्दी वर्ग	पश्चिमी हिन्दी	
	पूर्वी हिन्दी	
	राजस्थानी	
	बिहारी	
	पहाड़ी	
हिन्दीतर वर्ग	पूर्वी उपवर्ग	बंगला
		असमी
		उड़िया
	दक्षिणी उपवर्ग	मराठी
		सिंहली

पश्चिमी उपवर्ग — सिन्धी, पंजाबी, गुजराती

उत्तरी उपवर्ग — नेपाली

डॉ. बाहरी के वर्गीकरण का आधार भाषागत विशेषताओं की अपेक्षा राजनीति, साहित्य एवं शिक्षा है। इस प्रकार के वर्गीकरण से अन्य जो भी जानकारी प्राप्त हो, किन्तु भाषा के संरचनात्मक गठन और उसके अन्तर का बोध नहीं हो पाता। पूर्वी हिन्दी, राजस्थानी, बिहारी, पहाड़ी को पश्चिमी हिन्दी के साथ इसलिए रखा गया है क्योंकि जिन क्षेत्रों में ये भाषाएँ बोली जाती हैं, उन क्षेत्रों में हिन्दी (अर्थात् पश्चिमी हिन्दी) ही शासन, साहित्य एवं शिक्षा की भाषा है। सिंहली को भारतीय आर्यभाषाओं के साथ दिखाने का कारण यह बताया गया है कि सिंहल (सिलोन) कभी भारत का अंग था। ऐसा ही कारण नेपाली के लिए भी दिया गया है।

डॉ. सीताराम चतुर्वेदी ने सम्बन्ध वाचक परसर्गों के आधार पर का (हिन्दी, पहाड़ी, जयपुरी, भोजपुरी), **दा** (पंजाबी, लंहदा), **जौ** (सिन्धी, कच्छी), **नो** (गुजराती), **एर** बंगाली, उड़िया, असमी) वर्ग बनाये हैं। वर्गीकरण का यह आधार निश्चय ही भाषावैज्ञानिक है पर इस वर्गीकरण की कमी यह है कि यह केवल एक ही प्रकार्यात्मक तथ्य का (फंक्शनल पाइंट) पर आधारित है। यह सम्भव है कि अन्य किसी प्रकार्यात्मक तथ्य के आधार पर भाषाओं में परस्पर अधिव्यापकता (Overlapping) दिखायी पड़े, इसके अतिरिक्त, विश्वसनीय एवं प्रामाणिक अध्ययन के लिए क्रिया रूपों को आधार बनाना चाहिए।

डॉ. भोलानाथ तिवारी ने निम्न वर्गीकरण प्रस्तुत किया है–

मध्यवर्ती–पूर्वी और पश्चिमी हिन्दी

पूर्वी–बिहारी, उड़िया, बंगाली, असमी

दक्षिणी–मराठी

पश्चिमी–सिन्धी, गुजराती, राजस्थानी

उत्तरी–लंहदा, पंजाबी, पहाड़ी

यह वर्गीकरण डॉ. धीरेन्द्र वर्मा के वर्गीकरण का संशोधित रूप मात्र है। डॉ. वर्मा ने मध्यवर्ग में पश्चिमी हिन्दी, पूर्वी हिन्दी, राजस्थानी और बिहारी भाषाओं को भी स्थान दिया है पर डॉ. तिवारी ने मात्र पूर्वी और पश्चिमी हिन्दी को ही स्थान दिया है। इन्होंने बिहारी को पूर्वी में तथा राजस्थानी को पश्चिमी वर्ग में रखा है। डॉ. वर्मा ने सिन्धी को उत्तरी वर्ग में स्थान दिया है और डॉ. तिवारी ने पश्चिमी वर्ग में। पश्चिमी वर्ग में डॉ. वर्मा ने मात्र गुजराती को स्थान दिया है। मैंने पहले ही लिखा है कि इस

तरह के वर्गीकरण से भाषाओं की परस्पर निकटता तथा दूसरी भाषाओं से अपेक्षिक दूरी का बोध तो होता है, पर उनके संरचनात्मक गठन पर कोई प्रकाश नहीं पड़ता। यही स्थिति डॉ. तिवारी के वर्गीकरण की भी है।

सर्वमान्य वर्गीकरण : समस्या

वर्गीकरण का आशय यह है कि उसके आधार पर भाषाओं की मूलभूत विशेषताएँ स्पष्ट हो जायें। उपर्युक्त किसी वर्गीकरण में यह बात नहीं दिखाई देती। इनके आधार पर कोई भाषावैज्ञानिक निर्णय नहीं लिया जा सकता। वस्तुतः आधुनिक भारतीय आर्यभाषाओं का एक सर्वमान्य वर्गीकरण प्रस्तुत कर पाना अत्यन्त दुष्कर कार्य है। ऊपर वर्णित भाषावैज्ञानिकों में से ग्रियर्सन के अतिरिक्त किसी ने भी अध्ययन-क्षेत्र की भाषाओं के नमूनों का संकलन स्वयं नहीं किया है। नवीन वर्गीकरण तथा ग्रियर्सन के वर्गीकरण का खण्डन उन्हीं द्वारा संकलित सामग्री को आधार बनाकर किया गया। ऊपर मैं बता चुका हूँ कि डॉ. ग्रियर्सन द्वारा संकलित सामग्री विवेच्य भाषाओं का सही नमूना नहीं है। ऐसी स्थिति में डॉ. ग्रियर्सन की सामग्री को आधार बनाकर वर्गीकरण करना या उसका खण्डन करना उचित नहीं प्रतीत होता। वस्तुतः संगत और सर्वमान्य वर्गीकरण प्रस्तुत करने के लिए पूरे भाषा-क्षेत्र का पुनः अध्ययन और सर्वेक्षण अनिवार्य है। सभी भाषाओं, बोलियों के नमूनों के सही संकलन के पश्चात् ही तुलनात्मक पद्धति के आधार पर आधुनिक भारतीय आर्यभाषाओं का सही वर्गीकरण प्रस्तुत किया जा सकता है जो अत्यन्त श्रमसाध्य और खर्चीला कार्य है। भारतीय भाषा-वैज्ञानिकों से अपेक्षा है कि वे इस दुष्कर कार्य को कर दिखायें।

अस्पष्ट और पूर्ण उपयुक्त वर्गीकरण के अभाव में ऊपर उल्लिखित वर्गीकरणों में डॉ. ग्रियर्सन का द्वितीय संशोधित वर्गीकरण अधिक संगत प्रतीत होता है। भाषाओं की परस्पर निकटता, उनकी आपेक्षिक दूरी, संरचनात्मक गठन एवं अन्तर का बोध सुगमता से हो जाता है। सभी आधुनिक भारतीय आर्यभाषाओं का विकास संस्कृत से हुआ है, इसलिए आधुनिक भारतीय आर्यभाषाओं की एक-दूसरे से निकटता, उनमें साम्य और सिद्धान्तों के अपवाद मिल जाने स्वाभाविक हैं। वैसे भी अपवाद सिद्धान्तों को दोषपूर्ण नहीं बनाते अपितु उन्हें और भी पुष्ट करते हैं। इसलिए कुछ अपवादों के आधार पर डॉ. ग्रियर्सन के वर्गीकरण को अमान्य करने एवं दोषपूर्ण सिद्ध करने के प्रयत्न का औचित्य समझ में नहीं आता।

अतएव नवीन संगत वर्गीकरण के अभाव में हमें डॉ. ग्रियर्सन के द्वितीय संशोधित वर्गीकरण को ही सर्वमान्य वर्गीकरण के रूप में स्वीकार करना चाहिए।

8

लिपि का इतिहास

—देवेन्द्रनाथ शर्मा

हमने देखा है कि वाचिक अर्थात् ध्वन्यात्मक भाषा क्षणस्थायी होती है। उसे स्थायित्व देने की भावना से ही लिपि का आविर्भाव हुआ। लिपि ने भाषा को देश और काल के बन्धन से मुक्त कर दिया और भाषा की क्षणस्थायिता को चिरस्थायिता में परिणत कर दिया।

जिस प्रकार भाषा की उत्पत्ति के सम्बन्ध में निश्चित रूप से कुछ कहना कठिन है, उसी प्रकार लिपि की उत्पत्ति के सम्बन्ध में भी। भाषा की उत्पत्ति-विषयक सिद्धान्तों की चर्चा के प्रसंग में हमने देखा है कि भाषोत्पत्ति को लेकर विद्वानों ने अनेक प्रकार के अनुमान किये हैं किन्तु उनमें कोई भी सर्वथा ग्राह्य नहीं है। लगभग वही स्थिति लिपि की भी है। यों, भाषा की उत्पत्ति की तुलना में लिपि की उत्पत्ति बहुत बाद की चीज है। भाषा आज से लाखों वर्ष पहले उत्पन्न हुई किन्तु लिपि का इतिहास पाँच-छह हजार वर्ष के पहले नहीं जा पाता। बात यह है कि भाषा का सम्बन्ध जीवन से है और लिपि का सम्बन्ध सभ्यता के विकास से, बिना लिपि के भी मनुष्य का काम-धाम चल सकता है। आज भी संसार में बहुसंख्यक मनुष्य ऐसे हैं जिनको लिखने-पढ़ने से कोई वास्ता नहीं है, फिर भी वे भाषा का प्रयोग करते हैं।

मनुष्य के हृदय में कितने प्रकार के भाव या विचार उठते हैं, उन सबकी पूर्ण अभिव्यक्ति भाषा द्वारा सम्भव नहीं है। कहीं दर्द होता है तो हम यह नहीं कह पाते कि वह दर्द कैसा है; बड़े स्थूल रूप में उसे व्यक्त करते हैं जिसे सुनकर श्रोता को कोई स्पष्ट धारणा नहीं होती। ऐसे ही एक मिठाई से दूसरी मिठाई के स्वाद का अन्तर बताना भी हमारे लिए सम्भव नहीं है। लड्डू और पेड़े या गुलाब जामुन और रसगुल्ले की मिठास में क्या अन्तर है, यह कौन बता सकता है? तात्पर्य यह कि भावों की व्यापकता और गम्भीरता को भाषा में हू-ब-हू अभिव्यक्त कर देना सम्भव नहीं।

जिस प्रकार उच्चरित भाषा द्वारा भावों की पूर्ण अभिव्यक्ति नहीं हो सकती, उसी प्रकार लिपि द्वारा भी उच्चरित भाषा की पूर्ण अभिव्यक्ति नहीं हो सकती।

यदि उच्चरित भाषा की सीमाएँ हैं तो लिखित भाषा की भी सीमाएँ कम नहीं हैं, बल्कि उच्चरित भाषा की अपेक्षा कुछ बढ़कर ही हैं। लिखित भाषा उच्चरित भाषा का स्थूल सांकेतित रूप है। स्थूल इसलिए कि भाषा के उच्चरित रूप में बल, तान, स्वर आदि द्वारा अर्थ सम्बन्धी जो विशेषताएँ लायी जाती हैं, वे लिखित भाषा में नहीं लायी जा सकतीं। कहाँ जोर से बोलें, कहाँ धीरे सें, कहाँ किस प्रकार काकु का प्रयोग करें, कहाँ स्वर ऊँचा करें, कहाँ स्वर नीचा करें, वह सब लिखित भाषा में बताना असम्भव प्राय है। पाठक को अपनी ओर से ध्वनि सम्बन्धी इन गुणों की कल्पना करनी पड़ती है। दूसरी बात इस प्रसंग में स्मरण रखने की यह है कि जिस प्रकार ध्वनि और विचार का या यों कहें कि शब्द और अर्थ का, सम्बन्ध रूढ़ है उनमें कोई यौक्तिक और निश्चित सम्बन्ध नहीं है, उसी प्रकार ध्वनि और उनसे लिखित संकेत (वर्ण) का सम्बन्ध भी रूढ़ और पारम्परिक ही है। उदाहरणार्थ, हम एक कण्ठ्य-ध्वनि को क के रूप में अंकित करते हैं तो रोमन लिपि का प्रयोक्ता ज्ञ के रूप में और फारसीदाँ के रूप में। ध्वनि प्रायः एक ही है लेकिन उसे अंकित करने के ढंग में अन्तर पड़ गया है। जिस तरह विभिन्न भाषाओं में एक ही वस्तु के लिए विभिन्न शब्द हैं, उसी प्रकार विभिन्न लिपियों में एक ही ध्वनि के विभिन्न संकेत हो जाते हैं।

आज लिप्रि का जो विकसित रूप हमारे सामने है, उसे देखकर लिपि के प्रारम्भिक रूप की कल्पना करना कठिन है। किन्तु इतिहास बताता है कि लिपि के भी विकास-सोपान रहे हैं जो मुख्यतः तीन हैं—(1) चित्रलिपि, (2) भावलिपि और (3) ध्वनिलिपि।

1. चित्रलिपि

लिपि का प्राचीनतम और प्रारम्भिक रूप चित्रात्मक था अर्थात् मनुष्य जिस वस्तु को लिपिबद्ध करना चाहता था, उसका चित्र बना देता था। यदि पहाड़ को लिपिबद्ध करना हुआ तो ऊँची-नीची रेखाएँ खींच दीं; यदि 'मनुष्य' लिखना हुआ तो रेखाओं की सहायता से उसकी आकृति अंकित कर दी। इसी तरह वृक्षों, पशुओं, पक्षियों आदि के भी चित्र खींच दिये जाते थे। स्थायित्व देने की भावना की तृप्ति तो चित्रलिपि से अवश्य हो जाती थी किन्तु उसकी अनेक त्रुटियाँ थीं।

(क) चित्रों से वस्तुओं को अंकित करने में सांकेतिक अनन्तता सबसे प्रमुख त्रुटि थी। जितनी वस्तुएँ अंकित करनी होती थीं उतने प्रकार के चित्र बनाने पड़ते थे। घोड़े के चित्र से हाथी का बोध नहीं हो सकता था और न पर्वत के चित्र से नदी का।

(ख) दूसरी त्रुटि यह थी कि प्रत्येक वस्तु के लिए पृथक् संकेत बनाने पड़ते थे। संकेतों की अनन्तता के साथ संकेतों का पार्थक्य अनिवार्य रूप से मिला हुआ था।

(ग) चित्रलिपि का यह भी एक बहुत थोड़ा दोष था कि उसमें स्थान बहुत घिरता था। 'वह मनुष्य है' यह लिखने की अपेक्षा, मनुष्य का चित्र बनाना, चाहे वह कितना भी छोटा क्यों न हो, सदा अधिक स्थान लेगा।

(घ) चित्रलिपि समय-साध्य भी थी। किसी वस्तु का चित्र बनाना बहुत जल्दी में सम्भव नहीं हो सकता। एक-दो चित्र बनाने हों तो किसी प्रकार काम चल भी सकता है लेकिन जहाँ सबकुछ चित्रों से ही अभिव्यक्त करना हो वहाँ समय के अपव्यय की सहज ही कल्पना की जा सकती है।

(ङ) समय-साध्यता का प्रभाव लेखन की गति पर पड़ना अनिवार्य है। चित्र बनाने में यदि समय अधिक लगता है तो अनुपाततः लिखने की गति में मन्दता रहेगी ही। जितनी तेजी से आज हम ध्वन्यात्मक लिपि में लिख सकते हैं, उतनी तेजी से चित्रलिपि में नहीं लिख सकते।

(च) चित्रलिपि की एक और बहुत बड़ी त्रुटि यह थी कि उसमें केवल स्थूल वस्तुओं का ही उल्लेख हो सकता था, सूक्ष्म अथवा अमूर्त वस्तुओं का नहीं। पर्वत, नदी, वृक्ष, पशु आदि का चित्र बना देना तो सम्भव है किन्तु प्रेम, दया, करुणा, उत्साह आदि का नहीं।

चित्रलिपि में दोष तो अनेक थे जैसा अभी हमने देखा किन्तु एक गुण भी था और वह था उनकी सर्वबोध्यता। आज भी ध्वन्यात्मक लिपियों में कोई शब्द लिखने पर उसे वही समझ सकता है जो उस भाषा और लिपि से परिचित हो। उदाहरणार्थ, देवनागरी में 'हाथी' शब्द लिखा देखकर इसका अर्थ वही समझ सकता है जो देवनागरी लिपि और हिन्दी भाषा से परिचित हो। यह संकेत रूसी, फ्रांसीसी या अंग्रेजी जानने वाले के लिए अर्थहीन है। किन्तु हाथी का चित्र देखकर कोई भी हाथी का अर्थ समझ सकता है, चाहे वह रूसी बोलनेवाला हो, चाहे फ्रांसीसी, चाहे अंग्रेजी। कहने की आवश्यकता नहीं कि दोषों की तुलना में यह एक गुण नितान्त नगण्य था। स्वभावतः मनुष्य की बुद्धि किसी ऐसी लिपि के अनुसन्धान में अग्रसर हुई जिसमें उपर्युक्त त्रुटियाँ कम-से-कम रहें। लिपि के विकासक्रम में जो दूसरा सोपान हमें मिलता है, उसे भावलिपि या विचारलिपि कहा गया है।

2. भावलिपि

चित्र बनाना सरल नहीं था। सभी में उच्चकोटि की कलात्मकता नहीं होती जिससे उनके बनाये चित्र सुन्दर और सुडौल हों। चित्रों के सुन्दर न होने में चित्र बनानेवाली सामग्री का भी हाथ 'के' होता है। सभी चित्र बनानेवाले एक ही प्रकार का चित्र नहीं बना पाते होंगे। कलात्मक हाथों से बनाया गया पर्वत का चित्र कलाहीन हाथों से बने पर्वत के चित्र की अपेक्षा निश्चय ही बहुत भिन्न होता होगा। इस भेद के

चलते ही ऐसी भी स्थिति आयी होगी जिसमें चित्र की स्पष्टता दूर हो गयी होगी और चित्र अधूरा रह गया होगा। अर्थ या भाव की अभिव्यक्ति की सृष्टि से वह चित्र भले ही अधूरा रहा हो किन्तु उसमें लाघव भी आया होगा। उदाहरणार्थ, कोई ऊँची-नीची रेखाओं से पर्वत का चित्र बनाने की अपेक्षा एक आड़ी और एक सीधी रेखा खींचकर पर्वत का भाव उत्पन्न करना निश्चय ही अधिक सरल हुआ होगा। मनुष्य का चित्र बनाते समय केश, ललाट, आँख, कान, नाक, मुँह, गर्दन, हाथ, पेट, पीठ, कमर आदि के लिए रेखाएँ खींचना पर्याप्त जटिल कार्य रहा होगा। बाद में लाघव के लिए एक-एक अंग का पूर्ण अंकन न करके एक वृत्त (मुख), उसके नीचे एक रेखा, उसके दोनों तरफ लटकी हुई दो रेखाएँ, फिर नीचे की ओर एक रेखा खींचकर उससे दो रेखाएँ दो तरह खींच देना मनुष्य की आकृति का प्रतिनिधित्व करने के लिए पर्याप्त मान लिया गया होगा। जैसा आजकल अनेक व्यंग्य-चित्रों में देखा जाता है। कमसे-कम रेखाओं से अधिक-से-अधिक भाव व्यक्त कर देना लाघव की इच्छा का ही परिणाम है। कहने का तात्पर्य यह कि प्रारम्भ के पूर्ण चित्र और बाद के उसके आंशिक अंकन में वस्तुबोध की दृष्टि से निश्चय ही बहुत अन्तर आया होगा और वह अन्तर स्वाभाविक न होकर रूढ़ बन गया होगा। उन विशिष्ट संकेतों से उन्हीं समाजों में भाव की अभिव्यक्ति हो सकती थी, जिनमें वे संकेत प्रचलित रहे हों क्योंकि वे संकेत किसी वस्तु का चित्र न होकर स्थूल चित्राभास बन गये होंगे। इसीलिए वैसे चित्रों का बोध भावलिपि शब्द द्वारा कराया जाता है। वे संकेत चित्र न होकर चित्र से उत्पन्न होने वाले भाव को स्थूलता से अंकित कर देते थे।

भावलिपि का एक स्पष्ट लाभ यह था कि चित्रलिपि की अपेक्षा वह अधिक संक्षिप्त हो गयी। दूसरी बात यह कि भावलिपि से कोई वस्तु ही नहीं, घटना भी अंकित की जा सकती थी, क्योंकि थोड़े संकेतों में अधिक बात अँटाने की क्षमता का विकास हो गया। परन्तु मनुष्य की प्रगतिशील बुद्धि केवल भावलिपि से सन्तुष्ट होने वाली नहीं थी। वह किसी ऐसी लिपि की खोज में लगी रही जिसमें ध्वनियों को अंकित किया जा सके।

3. ध्वनिलिपि

लिपि के विकास में ध्वनिलिपि सबसे बड़ी उपलब्धि है क्योंकि इसमें चित्र और भाव की भूमिका से ऊपर उठकर प्रत्येक ध्वनि को अंकित करने की क्षमता का विकास पाया जाता है। ध्वनिलिपि के उदाहरण के रूप में देवनागरी, रोमन, अरबी आदि को ले सकते हैं। कुछ लोगों ने देवनागरी की अक्षरमूलक (सिलेबिक) और रोमन को वर्णमूलक (अलफाबेटिक) लिपि माना है और अक्षर मूलक लिपि की अपेक्षा वर्णमूलक लिपि को उत्कृष्ट बताया है। किन्तु ये दोनों ही स्थापनाएँ अगाह्य हैं। देवनागरी भी

वर्णमूलक लिपि है, उसे अक्षरमूलक कहना संगत नहीं है। 'सिलेबिक' शब्द अंग्रेजी के 'सिलेबल' से बना है। एक सिलेबल में उतनी ध्वनियों की गणना होती है जिनका एक साथ उच्चारण किया जाता है। इस दृष्टि से अब तक, तब तक, चन्दन, ताण्डव का सिलेबिक रूप होगा अब् तक्; तब् तक्; चन्, दन्; ताण् डव्। कहने की आवश्यकता नहीं कि 'अब तक' में सिलेबल की दृष्टि से अब् और तक् दो ही सिलेबल हैं किन्तु वर्ण चार हैं। इसलिए अंग्रेजी के अन्धाधुन्ध अनुकरण से नागरी को सिलेबिक लिपि मान लेना भ्रान्त है। सिलेबिक लिपि की अपेक्षा अलफाबेटिक लिपि को उत्कृष्ट कहना भी गलत है। यह बात केवल यान्त्रिकता को ध्यान में रखकर कही जाती है किन्तु लिपि का सम्बन्ध केवल यन्त्र से ही नहीं है।

संसार की लिपियों में कौन सबसे प्राचीन है, इसपर विद्वानों में अत्यधिक मतभेद है। वस्तुतः इस प्रश्न को लेकर अनुमान का जाल बिछ गया है, जिनमें तथ्य को देखना असम्भव है। हमने पीछे देखा है कि भाषा की उत्पत्ति या आर्यों के मूल निवास स्थान को लेकर कैसी-कैसी कल्पनाएँ की गयी हैं। लिपि सम्बन्धी कल्पना भी उनसे कम मनोरंजक और रोचक नहीं है।

लिपियों की प्राचीनता का परीक्षण राष्ट्रीय और स्थानीय पक्षपातों से भी आक्रान्त रहा है। यूरोपीय विद्वानों की एक सामान्य प्रवृत्ति यह है कि प्रत्येक क्षेत्र में वे यूरोप को अग्रणी प्रमाणित करना चाहते हैं। जब वे विश्व का इतिहास लिखने चलते हैं तो उनका 'विश्व' भूमध्य सागर के इर्द-गिर्द ही सीमित रह जाता है; संसार की सारी सभ्यताओं, साहित्यों, दर्शनों का मूल उत्स ग्रीस ही सिद्ध हो पाता है। इस पूर्वाग्रह और पक्षपातपूर्ण दृष्टि से वस्तुनिष्ठ और तटस्थ निर्णय की आशा नहीं की जा सकती।

मेरी अपनी धारणा है कि आज की प्रचलित लिपियों को देखते हुए उनका स्वतन्त्र उद्‌गम मानना अधिक उचित होगा। यदि सभ्यता का विकास स्वतन्त्र रूप से हो सकता है तो लिपि का विकास क्यों नहीं हो सकता? आज संसार में प्रचलित लिपियों को देखते हुए उनके चार स्वतन्त्र उद्‌गम मानना अधिक अच्छा होगा। वे चार लिपियाँ हैं—भारतीय, यूरोपीय, सामी और चीनी। इन चारों में इतना स्पष्ट पार्थक्य है कि इन्हें एक स्रोत से सम्बद्ध मानना असंगत होगा। सम्भव है, किसी लिपि के एक-दो संकेत किसी दूसरी लिपि में भी आ गये हों, परन्तु इतने से ही उनमें जन्य-जनक भाव की कल्पना नहीं की जा सकती, भारतीय ब्राह्मी लिपि से भारत की सभी लिपियाँ निकली हैं, यह इतिहाससिद्ध है : ब्राह्मी का भी अनेक विदेशी लिपियों से, उद्‌भव प्रमाणित करने के प्रयास हुए हैं। किन्तु वे सब खोखले और निस्सार हैं। यह हम आगे देखेंगे। यूरोप की सभी लिपियाँ अल्पाधिक परिवर्तन के साथ ग्रीक-लिपि का ही रूपान्तर हैं। सामी से उद्‌भूत अरबी, फारसी आदि लिपियाँ

मध्य-पूर्व के आसपास प्रयुक्त होती रही हैं और चीन की लिपि इन सबसे विलक्षण आज भी बहुत कुछ चित्रात्मक है।

कहा जाता है कि ग्रीसवासियों ने ग्रीक लिपि का विकास फिनोशिया के व्यापारियों से प्राप्त लिपि के आधार पर किया और फिनीशी लिपि के आधार के रूप में मिस्र की भावलिपि, बाबुल के कीलाक्षर और क्रीट की निमौआ लिपि को प्रस्तुत किया गया है। कुछ विद्वान् जहाँ फिनीशी से ग्रीक लिपि का उद्भव मानते हैं, वहाँ दूसरे ग्रीक लिपि से ही फिनीशी का उद्भव। यह सब इस बात का सूचक है कि सुनिश्चित प्रमाणों के अभाव में केवल अटकलें लगायी गयी हैं जिनका अधिक मूल्य नहीं है।

भारतीय लिपियाँ

भारत में प्राचीन समय में दो लिपियाँ प्रचलित थीं—1. खरोष्ठी और 2. ब्राह्मी।

खरोष्ठी

खरोष्ठी का प्रयोग उत्तर-पश्चिम भारत में होता था। शहबाजगढ़ी (पंजाब का युसुफजई जिला) और मानसेरा (पंजाब का हजरा जिला) में अशोक के अनेक अभिलेख प्राप्त हुए हैं जो खरोष्ठी में लिखे हैं। अशोक के पूर्व का कोई लेख खरोष्ठी में नहीं मिलता। वस्तुतः खरोष्ठी लिपि विदेशी लिपि थी जो उस भू-भाग में प्रचलित थी, कारण कि वह भाग कुछ दिनों तक ईरानियों के अधिकार में रहा था और उनके सम्पर्क के कारण खरोष्ठी का प्रचार वहाँ तक हो गया था। चूँकि उस ओर यह लिपि प्रचलित थी, इसलिए अशोक ने अपने अभिलेख इसमें भी लिखवाये।

खरोष्ठी नाम के सम्बन्ध में अनेक अनुमान लगाये गये हैं :

(क) किसी खरोष्ठ नामक व्यक्ति ने इस लिपि का निर्माण किया इसलिए इसका नाम खरोष्ठी पड़ा।

(ख) प्राचीन युग में लिखने के लिए जो अनेक वस्तुएँ काम में लायी जाती थीं, उनमें गदहे की खाल भी थी। खर-पृष्ठ (गदहे की खाल) पर लिखे जाने के कारण इस लिपि को 'खरपृष्ठी' कहा गया जिससे विकसित होकर खरोष्ठी शब्द बना।

(ग) एक विद्वान् का अनुमान है कि इस लिपि के अक्षर खर (गदहे) के ओष्ठ के समान बेढंगे होते थे, इसलिए इसे खरोष्ठी कहा गया।

(घ) चौथी कल्पना यह है कि इब्रानी भाषा में लिखावट को 'खरोशेथ' कहा गया है। 'खरोशेथ' का संस्कृत रूप खरोष्ठ हो गया और उससे खरोष्ठी।

साधक-बाधक तर्कों का अभाव होने से इन चारों में किस अनुमान को मान्यकोटि में रखा जाये, यह निर्णय करना कठिन है।

खरोष्ठी की विशेषताएँ

(1) खरोष्ठी दायें से बायें की ओर लिखी जाती है। अतः सामी वर्ग की किसी लिपि से इसका उद्‌भव हुआ होगा। विद्वान् 'अरबी' लिपि से खरोष्ठी को उद्‌भूत मानने के पक्षपाती हैं।

(2) खरोष्ठी में वर्णों की संख्या केवल 37 है जो आर्य-भाषा की समस्त ध्वनियों को अंकित करने में असमर्थ है। इस देश में खरोष्ठी के परित्याग का यह भी एक सबल कारण रहा होगा।

(3) खरोष्ठी में स्वरों तथा मात्राओं में ह्रस्व तथा दीर्घ का भेद नहीं है जो भारतीय आर्य परिवार की भाषाओं का महत्त्वपूर्ण लक्षण है। इसलिए भी यह लिपि अग्राह्य सिद्ध हुई।

(4) खरोष्ठी में संयुक्ताक्षर लिखने की सुविधा नहीं है। स्वभावतः संस्कृत जैसी संयुक्ताक्षर-बहुला भाषा के लिखने में यह लिपि असमर्थ मानी गयी।

जैसा पहले कहा गया है, खरोष्ठी विदेशी लिपि थी जिसका राजनीतिक कारणों से पंजाब तक प्रसार हो गया था और उस भू-भाग में प्रचलित होने के कारण जनसाधारण के लिए सुलभ और सुविधाजनक समझकर अशोक ने अपने अभिलेखों में इसका प्रयोग कराया। खरोष्ठी को इस देश की लिपि मानना या खरोष्ठी से ब्राह्मी का सम्बन्ध जोड़ना अयुक्तिसंगत होगा।

ब्राह्मी

ब्राह्मी शब्द की तीन व्युत्पत्तियाँ बतायी जाती हैं।

(1) ब्रह्मा द्वारा निर्मित होने से यह लिपि ब्राह्मी कहलाई। संस्कृत में 'ब्राह्मी' शब्द का प्रयोग भाषा के लिए भी होता है। क्योंकि भाषा भी ईश्वरीय सृष्टि मानी गयी है।[1]

(2) ब्राह्मणों द्वारा निर्मित या प्रयुक्त होने के कारण इस लिपि का नाम ब्राह्मी पड़ा।

(3) ब्रह्म (वेद या ज्ञान) की रक्षा के लिए यह लिपि निर्मित की गयी, इसलिए ब्राह्मी कहलाई।

ब्राह्मी के उद्‌गम को लेकर विद्वानों में ऐकमत्य नहीं है। अनेक विद्वान् उसका उद्‌गम चीनी, यूनानी आदि दूसरी लिपियों से मानते हैं और कई विद्वान् ऐसे भी हैं जो उसे किसी दूसरी लिपि से उद्‌भूत न मानकर भारत की अपनी लिपि मानते हैं। पक्ष-विपक्ष के सभी तर्कों की परीक्षा कर गौरीशंकर-हीराचन्द ओझा ने बड़ी विचक्षणता से यह प्रमाणित किया है कि ब्राह्मी लिपि सर्वतोभावेन भारतीय लिपि है और उसका सम्बन्ध किसी दूसरी लिपि से नहीं जोड़ा जा सकता। 'मनुष्य की बुद्धि

---

1 ब्राह्मी तु भारती भाषा गोर्वाग् वाणी सरस्वती। —*अमरकोश,* शब्दवर्ग।

में सबसे बड़े महत्त्व के दो कार्य-भारतीय ब्राह्मी लिपि और वर्तमान शैली के अंकों की कल्पना है। इस बीसवीं शताब्दी में भी हम संसार की बड़ी उन्नतशील जाति की लिपियों की तरफ देखते हैं तो उनमें उन्नति की गन्ध भी नहीं पायी जाती। कहीं तो ध्वनि और उसके सूचक चिह्नों (अक्षरों) में साम्य ही नहीं है जिससे एक ही चिह्न से एक से अधिक ध्वनियाँ प्रकट होती हैं और कहीं एक ही ध्वनि के लिए एक से अधिक चिह्नों का व्यवहार होता है और अक्षरों के लिए कोई शास्त्रीय क्रम ही नहीं। कहीं लिपि वर्णात्मक नहीं किन्तु चित्रात्मक ही है। ये लिपियाँ मनुष्य जाति के ज्ञान की प्रारम्भिक दिशा की निर्माण स्थिति से अब तक कुछ भी आगे नहीं बढ़ सकीं। परन्तु भारतवर्ष की लिपि हजारों वर्षों पहले भी इतनी उच्चकोटि को पहुँच गयी थी कि उसकी उत्तमता की कुछ भी समानता संसार भर की कोई दूसरी लिपि अब तक नहीं कर सकती।'[1]

ब्राह्मी का सम्बन्ध चीनी, यूनानी, अरबी, सामी, फिनीशी, मिस्त्री, असीरिया के कीलाक्षरों तथा किसी अज्ञात दक्षिणी लिपि से माना गया है। इतनी लिपियों से ब्राह्मी का सम्बन्ध जोड़ना ही इस बात का सूचक है कि यह सब केवल अनुमान है। क्योंकि तथ्य में एकरूपता रहती है और अनुमान में अनेकरूपता। जिसके मन में जो आया, उसने अनुमान कर लिया और एक मौलिक बात कहने का श्रेय ले लेना चाहिए।

ब्राह्मी की भारतीयता

(1) चीनी से ब्राह्मी का उद्‌भव मानना मनोरंजक कल्पना के अतिरिक्त और कुछ नहीं है। यदि चीनी से ब्राह्मी उत्पन्न हो सकती है तो बालू से तेल भी निकल सकता है, आम के पेड़ में अंगूर भी फल सकता है। जब जन्य और जनक में किसी साम्य का विचार ही नहीं करना है तो किसी वस्तु की उत्पत्ति किसी वस्तु से बतायी जा सकती है। चीनी आज भी एक प्रकार से चित्रलिपि है। उससे ब्राह्मी जैसी पूर्ण, वैज्ञानिक और ध्वन्यात्मक लिपि का उद्‌भव मानना बुद्धि-विरुद्ध है। जिससे जो वस्तु उत्पन्न होती है उसमें उसका कुछ तो अंश रहता है। ब्राह्मी में चीनी का क्या अंश है।

(2) सामी से ब्राह्मी को उत्पन्न मानने वाले भी तर्क से अधिक पूर्वाग्रह से काम लेते दिखाई देते हैं। सामी दायें से बायें लिखी जाती है; उसके संकेत अधूरे और अपर्याप्त हैं; वर्णों की संख्या केवल 52 है; उसमें स्वर और व्यंजन का बेढंगा मिश्रण है। सामी की इन चार विशेषताओं में किसी एक की भी समता ब्राह्मी से नहीं पायी जाती। ब्राह्मी बायें से दायें लिखी जाती है, उसके संकेत पूर्ण और व्यापक हैं, वर्णों की संख्या 63-64 है—सामी से प्रायः तिगुनी; स्वर व्यंजन का विन्यास पूर्ण ही नहीं, वैज्ञानिक भी है—

---

1 *प्राचीन लिपिमाला*, गौरीशंकर हीराचन्द्र ओझा, भूमिका, पृ. 7

स्वर अलग, व्यंजन अलग; स्वरों में भी पहले मूल स्वर, तब संयुक्त स्वर; व्यंजनों का स्थान और प्रयत्न के अनुसार ऐसा वैज्ञानिक वर्गीकरण जो आज भी संसार की किसी लिपि में नहीं है। इस विशेषता को देखकर मैक्डोनल को अनिच्छापूर्वक भी ब्राह्मी की श्रेष्ठता स्वीकार करनी पड़ी है।[1]

(3) ग्रीक, सामी आदि लिपियों से ब्राह्मी लिपि का इतना स्पष्ट आकृति भेद है कि दोनों में सम्बन्ध स्थापित करने का प्रयास किया भी जाये तो वह वादरायण सम्बन्ध के अतिरिक्त और कुछ न होगा। जो देश भाषा-सम्बन्धी विश्लेषण का उच्चतम रूप प्रस्तुत कर सकता था, वह क्या अपनी भाषा की ध्वनियों को अंकित करने के लिए उपयुक्त लिपियों का निर्माण नहीं कर सकता था? ओझा जी ने ठीक ही कहा है कि "उच्चरित अक्षर और लिखित वर्ण के सम्बन्ध को निभाने के उद्देश्य का विचार करें तो ब्राह्मी लिपि सर्वोत्तम है। ऐसी (सेमिटिक जैसी) अपूर्ण और क्रमरहित लिपि को लेकर, उसकी लिखावट का रुख पलटकर, वर्णों को तोड़-मरोड़कर, केवल अठारह उच्चारणों के चिह्न उसमें पाकर, शेष उच्चारणों के संकेत स्वयं गढ़कर, स्वरों के लिए, मात्रा-चिह्न बनाकर अनुस्वार और विसर्ग की कल्पना कर, स्वर-व्यंजन को पृथक् कर, उन्हें उच्चारण के स्थान और प्रयत्न के अनुसार नये क्रम से सजाकर सर्वांगपूर्ण लिपि बनाने की योग्यता जिस जाति में मानी जाती है, क्या वह इतनी सभ्य नहीं रही होगी कि केवल अठारह अक्षरों के संकेतों के लिए दूसरों का मुँह न ताककर उन्हें स्वयं ही अपने लिये बना लें।"[2]

(4) जो देश सबसे वैज्ञानिक अंकप्रणाली और दशमलव-प्रणाली का निर्माण कर सकता था, जिसे आज सारा सभ्य संसार अपनाये हुए है, वह अपनी लिपि का निर्माण करने में असमर्थ था, यह कहने के लिए असाधारण साहस चाहिए।

(5) भारतीय परम्परा कहीं नहीं कहती कि यह लिपि कहीं बाहर से ली गयी है।

(6) इस लिपि को देखने से ही स्पष्ट हो जाता है कि इसका निर्माण भारतीय भाषा की ध्वनियों को ध्यान में रखकर किया गया था। संसार की किसी भी दूसरी लिपि में इतने ध्वनिसंकेत नहीं हैं जितने ब्राह्मी लिपि में।

(7) संस्कृत भाषा की संयुक्ताक्षरता को सम्यक् अंकित करने की योग्यता भी ब्राह्मी की भारतीय उत्पत्ति सूचित करती है।

---

1 It not only represents all the sounds of the Sanskrit language, but is arranged on a thorougly scientific method. We Europeans, on the other hand, 2500 years later, and in scientific age, still employ an alphabet which is not only in adequate to represent all the sounds of our languages, but even preserves the random order in which vowels and consonants are fumbled up as they were in the Greek adoption of the primitive Semitic Arrangement of 3000 years ago.

–*A History of Sanskrit Literature,* A.A. Macdonell, p. 17

2 प्राचीन लिपिमाला, पृ. 29

(8) स्वर को मात्रा के रूप में जोड़ने की विशेषता ब्राह्मी के अतिरिक्त किसी दूसरी लिपि में नहीं पायी जाती। ब्राह्मी से विकसित प्रायः भारत की सभी लिपियों में यह विशेषता अक्षुण्ण है।

इस सारी वितण्डा की जड़ 'श्रुति' शब्द है। वेद को 'श्रुति' कहते हैं, जिसका अर्थ है सुनना। 'श्रुति' शब्द को लेकर यूरोपीय विद्वानों की कल्पना इस निष्कर्ष पर पहुँच गयी कि भारत में लिपि थी ही नहीं। जिस देश में सुनकर ही ज्ञान का आदान-प्रदान होता रहा हो, उसमें भला लिपि कैसे हो सकती थी? और तब लिपि का अभाव प्रमाणित करने के लिए साध्य-असाध्य सभी तरह के प्रमाण प्रस्तुत किये जाने लगे। शास्त्र कण्ठस्थ रखा जाये, इससे यह कहाँ सिद्ध होता है कि उसका लिखित रूप था ही नहीं या हो ही नहीं सकता? यह तो इस देश कीं अध्ययन-प्रणाली की विशेषता थी कि ज्ञान को पुस्तकस्थ न छोड़कर उसे आत्मसात् कर लिया जाता था और यह कार्य श्रवण (श्रुति) द्वारा सुगमता से सिद्ध हो जाता था। एक छोटा-सा शब्द कितनी मयत्वशून्य वितण्डा का आधार बन सकता है, यह इससे स्पष्ट है। गौरीशंकर हीराचन्द्र ओझा ने श्रमपूर्वक और सप्रमाण यह सिद्ध किया है कि लिपि का उल्लेख या संकेत ऋग्वेद, अथर्ववेद, ऐतरेय ब्राह्मण, शतपथ ब्राह्मण, तैत्तिरीय संहिता, ऐतरेय आरण्यक, छान्दोग्य उपनिषद्, यास्ककृत निरूक्त, पाणिनीय अष्टाध्यायी, ब्रह्मजालसुत, जातक कथा, महाभारत, कौटिलीय अर्थशास्त्र, धर्मशास्त्र आदि प्राचीन ग्रन्थों और यूनानी पर्यटकों (निआकोस, मेगास्थनीज आदि) के वृत्तान्तों में सर्वत्र मिलता है।[1]

इस प्रकार ब्राह्मी का सम्बन्ध किसी विदेशी लिपि से जोड़ना अमान्य ठहरता है। आधुनिक समस्त भारतीय लिपियों का विकास ब्राह्मी से ही हुआ है। यहाँ यह सन्देह हो सकता है कि ब्राह्मी से ही विकसित होने पर लिपियों में इतना भेद कैसे हो गया कि आज एक लिपि का ज्ञाता दूसरी लिपि को नहीं पढ़ पाता। तो इस प्रश्न का समाधान भी वही है जो इस प्रश्न का कि एक ही मूल भाषा से विकसित होने पर अंग्रेजी, रूसी, हिन्दी में इतना अन्तर कैसे हो गया कि एक का बोलने वाला दूसरी भाषा को बिल्कुल नहीं समझ पाता। विकास के क्रम में वस्तुओं का स्वरूप इतना बदल जाता है कि उन्हें पहचानना कठिन हो जाता है। जिसे हम बचपन में देखे होते हैं, वही जब सयाना होकर एकाएक हमारे सामने आ खड़ा होता है तो हम उसे बिल्कुल नहीं पहचान पाते। जब मनुष्य के सीमित जीवन में होने वाले विकास की यह स्थिति है तो भाषाओं या लिपियों के सुदीर्घ जीवन के परिवर्तन-क्रम में एकरूपता की आशा करना असंगत है।

लिपि में भेद के अनेक कारण होते हैं—

(1) लेखन-सामग्री की भिन्नता, लिखने का आधार क्या है, लेखनी किस वस्तु की है, स्याही कैसी है, इससे अक्षरों के निर्माण और विन्यास में अन्तर आता है।

---

1 *प्राचीन लिपिमाला,* पृ. 3-16

प्राचीन युग में लिखने के आधार के रूप में ताड़-पत्र, कागज, कार्पास (रुई का कपड़ा), कौशेय (रेशमी कपड़ा), काष्ठ-पट्ट (लकड़ी की पट्टी), चमड़ा, पत्थर, ईंट, धातु (ताँबा, सोना, चाँदी, पीतल, लोहा) आदि काम में लाये जाते थे। लेखनी भी धातु, सरकण्डा, बेंत आदि की होती थी। सिद्ध है कि जैसे अक्षर ताड़-पत्र या भोज-पत्र पर लिखे जा सकते थे, वैसे पत्थर, ईंट आदि पर नहीं। पत्थर ईंट आदि पर उत्कीर्ण अक्षर आकार में बड़े होंगे, साथ ही उनके उत्कीर्ण करने का ढंग भी भिन्न होगा। इसके प्रतिकूल चिकनी सतह (जैसे भोज-पत्र, कागज आदि) पर लिखे अक्षर छोटे भी होंगे, सुडौल भी और साफ भी। जिन बातों को लोग स्थायित्व प्रदान करना चाहते थे या जिनकी ओर जन-सामान्य का ध्यान आकृष्ट करना चाहते थे, उन्हें पत्थर या ईंट पर उत्कीर्ण करते थे। किन्तु पत्थर, ईंट आदि पर लिखित बात एक स्थान से दूसरे स्थान तक ले जाने योग्य नहीं हो सकती थी। उसके लिए लेख-फलक का हलका होना आवश्यक था। यह योग्यता ताड़-पत्र, भोज-पत्र आदि में वर्तमान थी। इसलिए इनका उत्तरोत्तर प्रचार बढ़ता गया। प्रस्तुत में दिखाना यह है कि लेखफलक और लेखनी का प्रभाव अक्षरों की आकृति पर पड़ता है। जिस भाग में जैसी लेखन-सामग्री सुलभ थी, उस भाग में अक्षरों की आकृति उसी के अनुकूल बन गयी। स्वभावतः उनमें पार्थक्य आ गया।

(2) अक्षर की आकृति के निर्धारण में कलात्मकता का भी बहुत दूर तक हाथ रहता है। मनुष्य की दृष्टि केवल उपयोग पर ही नहीं रहती। वह उपयोगी वस्तुओं में भी सौन्दर्य देखना चाहता है। अक्षरों में सौन्दर्य लाने की भावना से भी उनकी आकृति में परिवर्तन हुआ। अक्षरों के विकास क्रम से परिचित व्यक्ति इसे जानते हैं। रोमन के छापे के D और लेखन के D में जो अन्तर है वह कलात्मकता के कारण ही। लेखन के D में जो मोड़ या घुमाव हैं, वे उसे अधिक कलात्मक बनाने के उद्देश्य से ही लाये गये हैं।

(3) लेखन में त्वरा और सरलता लाने की भावना से भी अक्षरों की आकृति में परिवर्तन अपेक्षित होता है। लिखना ही पर्याप्त नहीं है, लिखने में त्वरा भी होनी चाहिए। अक्षरों की रेखाएँ भी ऐसी होनी चाहिए जिन्हें सरलता से खींचा जा सके। इस दृष्टि से भी अक्षरों के रूप में परिवर्तन होते रहते हैं।

(4) लिपि में निश्चितता पर भी ध्यान रखना पड़ता है। एक ही संकेत में विभिन्न ध्वनियों का भ्रम नहीं होना चाहिए। इसलिए जितने भी संकेत गढ़े जाते हैं, उन्हें यथासाध्य अधिक-से-अधिक असंकीर्ण रखा जाता है।

(5) कभी-कभी दूसरी भाषाओं या लिपियों के प्रभाव से भी अक्षरों की आकृति में परिवर्तन होता है : उदाहरणार्थ, फारसी के सम्पर्क के कारण हिन्दी में बिन्दी लगाकर क़, ख़, ग़, ज़, फ़ आदि ध्वनियाँ बना ली गयीं। क ख ग ज फ के परम्परागत रूप में यह परिवर्तन एक दूसरी भाषा के सम्पर्क के कारण ही हुआ।

इस तरह लिपि के रूप परिवर्तन के अनेक कारण हैं। और एक ही लिपि कालान्तर में इनमें एक या अनेक कारणों से प्रेरित होकर विभिन्न रूप धारण कर लेती है। अतः यदि ब्राह्मी का अनेक रूपों में विकास हुआ तो इसमें आश्चर्य की कोई बात नहीं है।

ब्राह्मी से विकसित भारतीय लिपियाँ

ओझा जी ने ब्राह्मी की दो श्रेणियाँ मानी हैं—उत्तरी और दक्षिणी।[1] उत्तरी शैली से निम्नलिखित लिपियों का विकास हुआ है।

1. **गुप्त-लिपि**—इस लिपि का प्रचार भारत में ईसवी सन् की चौथी और पाँचवीं शताब्दी में रहा। गुप्तवंशी शासकों के लेखों में प्रयुक्त होने के कारण इसे गुप्त-लिपि कहा गया है।

2. **कुटिल लिपि**—अक्षरों की आकृति कुटिल (टेढ़ी) होने के कारण इसका नाम कुटिल लिपि पड़ा। कुटिल लिपि का विकास गुप्त-लिपि से माना जाता है और कुटिल लिपि से नागरी और शारदा लिपियों का विकास।

3. **प्राचीन नागरी**—इसे दक्षिण में नन्दी नागरी भी कहते थे। आठवीं-नौवीं शताब्दी से लेकर सोलहवीं शताब्दी तक प्रचलित थी। प्राचीन नागरी की पूर्वी शाखा से बंगला लिपि का विकास हुआ और पश्चिमी शाखा से महाजनी, राजस्थानी, गुजराती, कैथी आदि लिपियों का।

4. **शारदा**—इस लिपि का प्रसार कश्मीर और पंजाब में पाया जाता है। शारदा लिपि से ही वर्तमान कश्मीरी, टक्की तथा गुरुमुखी लिपियाँ निकली हैं।

5. **बंगला**—बंगला की उत्पत्ति प्राचीन नागरी से दशवीं शताब्दी के आसपास हुई। बंगला से ही मैथिली और उड़िया लिपियाँ निकली हैं।

दक्षिणी शैली से निम्नलिखित लिपियों का विकास हुआ है—

1. **पश्चिमी**—यह लिपि दक्षिणी महाराष्ट्र, मैसूर के कुछ भागों में ईसवी सन् की पाँचवीं शताब्दी के आसपास प्रयुक्त होती थी।

2. **मध्य प्रदेशी**—यह लिपि मध्य प्रदेश, हैदराबाद के उत्तरी भाग और बुन्देलखण्ड में पाँचवीं से आठवीं शताब्दी तक मिलती है।

3. **तेलुगू-कन्नड़ी**—यह लिपि बम्बई प्रान्त के दक्षिणी भाग, हैदराबाद के दक्षिणी भाग, मैसूर तथा मद्रास के उत्तरी-पूर्वी हिस्से में प्रचलित थी। पाँचवीं शताब्दी से चौदहवीं शताब्दी तक इसके अनेक रूप-भेद हुए। इसी से वर्तमान तेलुगू और कन्नड़ी लिपियाँ निकली हैं।

---

1 प्राचीन लिपिमाला, पृ. 42

4. ग्रन्थ-लिपि—यह लिपि मद्रास में प्रचलित रही है। सातवीं शताब्दी से पन्द्रहवीं शताब्दी तक इसके अनेक रूपान्तर हुए, जिससे वर्तमान मलयालम और तुलु लिपियाँ विकसित हुईं। तमिल में वर्णों की अपूर्णता के कारण संस्कृत के ग्रन्थ ग्रन्थलिपि में ही लिखे जाते हैं। सम्भवतः संस्कृत-ग्रन्थों की लिपि के रूप में प्रयुक्त होने के कारण ही इसका नाम ग्रन्थ-लिपि पड़ गया।

5. तमिल-लिपि—तमिल-लिपि का प्रयोग सातवीं शताब्दी से आज तक मिलता है। तमिल-लिपि के अक्षर ग्रन्थ-लिपि से बहुत कुछ मिलते-जुलते हैं। वस्तुतः तमिल भाषा के लिए तमिल-लिपि का प्रयोग और संस्कृत के लिए ग्रन्थ-लिपि का प्रयोग मद्रास में होता रहा है।

6. कलिंग-लिपि—कलिंग-लिपि के लेख सातवीं से ग्यारहवीं शताब्दी तक मिलते हैं। अक्षर इसके प्रायः समकोण वाले हैं। इसमें नागरी, तेलुगू, कन्नड़ी और ग्रन्थलिपियों का मिश्रण पाया जाता है।

उपर्युक्त संक्षिप्त चर्चा से स्पष्ट है कि भारत की आधुनिक लिपियों का मूलाधार ब्राह्मी ही है। आधुनिक युग में ब्राह्मी से विकसित लिपियों के अतिरिक्त दो विदेशी लिपियाँ भी सीमित रूप में प्रयुक्त होती हैं और वे हैं रोमन और उर्दू। रोमन का प्रयोग अंग्रेजी शासन के चलते होने लगा और उर्दू का मुसलमानी शासन के चलते। रोमन केवल अंग्रेजी लिखने के काम में आती है और उर्दू उर्दू-साहित्य लिखने के काम में।

कुछ लोग मुद्रण आदि का सौन्दर्य ध्यान में रखकर भारतीय लिपियों के स्थान पर रोमन को अपनाने के आग्रही हैं। देवनागरी और रोमन के आपेक्षिक गुण-दोष पर मैंने विस्तार से 'राष्ट्रभाषा हिन्दी : समस्याएँ और समाधान' नामक अपनी पुस्तक में विचार किया है। उसे यहाँ उद्धृत करने की आवश्यकता नहीं है।[1]

देवनागरी लिपि में लिखित हिन्दी संविधान द्वारा भारत की राजभाषा स्वीकृत हुई है। दूसरी बात यह है कि संस्कृत के ग्रन्थों के मुद्रण में देवनागरी का ही व्यापक प्रयोग मराठी और नेपाली के लिए भी होता है। चौथी यह कि उत्तर भारत प्रायः सभी लिपियाँ देवनागरी की ही रूप-भेद हैं और उनमें अत्यधिक साम्य है। इसलिए एक लिपि को जाननेवाला दूसरी लिपि को आसानी से समझ सकता है। इन कारणों से देवनागरी का भविष्य उज्ज्वल है। यदि भारत की समस्त लिपियों के स्थान में देवनागरी को अधिष्ठित किया जा सके तो भाषा-भेद को मिटाने में इससे बड़ी सहायता मिलेगी। जैसे हमने ऊपर देखा है, भारत की सभी लिपियाँ मूलतः एक ही हैं क्योंकि एक ब्राह्मी से ही उन सबका विकास हुआ।

देवनागरी उन आदर्शों पर भी खरी उतरती है जो किसी अच्छी लिपि के लिए आवश्यक होते हैं।

---

1 *राष्ट्रभाषा हिन्दी : समस्याएँ और समाधान*, पृ. 120-135

आदर्श लिपि में निम्नलिखित बातों की अपेक्षा की जाती है–

(1) ध्वनि और लिपि में सामंजस्य होना चाहिए अर्थात् जो बोला जाये वही लिखा जाये और जो लिखा जाये वही बोला जाये।

(2) एक ध्वनि का एक ही संकेत हो अर्थात् ध्वनि और उसके संकेत में निश्चितता हो। रोमन में एक ध्वनि के लिए अनेक संकेत काम में लाये जाते हैं–जैसे क के लिए k (king), c (cat), q (queen)।... इसी तरह रोमन में एक संकेत से अनेक ध्वनियाँ व्यक्त की जाती हैं। उदाहरणार्थ एक से आठ ध्वनियों को अभिव्यक्त करने का काम लिया जाता है, जो इन शब्दों में विद्यमान है–rat, ball, many, fare, made, was, steward। इसी तरह उर्दू में एक ज के लिए जीम, जाद, जो, जाल ये चार संकेत काम में लाये जाते हैं। स ध्वनि के लिए भी से, सीन् साद–तीन संकेत काम में आते हैं। कहने का तात्पर्य यह कि एक संकेत से अनेक ध्वनियों की अभिव्यंजना और एक ध्वनि के लिए अनेक संकेतों का प्रयोग लिपि-सम्बन्धी बहुत बड़ा दोष है। देवनागरी इससे मुक्त है।

(3) आदर्श लिपि में किसी भाषा की समग्र ध्वनियों को अंकित करने की क्षमता भी होनी चाहिए। आज संसार में जो लिपियाँ प्रचलित हैं, उनमें यह गुण जितना देवनागरी में है, उतना किसी दूसरी लिपि में नहीं। रोमन या उर्दू तो इस दृष्टि से बहुत ही हेय है। रोमन में (ख, छ, ठ, थ, फ, घ, झ, ढ, ध, भ) आदि महाप्राण ध्वनियों अथवा ङ, ञ, ण आदि अनुनासिक ध्वनियों के लिए कोई संकेत नहीं हैं। यदि 'वाङ्मय' अथवा 'याञ्चा' शब्द लिखना हो तो उसे न रोमन में लिख सकते हैं, न उर्दू में।

(4) लिपि को सुपाठ्य और सन्देहरहित होना चाहिए। ऐसा नहीं कि एक संकेत में दूसरे संकेत का भ्रम हो जाये। उर्दू की बिन्दियों के चलते या जेर, जबर आदि स्वर की मात्राओं का प्रयोग नहीं होने से पढ़ने में जो उलझन पैदा होती है, उससे सभी उर्दूदाँ परिचित हैं। उर्दू के सम्बन्ध में एक कहावत ही है कि 'खुदा' से जुदा हुए एक नुक्ते के लिए।

(5) सौन्दर्य भी लिपि का एक महत्त्वपूर्ण गुण है।

(6) आधुनिक वैज्ञानिक युग में यान्त्रिक सौन्दर्य भी ध्वनि की महत्त्वपूर्ण विशेषता है अर्थात् मुद्रण और टंकन की सुविधा।

(7) आधुनिक युग गति और वेग का युग है, इसलिए लिपि में त्वरा का भी ध्यान रखना आवश्यक है। आशुलेखन की सुविधा जीवन का अनिवार्य अंग बन गयी है।

देवनागरी इन सभी शर्तों को अच्छी तरह पूरा करती है। दूसरी किसी भी लिपि की तुलना में वह निस्सन्देह अधिक वैज्ञानिक तथा निर्दोष है।

9

देवनागरी लिपि के गुण

—भोलानाथ तिवारी

दुनिया की कोई भी वस्तु सभी दृष्टियों से पूर्ण नहीं होती। अच्छाई सर्वदा ही सापेक्ष होती है। निरक्षेप पूर्णता या श्रेष्ठता कल्पना है। तुलना के इस आधार-भूत सत्य को ध्यान में रखते हुए यह बड़े निश्चय के साथ कहा जा सकता है कि नागरी लिपि अपनी अनेक कमियों के बावजूद अनेक दृष्टियों से अपेक्षाकृत अधिक उपयोगी, गुणयुक्त तथा वैज्ञानिक है। यहाँ उसके कुछ मुख्य गुणों को रोमन तथा उर्दू (जिसे प्रायः फारसी लिपि कहा जाता है यद्यपि उर्दू लिपि नाम अधिक उपयुक्त है, क्योंकि उर्दू लिपि समवेततः फारसी लिपि ही नहीं है) की तुलना में यहाँ देखा जा सकता है।

वर्णमाला का वर्गीकरण

विश्व के किसी भी कोने में प्रयुक्त वर्णमाला उतने वैज्ञानिक रूप में विभाजित या वर्गीकृत नहीं है जितनी नागरी आदि भारतीय लिपियाँ या उनसे सम्बद्ध या विकसित लिपियाँ हैं। उर्दू या रोमन लिपि भी इस कमी का अपवाद नहीं है। इनमें भी स्वर एवं व्यंजन (अलिफ, बे, डी, ई, एफ आदि) या व्यंजन के वैज्ञानिक वर्ग (लाम, मीम, सी, डी आदि) मिले-जुले रूप में रखे गये हैं। नागरी में इस प्रकार की गड़बड़ी नहीं है। स्वर अलग हैं और व्यंजन अलग। स्वरों में भी ह्रस्व-दीर्घ के युग्म (अ-आ, इ-ई, उ-ऊ) साथ-साथ हैं। समवेततः प्रारम्भ में मूल स्वर (अ आ, इ, ई, उ, ऊ) हैं और उसके बाद संयुक्त स्वर (ए. ऐ, ओ, औ)। व्यंजनों, विशेषतः स्पर्श अनुनासिक का विभाजन तो और भी वैज्ञानिक है। क, च, ट, त, प के वर्ग स्थान पर आधारित हैं और हर वर्ग के व्यंजन घोषत्व के आधार पर दो प्रकार के हैं : प्रथम दो अघोष तथा अन्तिम तीन घोष। इसके साथ ही इनके वर्गीकरण या विभाजन में प्राणत्व का भी ध्यान रखा गया है। पहले, तीसरे और पाँचवें, अल्पप्राण हैं तथा दूसरे, चौथे महाप्राण।

लिपि-चिह्नों के नाम ध्वनि के अनुरूप

नागरी में यह बहुत बड़ा गुण है कि जो लिपि चिह्न जिस ध्वनि का द्योतक है, उसका नाम भी वही है : जैसे आ, ओ, क, व, थ आदि। रोमन में ऐसा न होने से भाषा सीखने वाले व्यक्ति को बहुत कठिनाई होती है और याद करना पड़ता है कि कौन चिह्न किस ध्वनि के लिए आता है। इस दृष्टि से रोमन में लिपि-चिह्न तीन प्रकार के हैं : (1) लिपि-चिह्न नाम का या उनकी प्रथम ध्वनि का काम करता है, जैसे ए, बी, सी, डी, जी, जे, के, ओ, पी, क्यू, टी, वी, जेड। (2) लिपि-चिह्न प्रायः दूसरी ध्वनि का काम करता है, जैसे एफ, आई, एल, एम, एन, आर, एस, यू, एक्स। (3) लिपि-चिह्न नाम में आई किसी भी ध्वनि का काम न कर किसी अन्य ध्वनि का कार्य करता है, जैसे एच (ह); ए (अ, आ, ऐ), सी, (क), डब्ल्यू (व), वाइ (य)। यों तो नागरी की तुलना में तीनों ही प्रकार के नाम अवैज्ञानिक हैं किन्तु अन्तिम वर्ग तो सर्वाधिक अवैज्ञानिक है। उर्दू लिपि में यह अवैज्ञानिकता इतनी अधिक तो नहीं है किन्तु नागरी की तुलना में अधिक अवश्य है। उसके अधिकांश चिह्न प्रथम वर्ग में आते हैं।

एक ध्वनि के लिए एक लिपि-चिह्न

अच्छी या वैज्ञानिक लिपि में यह गुण बहुत आवश्यक है। यों किसी भी लिपि में अपने आप यह गुण सर्वदा नहीं रह सकता। इसका कारण यह है कि किसी भाषा के प्रसंग में उच्चारण के स्तर पर ही हर ध्वनि के लिए एक चिह्न की बात की जा सकती है और भाषा की ध्वनियाँ उच्चारण की दृष्टि से परिवर्तित होती रहती हैं जिसका आशय यह हुआ कि एक समय किसी लिपि में यह गुण हो सकता है और दूसरे समय उच्चारण में अन्तर हो जाने के कारण इस गुण का अभाव हो सकता है। इसी प्रकार एक भाषा के प्रसंग में लिपि में यह गुण हो सकता है, और दूसरी भाषा के प्रसंग में नहीं हो सकता। इसका आशय यह हुआ कि इस गुण का सम्बन्ध लिपि के अपने आन्तरिक गुण से विशेष न होकर उसके प्रयोग से है। पहले हम उर्दू लिपि की बात लें। उर्दू लिपि में यह गुण नहीं है। उदाहरणार्थ 'स' ध्वनि के लिए उर्दू में तीन लिपि-चिह्न हैं—'स', 'स्वाद', 'सीन'। इसी प्रकार 'ज' के लिए 'जे', 'जाल', 'जोय', 'ज्वाद' अर्थात् चार या यदि 'झे' को भी मिला लें तो पाँच लिपि-चिह्न हैं; 'त' और 'ह' के लिए भी दो (ते, तोय), दो (बड़ी है, छोटी है) हैं। यों मूल अरबी में इन सबका स्वतन्त्र उच्चारण था, किन्तु उर्दू में आकर वहाँ की वैज्ञानिकता अवैज्ञानिकता में परिवर्तित हो गयी है। अंग्रेजी में भी यह गड़बड़ी है। उदाहरण के लिए 'क' ध्वनि के लिए कभी K (Kite), कभी C (Coat), कभी ch (Chemist), कभी Ck (Cheek), कभी q (cheque) तथा

कभी अंशतः X (box) का प्रयोग होता है। इसी प्रकार श (sh, si, ti आदि), फ (f, ph), इ (i, y-system, ee-committee, o-women, u-minute आदि), ओ, उ, अ, स S, C अंशतः X) आदि के लिए भी एक से अधिक लिपि-चिह्नों का प्रयोग होता है। इस प्रसंग में यह उल्लेख्य है कि यह गड़बड़ी अंग्रेजी में प्रयुक्त रोमन की है, किन्तु मूल रोमन भी इन अवगुणों (स=c, s. x. क k. x आदि) से पूर्णतः शून्य नहीं है। नागरी लिपि में मूलतः यह अवगुण बिल्कुल नहीं था। अब हिन्दी आदि के प्रयोग में कुछ अवगुण ऋ-रि, श-ष) अवश्य आ गया है, किन्तु उर्दू या अंग्रेजी की तुलना में यह बहुत ही कम है। यही कारण है कि कुछ अपवादों को छोड़कर हिन्दी की वर्तनी उस रूप में रटने की आवश्यकता नहीं है, जैसे अंग्रेजी या उर्दू की रटनी पड़ती है।

यहाँ बात एक ध्वनि के लिए एक से अधिक लिपि-चिह्नों की हो रही थी। इस प्रसंग में एक दूसरी गड़बड़ी की ओर भी संकेत किया जा सकता है। उर्दू, रोमन आदि में एक लिपि-चिह्न एक से अधिक ध्वनियों को व्यक्त करते हैं। उदाहरणार्थ—अलिफ, 'अ' को भी व्यक्त करता है, 'आ' को भी और कभी-कभी 'इ' (बिल्कुल) को भी। इसी प्रकार 'वाव' व, ऊ, ओ, औ तथा 'ये' य, ए, ऐ आदि। इसका परिणाम यह हुआ है कि कभी-कभी उर्दू पढ़ना टेढ़ी खीर हो जाता है। मुझे अपने जीवन की एक घटना इस प्रसंग में याद आ रही है। मैं उर्दू की परीक्षा दे रहा था। एक प्रश्न में 'ऊँट' के बारे में कुछ पूछा गया था। मैंने तीन घण्टे के परीक्षा-काल में पचीसों बार उस शब्द को पढ़ने की कोशिश की, पर हर बार उसे 'औनट' पढ़ता रहा, पर 'औनट' कोई सार्थक शब्द था नहीं, अतः लिखता तो क्या। परिणाम यह हुआ कि वह प्रश्न किये बिना आना पड़ा। उर्दू लिपि के सम्बन्ध में इस प्रकार न पढ़े जाने या कुछ-का-कुछ पढ़े जाने के अनेक चुटकुले मशहूर हैं। जैसे 'आलू बुखारे' को किसी ने 'उल्लू बेचारे' पढ़ा तो 'अब्बा अजमेर गये' को 'अब्बा आज मर गये' या 'कोड़े' को कूड़े आदि। अंग्रेजी भी इस दृष्टि से उर्दू से पीछे नहीं है। इसमें भी बहुत से लिपि-चिह्न ऐसे हैं जो एक से अधिक ध्वनियों को व्यक्त करते हैं। उदाहरणार्थ—C=स, क; g ग, ज; a = अ, आ, ऐ आदि; e=ए, इ (पैकिट), u=अ, उ, यो आदि। यही कारण है कि अंग्रेजी में उच्चारण याद करना पड़ता है : Put पुट, but=बट। इस प्रकार अग्रेजी-उर्दू आदि में शब्द की वर्तनी और उसके उच्चारण का वह सहज एवं वैज्ञानिक सम्बन्ध नहीं है जो नागरी में है। इस तरह नागरी में यह लेखन और उच्चारण का अपेक्षाकृत अधिक वैज्ञानिक सम्बन्ध निश्चय ही बहुत बड़ा गुण है अर्थात् अपवादों को छोड़कर इसमें एक ध्वनि के लिए एक लिपि-चिह्न है या एक लिपि-चिह्न एक ही ध्वनि को व्यक्त करता है, जबकि उर्दू या रोमन में यह बात नहीं है। अंग्रेजी में वर्तनी और उच्चारण

की इस असमानता से परेशान होकर ही अंग्रेजी के प्रसिद्ध नाटककार जार्ज बर्नर्ड शा अपनी सम्पत्ति का काफी बड़ा अंग्रेजी में इस दृष्टि से सुधार करने के लिए दिया था। एक लिपि विशेषज्ञ ने उनकी इच्छा के अनुसार अंग्रेजी के लिए रोमन में कुछ परिवर्तन-परिवर्धन करके एक नयी लिपि बनायी भी थी। इसी विशेषज्ञ ने इधर अंग्रेजी के लिए एक नयी वर्णमाला तैयार की है, जिसका नाम 'क्विट स्क्रिप्ट' है। इस नयी वर्णमाला में 40 लिपि-चिह्न हैं। अंग्रेजी के लिए इन दो के अतिरिक्त भी कुछ अन्य वर्णमाला बनाने के प्रयास हो चुके हैं, और ये सारे प्रयास अंग्रेजी में प्रयुक्त रोमन की अपूर्णता के ही ज्वलन्त प्रमाण है।

लिपि-चिह्नों की पर्याप्तता

विश्व की अधिकांश लिपियों में चिह्न पर्याप्त नहीं हैं। अंग्रेजी में ध्वनियाँ 40 से ऊपर हैं, किन्तु केवल 26 लिपि-चिह्नों से काम चलाना पड़ता है। उर्दू में भी ख, घ, छ, झ, ठ, ढ, ढ़, थ, ध, फ, भ आदि के लिए लिपि-चिह्न नहीं हैं, और अघोष ध्वनि के चिह्न को 'हे' से मिलाकर इनका काम चलाते हैं। इस दृष्टि से नागरी तथा ब्राह्मी से विकसित अन्य कई भारतीय लिपियाँ पर्याप्त सम्पन्न हैं। नागरी का प्रयोग जिन-जिन भाषाओं के लिए हो रहा है, यदि अपवादतः कुछ नव विकसित ध्वनियों (ह्रस्व ए, ह्रस्व ओ, न्ह, म्ह, ल्ह) को छोड़ दें तो इस दृष्टि से इसमें कोई कमी नहीं है। ऐसी स्थिति में यदि हिन्दी आदि आधुनिक भारतीय भाषाओं को रोमन उर्दू आदि में लिखना हो तो अनेक ध्वनियों के लिए प्रायः दो लिपि-चिह्नों को मिलाकर लिखने की परेशानी उठानी पड़ेगीय जबकि नागरी में उन सभी के लिए स्वतन्त्र चिह्न हैं। उदाहरण के लिए ख, घ, छ, झ, ठ आदि सभी महाप्राण ध्वनियों को रोमन में के, जी आदि में 'एच' मिलाकर तथा उर्दू में काफ, गाफ आदि में 'हे' मिलाकर लिखते हैं। ऐसी स्थिति में इन लिपियों में एक ध्वनि के दो पढ़े जाने की आशंका बनी रहती है। Aghan 'अघन' भी है और 'अगहन' भी। उर्दू में भी यही स्थिति है। इसी प्रकार नागरी में लिखित 'आबहवा' ही पढ़ा जायेगा। किन्तु रोमन abhave को 'अभाव', 'अभवा' आदि कई रूपों में पढ़ा जा सकता है। इन लिपियों में 'रोगहर' 'रोधर' है। इस प्रकार के सैकड़ों उदाहरण दिये जा सकते हैं। किन्तु नागरी में ऐसी परेशानी नहीं है। निष्कर्षतः लिपि-चिह्नों की पर्याप्ती की दृष्टि से भी नागरी रोमन या उर्दू से बहुत सम्पन्न है।

ह्रस्व तथा दीर्घ स्वर के लिए स्वतन्त्र चिह्न

इस दृष्टि से रोमन और नागरी का कोई मुकाबला नहीं है। रोमन में ए (A) अक्षर से 'अ' का भी काम लेते हैं और 'आ' का भी। kam 'कम' भी है और 'काम' भी, या

'kala' 'कला' भी और 'काला' भी। अंग्रेजी लेखन में यू (u) 'उ' (put) भी है और ऊ (truth) भी। नागरी में अ-आ, इ-ई, उ-ऊ में स्पष्ट अन्तर है। अतः रोमन की भाँति भ्रम की गुंजाइश नहीं है। दो 'ई' (ee) या दो 'ओ' (oo) से 'ई' 'ऊ' को व्यक्त करना वस्तुतः रोमन लिपि का अपना मूलभूत गुण नहीं है, जैसा कि नागरी में है। यह पद्ध ति तो एक प्रकार से बैसाखी है जिसके सहारे लँगड़ी रोमन लिपि को काम चलाने के लिए खड़ी कर लेते हैं। उर्दू में भी एक सीमा तक यह दुर्गुण है। वस्तुतः दो लिपि-चिह्नों को मिलाकर किसी एक मूल ध्वनि को व्यक्त करना मूलतः अवैज्ञानिक पद्धति है। संयुक्त ध्वनि को ही एक से अधिक चिह्न मिलाकर प्रकट किया जाना चाहिए।

मात्राओं का प्रयोग

नागरी लिपि में स्वर यदि स्वतन्त्र रूप से आते हैं तो पूरे वर्ण-चिह्न का प्रयोग होता है (आग, ईद, गाउन आदि), किन्तु व्यंजन के साथ 'अ' के अतिरिक्त अन्य सभी का मात्रा रूप (नाग, लीद, चतुर आदि) प्रयुक्त होता है। इसके कारण चिह्नों की संख्या में वृद्धि तो हो गयी है और कुछ दृष्टियों से (जैसे एक ध्वनि के लिए एक से अधिक चिह्न) यह अवैज्ञानिक भी है, किन्तु इससे यह सुविधा है कि स्थान कम घिरता है। यदि मात्राओं का प्रयोग न होता तो 'काला' को 'क्आल्आ' या 'कुली' को 'क्उल्ई' लिखना पड़ता। रोमन की तुलना में भी इससे प्रायः स्थान कम घिरता है। काला–Kala, बालू–Baloo। हाँ, ऊपर-नीचे मात्रा के कारण कुछ असुविधा भी है।

नागरी के व्यंजन चिह्नों की आक्षरिकता

नागरी का हर व्यंजन-चिह्न व्यंजन न होकर 'व्यंजन' और 'अ' स्वर का योग है। जैसे क=क्. अ; ख=ख् + अ आदि। लिपि का ऐसा होना 'आक्षरिकता' है अर्थात् व्यंजन-चिह्न वस्तुतः 'अक्षर' हैं। 'अक्षर' का यहाँ अर्थ व्यंजन और स्वर का संयुक्त रूप। नागरी लिपि की यह विशेषता एक दृष्टि से तो अवगुण है, किन्तु स्थान कम घेरने की दृष्टि से यह गुण भी है। उदाहरण के लिए कमल=Kamala, निर्मल=Nirmala, केवल=Kewala आदि। ऐसे अनेक शब्द हैं, जिसमें नागरी में रोमन की तुलना में कम स्थान घिरता है।

उच्चारण की दृष्टि से समान लिपि-चिह्नों में आकृति की समानता

वैज्ञानिकता की दृष्टि से लिपि में यह गुण भी होना चाहिए। यों विश्व में कोई भी ऐसी लिपि नहीं है जो इस दृष्टि से पूर्ण हो। रोमन में तो यह गुण प्रायः नहीं के

बराबर (P-B अपवाद है) है, उर्दू में कुछ है (वे-पे, काफ-गाफ, जीम-चे), किन्तु नागरी में अपेक्षाकृत बहुत अधिक है। ट-ठ-ड-ढ-ण, प-फ-ब-भ, म-च-ज-घ-ध, झ-भ, त-न आदि।

सुपाठ्यता

लिखते हैं पढ़ने के लिए। अतः सुपाठ्यता किसी भी लिपि के लिए अनिवार्यतः आवश्यक गुण है। इस दृष्टि से देवनागरी बहुत वैज्ञानिक लिपि है। रोमन की तरह उसमें mal को मल, माल, मैल या Aghan अघन, अगहन पढ़ने की परेशानी उठाने की आशंका ही नहीं है। उर्दू में भी 'अगहन' को अघन या 'तर' को 'तिर', 'तुर' या 'जूता' को 'जोता', 'जौता', 'जूता' आदि कई रूपों में पढ़ने की गलती प्रायः हो जाती है, किन्तु देवनागरी में यह अवैज्ञानिकता नहीं है।

10

काव्य का हेतु और प्रयोजन

—एन.सी. यादव

काव्यहेतु और प्रयोजन विषयक भ्रान्ति का निवारण

काव्य या साहित्य का 'हेतु' और 'प्रयोजन' क्या है—इन प्रश्नों को लेकर पर्याप्त वाद-विवाद हुआ है। हेतु और प्रयोजन इतने निकटस्थ हैं कि लगता है ये दोनों एक ही हैं। सामान्य पकड़ में दोनों पर्याय से प्रतीत होते हैं। परन्तु यह निराधार भ्रम की कपोल कल्पना ही है। इस सामान्य उलझन को दूर करने के लिए; दोनों को असलियत और सचाई के तराजू पर तौलकर इनका पृथक्-पृथक् मूल्यांकन किया जा सकता है। हेतु को ही प्रयोजन और प्रयोजन को ही हेतु मानना न्यायसंगत नहीं है; क्योंकि काव्य-हेतु काव्य-रचना की संजीवनी है और काव्य हेतु की स्थिति विशेषकर कवि में होती है तथा काव्यप्रयोजन विषयक अवधारणा सहृदय या पाठक में होती है। काव्य-हेतु काव्य के निर्माण का कारण होता है तथा काव्य-प्रयोजन फल या उद्देश्य कहा जा सकता है। काव्य-हेतु का आगमन काव्य-प्रयोजन से पहले ही होता है; क्योंकि हेतु से ही काव्य की इमारत तैयार होती है तथा प्रयोजन तो अनन्तर की वस्तु है। इस प्रकार यह कहा जा सकता है कि ये दोनों पृथक्-पृथक् चीजें हैं।

काव्यहेतु : दृष्टि-वैविध्य

काव्य का शब्दार्थ होता है कवि का कर्म। यहाँ पर कर्म अर्थ में तद्धित प्रत्यय हुआ है। जिन कारणों से काव्य की सर्जना या रचना होती है; वे ही काव्य के हेतु कहलाते हैं। काव्य हेतु के ही अर्थ को द्योतित करने के सन्दर्भ में; व्यवहार में अनेक शब्द चल पड़े हैं जैसे—काव्य-कारण, काव्य की मूल प्रेरणा काव्यांग आदि। ये सभी एक ही लक्ष्य काव्य-हेतु को संकेतित करते हैं। काव्य के निर्माण में जो कारण होता है वही काव्य-हेतु है। कवि के कवित्व की क्रियमाणता को ही काव्य हेतु कहा जा सकता है, जिससे काव्य की सृष्टि होती है। काव्यहेतु कविसापेक्ष होते हैं; अर्थात् ये कारण

कवि में ही उदित होते हैं तथा इन्हीं से प्रेरित होकर कवि काव्य की रचना करता है। कारण या हेतु ही कवि को काव्यरचना में प्रवृत्त करता है। इस प्रकार काव्य एक कृति है जो नितान्त कारणसापेक्षिणी होती है। इसी 'कारण' को 'हेतु' शब्द से अभिहित किया जाता है। काव्य-हेतु एवं कारण के अन्वेषण में भारतीय मनीषियों एवं पाश्चात्य विचारकों में पर्याप्त मतभेद है। अतः सर्वप्रथम क्रमशः विविध विद्वानों की मान्यताओं पर प्रकाश डालना समीचीन होगा।

भारतीय काव्य-शास्त्रियों द्वारा काव्य-हेतु-निरूपण

काव्य का हेतु क्या है? इस विषय में मतैक्य नहीं देखने को मिलता। प्रतिभा, व्युत्पत्ति और अभ्यास ये काव्यहेतुरूपी त्रिभुज की तीन भुजाएँ हैं; जिसमें सारे-के-सारे मत, मतान्तर समाहित हो जाते हैं। कतिपय विद्वान् प्रतिभा को ही काव्य का हेतु मानते हैं। अब यहीं से प्रश्न उठता है कि आखिर प्रतिभा है क्या? इसे हल करना अनिवार्य हो जाता है। प्रति+भा +क्विप् के योग से प्रतिभा शब्द व्युत्पन्न होता है। भा का अर्थ है प्रकाश, दीप्ति, भास्वरता, आलोक आदि अतः प्रतिभा स्वयंप्रकाश है (प्रतिभानं प्रतिभा)। भारतीय काव्य-शास्त्र की परम्परा में आनेवाले मनीषी आचार्यों ने प्रतिभा को काव्य-निर्माण का प्रधान हेतु स्वीकार किया है। मधुसूदन शास्त्री ने रसगंगाधर की टीका में प्रतिभा को सर्वप्रमुख तथा स्वास्थ्य, अभ्यास, भक्ति, स्मृति, उत्साह, समाधि तथा उत्पत्ति को उसका उपकारक माना है। प्रतिभा के अन्तर्गत नूतन तथ्यसर्जना की स्फूर्ति का जागरण होता है; जो मनुष्य की जन्मजात (इन्सटिंक्टिव); दैवी शक्ति है। विविध विद्वानों ने विविध प्रकार से प्रतिभा की परिभाषा और भेद-प्रभेद किया है। प्रतिभा के सन्दर्भ में भट्टतौत का यह कथन दर्शनीय है–

बुद्धिस्ताकालिकी ज्ञेयामतिरागाभिगोचरा।
प्रज्ञा नव नवोन्मेषशालिनी प्रतिभा मता ॥ (भट्टतौत)

प्रतिभा को 'ध्वन्यालोक' में 'अपूर्ववस्तु निर्माणक्षमा प्रज्ञा' कहा गया है अर्थात् यही कहा जा सकता है कि नवीन सर्जना को स्फूर्ति देनेवाली शक्ति ही प्रतिभा है। अभिव्यंजनावाद के प्रवर्तक इटली के दार्शनिक क्रोचे ने इसी स्वयंप्रभ प्रतिभा के सन्दर्भ में स्वयंप्रकाश ज्ञान, प्रातिभ ज्ञान और सहजानुभूति को एक ही माना है। क्रोचे का 'इंट्यूशन' शब्द ठीक इसी अर्थ को जाहिर करता है। मम्मट तो प्रतिभा शब्द के स्थान पर शक्ति शब्द का प्रयोग करते हैं। पाश्चात्य चिन्तन-परम्परा में लगभग बराबर मान्यतावाले अंग्रेजी-पर्याय के शब्द भी हैं यथा–जीनियस, (प्रतिभा) इंट्यूशन (सहजानुभूति) इमेजिनेशन (कल्पना) इंसपिरेशन, (अन्तःप्रेरणा) आदि।

एतदतिरिक्त दो कारण और बच रहते हैं—व्युत्पत्ति और अभ्यास। व्युत्पत्ति शब्द का अर्थ होता है निपुणता अर्थात् वि+उत्पत्ति; वि उपसर्ग है अर्थात् विशेषेण उत्पत्तिः इति व्युत्पत्तिः। अतः लौकिक-ज्ञान और शास्त्रज्ञान को व्युत्पत्ति कहा जाता है। कवि जब अपने में काव्य-रचना करने की महत्तम योग्यता उत्पन्न करना चाहता है तब उसे प्रयत्न या श्रम करना पड़ता है; इसे तो अभ्यास कहा जाता है। अब हम विविध विचारकों की काव्य-हेतु विषयक धारणाओं को क्रमशः प्रस्तुत करते हैं—

भामह—काव्यशास्त्र के सर्वप्राचीन आचार्य भामह हैं। इन्होंने अपने काव्य हेतु सम्बन्धी दृष्टिकोण में प्रतिभा को अधिक महत्त्व दिया है। उनकी दृष्टि में व्युत्पत्ति और अभ्यास काव्य-क्रिया का उपादेय है। जैसे—

गुरुपदेशादधयेतुं शास्त्रं जड़धियोऽप्यलम्।
काव्यं तु जायते जातुकस्यचित्प्रतिभावतः।।

अर्थात् 'जड़ बुद्धि के लोग भी गुरु के उपदेश से शास्त्र का अध्ययन करने में समर्थ हो सकते हैं; किन्तु काव्य तो किसी प्रतिभाशाली द्वारा ही रचा जा सकता है।' सारांश यह है कि प्रतिभा काव्य का अनिवार्य हेतु (कारण) है। लेकिन कवि को काव्य-रचना में केवल प्रतिभा पर ही आश्रित नहीं रहना चाहिए; शास्त्राध्ययन, काव्याध्ययन के द्वारा व्युत्पत्ति का विस्तार भी करना चाहिए। भामह का कथन है कि 'शब्दशास्त्र इत्यादि को जाननेवाले की सेवा और उपासना करके (उसके निकट रहकर) शब्द तथा शब्दार्थ का ज्ञान प्राप्त करके काव्यरचना में उत्साह दिखाना चाहिए।' अर्थात् प्रतिभा अनिवार्य एवं आवश्यक है तथा शब्दशास्त्र एवं पदपदार्थ का बोध भी काव्य-क्रिया में सहयोग प्रदान करता है; ये ही व्युत्पत्ति हैं। भामह के मतानुसार प्रतिभा काव्य का मूल हेतु और व्युत्पत्ति तथा अभ्यास विशेषताधायक हेतु हैं।

दण्डी—भामह के बाद दण्डी का ही नाम आता है। भामह की तरह दण्डी ने प्रतिभा को न तो काव्य-क्रिया का एकमात्र हेतु माना है और न अनिवार्य ही। दण्डी के कथनानुसार प्रतिभा, शास्त्रज्ञान और अभ्यास तीनों मिलकर ही काव्य-क्रिया में हेतु होते हैं—

नैसर्गिकी च प्रतिभा श्रुतं च बहु निर्मलम्।
अमन्दश्चाभियोगोऽस्याः कारणं काव्य सम्पदः॥ (काव्यादर्श)

अर्थात् 'जन्मजात प्रतिभा, अत्यन्त निर्मल शास्त्र और बढ़ा-चढ़ा अभ्यास काव्य-सम्पत्ति में कारण होते हैं।' इस प्रकार दण्डी इन तीनों तत्त्वों को मिलाकर ही काव्य-हेतु के रूप में रखते हैं। इसीलिए 'कारण' में एकवचन का प्रयोग हुआ है। प्रतिभा श्रमसाध्य नहीं होती बल्कि यह तो जन्मान्तर के संस्कारों के बल पर स्वयं उत्पन्न होती है। प्रतिभा तो

स्वयंप्रभ है। दण्डी का कहना है कि प्रतिभा के अभाव में निम्न कोटि के काव्य की सर्जना होती है। वे स्वयं कहते हैं कि 'यद्यपि प्राक्तन संस्कारों के गुणों के आधार पर उत्पन्न होनेवाली अद्‌भुत प्रतिभा नहीं है; तथापि यदि सरस्वती की उपासना शास्त्र और प्रयत्न से की जाती है तो वह कुछ-न-कुछ कृपा कर देती है। दण्डी के कहने का आशय यह है कि जो कवि यश प्राप्त करना चाहते हैं, उन्हें चाहिए कि वे आलस्य छोड़कर निरन्तर प्रयत्नपूर्वक सरस्वती की उपासना करें। क्योंकि जिस कवि की कवित्व-शक्ति (प्रतिभा) क्षीण होती है वह व्यक्ति भी परिश्रम और प्रयत्न करने से विद्वत्समाज में तथा कवियों के बीच रस (आनन्द) लेने का अधिकारी हो जाता है। दण्डी के विचारों को देखने से विदित होता है कि एक ओर जहाँ वह प्रतिभा, शास्त्र-ज्ञान और अभ्यास तीनों के सम्मिलित स्वर को काव्य का हेतु मानते हैं; वहीं दूसरी ओर प्रतिभा के अभाव में भी काव्य की सम्भावना करते हैं। यथार्थतः प्रतिभा के विमुख होने से काव्य-रचना का पक्ष गौण प्रतीत होता है; तीनों का मिश्रित स्वर काव्यहेतु का प्रधान पक्ष है। सारांश यह है कि दण्डी शास्त्र और अभ्यास के अभाव में कवित्व की सम्भावना नहीं करता। प्रतिभा तो इंसटिंक्टिव होती है; उस पर किसी का क्या वश? शास्त्र और अभ्यास तो अपने वश में है। इसलिए व्यक्ति को शास्त्र और अभ्यास का उपयोग कर विद्वत्मण्डली में प्रतिष्ठा प्राप्त करना चाहिए। महत्त्वपूर्ण बात तो यह है कि जो कविता प्रतिभा से उत्पन्न होगी; वह उसकी तुलना में श्रेष्ठ होगी।

वामन—वामन काव्य-हेतुओं को नूतन परिधान में सुसज्जित करते हैं। वामन में काव्य हेतु के लिए 'काव्यांग' शब्द का प्रयोग किया है। उन्होंने काव्यांग को तीन रूपों में प्रस्तुत किया है, लोक विद्या तथा प्रकीर्ण 'लोकोविद्या प्रकीर्णंच काव्यांगानि'। ये ही तीनों काव्यांग काव्य के हेतु या साधन हैं। जिनका विवेचन क्रमशः आगे किया जा रहा है।

1. लोक—लोक का अर्थ है स्थावर एवं जंगम जगत् का व्यवहार अर्थात् लोकव्यवहार या लोकवृत्त।

2. विद्या—स्मृति, शब्दशास्त्र, अभिधान कोश, छन्दोविचित, कलाशास्त्र, दण्डनीति, राजनीति, इतिहास आदि विद्याएँ हैं। अर्थात् लोक व्यवहार तथा लोकवृत्त जिसके अन्तर्गत सामयिक, धार्मिक, राजनीतिक, आर्थिक, सामान्य सदाचार तथा लोकव्यवहार सबकुछ आ जाता है तथा विद्या के अन्तर्गत विविध ग्रन्थों, कलाओं एवं शास्त्रों का समावेश रहता है। इनमें प्रथम लोकज्ञान तथा द्वितीय शास्त्रज्ञान है; अतः यह व्युत्पत्ति या निपुणता के अन्तर्गत रखा जा सकता है।

3. प्रकीर्ण—वामन ने इसे छह प्रकारों में विभक्त किया है यथा—

लक्ष्यज्ञत्वमभियोगो वृद्धसेवाऽवेक्षणम्।
प्रतिभानमवधानञ्च प्रकीर्णम्।।

1. **लक्ष्यतत्त्व** (ज्ञान)–अर्थात् अन्य कवियों के काव्य के अध्ययन एवं मनन से लक्ष्यतत्त्व का जागरण होता है।

2. **अभियोग**–यह तो काव्य-रचना के लिए किया गया प्रयत्न ही है, जिसे अभ्यास के अन्तर्गत रखा जा सकता है।

3. **वृद्धसेवा**–अर्थात् काव्यकला मर्मज्ञों के निकट बैठना तथा सेवा-शुश्रूषा करना।

4. **अवक्षण**–अर्थात् अपनी रचना की आलोचना और समीक्षा स्वयं करना तथा काव्य को निर्दोष बनाना।

5. **प्रतिभान**–'कवित्व बीजं प्रतिभानं' यही कवित्व का बीज है, इंट्यूशन है, प्रतिभा है, जीनियस है।

6. **अवधान**–अर्थात् चित्त की एकाग्रता ही अवधान है।

यद्यपि वामन ने संख्या अवश्य बढ़ायी है; फिर भी इनके सभी तत्त्वों को तीन तत्त्वों में ही रख सकते हैं। लोकवृत्त और लोकज्ञान को व्युत्पत्ति के अन्तर्गत रख सकते हैं। लक्ष्य ग्रन्थों का परिशीलन व्युत्पत्ति से अलग नहीं है। अभियोग, वृद्धसेवन, अवेक्षण और अवधान ये अभ्यास के विभिन्न रूप हैं। प्रतिभान तो स्पष्टतः प्रतिभा है। वामन में प्रथम नयी बात तो यह देखने को मिलती है कि उसने व्युत्पत्ति को लोक और विद्या इन दो रूपों में विभाजित किया है तथा इन्हें मुख्य हेतुओं में रखा है तथा प्रतिभा को प्रकीर्ण में डाल दिया। फिर भी वामन ने प्रतिभा को प्रकीर्ण में गौण स्थान पर रखकर; भामह, दण्डी की तरह समन्वय ही करना चाहा है।

रुद्रट–काव्यशास्त्र की परम्परा में वामन के बाद रुद्रट का नाम आता है। रुद्रट ने प्रतिभा के दो भेद किये हैं 'सहजोत्पाद्या सा द्विधाभवति' अर्थात् सहजा और उत्पाद्या ये प्रतिभा के दो भेद हैं। सहजा ईश्वरप्रदत्त इंसटिंक्टिव और पूर्वसंस्कारों द्वारा संचित शक्ति है; उत्पाद्या शास्त्रलोकानुभव तथा सत्संग से प्राप्त होती है। रुद्रट ने प्रतिभा, व्युत्पत्ति और अभ्यास इन तीनों को काव्य का हेतु माना है। प्रतिभा से ही कवि शब्दों एवं अर्थों के अवलोकन की क्षमता प्राप्त करता है, व्युत्पत्ति से इसे दोषों से मुक्त तथा अलंकारादि काव्यतत्त्वों से उत्पादन की शक्ति प्राप्त करता है और अभ्यास से ही रचना में निखार आता है।

आनन्दवर्धन–यद्यपि इन्होंने काव्यहेतुओं का विवेचन नहीं किया है परन्तु प्रसंगात् उनकी छाया अवश्य आ गयी है। वह शक्ति या प्रतिभा को अधिक महत्त्व देता है। उनका कहना है कि व्युत्पत्ति की कमी को शक्ति ढक लेती है। उनके मतानुसार शक्ति और व्युत्पत्ति दोनों काव्यहेतु में अपेक्षित है परन्तु शक्ति महत्त्वपूर्ण है।

राजशेखर–काव्यहेतुओं पर सर्वाधिक विशद विचार राजशेखर ने किया है। इनकी नयी दृष्टि यह है कि ये शक्ति और प्रतिभा में भेद मानते हैं। शक्ति को व्यापक तथा प्रतिभा को व्याप्य मानते हैं। वह बुद्धि के तीन भेद करते हैं–

1. **स्मृति**–अतीत का स्मरण करनेवाली।

2. **मति**–वर्तमान वस्तु की मन्त्रणा करनेवाली।

3. **प्रज्ञा**–भविष्य अर्थ को प्रकृष्ट रूप में ज्ञात करनेवाली।

राजशेखर के मतानुसार कवि दो प्रकार के होते हैं–1. बुद्धिमान और 2. आहार्यबुद्धि। इनके अतिरिक्त व्यक्ति काव्य-क्रिया में असाध्य होते हैं। राजशेखर की दृष्टि में शक्ति ही काव्य का हेतु है; प्रतिभा और व्युत्पत्ति द्वारा उसकी केवल वृद्धि हो सकती है। शक्ति तो कर्ता है; प्रतिभा और व्युत्पत्ति तो कर्म है। प्रतिभा का अर्थ है प्रतिभासित होना। जिसमें प्रतिभा होती है वह न देखते हुए भी सबकुछ देख लेता है। हिन्दी के सूरदास इसके लिए ज्वलन्त उदाहरण हैं। राजशेखर ने प्रतिभा के दो भेद किये हैं–

'सा (प्रतिभा) द्विधा कारयित्री भावयित्री च' (काव्यमीमांसा)। कारयित्री प्रतिभा कवि में तथा भावयित्री प्रतिभा सहृदय में होती है। कारयित्री प्रतिभा की दृष्टि से कवि के तीन भेद होते हैं–

1. सारस्वत (सहज प्रतिभा या इंसटिंक्टिव जीनियस)।

2. आभ्यासिक (आहार्य प्रतिभा) व्युत्पत्ति और अभ्यास द्वारा प्राप्त।

3. औपदेशिक (औपदेशिक प्रतिभा) अर्थात् जिसकी वाणी का वैभव उपदेश द्वारा प्रगट होता है वे दुर्बुद्धि कवि औपदेशिक कहलाते हैं।

राजशेखर ने प्रतिभा, व्युत्पत्ति और अभ्यास इन तीनों को मिलाकर ही कला को पुष्ट किया है। भावयित्री प्रतिभा भावक, आलोचक या परिशीलक का उपकार करती है। इन्होंने प्रतिभा के साथ व्युत्पत्ति को आवश्यक माना है–

'प्रतिभा व्युत्पत्तिमाश्च कविः कविरित्युच्यते'। (काव्यमीमांसा)

भावयित्री प्रतिभा द्वारा ही कवि अपनी रचना का भावन करता है, दोषों को निकालता है। भावयित्री प्रतिभा के दो भेद निम्नांकित हैं–अरोचकी और सतृणाभ्यवहारी। अरोचक नामक एक रोग होता है जिसमें खाना अच्छा नहीं लगता है। यह स्वास्थ्य की दृष्टि से दोषपूर्ण है परन्तु काव्य में यह गुण माना जाता है; क्योंकि कवि अपने काव्य से दोषों को जानकर उन्हें बाहर निकाल देता है। दूसरी प्रतिभा का अर्थ है तृणों को न बचाते हुए सबको खा जाना। इस प्रतिभा में काव्य के दोष-विवेचन की शक्ति नहीं होती।

मम्मट–मम्मट ने काव्यहेतु के विषय में लिखा है–

शक्तिर्निपुणता लोकशास्त्रकाव्याद्यवेक्षणात्।
काव्यज्ञ शिक्षयाभ्यास इति हेतुस्तदुद्भवे।। (काव्यप्रकाश)

मम्मट ने प्रतिभा को शक्ति कहा है; यह एक विशेष प्रकार का संस्कार है; यह कवित्व का बीजरूप है : इससे ही काव्य का निर्माण और प्रसार होता है। मम्मट ने शक्ति, निपुणता और अभ्यास को समन्वित रूप में काव्य का हेतु माना है। ('हेतुनतु हेतवः') और वास्तव में यही ठीक भी है—क्योंकि न तो लोकव्यवहार ज्ञान और न शास्त्रीय पाण्डित्य ही पृथक् रूप से काव्य का हेतु हो सकता है।

केशव मिश्र—इन्होंने प्रतिभा को काव्य का प्रमुख कारण माना है, व्युत्पत्ति कविता का विभूषण होती है और अभ्यास उस प्रतिभा के संस्कार में कारण।

वाग्भट्ट ने भी केवल प्रतिभा को काव्य का कारण माना है तथा व्युत्पत्ति और अभ्यास को संस्कार कारक। जयदेव ने प्रतिभा को काव्य का कारण तथा व्युत्पत्ति और अभ्यास को सहायक कहा है—

प्रतिभैव श्रुताभ्याससहिता कवितां प्रति।
हेतुर्मृदम्बुसम्बद्ध बीजोत्पत्तिर्लताभिव।।

ज्ञान और अभ्यास प्रतिभा-रूप बीज को अंकुरित करने के लिए मिट्टी और जल के तुल्य हैं। अतः प्रमुख कारण प्रतिभा है।

हेमचन्द ने भी अपने 'काव्यानुशासन' में प्रतिभा को काव्य का हेतु माना है तथा व्युत्पत्ति और अभ्यास को उपकारक। यथा—

प्रतिभैव च कवीनाम् काव्यकारणरणं।
व्युत्पत्यभ्यासौ तस्या एवं संस्कारकारकौ न तु काव्यहेतू।।

(काव्यानुशासन)

इन्होंने प्रतिभा के दो भेद किये हैं—1. सहजा—जन्मजात, 2. औषाधिकी—श्रमद्वारा—प्राप्त।

पण्डितराज जगन्नाथ ने भी प्रतिभा को काव्य का हेतु माना है। वह प्रतिभा में से कारयित्री प्रतिभा को ही मानते हैं, भावयित्री को नहीं। वह कहते हैं—

'तस्य च कारणं कविता केवल प्रतिभा।' (रसगंगाधर)

वह प्रतिभा के कारणों को दो भागों में बाँटते हैं—अदृष्ट और व्युत्पत्ति एवं अभ्यास। अदृष्ट एक प्रकार का संस्कार होता है जो पूर्वजन्म के कर्म से उत्पन्न हुआ करता है। कभी-कभी व्युत्पत्ति और अभ्यास में भी प्रतिभा का स्फुरण देखा जाता है। इनका कहना है कि कुछ लोग व्युत्पत्ति और अभ्यास के बल पर ही अन्य प्रतिभा की उत्पत्ति कर लेते हैं। अदृष्टजन्य प्रतिभा की अपेक्षा व्युत्पत्ति और

अभ्यास से प्रादुर्भूत होनेवाली प्रतिभा में एक विलक्षणता होती है; नूतनता होती है। इनका कहना है कि जहाँ व्युत्पत्ति और अभ्यास से प्रतिभा की उत्पत्ति नहीं होती है; वहाँ दोनों की पूर्णता में कमी समझनी चाहिए या जन्मजन्मान्तर के किसी पाप को वहाँ पर विद्यमान समझना चाहिए। यही है संस्कृत साहित्यशास्त्र में वर्णित काव्यहेतु का परिचय। एतदतिरिक्त गोस्वामी तुलसीदास जी ने भी काव्यहेतु का संकेत अवश्य किया है, जैसे–

'स्वान्तःसुखाय तुलसी रघुनाथगाथा।
भाषानिबद्धमति-मंजुलमातनोति।।'

यहाँ पर प्रयुक्त स्वान्तः शब्द इंट्यूशन को ही स्पष्ट करता है। यही तो प्रतिभा है, सहजानुभूति है, आत्मानुभूति है। हिन्दी के प्रसिद्ध आलोचक श्री नन्ददुलारे वाजपेयी ने स्पष्ट वर्णित किया है–"काव्य की प्रेरणा अनुभूति से मिलती है। यह स्वतः एक अनुभूत तथ्य है।" अर्थात् वाजपेयी जी भी प्रातिभ ज्ञान को काव्य का हेतु मानते हैं। बाबू गुलाब राय ने आत्म-विस्तार को काव्य का प्रेरक तत्त्व माना है–"भारतीय दृष्टि में आत्मा का अर्थ संकुचित व्यक्तित्व नहीं है। विस्तार में ही आत्मा की पूर्णता है...।" ये सभी हृदय के ओज को उद्दीप्त कर काव्य के प्रेरक बन जाते हैं।

भारतीय काव्यशास्त्रगत काव्यहेतुओं का सार

संस्कृत काव्यशास्त्र के प्रत्येक आचार्य लगभग तीन काव्यहेतुओं को ही स्वीकार करते है–प्रतिभा, व्युत्पत्ति और अभ्यास। कतिपय विद्वानों की पृथक् धारणाएँ भी इन्हीं में घुलमिल जाती हैं। तीन हेतुओं में मतभेद नहीं हैं; परन्तु इनकी स्थिति, प्रभाव, तारतम्य तथा उनके सम्बन्ध के विषय में मतभेद है। इस दृष्टि से इसके कई पक्ष बनाये जा सकते हैं–

1. प्रतिभा, व्युत्पत्ति और अभ्यास तीनों पृथक्-पृथक् हैं।
2. त्रय सम्मिलन से काव्य की सर्जना होती है।
3. प्रतिभा अनिवार्य या आवश्यक काव्यहेतु है तथा अन्य दो सहायक हैं।
4. प्रतिभा ही मात्र कविता का हेतु है लेकिन शेष दो प्रतिभा के कारण हैं।
5. प्रतिभा के अभाव में काव्यरचना सम्भव है; परन्तु अच्छे काव्य की रचना असम्भव है।
6. कवि में कारयित्री और भावयित्री दोनों प्रतिभाएँ होती हैं।
7. कवि में कारयित्री प्रतिभा ही होती है।
8. प्रतिभा की कमी का दोष छिपाये नहीं छिपता लेकिन व्युत्पत्ति के अभाव का दोष प्रतिभा में छिप जाता है।

9. अवधान तथा लोकवृत्ति काव्य के कारण होते हैं। इनमें आंशिक सत्य सर्वत्र विद्यमान है।

काव्यहेतुओं का स्वरूप-निरूपण

काव्यहेतुओं में प्रतिभा, व्युत्पत्ति और अभ्यास ये ही महत्त्वपूर्ण हैं। भट्टतौत ने प्रतिभा को 'नवनवोन्मेषशालिनी प्रज्ञा' कहा है। राजशेखर ने प्रज्ञा को प्रतिभा के ही अर्थ में प्रयुक्त किया है; जो एक प्रकार की बुद्धि होती है; जो स्मृति, मति आदि रूपों में पायी जाती है। अभिनव गुप्त का कहना है कि वर्णनीय वस्तु को नये-नये रूप में प्रस्तुत करने की शक्ति को प्रतिभा कहते हैं। मम्मट ने प्रतिभा को एक प्रकार का संस्कार माना है जो कवित्व-बीज रूप होती है। सारांश यह है कि शब्द-ग्राम, अर्थसमुदाय, अलंकार, तन्त्र, उक्ति मार्ग और भी ऐसी ही काव्य सम्बन्धी विशेषताओं को जो हृदय में प्रतिभासित करती हैं, उसे प्रतिभा कहा जा सकता है। प्रतिभा एक ऐसा तत्त्व है, जिससे हृदय में नयी-नयी भावनाओं का जागरण होता है। कवि की निर्मल प्रतिभा में विश्व उसी प्रकार प्रतिफलित होता है; जिस प्रकार दर्पण के सामने आनेवाली वस्तु प्रतिफलित होती रहती है। नवीन अर्थ की परिकल्पना, शब्दयोजना, अलंकार तथा गुणयोजना—यह सब प्रतिभा का ही विकास है।

काव्य का दूसरा हेतु है व्युत्पत्ति। वस्तुतः लोक-हृदय का ज्ञान प्राप्त करने के लिए इसकी अनिवार्यता होती है। इसके अन्तर्गत मनुष्य सभी प्रकार का शास्त्रीय और लौकिक ज्ञान प्राप्त करता है; लक्षण और लक्ष्य ग्रन्थों से प्राप्त होनेवाला ज्ञान भी इसी में समाहित है। तीसरा हेतु है अभ्यास, इसके अभाव में प्रतिभा का विकास रुक जाता है। अभ्यास से काव्यकला में दक्षता आती है, नवीन चमक-दमक तथा नवीन शक्ति आ जाती है। क्षेमेन्द्र ने अभ्यास के प्रकारों का भी उल्लेख किया है, उनका कहना है कि अर्थहीन शब्दों को जोड़ने से छन्द का अभ्यास हो जाता है।।

हम निष्कर्ष के तौर पर यही कह सकते हैं कि प्रतिभा निमित्त कारण तथा व्युत्पत्ति और अभ्यास उपादान कारण हैं। एक महत्त्वपूर्ण तथ्य यह है कि जहाँ प्रतिभा और व्युत्पत्ति के रहने पर भी काव्य की रचना नहीं हो सकती है वहाँ पर काव्य की प्रेरणा देनेवाली वृत्तियाँ नकारी नहीं जा सकतीं। ये वृत्तियाँ हैं—1. आत्मभिव्यक्ति, 2. सौन्दर्य के प्रति आकर्षण और 3. कौतुक। इनमें अन्तिम दो वृत्तियाँ पृष्ठभूमि तैयार करती हैं तथा प्रथम से काव्य का निर्माण होता है।

काव्यहेतुओं का समन्वित विश्लेषण

काव्यसृजन के तीन प्रकार के कारण हैं—1. प्रेरक 2. निमित्त और 3. उत्पादन।

1. प्रेरणाकारण—कवि की सामाजिक, पारिवारिक या वैयक्तिक परिस्थितियाँ तथा उसकी प्रकृति आदि चीजें काव्यसर्जना के लिए उसको प्रेरणा प्रदान करती हैं।

2. निमित्त कारण—यह तो कवि की जन्मजात प्रतिभा है। यह प्रतिभा कवि की उर्वर कल्पना, सूक्ष्म सौन्दर्यानुभूति, संवेदनशीलता, शब्द और अर्थतत्त्व की सूक्ष्म परख, अभिव्यंजनशीलता और उन्मेष के रूप में देखी जा सकती है।

3. उपादान कारण—लोकशास्त्र के व्यापक ज्ञान सत्संग, श्रवण, मनन और अभ्यास के रूप में होते हैं; जो पूर्ववर्ती दोनों कारणों को सहायता पहुँचाते हैं और ये काव्य-रचना के सम्पर्क विकास के लिए अनिवार्य हैं। हम ऐसा भी कह सकते हैं कि प्रेरक कारण भी निमित्त कारण का एक भेद है। इस प्रकार निमित्त कारण के दो रूप हुए—1. प्रेरक कारण और प्रतिभा तथा 2. उत्पादन कारण। काव्यहेतु के समस्त रूपों का समावेश इनके अन्तर्गत हो जाता है।

पाश्चात्य काव्य-शास्त्र में काव्य-हेतु

पाश्चात्य काव्यशास्त्र के चिर-अतीत में काव्य के हेतु को दैवी शक्ति माना जाता था। उल्लेखनीय तत्त्वों से जाहिर होता है कि वाग्देवता के प्रवेश से ही कविता के अनुकूल प्रतिभा का प्रादुर्भाव होता है। आगे चलकर अरस्तू ने दैवी-प्रेरणा को अस्वीकार कर दिया।

प्लेटो कवि को विक्षिप्त प्राणी मानता है। वह शक्ति अर्थात् प्रतिभा को असाधारण कहता है। उसके अनुसार काव्य की सर्जना के हेतु प्रतिभा, चिन्तन, अध्ययन, अभ्यास और शिक्षण हैं। अरस्तू कला को अनुकरण मानता है। उसकी दृष्टि में सजगता प्रतिभा, अभ्यास, चिन्तन, कला, चमत्कार और अध्ययन काव्य के हेतु हैं। ली हंट ने कल्पना और चिन्तन को काव्य-हेतु कहा है। होरेस प्रतिभा और शास्त्र-ज्ञान को काव्य का हेतु कहता है। इसके साथ ही वह अभ्यास, चिन्तन और विवेक को भी हेतु के रूप में स्वीकार करता है।

नव्यशास्त्रवादी प्रतिभा की अपेक्षा शास्त्र-ज्ञान और अभ्यास पर अधिक बल देते हैं। 'वर्ड्सवर्थ' की दृष्टि में कल्पना का भी महत्त्व कम नहीं है। वह भावना की सचाई पर बल देता है। उसके मतानुसार प्रतिभा, चिन्तन, मननशीलता, अध्ययन तथा भावना के प्रति सचाई आदि काव्य के हेतु हैं। 'शैली' काव्य के महत्त्व को स्पर्श करने के साथ ही; कवि के गुणों का भी उल्लेख करता है। 'रस्किन' ने कल्पना तत्त्व को कला का साधन बताया है। 'हीगेल' के अनुसार मानव का जन्मजात सौन्दर्य-प्रेम आत्म-प्रदर्शन तथा अनुकरण की प्रवृत्ति ये साहित्य की मूल प्रेरणाएँ हैं। 'क्रोचे' ने अन्तर्दृष्टि तथा अलंकरण, कल्पना एवं विचार को काव्यप्रेरणा में अत्यधिक महत्त्व दिया है। 'फ्रायड' के अनुसार वासना के दमन की स्वस्थ प्रवृत्ति ही काव्य की प्रेरणा है।

उपसंहार

जैसा विचार काव्य-हेतुओं पर भारतीयों का रहा है वैसा पाश्चात्यों का नहीं। पाश्चात्य विचारक तो काव्य की प्रेरणा पर ही बल देते रहे। फिर भी ये भारतीयों की ही तरह व्युत्पत्ति की अपेक्षा प्रतिभा को ही अधिक महत्त्व देते हैं। सहज प्रतिभा ही काव्य का कारण होती है। कुछ लोग व्युत्पत्ति और अभ्यास से भी कवि बन जाते हैं। दण्डी का यह कथन सारपूर्ण प्रतीत होता है कि प्रतिभा के अभाव में व्युत्पत्ति और अभ्यास से, निम्नकोटि की ही सही, कविता का निर्माण हो जाता है और कवि को यश और प्रतिष्ठा की प्राप्ति होती है।

काव्य-प्रयोजन : दृष्टि-वैविध्य

काव्यहेतु पर विचार करने के अनन्तर अब हम काव्य के प्रयोजनों पर विचार करना चाहते हैं। काव्य-प्रयोजनों का विचार-विश्लेषण करने से पूर्व काव्य-प्रयोजन को समझ लेना विशेष समीचीन होगा। जिस प्रकार अखिल सृष्टि के कण-कण का प्रत्यक्ष या अप्रत्यक्ष रूप में; कुछ-न-कुछ मूल्य या प्रयोजन रहता है, ठीक उसी प्रकार मनुष्य के प्रत्येक कर्म का, चाहे वह निष्काम ही क्यों न हो, कुछ-न-कुछ प्रयोजन अवश्य रहता है। इसी सिलसिले में कवि के काव्य-विषय को लेकर दो प्रश्न उठते हैं—कवि काव्य की रचना क्यों करता है? और सहृदय या पाठक उसका अनुशीलन क्यों करता है? अधिकांशतः विद्वानों ने इस विषय पर विचार करते समय; इन दोनों पक्षों को घुला-मिला दिया है। कवि और पाठक के काव्य प्रयोजन में अन्तर अवश्य रहता है। शास्त्र अथवा काव्य के कुछ-न-कुछ प्रयोजन अवश्य ही रहते हैं। प्रयोजन से ही काव्य कालजयी बनता है। बिना प्रयोजन के काव्य की सार्थकता या उपादेयता क्या हो सकती है?

सर्वस्यैव हि शास्त्रस्य कर्मणो वापि कस्यचित्।
यावत्प्रयोजनं नोक्तं तावत् तत्केन गृह्यते।।

अतः निस्सन्देह काव्य-प्रयोजन के अस्तित्व को स्वीकार किया जा सकता है। यही काव्य-प्रयोजन कहीं स्थूल भौतिक तथा कहीं सूक्ष्म बन जाता है। संस्कृत के शास्त्रीय ग्रन्थों में परम्परित ढंग से ग्रन्थ के आरम्भ में चार बातों का उल्लेख मिलता है—ग्रन्थ का विषय, ग्रन्थ-रचना का प्रयोजन, ग्रन्थ का वस्तु से सम्बद्ध तत्त्व और ग्रन्थाध्ययन के अधिकारी। इन्हें 'अनुबन्ध-चतुष्टय' कहा जाता है। काव्य-शास्त्र की रचना करनेवाले कवि को पारम्परित ढंग से अपने कृति के प्रयोजनों के साथ ही काव्य-प्रयोजनों पर भी प्रकाश डालना पड़ता था। काव्य-प्रयोजन के अनेक रूप देखने को मिलते हैं। इसीलिए औचित्य और अनौचित्य के मौलिक निर्णय में कठिनाई उत्पन्न हो जाती है।

यद्यपि कवि मौलिक मंगलभावना को ही अपना काव्य-प्रयोजन समझता है; लेकिन वह युग और समाज के प्रवाह में बह भी जाता है। काव्य-प्रयोजन की सीमा-रेखा खींचना कठिन है। काव्य-प्रयोजन का मूल अर्थ यह है कि कवि अपने काव्य की सर्जना किस उद्देश्य से करता है अर्थात् वह अपने काव्य से युग और समाज को क्या देता है? संस्कृत-साहित्य के विचारकों एवं पाश्चात्य-विचारकों में काव्य-प्रयोजन के सम्बन्ध में मतभेद है। लेकिन असलियत तो यही मालूम होती है कि 'यथा नदी वहवोअम्बुवेगाः' की तरह काव्य-प्रयोजन की मौलिकता एवं लक्ष्य एक है; अटूट है। अब क्रमिक विवेचन द्वारा ही प्रयोजन के औचित्य पर प्रकाश डाला जा सकता है।

संस्कृत-काव्यशास्त्र में काव्य-प्रयोजन का निरूपण

भरत मुनि—उनके नाट्यशास्त्र में भी नाटक के आधार पर ही काव्य-प्रयोजनों का विवेचन किया गया है। इनका नाट्य प्रयोजन ही काव्य प्रयोजन बन गया है। नाट्यशास्त्र में भी काव्यगत प्रवृत्तियाँ देखने को मिलती हैं। उनके नाट्य प्रयोजन में काव्य-प्रयोजन वर्णित है—

धर्मं यशस्यमायुष्यं हितं बुद्धिविवर्धनम्।
लोकोपदेशजननं नाट्यमेतद् भविष्यति।।

भरत के काव्य-प्रयोजन में भौतिकवाद का स्वरूप विद्यमान है। इसीलिए उन्होंने नाट्य अथवा काव्य के विशिष्ट प्रयोजन-आनन्द का विवेचन नहीं किया है तथा वे मोक्ष-साधना का भी उल्लेख नहीं करते। भक्ति रस के परवर्ती आचार्यों का कथन है कि भरत ने भौतिक रसों का ही विवेचन किया है। लेकिन प्रमुख बात तो यह है कि भरत ने मोक्ष-साधना को नाट्यप्रयोजनों में भले ही स्थान न दिया हो फिर भी आनन्द-साधना ही नाट्य का, काव्य का प्रमुख प्रयोजन ठहरता है। भरत के रसास्वादन पर विचार किया है। हर्षादिंश्चाधिगच्छन्ति' कहकर आनन्द-साधना का मार्ग निर्मित किया है। भरत के काव्य प्रयोजन में धर्म, यश, आयु, हित, बुद्धि, उपदेश आदि सम्मिलित हैं।

भामह—काव्य-प्रयोजनों का परिशोधन कर भामह उनका स्वरूप विवेचित करते हैं। वह तो भरत के ही काव्य-प्रयोजनों का परिष्कार करते हैं। उनके अनुसार—

धर्मार्थ-काममोक्षेषु वैचक्षण्यं कलासु च।
करोति कीर्तिं प्रीतिं च साधु काव्य निषेवणम्।।

अर्थात् भामह के अनुसार सत्काव्य का पठन-पाठन—धर्म, अर्थ, काम, मोक्ष तथा कलाओं में निपुणता कीर्ति और प्रीति को प्रदान करता है। इन्होंने चतुर्वर्ग का उल्लेख

किया है। भामह ने इहलौकिकता और पारलौकिकता दोनों पर दृष्टि दौड़ाई है। मोक्ष पारलौकिकता के सन्दर्भ में ही भामह ने कीर्ति प्रयुक्त है। भामह का धर्म और अर्थ भरत के धर्म और हित का शुद्ध रूप ही है। भामह ने कीर्ति और भरत ने यश का प्रयोग किया है। दोनों आचार्यों के मत प्रायः समान ही हैं। अन्तर केवल संशोधन का है। भामह काम से रागात्मक समृद्धि की बात कहता है तथा अर्थ से लौकिक सुख को ही प्रदर्शित करता है। इस प्रकार भामह के प्रयोजन पूर्ण और व्यापक हैं।

दण्डी—दण्डी ने काव्य प्रयोजन का उल्लेख नहीं किया है बल्कि वाणी के प्रयोजन का विवेचन किया है जिन्हें अप्रत्यक्ष रूप से काव्य प्रयोजन में ही समाहित किया जा सकता है। दण्डी ने शब्द-ज्योति को शब्द-व्यवहार प्रवर्तक तथा समस्त वस्तु प्रकाशक कहते हुए वाङ्मय की महिमा को प्रस्तुत किया है—'सामान्य दर्पण का स्वभाव यह होता है कि जब तक बिम्ब उसके समक्ष रहता है तभी तक दर्पण में प्रतिबिम्ब रूप में उसका प्रतिफलन होता है। किन्तु यह वाङ्मय-रूप दर्पण इतना विलक्षण है कि प्राचीन राजा लोगों के बिम्ब के समाप्त हो जाने पर भी काव्य-दर्पण में उनका प्रतिबिम्ब प्रतिफलित होता रहता है।' दण्डी के ही टीकाकारों ने इसमें काव्य-प्रयोजन की झलक देखी है।

वामन—इन्होंने काव्य-प्रयोजनों पर दो प्रकार से दृष्टिपात किया है; एक तो उसका काव्य प्रयोजन है प्रीति अथवा आनन्द-साधना; जिसे दृष्ट-प्रयोजन कहा जा सकता है। दूसरा प्रयोजन है कीर्ति जो अदृष्ट-प्रयोजन कहा जा सकता है। कीर्ति बाह्य है और प्रीति आन्तरिक। वामन का सूत्र इस प्रकार है—

'काव्यं सदद्दृष्टादृष्टार्थ प्रीति कीर्ति हेतुत्वात्।' (काव्यालंकार सूत्र)

अर्थात् वामन के अनुसार व्यक्ति जीवित रहकर काव्य का आनन्द भोगकर प्रत्यक्ष प्रयोजन प्राप्त करता है तथा मरने पर जो कीर्ति मिलती है उससे अप्रत्यक्ष प्रयोजन प्राप्त करता है। विद्वानों ने कीर्ति को स्वर्गफला तथा अपकीर्ति को नरक की दूतिका कहा है।

रुद्रट—वामन के बाद रुद्रट ने काव्य-प्रयोजन पर भलीभाँति विचार किया है। काव्य-प्रयोजन के सन्दर्भ में रुद्रट की दृष्टि कवि पर ही रहती है। उसकी धारणा है कि कवि काव्यरचना करके महापुरुषों के यश को स्थायी बना देता है, जिससे उसे अवश्य ही उपकार के बदले पुण्यफल मिलता है। इस प्रकार कवि को आनुषंगिक फल, अनर्थोपशम, धनप्राप्ति आदि वस्तुएँ प्राप्त होती हैं। रुद्रट के काव्य प्रयोजन अधिक हैं, जो बिखरे पड़े हैं। इन्हें गिनना कठिन है।

आनन्दवर्धन ने ध्वनि-निरूपण में ही काव्य प्रयोजन का स्वरूप निर्धारित किया है। 'सहृदयमनः प्रीति' को काव्य का प्रयोजन भी कहा जा सकता है। उसने विगलित

वेदवेदान्तर आनन्द को सकल प्रयोजन मौलिभूत कहा है। वह रसास्वादन को प्रमुख प्रयोजन मानता है। आनन्दवर्धन की दृष्टि सहृदय पर है; परिशीलक पर है। अभिनव गुप्त ने कवि (कर्ता) और सहृदय दोनों को ध्यान में रखकर काव्य-प्रयोजन पर विचार प्रस्तुत किया है। यह प्रीति को ही प्रधान मानता है। कवि को प्रीति और कीर्ति दो फल मिलते हैं। कीर्ति से भी प्रीति का ही सम्पादन होता है। सहृदय को व्युत्पत्ति और प्रीति की प्राप्ति होती है। राजशेखर ने अपने 'काव्य मीमांसा' में काव्यप्रयोजन सम्बन्धी विचारणा में कवि और सहृदय दोनों को ध्यान में रखा है। उनका कहना है कि सहृदय की दृष्टि से काव्य का प्रयोजन है आनन्द की प्राप्ति और कवि की दृष्टि से उसका प्रयोजन है अक्षयकीर्ति।

कुन्तक—कुन्तक काव्यशास्त्र के मौलिक चिन्तक हैं। कुन्तक के अनुसार काव्य के मुख्य रूप से तीन प्रयोजन हैं—(1) चतुर्वर्ग-फल-प्राप्ति, (2) व्यवहार-ज्ञान, (3) लोकोत्तर आनन्द की प्राप्ति-इन तथ्यों पर अब हम क्रमशः विवेचन करेंगे।

(1) चतुर्वर्ग-फल प्राप्ति—कुन्तक का कहना है कि चतुर्वर्ग-फल प्राप्ति अन्य शास्त्रों से भी हो सकती है परन्तु काव्य में जो मृदुलता एवं कोमलता रहती है; वह फल-ग्रहीता को सरसतापूर्वक बोधगम्य कराती है। शास्त्र तो नीरस होता है जबकि काव्य सरस। कुन्तक ने उच्च कुल में उत्पन्न होनेवाले राजकुमार को ही चुना है। जैसे—

धर्मादिसाधनोपायः सुकुमार—क्रमोदितः।
काव्यबन्धोऽभिजातानाम् हृदयाह्लादकारकः।।

काव्य की सरस शैली ही राजकुमार को धर्मादि सिद्धि के मार्ग का प्रदर्शन करा सकती है। ध्यान देने योग्य बात यह है कि कुन्तक ने चतुर्वर्ग-फल-प्राप्ति के लिए जनसाधारण को नहीं बल्कि राजकुमार को चुना है। 'अभिजात' शब्द का अर्थ ही होता है; जिसकी शिक्षा-दीक्षा उदारतापूर्वक सम्पन्न हो। यहाँ पर राजकुमार का व्यक्तिनिष्ठ जीवन समष्टि का प्रतिनिधि बन जाता है। राजकुमार ऐसे वातावरण में उत्पन्न होता है कि उसे परिश्रम से भय लगता है। इसलिए वह शास्त्र से नहीं प्रत्युत् काव्य से ही सिद्धि का मार्ग खोज सकता है। राजकुमारों को तो धर्मनिष्णात होना आवश्यक होता है क्योंकि वे बृहत् भूभाग के भाग्य-विधायक होते हैं। जब वह प्रशिक्षित हो लोक व्यवहार में उतरते हैं तो समस्त प्रजा भी चतुर्वर्ग-फलप्राप्ति का परिज्ञान धीरे-धीरे प्राप्त कर लेती है। आज के सन्दर्भ में राजा को ही नहीं बल्कि प्रजा को भी ऐसे प्रतीक के रूप में रखा जा सकता है। निष्कर्ष यही है कि चतुर्वर्ग-फलप्राप्ति काव्य से सरलता तथा शीघ्रतापूर्वक होती है।

(2) व्यवहार-ज्ञान—इस प्रयोजन के मूल उद्देश्य को कुन्तक ने शंका-समाधान के रूप में रखा है। उनका कहना है कि राजा को विनेय मानने से काव्य का क्षेत्र

संकुचित हो जायेगा। इस पर वे आगे कहते हैं कि राजा आदि महापुरुषों का वर्ग; छोटे से लेकर बड़े परिवार तक के लिए तथा राजोपजीवी (प्रजा) के लिए होता है। कवि राजकुमार के माध्यम से कर्तव्य कर्मों का निर्माण कर औचित्य-अनौचित्य की अभिव्यंजना करता है, जिससे सभी उपजीवी व्यक्ति इसी से औचित्य का परिज्ञान प्राप्त करते हैं और उसी के अनुसार व्यवहार करते हैं तथा राजा के प्रयोजन को सिद्ध करते हैं। कुन्तक की दृष्टि व्यापक है; लोकव्यवहार के क्षेत्र में वह अनेक वर्गों को भी सम्मिलित कर लेता है। यथा–

व्यवहार परिस्पन्द सौन्दर्य व्यवहारिभिः।
सत्काव्याधिगमादेव नूतनौचित्यमापते।।

अर्थात् व्यवहार या लोकचार के सौन्दर्य का ज्ञान व्यवहार करनेवाले जनों को उत्तम काव्यों के परिज्ञान से ही होता है। सत्काव्य के सेवन से उचित एवं शोभन व्यवहार-ज्ञान मिलता है। लोकचार की शिक्षा काव्य का व्यावहारिक प्रयोजन है। एक आपत्ति यह होती है कि परिशीलक, सहृदय या उपजीवी को आनन्द की प्राप्ति समयान्तर में होगी। इसी भ्रम के निवारण के लिए कुन्तक ने लोकोत्तर आनन्द की परिचर्या की है जिससे उपजीवी (सहृदय) को बराबर लोकोत्तर आनन्द मिलता रहता है।

(3) **लोकोत्तर आनन्द की प्राप्ति**–काव्यरूपी अमृत के रस-पान से सहृदय के हृदय में एक अद्वितीय चमत्कार की सर्जना होती है जो चतुर्वर्गफलप्राप्ति से भी अधिक है–

चतुर्वर्गफलास्वादमप्यतिक्रम्य तद्विदाम्।
काव्यामृतरसेनान्तश्चमत्कारो वितन्यते।।

अर्थात् जो आनन्द चतुर्वर्ग-फल प्राप्ति से होता है वह काव्यामृत के रसचर्वणा के चमत्कारिक आनन्द की बराबरी नहीं कर सकता। कुन्तक का कहना है कि 'शास्त्र कटु औषधि के समान अविद्यारूपी व्याधि को नष्ट करनेवाला होता है; जबकि काव्य आह्लाददायक अमृत के समान अज्ञानरूपी रोग को दूर करता है।' चतुर्वर्ग-फलप्राप्ति की सम्भावना कालान्तर में होती है जबकि चमत्कारिक आनन्द तुरन्त ही अन्तःकरण में बस जाता है। कुन्तक के काव्य प्रयोजन का निष्कर्ष यही है कि उसने आनन्द (प्लीजर) को ही काव्य का मूल प्रयोजन माना है।

धनंजय भी आनन्द-साधना को ही काव्य का मूल प्रयोजन मानते हैं। वह व्युत्पत्ति को प्रयोजन के रूप में समझनेवालों को दूर से ही नमस्कार करते हैं।

मम्मट–काव्य-शास्त्र में मम्मट का विशिष्ट स्थान है। इन्होंने काव्य-प्रयोजन का व्यापक रूप से प्रयोग किया है–

काव्यं यशसेऽर्थकृते व्यवहारविदे शिवतरक्षतये।
सद्यः परिनिर्वृतये कान्तासम्मिततयोपदेशयुजे।। (काव्यप्रकाश)

उपर्युक्त श्लोक के अनुसार काव्य के निम्नांकित प्रयोजन हो सकते हैं—

(1) **यशप्राप्ति**—कुछ लोग यशप्राप्ति के उद्देश्य से ही काव्यसर्जना करते हैं। कुछ ऐसे कवि भी होते हैं जिन्हें यश की आकांक्षा ही नहीं रहती। जायसी ने अपने काव्य को यशचिह्न के रूप में रखा है—

'औ मैं जानि कवित अस कीन्हा। मकु यह रहै जागत मँह चीन्हा।'

जो तुलसीदास स्वान्तः सुखाय काव्य की रचना करते हैं। वे भी ऐसी बात अवश्य कहते हैं—*'जो प्रबन्ध बुध नहिं आदरहीं। सो स्रम वादि बाल कवि करहीं ॥* आगे भी कहते हैं—*'निज कवित्त केहि लागि न नीका।'* अपने काव्य में सरसता की आशा करना उनकी यश-दृष्टि को साफ करता है।

(2) **अर्थप्राप्ति**—हिन्दी साहित्य के मध्यकालीन दरबारी कवि इसके ज्वलन्त उदाहरण हैं। वे धन प्राप्ति के उद्देश्य से ही अपने आश्रयदाताओं की प्रशंसा अपने काव्य में करते हैं।

(3) **व्यवहार-ज्ञान**—कतिपय कवि सामाजिक आचार, विचार, व्यवहार के लिए ही काव्य की रचना करते हैं।

(4) **लोकहित**—लोक को अनिष्ट से बचाने के लिए भी काव्य की रचनाएँ होती हैं। जैसे दिनकर का 'कुरुक्षेत्र' नामक महाकाव्य विश्व को शान्ति का मार्ग बताता है।

(5) **आत्मशान्ति**—यह सभी प्रयोजनों में समुन्नत है; इसी को हम आनन्द की सिद्धावस्था अथवा रसास्वादजन्य आत्मानन्दोपलब्धि कह सकते हैं।

(6) **कान्ता-सम्मित उपदेश**—यह काव्य का अन्तिम और महत्त्वपूर्ण प्रयोजन है। अपने विचार एवं उपदेश को मर्मस्पर्शी बनाने के लिए काव्य को अपनाया जाता है। कबीर, नानक आदि सन्त-कवि इसके प्रमाण हैं, इनके काव्य में रस की, मर्म की प्रधानता होती है, जैसे कान्ता मोहित कर लेती है, वैसे ही काव्य का उपदेश-रस भी मोहित कर लेता है।

इन प्रयोजनों में यश और अर्थ कवि के लिए तथा व्यवहार-ज्ञान, सद्यः परिनिर्वृत्ति और कान्तासम्मित उपदेश सहृदय के लिए है तथा अमंगल का नाश दोनों के लिए है। हेमचन्द तो मम्मट के ही काव्य-प्रयोजन को संक्षिप्त कर देता है—

'काव्यमानन्दाय यशसे कान्तातुल्यतयोपदेशावाच्'

हिन्दी साहित्य में काव्य प्रयोजन सम्बन्धी मन्तव्य

गोस्वामी तुलसीदास जी ने अपने काव्य का प्रयोजन स्वान्तः सुखाय ही कहा है, फिर भी–

'कीरति भनिति भूति भलि सोई। सुरसरि सम सबकर हित होई।'

रीतिकाल के प्रसिद्ध आचार्य एवं कवि भिखारी दास ने काव्य के अनेक प्रयोजन उदाहरण स्वरूप बताये हैं, जैसे–

एक लहैं तपपुञ्जन्ह के फल, ज्यों तुलसी और सूर गोसाईं।
एक लहै बहु सम्पति केशव, भूषन ज्यों वर-वीर बड़ाईं।।
एकन्ह को जस ही सौं प्रयोजन है रसखानि रहीम की नाईं।
दास कवित्तन्ह की चरचा बुधिवन्तन को सुख दै सब ठाँई।।

मैथिलीशरण गुप्त भी कला को व्यापक हित में रखते हैं–

'मानते हैं जो कला-को-कला के अर्थ ही, स्वार्थिनी करते कला को व्यर्थ ही।'

विद्यापति कहते हैं–

'जई सुरसा हो सई मञ्जु भासा। जो बुज्झिय सो करहि पसंसा।।'

आधुनिक हिन्दी-आलोचकों की धारणाएँ

आचार्य रामचन्द्र शुक्ल के अनुसार हृदय की मुक्तावस्था को रस दशा कहा जाता है। इसके अलावा भी–"काव्य का अन्तिम लक्ष्य जगत् के मार्मिक पक्षों का प्रत्यक्षीकरण करके उनके साथ मनुष्य-हृदय का सामंजस्य प्रतिस्थापन है।"

आचार्य हजारीप्रसाद द्विवेदी ने मनुष्यता को ही (मानव-कल्याण) साहित्य का लक्ष्य कहा है, यथा–"मैं साहित्य को मनुष्य की दृष्टि से देखने का पक्षपाती हूँ। जो वाग्जाल मनुष्य को दुर्गति, हीनता और परमुखापेक्षिता से बचा न सके, जो आत्मा को तेजोदीप्त न बना सके; जो उसके दुःख को परदुःखकातर और संवेदनशील न बना सके; उसे साहित्य कहने में मुझे संकोच होता है।"

आचार्य नन्ददुलारे वाजपेयी ने साहित्य का प्रयोजन आत्मानुभूति को ही माना है। डॉ. नगेन्द्र आत्माभिव्यक्ति को ही साहित्य का प्रयोजन कहते हैं। गुलाब राय ने सभी आचार्यों के विचारों का समन्वय ही कर डाला है। तात्पर्य यह है कि साहित्य का लक्ष्य मानव-कल्याण ही होना चाहिए। इसीलिए साहित्य में सत्यं-शिवं-सुन्दरं की परिकल्पना की जाती है।

आधारभूत निष्कर्ष–सम्पूर्ण काव्य प्रयोजनों को परखने से ऐसा लगता है कि सभी विचारकों को दो वर्गों में बाँटा जा सकता है–एक यथार्थवादी और दूसरा आदर्शवादी।

काव्य का प्रयोजन क्या होना चाहिए? यह बहुत निश्चयात्मक ढंग से नहीं कहा जा सकता क्योंकि काव्य-प्रयोजन सम्बन्धी मान्यताएँ तो बदलती रहती हैं।

पाश्चात्य काव्यशास्त्र में काव्य-प्रयोजन का स्वरूप

पाश्चात्य विचारकों की काव्य-प्रयोजन सम्बन्धी धारणाएँ समय एवं सभ्यता के विकास के साथ परिवर्तित होती रही हैं। इन्होंने पहले काव्य को धर्मप्रचार तथा मानव-कल्याण का एक साधन माना है तथा बाद में ये ही काव्य धर्म तथा नैतिकता की मर्यादा का उल्लंघन कर 'कला के लिए कला' की बात करते हैं। इनके विचार क्रमशः विवेचनीय हैं—प्रसिद्ध यूनानी विचारक 'हैसियड' ने काव्य का प्रयोजन उपदेश देना माना है तथा 'होमर' ने आनन्द को ही काव्य का प्रयोजन स्वीकार किया है। 'प्लेटो' काव्य-प्रयोजन को लोकमंगल के रूप में स्वीकार करता है। वह 'होमर' की इसलिए निन्दा करता है क्योंकि **'होमर'** आनन्द की उपलब्धि में वास्तविकता को नकार भी सकता है। 'प्लेटो' का कहना है कि काव्य का प्रयोजन मानव-स्वभाव के उदात्त और महान् का उद्घाटन तथा सम्वर्धन है।

'अरस्तू' ने अपने काव्य-प्रयोजन में आनन्द को ही प्रमुख स्थान दिया है। 'अरस्तू' की दृष्टि में काव्य तो ऐसा अनुभूत सत्य है जो अनुकृत किया जाता है अर्थात् अनुकरण ही काव्य है। कवि या कलाकार के इस अनुकरण में उनका प्रत्यक्ष अनुभव काम करता है। इसलिए अनुकृत वस्तु से आनन्द की ही प्राप्ति होती है। जैसे हिंसक जानवर के क्रियाकलापों को अनुकृत कर सहृदय को आनन्द की ही प्राप्ति होती है। 'अरस्तू' का दूसरा काव्य-प्रयोजन है ज्ञानार्जन। अरस्तू काव्य के मूल प्रयोजन को आनन्द मानते हुए भी नैतिक स्तर को महत्त्व देता है। इन्होंने अपने ज्ञानार्जन को आनन्द में ही समाहित कर दिया है। उनका कथन है कि 'कला का विशिष्ट उद्देश्य आनन्द है; पर यह आनन्द नीति-सापेक्ष है; यह अनैतिक नहीं हो सकता।' 'अरस्तू' के 'आनन्द' को आध्यात्मिकता, मनोविनोद, ऐन्द्रिकता और बौद्धिकता के कठघरे में कैद नहीं किया जा सकता। उसका आनन्द तो अनुभवजन्य तथा काल्पनिक विशिष्ट आनन्द का प्रतीक है। अरस्तू ने अपनी काव्य-साधना में जो आनन्द का मार्ग प्रदर्शित किया है; वह भारतीय रस के निकट रखा जा सकता है। यद्यपि दोनों के आनन्द में कहीं साम्य है, तो कहीं भेद। दोनों का आनन्द बौद्धिकता एवं आध्यात्मिकता से परे है; यहाँ तो साम्य है परन्तु 'अरस्तू' द्वारा वर्णित आनन्द कल्पनातत्त्व और ज्ञानतत्त्व से जुड़ा हुआ है। 'अरस्तू' की दृष्टि में काव्य भौतिकतापरक अनुभूत सत्य का तकाजा है। 'अरस्तू' की भौतिकवादी दृष्टि लौकिकता से पृथक् है क्योंकि लौकिकता में दो पूर्वपरिचित तथ्य का ही प्रत्यक्षीकरण होता है तथा इसमें अपरिचित तथ्य का अनुभव द्वारा प्रत्यक्षीकरण होता है। अरस्तू प्लेटो का इसलिए खण्डन करता है क्योंकि प्लेटो

भावों की उत्तेजना को स्वीकार करता है; लेकिन अरस्तू उन्हें मानव-मस्तिष्क के विशुद्धीकरण में सहायक बताता है। सारांश यह है कि अरस्तू की दृष्टि में काव्य एक अनुकृति है; अनुभूत सत्य है इसलिए इससे ज्ञान की, आनन्द की प्राप्ति हो सकती है जिससे मानव मस्तिष्क का विशुद्धीकरण सम्भव है।

अधिकांश विचारकों ने काव्य का प्रयोजन काव्यानन्द तथा काव्यशिक्षा स्वीकार किया है। 'जान ड्राइडेन' ने काव्य के प्रयोजन को दो रूपों में स्वीकार किया है—एक है आनन्द तथा दूसरा है—शिक्षा देना। काव्य पढ़ने से ही आनन्द मिल सकता है तथा बाद में वही शिक्षा देने के काम भी आ सकता है। 'फिलिप सिडनी' ने काव्य प्रयोजन के लिए आनन्द और शिक्षा दोनों को स्वीकार किया है। 'लोंजाइनस' ने चरमोल्लास प्रदान करने को ही काव्य का प्रयोजन स्वीकार किया है। यह चरमोल्लास तर्क द्वारा नहीं सम्प्रेषित से किया जा सकता है। 'कॉलरिज' के मतानुसार, कविता विज्ञान के विपरीत सत्य का उद्घाटन नहीं करती, वह तो आनन्द प्रदान करती है। 'जानमन' के विचारानुसार आनन्द और सत्य के संयोग को ही कविता कहा जा सकता है। 'ली हंट' आत्मोत्कर्ष और आनन्द को कविता का लक्ष्य स्वीकार करता है। 'लीविस' की दृष्टि में कविता महज सिद्धान्त नहीं वरन् प्रेरक शक्ति है। 'लॉर्ड मैकाले' ने कविता को शब्दों के काल्पनिक जाल में फँसानेवाली जादूगरनी कहा है। 'निओतालमेस' ने आनन्द और नीतिशिक्षा दोनों को काव्य का प्रयोजन माना है। 'रस्किन' ने कविता को कल्पना के आवेग में आभिजात्य-मूल्यों की सर्जना कहा है। 'टॉल्सटॉय' के मतानुसार काव्य का प्रयोजन आनन्दसृष्टि करना नहीं बल्कि मानवता का फोटो तैयार करना है। 'शिलर' की दृष्टि में काव्य का प्रयोजन आनन्द ही है। 'विक्टर कंजिन' ने कला के उद्देश्य को नैतिक सौन्दर्य की अभिव्यक्ति कहा है। 'वर्ड्सवर्थ' ने कविता का प्रबल भावों को सहज उच्छ्वास कहा है। 'मैथ्यूआर्नल्ड' कविता को जीवन की सौन्दर्य और आनन्दपूर्ण व्याख्या कहता है। अतः यही कहा जा सकता है कि काव्य से आनन्द प्राप्त होने के साथ-ही-साथ जीवन की सत्यनिष्ठ भावभूमि भी निर्मित होती है जो अहित से परे है।

काव्य-प्रयोजन के विविध आयामों पर एक दृष्टि

भारतीय एवं पाश्चात्य काव्य-प्रयोजनों को देखने से हमें कुछ मौलिक रूप में ऐसे सूत्र प्राप्त होते हैं; जिनसे अनेक प्रवाद उभर पड़ते हैं, जिनका विवेचन क्रमशः किया जा रहा है—

(1) **कला कला का साधन**—कतिपय विचारकों ने काव्य को कलाप्रदर्शन का साधनमात्र कहा है अर्थात् उनकी दृष्टि में कला कला के लिए है। इन विचारकों में 'आस्कर वाइल्ड', 'ए.सी. ब्रेडले' आदि का नाम आता है। जब से नैतिकता और धर्म

के विरुद्ध शृंगारपरक अश्लील-चित्रण-युक्त तथा उन्मुक्त प्रेमपरक काव्य की रचना हुई तभी से काव्य का लक्ष्य उपदेश देना नहीं, बल्कि कला को प्रकट करना, ऐसा सिद्ध हुआ है। इस मत की सैद्धान्तिक रूपरेखा यह है कि कवि काव्य की रचना करते समय किसी उपदेश और प्रचार को मस्तिष्क में स्थान नहीं देता। वह तो अपनी प्रतिभा के स्वच्छन्द भावों को कला के रूप में बिखेरता है। 'कला कला के लिए है'– ऐसा मानने से अश्लील और कुरुचिपूर्ण काव्य की वृद्धि होती है जिससे कविता मात्र खिलौना बनकर रह जाती है। महत्त्वपूर्ण बात तो यह है कि श्रोता या पाठक भी कला से प्रोत्साहन प्राप्त कर सकता है।

(2) **कला जीवन का साधन**–काव्य और कला जीवन के मूलभूत तत्त्व जीवन के विकास से ही कला में विकास होता है। काव्य से ही जीवन को प्रेरणा मिलती है। काव्य या कला का जीवन समाज, राष्ट्र तथा विश्व से सम्बद्ध होता है। जीवन को काव्य और कला से ही आदर्श और यथार्थ की शिक्षा मिलती है। कला और काव्य उचितानुचित का विवेक प्रस्तुत करते हैं।

(3) **कला का उद्देश्य जीवन से पलायन**–जब व्यक्ति सांसारिक संघर्षों से ऊब जाता है तो वह काल्पनिक लोक में जाना चाहता है; इस तरह वह अपने जीवन से पलायित हो जाता है। तात्पर्य यह है कि व्यक्ति जीवन की कठिनाइयों से पलायित होकर कल्पनालोक में बस जाता है, यथा–प्रसाद की कुछ पंक्तियाँ–

'ले चल वहाँ भुलावा देकर मेरे नाविक धीरे-धीरे।
जिस निर्जन में सागर लहरी अम्बर के कानों में गहरी।
निश्छल प्रेम-कथा कहती हो तज कोलाहल की अवनी रे।।'

लेकिन यही प्रसाद जी 'कामायनी' में जीवन के संघर्ष में रत भी दिखाई पड़ते हैं। गोस्वामी तुलसीदासजी ने भी मध्ययुगीन जीवन की तिक्तता से दूर रहकर राम की जीवनगाथा को चित्रित कर पलायनवादी वृत्ति का ही संकेत किया है। लेकिन यहीं तुलसीदास ने मानवजीवन के लिए गरिमामय आदर्श सीमारेखा खींचकर अपने कवित्व-सार्थकता का ही परिचय दिया है। एक तरह से सभी छायावादी कवि भी जीवन की कटुता से ऊब कर कल्पनालोक का ही आश्रय लेते हैं।

(4) **कला का उद्देश्य मनोरंजन अथवा आनन्द**–काव्य और कला से मनोरंजन होता है और आनन्द भी मिलता है। इस विषय में किसी को मतभेद नहीं। काव्य से जो आनन्द मिलता है वह लोकातीत होता है। इसीलिए भारतीय मनीषियों ने इस आनन्द को ब्रह्मानन्द-सहोदर कहा है। इसमें मनुष्य की सारी अन्तर्वृत्तियाँ क्रियमाण रहती हैं।

(5) **कला का उद्देश्य सेवा**–काव्य या कला से मानवता की सेवा भी की जा सकती है, यह तो एक नैतिकतापरक दृष्टिकोण है। यदि कवि अथवा कलाकार

सेवाभाव को ही लेकर अपनी कृति को प्रस्तुत करता है तो यह बहुत ही निकृष्ट बात है; क्योंकि बिना इस क्षुद्रभाव के ही हृदय खोलकर समाज की वास्तविकता के लिए मार्ग प्रशस्त करता है जैसे मुंशी प्रेमचन्द और रूसी कलाकार टॉल्सटॉय।

(6) **कला का उद्देश्य आत्मसाक्षात्कार**–काव्य और कला दोनों के कर्ता आत्मसाक्षात्कार करते हैं, क्योंकि वे अपनी अनुभूतियों को अभिव्यक्ति प्रदान करते हैं। आत्मसाक्षात्कार की दशा में श्रेष्ठ कलाकार लोकात्म का साक्षात्कार करता है। ऐसी प्रवृत्ति गीतिकार और भावुक कलाकार में ही मिल सकती है। मीरा, कबीर, घनानन्द इसके ज्वलन्त प्रमाण प्रतीत होते हैं। मीरा अपनी कोकिल-रागिनी में ही आत्मसाक्षात्कार करती है। भावुक कबीर का मौजी एवं अक्खड़ व्यक्तित्व आत्मसाक्षात्कार की ही हिमायत करता है। घनानन्द का यह कथन– *'लोग हैं लागि कवित्त बनावत मोहि तो मोरे कवित्व बनावत'* में आत्मानुभूति का साक्षात्कार ही ध्वनित हो रहा है। तुलसी के 'स्वांतः सुखाय' में भी अन्तः साक्षात्कार का रूप विद्यमान है।

(7) **सर्वजनीन एवं कालजयी तथ्यों का समावेश**–सम्पूर्ण काव्यप्रयोजनों में सर्वव्यापक तथा अजेय मानवतावादी सन्दर्भों का संगुम्फन हुआ है। कला में भी सर्वजनीनता का रूप विद्यमान रहता है।

निष्कर्ष

सारे काव्य-प्रयोजनों को उलीचने से आनन्द और ज्ञानवर्धन नामक दो मौलिक तथ्य ही हाथ लगते हैं। कवि और पाठक दोनों को आनन्द मिलता है तथा उनके ज्ञान का विकास होता है। यही आनन्द जीवन और जगत् का आनन्द है तथा यही ज्ञानवर्धन जीवन और जगत् का ज्ञानवर्धन है तथा ये दोनों विश्व-मानववादिता के लिए सच्चे उद्घोष हैं, सन्देश हैं। यह आनन्द इतना व्यापक है कि इसमें सारे-के-सारे प्रयोजन घुलकर एक हो जाते हैं। काव्य का तो मूल प्रयोजन है जगत् को 'सत्यं शिव सुन्दरं' की राह दिखाना।

11
रस और साधारणीकरण

—उदयभानु सिंह

संचारी भावों के स्वरूप के विषय में मतभेद है। कुछ विद्वान् अस्थिर मनोविकारों को संचारी भाव कहते हैं और श्रम, आलस्य आदि को भी मनोभाव- द्योतक ही मानते हैं। यह मान्यता ग्राह्य है। अन्य समीक्षक संचारी भावों के अन्तर्गत रसपरिपोषक सभी शारीरिक (श्रम आदि), बौद्धिक (मति आदि) और भावनात्मक (हर्ष आदि) अवस्थाओं का परिगणन करते हैं।

विभाव—विभाव के सामान्यतः दो प्रकार माने गये हैं—आलम्बन और उद्दीपन। स्थायी भाव के उद्‌बोधक कारण (निमित्त या हेतु) को काव्यशास्त्र में **आलम्बन विभाव** कहते हैं। उद्‌बुद्ध स्थायी भाव को तीव्रता प्रदान करनेवाला कारण **उद्दीपन विभाव** है। कुछ आचार्यों ने आलम्बन विभाव के दो भेद माने हैं—विषय और आश्रय। स्थायी भाव का प्रवर्तक हेतु **विषयालम्बन** है। स्थायी भाव का आधार आश्रयालम्बन है। वही अनुभावों का भी आधार है। रस-निष्पत्ति में अनुभावों का योगदान विशेष महत्त्वपूर्ण है। अतः उनके आश्रय की महत्ता भी असंदिग्ध है। विभाव के दो भेद और फिर आलम्बन के दो भेद मानने की अपेक्षा विभाव के ही तीन भेद मानना ग्राह्य है। वे भेद हैं—आलम्बन (विषय), आश्रय और उद्दीपन। उद्दीपन के भी दो रूप हो सकते हैं—आलम्बनगत और आलम्बनबाह्य। आलम्बन की चेष्टाएँ आदि प्रथम प्रकार के अन्तर्गत हैं, उद्दीपन आदि दूसरे प्रकार के।

अनुभाव—मनोगत भाव के सूचक शारीरिक विकार अनुभाव हैं; जैसे—भ्रूभंगय रोमांच आदि। यद्यपि वाचिक अभिव्यक्तियाँ भी शारीरिक विकार ही हैं तथापि कुछ विद्वानों ने उन्हें गौरव ने के लिए अनुभावों के दो प्रकार माने हैं—कायिक और वाचिक। एकाध आचार्य अनुभावों के चार प्रकार मानते हैं—कायिक, मानसिक, आहार्य और सात्विक। यह संगत नहीं है। मानसिक अनुभाव वस्तुतः भावरूप है। आहार्य अभिनय का अंग है। सात्त्विक अनुभाव कायिक के ही अन्तर्गत हैं। अनुभावों की संख्या अनन्त है।

सात्विक भाव—आन्तरिक भाव की बाह्य शारीरिक अभिव्यक्ति होने का कारण सात्विक भाव भी अनुभाव ही है। 'सत्व' का अर्थ है समाहित या समरस मन, उससे उत्पन्न होने के कारण वे 'सात्विक' कहलाते हैं। अन्य अनुभावों से उनका वैशिष्ट्य इस बात में है कि वे भावों के उदित होने पर स्वतः उद्भूत हो जाते हैं। उनकी संख्या नौ है—स्तम्भ, स्वेद, रोमांच, वेपथु (कम्प), वैवर्ण्य, अश्रु, प्रलय और स्तन्यस्त्राव (स्तनों से दूध निकालना)। अन्तिम सात्विक भाव केवल वात्सल्य रस की विशेषता है।

रस-निष्पत्ति

रस सिद्धान्त के आदिआचार्य नाट्यशास्त्रकार भरत हैं। उनका रस-सूत्र है—**विभावानुभावव्यभिचारिसंयोगाद्रसनिष्पत्तिः।** इस सूत्र की उन्होंने स्वयं संक्षिप्त व्याख्या की है। टीकाकारों ने अपनी-अपनी मति के अनुसार उस सूत्र का विशद व्याख्यान किया है। चार व्याख्याकार विशेष रूप से प्रख्यात हैं—भट्टलोल्लट, श्री शंकुक, भट्टनायक और अभिनव गुप्त। प्रथम तीन की टीकाएँ उपलब्ध नहीं हैं। 'अभिनवभारती', 'काव्य-प्रकाश' आदि ग्रन्थों में ही इनके मत का संक्षिप्त उल्लेख मिलता है। उसी आधार पर उनकी विचार-चर्चा सम्भव है।

भरत का रस-सिद्धान्त

भरत नाट्यशास्त्र लिख रहे थे। अतः उन्होंने श्रव्यकाव्यगत रस पर विचार नहीं किया। वस्तुवादी दृष्टि से उन्होंने रस को नाट्य (अभिनय) निष्ठ माना है अर्थात् रस नाट्य में होता है। उसके आस्वादन से प्रेक्षक को जो आनन्दानुभूति होती है वह रस से भिन्न वस्तु है। रस के स्वरूप और निष्पत्ति के विषय में उनकी तीन उक्तियाँ विशेष ध्यान देने योग्य हैं।[1]

(1) आस्वाद्य (रसनीय) पदार्थ का नाम रस है। इससे यह निष्कर्ष निकलता है कि रस स्वयं आस्वाद या अनुभूति नहीं है, वह आस्वाद का विषय है। निम्नांकित उपमाएँ उनके तात्पर्य का स्पष्टीकरण करती हैं—

(2) जिस प्रकार गुड़ आदि द्रव्यों, व्यंजनों और औषधियों के संयोग (समन्वय) से छह रसों की निष्पत्ति (निवृत्ति) होती है उसी प्रकार विभिन्न भावों (विभावों, अनुभावों और संचारियों) के संयोग से स्थायी भाव रसत्व को प्राप्त होते हैं।

---

1 (क) रस इति कः पदार्थः। अत्रोच्यते आस्वाद्यत्वात्।

(ख) यथा व्यंजननौषधिसंयोगाद्रसनिष्पत्तिः तथा नानाभावोपगमाद्रसनिष्पत्तिः। यथा गुडादिभिर्व्यजनैरोषधिभिश्च षड्रसा निर्वर्त्यन्ते एवं नानाभावोपहिता अपि स्थायिनो भावा रसत्वमाप्नुवन्ति।

(ग) यथा हि नानाव्यंजनसंस्कृतमन्नं भुंजाना रसानास्वादयन्ति सुमनसः पुरुषाः हर्षादीश्चाप्यधिगच्छन्ति तथा नानाभावाभिनयव्यंजितान् वागं गसत्त्वोपेतान् स्थायिभावानास्वदयन्ति सुमनसः प्रेक्षकाः। तस्मात् नाट्यरसा इति व्याख्यातः।

(3) जैसे विभिन्न प्रकार के व्यंजनों से संस्कृत अन्न को खाते हुए 'सुमनस' लोग रस का आस्वादन करके हर्ष आदि का अनुभव करते हैं वैसे ही 'सुमनस' प्रेक्षक विभिन्न प्रकार के भावों (विभावादि) एवं अभिनयों द्वारा व्यंजित स्थायी भाव का आस्वादन करते हैं।

भरत के मत का निष्कर्ष इस प्रकार—

(1) मूल पात्र का स्थायी भाव अभिनेता के द्वारा प्रदर्शित होने पर रसरूप में परिणत होता है।

(2) भाव अमूर्त होते हैं। फलतः उनकी व्यंजना स्वतः नहीं हो सकती। विभावों, अनुभावों और अभिनय के द्वारा उनका प्रकाशन होता है।

(3) संचारी भाव इस अभिव्यंजना में सहायक होते हैं।

(4) 'संयोग' का अर्थ होता है समन्वय। 'निष्पत्ति' का अर्थ है निर्वृत्ति या परिपाक।

भट्टलोल्लट का मत

स्थायी भाव मुख्य रूप से अनुकार्य अर्थात् मूल पात्र राम आदि में होता है। राम आदि की भूमिका प्रस्तुत करनेवाले नट में भी (सामाजिक को) उस स्थायी भाव की प्रतीति होती है। विभाव स्थायी भाव को उत्पन्न (उदित) करते हैं, अनुभव उसे प्रतीति-योग्य बनाते हैं और संचारी भाव उसे पुष्ट करते हैं। इस प्रकार स्थायी भाव एवं विभाव में उत्पाद्य-उत्पादक सम्बन्ध, स्थायी एवं अनुभाव में प्रतीत्य-प्रत्यायक सम्बन्ध, स्थायी एवं संचारी में पोष्य-पोषक-सम्बन्ध है। इस क्रम से विभाव आदि के द्वारा उपचित स्थायी भाव 'रस' है। रस और स्थायी भाव में कार्यकारण सम्बन्ध है, क्योंकि विभावादि के संयोग से स्थायी भाव ही रस-रूप में परिणत होता है। रस और विभावादि में उपचेय-उपचायक-सम्बन्ध है। 'संयोग' शब्द से ये सभी तात्पर्य निकलते हैं। 'निष्पत्ति' का अर्थ है उपचिति।

यद्यपि भट्टलोल्लट ने सामाजिक की प्रतीति का संकेत किया है तथापि उन्होंने प्रेक्षक की आत्मानुभूति को रस नहीं माना है। उनके अनुसार रस नाट्यनिष्ठ पदार्थ है, क्योंकि वह अभिनेता द्वारा रंगमंच पर प्रदर्शित मूल पात्र के स्थायी भाव का विभावादि के द्वारा उपचित रूप मात्र है। लोल्लट के मत पर अनेक आक्षेप किये गये हैं। किन्तु लोल्लट के मतानुसार रस की नाट्यनिष्ठता को दृष्टि में रखकर विचार करने पर वे आक्षेप सारगर्भित नहीं प्रतीत होते। उन्हें मीमांसक या शैव मानने के पक्ष में कोई ठोस प्रमाण उपलब्ध नहीं है। उन्होंने रस की दार्शनिक व्याख्या नहीं प्रस्तुत की। अतः नाट्यदृष्टि से उनका मत ग्राह्य है।

श्री शंकुक का मत

स्थायी भाव वस्तुतः अनुकार्य (नाटक-निबद्ध पात्र) राम आदि में होता है। अभिनेता उस स्थायी भाव का अनुकरण करता है। अमूर्त स्थायी भाव का अनुकरण सम्भव नहीं है, अतः नाट्य में विभावों और अनुभावों के द्वारा उसका प्रकाशन किया जाता है। संचारी भाव भी इस प्रक्रिया में सहायक होते हैं। यद्यपि स्थायी भाव अभिनेता में विद्यमान नहीं है तथापि रंगमंच पर प्रदर्शित विभावों, अनुभावों और संचारी भावों द्वारा प्रेक्षक अभिनेता में अनुकार्य राम आदि के स्थायी भाव का अनुमान कर लेता है। इस प्रकार विभावादि के सहयोग से अभिनेता द्वारा अनुकृत और प्रेक्षक द्वारा अनुमित स्थायी भाव 'रस' है। अनुकरण-रूप होने के कारण यह (नटगत कृत्रिम) स्थायी भाव मूल पात्र के स्थायी भाव से भिन्न है, अतः 'रस' कहलाता है। स्थायी भाव गम्य या अनुमेय है और विभावादि उसके गमक या अनुमापक हैं। अतः भरत के सूत्र में प्रयुक्त 'संयोग' का अर्थ है—स्थायी भाव और विभावादि में गम्य-गमक (अनुमेय-अनुमापक) सम्बन्ध। रस की अनुकृति या अनुमिति मानना उचित नहीं है। अनुकार्य में रस नहीं होता, अभिनेता उसके स्थायी भाव का ही अनुकरण करता है और प्रेक्षक अभिनेता को राम आदि के रूप में ग्रहण करके अनुमान द्वारा उस स्थायी भाव की ही प्रतीति करता है। यह अनुमान अन्य अनुमानों से विलक्षण है। इसलिए न्यायशास्त्रीय अनुमान प्रमाण के आधार पर श्री शंकुक की आलोचना न्यायसंगत नहीं है। अपेक्षित साक्ष्य के अभाव में वैदिक न्याय या बौद्धन्याय के आधार पर श्री शंकुश के मत की व्याख्या समीचीन नहीं है। उनका ग्रन्थ प्राप्य नहीं है। 'लिंग', 'अनुमान' आदि शब्दों का प्रयोग सामान्य अर्थ में भी हो सकता है, विशेषकर ऐसी स्थिति में जबकि श्री शंकुक ने स्थायी भाव के अनुमान को शास्त्रीय अनुमान से विलक्षण माना है। उन्होंने रस की दार्शनिक व्याख्या नहीं प्रस्तुत की और न सामाजिक की स्वगत रसानुभूति (प्रेक्षक द्वारा किये गये रसास्वादन) का मनोवैज्ञानिक विश्लेषण किया। उनके अनुसार भी रस नाट्यनिष्ठ है, प्रेक्षकनिष्ठ नहीं। उन्होंने रसानुभूति की कारण सामग्री का विवेचन किया और उस क्रम में कवि एवं नट की कला को विशेष महत्त्व दिया।

भट्टनायक का मत

भट्टनायक का कथन है कि रस न तो प्रतीत होता है, न उत्पन्न होता है और न अभिव्यक्त होता है। वह भावित और भुक्त होता है। इसमें तीन व्यापारों का योग रहता है (ये काव्य की तीन शक्तियाँ हैं)—अभिधा, भावकत्व (भावना) और भोजकत्व (भोग)। 'अभिधा व्यापार' द्वारा सहृदय को काव्य या नाट्य के शब्दार्थ का बोध होता है। 'भावकत्व व्यापार' द्वारा विभावादि का साधारणीकरण होता है अर्थात् आलम्बन, उद्दीपन आदि अपनी असाधारणता (विशिष्टता) को त्याग कर साधारण रूप

में प्रतीत होते हैं। फलतः कवि-निबद्ध (अभिनेता द्वारा अनुकृत) पात्रविशेष या स्थायी भाव भी साधारणीकृत रूप में भावित होता है। विभावादि स्थायी भाव के भावक हैं। अतः स्थायी भाव और विभावादि में भाव्यभावक-सम्बन्ध है। इस प्रकार साधारणीकृत विभावादि से भाव्यमान स्थायीभाव रस है। रस काव्यनिष्ठ या नाट्यनिष्ठ है, 'भोजकत्व व्यापार' द्वारा सहृदय उस रस का भोग (आस्वाद) करता है यह भोग ब्रह्मास्वाद के सदृश होता है। रसानुभूति और ब्रह्म-साक्षात्कार में सादृश्य यह है कि दोनों में अनुभवकर्ता की चेतना प्रकाशानन्दमय होकर आत्मविश्रान्त हो जाती है। दोनों में भेद भी है—ब्रह्मसाक्षात्कार की अवस्था गुणातीत है, रस-दशा में तीनों प्राकृत गुण कार्य करते हैं किन्तु सत्व का उद्रेक होता है और रजस्तम का स्पर्श मात्र रहता है। अतएव रस भोग ब्रह्मास्वाद-स्वरूप न होकर ब्रह्मास्वादसहोदर है।

भट्टनायक का रस-विवेचन अनेक दृष्टियों से महत्त्वपूर्ण है। भरत, भट्टलोल्लट और श्री शंकुक की दृष्टि नाट्य-रस पर ही केन्द्रित थी, भट्टनायक ने काव्यरस पर भी विचार किया। उन्होंने सहृदय की रसानुभूति की भी सारगर्भित विवेचना की और साधारणीकरण के सिद्धान्त का प्रवर्तन किया जो आगे चलकर अभिनवगुप्त द्वारा प्रतिष्ठित होकर रस की आनन्दस्वरूपता का मुख्य आधार बना।

भट्टनायक के मत पर अभिनवगुप्त ने अनेक आरोप किये हैं। उनमें तर्क युद्ध की मात्रा अधिक है। सबसे अधिक महत्त्व का आक्षेप यह है कि भट्टनायक द्वारा कल्पित भावकत्व और भोजकत्व व्यापार शास्त्र-परम्परा में स्वीकृत नहीं है। व्यंजना के रहते हुए उनकी कल्पना अनावश्यक है, यह ठीक है। परन्तु उक्त व्यापारों द्वारा भट्टनायक ने रसनिष्पत्ति और रसानुभूति की जिस प्रक्रिया का निर्देश किया है वह केवल अप्रचलित शब्द-प्रयोग के कारण तिरस्करणीय नहीं है।

अभिनवगुप्त का रस-सिद्धान्त

अभिनवगुप्त ने नाट्य या काव्य को रस का आश्रय नहीं माना। उनके अनुसार सहृदय (भावक या प्रेक्षक) रस का आश्रय है। काव्य में या रंगमंच पर प्रस्तुत विभावादि के संयोग से सहृदय में ही रस-निष्पत्ति होती है। उन्होंने प्रत्यभिज्ञा-दर्शन के आधार पर रस-निष्पत्ति का नये सिरे से व्याख्यान किया। परवर्ती काल में उन्हीं का रस सिद्धान्त मानक बन गया। उनके सिद्धान्त को समझने के लिए उसके दार्शनिक आधार का कामचलाऊ ज्ञान आवश्यक है।

सच्चिदानन्दस्वरूप ईश्वर (शिव) अद्वैत तत्त्व है। जगत् उसकी शक्ति का विकास, उससे अभिन्न और उसका नाट्य है। जीवात्मा भी तत्त्वतः शिवस्वरूप है, किन्तु माया के कंचुकों (आवरणों) से आवृत्त होने के कारण वह अपने स्वरूप को भूलकर विभिन्न प्रकार के संकुचित राग, द्वेष आदि से आबद्ध हो जाता है। व्यक्तिगत विशिष्ट सम्बन्धों

से बँध जाना उसकी असाधारणता है। अपनी साधना और शिव की कृपा से जब उसका चित्त निर्मल हो जाता है तब उसकी असाधारणता (संकुचित सम्बन्ध-दशा) का परिहार हो जाता है, वह अपने वास्तविक स्वरूप को पहचान लेता है (यह उसके आवृत्त स्वरूप की अनावृत्त या अभिव्यक्ति है)। प्रबुद्ध जीवात्मा सम्पूर्ण दृश्यजगत् के साथ तादात्म्य स्थापित करता हुआ अखण्ड जगदानन्द की अनुभूति करता है। यह तादात्म्य वस्तुतः ऐकात्म्य है, क्योंकि द्रष्टा, जीवात्मा और दृश्यजगत् सब कुछ रसस्वरूप या आनन्दस्वरूप शिव ही है। इसलिए जगदानन्द की अनुभूति, आत्मानन्द की अनुभूति अथवा आत्मानुभूति-सबका तात्पर्य एक है।

सहृदय (काव्य के पाठक या नाट्य के दर्शक) में स्थायी भाव रति आदि वासना (संस्कार) रूप से विद्यमान रहते हैं। माया का आवरण उसके आनन्दस्वरूप को आच्छादित किये रहता है। काव्य में विभावादि एवं गुणालंकार के उचित सन्निवेश और नाट्य में विभावादि के कलात्मक प्रदर्शन (चतुर्विध अभिनय) द्वारा सहृदय अपनी असाधारणता व्यक्तिगत राग, द्वेष आदि) से मुक्त हो जाता है। दूसरे शब्दों में उसके अन्तःकरण का साधारणीकरण हो जाता है। अतएव सहृदय के हृदय में वासना-रूप से स्थित स्थायी भाव भी साधारणीकृत हो जाता है। प्रमाता (भावक या प्रेक्षक) के अन्तःकरण के साधारणीकृत होने के साथ ही समस्त प्रमेय (काव्य के सन्दर्भ में समस्त भाव्य वस्तु और नाट्य के सन्दर्भ में समस्त दृश्य वस्तु) का भी साधारणीकरण हो जाता है। अतः आलम्बन आदि सहृदय को विशिष्ट (स्वगत या परगत) रूप में न प्रतीत होकर साधारण रूप में प्रतीत होते हैं। वह तन्मय हो जाता है। विभावादि के साथ उसका यह तन्मयीभवन तादात्म्य है। इस दशा में सहृदय का स्थायी भाव (जो मोहावरण के कारण अनभिव्यक्त था) साधारणीकृत रूप में अभिव्यक्त होकर रसनीय या आस्वाद्य बन जाता है। इस प्रकार सहृदयगत स्थायी भाव की रसरूप में अभिव्यक्ति होती है। रस आनन्दस्वरूप और आस्वादस्वरूप है। रस के आस्वाद की चर्चा वन के वृक्ष की भाँति लाक्षणिक है। लक्षणा द्वारा ही काव्य या नाट्य को रस का आश्रय कह दिया जाता। वस्तुतः रस का आश्रय सहृदय है।

विभावादि रस के व्यंजक और रस व्यंग्य है। संयोग का तात्पर्य है—रस और विभावादि में व्यंग्य-व्यंजक-सम्बन्ध। 'निष्पत्ति' का अर्थ है अभिव्यक्ति। आगे चलकर अभिनवगुप्त का सिद्धान्त ही सर्वमान्य रूप में प्रतिष्ठित हुआ। विश्वनाथ, मधुसूदन सरस्वती और जगन्नाथ ने वेदान्त का आधार लेकर उन्हीं के मूल सिद्धान्त का पुनर्व्याख्यान किया।

अभिनवगुप्त के अनुसार रस अखण्ड आनन्दानुभूति है। उसमें तारतम्य नहीं है। मधुसूदन सरस्वती ने तारतम्य स्वीकार किया है। यह अधिक तर्कसंगत जँचता है। सभी सहृदयों के व्यक्तिगत संस्कार एक समान प्रबल या निर्बल नहीं होते, एक ही

सहृदय सभी अवसरों पर समान रूप से स्वगतत्व आदि का त्याग नहीं कर पाता। एक ही कविता से कोई सहृदय अधिक प्रभावित होता है, कोई कम। एक ही सहृदय एक अवसर पर जिस रचना से घनीभूत आनन्दानुभूति करता है, दूसरे अवसर पर उतना नहीं करता है। इससे सिद्ध होता है कि रसानुभूति में तारतम्य है।

रस व्यंग्य है, कार्य या ज्ञाप्य नहीं है। विभावादि रस के 'कारण' नहीं हैं। कारण दो प्रकार के हो सकते हैं—उपादान और निमित्त। उपादान कारण का अस्तित्व उसके कार्य में बना रहता है; जैसे—मिट्टी का घट में। किन्तु विभावादि काव्य या नाट्य में होते हैं और रस सहृदय में। निमित्त कारण के नष्ट हो जाने पर भी उसका कार्य विद्यमान रह सकता है, जैसे—कुम्हार के न रहने पर भी घट। किन्तु रस की अनुभूति तभी तक सम्भव है जब तक विभावादि की प्रतीति होती है। इसलिए रस कार्य नहीं है। ज्ञाप्य वस्तु का अस्तित्व पहले से रहता है। ज्ञापक पदार्थ उसे प्रकाशित कर देता है; जैसे—पहले से विद्यमान घट को दीपक। किन्तु रस की सत्ता अपने व्यंजक विभावादि के पूर्व नहीं रहती। अतएव वह ज्ञाप्य नहीं है।

रस विभाव-अनुभाव-संचारीभाव की सम्मिलित प्रतीति का परिणाम है। इसीलिए पानक-रस से उसकी उपमा दी गयी है। जहाँ केवल विनुभाव का या केवल अनुभाव का चित्रण होता है वहाँ सहृदय अपनी प्रतिभा से शेष अंगों की कल्पना कर लेता है।

रस अलौकिक चमत्कारी है। उसे अलौकिक या लोकोत्तर कहने का अर्थ यह नहीं है कि वह इस जगत् से बाहर की वस्तु है। तात्पर्य इतना ही है कि वह सामान्य लौकिक अनुभवों से भिन्न कोटि का अनुभव है। साधारणीकृत अन्तःकरण द्वारा आस्वाद्यमान, वेद्यान्तरसम्पर्कशून्य अपरिमितानन्दमय और स्वसंवेदनरूप होने के कारण वह ब्रह्मानन्द-सहोदर है।

सर्वेक्षण

रस-विवेचन के प्रसंग में तीन प्रश्न महत्त्वपूर्ण हैं—

(1) रस अथवा रस-रूप में परिणत होनेवाले स्थायी भाव का आश्रय क्या या कौन है? अर्थात् रस कहाँ होता है—मूल पात्र में, कवि में, अभिनेता में, नाट्य या नाटक में अथवा प्रेक्षक में?

(2) रस का स्वरूप क्या है?

(3) रसानुभूति की प्रक्रिया क्या है?

परस्पर सम्बद्ध होते हुए भी निर्भ्रान्त धारणा के लिए ये प्रश्न अलग-अलग विचारणीय हैं।

1. रस का आश्रय—मूल पात्र को रसानुभूति नहीं होती। उदाहरणार्थ—दुष्यन्त की अनुभूति कामरति की अनुभूति है, ऐन्द्रिय अनुभूतिमात्र है, शृंगार रस की अनुभूति नहीं है।

'शृंगार रस' काव्य की वस्तु है। दुष्यन्त के समय में 'अभिज्ञान शाकुन्तल' था ही नहीं और यदि होता भी तो अपना वर्णन पढ़ कर उसे स्वगतत्त्व की ही अनुभूति होती जो रसानुभूति में अत्यन्त बाधक है। कवि को भी रसानुभूति नहीं होती। रचना के पूर्व नाट्यरस की अनुभूति का प्रश्न नहीं उठता। रचना-काल में रसानुभूति नहीं हो सकती क्योंकि श्रमसाध्य रचना और विश्रान्त दशा की रसानुभूति दो भिन्न वस्तुएँ हैं। रचना के पश्चात् भी कवि रस का आश्रय नहीं बन सकता क्योंकि उसका स्वगतत्त्व रसानुभूति में बाधक है। उसे लौकिक सुखानुभूति होती है। अपनी नीरस रचना भी रचयिता को अच्छी लगती है– *'निज कवित्त केहि लाग न नीका। सरस होहु अथवा अति फीका।'* अभिनेता भी रसानुभूति नहीं करता, क्योंकि अभिनय द्वारा प्रेक्षकों के मनोरंजन की चेष्टा करना और साधारणीकरणात्मना रसानुभूति करना दो भिन्न कार्य हैं जो एक साथ नहीं निभाये जा सकते। इस प्रकार प्रथम तीन विकल्प अग्राह्य हैं। अन्तिम दो महत्त्वपूर्ण हैं।

प्रस्तुत प्रश्नों के समाधान में भरत के सूत्र की व्याख्या दो प्रकार से की गयी है (1) केवल नाट्य के केन्द्रबिन्दु से-शुद्ध नाट्यशास्त्रीय दृष्टि से और (2) प्रेक्षक के केन्द्र-बिन्दु से–दार्शनिक आधार पर। इस प्रकार रस के विषय में दो प्रस्थान प्रतीत होते हैं।

पहले प्रस्थान के अनुसार, रस नाट्यगत होता है। उससे प्रेक्षक को आनन्दानुभूति होती है अर्थात् रस का आश्रय नाट्य है और आनन्द का आश्रय प्रेक्षक है, रस साधन और आनन्द सिद्धि है। इस मत के समर्थन में कई तर्क दिये जा सकते हैं–(क) भरत ने कहा है कि जैसे अन्न-रस व्यंजनादिमिश्रित स्वादिष्ट भोजन में होता है और उसके आस्वादन से रसज्ञ जनों को आनन्द की प्राप्ति होती है वैसे ही नाट्य-रस नाट्य में होता है (विभावादि तथा अभिनय से संयुक्त स्थायी भाव ही रस है) और उसके आस्वादन से सहृदय प्रेक्षकों को आनन्द मिलता है। (ख) नाट्य को 'रसाश्रय' कहा गया है अतः सिद्ध है कि रस का आश्रय नाट्य है। (ग) लोक-व्यवहार की दृष्टि से, 'अभिज्ञान शाकुन्तल' में शृंगार रस या 'उत्तररामचरित' में करुण रस माना जाता है। (घ) नाट्यशास्त्र के आरम्भिक व्याख्याकारों का झुकाव रस को नाट्यगत मानने की ओर है। (ङ) भरत ने यह कहीं नहीं कहा कि रस प्रेक्षक में होता है। रस को तत्त्वतः प्रेक्षकनिष्ठ और लक्षणा द्वारा नाट्यनिष्ठ मानने की अपेक्षा यही क्यों न माना जाये कि वह वस्तुतः नाट्य में होता है, किन्तु लक्षणा द्वारा उसे प्रेक्षक की अनुभूति कह देने में कोई हर्ज नहीं है। (च) रसवत् अलंकार, कान्ति-गुण (दीप्तरसत्वं कान्तिः) आदि से स्पष्ट है कि आलंकारिकों को रस की काव्यनिष्ठता का सिद्धान्त ही मान्य है। अतः प्रकारान्तर से उनके द्वारा भी इस मत का अनुमोदन होता है।

दूसरे प्रस्थान के अनुसार, रस प्रेक्षक की अनुभूति है अर्थात् प्रेक्षक के अन्तःकरण में वासना-रूप से स्थित स्थायी भाव ही अभिनय के प्रेक्षण के रस रूप में परिणत होता है। जिस प्रकार रसना का आस्वाद रस है, आस्वाद्य गुड़ आदि पदार्थों में रस का कथन लाक्षणिक व्यवहार है; उसी प्रकार रसिक प्रेक्षक का स्वानुभूति ही रस है, रस की नाट्यनिष्ठता का उल्लेख लाक्षणिक है। भोगवादी भट्टनायक की विचार-सरणि का अनुसरण करते हुए अभिव्यक्तिवादी अभिनवगुप्त ने प्रेक्षकनिष्ठ रस की जो दार्शनिक व्याख्या प्रस्तुत की वही परवर्ती रसवादियों की दृष्टि में आदर्श बन गयी और आज भी प्रतिष्ठित है।

2. रस का स्वरूप—उपर्युक्त पहले प्रस्थान के अनुसार नाट्य में विभावों-अनुभावों-व्यभिचारिभावों से संयुक्त और व्यंजित स्थायी भाव रस है। इसका तात्पर्य यह हुआ कि नाट्य अथवा नाट्य-सौन्दर्य ही रस है। अलंकारवादियों की दृष्टि में भी विशिष्ट प्रकार का काव्यसौन्दर्य रस है। दूसरे प्रस्थान के अनुसार, रस प्रेक्षक का आस्वाद, उसकी स्वानुभूति है। अभिनवगुप्त आदि के मत से यह आस्वाद या अनुभूति आनन्दस्वरूप है। यह आदर्शवादी दृष्टि है। रामचन्द्र-गुणचन्द्र ने रस को 'सुख-दुःखात्मक' कहा है। उनका अभिप्राय यह है कि संयोग शृंगार आदि रस सुखात्मक हैं, किन्तु करुण आदि रसों में दुःख का संस्पर्श भी रहता है। यह यथार्थवादी दृष्टि है। यही ग्राह्य है। हाँ, सभी रसों की आनन्दप्रधानता असन्दिग्ध है।

3. रसानुभूति की प्रक्रिया—यह बात सर्वसम्मत है कि कवि और अभिनेता की कला से प्रभावित प्रेक्षक तन्मय होकर आनन्द का अनुभव करता है। यही रसास्वादन है। इसकी प्रक्रिया का दार्शनिक विवेचन सांख्य, वेदान्त और प्रत्यभिज्ञा-दर्शन के आधार पर किया गया। मीमांसा (लोल्लट) और बौद्ध-न्याय (शंकुक) की बात सन्देहास्पद है।

सांख्य : त्रिगुणात्मिका प्रकृति नटी है। पुरुष प्रेक्षक है। प्रेक्षक के अन्तःकरण में भी प्रकृति के तीनों गुण सदैव विद्यमान रहते हैं। नाट्य के भावन से रजोगुण और तमोगुण अभिभूत हो जाते हैं, सत्वगुण का उद्रेक होने पर भावक को आनन्दानुभूति होने लगती है; उसी का नाम रस है।

वेदान्त : आत्मा सच्चिदानन्दस्वरूप है। माया का आवरण उसके स्वरूप को आच्छादित कर लेता है। नाट्य-कला के प्रभाव से वह आवरण तिरोहित हो जाता है और प्रेक्षक को परमानन्दस्वरूप की अनुभूति होने लगती है। यह आत्मानुभूति रस है। भग्नावरणा चिदेव रसः। इस विचारधारा के अनुसार रस को ब्रह्मानन्दसहोदर कहा गया है। भक्तिरसवादी वेदान्तियों की मान्यता है कि भक्ति काव्य के भावन से द्रुत भक्तचित्त में प्रतिबिम्बित परमानन्दस्वरूप भगवान् ही स्थायिभावना और रसता को प्राप्त होता है।

प्रत्यभिज्ञा-दर्शन : समस्त जड़-चेतनात्मक विश्व शिवरूप है, नटराज शिव का नाट्य है। तत्त्वतः चिदानन्दमय जीव मलावृत्त होने के कारण अपने शिव-स्वरूप को भूल जाता है। निर्मल होने पर, अपने वास्तविक स्वरूप को पहचान लेने पर, वह सम्पूर्ण जगत् के साथ तादात्म्य स्थापित करके अखण्ड 'जगदानन्द' का अनुभव करता है। नाट्य के दर्शन से प्रेक्षक के चित्त का संस्कार और मलावरण का नाश हो जाता है; उसका स्वरूप अभिव्यक्त हो जाता है। स्वस्वरूपानन्द की अभिव्यक्ति और अनुभूति ही रस है।

साधारणीकरण

रस-प्रक्रिया के प्रसंग में तीन शब्द विशेष रूप से अवधारणीय हैं—'ताटस्थ्य', 'तादात्म्य' और 'साधारणीकरण'। द्वैतवादी सांख्य की मान्यता है कि कैवल्य-दशा में स्थितपुरुष तटस्थ-भाव से प्रकृति को देखता है। कुछ इसी प्रकार की स्थिति प्रेक्षक की भी है। अतः इस दर्शन के अनुसार नाटक के प्रेक्षक का ताटस्थ्य संगत है। यहाँ 'तादात्म्य' के लिए अवकाश नहीं है। अद्वैतवादी प्रत्यभिज्ञा-दर्शन में शिवस्वरूप जीव और जगत् में अभिन्नता है। उसमें जगदानन्द परम आनन्द है। इस दृष्टि से प्रेक्षक और प्रेक्ष्य का तादात्म्य समीचीन है, ताटस्थ्य असंगत है। अभिनवगुप्त को प्रमाण माननेवाले एकाध आलोचकों ने प्रश्न उठाया है—प्रेक्षक का तादात्म्य किसके साथ होता है—नायक के साथ, अभिनेता के साथ या कवि के साथ? जगदानन्दवादी की दृष्टि में इस प्रकार के खण्डित तादात्म्य का प्रश्न उठता ही नहीं है। उसके अनुसार प्रेक्षक या भावक का तादात्म्य सम्पूर्ण प्रेक्ष्य या भाव्य वस्तु के साथ होता है। ब्रह्मवादी (शांकर) वेदान्त में ब्रह्म के अतिरिक्त कुछ है ही नहीं; अतः उसमें ताटस्थ्य और तादात्म्य की सम्भावना भी नहीं हैं।

साधारणीकरण का सिद्धान्त प्रतिष्ठित-रस-सिद्धान्त का मेरुदण्ड है। कहा जा चुका है भारतीय काव्यशास्त्र में रस की दार्शनिक व्याख्या मुख्यतया सांख्य, वेदान्त और प्रत्यभिज्ञादर्शन की दृष्टि से की गयी है। इसलिए साधारणीकरण की व्याख्या भी ऐसी होनी चाहिए जो इन तीनों के मेल में हो।

'साधारणीकरण' का व्युत्पत्यर्थ है—असाधारण (विशेष) को साधारण करना। इसका तात्पर्य यह है कि जिस वस्तु का साधारणीकरण होता है वह अपनी सीमित विशेषताओं को त्याग कर सामान्य रूप में प्रतिष्ठित हो जाती है, उसके सभी वैयक्तिक धर्मभावक की दृष्टि से ओझल हो जाते हैं। इससे जिज्ञासा होती है कि साधारणीकरण किसका और किसके द्वारा होता है।

पूर्वोक्त पहले प्रस्थान के अनुसार रस नाट्यगत है। उस केन्द्र बिन्दु से विभावादि-संयुक्त स्थायी (सम्पूर्ण नाट्य) का साधारणीकरण होता है। यह कहना नितान्त

हास्यास्पद है कि शकुन्तला दुष्यन्त मात्र की नायिका न रह कर सभी प्रेक्षकों की नायिका बन जाती है। नायिकात्व एक विशेषता है, उसका भी तिरोभाव आवश्यक है। वस्तुतः प्रेक्षक निर्विशेष अखण्ड नाट्य-सौन्दर्य से आनन्दानुभूति करता है।

दूसरे प्रस्थान के अनुसार रस प्रेक्षकनिष्ठ है। अतः साधारणीकरण मूलतः प्रेक्षक के अन्तःकरण का होता है। अभिनवगुप्त-कृत तन्त्रालोक टीकाकार जयरथ ने अनेक स्थलों पर यह प्रतिपादित किया है कि 'स्व' या 'मायाप्रमाता' असाधारण है अर्थात् वह व्यक्तिगत संस्कारों और सम्बन्धों से आबद्ध है। आनन्दप्राप्ति के लिए उसके मलयुक्त अन्तःकरण का शोधन या संस्कार आवश्यक है। चित्तशोधन या अन्तःकरण संस्कार ही दूसरे शब्दों में (अन्तःकरण का) साधारणीकरण है। इसी तथ्य को अरस्तू ने शब्दान्तर से 'कथार्सिस' कहा है।

विज्ञानभिक्षु ने 'सांख्यप्रवचनभाष्य' में निरूपित किया है कि अन्तःकरण की वृत्तियाँ दो प्रकार की होती हैं—असाधारण और साधारण। अन्तःकरणत्रय अर्थात् बुद्धि, अहंकार और मन की असाधारण वृत्तियाँ क्रमशः अध्यवसाय, अभिमान और संकल्प-विकल्प हैं। 'साधारण' वृत्ति हैं प्राणन। इन असाधारण वृत्तियों या विशिष्ट सम्बन्ध-भावना को त्याग कर, अन्तःकरण का अपने साधारण रूप में अवस्थित हो जाना 'साधारणीकरण' है। रवीन्द्रनाथ ठाकुर द्वारा निर्दिष्ट 'फ्रीडम ऑफ माइंड' (मन का मोक्ष) और रामचन्द्र शुक्ल द्वारा उल्लिखित 'चित्त की मुक्तावस्था' का यही अभिप्राय है। मनोमुक्ति की इस दशा में भावक सभी प्रकार के क्लेशों से मुक्त हो जाता है, क्योंकि सम्बन्धविशेष ही क्लेशकारक बन्धन हैं। क्लेशमुक्त सहृदय स्वभावतः आनन्द की अनुभूति करने लगता है।

उपर्युक्त दोनों प्रस्थानों के मतों में परस्पर विरोध नहीं है, क्योंकि सहृदय के अन्तःकरण और विभावादि-विशिष्ट नाट्यवस्तु दोनों का साधारणीकरण होता है। होता यह है कि सहृदय प्रमाता (प्रेक्षक या भावक) के चित्त के बदलने के साथ ही प्रमेय (प्रेक्ष्य या भाव्य) का रूप भी बदल जाता है। अतएव मुक्तचित्त सहृदय को काव्य या नाट्य में विभावादि के रूप में निबद्ध समग्र वस्तु साधारणीकरण रूप में प्रतीत होने लगती है। एकाध सम्भ्रान्त आलोचकों ने कहीं-कहीं 'साधारणीकरण' और 'तादात्म्य' को पर्यायवाची मान कर दोनों का एक में गड़बड़-घोटाला कर दिया है। साधारणीकरण किसी के साथ नहीं होता, अतः यह प्रश्न उठाना ही व्यर्थ है कि साधारणीकरण किसके साथ होता है। कहा जा चुका है कि केवल प्रत्यभिज्ञादर्शन और उसके अनुयायी अभिनवगुप्त के अनुसार तादात्म्य की अवधारणा संगत है। यह तादात्म्य सहृदय (भावक या प्रेक्षक) का विभावादि के रूप में प्रस्तुत की गयी समस्त काव्यवस्तु के साथ होता है जो उसके तन्मयी भाव का द्योतक है।

रस-संख्या

नवरस : रसों की संख्या के विषय में काफी मतभेद रहा है। भरत ने आठ रसों को मान्यता दी है। उनके अनुसार शृंगार, वीर, वीभत्स और रौद्र मुख्य रस हैं एवं उनसे क्रमशः उत्पन्न हास्य, अद्‌भुत, भयानक तथा करुण गौण रस हैं। उद्‌भट और अभिनवगुप्त ने शान्त रस को भी नाट्यरस के रूप में प्रतिष्ठित किया। काव्य में उसकी स्थिति निर्विवाद रूप से स्वीकृत है। ये नौ रस परम्परा-प्रसिद्ध हैं। अभिनवगुप्त आदि ने वात्सल्य, भक्ति आदि को भाव-कोटि में ही रखा, उनका रसत्व स्वीकार नहीं किया।

वत्सल रस : भारतीय काव्यशास्त्र के आरम्भिक आचार्यों ने वात्सल्य को विशेष गौरव नहीं दिया। अन्य रसों के साथ वत्सल रस को भी प्रतिष्ठित पद देने का प्रथम श्रेय भोजराज को है। विश्वनाथ ने भी इसे स्वतन्त्र रस माना है। वत्सल को किसी अन्य रस के अन्तर्गत मानना अथवा भावकोटि में रखना तर्कसंगत नहीं है। पुत्र आदि के प्रति माता-पिता आदि का पाल्य-पालक-भाव स्वतन्त्र चित्तवृत्ति है। वह कामरति आदि से निश्चय ही भिन्न है। इससे भी अधिक महत्त्वपूर्ण बात यह है कि सूर, तुलसी आदि की वात्सल्यपरक रचनाएँ पढ़ कर सहृदय को असन्दिग्ध रूप से रसानुभूति होती है। अतः वत्सल-रस का स्वतन्त्र अस्तित्व सर्वथा मान्य है।

भक्तिरस : संस्कृत-काव्यशास्त्र के प्रतिष्ठित आचार्यों-अभिनवगुप्त, मम्मट, विश्वनाथ, जगन्नाथ आदि नें भक्ति के रसत्व को अस्वीकार किया है। दण्डी और भोज ने उसे अयौन या असाम्प्रयोगिकी रति का एक रूप मानकर उसे प्रेयान् के अन्तर्गत स्थान दिया। अभिनवगुप्त ने उसका अन्तर्भाव शान्त रस में स्वीकार किया और धनंजय ने हर्षोत्साह आदि में। मम्मट आदि ने उसे भाव-श्रेणी में ही रखा। भक्ति के रसत्व की स्थापना का श्रेय रूपगोस्वामी, मधुसूदन सरस्वती आदि वैष्णव आचार्यों को है।

भक्तिरस के विरुद्ध अनेक आपत्तियाँ की गयी हैं—(1) यह परम्परा समर्थित नहीं है; (2) इसका अन्तर्भाव अन्य रसों में हो जाता है; (3) निराकार आराध्य अथवा निर्जीव मूर्ति के प्रति निवेदित होने के कारण यह उत्कट नहीं है; (4) मूल भावना नहीं है; (5) व्यापक नहीं है। ये आपत्तियाँ तर्कसंगत नहीं हैं। प्रत्येक का निराकरण किया गया है।

(1) परम्परा का अन्धानुकरण बुद्धिमत्ता नहीं है। भारतीय काव्यशास्त्र में भी प्रगतिशीलता का आदर किया गया है। ध्वनि, रीति, वक्रोक्ति आदि के सिद्धान्त प्रमाण हैं। सबसे बड़ा प्रमाण सहृदय का अनुभव है। कबीर, सूर, तुलसी आदि की भक्तिपरक रचनाओं को पढ़कर रसज्ञ भावक को भक्तिरस की अनुभूति होती है। अतः उसका प्रत्याख्यान नहीं किया जा सकता। जब अनुभव के आधार पर साक्षात् सुख विरोधी

क्रोध, शोक, भय आदि स्थायी भावों का रसत्व को प्राप्त होना मान लिया गया तो फिर कई गुना अनुभवसिद्ध भक्तिरस को रस मानना अपलाप है।

(2) शान्त, शृंगार या अद्भुत में भक्ति का समावेश युक्तिसंगत नहीं है। शान्त और भक्ति में तात्त्विक भेद है। शान्त का स्थायी भाव शम वैराग्य द्वारा द्रुत चित्त का प्रकाश है; भक्तिरस का स्थायी भाव भक्ति-भगवद्विषयक रति है, भगवद्धर्म के कारण द्रुत चित्त की धारावाहिक वृत्ति है। पहली वृत्ति निवृत्तिमूलक है और दूसरी प्रवृत्तिमूलक। दोनों में आलम्बन-भेद भी है। पहली का आलम्बन है संसार की असारता एवं परमात्मा का चिन्तन और दूसरी के आलम्बन भगवान् तथा उनके भक्तगण हैं। शृंगार और भक्ति में भी भिन्नता है। शृंगार का आलम्बन लौकिक होता है; वह अन्योन्याश्रित और समवयस्क में होता है। भक्ति का आलम्बन अलौकिक होता है। वह एकावलम्बी और पूज्य के प्रति प्रेरित भाव है। भक्तिरस को अद्भुत में भी नहीं समेटा जा सकता। अद्भुत का स्थायी भाव विस्मय है, भक्तिरस का ईश्वर विषयक अनुराग। अद्भुत में अनुराग की गुंजाइश नहीं है, भक्ति में विस्मय संचारी हो सकता है। अद्भुत का मुख्य कारण आकस्मिकता और अप्रत्याशित घटना है, भक्तिरस में ये अनिवार्य नहीं हैं, इनकी योजना आवश्यकतानुसार उद्दीपन-रूप में की जा सकती है। भक्ति के लिए श्रद्धा और दैन्य अनिवार्य है, अद्भुत में उनके लिए अवकाश नहीं है। अतएव भक्तिरस स्वतन्त्र रस है।

(3) भक्तिरस की उत्कटता अनुभवसिद्ध है। उदाहरण के लिए 'विनयपत्रिका' रसात्मक साहित्य की महती कृति है।

(4) मूल भावना का तर्क भी निर्बल है। शोक मूलभावना नहीं है। तथापि वह करुण रस का स्थायी भाव माना गया है।

(5) सर्वव्यापक न होने के कारण भक्ति को रस नहीं माना जा सकता—इस आक्षेप के ये उत्तर दिये गये हैं—(क) भक्तिभाव का अस्तित्व सब में है किन्तु सभी में वह व्यक्त नहीं है भक्त में व्यक्त है; (ख) यदि सर्वजनानुभूत रस को ही रस माना जायेगा तो रसराज कहा जानेवाला शृंगार भी रसत्व से हीन हो जायेगा; क्योंकि शृंगारिक रचनाएँ विषयविरक्त तत्त्वज्ञानी भक्तों के मन में जुगुप्सा का भाव जागृत करती हैं। यदि ज्ञानियों को प्रमाण न मानकर प्रवृत्तिमार्गी जनसाधारण को ही आप्त माना जायेगा तो फिर सारे शास्त्र व्यर्थ हो जायेंगे।

भारतीय काव्यशास्त्र की परम्परा में प्रत्येक रस का सम्बन्ध किसी-न-किसी पुरुषार्थ से और प्रत्येक पुरुषार्थ का सम्बन्ध किसी-न-किसी रस से माना गया है। दुःख से अस्पृष्ट सुखानुभूति होने के कारण भक्ति भी पुरुषार्थ है। पुरुषार्थरूपी भक्ति से सम्बद्ध रस की मान्यता स्वीकार न करना अन्याय है। शृंगार आदि लौकिक रसों में

विषयावच्छिन्न चित् के आनन्द के अंशमात्र का ही स्फुरण होता है, किन्तु भक्तिरस में अनवच्छिन्न चिदानन्दघन भगवान् के स्फुरण के कारण आनन्द का अत्यन्ताधिक्य रहता है। इस दृष्टि से भक्तिरस ही नहीं अपितु अन्य रसों से महान् है।

आचार्यों ने उक्त रसों के अतिरिक्त स्नेह, श्रद्धा, लौल्य, मृगया, कार्पण्य; माया आदि बहुत-से रसों की चर्चा की है परन्तु उपर्युक्त ग्यारह रसों को ही मान्यता प्राप्त हुई। परम्परा-प्रसिद्ध नौ रसों के स्थायी भाव, पारस्परिक मैत्री और विरोध का विवरण इस प्रकार है—

स्थायी भाव	**रस**	**मित्र रस**	**विरोधी रस**
रति (काम)	शृंगार	हास्य	वीभत्स
हास	हास्य	शृंगार	करुण
शोक	करुण	रौद्र	हास्य
क्रोध	रौद्र	करुण	अद्भुत
उत्साह	वीर	अद्भुत	भयानक
भय	भयानक	करुण	वीर
विस्मय	अद्भुत	वीर	रौद्र
जुगुप्सा	वीभत्स	भयानक	शृंगार

मूलरस और रसराज : भवभूति ने करुण को, अभिनवगुप्त ने शान्त को, भोज ने अलंकार-शृंगार को, विश्वनाथ ने अद्भुत को और भक्त्याचार्यों ने भक्तिरस को मूल रस माना है। रस को भावकनिष्ठ आनन्दानुभूति मानने वाले आलोचक इस बात में प्रायः एक मत हैं कि रस एक अखण्ड अनुभूति है, रसों की भिन्नता औपचारिक या औपाधिक है; आलम्बन आदि के भेद के कारण विभिन्न रसों की चर्चा की जाती है। शृंगार का स्थायी भाव कामरति सबसे अधिक व्यापक है, तिर्यक् प्राणियों में भी इसकी सत्ता पायी जाती है, यह मानव की बलवत्तम प्रवृत्ति है, इससे अनेक भेदोपभेद हैं, इसमें सुकुमार भावनाओं का समावेश है, इनके अन्तर्गत अधिकतम संचारियों की योजना की गयी है, काव्य में इसका सर्वाधिक वर्णन हुआ है; इसलिए शृंगार को रसराज का पद दिया गया है। किसी ने वीर को, किसी ने करुण को, किसी ने शान्त को और किसी ने हास्य को सर्वोत्तम माना है। भक्तिवादियों की दृष्टि में भक्तिरस ही परम रस है।

नयी कविता : रस और साधारणीकरण

कविता पुरानी हो अथवा नयी, उसे अनिवार्यतः कविता होना चाहिए। सारा वाङ्मय शब्दार्थमय है। कविता का (अन्य साहित्य-रूपों से) व्यावर्तक धर्म क्या है? रमणीय अर्थ का प्रतिपादन करने वाली शब्द-रचना कविता है; अतः रमणीयता या लालित्य

कविता का व्यावर्तक धर्म है। रमणीयता का मानदण्ड क्या है? भारतीय काव्यशास्त्र में रस, ध्वनि, वक्रोक्ति, अलंकार आदि अनेक मानदण्डों की चर्चा की गयी है। प्राचीन आचार्यों ने भी रस को कविता की एकमात्र कसौटी नहीं माना। परम्परागत सिद्धान्तों में से ध्वनि-सिद्धान्त सर्वाधिक व्यापक है। वह नयी कविता पर भी समान रूप से लागू होता है। नयी कविता के सन्दर्भ में रस-सिद्धान्त की अपेक्षा ध्वनि-सिद्धान्त कहीं अधिक उपयोगी है। उसका रस से भी विरोध नहीं है क्योंकि रस ध्वनि का ही एक प्रकार है।

नयी कविता को रस की परिधि में लाने के लिए अभिनवगुप्त प्रतिपादित 'रस' का अर्थ-विस्तार आवश्यक है। उसे नौ स्थायी भावों के घेरे से मुक्त करना होगा। पहले भी इस प्रकार का प्रयास हुआ है। 'वाक्यं रसात्मकं काव्यम्' के सन्दर्भ में विश्वनाथ ने 'रसात्मक' को नौ रसों तक ही सीमित नहीं रखा है, उसमें भाव आदि सभी असंलक्ष्यक्रमव्यंग्य समाविष्ट हैं। आज और अधिक विस्तार अपेक्षित है।

किसी भी लालित्यमयी रचना से प्राप्त आनन्दानुभूति रस है। लालित्य विधान में किसी-न-किसी चित्तवृत्ति की अभिव्यक्ति होती ही है। उसके भावन से सहृदय की तत्संवादी चित्तवृत्ति का उदय होता है। रचना का कलात्मक सौन्दर्य सहृदय के अन्तःकरण को असाधारणता (व्यक्तिगत, विशिष्ट सम्बन्धों) से मुक्त कर देता है। इस प्रकार साधारणीकृत अन्तःकरण द्वारा साधारणीकृत चित्तवृत्ति का आस्वाद करता हुआ सहृदय आनन्दानुभूति करता है। यही रस है। इसके लिए साधारणीकरण अनिवार्य है। 'नयी कविता' कही जाने वाली जिस रचना से इस आनन्द की अनुभूति नहीं होती वह 'नयी' भले ही हो किन्तु 'कविता' नहीं है। उसके लिए 'अकविता' शब्द ही उपयुक्त है।

12

ध्वनिवाद

—राममूर्ति त्रिपाठी

सामान्यतः यह स्वीकार किया जाता है कि ध्वनि सम्प्रदाय के आविष्कर्ता और प्रथम व्याख्याता आचार्य आनन्दवर्द्धन हैं। यद्यपि कुछ लोग 'ध्वन्यालोक' के कारिकांश का प्रणेता किसी अन्य व्यक्ति (सहृदय) को स्वीकार करते हैं और उसकी वृत्ति का प्रणेता आनन्दवर्द्धन को। पक्ष-विपक्ष में अनेक-विध तर्क भी दिये गये हैं—किन्तु मेरा विचार उन विद्वानों के पक्ष में है जो कारिका और वृत्ति का प्रणेता एक ही व्यक्ति को स्वीकार करते हैं। विशेष गहराई में जाने का तो यह अवसर नहीं है—पर संक्षेप में एक तर्क यह दिया जा सकता है कि स्वयं अभिनवगुप्त ने द्वितीय उद्योत की व्याख्या करते हुए एक जगह कहा है—'वृत्तिकारेण सता कारिकाकारेण एवमुच्यते...' अर्थात् कारिकाकार ही वृत्तिकार होकर इस प्रकार की बात कह रहा है। अभिनवगुप्त के इस साक्ष्य पर यह कहा जा सकता है कि कारिकाकार और वृत्तिकार एक ही हैं—फलतः दोनों आनन्दवर्द्धन की ही कृतियाँ हैं। इस प्रकार निष्कर्ष यह है कि आनन्दवर्धन ध्वनिसिद्धान्त या ध्वनिमत के प्रथम प्रस्थापक हैं।

आनन्दवर्द्धन ने 'ध्वनि' का इतिहास बताते हुए यह कहा है कि विद्वान् वैयाकरणों ने ध्वनि का सम्यक् आम्नान या व्याख्यान बहुत पहले ही कर दिया था, पर उनके अनुयायी अलंकारिकों ने उस सूक्ष्मेक्षित का पर्याप्त पल्लवन नहीं किया था। वैयाकरणों के स्फोट-सिद्धान्त में ध्वनि-सिद्धान्त अनुरूप सूक्ष्म संकेत विद्यमान हैं।

स्फोट-सिद्धान्त वैयाकरणों का सुप्रसिद्ध सिद्धान्त है। पातंजल-महाभाष्य की व्याख्या के प्रसंग में प्रदीपकार कैयट ने कहा है कि स्फोट-सिद्धान्त का सविस्तर निर्वचन वाक्यपदीय में किया गया है। वाक्यपदीय में स्फोट ग्रहण से उपयोगी ध्वनि के रूप कहे गये हैं—प्राकृत एवं वैकृत। प्राकृत ध्वनि वह है जिससे उपरक्त होकर परिछिन्न रूप में—खण्ड रूप में स्फोटात्मक शब्द का ग्रहण होता है और वैकृत ध्वनि वह है जिसके कारण खण्ड स्फोट में द्रुतत्त्व, विलम्बित्व, ह्रस्वत्व एवं दीर्घत्व जैसे

स्थितिभेद की प्रतीति होती है। ध्वनि की इस द्विरूपता (प्राकृत एवं वैकृत) की चर्चा संग्रहकार व्याडि ने भी की है। उन्होंने कहा है–

शब्दस्य ग्रहणे हेतुः प्राकृतो ध्वनिरिष्यते।
स्थितिभेदे निमित्तत्वं वैकृतः प्रतिपद्यते।।

निश्चय ही इस विवेचन में भी प्राकृत ध्वनि को शब्द-ग्रहण में निमित्त मानकर यह संकेतित किया गया है कि ध्वनि एवं शब्द में अन्तर है। वैयाकरणों ने इसी ध्वनिग्राह्य शब्द को ही 'स्फोट' कहा है। 'स्फोट' शब्द का प्रयोग व्याडि ने किया था या नहीं, इसका तो पता नहीं चलता–पर उससे जो ध्वनि प्रकाश्य अर्थ गृहीत होता है–उसकी स्थिति व्याडि ने स्पष्ट स्वीकार की है। लगता है उन दिनों स्फोट-स्थानीय संज्ञा शब्द ही प्रचलित थी। महाभाष्यकार पतंजलि ने भी पस्पशा आह्निक में ध्वनि और 'शब्द' को भिन्नार्थक रूप में प्रयुक्त किया है। वैयाकरणों के विरोध में मीमांसक प्रवर उपवर्ण ने भी कहा है–वर्णा एवतु शब्दः–अर्थात् जहाँ वैयाकरण (स्फोटात्मक) शब्द को अखण्ड स्वीकार करते हैं–ध्वन्युपरक्त खण्ड रूप में गृहीत मानते हैं–वहाँ मीमांसक उस शब्द को–ध्वनि प्रकाश्य शब्द को–वर्णात्मक ही मानना चाहते हैं। इस लम्बी चर्चा का निष्कर्ष यह है कि जिस माध्यम से अर्थ ग्रहण होता है–वह 'शब्द' ध्वनि या नाद से प्रकाश्य है। ध्वनि एवं शब्द में इस प्रकार अन्तर है। वैयाकरण इसी ध्वनिप्रकाश्य 'शब्द' के लिए 'स्फोट' संज्ञा का प्रयोग करते हैं और काफी पुराना इस अर्थ का अस्तित्व समझ में आता है–मीमांसक उसी का विरोध करते हुए स्फोट की जगह 'वर्ण' का अस्तित्व स्वीकार करते हैं। इस प्रकार 'स्फोट' शब्द चाहे जब आया हो–पर उससे अभीप्सित अर्थ का अस्तित्व ई.पू. शताब्दी में ही आ चुका था।

इस ऐतिहासिक चर्चा के अनन्तर सम्प्रति स्फोट के स्वरूप पर भी विचार संक्षेप में कर लेना चाहिए। विचार के इस सन्दर्भ में कई पक्ष प्रस्तुत हैं; जैसे–स्फोट के मानने की आवश्यकता, स्फोट का स्वरूप, स्फोटात्मक शब्द के ग्रहण की प्रक्रिया तथा स्फोट के प्रभेद।

कतिपय दार्शनिक स्वीकार करते हैं कि अर्थ का ग्रहण जिस माध्यम से होता है–वह कानों द्वारा सुनी जानेवाली ध्वनियों की समष्टि है। वैयाकरण इससे असहमत हैं। वे कहते हैं कि अर्थग्रहण श्रूयमाण ध्वनि समष्टि से सम्भव नहीं है, बल्कि उसके द्वारा श्रोतागत व्यक्त मध्यमानाद का प्रकाश्य एक भिन्न ही शब्द है, जिसे 'स्फोट' संज्ञा दी जा सकती है–उसी से अर्थग्रहण या अर्थबोध सम्भव है। यहाँ सहज ही प्रश्न उठ खड़ा होता है कि श्रूयमाण ध्वनि समष्टि को अर्थबोध में निमित्त न मानकर एक अप्रसिद्ध और जनसामान्य में अप्रचलित भिन्न ही प्रकार के शब्द की कल्पना अकारण क्यों की जाये? वैयाकरण श्रूयमाण ध्वनि समष्टि से भिन्न स्फोटात्मक शब्द को अर्थबोध का साक्षात् माध्यम के लिए कई कारण बताते हैं। पहला कारण यह है

कि जो लोग श्रवणगोचर ध्वनि को अर्थबोधक मानते हैं, उन्हें यह बताना होगा कि वे किसी पदात्मक ध्वनि समष्टि की व्यष्टि ध्वनि को अर्थबोधक मानते हैं या समष्टि ध्वनि को? यदि व्यष्टि-ध्वनि को अर्थबोधक मानेंगे तो अवशिष्ट ध्वनियाँ निरर्थक होंगी—फलतः ध्वनि-समष्टि को ही अर्थबोधक मानना होगा। ध्वनि-समष्टि के पक्ष में अड़चन यह है कि एक साथ सभी ध्वनियाँ गृहीत नहीं हो सकतीं। क्योंकि पूर्ववर्ती ध्वनि उत्तरवर्ती ध्वनि श्रवण काल में अपना अनुभवात्मक (श्रावण प्रत्यक्ष) रूप खो चुकी रहेगी और स्मृति का विषय बन चुकी होगी। निष्कर्ष यह है कि एक पदात्मक समष्टि के रूप में ध्वनि-समष्टि का एक साथ श्रावण प्रत्यक्ष के विषय रूप में स्थिति सम्भव नहीं है। फिर यही कहा जा सकता है कि पूर्व पूर्ववर्णों या वर्णात्मक ध्वनियों के अनुभव से उत्पन्न संस्कार के सहारे श्रूयमाण अन्तिम ध्वनि ही अर्थ का बोध करा सकती है। लेकिन यह भी पक्ष सुविचारित नहीं है। कारण यह है कि संस्कार के रूप में पड़ी हुई ध्वनियाँ स्मरण के रूप में अनुभूत क्रम से भिन्न क्रम में भी आ सकती हैं। यह देखा भी जाता है कि स्मरण द्वारा व्यक्ति अविकल रूप में पहले की सुनी हुई बात को उसी क्रम में नियमतः उपस्थित या स्मृत नहीं कर पाता—स्मरण में क्रम बदल भी जाता है। किन्तु वैयाकरणों का कहना है कि प्रत्येक श्रोता का उक्त क्रम के विपरीत यह अनुभव है कि माध्यम शब्द में क्रम का भी कोई विपर्यय नहीं होता। परिणामतः श्रूयमाण ध्वनि समष्टि को अर्थबोध के प्रति साक्षात् माध्यम मानने में ये ऐसी अड़चनें प्रस्तुत होती हैं कि उनका समाधान सम्भव नहीं है। दूसरा अनुभव विरोध यह भी है कि श्रूयमाण ध्वनि-समष्टि का पृथक्-पृथक् ही ग्रहण होगा और इस प्रकार समस्त ध्वनि-समष्टि अर्थबोध से पूर्व अंशतः स्मरण और अंशतः प्रत्यक्ष का विषय होगी—फलतः न तो हम उसे अनुभव के अनुरूप ('एक पद' या 'एक वाक्य') 'एक' कह सकते हैं और न यही कह सकते हैं कि उसका प्रत्यक्ष एक साथ ही किया। ध्वनि-समष्टि अपने श्रूयमाण रूप में सक्रमगृहीत होती है—अतः उसका अनुभयानुसारी 'एक पद' या 'एक वाक्य' के रूप में ग्रहण करना सम्भव नहीं है। फलतः यह मान लेना चाहिए कि ये श्रूयमाण ध्वनियाँ अर्धबोध में निमित्त नहीं हैं—बल्कि इनका उपयोग आकाश की भाँति सर्वव्यापक स्फोट नामधारी एक भिन्न ही प्रकार के शब्दग्रहण में है। इन श्रूयमाण ध्वनियों का स्थिर प्रतिबिम्ब उस व्यापक निर्विशेष स्फोटात्मक शब्द में होता है—अथवा चित्र में। जिस प्रकार बिम्ब का एक स्थिर प्रतिबिम्ब आ जाता है—कुछ वैसा ही स्थिर प्रतिबिम्ब वहाँ उभड़ आता है। श्रोता का मन उसी प्रतिबिम्बित ध्वनि से रँगे हुए स्फोटात्मक शब्द के उस खण्ड विशेष का साक्षात्कार करता है। साक्षात्कृत सखण्ड स्फोट एक पदरूप भी हो सकता है और एक वाक्य-रूप भी हो सकता है, एक वर्णरूप भी हो सकता है। इस प्रकार स्फोटात्मक शब्द के स्वीकार कर लेने पर सारे अनुभव संगत हो जाते हैं। एक पद या एक

वाक्य का अक्रमपूर्वक एक साथ साक्षात्कार सम्भव है। स्फोटात्मक शब्द पूर्व पूर्ववर्ती ध्वनिखण्डों से धीरे-धीरे उभड़ता हुआ हलके रूप में—पर अन्तिम वर्ण से स्फुट रूप में गृहीत हो जाता है। इसलिए किसी को दूर से पुकारने में अन्तिम ध्वनिखण्ड पर ज्यादा बल दिया गया देखा जाता है। इस प्रकार पारमार्थिक रूप में यह स्फोट अखण्ड ही है, पर प्रक्रिया-निर्वाह की दृष्टि से व्यावहारिक रूप में सखण्ड भी माना गया है। सखण्ड रूप में भी तीन व्यक्ति-पक्ष से और तीन जाति-पक्ष से इसके भेद माने गये हैं—वर्ण, पद एवं वाक्य। अखण्ड रूप में पद एवं वाक्य दो ही भेद सम्भव हैं। प्रकार श्रूयमाण ध्वनि समष्टि से प्रकाश्य या व्यंग्य शब्द 'स्फोट' कहा जाता है। वैसे स्फोट-सिद्धि के पक्ष में अनेक तर्क हैं—पर संक्षेप में ध्वनिमत की भूमिका के लिए यहाँ इतना ही विवेचन पर्याप्त है। व्युत्पत्ति की दृष्टि से स्फोट को इसलिए 'स्फोट' कहते हैं कि उससे अर्थ स्फुटित होता है। इस स्फोट के स्वरूप के विषय में वाक्यपदीयकार ने चार मत दिये हैं—एक मत यह मानता है कि वह वायु की ही परिणतिविशेष है, दूसरा मत मानता है कि स्फोटात्मक शब्द द्रव्य है और उसके भी विशेष परमाणु हैं, जिनसे वह संघटित हुआ है। तीसरा मत मानता है कि वह ज्ञानस्वरूप ही है। पर सिद्धान्ततः चौथा मत उनका अपना है कि वह अखण्ड शब्दाभिरूप है।[1]

इस विषय में एक बात और संक्षेप में कह देनी है और वह यह कि श्रूयमाण ध्वनि साक्षात् स्फोटात्मक शब्द का व्यंजक या प्रकाशक नहीं है—बल्कि 'मध्यमा' नाद द्वारा परम्परया व्यंजक है। श्रूयमाण वैखरीनाद प्रसुप्त आग की भाँति सुप्त मध्यमा-नाद को फूत्कृत करता हुआ उद्दीप्त करता है और उद्दीप्त होने पर यही मध्यमा-नाद स्फोटात्मक शब्द का प्रकाशक वा व्यंजक होता है। 'पाणिनीय-शिक्षा'-में श्रोतृगत मध्यमानाद के उद्दीपक वैखरी (वक्तृगत) की उच्चारण की सारी प्रक्रिया कही गयी है। वहाँ कहा गया है कि अन्तःकरण अपनी चित्तात्मक वृत्ति से प्रकाश्य अर्थ का अनुसन्धान करता है। अर्थ स्फोटात्मक शब्द से निरपेक्ष होकर अनुसंहति नहीं हो सकता। परिणामतः यह मानना पड़ता है कि अनुसन्धीयमान प्रकाश्य अर्थ के साथ-साथ स्फोटात्मक शब्द भी स्मृतिगोचर होता है। अर्थानुसन्धान के अनन्तर अन्तःकरण में विवक्षा का उदय होता है और फिर मन के अभिधानात्मक संयोगवश कायाग्नि जागृत की जाती है। जगी हुई कायाग्नि मारुत को प्रेरित करती है और वह अग्निसहकृत मारुत ऊर्ध्वसंचार करता हुआ परा, पश्यन्ती को व्यक्त करता है। फिर वही वायु मध्यमानाद को जागृत करता हुआ तद्नन्तर मूर्धा से टकराकर ध्वनियन्त्र की ओर मुड़ता है—वहाँ स्थान एवं करण की सहायता से विभिन्न वर्णात्मक परिणति प्राप्त कर वैखरी रूप में व्यक्त होता है।[2]

---

1 वाक्यपदीय।

2 आत्मा बुद्ध या समेत्यार्थान् मनो युङ्क्ते विवक्षया।
मनः कायाग्निमाहन्ति न प्रेरयति मारुतम्।।

यही वैखरीनाद श्रोता के अन्तर्गत स्थित मध्यमानाद को उद्दीप्त करता है और उद्दीप्त मध्यमानाद स्फोटात्मक शब्द को व्यक्त करता है। इसी स्फोटात्मक शब्द से अर्थ-बोध होता है। इस क्रम को चित्र द्वारा व्यक्त करना चाहें—तो वह यों होगा—

नाद की ही वैखरी में परिणति

श्रोतृगण-ग्रहण प्रक्रिया	अन्तःकरण	वक्तृगत-उच्चारण प्रक्रिया
श्रोता द्वारा ग्रहण		मारुत द्वारा नादाभिव्यक्ति कायाग्नि द्वारा
	मन व्यापार से	
वैखरी से मध्यमानाद का प्रकाशन		मारुत प्रेरणा
		कायाग्नि-हनन
मध्यमा से स्फोट तक ग्रहण	चित्तवृत्ति से	विविक्षा
		स्फोटासम्बद्ध अर्थानुसन्धान
स्फोट से अर्थ-बोध		

निष्कर्ष यह है कि जिस प्रकार मध्यमानाद द्वारा ध्वनि स्फोट का व्यंजक है—उसी प्रकार ध्वनि-सिद्धान्त में भी वाचक एवं वाच्य अर्थ प्रतीयमान अर्थ के व्यंजक माने गये हैं और व्यंजक-साम्यवश[1] उन्हें भी ध्वनि कहा गया है। इस प्रकार आनन्दवर्द्धन ने ध्वनि सिद्धान्त के मूलस्रोत का संकेत वैयाकरणों के स्फोट-सिद्धान्त में निहित बताया है।

अभिनवगुप्त ने भी ध्वन्यमान या प्रतीयमान अर्थ का अलंकारशास्त्र को ध्यान में रखकर संक्षिप्त इतिहास बताया है। उन्होंने कहा है कि भामह ने अपनी एक कारिका में—'शब्दश्च्छन्दोऽभिधानार्थाः'[2] कहा है। उद्भट ने (अपने भामह-विवरण में) उसमें प्रयुक्त अभिधान' शब्द की व्याख्या करते हुए यह बताया है कि भामह उससे केवल अभिधावृत्ति का ही कथन नहीं करते, वरन् गुणवृत्ति को भी अन्तर्गर्भित समझते हैं।

मारुतस्तूरसि चरन् मंद्रं जनयति स्वरम्।।
सोदीर्णो मूर्ध्न्यर्भिहतो वक्त्रमापद्य मारुतः।।
—पाणिनीय शिक्षा, श्लोक 6, 7, 9

1 व्यंजकत्वसाम्याद् ध्वनिरित्युक्तः—ध्वन्यालोक, द्वि. उ.

2 शब्दश्च्छन्दोऽभिधानार्थः—इत्यभिधानस्य शब्दाभेदं व्याख्यातुं भट्टोद्भटो वभाषे—शब्दानामभिधानमभिधा व्यापारः—मुख्यो गुणावृत्तिश्च। वामनोऽपि सादृश्याल्लक्षणा वक्रोति इति। तैस्तावद्ध्वनि दिगुन्मीलिता।
—*धवन्यालोक*, प्र. उ.।

लक्षणावृत्ति में जिस अन्यथा प्रकाश्य प्रयोजनांश का अस्तित्व है—वह लक्षक शब्द के एक अतिरिक्त सामर्थ्य से ही प्रकाश्य है। वह अतिरिक्त अर्थ व्यंग्य या प्रतीयमान अर्थ है और तदर्थ किया गया व्यापार-व्यंजना है। इस प्रकार भामह से ही दबे हुए स्वर में व्यंग्यार्थ की स्वीकृति की झलक विद्यमान है। इसके अतिरिक्त अप्रस्तुत प्रशंसा, समासोक्ति आदि अलंकारों में भी इस कोटि के स्तर का अर्थ विद्यमान है—भले ही उसे अपनी विवेचन-प्रतिभा की कमी के कारण विशेष संज्ञा से अभिहित न किया हो। जो भी हो—अभिनव-गुप्त ने अपनी ओर से जो इतिहास प्रस्तुत किया है—वह यही है।

रहा यह कि इन दोनों व्यक्तियों ने जो इतिहास प्रस्तुत किया है—उससे केवल इतना ही निष्कर्ष निकाला जा सकता है कि प्रतीयमान या व्यंग्य अर्थ जैसे स्तर के अर्थ का अस्तित्व तो सन्दिग्ध है ही, उसके अनुरूप पड़ने वाले कतिपय सिद्धान्त बहुत पुराने समय से चले आ रहे हैं—जिनसे आनन्दवर्द्धन को इस दिशा में निश्शंक चिन्तन के संकेत मिले—परन्तु काव्य के क्षेत्र में अन्य दार्शनिकों से मुठभेड़ करते हुए 'व्यंग्य' जैसे अर्थ की सयुक्तिक स्थापना का प्रथम श्रेय तो आनन्दवर्द्धन को ही है। यही बात भामहादि से व्यंग्यार्थ का संकेत पानेवाले अभिनव के सम्बन्ध में भी कही जा सकती है।

ध्वनितत्त्व के ऐतिहासिक पक्ष पर अंशतः प्रकाश डाल लेने के अनन्तर इससे सम्बद्ध अनेक प्रश्न उठ खड़े होते हैं। पहला प्रश्न यह है कि क्या ध्वनिमत का आधारभूत यह व्यंग्यार्थ पूर्व स्वीकृत शब्दार्थ (वाच्य, लक्ष्य, तात्पर्य) से सर्वथा भिन्न है? दूसरा यह कि वह भिन्न है भी तो क्या इतना महत्त्व का है कि उसे काव्य की आत्मा (सारभूत अर्थ) मान लिया जाये?

जहाँ तक प्रतीयमान अर्थ के अस्तित्व का सम्बन्ध है—सहृदय काव्य-मर्मज्ञों का यह मत है कि यदि वाच्यार्थ से भिन्न अन्यविध गूढ़ अर्थ का सम्बन्ध शब्द से न होता तो फलतः सभी शब्दों की सामर्थ्य सीमा वाच्यार्थ प्रदान तक ही होती—तो काव्य में सभी पर्यायवाची शब्दों की समान ही सत्ता होती—पर विपरीत इसके देखा जाता है कि शब्द-मर्मज्ञ कवि एवं सहृदय ग्राहक एक ही अर्थ के बोधक अनेक पर्यायवाची शब्दों में से किसी विशेष शब्द को ही स्वीकार करते हैं। इसका रहस्य क्या है? यदि सभी शब्दों की सीमा वाच्यार्थ ही होती—तो सभी बराबर महत्त्व रखते। किसी एक शब्द को इतना महत्त्व न दिया जाता। इससे इतना सुस्पष्ट है कि किसी-किसी शब्द में वाच्यार्थ से 'कुछ और' अधिक अर्थ प्रदान करने की क्षमता होती है। उदाहरणार्थ—तुलसीदास की—*'जिमि अविवेकी पुरुष शरीरहिं'*—पंक्ति में 'शरीर' शब्द का प्रयोग ही काव्योचित है—वैदग्ध्यपूर्ण है, उसके 'देह, काय' आदि पर्यायवाची अन्य रूप नहीं। शरीर, देह, काय आदि अस्थि-चर्ममय आकार का बोध कराने में तो समान सामर्थ्य

रखते हैं, परन्तु 'शरीर' में स्वगत शीर्यमाणता-उत्तरोत्तर ह्रासोन्मुखता का जो भाव विद्यमान है–जिस अर्थ की झलक है–वह 'देह' और 'काय' में नहीं है। 'शरीर' शब्द 'शृ विशरणे' से बना है जिसका अर्थ क्षीण होना है, पर 'देह' और 'काय'–दिह, –चि–जैसे उपचयार्थक धातुओं से बने होने के कारण उस अर्थ की झलक नहीं दे सकते। अतः वाच्यार्थ की सीमा तक इन तीनों शब्दों में कोई अन्तर नहीं है, पर उनके अवयवार्थों को ध्यान में रखने पर कुछ अन्तर आ ही जाता है। इस अन्तर को ध्यान में रखकर गोस्वामी जी ने कहा कि अविवेकी पुरुष उत्तरोत्तर जीर्ण-शीर्ण होने वाले शरीर की सेवा में लगे रहते हैं–यही उनका अविवेक है। पर 'शरीर' की जगह यदि 'देह' या 'काय' शब्द का प्रयोग होता, तो यह अवसरोचित और वक्तव्य का पोषक अभिप्राय ध्वनित न होता। देह और काय तो उपचय (वृद्धि) की ओर बढ़ने वाले हैं। अतः उसका सेवन उतना अविवेक का पोषक न होता। निष्कर्ष यह है कि शब्दों में वाच्यार्थ से 'अतिरिक्त अर्थ' दान की भी क्षमता होती है और जिस शब्द में यह क्षमता होती है, वे ही काव्योचित एवं सहृदय श्लाघ्य शब्द कहे जाते हैं। इसी अतिरिक्त अर्थ को आनन्दवर्द्धन प्रतीयमान या व्यंग्य अर्थ कहना चाहते हैं, जिसका अस्तित्व विदग्ध काव्य-मर्मज्ञ को मानना ही पड़ता है। इसी अतिरिक्त अर्थ को ध्यान में रखकर शब्द का प्रयोग करने वाला और इसी अतिरिक्त अर्थ को समझने वाला सामान्य बोद्धा से विशिष्ट और विदग्ध माने जाते हैं। इस प्रकार इस अतिरिक्त अर्थ का अस्तित्व स्वीकार कर लेने पर 'वाच्यार्थ' से भेदक और निमित्त भी दिखाई पड़ते हैं। वाच्यार्थ एवं प्रतीयमानार्थ की बोधक सामग्री भिन्न होती है; दोनों की प्रतीती वेला में पौर्वापर्य होता है, दोनों के आश्रय भिन्न-भिन्न होते हैं, दोनों का स्वरूप भेद होता है, दोनों में से प्रतीयमान को ही शीघ्र ग्रहण करने वाला विदग्ध कहा जाता है–इस प्रकार अनेक अन्तर हैं।

कुछ लोग इसे 'तात्पर्य' शक्ति का लभ्य मानकर 'तात्पर्यार्थ' नाम देना चाहते हैं, व्यंग्यार्थ नहीं। ऐसे लोग तीन हैं–अभिहितान्वयवादी, मीमांसक, 'यत्परः शब्दः स शब्दार्थः' (शब्द जिस अभिप्राय से प्रयुक्त हैं उसी के बोध कराने में उन शब्दों का प्रामाण्य है–सार्थकता है–वे ही उन शब्दों के मुख्य अर्थ हैं) ऐसा मानने वाले तथा तात्पर्य शक्तिवादी दशरूपककार आदि। पर अभिहितान्वयवादियों का 'तात्पर्य भिन्न-भिन्न पदों के अर्थों के बीच होने वाले 'सम्बन्ध' बोध तक ही सीमित है, जिसका बोध वस्तुतः आकांक्षा, योग्यता तथा सन्निधि से सम्बन्धाश बोध के अनन्तर होता है–फलतः उसकी प्रतीति वेला और उपकरण भिन्न है इसलिए वह अर्थ भी भिन्न है। वे लोग जो यह कहा करते हैं कि शब्द का मुख्य अर्थ वही है–जिसको लेकर उसका प्रयोग किया गया है–फलतः प्रतीयमान अर्थ ही का बोध कराने के निमित्त से यदि शब्द प्रयोग है–तो वह मुख्य (अभिधेय-वाच्य) अर्थ ही है,

उससे भिन्न नहीं—ठीक नहीं समझते। वस्तुतः इस न्याय-वाक्य का विषय 'विधेयार्थ' है। उस न्यायवाक्य (यत्परः शब्दः शब्दार्थः) से यह कहा गया है कि विधेयार्थ के ही बोध के लिए वाक्य का मुख्यतः प्रयोग किया जाता है। अतः वाक्य का प्रामाण्य या सार्थक्य उसी अर्थ को लेकर है। 'विधेयार्थ' वस्तुतः शब्द का अभिधेयार्थ ही होता है, पर प्रतीयमानार्थ विधेयार्थ से भिन्न होता है—क्योंकि वह शब्द की अभिधाशक्ति से प्राप्त नहीं होता। अतः उक्त न्याय से भी प्रतीयमानार्थ में अभिधेयार्थ का भ्रम होना समुचित नहीं है। दशरूपककार 'तात्पर्यशक्ति'—की सीमा सम्बन्धांश एवं विधेयांश—से बहुत आगे बढ़कर यह अवश्य मानते हैं कि जहाँ तक वक्ता का अभिप्राय जाता है—वहाँ तक शब्द की तात्पर्य शक्ति जाती है—परन्तु इस तर्क से भी कोई अड़चन नहीं आती। यहाँ तो झगड़ा केवल 'नाम' मात्र का है—वस्तु का नहीं। दशरूपककार प्रतीयमान वस्तु का अस्तित्व खण्डित नहीं करते—केवल इतना ही कहना चाहते हैं कि उसे 'व्यंग्य' न कहकर 'तात्पर्यार्थ' कहा जाये। पर इससे प्रतीयमानार्थ का अस्तित्व तो खण्डित नहीं होता, केवल नाम बदल जाता है। झगड़ा और विवाद नाम के विषय में उतना महत्त्वपूर्ण नहीं होता; जितना नामी या वस्तु के विषय में। आनन्दवर्द्धन ने फिर भी नाम की दृष्टि से भी तर्क देते हुए यही कहा है कि प्रतीयमान शब्द का अभिधेयार्थ नहीं होता है, अभिधेयार्थ होगा भी दूसरे शब्द का। इस प्रकार अन्य शब्द के अर्थ का अन्याभिधायी शब्द द्वारा जब प्रकाशन हो—तो वहाँ 'व्यंजन' शब्द का ही व्यवहार सार्थक होगा। प्रकाशक शब्द के लिए व्यंजक और प्रकाश्य अर्थ के लिए व्यंग्य शब्द का प्रयोग सार्थक होगा।

इस पर भी यह कहा गया है कि इस कोटि का अर्थ शब्द प्रमाण द्वारा प्राप्त ही नहीं होता, बल्कि अनुमान प्रमाण या अर्थापत्ति प्रमाण से मिलता है और जब यह अर्थ शब्द-प्रमाण से नहीं मिला तो शब्दार्थ ही नहीं होगा—फिर शब्दार्थ के एक भेद—व्यंग्यार्थ की बात कहाँ तक युक्तिसंगत होगी? इन लोगों का अभिप्राय यह है कि एक अर्थ से दूसरे अर्थ तक पहुँचना—उसका ज्ञान करना, दोनों के बीच होने वाले किसी नियत-सम्बन्ध पर ही निर्भर है—अन्यथा किसी अर्थ से किसी भी अर्थ का मिलना सम्भव हो सकता है और ऐसा होने से एक अनियत स्थिति और अव्यवस्था आ जायेगी। फलतः नियति स्थिति और व्यवस्था के लिए यह मानना ही होगा कि शब्द के अभिधेयार्थ से व्यंग्यार्थ नामक अर्थ का कोई नियत सम्बन्ध है, जिसके सहारे हम एक के ज्ञान से दूसरे के ज्ञान तक पहुँचते हैं। नियत-सम्बन्ध-सापेक्ष एक अर्थ से दूसरे अर्थ का ज्ञान अनुमिति रूप ज्ञान है। नियत सम्बन्ध व्याप्ति है। व्याप्ति के बल पर उत्पन्न बोध अनुमान प्रमाण से ही सम्भव है। इस प्रकार वाच्यार्थ के सहारे व्यंग्यार्थ का ज्ञान आनुमानिक प्रक्रिया हैं, इसे शब्द की किसी शक्ति (व्यंजना) से प्राप्य मानना युक्तिसंगत नहीं है।

पर इस आक्षेप का उत्तर यह है कि यद्यपि आनुमानिक और वैयंजनिक प्रक्रियाओं में इतना साम्य अवश्य है कि उभयत्र एक अर्थ से सम्बन्धवश दूसरे अर्थ-बोध तक पहुँचना पड़ता है, परन्तु आनुमानिक प्रक्रिया का हेतु सत् हेतु ही होता है, वैयंजनिक प्रक्रिया का हेतु हेत्वाभास भी हो सकता है। दूसरा अन्तर यह है कि आनुमानिक प्रक्रिया का हेतु स्वतः अनुमानक्षम होता है—पर व्यंजक हेतु वक्ता, बोद्धव्य, देश, काल आदि के वैशिष्ट्य की अपेक्षा करके ही अपना कार्य सम्पन्न करता है। तीसरा अन्तर यह है कि काव्यान्तर्गत वैयंजनिक प्रक्रिया चमत्कार पर्यवसायिनी होती है और तर्ककर्कश आनुमानिक प्रक्रिया की प्रकृति के विपरीत है। इसलिए वैयंजनिक प्रक्रिया और आनुमानिक प्रक्रिया को एक करना किसी भी स्थिति में सम्भव नहीं है। वैयंजनिक प्रक्रिया से उपलब्ध अर्थ शब्द की सामर्थ्य से उपलब्ध अर्थ है—वह शब्दार्थ का ही एक भेद है।

पुनः कहा जा सकता है कि शब्द के अभिधा व्यापार एवं वाच्य अर्थ से व्यंजना व्यापार और व्यंग्य अर्थ भले ही भिन्न हो, पर लक्षणा व्यापार एवं लक्ष्य अर्थ से इन्हें भिन्न नहीं माना जा सकता। कारण यह है कि लक्षणा भी मुख्यार्थ के अनभिप्रेत होने पर सक्रिय होती है और व्यंजना भी मुख्यार्थ विमुख होकर वक्ता के अतिरिक्त अभीप्सित अर्थ की ओर बढ़ती है। निष्कर्ष यह है कि मुख्यार्थबाध उभयत्र जब समान है—तो उस निमित्त से सक्रिय होने वाली शक्ति भी एक ही होगी।

पर इस आक्षेप का उत्तर स्वयं साहित्यदर्पणकार ने यह दिया है कि लक्षणा में 'प्रतीति' का और व्यंजना में 'प्रतीत' का बोध होता है—पूर्वत्रबाधित प्रतीति होती है और उत्तरत्र प्रतीत का बोध होता है। अभिप्राय यह है कि लक्षणा में मुख्यार्थ का बोध या अनुपयोग नितान्त सुस्पष्ट रहता है—पर व्यंजना में पूर्वा पर प्रसंग पर ध्यान देने से पहले बाध या अनुपयोग की स्फूर्ति नहीं होती। अतः लक्षणा से व्यंजना का कार्य सम्भव नहीं है। दूसरी बात यह है कि वाच्यार्थ सदैव मुख्यार्थ कहा जाता है और लक्ष्यार्थ अमुख्यार्थ पर व्यंग्य कभी मुख्य और कभी अमुख्य कहा जाता है—फलतः वह दोनों से एक रूप नहीं कहा जा सकता—दोनों से भिन्न ही कहा जायेगा।

इस प्रकार व्यंग्य अर्थ का सद्भाव सहृदयहृदयसाक्षिक है—उसका अपलाप नहीं किया जा सकता। एक अनुभवसिद्ध अर्थ की अपेक्षा अपनी अन्धता सूचित करेगी।

यही व्यंग्य अर्थ जब सर्वातिशायी सौन्दर्य का स्रोत बनता है तब वही 'ध्वनि' संज्ञा से अभिहित किया जाता है। निष्कर्ष यह कि काव्योचित चारुता का सर्वातिशायी स्रोत ध्वनिसंज्ञक वस्तु है। ध्वनि ही वह तत्त्व है जो किसी भी उक्ति को काव्यात्मक परिणति प्रदान करती है। वही काव्य का सारतत्त्व है। उसी के सम्पर्क से अन्य उपकरण भी चमकने लगते हैं और काव्यगत चारुता के वाहक बन जाते हैं। इस प्रकार ध्वनि ही काव्योचित चारुता का मूलाधार होने से वही काव्य की आत्मा है—वही काव्य का सर्वस्व है।

इस सिद्धान्त के विरोधियों का कहना है कि यदि काव्यगत समस्त उपकरणों की शल्यचिकित्सा की जाये—तो उसमें एक तो शब्द एवं अर्थ मिलेंगे, जिन्हें काव्य का शरीर कहा जा सकता है; दूसरे उनके स्वरूप एवं संघटना में चारुताधायक तत्त्व—जिन्हें क्रमशः अलंकार एवं गुण कहेंगे। वृत्ति और रीति भी चारुता के स्रोत सुने जाते हैं—परन्तु वे भी विचार करने पर अलंकार एवं गुण से भिन्न नहीं हैं। वृत्यनुप्रास अलंकार के भेद के ही रूप में वृत्तियाँ हैं। रही रीतियाँ—सो उनके सम्बन्ध में यह कहना है कि रीति भी पूर्ववर्ती आचार्य वामन के अनुसार गुण—समुदायात्मक ही हैं—उसमें भिन्न वह कोई वस्तु नहीं है। निष्कर्ष यह कि काव्य में कुल मिलाकर शरीर स्थानीय शब्द एवं अर्थ तथा चारुता स्रोत, गुण एवं अलंकार हैं। ध्वनि जैसी कोई वस्तु सौन्दर्य का स्रोत है ही नहीं और यदि होती और इतना महत्त्वपूर्ण होती तो पूर्ववर्ती आचार्यों ने उसका उल्लेख अवश्य किया होता। तीसरी बात यह भी हो सकती है कि इन्हीं गुणों या अलंकारों में से किसी भेद-प्रभेद का नाम ध्वनि रख दिया हो।

पर ये सब ध्वनि-विरोधी तर्क-वितर्क निरर्थक हैं। पहली बात तो यह है कि जब उपर्युक्त ध्वनि विरोधी चिन्तक शरीर, गुण एवं अलंकार के रूपक से काव्य के बाह्य एवं अन्तर अवयवों पर विचार करते हैं—तो उन्हें काव्य में किसी शरीरी, गुणी एवं अलकार्य की भी चिन्ता करनी चाहिए। दूसरी बात यह है कि व्यंग्य अर्थ के अस्तित्व में जब उक्त उक्तियों और सहृदय-धुरीणों के अनुभव प्रमाण हैं—तो उसका अभाव तो नहीं कहा जा सकता। रहा यह कि फिर पूर्ववर्ती आलंकारिकों ने उल्लेख क्यों नहीं किया—तो यह तो सूर्य के अस्तित्व का अन्धों द्वारा किये गये निषेध की-सी बात है। यह भी मानना निराधार बात है कि ध्वनि अलंकार के किसी विशेष प्रभेद का नामान्तर है। अप्रस्तुतः प्रशंसा आदि कतिपय अलंकार ऐसे अवश्य हैं, जिन्हें ध्वन्यात्मक कहा जा सकता है—पर ध्वनि की वही सीमा नहीं है। ध्वनि के इतने भेदोपभेद हैं कि अलंकार उसमें समाविष्ट हो सकते हैं—पर दो-चार इस प्रकार के अलंकारों में महाकाय ध्वनि नहीं समा सकती। इस प्रकार गुण एवं अलंकार के अन्तर्गत इसका समावेश नहीं किया जा सकता—उसका स्वतन्त्र अस्तित्व है। साथ ही यह भी समझना चाहिए कि गुण एवं अलंकार से विरहित उक्ति भी यदि प्रतीयमान अर्थ से गर्भित है—तो वह प्रशस्त काव्य की पदवी से परम्परा द्वारा विभूषित किया गया है। दूसरी बात यह भी है कि यदि सूक्ष्मेक्षण किया जाये तो पता चलेगा कि गुण एवं अलंकार स्वयं प्रतीयमानार्थ-संस्पृष्ट रहकर ही चारुता के स्रोत बन पाते हैं। अतः प्रतीयमान अर्थ को यदि काव्य का सारसत्व कहा गया है—तो वह सर्वथा उचित ही है।

भक्तिवादी का कहना है कि प्रतीयमान या व्यंग्य अर्थ यदि मुख्य अर्थ—अभिधेय अर्थ—से भिन्न है—तो अमुख्य अर्थ की ही कोटि में आयेगा। अमुख्य अर्थ, लक्ष्य अर्थ है अतः भक्ति या लक्षण लभ्य अमुख्यार्थ में ही इसे अन्तर्भूत समझना चाहिए।

इसका पृथक् अस्तित्व नहीं मानना चाहिए। ऐसे आक्षेपकों का उत्तर पहले ही दिया जा चुका है और यह कहा गया है कि व्यंग्य अर्थ अमुख्य ही नहीं, मुख्य या प्रधान भी होता है। अतः द्विरूप प्रतीयमान या व्यंग्य अर्थ का एक रूप लक्ष्यार्थ में समाविष्ट नहीं किया जा सकता। दूसरे बाधपूर्वक उन्मीलित होनेवाली लक्षणा की जहाँ झलक भी नहीं रहती—वहाँ भी व्यंजनालभ्य व्यंग्यार्थ का अस्तित्व होता है—इसलिए भी उसे पृथक् मानना होगा।

कुछ विरोधियों का यह कहना है कि प्रतीयमान या ध्वनितत्व गुण एवं अलंकार से भिन्न है। लक्ष्यार्थ से भी उसका पृथक् अस्तित्व है—फिर भी वह तत्त्व इतना बहुरूप और सूक्ष्म है कि उसका स्वरूप निर्वचन बुद्धि द्वारा सम्भव नहीं है। आनन्दवर्द्धन ने इन लोगों का मुँह बन्द करते हुए यह कहा है कि जहाँ तक व्यंजना की बहुरूपता का सम्बन्ध है—इससे उसके अस्तित्व पर सन्देह नहीं किया जा सकता—क्योंकि उसका अस्तित्व अनुभवसिद्ध है। इसके अतिरिक्त जयरथ ने बताया है कि ध्वनि-विरोधी 12 हैं—(1) तात्पर्य, (2) अभिधा, (3) अजहत्स्वार्था, (4) जहत्स्वार्था (5-6) अनुमान के दो रूप, (7) अर्थापत्ति, (8) तन्त्र (द्वयर्थक प्रयोग), (9) समासोक्ति, (10) रस कार्यता, (11) भोग और (12) व्यापारान्तरवाधनम् (वक्रोक्ति)।[1]

रही बात उसके लक्षण की—उस विषय में यह कहना है कि उसका लक्षण इस प्रकार है—

यत्रार्थः शब्दो वा तमर्थमुपसर्जनीकृतस्वार्थौ।
व्यक्तः काव्यविशेषः स ध्वनिरिति सूरिभिः कथितः।।[2]

अर्थात् उस काव्यविशेष को ध्वनि कहा जा सकता है—जहाँ शब्द अपने अर्थ को और अर्थ अपने आप को गुणीभूत स्थिति में रखकर अतिरिक्त की व्यंजना करें। व्यंजक शब्द भी होता है और अर्थ भी—पर इसका अर्थ यह नहीं समझना चाहिए कि शब्द अर्थ निरपेक्ष होकर व्यंजक होता है। शब्द व्यंजक होता है—का इतना ही अर्थ है कि वहाँ उसका अर्थ गौण हो जाता है और शब्द प्रमुख हो जाता है और यह स्थिति अविवक्षित वाच्यध्वनि के लिए आती है। विवक्षितान्य पर वाच्य ध्वनि में दूसरी स्थिति है—वहाँ अर्थ स्वयं अपने आपको माध्यम बनाकर मुख्यतः अर्थ की व्यंजना करता है।

इस प्रकार ध्वनि-स्वरूप का निर्वचन कर लेने के बाद आनन्दवर्द्धन एवं अभिनवगुप्त ने यह भी बताया है कि ध्वनि शब्द का प्रयोग कितने अर्थों में हो सकता है।

---

1 तात्पर्यशक्तिरभिधा लक्षणानुमिती द्विधा।
अर्थापत्तिः क्वचित्तन्त्र समासोक्तिसलंकृति।।
रसस्य कार्यता भोगः व्यापारान्तरवाधनम्।
द्वादशोत्थं ध्वनेरस्य स्थिता विप्रतिपत्तयः।।

2 *ध्वन्यालोक*, प्र. उ.

आनन्दवर्द्धन ने कहा है–**'वाच्यवाचक सम्मिश्रः शब्दात्मा काव्यभिति व्यपदेश्यो व्यंजकत्वसाम्याद् ध्वनिरित्युक्तः।'**[1] अर्थात् वाच्य एवं वाचक, उनसे ध्वनित अर्थ, ध्वनन व्यापार तथा इनकी समष्टिकाव्य–ये सभी व्यंजनभाव से सम्बद्ध होने के कारण ध्वनि कहे जा सकते हैं। अर्थात् व्यंजक, व्यंग्य, व्यंजन तथा इनकी काव्यात्मक समष्टि सभी को ध्वनि संज्ञा दी जा सकती है।

अभिनवगुप्त ने इस बात का अच्छा विश्लेषण किया है कि इन चारों को क्यों ध्वनि कहना चाहिए?

(क) व्यंग्य अर्थ और ध्वनि

अभिनवगुप्त ने बताया है कि वाक्यपदीयकार की एक कारिका इस प्रकार है–

यः संयोगवियोगाभ्यां करणैरूपजन्यते।
स स्फोटः शब्दजाः शब्दाः ध्वनयोन्यैरुदाहृताः।।

यहाँ यह बताया गया है कि स्थान और करण के संयोग और विभाग से जो प्रथम प्रथम वर्ण-निष्पत्ति होती है–वह स्फोट कहा जाता है और श्रोता के कानों तक पहुँचनेवाली जो शब्दज शब्द सन्तति होती है–एक शब्दलहरी की धक्का से उत्पन्न दूसरी शब्दलहरी होती है–वह ध्वनि कही जाती है। निष्कर्ष यह कि घण्टा के अनुरणन की भाँति जैसे एक तरफ शब्द की पूर्व पूर्ववर्ती लहरियों से धक्का पाकर परस्पर सम्बद्ध अन्य शब्द सन्तति उत्पन्न होती जाती है और वह ध्वनि कही जाती है–उसी प्रकार अनुरणनन्यास से वाच्यार्थ बोध के अनन्तर उससे सम्बद्ध व्यंग्यार्थ बोध उत्पन्न होता है–उसके लिए भी ध्वनि शब्द का प्रयोग किया जा सकता है। यहाँ मुख्य ध्वनि और लाक्षणिक ध्वनि (व्यंग्य-अर्थ) में उपचार का निमित्त सादृश्य इतना ही है कि दोनों ही पूर्ववर्ती वस्तु के सम्बन्धवश बाद में साकार हो पाये हैं। यद्यपि अनुरणन का दृष्टान्त संलक्ष्यक्रम ध्वनि (वस्तु ध्वनि एवं अलंकार ध्वनि) के लिए ही लागू हो पाता है–तथापि उस साम्य से औपचारिक रूप में व्यवहृत 'ध्वनि' असंलक्ष्यक्रम ध्वनि (रस ध्वनि) का भी उपलक्षण समझ लेना चाहिए।[2]

(ख) वाच्यवाचकात्मा व्यंजक और ध्वनि

वैयाकरणों ने नाद शब्द वाच्य उन श्रूयमाण वर्णों को ध्वनि कहा है–जिनके पूर्व सहकृत अन्तिम ध्वनि से स्फोट की व्यंजना होती है। भर्तृहरि ने भी कहा है–

प्रत्ययैरनुपाख्येयैर्ग्रहणानुगुणैस्तथा।
ध्वनि प्रकाशिते शब्दे स्वरूपमवधार्यते।।

---

1 *ध्वन्यालोक*, प्र. उ.

2 तेन व्यंजकौ शब्दार्थौ अपि–इह ध्वनिशब्देनोक्तौ–*ध्वन्यालोक*, प्र. उ., पृ. 134

ध्वनिविषयक प्रत्यय दो प्रकार का होता है—उपाख्येय एवं अनुपाख्येय। शब्द-स्वरूप के ग्रहण में इन अनुपाख्येय प्रत्ययों का भी उपयोग होता है। ऐसे ध्वनियों शब्द या स्फोट का प्रकाशन होने पर उसका स्वरूप अवधारित हो पाता है।

इस कारिका में शब्द या स्फोट के प्रकाशक या व्यंजक को 'ध्वनि' संज्ञा दी गयी है। वाच्य एवं वाचक भी व्यंग्य अर्थ के प्रकाशक होते हैं—अतः प्रकाशकता जैसी समान विशेषता के आधार पर इस वाच्य एवं वाचक को भी व्यंजक होने के कारण ध्वनि कहा जाता है।

(ग) ध्वनन व्यापार और ध्वनि

भर्तृहरि ने कहा है कि प्राकृत ध्वनि के लिए किये गये प्रसिद्ध उच्चारण से अधिक या अतिरिक्त व्यापार वैकृत ध्वनि के उच्चारण में होता है। यही वैकृत ध्वनि है जिससे ध्वनि में या उससे प्रकाश्य स्फोटात्मक शब्द से द्रुति, मध्यता या विलम्बितत्व की प्रतीति होती है। निष्कर्ष यह है कि द्रुतादि जैसे स्थितिभेद के विभिन्न 'वैकृत' रूप के उच्चारण में स्फोट स्वरूप की व्यंजना के लिए किये गये प्राकृत ध्वनि के उच्चारण से अधिक या अतिरिक्त उच्चारण व्यापार होता है—और उसकी ध्वनि संज्ञा दी जाती है, उसी प्रकार वाच्यार्थ बोध के लिए शब्द के प्रसिद्ध अभिधाव्यापार से अधिक व्यापार अतिरिक्त अर्थबोध के लिए होता है—और उसकी संज्ञा भी इसी दृष्टान्त से ध्वनि दी जा सकती है।[1]

इस प्रकार व्यंग्य अर्थ, वाच्य एवं वाचक जैसे व्यंजन तथा व्यंजक व्यापार—इन चारों के लिए ध्वनि शब्द का लाक्षणिक प्रयोग परम्परागत ध्वनि संज्ञा के मूल में निहित समान आधारों या समान विशेषताओं पर सम्भव है। आनन्दवर्द्धन ने इनकी समष्टि के लिए भी समष्टिभूत काव्य के लिए भी ध्वनि संज्ञा का प्रयोग किया है।[2]

ध्वन्यालोक में कहीं-कहीं 'काव्य' और 'ध्वनि' को एक कहा गया है और कहीं-कहीं भिन्न; जैसे—काव्यस्यात्मा ध्वनिः) काव्य की आत्मा ध्वनि है। इस वाक्य में काव्य को ध्वनि से भिन्न कहा गया है, पर *'स ध्वनिरिति सूरिभिः कथितः'*—उस काव्य विशेष को ध्वनि कहते हैं—इस वाक्य में काव्य और ध्वनि को एक ही कहा गया है। इस आपाततः प्रतीत विरोध को हटाने के लिए यह कहा जा सकता है—जहाँ व्यष्टि (व्यंग्य, व्यंजक एवं व्यापार) के लिए ध्वनि का व्यवहार होता है—वहाँ समष्टि

---

1 शब्दस्योर्ध्वमभिव्यक्तेर्वृतिभेदे तु वैकृताः।
ध्वनयः समुपोहन्ते स्फोटात्मा तैर्नभिद्यते॥
इत्यस्माभिरपि प्रसिद्धेभ्यः शब्दव्यापारेभ्योऽभिधातात्पर्यलक्षणारूपेभ्योऽतिरिक्तो व्यापारो ध्वनिरित्युक्तः॥
—ध्वन्यालोक, प्र. उ., पृ. 134

2 एवं चतुष्कमपि ध्वनिः, तद्योगाच्च समस्तमपि काव्यं ध्वनिः। —वही, पृ. 135

से उसका भेद सम्भव ही है और जहाँ समष्टि (काव्य) के अभिप्राय से ध्वनि का प्रयोग होगा—वहाँ अभेद भी सम्भव है।[1]

इस प्रकार ध्वनि के विरोधी तर्क, उसका निरसन, ध्वनि की स्थापना, ध्वनि का स्वरूप, प्रभेद तथा ध्वनि संज्ञा का उपचार—बीज-सम्प्रति, ध्वनिमत की और अन्य विशेषताओं पर भी दृष्टिपात करना है—अन्य विशेषताओं में से प्रथम प्रश्न यह उपस्थित होता है कि ध्वनिमत प्रस्थापक आनन्दवर्द्धन के यहाँ 'रस' का क्या स्थान है? इसी के साथ एक दूसरा प्रश्न यह भी लगा हुआ है कि ध्वन्यालोककार ने एक स्थान पर यह बताया है कि (1) काव्य की आत्मा ध्वनि[2] है। (2) दूसरे स्थान पर यह भी प्रस्तुत किया है कि सदृश्य श्लाघ्य अर्थ काव्य की आत्मा[3] है जिसके दो भेद होते हैं—वाच्य और प्रतीयमान अर्थात् काव्य की आत्मा वाच्य और प्रतीयमान दोनों प्रकार के अर्थ हैं। (3) तीसरी जगह यह भी कहा गया है कि काव्य की आत्मा तो रस ही है।[4] इसलिए ऊपर जो दो प्रश्न प्रस्तुत किये गये हैं, उनमें से दूसरे का उत्तर पहले आवश्यक है—तभी हम दूसरे की ओर बढ़ सकते हैं। विचारणीय बात है कि उपर्युक्त तीन विरोधी वक्तव्यों में कोई संगति लगायी जा सकती है या परस्पर विरुद्ध होने के कारण तीनों को ही अमान्य ठहरा दिया जाये? विद्वानों ने यही निश्चय किया है कि यदि ध्यानपूर्वक देखा जाये तो इन वक्तव्यों में एक संगति लगायी जा सकती है और वह इस प्रकार कि इन वक्तव्यों का सन्दर्भ देखा जाये। उन लोगों का कहना है कि सूक्ष्मसूक्ष्मतर अर्थ का सहसा निर्देश कर दिया जाये तो व्युत्पित्सु को तत्त्वबोध होने में कठिनाई होगी। इसलिए आत्मार्थ के जिज्ञासु वैरोचन को किस प्रकार स्थूल अर्थ से सूक्ष्मतम अर्थ तक सक्रम ले जाया गया। इसका उपस्थापन वेदान्तसार में हमें अच्छा मिलता है। वहाँ कहा गया है कि शरीर ही आत्मा है, फिर इन्द्रिय, मन, बुद्धि आदि को आत्मा कहते-कहते तर्क-वितर्क द्वारा सुनिश्चित अर्थ का निरूपण किया गया है। ठीक ध्वन्यालोककार यहाँ भी एक क्रम से जिज्ञासु को काव्य के आत्मार्थ तक ले जाना चाहते हैं। उन्होंने इस सूक्ष्मतम अर्थ को बताने के लिए भूमिका प्रस्तुत करते हुए कहा है कि शब्द तो काव्य का सबसे ऊपरी स्तर है—शरीर की भाँति आत्मा को उसके आवरण में रहना चाहिए। अतः शब्द से अर्थ की ओर—स्थूल से सूक्ष्म की ओर जब हम बढ़ते हैं तब शब्द के अनन्तर एक सामान्य कोटि का असुन्दर अर्थ पाते हैं—उससे भी आगे सूक्ष्म अर्थ की ओर बढ़ने पर सहृदय श्लाघ्य अर्थ की सीमा उपलब्ध होती है—

---

1 तेन व्यतिरेका व्यतिरेकव्यपदेशोऽपि युक्तः। —वही

2 'काव्यस्यात्मा ध्वनिरितिबुधैर्यः समाम्नातपूर्वः' —*ध्वन्यालोक*, कारिक 1

3 योऽर्थः सहृदयश्लाघ्यः काव्यात्येतिव्यवस्थितः।
वाच्यप्रतीयमानाख्यौ तस्य भेदावुभौ स्मतौ॥ —*वही*

4 काव्यस्यात्मा स एवार्थस्तथा चादिकवेः पुरा —वही, कारिका 5

जिसके उत्तरोत्तर वाच्य एवं प्रतीयमान दो स्तर हैं। विचार करने पर ऐसा प्रतीत होता है कि वाच्य की सहृदयश्लाघा वाच्य के कारण नहीं है, बल्कि उसके सौन्दर्य के कारण है और सौन्दर्य का निमित्त उसके भी तह में निहित है—जिसे प्रतीयमान संज्ञा दी जा सकती है। 'जिमि अविवेकी पुरुष शरीरहिं'—के द्वारा इस तथ्य का निरूपण पहले किया जा चुका है। अतः दोनों को आत्मा कहना केवल समझाने की दृष्टि से है—स्थूल से सूक्ष्म की ओर ले जाने के लिए एक प्रक्रिया के अन्तर्गत है। वस्तुतः सहृदय को श्लाघा का आस्पद तो प्रतीयमान अर्थ ही है—वाच्यार्थ तो उससे सँवलित होने के कारण श्लाघ्य होता है। अविवेकी आलोचकों का हृदय वाच्यार्थ की संवलना मुग्ध हो जाता है—वे उस आवरण को चीरकर अन्तर में निहित अर्थ के वैशिष्ट्य का उद्घाटन नहीं कर पाते। इसलिए अभिनवगुप्त ने भी कहा है—*'तस्य भेदावशौ—इत्युक्तम्, न तु द्वावप्यात्मानौ काव्यस्येति'* अर्थात् उस सहृदयश्लाघ्य अर्थ के दो अंश हैं—वाच्य एवं प्रतीयमान। ध्वन्यालोककार का यही आशय है न कि वे दोनों को काव्य की आत्मा कहना चाहते हैं। निष्कर्ष यह कि यहाँ आनन्दवर्धन प्रतीयमान को ही काव्य की आत्मा कहना चाहते हैं। प्रतीयमान भी आत्मस्थानीय तभी हो सकता है—जब वह प्रधान हो और प्राधान्य की स्थिति में वह ध्वनि कहा जाता है। इसी अभिप्राय से प्रतिपादन के अगले स्तर पर ध्वनि को काव्य की आत्मा कहा गया है। ध्वनि के भी तीन भेद हैं—वस्तु, अलंकार एवं रस। इन तीनों में भी आत्मवत् सारवान तत्त्व है—रसध्वनि। काव्य के लक्ष्य (चर्वणौन्मुख्य) की दृष्टि से काव्य का सारतत्त्व रस ही जान पड़ता है—वस्तु एवं ध्वनि को भी जो रस के साथ-साथ काव्य की आत्मा कह दिया गया है वह औपचारिक है—वास्तविक नहीं। इन दोनों को केवल इसलिए आत्म समकक्ष कह दिया गया है कि वे दोनों अन्ततः रसपर्यवसायी होने के कारण वाच्यार्थ की अपेक्षा उत्कृष्ट हैं। अभिनवगुप्त ने इसीलिए कह दिया है—**'स एवेत्रि प्रतीयमानमात्रेऽपि प्रक्रान्ते तृतीय एव रसध्वनिरिति मन्तव्यम्, इतिहासवलात् प्रकान्तवृत्तिग्रन्थार्थवक्ताच्च। तेन रस एवं वस्तुतः आत्मा, वस्त्वलंकारध्वनी तु सर्वथा रसं प्रति पर्यवस्येते-इति वाच्यादुत्कृष्टौ तौ इत्यभिप्रायेण ध्वनिः काव्यस्यात्मेति सामान्येनोक्तम्।'**"[1]

इस प्रकार अन्ततः काव्य की आत्मा 'रस' ही कहा जा सकता है—यही आनन्दवर्द्धन का प्रतिपाद्य है। वाल्मीकि रामायण जैसे आदिकाव्य का इतिहास प्रस्तुत करते हुए आनन्द ने यही स्थापित किया है कि यही शोक का उत्कृष्ट हार्दिक भूमि पर उफनता हुआ प्रवाह ही उच्छलित होकर जब व्यक्त होना चाहा तो अनायास वाणी के सहारे साकार हो गया। उचित भी है आत्मा के समकक्ष निरतिशय, अखण्ड, निरवयव एवं सूक्ष्मतर अर्थ 'रस' ही काव्य की आत्मा कहा जा सकता है। यह दूसरी बात है कि वह कभी काव्य में व्यक्त और कभी अव्यक्त रहा है और अपनी अव्यक्तावस्था

---

1 *ध्वन्यालोक प्र.उ.*, पृ. 85

में स्थूल स्तर के काव्यस्तरीय चमत्कार के उपादानों को काव्य व्यवहारोचित चारुता का उत्तरदायित्व प्रदान करता है।

कतिपय आधुनिक समालोचकों ने ध्वनि के भेद-प्रभेदों को ध्यान में रखकर यह कहना चाहा है कि ध्वनिमत नितान्त बौद्धिक प्रक्रिया पर आधारित मत है। परन्तु इस प्रकार के आक्षेप आनन्दवर्द्धन के ध्यान में थे। इसीलिए उन्होंने कहा है कि उनकी कृति में ध्वनिस्थापन के प्रयास का आपेक्षिक विस्तार देखकर कोई यह न समझे कि उनका लक्ष्य काव्य में ध्वनि का ही सर्वातिशायी महत्त्व स्थापित करना है। उनका ऐसा अभिप्राय कदापि नहीं है। वे कहते हैं कि ध्वनन या ध्वनि की स्थापना का इतना वृहत्संरम्भ काव्य की सिद्ध आत्मा 'रस' के ही उपस्थान में है। तुलसी को जिस प्रकार अपने रामचरितमानस में राम का ब्रह्मत्व स्थापन नहीं भूलता, आनन्दवर्द्धन को भी ध्वनि-स्थापन के वृहत्समारम्भ के बीच रस की काव्यात्मरूपता भी नहीं भूलती। वे बार-बार उसका स्मरण पग-पग पर दिलाते चलते हैं। प्रथम उद्योत में स्पष्ट ही उन्होंने 'काव्यस्यात्मा स (रसः) एवार्थ' कहा है। द्वितीय उद्योत में दोषाभाव गुण एवं अलंकार की चर्चा भी रस रूप शरीरी, गुणी एवं अलंकार्य की दृष्टि से ही निरूपित किया है, चतुर्थ उद्योत में भी बताया है–

व्यंग्यव्यंजकभावेऽस्मिन् विविधे सम्भवत्यपि।
रसादिमय एकस्मिन् कविः स्यादवधानवान्॥

अर्थात् यद्यपि व्यंग्यव्यंजक भाव का अनन्तविध काव्योचित वैचित्र्य सम्भव है–परम्परागत कवियों ने उसका उपयोग भी किया है–तथापि आनन्द का निर्देश है कि एक कवि को तो काव्य-निर्माण करते समय रस के प्रति सावधान होना चाहिए। आनन्दवर्द्धन ने माना है कि कवि-कर्म है–विचारवादी संयोजन। निष्कर्ष यह कि आनन्दवर्द्धन अपनी समस्त कृति में आद्योपान्त 'रस' के प्रति सजग हैं।।

फिर आक्षेपकों का यह प्रश्न उनके समक्ष है कि आनन्दवर्द्धन ने पुनः ध्वनि के इतने भेद-प्रभेद क्यों दिखाये? उसका प्रयोजन क्या है? उपेक्ष्या का इतना विस्तार क्यों? एक तरफ उसको विस्तार देते हुए भी दूसरी ओर उसको नगण्य कहना कहाँ तक संगत है?

इस प्रकार अविवक्षित वाच्य के 4, असंलक्ष्यक्रम के 6, संलक्ष्यक्रम में शब्दार्थो–भयशक्त्युत्थ का 1, शब्दशक्त्युत्थ के 4 एवं अर्थ शक्त्युत्थ के 36 भेद हुए–जिनकी मिलित संख्या 51 है। ध्वनि के ये शुद्ध 51 प्रभेद हैं।

ध्वनि-प्रभेद के इतिहास में भोजराज ने कतिपय अन्य नयी संज्ञाओं का प्रयोग किया है–उन्होंने भी बताया है कि ध्वनि का रूप अनेक प्रकार का है। सामान्यतः पहले उसे द्विधा विभक्त किया गया है–अर्थध्वनि एवं शब्दध्वनि। अर्थध्वनि के भी दो भेद हैं–अनुवाद ध्वनि, प्रतिशब्द ध्वनि।

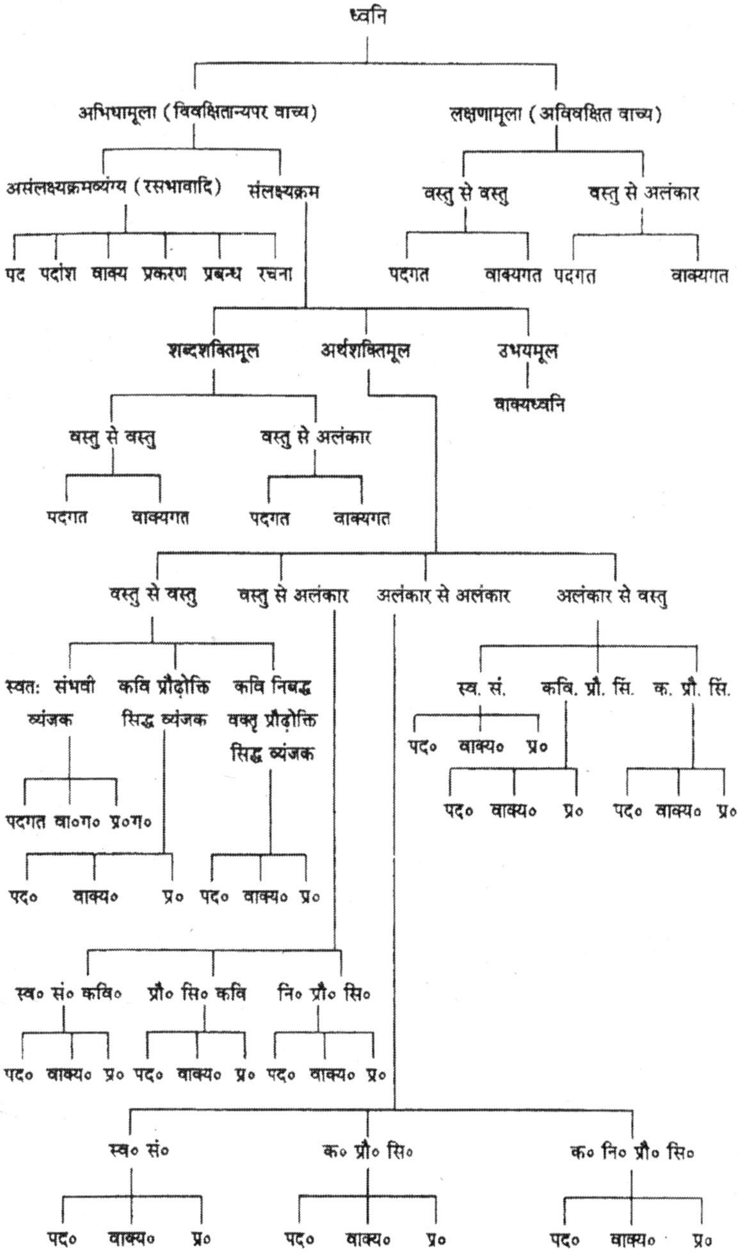
ध्वनि
अभिधामूला (विवक्षितान्यपर वाच्य)
लक्षणामूला (अविवक्षित वाच्य)
असंलक्ष्यक्रमव्यंग्य (रसभावादि)
संलक्ष्यक्रम
वस्तु से वस्तु
वस्तु से अलंकार
पद
पदांश
वाक्य
प्रकरण
प्रबन्ध
रचना
पदगत
वाक्यगत
पदगत
वाक्यगत
शब्दशक्तिमूल
अर्थशक्तिमूल
उभयमूल
वाक्यध्वनि
वस्तु से वस्तु
वस्तु से अलंकार
पदगत
वाक्यगत
पदगत
वाक्यगत
वस्तु से वस्तु
वस्तु से अलंकार
अलंकार से अलंकार
अलंकार से वस्तु
स्वतः संभवी व्यंजक
कवि प्रौढ़ोक्ति सिद्ध व्यंजक
कवि निबद्ध वक्तृ प्रौढ़ोक्ति सिद्ध व्यंजक
स्व. सं.
कवि. प्रौ. सिं.
क. प्रौ. सिं.
पद० वाक्य० प्र०
पदगत वा०ग० प्र०ग०
पद० वाक्य० प्र०
पद० वाक्य० प्र०
पद० वाक्य० प्र०
पद० वाक्य० प्र०
पद० वाक्य० प्र०
स्व० सं० कवि०
प्रौ० सि० कवि
नि० प्रौ० सि०
पद० वाक्य० प्र०
पद० वाक्य० प्र०
पद० वाक्य० प्र०
स्व० सं०
क० प्रौ० सि०
क० नि० प्रौ० सि०
पद० वाक्य० प्र०
पद० वाक्य० प्र०
पद० वाक्य० प्र०

उक्त विध 51 शुद्ध भेदों के अतिरिक्त इसके संकीर्ण प्रभेद भी किये गये हैं। काव्य-प्रकाशकार ने इसके संकीर्ण भेद 10404 माने हैं, पर साहित्यदर्पणकार ने कम। दोनों की गुणन-प्रक्रिया और उसके मूल में निहित सिद्धान्त भिन्न-भिन्न हैं। फिर भी व्यंजक सामग्री के स्वरूप, देश एवं कालगत प्रातिस्विक भेदवश व्यंग्य अर्थ अनन्त प्रकार का सम्भव है। आनन्दवर्द्धन ने इस प्रकार अनन्त भेदों की चर्चा स्वयं की है।

इस स्थिति में अब पूर्वोत्थापित प्रश्न पुनः विचारणीय है कि जब व्यंग्य व्यंजक वैचित्र्य को एक ओर आनन्द रस को दृष्टि से नितान्त महत्त्वपूर्ण घोषित करते हैं—उसकी बौद्धिक प्रक्रिया को अपेक्षिक महत्त्व नहीं देते—तो उसका इतनी संरभ्यतापूर्वक प्रतिपादन क्यों करते हैं?

आनन्दवर्द्धन ने स्वयं इसका समाधान करते हुए बताया है कि इससे और कुछ नहीं अपितु प्रतिभा का आनन्त्य सिद्ध होता है और प्रतिभा के आनन्त्य से महाकवित्व की सिद्धि होती है—अर्थात् महाकवि वही है जिसकी प्रतिभा किसी भी वर्ण्य-विषय की इयत्ता ही न जाने। वह तभी सम्भव है जब वर्ण्य की, वर्ण्य की उपस्थापित करने की प्रणाली की इयत्ता न हो और यह बात प्रतीयमान के अनन्तानन्त भेदों की स्थापना मात्र से ही सम्भव है। निष्कर्ष यह कि ध्वनि वैचित्र्य या व्यंग्यव्यंजकभाव वैचित्र्य की अनन्तता का प्रतिपादन उसकी आत्मस्तरीय सारवत्ता के कारण नहीं बल्कि महाकवित्व सिद्धि के लिए किया गया है।

परवर्ती आलोचकों का यह आक्षेप भी कि ध्वनिमत में रस को हजारों प्रभेदों के बीच एक प्रभेद के रूप में रखा गया है और इस प्रकार उसका महत्त्व कम कर दिया गया है—विचारणीय है। रस को एक प्रभेद के रूप में अवश्य रखा गया है—पर उसे सर्वातिशायी और मूर्द्धन्य माना गया है। साथ ही आत्मा के दृष्टान्त से यह भी कहा गया है कि जिस प्रकार लोकव्यवहार में समुचित आवरण में व्यक्त होने वाली आत्मा की ही चर्चा होती है—सूखे काठ में व्याप्त अव्यक्त आत्मा का नहीं—उसी प्रकार अभिनवगुप्त ने यह भी माना है कि गुणालंकारोपस्कृत शब्दार्थ शरीर में व्यक्त होनेवाली रसमयी आत्मा को ही सर्वातिशायी और महत्त्वपूर्ण माना जाता है। यह आत्मा जहाँ जितने ही उचित आवरण में व्यक्त होगी, वहाँ उतनी ही प्रशस्ति समझी जायेगी।

इस स्थिति में कभी-कभी आधुनिक समालोचक यह भी प्रश्न करते हैं कि रस और ध्वनि का क्या सम्बन्ध है?

उक्त विवेचन के आलोक में रस और ध्वनि का सम्बन्ध नितान्त स्पष्ट है। यह तो बताया ही जा चुका है कि ध्वनि का प्रयोग चार अर्थों में है—1. व्यंजक, 2. व्यंग्य, 3. व्यंजन एवं 4. समष्टि काव्य। अपने प्रथम अर्थ में ध्वनि एवं रस का सम्बन्ध

व्यंग्यव्यंजकभाव सम्बन्ध है। ध्वनि इस रूप में रस व्यंजक समस्त उपकरण है। इसी के कारण रस व्यक्त होता है और जब तक इसकी प्रतीति रहती है तब तक रस की भी अपरोक्षानुभूति होती है। कहना चाहिए कि इस कार्य में विभावादि जब तक जीवित हैं तभी तक रस-प्रतीति की अवधि है। अपने दूसरे अर्थ में व्यंग्य तभी ध्वनि है—जब वह सर्वातिशायी हो। दूसरी बात यह भी है कि सर्वातिशायी होकर भी रस की अपेक्षा व्यापक है; क्योंकि ध्वनि में रस, वस्तु एवं अलंकार सभी का सन्निवेश है। अतः सीमित अर्थ में ध्वनि और रस का तादात्म्य या एकरूपता भी है—दोनों में कोई अन्तर नहीं। अपने तीसरे अर्थ में—प्रधानीभूत अर्थ के व्यंजक व्यापार के रूप में—इसका रस से यह सम्बन्ध है कि एक व्यापार है और दूसरा फल। रस ग्रहण के लिए अभिनवभारती में 'रसन' व्यापार का उल्लेख हुआ है। साहित्यदर्पणकार तो 'रसना' व्यापार को ही रसग्रहण का साधन मानते हैं और कहते हैं कि व्यंजना का रसग्रहण के माध्यम के रूप में जो कहीं-कहीं उन्होंने उल्लेख कर दिया है—वह व्यंजनास्थापन की झक के कारण। व्यंजना के प्रति 'रसन' की तुलना में जो कतिपय आचार्य उपेक्षा प्रदर्शित करते हैं उसका कारण यह है कि वे इसमें असंगति देखते हैं। असंगति यह है कि व्यंजना सिद्धार्थ की प्रकाशिका है और रस प्रतीति से पूर्व सिद्ध है नहीं। अतः असिद्ध की प्रकाशिका शक्ति व्यंजना कैसे हो सकती है? पर यह आक्षेप घर-प्रदीप न्याय से व्यंजना को समझने-समझाने वाले देते हैं। व्यंजना को दध्यादि न्याय से ग्रहण करने वाले अव्यक्त दधि का दुग्ध में प्रकाशमान माननेवाले रसप्रतीति या रसाभिव्यक्ति में व्यंजना को ही निमित्त मानने में कोई अड़चन नहीं देखते। अपने चौथे अर्थ में समष्टिभूत काव्य के अर्थ में ध्वनि और रस का आश्रयाश्रयीभाव सम्बन्ध कहा जा सकता है। यहाँ आश्रय का अर्थ अधिकरण न समझकर उपजीव्य समझना चाहिए। आश्रय अपने अधिकरण के अर्थ में ग्राहक की आत्मा या अन्तःकरण है। रस अपनी आनन्दमयता में ग्राहक की आत्मा से अभिन्न भी है। दार्शनिक विवेचकों ने कहा है : संक्षेप में ध्वनि और रस का यही सम्बन्ध है।

जिस प्रकार अपने यहाँ व्यंजक भाषा को काव्य-क्षेत्र में सर्वाधिक महत्त्व दिया जाता है उसी प्रकार पश्चिम के काव्याचार्यों ने Emoline Language को पर्याप्त महत्त्व दिया है। जिस प्रकार काव्य में अपने यहाँ इन ध्वनिवादियों के अनुसार प्रसिद्ध अवयवों से अतिरिक्त ललनालावण्य की भाँति प्रसिद्ध शब्दार्थ अतिरिक्त 'प्रतीयमान' अर्थ को महत्त्व दिया जाता है, उसी प्रकार पश्चिम में भी विभिन्न आचार्यों ने Extra Meaning (अतिरिक्त अर्थ) को काफी महत्त्व दिया है। काव्यगत सूक्ष्म अर्थों की ओर प्रयाण ध्वनिवादी दिशा की ओर ही प्रयाण है। भारतीय आचार्यों में आनन्दवर्द्धन ने काव्य के लिए यह आवश्यक माना है—

'प्रसन्नगम्भीरपदाः काव्यबन्धाः सुखावहाः।'

काव्य-बन्ध को प्रसन्न और गम्भीर होना आवश्यक है। प्रसन्नता वहीं सम्भव है—जहाँ मूल प्रतिभा में ही उलझन और अस्पष्टता नहीं है। गाम्भीर्य के लिए भोजराज ने कहा है—ध्वनिमत्ता तु गाम्भीर्यम्—ध्वनिसम्पन्न होना ही काव्य का गाम्भीर्य है। अभिनवगुप्त ने भी उक्त श्लोक की व्याख्या प्रस्तुत करते हुए यही कहा है कि सुखावह या सुन्दर काव्य के लिए प्रसन्न अर्थात् प्रसादगुणयुक्त तथा गम्भीर अर्थात् व्यंग्यार्थाक्षेपक पदों का प्रयोग समुचित है।

आचार्य रामचन्द्र शुक्ल ने अपनी विवेचनाओं में बताया है कि काव्य का सारा सौन्दर्य वाच्यार्थ में है। पर जितने उदाहरणों से इस तथ्य को स्पष्ट किया है, वे सब किसी-न-किसी प्रकार व्यंजक वाच्यार्थ के उदाहरण हैं और व्यंजक वाच्यार्थ भी ध्वनि ही है। अतः शुक्ल जी की उक्ति को दूसरी ओर से देखा जाये तो क्रमागत ध्वनि सम्बन्धी धारणा में कोई अन्तर नहीं पड़ता।

13

रचना-प्रक्रिया और अलंकार योजना

—भोलाशंकर व्यास

कलाकृति की रचना-प्रक्रिया, भौतिक पदार्थों की उस रचना-प्रक्रिया से भिन्न है, जिसमें निर्माणकर्ता का लक्ष्य वस्तु के निर्माण भर तक सीमित है, उसे रुचिरता और मनोहारिता प्रदान करना नहीं है। दैनन्दिन जीवन के उपयोग के लिए कुर्सी बना देने से बढ़ई कलाकार नहीं हो जाता, लेकिन वही बढ़ई जब अलंकरणवृत्ति का आश्रय लेकर महज लकड़ी और कीलें बटोर कर रंदे-बसूले का साधारण प्रयोग नहीं करता; बल्कि उसका इस ढंग से प्रयोग करता है कि बेजान लकड़ी में छन्द और लयात्मकता भरने की कोशिश करता है, उसे एक सुन्दर ज्यामितिक 'पैटर्न' देने की कल्पना करता है, तो उसके अन्तश्चेतन में जिस कुर्सी की बिम्बवता उदित होती है, वह प्लेटो की प्रत्ययात्मक 'अव्यक्त' (आइडिया) कुर्सी की अपेक्षा कुछ स्वीय विशिष्टता लेकर आती है। इस स्वीय विशिष्टता का विनियोग ही उसे मिस्त्री से ऊपर उठाकर एक नयी प्रजा के सृष्टिकर्ता के पद पर पहुँचा देता है। इस स्वीय विशिष्टता का विनियोग मात्रा में जितना ही अधिक होगा और उसकी अभिव्यक्ति रुचिरता जितनी ही अधिक परिष्कृत होगी, उतनी ही उदात्तता उसकी रचना में नजर आयेगी। इसी स्वीय विशिष्टता को समीक्षकों ने कलाकार की मौलिकता या 'ओरिजनिलिटी' के नाम से पुकारा है। इसके बगैर कलाकार भी महज उदरंभरि मिस्त्री है और इसके अस्तित्व पर मिस्त्री भी कलाकार बनकर ताजमहल की रचना में सक्षम हो जाता है। शायद ऐसे मिस्त्रीनुमा कलाकारों के मद्देनजर ही हिन्दी के एक मध्ययुगीन कवि ने कहा था—*'ढेल सो बनाय आय मेलत सभा के बीच, लोगन कबित्त कीबो खेल करि जानौ है।'*

तो, कलाकृति की रचना-प्रक्रिया में यह स्वीय विशिष्टता इतनी अधिक महत्त्व रखती है कि इसके विश्लेषण के बगैर न तो कलाकृति का समुचित मूल्यांकन ही हो पाता है और न कलाकार के प्रति न्याय ही। ईमानदार कलाकारों में यह मौलिकता अधिक प्रखर होती है, इसलिए कि उनके भौतिक जीवन की समग्र अपूर्णता और अतृप्ति को वे रचना-प्रक्रिया में पूर्णता और सन्तुष्टि प्रदान करते हैं। रंगों, रेखाओं,

स्वरों या शब्दों के माध्यम से विधाता की अपूर्ण सृष्टि में अपनी कल्पना से नयी पूर्णता भरकर, नये सामंजस्य और समरसता की सृष्टि कर वे प्रकृति को नये रूप में उसी तरह बदल देना चाहते हैं, जैसे आदिम युग का ओझा मन्त्रशक्ति द्वारा प्रकृति को अपने अनुरूप बनाने की कोशिश करता था। इस दृष्टि से वह दृश्यजगत् की विरक्ति और अदृश्य की आसक्ति से अभिभूत होता है। यह अदृश्य जगत् की आसक्ति जितनी भौतिक निःसंगता लिये होगी, उसके कल्पनाबिम्ब उतने ही विराट् और व्यापक रूप में रूपायित होंगे। कलाकृति की रचना-प्रक्रिया मूलतः स्वप्न दर्शन, फैंटेसी या समाधि की सजातीय मानी गयी है। बाहरी वातावरण से असंगता रचना-प्रक्रिया के क्षण के लिए बहुत जरूरी है; शिथिल समाधि होने पर कलाकार का चित्र स्खलित हो जायेगा, उसमें समानुरूपता और सामंजस्य नहीं आ पायेगा।

और यहीं यह सवाल उठता है कि क्या रचना-प्रक्रिया के क्षण में कलाकार की बोधवृत्ति उससे भिन्न है, जो हम चलते-फिरते, खाते-पीते, उठते-बैठते करते हैं? और इसका उत्तर 'हाँ' में ही होगा। मनोविश्लेषणवादियों ने स्पष्ट कर दिया है कि जागृत अवस्था में शब्द, स्पर्श, रूप, रस, गन्ध का जो अनुभव हमें होता है, उससे कुछ विशिष्ट 'अतीन्द्रिय' रूप में स्वप्न तथा फैंटेसी में स्पर्शादि का बोध होता है। यह अतीन्द्रिय बोध दिक् और काल की सीमाओं को झकझोर कर उन्मुक्त पंखों पर विचरण करता है और इस बोधवृत्ति में भौतिक व्यक्ति मानस से सम्बद्ध चेतन मन की अपेक्षा हमारा अवचेतन मन क्रियाशील रहता है। स्पर्शादि इन्द्रियबोधों के विषय इस दशा में स्थूल न होकर सूक्ष्म अथवा 'तन्मात्र' (यदि नया शब्द गढ़ा जाये तो) होकर अन्तश्चेतना के सामने आते हैं और युग के मतानुसार तो मानवसंस्कृति के जन्म-जन्मान्तर से अर्जित संस्कारों के प्रतिरूप विविध प्रतीकात्मक 'आर्कीटाइपल' आकृतियों में उभरते हैं। पर यह 'तन्मात्र' बोध स्थूल ऐन्द्रिय बोध से सर्वथा असम्पृक्त कदापि नहीं है; वह वस्तुतः उसी की 'वासना' जो है।

कलाकृति की रचना-प्रक्रिया में इस 'वासना' का अत्यधिक महत्त्व है। यह समस्त अनुभवों का अन्तस में निहित सारभूत तत्त्व है और आस्तिकों के मत से इसमें प्राक्तन जन्म के अनुभवों का समवाय भी सन्निहित है। 'वासना' का 'स्मृति' से घनिष्ठ सम्बन्ध है। स्मृति, प्रत्यभिज्ञा और कल्पना तीनों व्यापारों में स्मृति की ही विविध प्ररोह-सन्तति दृष्टिगोचर होती है। आचार्य शुक्ल ने इसीलिए 'रसात्मक बोध के विविध रूप' नामक निबन्ध में काव्यविधायिनी कल्पना पर विचार करते समय स्मृति और प्रत्यभिज्ञा की मनोवैज्ञानिक प्रक्रिया पर भी प्रकाश डाला है। आंग्ल आलोचक जान लिग्विस्टन लोवेस ने 'स्मृति' को लाक्षणिक शैली में 'कूप' (वेल) कहा है; इसी गहरे कुएँ में समस्त देखे, सुने, स्पर्श किये, ज्ञात और अनुभूत तथ्य अतल तल में पड़े रहते हैं। यहीं वे अनुषंग, चयन, विभाजन, परिवर्तन, समृद्धीकरण आदि विविध रासायनिक प्रक्रियाओं से गुजरते हैं।

यद्यपि 'स्मृति' (मेमोरी) का रचना-प्रक्रिया में बहुत बड़ा हाथ है, पर मात्र 'स्मृति' या लोवेस का 'अतल कूप' ही काव्य-रचना का कारण नहीं है।[1] वस्तुतः रचना-प्रक्रिया में इसके साथ दो और तत्त्व 'कल्पना' (विजन) और 'इच्छाशक्ति' (विल) क्रियाशील होते हैं, जिनके बगैर कलाकृति जन्म नहीं ले पाती। अनुभूतियाँ बेतरतीब, ऊबड़-खाबड़ ढंग से 'स्मृति' (अन्ध कूप) में पड़ी रहती हैं; वे प्रतिभा और कल्पना के सहारे निश्चित पैटर्न में सज-सँवर कर सामने आती हैं। यद्यपि क्लैसिकल और रोमांटिक दोनों ही विचारकों ने रचना-प्रक्रिया में प्रतिभा को महत्त्व दिया है, पर रोमांटिक विचारकों के यहाँ बिम्बविधान या दूसरे शब्दों में अलंकार-योजना का एकमात्र कारण प्रतिभा ही है, पाण्डित्य या निपुणता नहीं। ध्वनिवादी आनन्दवर्धन ने तो यहाँ तक कहा है कि अगर कवि के पास प्रतिभा है, तो फिर उसके लिए काव्य-जगत् सदा नये-से-नये सौन्दर्य का उद्‌घाटन करता रहेगा, उसके लिए कभी भी काव्यार्थ विराम नहीं होगा (न काव्यार्थविरामोऽस्ति यदि स्यात् प्रतिभा गुणः)। मौलिकता या 'ओरिजिनिलिटी' जिसकी बहुत ज्यादा चर्चा नव्य काव्यलोचन में होने लगी है, मूलतः इसी प्रतिभा की देन है। प्रतिभा की परिभाषा ही अभिनवगुप्त ने 'नवनवोन्मेषशालिनी' दी है। इसके कारण ही कवि नये बिम्बों की सृष्टि करने में समर्थ हो पाता है और बिम्बों के इस नवनवोन्मेष की शक्ति को ही हम मौलिकता कहते हैं।

रचना-प्रक्रिया के समय कवि या कलाकार का समग्र व्यक्तित्व संश्लिष्ट रूप में कलाकृति के माध्यम से अभिव्यक्त होता है। 'आत्मा वै जायते पुत्रः' इस उक्ति के अनुसार कलाकृति कवि की अपनी सन्तति या सृष्टि है और उसके माध्यम से वह स्वयं पुनर्जन्म लेता है। आलंकारिक शैली का सहारा न लेते हुए हम कह सकते हैं कि कवि-व्यक्ति की समस्त संवेदनाएँ और अनुभूतियाँ कविता में साकार हो उठती हैं और उसे यह आकार देनेवाली प्रक्रिया आज की शब्दावली में बिम्बविधान और पुरानी शब्दावली में अलंकार है। इस निबन्ध में अलंकार-योजना शब्द का प्रयोग हम इसी अर्थ में करने जा रहे हैं जिसके व्यापक परिवेश में कवि द्वारा प्रयुक्त वे सभी प्रणालियाँ आ जाती हैं जिन्हें भारतीय काव्यशास्त्रियों ने अलंकार, ग्रीक काव्यशास्त्रियों नें त्रोपे तथा अन्य यूरोपीय समीक्षकों ने 'फीगर्स ऑफ स्पीच' कहा है।

अलंकार काव्य-उक्ति के अविच्छिन्न अंग हैं या ऊपर से थोपी हुई थिकली, इस पर काफी विचार हुआ है। अगर वे उक्ति के अविभाज्य अंग हैं तो उन्हें अलंकार क्यों कहा जाये? क्योंकि वे काव्य के स्वयं सौन्दर्य हैं, सौन्दर्य बढ़ानेवाले साधन नहीं हैं। इसीलिए कुन्तक और क्रोचे ने अलंकारों को अलंकार मानने से इनकार किया क्योंकि ऊपर से थोपे जाने पर या तो वे अनावश्यक हैं और यदि वे उक्ति के लिए आवश्यक हैं तो उन्हें अलंकार नहीं माना जाना चाहिए। आगे हम देखेंगे

---

1 *द रोड टु जनाडु*, पृ. 432

कि बिम्ब मूलतः उक्ति का अविभाज्य अंग है, उसके बिना कवि अपनी भावना और अनुभूति को न तो निश्चित आकार ही दे पाता है और न प्रेषणीय ही बना पाता है। अगर हम अलंकार और बिम्ब को पर्यायवाची मान लें तो अलंकार और उक्ति में चोली-दामन का साथ मानना ही होगा। यह दूसरी बात है कि इस दशा में भारत और पश्चिम के काव्य-समीक्षकों द्वारा माने गये ऐसे अलंकारों को हमें अलंकारों की पाँत से बाहर निकाल देना पड़े, जो व्याकरणशास्त्र, न्यायशास्त्र, मीमांसा और भाषणकला से काव्यशास्त्र में आकर दाखिल हो गये हैं और ऐसे अलंकारों को निकाल देने से काव्यशास्त्रीय चिन्तन की कोई विशेष हानि नहीं होगी। बाकी बचे अलंकार जो मूलतः श्रवण, चाक्षुष या अन्य प्रकार के बिम्बों से सम्बन्ध रखते हैं, रूपविधायिनी प्रक्रिया के अन्तर्गत समाविष्ट ही हो जाते हैं।

बिम्बविधान या अलंकार योजना में कल्पना का प्रमुख हाथ है। कल्पना के कारण ही कवि विविध प्रत्यक्ष अनुभूतियों को निश्चित रूपाकृतियों में उपस्थित कर पाता है। कल्पना मुख्यतः एक चयन प्रक्रिया है जो स्मृति के उस विशाल संग्रह में से, जिसमें समस्त अनुभव बिना छँटे हुए पड़े हैं, केवल विशिष्ट तथ्यों को ग्रहण करती है। इस प्रकार कल्पना के दो स्तर हैं—पहले स्तर पर यह प्रत्यक्ष अनुभव से सीधा सम्बन्ध रखती है, उन अनुभवों से जो हमारे अवचेतन में सुषुप्त बिम्बों के रूप में पड़े रहते हैं; दूसरे स्तर पर यह उनका चयन कर, उन्हें तराश कर ऐसे भास्वर आकर्षक संस्थानों में उपस्थित करती हैं जिन्हें हम काव्य का अभिधान देते हैं। यह बिम्ब केवल चाक्षुष रूपाकृति में ही नहीं ढलता, बल्कि कुशल कवि इसे श्रवण रूपाकृति में भी ढालने का प्रयत्न करते हैं। काव्य मूलतः श्रव्य कला है और यही कारण है कि भारतीय काव्यशास्त्री 'काव्य' शब्द से प्रधानतः श्रव्य काव्य का ही अर्थ लेते रहे हैं। श्रव्य काव्य में शब्द वह पहला साधन है जिसके माध्यम से कवि अपनी भावना और अनुभूतियों को सहृदय श्रोताओं तक सम्प्रेषित करता है। सभी युगों के कुशल कवियों ने काव्य की पदशय्या या शब्दयोजना को भी अनुभूतियों का वाहक माना है। फ्रेंच प्रतीकवादी 'मलार्मे' ने तो साफ कहा है कि काव्य शब्दों से ही बना होता है, विचारों से नहीं। पण्डितराज जगन्नाथ ने भी काव्य की परिभाषा बताते हुए शब्द तत्त्व को ही प्रधानता दी है (रमणीयार्थप्रतिपादकः शब्दः काव्यम्)। स्पष्ट है कि पण्डितराज ने काव्य में शब्द को मुख्य तत्त्व विशेष्य माना है, अर्थ को गौण तत्त्व अर्थात् विशेषणांश। इस विवेचन का प्रयोजन यह है कि रचना-प्रक्रिया में कुशल कवि शब्दों के सहारे, उनके संगीत और अनुगूँज के सहारे भी अनुभूतियों को एक निश्चित रूप में बिम्ब में ढालने का प्रयत्न करता है और यहाँ अलंकार या बिम्ब दो तरह के हो जाते हैं—एक वह बिम्ब जो लय, संगीत, गूँज, तुक, यमक, अनुप्रास आदि के माध्यम से श्रोता की कर्णशष्कुली को समुत्तेजित कर उसके स्नायविक

स्पन्दन द्वारा उस अनुभूति की संवेदना कराते हैं जो कवि को रचना-प्रक्रिया के समय हुई थी और दूसरे वह बिम्ब जो किसी चाक्षुष रूपाकृति का निर्माण कर प्रस्तुत और अप्रस्तुत के दुहरे बिम्बों के सादृश्य अथवा विरोध को उभार कर श्रोता या पाठक की चित्तवृत्ति को तद्नुरूप समुत्तेजित करते हैं। इस दूसरी कोटि के बिम्ब जिन्हें चाक्षुष बिम्ब (विजुअल इमेजेज) कहा जाता है, लाक्षणिकता या मेटेफर के क्षेत्र में आते हैं।

श्रावण बिम्ब विधान के अन्तर्गत वह समस्त अलंकार प्रपंच आ जायेगा जिसे भारतीय आचार्य शब्दालंकार कहते हैं। शब्दों के विशिष्ट चयन के माध्यम से कवि जहाँ एक ओर अपने विषय को पकड़ने की कोशिश करता है वहीं अपनी भावना या अनुभूति के उतार-चढ़ाव, आरोहावरोह को भी वाणी देने का प्रयत्न करता है। कविता में जिस लय और संगीत का परिष्कृत रूप सामने आता है वह मूलतः अव्यक्त रूप में कवि की भाव तरंगों के उत्थान-पतन की लय और गति से सम्बद्ध है। पाश्चात्य कलासमीक्षक मेरितों ने अपने प्रसिद्ध ग्रन्थ 'क्रिएटिव इंट्यूशन इन आर्ट एंड पोएट्री' में कवि की इसी भावस्थिति को 'अव्यक्त संगीत' की संज्ञा दी है। रचना-प्रक्रिया के समय कवि के मानस में एक अव्यक्त संगीतात्मक स्पन्दन जन्म लेता है जो किसी निश्चित गीत, वर्ण या शब्द के रूप में अभी तक ढला नहीं है, जो केवल हृदय की गुदगुदाहट भर है। वह अव्यक्त संगीत जब वर्णों और शब्दों का सहारा लेता है तब निश्चित छन्द या लय में आबद्ध हो जाता है। यह आभ्यन्तर संगीत मूलतः संवेदना और भावना की शरीर-मनोवैज्ञानिक स्पन्दन गति से सम्बद्ध है। परम्परावादी शास्त्रीय कवियों और समीक्षकों की अपेक्षा स्वच्छन्दतावादी कलाकार और आधुनिक कलाकार भी इस श्रावण गुणरहित संगीत को काव्य-रचना में विशेष महत्त्व देते हैं। यह आत्मगत संगीत परिष्कृत कोटि के कवियों को ही अनुभूत होता है और इस दशा में ही उच्चकोटि की कलाकृति जन्म लेती है।

परम्परावादी कवि इस आत्मगत संगीत को रूढ़ छन्दों और पदशय्या के माध्यम से वाणी देने का प्रयास करते हैं। वे विधि-विहित सरणि से तर्कसम्मत प्रत्ययों और शास्त्रानुकूल पद्धति से अपनी भावना को प्रेषणीय बनाते हैं। इस बन्धन के कारण उनका आत्मगत संगीत ठीक उसी रूप में व्यक्त नहीं होता, बल्कि अवरुद्ध रूप में सामने आता है। श्रोता या पाठक को रूढ़ लय या छन्द के माध्यम से पहले उसे कवि के निजी संगीत में अनूदित करना होगा, तभी वह कविसम्प्रेषित भाव को संवेद्य बना पायेगा। नये कवियों के साथ यह बात नहीं है, इस आत्मगत संगीत की लय के अनुसार नयी लय और नये छन्दों की ईजाद कर उसे सीधे रूप में श्रोता तक पहुँचाने का प्रयत्न करते हैं जिसे सुनकर श्रोता के स्नायविक केन्द्र पर समुचित समुत्तेजन हो पाता है।

लय और छन्द वस्तुतः एक ही सिक्के के दो पहलू हैं। भारतीय काव्यशास्त्रियों ने इन्हें अलंकार नहीं माना है, पर आधुनिक काव्यशास्त्री इन्हें भी बिम्ब-विधान का एक महत्त्वपूर्ण अंग मानते हैं। रीति और वृत्ति की चर्चा करते समय भारतीय काव्यशास्त्रियों ने नागरिका, उपनागरिका और ग्राम्या वृत्तियों का घनिष्ठ सम्बन्ध अनुप्रास से माना है। कहना न होगा, अनुप्रास का लय और संगीत से घनिष्ठ सम्बन्ध है। कुशल कवि अनुप्रास का प्रयोग बड़ी सतर्कता से भाव की सम्प्रेषणीयता को तीव्रतर बनाने के लिए करते हैं। इसके सुन्दर निदर्शन कालिदास, भवभूति, बिहारी, पद्माकर, प्रसाद और निराला में मिल जायेंगे। लय को गति देने में वर्णों और वर्णसमूहों, शब्दों और शब्दसमूहों की आवृत्ति अत्यधिक योग देती है। शायद, इसीलिए अंग्रेजी कवि लैविस ने काव्य की आत्मा ही तुक, लय और आवृत्ति (Rhyme, Rhythm and Repetition) मानी है। द्वन्द्वात्मक भौतिकवादी काव्यालोचकों की मान्यता है कि लय, तुक और आवृत्ति मूलतः श्रम के लिए सहायक थी और आदिम युग से ही मानव श्रम के समय ऐसे ध्वनि समूहों को वाणी देता देखा जाता है जिनमें ये तत्त्व विद्यमान हैं।[1] प्रत्येक देश और संस्कृति का आदिम काव्य इन तत्त्वों से समन्वित है और यह इस बात का द्योतक है कि कविता और संगीत मूलतः आदिम समाज में श्रम के सहायक तत्त्व के रूप में विकसित हुए हैं। अनुप्रास से भी कहीं अधिक पुराना अलंकार यमक है। शायद इसीलिए भरत ने अपने नाट्यशास्त्र में अनुप्रास का नाम तक नहीं लिया है, पर यमक की गणना चार अलंकारों में की है। यमक से ही आगे चलकर एक ओर श्लेष और दूसरी ओर छन्दों की तुक का विकास हुआ जान पड़ता है। पुरानी कविता में सहज रूप में प्रयुक्त यमक बहुत मिलता है। वाल्मीकि रामायण के सुन्दरकाण्ड में इसकी अकृत्रिम छटा संगीतात्मक वातावरण की सृष्टि में योग देती है। यह दूसरी बात है कि आगे चलकर दण्डी जैसे आलंकारिकों के यहाँ यमक बुद्धिविलास बन गया और इसकी योजना में प्रतिभा की अपेक्षा परिश्रमसाध्य निपुणता अधिक क्रियाशील हो उठी और इस तरह यमक पण्डित कवियों के यहाँ बिम्बविधान का अंग नहीं रह पाया।

वाणीगत श्रावण (एकूस्टिक) बिम्बविधान का सम्बन्ध भाषा की अपेक्षा भाषा की स्वरलहरी और ध्वन्यात्मकता से है। काव्य में अनुप्रास, वीप्सा और यमक भी इसी के रूपायन हैं। श्रावण बिम्बविधान का एक निदर्शन निराला की निम्नलिखित पंक्तियों से दिया जा सकता है, जहाँ अनुप्रास, वीप्सा और लय कवि के भावोल्लास के साथ ही बसन्त की शोभा और मधुपों के गुंजन का समाँ भी बाँधते हैं। तदुनन्तर काव्य के रूप-बिम्ब तथा घ्राणबिम्ब भी काव्यानुशीलन के विषय बन कर सम्पूर्ण काव्यार्थ-प्रतीति कराते हैं।

---

1 *मार्किसज्म एंड पोएट्री*, जार्ज थॉम्सन, पृ. 13

अमरण भर वराण-गान
वन-वन उपवन-उपवन
जागी छवि खुले प्राण।

x x x

मधुप-निकर कलवर भर
ज्योति मुखर पिक प्रिय स्वर
स्मर-शर हर केशर झर।
मधु-पूरित गन्ध ज्ञान। (गीतिका)

संगीतात्मक स्वर-लहरी ही तान, विस्तार, ध्वनि की मात्रा और विविधता तथा संगीत की परिभाषा में प्रसिद्ध तारता, मन्द्रता, आरोहावरोह आदि को काव्य में ढाल पाती है। किन्तु काव्य में कतिपय ऐसी भी संगीतात्मक विशेषताएँ पायी जाती हैं; जो श्रावणेतर (नॉनएकूस्टिक) हैं। इन विशेषताओं का विश्लेषण प्रथम कोटि के संगीत की अपेक्षा अधिक जटिल है। नयी कविता का 'अर्थलय' वाला सिद्धान्त इसी श्रावणेतर संगीत से ताल्लुक रखता है। प्रतीकवादी काव्य में भी वालेरी आदि फ्रेंच कवियों ने श्रावणेतर संगीत को काफी महत्त्व दिया है। अज्ञेय तथा मुक्तिबोध की कविता में यह संगीत सुनाई पड़ता है। काव्य में संगीतात्मकता एक तीसरे ढंग से भी लायी जाती है, लाक्षणिक पदों (मेटेफर) और प्रतीकों द्वारा। कभी-कभी 'मेटेफर' और 'सिम्बल' भी काव्य के संगीत निर्माण में उतना ही योग देते हैं, जितने श्रावण बिम्ब। ऐसे स्थलों पर पुराने आचार्यों ने अर्थालंकार और अनुप्रासादि शब्दालंकार की 'संसृष्टि' न मानकर 'संकर' माना है, क्योंकि लाक्षणिक पद (रूपकादि अलंकार) तथा अनुप्रासादि नीर-क्षीर न्याय से घुले-मिले होकर ही भावात्मक काव्यार्थ का प्रत्यायन कर पाते हैं।[1]

श्लेष का भी बिम्बविधान में महत्त्वपूर्ण योग है। यदि इसका प्रयोग सहजरूप में किया जाये तो निःसन्देह अपूर्व प्रभाव की सृष्टि करता है। कवि एक ही शब्द द्वारा संश्लिष्ट रूप में दो भिन्न अनुभूतियों को वाणी देने का प्रयास करता है। बाहर से देखने पर श्लेष महज बुद्धिविलास जान पड़े, पर आदिम कला और कविता में श्लेष का सहज प्रयोग प्रचुर मात्रा में मिलता है। नृतत्त्वशास्त्रियों ने तो इसके बीज एक ही शब्द के द्वारा दो विरोधी भावों की अभिव्यक्ति में ढूँढ़ निकाले हैं, जो प्राचीन मिस्री भाषा तक में मिलते हैं। मिस्री भाषा में बच्चा और बूढ़ा, जीवन और मृत्यु के लिए एक से ही शब्दों का प्रयोग मिलता है। श्लेष के प्रयोग की इस आदिम मनोवृत्ति का संकेत 'आर्थर कोयेस्लर' ने 'दी एक्ट ऑफ क्रिएसन' में किया है, जहाँ वे स्पष्ट संकेत

1 अभिन्ने एवं पदे स्फुटतया यदुभावपि शब्दार्थलंकारौ व्यवस्थां समासादयतः सोऽप्यपरः संकरः।
—काव्यप्रकाश, पृ. 586 (प्रदीप संस्करण)

करते हैं कि इनका प्रयोग वाणी के कृत्रिम प्रसाधन के लिए नहीं है, बल्कि इनके द्वारा शब्द और अर्थ एक जादुई ढंग से गुँथे होकर अभिव्यक्त होते हैं। इस सम्बन्ध में वे एक रोगी के शल्योपचार के समय बेहोशी की अवस्था में किये गये प्रलाप का उल्लेख करते हैं जो अवचेतन रूप में श्लिष्ट शब्दों का प्रयोग कर शल्य चिकित्सक को एक सार्थक सन्देश देता है (देखिए पृ. 315-316)। कुशल कवियों के यहाँ श्लेष का सहज प्रयोग मिलता है, जो काव्यार्थ को और अधिक प्रखर बना देता है। उदाहरण के लिए, प्रसाद की निम्न पंक्तियों में सुहाग, राग, मधु जैसे श्लिष्ट शब्दों का प्रयोग कवि के भाव को कम-से-कम शब्दों द्वारा अधिक-से-अधिक अर्थवत्ता दे रहा है—

किन इन्द्रजाल के फूलों से
लेकर सुहागमय राग भरे,
सिर नीचा कर हो गूँथ रही
माला जिससे मधु धार ढरे।

श्लेष वस्तुतः श्रावण बिम्ब और चाक्षुष बिम्ब का सम्मिश्रण है। उसमें दुहरी चाक्षुष रूपाकृतियों के उभारने की प्रक्रिया भी पायी जाती है। सम्भवतः इसीलिए कुछ संस्कृत काव्यशास्त्री श्लेष को शब्दालंकार की अपेक्षा अर्थालंकार मानना ज्यादा ठीक समझते हैं। श्लेष तभी अलंकार या बिम्ब माना जायेगा जब वह किसी विशिष्ट प्रभाव की उत्पत्ति करने में समर्थ हो। यदि वह ऐसा नहीं कर पाता तो उसे अलंकार न कहकर केवल पाण्डित्य प्रदर्शन कहा जायेगा। संस्कृत के पिछले खेवे के कवियों और केशवदास जैसे रीतिकालीन कवियों में इस तरह के द्रविड़ प्राणायाम सिद्ध श्लेष प्रयोग बहुतायत से मिलते हैं, जिन्हें कविता का भूषण न मानकर दूषण ही मानना होगा। सभंग कोटि का श्लेष प्रायः इसी तरह का पाण्डित्य-प्रदर्शन होता है। यदि काव्य में सहज श्लेषजनित चारुता है तो उसे विलियम एंपसन ने काव्य की उदात्तता का एक गुण माना है। उनकी तीसरी कोटि की अस्पष्टता (ऐंबिग्विटी) इसी श्लेष योजना से सम्बन्ध रखती है।[1] संस्कृत-कवियों ने श्लेष का प्रयोग अन्य अर्थालंकारों की जमीन के लिए भी किया है। साधर्म्यमूलक तथा विरोधमूलक अलंकारों के मूल में इसकी योजना कर एक विशेष वैचित्र्य की सृष्टि की जाती रही है। उपमा, रूपक, समासोक्ति आदि के साथ-ही-साथ विरोध, परिसंख्या, समुच्चय जैसे अन्य अलंकारों की विच्छित्ति में भी यह अलंकार आत्मा बना दिखाई देता है। सुबन्धु, बाण, त्रिविक्रम और श्रीहर्ष जैसे संस्कृत-कवियों में इसके सहज और पाण्डित्यपूर्ण दोनों निःदर्शन मिलते हैं। हिन्दी में इसकी निसर्ग योजना सेनापति के यहाँ और क्लिष्ट योजना केशवदास के यहाँ है। बिहारी की 'अजौं तर्यौना ही रह्यौ' या केशव की 'विधि के समान है विमानीकृत राजहंस' में पाण्डित्य और व्युत्पत्ति ही क्रियाशील हैं।

1 *सेविन टाइप्स ऑफ एंबिग्विटी,* पृ. 117

काव्यभाषा लोकव्यवहार की अभिधाप्रधान भाषा से काफी दूर ही नहीं, बल्कि सर्वथा उलटी है। काव्यभाषा के माध्यम से कवि अपनी अनुभूतियों को प्रत्ययात्मक पारिभाषिक अभिधाप्रधान अभिधानों द्वारा संकेतित नहीं करता, बल्कि उन अनुभूतियों को स्वयं आकार देकर श्रोता या पाठक के मानस में तरंगायित करना चाहता है। दूसरे शब्दों में वह बिम्बों की पुनर्रचना करना चाहता है, उन बिम्बों को, जिनकी रचना या प्रत्यक्षीकरण एक बार वह स्वयं कर चुका है। इस प्रकार वस्तुजगत् और भावजगत् में एक विशिष्ट अन्तरावलम्बन प्रक्रिया बिम्बयोजना में काम करती देखी जाती है। इस प्रक्रिया को तीन स्तरों पर माना जा सकता है–(1) वस्तुजगत् के विविध नामरूपात्मक विषय और घटनाएँ, (2) प्रमाता की संवेदनात्मक प्रतिक्रिया से समन्वित ये विषय और घटनाएँ, (3) प्रमाता का निरपेक्ष संवेदना-जगत्। जहाँ तक पहले स्तर का प्रश्न है, कला या काव्य में वस्तुजगत् ठीक वैज्ञानिक रूप में स्थित विषयों की फोटो-कॉपी बनकर नहीं आता। वस्तु-जगत् की रेखागणितीय आकृति को महत्त्व देने वाले 'क्यूबिज्म' सम्प्रदाय के चित्रकार भी इन्हें फोटो-कॉपी बनाकर पेश नहीं करते, अन्य कलाकारों की बात तो दूर। दूसरे स्तर पर विषय, प्रमाता (कवि या कलाकार) की भावना के रंग में रँगकर सामने आता है। इसमें सदा प्रमाता की चयनवृत्ति कार्य करती है, वह अपनी भावना के अनुरूप विषयों या घटनाओं को ही चुनता है। इस चयन-प्रक्रिया में वस्तुजगत् की वैज्ञानिक रूपात्मकता 'वक्र' होकर अन्य रूप में सामने आती है। तीसरे स्तर पर प्रमाता की भावनाएँ निरपेक्ष रूप में अभिव्यक्त होती हैं। इस बिम्बयोजना में ऐन्द्रिय अनुभूतियों को प्रतीकात्मक सूत्र-बिम्बों (फॉर्मूला-इमेजेज) द्वारा अभिव्यक्त किया जाता है। यहाँ वस्तुनिष्ठता का प्रायः लोप हो जाता है और संगीत, चित्र या काव्य इस दशा में अधिकाधिक अन्तर्मुखी और 'सूक्ष्म' होता जाता है। इसका एक उदाहरण 'एब्सट्रेक्ट पेंटिंग' है, जहाँ मुक्त अवचेतन प्रक्रिया का अनुदान ही प्रधान होता है।[1]

रचना-प्रक्रिया के स्तर पर कवि एक साथ दो स्तरों पर क्रियाशील रहता है। वह अनुभूति और अभिव्यंजना दोनों के बीच सेतुबन्धन करता है। यदि उसकी आन्तरिक अनुभूति में ईमानदारी है, तो वह उसे वाणी देना चाहता है। क्रोचे तो आन्तरिक अनुभूतिमात्र को पूर्ण अभिव्यंजना' मान बैठा है, क्योंकि रेखा, रंग, ध्वनि या शब्दों के माध्यम से यही अनुभूति 'कलात्मक अभिव्यंजना' में प्रकट होती है। वस्तुतः 'प्रधान बिम्ब संहति' (Primary Imagery) आभ्यन्तर ही है, यही काव्य में लाक्षणिकता (मेटेफर) का सहारा लेकर काव्यात्मक बिम्ब-योजना का रूप धारण करती है जो केवल 'गौण बिम्ब-संहति' (Secondary Imagery) है, जिसका घनिष्ठ सम्बन्ध उपर्युक्त प्रधान बिम्ब-संहति से है। यदि संक्षिप्त पदावली में इस 'काव्यात्मक बिम्ब संहति' को

1 *द आर्ट ऑफ ड्रामा*, रोनाल्ड पीकॉक, पृ. 52

अभिहित करना हो तो इसे 'लाक्षणिकता' या 'मेटेफर' द्वारा संकेतित करना होगा, जिसके क्षेत्र में समस्त बिम्ब-योजना और अर्थालंकारों की वाहिनी अन्तर्भुक्त हो जाती है। इसी के विविध रूपायन उपमा, उत्प्रेक्षा, रूपक, अतिशयोक्ति, अन्यापदेशी रूपक (एलगरी), प्रतीक (सिम्बल), मिथक आदि वे कलात्मक सरणियाँ हैं, जिनका प्रयोग कवि करते देखे जाते हैं।

हमने बताया कि काव्यभाषा में 'वक्रता' पायी जाती है। इसलिए भामह और दण्डी ने वक्रोक्ति या प्रौढ़ोक्ति को समस्त अलंकारों का—स्वाभावोक्ति को छोड़कर—मूलाधार माना और कुन्तक ने इसे 'काव्य-जीवित' कहा। वस्तुतः काव्यबिम्ब में स्वप्न-बिम्बों की तरह ही वक्रता का व्यापार गतिशील होता है। स्वप्न में मूल विषय को लोप, परिवर्तन तथा पुनर्वर्गीकरण की प्रक्रिया द्वारा सर्वथा भिन्न रूप में उपस्थित किया जाता है।[1] इसके साथ ही यौन विषयों को अयौन प्रतीकों द्वारा रूपान्तरित भी कर दिया जाता है, जिसमें प्रतीक और प्रतीत्या में 'समानता' का मूल आधार पाया जाता है।[2] स्वप्न-प्रतीकों में साधर्म्य ही नहीं, वैधर्म्य भी क्रियाशील देखा जाता है। काव्यगत बिम्ब-योजना में भी साधर्म्य या वैधर्म्य ही मूल आधार होता है और मनोवैज्ञानिक दृष्टि से समस्त अर्थालंकारों को साधर्म्यमूलक या वैधर्म्यमूलक (विरोधमूलक) दो ही कोटियों में बाँटना ठीक है। जो अर्थालंकार इनमें से किसी वर्ग में नहीं आ पाते, उनके अलंकारत्व पर प्रश्नचिह्न मजे से लगाया जा सकता है।

ऊपर हमने समस्त बिम्बयोजना को 'लाक्षणिकता' की प्रक्रिया कहा हैं। काव्य भाषा मूलतः लाक्षणिक है। कवि कम-से-कम शब्दों में अपनी अनुभूतियों को सटीक रूप में सम्प्रेषित करना चाहता है। मिडलटन मरी के शब्दों में "आप संक्षिप्त बनने की कोशिश कीजिए, आपको लाक्षणिकता का सहारा लेना ही होगा।"[3] लाक्षणिकता का प्रसार आदिम युग से मानव की भाषा पर छाया है, लोकोक्तियाँ और मुहावरे तो इसके स्पष्ट रूप हैं ही, बल्कि अनेक शब्दों का इतिहास भी पुकार कर कहता है कि वे भी पहले लाक्षणिक पद थे, पर आज 'रूढ़' (faded metaphor) हो गये हैं। पर काव्य की लाक्षणिकता इस तरह निरूढा लक्षणा की देन न होकर प्रयोजनवती लक्षणा की देन है। असलियत में सभी अर्थालंकारों में इसी प्रयोजनवती लक्षणा का साम्राज्य है। उपमा और रूपक दो प्रधान अलंकारों के विविध विच्छित्ति-विहित रूपायन ही तत्तत् साधर्म्यमूलक अलंकार हैं। अप्पय दीक्षित ने तो उपमा को ऐसी नर्तकी माना है, जो अलग-अलग वेशभूषा में अवतरित होकर अन्य अलंकार कहलाने लगती है। उपमा तथा रूपक दोनों के शब्दबोध पर विस्तार से विचार करते हुए पण्डितराज

1 *ए जनरल इंट्रोडक्शन टु साइको-एनेलिसिस*, फ्रायड, पृ. 147

2 वही, पृ. 159

3 *द प्रोब्लेम ऑफ स्टाइल*, पृ. 75, साथ ही—*द पोयटिक इमेज*, सी. डे लेविस, पृ. 23

जगन्नाथ ने अर्थप्रत्यायन में लक्षणा का ही क्षेत्र माना है, क्योंकि 'मुख चन्द्रमा के समान है', 'मुख चन्द्र है' जैसे वाक्यों में स्पष्टतः मुखार्थबोध तो है ही, क्योंकि न तो मुख चन्द्रमा के समान हो ही सकता है और न मुख चन्द्र ही। इनकी तरह सभी अर्थालंकार युक्त वाक्य आपाततः अतार्किक तथा असम्बद्ध प्रलपित प्रतीत होते हैं। किसी-न-किसी योग तथा प्रयोजन के कारण ही विषयी (उपमान) को विषय (उपमेय) की तुलना, सम्भावना, आरोप, अध्यवसाय, निषेध आदि का आधार बनाया जाता है। लक्षणा का प्रसार तो अलंकाररत्नाकर के लेखक शोभाकर मिश्र ने यहाँ तक माना है कि वे समासोक्ति, अप्रस्तुतप्रशंसा, व्याजस्तुति, व्याजोक्ति, पर्यायोक्ति आदि में भी अपर अर्थ की प्रतीति ध्वनिवादी मम्मट, रुय्यक की भाँति व्यंजनागम्य न मानकर केवल लक्षणागम्य मानते हैं, साथ ही वे रूपक, अतिशयोक्ति, अपह्नुति आदि को केवल सादृश्यमूलक (गौणी) लक्षणा का क्षेत्र ही न मानकर शुद्धा लक्षणा का भी क्षेत्र मानते हैं। इस प्रकार शोभाकर समस्त अलंकार प्रपंच को 'लाक्षणिकता' में समेट लेते हैं; जो अधिक ठीक जान पड़ता है और आधुनिक काव्यशास्त्रियों के मत के नजदीक है जो काव्यगत बिम्बयोजना को 'लाक्षणिकता' (मेटेफर) का ही रूपायन घोषित करते हैं।

प्रस्तुत निबन्ध में लाक्षणिकता और अलंकारयोजना के सभी स्वरूपों पर विचार करना न तो सम्भव ही है और न अभीष्ट ही। यहाँ हम केवल बिम्बयोजना की प्रक्रिया पर अलंकारों की दृष्टि से दिङ्मात्र संकेत करना चाहेंगे। हमने बिम्बों को मूलतः दो ही तरह का माना है—श्रावण और चाक्षुष। किन्तु इतना संकेत कर दिया जाये कि काव्य में इन्हीं बिम्बों के माध्म से घ्राणबिम्ब, स्पर्शबिम्ब तथा रसबिम्ब की भी सृष्टि कवि करता देखा जाता है। जब वाल्मीकि 'केतकगन्धी हवाओं को अंजलि पेय कहते हैं'[1], तब वे स्पर्श, गन्ध और रस की संश्लिष्ट अनुभूति को वाणी देने का प्रयास करते हैं। लाक्षणिक पद मूलतः वस्तुओं और भावनाओं के सम्बन्ध को अभिव्यक्त करता है। यह सम्बन्ध चित्तवृत्ति की विविधता के कारण विविध साँचों में ढलकर सामने आता है और प्रत्येक साँचा एक निश्चित चित्तवृत्ति या मनोदशा का संकेत करता है। कवि एक विशेष मनोदशा में जब उपमा के साँचे में अपनी अनुभूतियों को ढालता है, तब वे अनुभूतियाँ रूपक या उत्प्रेक्षा या अतिशयोक्ति के साँचे में हरगिज नहीं ढाली जा सकतीं। संस्कृत काव्यशास्त्रियों ने अलंकार के वैचित्र्य को वस्तुतः चित्तवृत्ति के भेद पर ही आधारित माना है और अलंकारों की तुलना करते समय इस तत्त्व को ही मुख्यतः अलंकारों के भेद का नियामक घोषित किया है। उदाहरण के लिए, उत्प्रेक्षा और अतिशयोक्ति में जो विषयी (चन्द्र) और विषय (मुख) के अध्यवसाय की क्रमशः साध्यता और सिद्धता का भेद किया जाता है वह प्रमाता की भिन्न-भिन्न मनोदशाओं का संकेत करता है। इसी तरह सन्देह और भ्रान्तिमान् में भी मूल भेद चित्तवृत्ति की

1 'शक्यमञ्जलिभिः पातुं वाताः केतकगन्धिनः'

भिन्नता का ही है। जहाँ एक में अनिश्चय की स्थिति रहती है वहाँ दूसरे में कल्पना द्वारा विषय में विषयी का भ्रान्त निश्चय हो जाता है।

विरोधमूलक अलंकारों की प्रक्रिया भी मूलतः चित्तवृत्तिगत ही है, किन्तु बौद्धिक विलास नहीं। फ्रायड ने यह संकेत किया है कि स्वप्न-प्रक्रिया में विरोधी विषयों का उपादान प्रायः तीन तरह से पाया जाता है–या तो विरोधी वस्तु, उसके गुण, क्रिया आदि स्वयं अपने आप स्वप्न बिम्बों के रूप में उभरते हैं या वे कभी अतृप्त वासना के मूल विषय के रूप में सामने आते हैं या वे एक साथ दोनों विषयों का प्रतिनिधित्व करते हैं। स्वप्न का अनुवाद मूलतः उन सारे अनुषंगों पर निर्भर होता है जो स्वप्नद्रष्टा के जीवन से सम्बद्ध हों। विरोध, विभावना, विशेषोक्ति, परिसंख्या आदि विरोधगर्भ अलंकारों में मनोदशा की यह प्रक्रिया सर्वथा मनोवैज्ञानिक है और यह केवल कवि का बुद्धि-विलास नहीं है।

यहाँ एक बात और कह दी जाये कि अलंकारों का प्रयोग परम्परावादी कवियों के यहाँ दो तरह का मिलता है–कुछ अलंकारों की योजना में कवि कल्पना द्वारा परिचालित होता है और यह अलंकार प्रयोग कवि की अनुभूति से सीधे सम्बन्ध रखते हैं। इन्हीं अलंकारों का क्षेत्र बिम्बयोजना के अन्तर्गत आ सकता है। परम्परावादी कवि ऐसे अप्रस्तुतों का भी प्रयोग करता है जो प्रायः परम्पराभुक्त होते हैं और ऐसी दशा में इनकी योजना कल्पना परिचालित न होकर बुद्धि-परिचालित अधिक होती है। ये अलंकार प्रयोग बिम्बसृष्टि न कर श्रोता की केवल बुद्धि को स्पन्दित करते हैं। इस तरह की अलंकार-योजना का क्षेत्र कल्पना (Imagination) न होकर उक्ति वैचित्र्य (Wit and Fancy) होता है और इस द्वितीय कोटि के कवि उस प्रातिभ दृष्टि से सम्पन्न नहीं होते, जिसकी अपेक्षा उदात्त काव्य-रचना के लिए हमेशा होती है।

लाक्षणिकता और अलंकार योजना के सम्बन्ध में यहाँ कुछ बातें अन्यापदेशी रूपक, समासोक्ति, प्रतीक और मिथक की योजना पर भी कह देना जरूरी होगा। जार्ज व्हैली ने लाक्षणिकता का एक विशिष्ट स्वरूप अनुरणनात्मक[1] माना है। इस कोटि की लाक्षणिकता में एक के बाद दूसरी अर्थच्छाया का प्रत्यायन होता रहता है। मनोवैज्ञानिक शैली में हम यह कह सकते हैं कि एक बिम्ब दूसरे या तीसरे बिम्ब की सृष्टि भी करता है, जो प्रथम बिम्ब के विविध अनुषंगों के कारण कल्पना में जागृत हो उठते हैं। समासोक्ति में इसी कोटि की अनुरणनात्मक लाक्षणिकता पायी जाती है। इसके और रूप ध्वनिवादियों के यहाँ अलंकार ध्वनि के विविध रूपायनों में चर्चित मिलते हैं। अनुरणनात्मक मेटेफर (Ringing metaphor) का एक उदाहरण बिहारी से देकर इसे स्पष्ट किया जा सकता है–

---

1 पोयटक प्रोसिस, पृ. 148

छकि रसाल सौरभ सने मधुर माधवी गन्ध।
ठौर ठौर झूमत झपत भौर झौर मधु अन्ध।।

इस दोहे में वसन्त के समय आम्रमंजरियों के पराग का पान कर मस्ती से झूमते भौरों का बिम्ब कल्पना के समक्ष उभरता है, किन्तु इसके साथ ही छकि, झूमत, झपत, मधुअन्ध जैसे शब्दों की लाक्षणिकता और अधिक विस्तारित होकर अनुरणन या अनुस्वान के रूप में मस्ती से झूमते शराबियों के झुण्ड का बिम्ब भी उपस्थित करती है और इस तरह भौरों और शराबियों के साधर्म्य की भी व्यंजना कराती है। कहना न होगा, इस दोहे में कवि ने चाक्षुष बिम्ब के साथ-ही-साथ घ्राण बिम्ब और रस बिम्ब का भी संश्लिष्ट चित्रण किया है।

कभी-कभी कवि लाक्षणिकता के माध्यम से केवल दो विषयों और उनके परस्पर सम्बन्ध को ही उभारना नहीं चाहता बल्कि उससे कुछ और अधिक बात कहना चाहता है। यह अधिक बात या तो कोई नैतिक, दार्शनिक या मनोवैज्ञानिक तथ्य का विवरण होता है या फिर समग्र अनुभूति को अत्यधिक संश्लिष्ट रूप में उपस्थित करना होता है। प्रथम कोटि का क्षेत्र वह है जब लाक्षणिकता उपमा या रूपक न रहकर अन्यापदेशी रूपक बन जाती है। जायसी के 'पद्मावत' और प्रसाद की 'कामायनी' में यही अन्यापदेशिकता परिलक्षित होती है। अन्यापदेशी रूपक अनेक काव्यालोचकों की दृष्टि से बहुत ऊँचे दर्जे की कला-कृति नहीं है क्योंकि इसमें जहाँ भी कवि का नैतिक या दार्शनिक सन्देश मुखर हो उठता है, कलात्मकता का पलड़ा हलका हो जाता है। प्रसाद की कामायनी जैसे उदात्त रोमांटिक काव्य में भी उत्तरार्ध में यह दोष स्पष्ट दिखाई पड़ता है जहाँ कवि कलात्मक उदात्तता को छोड़कर शैव दर्शन के विवरणों के जाल में फँस गया है।

लाक्षणिक पद उपमा से रूपक, रूपक से अतिशयोक्ति, अतिशयोक्ति से प्रतीक और प्रतीक से मिथक के सोपान क्रम से अधिकाधिक संश्लिष्ट स्वरूप ग्रहण करते चलते हैं। प्रतीक बल्कि एक के माध्यम से कवि केवल विषय और उसके सम्बन्धों तक ही सीमित नहीं रहता, निश्चित मूल्यवान् अर्थ को भी सम्प्रेषित करना चाहता है, जो आधुनिक आलोचक की भाषा में मात्र अनुभूति नहीं बल्कि कवि का निजी अनुभूत सत्य है। वह अनुभूत सत्य के बल पर प्रस्तुत और अप्रस्तुत के सम्बन्ध की अपेक्षा कम-से-कम शब्दों से सम्पूर्ण प्रकरणनिष्ठता को भी वाणी देता है। इस प्रकार प्रतीक में एक साथ बहुरंगी शीशे में दिखाई देती अनेक रंगीन अर्थछायाएँ घुली-मिली रहती हैं और इसके माध्यम से श्रोता में एक निश्चित मानसिक दशा के उद्बोधक कराने की चेष्टा की जाती है। साधारण उपमा या रूपक आदि की स्थिति में श्रोता के लिए उतनी गहरी मनोदशा के स्वयं अनुभव की आवश्यकता नहीं होती जितनी

प्रतीक योजना की स्थिति में जहाँ कवि जैसी सम्पूर्ण मनोदशा में पहुँचे बगैर प्रतीक की विविध बिम्बच्छटाओं का अनुशीलन नहीं हो पाता।

यद्यपि सम्पूर्ण प्रकरण को जागरूकता देने की दृष्टि से प्रतीक और मिथक एक-दूसरे के बहुत नजदीक हैं फिर भी मिथक प्रतीक की अपेक्षा परम्परा से अधिक जुड़ा रहता है। प्रतीक कलाकार की निजी रचना होती है, पर मिथक का मूल स्रोत कहीं-न-कहीं पुरानी परम्परा से जुड़ा रहता है। इस दृष्टि से मिथक अधिक आदिम, अधिक सामाजिक और मूल में कर्मकाण्डी और पौराणिक स्वरूप लिये रहता है। मिथक का एक अंश विवरणात्मक और कथात्मक होता है, जो पुराण कथा या परीकथा से अवश्य जुड़ा होता है। किन्तु यह विवरणात्मकता ही मात्र मिथक की आत्मा नहीं है, अपितु इसके माध्यम से कवि जो नयी अर्थवत्ता देने का प्रयास करता हैं, वही मिथक को मिथक बना पाती है। कुशल कवि पुराने पुराण कथात्मक तथ्यों को नये अर्थ के व्यंजक के रूप में इस ढंग से सामने लाते हैं कि वे केवल इतिवृत्तात्मक विवरण न रहकर मिथक बन जाते हैं। मिथक का यह प्रयोग दो तरह का देखा जाता है—या तो पुराणकथा या परीकथा के किसी पात्र या प्रसंग को नये परिप्रेक्ष्य में नये अर्थ के लिए प्रयोग किया जाये जैसे सिसिफस का प्रयोग नियति द्वारा प्रताड़ित मानव जीवन के रूप में या चक्रव्यूह का प्रयोग विषय सामाजिक, आर्थिक और राजनीतिक परिस्थितियों के लिए जो क्रमशः ग्रीक पुराण-कथा और महाभारत से लिये गये मिथक हैं या कभी-कभी सम्पूर्ण पुराण-कथा को ही आधुनिक सन्दर्भ की व्यंजना कराने के लिए कवि प्रयोग में लाये। जैसे—निराला की 'राम की शक्तिपूजा', धर्मवीर भारती का 'अन्धा युग' और दुष्यन्त कुमार की 'एक कण्ठ विषपायी' जैसी कृतियों में, जहाँ राम-रावण युद्ध, महाभारत के बाद के पौराणिक समाज और सती के शव के ढोते शिव की कथा के सहारे आज के नये सन्दर्भों को रूपायित करने की चेष्टा की गयी है। प्रतीक और मिथक आधुनिक काव्यशास्त्र में नयी चर्चा के विषय माने जाते हैं। किन्तु यदि बिम्बयोजना और अलंकार योजना को पर्यायवाची मान लिया जाये, जो अनुचित नहीं है तो ये सभी स्थल ध्वनिवादियों के अलंकार ध्वनि के क्षेत्र में आ सकेंगे, जहाँ जार्ज हैले की अनुरणनात्मक लाक्षणिकता क्रियाशील दिखाई पड़ती है।

14
क्रोचे का अभिव्यंजनावाद

—शंकरदेव अवतरे

ऐतिहासिक पीठिका

पश्चिमीय साहित्य को यदि एक दृष्टि में भर कर देखा जाये तो उसका प्रवाह बाहर से भीतर की ओर बढ़ता दिखाई देता है। प्रारम्भ में वह बहिर्मुखी था और बीसवीं शती तक आते-आते वह पूर्णतः अन्तर्मुखी हो गया है। वहाँ काव्य में अनुकृतिमूलक सिद्धान्त प्लेटो का आदिम सूत्र है—ठीक उसी प्रकार जैसे भारत में भरत मुनि का रस-सूत्र (विभावानुभावव्यभिचारिसंयोगाद्रसनिष्पत्तिः)। अन्तर यही है कि जहाँ भरत का सूत्र साहित्य की आन्तरिक सत्ता का संकेत प्रारम्भ में ही कर देता है वहाँ प्लेटो का सूत्र उसकी बाह्यार्थ वृत्ति का ही नियामक है। अनुकृति की किसी-न-किसी रूप में स्थूल व्याख्या 18वीं शताब्दी तक वहाँ चलती है। जर्मन आचार्य लैसिंग ने सबसे पहले अनुकृति की व्याख्या सौन्दर्यपरक अभिव्यंजना में स्वीकार की और विकिलमैन ने इसे पीछे से सौन्दर्यमूलक भी सिद्ध कर दिया। लैसिंग क्लासिसिज्म के सबसे अन्तिम और सर्वोपरि व्याख्याकार इसीलिए हैं कि प्राचीन ग्रीक-साहित्य की अनुकृतिमूलक मान्यता को मानते हुए भी उन्होंने उसमें एक ऐसी ज्योति (सौन्दर्य) का संचार किया कि वह भौतिक जीवन में मरते-मरते बच गयी। लैसिंग से पहले का सौन्दर्य प्रायः स्थूल था, लैसिंग ने उसकी आन्तरिक सत्ता भी प्रतिपादित की। विंकिलमैन भी रोमांटिसिज्म के सबसे पहले व्याख्याकार इसीलिए हैं कि उन्होंने अभिव्यंजना की सौन्दर्यमूलक प्रतिष्ठा करते हुए कला के अन्तर्मुखी प्रवाह की मूलतः प्रतिष्ठा की। यह वह समय था जब सौन्दर्यशास्त्रियों ने भी सौन्दर्य की सत्ता केवल स्थूल कलेवर में न मान कर उसकी आन्तरिक अभिव्यक्ति में भी स्वीकार कर ली थी। और जब कला में सौन्दर्य-विशिष्ट अभिव्यंजना का सिद्धान्त आया तब इसका मतलब यह था कि कला में बाह्य और आन्तरिक दोनों पक्ष मान्य और स्वीकृत हो गये।

क्रोचे ने एक और धक्का दिया और वह कला को बाहर से एकदम भीतर को ठेल ले गया यानी उसने कला का बाह्य पक्ष स्वीकार ही नहीं किया। ऐसा इसलिए नहीं था कि क्रोचे कला को सुन्दर नहीं मानता था, बल्कि इसलिए था कि वह कला को सुन्दर

ही मानता था। और कला उसके लिए अभिव्यंजना का ही पर्याय है जिसका मतलब है कि अभिव्यंजना ही सौन्दर्य है। स्पष्ट शब्दों में क्रोचे सौन्दर्य-विशिष्ट अभिव्यंजना को कला नहीं मानता जैसा कि लैंसिग और विंकिलमैन मानते हैं। सौन्दर्य को अभिव्यंजना का विशेषण बनाना उसे पसन्द नहीं; क्योंकि ऐसा करने पर सौन्दर्य और अभिव्यंजना की सत्ताएँ पृथक्-पृथक् हो जायेंगी। विशेषण और विशेष्य की सत्ताएँ भिन्न जो होती हैं। इसलिए सौन्दर्य और अभिव्यंजना उसके यहाँ एक ही हैं। इस प्रकार क्रोचे के अनुसार सौन्दर्य आन्तरिक या विषयिगत (सब्जेक्टिव) ही सिद्ध होता है। बाह्य या विषय-गत (ऑब्जेक्टिव) नहीं, क्योंकि अभिव्यंजना उसके यहाँ मन की नितान्त आन्तरिक प्रक्रिया में सम्पन्न होती है।

इस ऐतिहासिक पीठिका से यह स्पष्ट है कि अभिव्यंजना (एक्सप्रेशन) का प्रयोग कला के क्षेत्र में क्रोचे से पूर्व ही जाना-पहचाना था। किन्तु क्रोचे ने उसे नवीन अर्थ में प्रतिष्ठित किया। क्रोचे ने कला का बाह्य पक्ष एकदम उड़ा दिया है क्योंकि उसकी कला पर पर्याय अभिव्यंजना केवल मानसिक है, रंगरेखामयी... स्वरमयी या शब्दार्थमयी अभिव्यक्ति नहीं। यही अभिव्यंजना इस निबन्ध का विवेच्य विषय है।

दार्शनिक पीठिका

बैनेडैट्टो क्रोचे इटली के बहुत बड़े दार्शनिक और साहित्यिक हो चुके हैं। दार्शनिक दृष्टि से वे बिचो की परम्परा में पड़ते हैं और अपने मानस-दर्शन में उसकी चरम परिणति उसी प्रकार कर देते हैं जिस प्रकार हीगेल के दर्शन का सीमान्त रूप कार्लमार्क्स ने अपने द्वन्द्वात्मक भौतिकवाद में दिया है। साहित्यिक दृष्टि से लैसिंग की सौन्दर्योन्मुख अभिव्यंजना को इन्होंने सौन्दर्य-स्वरूप ही सिद्ध कर दिया जिसके कारण वह सूक्ष्मता की पराकाष्ठा पर ही पहुँच गयी। अनेक स्फुटकर निबन्ध और लेखों के अतिरिक्त क्रोचे के चार भारी-भरकम ग्रन्थ हैं। सौन्दर्यशास्त्र पर 'ऐस्थेटिक ऐज साइंस ऑफ एक्सप्रेशन एंड जनरल लिंग्विस्टिक', न्यायशास्त्र पर 'लॉजिक ऐज दी साइंस ऑफ प्योर कंसेप्ट', व्यवहारदर्शन पर 'फिलॉसफी ऑफ प्रैक्टिस इकोनोमिक्स एंड एथिक्स' और इतिहास सिद्धान्त पर 'दी थ्योरी एंड हिस्टरी ऑफ हिस्टरी', क्रमशः इन ग्रन्थों के नाम हैं। यों क्रोचे अपने इन चारों ग्रन्थों को एक ही सन्दर्भ में देखते हैं और उन्हें मन का दर्शन (फिलॉसंफी ऑफ स्पिरिट ऑर माइंड) कहते हैं फिर भी उनका सर्वाधिक क्रान्तिकारी ग्रन्थ सौन्दर्यशास्त्र वाला है। उनके अभिव्यंजनावाद का सम्बन्ध इसी ग्रन्थ से है। किन्तु इस भूमिका में यह तो स्पष्ट हो ही जाता है कि क्रोचे मूलतः दार्शनिक हैं और परस्तात् कलासमीक्षक।

जानाति, इच्छति, यतते अर्थात् ज्ञान, इच्छा, कर्म—यह क्रम भारतीय दर्शन का है। ज्ञानमार्ग, भक्तिमार्ग और कर्ममार्ग इन्हीं के क्रमशः रूप हैं। क्रोचे ने इसमें केवल इतना हेर-फेर किया है कि वह मन की इन तीन प्रक्रियाओं को दो के अन्तर्गत ही

मान लेता है। वे दोनों प्रक्रिया हैं ज्ञान और संकल्प। संकल्प के भीतर इच्छा और कर्म दोनों आ जाते हैं। क्रोचे का यह वर्गीकरण बहुत मनमानी नहीं है, भारतीय दर्शन से समर्थित है। यहाँ मन के कर्म को संकल्प (संकल्पः कर्म मानसम्) कहा जाता है और मानसिक कर्म का नम्बर ज्ञान और इच्छा के बाद ही आता है। इच्छा करने से पहले इच्छित वस्तु का कुछ-न-कुछ ज्ञान अवश्य होना चाहिए और इच्छा के बाद ही हम इच्छित वस्तु के पाने आदि के लिए संकल्प करते हैं। इसलिए संकल्प में ज्ञान और इच्छा–दोनों का ही परिणमन हो जाता है। यह पूछा जा सकता है कि जब संकल्प के भीतर ज्ञानात्मक और इच्छात्मक दोनों ही प्रक्रिया समा सकती थी तो क्रोचे ने मन की ज्ञानात्मक प्रक्रिया को भी अलग से क्यों माना? केवल संकल्पात्मक प्रक्रिया से ही काम निकल सकता था। उत्तर बहुत सीधा है। वह, यह कि ज्ञान, इच्छा और कर्म (संकल्प) एक ही मन की क्रमिक श्रेणियाँ हैं। कोई चाहे तो इनके भीतर और भी अन्य श्रेणियाँ या अवस्थाएँ मान सकता है। और मनोविज्ञान ने सचमुच ऐसा माना भी है। वहाँ ज्ञानात्मक प्रक्रिया के ही भीतर कई अन्य अवस्थाएँ हैं जिसमें संवेदना और प्रत्यक्षीकरण का विशेष महत्त्व है। इससे यही आता है कि मन के भीतर एक क्रम है जिसे कोई एक, दो, तीन या इससे भी अधिक खानों में रख सकता है और कोई चाहे तो तीन की जगह पर दो और दो की जगह पर एक ही प्रक्रिया मान सकता है। यह अपने-अपने विवेचन की सुविधा की बात है। इसके लिए क्रोचे भी अवाच्य हैं।

आगे क्रोचे ने ज्ञानात्मक और संकल्पात्मक प्रक्रियाओं के भी क्रमशः दो-दो भेद किये हैं। संकल्प को योग-क्षेम (इकोनॉमिक एक्टिविटी) और मंगलाचार (एथिक-एक्टिविटी) इन दो रूपों में रखा है। योग का अर्थ है अलब्ध का लाभ और क्षेम का अर्थ है लब्ध की रक्षा। यह योग-क्षेम अर्थशास्त्र (इकोनॉमिक्स) का बीज ठहरता है। इसका फल है मानव-जीवन में श्रेय उपस्थित करना। मंगलाचार का अर्थ है नैतिक कल्याण। यह नीतिशास्त्र का बीज है। और इसका फल है मानव जीवन में श्रेय उपस्थित करना। इस प्रकार संकल्पात्मक प्रक्रिया के भीतर अर्थशास्त्र और नीतिशास्त्र ही आते हैं जो मानव जीवन में शिव (कल्याण) की उपस्थिति करने वाले हैं। कला का इस प्रक्रिया से कोई सम्बन्ध नहीं है। अतः इससे अधिक इस प्रक्रिया का विवेचन अप्रासंगिक हैं।

ज्ञानात्मक प्रक्रिया के दो रूप हैं–तार्किक ज्ञान और सहज ज्ञान। तार्किक ज्ञान को प्रमा या सामान्य ज्ञान भी कहा जा सकता है। तर्क से प्रतिपादित होने के कारण यह तार्किक है। प्रमाणों से सिद्ध होने के कारण यह प्रमा ज्ञान है। और वस्तुओं के परस्पर सम्बन्ध के ज्ञान का सामान्य सूत्र होने के कारण यह सामान्य ज्ञान कहलाता है। यह तार्किक ज्ञान न्यायशास्त्र का बीज है। इसका फल है मानव-जीवन में सत्य उपस्थित करना। न्यायशास्त्र की सीमा में भी कला नहीं आती इसलिए तार्किक ज्ञान का विवेचन भी यहीं छोड़ देना चाहिए।

सहज ज्ञान को क्रोचे इंट्यूशन कहता है जिसका हिन्दी अनुवाद स्वप्रकाश या स्वयंप्रकाश भी किया गया है। यह किसी प्रमाण से प्रतिपादित नहीं होता इसीलिए स्वयंप्रकाश है। यह कल्पना में उद्भूत होता है इसलिए काल्पनिक है। क्षुण्ण या श्रमसाध्य ज्ञान से इतर है इसलिए प्रातिभ है। प्रत्येक व्यक्ति की चेतना प्राप्त या स्वाभाविक है इसलिए सहज ज्ञान है। मूर्त-रूप में (भले ही मन के भीतर) प्रकट होता है इसलिए प्रकट ज्ञान है। और सामान्य सत्ता के रूप में गृहीत नहीं होता इसलिए विशेष ज्ञान है। यही ज्ञान, कला का बीज है और सौन्दर्य ही इसका फल है। इस प्रकार क्रोचे के यहाँ, 'सत्यं शिवं सुन्दरम्' में से 'सत्य' न्यायशास्त्र के, 'शिव' नीतिशास्त्र एवं अर्थशास्त्र के और 'सुन्दर' कला के हिस्से में आता है।

सहज ज्ञान (इंट्यूशन)

यही क्रोचे का कलात्मक ज्ञान है। जिस तरह सामान्य ज्ञान अथवा तार्किक ज्ञान प्रत्यक्ष अनुमान, उपमान और शब्द जैसे प्रमाणों से सिद्ध होता है उस प्रकार सहज ज्ञान नहीं। उदाहरणार्थ, हम अपने सामने प्रत्यक्ष गौ को देखते हैं और यह भी जानते हैं कि इस प्रकार की अनेक गौएँ होती हैं जो रंग-रूप में भिन्न और आकार-प्रकार में भी इससे छोटी-बड़ी हो सकती हैं। पर इन सभी में एक सामान्य धर्म (सास्नादिमत्व) होता है इसलिए ये सभी गौ हैं। जिन पशुओं में यह सामान्य धर्म नहीं होता उन्हें हम दूसरी जाति का मानते हैं, जैसे—भैंस, बकरी आदि। इस प्रकार सामान्य धर्म से दो काम होते हैं। एक तो यह कि वह जितने व्यक्तियों में पाया जायेगा वे सब एक जाति के होंगे। दूसरा यह कि वह जिन व्यक्तियों में न होगा वे किसी अन्य जाति के होंगे। वस्तुओं के परस्पर सम्बन्धों के इसी निश्चय का नाम सामान्य ज्ञान अथवा प्रमा ज्ञान है जिसे न्यायशास्त्र के मूल में माना जाता है।

अब दूसरा उदाहरण लीजिए। हम सायंकाल के समय पश्चिमीय क्षितिज पर अनेक मेघ-खण्ड देख रहे हैं। उनमें से कोई मेघ-खण्ड हमें ऊँट जैसी शक्ल का प्रतीत हो रहा है। यहाँ कई बातें स्पष्ट होती हैं। पहली बात यह कि यह प्रतीति ऊँट के आकार की है कुछ सचमुच ऊँट नहीं है—इसलिए काल्पनिक है। दूसरी बात यह है कि हमने अपने जीवन में पहले ऊँट देखा है जिसके संस्कार हमारी चेतना में थे अन्यथा हमको बादल में ऐसी प्रतीति ही क्यों होती—इसलिए यह प्रतीति संस्कार-सापेक्ष है यानी अन्तःसंस्कार के बाद ही इसकी प्रतीति हो सकती है। तीसरी बात यह कि हमारे मन में जो ऊँट का संस्कार था वह प्रत्यक्ष बादल को देख कर ही उद्भूत हुआ इसलिए उक्त प्रतीति प्रत्यक्षाश्रित है यानी न्यायशास्त्र की उस स्मृति से भिन्न है जिसमें प्रत्यक्ष का कोई योग नहीं होता, केवल संस्कार से पैदा होती (संस्कारमात्रजन्यं ज्ञानं स्मृतिः) है। चौथी बात यह कि ऊँट का संस्कार ऊँट को देखकर उद्बुद्ध नहीं हुआ बल्कि ऊँट के आकार-सदृश मेघ-खण्ड को देख

कर उद्‌बुद्ध हुआ है—इसलिए यह प्रतीति सादृश्यमूलक है यानी न्यायशास्त्र की उस प्रत्यभिज्ञा से भिन्न है जिसमें वस्तु का संस्कार उसी वस्तु को देखकर उद्‌बुद्ध होता है, किसी भिन्न वस्तु को देखकर नहीं। पाँचवीं बात यह है कि ऊँट का संस्कार केवल तत्कालीन मेघ-खण्ड को देखकर उद्‌बुद्ध हो सकता है जिसका आकार-प्रकार ऊँट जैसा रहा हो—इसलिए यह प्रतीति आत्यन्तिक नहीं है यानी न्यायशास्त्र के उस उपमान ज्ञान से भिन्न है जिसमें सादृश्य ज्ञान आत्यन्तिक होता है। आकार के आत्यन्तिक सादृश्य के कारण न्यायशास्त्र यह घोषित कर देता है कि गौ के सदृश गवय होता है पर किसी सदृश मेघ-खण्ड में ऊँट की प्रतीति होने पर यह कोई नहीं कह सकता कि इस मेघ-खण्ड में ऊँट की प्रतीति सदैव होती है। क्योंकि थोड़ी देर बाद ही मेघ का वह आकार (ऊँट जैसा) बदल सकता है। छठीं बात यह है कि हर मेघ-खण्ड में यह ऊँट की प्रतीति नहीं होगी, केवल तदाकार वाले मेघ-खण्डों में ही हो सकती है—इसलिए यह न्यायशास्त्र के उस अनुमित ज्ञान से भिन्न है जिसमें व्याप्ति के नियम की आवश्यकता है यानी जिस तरह धुआँ को देखकर अग्नि सिद्ध की जाती है (जहाँ-जहाँ धुआँ वहाँ-वहाँ अग्नि) उस तरह यहाँ प्रस्तुत उदाहरण में यह नहीं कहा जा सकता कि जहाँ-जहाँ मेघ-खण्ड होंगे, वहाँ-वहाँ ऊँट की प्रतीति होगी। सातवीं बात यह है कि हम मेघ-खण्ड में ऊँट की प्रतीति करने का प्रयत्न नहीं करते बल्कि आकार सादृश्य के कारण यह स्वयं ही उत्पन्न हो जाती है—इसीलिए यह प्रतीति प्रातिभ ज्ञान का, स्वयंप्रकाश ज्ञान का रूप है। आठवीं बात यह है कि यह प्रतीति किसी विशिष्ट व्यक्ति की ही नहीं होती, चाहे जिसकी हो सकती है—इसलिए यह सहज ज्ञान है। नवमी बात यह है कि मेघ-खण्ड में ऊँट का संस्कार एक मूर्ति (भले ही वह मानसिक सही) के रूप में उद्‌भूत होता है और मूर्ति सदैव विशेष होती है इसलिए यह प्रतीति विशेष है, न्यायशास्त्र के ज्ञान उनके यहाँ कला का मूलरूप है।

यहाँ दो प्रश्न उठने स्वाभाविक हैं। पहला तो यह कि जब क्रोचे का कलात्मक ज्ञान विशेष है तब भारतीय साहित्य-शास्त्र के साधारणीकरण से इसकी क्या संगति होगी। दूसरा यह कि जब क्रोचे इस कलात्मक ज्ञान को सहज ज्ञान मानता है तब वह प्रत्येक व्यक्ति में होना चाहिए और फलतः प्रत्येक व्यक्ति को कलाकार होना चाहिए। पर क्या यह सम्भव है कि प्रत्येक व्यक्ति कलाकार हो?

पहले प्रश्न का उत्तर यह है कि क्रोचे के विषय-ज्ञान (इंट्यूशन) के साथ भारतीय साहित्यशास्त्र के साधारणीकरण का कोई विरोध नहीं पड़ता। इसका प्रतिपादन आचार्य शुक्ल ने अपने निबन्ध 'साधारणीकरण और व्यक्ति वैचित्र्यवाद' में कर दिया है। भारत के साधारणीकरण का यह मतलब नहीं है कि कवि अपनी कविता में किसी व्यक्ति को सामने न लाकर जाति उपस्थित करता है। दूसरे में विभाग का रूप या चित्र साधारण या सामान्य नहीं होता, बल्कि वह इसके एक ही साधारण या सामान्य

भाव का आलम्बन होता है। यही साधारणीकरण का अर्थ है। ललित-साहित्य की प्रकृति इसीलिए विशेष होती है, सामान्य नहीं। ललित-साहित्य को विशेष-साहित्य कहने का भी यही रहस्य है।

दूसरे प्रश्न का उत्तर क्रोचे के यहाँ इष्टापत्ति के रूप में हैं। क्रोचे के अनुसार स्वयंप्रकाश या सहज ज्ञान (इंट्यूशन) की स्थिति प्रत्येक मनुष्य में है। इसका अर्थ यही है कि क्रोचे हर व्यक्ति को मूलतः कलाकार मानता है। भारत की भी एक परम्परा में यह प्रवाद चला आता है कि 'मनुष्यो जन्मना कविः'। किन्तु सभी लोग प्रकट रूप में कवि और कलाकार क्यों नहीं हो जाते और जो प्रकट रूप में कवि या कलाकार हैं भी उनमें तारतम्य यानी छोटे-बड़े का भेद क्यों उपस्थित होता है, वे सब एक जैसे क्यों नहीं होते? इन दोनों बातों का समाधान क्रोचे ने यह कह कर दिया है कि सभी व्यक्तियों में स्वयंप्रकाश ज्ञान की स्थिति एक रहते हुए भी उसमें दृष्टि-भेद होता है। कलाकार किसी वस्तु को भीतर से देखता है जबकि सामान्य लोग उसे केवल स्थूल दृष्टि से ही देख पाते हैं। इसीलिए कवि और सामान्य जन की अनुभूति में अन्तर पड़ जाता है। कवि की अनुभूति इतनी तीव्र होती है कि वह उसे पचा नहीं सकता। उसकी यही आध्यात्मिक प्रसव-पीड़ा व्यक्त कला में प्रकट होने को बाध्य है। फिर यह दृष्टि की अनुभूति भी व्यक्ति-भेद से तीव्र, तीव्रतर और तीव्रतम हो सकती है जिसके कारण कवि और कलाकारों की अनेक छोटी-बड़ी श्रेणियाँ स्थापित हो जाती हैं, इसीलिए सभी कवि और कलाकार एक जैसे और एक स्तर के नहीं हो सकते।

अभिव्यंजना (एक्सप्रेशन)

ऊपर सहज ज्ञान, स्वयंप्रकाश ज्ञान, प्रातिभ ज्ञान, काल्पनिक ज्ञान, विशेष ज्ञान, कालात्मक ज्ञान ये सभी क्रोचे के 'इंट्यूशन' के पर्याय के रूप से कहे गये हैं जो सभी मिलकर उसका वैलक्षण्य प्रतिपादित करते हैं। इंट्यूशन के अर्थ में हम कार्य-भेद से इनमें से चाहे जिसका प्रयोग कर सकते हैं। स्वरूप की दृष्टि से एक बात बहुत ही स्पष्ट है। वह यह कि स्वयंप्रकाश ज्ञान सदैव किसी मूर्त रूप में ही रहता है और यह मूर्ति सदैव मानसिक ही होती है। ऊँट का जो संस्कार हमारे हृदय में है वही किसी मेघ-खण्ड में आकार-साम्य से मूर्त रूप में प्रकट होता है। यह रूप या ढाँचा ही क्रोचे की अभिव्यंजना है। इसलिए अभिव्यंजना वह साँचा है जिसे प्रातिभ-ज्ञान स्वयं को प्रकट करने के लिए (वस्तुतः प्रकट करते हुए) स्वीकार करता है। यहाँ ऐसी भ्रान्ति न होनी चाहिए कि स्वयंप्रकाश ज्ञान और अभिव्यंजना दोनों अलग-अलग हैं—ठीक उसी प्रकार जैसे सोना और उसे अँगूठी आदि के रूप से ढालने वाला साँचा अलग-अलग होते हैं। यहाँ साँचे से मतलब द्रव्य के रूप से ही है न कि उसे वह रूप प्रदान करने वाले किसी अलग साँचे से। सोने की अँगूठी के उदाहरण में यदि क्रोचे के द्रव्य और साँचे को समझना हो तो सोना द्रव्य है और वह जिस रूप में भी (चाहे ढेले के रूप में,

चौकोने-तिकोने रूप में या अँगूठी आदि के रूप में) प्रकट है वही साँचा है। इसलिए कहना चाहिए कि स्वयंप्रकाश ज्ञान जो रूप ग्रहण करता है वही अभिव्यंजना का स्वरूप है। यहाँ दो महत्त्वपूर्ण तथ्य सामने आते हैं। पहला यह कि जब द्रव्य सदैव किसी-न-किसी रूप में ही प्रकट होता है तब हमारे सामने रूप का महत्त्व रह जाता है (द्रव्य उसमें स्वयं ही समाहित है) और वही हमारे लिए सौन्दर्य-सत्ता का एकमात्र आधार है। क्रोचे इसीलिए अभिव्यंजना को ही सबकुछ मानता है, उसी में सौन्दर्य-सत्ता स्वीकार करता है। क्रोचे की यह मान्यता उन तीनों प्रकार के दार्शनिकों से भिन्न है जो द्रव्य और साँचे को अलग-अलग करके या तो केवल द्रव्य में सौन्दर्य-सत्ता मानते हैं या साँचे में या फिर इन दोनों के सम्मिश्रण में।

दूसरा तथ्य यह प्रकट होता है कि जब क्रोचे की यही धारणा है कि द्रव्य जिस रूप में भी प्रतीत होता है वही साँचा है तब साँचा द्रव्य का रूप ही सिद्ध हुआ। इसी कसौटी पर क्रोचे के अनुसार अभिव्यंजना कोई व्यापार नहीं है बल्कि वह स्वयंप्रकाश ज्ञान का रूपान्तर-मात्र है। अनेक आलोचकों ने अभिव्यंजना को व्यापार समझ कर उसकी चीर-फाड़ कर डाली है और क्रोचे के साथ अन्याय किया है। क्रोचे के अभिव्यंजनावाद के सम्बन्ध में जो अनेक आपत्तियाँ पश्चिमीय और भारतीय आलोचकों ने उठायी हैं उनमें से लगभग आधी इसी भ्रान्ति की से हैं। जब एक बार यह गलत धारणा बन गयी कि क्रोचे जिस अभिव्यंजना को कला कहता है, वह एक व्यापार-मात्र है तब यह कहना सरल हो गया कि क्रोचे व्यापारवादी (वक्रोक्तिवादी कुन्तक की भाँति) हैं या चमत्कारवादी हैं। विवेचन का सच्चा मार्ग यह नहीं है।

अब जिज्ञासा होती है कि जब अभिव्यंजना व्यापार न होकर स्वयंप्रकाश ज्ञान का रूपान्तर-मात्र है तब इस रूप साँचे को प्राप्त कराने वाला मन का कोई व्यापार भी होना चाहिए और क्रोचे के यहाँ ऐसा कोई व्यापार है या नहीं। उत्तर 'हाँ' में है। क्रोचे ने मन के इस आदिम व्यापार का नाम कल्पना रखा है। अपने सौन्दर्यशास्त्र में इस व्यापार की बड़ी महिमा क्रोचे ने गायी है। इस व्यापार का स्वरूप उन्होंने मूर्ति निर्माण (इमेजफॉमिंग) में माना है। स्वयंप्रकाश ज्ञान जो अभिव्यंजना के स्वरूप में अपना रूप ग्रहण करता है वह कल्पना की ही करामात है। यह स्वयंप्रकाश ज्ञान की सीमा से बाहर नहीं जा सकता यानी क्रोचे की दृष्टि में कल्पना कला के क्षेत्र की ही वस्तु ठहरती है।

कुछ लोगों का विचार है कि क्रोचे ने कल्पना को कला की सीमा में ही रख कर बहुत संकुचित बना दिया है। व्यावहारिक दृष्टि प्रमाण है कि कल्पना अन्य वाङ्मयों में भी स्थान रखती है। उदाहरणार्थ जब रेखागणित में रेखा की परिभाषा बतायी जाती है तो यह कहना होता है कि रेखा उसे कहते हैं जिसकी लम्बाई हो पर चौड़ाई न हो। उसी तरह बिन्दु उसे कहा जाता है जिसमें न चौड़ाई हो और न लम्बाई। व्यवहार में ये दोनों परिभाषाएँ असम्भव हैं पर ऐसी कल्पना करके ही गणितशास्त्र पढ़ा जाता है। बीजगणित में किसी प्रश्न का उत्तर पहले ही एक्स, वाई या जेड करके कल्पित कर

लिया जाता है। इसी प्रकार कुछ-न-कुछ कल्पना सभी शास्त्रों में करनी ही पड़ती है। ठीक है, पर क्रोचे की तरफ से कोई पूछ सकता है कि क्या गणितशास्त्र की कल्पना भी साहित्यिक कल्पना है? उत्तर यही हो सकता है कि 'नहीं'। साहित्य की कल्पना को और गणितशास्त्र की कल्पना को कोई भी समझदार व्यक्ति एक नहीं मान सकता। और जब ये दोनों स्वरूप की दृष्टि से भिन्न ही हैं तो क्रोचे ने इन दोनों के नाम की एकता भी ठीक नहीं समझी। उसने कला की कल्पना को कल्पना कहा और अन्य वाङ्मय की कल्पना को बौद्धिक व्यापार या विचार-व्यवसाय माना। यह केवल नामकरण का भेद है और कुछ नहीं। फिर जो लोग साहित्य और साहित्येतर समस्त वाङ्मय में कल्पना का एक ही रूप स्वीकार करते हैं उनके साथ क्रोचे का निश्चय ही मतभेद है। यह मतभेद साहित्यिक दृष्टि से उचित भी है।

किन्तु जैसा ऊपर कहा गया है कि क्रोचे की कल्पना का क्षेत्र केवल स्वयंप्रकाश ज्ञान की सीमा में अभिव्यंजना को प्रस्तुत करता है, वह शब्दार्थ की सक्रियता से दूर ही रह जाती है। इसी को प्रकारान्तर से यह भी कह सकते हैं कि अभिव्यंजना कवि या कलाकार की मानसिक अभिव्यक्ति है, शाब्दिक नहीं। जब कोई कलाकार इस मानसिक अभिव्यक्ति को शाब्दिक अभिव्यक्ति में लाना चाहता है तब वह उसकी पुनरावृत्तिमात्र ही करता है। उदाहरणार्थ यदि कोई कवि हिमालय का चित्र अपने शब्दों में खींचता है तो इसका कारण यह है कि उसने हिमालय का चित्र (कल्पित) पहले अपने मन में खींच लिया था। क्रोचे के अनुसार हिमालय का यह मानसिक चित्र ही सच्ची अभिव्यंजना है। शाब्दिक चित्र तो उस असली चित्र (मानसिक चित्र) की नकल-मात्र है, इसलिए वह कला से बाहर भौतिक क्षेत्र की बात है। शब्द, स्वर, रंग-रेखा आदि भौतिक वस्तुएँ जो हैं।

अभिव्यंजना की स्थिति

सौन्दर्य की व्याख्या करते हुए क्रोचे ने उसके चार स्तर (स्टैप्स) माने हैं–(1) अन्तः संस्कार (इंप्रेशन), (2) अभिव्यंजना (एक्सप्रेशन), (3) आनुसंगिक आनन्द (प्लेजर) और अभिव्यक्ति (ट्रांसलेटेड ब्यूटी)। वस्तुमात्र के सामने आते ही जो मन पर उसकी छाप पड़ती है वह अन्तः संस्कार है। किसी प्रसंग या वस्त्वन्तर के दर्शन में उस अन्तःसंस्कार के उद्बुद्ध होने से जो कल्पित मूर्ति उपस्थित होती है वह अभिव्यंजना है। किसी मेघ-खण्ड को देख कर आकार सादृश्य के बल पर उसमें जो ऊँट की मूर्ति मन से कल्पित होती है वही अभिव्यंजना है। कल्पित मूर्ति या अभिव्यंजना की सौन्दर्यात्मक उपस्थिति से जो मन में रमणवृत्ति का उदय होता है वह आनन्द है। वह आनन्द जब कलाकार की आध्यात्मिक प्रसवपीड़ा (प्रेषणीयता) बन कर अपने कारणभूत सौन्दर्य-तत्त्व को रंग-रेखा, शब्द, स्वर आदि के माध्यम से स्थूल रूप देकर जन-साधारण के लिए बोधगम्य बनाता है वह अभिव्यक्ति है। क्रोचे के अनुसार उन

चार स्तरों में से अभिव्यंजना वाला दूसरा स्तर ही कला का वास्तविक रूप है। पहला स्तर अभिव्यंजना का पूर्वरूप या उसकी भूमिकामात्र है, अभिव्यंजना का स्वरूप वह नहीं है, इसीलिए कला का स्वरूप भी वह नहीं हो सकता। आनन्द वाला तीसरा स्तर अभिव्यंजना का स्वयंसिद्ध आनुसंगिक फल है, इसे मानना या न मानना बराबर है। अभिव्यंजना के उपस्थित होने पर ही इस आनन्द की उपस्थिति होती है इसलिए अभिव्यंजना का स्वरूपाधायक तत्त्व यह नहीं हो सकता और इसीलिए कला का अनिवार्य तत्त्व भी यह नहीं रह जाता। चौथा स्तर (अभिव्यक्ति) तो अभिव्यंजना का भौतिक जगत् में अवतरण है यह पीछे कल्पना के प्रसंग में कहा ही जा चुका है। शाब्दिक अभिव्यक्ति साहित्यकला या अभिव्यंजना का नकली और अवास्तविक रूप है इसलिए इसे सच्ची अभिव्यंजना या कला माना ही नहीं जा सकता।

यहाँ क्रोचे पर बड़े गम्भीर आक्षेप किये गये हैं जिनमें से दो मुख्य हैं। पहला यह कि उपर्युक्त चार स्तरों में जिस द्वितीय स्तर यानी अभिव्यंजना को क्रोचे कला का पर्याय मानता है वह कलाकार की नितान्त मानसिक और आन्तरिक वस्तु है जिसका जीवन-जगत् से कोई सम्बन्ध नहीं हो सकता। दूसरा आक्षेप यह है कि क्रोचे चतुर्थ स्तर यानी शाब्दिक अभिव्यक्ति को भी मानते तभी उनकी अभिव्यंजना या कला का सामाजिकों के यहाँ कुछ उपयोग हो सकता था, पर उसे तो वे मानते ही नहीं हैं। आखिर सामाजिक तो उसी पर विचार कर सकता है जो उसके सामने शब्दार्थ रूप से उपस्थित हो। क्रोचे कला या अभिव्यंजना को शब्दार्थ के क्षेत्र में स्वीकार नहीं करता तो सामाजिक ऐसी कला या अभिव्यंजना को ग्रहण ही नहीं कर सकते। और जब कला के श्रोता या द्रष्टा ही कला से विदा हो गये तब न भावानुभूति का प्रश्न उठता है और न साधारणीकरण का। ऐसी कला से किसी को क्या लाभ?

क्रोचे ने इन दोनों आक्षेपों का उत्तर दिया है। पीछे अभिव्यंजना की स्थिति स्पष्ट करते हुए जिन चार स्तरों का निर्देश किया गया है उनमें सबसे पहला अन्तःसंस्कार है। यह अन्तः संस्कार जीवन-जगत् की वस्तुओं की मन पर पड़ने वाली छाप है इसीलिए वह जीवनजगत् का सत्तात्मक प्रतिबिम्ब है। और भी सीधे शब्दों में यों कहना चाहिए कि जो संस्कार कलाकार की नितान्त मानसिक और आन्तरिक अभिव्यंजना के मूल में है वह स्वयं ही संसार की वस्तुओं को देखने से निष्पन्न हुआ है। और यही बात है तो वह संस्कार कल्पना के सहारे जब अभिव्यंजना के स्वरूप में परिणत होगा तब कलाकार का आन्तरिक सत्य होते हुए भी जीवन-जगत् से अछूता कैसे रह सकता है? फलतः कहना चाहिए कि मन जीवन-जगत् का सत्तात्मक प्रतिबिम्ब है और उसकी किसी आन्तरिक प्रक्रिया में जीवन जगत् की स्वीकृति सबसे पहले है। यह इस बात का उत्तर रहा कि क्रोचे की अभिव्यंजना या कला का जीवनजगत् से कोई सम्बन्ध नहीं है।

दूसरे आक्षेप का उत्तर क्रोचे ने इष्टापत्ति के रूप में ही दिया है। उसकी धारणा है कि यदि शाब्दिक अभिव्यक्ति का स्तर कला में स्वीकार किया जायेगा तो

बड़ा भारी अनर्थ होगा। शब्दार्थ के रूप में अभिव्यक्ति का अर्थ है कला को भौतिक क्षेत्र में उतारना। और कला को एक बार भौतिक क्षेत्र में स्वीकार करते ही उसे भौतिक सुख-दुःख और सांसारिक राग-द्वेष से बचा सकना असम्भव होगा। इसीलिए क्रोचे कला में द्रष्टा-श्रोता का पक्ष ही स्वीकार नहीं करता। न रहेगा बाँस, न बजेगी बाँसुरी। न कोई भावानुभूति करने वाला रहेगा, न संसार के सुख-दुःखात्मक भावों के संक्रमण की नौबत आयेगी। यहाँ पर यह रहस्य भी प्रकट हो जाता है कि क्रोचे ने किसलिए कला को न तो जीवन का फल ही स्वीकार किया है और न फूल ही। वे कला को जीवन का मूल ही मानते हैं और कुछ नहीं।

वास्तविकता यह है कि इस दूसरे आक्षेप का समाधान अनेक लाम-पेच करके भी क्रोचे नहीं कर सके। मूल धारणा ही गलत है तो समाधान कैसे होगा। क्रोचे शब्दार्थ को भौतिक क्षेत्र की वस्तु मानते हैं यहाँ तक तो गनीमत है किन्तु शब्दार्थ द्वारा होने वाली अभिव्यक्ति को भी जब वे भौतिक ही कहने लगते हैं तब बेसुरे हो जाते हैं। वे यह भूल ही गये कि जब भौतिक जगत् की वस्तुओं का अन्तः संस्कार कलाकार के लिए कला का आन्तरिक और आध्यात्मिक पक्ष हो सकता है तब शब्दार्थ द्वारा होने वाली अभिव्यक्ति भी श्रोता या द्रष्टा के लिए आध्यात्मिक हो सकती है। यह ठीक है कि चित्रकार की तूलिका और रंग भौतिक जगत् की वस्तु है किन्तु उनके द्वारा चित्र की रेखाओं में जो प्रसन्नता-अप्रसन्नता आदि के भावों की अभिव्यक्ति होती है वह नितान्त आध्यात्मिक है और उसी तरह द्रष्टा के आध्यात्मिका स्तर की चीज है जिस तरह वह कलाकार के अन्तःसंस्कार के रूप में (और अभिव्यंजना के रूप में भी) थी। इसीलिए सौन्दर्य विषयगत (ऑब्जेक्टिव) और विषयिगत (सब्जेक्टिव) दोनों रूपों में ग्राह्य है—'रूप रिझावनहार ये, वे नैना रिझवार' वैसे भी सौन्दर्यशास्त्र के अनुसार उसके तीन अनिवार्य तत्त्व हैं—भोग, रूप और अभिव्यक्ति। भोग वस्तु का कलेवर मात्र होता है। रूप उस वस्तु के अंगों की सांगोपांग संगति का नाम है। अभिव्यक्ति उस वस्तु की सांगोपांग संगति में प्रकट होने वाली भावानुभूति का द्वार है। वस्तु अपने कलेवर में भौतिक है किन्तु संगति, सापेक्ष, सन्तुलन, समता जैसे गुणों के कारण उसका रूप जो अनेक भावों को प्रकट करता है वे आन्तरिक होने के कारण आध्यात्मिक अभिव्यक्ति रखते हैं। इस प्रकार कला के क्षेत्र में होने वाली भावानुभूति और अभिव्यक्ति कभी भी भौतिक नहीं हो सकती। क्रोचे व्यर्थ ही इनसे भयभीत होकर सिद्धान्त भ्रष्ट हो गये।

क्रोचे को भावानुभूति और अभिव्यक्ति के भौतिक होने की भ्रान्ति क्यों हुई यह भी विचारणीय है। क्रोचे ने वस्तुतः 'मानस दर्शन' तो लिखा पर मन की प्रत्यक्ष और अप्रत्यक्ष सत्ता का भेद नहीं समझा। मन की प्रत्यक्ष सत्ता का सम्बन्ध संसार के सुख-दुःख से है, अप्रत्यक्ष सत्ता का सम्बन्ध सात्विक आनन्द से है। प्रत्यक्ष सत्ता का

अर्थ है मन की सीमित सत्ता और अप्रत्यक्ष सत्ता का अर्थ है मन की असीम सत्ता। किसी सुन्दर फूल या प्राकृतिक दृश्य को देखकर आनन्दविभोर होने वाले दो व्यक्तियों में परस्पर ईर्ष्या का भाव उत्पन्न नहीं होता। उनमें से किसी को भी इस बात की परवाह नहीं है कि कोई दूसरा व्यक्ति भी उस दृश्य का आनन्द ले रहा है और स्वयं उसे उसका आनन्द लेते हुए कोई दूसरा देख रहा है। किन्तु किसी सुन्दरी को देखने वाले दो व्यक्तियों की स्थिति इससे भिन्न होगी। उन दोनों में से प्रत्येक को इस बात की आशंका रहेगी कि कोई दूसरा उसकी प्रेयसी के दर्शन का आनन्द न उठाये और उस दर्शन का स्वयं आनन्द उठाते हुए उसे कोई दूसरा देख भी न ले। सुन्दरी का दृश्य मन की प्रत्यक्ष सीमाओं का उदाहरण है क्योंकि यहाँ सामान्यतः दर्शक अपने 'अहं' की सीमाओं में बँधता जाता है, उसकी वृत्तियाँ संकुचित होती जाती हैं, संसार के प्रत्यक्ष राग-द्वेषों का शिकार होता जाता है। फूल का दृश्य मन की अप्रत्यक्ष सीमाओं का उदाहरण है क्योंकि यहाँ दर्शक अपने 'अहं' को विसर्जित कर देता है, उसकी वृत्तियाँ सात्विक रहती हैं, संसार के राग-द्वेषों की प्रत्यक्ष कटुता से वह बहुत दूर चला जाता है। वस्तुओं की बात तो अलग, सीधे भावों में भी मन की प्रत्यक्ष और अप्रत्यक्ष सत्ता रहा करती है। संसार में शोक मन की प्रत्यक्ष सीमा में पड़ता है पर करुणा नहीं। पुत्र के लिए शोक करने वाला व्यक्ति 'मेरे तेरे' की सीमा में पड़ कर महान् दुःख सहता है। किन्तु प्राणी मात्र की दुरवस्था पर पिघलने वाला व्यक्ति अपने 'अहं' से ऊपर उठकर दूसरों के दुःख में अपने को विसर्जित करके परम सन्तोष एवं आनन्द का अनुभव करता है। यही कारण है कि जहाँ पुत्र के लिए रोते हुए व्यक्ति पर अन्य लोग दया करते हैं और संसार की असारता को कोसते हैं वहीं दूसरों की दुरवस्था पर करुणा करते हुए मनुष्य पर लोग श्रद्धा करते हैं और संसार की सार्थकता पर आस्था प्रकट करते हैं। शब्दार्थ के क्षेत्र में भी मन की प्रत्यक्ष और अप्रत्यक्ष सीमाएँ इसी प्रकार समझनी चाहिए। एक वाक्य ऐसा हो सकता है जिसे वक्ता ने अपने 'अहं' की सीमा में पड़कर कहा है इसलिए उससे 'तेरे मेरे' का भेद और संसार के कटु राग-द्वेषों की सृष्टि हो सकती है। दूसरा वाक्य ऐसा हो सकता है जिसे वक्ता ने अपने 'अहं' की सीमाएँ तोड़कर कहा है इसीलिए वह सात्विक और सार्वजनिक हो सकता है। सामान्य शब्दार्थ में तो मन की प्रत्यक्ष सीमा भी हो सकती है किन्तु कवि के शब्दार्थ में केवल अप्रत्यक्ष सीमा ही सम्भव होती है। कवि के शब्दार्थ में संस्कारों का माध्यम जो होना चाहिए। कवि यदि अपने व्यक्तिगत राग-द्वेष की भी बात कहता है तो वह तब तक साहित्य की कोटि में नहीं आ सकती जब तक अहं की उपलब्धि के रूप में वह मात्र संस्कार न बन चुकी हो। 'प्रसाद' का 'आँसू' इसी का उदाहरण है। क्रोचे जिसे स्वयंप्रकाश ज्ञान कहता है या रूप-भेद से अभिव्यंजना कहता है वह कलाकार का ऐसा ही संस्कारावस्थित रूप है जो संसार की प्रत्यक्ष कटुताओं से दूर है।

यदि शब्दार्थ के माध्यम से उसकी अभिव्यक्ति कला की सीमा में क्रोचे स्वीकार कर लेते तो यह भौतिक न होकर आध्यात्मिक या आन्तरिक ही होती, लौकिक सुखदु:खात्मक न होकर सात्विक आनन्दात्मक ही होती। क्रोचे व्यर्थ ही डर गये और कला को संसार के राग-द्वेषों से बचाने के प्रयत्न में एक ऐसी व्यावहारिक भूल कर गये कि अब उसका कोई सन्तोषजनक समाधान नहीं हो सकता। वे कला का स्वरूप चाहे जो मानते पर उसे अभिव्यक्त करने का और समझने का कोई माध्यम अवश्य स्वीकार कर लेते। वास्तुकला में यह माध्यम जैसे पाषाण आदि की काट-छाँट का है, मूर्ति-कला में पाषाण आदि की रेखाओं का है, चित्रकला में आधारफलक पर की रंग-रेखाओं का है, संगीत में स्वर का है उसी प्रकार साहित्य में यह माध्यम शब्दार्थ का है। साहित्यकला जब तक शब्दार्थ के साथ (शाब्दिक अभिव्यक्ति के रूप में) स्वीकार न की जायगी तब तक उसमें सामाजिक का पक्ष न होने के कारण उसका प्रयोजन तो कोई हो ही नहीं सकता, वह स्वरूपतः भी अनुपपन्न और अव्यवहार्य ही रहेगी।

अभिव्यंजना और प्रयोजन

दर्शन में सत्य (ट्रथ), शिव (गुड) और सुन्दर (ब्यूटीफुल) की स्थापना का प्रारम्भ प्लेटो से भी पहले है। क्रोचे ने कला को केवल सुन्दर ही माना है, सत्य और शिव नहीं। सत्य उसने न्यायशास्त्र (जो मन की ज्ञानात्मक प्रक्रिया के दूसरे रूप प्रमाज्ञान का फल है) की सीमा में स्वीकार किया है और शिव नीतिशास्त्र (जो मन की संकल्पात्मक प्रक्रिया के दूसरे रूप मंगलाचारात्मक का फल है) की सीमा में। दूसरी बात यह है कि क्रोचे सही माने में सौन्दर्य को कला या अभिव्यंजना का अलग से प्रयोजन नहीं मानता। वह सौन्दर्य को कला या अभिव्यंजना का स्वरूपाधायक तत्त्व मानता है और इस तरह सौन्दर्य को कला या अभिव्यंजना के स्वरूप में ही देखता है, उससे अलग नहीं। उसका स्पष्ट कहना है कि ऐस्थेटिक फैक्ट इज फोर्म एंड नथिंग बट फौर्म। इसकी परस्तात् संगति यह है कि क्रोचे के यहाँ सौन्दर्य कलात्मक है और कला सौन्दर्यात्मक यानी सौन्दर्य सौन्दर्यात्मक कला के लिए है और कला कलात्मक सौन्दर्य के लिए। इस तरह क्रोचे और 'कला, कला के लिए' के आविष्कार ब्रैडले परिणामतः एक ही सिद्धान्त-पथ के पथिक हैं।

किन्तु ब्रैडले साहित्यकला को शब्दार्थ के सक्रिय रूप से शून्य नहीं मानता जैसा कि क्रोचे मानता है। ब्रैडले का अभिप्राय इतना ही है कि वह कला में प्रयोजन की खोज को अनावश्यक बताता है, यह दूसरी बात है कि कला से सामाजिकों के नैतिक प्रयोजन भी सिद्ध हो जाते हों। क्रोचे कला के स्वरूप के लिए उसकी शब्दार्थमयी सत्ता को ही नकारता है। कलाकार की आन्तरिक मानस-स्थिति में ही कला की पूर्णता उसे मान्य है। इस तरह क्रोचे के यहाँ कलाकार से अलग किसी दूसरे व्यक्ति (द्रष्टा या श्रोता) के लिए शब्दार्थ का माध्यम न रहने के कारण कला के नैतिक शिक्षक और

आनन्द जैसे प्रयोजनों का प्रश्न ही नहीं उठता। पीछे अभिव्यंजना की स्थिति बताते हुए सौन्दर्य के जिन चार स्तरों की बात कही गयी है उनमें तृतीय स्तर आनन्द है जरूर, पर वह आनन्द सामाजिक की सीमा में नहीं पड़ता, कलाकार की सीमा में ही पड़ता है। और फिर यह आनन्द भी अभिव्यंजना का स्वयंसिद्ध आनुसंगिक फल है उसका स्वरूपोपपादक तत्त्व नहीं है। जो काव्यानन्द सामाजिकों की सीमा में पड़ता है। वह क्रोचे के यहाँ तभी सिद्ध हो सकता था जब वे शब्दार्थमयी अभिव्यक्तिवाला चौथा स्तर स्वीकार करते। इस तरह नैतिक शिक्षा, भावानुभूति, आनन्द आदि जैसे प्रयोजन क्रोचे ने कला की सीमा में स्वीकार नहीं किये—बिल्कुल स्वीकार नहीं किये।

निष्कर्ष

सहृदयता से विचार किया जाये तो यह तथ्य सामने आता है कि क्रोचे मूलतः दार्शनिक हैं। उन्होंने जो अपने समस्त शास्त्रों के विवेचन को मन का दर्शन कहकर पुकारा है उसकी यही संगति है। एक दार्शनिक के लिए यह आवश्यक है कि वह अन्तर्मुखी रहे और क्रोचे सचमुच वैसे ही हैं। भौतिक क्षेत्र से उनका विरोध नहीं है। वे यह मानते हैं कि आन्तरिक तत्त्वों को प्रतिभाशाली व्यक्ति से भौतिक जीवन में अनुवाद करके रख देते हैं इसलिए हम उनके कृतज्ञ हैं। पर वस्तुतः यदि वे ऐसा न करें तो भी मानस दर्शन अपने सूक्ष्म जगत् में से सर्वथा परिपूर्ण ही है। उदाहरणार्थ, उनकी धारणा है कि यदि कोई कलाकार अभिव्यंजना को शब्दार्थ के रूप में अभिव्यक्ति प्रदान कर देता है तो वह जन-साधारण का कल्याण करता है, पर इसका अर्थ यह कदापि नहीं है कि यदि अभिव्यंजना की अभिव्यक्ति शब्दार्थ के माध्यम से न होगी तो कला का स्वरूप अपने में अपूर्ण और अनुपपन्न रह जायेगा। यदि क्रोचे की इस सम्बन्ध में कोई भूल-चूक रह गयी है तो वह यही कि उन्हें मानस के भीतर समस्त शास्त्रों का स्वरूप नहीं सिद्ध करना चाहिए था। वे मन के भीतर समस्त शास्त्रों का उद्गम, स्रोत या मूलतत्त्व सिद्ध करते तो एकदम ठीक था। उदाहरणार्थ, यदि वे यह कहते कि अभिव्यंजना, कला का स्वरूप नहीं है, बल्कि उसका मानसिक रूप है, उसका पूर्वरूप है या उसका मौलिक तत्त्व है जो कला को स्वरूपतः अभिव्यक्ति देने के लिए शब्दार्थ का माध्यम ग्रहण करता है, तो किसी को अड़चन नहीं थी। सारी असंगतियाँ तभी खड़ी होती हैं जब वे कला के मूलतत्त्व को ही नहीं बल्कि कला के स्वरूप को भी शब्दार्थ आदि के माध्यम से दूर रखते हैं और किसी माध्यम से कला की ओर प्रवृत्त होने वाले सामाजिक की सत्ता को ही चर जाते हैं। क्या ही अच्छा होता है कि क्रोचे अपनी ही इस शब्दावली पर सक्रिय अमल करते कि कला हमारे जीवन का न फूल है और न फल, वह केवल बीज है। अव्यक्त के स्वरूप की प्रतिष्ठा का लोभ और वह भी एकमात्र प्रतिष्ठा का लोभ उनके कला-सम्बन्धी विवेचना का सबसे खराब ग्रह है।

15

समीक्षा और सृजन

—प्रेमशंकर

सृजन और समीक्षा के सम्बन्धों में विचार करते हुए यह स्वीकार करने के लिए बाध्य होना पड़ता है कि साहित्य के विजय मंच पर समीक्षक ने सदैव दूसरा स्थान ही पाया है और कृति रचनाकार को श्रेष्ठ ही घोषित किया गया है। कारण अनेक हो सकते हैं, पर मुख्य अन्तर उस प्रस्थानबिन्दु का है, जहाँ से यात्रा आरम्भ की जाती है। कृतिकार जीवन के सीधे सम्पर्क में आता है और महाकवि 'गेटे' की शब्दावली में तो वह जीवन-सम्भोग तक से गुजरता है अर्थात् उससे घनिष्ठतम सम्बन्ध स्थापित करता है। पर समीक्षक को दुर्भाग्यवश केवल साहित्य-समीक्षक या पर्याय मान लिया गया है और यह धारणा बद्धमूल हो गयी कि वह कृतिकार के समान जीवन के निकट सम्पर्क से प्राप्त अनुभूतियों का उपयोग अपने लेखन में अधिक नहीं करता। इस सम्बन्ध में दो भ्रान्तियों का टूटना आवश्यक है ताकि सृजन और समीक्षा का अन्तराल कम हो सके। पहली भ्रान्ति तो यह है कि समीक्षा केवल साहित्यिक अनुशीलन विवेचन का नाम है। जो लोग ऐसी कल्पना करते हैं, वे शुद्ध साहित्य के उस गुजरे जमाने में रह रहे हैं, जिसे सामन्तवादी युग का अवशेष मात्र माना जा सकता है। समीक्षा केवल साहित्यिक रचना की व्याख्या नहीं है, वह प्रत्येक सृजन और उस मानसिक क्रिया से सम्बन्ध रखती है, जिसने किसी-न-किसी रूप में अभिव्यक्ति पा ली है। जिस दृष्टि से शताब्दियों पूर्व प्राप्त किसी महत्त्वपूर्ण वैज्ञानिक सत्य को चुनौती देना भी समीक्षा का धर्म है और सचाई तो यह है कि सभ्यता और संस्कृति के उत्कर्ष का यही रहस्य है कि मनुष्य-प्रज्ञा बार-बार स्थापनाओं को ललकारा है और नये सत्य को उपलब्ध करना चाहा है। जब हम साहित्य-समीक्षा पर विचार करते हैं, तब हमें यह ध्यान रखना होगा कि साहित्य जीवन-प्रसूत है और यदि हम समीक्षा के साथ न्याय करना चाहते हैं तो हमें उसकी पूरी तैयारी के साथ इस क्षेत्र में उतरना होगा जो स्वयं कृतिकार के लिए आवश्यक होती है। इसी प्रकार समीक्षा के सम्बन्ध में प्राप्त दूसरी भ्रान्ति,

जो पहली से अधिक खतरनाक है, टूटनी चाहिए। जीवन से प्रत्यक्ष अनुभव-सामग्री प्राप्त कर रचनाकार अपनी कृति में उसे अभिव्यक्ति देता है, जिसकी प्रक्रिया संश्लिष्ट है, क्योंकि उसने जीवन को किसी विवरण-प्रसारक अथवा कमेंटेटर के समान कह नहीं दिया है, वरन् उसमें अपनी चेतना का भी सम्मिलन किया है। इसी कारण जीवन-दृश्यों के समान होते हुए भी रचनाकारों की प्रतिक्रियाएँ उसके विषय में भिन्न-भिन्न प्रकार से होती हैं, जैसे सामने रखी हुई मूर्ति को श्रेष्ठ चित्रकार अपने-अपने कोण से देखकर और अपनी-अपनी दृष्टि से समझकर उसे अंकित करना चाहता है। उनके लिए वह चित्र सपाट न होकर त्रिविम (थ्री डाइमेंशनल : लम्बा, चौड़ा, मोटा) होता है। सृजन और समीक्षा दोनों यदि जीवन-सन्दर्भों से जुड़े हुए साहित्य-रूप हो सकते हैं तो उनकी दूरी काफी कम की जा सकती है।

सृजन और समीक्षा में एक समानान्तर रचना-प्रक्रिया सम्भव है, यदि समीक्षक सर्वप्रथम स्वयं को जीवन की उस विराटता से सम्बद्ध करने की चेष्टा करे, जिसने रचनाकार को अभिव्यक्ति के लिए प्रेरित किया है। कवि, कथाकार अथवा किसी भी साहित्यविधा के स्रष्टा जीवन को कैद करने के प्रयत्न में एक सम्पूर्ण संश्लिष्ट प्रक्रिया से गुजारते हैं और इसकी सही पहचान जब तक नहीं होगी तब तक समीक्षा जड़ और निस्पन्द होगी। उसमें सम्भव है अतिरिक्त पाण्डित्य-प्रदर्शन आ जाये, पर वह जीवन्त नहीं बन सकती, एक प्रकार का बाह्यारोपण बनकर रह जायेगी। कृति से साक्षात् समीक्षा की पहली शर्त है और जिसके लिए समीक्षक को रचनाकार की चेतना के उस धरातल से जाना होगा, जहाँ पर सृष्टि की गयी है। यह ग्रहणशीलता समीक्षक से भी उसी प्रकार चेतना के सामर्थ्य की माँग करती है, जिसके बिना रचना उत्कर्षपूर्ण ऊँचाइयों पर नहीं जा पाती। यदि रचनाकार के लिए विकसित संवेदन बड़ी अनिवार्यता है, ताकि वह जीवन से सम्भोग कर सके, तो समीक्षक के लिए भी जीवन सम्बन्धी व्यापक अनुभव प्रशस्त पृष्ठभूमि का कार्य करते हैं और रचना में प्रवेश करते समय उसे पूरी सहानुभूति के साथ उतरना होगा।

प्रश्न किया जा सकता है कि रचना अपना कच्चा माल जीवन से सीधे ही प्राप्त करती है, पर समीक्षा, इसका उत्तर है कि समीक्षा सृजन पर्याय नहीं बन सकती, किन्तु सृजनात्मक समीक्षा ही वास्तविक समीक्षा है। शेष साधारण आलोचना मात्र है—जड़ और मृत। समीक्षा में सृजनात्मकता का तत्त्व उसी समय आ सकता है जब समीक्षक पूरी बौद्धिक, मानसिक तैयारी को लेकर लगभग रचना के साथ-साथ यात्रा कर सकने की शक्ति रखता हो। क्योंकि रचना संश्लिष्ट प्रक्रिया है, इसलिए समीक्षा को सर्वप्रथम उन एकाधिक सूत्रों की अलग-अलग पहचान करनी होगी, जिनके सम्मिलन से कृति ने अन्तिम रूप ग्रहण किया है। वैज्ञानिक शब्दावली में यह एक प्रकार से अणुओं की पहचान का क्षण है, जिनसे सृष्टि निर्मित हुई है। वे पंचभौतिक पदार्थ

तलाशे जाने होंगे, जिन्होंने जगत् को यह रूप दिया है। रस शास्त्र में जिसे भाव, विभाव, अनुभाव कहकर सम्बोधित किया गया है और जिसका विस्तृत विवेचन हुआ है वह एक प्रकार से रचना-प्रक्रिया को सूक्ष्मता के साथ जानने की चेष्टा है, यह बात दूसरी है कि साधनों के उपयोग की शक्ति सब समीक्षकों में नहीं होती। रचना का प्रथम क्षण वह है, जब रचनाकार जीवन से साक्षात् करता है दूसरे क्षण में जीवनदृश्य उसके अवचेतन में प्रवेश कर जाते हैं। क्योंकि जीवनदृश्य तत्काल प्रकाशित नहीं होते, इसलिए वे अवचेतन में गर्भस्थ रहते हैं और रचना का यह दूसरा क्षण सर्वाधिक महत्त्वपूर्ण है, क्योंकि इसी समय रचनाकार अनजाने ही अपनी वैयक्तिक अनुभूतियों का योग उन सामाजिक दृश्यों से करता है जो उसने बाहर से प्राप्त किये थे। इसी प्रक्रिया में जीवन एक होकर भी विभिन्न रचनाओं में नये-नये रूप पा जाता है। दूसरे क्षण में अनेक अनुभवकण चेतना का सम्पर्क पाकर अनुभूतियों में रूपान्तरित होते हैं और उन्हें प्रकाशित हो सकने की सामर्थ्य मिलती है। तब रचना का तीसरा क्षण, अभिव्यक्ति अथवा प्रकाशन का क्षण आ उपस्थित होता है और रचनाकार शब्द और शिल्प के अवयवों की सहायता लेता है जो अनुभूतियों को आकार देंगे। ध्यान रखने की बात है कि काव्य अथवा चित्र अवचेतन में पहले ही जन्म जाते हैं, भाषा अथवा रंग तो केवल एक माध्यम का कार्य करते हैं, जिनकी सहायता से अन्तस्थ रचना को भव्य, गोचर, पठनीय बना दिया गया है। रचना का चौथा और अन्तिम क्षण भी हो सकता है कि आखिर महत्त्वपूर्ण तो वही है जो समन्वित प्रभाव कोई रचना हम पर छोड़ जाती है। इस प्रकार रचना की संश्लिष्ट प्रक्रिया से गुजरे बिना समीक्षक इस सृजनात्मकता को पकड़ ही नहीं सकता, जो रचना का मूलाधार है। साधारण पाठक सीधे भोजनालय में प्रवेश कर सकता है और सम्पूर्ण भोज्य-सामग्री को अपनी रुचि के अनुसार ग्रहण कर लेता है। पर समीक्षक की कठिनाई दोहरी है कि पाकशाला में जाये बिना उसे उस प्रक्रिया को पहचानना होगा, जिससे पार होकर योजना ने अपना वर्तमान रूप ग्रहण किया है, पर मानसिक धरातल पर और चेतना के स्तर पर समीक्षक को भी प्रसवपीड़ा की सम्मिलित भावभूमि की निकट से पहचान करनी ही होगी, नहीं तो कृति के साथ कदापि न्याय नहीं हो सकता। इसी को मैं रचना और समीक्षा की समानान्तर यात्रा अथवा चेतना के स्तर पर एक-दूसरे का मिलन कहता हूँ। ऐसा कैसे सम्भव है कि रचना की सम्पूर्ण प्रक्रिया को पहचाने बिना उसके विषय में कोई वक्तव्य दिया जाये? यदि समीक्षा की जीवन-सम्पृक्ति प्रत्यक्ष न होकर परोक्ष भी घोषित कर दी जाये, तो भी उसे रचना के साथ-साथ यात्रा करनी ही होगी और यही समीक्षा की सृजनात्मकता का मुख्य चरण है।

एक दूसरा प्रश्न भी उठाया जा सकता है कि क्या समीक्षा का कोई प्रयोजन है? उसकी कोई सार्थकता भी है अथवा नहीं। साहित्य का निश्चय ही एक सामाजिक,

सांस्कृतिक पक्ष ऐसा है, पर क्या समीक्षा भी वैसा दावा कर सकती है? सम्भवतः कठिनाई तब आरम्भ हुई जब समीक्षक निर्णायक बन बैठा और उसने किसी मठाधीश के समान फतवे देने का काम शुरू कर दिया। यह समीक्षा की नियति का क्षण कहा जायेगा, जो संस्कृतियों के उत्थान-पतन की दीर्घयात्रा में स्वाभाविक है। समीक्षा के ऐसे अन्धकारपूर्ण क्षणों में रचनाकारों ने अपने पाठकों को सीधे ही सम्बोधित करना चाहा है और जब-जब समीक्षक ने गलत निर्णायक का रोल अदा करने की चेष्टा की है, हर रचनाकार अपना व्याख्याता स्वयं बना है। यूरोप के स्वच्छन्दतावाद युग में कवियों को अपने काव्य-संकलनों के आरम्भ में लम्बी भूमिकाएँ देनी पड़ीं क्योंकि वे अपना मन्तव्य स्पष्ट करना चाहते थे। लिरिकल बैलड्स की भूमिका में वर्ड्सवर्थ के वक्तव्य को स्वच्छन्दतावादी काव्य का घोषणापत्र कहा जाता है और लगभग इसी प्रकार का श्रेय 'पल्लव' की भूमिका को भी दिया जा सकता है। कवियों का इस प्रकार वक्तव्यों का सहारा लेना स्वयं प्रमाणित करता है कि रचनाकारों और समीक्षकों के बीच संवाद की परम्परा टूटने लगी थी। कभी जॉनसन किसी गोल्डस्मिथ के लिए महत्त्वपूर्ण हो सकते थे, पर स्वच्छन्दतावादी कवि समीक्षक के मठाधीशत्व को स्वीकार करने के लिए तत्पर नहीं थे और ऐसे भी वक्तव्य दिये गये कि 'कवियों के विषय में केवल कवि ही निर्णय दे सकते हैं।' अपनी रचना के सन्दर्भ में कवि का स्वयं व्याख्याता-रूप में आगमन समस्या को और उलझा देता है, क्योंकि कवि इस अवसर पर खुद में वह तटस्थता नहीं ला पाता, जिसकी आशा हम समीक्षक से करते हैं। स्वच्छन्दतावादी कवि-व्याख्याताओं की भूमिकाएँ उनके आशय को तो स्पष्ट करती हैं और जिससे भावी समीक्षकों को स्वच्छन्दतावादी के वास्तविक स्वरूप को समझने में सुविधा भी हुई, पर उनमें भावनामयता हैं और रोमानी काव्य के उचित मूल्यांकन के लिए समीक्षकों की प्रतीक्षा आखिर करनी ही पड़ी। इस दृष्टि से रोमानी काव्य के विरोध में आवाज उठानेवाले यूरोप के नये कवियों में समीक्षक का व्यक्तित्व अधिक सशक्त है। इस समय तक युग बौद्धिक भूमि पर आ चुका था और स्वयं नये कवियों के आग्रह भावात्मक के स्थान पर बौद्धिक अधिक थे। इतना ही नहीं, वे किसी समय तक दुहरी भूमिकाओं का निर्वाह कर रहे थे। रचनाकार और समीक्षक से यद्यपि नये हिन्दी काव्य के सन्दर्भ में यह शिकायत भी की जाती रही है कि कवि के इस दुहरे व्यक्तित्व में कहीं-कहीं विरोधाभास भी है और उनकी रचनाओं और समीक्षाओं का स्वर सर्वत्र एक ही नहीं कहा जा सकता। टी.एस. इलियट में रचनाकार और समीक्षक का एक प्रभावशाली समन्वय है, वे स्वयं इन दोनों साहित्य-विधाओं को अलग-अलग रखकर देखने के पक्ष में नहीं हैं। उनका विचार है कि रचनाकार भी किसी बिन्दु पर समीक्षक होता है, क्योंकि कृति-निर्माण की सम्पूर्ण प्रक्रिया में वह बराबर सावधान और जागरूक रहता है। उनका तो यह खयाल है कि यदि कुछ सृजनात्मक प्रतिभाएँ

महान् होती हैं, तो केवल इसलिए कि इनकी समीक्षाशक्ति अन्य से विशिष्ट होती है। इलियट यूरोप की रोमानी कविता के विरोध में जाने वाले कवि हैं और उनकी प्रतिक्रियाएँ बौद्धिक हैं, इसलिए उनके इस वक्तव्य को आंशिक... के रूप में ही ग्रहण करना उचित होगा। स्पष्ट है कि यहाँ सृजन और समीक्षा के पार्थक्य को समाप्त करने की चेष्टा की गयी है। यदि रचना और समीक्षा एक ही प्रतिभा में अपना सम्मिलन प्राप्त करते हैं तो भी यह आवश्यक है कि उन दोनों का विलयन हो जाये और उनमें अन्तराल अधिक न बना रहे अन्यथा प्रतिभा न तो रचना में ही समर्थ होगी और न समीक्षा में ही। जब-जब रचना की उत्कृष्टता क्षीण हुई है तथा समीक्षा अँधेरी गलियों में भटकती है, तब-तब उसका एक कारण यह भी था कि इन दोनों विधाओं में कोई तारतम्य नहीं था। रचना और समीक्षा की दिशाएँ एक-दूसरे की विरोधी दिशाओं में जा रही थीं। कवि ने 'आत्मा की आवाज' का वक्तव्य तो समीक्षक की हैसियत से दे दिया, पर स्वयं अपनी रचनाओं में उन्हें प्रमाणित नहीं कर सका और आवाजों की नीलामी बार-बार होती गयी। समीक्षा और रचना सृजनात्मक स्तर पर ही एक-दूसरे से मिल सकते हैं।

समीक्षा पूर्णतया निष्प्रयोजन, निरर्थक नहीं है, बावजूद इसके कि बार-बार उसे चुनौतियों का सामना करना पड़ा है। रचना-प्रक्रिया की अन्तरंग-परीक्षा से स्पष्ट है कि रचनाकार स्वयं अपना समीक्षक भी है—रचना के रूप में। और वह स्वतन्त्र है कि रचना को जन्म देने के बाद भी वह समीक्षक बना रहे तथा वक्तव्यों से अपने आधार अथवा 'स्टैंड' को स्पष्ट करे। पर जब रचनाकार रचना के क्रम से आज तक समीक्षक है और स्वयं को पूर्णतया प्रवाहित नहीं होने दे सकता, तब उसे यह ध्यान भी रखना होगा कि कहीं समीक्षा उसकी रचना पर हावी न हो जाये और हमारे सामने जब रचना अपने अन्तिम रूप में प्रस्तुत हो, तब हम उसकी सृजनात्मकता से ही परिचय प्राप्त करें, समीक्षा के तत्त्व सम्पूर्ण रचना-प्रक्रिया में विलीन हो चुके हों। पर समीक्षा का, साहित्य की अतरंगता के अतिरिक्त भी प्रयोजन है, बशर्ते समीक्षा अपने सृजनात्मक धरातल को प्राप्त कर ले। यदि साहित्य का सामाजिक पक्ष होता है तो फिर विधा के रूप में समीक्षा का क्यों नहीं हो सकता? सचाई तो यह है कि श्रेष्ठ समीक्षा में ही रंचना एक प्रकार से अपना पुनर्जन्म प्राप्त करती है जैसे जीवन रचना में पुनर्जन्म प्राप्त करता है। रचना की सम्पूर्ण प्रक्रिया से गुजरते हुए समीक्षक उन सूत्रों तक पहुँचता है जहाँ से रचना का निर्माण आरम्भ हुआ था, एक प्रकार से यह उसकी तलाश है। और फिर धीरे-धीरे वह समस्त पथरेखा को पहचानता है, जिससे होकर रचनाकार अन्तिम बिन्दु तक आया है। यदि रचनाकार की सफलता के लिए यह अपेक्षित है कि वह रचना के विभिन्न अवयवों का अपने सृजनात्मक व्यक्तित्व में समीकरण करके उसे एक समन्वित विलयित रूप दे सकेगी, जिसमें तत्त्वों की पृथक् सत्ता विलीन हो जाती है तो उसी प्रकार समीक्षक भी शल्यपरीक्षा करते हुए किसी

कृति को खण्ड-खण्ड करके देखने मात्र से अपने दायित्व का निर्वाह नहीं कर सकता। उसे रचना को समग्र रूप में भी देखना होगा, क्योंकि रचनाकार को खण्ड-खण्ड करके देखने की पद्धति कृति को और भी वीभत्स कर देगी। आई.ए. रिचर्ड्स जैसे समीक्षक रचना के समग्र व्यक्तित्व अथवा सम्पूर्ण इकाई के मूल्यांकन का आग्रह करते हुए, परोक्ष रूप से प्रतिमानों के प्रश्न की ओर भी संकेत करते हैं। रचना जिन तत्त्वों से मिलकर आकार ग्रहण करती है, उन्हें जान लेना आवश्यक है, पर मुख्य प्रश्न यह है कि रचनाकार ने उन सबका समीक्षण अपनी प्रतिभा और सृजनात्मक व्यक्तित्व के उत्कर्ष-भरे संयोजन से किस प्रकार किया है। समीक्षा की सृजनात्मकता तब टूटती है जब हम रचना को खण्ड-खण्ड करके देखते हैं और उसकी शल्यपरीक्षा करना चाहते हैं। रचना को उसकी समग्रता में पकड़ लेना, उसकी समष्टि में पा जाना स्वयं में एक सृजनात्मक उपलब्धि है और श्रेष्ठ समीक्षक विवरण—वृत्तान्त में जाये बिना, इस स्तर पर पहुँच जाते हैं। साधारण आलोचनाएँ शल्यपरीक्षा तो कर लेती हैं, पर रचना को समग्रता उनकी पकड़ में नहीं आती, जबकि सृजनात्मक समीक्षा सम्भव है, कुछ विवरणों को छोड़ भी दिया जाये, पर महत्त्वपूर्ण सन्दर्भ उसमें नहीं छूटते और वह रचनाकार के सम्पूर्ण व्यक्तित्व को पहचान कर रचना को उसकी समग्रता में पा लेती है जैसे स्वयं कृतिकार सम्भव है जीवन के विवरणों में न जाये पर उसमें जीवन की मजबूत पकड़ होती है....। यदि हमें काव्य से भाव, विभाव, अनुभाव की तलाश का आग्रह आज भी है तो भी यह नहीं भूल जाना चाहिए कि खण्ड-खण्ड होकर भी रचना रसनिष्पत्ति में सफल है अथवा नहीं? और जब कृति का रसबोध ही बदल जाये, और अनेक प्रश्नवाचक चिह्न उपस्थित हों, तब तो रचना को समग्रता में पाने का प्रयास और भी संगत हो जाता है।

समीक्षा की सृजनात्मकता का सवाल प्रतिमानों से गहरे रूप में जुड़ा हुआ है। प्रतिमान अथवा निकष वे साधन हैं, जिन पर हम किसी कृति की परीक्षा करना चाहते हैं, पर साहित्य की चिरन्तनता में विश्वास होते हुए भी युग और स्थितियों के बदले तेवरों को स्वीकृति देनी होगी, जिसे रामायण और महाभारत युग के परिवर्तित जीवन-मूल्य तक में देखा जा सकता है। रचना युगसम्पृक्ति से निर्मित होती है, तो फिर स्थायी प्रतिमानों का प्रश्न उठाते समय हमें सावधान रहना चाहिए। प्रतिमान किसी सृजन के भीतर से ही जनमते हैं और समीक्षा-प्रतिमानों के आधार पर रचनाकार अपने सृजन में सक्रिय नहीं होता। आरम्भ में समीक्षक के सामने श्रेष्ठ कृतियों के कुछ शीर्ष उदाहरण रहे होंगे, जिनके आधार पर प्रतिमानों का निर्माण हुआ। अरस्तू के काव्यशास्त्र की कल्पना हम यूनानी दुःखान्त नाटकों की समृद्ध परम्परा के बिना नहीं कर सकते। पर जो प्रतिमान कुछ विशेष रचनाओं को दृष्टिपथ में रखकर निर्मित होते हैं, वे सभी कृतियों पर समान रूप से कैसे आरोपित किये जा सकते हैं? समीक्षा, श्रेष्ठ समीक्षा कृति के भीतर से जन्म लेती है और वह किन्हीं बने-बनाये नुस्खों

को इस कारण भी अस्वीकार कर देती है कि ये प्रतिमान एक विशेष युग-सन्दर्भ की रचनाओं के लिए निर्मित हुए थे और अब जमाने के बदलते तेवरों के लिए नाकाफी हैं। पर कौन चीज है जो बार-बार परिवर्तित होनेवाले जीवनमूल्यों और परिस्थितियों में साहित्य को एक प्रवाहमान धारा के रूप में देखती है और कालजयी कृतियों को आदर देती है। यह समीक्षा की वह सार्थक सृजनशीलता है जो भीतर जाकर उनका विश्लेषण कर सकने की सामर्थ्य रखती है और जिसे कृति को प्रतिमानों के चौखटों में फिट करके देखने मात्र से सन्तोष नहीं होता। प्रतिमानों को रचना के भीतर से पा लेना समीक्षा की उच्चतम सृजनात्मकता तो है ही, वह युगों पूर्व रची गयी कृतियों में भी नयी रेखाएँ तलाश कर लेने का शुभारम्भ भी है। कोई कृति कैसे सामयिक सन्दर्भों से जुड़कर भी कालजयी हो जाती है और बदलती हुई जीवन-स्थितियों में भी बासी नहीं पड़ने पाती, इसे सृजनशील समीक्षा ही पहचान सकती है। इसी कारण समीक्षा के दौर में बराबर ऐसे क्षण आये हैं जब श्रेष्ठ रचनाओं के साथ न्याय कर सकने के लिए समीक्षकों को एक सम्पूर्ण प्रतिमानशास्त्र ही निर्मित करना पड़ा है और निश्चय ही यह प्रतिमान महान् कृतियों के भीतर से प्राप्त किया गया है, बाहर से नहीं।

समीक्षा के प्रतिमान जीवननिरपेक्ष नहीं हो सकते, इसका हमें ध्यान रखना चाहिए, क्योंकि जिस साहित्य के लिए हम उनका उपयोग करना चाहते हैं, वह सदैव जीवनसापेक्ष है। इस प्रकार समीक्षा की जो सामाजिकता उत्पन्न होती है उसके कई स्रोत हैं। जीवन, उसे अभिव्यक्ति देने वाला रचनाकार और इन्हीं के साथ पाठक जो रचना के माध्यम से जीवन तक जाता है। रस पर विचार करते हुए उत्पत्तिवाद, अनुमितिवाद, भुक्तिवाद तथा अभिव्यक्तिवाद ने इस प्रश्न को उठाया था कि वास्तव में रस की स्थिति कहाँ है और साधारणीकरण अथवा सामाजीकरण किसका होता है? पर मुख्य बात यह है कि यदि समीक्षा सार्थकता प्राप्त करना चाहती है तो उसे हर युग में नये मुहावरे की खोज करनी होगी और यह प्रयास समीक्षक से सृजनात्मकता की माँग करता है। हम जब स्वीकार करते हैं कि साहित्य में प्रयुक्त होते-होते शब्द इतने घिस-पिट जाते हैं कि वे एक निश्चित अर्थवाहक बन जाते हैं और बदलते बोध के साथ पुराने शब्द लेकर न्याय नहीं किया जा सकता, तब हमें यह भी मानकर चलना होगा कि यह स्थिति केवल रचनाओं के सन्दर्भ में ही लागू नहीं होती वरन् समीक्षा के लिए भी कमोबेश रूप में स्थिति यही है। समीक्षा का नया मुहावरा केवल शब्दभण्डार का प्रश्न नहीं है, वह रचना के समान सम्पूर्ण बोध से सम्बन्ध रखता है, इसे अच्छी तरह जान लेना होगा। नयी कृतियाँ नयी जमीन खोदती हुईं जब नयी भावभंगिमा के साथ प्रस्तुत होती हैं, तब उन्हें व्याख्यायित करने के लिए पुराना मुहावरा किस प्रकार उपयोगी हो सकता है? साहित्य की सार्वकालिकता और सार्वजनिकता को लेकर यह तो निश्चय ही है कि उसके कुछ तत्त्व स्थायी होंगे और सारी तब्दीलियों में भी उनकी

अनिवार्यता बनी ही रहेगी। इसी प्रकार समीक्षा के कुछ ऐसे प्रतिमान हो सकते हैं जिन्हें हर समीक्षक काम में लाना चाहेगा, पर उसे समीक्षा की नयी शब्दावली में कहना होगा। प्रेषणीयता का प्रश्न प्रत्येक युग में उठा होगा, क्योंकि जिस जीवन को रचनाकार व्यंजित करता है, वह पाठक तक पहुँचते-पहुँचते कई भूमियों से पार होती है। स्वयं रचनाकार के मन में संशय उठ सकता है कि जो कुछ वह कहना चाहता है, क्या उसे वह सम्पूर्ण अभिव्यक्ति दे सका है? और क्या उसकी बात पाठक तक उसी रूप में पहुँच रही है? जिसे हमने कभी साधारणीकरण कहा था, वह एक निश्चित अर्थ का वाहक है और लगभग स्थिर हो गया है। आज हम इसे प्रेषणीयता अथवा रचना के सामाजीकरण की समस्या कहकर सम्बोधित करते हैं और सम्भव है भविष्य में ये शब्द भी अपर्याप्त हों। इस प्रकार नये मुहावरों की तलाश होती है।

समीक्षा के प्रतिमानों को जीवनसन्दर्भ में निर्मित करने का कार्य उतना सरल नहीं होता जितना प्रायः समझ लिया जाता है। रचना में अनेक विजातीय और साहित्येतर तत्त्व रचनाकार की सृजनशीलता की सामर्थ्य से समन्वित होकर अपनी पृथक् सत्ता खो देते हैं, उनका समीकरण अथवा विलयन हो जाता है। जब रचना हमारे समक्ष प्रस्तुत होती है तब हमें उन साहित्येतर तत्त्वों का अधिक अहसास नहीं हो पाता, क्योंकि वस्तुएँ पच कर हम तक पहुँचती हैं। इसी प्रकार जब समीक्षक रचना के विश्लेषण में प्रयुक्त होता है तब उसकी वैयक्तिक रुचियाँ हो सकती हैं जो उसे किसी विशेष दिशा में ले जाना चाहें। समीक्षक का एक सामाजिक परिवेश होता है, जिससे उसकी दृष्टि निर्मित होती है और वह भी मूल्यांकन को प्रभावित करती है। पर इन सबके ऊपर युग के अपने दबाव भी होते हैं, जिनके परिप्रेक्ष्य में मूल्यांकन की दिशा के बदल जाने का खतरा रहता है। कोई कृति किसी क्षणविशेष में महत्त्वपूर्ण मानी जा सकती है, पर अकालकवलित भी हो सकती है। अन्त में रचना की अपनी सामर्थ्य होती है जो किसी भी समीक्षक को पराजित करने में सुख मानती है। रचना के समान समीक्षा की भी एक सम्पूर्ण यात्रा होती है, जिसकी प्रक्रिया भी संश्लिष्ट है। वैयक्तिक रुचिबोध, सामाजिक प्रतिबद्धता, युग की दिशा और रचना की शक्ति सब मिलकर समीक्षा को अपनी-अपनी ओर खींचना चाहते हैं। इस रस्साकशी में समीक्षक के तटस्थ व्यक्तित्व की वास्तविकता परीक्षा होती है और इसमें उसकी विजय इस तथ्य पर निर्भर करती है कि वह अपनी समीक्षा में कितनी सृजनशक्ति लेकर आया है क्योंकि अनेक प्रकार के दबावों में यही उसका रक्षा कवच है। साहित्य और विचारणा के इतिहास में ऐसे क्षण आते हैं जब कोई रचना अथवा उसे केन्द्र में रखकर चलनेवाले आन्दोलन समस्त वातावरण पर छा जाते हैं, पर ऐसे अवसर पर भी कोई जागरूक समीक्षक हो सकता है जो तटस्थता के साथ स्थिति पर विचार करे और यह मन्तव्य दे कि प्रवाह की दिशा अनुकरणीय नहीं कही जा सकती। शर्त है कि ऐसे अवसरों पर समीक्षा में

स्व का प्रक्षेपण अधिक न हो जाये और समीक्षक अपनी सामाजिक प्रतिबद्धता के बावजूद दृष्टि को अतिरिक्त आच्छादित न कर दे। सबसे बड़ी चुनौती का सामना तो उस समय उपस्थित होता है जब श्रेष्ठ कृतियाँ किसी समीक्षक को ललकारती हैं कि 'आओ, मुझसे बातें करो...'। रचना और समीक्षा में इस अवसर पर विलक्षण द्वन्द्व का क्षण उपस्थित होता है और इसी समय हमें ज्ञात होता है कि रचना की शक्ति जितनी अधिक होगी, समीक्षक से उतनी ही सामर्थ्य की माँग वह करेगी। साधारण आलोचनाएँ तो ऊपर-ऊपर तैरकर रह जाती हैं, पर श्रेष्ठ समीक्षाएँ महान् रचनाओं के साथ दूर तक सन्तरित होती हैं। काव्य के क्षेत्र में ऐसे असंख्य उदाहरण प्राप्त होंगे जब व्याख्या-विवेचन को लेकर विरोधी वक्तव्य दिये गये हैं और वैचारिक संघर्ष तक हुआ है। पर ऐसे अवसर पर भी जागरूक समीक्षा ध्रुवों और सीमान्तों को छोड़कर अपनी ईमानदारी के सहारे रचना के उचित मूल्यांकन में अग्रसर होती है। समीक्षा की सृजनात्मक शक्ति रचना को मूर्तिभंजक के रूप में नहीं देखती, वह उस पर सकारात्मक दृष्टि भी डालती है। इसी प्रकार श्रेष्ठ-से-श्रेष्ठ कृति उसे इतना अभिभूत नहीं कर देती कि वह प्रभाववादी समीक्षक मात्र बनकर रह जाये। इलियट मिल्टन जैसे स्थापित कविंयों को ललकार सकते हैं और हिन्दी की नयी कविता छन्दों की तलाश के लिए केशवदास के पास जा सकती है।

सृजन के समान समीक्षा की यात्रा और उसकी प्रक्रिया तथा तन्त्र को पहचान पाना आसान नहीं होता। समीक्षा सर्वप्रथम किसी कृति अथवा विचारणा में प्रवेश करती है, यह उसके साक्षात् का क्षण है। यहाँ समीक्षक की यातना दुहरी है : एक ओर उसे संवेदन और सहानुभूति के साथ कृति में प्रवेश करना है दूसरी ओर यात्रा के क्षणों में उसे सदैव जागरूक रहना है कि उसके पूर्वाग्रह उसकी दृष्टि धुँधली न कर डालें अथवा कृति का सामर्थ्य उसे पूर्णतया पराजित न कर दे। समीक्षा का प्रथम चरण यदि प्रवेश का है, तो दूसरे ही चरण में उसका संघर्षक्षण आ उपस्थित होता है क्योंकि रचनाकार के समान समीक्षक के पास अपनी प्रतिक्रियाओं को दीर्घकाल तक संकलित कर रखने की सुविधा नहीं होती। रचना और समीक्षा के इस संघर्ष में समीक्षक की सृजनशीलता की विजय पर ही कृति के मूल्यांकन का बनना-बिगड़ना निर्भर करता है। समीक्षा का तीसरा क्षण उसकी अभिव्यक्ति का समय है जब समीक्षक को ठीक-ठीक मुहावरे की तलाश करने के साथ-साथ कृति के भीतर से अपने प्रतिमान भी प्राप्त कर लेने होते हैं। इस कार्य में सफलता के लिए समीक्षक में विकासमान व्यक्तित्व का होना आवश्यक है, अन्यथा उसमें गतिरोध आ जायेगा, और वह पुरानी कृतियों को न तो नये सन्दर्भ में व्याख्यायित ही कर सकेगा और न नयी रचनाओं के साथ सम्बद्ध ही हो पायेगा। समीक्षा का अन्तिम चरण वह है, जहाँ समीक्षक जानता है कि कृतियों के सामने एक विशाल पाठक समुदाय है और इस

प्रकार उसका एक सामाजिक-सांस्कृतिक दायित्व भी है। साहित्यकार भले समीक्षा का मोहताज न रहकर पाठक से सीधे संवाद करना सीख ले तथा स्वयं उन्हें सम्बोधित करे और इसी प्रकार पाठक बिना समीक्षा के आश्रय के सीधे ही कृतियों में प्रवेश करे, पर आस्वाद के धरातल के निर्माण का दायित्वपूर्ण कर्म तो समीक्षक द्वारा ही सम्भव है और इस दृष्टि से वह सर्वाधिक जागरूक पाठक है। पाठक कृति में डूबता-उतरता है, पर वह उन कारणों पर समुचित प्रकाश नहीं डाल सकता, जिन्होंने उसे कृति के प्रति अनुराग-विराग दिया है। पर समीक्षक जानता है कि कृति की उपलब्धियाँ और सीमाएँ क्या हैं, इस प्रकार वह रचना और समाज के मध्य एक विवेकशील सेतु का भी कार्य कर सकता है। यूरोप में जब-जब अधिनायकतन्त्र विशेषतया फासिज्म ने अपना सिर उठाया है, वहाँ के जागृत बुद्धिजीवी विचारकों ने जनता को सावधान किया है। साहित्य और विचारों के क्षेत्र में समीक्षा की आवश्यक रुचि के परिष्कार तथा आस्वाद के वातावरण निर्माण में सदैव रही है और रहेगी।

समीक्षा और सृजन को अलग-अलग क्षेत्रों में बाँटकर देखने से दोनों का अहित हुआ। स्थिति इतनी भयावह हो गयी कि लेखकों की पारस्परिक भाई-चारे की समितियाँ बन गयीं और हमें ध्रुवी अथवा सीमान्ती समीक्षा के दृश्य दिखाई देने लगे। बेचारा प्रबुद्ध पाठक तक परेशान हो गया कि आखिर वह किस प्रमाणपत्र को स्वीकार करे और उसने आजिज आकर समीक्षा को बलाये ताख रखकर रचनाओं से स्वयं सम्पर्क स्थापित कर, सीधे उनसे बातचीत की। पर रचना के क्षेत्र में अराजकता बेहद खतरनाक होती है, इससे गलत कृतियों को प्रश्रय मिलता है, नारेबाजी बढ़ती है और श्रेष्ठ लेखक निरुत्साहित होता है। रचना के महाभारत में पाण्डवों की विजय-मूल्यों की स्थापना के लिए आवश्यक है और समीक्षा के चक्रपाणि को इस नैतिक दायित्व का निर्वाह करना ही चाहिए। हाँ, जिस समीक्षक को इस ओर भी दृष्टि डालनी होगी कि क्या पाण्डव पूर्णतया निर्दोष हैं? लांजाइनस जब संकेत करते हैं कि श्रेष्ठ-से-श्रेष्ठ कृति में भी छिद्र छूट जाते हैं तब वे समीक्षक को तटस्थ रहने का संकेत करते हैं। रचनाकार किसी बिन्दु पर स्वयं अपना समीक्षक है और इसके सहारे वह सामग्री का विवेकपूर्ण संचयन करता हुआ श्रेष्ठ सार्थक कृति का निर्माण करता है पर समीक्षा का यह एक पक्ष है। अन्य रूप में समीक्षक एक विवेकसम्पन्न प्रबुद्ध पाठक है जो पूरी तैयारी के साथ इस क्षेत्र में उतरता है और रचना की चुनौती का सामना करता है। यदि समीक्षा को अपनी सार्थकता जीवित रखनी है तो उसे विस्तृत आयामों से जुड़ना होगा क्योंकि जीवन की बढ़ती हुई जटिलताओं में शुद्ध साहित्य नाम की वस्तु निरर्थक हो गयी है। सारी तैयारी के बावजूद उसे पाण्डित्य-प्रदर्शन से बचना होगा ताकि समीक्षा इतनी गरिष्ठ न हो जाये कि उसके पाचन में भी कठिनाई हो। समीक्षा में जितनी सृजनात्मक सामर्थ्य जन्माई जा सकेगी, उसकी सार्थकता उतनी ही अधिक होगी।

16

परम्परा और आधुनिकता

—आचार्य हजारीप्रसाद द्विवेदी

ऊपर-ऊपर से ऐसा लगता है कि परम्परा अब तक के सभी आचार-विचारों का एक जमाव है। सभी पुरानी बातें परम्परा कह दी जाती हैं, जबकि सत्य यह है कि परम्परा भी एक गतिशील प्रक्रिया की देन है। हमने अपनी पिछली पीढ़ी से जो कुछ प्राप्त किया है, वह समूचे अतीत की पूँजीभूत विचारराशि नहीं है। सदा नये परिवेश में कुछ पुरानी बातें छोड़ दी जाती हैं और नयी बातें जोड़ दी जाती हैं। एक पीढ़ी दूसरी पीढ़ी को हू-ब-हू वही नहीं देती, जो अपनी पूर्ववर्ती पीढ़ी से प्राप्त करती है। कुछ-न-कुछ छँटता रहता है, बदलता रहता है, जुड़ता रहता है। यह एक निरन्तर चलती रहने वाली प्रक्रिया है। 'परम्परा' का शब्दार्थ है, एक का दूसरे को, दूसरे का तीसरे को दिया जानेवाला क्रम। वह अतीत का समानार्थक नहीं है। परम्परा जीवन्त प्रक्रिया है, जो अपने परिवेश के संग्रह त्याग की आवश्यकताओं के अनुरूप निरन्तर क्रियाशील रहती है। कभी-कभी इसे गलत ढंग से अतीत के सभी आचार-विचारों को बोधक मान लिया जाता।

परम्परा : निरन्तर निखरता-छँटता-बदलता अतीत

परम्परा से हमें समूचा अतीत नहीं प्राप्त होता। उसका निरन्तर निखरता-छँटता-बदलता रूप प्राप्त होता है। उसके आधार पर हम आगे की जीवन पद्धति को रूप देते हैं। एक उदाहरण लें, भाषा हमें परम्परा से प्राप्त हुई है। वह वैदिक युग की भाषा नहीं है, अपभ्रंश युग की नहीं है, यहाँ तक कि वह आज से 25 वर्ष पूर्व की भी नहीं है। काल-प्रवाह में बहती हुई, समकालीन सन्दर्भ से निखरती हुई, अनावश्यक बातों की छँटनी करती हुई, नये उपादानों से बढ़ती और बदलती हुई वह जिस रूप में इस पीढ़ी को प्राप्त हुई है, वह आज का परम्परा-प्राप्त रूप है। वह समूचे अतीत के रूपों को लिये-दिये यहाँ तक नहीं पहुँचती है। शब्द बदल गये हैं। ऐसे भी शब्द इसमें आ गये हैं जो पहले नहीं थे, ऐसे बहुत से छूट गये हैं, जो पहले प्रचलित थे, ऐसे भी बहुत हैं,

जो लगते तो पुराने हैं, पर उनके अर्थ में परिवर्तन हो गया है। और तो और, वाक्य-विधान और व्याकरण में भी परिवर्तन हुए हैं। फिर भी वह अतीत से एकदम असम्पृक्त भी नहीं है। कब, क्या और कैसे बदला, यह पण्डितों के अध्ययन विश्लेषण की अपेक्षा रखता है। पर परम्परा प्राप्त भाषा अतीत के किसी भी बिन्दु की हू-ब-हू भाषा नहीं है। यदि हम ऐसा कहना चाहें जो एकदम नया है, पहले कभी था ही नहीं, तो उसे कहने के लिए हमें इसी परम्परालब्ध भाषा का सहारा लेना पड़ेगा। उसमें नये शब्द आ सकते हैं, कहने की भंगिमा में भी नयापन आ सकता है, पर सहारा लेना पड़ेगा उसी परम्परालब्ध भाषा का। आगे की पीढ़ी को हम थोड़ी और बदली हुई भाषा देंगे और उस पीढ़ी की परम्परा कुछ और हुई, कुछ और छँटी हुई और कुछ बदली हुई हो जायेगी। यही स्थिति समस्त आचार-विचारों के क्षेत्र में है।

इस प्रकार, परम्परा का अर्थ विशुद्ध अतीत नहीं है, बल्कि एक निरन्तर गतिशील जीवन्त प्रक्रिया है। उसमें हमें जो कुछ मिलता है उस पर खड़े होकर आगे के लिए कदम उठाते हैं। नीति वाक्य में इसी बात को किस प्रकार कहा गया है।

चलत्येकेन पादेन तिष्ठत्येकेन बुद्धिमान्

बुद्धिमान आदमी एक पैर से खड़ा रहता है, दूसरे से चलता है। यह केवल व्यक्तिसत्य नहीं है, सामाजिक सन्दर्भ में भी यही सत्य है। खड़ा पैर परम्परा है और चलता पैर आधुनिकता, दोनों का पारस्परिक सम्बन्ध खोजना बहुत कठिन नहीं है, एक के बिना दूसरे की कल्पना ही नहीं की जा सकती।

परन्तु न तो परम्परा और न आधुनिकता ही कालवाचक शब्द रह गये। ये दोनों मनोभाववाचक अधिक हो गये हैं। वर्तमान परिस्थिति में तो कहीं अधिक मात्रा में।

आधुनिकता क्या है? शब्दार्थ पर विचार करें, तो 'अधुना' या इस समय जो कुछ है वह आधुनिक है। पर 'आधुनिक' का यही अर्थ नहीं है। हम बराबर देखते हैं कि कुछ बातें ऐसी हैं, आधुनिक नहीं हैं, बल्कि मध्यकालीन हैं। सभी भावों के मूल में कुछ पुराने संस्कार और नये अनुभव होते हैं। यह समझना गलत है कि किसी देश के मनुष्य सदा सर्वदा किसी विचार या आचार को एक ही समान मूल्य देते आये हैं। पिछली शताब्दी में हमारे देशवासियों ने अपने अनेक पुराने संस्कारों को भुला दिया है और बचे संस्कारों के नये अनुभवों को मिलाकर नवीन मूल्यों की कल्पना की है। वैज्ञानिक तथ्यों के परिचय से, राजनीतिक, सामाजिक और आर्थिक परिस्थितियों के दबाव से और आधुनिक शिक्षा की मानवतावादी दृष्टि के बहुल प्रचार से, हमारी पुरानी मान्यताओं में बहुत अन्तर आ गया है। उदाहरण के लिए साहित्य को लें। आज से दो सौ वर्ष पहले का सहृदय, साहित्य में जिन बातों को बहुत आवश्यक मानता था, उनमें से कई अब अपेक्षणीय हो गयी हैं। और जिन बातों को त्याज्य समझता था,

उनमें से कई अब उतनी अस्पृश्य नहीं मानी जातीं। आज से दो सौ वर्ष पहले से सहृदय को उस प्रकार के दुःखान्त नाटकों की रचना अनुचित जान पड़ती थी, जिसके कारण यवन (ग्रीक) साहित्य इतना महिमामण्डित समझा जाता है और जिन्हें लिख कर शेक्सपियर संसार के अप्रतिम नाटककार बन गये हैं। उन दिनों कर्मफल प्राप्ति की अवश्यम्भाविता और पुनर्जन्म में विश्वास इतने दृढ़ से बद्धमूल थे कि संसार की सामंजस्य अवस्था में किसी असामंजस्य की बात सोचना एकदम अनुचित जान पड़ता था। परन्तु अब वह विश्वास शिथिल होता जा रहा है और मनुष्य के इसी जीवन को सुखी और सफल बनाने की अभिलाषा प्रबल हो गयी है। समाज के निचले स्तर में जन्म होना अब किसी पुराने पाप का फल (अतएव घृणास्पद) नहीं माना जाता, बल्कि मनुष्य की विकृति समाज-व्यवस्था का परिणाम (अतएव सहानुभूति योग्य) माना जाने लगा है। इस प्रकार परिवर्तन एक दो नहीं, अनेक हुए हैं और इन सब के परिणामस्वरूप सिर्फ हमारी प्रकाशन भंगिमा में ही अन्तर नहीं आया है, उसके उपयोग या ग्रहण के तौर-तरीकों में भी फर्क पड़ गया है। साहित्य के जिज्ञासु को इन परिवर्तित और परिवर्तनमान मूल्यों की ठीक-ठीक जानकारी हो, तो वह बहुत-सी बातों के समझने में गलती कर सकता है और फिर परिवर्तित और परिवर्तनमान मूल्यों की ठीक-ठीक जानकारी प्राप्त करके ही हम यह सोच सकते हैं कि परिस्थितियों के दबाव से जो परिवर्तन हुए हैं उनमें कितना अपरिहार्य है, कितना अवांछनीय है और कितना ऐसा है, जिसे प्रयत्न करके वांछनीय बनाया जा सकता है। भाव को नहीं दोहराता

विचारों के क्षेत्र में इतिहास अपने

यह गलत धारणा है कि मनुष्य कभी पीछे लौट कर ठीक हू-ब-हू उन्हीं विचारों को अपनायेगा जो पहले थे। जो लोग मध्ययुग की भाँति सोचने की आदत को एक भयंकर वात्याचक्र की उलझन से बच निकलने का साधन समझते हैं, वे गलती करते हैं। इतिहास चाहे और किसी क्षेत्र में अपने को दुहरा लेता हो, विचारों के क्षेत्र में जो गया, सो गया। उसके लिए अफसोस करना बेकार है। पर इतिहास हमारी मदद अवश्य करता है। रह-रह कर प्राचीन काल के मानवीय अनुभव हमारे साहित्यकारों के चित्त को चंचल और वाणी को मुखर बनाते अवश्य हैं, पर वे व्यक्ति-साहित्यकार की विशेषता रूप में ही जी सकते हैं। आधुनिक समाज ने निश्चित रूप से मनुष्य की महिमा स्वीकार कर ली है। अगला कदम सामूहिक मुक्ति का है—सब प्रकार के शोषणों से मुक्ति का। अगली मानवीय संस्कृति मनुष्य की समता और सामूहिक मुक्ति की भूमिका पर खड़ी होगी। इतिहास-अनुभवन इसी की सिद्धि के साधन बन कर कल्याणकर और जीवनप्रद हो सकते हैं। इस प्रकार हमारी चित्तगत उन्मुक्तता पर एक नया अंकुश और बैठ रहा है—व्यक्ति-मानव के स्थान पर समष्टि-मानव का प्राधान्य।

परन्तु साथ ही उसने मनुष्य को अधिक व्यापक आदर्श और अधिक प्रभावोत्पादक उत्साह दिया है। जब-जब ऐसे बड़े आदर्श के साथ मनुष्य का योग होता है, तब-तब साहित्य नये काव्य-रूपों की उद्‌भावना करता है, इस बार भी ऐसा ही हुआ।

संक्षेप में कहा जाये तो आधुनिकता के तीन लक्षण बहुत स्पष्ट हैं। एक ऐतिहासिक दृष्टि, दूसरा यह कि इसी दुनिया के मनुष्य को सब प्रकार की भीतियों और पराधीनता से मुक्त करके सुखी बनाने का आग्रह और तीसरा, यह कि व्यक्ति मानव के स्थान पर समष्टि-मानव या सम्पूर्ण मानव समाज की कल्याण-कामना। इन बातों की स्वीकृति एक दिन में नहीं मिली है। आधुनिक युग में मध्यकालीन मनोवृत्ति से मुक्त मनुष्य की मेधा अनेक क्षेत्रों में नयी जानकारियों को प्राप्त करने में समर्थ हुई है। भौतिक जगत्, जीवविज्ञान, मनोविज्ञान, कला आदि के क्षेत्रों में अभूतपूर्व जानकारियाँ प्राप्त हुई हैं। सबमें कुछ-न-कुछ सुधार होते रहते हैं, आज का जो अधुनातम या 'लेटेस्ट' है वह कल कट-छँट कर परम्परा बन जाता है। कुछ भी स्थिर नहीं है। बहुत-सी बातें जल्दी ही बासी हो जाती हैं। सबका ढोना विषम बोझ है।

परम्परा, इतिहास नहीं है। इतिहास देवता की यात्रा का आखिरी पड़ाव है। कभी-कभी मनुष्य किसी विशेष प्रकार के आधार या विचार को ज्यों-का-त्यों सुरक्षित रखने का प्रयास करता है। कितना कर पाता है, यह विवादास्पद विषय है। मनुष्य के मन में अनेक प्रकार के मोह हैं। यह भी एक है, जब प्रयत्नपूर्वक किसी आचार या विचार को पीढ़ियों तक सुरक्षित रखने का प्रयत्न होता है, तो उसे 'सम्प्रदाय' कहा जाता है। सम्प्रदाय, परम्परा नहीं है। सम्प्रदाय शब्द आजकल थोड़े भिन्न अर्थ में लिया जाने लगा है, पर उसका मूल अर्थ गुरु परम्परा से प्राप्त विशुद्ध आचार-विचारों का संरक्षण ही है, इसमें प्रयत्नपूर्वक अविकृत रखने की भावना मुख्य रूप से काम करती है। परम्परा सहज है, सम्प्रदाय प्रयत्नसिद्ध, आधुनिकता 'सम्प्रदाय' का विरोध करती है, क्योंकि आधुनिकता गतिशील प्रक्रिया है। सम्प्रदाय, स्थिति संरक्षक, परन्तु परम्परा से उसका वैसा विरोध नहीं होता। दोनों ही गतिशील प्रक्रियाएँ हैं। दोनों में विरोध केवल यह है कि परम्परा यात्रा के बीच पड़ा हुआ अन्तिम चरण है। जब कि आधुनिकता आगे बढ़ा हुआ गतिशील कदम है।

मूल्यों के नये सन्दर्भों में देखने की दृष्टि

आधुनिकता अपने आप में कोई मूल्य नहीं है। मनुष्य ने अनुभवों द्वारा जिन महनीय मूल्यों को उपलब्ध किया है, उन्हें नये सन्दर्भों में देखने की दृष्टि आधुनिकता है। यह एक गतिशील प्रक्रिया है। सन्दर्भ बदल रहे हैं, क्योंकि नयी जानकारियों से नये साधन और नये उपादान सुलभ होते जा रहे हैं, बहुत-सी पुरानी बातें भुलायी जा रही हैं। नयी सामग्रियाँ और नये कौशल, नवीन सन्दर्भों की रचना कर रहे हैं। उनमें बहु

समादृत मानवीय मूल्यों का रूप कुछ बदला नजर आ रहा है। परन्तु फिर भी उनका शाश्वत रूप बना रहता है। परम्परा से हमें इन मूल्यों का वह रूप प्राप्त होता है, जो अतीत के सन्दर्भ में बना था। कोई भी आधुनिक विचारक आसमान में नहीं पैदा होता। सबकी जड़ परम्परा में गहराई तक गयी हुई है। सुन्दर फूल यह दावा नहीं कर सकता कि वह पेड़ से भिन्न होने के कारण उससे एकदम असम्पृक्त है। कोई भी पेड़ यह दावा नहीं कर सकता कि वह मिट्टी से भिन्न होने के कारण एकदम अलग है। इसी प्रकार कोई भी आधुनिक विचार यह दावा नहीं कर सकता कि वह परम्परा से एकदम कटा हुआ है। कार्य-कारण के रूप में, आधार-आधेय के रूप में परम्परा की एक अविच्छेद्य शृंखला अतीत में गहराई तक, बहुत गहराई तक गयी हुई है।

आधुनिकता, ज्ञान की अत्याधुनिक उपलब्धियों के आलोक में रूप ग्रहण करने का प्रयास करती है इसीलिए बौद्धिक है, परम्परा केवल मनुष्यों के प्रयोजनों से छँटती-कटती ही नहीं है, उसकी विनोदिनी और कुतूहली वृत्ति से अन्यथा रूप भी ग्रहण करके आती है। इसीलिए वह पूरी इतिहाससम्मत नहीं होती। कई बार शब्द उसमें नया रस भरते हैं। कई बार सामयिकी विश्वास उसे नये आकार-प्रकार देते हैं। इतिहास से वह भिन्न हो जाती है और कभी बाह्य यथार्थ के तर्कसम्मत रूप से भी अलग हो जाती है। यह इतिहाससम्मत नहीं हो सकती, पर भूले इतिहास को खोज निकालने का सूत्र देती है। इस इतिहास से निखरी दृष्टि आधुनिकता की पहली शर्त है, जिसे इतिहास की यह नयी दृष्टि नहीं प्राप्त है, वह हजारों वर्षों के मानवीय प्रयासों का रसास्वाद नहीं कर सकता, भविष्य के मानवचित्त को सरस कोमल बनाने वाले प्रयासों की कल्पना नहीं कर सकता, जो मनुष्य को उसकी सरल वासनाओं और अद्भुत कल्पनाओं के राज्य से वंचित करके भविष्य में उसे सुखी बनाने के सपने देखता है वह ठूँठ तक परायण कठमुल्ला हो सकता है। परम्परा आधुनिकता को आधार देती है, उसे शुष्क और नीरस बुद्धि-विलास बनने से बचाती है, उसके प्रयासों को अर्थ देती है, उसे असंयत और विशृंखल उन्माद से बचाती है। ये दोनों परस्पर-विरोधी नहीं, परस्पर-पूरक हैं।

खण्ड-3

हिन्दी के प्रमुख आलोचक

17

आचार्य रामचन्द्र शुक्ल

—शिवनाथ

बड़ा स्वाभाविक है कि साहित्य के परिवेश में परिवर्तन होता है, विकास आता है। स्वाभाविकता के इस सत्य द्वारा साहित्य का पूरा का पूरा आगे बढ़ जाता है, उसकी कुछ अवस्थाएँ, उसके कुछ व्यक्ति, उसकी कुछ रचनाएँ इतिहास हो जाती हैं। इतिहास में आना किसी अवस्था, व्यक्ति, रचना के सामर्थ्य की गवाही है, इसमें तो शक-सन्देह की कोई बात ही नहीं है; किन्तु कोई अवस्था, व्यक्ति, रचना अपने सामर्थ्य के जोर से किसी युग, समाज या और कुछ के पूरेपन को अपने में निहित कर लेने के कारण इतिहास में रहने के संग-संग इतिहास के आगामी बहुत दिनों के श्रोता, पाठक, दर्शन को भी अभिभूत किये रहती है। ऐसी अवस्था, व्यक्ति, रचना को क्लासिक्स कहा जा सकता है। रामचन्द्र शुक्ल आज क्लासिक्स हैं। क्लासिक्स आगामी युगों के साहित्य और जीवन का अपनी शक्ति के बल पर इतना अपना हो जाता है कि उसकी उद्धरणी नहीं भी हो सकती, छिटपुट लोगों के लिए वह मनोभूत नहीं भी हो सकता, फिर भी उसका अध्ययन-मनन-विवेचन जैसे बाध्यता हो जाती है। रामचन्द्र शुक्ल की उद्धरणी आज कम होती है, छिटपुट रूप से उनका विरोध भी देखा-सुना जाता है, किन्तु क्या उनका अध्ययन-मनन-विवेचन कम है?

रामचन्द्र शुक्ल ने स्वदेशी-विदेशी और नवीन-प्राचीन साहित्य के प्रतिमानों की मिली-जुली नींव पर समीक्षा का जो प्रकाशस्तम्भ कायम किया उसके आलोक में उनके पहले की और बाद की भी हिन्दी-समीक्षा को ठीक-ठीक देखने की प्रकाशदृष्टि जरूर मिलती है। विशुद्ध साहित्य तथा विभिन्न देश-काल में बहती इसकी धाराओं की सही पकड़; नीर-क्षीर विवेकिनी शक्ति को लिये निर्णयात्मिका बुद्धि; साहित्य की आत्मा के तत्त्वों का बिना हठ स्वदेश-विदेश, नवीन-प्राचीन से आहरण; साहित्य की सर्वजन बोधगम्यता और लोकमांगल्य पर सब जगह दृष्टि, इन तत्त्वों पर नजर रख चलनेवाले साहित्य एवं साहित्यकारों के लिए ठीक प्रियदर्शिता (सिम्पथी), मानव और प्रकृति के सुदीर्घ कालव्यापी अछेद्य सम्बन्ध का साहित्य के सिद्धान्त के आधार पर

स्थापना; आदि रामचन्द्र शुक्ल के समीक्षा **कर्म** के प्रकाशस्तम्भ की तेज-तेज किरणें हैं जो चारों ओर रास्ता दिखलाती हैं।

रामचन्द्र शुक्ल ने समीक्षा का कार्य जब शुरू किया तब हिन्दी साहित्य का द्विवेदी युग था—अतीत के पुनरुत्थान का युग था। खुले या छिपे रूप से इस युग का नारा था कि 'अतीत की ओर लौट चलो'। आर्य समाज, सनातन धर्म, ब्रह्म समाज, रामकृष्ण परमहंस, विवेकानन्द, रामतीर्थ आदि सांस्कृतिक प्रतिष्ठानों एवं नेताओं की मूल बात थी प्राचीन भारतीयता के पुनर्स्थापन की ही। इस बात का असर साहित्य पर भी पड़ा था। द्विवेदी युग में संस्कृत साहित्य का खूब अध्ययन-मनन हुआ; उसके बारे में लिखा भी गया। खुद महावीरप्रसाद द्विवेदी ने संस्कृत के कवियों पर पुस्तिकाएँ लिखीं—'विक्रमांकदेव चरित्र चर्चा, कालिदास की निरंकुशता।' उनकी 'हिन्दी कालिदास की समालोचना' में भाषा के दोषों की छानबीन ही ज्यादा है। संस्कृत के वर्णवृत्तों में कविता की रचना का जोर इस युग में ज्यादा था।

द्विवेदी युग में लिखे गये सैद्धान्तिक और व्यावहारिक समीक्षा के साहित्य को देखें, तो लगेगा कि तब हिन्दी समीक्षा का प्रतिमान वही है जो संस्कृत-समीक्षा का प्रतिमान था। उसमें संस्कृत के साहित्याचार्यों की याद भी बार-बार की गयी है।

आधुनिककाल का आरम्भ हुआ भारतेन्दु युग से—यानी द्विवेदी युग के पहले। भारतेन्दु युग में नये ढंग की समीक्षा नवीन विचारों को लेकर हुई थी, मगर उसकी परम्परा चल नहीं पायी; उस क्षेत्र में विशेष काम भी नहीं हुआ। भारतेन्दु युग एक ऐसा विवेकी युग था जो पूरबी-पश्चिमी, स्वदेशी-विदेशी के समन्वय को लेकर चला था। ऐसे युग में अगर समीक्षा के क्षेत्र में अच्छा काम होता और उस काम की परम्परा की मोटी धारा कुछ दूर तक बही होती तो रामचन्द्र शुक्ल को अपने काम के लिए एक व्यापक आधार मिलता; मगर ऐसा हुआ कहाँ; एक नये ढंग का काम शुरू हुआ था कि माहौल बदल गया। बालकृष्ण भट्‌ट की समीक्षाओं में नये तत्त्वों के आभास मिलते हैं। वे विचारों से उदार और समन्वयी आदमी थे भी।

और, भारतेन्दु युग के पहले था लम्बा रीतिकाल, जिसमें नायक-नायिका भेद के सहारे रस की और अलंकार की विवेचना हुई। ध्वनि, रीति, गुण, छन्द आदि की भी विवेचना हुई। मगर उस काल की इस विवेचना की नजर संस्कृत-साहित्य में हुए ऐसे कामों को सही मायने में कम, गलत मायने में ज्यादा दोहराने पर थी। यह उस काल की समीक्षा का सैद्धान्तिक रूप था। और, उस जमाने में लिखी टीकाओं में समीक्षा के सभी व्यावहारिक रूपों के बीज जरूर प्राप्त हैं। रीतिकाल की समीक्षा में या कहें कि ब्रजभाषा-साहित्य की समीक्षा में समीक्षा का वही रूप दिखाई पड़ता है जो रूप पिछले खेवे के ह्रासोन्मुखी संस्कृत-साहित्य में दिखाई पड़ा था। यह संस्कृत साहित्य भी नाना कारणों से नाना अंशों में उन्मुक्त परिवेश में पनप न सका था। यह सामाजिक

परिस्थितियों की वजह से व्यक्तिगत स्वार्थों से भरा; आर्थिक आसूदगी के कारण वैभव-विलास-शृंगारभरा, दरबारों में बैठ दून की हाँकने की वजह से चमत्कार भरा रहा। रीतिकाल के साहित्य को संस्कृत साहित्य की यही सीधी विरासत मिली और वह इसी विरासत पर प्रायः एकनिष्ठ होकर चला। ऐसी हालत में संस्कृत में समीक्षा का जो रूप तैयार हुआ उसमें बहुत जोर दिया गया, शृंगार रस और चमत्कारवादी अलंकारों पर। वजह यह कि इन्हीं को लेकर चलने वाले साहित्य से उस जमाने में वाहवाही लूटी जा सकती थी। ऐसे समीक्षकों ने समीक्षा के सैद्धान्तिक या व्यावहारिक क्षेत्रों में नवीन उद्भावनाएँ न कीं, पूर्व उद्भावित सिद्धान्तों या व्यवहारों का केवल आनुगत्य किया। भक्तिरस में डूबे कुछ लोगों ने रस के विवेचन में कुछ नवीन उद्भावनाएँ जरूर कीं, पूर्व उद्भावित सिद्धान्त या व्यवहारों का केवल अनुगत्य किया। भक्तिरस में डूबे कुछ लोगों ने रस के विवेचन में कुछ नवीन उद्भावना है जरूर की; जैसे रूप गोस्वामी ने 'भक्तिरसामृतसिन्धु', 'उज्ज्वल-नीलमणि' भी रीतिकाल के कुछ साहित्याचार्यों—केशवदास, महाराज जसवन्त सिंह, भिखारी दास आदि—ने जो नवीन उद्भावनाएँ कीं वह केवल जुगनू की रोशनी है।

इन सब बातों से साफ है कि रीतिकाल में समीक्षा की हवा संस्कृत-साहित्य की-सी थी और द्विवेदी युग में भी हवा ऐसा ही बही। मतलब यह कि द्विवेदी युग में भी समीक्षा की प्रेरिका रही रीतिकाल की समीक्षा नहीं, वरन् संस्कृतकाल की समीक्षा। द्विवेदीयुग ने भारतेन्दु युग की समीक्षा के बीज की ओर तो ताका ही नहीं। द्विवेदी युग में भक्ति और रीतिकाल में कुछ प्रसिद्ध कवियों के ग्रन्थों की टीकाओं, उनकी रचनाओं के संग्रहों की भूमिकाओं में समीक्षा का कुछ काम हुआ, जिसे परिचयात्मक ही कहा जाये, छान बीन वाली न माना जाये। रीतिकालीन कवियों के बारे में लिखी गयी समीक्षाओं में तुलना का मजा लेते हुए प्रियत्व का दर्शन ज्यादा है। ऐसी समीक्षाओं में समीक्ष्य कवि को ही सब से बढ़ा-चढ़ा कर दिखाने का तरह-तरह का जौहर है—प्रियत्वदर्शन के आधार पर।

हिन्दी-समीक्षा के इसी परिवेश में रामचन्द्र शुक्ल ने समीक्षा का अपना काम शुरू किया। उनके समीक्षा कार्य की दो दिशाएँ हैं—एक साहित्य की धाराओं की छानबीन की दिशा और दूसरी प्रसिद्ध-प्रसिद्ध रचनाकारों की दिशा। प्रथम दिशा के कार्य में मुख्य रूप से उनका 'इतिहास' आता है और दूसरी दिशा के कार्य में मुख्य रूप से आती हैं तुलसी, सूर, जायसी पर लिखी उनकी समीक्षाएँ। व्यावहारिक समीक्षा की इन्हीं दो दिशाओं में काम करते हुए उन्होंने नाना प्रसंगों में समीक्षा के सैद्धान्तिक रूप भी प्रस्तुत किये हैं; स्वतन्त्र रूप से भी सैद्धान्तिक समीक्षाएँ उन्होंने प्रस्तुत की हैं, मगर कम।

रामचन्द्र शुक्ल के 'इतिहास' की चर्चा जब आती है, तब इसका खयाल रखना जरूरी है कि उसमें 'इतिहासपन' की अपेक्षा समीक्षा के तत्त्व ज्यादा हैं। जब यह

ग्रन्थ लिखा गया तब हिन्दी-साहित्य की ढूँढ़-खोज अच्छी तरह नहीं हो पायी थी। संशोधित परिवर्द्धित संस्करण तैयार करते वक्त तक काफी नयी सामग्री ढूँढ़ी-खोजी जा चुकी थी और कुछ का उपयोग रामचन्द्र शुक्ल ने किया भी। फिर भी यह स्पष्ट है कि उनकी नजर, हिन्दी साहित्य की उभरी हुई प्रवृत्तियों के साफ-साफ निर्धारण और उसके रचनाकारों की समीक्षात्मक छानबीन पर ही ज्यादा है, उसके इतिहास पर कम। मुझे लगता है कि उनके 'इतिहास' का ढाँचा 'आर्थर कॉम्प्टन रिकेट' के 'ए हिस्ट्री ऑफ इंग्लिश लिटरेचर' का-सा और उसकी समीक्षागत गहराई 'लिग्वीज व कजामियाँ' के 'हिस्ट्री ऑफ इंग्लिश लिटरेचर' की-सी है।

अपने पूरे 'इतिहास' में रामचन्द्र शुक्ल ने संक्षेप या लाघव की पद्धति का सहारा लिया है, मगर कहा सबकुछ है। कहीं-कहीं तो संकेत किया है और आगे बढ़ गये हैं। लक्ष्य करने की बात है कि सांकेतिक ढंग से उन्होंने कुछ बातें ऐसी कही हैं, जो भविष्य में आकर सही उतरी हैं। ऐसी जगहों पर पूरे परिवेश की छानबीन के बाद निकले निष्कर्ष के सहारे आगे के युग के बारे में संकेत करने की उनकी समीक्षक की शक्ति का पता चलता है।

रामचन्द्र शुक्ल द्वारा की गयी समीक्षाओं और उनसे पहले की समीक्षाओं के स्तर में काफी फर्क मिलता है। उनकी समीक्षाओं की कोटि आधुनिककाल की सही समीक्षाओं की है—चाहे वे स्वदेश में लिखी गयी हों, चाहे विदेश में। उनकी समीक्षाओं में आधुनिकता की पूरी छाप है। उनसे पहले लिखी गयी समीक्षाओं के बारे में ऐसा नहीं कहा जा सकता। हिन्दी में उन्होंने समीक्षा की आधुनिक परम्परा शुरू की, समीक्षा की पदावली रची। रामचन्द्र शुक्ल के बाद की हिन्दी-समीक्षा में खुले या छिपे तौर से उनकी समीक्षाशैली का प्रभाव दिखाई पड़ता है। हिन्दी-समीक्षा को एक नये मार्ग पर खड़ा करने के कारण ही हमने उनकी समीक्षा को आलोकस्तम्भ के समान कहा है। यह कोई ज्यादती नहीं है, अगर कहा जाये कि हिन्दी में रामचन्द्र शुक्ल ने आधुनिक समीक्षा का प्रवर्तन किया।

रामचन्द्र शुक्ल की समीक्षाशैली का जो ढाँचा हमारे सामने है उसे देखने से पता चलता है कि उसके प्राणों में उनका अपनापन है, मगर साथ ही उसमें आधुनिक विदेशी समीक्षाशैली का कुछ रंग भी जरूर है—हास्य-व्यंग्य-विनोद, पैनी दृष्टि से गहराई तक पैठ, निर्णय की क्षमता, विवेचन-प्रतिपादन की शक्ति आदि की दृष्टियों से विदेशी समीक्षा में जो सुष्ठु काम हो चुका था या हो रहा था उससे अछूता उन्होंने अपने को नहीं रखा और उससे अछूता रहने से कोई फायदा भी नहीं था। वे अछूते रहते, तो जो युग प्रवर्तक का काम कर सके उसे कर भी न पाते। मगर वे ऐसा करते ही क्यों, समन्वय कर चलने वाले वे जो थे।

ऐसी समीक्षाशैली के जरिये जो विचार या सिद्धान्त उन्होंने ठीक किये हैं वे पचे-पचाये हुए उनके अपने हैं। वे बहुत बड़े साहित्यचिन्तक थे। बिना विचारे,

बिना मीमांसा किये किसी चीज को ले लेना उनकी आदत नहीं थी। इससे उनकी 'आचार्य' की पदवी है। उन्होंने स्वदेशी-विदेशी साहित्य-सिद्धान्तों की अपनी दृष्टि से छानबीन की, तब किसी के बारे में भला-बुरा कहा। उन्होंने कहीं सतही राय नहीं दी। यह उनकी समीक्षा की और उनकी भी गुरुता है।

रामचन्द्र शुक्ल ने कई जगह विदेशी समीक्षाओं और साहित्यकारों की उद्धरणी की है। ऐसा उन्होंने ज्यादातर अपने मत के समर्थन के लिए किया है, मतलब समान मतवाले समीक्षकों का उल्लेख कम या उनकी रचनाओं से उद्धरण देकर वे यह बताना चाहते हैं कि विदेशी समीक्षकों के विचार भी उनके विचारों की तरह ही हैं। विदेशी समीक्षकों की उद्धरणी कर उस समय हिन्दी में कुछ लोग नाजायज स्वच्छन्दता की दुहाई दे रहे थे। रामचन्द्र शुक्ल विदेशी समीक्षकों के ही उद्धरण दे यह दिखाना चाहते थे कि यहाँ जिनका समर्थन किया जाता है वहाँ भी उनका विरोध हो रहा है, मैं विरोध नहीं कर रहा हूँ। अपनी बात के समर्थन में उन्होंने कई जगह आई.ए. रिचर्ड्स का उल्लेखन-उद्धरण किया है। रिचर्ड्स उनके बहुत ही प्रिय आलोचक थे। प्रभाववादी समीक्षा की खिलाफत करते हुए 'मर्दानी' समीक्षा के हामी स्पिगर्न का उल्लेख उन्होंने किया है। क्रोचे, ब्रैड्ले का उल्लेखन-उद्धरण उन्होंने उनके विरोध के लिए ही किया है, जो विलायती अभिव्यंजनावाद और कला के लिए मत के प्रवर्तक, पोषक थे। कुछ और समीक्षकों एवं साहित्यकारों का उल्लेख भी उन्होंने कई जगह किया है; जैसे प्लेटो, अरिस्टाटल, जी.डब्ल्यू. मकेल, ए.टी. स्ट्रांग, राबर्ट, ग्रेब्ज, लारा राइडिंग, गिडिंग, पेटर आदि।

रिचर्ड्स के प्रति रामचन्द्र शुक्ल की प्रियता की बात मैंने कही है, इनका उल्लेख उन्होंने अपने मत की रक्षा के लिए बराबर किया है। कुछ समीक्षक और विचारक ऐसे हैं जिनकी प्रेरणा की छाया रामचन्द्र शुक्ल पर साफ तौर से जान पड़ती है। 'रस मीमांसा' में भावों और मनोविकारों पर विचार करते वक्त वे शैंड के 'फाउंडेशन ऑफ कैरेक्टर' से ज्यादा प्रभावित जान पड़ते हैं, वैसे विवेचना की शैली और भावों का व्यावहारिक निरीक्षण उनका अपना है। 'काव्य में लोकमंगल की साधनावस्था' नाम के निबन्ध में उन्होंने आनन्द की जो अवस्थाएँ-सिद्धावस्था और साधनावस्था—मानी हैं उनकी प्रेरणा का बीज भी हमें थियोडोर, वैट्स-डंटन के 'शक्तिकाव्य' (Poetry as an energy) और 'कलाकाव्य' (Poetry as an art) में मिल सकता है। बेशक इसके बारे में भी उनकी मीमांसा में अपनापन तो है ही। अभिव्यंजनावाद के सम्बन्ध में रामचन्द्र शुक्ल के वे ही विचार हैं जो आर.ए. स्कॉट-जेम्स ने अपनी किताब 'दि मेकिंग ऑफ लिटरेचर' के 'एक्सप्रेशनिज्म' नाम के लेख में कहे हैं।

क्रोचे के अभिव्यंजनावाद पर विचार करते हुए रामचन्द्र शुक्ल ने कहा है कि इनकी नजर साहित्य या काव्य के केवल शिल्प या कला (फॉर्म) पर है।

मगर बात ऐसी नहीं है। क्रोचे ने विषय (कंटेंट) पर भी काफी जोर दिया है। वे कहते हैं–

"काव्यात्मक सामग्री सभी की आत्मा पर छाती है। अभिव्यंजना ही, मतलब शिल्प (फॉर्म) ही, किसी को कवि बनाता है। और यहीं उस विचार का सत्य सामने आता है, जो सब विषय (कंटेंट) को कला के विषय के रूप में नहीं ग्रहण करना चाहताय केवल बौद्धिक धारणा (कंसेप्ट) को उसका विषय मानता है। इस दृष्टि से जब हम 'विषय' और 'धारणा' को समान समझते हैं तब यह एकदम सही है कि न कला विषय से रची जाती है और न ही उसमें कोई विषय होता है।"

प्रतिभा ज्ञान या अभिव्यंजना और बौद्धिक ज्ञान या धारणा के, कला और विज्ञान के, काव्य और गद्य के सम्बन्ध के बारे में इसके अलावा और क्या कहा जाये कि यह दुहरे स्तर का सम्बन्ध है। प्रथम स्तर अभिव्यंजना है और द्वितीय स्तर धारणा। प्रथम टिक सकता है द्वितीय के बिना, लेकिन द्वितीय बिना प्रथम के नहीं टिक सकता। अभिव्यंजना वस्तुतः मानव क्रिया-कलाप की प्रथम स्वीकृति है।

"...अगर कला का मतलब यह हो कि कला में दृश्यजगत् रूपायित होता है तो उपयोगिता और सदाचार को उसमें प्रवेश का पूरा अधिकार है अर्थात् अपने घर का पूरा मालिक होने का अधिकार है।"

...Poetical material permeates the souls of all the expression alone, that is to say the form makes the poet. And here appears the truth of the view which denies all content of art, just the intellectual concept being understood as concept. In this sense, when we take 'content' as equal to 'concept' it is most true, not only that art does not consist of content, but also that *it has no content.*

–Benedetto Croce, *Aesthetic,* P. 25, Vision Press, Peter Own, London, 1962.

The relation between infinitive knowledge or expression and intellectual knowledge of concept, between art and science, poetry and prose cannot be otherwise defined than by saying that it is one of *double degree*. The first degree is the expression, the second the concept : the first can stand without the second, but the second cannot stand without the first... Expression, indeed, is the first affirmation of human activity. —*वही,* P. 26

...If by art be understood the externalization of art, the utility and morality have a perfect right to enter into it, that is to say, the right to be master in one's own house. —*वही,* P. 116.

क्रोचे ने अभिव्यंजना को लेकर अपना एक दर्शन ही कायम किया है, जिसके विस्तार में यहाँ जाया नहीं जा सकता। दिखाना हम यही चाहते हैं कि क्रोचे 'विषय' को स्वीकार करते हैं।

अपने मन को जोरदार करने के लिए रामचन्द्र शुक्ल ने जिन साहित्यिक, सामाजिक चिन्तकों का उद्धरण-उल्लेखन किया है वे प्रायः ईसा की 19वीं सदी के आखिरी और 20वीं सदी के शुरू के चिन्तक हैं। ये ज्यादातर मध्यवर्गीय और कहीं-कहीं मध्यकालीन संस्कृति की हिमायत करते हैं। सही बात है कि रामचन्द्र शुक्ल का झुकाव भी इसी संस्कृति की ओर है। इस संस्कृति की ओर सम्मानवाले चिन्तक लोकमंगल, समाज में समता की स्थापना, अधिक-से-अधिक लोगों का अधिक-से-अधिक उपकार आदि की बातें तो जरूर करते हैं मगर अपने वर्गीय संस्कारों के कारण मध्य वर्ग और उनकी संस्कृति से ही जुड़े रहना चाहते हैं। ऐसी स्थिति में इनके सिद्धान्त और व्यवहार में फर्क मिल सकता है, मिलता है।

ऐसे लोग साहित्य, संस्कृति के सारे तत्त्वों की बीजभूमि समाज को सामने रखकर विवेचना कम करते हैं। ये समाज को एकदम छोड़ भी देते हैं। समाज पर दृष्टि गयी भी, तो सीधे-सरस 'इतिहास' को ले लेते हैं, दर्शन, धर्म को भी अलग-अलग पकड़ते हैं। विवेचना के वक्त राजनीति, समाजनीति, अर्थनीति आदि पर दृष्टि नहीं रहती। मगर खुले और छिपे तौर से समाज इन सबको लेकर चलता है; साहित्य, संस्कृति के बनने में इन सब का अपना-अपना हिस्सा रहता है। इसलिए साहित्य की समीक्षा में समाज के इन सभी तत्त्वों की विवेचना का आधार तैयार करना पड़ेगा। मध्यवर्गीय संस्कृति, संस्कारों के समीक्षक सही ढंग से ऐसा करते हुए नहीं देखे जाते। मतलब, समाज को वैज्ञानिक विवेचन में छोड़ देते हैं।

इस वर्ग के समीक्षक साहित्य के विशुद्धवाद, शाश्वतवाद का पक्ष-समर्थन करते देखे गये हैं। ये साहित्य की अपनी अलग सत्ता मानते हैं। इसलिए इनकी साहित्य मीमांसा का प्रमुख आधार होता है मनोविकार या भाव। जैसे साहित्य की विवेचना में ये समाज के नाना तत्त्वों का आधार लेना आवश्यक नहीं समझते वैसे ही भावों की विवेचना में भी। भावों के हृदय में उदय के सामान्य सामाजिक कारण क्या हैं; विशेष काल या युग में विशेष भाव की प्रधानता की सामाजिक वजह क्या है; ऐसे प्रश्नों पर इनकी दृष्टि नहीं जाती। स्वदेश में भी प्राचीन काल में साहित्य की मीमांसा का स्वरूप इसी तरह समाज के आधार से टूटा रहा।

रामचन्द्र शुक्ल अपनी सैद्धान्तिक एवं व्यावहारिक समीक्षाओं में भावों, मनोविकारों और उनकी चरम परिणति रसों को ही परम साध्य मान कर चले हैं। उनका भावों और रसों की छानबीन का प्रस्थान नया और अपना है, इसलिए इस सम्बन्ध में उनके निष्कर्ष भी अपने हैं। उन्होंने भारतीय रस मीमांसा को दृष्टि में जरूर रखा है, मगर उनकी अपनी अनुभूति उनका अपना निरीक्षण भी मिला है। स्वानुभूति, स्वनिरीक्षण के सहारे, उन्होंने जहाँ-तहाँ भारतीय एवं विदेशी साहित्याचार्यों की टीका भी की है और अपना नया मत प्रतिष्ठित किया है। इस तरह की मीमांसा में रामचन्द्र शुक्ल

की दृष्टि भावों के रोज-रोज के व्यावहारिक रूपों पर बराबर है। उनके द्वारा भावों और रसों की ऐसी मीमांसा को देखकर साफ बोध होता है कि हिन्दी में इस तरह की भावरस-मीमांसा बहुत दिनों के बाद हुई, शायद पहली बार हुई। देखा जा चुका है कि इस मामले में संस्कृत-विवेचना के पीछे लगे हम चले जा रहे थे। ऐसी हालत में कहा जा सकता है कि रामचन्द्र शुक्ल अपनी मौलिकता के कारण संस्कृत-साहित्य के आचार्यों की कोटि में आते हैं।

रामचन्द्र शुक्ल ने रसदशा को हृदय की मुक्तावस्था माना है। इसमें श्रोता, पाठक, दर्शक साहित्य की रचना के श्रवण, पठन, दर्शन में इतना लीन हो जाता है कि उसे अपने चारों ओर के वातावरण की सुध-बुध नहीं रहती, वह कलाकृति की रसात्मकता के प्रभाव से अपने में ही खो जाता है। हृदय की यह मुक्तावस्था कुछ क्षणों की होती है। मैंने कहा है कि रामचन्द्र शुक्ल की रसमीमांसा व्यावहारिक स्वानुभूति, निरीक्षण के बल टिकी है। रस-दशा में अपनी सुध-बुध भूल जाना, अपने में खो जाना, कहना व्यावहारिक अनुभूति, निरीक्षण का ही फल है।

रस-दशा तक पहुँचने के लिए यह जरूरी है कि श्रोता, पाठक, दर्शक का साहित्य में वर्णित आश्रय के साथ तादात्म्य हो और रचनाकार आलम्बन को इस रूप में वर्णित करे कि वह उन (श्रोता, पाठक, दर्शक) के लिए साधारण हो जाये अर्थात् रसानुभूति के लिए आलम्बन का 'साधारणीकरण' होना आवश्यक है। रामचन्द्र शुक्ल ने, संक्षेप में यही कहा है कि आश्रय के साथ तादात्म्य और आलम्बन का आधारणीकरण रस की अनुभूति के लिए जरूरी है।

रस-मीमांसा के दौरान रामचन्द्र शुक्ल ने व्यक्ति-वैचित्र्यवाद की चर्चा की है। इस बाद का सम्बन्ध नाना प्रकार के शीलनिरूपण से जन्मी नाना प्रकार की अनुभूतियों से है। ये अनुभूतियाँ मुख्यतः तीन प्रकार की होती हैं—1. आश्चर्यपूर्ण प्रसादन की, 2. आश्चर्यपूर्ण अवसादन की, 3. कुतूहल मात्र की। शील या चरित्र के परम उत्कर्ष के दर्शन पर आश्चर्यपूर्ण प्रसादन और इसके अतिपतन के दर्शन से आश्चर्यपूर्ण अवसादन होता है। कुछ ऐसे अलौकिक व्यक्ति मिलते हैं जिनके चरित्र को देखने पर ऐसी दोनों अनुभूतियों के अलावा एक तरह का कुतूहल-मात्र होता है। ऐसे चरित्रवाले इन दोनों कोटियों में से किसी में भी नहीं रखे जा सकते। इनके चरित्र के दर्शन से थोड़ा प्रसादन, थोड़ा अवसादन दोनों होता है। जटिल चरित्रवाले ऐसे ही होते हैं। विदेशों में व्यक्ति-वैचित्र्यवाद की काफी चर्चा एक समय हुई थी। डंटन ने भी इसकी छानबीन की है। साधु-पात्र द्वारा खल-पात्र के लिए यथा योग्य, न्याय व्यवहार से श्रोता, पाठक, दर्शक को एक तरह की 'भावतुष्टि' होती है; जैसे, राम द्वारा रावण के प्रति व्यवहार से। इस स्थिति में भी रामचन्द्र शुक्ल ने एक मध्यम कोटि की रसात्मकता मानी है। चमत्कारवाद में वे निम्नकोटि की रसस्थिति मानते हैं।

रामचन्द्र शुक्ल ने इन स्थितियों में भी रस की असल अनुभूति मानी है : स्मृत और अप्रत्यक्ष रूपविधान, प्रत्यक्ष या वास्तविक अनुभूति, स्मृति, प्रत्यभिज्ञान, स्मृताभास कल्पना, इतिहासाधृत, स्मृत्याभासं कल्पना प्रत्यभिज्ञानाधृत, स्मृत्याभास कल्पना, शुद्ध अनुमानाश्रित स्मृत्याभास कल्पना, प्रत्यक्ष प्रकृति दर्शन, काव्यगत यथातथ्य संश्लिष्ट प्रकृतिचित्रण।

इन स्थितियों में रसानुभूति के बारे में कोई हामी नहीं भी भर सकता। नयी बात होने से किसी के मन के चमकने की भी गुंजाइश हो सकती है। मगर रामचन्द्र शुक्ल की इस स्थापना में कोई सार नहीं है, यह भी नहीं कहा जा सकता। रसानुभूति की इन स्थितियों में यह मानकर चलना पड़ेगा कि साहित्य का श्रोता, पाठक, दर्शक अथवा प्रकृति आदि के प्रसंग में प्रत्यक्षदर्शक साहित्य या काव्यग्रहण की सभी सुपात्रता अपने में रखता है; वह असल में 'सहृदय', सच्चा 'भावुक' है। रामचन्द्र शुक्ल ने यह मानकर ऐसी स्थापना की है, इसमें सन्देह नहीं।

रामचन्द्र शुक्ल और भारतीय साहित्यशास्त्र के दूसरे प्राचीन पण्डितों ने भी काव्य, साहित्य के सम्बन्ध में तो बहुत विवेचन किया है, मगर साहित्य के सुपात्र, सहृदय, भावुक के बारे में उनका विवेचन बहुत कम है। ऐसी हालत में काव्य, साहित्य के विषय की विवेचना में भी जहाँ-जहाँ सन्देह करने की गुंजाइश आ पड़ती है।

भारतीय आचार्यों ने सुख-दुःखात्मक सभी भावों की चरम परिणति रस के बोध को आनन्दस्वरूप, ब्रह्मानन्दसहोदर आनन्द के समान माना है। रामचन्द्र शुक्ल ने इसे कोरा 'अर्थवाद' बताया है। कहा है कि रसबोध की स्थिति इन द्विधात्मक भावों की अनुभूति सुख-दुःख के रूप में ही होती है; करुणा की रसदशा में इस भाव के बाहरी लक्षण आँसू का आना इसका सबूत है। रस-दशा क्योंकि हृदय की मुक्तावस्था है, इसलिए ऐसे दुःखात्मक भावों का बोध आनन्दस्वरूप जान पड़ता है, मगर बात ऐसी है नहीं। यह रामचन्द्र शुक्ल का मत है। उन्होंने रस का जो स्वरूप निर्धारित किया है उसके परिवेश में यह स्थापना की है। उनकी दृष्टि से विचार किया जाये, तो बात सही जान पड़ेगी।

यह आत्मा सत्-चित्-आनन्द रूप है। इसका सत् एवं चित् रूप तो स्पष्ट ही है। आत्मा का आनन्द रूप इसके सांसारिकता या माया में लीन रहने के कारण दबा रहता है। साहित्य या काव्य भावों का परिष्कार करता है, आत्मा में लिपटी माया को छुड़ाता है, इसे अपने आनन्द की दशा में लाता है। काव्य से माया के परिष्कार की प्रक्रिया के कारण आत्मा निर्मल बन अपने रूप—आनन्दरूप—में हो जाती है और तब आनन्द का बोध करती है। इस विवेचन के मुताबिक साहित्य अपनी परिष्कार प्रक्रिया के कारण आनन्दबोध का साधन बन कर आत्मा को अपने निर्मल एवं आनन्दरूप में ले आता है। आनन्द है 'आनन्द' ही, सुख-दुःख से परे है, इसलिए भावों की बात ही नहीं उठती है।

रामचन्द्र शुक्ल की रस की स्थापना मीमांसक भट्टनायक के सिद्धान्त से मिलती-जुलती है। ये दोनों रस को बाहर मानते हैं। श्रोता, पाठक, दर्शक के सामने आयी श्रव्य, पठ्य, दृश्य काव्यकृति में मानते हैं। भट्टनायक के रसवाद का नाम है 'भोगवाद'। इनका मत है कि रस का भोग होता है। अभिनवगुप्त रस को श्रोता, पाठक, दर्शक में ही वासना या बीजरूप से स्थित मानते हैं, जो काव्यकृति सुनने, पढ़ने, देखने से विकसित या 'अभिव्यक्त' होता है। इनका रसवाद 'अभिव्यक्तिवाद' है। इस प्रकार भट्टनायक का मुक्तिवाद बाह्यात्मक और अभिनवगुप्त का अभिव्यक्तिवाद अन्तरात्मक है। मुझे इन दोनों की मीमांसा में मात्र प्रस्थान-भेद जान पड़ता है, दोनों का निष्कर्ष तो एक ही है। भट्टनायक का श्रोता, पाठक, दर्शक भी तो भावसम्पन्न ही होगा, जैसा कि अभिनवगुप्त का है। और अभिनवगुप्त की रसानुभूतिकारी काव्यकृति में भी तो रसबोधन की शक्ति या वृत्ति होगी ही। श्रोता, पाठक, दर्शक का भावसम्पन्न मन और कलाकृति की रसोद्बोधन शक्ति निश्चितरूप से अन्योन्याश्रित है, दोनों के गुणों और दोनों की शक्तियों के अन्योन्याश्रय से ही रस की अनुभूति सम्भव है।

रामचन्द्र शुक्ल वाच्यार्थ में काव्य मानते हैं, प्राचीन आचार्य लक्ष्यार्थ और व्यंग्यार्थ में। वाच्यार्थ में काव्य के पक्ष को रामचन्द्र शुक्ल ने बहुत ही साफ तौर से प्रतिपादित किया है। उनका कहना है कि काव्य का सारा सौन्दर्य तो वाक्यार्थ में ही होता है। लक्ष्यार्थ, व्यंग्यार्थ में तो अभीष्ट कथन का सीधा-सादा रूप ही सामने आता है। उन्होंने वाच्यार्थ में काव्य-सौन्दर्य की पूरी प्रक्रिया का विवेचन सामने रखा है।

रामचन्द्र शुक्ल ने सब जगह साहित्य के सरल, सुबोध, स्वाभाविक पक्ष को अपनाया है। शिल्पपक्ष की सरलता, सुबोधता, स्वाभाविकता पर उनकी नजर बराबर रही है। जिन रचनाकारों में स्वाभाविक 'कलाकारिता' की जगह उन्हें 'कारीगरी' मिली है, उनकी रचनाओं को चमत्कारवादी मान कर उन्होंने उनका स्तर मध्यम या नीचा माना है। ऐसे विवेचन में उन्होंने अभिव्यक्ति एवं भाषा के प्रसाद-गुण पर बराबर दृष्टि रखी है। रामचन्द्र शुक्ल की समीक्षा के प्रमुख प्रतिमानों में से यह एक है। छायावादी-रहस्यवादी काव्य में इस प्रसाद-गुण के न होने से वे इससे बहुत दिनों तक खिंचे रहे, उसकी टीका-टिप्पणी करते रहे। इस काव्य की प्रतिष्ठा के बाद इसके बारे में उनका मत बदला। फिर भी वे सरलता, सुबोधता की बात करते ही रहे।

संस्कृत के साहित्याचार्यों ने भी काव्य में प्रसाद-गुण का समर्थन प्रायः किया है; किन्तु संग-संग काव्य में काव्यत्व पर भी सब की दृष्टि रही है। संस्कृत के आरम्भिक बड़े-बड़े काव्य प्रसाद-गुण से भरे हैं। रामचन्द्र शुक्ल की दृष्टि भी ऐसी ही है। वे इस मत को लेकर चले हैं कि प्रसाद-गुण से भरी अभिव्यक्ति द्वारा भी वस्तु और भाव की व्यंजना हो सकती है।

काव्य की सरलता का पक्ष तुलसीदास का भी है। यह इसलिए कि इससे **'सुरसरि सम सब कर हित होई।'** साहित्य, काव्य से सब का हित हो, रामचन्द्र शुक्ल भी यही मानते हैं और इस पर बराबर जोर देते हैं। सबका हित करने के लिए साहित्य-काव्य में बहुत से गुण होने चाहिए। तुलसीदास के काव्य में रामचन्द्र शुक्ल को ये गुण विकसित रूप से मिले थे और उन्होंने उनकी प्रशंसा में कुछ उठा न रखा।

रामचन्द्र शुक्ल के लिए गीतिकवि की बनिस्बत प्रबन्ध कवि का गुरुत्व ज्यादा है। आधुनिक गीतिकवियों को उन्होंने कम महत्त्व दिया है। इस सम्बन्ध में निश्चित रूप से दो मत हैं। कुछ समीक्षक मानते हैं कि गीतिकवि का भी कम महत्त्व नहीं है। रवीन्द्रनाथ भी ऐसा मानते हैं। यह मात्र भ्रम है कि प्रबन्ध काव्य की अपेक्षा गीतिकाव्य का विशेषत्व कम है। ऐसे मुक्तक या गीतिकाव्य हैं जिनमें प्रबन्धकाव्य (इपिक पोएट्री) की भव्यता मिलती है। रवीन्द्रनाथ, पन्त, निराला आदि की इस तरह की रचनाएँ बहुत हैं।

स्वदेशी-विदेशी साहित्य एवं समीक्षा की परम्परा के परिवेश में रामचन्द्र शुक्ल की समीक्षा के दर्शन की चेष्टा से जाना जाता है कि वे स्वदेशी-विदेशी, प्राचीन-नवीन सबको लेकर चले हैं। सबको लेकर चलते वक्त उनकी निगाह नीर-क्षीर विवेक पर जरूर रही और यही संयम उनकी विशेषता है। इतना कहा जा सकता है कि नवीन साहित्य के प्रति उनके विचार उतने सहानुभूति-भरे नहीं हैं।

18

नन्ददुलारे वाजपेयी की आलोचना-दृष्टि : सम्भावनाएँ और सीमाएँ

–कुमार पंकज

यह एक सर्वमान्य तथ्य है कि नन्ददुलारे वाजपेयी ने छायावादी काव्य को प्रतिष्ठित करने में सक्रिय/महत्त्वपूर्ण भूमिका निभायी। यह भी सर्वविदित है कि उन्होंने अपने गुरु रामचन्द्र शुक्ल की अनेक मान्यताओं का खण्डन किया। नन्ददुलारे वाजपेयी के समूचे आलोचना कर्म पर विचार करने के साथ-साथ यह देखना भी दिलचस्प होगा कि शुक्ल-वाजपेयी संवाद क्या प्लेटो-अरस्तू संवाद की याद दिलाने में समर्थ होता है और सम्भावनाओं के नये क्षितिज के साथ आये नन्ददुलारे वाजपेयी कहाँ सीमाबद्ध हो जाते हैं।

नन्ददुलारे वाजपेयी का सम्पूर्ण आलोचना-कर्म आधुनिक साहित्य पर केन्द्रित है। अपवाद-स्वरूप उनके कुछ फुटकर निबन्ध एवं सूरदास पर लिखी हुई उनकी 'महाकवि सूरदास' (1953) शीर्षक किताब है। इसका कारण भी सम्भवतः यही था कि छायावादी-काव्य के प्रशंसक नन्ददुलारे वाजपेयी को अनुभूति की प्रगाढ़ता के दर्शन सबसे अधिक सूरदास में ही हुए। यहाँ यह उल्लेखनीय है कि शुक्लोत्तर दूसरे आलोचक हजारीप्रसाद द्विवेदी ने भी 'कबीर' (1972) के अतिरिक्त सूर पर ही लिखा; 'सूर-साहित्य' नामक उनकी किताब 1936 में प्रकाशित हुई थी। कुछेक निबन्धों को छोड़कर हजारीप्रसाद द्विवेदी और नन्ददुलारे वाजपेयी ने रामचन्द्र शुक्ल की तरह तुलसी पर स्वतन्त्र आलोचना-पुस्तक ('गोस्वामी तुलसीदास', 1992) नहीं लिखी। रामचन्द्र शुक्ल और नन्ददुलारे वाजपेयी की आलोचना-दृष्टि के अन्तर पर विचार करते समय यह तथ्य भी ध्यान में रखना चाहिए।

नन्ददुलारे वाजपेयी की प्रथम समीक्षा-पुस्तक 'जयशंकर प्रसाद' (1939) समय-समय पर लिखे गये निबन्धों का संग्रह मात्र है। स्वयं नन्ददुलारे वाजपेयी ने इस पुस्तक की भूमिका में लिखा है—"पुस्तक-रूप में ये निबन्ध कुछ अपूर्ण भी मालूम हों

तो आश्चर्य नहीं।"[1] अब इस किताब में जयशंकर 'प्रसाद' के गीति-काव्य के सौन्दर्य का विश्लेषण नहीं के बराबर है। न तो उनकी कहानियों पर विचार किया गया है और न ही 'तितली' पर, जबकि नन्ददुलारे वाजपेयी के मुताबिक 'कंकाल' की अपेक्षा 'तितली' अधिक कलात्मक कृति है।[2] इस पुस्तक में 'जयशंकर प्रसाद' के कवि रूप का विश्लेषण प्रमुखतः 'कामायनी' के आधार पर ही किया गया है। विडम्बना यह है कि 'कामायनी' विषयक नन्ददुलारे वाजपेयी का विश्लेषण विशुद्ध अध्यापकीय हो गया है–'कामायनी' का महाकाव्यत्व, वस्तु-विन्यास, चरित्र-चित्रण, नियतिवाद आदि। इस दृष्टि से उनके विवेचन और नगेन्द्र के 'कामायनी के अध्ययन की समस्याएँ' में बहुत समानता है। नन्ददुलारे वाजपेयी उन प्रश्नों और आक्षेपों का कोई उत्तर/समाधान नहीं देते, जब यह कहा गया कि 'कामायनी' अपाठ्य है अथवा जयशंकर 'प्रसाद' विश्वविद्यालयों के कवि हैं। रीति-युग में मनसा-वाचा-कर्मणा रहने वाले रामशंकर शुक्ल 'रसाल' के कटाक्षों की तो बात ही क्या की जाये।[3] रामशंकर शुक्ल 'रसाल' के लिए कवि-रूप में जयशंकर 'प्रसाद' उतने ही हेय हैं जितने नाटककार रूप में लक्ष्मीनारायण मिश्र के लिए त्याज्य। सच तो यह है कि जयशंकर 'प्रसाद' और उनकी 'कामायनी' के बारे में नन्ददुलारे वाजपेयी का चिन्तन इतना अपर्याप्त है कि यदि बाद में गजानन माधव मुक्तिबोध की 'कामायनी : एक पुनर्विचार', जानकीवल्लभ शास्त्री की 'त्रयी' (जयशंकर 'प्रसाद', सूर्यकान्त त्रिपाठी 'निराला', सुमित्रानन्दन पंत), रामधारी सिंह 'दिनकर' की 'पन्त', 'प्रसाद' और 'मैथिलीशरण' एवं रामस्वरूप चतुर्वेदी की 'कामायनी का पुनर्मूल्यांकन' जैसी पुस्तकें प्रकाशित न हुई होतीं तो हिन्दी-संसार रमेश कुन्तल 'मेघ' की 'मिथक और स्वप्न', 'कामायनी की मनस्सौन्दर्य सामाजिक भूमिका' जैसी पोथी पढ़कर हिन्दी-आलोचना की भाषा और 'कामायनी' को म्यूजियम की चीज समझता।

ऊपर कहा जा चुका है कि नन्ददुलारे वाजपेयी 'कंकाल' की तुलना में 'तितली' को अधिक कलात्मक मानते। इस मन्तव्य को शायद ही कोई स्वीकार करे। आकस्मिक घटनाओं, संयोग-तत्त्व, विशुद्ध काल्पनिकता, नाटकीयता और ग्रामीण परिवेश का सतही चित्रण, इन सबके कारण 'तितली' एक साधारण कोटि का उपन्यास बनकर रह गया है, जबकि 'कंकाल' के प्रकाशित होने पर स्वयं प्रेमचन्द ने जयशंकर 'प्रसाद' को बधाई देते हुए लिखा था–"मेरी पहली शिकायत ('चन्द्रगुप्त' की आलोचना करते हुए प्रेमचन्द ने लिख दिया था कि जयशंकर 'प्रसाद' गड़े मुर्दे उखाड़ने में लगे रहते हैं–'माधुरी', जून 1924, पृ. 21) पर कुछ लोगों ने मुझे खूब आड़े हाथों लिया था, पर अब मुझे वह कठोर बातें बहुत प्रिय लग रही हैं। अगर ऐसी ही दस-पाँच

---

1 *जयशंकर प्रसाद*, पृ. 1

2 *नया साहित्य : नये प्रश्न*, पृ. 157-158

3 *वसुधा-47* (अक्टूबर, 99–दिसम्बर, 99), कान्तिकुमार जैन का रामशंकर शुक्ल 'रसाल' विषयक संस्मरण

लताड़ों के बाद 'कंकाल' जैसी सुन्दर वस्तु निकल आये तो मैं आज भी उनको सहन करने को तैयार हूँ।[1]

जयशंकर 'प्रसाद' के नाटकों पर विचार करते हुए नन्ददुलारे वाजपेयी ने एक विचित्र मान्यता प्रस्तुत की है। उनके अनुसार जयशंकर 'प्रसाद' के नाटक ऐतिहासिक हैं और ऐतिहासिक नाटककार विशुद्ध नाट्य-रचयिता की कोटि में नहीं आ सकता।[2] नन्ददुलारे वाजपेयी के इस निर्णय को यदि मान लिया जाये तो 'कोणार्क', 'अन्धा युग', 'आषाढ़ का एक दिन', 'यमगाथा' आदि की 'रचनात्मकता' पर ही प्रश्नचिह्न लग जायेगा।

वास्तव में नन्ददुलारे वाजपेयी की उपर्युक्त पुस्तक 'जयशंकर प्रसाद' गठन और विषय-प्रतिपादन की दृष्टि से बिल्कुल अव्यवस्थित है। निर्मला जैन ने इस बात पर आश्चर्य प्रकट किया है कि रामचन्द्र शुक्ल ने अपने 'हिन्दी साहित्य का इतिहास' में नगेन्द्र की पुस्तक 'सुमित्रानन्दन पन्त' (1938) का उल्लेख ठीक-ठिकाने की पुस्तक कहकर किया है जबकि नन्ददुलारे वाजपेयी की पुस्तक जयशंकर 'प्रसाद' (1939) का उल्लेख अपने इतिहास में नहीं किया है।[3] क्या इसका कारण यह था कि सुमित्रानन्दन पन्त रामचन्द्र शुक्ल के भी पसन्दीदा कवि थे, जयशंकर 'प्रसाद' उनकी व्यक्तिगत रुचि पर खरे नहीं उतरते थे अथवा साहित्यिक मतभेदों के चलते नन्ददुलारे वाजपेयी से व्यक्तिगत खिन्नता थी उनकी। रामचन्द्र शुक्ल जैसे समर्थ और पारदर्शी आलोचक ऐसा कर ही नहीं सकते थे। नन्ददुलारे वाजपेयी की पुस्तक का उल्लेख न करने का एकमात्र कारण यह है कि समीक्षा में जिस सुव्यवस्था/क्रमबद्धता के रामचन्द्र शुक्ल हिमायती हैं, वह सुथरापन 'जयशंकर प्रसाद' पुस्तक में ढूँढ़े नहीं मिलता।

छायावादी कवियों के विवेचन-क्रम में नन्ददुलारे वाजपेयी की दूसरी समीक्षा-कृति है—'निराला' (1965)। हालाँकि यह किताब, जैसा कि शीर्षक से ही स्पष्ट है, 'निराला' के काव्य का विश्लेषण प्रस्तुत करती है, 'निराला' की गद्य-रचनाओं के बारे में नन्ददुलारे वाजपेयी का कोई मन्तव्य सामने नहीं लाती, लेकिन आश्चर्य की बात यह है कि अपनी अन्य समीक्षात्मक कृतियों में कहीं भी नन्ददुलारे वाजपेयी ने 'निराला' की 'कुल्लीभाट', 'बिल्लेसुर बकरिहा' एवं 'चतुरी चमार' जैसी अत्यन्त महत्त्वपूर्ण गद्य-रचनाओं का विस्तृत विवेचन नहीं किया। अब इस पुस्तक में 'निराला' के काव्य सम्बन्धी नन्ददुलारे वाजपेयी के विश्लेषण को देखा-परखा जाये। 'निराला' की कविता के विकास क्रम में 'कुकुरमुत्ता' (1942) का महत्त्व असन्दिग्ध है। 'कुकुरमुत्ता' के बारे में नन्ददुलारे वाजपेयी की धारणा है—" 'कुकुरमुत्ता' को रस की दृष्टि से हास्य

---

1 *प्रेमचन्द : कलम का सिपाही*, अमृतराय, पृ. 486

2 *जयशंकर प्रसाद*, पृ. 143

3 *हिन्दी-साहित्य* : 20वीं शताब्दी, पृ. 46

रस की रचना कहा जायेगा।"[1] एक अन्य स्थल पर नन्ददुलारे वाजपेयी लिखते हैं–" 'कुकुरमुत्ता' मीठी रचना है किन्तु ओजस्विता और महान् निर्माण की प्रेरणा से बहुत कुछ रिक्त।"[2] अब प्रश्न यह उठता है कि क्या रस-छन्द-अलंकार वाली शास्त्रीय दृष्टि से 'कुकुरमुत्ता' का विवेचन किया जा सकता है? और क्या 'कुकुरमुत्ता' मीठी रचना है? और क्या वह महत्तर रचना नहीं है? अपनी सम्पूर्णता में यह 'कवि-निराला' पुस्तक 'निराला' के काव्य के बहुत से महत्त्वपूर्ण पाठ/पक्षों को छोड़ देती है।

छायावादी-काव्य के तीसरे महत्त्वपूर्ण स्तम्भ सुमित्रानन्दन पन्त के बारे में नन्ददुलारे वाजपेयी ने फुटकर ढंग से लिखा था। नन्ददुलारे वाजपेयी के देहावसान के लगभग नौ वर्ष बाद 'कवि सुमित्रानन्दन पन्त' शीर्षक से (1976) पुस्तक प्रकाशित की गयी जिसमें नन्ददुलारे वाजपेयी के पन्त-विषयक निबन्ध संगृहीत हैं। इस किताब का पहला निबन्ध 'स्वच्छन्दतावाद-छायावाद-रहस्यवाद' जो यों अपने आपमें महत्त्वपूर्ण निबन्ध है। नन्ददुलारे वाजपेयी की पूर्व प्रकाशित पुस्तक 'राष्ट्रीय साहित्य' (1965) में संगृहीत है और मात्र 'कवि सुमित्रानन्दन पन्त' पुस्तक का कलेवर बढ़ाने के लिए ले लिया गया है। इस किताब का नाम ही 'कवि सुमित्रानन्दन पन्त' है, जाहिर है कि इसमें पन्त के उपन्यास 'हार', कहानी संग्रह '5 कहानियाँ' और अन्य गद्य-रचनाओं 'छायावादः पुनर्मूल्यांकन', '60 वर्ष और अन्य निबन्ध', 'शिल्प और दर्शन', 'कला और संस्कृति' आदि का विवेचन नहीं है। लेकिन इस पुस्तक में तो पन्त के समग्र काव्य का विवेचन भी नहीं है। और कुछ न सही, 'लोकायतन' (1964) का ही विश्लेषण होता, ताकि नन्ददुलारे वाजपेयी की विचार-सरणि का तो ज्ञान होता। नन्ददुलारे वाजपेयी 'पल्लव' काल के पन्त के तो प्रशंसक हैं लेकिन उनके परवर्ती काव्य के बारे में उनकी राय है–"सन् 1932 या उसके आसपास पन्त कवि के बदले कलाकार अधिक हो गये और काव्य-रचना के स्थान पर कुछ ऐसी कृतियाँ रचने लगे जो ललित की अपेक्षा उपयोगी अधिक थीं अथवा जो, सीधे ही क्यों न कहें, काव्य की अपेक्षा काव्याभास अधिक थीं।... हम यह भी मानते हैं कि पन्त सरीखे प्रतिभावान कवि, फिसलते-फिसलते भी कहीं तक फिसलेंगे।"[3] 'ग्राम्या' का प्रकाशन 1940 में हुआ था यानी नन्ददुलारे वाजपेयी के लेख के अनुसार पन्त तब तक फिसल चुके थे। एक अन्य स्थान पर नन्ददुलारे वाजपेयी लिखते हैं–"पन्त जी का काव्य-क्षेत्र छोड़कर वादी क्षेत्रों में चले जाना कदाचित् हिन्दी-साहित्य के इस युग की सबसे बड़ी दुघर्टना है।"[4] पथ से भटके पन्त की 'ग्राम्या' की तीखी आलोचना करते हुए नन्ददुलारे वाजपेयी लिखते हैं–"

1 *कवि निराला*, पृ. 54
2 *आधुनिक साहित्य*, पृ. 32
3 *कवि सुमित्रानन्दन पन्त*, पृ. 47
4 *आधुनिक साहित्य*, पृ. 94

'शेखर : एक जीवनी' में लेखक का व्यक्तिगत, उसकी आकांक्षाएँ और विरक्तियाँ जिस तीव्रता और सफ़ाई के साथ व्यक्त हुई हैं, 'ग्राम्या' में यह बात नहीं है।"[1] यही नन्ददुलारे वाजपेयी बाद में 'ग्राम्या' के बारे में लिखते हैं–" 'ग्राम्या' में एक ओर ग्राम की रूढ़ियाँ हैं, विवशताएँ हैं, विपन्नता है, अँधकार है; पुरुष और नारी का अवसाद है तो दूसरी ओर लोकजीवन की स्वाभाविकता है, पुरुष और नारी के सीधे सम्बन्ध हैं, वधू की लज्जा, माँ के प्रति ममता, धोबियों और कहारों के उल्लासपूर्ण नृत्य, प्रकृति का रमणीय प्रसार–ये और ऐसे अनेक सशक्त पक्ष भी हैं। इस द्विधात्मक काव्य निर्माण में अन्तर्व्याप्त धारा यद्यपि वैचारिक है, तो भी अदृश्य है और यही काव्य के लिए अभीष्ट भी है।"[2] पन्त की एक ही रचना के बारे में नन्ददुलारे वाजपेयी के इस दोहरे मूल्यांकन पर क्या टिप्पणी की जाये? नन्ददुलारे वाजपेयी को पन्त से यह भी शिकायत है कि उनकी रचनाओं की कील जल्दी-जल्दी घूम जाती है।[3] नन्ददुलारे वाजपेयी के इस कथन से तो ऐसा लगने लगता है कि पन्त को 'पल्लव' काल की 'टी. वी. टुट, टी.वी. टुट टुट' से आगे ही नहीं बढ़ना चाहिए था। नन्ददुलारे वाजपेयी पन्त की परवर्ती रचनाओं के बारे में विचार करते हुए इस निष्कर्ष पर पहुँचते हैं कि "पन्त जी की कुछ नवीन रचनाओं की, केवल कम्युनिस्ट छाप के कारण, सराहना की जा रही है।"[4] यानी 'ग्राम्या' की प्रशंसा नन्ददुलारे वाजपेयी करें तो ठीक, रामविलास शर्मा करें तो घोर साहित्यिक अनाचार। अपने मार्क्सवाद-विरोध में नन्ददुलारे वाजपेयी यहाँ तक लिख जाते हैं–"प्रगतिशील लेखक संघ की सदस्यता हिन्दी में मुँह माँगे मिल रही थी, इसलिए बहुत से अयाचित और अनाकांक्षित व्यक्ति इसमें आरम्भ से ही सम्मिलित हो गये। जिन्हें साहित्य के राजद्वार से मार्ग नहीं मिला, वे इस रास्ते घुस आये। फिर सम्भवतः इस संघ को लोकप्रिय बनाने के उद्देश्य से इसमें श्री सुमित्रानन्दन पन्त जैसे भिन्न रुचि वाले व्यक्ति को प्रवेश कराया गया और उन्हें प्रगति का सूत्र सौंपा गया।"[5] यहाँ यह उल्लेख मनोरंजक होगा कि उपर्युक्त पंक्तियाँ लिखने वाले नन्ददुलारे वाजपेयी बनारस में कई वर्षों तक 'प्रगतिशील लेखक संघ' की शाखा के अध्यक्ष रहे और बाद में मोहभंग होने पर 'सांस्कृतिक संघ' बनाकर वैसे ही उसमें चले गये जैसे 'विपथगा' कहानी के लेखक 'अज्ञेय' 'जय-जानकी-यात्रा' करने लगे एवं 'लन्दन की एक रात' कहानी के लेखक निर्मल वर्मा प्रयाग के कुम्भ मेले में त्राण पाने लगे।

बहरहाल, नन्ददुलारे वाजपेयी को अधिक खीज इस बात से तो थी ही कि क्यों

1 *हिन्दी-साहित्य* : 20वीं शताब्दी, पृ. 33

2 *कवि सुमित्रानन्दन पन्त*, पृ. 83-84

3 *आधुनिक साहित्य*, पृ. 82

4 *वही*, पृ. 367, 368

5 *वही*, पृ. 369

पन्त प्रगतिशील रंग में रँग गये। पन्त के बारे में नन्ददुलारे वाजपेयी की एक और टिप्पणी भी द्रष्टव्य है—"तुलसी और सूर, देव और बिहारी के बाद 'निराला' और पन्त की जोड़ी हिन्दी में प्रसिद्ध हुई। मेरी अपनी अटकल यह है कि तुलसी और देव के प्रेमी 'निराला' की ओर तथा सूर और बिहारी के प्रेमी पन्त की ओर अधिक आकृष्ट होते हैं।"[1] 'तुलनात्मक आलोचना' को सर्वथा निकृष्ट मानने वाले नन्ददुलारे वाजपेयी, लगता है कि मिश्रबन्धु के 'हिन्दी-नवरत्न' की तर्ज पर 'नया हिन्दी नवरत्न' लिखने के उपक्रम में थे। कहना न होगा कि 'कवि सुमित्रानन्दन पन्त' पुस्तक भी उसी तरह का अधूरा विवेचन प्रस्तुत करती है, जैसे कि 'जयशंकर प्रसाद' और कवि 'निराला' पुस्तकें। यहाँ इस तथ्य पर भी विचार करना जरूरी है कि किसी साहित्यकार की मृत्यु के बाद उसकी पुस्तकों के प्रकाशन में कितनी सतर्कता और विवेक की आवश्यकता है। 'निराला' के देहावसान के बाद 1969 में जब 'सान्ध्य काकली' का प्रकाशन हुआ तब यह प्रश्न उठा था कि क्या 'निराला' की इन कविताओं का प्रकाशन जरूरी था? नन्ददुलारे वाजपेयी के मरणोपरान्त उनके वंशजों ने जैसे जोड़-जाड़कर 'कवि सुमित्रानन्दन पन्त' पुस्तक का निर्माण (?) कर प्रकाशित करा दी, वैसे ही उनके श्रद्धालु शिष्यों राममूर्ति त्रिपाठी और शिवकुमार मिश्र ने पत्र-पत्रिकाओं में प्रकाशित नन्ददुलारे वाजपेयी के लेखों एवं पूर्व प्रकाशित किताबों से नोच-सोच कर सामग्री एकत्रित कर क्रमशः 'रस सिद्धान्त : नये सन्दर्भ' (1977) एवं 'नयी कविता' (1976) शीर्षकों से पुस्तकें छपवा दीं। साथ ही नन्ददुलारे वाजपेयी के लेखों से कहीं लम्बी और उबाऊ 'पातनिकाएँ' एवं 'भूमिकाएँ' इन तथाकथित प्रस्तोताओं ने इन पुस्तकों में जोड़ दीं। अब गुरु के प्रति आदर एक बात है और श्रद्धा-भक्ति दूसरी। जैसा कि रामविलास शर्मा का कथन है—"वह श्रद्धा जो किसी भी नेता को आलोचना से परे समझती है, अन्ध व्यक्ति-पूजा के अलावा और कुछ नहीं है।"[2] शिवकुमार मिश्र जो आजकल पत्रिकाओं में पत्र लिख-लिख कर अपने गुरु नन्ददुलारे वाजपेयी को 'डिफेंड' करते रहते हैं, 'नयी कविता' पुस्तक की 'आचार्य वाजपेयी और नयी कविता' शीर्षक से लिखी गयी अपनी भूमिका में फरमाते हैं—'वाजपेयी जी की समीक्षा कृतियाँ अनेक निबन्धों का संकलन होने के बावजूद अपने महत्त्व में उतनी ही भास्वर हैं, जितनी 'निराला' की 'काव्य-कृतियाँ'।"[3] अब नन्ददुलारे वाजपेयी के प्रेमशंकर जैसे प्रिय शिष्य भी यह स्वीकार नहीं करेंगे कि निराला की 'सरोजस्मृति', 'राम की शक्ति-पूजा' एवं 'कुकुरमुत्ता' जैसी कालजयी रचनाएँ नन्ददुलारे वाजपेयी के लेखों से तुलनीय हो सकती हैं। अच्छा हुआ कि इस किताब का नया संस्करण (1997) जब प्रकाशित हुआ तो शिवकुमार मिश्र की यह बड़बोली भूमिका उसमें से हटा दी गयी।

---

1 *हिन्दी-साहित्य* : 20वीं शताब्दी, पृ. 22

2 *आलोचना सहस्राब्दी*, अंक 5, अप्रैल- जून 2001

3 *नयी कविता*, पृ. 10

एक अजीब बात यह है कि छायावादी कवियों के विवेचन क्रम में नन्ददुलारे वाजपेयी ने सबसे कम महादेवी वर्मा पर लिखा और महादेवी वर्मा विषयक उनका मूल्यांकन बेहद सटीक है—"महादेवी जी ने स्वच्छन्दतावाद की दार्शनिक अथवा आध्यात्मिक भावना को ही विशेष रूप से अपनाया तथा उसके राष्ट्रीय, मानवतावादी और अन्य बहिर्मुख पक्षों को छोड़ बैठीं। प्रेम और वियोग की भूमिका पर इन आध्यात्मिक अनुभूतियों के प्रकाशन का कार्य करती हुई महादेवी जी बहुत कुछ एकान्तिक हो गयी हैं।"[1]

छायावादोत्तर काव्य के बारे में नन्ददुलारे वाजपेयी की विचार-सरणि के दर्शन हमें उनकी 'आधुनिक साहित्य' (1950), 'नया साहित्य : नये प्रश्न' (1955), 'हिन्दी-साहित्य : 20वीं शताब्दी' (1942) एवं 'नयी कविता' (1976) पुस्तकों में होते हैं। और इन पुस्तकों का अध्ययन करते समय कभी-कभी ऐसा प्रतीत होता है कि छायावादोत्तर काव्य का मूल्यांकन करते समय नन्ददुलारे वाजपेयी फतवे जारी कर रहे हों। रामेश्वर शुक्ल 'अंचल' को नन्ददुलारे वाजपेयी 'नवीन हिन्दी काव्य का क्रान्तिदूत' एवं 'क्रान्तिस्रष्टा' बताते हैं।[2] नन्ददुलारे वाजपेयी के इन 'क्रान्तिदूत' की कविता के दो उदाहरण द्रष्टव्य हैं—

1. 'मेरा वश चलता मैं बन जाता कौमार्य तुम्हारा।'
2. 'चाँदनी में आज केवल चाँद की बातें करो।'

पूरा लेख पढ़ने के बाद भी यह स्पष्ट नहीं होता कि आधुनिक हिन्दी कविता में 'अंचल' ने कौन-सी क्रान्ति की है। यदि नन्ददुलारे वाजपेयी ने 'अंचल' के 'उल्का' अथवा 'नयी इमारत' उपन्यासों का उल्लेख किया होता और उन्हें 'नवीन हिन्दी साहित्य का क्रान्तिस्रष्टा' बताया होता, तो भी एक बात थी। लगता है कि अपने प्रिय साहित्यकारों को क्रान्ति का आवाहनकर्ता घोषित करना नन्ददुलारे वाजपेयी का पसन्दीदा शगल था। उनके निर्देशन में एम.ए. परीक्षा के लिए लिखे गये बच्चन सिंह के 'डेजर्टेशन' का विषय भी क्रान्ति से अछूता नहीं रह पाया है; बच्चन सिंह की इस किताब का नाम है—'क्रान्तिकारी कवि निराला'। दूधनाथ सिंह ने अपने ग्रन्थ 'निराला! आत्महन्ता आस्था' में उचित ही इस 'क्रान्तिकारी' शब्द की शल्य-क्रिया की है।

'हिन्दी-साहित्य : 20वीं शताब्दी' आदि का अध्ययन करते समय स्पष्ट हो जाता है कि छायावादोत्तर-काव्य का विवेचन भी नन्ददुलारे वाजपेयी ने आधा-अधूरा किया है। मसलन नन्ददुलारे वाजपेयी यह नहीं बताते कि जो भगवतीचरण वर्मा निम्नलिखित पंक्तियाँ लिख रहे थे—

---

1 *नया साहित्य : नये प्रश्न*, पृ. 15-16

2 *हिन्दी-साहित्य : 20वीं शताब्दी*, पृ. 219

'हम दीवानों की क्या हस्ती
है आज यहाँ, कल वहाँ चले
मस्ती का आलम साथ चला
हम धूप उड़ाते उड़ाते जहाँ चले।'

वह निम्नलिखित पंक्तियाँ कैसे लिखने लगे—

'चरमर चरमर चूँ चरर मरर
जा रही चली भैंसा गाड़ी।'

नन्ददुलारे वाजपेयी यह भी स्पष्ट नहीं करते कि आधुनिक हिन्दी काव्य के विकास क्रम में हरिवंश राय 'बच्चन' और रामधारी सिंह 'दिनकर' का महत्त्व क्या है? बहुत बाद में नामवर सिंह ने 8 अगस्त 1983 को 'बच्चन रचनावली' के लोकार्पण के अवसर पर 'बच्चन' पर दिये गये अपने भाषण में उपर्युक्त 'महत्त्व' को अत्यन्त लालित्यपूर्ण ढंग से स्पष्ट किया था।

एक जमाने में नन्ददुलारे वाजपेयी ने अपने गुरु रामचन्द्र शुक्ल से छायावादी-काव्य को लेकर लोहा लिया था, लेकिन इतिहास बड़ा निर्मम भी होता है और अपने को दोहराता भी है। जो नन्ददुलारे वाजपेयी छायावाद के समर्थन में हरावल दस्ते में थे, वही 'प्रयोगवाद' के बारे में निम्नलिखित पंक्तियाँ लिखने लगे—" 'प्रयोगवाद' हिन्दी में बैठे-ठाले का धन्धा बनकर आया था। प्रयोक्ताओं के पास न तो काव्य-सम्बन्धी कोई कौशल था और न किसी प्रकार की कथनीय वस्तु थी। धीरे-धीरे इस मजाक में भी सचाई जान पड़ने लगी और कुछ लोग इस अर्थहीन वस्तु में एक नये 'वाद' की सम्भावना देखने लगे। क्रमशः यह भाषा सम्बन्धी बीहड़ प्रयोगों का अड्डा बन गया जिससे पाठकों को भी थोड़ी-बहुत दिलचस्पी होने लगी। आगे चलकर इसमें टी. एस. इलियट की शैली में आधुनिक जीवन के खोखलेपन का परिचय कराया जाने लगा। यह वाद हिन्दी में आरम्भ से ही मध्यवर्ग के हार खाये और फिर भी शौकीन तबीयत वाले व्यक्तियों के हाथ में रहा है। पिछले कुछ दिनों से इसमें निष्क्रिय व्यक्तियों की निराशा और गिरा मन प्रतिबिम्बित होने लगा।"[1] उपर्युक्त पंक्तियों में नये हिन्दी काव्य के प्रति जैसी झल्लाहट नन्ददुलारे वाजपेयी ने व्यक्त की है, वैसी तो रामचन्द्र शुक्ल ने भी छायावादी काव्य के प्रति नहीं की। 'धर्मयुग' में 'बैठे-ठाले' स्तम्भ में व्यंग्य-लिखे छपते थे। लगता है कि धर्मवीर भारती ने यह 'बैठे-ठाले' शब्द नन्ददुलारे वाजपेयी की उपर्युक्त पंक्तियों से ही लिया। नन्ददुलारे वाजपेयी ने यह आक्रमण आगे भी जारी रखा। उन्होंने फिर लिखा—'अज्ञेय' के अनुसार उनके एकत्र होने का कारण ही यही है कि

1 *नया साहित्य : नये प्रश्न*, पृ. 21

वे किसी एक स्कूल के ही नहीं हैं, किसी मंजिल पर पहुँचे हुए नहीं हैं, अभी राही हैं, राही नहीं, राहों के अन्वेषी।–कहीं यह भ्रम न हो जाये कि ऊपर की पंक्तियों में किसी स्कूल के कुछ राह भूले हुए विद्यार्थियों का जिक्र किया गया है, यह स्पष्ट कर देना आवश्यक है कि यहाँ 'अज्ञेय' जी राह भूले हुए विद्यार्थियों की नहीं, विशुद्ध प्रयोगवादी कवियों की चर्चा कर रहे हैं।"[1] ऐसा लगता है कि उपर्युक्त पंक्तियों में नन्ददुलारे वाजपेयी स्वयं स्कूली बच्चों की तरह झगड़ा कर रहे हैं। नन्ददुलारे वाजपेयी ने अपनी झल्लाहट में उदाहरण देने के लिए कविता भी कौन-सी चुनी–प्रभाकर माचवे की 'कविता क्या है?'[2]

'कविता क्या है? कहते हैं जीवन का दर्शन है–आलोचन,
(वह कूड़ा जो ढँक देता है बचे-खुचे पत्रों में के स्थल)
कविता क्या है? स्वप्न श्वास है उन्मन कोमल,
(जो न समझ में आता कवि के भी ऐसा है मूरखपन)
कविता क्या है? आदिम कवि की दृग-झारी से बरसा वारी–
(वे पंक्तियाँ जो कि गद्य हैं कहला सकती नहीं बिचारी)।'

लेकिन इससे भी दिलचस्प वे टिप्पणियाँ हैं, जो उन्होंने अपनी झोंक में नये कवियों पर की हैं–

1. मुक्तिबोध : मुक्तिबोध की काव्य-भाषा में लय और संगीत की अपेक्षा चिल्लाहट का अधिक प्रत्यय है।'[3]

2. नरेश मेहता : 'नरेश मेहता जब 1945-46 में काशी हिन्दू विश्वविद्यालय के छात्र थे, तभी से उनकी कविताएँ देखता आया हूँ, आरम्भ में वह पन्त-शैली के सौन्दर्यवादी लेखक थे, परन्तु पन्त की प्रौढ़ता और परिमार्जन से रहित। चित्र-कला की ओर भी कुछ झुकाव था और पान की ओर भी। कभी-कभी कक्षा में भी पान सेवन करते थे।'[4]

क्या नन्ददुलारे वाजपेयी की उपर्युक्त टिप्पणियों पर किसी 'भाष्य' की जरूरत है?

कान्तिकुमार जैन ने अपने रमाशंकर शुक्ल 'रसाल' वाले संस्मरण में बताया है कि नन्ददुलारे वाजपेयी ने सागर विश्वविद्यालय के साहित्यिक वातावरण को 'आधुनिक' बना दिया था।[5] ज़िस जमाने की बात कान्तिकुमार जैन कर रहे हैं, उस जमाने में 'छायावाद' किताब के लेखक नामवर सिंह वहाँ प्राध्यापक थे और 'बूढ़ा गिद्ध क्यों

---

1 *आधुनिक साहित्य*, पृ. 70
2 *तारसप्तक*, पृ. 147
3 *नयी कविता*, पृ. 16
4 *वही*, पृ.17
5 *वसुधा-47* (अक्टूबर 99-दिसम्बर 99)

पंख फैलाये' लेख के लेखक अशोक वाजपेयी छात्र। नामवर सिंह एवं अशोक वाजपेयी और किसी बात पर सहमत हों या न हों, इस बात पर जरूर सहमत होंगे कि नन्ददुलारे वाजपेयी की 'आधुनिकता' छायावादोत्तर कविता की नूतनता को न देख पाती थी, न पचा पाती थी, भले ही उन्होंने बाद में 'धर्मयुग' में 'नयी कविता' पर लेखमाला लिखी हो। इस सन्दर्भ में उस ऐतिहासिक घटना का उल्लेख अनुचित न होगा जब नन्ददुलारे वाजपेयी ने 1956 से 1959 तक लगभग तीन वर्षों तक 'आलोचना' पत्रिका का सम्पादन भी किया था। नन्ददुलारे वाजपेयी द्वारा 'आलोचना' का सम्पादन-भार सँभालने से पहले इलाहाबाद के परिमल ग्रुप के सदस्य 'आलोचना' के सम्पादक-मण्डल में थे। 'नयी कविता' पर नन्ददुलारे वाजपेयी के आक्रमणों से क्षुब्ध होकर जगदीश गुप्त ने 'आचार्य श्री की कृपा-दृष्टि' शीर्षक से लेख लिख डाला था।[1] 'प्रयोगवाद' और 'नयी कविता' के घोर विरोधी नन्ददुलारे वाजपेयी के 'आलोचना' के सम्पादक होने पर परिमल ग्रुप के सदस्यों और जगदीश गुप्त पर कैसी बिजली गिरी होगी, आज इसकी मात्र कल्पना ही की जा सकती है।

जयशंकर 'प्रसाद' और 'निराला' जैसे साहित्यकारों पर जैसे नन्ददुलारे वाजपेयी ने स्वतन्त्र समीक्षा-पुस्तकें लिखीं, वैसे ही 'प्रेमचन्द : साहित्यिक विवेचन' (1954) शीर्षक से पुस्तक लिखी। नन्ददुलारे वाजपेयी के समूचे आलोचना-कर्म में सबसे ज्यादा निराश यही पुस्तक करती है। बहुत ही मोटे ढंग से लिखी गयी इस किताब के आधे कलेवर में तो प्रेमचन्द के उपन्यासों-कहानियों का सारांश प्रस्तुत किया गया है एवं बाद में कथानक, चरित्र-चित्रण आदि शीर्षकों से तथाकथित साहित्यिक विवेचन प्रस्तुत किया गया है। नन्ददुलारे वाजपेयी के अनुसार—"प्रेमचन्द के साहित्य का सांगोपांग अध्ययन करने पर उन्हें आदर्शवादी लेखक ही कहना उचित होगा।'[2] 'निर्मला', 'गोदान', 'मंगलसूत्र', 'कफन', 'पूस की रात', 'शतरंज के खिलाड़ी', 'नशा', 'ठाकुर का कुँआ', 'मनोवृत्ति', 'बड़े भाई साहब', 'लॉटरी', 'दूध का दाम', 'सद्‌गति', 'सवा सेर गेहूँ', 'मन्दिर और मसजिद', 'नया विवाह' एवं 'मुक्तिमार्ग' जैसी रचनाएँ किस कोण से आदर्शवादी हैं, नन्ददुलारे वाजपेयी यह नहीं बताते। वह अपनी इस धारणा का भी कोई सन्तोषजनक प्रमाण नहीं दे पाते कि क्यों 'गोदान' 'ईपिक नावेल' नहीं है। 'निर्मला' उपन्यास के बारे में वह लिखते हैं—"...निर्मला... आदि सभी विधवाएँ जीवन का भार ढोती रहती हैं।"[3] अब निर्मला कब विधवा हुई, यह नन्ददुलारे वाजपेयी ही बता सकते हैं। उनके अनुसार 'निर्मला' विधवाओं के जीवन की करुण कहानी है।[4]

1 *नयी कविता पत्रिका का अंक 4* (1959), पृ. 8

2 *प्रेमचन्द : साहित्यिक विवेचन*, पृ. 21

3 *वही*, पृ. 159

4 *वही*, पृ. 159

यह वाक्य ही बता देता है कि 'निर्मला' उपन्यास के बारे में नन्ददुलारे वाजपेयी की समझ कितनी भ्रान्तिपूर्ण है। 'रंगभूमि' के बारे में नन्ददुलारे वाजपेयी लिखते हैं—" 'रंगभूमि' जैसे उपन्यास में प्रेमचन्द सूरदास के जमीन न बेचने के हठ का कोई वास्तविक कारण नहीं बता सके हैं, जिससे उपन्यास की बौद्धिक भूमिका दुर्बल ही रह गयी है।" जिस जमीन को सूरदास बाप-दादाओं की निशानी मानता है, जहाँ उसका धर्मभीरु मन कुआँ आदि बनवाने का है, जहाँ गाँव-भर की गायें चरती हैं और बाद में यह लड़ाई औद्योगिकीकरण को रोकने की बनते-बनते एक जातीय स्वाभिमान का रूप ले लेती है, उस जमीन को सूरदास क्यों नहीं बेचना चाहता, यह नन्ददुलारे वाजपेयी क्यों नहीं समझ पाते, यह समझ में नहीं आता। प्रेमचन्द की कहानियों को नन्ददुलारे वाजपेयी 'भावात्मक' मानते हैं।[1] ऊपर उल्लिखित कहानियों में कौन-सी 'भावात्मकता' है, नन्ददुलारे वाजपेयी यह नहीं बताते। 'मुक्तिमार्ग' प्रेमचन्द की उन कहानियों में से है, जिसका अर्थ बहुत दूर तक जाता है। सारी लाग डाट और भौतिक तामझाम की समाप्ति के बाद जीवन कितना निर्द्वन्द्व हो जाता है, बुद्ध और झींगुर 'न ऊधो का लेना, न माधो का देना' वाली हालत पर पहुँच कर कैसे निस्पृह होकर 'अतीत' को देखते हुए 'कनफेशन' करते हैं और दोनों के घात-प्रतिघात कैसे कथानक की अन्दरूनी सतह पर चलते रहते हैं—प्रेमचन्द का यह समस्त कौशल इस कहानी में दर्शनीय है, लेकिन नन्ददुलारे वाजपेयी इस कहानी की व्याख्या करते हुए बताते हैं कि वैमनस्य का फल बुद्धू और झींगुर को कैसे एकदम विपन्न बना देता है, इसकी कहानी है 'मुक्तिमार्ग'।[2]

नन्ददुलारे वाजपेयी के अनुसार, "प्रेमचन्द के उपन्यास उनकी प्रोपेगेंडा-वृत्ति के कारण काफी बदनाम हैं क्योंकि यह प्रोपेगेंडा उनकी साहित्य-कला को कलुषित कर देता है।"[3] प्रेमचन्द ने स्वयं ही इसका उत्तर दिया था—"सभी लेखक कोई-न-कोई प्रोपेगेंडा करते हैं, सामाजिक, नैतिक या बौद्धिक। अगर प्रोपेगेंडा न हो तो संसार में साहित्य की जरूरत न रहे, जो प्रोपेगेंडा नहीं कर सकता, वह विचारशून्य है, और उसे कलम हाथ में लेने का कोई अधिकार नहीं है।"[4] मजे की बात यह है कि जिस प्रोपेगेंडा शब्द से नन्ददुलारे वाजपेयी को इतनी एलर्जी है, उस शब्द को जयशंकर 'प्रसाद' के उपन्यास 'कंकाल' के सन्दर्भ में प्रयुक्त कर वह कहते हैं—"इसे हम 'कंकाल' का प्रोपेगेंडा कहते हैं। प्रत्येक साहित्यकार जीवन और जगत् सम्बन्धी अपने अनुभव और अपनी धारणाएँ रखता है, जो उसकी साहित्यिक कृतियों में प्रतिफलित हुआ करती हैं। जिसके ये अनुभव और धारणाएँ, जितनी अधिक दृढ़ होंगी और जो

---

1 *वही*, पृ. 164

2 *वही*, पृ. 184

3 *हिन्दी-साहित्य* : 20 वीं शताब्दी, पृ. 95

4 *विविध प्रसंग*, भाग 3, पृ. 122

जितने अधिक कौशलपूर्वक उनकी शक्ति समेटकर अपने साहित्य में संकलित कर सकेगा, उसकी कृति उतनी ही अधिक प्रभावशाली होगी।"[1] जाहिर है कि नन्ददुलारे वाजपेयी के लिए जो प्रोपेगेंडा जयशंकर 'प्रसाद' के उपन्यास को अर्थवत्ता देता है, वहीं प्रोपेगेंडा प्रेमचन्द के उपन्यास को दूषण-युक्त बना देता है, नन्ददुलारे वाजपेयी का यह दोहरा मानदण्ड उनकी समीक्षा की पारदर्शिता पर एक प्रश्न चिह्न तो लगा ही देता है।

पाण्डेय बेचन शर्मा 'उग्र' के बारे में नन्ददुलारे वाजपेयी की धारणा अधिकांश हिन्दी-समीक्षकों जैसी ही है और जिसे निर्मित करने में बनारसीदास चतुर्वेदी की प्रमुख भूमिका रही है। नन्ददुलारे वाजपेयी के मुताबिक "उग्र में नग्न-चित्रण है, इसलिए उनका कथा–साहित्य श्लाघनीय नहीं है।" मजे की बात यह है कि स्वयं नन्ददुलारे वाजपेयी 'अश्लीलता' पर लिखते हुए कहते हैं–"अश्लीलता क्या है? किसी उपन्यास में अश्लीलता कहाँ से आरम्भ होती है, श्लील वर्णन कहाँ समाप्त होता है, अश्लीलता स्वयं साध्य बनी हुई है या साधन बनकर किसी अन्य लक्षण की ओर हमें ले जाती है, इन बातों की ओर ध्यान देने का किसी को अवसर ही नहीं था। इसके अतिरिक्त, जैसा कि डॉ. रामप्रसाद त्रिपाठी कहा करते हैं कि हिन्दी के शृंगार-काल के अनेक सुन्दर संकेतात्मक पद्यों की रस-धारा में डॉ. ग्रियर्सन की आज्ञा से लोग कलुष ही देखने के अभ्यस्त हो गये हैं। यही हाल कुछ भिन्नता के साथ आधुनिक हिन्दी के कथासाहित्य का भी हो रहा था।'[2] काश! 'उग्र' पर अपना फैसला सुनाते हुए नन्ददुलारे वाजपेयी ने अपनी उपर्युक्त पंक्तियों को याद कर लिया होता।

इसी प्रकार 'यथार्थवाद' पर नन्ददुलारे वाजपेयी अपने विचार प्रकट करते हुए लिखते हैं–" 'प्रसाद' जी के 'कंकाल' उपन्यास पर लिखते समय मैं पहली बार किसी 'यथार्थवादी' कृति पर प्रशंसा के शब्द लिख सका था। इसके पूर्व 'यथार्थवाद' मेरे लिए साहित्य से सर्वथा बहिष्कृत वस्तु थी और मैं उसके स्वागत की कल्पना भी नहीं कर सकता था।"[3] सच बात तो यह है कि नन्ददुलारे वाजपेयी 'यथार्थवाद' का स्वागत जीवन भर नहीं कर पाये, उनकी समीक्षा-कृतियाँ इस तथ्य की प्रमाण हैं।

नन्ददुलारे वाजपेयी मार्क्स और मार्क्सवादी विचारधारा का नाम आते ही भड़क उठते हैं। वह लिखते हैं–"मुझे मार्क्स की सामाजिक और साहित्यिक प्रतिपत्तियाँ स्वीकार नहीं हैं।"[4] वह घोषित करते हैं–"हिन्दी का 'मार्क्सवादी-साहित्य'...अनगढ़ और प्रभावहीन है।"[5] उनके अनुसार कम्युनिस्ट लेखकों के चरित्र 'अभारतीय' एवं

---

1 *जयशंकर प्रसाद*, पृ. 35

2 *वही*, पृ. 36-37

3 *नया साहित्य* : नये प्रश्न, पृ. 11

4 *वही*, पृ. 8

5 *वही*, पृ. 44

'असंस्कारी' हैं—'तितली' के नायक और नायिका दोनों ही श्रमिक वर्ग के हैं और यद्यपि वे कम्युनिस्ट लेखकों के इस श्रेणी के चरित्रों की भाँति कर्कश, संघर्षमय और घृणाभिभूत नहीं हैं...और भारतीय श्रमिक की संस्कारी-भावनाओं से युक्त हैं।"[1] मार्क्सवादी दर्शन की निन्दा करते हुए वह लिखते हैं—"और अन्त में हम यह भी कहना चाहेंगे कि हमारे ऊपर कोई नया दर्शन या नयी चिन्तन-प्रणाली भी नहीं लादी जा सकती। यह समझना निरी भ्रान्ति है कि मार्क्स-दर्शन या मार्क्सीय विचार-पद्धति हमें जीवन की कोई अनुपम दृष्टि देती है और सत्य का सीधा साक्षात्कार कराती है। भारतीय तत्त्व-चिन्तन और विचार-विधियों की अवहेलना कर उनके स्थान पर एक नयी पद्धति को प्रतिष्ठित करना भारतीय जनगण की सांस्कृतिक परम्परा का अपमान करना भी है। इसी जनगण की स्वस्थ चेतना और नैसर्गिक बुद्धिमत्ता का इजहार करते जो नहीं थकते, वे ही वह विदेशी लबादा भारतीय जनता पर लादना चाहते हैं। जिस प्रकार क्रिश्चियन धर्म की प्रलोभनकारिणी चादर हमें 18वीं और 19वीं शताब्दी में भेंट की जा रही थी, उसी प्रकार यह मार्क्सवादी लबादा इस 20वीं शताब्दी में लादा जा रहा है।"[2]

अब ऐसी पंक्तियाँ लिखने वाले नन्ददुलारे वाजपेयी से यह उम्मीद करना कि वह यशपाल, राहुल सांकृत्यायन जैसे वामपन्थी विचारधारा के पोषक लेखकों के महत्त्व को स्वीकार करेंगे, दिवास्वप्न देखना है। यशपाल के श्रेष्ठतम उपन्यासों में से एक 'दिव्या' (1945) को नन्ददुलारे वाजपेयी जयशंकर 'प्रसाद' के अधूरे उपन्यास 'इरावती' (1940) की तुलना में खारिज कर देते हैं।[3] अपने लेखों में जहाँ-कहीं उन्होंने यशपाल का जिक्र किया है, जैसे तलवार खींच ली है। यशपाल पर आक्रमण करते हुए वह लिखते हैं—"आलिंगनन-चुम्बन, व्यभिचार और मांस-मदिरा के नजारे यशपाल के उपन्यासों में जितने अधिक हैं, किसी भीं बड़े लेखक में शायद ही हों।[4] वह यशपाल को उपदेश देते हुए कहते हैं—"यशपाल पता नहीं क्यों एक सिद्धान्तविशेष की छाया में ही साहित्य के पौधे को पनपाना चाहते हैं। क्या यह अधिक अच्छा न होगा कि वह जीवन की खुली धूप, हवा और मिट्‌टी से उसे यथेष्ट खाद लेने दें। सिद्धान्त के गमले में रखे चौबीसों घण्टे छाया में पले, ये पौधे कहाँ बढ़ पायेंगे? यशपाल जी इस बात को क्यों भूल जाते हैं कि उनकी शक्तियों का कहीं अच्छा उपयोग मतवाद के घेरे से बाहर निकल आने पर ही हो सकेगा।"[5] नन्ददुलारे वाजपेयी को यशपाल में आस्था की कमी भी दिखती है—"यशपाल में आस्था की कमी के कारण एक अजीब

---

1 *जयशंकर प्रसाद*, पृ. 3

2 *नया साहित्य : नये प्रश्न*, पृ. 45

3 *राष्ट्रीय साहित्य*, पृ. 47

4 नया साहित्य : नये प्रश्न, पृ. 17

5 *वही*, पृ. 178

सूखापन आ गया है। इस सूखेपन को दूर करने के लिए यशपाल ने नारी और मदिरा का अपनी कृतियों में आवश्यकता से अधिक प्रयोग किया है।"[1]

यशपाल पर लगाये गये नन्ददुलारे वाजपेयी के उपर्युक्त आरोप न केवल अनर्गल हैं, बल्कि यशपाल की कृतियों का सुविचारित अध्ययन किये बिना ही लगा दिये गये हैं। मार्क्सवाद के प्रति अपने अँध-विरोध में नन्ददुलारे वाजपेयी यह नहीं बताते कि यशपाल के 'झूठा सच', 'दिव्या' और 'देशद्रोही' जैसे उपन्यासों में एवं 'पराया सुख', 'फूलों का कुरता' और 'परदा' जैसी कहानियों में कहाँ उन्हें व्यभिचार, मांस-मदिरा और अश्लीलता के दर्शन होते हैं। जहाँ तक आस्था का प्रश्न है, यशपाल के ईपिक नावेल 'झूठा सच' के द्वितीय भाग 'देश का भविष्य' में डॉ. प्राणनाथ द्वारा गिल से कहे गये ये वाक्य द्रष्टव्य हैं—"गिल, अब तो विश्वास करोगे, जनता निर्जीव नहीं है। जनता सदा मूक भी नहीं रहती। 'देश का भविष्य' नेताओं और मन्त्रियों की मुट्ठी में नहीं है, देश की जनता के ही हाथ में है।[2]

जैनेन्द्र के बारे में अलबत्ता नन्ददुलारे वाजपेयी का मूल्यांकन किसी सीमा तक सुविचारित है। जैनेन्द्र की कथ्य और भाषागत अटपटाहट की ओर संकेत करते हुए नन्ददुलारे वाजपेयी लिखते हैं—"...जैनेन्द्र के पात्रों का व्यक्तित्व और उनकी समस्या ही ठीक तरह से समझ में नहीं आती। यह अस्पष्टता...उनके प्रायः सभी उपन्यासों में है।[3] बहुत बाद में श्रीलाल शुक्ल ने इसी पर तंज कसते हुए लिखा था—"पर त्यागपत्र के साथ अगर-मगर न होना चाहिए। होना चाहिए तो केवल त्यागपत्र होना चाहिए। नहीं तो कुछ न होना चाहिए। पर यदि कुछ हुआ, तो बहुत कुछ हो जायेगा।"[4] अन्तिम वाक्य, लगता है श्री जैनेन्द्र कुमार के साहित्य से उड़ाये गये थे। साफ समझ में आ रहा था कि शब्द जाल से धमकाया जा रहा है। लेकिन 'सुनीता' (1935) का मूल्यांकन करते हुए नन्ददुलारे वाजपेयी पुनः दिग्भ्रमित हो जाते हैं—" 'सुनीता' उपन्यास की समस्या है—परदारहित परिवार में पर पुरुष के प्रवेश की समस्या।"[5] नन्ददुलारे वाजपेयी का यह कथन वैसा ही है, जैसे कि कोई यह कहे कि यशपाल की 'परदा' कहानी में परदा कैसे लटकाया जाता है, इसका वर्णन किया गया है। शरत के 'पथेरदायी' की परम्परा में लिखे गये इस उपन्यास 'सुनीता' (बाद में यशपाल ने 'दादा कामरेड' (1941) उपन्यास लिखकर 'पथेरदायी' एवं 'सुनीता' का उत्तर दिया) का बेहद संक्षिप्त मूल्यांकन प्रेमचन्द ने जैनेन्द्र को लिखे अपने पत्र में कर दिया है—"स्त्री पत्नी रहते हुए भी अभिनेत्री बन सकती है और अगर पति दुराचार करे

---

1 *वही*, पृ. 231-232

2 *झूठा सच-द्वितीय भाग*—'देश का भविष्य', पृ. 662

3 *हिन्दी-साहित्य* : 20वीं शताब्दी, पृ. 189

4 *राग दरबारी*, पृ. 368

5 *आधुनिक साहित्य*, पृ. 362

तो उसे मार सकती है। लेकिन इस तरह एक युवक के पंजे में फँस जाना न उस क्रान्तिकारी युवक को शोभा देता है न नारी को।"[1]

इस प्रकार अन्य रचनाओं और रचनाकारों के बारे में नन्ददुलारे वाजपेयी की टिप्पणियाँ न तो उनके आलोचना-विवेक का परिचय देती हैं और न ही उनके दायित्व बोध का रांगेय राघव के उपन्यास 'घरौंदे' को नन्ददुलारे वाजपेयी ने न केवल कहानी-संग्रह बता दिया है, बल्कि इसी रूप में उसका विवेचन भी कर दिया है।[2] हिन्दी उपन्यासकारों का परिचय देते हुए गुरुदत्त को भी ले लिया है।[3] गनीमत है कि कुशवाहा कान्त, प्यारेलाल आवारा एवं गुलशन नन्दा का नाम नहीं ले लिया। भगवतीचरण वर्मा के उपन्यास 'चित्रलेखा' (1934) को हल्की कलम से लिखी गयी रचना घोषित कर दिया है।[4] चन्द्रधर शर्मा 'गुलेरी' की अमर कहानी 'उसने कहा था' (1915) को बोझिल बता दिया है।[5] रामकृष्ण शुक्ल 'शिलीमुख' को कथासाहित्य का विशेषज्ञ समीक्षक घोषित कर दिया है।[6] भगवतीप्रसाद वाजपेयी के कथा-साहित्य को जैनेन्द्र के कथा–साहित्य की तुलना में अधिक विवादास्पद बता दिया है।[7] अब जैसे 'कहाँ बिहारी लाल हैं कहाँ दुलारे लाल', वैसे ही कहाँ जैनेन्द्र और कहाँ भगवतीप्रसाद वाजपेयी।

नन्ददुलारे वाजपेयी की समीक्षा-पुस्तकों के शीर्षक भी दिग्भ्रमित कर देने वाले हैं। 'हिन्दी-साहित्य : 20वीं शताब्दी' शीर्षक से भान होता है कि इसमें कम-से-कम 20वीं शताब्दी के हिन्दी-साहित्य की प्रतिनिधि रचनाओं की व्याख्या होगी, जबकि ऐसा कुछ नहीं है। स्वयं नन्ददुलारे वाजपेयी ने इस पुस्तक की भूमिका में लिखा है–"महत्त्वाकांक्षावश मैंने इसका नाम 'हिन्दी-साहित्य : 20वीं शताब्दी' रख दिया है।"[8] यही स्थिति उनकी अन्य समीक्षा-पुस्तकों–'नया साहित्य : नये प्रश्न', 'आधुनिक साहित्य' आदि की है।

काश! नन्ददुलारे वाजपेयी ने आलोचना-कर्म में प्रवृत्त होते समय अपने गुरु रामचन्द्र शुक्ल की सुव्यवस्था, क्रमबद्धता, सतर्कता और तटस्थता भी ग्रहण की होती तो आज रामचन्द्र शुक्ल की समीक्षा की बड़ी लकीर के समानान्तर दूसरी बड़ी लकीर बहुत साफ दिखाई पड़ती।

---

1 *चिट्ठी-पत्री*, भाग-2, पृ. 64

2 *नया साहित्य : नये प्रश्न*, पृ. 206

3 *वही*, पृ. 205

4 *वही*, पृ. 177

5 *आधुनिक साहित्य*, पृ. 240

6 *वही*, पृ. 332

7 *हिन्दी-साहित्य : 20वीं शताब्दी*, पृ. 27

8 *वही*, पृ. 11

19

आचार्य हजारीप्रसाद द्विवेदी की 'समीक्षा-दृष्टि'

—विजय बहादुर सिंह

आचार्य हजारीप्रसाद द्विवेदी की समीक्षा के चयन को देखते हुए यह अनुमान किया जा सकता है कि 'द्विवेदी जी' ने आचार्य 'शुक्ल' से टकराना ठीक नहीं समझा क्योंकि तुलसी और जायसी को लेकर आचार्य 'शुक्ल' समीक्षा के क्षेत्र में आज भी मील के पत्थर हैं। 'द्विवेदी जी' ने अपनी समीक्षा का मार्ग बदल कर कबीर और सूर को सामने रखा और समीक्षा के क्षेत्र में उन्होंने अपनी एक नयी पहचान बनायी। इसी प्रकार यदि देखा जाये तो रीतिकाल के सन्दर्भ में 'द्विवेदी जी' ने लीक से हटकर मतिराम की लोकप्रियता को स्वीकार करते हुए उन्हें गृहस्थी का कवि घोषित किया तथा उनकी मर्यादावादी शृंगारिक दृष्टि को महत्त्वपूर्ण माना। 'शुक्ल जी' की रीझ बिहारी पर थी। घनानन्द पर अपनी प्रतिकूल टिप्पणियों में भी आचार्य 'शुक्ल जी' ने जो लिख दिया उससे आगे लोग नहीं जा सके। आचार्य 'द्विवेदी' ने इन सन्दर्भों को दरकिनार करते हुए अपनी समीक्षा-शैली का विकास किया। उन्होंने सर्जनात्मक और मानवतावादी समीक्षक के रूप में अपने को प्रतिष्ठित किया।

आचार्य नन्ददुलारे वाजपेयी ने अपनी पुस्तक 'नया साहित्य : नये प्रश्न' में टिप्पणी की है—"हमें यह देखकर प्रसन्नता होती है कि डॉ. हजारीप्रसाद द्विवेदी तथा डॉ. माताप्रसाद गुप्त जैसे नये शोधकर्ताओं ने साहित्य-समीक्षा तथा शोधकार्य का अन्तर समझकर दोनों के बीच चक्कर लगाने की आदत छोड़ दी है।" कुछ आलोचक यह मानते हैं कि आचार्य हजारीप्रसाद द्विवेदी सर्जक तो बहुत बड़े हैं किन्तु आलोचक के रूप में उतने शक्तिमान नहीं। कुछ आलोचक सलाह देते पाये गये कि वे निबन्ध (व्यक्ति-व्यंजक निबन्ध) और उपन्यास लिखें। आलोचना के चक्कर में क्यों पड़ते हैं? यानी द्विवेदी जी, अपना सर्वोत्तम रचनात्मक साहित्य के माध्यम से ही दे सकते हैं। आलोचना के क्षेत्र में पड़कर वे अपनी सर्वोत्तम शक्ति का सदुपयोग नहीं करते। आचार्य 'द्विवेदी' का व्यक्तित्व बहुआयामी है। वे साहित्येतिहास के शोधकर्ता एवं व्याख्याता, विचारक, उपन्यासकार, ललित निबन्धकार एवं सम्पादक के रूप में हमारे सामने आते हैं।

1. सूर-साहित्य (1930)
2. हिन्दी-साहित्य की भूमिका (1940)
3. कबीर (1942)
4. हिन्दी-साहित्य का आदिकाल (1952)
5. कालिदास की लालित्य योजना (1965)
6. सहज साधना (1963)
7. मध्यकालीन बोध का स्वरूप (1970)

सूर-साहित्य (1930)

आचार्य हजारीप्रसाद द्विवेदी की 'सूर-साहित्य' प्रथम रचना है। यह प्रथम बार सन् 1930 के आस-पास प्रकाशित हुई थी। दूसरी बार प्रकाशित होने पर 'द्विवेदी जी' ने टिप्पणी दी है–"आज से (सं. 2012) कोई 25 वर्ष पहले यह पुस्तक लिखी गयी थी। उस समय साहित्य-क्षेत्र में कुछ नया देने की उमंग थी और ऐसा विश्वास था कि जो कुछ लिख रहा हूँ, सब प्रकार से नवीन और ग्राह्य है।"[1] इसीलिए भाषा में जहाँ एक प्रकार का आत्म-विश्वास का गुण था, वहीं थोड़ा-बहुत आक्रामक भाव भी आ गया था। आज यदि नये सिरे से इसी विषय पर लिखना पड़े तो इसकी भाषा और शैली में बहुत-कुछ परिवर्तन हो जायेगा और यह पुस्तक कदाचित् उपयोगी तो अधिक हो जायेगी लेकिन इसमें जो थोड़ी-सी भास्वरता है वह क्षीण हो जायेगी।[2] आचार्य द्विवेदी ने इस पुस्तक के सम्बन्ध में तीन विशेषताओं की तरफ संकेत किया है–(1) कुछ नया देने की उमंग, (2) आत्मविश्वास और (3) भास्वरता। इस पुस्तक के प्रथम दो अध्याय–राधा कृष्ण का विकास : स्त्री पूजा और उसका वैष्णव रूप निश्चित रूप से सूचना प्रधान और शोधपरक है। तन्त्रमतवाद के उद्भव का कारण उसमें स्त्री का महत्त्व तथा वैष्णव मत का पार्थक्य दिखाया है। शोधपरक होने पर भी ये दोनों अध्याय सूरदास के कृष्ण और राधा को समझने के लिए आवश्यक है। इस पुस्तक में 'द्विवेदी जी' ने प्रेम-तत्त्व की जो व्याख्या की है और जयदेव, विद्यापति तथा चण्डीदास की राधा के साथ सूर की राधा के प्रेम का जो सूक्ष्म पार्थक्य दिखाया गया है वह उनके समीक्षक रूप को स्पष्ट करने के लिए पर्याप्त है। इसके पूर्व आचार्य रामचन्द्र शुक्ल का भ्रमरगीत सार की भूमिका (1925) प्रकाशित हो चुका था किन्तु उसमें सूर की राधा को न तो जयदेव, विद्यापति और चण्डीदास की राधा के साथ रख कर देखा गया था न उसके गम्भीर और पूर्ण प्रेम की व्याख्या की गयी थी।

---

1 *सूर-साहित्य, हजारीप्रसाद द्विवेदी ग्रन्थावली-4,* निवेदन, पृ. 23,

2 *हजारीप्रसाद द्विवेदी ग्रन्थावली-4,* पृ. 23

हिन्दी साहित्य की भूमिका (1940)

आचार्य रामचन्द्र शुक्ल के 'हिन्दी साहित्य का इतिहास' (1929) के प्रकाशन वर्ष के ग्यारह वर्षों बाद आचार्य हजारीप्रसाद द्विवेदी की 'हिन्दी साहित्य की भूमिका' प्रकाशित हुई। 'हिन्दी साहित्य की भूमिका' में 'द्विवेदी ज़ी' ने हिन्दी-साहित्य के विकास की जो पृष्ठभूमि प्रस्तुत की है, उससे स्पष्ट है कि उन्होंने ऐसा अनुभव किया है कि आचार्य 'शुक्ल' के इतिहास से ही सन्तोष कर लेना समीचीन नहीं है। इतिहास पुनर्लेखन की सम्भावनाएँ बनती हैं क्योंकि इसके विकास़ की पृष्ठभूमि को नजरन्दाज नहीं किया जा सकता। आचार्य 'शुक्ल' ने अपने हिन्दी-साहित्य के इतिहास में उत्तर भारत में बढ़ते हुए मुस्लिम शासन और इस्लामिक संस्कृति के प्रभाव को हिन्दी-साहित्य की भक्तिपरक रचनाओं के मूल में माना है और एक प्रकार से वह कहना चाहते हैं कि यह पराजित हिन्दू जाति की नियति थी। 'हिन्दी साहित्य की भूमिका' में आचार्य हजारीप्रसाद द्विवेदी इस तथ्य को शत-प्रतिशत स्वीकार करने के पक्ष में नहीं हैं। उनका कहना है कि प्रथमतः तो इस मान्यता को स्वीकार करना सम्भव नहीं है और यदि स्वीकार भी कर लिया जाये तो रुपये में चार आना ही इसे स्वीकृति प्रदान की जा सकती है। आचार्य 'द्विवेदी जी' की टिप्पणी है—"अगर इस्लाम नहीं आया होता तो भी इस साहित्य का बारह आना वैसा ही होता जैसा आज है।"[1] ऐसी स्थिति में यह स्पष्ट हो जाता है कि 'शुक्ल जी' की मान्यता को वे केवल संकोचवश और आदरार्थ ही स्वीकार करते हैं। 'द्विवेदी जी' की दृष्टि इससे बिल्कुल भिन्न है और वे इस प्रवृत्ति के विकास के सूत्र दक्षिण भारत में देखते हैं क्योंकि भक्ति आन्दोलन की परम्परा वहाँ विद्यमान थी न की उत्तर भारत में वह मुस्लिम शासकों द्वारा पराजित होने की स्थिति में प्रकट हुई। यह दूसरी बात है कि 'द्विवेदी जी' ने दक्षिण भारत के भक्ति आन्दोलन की परम्परा को हिन्दी-साहित्य के विकास के क्रम को भरपूर रेखांकित नहीं किया है। आचार्य 'द्विवेदी जी' ने स्पष्टतः आचार्य रामचन्द्र शुक्ल का नाम लेते हुए टिप्पणी की है—"रामचन्द्र शुक्ल से सर्वत्र सहमत होना सम्भव नहीं है। वे इतने गम्भीर और कठोर थे कि उनके वक्तव्यों की सरसता उनकी बुद्धि की आँच से सूख जाती थी और उनके मतों का लचीलापन जाता रहता था। आपको या तो 'हाँ' कहना पड़ेगा या 'ना', बीच में खड़े होने का कोई उपाय नहीं। उनका 'अपना' मत सोलह आने अपना है। वे तन कर कहते हैं : मैं ऐसा मानता हूँ, तुम्हारे मानने न मानने की मुझे परवाह नहीं। नया लेखक उनसे डरता है, पुराना घबराता है, पण्डित सिर हिलाता है। वे पुराने की

---

1 *हिन्दी साहित्य की भूमिका*, प्रथम संस्करण 1998, आचार्य हजारीप्रसाद द्विवेदी, पृ. 16

गुलामी पसन्द नहीं करते और नवीन की गुलामी तो उनके लिए एकदम असह्य है। 'शुक्ल जी' इस बात में बड़े हैं और इसी जगह उनकी कमजोरी है। यदि किसी को उन्होंने एक बार नवीनता की गुलामी करते देख लिया तो फिर दीर्घकाल तक उनके अविश्वास का पात्र बना रहा।"[1] इस प्रकार आचार्य 'द्विवेदी' ने एक साहित्यकार की श्रेष्ठता का निर्वाह करते हुए 'शुक्ल जी' के विचारों का पूर्णतः खण्डन किया है।

आचार्य 'द्विवेदी' ने कई अनेक ऐसे महत्त्वपूर्ण बिन्दुओं की ओर संकेत किया है जो किसी भी देश की भाषा, संस्कृति और साहित्य को प्रभावित करते हैं। हिन्दी साहित्य का क्षेत्र चारों ओर इसी प्रकार की भौगोलिक सीमाओं से घिरा हुआ था—"अगर आप भारतवर्ष के मानचित्र में उस अंश को देखें जिसकी साहित्यिक भाषा हिन्दी मानी जाती है तो आप देखेंगे कि यह विशाल क्षेत्र एक तरफ तो उत्तर भारत में भारतीय सीमा को छुए है, जहाँ से आगे बढ़ने पर एकदम भिन्न जाति की भाषा और संस्कृति से सम्बन्ध होता है और दूसरी तरफ पूर्व की ओर भी भारतवर्ष की पूर्व सीमाओं को बनाने वाले प्रदेशों से सटा हुआ है। पश्चिम और दक्षिण में भी वह एक ही संस्कृति, पर भिन्न प्रकृति के प्रदेशों से सटा हुआ है ...इस बात के निश्चित प्रमाण हैं कि सन् ईसवी की सातवीं शताब्दी में युक्त प्रांत, बिहार, बंगाल, आसाम और नेपाल में बौद्ध धर्म काफी प्रबल था।"[2] ऐसे समय में मुहम्मद साहब का जन्म हुआ था। अतः कैसे स्वीकार कर लिया जाये कि हिन्दी साहित्य पर केवल इस्लाम का प्रभाव पड़ा। उपर्युक्त परिस्थितियों का प्रभाव नहीं पड़ा जबकि वे प्रभाव डालने की स्थिति में थीं। यह एक गम्भीर प्रश्न है जिसकी उपेक्षा करने की छूट हिन्दी-साहित्य के इतिहासकार को नहीं दी जा सकती।

आचार्य द्विवेदी ने स्पष्ट करना चाहा है कि पौराणिक धर्म की लम्बी परम्परा थी और वह भारतीय समाज से जुड़ी हुई थी। वह समाप्त नहीं हुई और न उसे विदेशी आक्रमणकारी समूलतः नष्ट कर सके क्योंकि परम्पराएँ समाप्त नहीं होतीं। उनमें उतराव-चढ़ाव आता रहता है। बौद्ध धर्म ऐसा धार्मिक सम्प्रदाय जो परम्परा की स्थिति में नहीं थे, केवल मठों और विहारों तक जिनका प्रभुत्व था। वे मुस्लिम शासकों द्वारा ढहा दिये गये जिनके ढह जाने के पश्चात् उनमें सीमित सम्प्रदाय भी लगभग समाप्त हो गये। ऐसी स्थिति में भले ही इन सम्प्रदायों का प्रभाव हिन्दी साहित्य के विकास पर न पड़ा हो और जिसके मूल में मुस्लिम विदेशी शासन था पर पौराणिक संस्कृति की विशाल लम्बी परम्परा अपनी अमिट छाप हिन्दी साहित्य के विकास पर छोड़ती

1 *हिन्दी साहित्य की भूमिका*, आचार्य हजारी प्रसाद द्विवेदी, पृ. 133
2 *वही*, पृ. 16-17

गयी और हिन्दी साहित्य का भक्ति आन्दोलन सर्वाधिक प्रभावित हुआ। आचार्य 'द्विवेदी' की टिप्पणी है—"हिन्दी-साहित्य के जन्म-काल के समय बौद्ध धर्म एकदम नष्ट हो तो ही नहीं गया था, जीवित जोश के साथ वर्तमान भी था। जन साधारण के साथ उसका योग तो था ही। मगध और बंगाल में मुसलमानी धर्म के आक्रमण से बौद्ध और फिर हिन्दू मन्दिर समान भाव से आक्रान्त हुए। मन्दिरों, मठों और विहारों का समान भाव से ध्वंस किया गया। फिर भी पौराणिक धर्म बच गया, बौद्ध नहीं बच सका, क्योंकि पहले का सम्बन्ध उन दिनों समाज से था और दूसरे का केवल विहारों से।"[1] बौद्ध धर्म जो अनेक सम्प्रदायों में बँट गया था। उनमें से कई ऐसे सम्प्रदाय थे, जिनकी भारतीय लोक-जीवन में पर्याप्त घुसपैठ हो चुकी थी और यह घुसपैठ लोक-संस्कृति के माध्यम से समय-समय पर हिन्दी-साहित्य को प्रभावित करती रही है। आचार्य 'द्विवेदी' का अन्तःमन हिन्दी-साहित्य के विकास को स्पष्ट करने के लिए पूर्णतः आन्दोलित है। वे अनुभव करते हैं कि इसे समुचित स्थान हिन्दी साहित्य के इतिहास में मिलना चाहिए। आचार्य 'द्विवेदी' का कथन है—"बौद्ध धर्म क्रमशः लोक धर्म का रूप ग्रहण कर रहा था और उसका निश्चित चिह्न हम हिन्दी साहित्य में पाते हैं। इतने विशाल लोक धर्म का थोड़ा पता भी यदि हम हिन्दी-साहित्य में दे सके तो उसकी बहुत बड़ी सार्थकता है।"[2] इस प्रकार का मन्थन 'हिन्दी-साहित्य की भूमिका' के माध्यम से 'द्विवेदी जी' की लेखनी से आया।

हिन्दी-साहित्य एक पराजित जाति की मनःस्थितियों के साथ निर्मित हुआ है। यही कारण है कि इसके उत्तर जो महत्त्वपूर्ण रचनाएँ हिन्दी में हुईं उन्हें अधिकांश इतिहासकारों ने अपने विवेचन का विषय नहीं बनाया। यह तथ्य 'द्विवेदी जी' की टिप्पणी से स्पष्ट है—"दुर्भाग्यवश हिन्दी-साहित्य के अध्ययन और लोक-चक्षु गोचर करने का भार जिन विद्वानों ने अपने ऊपर लिया है वे भी हिन्दी-साहित्य का सम्बन्ध हिन्दू जाति के साथ ही अधिक बतलाते हैं और इस प्रकार अनजान आदमी को दो ढंग से सोचने का मौका देते हैं : एक यह कि हिन्दी-साहित्य एक हठदर्प पराजित जाति की सम्पत्ति है, इसीलिए उसका महत्त्व उस जाति के राजनीतिक उत्थान-पतन के साथ अंगाणी-भाव से सम्बद्ध है और दूसरा यह कि ऐसा न भी हो, तो भी वह एक निरन्तर पतनशील जाति की चिन्ताओं का मूर्त प्रतीक है, जो अपने आप में कोई विशेष महत्त्व नहीं रखता। मैं इन दोनों बातों का प्रतिवाद करता हूँ और अगर ये बातें मान भी ली जायें तो भी यह कहने का साहस करता हूँ कि फिर भी इस साहित्य का अध्ययन करना नितान्त आवश्यक है। क्योंकि दस सौ वर्षों तक दस करोड़ कुचले हुए

---

1 *वही*, पृ. 19

2 *हिन्दी साहित्य की भूमिका*, पृ. 22

मनुष्यों की बात भी मानवता की प्रगति के अनुसन्धान के लिए केवल अनुपेक्षणीय ही नहीं, बल्कि अवश्य ज्ञातव्य वस्तु है।"[1]

कबीर (1942)

हिन्दी-साहित्य की भूमिका में कबीर के सन्दर्भ में चर्चा करते समय कुछ ऐसे प्रश्नों को उठाया गया है जो परम्परावादी समीक्षकों एवं इतिहास लेखकों की दृष्टि से परे थे। आज हिन्दी-साहित्य के सन्दर्भ में कुछ ऐसे सन्दर्भों की चर्चा हो रही है जिसे वर्तमान युग की नवीन चेतना की प्रासंगिकता से जोड़ा जा रहा है। दलित लेखन की आवश्यकता को एक नये अन्दाज में बड़ी गम्भीरतापूर्वक हिन्दी के विद्वान् इस प्रकार व्याख्यायित कर रहे हैं जैसे कि इसकी पूर्ववर्ती रचनाकारों और हिन्दी-साहित्य के इतिहास लेखकों ने उपेक्षा की है। कबीर का सन्दर्भ लेते हुए आचार्य द्विवेदी ने बड़े आत्मविश्वास के साथ कहना चाहा है कि हिन्दी-साहित्य में रचनाकार के रूप में कबीर से अधिक दलित रचनाकार कौन हुआ?

कबीर का पारिवारिक परिवेश ऐसा नहीं है जिसे सभ्रान्त एवं सामन्ती तथा सुविधाजीवी कहा जा सके। एक जुलाहे परिवार में उनका पालन-पोषण हुआ। विकास क्रम में उन्हें जो सामाजिक परिवेश मिला वह भी समाज का उठा वर्ग नहीं बल्कि साधारण एवं निम्न वर्ग था। अतः जन्म से लेकर जीवनपर्यन्त वे दलित समाज के बीच रहे। उनका दुःख-सुख देखा और भोगा। वे इतने विराट् थे कि अपनी लघु सीमा को तोड़कर तत्कालीन समाज की शीर्ष श्रेणी में बैठे, लोगों को निकट से देखा और उन्हें जाँचा-परखा। सामाजिक व्यवस्था नियामक ब्राह्मण को भी उन्होंने बड़े नजदीक देखा-समझा जबकि वे स्वयं ब्राह्मण नहीं थे। इन परिस्थितियों में खड़े होकर कबीर ने एक ऐसा साहस और आत्मविश्वास पैदा किया था कि उन्होंने समाज को गलत रास्ते पर ले जाने वाली बड़ी-से-बड़ी सामाजिक चेतना और हस्तियाँ उन्हें प्रभावित नहीं कर सकीं। अपनी रचनाओं के माध्यम से उन्होंने जिस सामाजिक दर्शन और चेतना का उद्घोष किया उसमें बाधा पहुँचाने वाले समाज और विचारों को उन्होंने भलीभाँति ललकारा। आचार्य 'द्विवेदी' का कथन है—"वे दरिद्र और दलित थे इसलिए अन्त तक इस श्रेणी के प्रति की गयी उपेक्षा को भूल न सके। उनकी नस-नस में इस अकारण दण्ड के विरुद्ध विद्रोह का भाव भरा था। वे मुसलमान थे। अतएव सहज ही मुस्लिम साधनाओं को ग्रहण भी कर सके और उनकी कमजोरियों पर आघात भी कर सके। वे पण्डित नहीं थे पर काशी में रहकर नजदीक से पण्डितों को देखने का अवसर उन्हें मिला था। इसका परिणाम यह हुआ कि वे और लोगों की भाँति अपने

---

1 *वही*, पृ. 15

को हल्का समझने की भावना के शिकार न बने, क्योंकि उन्होंने अच्छी तरह देखा कि तथाकथित बड़े-बड़े पण्डित ठीक उसी प्रकार के हाड़-मांस की बुराइयों-भलाइयों के बने हुए हैं, जिस प्रकार का एक साधारण जुलाहा। उनमें युग-प्रवर्तक का विश्वास था और लोकनायक की हमदर्दी। इसीलिए वे एक नया युग उत्पन्न कर सके। उन्होंने शेख को सम्बोधन किया है और इस साहस के साथ गोया वह एक अपना आदमी है। उन्होंने अपने राम को भी कुछ इसी ढंग से पुकारा है गोया वे उनके अपने अंग हों। उनकी सरलता और स्पष्टवादिता में कभी-कभी शास्त्रपन्थियों को अक्खड़ता मालूम होती है, क्योंकि यह समझ लिया जाता है कि वे एक मामूली जुलाहे थे और उनको ये सब बातें कहने का हक नहीं बनता। कबीर मस्तमौला थे। जो कुछ कहते थे, साफ कहते थे, अनुभव के आधार पर कहते थे। इसीलिए सभी रूपक सुलझे हुए और उक्तियाँ बेधनेवाली होती थीं।"[1] इस प्रकार कबीर के व्यक्तित्व की जैसी चमक 'कबीर' में दिखती है वैसी हिन्दी-साहित्य में दुर्लभ है।

हिन्दी-साहित्य का आदिकाल (1952)

आचार्य 'द्विवेदी' की 'हिन्दी साहित्य का आदिकाल' नामक पुस्तक हिन्दी साहित्य के विकास को समझने के लिए एक नयी दृष्टि देती है, वहीं 'द्विवेदी जी' ने 'सहज साधना' (1963) नामक पुस्तक में सिद्धों-योगियों एवं सन्तों के सम्बन्ध में विस्तारपूर्वक नयी दृष्टि की ओर संकेत दिया है। 'कालिदास की लालित्य योजना' (1965) नामक पुस्तक के माध्यम से आचार्य 'द्विवेदी जी' ने भारतीय सौन्दर्य-दृष्टि की नवीन व्याख्या प्रस्तुत की है तो 'मध्यकालीन बोध का स्वरूप' (1970) आठवीं से अठारहवीं शताब्दी में साहित्य में होने वाले परिवर्तनों को लक्षित किया है।

समीक्षा के क्षेत्र में आचार्य 'द्विवेदी जी' की अपनी अलग पहचान है। वे समीक्षक के रूप में अपनी मानवतावादी दृष्टि के लिए हिन्दी के समीक्षकों और अध्येताओं द्वारा रेखांकित किये जाते हैं। हिन्दी-साहित्य के इतिहास लेखन के क्रम में भले ही उन्होंने हिन्दी की सभी महत्त्वपूर्ण कृतियों पर समीक्षात्मक टिप्पणियाँ की हों पर वे जब किसी रचनाविशेष को अपनी समीक्षा के लिए चुनते हैं तो यदि उनकी चयन-दृष्टि पर विचार किया जाये तो स्पष्ट हो जायेगा कि वे उन्हीं रचनाकारों को अपनी समीक्षा का विषय बनाते हैं जो लोक जीवन और सामाजिक चेतना से जुड़े रहे। लोक चेतना के प्रति आकर्षण ही चयन प्रक्रिया के मूल में है। उदाहरणस्वरूप नाथ सम्प्रदाय पर उन्होंने जिस ढंग से विचार किया, कबीर पर जिस प्रकार की समीक्षा से अपनी समीक्षा का वर्तमान स्थापित किया और लोक जीवन से जुड़े हुए महाकवि सूरदास पर जिस प्रकार उन्होंने अपनी समीक्षात्मक मान्यताओं को हिन्दी जगत् के सामने रखा इससे स्पष्ट

---

1 हिन्दी साहित्य की भूमिका, पृ. 92-93

हो जाता है कि वे भारत की सामाजिक चेतना और उनके लोकतत्त्व से प्रतिबद्ध रचनाकार हैं। रचनात्मक कृतियों में भी जहाँ-कहीं उन्हें अवसर मिला है उन्होंने अपनी इस प्रवृत्ति का भलीभाँति परिचय दिया है। उनके उपन्यास 'पुनर्नवा' और 'अनामदास का पोथा' को सामने रखकर इसे भलीभाँति समझा जा सकता है। इतना अवश्य है कि उनकी चाहे समीक्षात्मक कृतियाँ हों अथवा रचनात्मक, सभी अतीत के सन्दर्भों से कहीं-न-कहीं जुड़ती हैं और उसके कारण जो तत्त्व उनके इस प्रकार के स्थानों में आये हैं उन्हें सहज ही इसलिए नहीं पहचाना जा सकता है कि द्विवेदी जी ने उन्हें रचनाकार के रूप में इतना आत्मसात् कर लिया है कि वे उसमें घुलमिल गये हैं।

आधुनिक हिन्दी-समीक्षकों की जो परम्परा बनी है, आचार्य 'द्विवेदी जी' उसमें पूरी तरह कतारबद्ध नहीं हैं। उनके कतारबद्ध न होने के कारण हैं। आचार्य 'द्विवेदी जी' ने हिन्दी गद्य की लगभग प्रमुख सभी विधाओं में उत्तम कोटि की रचनाएँ की हैं और सभी क्षेत्रों में उन्हें रचनाकार के रूप में लोकप्रियता मिली। इस पर यदि हम दृष्टि डालें तो स्पष्ट दिखाई पड़ता है कि वे सामूहिक सामाजिक चेतना के मानवतावादी कृतिकार हैं और पारिवारिक स्वस्थ परम्पराओं से बिल्कुल अलग हटना उनकी रचनाकार की प्रकृति में नहीं है। अपनी समन्वयवादी दृष्टि के कारण द्विवेदी जी टकराव से भी बराबर बचते रहे हैं। इसके कारण उनके अध्येता उन्हें किसी प्रकृतिगत खेमेगत में बाँध नहीं पाते। सामूहिक चेतना की पक्षधरता के कारण रचना में आन्तरिक मूल्यों के पक्षधर हैं। इसके कारण उनकी वाणी में सहज ही जो संयम आ गया है उसके कारण उन्हें लोग तेज-तर्रार भाषा में समीक्षा न करने का आरोप लगाते हैं। वे मधुर एवं शीतल भाषा में कड़ी-से-कड़ी टिप्पणी कर जाते हैं पर किसी को चोट नहीं लगती है क्योंकि उनकी टिप्पणी का अर्थ लोगों को कुछ देर बाद में समझ में आता है। इतिहास-बोध और सर्जनात्मक प्रतिभा से 'द्विवेदी जी' का रचनाकार सम्पन्न है और उनकी यह सम्पन्नता मौलिक रचनाओं से लेकर उनकी समीक्षात्मक कृतियों में सर्वत्र दिखाई पड़ती है। सर्जनात्मक प्रतिभा और आधुनिकता की आवश्यकता का मसीहा 'द्विवेदी जी' को उनके इतिहास-बोध और उनकी सर्जनात्मक प्रतिभा ने बनाया है। इतिहास-बोध से परम्परा और प्रतिभा से जन्मी आधुनिकता आचार्य द्विवेदी की रचनाओं का मेरुदण्ड हैं, जिसका चमत्कार उनकी समीक्षा-दृष्टि में भी देखा जा सकता है। वे जब भी किसी रचनाविशेष अथवा प्रवृत्तिविशेष पर समीक्षात्मक टिप्पणी करते हैं तो उनकी साहित्य की सोच का पूर्ण परिवेश उनके मानस-लोक में होता है और वे पूर्णतः रस लेते हैं। आचार्य द्विवेदी ने समीक्षा को साहित्य के समझने और समझाने का आधार माना है। वे इसे मात्र बौद्धिक व्यायाम और फतवेबाजी नहीं मानते।

समीक्षा की एक लम्बी परम्परा है। इसने विकास की एक बड़ी मंजिल तय की है। समीक्षा की अवधारणा जो आज हिन्दी-अध्येताओं के बीच है, वह प्राचीन

अवधारणाओं से बिल्कुल अलग है। कविता मात्र जब अभिव्यक्ति का साहित्य रही है उस समय काव्यशास्त्र के रूप में जो समीक्षा थी उससे हिन्दी गद्य के विकास की समीक्षा बिल्कुल भिन्न है।

आज का समीक्षक अपनी प्रतिबद्धता और प्रकृतिगत वैचारिक खेमेबन्दी के कारण सहज नहीं रह गया है। आचार्य द्विवेदी की यह सबसे बड़ी विशेषता है कि वे विचारों और उसे अभिव्यक्ति देने वाली भाषा के धरातल पर कहीं भी असहज नहीं होते।

आचार्य 'द्विवेदी जी' अपने रचनात्मक साहित्य में विषम-से-विषम परिस्थितियों में जिस प्रकार कहीं असहज नहीं होते उसी प्रकार उनका समीक्षक भी सर्वत्र सहज रहता है। वे भाषा, भाव और टिप्पणी में कहीं भी अपनी बौद्धिक मर्यादा नहीं खोते। यह सब उनके लिए सम्भव हो सका है कि उनके अध्ययन का फलक बहुत विशाल है।

आचार्य द्विवेदी के समीक्षक की पहचान किसी खेमे के माध्यम से नहीं, बल्कि वे खेमा स्वयं में अपने आप में है।

20

डॉ. रामविलास शर्मा के समीक्षा-सिद्धान्त

–शोभनाथ त्रिपाठी

डॉ. रामविलास शर्मा प्रगतिवादी समीक्षा-धारा के प्रतिनिधि समीक्षक हैं। उन्होंने मार्क्सवादी समीक्षा-दर्शन के सम्यक् विवेचन के साथ उसके प्रयोग-पक्ष को भी अपनी समीक्षा में भली-भाँति उतारा है। आरम्भिक दिनों में उनकी प्रतिभा एक कवि के रूप में उजागर हुई। किन्तु प्रगतिशील साहित्यकारों द्वारा चलाये गये आन्दोलनों ने उन्हें प्रगतिवादी समीक्षकों की पंक्ति में खड़ा कर दिया। उनके समीक्षात्मक आदर्शों की यह परिवर्तित दिशा 1936 के बाद से ही परिलक्षित होती है। इसके पूर्व उनके द्वारा लिखे गये निबन्धों की भावभूमि छायावादी समीक्षा-दृष्टि से प्रभावित है। इन निबन्धों में कहीं भी जनवादी धारणा की ओर समीक्षक की दृष्टि नहीं गयी है। उन दिनों उनका विश्वास था कि कविता को समझने के लिए किसी 'फिलॉसफी' की नहीं, भावुकता की आवश्यकता है।[1] बाद में उनके समीक्षात्मक आदर्शों में आने वाले परिवर्तन का बोध अन्य समीक्षकों को भी होने लगा था। 'साहित्य और संस्कृति' की भूमिका में उन्होंने स्वयं स्वीकार किया है–"कुछ लोगों का आक्षेप है कि जिस छायावादी काव्य-सौन्दर्य का मैं भक्त था, उसे आगे चलकर मैंने तिलांजलि दे दी। वस्तुतः यह आक्षेप नहीं, हकीकत है।"

आगे चलकर सन् 1943 से वे संयुक्त प्रान्त प्रगतिशील लेखक संघ के सचिव बनाये गये। बाद में सन् 1949 से 1953 तक वे अखिल भारतीय प्रगतिशील लेखक संघ के सचिव रहे। उस समय इस दिशा में उनकी सक्रियता और बढ़ गयी।

यहाँ हम डॉ. शर्मा की निम्नलिखित रचनाओं के आलोक में उनकी समीक्षा दृष्टि का विवेचन करने का प्रयास करेंगे।

1. विराम चिह्न
2. प्रगति और परम्परा
3. आस्था और सौन्दर्य
4. स्वाधीनता और राष्ट्रीय साहित्य

---

1 विराम चिह्न, डॉ. रामविलास शर्मा, पृ. 77

5. प्रगतिशील साहित्य की समस्याएँ
6. लोकजीवन और साहित्य
7. भाषा साहित्य और संस्कृति
8. आचार्य रामचन्द्र शुक्ल और हिन्दी-आलोचना
9. संस्कृति और साहित्य
10. भारतेन्दु हरिश्चन्द्र
11. प्रेमचन्द और उनका युग
12. निराला की साहित्य-साधना (प्रथम खण्ड)
13. निराला की साहित्य-साधना (द्वितीय खण्ड)
14. भाषा और समाज

डॉ. शर्मा की मान्यताएँ

डॉ. शर्मा ने मार्क्स के द्वन्द्ववाद को पूर्ण स्वीकृति प्रदान की है। वे वर्ग-संघर्ष को समाज के विकास में सहायक मानते हैं। मार्क्स की भौतिकवाद सम्बन्धी मान्यताओं का विवेचन करते हुए उन्होंने लिखा है कि ऐतिहासिक भौतिकवाद का सिद्धान्त विरोधों की अन्वितियों के साथ समाज के विकास की कहानी कहता है। वे मार्क्स की भाँति यह भी मानते हैं कि ऐतिहासिक परम्पराओं का विकास आर्थिक सम्बन्धों तथा उत्पादनों पर आधारित है। उन्हीं पर हमारे मनोभावों, विचारों और आकांक्षाओं का ढाँचा खड़ा है। कम्युनिस्ट घोषणापत्र पर प्रकाश डालते हुए उन्होंने वर्गसंघर्ष के सैद्धान्तिक पक्ष का सम्यक् निरूपण किया है। उनका कहना है कि क्रान्ति का वास्तविक अग्रदूत मजदूर ही हो सकता है। किसान उस क्रान्ति के सहयोगी हो सकते हैं।[1]

वैज्ञानिक भौतिकवाद की विशेषताओं पर डॉ. शर्मा का कहना है कि मार्क्स के पूर्व का भौतिकवाद तथ्यकथन से ही सन्तुष्ट हो जाता था किन्तु वैज्ञानिक भौतिकवाद संसार को एक सुदृढ़ आधार के रूप में स्वीकार करते हुए मनुष्य की विचारधारा को उसके भावजगत् तथा सामाजिक जीवन से सम्बद्ध करके देखता है। वह समाजवाद के लिए संघर्ष करने वाली जनता का पथ-निर्देशक दर्शन है। उसे अपनाकर मनुष्य वैज्ञानिक प्रगति करने के साथ समाज में परिवर्तन भी लाता है।[2]

सामाजिक परिवर्तन में वे आर्थिक सम्बन्धों की महत्त्वपूर्ण भूमिका स्वीकार करते हैं, क्योंकि उन्हीं के आधार पर भावों, विचारों, आशा-आकांक्षाओं का ढाँचा खड़ा होता है। उत्पादन साधनों के साथ उत्पादन सम्बन्ध बदलते हैं और उसी के साथ समाज भी बदलता है। सामाजिक परिवर्तन के साथ उस पर आधारित कला और संस्कृति भी बदलती है। इस परिवर्तन में समाज कुछ महत्त्वपूर्ण परम्पराओं को भी स्वीकार करते हुए चलता है।

---

1 *प्रगति और परम्परा*, डॉ. रामविलास शर्मा, पृ. 39

2 *आस्था और सौन्दर्य*, डॉ. रामविलास शर्मा, पृ. 4

वर्ग-संघर्ष में जहाँ कुछ लोग शोषक और शोषित से अलग बुद्धिजीवी वर्ग की पृथक् भूमिका मानते हैं, वहाँ डॉ. शर्मा केवल दो वर्ग—शोषक और शोषित मानकर चलते हैं। उनका कहना है कि इन्हीं दो वर्गों में संघर्ष चलता है। किन्तु इसका तात्पर्य यह नहीं कि वर्ग-संघर्ष में वे बुद्धिजीवियों की भूमिका स्वीकार नहीं करते। उनका कहना है कि वर्ग-संघर्ष और मजदूर आन्दोलन को दिशा देने तथा उनके उद्देश्यों को स्पष्ट करने का काम बुद्धिजीवी ही करते हैं। वही उस आन्दोलन को समाजवादी व्यवस्था तक ले आते हैं।[1] बुद्धिजीवियों को दो वर्गों में विभाजित करते हुए उन्होंने क्रान्तिकारी के रूप में केवल उस बुद्धिजीवी वर्ग को स्वीकार किया है जो शोषितों का साथ देता है। पूँजीपतियों का साथ देने वाले बुद्धिजीवी प्रतिक्रियावादी तथा पेटी बुर्जुआ वर्ग में आते हैं। ये लोग समस्या का समाधान शान्तिपूर्ण ढंग से करना चाहते हैं। इसीलिए इन्हें क्रान्ति विरोधी समझा जाता है।

डॉ. शर्मा द्वन्द्व और अन्तर्द्वन्द्व के बीच कोई गहरी खाई नहीं स्वीकार करते। शेक्सपियर के बारे में प्रायः आज के समीक्षक कहते हैं कि उसे सामाजिक द्वन्द्व से अधिक मनुष्य के अन्तर्द्वन्द्व से दिलचस्पी थी। डॉ. शर्मा इसका प्रतिवाद करते हुए कहते हैं कि हैमलेट का क्षोभ, निष्क्रियता, ग्लानि, आक्रोश—सभी उसके चारों ओर विशृंखल होते हुए मानव सम्बन्धों से जुड़े हैं। वे हैमलेट के अन्तर्द्वन्द्व का कारण सामाजिक द्वन्द्व को ही मानते हैं।

रूप और विषयवस्तु

डॉ. शर्मा रूप और विषयवस्तु के बीच निर्णायक भूमिका विषय-वस्तु को ही मानते हैं। उनका कहना है—"निर्णायक भूमिका हमेशा विषयवस्तु की होती है। जिसके पास उच्चकोटि के विचार नहीं हैं, भावावेश नहीं है, यथार्थ का गहरा ज्ञान नहीं है। वह सिर्फ कला को निखारने की कोशिश करके उत्कृष्ट साहित्य नहीं रच सकता।[2] किन्तु अन्य वस्तुवादियों की तरह विषयवस्तु के सम्बन्ध में उनकी धारणा एकपक्षीय नहीं है। वे रूप और विषयवस्तु के समन्वयात्मक दृष्टिकोण के समर्थक हैं। उनका स्पष्ट विचार है कि कला के क्षेत्र में 'गिरा अरथ जलबीचि सम' रूप और विषयवस्तु 'कहियत भिन्न न भिन्न' है।

कुछ कलाकार रूप में कला का शाश्वत सौन्दर्य देखकर विषयवस्तु से उसे मुक्त कराना चाहते हैं, कुछ भौतिकवादी विषय-वस्तु को स्वतन्त्र मानकर उस विचार को कलात्मक रूप देने की बात करते हैं। डॉ. शर्मा का कहना है कि "कलात्मक सौन्दर्य अलंकार नहीं है, जिसे हम किसी भी विचार-तत्त्व को पहना दें।" वस्तुतः वे विषयवस्तु

1 *स्वाधीनता और राष्ट्रीय साहित्य*, डॉ. रामविलास शर्मा, पृ. 5

2 *आस्था और सौन्दर्य*, डॉ. रामविलास शर्मा, पृ. 52

की प्रधानता को स्वीकार करते हुए भी उस वस्तु-तत्त्व को प्रभावशाली बनाने में रूप की भूमिका को भी अस्वीकार नहीं कर पाते। उनका स्पष्ट विचार है कि कला का यह रूप हवा में नहीं निखरता। फूल के रूप के लिए जिस तरह धरती की आवश्यकता होती है, उसी तरह किसी भी कृति के कलात्मक सौन्दर्य का निखार उसके विषयवस्तु की सामाजिकता से जुड़ा हुआ है। जब कोई रचनाकार इस विषयवस्तु के सामाजिक महत्त्व के प्रति उदासीन होकर कला के सौन्दर्य की ओर ही दौड़ता है, तो बहुधा उसे निराश होना पड़ता है। किन्तु वे आगाह भी करते हैं कि प्रगतिशील रूप-सौष्ठव का तिरस्कार करके वह दो कदम भी आगे नहीं चल सकता। यह सौष्ठव कला को प्रभावशाली बनाने में बहुत बड़ा कारण है। स्पष्ट है कि डॉ. शर्मा वस्तु-तत्त्व के सामाजिक महत्त्व पर विशेष बल देते हुए भी रूप की विचारधारा का दास बनाकर चलने की प्रवृत्ति को अभौतिकवादी एवं अमनोवैज्ञानिक मानते हैं।

राजनीति और साहित्य

साहित्य और राजनीति के सम्बन्ध में डॉ. शर्मा का दृष्टिकोण है कि साहित्य राजनीति का स्वभावतः अनुगमन करता है। राजनीति साहित्य का आधार बनता है। राजनीति चाहे सम्पूर्ण देश की हो, चाहे वर्ग विशेष की, वह समाज को प्रभावित करती है। समाज पर पड़ने वाले प्रभाव से साहित्य अपने को अलग नहीं कर सकता। साहित्य उस प्रभाव को एक नूतन दिशा देता है। उसके प्रभाव में और तीव्रता उत्पन्न करता है। किन्तु इसका तात्पर्य यह नहीं कि सम्पूर्ण साहित्य राजनीतिक उद्देश्य की पूर्ति में ही लग जाये। उनका कहना है कि "न तो यह कहना सही है कि साहित्य राजनीति से स्वतन्त्र है। प्रेमचन्द्र ने अपने व्यवहार से सिद्ध कर दिया कि साहित्य देश के राजनीतिक उत्थान का साधन बन सकता है—न यह कहना सही है कि सभी साहित्य को राजनीतिक उद्देश्य की पूर्ति के लिए लिखा जाना चाहिए। इस तरह तो उस तमाम साहित्य को लिखा जाना बन्द करना होगा जिसका सम्बन्ध राजनीति से नहीं है।"[1]

अपने दृष्टिकोण को स्पष्ट करते हुए उन्होंने लिखा है—"राजनीति साहित्य का आधार है। किसी भी देश की संस्कृति तथा आर्थिक व्यवस्था आधार के बिना टिक नहीं सकती। जो लोग संस्कृति को राजनीति से अछूता रखना चाहते हैं वे वास्तव में एक निराधार संस्कृति की सृष्टि करना चाहते हैं। राजनीतिक और आर्थिक व्यवस्था में परिवर्तन के साथ संस्कृति में भी परिवर्तन होता है।...हमारे समाज में कुछ विचार या सिद्धान्त ऐसे हैं जो जनता के शत्रुओं का हित करते हैं, इसलिए आलोचक के लिए यह आवश्यक हो जाता है कि साहित्य के विचारों और सिद्धान्तों की समीक्षा करते हुए वह यह स्पष्ट करे कि उनसे जनता का हित होता है या जनता के शत्रुओं का।

1 *आस्था और सौन्दर्य*, डॉ. राम विलास शर्मा, पृ. 16-17

राजनीति और साहित्य का यह संघर्ष सामने रखने के कारण ही डॉ. शर्मा की समीक्षा के प्रति आक्षेप होता रहा है कि उनकी आलोचना में राजनीति का पुट रहता है। वस्तुतः डॉ. शर्मा की दृष्टि में जनहित सर्वोपरि है। साहित्यकार जनता के शत्रुओं का पक्षधर बनने के लिए स्वतन्त्र नहीं है।

लेखक : समाज के रथ का सारथी

साहित्य और समाज के सम्बन्ध के विषय में चर्चा करते हुए प्रायः सभी मार्क्सवादी समीक्षकों ने साहित्य को सामाजिक जीवन के धरातल से उत्पन्न माना है। काडवेल का विचार है कि "कला सामाजिक जीवन से उसी प्रकार उत्पन्न हुई है जिस प्रकार सीपी से मोती।" डॉ. शर्मा भी 'साहित्य के पौधे को सामाजिक जीवन की धरती से उगा हुआ' मानकर चलते हैं। सामाजिक जीवन और सामाजिक विकास से वे साहित्य का घनिष्ठ सम्बन्ध मानते हैं।

पुराने साहित्यकारों ने साहित्य को समाज का दर्पण बताया है। डॉ. शर्मा साहित्य को समाज का दर्पण मानने को तैयार नहीं हैं। उनका कहना है कि साहित्य किसी समाज-व्यवस्था का यान्त्रिक प्रतिबिम्ब नहीं होता। सामाजिक परिस्थितियाँ साहित्य रचने के उपकरण प्रस्तुत करती हैं। लेकिन इन वस्तुगत परिस्थितियों के साथ साहित्यकार का आत्मगत प्रयास भी आवश्यक होता है। इस प्रयास से ही साहित्यकार एक नयी सृष्टि करता है।

समाज के भीतर लेखक की भूमिका को स्पष्ट करते हुए डॉ. शर्मा का कथन है कि साहित्यकार समाज का पिछलग्गू नहीं होता। उनकी स्पष्ट धारणा है कि "ऐसा नहीं होता कि समाज के रथ में लेखक पीछे बँधा हुआ हो तो उनके पीछे लीक कर घिसटता हुआ चलता हो। लेखक सारथी होता है जो लीक देखता हुआ साहित्य की बागडोर सँभाले हुए उसे उचित मार्ग पर ले चलता है।"[1] उनकी दृष्टि में प्रगतिशील साहित्यकार क्रान्ति का बीज ही नहीं होता वरन् क्रान्तिविरोधी प्रतिक्रियावादी तत्त्वों को पंगु बनाने का काम भी करता है। यही कारण है कि डॉ. शर्मा दर्शन, विज्ञान और कला की अन्य विधाओं के बीच साहित्य को अधिक महत्त्व देते हैं। उनका विचार है कि साहित्य हमें अधिक संवेदनशील बनाता है। अन्य कलाओं की भाँति "साहित्य मनुष्य को श्रेष्ठ विचार ही नहीं देता, वह उन्हें कार्यरूप में परिणत करने की प्रेरणा देता है। वह हमारा मनोबल दृढ़ करता है। हमारा चरित्र बनाता या बिगाड़ता है। वैज्ञानिक या दार्शनिक तर्क द्वारा हमें आश्वस्त भले कर दे या पराजित कर दे, पर विचारों में श्रेष्ठ आस्था पैदा करना, उन विचारों को आचरण में उतारने के लिए, दृढ़ संकल्प में उतारने के लिए दृढ़ संकल्प पैदा करना साहित्य का ही काम है। इसीलिए मानवचरित्र

1 *प्रगति और परम्परा*, डॉ. रामविलास शर्मा, पृ. 30

या किसी जाति या राष्ट्र के चरित्र पर, मनुष्य के कर्ममय जीवन पर जितना प्रभाव साहित्य का पड़ता है उतना दर्शन या विज्ञान का नहीं।"[1] वस्तुतः मनुष्य के कर्ममय जीवन पर साहित्य का जितना प्रभाव पड़ता है उतना दर्शन या विज्ञान का नहीं।

सौन्दर्य की वस्तुगत सत्ता

डॉ. शर्मा सौन्दर्यशास्त्र और मानव जीवन का गहरा सम्बन्ध स्वीकार करते हैं। उनकी दृष्टि में सौन्दर्यशास्त्र का विवेच्य विषय केवल साहित्य और अन्य ललित कलाएँ ही नहीं, प्रकृति और मानव जीवन का सौन्दर्य भी है। वे मानते हैं कि "सौन्दर्य और उसकी अनुभूति का विवेचन उत्सुकता की शान्ति के लिए ही नहीं है, उसका उद्देश्य हमारी सौन्दर्य-चेतना को उत्तरोत्तर विकसित करना, मानव-जीवन तथा उसके सामाजिक एवं प्राकृतिक परिवेश को और भी सुन्दर बनाना है।"[2]

भाववादी सौन्दर्य की स्थिति मन या आत्मा में मानते हैं। वस्तुवादी सौन्दर्य की स्थिति वस्तु-जगत् की यथार्थता में स्वीकार करते हैं। किन्तु सौन्दर्य की परिभाषा देते हुए डॉ. शर्मा ने लिखा है—"प्रकृति मानव-जीवन तथा ललित कलाओं के आनन्ददायक गुण का नाम सौन्दर्य है।" कला में कुरूप और असुन्दर को भी स्थान मिलता है। दुःखान्त नाटक हमें दुःखी बनाता है, वीभत्स दृश्य देखकर घृणा होती है, उसे सुन्दर कैसे कहा जा सकता है। इस आपत्ति का उत्तर देते हुए डॉ. शर्मा ने स्पष्ट किया है कि "कला में कुरूप और असुन्दर विवादी स्वरों के समान हैं जो राग के रूप को निखारते हैं...जिसे हम कुरूप, असुन्दर और बीभत्स कहते हैं, कला में उसकी परिणति सौन्दर्य में होती है।" उनका कहना है कि कला के माध्यम से दूसरों का दुःख हमें प्रभावित करता है। वह व्यक्ति हमारी सहानुभूति प्राप्त कर लेता है। इस दुःख में वह आनन्द मिला रहता है जो करुणा के प्रसार से हमें प्राप्त होता है।

अब प्रश्न यह उठता है कि सौन्दर्य दर्शक, श्रोता या पाठक के मन में है या उससे भिन्न सुन्दर वस्तु में। कैरिट ने सौन्दर्य की सत्ता गोचर वस्तु बल्कि वस्तु के महत्त्व में माना है। इसी प्रकार भाववादियों ने भी सौन्दर्य की सत्ता आत्मगत स्वीकार की है। किन्तु डॉ. शर्मा न सौन्दर्य की सत्ता वस्तु के महत्त्व में मानते हैं न उसे आत्मगत (मन में) ही स्वीकार करते हैं। बाह्य जगत् में वे सौन्दर्य को वस्तुगत सत्ता के रूप में स्वीकार करते हैं। भाव जगत् के निर्माण में भी वे वस्तुगत आधार को ही प्रधानता देते हैं क्योंकि समाज में वस्तुगत आधार से ही हम एक-दूसरे के अनुभव को जानते-पहचानते हैं।

---

1 लोकजीवन और साहित्य, डॉ. रामविलास शर्मा, पृ. 11

2 आस्था और सौन्दर्य, डॉ. रामविलास शर्मा, पृ. 20

साहित्य और सामयिकता

साहित्य और सामयिकता का प्रश्न बहुत पहले से चला आ रहा है। समाज के परिवर्तन के साथ साहित्यकार की कृतियाँ फीकी न पड़ जायें, उसकी अमरता में बट्टा न लग जाये इसकी चिन्ता में ही बड़े-बड़े ग्रन्थों की सृष्टि हुई है। फिर भी साहित्य के लिए कोई शाश्वत मूल्य स्वीकृत न हो सका। प्रगतिवादी आन्दोलनों के बीच अधिकांश लेखकों ने अनुभव किया कि यदि सामाजिक परिवर्तनों पर लेखनी न उठायी गयी तो उनका साहित्य और वे समय से पीछे रह जायेंगे। इस सम्बन्ध में डॉ. शर्मा का कथन है कि हम टिकाऊ और प्रभावशाली साहित्य की रचना तभी कर सकेंगे, जब समाज की गतिविधि को पहचानेंगे, समाज के प्रगतिशील वर्ग से नाता जोड़ेंगे; प्रतिक्रियावादी शक्तियों का विरोध करेंगे और अपनी रचना द्वारा समाज की प्रगति में सहायक होंगे।[1] स्पष्ट है कि डॉ. शर्मा प्रगतिवादी साहित्य को सामयिकता के दल-दल से मुक्त शाश्वत मूल्यों वाला साहित्य मानते हैं। किन्तु इसके विपरीत शिवदानसिंह चौहान का कहना था कि प्रगतिवादी आन्दोलन सामयिक साहित्यिक आन्दोलन बनकर रह गया है। वे प्रगतिशील साहित्य को कुत्सित समाजशास्त्र से प्रभावित मानते हुए प्रचार साहित्य की तरह 'परिस्थितिजन्य अपीलों' के समान मानते थे। श्री चौहान के इन आरोपों का खण्डन करते हुए डॉ. शर्मा ने प्रसिद्ध मजदूर नेता दिमित्रोव तथा लेनिन के विचारों को उद्धृत करते हुए बताया कि श्री चौहान ने जो शंकाएँ या संशोधन पेश किये हैं, वे भ्रामक हैं और मार्क्सवाद से उनका कोई सम्बन्ध नहीं है। श्री चौहान पर व्यंग्य करते हुए उन्होंने लिखा है—"प्रगतिवादी लेखकों ने इस बात पर बराबर जोर दिया है कि लेखकों को अपना सामाजिक उत्तरदायित्व समझकर सचेत रूप से लेखनी चलानी चाहिए, लेकिन श्री चौहान को यह सहन नहीं है कि कलाकार पर किसी तरह का नियन्त्रण हो और आलोचक यह बताएँ कि इस विषय पर भी लेखनी उठाने की जरूरत है।" आगे उन्होंने कहा कि श्री चौहान अपने सौन्दर्यवादी दृष्टिकोण के कारण यह नहीं समझते कि साहित्य और कला सर्वसाधारण की वस्तु बनेगी। डॉ. शर्मा इस बात पर जोर देते हैं कि सामयिक संघर्ष में आधुनिक साहित्य जितना ही तपेगा, उसका रंग-रूप उतना ही निखरेगा। वे चाहते हैं कि शाश्वत सौन्दर्य की खोज में साहित्यकार सामयिकता की उपेक्षा न करे।

शाश्वत सत्य और साहित्य

कुछ लोगों की अवधारणा है कि प्रगतिशील साहित्य बदलती हुई परिस्थितियों का चित्रण करता है। अतः परिस्थितियों के बदल जाने पर यह साहित्य पुराना पड़ जायेगा।

1 *आस्था और सौन्दर्य*, डॉ. रामविलास शर्मा, पृ. 80

दूसरे उस पर यह भी आक्षेप है कि यह साहित्य प्रचार का माध्यम बनकर शाश्वत सत्य से दूर हो जाता है जबकि प्राचीन साहित्य शाश्वत सत्य के कारण ही अमर हो सका है। डॉ. शर्मा ने अपनी पुस्तक 'भाषा-साहित्य और संस्कृति' में इस पर विस्तार से विचार किया है। उनका कहना है कि मार्क्सवाद शाश्वत सत्य को अस्वीकार करता है। वह सत्य को ऐतिहासिक विकास क्रम से पृथक् मानकर नहीं चलता। किन्तु इसका तात्पर्य यह नहीं कि सत्य सापेक्ष होता है और निरपेक्ष सत्य कुछ होता ही नहीं। डॉ. शर्मा ने स्पष्ट किया है कि "सापेक्षता को स्वीकार करते हुए भी मार्क्सवाद निरपेक्षता से इनकार नहीं करता। वह सापेक्ष और निरपेक्ष सत्य में द्वन्द्वात्मक सम्बन्ध कायम करता है।"[1] लेनिन ने भी कहा है कि "अगर हमें भौतिकवाद को आगे बढ़ाना है तो हमें 'शाश्वत सत्य' ऐसे शब्दों के साथ खिलवाड़ करना बन्द कर देना चाहिए।" लेनिन और एंगेल्स के विचारों की विवेचना करते हुए डॉ. शर्मा का कथन है कि मार्क्सवाद किसी ऐसे शाश्वत सत्य का चित्रण नहीं कर सकता जो सामाजिक परिस्थितियों से परे हो, जिस समाज में वर्ग-संघर्ष कायम है उसको चित्रित करने वाला साहित्य वर्गों से परे नहीं हो सकता।

प्रगति और प्रतिक्रिया

साहित्य में प्रगति और प्रतिक्रिया का प्रश्न साहित्य और समाज के आपसी सम्बन्धों से जुड़ा हुआ है। 'साहित्य विवेचन' (श्री क्षेमचन्द्र सुमन) की भूमिका में श्री नन्ददुलारे वाजपेयी ने प्रगति के सम्बन्ध में लिखा है–"उसने दो वस्तुएँ मुख्यरूप से दी हैं। प्रथम यह कि काव्य-साहित्य का सम्बन्ध सामाजिक वास्तविकता से है और वही साहित्य मूल्यवान है जो उक्त वास्तविकता के प्रति सजग और संवेदनशील है। द्वितीय यह कि जो साहित्य सम्बन्धित वास्तविकता से जितना ही दूर होगा वह उतना ही काल्पनिक और प्रतिक्रियावादी कहा जायेगा।" डॉ. शर्मा प्रगति और प्रतिक्रिया को समाज का अनिवार्य तत्त्व मानते हैं। उनका कहना है कि सामाजिक जीवन में कुछ तत्त्व प्रगतिशील होते हैं और कुछ प्रतिक्रियावादी। इन दोनों के विरोध से समाज को गति मिलती है। कोई भी साहित्यकार समाज में रहकर उसके विकास की इस प्रक्रिया से तटस्थ नहीं रह सकता। श्री शिवदानसिंह चौहान का कहना है कि कलाकार स्वभावतः प्रगतिशील होता है। डॉ. शर्मा ने इस स्थापना का खण्डन करते हुए लिखा है कि "न तो साहित्यकार स्वभावतः प्रगतिशील होता है, न आलोचक। वे प्रगतिशील तभी होते हैं जब वे जनसाधारण का पक्ष लेते हैं।"

स्पष्ट है कि डॉ. शर्मा समाज की परस्पर विरोधी शक्तियों के बीच समाज को उत्थान की नूतन दिशा देने वाले साहित्यकार को ही प्रगतिशील साहित्यकार मानते हैं।

---

1 *प्रगतिशील साहित्य की समस्याएँ*, डॉ. रामविलास शर्मा, पृ. 1-4

इसीलिए साहित्यकार स्वभावतः प्रगतिशील नहीं होता। उसे युगविशेष और समाजविशेष के संघर्ष में जनता का पक्ष लेने पर ही प्रगतिशील कहा जा सकता है। इसके विपरीत सामाजिक जीवन को यथावत् बनाये रखने तथा सामाजिक जीवन को सड़ी-गली परम्पराओं से जोड़कर उसे सुलाये रखने वाले साहित्यकार प्रतिक्रियावादी साहित्यकार कहे जायेंगे।

काव्यशास्त्रीय सौन्दर्य

डॉ. रामविलास शर्मा रस को लौकिक आधार पर देखते हैं। इस दृष्टि से वे आचार्य शुक्ल की भाँति स्थायी भावों का मूल्यांकन लौकिक अनुभवों के आधार पर करते हैं। यहाँ वे आचार्य शुक्ल की मान्यता के प्रति पूर्ण सहमति प्रकट करते हैं। वे रस की विकासमान स्थिति को ही स्वीकार करते हैं। प्राचीन रसों के आधार पर वे नवीन साहित्य को परखना उपयुक्त नहीं समझते। भाववादी सभी रसों का पर्यवसान आनन्द में मानते हैं। डॉ. शर्मा आनन्द को साहित्यशास्त्र का एकमात्र साध्य न मानकर उसे साहित्य का मात्र 'श्रीगणेश' मानते हैं।[1] रस की मार्क्सवादी व्याख्या करते हुए उन्होंने द्वन्द्वात्मक स्थिति स्वीकार की है। उनकी दृष्टि में साहित्य का लक्ष्य साधारण और असाधारण के विरोधी तत्त्वों में समन्वय स्थापित करना है, बिल्कुल असाधारण होकर वह जनता का सम्पर्क छोड़ देता है। इसी प्रकार बहुत साधारण होने पर भी जनरुचि को वह प्रभावित नहीं कर पाता। उनकी दृष्टि में साहित्यशास्त्र की उपयोगिता यही होगी कि वह साहित्य और जीवन के सम्बन्ध की उपयोगिता को प्रकट कर दे और जनता के सामने से अहितकर साहित्य तथा साहित्यशास्त्र का भ्रम दूर कर दे।

वस्तुतः डॉ. शर्मा साहित्य की श्रेष्ठता का सच्चा अनुभव शोषण के प्रतिकार और सर्वहारा के समर्थन में करते हैं। जिस साहित्य में शोषण और सामाजिक अनाचार के प्रति घृणा उत्पन्न करने की शक्ति नहीं होगी, जो सर्वहारा का पक्षधर नहीं होगा, वह 'अनास्थावादी' साहित्य सदा समय से पीछे रहेगा। यही कारण है कि डॉ. शर्मा समय के साथ चलने वाले साहित्य की समीक्षा करते समय इने-गिने परम्परागत रसों तक सीमित रहना उचित नहीं समझते। वे रस को देशकाल एवं परिस्थिति के अनुसार एक विकास-तत्त्व के रूप में स्वीकार करते हैं।

व्यावहारिक समीक्षा

डॉ. रामविलास शर्मा एक निर्भीक एवं स्पष्टवादी समीक्षक हैं। उन्होंने प्रगतिवादी समीक्षा विषयक मान्यताओं को प्रस्तुत करने के साथ विभिन्न कवियों, लेखकों एवं रचनाकारों की समीक्षा करते समय अपनी मान्यताओं की कसौटी पर उनकी रचनाओं को समग्रतः देखने का प्रयास किया है।

---

1 *लोकजीवन और साहित्य*, डॉ. रामविलास शर्मा, पृ. 7

तुलसीदास—तुलसीदास और उनके साहित्य के विषय में डॉ. रामविलास शर्मा ने अपनी दो रचनाओं—'संस्कृति और साहित्य' तथा 'प्रगतिशील साहित्य की समस्याएँ' के अन्तर्गत विचार किया है। वे तुलसी-साहित्य की सामाजिकता तथा उसकी लोकहिचेतना से विशेष प्रभावित हैं। वे तुलसी में 'भौतिक पृष्ठभूमि के प्रति असाधारण जागरूकता' का अनुभव करते हैं। तुलसी की जागरूकता इसमें है कि वे सामाजिक समस्याओं के यथार्थ विश्लेषण के साथ उनका समाधान भी प्रस्तुत करते हैं। रामराज्य की कल्पना उनका समाधान ही है, जो धरती से अलग नहीं, धरती पर स्थित अवध से ही सम्बन्धित है। उनके शब्दों में—"तुलसी ऐसे साहित्य के पक्षपाती हैं, जो जनता का हित करे।" तुलसी की भक्ति के सम्बन्ध में उनका विचार है—"तुलसी की भक्ति समाज के लिए अफीम नहीं थी। वह जन-जागरण का एक साधन थी।" उनके साहित्य की महत्ता वास्तविक सामाजिक सम्बन्धों का वर्णन करने में है। उनके लिए कविता स्वतःस्फूर्त न होकर उसमें विचार और चिन्तन का योग है।" 'तुलसी की विरासत पर गर्व करने वाले साहित्यकारों' को डॉ. शर्मा प्रेरित करते हैं कि वे फ्रायडवादी साहित्यकारों का विरोध करें। उनका ऐसा करना जनता के हित में है। डॉ. शर्मा कहते हैं कि राम का सम्पूर्ण चरित्र 'आत्मपीड़ा द्वारा निष्क्रिय प्रतिरोध' का खण्डन करता है। यही कारण है कि उन्होंने तुलसी को जातीय जनजागरण का सर्वश्रेष्ठ कवि माना है।

भारतेन्दु—भारतेन्दु साहित्य में निहित देशभक्ति के उत्कट स्वर का मूल्यांकन करते हुए डॉ. शर्मा ने उन्हें 'जातीय नव-जागरण के वैतालिक' के रूप में देखा है। वे भारतेन्दु काव्य के यथार्थवादी दृष्टिकोण को उनकी सबसे बड़ी विशिष्टता मानते हैं। उस युग के अन्य लेखकों पर विचार करते हुए डॉ. शर्मा ने कहा है कि 'इस युग की मूलधारा राष्ट्रीय और जनवादी' है। 'जनवादी' इस अर्थ में कि उन्होंने एक ओर अंग्रेजी साम्राज्यवाद की भर्त्सना की है तो दूसरी ओर भारतीय समाज के प्राचीन ढाँचे के प्रति असन्तोष दिखाते हुए उसमें सुधार की अभिलाषा व्यक्त की है। उनके साहित्य में मनुष्य की एकता, समानता तथा भाईचारे की भावना है। इस प्रकार डॉ. शर्मा कहना चाहते हैं कि 1857 के बाद पहली बार नवजागरण हुआ। दूसरी बात यह है कि जनवाद का बीज इसी नवजागरण में था। नवजागरण की बात से कोई इनकार नहीं कर सकता किन्तु शर्मा जी जिसे जनवादी चेतना कहना चाहते हैं वह जनवादी न होकर लोकोन्मुखी ही लगती है।

आचार्य रामचन्द्र शुक्ल—'आचार्य शुक्ल और हिन्दी आलोचना' पुस्तक में डॉ. शर्मा ने आचार्य शुक्ल के व्यक्तित्व, उनके समीक्षादर्शों के ऐतिहासिक मूल्य एवं उनकी मौलिक विशिष्टताओं का सम्यक् विवेचन किया है। डॉ. शर्मा का कथन है कि आचार्य शुक्ल की आलोचना सामाजिक भावभूमि से पृथक् नहीं है। वे साहित्य और जीवन के भावों में अन्तर नहीं स्वीकारते। लोकजीवन के प्रति उनके मन्तव्य का

विवेचन करते हुए डॉ. शर्मा ने लिखा है कि "लोकजीवन की ठोस धरती पर पैर रोप कर आचार्य शुक्ल जी ने रस सिद्धान्त की घोषणा की कि लोकहृदय में लीन होने की दशा का नाम रसदशा है।" आचार्य शुक्ल की आलोचना को जनवादी आधार के धरातल पर देखते हुए डॉ. शर्मा ने लिखा है—"उनकी आलोचना सामन्ती संस्कृति के प्रेमियों के लिए एक ललकार है। वह जनता का पक्ष लेकर एक नयी संस्कृति के लिए लड़ने वाली आलोचना है।" जो लोग शुक्ल जी की आलोचना को समाजशास्त्रीय तथा एकांगी बताते हैं, उनके लिए डॉ. शर्मा ने लिखा है—"जो लोग आचार्य शुक्ल में एकांगी समाजशास्त्रीय दृष्टिकोण देखते हैं, उन्हें जायसी की भूमिका में पद्मावत के कलात्मक पक्ष को ध्यान से पढ़ना चाहिए।" वस्तुतः शर्माजी शुक्ल जी को जनवादी सिद्ध करते समय उनके भाववाद तथा सगुरु भक्ति वाला पक्ष छोड़ देते हैं। डॉ. शर्मा और आचार्य शुक्ल दोनों रसानुभूति की आनन्दात्मक अवस्था को स्वीकार करते हैं।

प्रेमचन्द—'प्रेमचन्द और उनका युग' में डॉ. शर्मा प्रेमचन्द को तुलसी के बाद सर्वाधिक जनप्रिय साहित्यकार मानते हैं। कुछ समीक्षक प्रेमचन्द को प्रायः आदर्शवादी धरातल पर देखते हैं किन्तु डॉ. शर्मा उनकी यथार्थवादी दृष्टि की ओर संकेत करते हुए कहते हैं—"प्रेमचन्द ने नकली आदर्शों की रामनामी खींचकर पण्डितों और मौलवियों, समाज के प्रतिष्ठित सज्जनों और धनपतियों का वास्तविक रूप जनता के सामने प्रकट कर दिया।" वे साहित्य का आधार जीवन को मानते थे, कल्पना को नहीं। डॉ. शर्मा की स्पष्ट धारणा है कि प्रेमचन्द साहित्य की इमारत हवा में खड़ी न करके उसकी नींव धरती में मानते हैं। वह उसे देश की आत्मा की प्रतिध्वनि मानते हैं। उनके देश का मतलब है देश की साधारण जनता। डॉ. शर्मा ने प्रेमचन्द की जनवादी धारणा की मुक्त कण्ठ से प्रशंसा की है। वे प्रेमचन्द की आवाज को भारत की अजेय जनता की आवाज मानते हैं।

निराला—डॉ. शर्मा निराला के व्यक्तित्व से बहुत प्रभावित हैं। छायावादी कवियों में सर्वाधिक श्रेय वे निराला को ही देते हैं। निराला पर उनकी दो महत्त्वपूर्ण कृतियाँ हैं—'निराला' तथा 'निराला की साहित्य-साधना' (भाग-एक तथा भाग-दो)। डॉ. शर्मा निराला को 'हिन्दी-साहित्य का वसन्त' मानते हैं। वे मानते हैं कि निराला जैसा साहित्यकार सदियों में कभी एक बार जन्म लेता है। प्रथम खण्ड में निराला के जीवन की जटिल गुत्थियों को समझने तथा विश्लेषित करने का प्रयास किया गया है। उसमें उस युग की परिस्थितियों के जीवन्त चित्र हैं। जहाँ आदर्शवादी साहित्य में केवल पुण्य और नैतिक आदर्शों पर बल देते थे वहाँ निराला कहते थे कि जहाँ तक जीवन का प्रश्न है, वहाँ केवल उत्थान नहीं हो सकता, उसके साथ पतन लगा हुआ है। डॉ. शर्मा कहते हैं कि "निराला साहित्य को संसार से सम्बद्ध और वेदान्त की शुद्ध भूमि से दूर मानते हैं।" निराला अपनी रचनाओं में शोषण की कटु आलोचना करते हैं।

वे साहित्य का राजनीति से उतना ही सम्बन्ध मानते हैं जितना साहित्य की अन्य शाखाओं से। वे क्रान्तिकारी राजनीति नहीं, सुधारवादी राजनीति की बात करते हैं। निराला नारी स्वातन्त्र्य के हिमायती थे, नारी के समान अधिकारों के संघर्ष को वे स्वाधीनता आन्दोलन का अभिन्न अंग मानते थे।

डॉ. शर्मा ने निराला को हिन्दी साहित्य में नये मानवतावाद का प्रतिष्ठापक माना है।

निष्कर्ष

डॉ. शर्मा प्रगतिवादी समीक्षा के मूर्द्धन्य विद्वान् हैं। उन्होंने मार्क्सवादी सिद्धान्तों को हिन्दी-साहित्य में एक सही दिशा दी है। प्रगतिवादी समीक्षा के आरम्भिक विकास में यदि शिवदानसिंह चौहान का महत्त्वपूर्ण योगदान है तो उसकी सही व्याख्या करने तथा उसे उत्कर्ष की मंजिल तक पहुँचाने का श्रेय डॉ. रामविलास शर्मा को प्राप्त है। प्रगतिवादी लेखकों में बिखराव का दोष डॉ. शर्मा के सिर मढ़ना औचित्य से परे है। बिखराव के लिए उस समय की राजनीतिक परिस्थितियाँ ही उत्तरदायी हैं। साहित्य को सामाजिक सन्दर्भों में देखने तथा उसकी अनुभूतियों को ग्रहण करने की जो अचूक क्षमता डॉ. शर्मा में है, उससे इनकार नहीं किया जा सकता। उन्होंने हिन्दी-समीक्षा को एक नयी दिशा दी है, उसे एक नयी प्रखरता देकर सूक्ष्म सौन्दर्यग्राही दृष्टि से सम्पन्न किया है। फिर भी डॉ. शर्मा ने साहित्यरूप और वाक्रूप पर शुक्ल जी के समान विचार नहीं किया है। इनकी समीक्षा में सिद्धान्तों का विवेचन और कथ्य का निरूपण बराबर मिलता है। इससे भी बढ़कर तत्कालीन परिस्थितियों का प्रभावशाली निरूपण रहता है। तथ्यपरकता, विवेचन-स्पष्टता और प्रभावात्मकता से सम्पन्न इनकी समीक्षा में विषय के अनुरूप भाषा रहती है। कहीं-कहीं कथा, रिपोर्ताज, संस्मरण और जीवनी लेखन की भी झलक मिलती है। फिर भी आचार्य रामचन्द्र शुक्ल और आचार्य हजारीप्रसाद द्विवेदी की भाषा तथा शैली जिस तरह से स्वयं बोलने लगती है, वैसी स्थिति इनकी भाषा-शैली में नहीं है। किन्तु सरलता, सहजता तथा प्रभावात्मकता के दर्शन इनकी भाषा में सर्वत्र होते हैं।

21

डॉ. नगेन्द्र की समीक्षा-दृष्टि

—राम सुधार सिंह

डॉ. नगेन्द्र शुक्लोत्तर समीक्षा के सशक्त हस्ताक्षर हैं। इस युग में विभिन्न प्रकार की समीक्षाएँ लिखी गयीं। कुछ लोगों ने शुक्लोत्तर समीक्षा को सैद्धान्तिक समीक्षा तथा व्यावहारिक समीक्षा नामक दो वर्गों में विभक्त करके देखने का प्रयास किया है। कुछ लोगों ने शुक्लोत्तर समीक्षा को सौष्ठववादी, मनोविश्लेषणात्मक तथा मार्क्सवादी पद्धतियों में विभक्त करके देखना चाहा है। प्रवृत्ति और शैली के आधार पर भी इसका विभाजन किया गया है। अपने विभिन्न समीक्षात्मक ग्रन्थों द्वारा डॉ. नगेन्द्र ने सैद्धान्तिक समीक्षा को समृद्ध किया, वहीं समीक्षा के नये मानदण्डों को स्वीकार करते हुए व्यावहारिक समीक्षा को भी एक नया स्वरूप प्रदान किया है। 'रस सिद्धान्त', 'भारतीय काव्यशास्त्र की भूमिका' और 'भारतीय काव्यशास्त्र की परम्परा' जैसे अनेक समीक्षा-ग्रन्थों के माध्यम से इन्होंने भारतीय समीक्षा-दृष्टि को विस्तार दिया है। डॉ. नगेन्द्र मुख्य रूप से मनोविश्लेषणात्मक समीक्षा के लिए प्रसिद्ध हैं, बाद में इन्होंने रसवादी दृष्टि को स्वीकार कर लिया। नगेन्द्र जी ने भारतीय तथा पाश्चात्य समीक्षाओं के समन्वय के आधार पर अपनी सौष्ठववादिता को प्रतिष्ठित किया है।

डॉ. नगेन्द्र काव्य के तीन प्रमुख तत्त्वों-भाव, कल्पना और बुद्धि में भाव को ही मुख्य आधार मानते हैं। उनकी दृष्टि में शेष दो उसके सहायक हैं। वे मानते हैं कि काव्य का आस्वाद मूलतः भाव का ही आस्वाद है—इन्द्रियगम्य प्रकृत भाव का नहीं, वरन् कल्पनागम्य शुद्ध अथवा निर्वैयक्तिक भाव का। कविता का मूल कारण उन्होंने आत्माभिव्यक्ति माना है और आलोचना को भी द्वितीय श्रेणी की रचना न मानकर वे ललित साहित्य का अंग मानते हैं। उनके अनुसार आलोचना का विषय रसात्मक होता है और आलोचना की परिणति भी आत्मसिद्धि में ही होती है, अतः रस का अभिलेख आलोचना में भी रहता है।

डॉ. नगेन्द्र ने मनोविश्लेषण को साहित्य में महत्त्वपूर्ण माना। मनोविश्लेषण सिद्धान्त से कुछ अधिक व्यापकता पन्त के काव्य के विश्लेषण में दिखाई देती है। 'सुमित्रानन्द पन्त' नामक पुस्तक में इन्होंने मुख्य रूप से पन्त के छायावादी काव्य की समीक्षा की है। इस समीक्षा में वे छायावाद को सौन्दर्य की सूक्ष्म चेतना मानते हैं। हालाँकि वे छायावाद को काव्य के उच्चतम शिखर पर स्वीकार नहीं कर पाते हैं, फिर भी सुमित्रानन्दन पन्त में निहित सौन्दर्य की चेतना, प्रकृति का सौन्दर्य, मानवीय मूल्य आदि को वे महत्त्वपूर्ण मानते हैं। इस समीक्षा-पुस्तक में सुमित्रानन्दन पन्त का महत्त्व उनकी सौन्दर्य-चेतना के ही कारण स्थापित किया गया है। डॉ. नगेन्द्र ने आरम्भ में 'साहित्य सन्देश' तथा इसी प्रकार की अन्य पत्रिकाओं में भी पन्त का मूल्यांकन किया है। इसके बाद मैथिलीशरण गुप्त और उनके 'साकेत' के मूल्यांकन में प्रवृत्त हुए। 'साकेत' के मूल्यांकन में उन्होंने 'साकेत' के नये काव्यात्म स्वरूप और उसमें निहित काव्य-सौन्दर्य को महत्त्वपूर्ण माना है। डॉ. नगेन्द्र का महाकाव्य से सम्बन्धित नया विचार यहाँ दिखाई पड़ता है। अब तक भारतीय काव्यशास्त्र के आधार पर मानस तक को लोग महाकाव्य कहते थे लेकिन आधुनिक काव्य-कृतियों में कामायनी, साकेत आदि को महाकाव्य कहने में हिचकने लगते थे। डॉ. नगेन्द्र ने हिन्दी में महाकाव्य के चिन्तन पर एक नया प्रकाश डाला। वे कामायनी और साकेत जैसी कृतियों को महाकाव्य का नया स्वरूप मानते हैं। डॉ. नगेन्द्र के अनुसार बहुत-सी नयी बातें साकेत द्वारा स्थापित की गयीं। जैसे—साकेत की प्रधान स्त्री-पात्र उर्मिला हैं और प्रधान पुरुष—पात्र राम। मैथिलीशरण गुप्त ने यह एक नयी दृष्टि दी। इसी तरह से प्रबन्धकाव्य में गीत को पहली बार महत्त्वपूर्ण माना गया। साकेत की जीवन-दृष्टि गाँधी-युगीन जीवन-दृष्टि है। मैथिलीशरण गुप्त ने आधुनिक जीवन के नये मानदण्ड को साकेत के माध्यम से स्थापित किया। 'मैथिलीशरण गुप्त पुनर्मूल्यांकन' नामक पुस्तक में डॉ. नगेन्द्र ने गुप्त जी का पुनर्मूल्याकंन करते हुए समस्त युगबोध को सामने रखा है। गुप्त जी का यथार्थबोध केवल भौतिक स्तर तक सीमित न रहकर सांस्कृतिक एवं आध्यात्मिक स्तर से सम्बन्धित है। डॉ. नगेन्द्र के अनुसार "मैथिलीशरण गुप्त का यह यथार्थबोध भौतिक परिवेश तक ही सीमित नहीं है। सांस्कृतिक-नैतिक अपकर्ष और उधर आध्यात्मिक अपकर्ष भी कवि के लिए उतना ही चिन्तन और क्षेमकर है। आर्थिक और सामाजिक विसंगतियाँ क्लेश का विषय हैं, इसमें सन्देह नहीं किन्तु नैतिक-सांस्कृतिक तथा आध्यात्मिक मूल्यों का ह्रास भी उतना ही दुर्भाग्यपूर्ण है।"

डॉ. नगेन्द्र हिन्दी के प्रबन्धकाव्यों को भी नये सिरे से सोचने की दृष्टि देते हैं। डॉ. नन्ददुलारे वाजपेयी जैसे बड़े समीक्षक केवल छायावाद तक ही

सीमित होकर रह जाते हैं। उनका मुख्य आधार सौन्दर्य की चेतना मात्र बनकर रह जाता है लेकिन डॉ. नगेन्द्र द्विवेदी युग से लेकर नयी कविता तक विचार करते दिखाई पड़ते हैं। इस आधार पर हम कह सकते हैं कि डॉ. नगेन्द्र का समीक्षा-सिद्धान्त विकासशील है। छायावाद की समीक्षा करते हुए वे सौन्दर्य और मनोविश्लेषण को महत्त्वपूर्ण मानते है लेकिन इसके बाद वे इस सिद्धान्त के व्यावहारिक स्वरूप के पक्षपाती बन गये। इस दृष्टि से इस पर लिखा गया उनका ग्रन्थ अत्यन्त महत्त्वपूर्ण है। रस सिद्धान्त को उन्होंने काव्य और गद्यकृतियों का भी आधार माना है। अगर यह सिद्धान्त महाकाव्य, खण्डकाव्य और आधुनिक कविता के मूल्यांकन का आधार बन सकता है तो रस सिद्धान्त के आधार पर उपन्यास, कहानी आदि की भी समीक्षा की जा सकती है। डॉ. नगेन्द्र ने रस सिद्धान्त को आधुनिक साहित्य में मूल्यांकन का व्यावहारिक रूप दिया है। उनके इस सिद्धान्त से आधुनिककाल के अन्य समीक्षक सहमत नहीं हैं। लेकिन स्वयं डॉ. नगेन्द्र इस सिद्धान्त को साहित्य का महत्त्वपूर्ण आधार मानते हैं। साहित्य के मनोविश्लेषणवादी सिद्धान्त के बाद वे इस सिद्धान्त को काव्य और साहित्य की अन्य विधाओं के लिए विवेचन का मुख्य आधार मानकर प्रस्तुत करते हैं।

डॉ. नगेन्द्र ने एक समीक्षक के रूप में आधुनिक हिन्दी-साहित्य की अनेक साहित्य-विधाओं की समीक्षा की है। उनके मानदण्डों पर मैथिलीशरण गुप्त, सुमित्रानन्दन पन्त, जयशंकर प्रसाद, रामधारी सिंह दिनकर, अज्ञेय, प्रेमचन्द और नयी कविता के भी बहुत से कवियों का साहित्य मूल्यांकित हुआ है। उन्होंने कविता के अतिरिक्त कथा–साहित्य का भी विस्तार से मूल्यांकन किया है। अन्य साहित्य-रूपों में रिपोर्ताज, संस्मरण, रेखाचित्र जैसी आधुनिक नयी साहित्यिक विधाओं के भी मूल्यांकन और विवेचना में डॉ. नगेन्द्र प्रवृत्त हुए हैं। हिन्दी के दूसरे बड़े समीक्षक जैसे आचार्य रामचन्द्र शुक्ल, नन्ददुलारे वाजपेयी, रामविलास शर्मा आदि इससे दूर रहे हैं। यहाँ तक कि डॉ. नामवर सिंह भी इन विधाओं के विश्लेषण और मूल्यांकन में कभी प्रवृत्त नहीं हुए। इस दृष्टि से डॉ. नगेन्द्र की समीक्षा का आयाम बहुत व्यापक दिखाई पड़ता है। हिन्दी साहित्य का विस्तार जितना अधिक हुआ है उसके सम्पूर्ण मूल्यांकन के लिए डॉ. नगेन्द्र जैसे समर्थ समीक्षक ही प्रवृत्त हुए हैं।

डॉ. नगेन्द्र ने भारतीय और पाश्चात्य दोनों समीक्षाओं का विवेचन किया है। भारतीय काव्यशास्त्र की एक लम्बी विवेचना उन्होंने 'भारतीय काव्यशास्त्र की परम्परा' नामक पुस्तक में किया है। इसके अन्तर्गत वे रस को महत्त्वपूर्ण मानते हैं लेकिन अलंकारशास्त्र, रीति, औचित्य, ध्वनि सिद्धान्त आदि में जो बातें आज के लिए महत्त्वपूर्ण हैं उन्हें भी वे रेखांकित करते हैं। डॉ. नगेन्द्र का यह विचार बहुत

महत्त्वपूर्ण है कि रस सिद्धान्त सदैव काव्य के विवेचन और मूल्यांकन का उचित आधार बनता है। कविता का प्रयोजन मनुष्य की चित्तवृत्ति को रसमग्न करना है, इसीलिए वे आनन्द को प्रमुख काव्य प्रयोजक मानते हैं। 'लोककल्याण और चेतना का परिष्कार' को स्वीकार करते हुए भी वे कहते हैं कि ये भी आत्यन्तिक प्रयोजन नहीं हैं, इनका प्रयोजन भी तो आनन्द ही है। वे रस सिद्धान्त की इस बात से सहमत नहीं हो पाते हैं कि आनन्द की स्थिति में हम इस लोक की अनुभूति से एकदम परे हो जाते हैं। तादात्म्य की जो अवस्था प्राचीन भारतीय रस सिद्धान्त में मानी गयी है, उससे थोड़ा-सा अलग हटकर डॉ. नगेन्द्र आनन्द के उस स्वरूप को मानते हैं जो हमारी चित्तवृत्ति को आह्लादित करता है। यह आह्लाद केवल प्रबन्धकाव्य से ही नहीं प्राप्त होता बल्कि छोटी कविताएँ और गद्य रचनाएँ भी आह्लाद प्रदान करती हैं।

डॉ. नगेन्द्र ऐसे पहले समीक्षक हैं जिन्होंने पाश्चात्य काव्यशास्त्र को भी आधुनिक प्रसंग में देखा है। अरस्तू से लेकर 20वीं शताब्दी तक के महत्त्वपूर्ण काव्यशास्त्रियों के सिद्धान्तों का उन्होंने विवेचन किया है। इस विवेचन द्वारा वे बहुत-सी नयी बातों की विवेचना करते हैं। नाटक के पाश्चात्य सिद्धान्त, आधुनिक गद्य-साहित्य के विभिन्न साहित्य-स्वरूपों तथा पाश्चात्य मूल्यांकन के नये दृष्टिकोण को विवेचित करके डॉ. नगेन्द्र उन बातों को भी स्वीकार करते हैं, जो नये साहित्यिक स्वरूपों के मूल्यांकन के लिए अपेक्षित हैं।

डॉ. नगेन्द्र का समीक्षा-सिद्धान्त बहुत व्यापक है। वे अपने मानदण्डों में विकसनशील रहे हैं। आचार्य रामचन्द्र शुक्ल ने आरम्भ से अन्त तक काव्य के मानदण्ड का एक आधार स्थापित किया था। इसी तरह से नन्ददुलारे वाजपेयी सौन्दर्य को ही काव्य के मूल्यांकन का स्थिर मानदण्ड मानते हैं। डॉ. रामविलास शर्मा ने मार्क्सवाद के सिद्धान्तों को ही काव्य का मुख्य आधार माना था। अपने जीवन के अन्तिम दिनों में उन्होंने मूल्यांकन के आधार को थोड़ा-सा विकसित करने का प्रयास किया था। डॉ. नगेन्द्र अपनी समीक्षकीय दृष्टि को निरन्तर विकसित करते रहे हैं। उनका पहला महत्त्वपूर्ण योगदान यह है कि वे काव्य के ही समान उपन्यास और कहानी के मूल्यांकन का भी एक मानदण्ड निर्धारित करने का प्रयास करते हैं। डॉ. नगेन्द्र का दूसरा योगदान यह है कि उन्होंने आधुनिक काव्य तथा अन्य साहित्यिक रचनाओं के मूल्यांकन का एक व्यापक आधार प्रस्तुत किया है। डॉ. नगेन्द्र जीवन के अन्त तक मार्क्सवाद के विरोधी रहे। उन्होंने राजनीतिक दृष्टिकोण को साहित्य के मूल्यांकन का आधार नहीं माना है। वे रस सौन्दर्य अथवा मनोविश्लेषण द्वारा साहित्य के विवेचन और मूल्यांकन को ही महत्त्वपूर्ण मानते हैं।

डॉ. नगेन्द्र की भाषा बराबर चर्चा का विषय रही है। हिन्दी के समीक्षकों में आचार्य रामचन्द्र शुक्ल की भाषा का जो स्वरूप है वैसा आकर्षण किसी दूसरे समीक्षक की भाषा में नहीं दिखाई पड़ंता। उनके बाद आचार्य नन्ददुलारे वाजपेयी और डॉ. नगेन्द्र की भाषा भी आकर्षित करती है। डॉ. नगेन्द्र की भाषा में अंग्रेजी की वाक्य-रचना और उसके विवेचनात्मक स्वरूप के अनुसार हिन्दी की वाक्य-रचना और विवेचनात्मकता दिखाई देती है। यह रूप उन्हें हिन्दी के अन्य समीक्षकों से मूलरूप से अलग करता है। इसी कारण डॉ. नगेन्द्र की भाषा में रसात्मकता की कमी दिखाई पड़ती है। वे अंग्रेजी के पर्यायवाची शब्दों का हिन्दी रूपान्तरण उपस्थित करते हैं। लेकिन बहुत से उनके द्वारा अपनाये गये शब्द हिन्दी में लोकप्रिय नहीं बन पाये। इसका एक मुख्य कारण यह है कि उन्होंने पाश्चात्य समीक्षा की शब्दावली का हिन्दी रूपान्तरण अपने अनुसार किया है। कुल मिलाकर डॉ. नगेन्द्र का स्थान शुक्लोत्तर समीक्षकों में अग्रगण्य है। उन्होंने हिन्दी-समीक्षा को एक व्यापक आयाम प्रदान किया है।

22

डॉ. नामवर सिंह की समीक्षा-दृष्टि

—किरण सिंह

प्रगतिवाद की मानवीय चिन्ताओं को डॉ. नामवर सिंह ने जिस गहरी संवेदनात्मक सम्पृक्ति पर वैचारिक प्रखरता के साथ प्रस्तुत किया वह प्रगतिवादी समीक्षा के क्षेत्र में अपने-आप में जैसे उनका एक महत्त्वपूर्ण प्रस्थान-बिन्दु था।

नामवर सिंह का समग्र चिन्तन किसी-न-किसी युगव्यापी साहित्यिक विवाद में उनकी सक्रिय हिस्सेदारी के रूप में विकसित हुआ है।

जैसा कि हम जानते हैं कि मार्क्सवादी किसी भी विचार के विकास में द्वन्द्व की अहम् भूमिका को स्वीकृति प्रदान करते हैं और प्रायः हिन्दी के सभी मार्क्सवादी आलोचकों का चिन्तन 'पोलेमिक्स' के रूप में ही विकसित हुआ है लेकिन नामवर सिंह के बारे में यह बात खास तौर से कही जाती है कि उनके हर विमर्श में उनके समक्ष अनिवार्य रूप से एक प्रतिपक्ष रहता है। वे इस प्रतिपक्ष के खण्डन द्वारा ही अपनी मान्यताओं की स्थापना करते हैं। प्रसिद्ध मार्क्सवादी आलोचक मैनेजर पाण्डेय तो विवाद और आलोचक नामवर सिंह को लगभग एक-दूसरे का पर्याय मानते हैं। वे लिखते हैं कि "उनका (नामवर सिंह का) शायद ही कोई ऐसा निबन्ध हो जिसको लेकर हंगामें के स्तर तक विवाद पैदा न हुआ हो। लगता है, नामवर सिंह, स्वयं, विवाद पैदा करने में और बहस करने में पहल भी करते हैं और मजा भी लेते हैं। वादे, वादे जायते तत्त्वबोधः में उनका विश्वास है और वाद, विवाद और संवाद की प्रक्रिया में विचार, विकसित करने की उनकी आदत है।"[1]

नामवर सिंह के बारे में कुछ इसी प्रकार की धारणा विश्वनाथप्रसाद तिवारी ने प्रकट की है—"कभी-कभी जहाँ जरूरत नहीं भी होती वहाँ वह एक प्रतिपक्ष गढ़ लिया करते हैं और इसीलिए जितने व्यंग्यबाण वे अपने विरोधियों पर चलाते हैं उससे अधिक

1 *नामवर सिंह के विमर्श*, मैनेजर पाण्डेय, सुधीश पचौरी (सं.), पृ. 256

उन्हें स्वयं झेलने पड़ते हैं। हमारे समय का कोई आलोचक इतने प्रहारों और विरोधों का विषय नहीं बना है।"[1]

लगभग चार दशक की लम्बी यात्रा के दौरान विचारों की ऐसी ताजगी बनाये रखना अपने आप में एक महत्त्वपूर्ण बात है। यह महत्त्वपूर्ण तथ्य उनके आलोचक व्यक्तित्व के एक ऐसे पहलू को उजागर करती है जिसकी ओर प्रायः उनके समकालीन विचारकों का ध्यान नहीं गया। नामवर सिंह को लेकर शिकायत यह रही है कि वे अपने लिए एक प्रतिपक्ष खड़ा कर लेते हैं यानी विरोधी मान्यता के खण्डन द्वारा ही वे अपनी मान्यताओं की स्थापना करते हैं। लेकिन खण्डन करना नामवर सिंह की आलोचना की मूल प्रकृति नहीं है। वे पिछले चार दशकों में साहित्य की बदलती हर भंगिमा के साथ गहरे और सर्जनात्मक स्तर पर अपने आपको जोड़ते रहे हैं। इस अर्थ में उनका दृष्टिकोण और उनका समग्र आलोचनात्मक व्यापार अधिक सकारात्मक रहा है। मसलन वे आलोचना के क्षेत्र में ऐसे समय में सक्रिय हुए जब प्रगतिवादी साहित्य-सृजन में ओट आनी शुरू हो गयी थी। प्रगतिवादियों द्वारा प्रगतिवादी सामूहिकता के स्थान पर प्रयोगवादी व्यक्तिबद्धता के लिए आग्रह शुरू हो गया था। काव्य में अन्तर्वस्तु के स्थान पर रूपगत आग्रह बढ़ने लगे थे। ये सारे तत्त्व कुछ ऐसे सौन्दर्यशास्त्रीय आग्रहों के साथ उभर रहे थे कि उनसे मार्क्सवादी रचना और साहित्य चिन्तन के लिए खतरा पैदा हो गया था। इस खतरे के बारे में नामवर सिंह ने लिखा है—"प्रयोगवाद के परवर्ती इतिहास से स्पष्ट है कि प्रयोग के दौरान जिन्हें मार्क्सवाद और प्रयोगशीलता में विरोध दिखाई पड़ा उन्होंने दो में से एक को छोड़ दिया।"[2] यह प्रयोगवाद अर्थात् नयी कविता का पहला दौर था। यह दौर नामवर सिंह के साहित्यिक विवेक के निर्माण का दौर कहा जा सकता है। यहाँ तक नामवर सिंह के लिए प्रगतिवाद और प्रयोगवाद दो परस्पर विरोधी काव्य-प्रवृत्तियाँ थीं। नामवर सिंह प्रगतिवाद के साथ थे। प्रयोगवाद का उन्होंने खण्डन किया। यह स्थिति उस समय के प्रायः सभी प्रगतिशील आलोचकों की थी। प्रगतिशील आलोचना अनिवार्य रूप से प्रयोगवाद का विरोध करती रही। बाद में जब प्रयोगवाद का रूपान्तरण नयी कविता में हुआ तब भी यह विरोध ज्यों-का-त्यों जारी रहा। नामवर सिंह अपने ग्रन्थ 'इतिहास और आलोचना' के प्रकाशन के समय तक प्रयोगवादी और नयी कविता के प्रवक्ताओं पर बड़े उग्र प्रहार करते रहे। इन प्रहारों की भूमि सैद्धान्तिक न होकर व्यावहारिक थी। लेकिन अपने इस समीक्षात्मक विवेक के विकास के दूसरे दौर में नामवर सिंह ने नयी कविता का विरोध करना बन्द कर दिया। उन्होंने अनुभव किया कि प्रगति और प्रयोग के रूप में कविता का विभाजन अपेक्षाकृत कृत्रिम था।

---

1 *वही*, पृ. 257

2 *आधुनिक हिन्दी साहित्य की प्रवृत्तियाँ*, डॉ. नामवर सिंह, पृ. 113

'कविता के नये प्रतिमान' में 'छायावादोत्तर कविता के मूल्यांकन की समस्या' पर विचार करते हुए उन्होंने लिखा है—"छायावादोत्तर काल की यह सारी सार्थक काव्य-सर्जना उस नयी कविता के इर्द-गिर्द हुई है, जो इस काल की मुख्य धारा रही है। स्पष्ट ही यहाँ नयी कविता से आशय प्रगति और प्रयोग दोनों कल्पित कगारों को तोड़ती हुई समग्र नयी काव्यधारा से है।"[1]

यदि नामवर सिंह ने प्रगतिवाद और प्रयोगवाद के विभाजन को कृत्रिम घोषित किया तो उसका यह अर्थ कतई नहीं है कि वे अज्ञेय की मान्यताओं के साथ हो लिये हैं। स्वयं नयी कविता में ऐसे अनेकों महत्त्वपूर्ण कवि थे जिन्होंने रचना के स्तर पर प्रगतिवादी जीवन-मूल्यों में गहरी थे। आस्था प्रकट की, शमशेर, मुक्तिबोध, नेमिचन्द्र जैन आदि इस श्रेणी के कवियों में प्रमुख नामवर सिंह ने 'आधुनिक साहित्य की प्रवृत्तियाँ' में शमशेर, मुक्तिबोध आदि कवियों को प्रयोगवाद के अन्तर्गत रखा था। हालाँकि उन्होंने अनुभव किया था कि ये पूरी तरह से प्रयोगवाद की सीमा में खप नहीं पाते। अज्ञेय के विचार और जीवन दर्शन से इन कवियों को अलगाते हुए नामवर सिंह ने लिखा था—"प्रयोगवाद के आरम्भिक युग में जब अज्ञेय मध्यवर्गीय परिवृत्ति के विरुद्ध वैयक्तिक असन्तोष उगल रहे थे, नेमिचन्द्र जैन, गजानन माधव मुक्तिबोध, भारत भूषण काव्यक्षेत्र में आये। अज्ञेय की तरह इन कवियों में भी घोर असन्तोष था किन्तु अज्ञेय के विपरीत इन कवियों ने अपनी मुक्ति के लिए नवीन जन आन्दोलन से तादात्म्य स्थापित करने की आकांक्षा भी थी। इसलिए इन कवियों में अज्ञेय के असन्तोष से थोड़े भिन्न एक नये ढंग की 'कशमकश' दिखाई पड़ती है। यह कशमकश है, "संस्कार और विवेक की आत्मस्थ होने की चाह की असमर्थता को विवेक द्वारा चीर डालने की कशमकश। नेमिचन्द्र और मुक्तिबोध में यह कशमकश अधिक तीव्र तथा मार्मिक है।"[2]

किसी महत्त्वपूर्ण आलोचक द्वारा किसी नयी काव्य-प्रवृत्ति को स्वीकार किया जाना इसलिए महत्त्वपूर्ण होता है कि उस स्वीकृति में 'नये और युगीन सौन्दर्यशास्त्र के विकास की सम्भावनाएँ अन्तर्निहित होती हैं। नामवर सिंह ने 'कविता के नये प्रतिमान' की रचना द्वारा नयी कविता के लिए, नये काव्यबोध का विश्लेषण, मूल्यांकन के लिए निश्चित ही कुछ नये प्रतिमानों को आविष्कृत किया है। यहाँ नये प्रतिमानों के आविष्कार का आशय यह नहीं है कि आलोचक ने नितान्त अपरिचित और अज्ञात प्रतिमानों को खोज निकाले बल्कि उसने सिर्फ यह किया है कि प्रवर्तमान प्रतिमानों की कुछ ऐसी व्याख्या की जिससे वे अपेक्षाकृत अधिक समावेशी बन गये। प्रत्येक काव्य-प्रवृत्ति अपने उद्‌भव के समय, विचार और संवेदना की नयी सम्भावनाएँ लेकर

---

1 *कविता के नये प्रतिमान*, डॉ. नामवर सिंह, पृ. 67

2 *आधुनिक हिन्दी साहित्य की प्रवृत्तियाँ*, डॉ. नामवर सिंह, पृ. 123

विकसित होती हैं। उसमें नये काव्यरूप की अन्वेषण की भी महती सम्भावनाएँ निहित होती हैं, लेकिन समय के बदलने के साथ ही अभिव्यक्ति की नयी प्रणालियाँ, नयी रूढ़ियों में बदल जाती हैं और नया भावबोध अपनी प्रखरता और तेजस्विता खो बैठता है। परिणामस्वरूप रचना की दुनिया में नये बदलाव की आवश्यकता का अनुभव किया जाता है। सन् '60 के आसपास हिन्दी कविता में एक नया बदलाव आया। अनेक प्रकार के इच्छनीय काव्यान्दोलन अस्तित्व में आये। जगदीश गुप्त ने 'नयी कविता' नामक अपने ग्रन्थ में 'किसम-किसम की कविता' शीर्षक से नयी कविता की परवर्तीकाल की कविता का जो लेखा-जोखा प्रस्तुत किया है, उसमें नये आन्दोलनों के प्रति व्यंग्य का भाव ही अधिक है। नये आन्दोलनों की रचनात्मक अनिवार्यता को समझने का उन्होंने कोई प्रयत्न नहीं किया लेकिन नामवर सिंह को जैसे इस बात का अहसास हो गया था कि नयी कविता की सम्भावनाएँ चुक गयी हैं और उनके स्थान पर एक नया काव्य-बोध विकसित हो रहा है। यह बात कम महत्त्वपूर्ण नहीं है कि साठोत्तरी कवियों में से धूमिल की विद्रोही कविता में अन्तर्निहित सर्जनात्मक सम्भावना को सर्वप्रथम नामवर सिंह ने पहचाना था।

उन्होंने युवा रचनाकारों के नये बदलाव की न केवल युक्ति-संगत व्याख्या प्रस्तुत की बल्कि उसे साहित्य और जीवन की नयी सचाई की पहचान के रूप में प्रतिष्ठित किया है। उन्हें नयी कविता के बिम्बवाद की तुलना में साठोत्तरी कवियों की सपाटबयानी अधिक विश्वसनीय दिखाई दी।

जिस प्रकार नामवर सिंह ने कविता के साठोत्तरी स्वरूप के वैशिष्ट्य को पहचाना था, उसी प्रकार वे समकालीन युवा कवि देवीप्रसाद मिश्र और बोधिसत्त्व की नयी काव्यचेतना के नये वैशिष्ट्य का भी सहज ही उद्घाटन कर सके। साहित्य के क्षेत्र में नामवर सिंह की यह गतिशील भूमिका अपने आप में बड़ी ही महत्त्वपूर्ण है।

नामवर सिंह की समीक्षा ने कुछ अन्य प्रकार के विवाद भी पैदा किये। ये विवाद दो स्तरीय हैं, एक, जब वे प्रगतिवाद के विरुद्ध, मुहिम चलानेवालों का विरोध करते हैं। दो, जब वे मार्क्सवादियों के काव्य विवेक के प्रति अपना सन्देह प्रकट करते हैं।

पहली कोटि के विवाद के दर्शन 'इतिहास और आलोचना' में किये जा सकते हैं। अन्यत्र भी यदाकदा, वे मार्क्सवाद-विरोधी आलोचकों पर प्रहार करते रहे। इस स्तर पर कई बार विरोधियों का मत खण्डन करते हुए वे उग्र आक्रामकता ग्रहण कर लेते हैं, तब ऐसा लगता है कि विरोधियों की मान्यताओं की उपेक्षा करना, उन पर व्यंग्य करना, उनका उपहास करना, नामवर सिंह की रणनीति का हिस्सा है। उनका एक बहुचर्चित लेख है 'व्यापकता और गहराई'। इस लेख में उन्होंने नवलेखन के प्रवर्तकों के उन साहित्यिक मापदण्डों का तर्कयुक्त ढंग से खण्डन किया है, जिनके रहते वे प्रेमचन्द की तुलना में जैनेन्द्र, अज्ञेय और शरद को वरीयता प्रदान करने के पक्ष में

साहित्यिक तर्क प्रस्तुत करते हैं। इस सम्बन्ध में नवलेखन के पुरोधाओं का मुख्य तर्क यह था कि प्रेमचन्द के उपन्यासों में व्यापकता है, लेकिन गहराई नहीं। प्रेमचन्द का मुख्य दोष बताया गया है कि वे समस्याओं का 'सरल' समाधान कर लेते हैं। उनकी अनुभूतियाँ जीवन की सतह की अनुभूतियाँ हैं। वे सरल और सपाट हैं, उनमें जटिलता और संश्लिष्टता का अभाव है। नामवर सिंह ने इस आक्षेप का बड़ा तर्कसंगत खण्डन किया है, लेकिन इस खण्डन के सिलसिले में ही वे अपने विरोधियों को व्यंग्य-बाण से बेधना नहीं भूले। प्रेमचन्द की सोद्देश्यता का विरोध करने वालों का वे खण्डन करते हुए लिखते हैं–"कदम-कदम पर संघर्ष करते हुए जिस होरी ने जिन्दगी का लम्बा रास्ता तय किया, उसने तो अपनाया 'शॉर्ट कट' और जिसने बैठे-बिठाये आसमान में सूरज का सातवाँ घोड़ा दौड़ाया उसका रस्ता हुआ लम्बा। क्यों न हो आसमान से धरती तक की लम्बी दूरी सपनों का भारी बोझ और टाँगे बेकार। नौ दिन चले अढ़ाई कोस।[1] नम्बर दो 'सतही साहित्य-रचना से बचने के लिए लम्बे अर्थात् अनन्त रास्ते पर निरुद्देश्य यात्रा करनी चाहिए। लेकिन ये पथिक इतने सरल नहीं हैं कि अपने को स्पष्ट शब्दों में निरुद्देश्य कह दें।"

नामवर सिंह ने प्रयोगवादी जीवन दर्शन को नीत्शे के साथ जोड़ दिया और नीत्शे के बारे में अपनी राय प्रकट करते हुए लिखा–"जर्मन दार्शनिक नीत्शे ने भी प्रयोग को अपने जीवन-दर्शन का आधार माना है। उसने बार-बार शब्द 'versuch' का प्रयोग किया है, जिसका अंग्रेजी पर्याय 'experiment' होता है और हिन्दी के प्रयोगशील कवि जिस अर्थ में जीवन को प्रयोग मानते हैं लगभग उसी अर्थ में नीत्शे भी जीवन को प्रयोग मानता था।"[2]

नीत्शे की चिन्तन की कुछ विचारगत विशेषताओं का हवाला देने के बाद नामवर सिंह लिखते हैं–"नीत्शे का दावा था कि मौका पड़ने पर अपने ही पूर्ववर्ती विचारों के विरुद्ध घोषणा करने का साहस होना चाहिए। 'जोखिम के साथ जिओ' नीत्शे का ही नारा था। अपने आचार द्वारा विचारों की सार्थकता परखने के वृत्त को इतनी दूर तक निभाया कि पागल होकर मरा।"[3]

'कविता के नये प्रतिमान' में नामवर सिंह ने कथ्य और कथन के सामंजस्य को महत्त्वपूर्ण बताया। उन्होंने इस द्वैत को काव्य-मूल्यांकन के लिए घातक माना जिसके रहते कविता की अभिव्यंजना प्रणाली की प्रशंसा की जाये और उसके कथ्य को तिरस्कृत किया जाये या इसके विपरीत कथ्य को महत्त्वपूर्ण घोषित किया जाये और अभिव्यक्ति को कमजोर बताया जाये। प्रथम कोटि की असंगति के लिए नामवर सिंह

---

1 *इतिहास और आलोचना*, डॉ. नामवर सिंह, पृ. 8

2 *आधुनिक हिन्दी साहित्य की प्रवृत्तियाँ*, डॉ. नामवर सिंह, पृ. 118

3 *वही*, पृ. 118

ने आचार्य रामचन्द्र शुक्ल की छायावाद सम्बन्धी उनकी इस मान्यता को सामने रखा जिसके रहते वे छायावाद की अभिव्यक्त प्रणाली की प्रशंसा करते हैं और उसके कथ्य को महत्त्वहीन बताते हैं।

दूसरी कोटि की असंगति के सिलसिले में उन्होंने डॉ. रामविलास शर्मा की मान्यताओं के अन्तर्विरोध की ओर इशारा किया। डॉ. रामविलास शर्मा ने शिवमंगल सिंह 'सुमन' और बच्चन की कविताओं को उनमें व्यक्त अनुभव और उच्च कोटि के कवि-कौशल के लिए प्रशंसनीय बताया। नामवर सिंह का मानना है कि रामविलास शर्मा द्वारा की गयी प्रशंसा उनके पिछड़े हुए काव्य-बोध की परिचायक है। जिन कविताओं की प्रशंसा की गयी है वे आस्थावादी कविताएँ हैं और जिस धरातल पर प्रशंसा की गयी है वह आस्थावादी है। नामवर सिंह लिखते हैं, "आस्थावादी कवि के समान ही आस्थावादी आलोचक के लिए अपनी 'सामान्य' आस्था इतनी महत्त्वपूर्ण है कि उन्हें व्यक्त करने वाले शब्द स्वभावतः महत्त्वहीन हो जाते हैं। ऐसी स्थिति में चिर-परिचित रूढ़-शब्द योजना ही नहीं बल्कि परम्परा छन्द-विन्यास और रूप-विन्यास भी काम का साबित होता है। क्योंकि नये प्रयोगों में सामान्यतः अपेक्षित और अतिपरिचित आस्था के विकृत होने का खतरा रहता है।"[1]

नामवर सिंह इस आस्थावाद का मुख्यतः इसलिए विरोध करते हैं कि इसके रहते बड़ी स्थूल किस्म की अभिधात्मक युक्तियों वाली कविता को ही ग्रहण किया जा सकता है। शब्दों की अवज्ञा करते हुए सामान्य वक्तव्य के रूप में आस्था के स्थूल सूत्र निकालने के प्रयास में रचनाशीलता तिरस्कृत हो जाती है। हालाँकि काव्यबोध की सीमाओं के निर्देश के लिए उनके द्वारा व्याख्यायित और प्रशंसित केवल दो कविताओं को उदाहरण के रूप में प्रस्तुत किया लेकिन नामवर सिंह का विरोध रामविलास शर्मा की नयी कविता सम्बन्धी समग्र मान्यताओं से है। रामविलास शर्मा नयी कविता के प्रारम्भ से ही प्रखर विरोधी रहे हैं। वे इस समग्र काव्य-धारा को अत्यधिक एकांगी, व्यक्तिवादी चेतना से युक्त और सामाजिक एवं मानवीय दायित्वबोध से हीन घोषित करते हैं। उन्होंने उसमें केवल अस्तित्ववादी पीड़ा-बोध और नव-रहस्यवाद के दर्शन किये। मुक्तिबोध भी रामविलास शर्मा के नयी कविता सम्बन्धी विरोध के विरोधी थे।

डॉ. रामविलास शर्मा और नामवर सिंह प्रगतिवादी समीक्षा के क्षेत्र में अपने अप्रतिम योगदान के लिए सदैव याद किये जायेंगे। हिन्दी के प्रगतिशील साहित्यचिन्तन के विकास और निर्माण में नामवर सिंह डॉ. रामविलास शर्मा के योगदान के महत्त्व को अपने एक लेख 'केवल जलती मशाल' में विशेष रूप से रेखांकित कर चुके हैं। हिन्दी की प्रगतिशील परम्परा के विरासत की डॉ. रामविलास शर्मा द्वारा की गयी व्याख्या की उन्होंने मुक्त कण्ठ से प्रशंसा की है। इसलिए इस विवाद को दो बड़े आलोचकों

---

1 *कविता के नये प्रतिमान*, 'भूमिका', नामवर सिंह, पृ. 62

के व्यक्तित्व और अहं की टकराहट मानकर खारिज कर देना गलत होगा। यह विवाद गहरे अर्थों में मार्क्सवादी कला-मूल्यों की व्याख्या से सम्बन्धित है। यह प्रश्न उस समय भी महत्त्वपूर्ण था और आज भी महत्त्वपूर्ण है कि क्या उन्हीं कविताओं को प्रगतिशील धारा के अन्तर्गत रखा जाना चाहिए जो सीधे-सीधे सामाजिक प्रतिबद्धता की घोषणा करती हैं या इसके अन्तर्गत ऐसी कविताओं को भी समाहित किया जा सकता है जो अपने युग के संश्लिष्ट और जटिल यथार्थ को अपनी सम्पूर्ण संरचना में जज्ब कर लेती हैं और अपने जीवन-बोध को कथन के स्तर पर नहीं बल्कि सृजनशीलता के स्तर पर प्रकट करती हैं।

विशेषता यह है कि डॉ. रामविलास शर्मा ने हिन्दी-साहित्य की प्रगतिशील परम्परा के ऐतिहासिक सन्दर्भ को उजागर करने में जैसी सहानुभूति दिखाई है वैसी सहानुभूति वे अपने समकालीन साहित्य खासतौर से नयी कविता की चेतना की व्याख्या में नहीं दिखा सके। दूसरी ओर आमतौर पर 'आस्थावादी' प्रगतिवादी आलोचक इस विवाद में नामवर सिंह पर कलावादी होते जाने का आक्षेप करते रहे हैं। वस्तुतः यह प्रश्न सैद्धान्तिक न होकर व्यावहारिक समीक्षा से सम्बन्धित है। अक्सर देखा गया है कि साहित्य में सैद्धान्तिक स्तर पर एकवाक्यता होने के बावजूद व्यावहारिक समीक्षा के स्तर पर आपसी मतभेद उभरकर सामने आ जाते हैं। ऐसे में होता यह है कि एक आलोचक जिस रचना को प्रगतिशील चेतना के उदाहरण के रूप में प्रस्तुत करता है, दूसरा आलोचक उसमें प्रतिक्रियावादी रुझान के दर्शन कर लेता है या फिर उसे साहित्य मानने से भी इनकार कर देता है।

'कविता के नये प्रतिमान' में नामवर सिंह कविता के कलात्मक उपकरणों की व्याख्या के माध्यम से उसकी अन्तर्निहित प्रगतिशील चेतना की व्याख्या करने की ओर प्रवृत्त हुए हैं तो यह उनके आत्म-विस्तार की दिशा में उठाया गया एक महत्त्वपूर्ण कदम है।

रामविलास शर्मा और नामवर सिंह के वैचारिक विवाद का सर्वाधिक प्रखर रूप 'दूसरी परम्परा की खोज' में प्रकट हुआ। यहाँ नामवर सिंह ने हिन्दी की मध्यकालीन काव्य-परम्परा खासतौर से भक्ति की चेतना के उद्‌गम और विकास को लेकर जो मान्यताएँ व्यक्त की हैं वे कुछ इस ढंग से प्रस्तुत की गयी हैं कि उनसे प्रगतिशील आलोचकों में जैसे एक नयी चेतना फैल गयी। नामवर सिंह ने भक्ति काव्य के बारे में जो मान्यताएँ प्रस्तुत कीं वे आचार्य रामचन्द्र शुक्ल के प्रतिपक्ष के रूप में रखी गयी हैं। आचार्य रामचन्द्र शुक्ल ने 'हिन्दी साहित्य का इतिहास' में भक्ति के उद्‌गम पर विचार करते हुए उसे भारत पर मुसलमानों के आक्रमण की प्रतिक्रिया के रूप में व्याख्यायित किया था। आचार्य हजारीप्रसाद द्विवेदी ने भक्ति को मुसलमानों के आक्रमण की प्रतिक्रियास्वरूप उद्‌भूत नहीं माना। उन्होंने इस सन्दर्भ में लिखा था

कि यदि देश में मुसलमान नहीं भी आये होते तो भी हिन्दी का बारह आना साहित्य वैसा ही होता, जैसा आज है। द्विवेदी जी ने भक्ति को अपनी चिन्तनपरम्परा के स्वाभाविक विकास के रूप में देखा। उनकी मुख्य स्थापना यह है कि शंकराचार्य और कुमारिल भट्ट द्वारा उन्मूलन किये जाने के बाद बौद्ध धर्म एक बारगी देश से समाप्त नहीं हो गया। वह लोक-जीवन में घुल-मिल गया और कालान्तर में नयी लोक-चेतना के साथ भक्ति के रूप में उदित हुआ। डॉ. नामवर सिंह ने आचार्य हजारीप्रसाद द्विवेदी की इन स्थापनाओं की न केवल पुष्टि की है बल्कि अपनी ओर से उसमें कुछ नये विचार-बिन्दु भी जोड़े हैं। मसलन उन्होंने इरफान हबीब जैसे इतिहासकारों की मान्यताओं के आधार पर मुसलमानों के शासनकाल में कला कारीगरी की होने वाली उन्नति की ओर निर्देश किया है। साथ ही इस तथ्य की ओर भी निर्देश किया है कि आर्थिक सम्पन्नता के साथ मोची और जुलाहे जैसी जातियों में एक नया आत्म-विश्वास पैदा हुआ और उनमें नयी सामाजिक सृजनशीलता का उदय हुआ।

डॉ. नामवर सिंह की ये स्थापनाएँ अपने आप में विशेष विवादास्पद हैं। लेकिन उनके विचार तब विवादास्पद बन जाते हैं जब वे सगुण भक्ति और विशेष तौर से रामभक्ति की तुलना में निर्गुण सन्तकाव्य को वरीयता प्रदान करते हैं। उनका मानना है कि मध्यकाल में भक्ति एक क्रान्तिकारी सामाजिक दर्शन के रूप में अस्तित्व में आयी। इसने धार्मिक रूढ़ियों और वर्णाश्रम व्यवस्था का विरोध किया लेकिन भक्ति का यह रूप निर्गुणियाँ सन्तों की वाणी में प्रकट हुआ। तुलसीदास ने भक्ति को पुनः व्यवस्थाबद्ध कर दिया। भक्ति द्वारा वर्णाश्रम व्यवस्था की उन्होंने पुनर्स्थापना कर दी। इस प्रकार तुलसीदास ने भक्ति के क्रान्तिकारी स्वरूप को खण्डित कर दिया।

यहाँ एक अन्य महत्त्वपूर्ण तथ्य की ओर भी निर्देश किया जाना जरूरी है, वह यह कि आचार्य रामचन्द्र शुक्ल ने अपने जीवन और कला-मूल्यों के लिए तुलसी को आधार माना था। उधर डॉ. रामविलास शर्मा आचार्य रामचन्द्र शुक्ल के समीक्षा सिद्धान्तों खासतौर से उनके द्वारा प्रतिपादित साहित्य में लोक-मंगल की भावना, काव्य में आनन्द की साधनावस्था और सामन्तवादी सौन्दर्याभिरुचि के विरोध से हिन्दी की प्रगतिशील आलोचना का सम्बन्ध जोड़ते हैं। इस सम्बन्ध में उन्होंने लिखा है—

"हिन्दी साहित्य में शुक्ल जी का वही महत्त्व है जो उपन्यासकार प्रेमचन्द या कवि निराला का। उन्होंने आलोचना के माध्यम से उसी सामन्ती संस्कृति का विरोध किया, जिसका उपन्यास और कविता के माध्यम से प्रेमचन्द और निराला ने। शुक्ल जी ने न तो भारत के रूढ़िवाद को स्वीकार किया न तो पश्चिम के व्यक्तिवाद को। उन्होंने बाह्यजगत् और मानवजीवन की वास्तविकता के आधार पर नये साहित्य सिद्धान्तों की स्थापना की और उनके आधार पर सामन्ती साहित्य का विरोध किया

और देशभक्ति और जनतन्त्र की साहित्यिक परम्परा का समर्थन किया।[1] वस्तुतः 'दूसरी परम्परा की खोज' में प्रच्छन्न रूप से गोस्वामी तुलसीदास, आचार्य रामचन्द्र शुक्ल और डॉ. रामविलास शर्मा की महत्ता पर पुनर्विचार किया गया है। इस पुनर्विचार ने व्यापक स्तर पर समकालीन हिन्दी-समीक्षा के क्षेत्र में बड़े विवाद का रूप ग्रहण कर लिया। व्यापक साहित्य के क्षेत्र में इस विवाद का क्या प्रभाव पड़ा यह तो कहना मुश्किल है लेकिन इतना निश्चित है कि इसमें 'दूसरी परम्परा की खोज' की कुछ महत्त्वपूर्ण स्थापनाओं की ओर से हमारा ध्यान हट गया और इस ग्रन्थ पर जो भी चर्चा हुई वह शुक्ल और डॉ. रामविलास शर्मा या प्रकारान्तर से तुलसीदास के बारे में व्यक्त किये डॉ. नामवर सिंह के विचारों के खण्डन-मण्डन तक ही मर्यादित रही। इस सम्बन्ध में निर्मला जैन का मानना है कि " 'दूसरी परम्परा की खोज' को आलोचक नामवर सिंह के आलोचकों ने तत्काल ही रामचन्द्र शुक्ल बनाम हजारीप्रसाद द्विवेदी की बहस का रूप दे दिया।"[2] वे मानती हैं कि यह बहस उक्त रचना के मूल अभिप्रेतों को समझने में बाधक सिद्ध हुई है। उनका मानना है कि " 'दूसरी परम्परा की खोज' का महत्त्व इस बात में है कि उसमें कुछ ऐसी अवधारणाओं के मूल का प्रश्न उठाया गया है जिन्हें बड़ी सुविधा से पश्चिम की देन स्वीकार करके उनके पारम्परिक मूल विशेष आग्रहों के तहत खोजकर निश्चित कर दिये गये। 'सौन्दर्य की अवधारणा और सौन्दर्यबोध' का पारम्परि विकास ऐसा ही प्रश्न है। भारतीय संस्कृति की विशुद्धता का सवाल भी ऐसा ही बहस तलब सवाल है, जिस पर बराबर विचार होता रहा है। इसे हिन्दी के दो आलोचकों की टकराहट का रूप देना मूल प्रश्न से मुँह चुराना होगा।[3]

नामवर सिंह रचना के नाम पर राजनीतिक नारेबाजी को न तब महत्त्व देते थे जब उन्होंने 'आधुनिक हिन्दी साहित्य की प्रवृत्तियाँ' ग्रन्थ की रचना की थी और न ही सन् 1974 या सन् 1968 में लिखे गये अपने लेखों में वे उसे कोई महत्त्व देते हैं। 'आधुनिक साहित्य की प्रवृत्तियाँ' में उन्होंने लिखा था कि "नये युग में राजनीति में सामान्य लोगों का पहली बार प्रवेश हुआ। इससे पहले राजनीति केवल बड़े लोगों की चीज थी लेकिन जनतान्त्रिक परिस्थिति के आने से कुछ हवा बदल गयी।"[4] कहना न होगा कि इस बदली हुई हवा का बड़ा गहरा प्रभाव प्रगतिशील कवियों की काव्य-चेतना पर पड़ा। नामवर सिंह ने महसूस किया कि इसके रहते प्रगतिशील साहित्य में एक दूसरे ढंग की संकीर्णता भी आ गयी क्योंकि साहित्य यथासम्भव

---

1 *आचार्य रामचन्द्र शुक्ल और हिन्दी-आलोचना*, डॉ. रामविलास शर्मा, पृ. 7

2 *हिन्दी-आलोचना की बीसवीं सदी*, निर्मला जैन, पृ. 82

3 *वही*, पृ. 82

4 *आधुनिक हिन्दी साहित्य की प्रवृत्तियाँ*, नामवर सिंह, पृ. 77

सम्पूर्ण मानव-व्यक्तित्व को लेकर चलता है और उसी से वह मूल्यवान भी होता है, लेकिन राजनीतिक व्यक्तित्व में साहित्य के लिए विशेष सामग्री नहीं मिलती। यह स्वीकार करना पड़ेगा कि काफी आलोचना-प्रत्यालोचना के बावजूद प्रगतिशील साहित्य की एकांगिता दूर नहीं हो सकी है।[1]

लगभग यही बात नितान्त भिन्न सन्दर्भ में नामवर सिंह ने आज के प्रगतिशील लेखकों के सन्दर्भ में राजनीतिक चेतना को लेकर भी दोहराई है, "मार्क्सवाद केवल एक राजनीतिक सिद्धान्त नहीं बल्कि एक विश्वदृष्टि है, राजनीति जिसका एक पक्ष है, निःसन्देह एक महत्त्वपूर्ण पक्ष है। यह विश्वदृष्टि लेखक को अपने समय की वास्तविकता को, उसको समग्र जटिलता को समझने में सहायक होती है।"[2]

हमने यहाँ नामवर सिंह के चिन्तन के उस विवादमूलक पक्ष को रेखांकित किया है जो उनके आलोचनात्मक विवेक को जीवित रखता है, विस्तार प्रदान करता है और उसे प्रासंगिक बनाये रखता है। हमने यह भी स्वीकार किया है कि उनके साहित्य-चिन्तन में वह चाहे सैद्धान्तिक हो या व्यावहारिक, एक प्रतिपक्ष उनकी मान्यताओं के निर्माण और उनके विकास में सहायक बनता है। लेकिन हम यहाँ एक बात और जोड़ देने की अनुमति चाहेंगे, वह यह कि नामवर सिंह एक ऐसे आलोचक हैं प्रायः जिनके विवाद का स्वरूप दो स्तरीय रहा है। वे वैचारिक स्तर पर जहाँ अपने विरोधियों से संघर्ष करते हैं, वहाँ उनमें आत्मसंघर्ष का तत्त्व भी पर्याप्त मात्रा में उपस्थित रहता है। 'वाद विवाद संवाद' में मुक्तिबोध की चिन्तन-प्रक्रिया पर विचार करते हुए नामवर सिंह ने लिखा है—"कुछ लोग दुनिया से बहस करते हैं तो कुछ अपने से किन्तु कुछ थोड़े लोग ऐसे भी होते हैं जो दुनिया से बहस करने की प्रक्रिया में अपने आप से भी बहस चालू रखते हैं।"[3]

कहना न होगा कि ये पंक्तियाँ जितनी मुक्तिबोध की चिन्तन-प्रक्रिया को उद्घाटित करती हैं, प्रकारान्तर से उतना ही इन पंक्तियों के लेखक नामवर सिंह की भी चिन्तन-प्रक्रिया को भी सामने लाती हैं।

---

1 *वही*

2 *वाद विवाद-संवाद*, नामवर सिंह, पृ. 83

3 *वही*, पृ. 11

23

मैनेजर पाण्डेय का वैचारिक संसार

—कृष्ण मोहन सिंह

'अनभै साँचा' (2002) वरिष्ठ आलोचक मैनेजर पाण्डेय के लेखन के चुनिन्दा अंशों का संकलन है। यह चयन लेखक ने स्वयं किया है। इसलिए इस संग्रह को उसके समग्र लेखन की महज एक झाँकी के रूप में नहीं, उसकी एक प्रतिनिधि तस्वीर के रूप में लिया जाना चाहिए, जिसमें उसके आरम्भिक नाक-नक्श से लेकर बाद की प्रौढ़ छवियाँ भी मौजूद हैं।

इस किताब को पढ़ने के बाद जो सबसे उल्लेखनीय बात पता चलती है वह यह कि रामचन्द्र शुक्ल के प्रति श्रद्धावनत हृदय के बावजूद लेखक का दिमाग उसे उनकी विपरीत दिशा में ले जाता है। आत्मगत रूप से लेखक आचार्य शुक्ल का आभारी है, जो पूरी किताब में बिखरे उनके प्रति प्रशंसात्मक उद्गारों और उनसे सहमति व्यक्त करने के किसी भी मौके को न चूकने की उसकी उत्कण्ठा से जाहिर है, लेकिन वस्तुगत रूप से किताब के निष्कर्ष हिन्दी साहित्य में आचार्य शुक्ल की वर्चस्वी परम्परा के ख़िलाफ जाते हैं। आचार्य शुक्ल के बहाने व्यक्त होने वाला यह द्वन्द्व, दरअसल, हमारे साहित्य और समाज का मूलभूत द्वन्द्व है। यही द्वन्द्व इस किताब को हमारे समय की एक जरूरी किताब बना देता है। यहाँ हम इस किताब के इन्हीं अन्तर्निहित आशयों को खोलने और उनकी दिशा को स्पष्ट करने का प्रयास कर रहे हैं, ताकि हमारे अपने दिलोदिमाग में श्रद्धा और विवेक के बीच छिड़े घमासान का कुछ समाधान हो सके।

आधुनिक हिन्दी साहित्य ने अपनी परम्परा की खोज में प्रायः मध्यकालीन भक्तिकाव्य का आश्रय ग्रहण किया है। तुलसी और कबीर की अगुवाई में दो धाराएँ पहचानी गयी हैं जो व्यापक रूप से, आधुनिक परिदृश्य को अपने आवेग से प्रेरित करती हैं। पहली धारा के पुरस्कर्ता रामचन्द्र शुक्ल हैं तो दूसरी के हजारी प्रसाद द्विवेदी। लेकिन लेखक के अनुसार, 'भारतीय समाज के इतिहास, उसकी सांस्कृतिक प्रक्रिया और उसके भीतर उठे भक्ति आन्दोलन से कबीर, जायसी, सूर, तुलसी और मीरा का

सम्बन्ध एक जैसा नहीं है। भक्ति-आन्दोलन और उसके काव्य की यह जटिल समग्रता उस व्याख्याकार को भटकाती है जो किसी एक कवि की सामाजिक-सांस्कृतिक दृष्टि को केन्द्रीय दृष्टि मानकर उसकी सापेक्षता में अन्य कवियों का मूल्यांकन करता है या एक कवि के भावबोध को दूसरे कवि के भावबोध की क़सौटी बनाता है।' (पृ. 5)

सर्वविदित है कि आचार्य शुक्ल ने भक्तिकाव्य को इस्लाम की प्रतिक्रिया माना था, जबकि हजारी प्रसाद द्विवेदी ने इसे मूलतः भारतीय परम्परा की देन स्वीकार किया था। इसी के साथ आचार्य शुक्ल के एक प्रमुख अनुयायी रामविलास शर्मा ने इसे लोकजागरण का आन्दोलन माना था। लेखक अपनी विशिष्ट शैली में इन धारणाओं के अधूरेपन का संकेत करता है—'कुछ लोग भक्ति आन्दोलन को इस्लाम और मुसलमानी शासन की प्रतिक्रिया समझते हैं तो कुछ दूसरे उस पर इस्लाम का अत्यन्त सीमित प्रभाव मानते हैं। जो लोग भक्ति आन्दोलन को लोकजागरण का आन्दोलन और जनसंस्कृति की अभिव्यक्ति कहते हैं, वे भी लोकजीवन और जनसंस्कृति के भीतर इस्लाम के सामाजिक और सांस्कृतिक प्रभावों को अस्वीकार नहीं करते। लेकिन आश्चर्य की बात है कि ऐसे सभी आलोचक भक्ति-काव्य में उन प्रभावों की अभिव्यक्ति की उपेक्षा करते हैं।'' सूर और तुलसी की कविता में उस नयी सांस्कृतिक प्रक्रिया की ओर संकेत है जो उस काल में विकसित हो रही थी। लेकिन भारतीय जीवन में उस वास्तविकता के व्यापक प्रसार और गहरे प्रभाव की समग्रता का जैसा बोध कबीर और जायसी के काव्य में है, वैसा और कवियों के यहाँ नहीं।' (पृ. 5)

इस्लाम के साथ रिश्ते के अलावा भारतीय समाज का वर्णव्यवस्थागत आन्तरिक द्वन्द्व भी भक्तिकाव्य में व्यक्त हुआ है जो वैचारिक रूप से निर्गुण-सगुण विवाद में दिखाई पड़ता है। इस प्रसंग में दोनों प्रवृत्तियों के सामाजिक आधारों की स्पष्ट पहचान न करते हुए भी लेखक ने कबीर की उक्ति *'दसरथ सुत तिहुँ लोक बखाना, राम नाम को मरम है आना'* पर तुलसी द्वारा किये गये प्रहार का उल्लेख करने के बाद जो टिप्पणी की है, उससे तस्वीर काफी साफ हो जाती है— 'तुलसी जिस वैदिक और पौराणिक परम्परा की रक्षा के लिए निर्गुण की आलोचना करते हैं, उसमें विरोधी विचारों के साथ ऐसा व्यवहार बहुत पहले से होता आया है। उस व्यवहार के अनुसार किसी विरोधी विचार का पहले पूर्ण विरोध किया जाता है। यदि विरोध से वह नष्ट नहीं होता तो उसे विकृत किया जाता है। अगर वह विरोध और विकृति की प्रक्रिया को झेलते हुए जीवित रहता है तो उसके विद्रोही स्वर को दबाकर उसे आत्मसात् कर लिया जाता है। निर्गुण मत से पहले बौद्धदर्शन और लोकायत दर्शन विरोध, विकृति और समाहार की इसी पद्धति के शिकार हो चुके हैं।' (पृ. 7)

कहने का आशय यह कि हमारी परम्परा में एक धारा लोकायत, बौद्ध और निर्गुण सम्प्रदाय की है जिसका विरोध, विकृति और समाहार करने वालों में वैदिक पौराणिक

परम्परा और तुलसी आते हैं। आइए देखें कि तुलसी के यशस्वी प्रशंसक रामचन्द्र शुक्ल की भक्तिकाव्य के सन्दर्भ में क्या भूमिका है—

'आचार्य रामचन्द्र शुक्ल तुलसीदास के लोकधर्म की कसौटी पर दूसरे भक्त कवियों को परखते हैं, इसीलिए उन्हें 'निर्गुण धारा के सन्तों की बानी में लोकधर्म की अवहेलना छिपी हुई' दिखाई देती है,...'तात्पर्य यह कि जो भी पहले से चली आती हुई सामाजिक व्यवस्था और मर्यादा को बदलने की प्रेरणा देगा, वह तुलसीदास और शुक्ल जी के लोकधर्म का विरोधी होगा। सवाल यह है कि कैसे समाज और कैसी मर्यादा के लिए संतों की बानी खतरा बन रही थी। इसमें सन्देह नहीं है कि सामाजिक असमानता और जाति-पाँति के भेदभाव पर टिकी हुई समाज-व्यवस्था और उसकी रक्षा करने वाली मर्यादाओं का विरोध निर्गुण सन्तों के काव्य में है। वही तुलसीदास को असह्य लगता है और रामचन्द्र शुक्ल को लोकविरोधी। शुक्ल जी का लोकधर्म मूलतः ऐसा समाज दर्शन है जिसमें पहले से स्थापित और स्थिर सामाजिक सम्बन्धों को यथावत् बनाए रखने का आग्रह है।....भक्तिकाव्य में जहाँ वर्णाश्रमवादी समाज-व्यवस्था, उस व्यवस्था के पोषक शास्त्रों और उन शास्त्रों को धारण करने वाले पण्डितों का विरोध दिखाई देता है, वहाँ आचार्य शुक्ल की भौंहें तन जाती हैं।'' (पृ. 9)

इसके बाद मराठी कवि नामदेव, जो सगुण से निर्गुण की तरफ गये थे, के प्रति शुक्ल जी के स्पष्ट पक्षपातपूर्ण रवैये का जिक्र करते हुए कबीर से नामदेव की समानता के प्रसंग में लेखक इस तथ्य का उल्लेख करता है कि नामदेव की कविता में कृष्णलीला के चीरहरण-प्रसंग में एक मुसलमान गोपी भी शामिल है। इसे लेखक 'हिन्दू-मुसलमान एकता की अनुभूति और अभिव्यक्ति' का भक्तिकाव्य में भी विरल उदाहरण मानते हुए टिप्पणी करता है, 'नामदेव की निर्गुण कविता के प्रसंग में आचार्य शुक्ल के आक्रामक व्यंग्य को देखकर यह अनुमान करना कठिन नहीं है कि यदि कृष्णलीला में मुसलमान गोपी को शामिल करने वाली कविता उनके सामने होती तो वे कैसी प्रतिक्रिया करते।' (पृ. 10)

यहाँ शुक्ल जी के 'वर्णाश्रमवाद' की मुस्लिम विरोधी, साम्प्रदायिक परिणति के सन्दर्भ में लेखक का मन्तव्य बिलकुल स्पष्ट है। इससे कोई फर्क नहीं पड़ता कि स्वयं शुक्ल जी के सामने यह परिणति स्पष्ट थी या नहीं। इसी बिन्दु पर निर्गुण सन्तों और तुलसी की कविता के परस्पर विरोधी सामाजिक आधारों की पहचान भी साफ हो जाती है। तुलसी का लोक लाख मर्मस्पर्शी होने पर भी भावभूमि के स्तर पर हद से हद उच्चवर्ण का लोक है, जबकि निर्गुण सन्तों का लोक वर्णव्यवस्था में उत्पीड़ित और दलित जनता का।

इस प्रसंग के बाद लेखक भक्तिकाल और लोकधर्म के बीच सम्बन्धों की पड़ताल में उतरता है और मुख्यतः कबीर के माध्यम से लोकधर्म के 'आन्तरिक द्वन्द्व' की

पहचान का आग्रह करते हुए ग्राम्शी का साक्ष्य देता है—'किसी भी समाज में एक ही समय में विभिन्न जनसमुदायों के अनुभव से जुड़े अनेक लोकमत हो सकते हैं। ...प्रायः जिसे लोकमत कहा जाता है, उसमें शास्त्रीय धर्म का प्रभाव होता है और वह नवीनता का विरोधी भी होता है।' लेखक के मुताबिक इसीलिए 'कबीर और दूसरे संत कवि शास्त्रमत (जिसे वे प्रायः वेदमत कहते हैं) और उससे प्रभावित लोकमत की आलोचना करते हुए एक नयी नैतिक चेतना और विश्वदृष्टि विकसित करते हैं, जिसे वे प्रायः साधुमत कहते हैं।' (पृ. 12)

कबीर की प्रश्न करने की प्रवृत्ति को रेखांकित करते हुए लेखक यह महत्त्वपूर्ण स्थापना देता है—'कबीर और तुलसी की कविता में एक अन्तर यह है कि कबीर की कविता प्रश्न पैदा करती है, जबकि तुलसी की कविता उत्तर देने वाली है।' ऐसे सूत्र वाक्यों को अगर ठीक से न समझा जाये तो ये कुछ ऐसा आभास देते हैं कि कबीर और तुलसी एक-दूसरे के पूरक हैं और कबीर की आकांक्षा तुलसी में फलीभूत हुई थी। क्या सचमुच ऐसा है? अगले पेज पर लेखक ही के शब्दों में देखें—

'कबीर के लोकधर्म में व्यक्ति के आध्यात्मिक उत्कर्ष से अधिक महत्त्वपूर्ण है समाज में मनुष्यत्व का जागरण।... कबीर इस आध्यात्मिक सत्य को सामाजिक सत्य बनाते हैं और एक समतामूलक मानवीय समाज के निर्माण की माँग करते हैं। ...तुलसीदास भी भक्ति के क्षेत्र में ऊँच-नीच, जाति-पाँति, स्त्री-पुरुष का भेद नहीं मानते; लेकिन राम की भक्ति के क्षेत्र में ही; सामाजिक जीवन में नहीं; यहाँ तक कि रामराज्य में भी नहीं। वे भक्त समुदाय के बाहर व्यापक समाज में वर्णाश्रम व्यवस्था को ही आदर्श मानते हैं।' (पृ. 14)

स्पष्ट है कि कबीर के प्रश्न भविष्य की राह खोलने वाले हैं और तुलसी के उत्तर उन्हें बन्द करके सामाजिक विषमता के पुराने वर्णवादी रास्ते की ओर ले जाने वाले हैं। कबीर ने भक्ति के दर्शन का उपयोग सामाजिक धरातल पर भी समानता की स्थापना के लिए किया, जबकि तुलसी ने उसका उपयोग सामाजिक विषमता के आदर्शीकरण और यथास्थितिवाद के पोषण के लिए किया। ऐसी स्थिति में कबीर आदि निर्गुण सन्तों के मुकाबले तुलसी को प्रतिगामी मानना गलत कैसे है? इस सवाल का सामना होने पर रामविलास शर्मा जैसे विद्वान तुलसी की कविता, जिसका प्रतिनिधि उदाहरण निस्सन्देह 'रामचरितमानस' है, के सौन्दर्य को उसके सन्देश पर प्रमुखता देना चाहते हैं, लेकिन उनका यह तर्क तब तक नहीं माना जा सकता जब तक सामाजिक विषमता के खिलाफ चलने वाली जद्दोजहद सफल नहीं हो जाती। सामाजिक विषमता के अतीत की वस्तु बन जाने पर तो तुलसी के काव्य-सौन्दर्य के कारण उन्हें सिर-माथे पर बिठाया जा सकता है, लेकिन जाति-धर्म के आधार पर व्याप्त अमानवीय गैर-बराबरी से जूझ रहे हमारे समाज से रामविलास शर्मा की यह

माँग विचित्र ही मानी जायेगी। मैनेजर पाण्डेय को इस बात का अहसास है इसीलिए वे 'रामचरितमानस' के सौन्दर्यपेक्ष का उल्लेख करते हुए भी 'विनयपत्रिका' को तुलसी के सशक्त पक्ष के रूप में प्रस्तुत करना बेहतर समझते हैं—'यह सब 'रामचरितमानस' में भी है; विशेषतः उसके मानवीय सम्बन्धों के चित्रण, कथा के रचना-विधान और काव्यभाषा की बनावट में। परन्तु उनकी गम्भीर चिन्तनशीलता और सहृदयता के एक से बढ़कर एक उदाहरण "विनयपत्रिका" में मिलते हैं।...उन्होंने समाज में फैली गरीबी, भुखमरी, अकाल और महामारी के त्रासद यथार्थ का जो चित्रण किया है, उसमें उनकी जनजीवन से गहरी आत्मीयता और व्यापक करुणा व्यक्त हुई है। तुलसीदास के काव्य का यह पक्ष शास्त्रमत से मुक्त एवं लोक अनुभव से प्रेरित है।' (पृ. 15-16)

भक्त कवियों के सन्दर्भ में भक्ति और प्रेम के सम्बन्ध की सही पहचान भी अब तक नहीं हो सकी है। आमतौर पर तो इस मुद्दे को प्रेममार्ग बनाम ज्ञानमार्ग में अवमूल्यित कर दिया गया है और 'ढाई आखर प्रेम का' के कवि कबीर को ज्ञानमार्गियों में रखकर दृष्टि की विलक्षणता का परिचय दिया गया है। शुक्र है कि मैनेजर पाण्डेय इस प्रश्न को सही सन्दर्भ में उठाते हैं और इसका उत्तर देने वाला रामचन्द्र शुक्ल का यह वक्तव्य भी ढूँढ़ लाते हैं—'भक्तिमार्ग शुद्ध भावमार्ग या प्रेममार्ग है। उसका आधार मनुष्य' की सहज रागात्मिका वृत्ति है। उसकी पद्धति वह प्रेम-पद्धति है जिसे सब लोग स्वभावतः जानते हैं। (पृ. 16)

आइए देखें कि आचार्य शुक्ल का यह समाधान भी तुलसी के 'उत्तर' की तरह हमें भरमाने और भटकाने वाला तो नहीं है।

आचार्य शुक्ल के इस वक्तव्य के पहले वाक्य में तो भक्ति को प्रेम के समतुल्य माना गया है लेकिन तीसरे वाक्य तक आते-आते व्यंजना में प्रेम की हैसियत पद्धति अथवा साधन की हो जाती है जिसका साध्य, ज़ाहिर हैं, भक्ति हैं, जबकि वास्तव में भक्त कवियों (उन कवियों को भक्त नामक अपर्याप्त संज्ञा से पुकारने की वजह सिर्फ लोकप्रचलन है) के काव्य में प्रेम स्वयं सर्वोच्च मूल्य की तरह उपस्थित होता है। लेखक ने जायसी का एक दोहा उद्धृत् किया है

'तुरकी अरबी हिन्दुई, भाषा जेती आहि।
जेहि मँह मारग प्रेमकर, सबै सराहैं ताहि।।"

प्रश्न यह है कि प्रेम के मार्ग की मंजिल क्या है? अगर वह भक्ति का ही मार्ग है, जैसा कि आचार्य शुक्ल का अभिप्राय है, तो प्रेम का वह मार्ग अन्ततः आध्यात्मिक सत्ता को पाने का साधन बनेगा। जबकि लेखक प्रेम की सामाजिक भूमिका स्थापित करना चाहता है। 'भक्तिकाव्य में प्रेम-भावना' उपशीर्षक के तहत लेख के इस अंश की शुरुआत उसने इस वाक्य से की है—'कबीर जिन मानवीय भावों को लोकधर्म

का आधार बनाकर समाज में मनुष्यत्व की भावना का विकास करना चाहते थे, उनमें सबसे अधिक व्यापक और गम्भीर भाव है प्रेम।' यही नहीं 'भक्त कवियों ने प्रेममार्ग की जिन बाधाओं का वर्णन किया है, वे भी लोकजीवन में प्रेम की अनुभूति की बाधाएँ हैं। जैसे सामाजिक जीवन में प्रेम की अनुभूति शास्त्र और लोक की रूढ़ियों से स्वतन्त्र होना चाहती है, वैसे ही जायसी, सूर और मीरा की प्रेमानुभूति विधि-निषेध से स्वतन्त्र है। वह शास्त्र के भ्रम और लोक के भय से मुक्त मानवीयता के विकास में सहायक है।'

स्पष्ट है कि सामाजिक समानता के लक्ष्य की प्रतीति प्रेम के माध्यम से होती थी। इस समानता की आंशिक झलक भक्ति के क्षेत्र में भी दिखाई पड़ती थी लेकिन प्रेम वह अकेली भावना थी जो सामाजिक विधि-निषेधों का अतिक्रमण करने की प्रबल प्रेरणा देती थी और सामाजिक बदलाव की भविष्य में स्थित सम्भावना की अनुभूति वर्तमान में करा सकती थी। फिर भी प्रेम की यह भूमिका अबूझ ही बनी रही क्योंकि वह भक्ति का युग था—'मध्यकाल के दार्शनिकों, कलाकारों और कवियों की विश्वदृष्टि के निर्माण में धर्म की लगभग वही भूमिका रही है जो आधुनिक युग में राजनीति की है। उस युग में जीवन-जगत की धार्मिक परिभाषा सर्वोपरि थी। जीवन की वास्तविकताओं और आकांक्षाओं का अर्थ धर्म की भाषा में ही समझना समझाना सुगम था।' (पृ. 18)

जाहिर है कि सामाजिक समता की लड़ाई आज के युग में जैसे राजनीति के माध्यम से लड़ी जाती है, उसी तरह मध्ययुग में धर्म के माध्यम से लड़ी जा रही थी। इस संघर्ष की प्रेरणा देने वाली भावना के रूप में मानवीय प्रेम की भूमिका उत्तरोत्तर बढ़ती गयी है। आधुनिक युग में, धर्म जैसे किसी आवरण को दरकिनार करने के अलावा सामन्ती बन्धनों से होने वाली मुक्ति के चलते, भावना के साथ-साथ शरीर के वास्तविक धरातल पर भी इसकी उन्मुक्त अभिव्यक्ति होती है। दोनों युगों का उद्देश्य एक है, प्रेरणा भी एक। जिस तरह आधुनिक युग में सामाजिक समता के लक्ष्य को छोड़कर ही राजनीति महज सत्ता का खेल बन सकती है वैसे ही मध्ययुगीन विद्रोही कवियों के सन्दर्भ में आध्यात्मिक सत्ता को केन्द्र में लाये बिना वर्णाश्रमवाद और सामाजिक विषमता की रक्षा के लक्ष्य की प्राप्ति असम्भव थी। इस 'गुप्त लक्ष्य' को पाने के लिए, विरोधी प्रेरणा के मुख्य स्रोत प्रेम के साथ वे तीनों प्रक्रियाएँ अपनाई गयी थीं जिन्हें लेखक विरोध, विकृति और समाहार कहता है। विरोध और विकृति के उदाहरण हम देख चुके हैं। अब समाहार का भी एक नमूना देखें—'भक्तिकाल का प्रेम भक्ति आन्दोलन की विभिन्न धाराओं को आपस में मिलाता है। ...लेकिन उसका सबसे उत्कट और आवेगमय रूप स्त्री-पुरुष के प्रेम में मिलता है, इसलिए माधुर्य भाव भक्ति की अनुभूति का आदर्श है।'

मध्ययुगीन काव्य में प्रेम की केन्द्रीयता इस बात से भी स्थापित होती है कि भक्ति के मुद्दे पर तो विभिन्न सम्प्रदाय आपस में टकराते रहे लेकिन प्रेम पर आमतौर पर सहमति बनी रही। उत्पीड़क और उत्पीड़ित दोनों के प्रतिनिधि जब किसी बात पर सहमत हों तो एक सम्भावना समाहार की भी होती है। लेखक के शब्दों में 'नामवर सिंह की यह बात सही है कि "आचार्य रामचन्द्र शुक्ल की दृष्टि में एक तुलसीदास को छोड़कर प्रायः सभी भक्त कवियों का प्रेम ऐकान्तिक है।" आचार्य शुक्ल के अनुसार भक्तिकाव्य में जहाँ माधुर्य भाव है, वहाँ प्रेम प्रायः ऐकान्तिक है। वह पारिवारिक और सामाजिक मर्यादाओं का अतिक्रमण करता है, इसलिए 'लोकवाह्य' है।"

समाहार की विशेषता ही यह है कि इसमें ताकतवर पक्ष द्वारा अपने विपक्षी के सारतत्त्व का निषेध करके आभूषण की तरह उसे शिरोधार्य कर लिया जाता है। प्रेम की परिवर्तनकामी भूमिका का निषेध करने के लिए वर्णाश्रमवादियों ने पहले विक्टोरियाई नैतिक मानदण्डों के सहारे भारतीय परम्परा को पुनर्परिभाषित किया। तब कहीं जाकर आचार्य शुक्ल प्रेम की 'पारिवारिक और सामाजिक मर्यादा' की रक्षक भूमिका का आविष्कार करके तुलसी में उसे प्रतिष्ठित कर सके। यथास्थिति की यह कितनी बड़ी सेवा थी इसकी कल्पना इसी से की जा सकती हैं कि अतीत, वर्तमान और भविष्य तक में परिवर्तन की सबसे बड़ी प्रेरणा को उन्होंने उसकी राह में सबसे बड़ी बाधा बनाकर बैठा दिया। इसके नतीजे कितने दूरगामी रहे इसे एक अन्य उदाहरण में देखें–

'1986-87 में कुछ आगे-पीछे इतिहास और आलोचना की दो पुस्तकें आयी हैं– रामस्वरूप चतुर्वेदी की 'हिन्दी साहित्य और संवेदना का इतिहास' और रामविलास शर्मा की 'नयी कविता और अस्तित्ववाद' का नया संस्करण। दोनों में 'कहीं त्रिलोचन नहीं।'.... दोनों पुस्तकों में एक और समानता है। केदारनाथ अग्रवाल दोनों को पसन्द हैं; रामस्वरूप चतुर्वेदी के लिए प्रगतिवादी काव्य की अकेली उपलब्धि और रामविलास शर्मा की दृष्टि में क्रान्तिकारी यथार्थवाद के अग्रदूत।" (पृ. 105)

त्रिलोचन के बहिष्कार की वजह जो रही हो, लेकिन केदारनाथ अग्रवाल को अंगीकार करने का कारण प्रेम का वही 'लोकाभिमुख, सामाजिक और अनैकान्तिक' स्वरूप जिसे इन दोनों आचार्यों ने प्रेम का 'भारतीय रूप' माना है और दाम्पत्य प्रेम की संज्ञा दी है। लेखक इस प्रसंग में तो अधिक कुछ नहीं कहता, लेकिन कुछ ही देर बाद उसकी प्रतिक्रिया सामने आती है–'आश्चर्य की बात है कि आजकल हिन्दी में प्रेम कविता के बारे में एक नया रूढ़िवाद पनप रहा है, वह भी मार्क्सवाद के नाम पर प्रेम को स्वकीय-परकीय के खानों में बाँटकर प्रेम कविता पर रीतिवादी ढाँचा लादने की कोशिश हो रही है। कहा जा रहा है कि कविता में स्वकीया प्रेम ही प्रगतिशील है। फिर तो ऐसी प्रगतिशीलता का अगला कदम सती-प्रथा का समर्थन ही होगा।' (पृ. 112-13)

ब्रिटिश उपनिवेशवादियों की प्रेरणा से हमने अपने मध्यकाल की सभ्यता और संस्कृति से खुद ही तौबा कर ली। क्षतिपूर्ति के रूप में हमें दमकता हुआ प्राचीन भारत मिला–द वंडर दैट वाज़ इंडिया। प्राचीन भारतीय संस्कृति की महानता, विशेषकर उसकी बहुश्रुत उदारता और सहिष्णुता का परिचय देने वाला एक लेख नयी पुस्तक में शामिल है–'क्या आपने वज्र-सूची का नाम सुना है?' इसके कुछ अंश देखें– 'वज्र-सूची अश्वघोष की रचना है। अश्वघोष केवल महान् कवि और नाटककार ही नहीं है, वे बौद्ध दर्शन की तेजस्वी आलोचनात्मक चेतना की परम्परा के प्रवर्तक और क्रान्तिकारी सामाजिक चिन्तक भी हैं।...वज्र-सूची को छोड़कर अश्वघोष की कोई रचना मूल संस्कृत रूप में उपलब्ध नहीं है....अश्वघोष की कृतियाँ कभी इस देश में अत्यन्त लोकप्रिय थीं। फिर धीरे-धीरे वे यहाँ से गायब हो गयी। कृतियों के गायब होने की यह प्रक्रिया केवल अश्वघोष तक सीमित नहीं रही है। इसके शिकार दूसरे बौद्ध दार्शनिक और कवि भी हुए हैं। नागार्जुन, आर्यदेव, असंग, वसुबन्ध, दीङ्नाग, धर्मकीर्ति, शान्तिदेव आदि की अधिकांश रचनाएँ इस देश से गायब हो गई.... बौद्धों के अतिरिक्त चार्वाक, आजीवक और अन्य अनेक भौतिकवादी अनात्मवादी विचारकों की रचनाएँ भी अब इस देश में नहीं मिलतीं।.... विरोध, विकृति और समाहार की इस सर्वग्रासी प्रक्रिया का शिकार चार्वाक, आजीवक और बौद्ध ही नहीं, कबीर जैसे कवि भी हो चुके हैं। वैदिक-पौराणिक परम्परा की यह प्रवृत्ति इस देश में आलोचना की संस्कृति का स्वभाव बन गयी हैं।'' (पृ. 168, 69, 70)

आचार्य शुक्ल के सन्दर्भ में हम इस स्वभाव की एक बानगी देख चुके हैं। अब उनके योग्य अनुयायी रामविलास शर्मा की सांस्कृतिक दृष्टि पर लेखक के विचार देखें–जब 'डॉ. रामविलास शर्मा कहते हैं कि ''संस्कृत साहित्य, सब नहीं तो अधिकांश, हमारा राष्ट्रीय साहित्य है।'' और यह भी कि ''महाभारत और पुराण भारतीय राष्ट्रीयता के आदि स्रोत हैं।'' तब वे बौद्ध साहित्य को भारत के राष्ट्रीय साहित्य में शामिल नहीं करते... डॉ. रामविलास शर्मा के अनुसार 'वाल्मीकि और व्यास की एक उपलब्धि है बौद्ध मत को निर्मूल करना।....' क्या परम्परा की इस छँटाई में संकीर्ण सांस्कृतिक दृष्टि के साथ-साथ धार्मिक विद्वेष भी सक्रिय नहीं है?'' (पृ. 170)

दरअसल, पौराणिक स्रोतों की बुनियाद पर खड़े राष्ट्रवाद की सांस्कृतिक दृष्टि इसी धार्मिक विद्वेष से संचालित होती है। दूसरे शब्दों में इसे 'सांस्कृतिक राष्ट्रवाद' भी कह सकते हैं जिसका अर्थ होता है साम्प्रदायिक राष्ट्रवाद। वज्र-सूची के साथ इस पौराणिक धारा ने ऐसा सुलूक किया क्योंकि 'वज्र-सूची जाति प्रथा के अमानवीय भेदभाव के विरुद्ध दो-टूक शैली और बेलौस भाषा में गम्भीर बहस करने वाली रचना है।... विवाद की इस कला और दृष्टि का विकास दर्शन में नागार्जुन तथा धर्मकीर्ति की कृतियों में मिलता है और सरहपा तथा कबीर की कविता में भी।' हमारी परम्परा

की उदारता और सहिष्णुता का जो मिथक बना हुआ है उसके पीछे 'विरोध, विकृति और समाहार' की यही प्रक्रिया जो। इसका एक चरण विध्वंस भी है जो लोकायत जैसे आरम्भिक भौतिकवादियों पर आजमाया गया था।

आधुनिक युग में वज्र-सूची की खोज और पहचान की कोशिशों को लेखक विभिन्न समाजों में हुए नवजागरण से जोड़कर देखता है और कुछ रोचक नतीजे निकालता है। बंगला में राजा राममोहन राय ने 1829 में इसका अनुवाद शुरू किया, लेकिन वह अधूरा ही रह गया। इसके बाद बंगला के बारे में कोई सूचना किताब में नहीं मिलती। इसे लेकर सर्वाधिक गहमागहमी मराठी में रही–'19वीं सदी के मध्य से मराठी में अश्वघोष की वज्र-सूची के अनुवाद और विवेचन का क्रम शुरू हुआ जो आज तक चल रहा है।....महाराष्ट्र में वज्र-सूची की चिन्ता वहाँ जाति प्रथा के विरुद्ध संघर्ष और आन्दोलन की चेतना से जुड़ी हुई है, इसलिए महाराष्ट्र में जब भी जाति प्रथा के खिलाफ आन्दोलन तेज हुआ है, तब वज्र-सूची के अनुवाद और विवेचन के काम में भी तेजी आयी है।' जबकि 'हिन्दी में वज्र-सूची का केवल एक अनुवाद छपा है, वह भी 1985 में।.... हिन्दी में वज्र-सूची की उपेक्षा केवल एक किताब की उपेक्षा नहीं है। वह भारतीय समाज में सामन्तवाद के सबसे मजबूत और घिनौने अवशेष जाति-प्रथा की उपेक्षा है.... असल में हिन्दी नवजागरण का बुद्धिवाद जाति-प्रथा का सामना होने पर सहमा-सा दिखाई देता है।' यही नहीं 'हिन्दी के नवजागरणकालीन लेखन में जाति की भावना को मिटाने की कोशिश के बदले कई बार जाने-अनजाने उसे जगाने के प्रमाण मिलते हैं। आचार्य रामचन्द्र शुक्ल का 'हिन्दी साहित्य का इतिहास' हिन्दी नवजागरण की चेतना की एक उपलब्धि है, लेकिन उसमें कवियों और लेखकों का परिचय देते समय प्रत्येक की जाति जरूर बतायी गयी है।'' (पृ. 175-76)

बहरहाल, नवजागरण की चेतना में सक्रिय प्रतिरोधी परम्परा को रेखांकित करता लेखक नहीं भूलता। यह परम्परा राहुल सांकृत्यायन और हजारी प्रसाद द्विवेदी में अभिव्यक्त होती है। राहुल जी ने 'वोल्गा से गंगा तक' में 'प्रथा' नामक कहानी में 'अश्वघोष के व्यक्तित्व, विचार और रचनाशीलता के निर्माण की प्रक्रिया की पुनर्रचना करते हुए, वज्र-सूची के लेखन के ऐतिहासिक सन्दर्भ और प्रेरणास्रोत की ओर संकेत किया है।' जबकि आचार्य द्विवेदी ने 'हिन्दी साहित्य की भूमिका' में वज्र-सूची को किसी उच्चवर्गीय कवि के जातिप्रथा पर 'उग्रतम आक्रमण' के उदाहरण के रूप में स्थान दिया है। इस प्रसंग में लेखक आचार्य द्विवेदी की पथप्रदर्शक भूमिका को रेखांकित करते हुए रामविलास शर्मा की स्थापनाओं को भी, बिना उनका नाम लिए, याद करता है–'द्विवेदी जी हिन्दी के ऐसे अकेले आलोचक हैं, जिन्होंने हिन्दी साहित्य की इस सचमुच मूलगामी परम्परा के निर्माण में बौद्ध दर्शन और साहित्य के योगदान को स्वीकार करते हुए उसका गम्भीर विवेचन किया है। द्विवेदी जी उन लोगों से

एकदम अलग हैं, जो ऋग्वेद और तुलसीदास को ही हिन्दी जाति की उपलब्धि मानते हैं, लेकिन इन दोनों के बीच के अश्वघोष और कबीर को जान-बूझकर भूल जाते हैं।' (पृ. 177) इन दोनों स्थितियों के बीच सम्बन्ध को लेखक उसी प्रकार विनम्रतापूर्वक 'एकदम अलग' होना कहता है जैसे कबीर और सूर के प्रश्नोत्तर प्रसंग को उसने दोनों के बीच का 'अन्तर' कहा था। वास्तव में ये एक दूसरे की विपरीत और वैकल्पिक स्थितियाँ हैं जिसकी सूचना एक ही वाक्य बाद मिल जाती है—'डॉ. नामवर सिंह जिसे दूसरी परम्परा कहते वह अगर पहली परम्परा से केवल भिन्न ही नहीं है, बल्कि उसके विरोध में विकल्प बनकर खड़ी परम्परा है, तो फिर उसका निश्चय ही एक महत्त्वपूर्ण आधार बौद्ध दर्शन और साहित्य है।' हिन्दी में वन-सूची के अनुवाद के आठ वर्षों बाद 1993 में लिखे गये इस लेख का शीर्षक ही इस क्षेत्र की जागृति और सरोकारों के बारे में बहुत कुछ कह जाता है।

इस विवेचन से ऐसा लग सकता है कि इस पुस्तक का लेखक आचार्य शुक्ल और उनके अनुयायियों के प्रति अत्यन्त कठोर है और इस लेख के आरम्भ में उनके प्रति श्रद्धा की जो बात कही गयी थी, वह निराधार है। लेकिन ऐसा नहीं है। हम इस बात को दुहरा दें कि लेखक आचार्य शुक्ल और डॉ. शर्मा के प्रति अत्यन्त सद्‌भावना से भरा हुआ है। इसके बावजूद अगर इन विभूतियों के बारे में कुछ असुविधाजनक निष्कर्ष निकलकर आते हैं तो यह लेखक की सद्‌भावना के बावजूद सत्य के प्रति इसकी निष्ठा की वजह से है। हाँ, इस सद्भावना के कुछ वस्तुगत कारण भी हैं जैसा कि मुक्तिबोध के आलोचना कर्म पर विचार करते हुए अपनाये गये लेखक के रुख से प्रकट होता है

'मुक्तिबोध ने अपने आलोचनात्मक संघर्ष के दौरान ही रचना और आलोचना से सम्बद्ध विभिन्न समस्याओं के बारे में जो महत्त्वपूर्ण और मौलिक चिन्तन किया है, उसके आधार पर वे आचार्य रामचन्द्र शुक्ल के बाद हिन्दी के सबसे बड़े साहित्य-विचारक सिद्ध होते हैं।' (पृ. 214) यहाँ दोनों के 'बड़प्पन' की बात से यह पता नहीं चलता कि दोनों एक ही परम्परा में हैं या नहीं। उसी प्रकार जैसे 'बाद' से यह पता नहीं चलता कि दोनों के कद का अनुक्रम है या केवल कालक्रमः आगे चलकर दिये गये इस वक्तव्य में भी लेखक उतना ही पर्दा उठाता है जितना कि वह दिखाना चाहता है— 'क्या यह महज संयोग है कि कामायनी के रहस्यवाद, श्रद्धावाद और आनन्दानुभूतिशील अद्वैतवाद का विरोध आचार्य रामचन्द्र शुक्ल भी करते हैं और मुक्तिबोध भी? मुक्तिबोध छायावाद और कामायनी के सन्दर्भ में नन्ददुलारे वाजपेयी का विरोध करते हुए आचार्य शुक्ल से काफी कुछ सहमत दिखाई देते हैं।' (पृ. 219)

भक्तिकाव्य और छायावाद के मूल्यांकन के अलावा मुक्तिबोध ने अपने समय में सक्रिय कलावादी विचारधारा से संघर्ष किया था। कलावाद की एक प्रमुख मान्यता

'जीवनानुभूति और सौन्दर्यानुभूति का अलगाव और उनकी समानान्तरता' है जिसका अर्थ होता है कि 'सौन्दर्य-प्रतीति का सामाजिक दृष्टि से कोई सम्बन्ध नहीं है, बल्कि सामाजिक दृष्टि सौन्दर्य-प्रतीति में बाधक ही है।' मुक्तिबोध ने इस धारणा का खण्डन करते हुए सौन्दर्यानुभूति को 'जीवन के सार रूप का प्रगाढ़ मार्मिक अनुभव बताया। इस प्रसंग में भी वे शुक्ल जी के साथ हैं–'आचार्य रामचन्द्र शुक्ल ने जीवनानुभूति और काव्यानुभूति की एकता को स्वीकार करते हुए रचनाकारों के लिए आत्मबोध के साथ-साथ जगतबोध अर्जित करने पर बल दिया था। मुक्तिबोध भी जीवनानुभूति और सौन्दर्यानुभूति की एकता स्वीकार करते हैं और रचनाकार को आत्मचेतस् होने के साथ-साथ विश्वचेतस् होने की सलाह देते हैं।' (पृ. 226)

बहरहाल, यह किताब चूँकि मैनेजर पाण्डेय के तीन दशक लम्बे लेखन के चुनिन्दा अंशों का संग्रह है, इसलिए इसमें पुराने युगों की छायाओं का पड़ना अपरिहार्य है। ऐसी ही एक छाया तब दिखाई पड़ती है जब लेखक भक्तिकाल के बारे में मुक्तिबोध के आलोचकीय निर्णय के विरोध में खड़ा होता है–'मुक्तिबोध के अनुसार, सगुण भक्तिधारा के माध्यम से उच्चवंशी उच्चजातीय वर्गों का सांस्कृतिक प्रभुत्व स्थापित हुआ...नामवर सिंह भी मुक्तिबोध के इस मत से सहमत हैं कि भक्ति आन्दोलन में सगुणधारा के प्रभाव का विस्तार ''उच्चवंशी उच्चजातीय वर्गों के प्रभुत्व का प्रसार है और वही भक्ति आन्दोलन की शिथिलता तथा समाप्ति के लिए दोषी है।' इसके बाद यह बताते हुए कि 'नामवर सिंह के अनुसार सगुण काव्य की मुख्य कमजोरी शास्त्र सापेक्षता है', लेखक सवाल करता है कि 'आखिर सगुण काव्य में शास्त्र-सापेक्ष क्या है– सूर का वात्सल्य और शृंगार? मीरा का प्रेम और विद्रोह? या तुलसी का आत्मनिवेदन और आत्मसंघर्ष?.... अगर हम यह मान भी लें कि सगुणधारा ने निर्गुणधारा को समाप्त कर दिया तो हमारे सामने एक और सवाल आ खड़ा होगा कि सगुणधारा को किसने समाप्त किया? असल में निर्गुण, सूफी और सगुण अर्थात् पूरा भक्ति-आन्दोलन जिस सामन्ती समाज व्यवस्था के विरुद्ध खड़ा हुआ था, यह अधिक शक्तिशाली साबित हुई।' (पृ. 28-29)

लेखक के इस सवाल-जवाब पर आने से पहले स्वयं मुक्तिबोध का इस प्रसंग में और क्या कहना है, यह देखना जरूरी है–''क्या यह एक महत्त्वपूर्ण तथ्य नहीं है कि कृष्णभक्ति शाखा के अन्तर्गत रसखान और रहीम जैसे हृदयवान मुसलमान कवि बराबर रहे आये, किन्तु रामभक्ति शाखा के अन्तर्गत एक भी मुसलमान और शूद्र, कवि, प्रभावशाली और महत्त्वपूर्ण रूप से अपनी काव्यात्मक प्रतिभा विशद नहीं कर सका? जबकि यह एक स्वतःसिद्ध बात है कि निर्गुण-शाखा के अन्तर्गत ऐसे लोगों को अच्छा स्थान प्राप्त था।'' (मुक्तिबोध रचनावली, भाग पाँच, पृ. 292) इसी के बाद मुक्तिबोध उच्चवर्गीय-उच्चजातीय प्रभुत्व की अपनी उपर्युक्त धारणा व्यक्त करते हैं।

स्पष्ट है कि यहाँ मुक्तिबोध का आशय पूरी सगुण धारा से नहीं, केवल रामभक्ति शाखा से है जिसके प्रतिनिधि निर्विवाद रूप से तुलसीदास हैं। लेखक तुलसीदास के सन्दर्भ में 'आत्मनिवेदन और आत्मसंघर्ष' की बात उठाता है, लेकिन उनकी शास्त्र-सापेक्षता से वह भली-भाँति अवगत है और इसी किताब में उसका वर्णन निम्न शब्दों में कर चुका है—'वे नाना पुराण निगम आगम' के पण्डित हैं और संस्कृत काव्य की विशाल परम्परा के मर्मज्ञ भी। शास्त्रमत या वेदमत उनकी काव्यदृष्टि का अनिवार्य अंग है। ...'रामचरितमानस' के संस्कृत स्रोतों पर ध्यान दें तो स्पष्ट होगा कि यह कविता में अनुवाद की कला का अनन्य उदाहरण है।'(पृ. 15)

शास्त्र सापेक्षता से इनकार करने के इस रक्षात्मक तर्क के अलावा लेखक ने इस प्रसन्ग में एक आक्रामक तर्क भी दिया है—"इस निर्गुण बनाम सगुण के विवाद में जाति और वंश वाला मुक्तिबोध का तर्क विचित्र है और उससे नामवर सिंह की सहमति आश्चर्यजनक। नामवर सिंह ने हजारी प्रसाद द्विवेदी के प्रसंग में लिखा है कि "किसी लेखक के दृष्टिकोण को उसे पैदा करने वाले जाति, वर्ग या समाज के आधार पर निर्धारित करने का प्रयास फूहड़ समाजशास्त्र है।" अगर यह मान्यता सही है तो केवल हजारी प्रसाद द्विवेदी के प्रसंग में ही नहीं, कबीर, सूर, मीरा और तुलसी के प्रसंग में भी सही होगी। ऐसी स्थिति में निर्गुण और सगुण कवियों के दृष्टिकोण को उनके वंश और जाति के आधार पर निर्धारित करने का प्रयास भी 'फूहड़ समाजशास्त्र' ही है।' (पृ. 25)

इससे पहले कबीर के सन्दर्भ में लेखक लिख चुका है—"ऐसी माँग वे ही कर सकते थे, क्योंकि वे समाज के उस हिस्से से आये थे, जिसके जीवन में सामाजिक विषमता की लगातार मार की पीड़ा ही सबसे बड़ी सच्चाई थी। इसीलिए वे सामाजिक समता को लोकधर्म का सबसे बड़ा मूल्य मानते हैं।" (पृ. 14) यही नहीं, 'वज्र-सूची' के प्रसंग में लेखक हजारी प्रसाद द्विवेदी के इस वक्तव्य से भी सहमत है— 'पर संस्कृत की पुस्तकें साधारणतः ऊँची जातियों के लोगों द्वारा लिखी गयी होती हैं जिनमें लेखक केवल तटस्थ विचारक की भाँति होता है, स्वयं नीच कहे जाने वाले वंश में उत्पन्न नहीं होने के कारण उसमें भुक्तभोगी की उग्रता और तीव्रता नहीं होती। सहजयान और नाथपन्थ के अधिकांश साधक तथाकथित नीच जातियों में उत्पन्न हुए थे अतः उन्होंने इस अकारण नीच बनाने वाली प्रथा को दार्शनिक तटस्थता के साथ नहीं देखा। कबीरदास के विषय में यही बात ठीक है।' (पृ. 176-77)

जाहिर है कि कबीर और तुलसी के सन्दर्भ में जाति का जो महत्त्व होगा, वह हजारी प्रसाद द्विवेदी के सन्दर्भ में नहीं। आधुनिक युग और मध्ययुग के बीच का अन्तर हम धर्म के प्रसंग में देख चुके हैं। कुछ वैसा ही मामला जाति का भी है। फिर मुक्तिबोध या नामवर सिंह जाति को न तो निर्णायक मानते हैं, न उससे कोई

निष्कर्ष निकालते हैं। वे उसे बस मर्ज के लक्षण के रूप में देखते हैं। दरअसल, यहाँ भी लेखक का कार्यनीतिक आग्रह उसकी सहज वैचारिक राह का रोड़ा बन गया है अन्यथा तुलसी के बारे में मुक्तिबोध से वह इस आधार पर सहमत होता है, 'आश्चर्य की बात है कि आजकल प्रगतिवादी क्षेत्रों में तुलसीदास के सम्बन्ध में जो कुछ लिखा गया है, उसमें जिस सामाजिक-ऐतिहासिक प्रक्रिया के तुलसीदास अंग थे, उसको जान-बूझकर भुलाया गया है।' (पृ. 239)

व्यावहारिक आलोचना की परम्परा को पुनर्परिभाषित करने के अलावा मैनेजर पाण्डेय ने इसके सैद्धान्तिक पक्ष पर भी समुचित ध्यान दिया है। 'आलोचना' और 'इतिहास' शीर्षक निबन्ध में साहित्य और इतिहास का सम्बन्ध इन शब्दों में व्यक्त हुआ है। 'समकालीन रचनाशीलता से उत्पन्न साहित्यविवेक इतिहास की नयी व्याख्या को सम्भव बनाता है और इतिहासविवेक से नयी रचनाशीलता की सार्थकता का बोध होता है।... आलोचना में रचना को एक सौन्दर्यबोधी वस्तु के रूप में ही देखा-परखा जाता है, लेकिन इतिहास में उसे एक सोद्देश्य मानवीय क्रिया और रचनात्मक घटना के रूप में भी समझने का प्रयत्न होता है।' (पृ. 37-38)

'उपन्यास का समाजशास्त्र' शीर्षक निबन्ध में लेखक बालजाक के सन्दर्भ में एंगेल्स के इस प्रसिद्ध कथन—'यथार्थवाद लेखक के (प्रतिगामी) विचारों के बावजूद प्रकट हो सकता है', के प्रसंग में कहता है कि इन बावजूदवादियों में जार्ज लुकाच भी शामिल हैं।'' 'बावजूदवाद' में 'बावजूद' का अर्थ बदलकर हो जाता है, 'वजह से'। बालजाक तथा टॉल्सटॉय के सन्दर्भ में यथार्थवाद की विजय का रहस्य खोजते हुए लुकाच ने पाया कि लेखक की ऊपरी विश्वदृष्टि अर्थात् विचारधारा और अन्तर्दृष्टि अर्थात् संवेदना में द्वन्द्र होता है और इस द्वन्द्व में अन्तर्दृष्टि की विजय ही यथार्थवाद की विजय का कारण बनती है। दो दृष्टियों में द्वन्द्व के इस सिद्धान्त के माध्यम से लुकाच प्रगतिशील विश्वदृष्टिकोण में निहित विडम्बना का विस्तार से उद्‌घाटन करने के बाद रचनाकार की विचारधारा और रचना की विचारधारा में अन्तर करते हुए रचनाकर्म का प्रमाण रचना को ही मानने का आग्रह करता है और उसकी विचारधारा (जो उसके रूप से लेकर अन्तर्वस्तु तक व्याप्त होती है) के यथार्थ से सम्बन्ध की खोज को वस्तुपरक आलोचना दृष्टि के लिए आवश्यक बताता है। रचना के स्वरूप के निर्धारण में रचनाकार की विश्वदृष्टि उसकी कलादृष्टि तथा रचना और उसके पाठक की ऐतिहासिक अवस्थिति अहम् भूमिका निभाती है। 'जिस यथार्थवादी रचना में सामाजिक यथार्थ की जटिल समग्रता और इतिहास प्रक्रिया में परिवर्तनशील यथार्थ के विकास की दिशा का बोध नहीं होता, तात्कालिक अनुभवों से आगे बढ़कर उनके व्यापक सन्दर्भों की खोज नहीं होती, जीवन के तथ्यों में निहित सत्य की पहचान नहीं होती और अभिव्यंजना की प्रचलित प्रवृत्तियों तथा शैलियों से आगे

बढ़कर नये आविष्कारों की कोशिश नहीं होती, वह रचना अपने समय में भी पाठकों को प्रभावित नहीं करती। ऐसी रचना कालजयी क्या होगी?'' जाहिर है कि ऐसी रचना को पहचानने के लिए आलोचना के पास भी कम-से-कम इतनी सम्पत्ति तो होनी ही चाहिए।

लेखक लुकाच की मान्यताओं पर विस्तार से बात करने का कारण इस लेख में एक जगह यह बताता है कि हिन्दी में लुकाच की तरह सोचने वाले बहुत से लोग हैं। लेकिन उन 'लोगों' की पहचान खुलती है मुक्तिबोध वाले लेख में—'डॉ. शर्मा का यह भी कहना है कि कई बार कृति की विचारधारा और विषय-वस्तु में अन्तर्विरोध होता है। इस बात के अनेक उदाहरण दुनियाभर के साहित्य में मिलते हैं। लेकिन कठिनाई यह है कि डॉ. शर्मा रचना में यथार्थबोध और विचारधारा के अन्तर्विरोध को आकस्मिक नहीं मानते, वे ललित कलाओं को (जिनमें साहित्य भी शामिल हैं) विचारधारात्मक रूपों में गिनना ही गलत मानते हैं। इससे ऐसा लगता है कि डॉ. शर्मा के अनुसार यथार्थबोध और विचारधारा में शाश्वत अन्तर्विरोध होता है।' (पृ. 238)

इस लेख का समापन रूस के तीस और चालीस के दशक में सक्रिय और 'स्तालिनकालीन आतंकवाद' का शिकार हो गये महत्त्वपूर्ण आलोचक मिखाइल बाख्तिन की चर्चा से होता है। बाख्तिन के अनुसार, 'रचना के अन्तर्जगत में बाह्य जगत अन्तर्निहित होता है और लेखक की चेतना में दूसरों की चेतनता बनी रहती है।.... उपन्यासकार का लक्ष्य वस्तु की पुनःप्रस्तुति नहीं है। उसके लिए वस्तु तो स्वरों की अनेकता का वह केन्द्र-बिन्दु है, जिसमें उसका अपना स्वर भी शामिल है। इन स्वरों की अभिव्यक्ति के लिए ही उपन्यासकार वस्तु या यथार्थ का सहारा लेता है।' (पृ. 65 66) बाख्तिन की इन मान्यताओं के आधार पर उपन्यास की सामाजिकता की नयी व्याख्या की अपार सम्भावनाएँ बनी हुई हैं।

आलोचना और समाजशास्त्र के रिश्ते के कुछ अनछुए पहलुओं का उद्‍घाटन प्रख्यात समाजशास्त्री श्यामाचरण दुबे पर लिखे गये लेख 'अपने समय और समाज से जुड़ी बौद्धिकता' में होता है, विशेषकर भारतीयता की तलाश के प्रसंग में—'दुबे जी ने लिखा है कि अगर हमें 'भारतीयता की तलाश आगे बढ़ने के लिए करनी है, पीछे जाने के लिए नहीं' तो उस विवेक-यात्रा के लिए कुछ सावधानियों को ध्यान में रखना होगा। एक तो यह कि हम इतिहास को समग्रता में देखें। दूसरे, इतिहास के असुविधाजनक सत्यों से मुँह न मोड़ें और तीसरे, यह स्वीकार करें कि जातीय स्मृतियों के साथ कई बार जातीय दुराग्रह भी जुड़ जाते हैं। ...इन सावधानियों के साथ-साथ भारतीयता की तलाश के लिए कुछ भ्रमों से भी मुक्त होना जरूरी है। उनमें से पहला भ्रम भारत के जगत्‌गुरु होने का है। दूसरा भ्रम भारतीय समाज व्यवस्था को आदर्श मानने का है। तीसरा भ्रम यह है कि हमारे पास आदर्शों का विशाल खजाना है,

जबकि उन आदर्शों का हमारी जिन्दगी से कोई रिश्ता नहीं रह गया है। ये तीनों भ्रम यूरोप के प्राच्यविद्याविदों और भारतविदों की देन हैं।'' (पृ. 252)

भारत में परम्पराओं की विविधता और उनके अन्तर्विरोधों के प्रसंग में दुबे जी की इस चेतावनी का उल्लेख करते हुए कि 'राष्ट्रीय मुख्यधारा में सबके विलय की नीति विघटनकारी सिद्ध होगी', लेखक सवाल करता है–'क्या यह आश्चर्य की बात नहीं है कि जो लोग वर्तमान में धार्मिक संघर्ष और हिंसा की राजनीति के सहारे भारत के भविष्य पर कब्जा करना चाहते हैं, वहीं भारत की खोज में निकलते हैं तो अतीत में उन्हें केवल समरसता ही दिखाई देती है। यहाँ एक बार फिर रामविलास शर्मा याद आते हैं जिन्होंने सुदूर अतीत के सामाजिक संघर्षों के तमाम साहित्यिक साक्ष्यों को प्रकृति से मनुष्य के संघर्ष का रूपक मानकर समरसता के इस अग्रह की पुष्टि की है।

उपन्यास को राष्ट्रीय रूपक मानने के बेनेडिक्ट एंडरसन और फ्रेडरिक जेम्सन के मतों का उल्लेख करते हुए लेखक इसे यथार्थवाद-विरोधी रवैया मानता है–''यथार्थवाद और रूपकवाद यथार्थ के बारे में मूल रूप से परस्पर विरोधी दृष्टिकोण हैं। यथार्थवाद इतिहास में व्यक्ति के अनुभवों और उन अनुभवों की भौतिक-सामाजिक परिस्थितियों को महत्त्व देता है, जबकि रूपक में व्यक्ति और भौतिक परिस्थितियों का केवल संकेत, माध्यम या बहाने के रूप में प्रयोग होता है। रूपक व्यक्तियों, वस्तुओं और घटनाओं को देशकाल और इतिहास से मुक्त रूप में प्रस्तुत करता है।''

असल में, चीजों को इस तरह एक-दूसरे के खिलाफ रख देने पर रचनाकार के साथ-साथ पाठक के विकल्प बहुत सीमित हो जाते हैं। लेखक जिसे 'रूपकवाद' कहता है, वह एक परम्परागत शिल्प है जिसकी उपेक्षा कम-से-कम तीसरी दुनिया के समाज में नहीं की जा सकती। जादुई यथार्थवाद और फैंटेसी जैसी प्रविधियाँ यथार्थ के उच्चतर धरातल पर सम्भव होती हैं, जिनसे वंचित होकर हम उसी सतही यथार्थवाद पर आश्रित हो जायेंगे जिसे लेखक ने किताब में 'दर्पणवाद' और 'प्रतिबिम्बनवाद' कहकर याद किया है। यथार्थ को व्यक्त करने में भाववादी शिल्प की उपयोगिता को भी लेखक ने मुक्तिबोध के सन्दर्भ में स्वीकार किया है। वस्तु और शिल्प का द्वन्द्व रचना में गुणात्मक परिवर्तन ला सकता है। राष्ट्रीय रूपक होना उपन्यास के लिए अनिवार्य नहीं हो सकता, लेकिन अगर ऐसा है तो इसे उसकी विशेषता मानना चाहिए, दोष नहीं। इस सन्दर्भ में लेखक ने मिखाइल बाख्तिन को उद्धृत करते हुए जो कुछ कहा है वह इस मसले की नजाकत का पता देता है–'दुनिया भर के उपन्यास के इतिहास से साबित होता है कि उपन्यास का रूप अत्यन्त लचीला, गतिशील, बहुआयामी और प्रयोगधर्मी होता है, इसीलिए मिखाइल बाख्तिन ने उपन्यास के सिद्धान्तकारों को चेतावनी थी कि उपन्यास का वह प्रत्येक सिद्धान्त उलझाव का शिकार होता है जो उसे कुछ स्थायी विशेषताओं और विचारधारात्मक बन्धनों में बाँधना चाहता है।' (पृ. 148)

इस लेख में उपनिवेशवाद की कोख से आधुनिक राष्ट्रवाद के जन्म, उपन्यास के साथ उसके रिश्ते, उपनिवेशवाद-विरोधी राष्ट्रवाद की भी आन्तरिक मामलों में दमनकारी प्रवृत्ति का भारत के ठोस सन्दर्भ में विवरण दिया गया है। आजादी की लड़ाई के दौरान सामाजिक विषमता को समाप्त करने की अम्बेडकर की लड़ाई की गाँधी द्वारा अवहेलना पर प्रेमचन्द और भगत सिंह के नजरियों में समानता का उल्लेख करते हुए लेखक प्रेमचन्द के उपन्यास 'कर्मभूमि' और 'गबन' के हवाले से इस दमनकारी राष्ट्रवाद इस प्रति उनके आक्रामक रवैये का परिचय देता है। इस प्रसंग में उद्धृत फ्रैज फैनन की यह चेतावनी अतीत, वर्तमान और भविष्य में भी राष्ट्रवाद के बारे में अपनी राय कायम करने में हमारी मदद कर सकती है—'अगर साम्राज्यवादविरोधी संघर्ष के समय राष्ट्रीय चेतना को सामाजिक चेतना नहीं बनाया जाता तो भविष्य मुक्ति का नहीं, उपनिवेशवाद के बदले हुए रूप का होगा।' (पृ. 133)

जाहिर है कि उपनिवेशवाद के जिस नये दौर का सामना हम आज कर रहे हैं, उसकी जिम्मेदारी से हमारे नवजागरण और राष्ट्रीय आन्दोलन की वे धाराएँ मुकर नहीं सकतीं जिन्होंने सामाजिक विषमता को मिटाने के लक्ष्य को उचित महत्त्व नहीं दिया था। इस अप्रिय निष्कर्ष को स्वीकार किये बिना हम वर्तमान दौर में भी पिछली भूल को दुहराने से नहीं बच सकते। लेखक ने इस किताब में इन सवालों को उठाया तो जरूर है, लेकिन उसे तार्किक निष्कर्षों तक ले जाने का काम अभी बाकी है। लेखक की क्षमता और उसके सरोकारों को देखते हुए उससे यह उम्मीद कुछ अधिक नहीं जान पड़ती।

किताब के अन्त में उत्तर-संरचनावाद और दलित-लेखन के बारे में दिये गये इंटरव्यू संकलित हैं। इनमें भी लेखक के मूलभूत सरोकारों का विस्तार दिखाई पड़ता है। सबसे पहले हिन्दी में बहुनिन्दित उत्तर-संरचनावाद के बारे में यह टिप्पणी देखें—'उत्तर-संरचनावादियों ने एक महत्त्वपूर्ण काम यह किया कि जो स्वतः सिद्ध बातें थीं, मान्यताएँ थीं, उन पर उन सभी ने सवाल खड़े किये और यह जो सवाल खड़े करने की प्रक्रिया है, वह ज्ञान के क्षेत्र में विकास की बहुत महत्त्वपूर्ण प्रक्रिया होती है। फूको की एक बहुत प्रसिद्ध मान्यता है कि ज्ञान और सत्ता का बहुत गहरा सम्बन्ध होता है, 'नालेज इज पावर'। इस बात को यूरोप में जितना ठीक से समझा जा सकता है, उससे ज्यादा ठीक से हिन्दुस्तान में समझा जा सकता है। यहाँ युगों से जो ब्राह्मणा हैं वे ज्ञान के माध्यम से सत्ता को नियन्त्रित करते आये हैं। आप पुराने ब्राह्मणों को छोड़ दीजिए, पर जो आधुनिक युग के 'इंटेलेक्चुअल' हैं, बौद्धिक हैं, वे भी आधुनिक युग के ब्राह्मण ही हैं, चाहे वे किसी भी जाति से आते हों।' (पृ. 268)

अब एक दूसरी महत्त्वपूर्ण मान्यता देखें—''संरचनावादियों ने रचना से लेखक को अलगाकर अपनी दृष्टि रचना पर केन्द्रित की, लेकिन उत्तर संरचनावादियों ने यह

कहा कि जो रचना है, वह अपने आप में कोई बहुत सुनिश्चित चीज नहीं है, उसका अर्थ भी सुनिश्चित नहीं है। ...हर पाठक अपने लिए रचना की पुनर्रचना करता है। इसका मतलब है, अपने अनुसार अर्थ की खोज करना।'' (पृ. 267) इसके बाद लेखक कालिदास और ब्रेख्त की कविता के सन्दर्भ के अनुसार नये आशय ग्रहण करने का उदाहरण देते हुए इन नये दृष्टिकोणों से साहित्य को हुए लाभ को स्वीकार करता है। रचना के स्वरूप की अनिश्चितता से निकले 'विकेन्द्रीकरण' और 'विखण्डन' के सूत्रों की उपयोगिता पर बात करते हुए लेखक अन्ततः तीनों महत्त्वपूर्ण उत्तर संरचनावादी विचारकों रोला बार्थ, फूको और देरीदा के क्रमशः जापानी, चीनी तथा भारतीय विचार-परम्पराओं से सचेत सम्बन्धों का हवाला देता है और बौद्ध भाषाचिन्तन परम्परा से देरीदा की सन्सक्ति का उल्लेख करता है। इस सम्बन्ध में वह देरीदा के भाषा-चिन्तन और 'ध्वनि' सिद्धान्त के 'बहुत दूर तक मेल' का जिक्र करते हुए भारतीय काव्यचिन्तन के विकास की सम्भावना व्यक्त करता है। मसलन, भारतीय द्वैतवाद से उपजे 'ध्वनि' के मुताबिक व्यंजना उत्कृष्ट काव्य है, जबकि अभिधा हीनतर काव्य है, लेकिन देरीदा की अद्वैतवादी पद्धति के सहारे अभिधा और व्यंजना को समान महत्त्व देकर विकसित किया जा सकता है।

यह इंटरव्यू 1992 में दिया गया है जिस समय उत्तर आधुनिकतावाद और उसकी एक शाखा उत्तर संरचनावाद के प्रति हिन्दी में क्षोभ और आशंका का माहौल व्याप्त था। सम्भवतः इसीलिए लेखक ने इसके कुछ सकारात्मक पक्षों की चर्चा को उपयोगी पाया होगा, लेकिन अब इसे किताब में सम्मिलित करते हुए इसके कुछ नकारात्मक आशयों का संकेत भी आवश्यक था। खास तौर पर इसकी सबसे भ्रामक अवधारणा का, जिसे लेखक ने इन शब्दों में व्यक्त किया है–'देरीदा के लिए पाठ केवल साहित्य तक सीमित नहीं है। वे समाज, संस्कृति और इतिहास की घटनाओं को भी पाठ मानते हैं।' (पृ. 269)

जाहिर है कि जैसे साहित्यिक कृति का पाठ अनिश्चित है और हर पाठक उसकी अपने-अपने ढंग से रचना कर सकता है, उसी प्रकार सामाजिक और ऐतिहासिक परिघटनाओं की व्याख्या भी अपने-अपने ढंग से की जा सकती है और सबकी सब समान रूप से वैध होंगी। यह नजरिया गुलामी, यातना और अपमान के शिकार समाजों और इसके लिए जिम्मेदार ताकतों, दोनों के दृष्टिकोणों को समान रूप से वैध मानकर दरअसल अत्याचारियों और लुटेरों की सेवा करता है। इसके सवालों की रोशनी में आधुनिक युग की भयावह सीमाओं को स्वीकार करना और उन्हें तोड़ना तो ठीक है, लेकिन इसके अपने निष्कर्षों के प्रति तनिक सी भी उदारता आत्मघाती साबित हो सकती है।

दलित लेखन के बारे में दिये गये इंटरव्यू का शीर्षक 'केवल राख ही जानती है जलने का अनुभव' बहुत कुछ कह देता है। राष्ट्रवाद तथा संरचनावाद की ही तरह

आधुनिकता की एक विकसित अवस्था मार्क्सवाद की भारतीय सन्दर्भ में हुई विभिन्न परिणतियों में से एक पर विचार करते हुए लेखक रामविलास शर्मा का नाम लिये बिना कहता है कि 'ऐसे मार्क्सवादी वर्ण-व्यवस्था और जाति-प्रथा का विरोध करने वाले प्रत्येक व्यक्ति और विचार का विरोध करते हैं। उनकी नजर में बुद्ध, राहुल और आम्बेडकर इतिहास के अपराधी हैं, क्योंकि वे जाति-व्यवस्था के विरोधी हैं। क्या यह हिन्दी क्षेत्र के मार्क्सवाद–और खासतौर से साहित्य में सक्रिय मार्क्सवाद पर सवर्णवाद का प्रमाण नहीं है?' (पृ. 286)

'हिन्दी आलोचना में साहित्य के मूल्यांकन की एक दृष्टि यह भी है, जो प्रत्येक रचना में जातीय चेतना की खोज और पहचान पर जोर देती है। लेकिन दलित साहित्य के प्रसंग में इस दृष्टि की सीमा यह है कि उसकी जाति की धारणा के अन्तर्गत दलितों की कोई विशेष पहचान नहीं है। यही नहीं, जातीय स्मृति में दलितों के शोषण, दमन और यातना की स्मृति के लिए कोई जगह नहीं है।' (पृ. 289)

बहरहाल, लेखक दलित साहित्य के आन्दोलन से आशान्वित है और उसे उम्मीद है कि इसके मूल्यांकन के लिए वैकल्पिक सौन्दर्यशास्त्रीय मापदण्ड भी इसी प्रक्रिया में तैयार होंगे। ब्राह्मणवाद की विरोध, विकृति और समाहार की रणनीति का जिक्र करते हुए वह दलित लेखकों को इससे सावधान रहने की ताकीद करता है और जनांदोलनों के साथ जुड़ने पर प्रतिरोधी विचारों को मिलने वाली शक्ति और सार्थकता का संकेत करता है।

लेखक की शैली आमतौर पर 'अंडरटोंस' में अपनी बात कहने की है, लेकिन जब वह भारतीय समाज और साहित्य की वर्चस्वशाली परम्परा पर कटाक्ष करता है, तो उसका तेवर देखते ही बनता है। इसी तरह प्रतिरोध की परम्परा का निर्माण करने की उसकी तत्परता भी उल्लेखनीय है। यह बात सही है कि वह 'शैतान को भी उसका हिस्सा देने' के सिद्धान्त का समर्थक है और प्रभुत्वशाली परम्परा के प्रतिनिधियों के सामने कुछ अधिक ही मुक्तहस्त हो जाता है। गौर करने की बात यह है कि वह उन्हें भेंट में जो भी रत्न आभूषण चढ़ाता हो, लेकिन जब उन पर वार करता है तो वह वज्रपात की तरह होता है। उसके आरोपों के कटघरे में दागी बनकर खड़े होने के बाद वे इस काबिल नहीं रह जाते कि उन उपहारों का लुत्फ उठा सकें। यही मैनेजर पाण्डेय के आलोचना कर्म की उपलब्धि है।

खण्ड-4

प्रमुख वाद एवं विधाएँ

24

छायावाद

—श्रीपाल सिंह 'क्षेम'

छायावादी काव्य न केवल अपने उद्भव और विकास-काल में विवाद का विषय रहा है, वरन् अपनी प्रौढ़ता में भी वह मतामत का विषय रहा और पूर्ण अर्थों में आज भी समीक्षकों में न मतैक्य ही है और न इस युग के काव्य के साथ पूर्ण न्याय ही किया जा सका है। इसे आरम्भ में एक ओर से एक दर्शन-विशेष की अभिव्यक्ति का काव्य कहा गया और दूसरी ओर इसे 'चित्र-भाषा काव्य' अथवा 'घुमाकर नाक पकड़ने' की काव्यात्मक शैली का नाम प्रदान किया गया। छायावाद को दार्शनिकता का आवरण देकर उसकी संरक्षा करने वालों में किसी ने यह कहकर सन्तोष किया कि इसमें एक नूतन दार्शनिक चेतना का प्रादुर्भाव हुआ है और किसी ने कहा कि 'वस्तु में आत्मा की छाया' देखना छायावाद है। इस प्रकार छायावाद एक दार्शनिक आत्मवाद है, जिसमें वस्तुओं को आत्मा के प्रकाश से प्रकाशित करने का प्रयास किया गया है। इस प्रयास में, कहना नहीं होगा, अधिकांश लोग छायावाद के समर्थक ही रहे हैं, जो इस दर्शन-देश में काव्य-वरण के लिए दार्शनिकता को एक निश्चित आधार मानकर चलते हैं। और भिन्न दर्शन को एक भौतिक काव्य के भिन्न अस्तित्व का प्रमाण स्वीकार करते हैं।

छायावादी काव्य में प्रकृति-सम्बन्धी कविताओं के बाहुल्य और उसमें प्रतिफलित प्रकृति-परक दृष्टिकोण को देखकर कुछ विचारकों ने छायावाद को प्रकृति-काव्य भी घोषित किया है और इस प्रकार छायावाद को 'प्रकृति में जीवन का उद्गीथ' मानने वाली महादेवी वर्मा उनका प्रमाण बन जाती हैं। छायावादी काव्य में कवि की स्वानुभूतियों की प्रधानता देखकर कुछ आलोचकों ने इस काव्य को 'आत्मनिष्ठ काव्य' की संज्ञा प्रदान की और 'प्रसाद' जी की शब्दावली में, 'आत्म-स्पर्श से पुलकित' कविता को छायावाद का मूल द्रव्य माना। डॉ. नगेन्द्र जैसे विचारकों ने कभी इसे स्वच्छन्दतावाद (रोमानी काव्य) का भारतीय प्रोद्भास माना और कभी

छायावादी कवियों की स्वानुभूतियों में उनकी कुण्ठाओं के प्रकाशन का प्रयास परिलक्षित किया।

छायावाद के समर्थन-प्रतिष्ठापन के साथ-साथ आरम्भ से ही, इस काव्य का पुरानी पीढ़ी के पुरातनवादी समीक्षकों द्वारा लगातार विरोध भी होता आया है। रीतिवादी आलोचकों ने इसे कविता के नाम पर बकवास, नवीनता का 'फैशन', कवीन्द्र रवीन्द्र का जूठन और अंग्रेजी के 'रोमानी पुनरुत्थान-युग' के वर्ड्सवर्थ, शेली, कीट्स आदि कवियों की अनुकृति घोषित किये। ये पुरातनवादी आलोचक इस कविता को तनिक भी गम्भरता के साथ ग्रहण करने को प्रस्तुत नहीं थे। 'छायावाद' जैसे नाम से निकाली गयी पत्रिकाओं और 'ठहर तू नामी' जैसी पुस्तक-कृतियों द्वारा इसकी खिल्ली उड़ाकर पाठकों को छायावाद की ओर से विमुख करना इन समीक्षकों और लेखकों ने अपना पुण्य साहित्यिक कर्तव्य माना। ये 'अनन्त के राही' कहें जाकर, हास्य-विनोद और व्यंग्य-विद्रूप के पात्र बनाये गये। किसी ने 'छायावाद में 'छाया' का अर्थ अंग्रेजी की 'छाया', किसी ने 'रवीन्द्र की छाया', किसी ने 'अस्पष्टता की छाया' माना। कुल मिलाकर, छायावाद के विरोधियों के लिए छायावाद एक फैशन, अनुकृति और जूठन के अतिरिक्त और कुछ नहीं था और समर्थकों की दृष्टि में यह एक नवीन दर्शन (आत्मा-परमात्मा-मूलक भारतीय दर्शन प्रतिबिम्बवाद अथवा प्रकृति-दर्शन, प्रकृति-पूजा आदि पाश्चात्य दर्शन की दिशा में) था, जिसमें 'स्थूलता' के प्रति 'सूक्ष्मता' ने विद्रोह किया अथवा 'बाह्य' की अत्यधिक अभिव्यक्ति के कारण मानव का अन्त अपनी अभिव्यक्ति के लिए तड़प उठा है। महादेवी जी ने इसमें औपनिषदिक दर्शन की परछाईं देखी है और 'प्रसाद' जी ने भारतीय 'आत्मवाद' का स्वर सुना है।

इस प्रकार छायावाद पर प्राप्त विभिन्न मतों और विचारों का सर्वेक्षण करने पर यह ज्ञात होता है कि कुछ लोग छायावाद का निरन्तर निषेधात्मक विरोध करते रहे हैं और उन्होंने इस काव्य की कुछ छिटपुट वृत्तियों अथवा अतिरेकों को ही उसका मूल लक्षण मानकर इसे पूर्णतः अस्वीकार कर देना ही अपना ध्येय बनाया है। समर्थकों में भी अधिकांश विचारकों को ने छायावादी काव्य में उभरी एकाध प्रवृत्ति को ही उसका निर्धारक तत्त्व मानकर उसकी व्याख्या की। फलतः, अनेक मुख्य प्रवृत्तियों में एक प्रवृति को ही अतिशायित और अतिरिक्त महत्त्व मिल गया और शेष समान महत्त्वपूर्ण प्रवृत्तियाँ उपेक्षित कर दी गयीं। समस्त प्रवृत्तियों का आकलन कर तथा उन्हें समवेत रूप से, उनके उचित ऐतिहासिक-सामाजिक पृष्ठाधार पर स्थापित कर माध्यम मान निकालने के प्रयास में विशेष प्रगति नहीं हुई। यही कारण है कि आज भी यह छायावाद इन समीक्षाओं के प्रकाश में एक सहसागत काण्ड-सा लगता है, जिसका अपने तत्कालीन इतिहास और उसकी आकांक्षाओं-प्रेरणाओं से कोई प्रत्यक्ष कार्य-कारण अथवा पारिणामक-परिणमित सम्बन्ध न रहा हो।

छाया को 'रहस्य' और 'दर्शन' की कठोर परिधियों से बाहर लाकर, उसे अपने समय के आर्थिक, सामाजिक, राजनीतिक और सांस्कृतिक परिवेश में मूल्यांकित करने का प्रयास ही, छायावादी काव्य का वास्तविक मूल्यांकन होगा। छायावाद, अपने युग के जीवित इतिहास का एक सहज काव्यात्मक परिणाम है, इस तथ्य को स्वीकार किये बिना किसी भी न्यायकार निर्णय तक नहीं पहुँचा जा सकता। छायावाद में कहाँ तक मूल भारतीय सांस्कृतिक चेतना प्रतिफलित हुई है और कहाँ तक परिवर्तित परिवेश और नवीन पर्यावरण के तत्त्व उसमें प्रतिबिम्बित हुए हैं और सब मिलाकर इस काव्याधारा की समष्टिगत उपलब्धि और हिन्दी-काव्य-धारा के लिए उसका निजी अवदान क्या है, इस विषयों पर सम्यक् विचार करने के पश्चात् ही, छायावाद की सही समीक्षा हो सकती है।

'रीति-काल' स्थूल कायिकता और रसिक-मनोरंजन का काव्य था। 'भारतेन्दु युग' रीतिकालीन, मध्यकालीनता और समानोन्मुखी आधुनिकता का संक्रान्ति-युग था, जिसमें तत्कालीन, सामाजिक यथार्थों और आधुनिक आकांक्षाओं के बीच अवश्य अंकुरित हुए पर मध्यकालीन जीवन-दृष्टि अब भी प्रभुत्व-पर पर बनी रही। 'द्विवेदी-युग' तक आते-आते आधुनिक चेतना और स्पष्टता तथा स्वीकृति के साथ सामने आयी, किन्तु इस युग के कवियों के सामाजिक विकृतियों को प्राचीन आदर्शों के प्रकाश में सुधार देने में ही निष्कृति समझी और 'पुनरुत्थान' की प्रेरणा ही प्रधान रही। निबन्धात्मक पद्य, गद्यात्मक छन्द, इतिवृत्तात्मक विवरण और अभिधात्मक कथनों की उपदेश-शैली ने इस काव्य से काव्य-तत्त्व का ह्रास उसे रुक्षता और रसहीनता के धरातल पर ला खड़ा किया। जीवन के प्रेम-सौन्दर्यात्मक कोमल पक्ष और नारी का, रीतिकाल की प्रतिक्रिया में, इस युग ने पूर्ण बहिष्कार कर दिया था और कविता का मूल स्वर रस, सौन्दर्य अथवा आनन्द के स्थान पर नीति-आचारवादी हो गया। इस युग ने कविता को कलात्मक मनोरंजन की संकीर्ण सीमा से तो मुक्त किया, पर अपने विषय-विस्तार में कविता साहित्यिक अथवा काव्यात्मक विशेषताओं से रहित होकर सामाजिक उपयोगितावाद का एक माध्यम बन कर रह गयी। स्पष्ट है कि तत्कालीन कविता के 'आश्रम-ऋषिकुल-कालीन' वातावरण और तत्कालीन समाज की वर्तमान मनःस्थिति में एक प्रत्यक्ष विभेद था। अपने सम्पूर्ण बौद्धिक विवेचन और विचारात्मक समाधानों के बावजूद 'द्विवेदी युग' के कवि तथा उनकी कविताएँ तत्कालीन इतिहास की मूल आकांक्षाओं और आवश्यकताओं का संस्पर्श कर, उन्हें आत्मिक तोष और भावात्मक सहानुभूति नहीं दे सकीं।

'आदिकाल' का सामाजिक ढाँचा पूर्णतः सामन्ती था; 'भक्ति-काल' में बाह्यतः राजपद और सामन्तों की उपेक्षा की गयी, पर मनसा सामन्तिकता और आभिजात्य का प्रधान (पैटर्न) वही रहा। सच तो यह है कि राजतन्त्र, सामन्त-तन्त्र और

अभिजात-तन्त्र बाह्य राजनीतिक रूप से प्रति इन भक्तों ने भले ही उदासीनता बरती हो, पर अपनी भक्ति-साधना और आराध्य की उपासना की पद्धतियों में वह ढाँचा ही बना रहा। राजा का एकाधिकारपूर्ण और सर्वप्रभुतासम्पन्न पद आध्यात्मिक के क्षेत्र में ईश्वर को अपने आप मिल गया। यही कारण था कि मानवीय मूल्यों में जो भी परिवर्तन हुआ हो पर वह परिवर्तन बहुत कुछ व्यक्तिगत और असामान्य दृष्टि से ही देखा जाता रहा। सामाजिक और राजनीतिक धरातल पर 'राम' के रूप में एक प्रजाप्रिय राजा की झाँकी प्रस्तुत करने के सिवा एकतन्त्रात्मकता अपने स्थान पर बनी रही और सभी मध्यकालीन सामन्ती मूल्य ही समाज में चलते रहे। फलतः 'रीति-काल' में वे राजा, राज-दरबार और राजसिक मनोवृत्तियों के परिवेश फिर हिन्दी-काव्य पर प्रतिष्ठित हो गये। 'आधुनिक काल' में 'भारतेन्दु युग' और 'द्विवेदी युग' प्राचीनता के पुनरुथानमुखी सुधारवाद के उपरान्त पर ही खड़े रहे। 'छायावाद-युग' के आगमन के साथ, समाज की सर्वातिशायी सत्ता ओर सर्वशोषी आधिपत्य के विरुद्ध व्यक्ति की प्रतिष्ठा का प्रादुर्भाव हुआ, सामान्य-साधारणजन के आशा-स्वप्नों एवं अश्रु-हासों को सीधे काव्य में स्वीकृति मिली। देवतादि परोक्ष शक्तियों एवं भाग्य के द्वार के भिखारी मध्यकालीन मानव को अपनी निजी गरिमा एवं सहजता में अंगीकार किया गया। आभिजात्य एवं सामन्तिकता के स्थान पर व्यक्ति-व्यक्ति के अस्तित्व और उसकी अन्तर की भूख-प्यास को काव्य में स्थान मिला। नारी के 'मुक्ति बाधक' और विलासिनी रूप के स्थान पर छायावाद में उसे 'देवी, माँ, सहचरि, प्राण!' के विविध महत्त्वपूर्ण आयामों को प्रतिष्ठा मिली और वह समानाधिकारिणी सहयोगिनी के रूप में सामने उपस्थित की गयी। इस प्रकार छायावाद किसी शैली-विशेष अथवा प्रचलन-विशेष के रूप में सांयोगिक ढंग से न आकर जीवन-जगत् के प्रति एक परिवर्तित जीवन-दृष्टि और परिवर्तित भाव-सन्दर्भों के साथ हिन्दी-क्षितिज पर समुदित हुआ। इन विशिष्ट मूल्य-मानों पर ध्यान देकर छायावाद को, केवल नूतनता-प्रेम अथवा अनुकृति-मोह कह कर टालने वाले विचारकों और समीक्षकों द्वारा, स्पष्ट है कि छायावाद के साथ उचित न्याय नहीं हो सकता था। छायावाद की सम्यक् विवेचन के लिए इस युग की कविता के विषयवस्तु एवं कला-पक्ष की मूल प्रवृत्तियों का दिग्दर्शन नितान्त आवश्यक होगा।

छायावाद की वस्तुगत प्रवृत्तियाँ

लोकतान्त्रिक संस्कृति का पृष्ठाधार–छायावादी काव्य समाज की एक बदलती हुई सांस्कृतिक चेतना का प्रतिफलन था। मध्यकालीन सामन्ती जीवन-मूल्यों, मान्यताओं एवं आदर्शों की प्रतिक्रिया में लोकोन्मुखी भावनाएँ भीतर-भीतर तरंगित हो चली थीं। सामन्ती समाज का सर्वातिशायी एवं सर्वशोषी ढाँचा भावनाशील एवं अनुभूति-प्रबल

जनों के मन में एक आन्तरिक असन्तोष एवं उमस की सृष्टि कर रहा था। समाज पर सामान्य रूप से अभी सामन्ती मूल्य ही छाये हुए थे, पर व्यक्ति अपनी प्रतिष्ठा, मान्यता एवं स्वीकृति के लिए विकल होने लगा था। भारतीय काव्य से इकाई-रूप में, व्यक्ति की प्रतिष्ठा पूर्णतया दबा दी गयी थी। कवि अपने विषय अथवा अपनी निजी रुचि-अरुचि के विंषय में कुछ कहने में संकोच और अमर्यादा का अनुभव करता था, पूर्ववर्ती काव्य और विशेष रूप से 'द्विवेदी युग' का काव्य एकदम 'वस्तुनिष्ठ' काव्य था। सामाजिक ढाँचा सामन्ती और राजनीतिक ढाँचा विदेशी दासता पाश्चात्य दर्शन की दिशा में) था, जिसमें 'स्थूलता' के प्रति 'सूक्ष्मता' ने विद्रोह किया अथवा 'बाह्य' की अत्यधिक अभिव्यक्ति के कारण मानव का अन्तर अपनी अभिव्यक्ति के लिए तड़प उठा है। महादेवी जी ने इसमें औपनिषदिक दर्शन की परछाईं देखी है और 'प्रसाद' जी ने भारतीय 'आत्मवाद' का स्वर सुना है।

इस प्रकार छायावाद पर प्राप्त विभिन्न मतों और विचारों का सर्वेक्षण करने पर यह ज्ञात हो जाता है कि कुछ लोग छायावाद का निरन्तर निषेधात्मक विरोध करते रहे हैं और उन्होंने इस काव्य की कुछ छिटपुट वृत्तियों अथवा अतिरेकों को ही उसका मूल लक्षण मानकर इसे पूर्णतः अस्वीकार कर देना ही अपना ध्येय बनाया है। समर्थकों में भी अधिकांश विचारकों ने छायावादी काव्य में उभरी एकाध प्रवृत्ति को ही उसका निर्धारक तत्त्व मानकर उसकी व्याख्या की। फलतः, अनेक मुख्य प्रवृत्तियों में एक प्रवृत्ति को ही अतिशायित और अतिरिक्त महत्त्व मिल गया और शेष समान महत्त्वपूर्ण प्रवृत्तियाँ उपेक्षित कर दी गयीं। समस्त प्रवृत्तियों का आकलन कर तथा उन्हें समवेत रूप से, उनके उचित ऐतिहासिक-सामाजिक पृष्ठाधार पर स्थापित कर माध्यम मान निकालने के प्रयास में विशेष प्रगति नहीं हुई। यही कारण है कि आज भी यह छायावाद इन समीक्षाओं के प्रकाश में, एक सहसागत काण्ड-सा लगता है, जिसका अपने तत्कालीन इतिहास और उसकी आकांक्षाओं-प्रेरणाओं से कोई प्रत्यक्ष कार्य-कारण अथवा पारिणामक-परिणमित सम्बन्ध न रहा हो।

छाया को 'रहस्य' और 'दर्शन' की कठोर परिधियों से बाहर लाकर, उसे अपने समय के आर्थिक, सामाजिक, राजनीतिक और सांस्कृतिक परिवेश में मूल्यांकित करने का प्रयास ही, छायावादी काव्य का वास्तविक मूल्यांकन होगा। छायावाद, अपने युग के जीवित इतिहास का एक सहज काव्यात्मक परिणाम है, इस तथ्य को स्वीकार किये बिना किसी भी न्यायकर निर्णय तक नहीं पहुँचा जा सकता। छायावाद में कहाँ तक मूल भारतीय सांस्कृतिक चेतना प्रतिफलित हुई है और कहाँ तक परिवर्तित परिवेश और नवीन पर्यावरण के तत्त्व उसमें प्रतिबिम्बित हुए हैं और सब मिलाकर इस काव्यधारा की समष्टिगत उपलब्धि और हिन्दी काव्य-धारा के लिए उसका निजी अवदान क्या है, इन विषयों पर सम्यक् विचार करने के पश्चात् ही, छायावाद की सही समीक्षा हो सकती है।

'रीति-काल' स्थूल कायिकता और रसिक-मनोरंजन का काव्य था। 'भारतेन्दु युग' रीतिकालीन, मध्यकालीनता और समानोन्मुखी आधुनिकता का संक्रान्ति-युग था, जिसमें तत्कालीन, सामाजिक यथार्थों और आधुनिक आकांक्षाओं के बीज अवश्य अंकुरित हुए पर मध्यकालीन जीवन-दृष्टि अब भी प्रभुत्व-पद पर बनी रही। 'द्विवेदी-युग' तक आते-आते आधुनिक चेतना और स्पष्टता तथा स्वीकृति के साथ सामने आयी, किन्तु इस युग के कवियों ने सामाजिक विकृतियों को प्राचीन आदर्शों के प्रकाश में सुधार देने में ही निष्कृति समझी और 'पुनरुत्थान' की प्रेरणा ही प्रधान रही। निबन्धात्मक पद्य, गद्यात्मक छन्द, इतिवृत्तात्मक विवरण और अभिधात्मक कथनों की उपदेश-शैली ने इस काव्य से काव्य-तत्त्व का ह्रास उसे रुक्षता और रसहीनता के धरातल पर ला खड़ा किया। जीवन के प्रेम-सौन्दर्यात्मक कोमल पक्ष और नारी का, रीतिकाल की प्रतिक्रिया में, इस युग ने पूर्ण बहिष्कार कर दिया था और कविता का मूल स्वर रस, सौन्दर्य अथवा आनन्द के स्थान पर, नीति-आचारवादी हो गया। इस युग ने कविता को कलात्मक मनोरंजन की संकीर्ण सीमा से तो मुक्त किया, पर अपने विषय-विस्तार में कविता साहित्यिक अथवा काव्यात्मक विशेषताओं से रहित होकर सामाजिक उपयोगितावाद का एक माध्यम बन कर रह गयी। स्पष्ट है कि तत्कालीन कविता के आश्रम-ऋषिकुलकालीन' वातावरण और तत्कालीन समाज की वर्तमान मनःस्थिति में एक प्रत्यक्ष विभेद था। अपने सम्पूर्ण बौद्धिक विवेचन और विचारात्मक समाधानों के बावजूद 'द्विवेदी युग' के कवि तथा उनकी कविताएँ तत्कालीन इतिहास की मूल आकांक्षाओं और आवश्यकताओं का संस्पर्श कर, उन्हें आत्मिक तोष और भावात्मक सहानुभूति नहीं दे सकीं।

'आदिकाल' का सामाजिक ढाँचा पूर्णतः सामन्ती था। 'भक्ति-काल' में बाह्यतः राजपद और सामन्तों की उपेक्षा की गयी, पर मनसा सामन्तिकता और आभिजात्य का प्रधान (पैटर्न) वही रहा। सच तो यह है कि राजतन्त्र, सामन्त-तन्त्र और अभिजात-तन्त्र बाह्य राजनीतिक रूप के प्रति इन भक्तों ने भले ही उदासीनता बरती हो, पर अपनी भक्ति-साधना और आराध्य की उपासना की पद्धतियों में वह ढाँचा ही बना रहा। राजा का एकाधिकारपूर्ण और सर्वप्रभुतासम्पन्न पद आध्यात्मिक क्षेत्र में ईश्वर को अपने आप मिल गया। यही कारण था कि मानवीय मूल्यों में जो भी परिवर्तन हुआ हो पर वह परिवर्तन बहुत कुछ व्यक्तिगत और असामान्य दृष्टि से ही देखा जाता रहा। सामाजिक और राजनीतिक धरातल पर 'राम' के रूप में एक प्रजाप्रिय राजा की झाँकी प्रस्तुत करने के सिवा एकतन्त्रात्मकता अपने स्थान पर बनी रही और सभी मध्यकालीन सामन्ती मूल्य ही समाज में चलते रहे। फलतः 'रीति-काल' में वे राजा, राज-दरबार और राजसिक मनोवृत्तियों के परिवेश फिर हिन्दी काव्य पर प्रतिष्ठित हो गये। 'आधुनिककाल' में 'भारतेन्दु युग' और 'द्विवेदी युग' प्राचीनता के

पुनरुत्थानमुखी सुधारवाद के उपरान्त पर ही खड़े रहे। 'छायावाद-युग' के आगमन के साथ, समाज की सर्वातिशायी सत्ता और सर्वशोषी आधिपत्य के विरुद्ध व्यक्ति की प्रतिष्ठा का प्रादुर्भाव हुआ, सामान्य-साधारणजन के आशा-स्वप्नों एवं अश्रु-हासों को सीधे काव्य में स्वीकृति मिली। देवतादि परोक्ष शक्तियों एवं भाग्य के द्वार के भिखारी मध्यकालीन मानव को अपनी निजी गरिमा एवं सहजता में अंगीकार किया गया। आभिजात्य एवं सामन्तिकता के स्थान पर व्यक्ति-व्यक्ति के अस्तित्व और उसकी अन्तर की भूख-प्यास को काव्य में स्थान मिला। नारी के 'मुक्ति बाधक' और विलासिनी रूप के स्थान पर छायावाद में उसे 'देवी, माँ, सहचरि, प्राण!' के विविध महत्त्वपूर्ण आयामों को प्रतिष्ठा मिली और वह समानाधिकारिणी और सहयोगिनी के रूप में सामने उपस्थित की गयी। इस प्रकार छायावाद किसी शैली-विशेष अथवा प्रचलन-विशेष के रूप में सांयोगिक ढंग से न आकर जीवन जगत् के प्रति एक परिवर्तित जीवन-दृष्टि और परिवर्तित भाव-सन्दर्भों के साथ हिन्दी-क्षितिज पर समुदित हुआ। इन विशिष्ट मूल्य-मानों पर ध्यान न देकर छायावाद को, केवल नूतनता-प्रेम अथवा अनुकृति-मोह कह कर टालने वाले विचारकों और समीक्षकों द्वारा, स्पष्ट है कि छायावाद के साथ उचित न्याय नहीं हो सकता था। छायावाद की सम्यक् विवेचना के लिए इस युग की कविता के विषयवस्तु एवं कला-पक्ष की मूल प्रवृत्तियों का दिग्दर्शन नितान्त आवश्यक होगा।

छायावाद की वस्तुगत प्रवृत्तियाँ

लोकतान्त्रिक संस्कृति का पृष्ठाधार—छायावादी काव्य समाज की एक बदलती हुई सांस्कृतिक चेतना का प्रतिफलन था। मध्यकालीन सामन्ती जीवन-मूल्यों, मान्यताओं एवं आदर्शों की प्रतिक्रिया में लोकोन्मुखी भावनाएँ भीतर-भीतर तरंगित हो चली थीं। सामन्ती समाज का सर्वातिशायी एवं सर्वशोषी ढाँचा भावनाशील एवं अनुभूति—प्रबल जनों के मन में एक आन्तरिक असन्तोष एवं उमस की सृष्टि कर रहा था। समाज पर सामान्य रूप से अभी सामन्ती मूल्य ही छाये हुए थे, पर व्यक्ति अपनी प्रतिष्ठा, मान्यता एवं स्वीकृति के लिए विकल होने लगा था। भारतीय काव्य से इकाई-रूप में, व्यक्ति की प्रतिष्ठा पूर्णतया दबा दी गयी थी। कवि अपने विषय अथवा अपनी निजी रुचि-अरुचि के विषय में कुछ कहने में संकोच और अमर्यादा का अनुभव करता था, पूर्ववर्ती काव्य और विशेषरूप से 'द्विवेदी युग' का काव्य एकदम 'वस्तुनिष्ठ' काव्य था। सामाजिक ढाँचा सामन्ती और राजनीतिक ढाँचा विदेशी दासता का था; अतः व्यक्ति प्रतिष्ठात्मक लोकतान्त्रिक भावनाओं के राजनीति और समाजनीति में प्रसारित होने की सम्भावनाएँ उतनी नहीं थीं जितनी उनके सांस्कृतिक क्षेत्र में प्रसार पाने की। काव्य संस्कृति का सबसे अधिक संवेदनशील और अनुभूतिशील माध्यम होता है,

अतः लोकतान्त्रिक चेतना का यह उदय काव्य के माध्यम से ही सर्वप्रथम प्रस्फुरित हुआ। व्यक्ति-प्रतिष्ठा, आत्मनिष्ठता, नारी-स्वातन्त्र्य एवं समानाधिकार, लघुता की ओर महत्त्व दृष्टि, मानववाद एवं मानवतावाद, भौतिकता की स्वीकृति, विरोधों के प्रति सहिष्णुता का रुख, मतस्वातन्त्र्य, विचार-स्वातन्त्र्य आदि का प्रचारणप्ररोचन लोकतान्त्रिक दिशा की ही प्रवृत्तियाँ हैं। समाज में सामन्तवाद के स्थान पर रूढ़ि-विरोध, अन्धपरम्परा का उच्छेदन, सामाजिक श्रेणीकरण एवं स्तरीकरण की अन्यायपूर्णता के विरुद्ध विद्रोह, धर्म के बाह्याचार, ढोंग तथा स्थूल साम्प्रदायिता, मूर्तिपूजा आदि के औपचारिक प्रतिबन्धों के प्रति अवमानना और अस्वीकृति की भावनाएँ, इस बात का ज्वलन्त प्रमाण थीं कि पुराने पुरोहित-धर्मवाद और भूस्वामित्वमूलक आभिजात्य के विरुद्ध एक लोकोन्मुखी मानसिक और सांस्कृतिक प्रतिक्रिया जाग्रत् हो चली थी। छायावादी कवि अन्तर में उमड़ने-घुमड़ने वाले इन्हीं अनुभूति-मन्थनों और ऊष्मा-भरे चिन्तनों का वाहक और अभिव्यक्तिकर्ता बनकर आया।

इस लोकतान्त्रिक पृष्ठभूमि को भुलाकर, छायावादी काव्य को एक आकस्मिक विस्फोट के रूप में देखने वाले आलोचकों ने इस काव्य के सामाजिक पक्ष और ऐतिहासिक चेतस् की उपेक्षा की है, फलतः यदि इसे 'अंग्रेजी का जूठन', 'बंगला की अनुकृति', 'पश्चिम की नकल', 'नवीनता का फैशन' और 'हाथ घुमाकर नाक पकड़ने का प्रयास' कहकर कदर्थित किया गया तो उनके लिए स्वाभाविक ही था। छायावादी काव्य का एक स्पष्ट ऐतिहासिक परिवेश और लोकतान्त्रिक पर्यावरण है। 'व्यक्तिवादिता' अथवा काव्य के सामाजिक और सामूहिक पक्ष की अवहेलना, अन्तर्मुखीनता आदि के आरोप छायावादी काव्य की व्यक्ति प्रतिष्ठा और स्वानुभूतिनिरूपण की प्रवृत्तियों के ही समंजस अथवा लोकतान्त्रिक चेतना के ही अनुकूल और उसी का एक छोर है।

स्वानुभूति निरूपण—छायावादी कवि वस्तुनिष्ठ कवि (ऑब्जेक्टिव पोएट) न होकर आत्मनिष्ठ कवि थे। उन्होंने वस्तुओं की बाह्य रूप-रेखा और ऊपरी रूप-गुण को अधिक महत्त्व न देकर, वस्तुओं द्वारा अपने हृदय में जगाई गयी अनुभूतियों-भावनाओं और कल्पनाओं को ही अधिक महत्त्व दिया। इसी गुण के कारण उन्हें विभिन्न समीक्षकों ने 'अन्तर्वादी', 'भाविक कवि', 'अन्तर्मुखी कवि', 'व्यक्तवादी कवि', 'भाव-प्रधान कवि', 'कल्पना-प्रवण कवि', 'स्वानुभूति-निरूपक कवि' आदि विशेषणों से स्मरण किया है। सच तो यह है कि वस्तुओं की भौतिक सत्ता, उनका बाह्याकार एवं उनके विषय में सामान्य लोक-भावना उनके लिए अधिक महत्त्व नहीं रखते। उनके लिए वस्तुओं का मूल्य इस बात पर निर्भर है कि वे उन्हें कितना प्रभावित और अन्तःस्फूर्त करते हैं, उनकी भावात्मक और कल्पनात्मक सत्ता को उन वस्तुओं ने कितना प्रेरित और उन्मेषित किया है। इसीलिए एक ही वस्तु, विषय पर लिखनेवाले छायावादी कवियों के चित्रणों में प्रायः बहुत अन्तर पाया जाता है। ये कवि अपनी निजी रुचि-अरुचि

के आधार पर वस्तुओं और उनके सौन्दर्य का मूल्यांकन करते हैं और वस्तुओं की 'वस्तुवत्ता' उनके लिए विशेष मूल्य नहीं रखती। वस्तुओं और विषयों का निरूपण बहुत-कुछ उनकी तात्कालिक मनोमुद्रा और मनःस्थिति पर निर्भर होता है। वस्तुएँ उन्हें स्पर्श कर उनकी अन्तःसत्ता को आन्दोलित कर देती हैं और फिर उनके पूर्व-संस्कारों, संचित अनुभूतियों और धारणाओं की परिधि, समष्टि-रूप में आन्दोलित होकर काव्य में अभिव्यक्त होने लगती है। शताब्दियों के बाद हिन्दी-कविता में, छायावाद के साथ, कवि का यह आत्म-तत्त्व और 'अहम्' प्रतिस्फूर्त हुआ और कवि 'उत्तम पुरुष' में अपनी अनुभूतियों की अभिव्यक्ति करने लगे। इसके पूर्व भारतीय काव्य में, कवि आत्म-निषेध और आत्म-गोपन का समर्थक था। भारतीय काव्य में कवि के निजी व्यक्तित्व के इसी अभाव को ध्यान में रखकर श्रीमती महादेवी वर्मा आदि ने छायावाद पर विचार प्रकट करते हुए कहा है कि शताब्दियों से बहिर्जगत् द्वारा दबाया गया व्यक्ति का अन्तर्जगत् काव्य में अपनी अभिव्यक्ति के लिए रो पड़ा। अर्थात् छायावादी कविता व्यक्ति के उसी चिर-उपेक्षित अन्तःकरण उसे की अभिव्यक्ति का काव्य है। लोकतान्त्रिक चेतना, समाज में व्यक्ति-सत्ता को स्वीकार कर, उचित स्थान प्रदान करने की जो प्रेरणा भीतर-ही-भीतर उकसा रही थी, व्यक्ति-स्वच्छन्दता और व्यक्तित्व-स्वतन्त्रता की जो एषणाएँ अन्तःस्तल में उमड़ रही थीं, स्वानुभूति-निरूपण की यह—प्रवृत्ति उसी दिशा का द्योतक और संकेतक है।

सौन्दर्यवाद और अन्तःसौन्दर्य दर्शन—छायावादी कवि वस्तुओं के बहिसौन्दर्य की अपेक्षा उसके अन्तःसौन्दर्य को अधिक महत्त्व देते हैं। उनका सौन्दर्य-बाह्याकार और बाहरी रंग-रूप पर आधृत न होकर, वस्तुओं में निहित और कवि की निजी भावना-कल्पना द्वारा उद्घाटित सौन्दर्य पर केन्द्रित होता है। सौन्दर्य के विषय में विचारकों ने दो सिद्धान्त स्वीकार किये हैं—एक दृश्यगत अथवा वस्तुप्रधान सौन्दर्य-दृष्टि तथा दूसरा, द्रष्टागत अथवा आत्मप्रधान सौन्दर्य-दृष्टि। प्रथम सिद्धान्तवाले सौन्दर्य को वस्तु-विशेष में मानते हैं और द्वितीय सिद्धान्त के माननेवाले उसे द्रष्टा की निजी दृष्टि में निहित मानते हैं। छायावादी कवि सौन्दर्य को द्रष्टा की चेतना की उपलब्धि अथवा उसकी निजी भावना का सौन्दर्य-बोध और प्रतिफल मानते हैं। अन्तःसौन्दर्य वस्तु की सत्ता में छिपी उसकी वे विशेषताएँ हैं, जिन्हें सभी सामान्यतः नहीं ग्रहण कर पाते। इसे कवि की दृष्टि अपनी निजी क्षमता से (निजी भावना और कल्पना की शक्ति से) उद्घाटित कर पाठकों को उपलब्ध कराती है; अतः छायावादी कवियों द्वारा अनुभूत सौन्दर्य बाह्य से अधिक आन्तर होता है। 'प्रसाद' जी ने इसी को 'मोती के भीतर से झलकने वाली आभा' का नाम देकर अन्तःस्पर्श से 'पुलकित' कहा है। निश्चित है कि इस सन्दर्भ में इन कवियों की सौन्दर्य-दृष्टि 'विशिष्टता' पर आधृत है, 'सामान्यता' अथवा 'साधारणता' पर नहीं। 'पन्त' आदि

कवियों ने आरम्भ में 'सिगरेट के धुवें' आदि साधारण समझे जानेवाले विषयों पर जब विशिष्टता-युक्त कविताएँ लिखीं, तो पुरानी परिपाटी के पाठकों-समीक्षकों ने उसकी हँसी उड़ायी। आरम्भ में इस विशिष्ट सौन्दर्यचेतना में कल्पनातिरेक अथवा विकल्पना के तत्त्व भले ही उभर आये हों पर धीरे-धीरे 'साधारणता' में 'असाधारणता' देखने की यह प्रवृत्ति, वयोविकास और भाव-परिपक्वता के साथ अधिकाधिक गम्भीर फलतः महत्त्वपूर्ण होती गयी। छायावादी सौन्दर्य-दर्शन में जो अन्तःपुलक और आत्म-द्राव आगे चलकर अभिव्यंजित हुआ, वह पूर्ववर्ती हिन्दी-कविता में अलभ्य है। इन कवियों ने लोकतान्त्रिक चेतना के परिवेश में, वस्तु—विषय और जीवन के प्रति जो नूतन-सौन्दर्य-बोध प्रकट किया, वह सम्पूर्ण हिन्दी काव्य के पिछले सौन्दर्य-बोध से सर्वदा भिन्न, अधिक लौकिक और मध्यकालीन सामन्ती सौन्दर्यमानों से एकदम विलग तथा जीवन के नव-विकसित आयामों और सन्दर्भों के सर्वथा अनुकूल था। इन्होंने वस्तुओं का मूल्य उनके बाह्य रूप को न मानकर (जैसा कि सामन्ती समाज मानता है) उनके उस अन्तःस्वरूप अथच आन्तर गुणों को माना, जिन्हें कवि की प्रतिभा अथवा अन्तःस्पर्शी कल्पना शक्ति ने ग्रहण किया हो। छायावादी कवियों की यह धारणा भी, निस्सन्देह, 'समष्टि' के समक्ष 'व्यष्टि' की इकाई को महत्त्व देने वाली लोकतान्त्रिक चेतना का ही एक अनुकूल स्फुरण है।

सौन्दर्य की इस अन्तःदृष्टि के साथ ही ये कवि सौन्दर्यवादी भी हैं। इन्होंने 'सौन्दर्य' को 'सत्य' और 'शिवत्व' से कम महत्त्वपूर्ण नहीं माना। यों कहिए कि ये सौन्दर्य में ही सत्य और शिवत्व को भी अन्तर्भूत मानते हैं और प्रेय में श्रेय का भी दर्शन करते हैं। इनके अनुसार सौन्दर्यबोध मानव का महत्तम बोध, सौन्दर्य-चेतना उसकी उच्चतम चेतना तथा सौन्दर्योपलब्धि मानव की सबसे बड़ी उपलब्धि है और सम्पन्न सौन्दर्य-चेतना ही जिनकी सबसे बड़ी सम्पन्नता है। सभी छायावादी कवि अपने-अपने ढंग से इस सौन्दर्य-तत्त्व के साधक रहे हैं : 'पन्त' में यह सौन्दर्य-वाद सबसे अधिक प्रकट हुआ है। सौन्दर्य-पक्ष पर सर्वाधिक बल देने के कारण, कुछ समीक्षकों की दृष्टि में, छायावादी काव्य जीवन के पौरुष-पराक्रम-पक्ष का सामूहिक चेतना के धरातल पर अधिक संचरण नहीं कर सका और एक निष्क्रिय सौन्दर्य-बोध के मोह-जाल में अपने युग को उलझाये रहा। कुछ समालोचकों ने छायावादी सौन्दर्य-भावना को वायवीय, अयथार्थ और अतीन्द्रिय कहकर भी कदर्शित किया। कुछ ने इस सूक्ष्म सौन्दर्य-धरातल को अमांसल और काल्पनिक कहकर निन्दित किया; किन्तु सच तो यह है कि सौन्दर्य-दृष्टि का यह परिवर्तन सामन्ती परिवेश के विरोध और 'लोक' और 'व्यक्ति' के महत्त्व की स्वीकृति के साथ, अनिवार्य था। जीवन में जो नवीन मूल्य अंकुरित हो रहे थे, उनका सामन्ती और पुनरुत्थान-मुखी मूल्यों से विभेद और विरोध अवारणीय था। छायावादी कवियों में, सौन्दर्य के स्थूल और शारीरिक-भौतिक पक्ष के स्थान पर

उसके मानसिक पक्ष का प्राधान्य स्पष्ट है। छायावादी सौन्दर्याभिव्यक्ति में शरीर से आगे बढ़कर, प्राण-मन-आत्मा के सूक्ष्मातिसूक्ष्म स्तरों और मानस की सूक्ष्म-गहनतम गतियों का प्रतिस्पन्दन एवं प्रतिस्फुरण अधिक महत्त्वपूर्ण हो गया है। 'नख-शिख-वर्णन' के स्थूल उपमानों और परम्परित 'अप्रस्तुत' योजनाओं पर आधृत सौन्दर्य-दृष्टि, छायावादी सौन्दर्य-सचित्रण की अन्तःस्पर्शी अनुभूतियों की तुलना में निश्चित रूप से स्थूलतर और हीनतर है। छायावादी कवियों ने आन्तरिक गुणों के आधार पर नवीन और अछूते 'अप्रस्तुत' तो ढूँढ़े ही, साथ ही, पुराने और धृष्ट उपमानों को भी अनुभूति और कल्पना का नवीन स्पर्श देकर उनका उद्धार किया है। उनकी आन्तर अनुभूतियों से पुलकित होकर इन उपमानों का बासीपन भी धुल-सा गया है।

प्रकृति के प्रति आत्मीयतापूर्ण दृष्टिकोण—प्रकृति के प्रति पिछली काव्य-परम्परा से सर्वदा परिवर्तित दृष्टिकोण छायावादी काव्य की एक लक्षणीय विशेषता है। पिछले युगों की हिन्दी-कविता में प्रकृति को वह प्राधान्य नहीं प्राप्त हो सका जो छायावादी कविता में प्राप्त हुआ। आत्मीयता और सजीवता इस प्रकृति-सम्बन्धी छायावादी दृष्टिकोण की एक सर्वातिशायिनी है। विशेषता 'आदिकाल' में युद्ध-विग्रह को अशान्तिपूर्ण और असहज परिस्थिति में प्रकृति की ओर दृष्टि जाने का अवकाश ही नहीं था। 'भक्त कवि' प्रकृति को एक विकार और जड़ मानते थे। 'रीतिकाल' में राज-सभाओं के लोगों के विलासपूर्ण कृत्रिम जीवन-परिवेश में प्रकृति 'उद्दीपन' से अधिक स्थान पा ही नहीं सकती थी। जैसे 'भक्ति-काव्य' में वह उदाहरण, उपदेश और अलंकार-सामग्री तक सीमित रही, उसी तरह 'रीतिकाल' में भी प्रकृति अलंकरण-उपकरण और 'उद्दीपन'-सामग्री के स्तर से अलग स्वतन्त्र सत्ता-महत्ता की अधिकारिणी मानी ही नहीं गयी। 'आधुनिककाल' 'भारतेन्दु युग' में रीतिकालीन प्रकृति-दृष्टिकोण ही चलता रहा। 'द्विवेदी-युग' अपनी शुद्धवादिता, उपयोगवादिता, उपदेश-वृत्ति और स्थूल विषयों में इतना व्यस्त रहा कि 'पुनरुत्थान' की मनोग्रन्थि ने उन्हें प्रकृति-सौन्दर्य पर रीझने का अवसर ही नहीं दिया। हिन्दी-कविता में शताब्दियों के पश्चात् हिन्दी कवि ने सर्वप्रथम प्रकृति के प्रति परम्परा-धृष्ट दृष्टि को छोड़कर उसका स्वतन्त्र आकलन करना आरम्भ किया। छायावादी कवि 'आत्मनिष्ठ' कवि था, अतः प्रकृति के प्रशस्त कोण में वह अपने को विस्मृत नहीं कर सका। मानव को 'मानव' रूप में ग्रहण कर उसके वैयक्तिक महत्त्व को स्वीकृति देने के अपने लोकतान्त्रिक कोण के कारण, छायावादी कवि सामान्य व्यक्ति-मानव के प्रकृति-पर्यावरण को भी महत्त्व देता है, पर प्रकृति के तटस्थ और निस्संग रूप के स्थान पर उसे उसका मानव-संगिनी रूप ही अधिक प्रिय हुआ। उसने प्रकृति में चेतना का भी अनुभव किया और उसमें मानव-चेतना का संचार-अभिचार कर अपने ही समान भावमय भी बनाया।

आरम्भ में 'पन्त' ने प्रकृति में एक निजी चेतना और स्वतन्त्र सजीव सत्ता का अनुभव किया। बालिका रूप में अभिव्यक्त उनकी ये मनोभावनाएँ और कल्पनाएँ उनकी 'वीणा-काल' की रचनाओं में स्पष्ट हैं। 'प्रसाद' जी ने प्रकृति की एक विराट् चेतना का संचार अधिकतः अनुभव किया है। 'निराला' ने भी अपनी 'जूही की कली', 'शेफाली' आदि रचनाओं में मानवीय भाव-व्यापार को ही प्रतिबिम्बित किया है। महादेवी के रहस्यात्मक गीतों में प्रकृति, एक निश्चित अथवा प्रातीतिक ढंग से गतिमान दिखाई पड़ती है। इन कवियों ने भी मानवीय भाव-विलास के लिए प्रकृति की रंगस्थली का आश्रय ग्रहण किया है और प्रकृति के व्यापारों की भी भावात्मक व्याख्या की, किन्तु प्रकृति में भावव्यापार का जो गत्यात्मक चित्र छायावादी कवियों ने अपने काव्य में अवतरित किया, वह सर्वथा नवीन था। मानव प्रकृतिमय और प्रकृति मानवमय हो उठी। यह सत्य है कि छायावादी काव्य की प्रकृति अपने यथातथ्य रूप में न आकर मानव-सापेक्ष और द्रष्टा-भावित रूप में अधिकांशतः प्रकट हुई है पर प्रकृति में इतनी सचेतनता, गति, स्पन्दन, स्फूर्ति और सक्रियता की अनुभूति छायावादेतर काव्य में अत्यन्त दुर्लभ है। प्रकृति इन कवियों की चेतना का एक निश्चित और वांछित आयात बन गयी। दूसरे शब्दों में, छायावादी प्रकृति-वर्णन प्रकृति में भी कवि के भावकल्पनाशील (अनुभूतिशील) स्वात्म का सानुकूल प्रसार है। प्रकृति सहयोगिनी, सहभाविनी और सरूपिणी की भाँति छायावादी काव्य में प्रतिष्ठापित हुई, कोमलता, मधुरता, सुकुमारता, सजलता, मसृणता और सुन्दरता के प्रति अपेक्षाकृत अधिक संवेदनशील होने के कारण, वे कवि प्रकृति के उग्र और भयावह रूप के उद्‌घाटन की दिशा में कम गये, फिर भी प्रकृति के प्रति अनुभव की गयी ऐसी आत्मीयता एकदम नवीन दिशा थी।

रहस्य एवं विस्मय की भावना—वस्तुओं एवं जीवन-जगत् के प्रति रहस्यात्मक दृष्टिकोण एवं पदार्थों के प्रति आःश्चर्य, कुतूहल, विस्मय, जिज्ञासा तथा अपरिचय का भाव भी छायावादी कवियों की एक विशेष प्रवृत्ति दिखाई पड़ती है। दूर की वस्तुओं के प्रति आकर्षण एवं अतीत के प्रति मोह का भाव भी इनमें विशेष है। ऐसा प्रतीत होता है, जैसे दृश्यवस्तु को वे पहली बार देख रहे हों और उससे इससे पूर्व उनका मानो परिचय ही न रहा हो। रहस्य-दृष्टि उन्हें स्थल-स्थल अथवा स्थल-विशेष पर रहस्यवादी बना देती है और कुतूहल-विस्मय की दृष्टि, उन्हें जीवन-जगत् के नवीन मूल्यांकन अथवा पुनर्मूल्यांकन की ओर प्रेरित करती है। छायावादी कवि एक नवीन लोकतान्त्रिक चेतना से प्रेरित है, अतएव उसके अनुसार वह एक जीवन-संस्कृति और दर्शन-दृष्टि का भी आकांक्षी है। मध्यकालीन सामन्तिक मूल्यमानों एवं अभिनातिक संस्कारों को झाड़कर व छोटी-बड़ी हर वस्तु को और हर स्थिति का अपना एक मूल्य और महत्त्व मानता है। पिछले संस्कारों के कुहासा से धूमिल और अपने आन्तर

वैशिष्ट्य को व्यक्ति दृष्टि में खो चुके साधारण पदार्थ भी, अपने भीतर एक तत्त्व छिपाये हैं, जिनका अनुभव नहीं कर सकता था, जिसकी दृष्टि मध्यकालीन सामन्तिक एवं अभिजातिक जड़ता से मुक्त रही हो। लोक-चेतना से उन्मिष्ट छायावादी कवि उसी नवीन जीवन-दृष्टि और संस्कृति के गायक हैं। प्रकृति नित्य दिखाई पड़ने वाले पदार्थ जो अति-परिचय से अपना मूल्य खोकर एक आकर्षणहीन सामान्यता बन जाते हैं, उनमें भी इन कवियों ने आन्तरिक विशेषताओं का उद्घाटन किया। 'पन्त' की 'बालविहंगिनी' ने ही 'प्रथम रश्मि का आना' नहीं जान लिया था, स्वयं 'पन्त' के अन्तर्कवि ने भी नयी संस्कृति और नवचेतना की नयी रश्मियों का आगमन अपनी अन्तश्चेतना से भाँप लिया था। 'छायावनों' में उन्मन गुंजन करते हुए 'पन्त' के किशोर कवि ने समाज की एक नव रचना की अनुभूति और आवश्यकता का अन्तर्बोध प्राप्त किया था। 'प्रसाद' के भीतर की सामन्ती जड़ता और परिवेश की स्थूलता के प्रति एक असन्तोष रहा है। 'निराला' तो सामन्तिकता के विरुद्ध उन्मुक्त विद्रोही रहे ही। इन कवियों के नये विचार और नवीन बोध उनकी पद्य-कृतियों में अधिक मुखरता के साथ व्यक्त हुए हैं। स्फुट कविताओं में तो उन नये संस्कारों के प्रतिफलस्वरूप उनकी नयी 'भावाभिवृत्तियाँ' (इमोशनल एटीट्यूड्स) ही प्रकट हुई हैं। ये कवि कल्पनाशील रहे हैं। कल्पना वर्तमान पर अधिक देर तक नहीं टिकती, अतः सुदूर वस्तुओं के प्रति—चाहे वे अतीत की हों या आगे भविष्य की कल्पना का प्रधावन स्वाभाविक है। अतीत स्थितियों एवं स्मृतियों के अनुचिन्तन और अनुभावन की प्रवृत्ति भी छायावादी कवियों में इसी से विशेष दिखाई पड़ती है। कुतूहल, आश्चर्य, विस्मय, जिज्ञासा, पृच्छा आदि की उत्पत्ति किसी असाधारणता या नवीनता की अनुभूति पर ही निर्भर होती है।

'मानववाद' और 'मानवतावाद'—व्यक्ति की प्रतिष्ठा के साथ 'मानव' की प्रतिष्ठा का भाव भी छायावादी काव्य में स्पष्ट परिलक्षित होता है। मानवतावाद एक आदर्शवादी दृष्टि है, जिसमें मानव के त्याग, बलिदान, पराक्रम, संघर्ष और महाप्रणत्व पर बल दिया जाता है। इसके अन्तर्गत मनुष्य की दुर्बलता नहीं वरन् सबलता ही उभाड़ कर सामने प्रस्तुत की जाती है। 'मानववाद' अपेक्षाकृत एक यथार्थवाद दृष्टि है, जिसमें मानव को उसके सहज मानव-रूप में ही ग्रहण किया जाता है और मानव के तथाकथित दुर्बल पक्ष के प्रति भी सहिष्णुता और स्वीकृति का भाव अपनाया जाता है। मानवतावाद में मानव अपनी महान् क्षमताओं के कारण वरेण्य है, जबकि मानववाद में वह अपनी सहज भूख-प्यास के साथ मान्यता प्राप्त कर सकता है। छायावाद की इस प्रवृत्ति ने अप्रत्यक्ष शक्तियों और देवतादिक सत्ताओं के द्वार का कृपा-याचक न मानकर, मानव को स्वयं अपना भाग्य-शिल्पी और व्यक्तित्व निर्माता घोषित किया। पश्चिम की तरह, 'मनुष्य ही सब कुछ का निरपेक्ष मानदण्ड और मापदण्ड है, तो नहीं कहा गया',

पर मानवीय महत्ता के गीत सभी छायावादी कवियों में हैं। 'पन्त' ने स्पष्ट कहा—"सुन्दर है विहग, सुमन सुन्दर, मानव! तुम सब से सुन्दरतम।" 'कामायनी' में भी 'विजयिनी मानवता' का जो रूप खचित हुआ है, वह मानवीय महत्ता का ज्वलन्त परिचायक है। शरीरधारी होने के नाते मनुष्य को समस्त भूख-प्यास यदि सहज है तो इस सहजता की स्वीकृति में भी कोई संकोच या पाप-भाव नहीं होना चाहिए—इसे छायावादी कवियों ने भलीभाँति अनुभव किया है। यह मानव-मानवतावाद भी सामन्ती व्यवस्था के विरुद्ध हुए लोकतान्त्रिक जन-जागरण के सर्वथा अनुकूल ही है। भाग्यवाद और मानव की चिर-अधीनता का पिछला दृष्टिकोण छायावाद में परिवर्तित हुआ है। 'प्रसाद' के दार्शनिक 'नियतिवाद' और भारतीय समाज के व्यावहारिक 'भाग्यवाद' में स्पष्ट अन्तर है, इसे नहीं भूलना चाहिए। 'नियतिवाद' एक सीमा के बाद मानव-शक्तियों की स-सीमता स्वीकार करता है, पर परम्परागत 'भाग्यवाद' पग-पग पर दैवाधीनता की घोषणा करता है। छायावाद ने मानवीय कर्तृत्व और उसके चेतनास्वातन्त्र्य का समर्थन किया है। यही कारण है कि प्रेम-प्रीति, रूप-सौन्दर्य, संयोग-वियोग तथा आमोद-प्रमोद की आवश्यकताओं और उनकी वांछनीयता को छायावाद में मुक्त स्वीकृति प्रदान हुई है। मानवीय मूल प्रवृत्तियों का पुनर्मूल्यांकन करते हुए, इन कवियों ने बाह्य-परिवेश के साथ मनुष्य के आन्तर सम्बन्धों का पुनर्परीक्षण भी किया है। हर स्वच्छन्दतावादी कवि, मानव की अवरुद्ध निरुद्ध सहज प्रवृत्तियों के प्रकाश में, समाज-सम्बन्धों का फिर से परितुलन करता है; छायावादी कवियों में भी प्रवृत्ति स्पष्ट है।

वेदना-संवेदना की विवृत्ति—पीड़ा, व्यथा, वेदना, ज्वाला अन्तर्दाह आदि नामों से छायावादी काव्य में वेदना का गौरवान्वयन हुआ है। इन कवियों ने दुःख और वेदना को जीवन के लिए उन्नायक माना है। 'आँसू' में अन्तर्ज्वाला हृदय की परिशोचिका और प्रबोधिका शक्ति के रूप में चित्रित हुई है और उसे 'मानवता शिर की रोली' कहा गया है। महादेवी छायावाद की सर्वश्रेष्ठ व्यथा—गायिका हैं। 'पन्त' ने भी पीड़ा की प्रियता में 'अश्रु' और 'उच्छ्‌वास' लुटाये हैं। 'निराला' ने जीवन संघर्ष की पीड़ा को स्वाभिमान समझा है। पीड़ा का जो विस्तार छायावादी काव्य में प्रकट हुआ, वह उस रूप में पिछले काव्य में नहीं प्राप्त होता। कुछ वैसी पीड़ा घनानन्द में अवश्य अभिव्यक्त हुई है, पर पीड़ा का जो आभ्यन्तर और वैयक्तिक स्वरूप छायावादी कवियों ने प्रस्तुत किया है, वह अपने ढंग का अनूठा है। इस पीड़ा को कुछ लोगों ने समाज-पीड़ा का व्यक्ति-अनुभूत रूप माना है; कुछ ने भगवान् बुद्ध की 'करुणा और लोक-पीड़ा' की मान्यताओं का प्रभाव कहा है। सच तो यह है कि यह पीड़ा और जिन भी चरित्रों से आयी हो, पर समाज के अतिशायी अधिकारों की छाया में फैले सामन्ती मूल्यों के पीड़न की प्रतिक्रिया भी इन कवियों में सजग रही है, जो 'द्विवेदी-युगीन' पुनरुत्थानवादी आवरण के शिथिल होते ही अधिकाधिक सुस्पष्ट होती

गयी है। इसी पीड़ा का एक रूप, आध्यात्मिक धरातल पर आत्मापरमात्मा के बीच चलने वाले विरह-वियोग में भी प्रकट हुआ। निराशा, अवसाद, विषाद और विफलता की बड़ी गहरी अनुभूतियाँ इस काव्य में उद्वेलित हुई हैं जिसमें युग-पीड़ा, व्यक्ति-पीड़ा और आत्मा की पीड़ा का विचित्र और बहुविध सम्मिश्रण उपलब्ध हुआ है।

'स्थूल' के प्रति 'सूक्ष्म' का विद्रोह–'स्थूल' के प्रति 'सूक्ष्म' के विद्रोह को भी अनेक आलोचकों ने छायावाद का मूल लक्षण माना है। उनके अनुसार, पिछला हिन्दी काव्य स्थूलता से आच्छन्न था और मानव की सूक्ष्मता-प्रिय वृत्ति ने उसके प्रति विद्रोह कर सूक्ष्मताप्रधान काव्य का सृजन किया। महादेवी जी ने भी इसकी ओर अपनी पुस्तक-भूमिका में संकेत किया है। नगेन्द्र जी ने भी अपनी पुस्तक 'सुमित्रानन्दन पन्त' में इसको इंगित किया है। छायावादी कवि नयी चेतना और नयी व्यवस्था के आकांक्षी थे और तत्कालीन जड़ यथास्थिति से उन्हें घोर असन्तोष था। इन कवियों ने वातावरण, पर्यावरण, परिवेश और बाह्यरूप की आकारवत्ता को न अपनाकर उसके अन्तराल में प्रविष्ट होकर उस सूक्ष्मता का उद्घाटन किया जो सामान्यता अदृश्य रहे। धर्म, संस्कृति, समाज और व्यक्ति के बाह्य रूप में संचरित अन्तस्तलीय चेतनाओं और अनुभूतियों का मन्थन-चिन्तन कर, उन्होंने 'अमूर्त' को 'मूर्त' करने का प्रयास किया। इसी कारण ये कवि बहिर्मुखी होने की अपेक्षा अन्तर्मुखी दिखाई पड़ते हैं। वस्तुओं की सूक्ष्मता में प्रवेश करने की इन कवियों की प्रवृत्ति ने उन्हें अपने मानस में भी प्रविष्ट होने की ओर प्रेरित किया। मन की गहन गतियों एवं अनुभूतियों के मूर्तीकरण का प्रयास भी उनकी इसी प्रवृत्ति का परिणाम है। सत्य तो यह है कि इन कवियों ने अपने अन्तर्जगत् को ही बाह्य जगत् का चित्राधार बनाया और यह बहिर्जगत् जिस रूप में उनके मन के रंगीन पटल पर प्रतिबिम्बित हुआ, उसे उन्होंने अभिव्यंजन भाषा के सहारे मूर्तिमान किया। वे स्थूल को सूक्ष्म का बाह्य रूप मानते हैं, इसलिए स्थूल को उनके काव्य में अधिक महत्त्व नहीं मिल सका। यह सूक्ष्मता प्रेम की 'मानसिकता', सौन्दर्य की आन्तरिकता और कल्पना की बिम्ब-ग्राहिता को जन्म देती है। 'द्विवेदी युग' के उपदेशवाद और स्थूलता उपयोगितावाद के साथ ही, 'रीतिकाल' के स्थूल प्रेम-सौन्दर्य-वर्णन की प्रतिक्रिया भी, छायावादी-कवियों के सूक्ष्मता-प्रेम की प्रेरिका रही है। कहना नहीं होगा कि पिछली व्यवस्था और विधान के विरुद्ध जगी नयी चेतना का सांस्कृतिक विद्रोह ही इस प्रकार के अन्तर्मन्थन, पुनर्मूल्यांकन और पुनर्निरूपण की ओर प्रेरित करती है।

छायावाद की शैलीगत प्रवृत्तियाँ

वस्तु के क्षेत्र की भाँति ही शैली और अभिव्यक्ति प्रणाली के क्षेत्र में छायावाद एक नवीनता लेकर आया। उसने खड़ीबोली भाषा की व्याख्या का युगानुकूल नूतन

शृंगार किया और उसे आधुनिक युगीन मानव की विविध गुंफित एवं असंगतिमयी अन्तर्विरोधिनी मनःस्थितियों के प्रकाशन समर्थ बनाया। छायावाद एक नवीन भाषा-प्रतान (लैंग्वेजपैटर्न) के साथ अवतरित हुआ। 'द्विवेदी'-युगीन तत्सम-प्रधानता को भावानुकूल एवं संगीतमय चित्रोपमता प्रदान कर, इन कवियों ने भाषा में मूर्तीकरण की क्षमता की अभिवृद्धि की। नवीन अप्रस्तुतों के चयन, पुराने अप्रस्तुतों के नव सन्दर्भी प्रयोगों, सौन्दर्यमय प्रतीक-विधानों एवं वक्रतापूर्ण पदविन्यासों ने खड़ीबोली को न केवल काव्योपयुक्त बनाया, वरन् उसे विश्व की अन्य भाषाओं के समकक्ष लाकर खड़ा कर दिया। ब्रजभाषा के समक्ष उसकी हीनता की ग्रन्थि तो टूट ही गयी, अभिव्यंजना में वह अंग्रेजी से भी आँख मिलाने लगी। संस्कृत भाषा का जो शृंगार जयदेव ने अपनी कोमल-कान्त पदावली से किया, सूर ने ब्रजभाषा तथा तुलसी ने अवधी को जो ऐतिहासिक प्रसाधन प्रदान किया, छायावादी कवियों के 'चतुष्टय'—प्रसाद, निराला, पन्त और महादेवी ने भी, खड़ीबोली की अभिव्यक्ति क्षमता के विस्तारण में, वही महत्त्वपूर्ण भूमिका सुसम्पन्न की है। संक्षेप में छायावादी कविता की अभिव्यक्ति-शैली की निम्नलिखित विशेषताएँ प्रमुख रूप से उल्लेखनीय हैं—

लक्षणा-प्रधानता—छायावादी काव्य लक्षणा-प्रधान काव्य है। मुख्यार्थ के स्थान पर शब्दों को उनके लाक्षणिक अर्थों में प्रयुक्त करने की प्रवृत्ति इस काव्य में इतनी प्रमुख है कि कुछ आलोचकों ने तो छायावाद को 'लक्षणा-काव्य' के रूप में ही अभिज्ञापित किया। लाक्षणिक अर्थ, मुख्यार्थ से भिन्न किन्तु उसके निकट का ही अर्थ होता है। मुख्यार्थ की प्रथम प्रतीति तथा उसकी बाधा में पुनः निकटार्थ के ग्रहण करने की मानसिक प्रक्रिया में क्रमशः जो दो अर्थ सामने आते हैं, उनसे एक विचित्र व्यंजना उत्पन्न होती है, जिसमें चाक्षुषता और सूक्ष्मार्थता की एक साथ सुखद एवं व्यंजक उपलब्धि सम्भव होती है, जो प्रसिद्धार्थ अथवा वाच्यार्थ द्वारा अकेले सम्भव नहीं है। छायावादी कवियों ने 'लक्षणा' शब्द-शक्ति का बहुत अधिक और सुन्दर प्रयोग किया है। लक्षणा के समस्त भारतीय काव्यशास्त्रीय रूप तो छायावादी शैली में मिलते ही हैं, अंग्रेजी की देन की लक्षणाएँ भी छायावादी काव्य-शैली में सुन्दर रूप से प्रयुक्त हुई हैं। भारतीय लक्षणा-प्रणाली के अनुसार, 'उपादान लक्षणा' और 'साध्यवसाना-लक्षणा' के विविध रूप, बड़े ही अभिव्यंजक, मनोहर और अर्थ-प्रदायक बनकर उपस्थित हुए हैं। आचार्य पं. रामचन्द्र शुक्ल ने तो लक्षणा-व्यापार के विस्तार को ही छायावाद का मूल वैशिष्ट्य घोषित कर दिया था, छायावादी शैली की अनेक अन्य विशेषताएँ लक्षणा-व्यापार के अन्तर्गत ही आ जाती हैं, फिर भी वे इतनी प्रमुखता और अधिकता के साथ प्रयुक्त हुई हैं कि उनका अलग-अलग विवेचन ही उचित होगा।

बिम्बात्मकता—छायावादी काव्य-भाषा का एक प्रमुख गुण उसकी बिम्बात्मकता अथवा चित्रात्मकता है। छायावादी कवि, सामान्य ज्ञानात्मक बोध की अपेक्षा विषय

अथवा अनुभूति की बिम्बात्मक प्रतीति को अधिक पसन्द करता है; इस कारण इस काव्य-भाषा में एक प्रकार की चित्र-व्यंजना की सृष्टि होती चलती है। इन चित्रों अथवा बिम्बों द्वारा जहाँ अमूर्त और अप्रत्यक्ष विषयों का मूर्त और प्रत्यक्ष बोध होता चलता है, वहीं गृहीत अनुभूतियों में सघनता और प्रगाढ़ता को भी वृद्धि होती चलती है, यही कारण है कि छायावादी काव्य की अनुभूतियों में एक प्रकार की वायवीयता और सौन्दर्यता का विचित्र सम्मिश्रण पाया जाता है। मनोवृत्तियों के मूर्तीकरण, अदृश्य और अन्तर्वर्ती विशेषताओं के प्रत्यक्षीकरण तथा सुदूर कल्पनाओं की गोचर प्रतीति में यह चित्रात्मक भाषा विशेष सहायक हुई है। महादेवी ने अपने चित्रों में चित्रकला की रंग-रेखा का मणि-कांचन संयोग किया है। ये बिम्ब नेत्र, कर्ण, नासिका, रसना एवं स्पर्शेन्द्रिय पर आधृत अनुभूतियों के रूप, संगीत, गन्ध, आस्वाद एवं स्पर्शानुभूति से भरे ऐसे चित्र हैं, जिनसे छायावादी काव्य-भाषा अत्यन्त समृद्धिशालिनी हुई है।

प्रतीकात्मकता—प्रतीकों के विधान की प्रवृत्ति भी इन कवियों में विशेष दिखाई पड़ती है। 'गुण' के स्थान पर 'गुणी' अथवा 'धर्म' के स्थान पर 'धर्मी' का प्रयोग करते हुए इन कवियों के नये-नये सौन्दर्यमय प्रतीकों के चयन में विशेष रुचि दिखाई है। जब अपने समान गुणधर्मवाली अनेक वस्तुओं के बोध के लिए (धर्म-बोध हेतु) केवल एक वस्तु ही उपस्थित होकर उन सबका ('धर्मी' रूप में) बोध करा देती है, वहाँ प्रतीक पद्धति कही जाती है। कोमलता अथवा उत्फुल्लता के लिए 'फूल' शब्द का प्रयोग अथवा मधुरता गुण के लिए 'मधु' का प्रयोग इसी के अन्तर्गत आता है। प्रतीकों द्वारा भी 'अमूर्त के मूर्तवर्णन' में बड़ी सुविधा मिली है। प्रतीक भी लक्षणव्यापार के ही परिणाम हैं। छायावादी प्रतीक अधिकांशतः प्रकृति के क्षेत्र से ग्रहण हुए हैं। 'लहर' आव, 'सुमन' सुख, 'शूल' दुःख, 'तम' निराशा, 'प्रकाश' हर्षोल्लास अथवा ज्ञान 'निर्झर' 'आनन्द' गति, 'वीणा' हृदय, 'तार' भाव, 'झंकार' अनुभूति, 'किरण' आशा, 'इन्द्रधनुष' कामना, 'बादल' अश्रु और विषाद, 'विनती' स्मृति, 'चाँदनी' सुख, 'प्राप्त' हर्ष, 'सन्ध्या' विषाद तथा अन्त और 'रात' दुःख के प्रतीक के रूप में आये हैं। कुछ पुराने 'अप्रस्तुत' भी प्रतीक रूप में प्रयुक्त हुए हैं, पर उनमें औपम्य-भाव ही प्रधान है। 'बाँधा था शशि को किसने उन काली जंजीरों में', पंक्ति में शशि 'मुख' एवं काली जंजीर 'केश-वेणी' के ही 'अप्रस्तुत' है। 'आँसू' में 'अन्तर्ज्वाला' पीड़ा का प्रतीक बनकर प्रयुक्त हुई है।

विशेषण-विपर्यय—छायावादी काव्य में 'विशेषण-वक्रता' की प्रवृत्ति अत्यधिक रूप में दिखाई पड़ती है। विशेषण-वक्रता का ही एक रूप 'विशेषण-विपर्यय' भी है। जहाँ प्रत्यक्ष रूप में एक विशेषण जिसे विशेष्य के साथ प्रयुक्त हुआ हो, अर्थग्रहण के समय वह किसी दूसरे विशेष्य के साथ अन्तरित कर दिया जाये तो वहाँ 'विशेषण विपर्यय'

की प्रवृद्धि पायी जाती है। 'विकल वेदना', 'आकुल श्वास' आदि पदों में विकलता का आरोप 'विकल व्यक्ति' तथा 'आकुलता' का आरोप 'आकुल जन' पर हो जाता है। यह प्रवृत्ति भी लक्षणा-व्यापार ही है और दूसरे भी भाषा की मूर्त्यात्मकता की अभिवृद्धि हुई है। अन्यों की अपेक्षा 'पन्त' में यह प्रवृत्ति शक्ति छायावादी कवियों की विशेषता है।

नादार्थ-व्यंजकता—शब्दों के नाद द्वारा अर्थ की प्रतीति करानेवाली यह प्रवृत्ति छायावादी भाषा को विशेष संगीतमय बना देती है। 'पन्त' और 'निराला' में यह गुण विशिष्टता को प्राप्त हुआ है। 'पन्त' के 'परिवर्तन' तथा 'निराला' की 'बादल-राग' रचनाओं में यह गुण दर्शनीय है। इसके द्वारा भाषा में स्वर-चित्रों की अनुभूति बढ़ जाती है। 'पन्त' के 'कल-कल, छल-छल, टल-मल, रल-मल' आदि ध्वनि अनुकरणमूलक पद भी इसी के प्रमाण हैं। 'कामायनी' के 'चिन्ता' सर्ग में भी नादार्थ-व्यंजना भाषा का सुन्दर प्रयोग हुआ है। संगीत-योजना में 'पन्त' तथा 'नाद-योजना' में 'निराला' विशेष रुचिशील रहे हैं।

विरोधप्रियता—परस्पर विरोधी विशेष्यों, विशेषणों, संज्ञाओं और क्रियाओं के एकत्र प्रयोग की प्रवृत्ति एक प्रीतिकर विरोधाभास की सृष्टि से जहाँ चमत्कृत करती है, वहीं मनःस्थितियों के अन्तर्विरोधों की भी सुन्दर झाँकी प्रस्तुत होती है। 'सस्मित अश्रु', 'शीतल ज्वाला', 'रोते गीत' और 'व्यथित हास' जैसे पद-प्रयोग विरोधाभास प्रियता के ही लक्षण हैं। मिश्रित एवं गुंफित मनोरोगों की अभिव्यक्ति में इससे बड़ी सुविधा मिली है।

अप्रस्तुतात्मक व्यंजना—'अप्रस्तुतों' के माध्यम से 'प्रस्तुत' की व्यंजना को 'शुक्ल' 'जी ने छायावाद कह दिया था। यह प्रवृत्ति इन कवियों में अत्यधिक रूप में प्राप्त है। वर्ण्य-विषय को वाच्यार्थ में शब्दतः न कहकर उससे मिलते-जुलते अवर्ण्य विषय द्वारा उसकी व्यंजना कराकर, भाषा की अभिव्यक्ति-शक्ति बढ़ाने के साथ ही छायावादियों ने सूक्ष्मार्थ को वरीयता देने में भी सफलता पायी है। इस कारण वस्तु का स्थूल रूपाकार गौण हो जाता है और कवि का उद्दिष्ट अर्थ ही प्रधान बनकर उभर आता है। कुछ आलोचकों ने इस प्रवृत्ति पर आक्षेप करते हुए कहा है कि इस कारण कवि का 'प्रस्तुत' पक्ष दब जाता है और 'अप्रस्तुत' पक्ष ही प्रधान हो उठता है, अतः उद्दिष्ट रसानुभूति अथवा भावानुभूति में बाधा आ जाती है। गम्भीरतापूर्वक यदि विचार किया जाये तो प्रकट होगा कि इस प्रवृत्ति से दो लाभ भी हुए हैं। एक तो 'अप्रस्तुत' के सम्पर्क से 'प्रस्तुत' में कुछ विशेषताएँ ऐसे चाक्षुषरूप में उपस्थित हो जाती हैं, जैसा अन्य रीति से प्रत्यक्ष कथन में सम्भव न हो पाता; क्योंकि वस्तुतः पाठक एक बार 'प्रस्तुत' से अवगत होकर फिर मनसा उसे नहीं भूल पाता और कल्पित तथा आरोपित 'अप्रस्तुत' अपनी झलक को 'प्रस्तुत' पर प्रतिफलित कर उसकी शोभा की वृद्धि का

ही साधन बन जाता है। दूसरे, यह कि कवि 'प्रस्तुत' के जिस वैशिष्ट्य को रूपायित करना चाहता है, वह सम्बद्ध 'अप्रस्तुत' द्वारा और प्रवृष्ट रूप में उभार पा जाता है। छायावादी कवि वस्तु के रूपाकार की अपेक्षा, उसके आन्तर गुण-धर्म को प्रमुखता प्रदान करना चाहता है। इस प्रवृत्ति ने इस दिशा में उनकी बहुत सहायता की है। 'तिर रही अतृप्ति-जलधि में नीलम की नाव निराली' जैसी 'आँसू' की पंक्तियों में परम्परागत अप्रस्तुतों को नव कल्पित सन्दर्भों में प्रस्तुत कर 'प्रसाद' ने उन्हें पुनः ताना बना दिया है। नेत्र की अतृप्तता और पुतलियों की चंचलता इस 'अप्रस्तुत' विधान से अधिक प्रभविष्णु होकर उपस्थित हुई है।

उपचार-वक्रता—दो वस्तुओं में ऊपरी रूप-गुण की समानता न होने पर भी प्रभाव-साम्य के आधार पर समानता लाना इसी प्रवृत्ति का परिणाम है। यदि दो वस्तुओं के प्रभाव समान, सुखद और रुचिकर हैं तो ऊपरी साम्य न होने पर भी दोनों में साम्य-योजना इसी आधार पर की जाती है कि वे दोनों समान रोचक प्रभाव की मन पर सृष्टि कर देते हैं। मूर्त के लिए अमूर्त और अमूर्त के लिए मूर्त अप्रस्तुत विधान, ठोस और द्रव, द्रव और वायव्य तथा दृश्य और अदृश्य पदार्थों के बीच प्रस्तुत सादृश्ययोजना इसी में समाविष्ट है। 'मनोध्वनियाँ थीं खग-कुल-सी सो रहीं, अन्तःकरण अतीव मनोहर नीड़ में' 'प्रसाद' द्वारा जो साम्य-योजना की गयी है, वह इसी प्रकार की है। ऐसे सादृश्यविधान पहले बहुत कम होते थे।

प्राणीकरण—निर्जीव पदार्थों द्वारा सजीव पदार्थों-सा भाव-व्यापार दिखाना 'प्राणीकरण' है, जिसे 'मानवीकरण' भी कहा जाता है। मानवीय भाव-व्यापारों का प्रकृति पर आरोप या आन्तर मानस-दृष्टियों का सजीववत् वर्णन प्राणीकरण की ही प्रविधि है। 'अभिलाषाओं की करवट, फिर सुप्त व्यथा का जगना' आदि 'आँसू' की पंक्तियों में अभिलाषा और व्यथा का मानवीकरण कर वियोगी के अन्तःस्थल की सूक्ष्म गतियों और स्थितियों को अर्थ-पूर्णता के साथ चित्रित किया गया है। लक्षणा-मूलक चित्रात्मकता ही इस प्रवृत्ति का प्रभवस्थल है।

इस प्रकार छायावादी काव्य-वस्तु एवं शैली के विवेचन से यह स्पष्ट हो जाता है कि सामन्ती व्यवस्था एवं संस्कारों के विरुद्ध व्यक्ति के मन में जो लोकतान्त्रिक लौकिक चेतना उमड़ उठी थी, छायावादी काव्य का विषय और तन्त्राभिव्यंजन उसको प्रकाशित, रूपायित और प्रसारित करने का एक अनिवार्य साहित्यिक माध्यम बनकर उपस्थित हुआ। उसकी दृष्टि नयी थी, उसका तन्त्र नया था।

25

रहस्यवाद

—शिवसहाय पाठक

'रहस्यवाद' शब्द मूलतः संस्कृत के 'रहस्य' और 'वाद' से बना है। आधुनिक हिन्दी में यह शब्द अपने वर्तमान अर्थ में संस्कृत से गृहीत होकर आंग्ल भाषा के 'मिस्टीसिज्म' के अर्थ में उसी के तौल पर प्रयुक्त होने लगा है। दार्शनिकों एवं कोशकारों ने रहस्यवादी की असाधारण विशेषता के ही अर्थ में 'मिस्टीसिज्म' (Mysticism) शब्द का प्रयोग किया है।

'रहस्य' शब्द जिस संज्ञा से व्युत्पन्न है उसके पाँच अर्थ होते हैं—(1) एकान्त या गुप्तता, (2) छिपने का स्थान (3) कोई अज्ञात बात, (4) स्त्री-पुरुष सम्भोग और (5) कानूनसम्मत कोई अनुबन्ध। 'अभिज्ञानशाकुन्तलम्' में 'रहस्याख्यानीव स्वनसि मृतु कर्णान्तिकचरः।' या 'रामचरितम्' में 'रहस्यं साधूनामनुपधि विशुद्धं विजयते' इसी गोपन आचरण या गुप्त बात के अर्थ में आया है। साहित्य से भिन्न अर्थ में आकर 'रहस्य' शब्द कुछ उपदेशात्मक अर्थ देने लगता है, जैसे—'याज्ञवल्क्यस्मृति' में 'अनभिख्यात दोषस्तु रहस्यं व्रतमाचरेत्।' या 'श्रीमद्भगवद्गीता' में 'भक्तोसि में सखा चेति रहस्यंह्येतदुत्तम्।' अंग्रेजी का 'मिस्टिक' या 'मिस्लिसिज्म' शब्द यूनानी धातु 'मुस्टीस' (Mustis) या 'मिस्टीस' (Mystis) से व्युत्पन्न है—इसका अर्थ है जीवन-मरण के रहस्यों को जानने के लिए दीक्षित व्यक्ति—इसी 'मिस्टिक' (Mystic) शब्द से 'इज्म' (Ism) लगाकर 'मिस्टीसिज्म' (Mysticism) शब्द बना है। शाब्दिक्तः इसका अर्थ रहस्यवादिता हो सकता है। व्याकरण की दृष्टि से रहस्यवाद और रहस्यवादिता में कोई अन्तर नहीं है।

पश्चिमी चिन्तकों के मतानुसार रहस्यवादी परम सत्ता से तादात्म्य प्राप्त करता है। उसकी दृष्टि में जीवात्मा तथा जगत् सभी उस विश्वात्मक और विश्वातीत सत्ता से एकरस रहते हैं। वे सीमा से ऊपर उठते हैं—जहाँ यह, वह, मैं, तू और काल देश की इकाइयाँ बहुत पीछे छूट जाती हैं।

सभ्यता के विकास के साथ-साथ रहस्यवाद की व्याख्या भी बदलती गयी है। जो हमारे लिए वैदिक काल में रहस्यमय था—वह आज भी शाश्वत सनातन भाव से रहस्यमय है—ऐसा मानना मानव की बुद्धि के सारे वैभव और कृतित्व का अपमान करना है। काबुली, मिस्री, चीनी, भारतीय, ईसाई, इस्लामी आदि के रहस्यवाद में कुछ बातें एक-सी मिलती हैं और वे बातें कविता में रहस्यवाद के अध्ययन में उपयोगी हैं। एक—काल के बन्धन से परे कोई वास्तविकता है अर्थात् वह जन्म-मृत्यु के परे-अजन्मा अमर है। दो—मनुष्य उसे पाना चाहता है। तीन—उस अज्ञात अखण्डता के प्रति उसके मन में एक निरन्तर अन्वेषण-भावना काम करती रहती है—पाप या बुराई कुछ नहीं है केवल भास मात्र है।

रहस्यवाद की कतिपय परिभाषाएँ

(1) परमोच्च के साथ प्रत्यक्ष मिलन के परम पवित्र आनन्द को उपलब्ध करने का मानवीय मन का प्रयत्न रहस्यवाद है। (प्रिंगल पैटिसन : दी आइडिया ऑफ गॉड)।

(2) प्रेम-मार्ग से परमात्मा की प्राप्ति का और उसके लिए आवश्यक सफल सेवा के आदर्श से प्रेरित किसी व्यक्ति के आत्म—निरपेक्ष आग्रह को रहस्यवाद कहते हैं (टी.एच.ह्यू : दी फिलॉसॉफिकल बेसिस ऑफ मिस्टीसिज्म)।

(3) रहस्यवाद आत्म का नैरात्म से ऐसा सम्बन्ध है जिसमें अपने वैयक्तिक हेतुओं से परे वह बृहत्तर आदर्शों की प्राप्ति के लिए सामरस्य से या प्रेम से प्रयत्न करे। इस प्रकार रहस्यवाद विश्व की अखण्डता के साथ भाव-सम्बन्धों का आनन्दमय संश्लेषण है। (हैवलॉक एलिस)

(4) रहस्यवाद एक प्रकार की दिव्य अनुभूति है, सिद्धान्त नहीं। यह तो एक प्रकार का आध्यात्मिक वातावरण है, कोई दर्शन-पद्धति नहीं। (स्पर्जियन)

(5) वस्तुतः रहस्यवाद इस बात का बोध हो जाना है कि जो कुछ हमारे अनुभव में आता है वह वस्तुतः एक अंश अथवा केवल एक अंशमात्र है अर्थात् अपने वास्तविक रूप में वह अपने से किसी अधिक वस्तु का प्रतीक मात्र है। (आर. एल. नेटलशिप)

(6) रहस्यवाद ईश्वर के साथ अपनी एकता का स्पष्ट संवेदन है जिस कारण इसे हम इसके अतिरिक्त कुछ नहीं कह सकते कि यह अपने मूल रूप में केवल धर्म विषयक एक संवेदन मात्र है। (फ्लेइडरर)

(7) रहस्यवाद तत्त्वतः संवेदन की उस तीव्रता और गम्भीरता के अतिरिक्त कुछ भी नहीं है, जो अपनी विश्वपरक भावना के प्रति अनुभव की जाती है। (बट्रांड रसेल)

(8) 'रहस्यवाद' उस मनोदशा की ओर इंगित करता है जिसमें अनुभूति का अव्यवहित बन जाना—तज्जन्य आनन्दातिरेक को किसी दूसरे के प्रति सम्प्रेषित नहीं करने देता। (विलियम जेम्स)

(9) रहस्यवाद अपने चित्त की वह मनोवृत्ति विशेष है जिसके बन जाने पर अन्य सारे सम्बन्ध ईश्वर के प्रति आत्मा के सम्बन्ध के अन्तर्गत जाकर विलीन हो जाते हैं। (ई. केयर्ड)

(10) रहस्यवाद जगत् की दृष्टि से प्राप्त वैसी स्वाभाविक मुक्तावस्था का सम्पादन, गौरवीकरण तथा प्रत्यक्षीकरण है, वह उस दशा के लिए घोर यत्न या परिश्रम नहीं है। (अलबर्ट श्वीजर)

(11) रहस्यवाद उस मनोवृत्ति को सूचित करता है जिसमें ईश्वर का स्पष्ट अव्यवहित एवं प्रत्यक्ष प्रातिभ ज्ञान हो जाया करता है और जिसमें उसका हमें कोई मौन आस्वादन तक होने लगता है। (डॉ. रानाडे, मिस्टीसिज्म इन महाराष्ट्र)

(12) रहस्यवाद भीतरी समायोग विषयक वह 'कला' है जिसके द्वारा मनुष्य विश्व का उसके विभिन्न अंशों की जगह उसके अखण्ड रूप में बोध करता है। (डॉ. राधाकमल मुखर्जी)

(13) रहस्यवाद एक आचार प्रधान 'अनुशासन' है जिसका लक्ष्य उस दशा को प्राप्त कर लेने का रहता है जिसे किसी यूरोपीय रहस्यवादी के अनुसार 'मनुष्य का ईश्वर के साथ मिलन अथवा (जैसा कोई भारतीय योगी कह सकता है) अपने भीतर आत्मानुभूति का उपलब्ध कर लेना या ब्रह्म के साथ एकता का अनुभव कर लेना कहा जाता है।' (वासुदेव जगन्नाथ कीर्तिकर)

(14) रहस्यवाद कोई बौद्धिकवाद नहीं है। यह मूलतः एक सक्रिय, रूपात्मक, रचनात्मक, उन्नायक तथा उत्कर्षप्रद सिद्धान्त है। (दासगुप्त)

(15) जहाँ कवि उस अनन्त और अज्ञात प्रियतम को आलम्बन बनाकर अत्यन्त चित्रमयी भाषा में प्रेम की अनेक प्रकार से व्यंजना करता है वहाँ रहस्यवाद होता है। (पं. रामचन्द्र शुक्ल)

(16) चिन्तन के क्षेत्र का ब्रह्मवाद कविता के क्षेत्र में जाकर कल्पना और भावुकता का आधार पाकर रहस्यवाद का रूप पकड़ता है। (डॉ. श्यामसुन्दर दास)

(17) रहस्यवाद जीवात्मा की अन्तर्निहित प्रवृत्ति का प्रकाशन है जिससे वह दिव्य और अलौकिक शक्ति से अपना शान्त और निश्चल सम्बन्ध जोड़ना चाहती है और यह सम्बन्ध यहाँ तक बढ़ जाता है कि दोनों में कुछ भी अन्तर नहीं रह जाता। जीवात्मा की सारी शक्तियाँ इसी भक्ति के वैभव और प्रभाव से ओतप्रोत हो जाती हैं। (डॉ. रामकुमार वर्मा)

(18) अपरोक्ष अनुभूति, समरसता तथा प्राकृतिक सौन्दर्य द्वारा अहं का इदं से समन्वय कर देना रहस्यवाद है। वस्तुतः व्यष्टि दृष्टि छायावादी और समष्टि दृष्टि रहस्यवादी है। (जयशंकर प्रसाद)

(19) अपनी सीमा को असीम तत्त्व में खो देना रहस्यवाद है। (महादेवी वर्मा)

(20) रहस्यवाद एक ऐसा जीवन-दर्शन है जिसका मूल आधार किसी व्यक्ति के लिए उसकी विश्वात्मक सत्ता की अनिर्दिष्ट वा निर्विशेष एकता या परमात्मा तत्त्व की प्रत्यक्ष एवं अनिर्वचनीय अनुभूति में निहित रहा करता है और जिसके अनुसार किये जाने वाले उसके व्यवहार का स्वरूप स्वभावतः विश्वजनीन एवं विकासोन्मुख भी हो जाता है। (आचार्य परशुराम चतुर्वेदी)

स्पष्ट है कि मनोवैज्ञानिक, साधनापरक, आचार दर्शन और साहित्य की दृष्टि से अनेक विद्वानों ने रहस्यवाद की अनेक परिभाषाएँ की हैं।

'रहस्यवाद' शब्द हिन्दी में 'मिस्टीसिज्म' (Mysticism) के तौल पर 1920 के आसपास प्रयुक्त हुआ। सम्भव है इसके पहले भी काव्य-समीक्षकों ने इसका प्रयोग किया हो। 1920 की 'श्री शारदा' पत्रिका में 'छायावाद' के प्रथम प्रस्तोता कवि पं. मुकुटधर पाण्डेय ने अपने छायावाद विषयक दूसरे लेख में लिखा था कि 'यह (छायावाद) शब्द 'मिस्टिसिज्म' के लिए आया।'

आचार्य शुक्ल ने छायावाद और रहस्यवाद को पर्याय रूप में गृहीत किया है पर उनकी शर्त है कि छायावाद का सम्बन्ध काव्य से हो अर्थात् जहाँ कवि उस अज्ञात और अनन्त प्रियतम को आलम्बन बनाकर चित्रमयी भाषा में प्रेम की अनेक प्रकार की व्यंजनाएँ करता हो। शुक्ल जी के अनुसार रहस्यवाद शब्द काव्य-वस्तु का सूचक है। छायावाद काव्यगत रहस्यवाद के लिए गृहीत दार्शनिक सिद्धान्त प्रतिबिम्बवाद का द्योतक शब्द है, सूफ़ियों के यहाँ से होता हुआ यूरोप तक पहुँचा था और प्रतीकवाद से मिलकर बंगाल होता हुआ छायावाद के रूप में हिन्दी के क्षेत्र में उदित हुआ। हरिऔध और पं. महावीरप्रसाद द्विवेदी ने भी छायावाद पर विचार करते हुए 'मिस्टीसिज्म' का रूपान्तर 'रहस्यवाद' ही किया था। स्पष्ट है कि 1920 से 27 तक 'मिस्टीसिज्म' के अनूदित रूप में 'रहस्यवाद' का प्रयोग होता रहा है।

जयशंकर प्रसाद ने रहस्यवाद को ही काव्य की मुख्य धारा माना है। उन्होंने उसे आत्मा की मूल संकल्पात्मक अनुभूति के रूप में माना है। मराठी में रहस्यवाद के लिए 'गूढ़-गुंजन' शब्द का प्रयोग होता है। वहाँ सायुज्यवाद, प्रतीतिवाद, शून्य-शोधन, गूढ़वादी प्रभृति शब्दों के भी प्रयोग किये गये हैं। बंगाल में मिस्टीसिज्म के लिए, 'मरमी का भाव' शब्द प्रयुक्त हुआ है। वस्तुतः वाद में एकांगिता, अतिरेक और आग्रह विशेष के भाव निहित रहते हैं—वाद में तात्त्विक बोध के अनुरूप विचार पर बल दिया जाता है और वाद में 'निराग्रह-गृहीत सिद्धान्त' का भी भाव रहता है।

रहस्यवाद को 'रहस्य का वाद' या 'रहस्य विषयक वाद-वदन या विचार' भी कहा जा सकता है। रहस्य अर्थात् गुह्य गोप्य, उपनिषद् आदि। रहस् शब्द से यत् प्रत्यय का सम्बन्ध होने पर रहस्य शब्द की निष्पत्ति हुई है–अर्थ–गोपनीय, निर्जन भाव। जो कुछ बुद्धि-बोध्य न हो वह रहस्य है। रहस्य के वाद की परिधि में मूल तत्त्व, उसकी अनुभूति तक पहुँचने की गुह्य-प्रक्रिया और अनुभव का अभिव्यक्ति पक्ष–ये सभी विवेच्य माने जा सकते हैं।

अनुभवी-मरमी, साधकों-सन्तों की दृष्टि से स्थूल रूप में रहस्यवाद को चार भागों में रखा जा सकता है–

(1) अनुभूति रहस्यमय तत्त्व

(2) उस तत्त्व की रहस्यात्मक अनुभूतियों का विवरण

(3) उस तत्त्व की रहस्यात्मक अनुभूतियों को अपरोक्ष करने की प्रक्रिया

(4) उनकी अटपटी अभिव्यक्ति।

साहित्य में 'रहस्यवाद' का दो स्थूल रूपों में प्रयोग होता है–

(1) साहित्य-समीक्षा अथवा काव्यशास्त्र के क्षेत्र में वह एक सिद्धान्त है जिसमें 'रहस्य' को काव्य-तत्त्व मानकर विवेचना की जाती है कि किस काव्य में रहस्य तत्त्व की व्यंजना हुई है और किसमें नहीं। 'रहस्य' तत्त्व उपनिषदों की परम्परा से गृहीत होगा, पर 'वाद' के अधीन यह समस्त विवेचना काव्यशास्त्रीय होगी और

(2) काव्य-सर्जना के क्षेत्र में 'वाद' का अर्थ धाराविशेष, प्रवृत्तिविशेष और शैलीविशेष होगा। प्रसाद जी ने रहस्यवाद को काव्य की मुख्य धारा कह कर उसकी व्याप्ति वैदिक काल से अविच्छिन्न मानी है।

हिन्दी में 'रहस्यवाद' चिन्तन अथवा अनुभूति की धारा का नाम न होकर शुद्ध काव्य धारा का नाम हो गया है। साधक-संत भी अपनी अनुभूतियों को गान, पद इत्यादि में अभिव्यक्त करते रहे हैं। बौद्ध, तान्त्रिक और सिद्धों-नाथों के पदों में इस प्रकार का साधनागत रहस्यवाद मिलता है। कबीर, दादू आदि को इसी परम्परा का साधक कवि माना गया है। दर्शनों द्वारा रहस्य-प्रतिपादन बौद्धिक धरातल पर किया गया है।

जिज्ञासा तत्त्व-ज्ञान का सर्वस्व है। प्रेमदर्शन की विरहासक्ति के मूल में जिज्ञासा है जो तड़पन का रूप ले लेती है। प्रश्न, वितर्क, मनन आदि इसी जिज्ञासा के रूप हैं। अभिव्यक्ति मात्र को जिज्ञासा परम कहा गया है। दर्शन में बुद्धि तत्त्व प्रधान रहता है और काव्य में भाव-तत्त्व। रहस्यवादी काव्य में दर्शन और काव्यबुद्धि-पक्ष और भाव पक्ष का संगम होता है। काव्य में रहस्यवाद कवियों का वह सांकेतिक कथन या वाद है जिसके मूल में अखण्डानुभूति और तत्त्वानुभूति निहित है। रहस्यानुभूति की अन्तरालिक दशा या साधक दिशा का निरूपण रहस्यवादी कवियों के काव्य में

मिलता है। कहीं-कहीं उपास्य की विरहानुभूति सम्बन्धी उद्‌गार भी मिलते हैं। बीच में पड़ने वाले आध्यात्मिक लोकों या ठहरावों का वर्णन भी उनके काव्यों में मिलता है। सूफियों के यहाँ शरीयत, तरीकत, मारिफत और हकीकत—ये चार ठहराव हैं। हठ योगियों के काव्य में नौपौरी और दशमद्वार (ब्रह्मरन्ध्र) का वर्णन है। अनेक चक्रों, नाद, बिन्दु-बीज कुण्डलिनी, हंस-सोहं आदि का वर्णन हैं। उपनिषदों में आनन्दमय कोश, विज्ञानमय कोश, मनोमय कोश, प्राणमय कोश और अन्नमय कोश के माध्यम से पिण्ड और ब्रह्माण्ड का विभाजन है।

पं. रामचन्द्र शुक्ल का कथन है कि आर्य जाति के तत्त्वचिन्तकों द्वारा प्रतिपादित अद्वैतवादी सिद्धान्त को सामी पैगम्बरी मतों में रहस्य भावना के भीतर स्थान मिला। यहूदी, ईसाई और इस्लाम मतों के बीच तत्त्व-चिन्तन की पद्धति न होने के कारण अद्वैतवाद का ग्रहण रहस्यवाद के रूप में हो सकता था। भारतवर्ष में तो यह ज्ञान क्षेत्र से निकला और अधिकतर ज्ञान-क्षेत्र में ही रहा, पर अरब, फारस आदि में जाकर यह भाव क्षेत्र के बीच मनोहर रहस्यमय भावना के रूप में फैला। रहस्योन्मुख सूफियों और पुराने कैथोलिक ईसाई भक्तों की साधना समान रूप से माधुर्य भाव की ओर प्रवृत्त रही। जिस प्रकार सूफी ईश्वर की भावना प्रियतम के रूप में करते थे उसी प्रकार स्पेन, इटली आदि यूरोपीय प्रदेशों के भक्त भी। जिस प्रकार सूफी हाल की दशा में उस माशूक से भीतर-ही-भीतर मिला करते थे, उसी प्रकार पुराने ईसाई भक्त साधक भी दुलहिनें बनकर उस दूल्हे से मिलने के लिए अपने अन्तर्देश में कई खण्डों के रंगमहल तैयार किया करते थे। ईश्वर की पति रूप में उपासना करने वाली सैटोटेरेसा आदि कई भक्तिनें भी यूरोप में हुई हैं।

ईसाई सन्तों ने रहस्यात्मक मिलन की छह अवस्थाएँ मानी हैं—(1) किसी आकस्मिक घटना या गुरु-उपदेश से वैराग्य उत्पन्न होना, (Awakening of the soul) (2) आत्म शुद्धि (Purgation) नाना प्रकार के यम-नियमों के पालन या योगाभ्यास से आत्म-शुद्धि, (3) आत्म-प्रकाश (Illumination) आत्मशक्तियों का परिचय और दैवी शक्ति की प्राप्ति, (4) अन्धकार (Dark night of the soul) विरह-व्यथा की स्थिति (सूफियों के अनुसार शैतान द्वारा उपस्थित विघ्न, भारतीय भक्तों के अनुसार माया के विघ्न), (5) अन्तर्मुखी प्रवृत्ति (Introspection) आत्मशक्ति का विकास और मिलन की तैयारी और (6) मिलनावस्था (Spiritual Marriage) ईश्वर से मिलकर एकरूप होना। कुछ सन्तों और कुछ विद्वानों ने मिलन के पश्चात् आनन्द-स्थिति या पुनः शाश्वत विरहानन्द या विरह को अन्तिम अवस्था भी मानी है।

अद्वैतवादी सिद्धान्त के दो पक्ष हैं, एक—आत्मा-परमात्मा की एकता और दूसरा—ब्रह्म और जगत् की एकता। इन दोनों का सम्मिलित रूप सर्ववाद है जिसमें 'सर्व खल्विदं ब्रह्म' की मान्यता है। गीता के दसवें अध्याय में भगवान् ने अपनी विभूतियों

का जो सर्ववाद की भावात्मक प्रणाली पर निरूपण किया है, वह अत्यन्त रहस्यपूर्ण है। जायसी, कुतबन, उसमान आदि सूफी कवियों ने प्रकृति की समस्त विभूतियों में परमप्रिय की प्रतिभासिक सत्ता का अनुभव किया है। इसीलिए काव्य में भावात्मक और साधनात्मक दो प्रकार के रहस्यवाद मिलते हैं। हमारे यहाँ योग मार्ग-प्रभावापन्न काव्य साधनात्मक रहस्यवाद की परिधि में आता है। अद्वैतवाद या ब्रह्मवाद को लेकर चलने वाली भावना से सूक्ष्म और उच्चकोटि के रहस्यवाद की प्रतिष्ठा होती है।

अद्वैतवाद का प्रतिपादन सबसे पहले उपनिषदों में मिलता है। वहाँ केवल अद्वैत की टोह की भावना ही नहीं, उसे व्यक्त करने में रहस्यवादी कविता-शैली भी अपनायी गयी है। उपनिषद्, शैव (सामरस्य) मत, वेदान्त बौद्धों का शून्यवाद, तान्त्रिकों का समाज-द्रोह आदि के प्रभाव भी आरम्भिक रहस्यवाद के मूल में हैं। शुक्ल जी ने अवतारवाद का मूल भी रहस्य-भावना को माना है। पति या प्रियतम के रूप में भगवान् की भावना को वैष्णव भक्तिमार्ग में 'माधुर्यभाव' कहते हैं। इस भावना की उपासना में रहस्य का समावेश अनिवार्य और स्वाभाविक है। भारतीय भक्ति का स्वरूप रहस्यात्मक न होने के कारण इस माधुर्य भाव का अधिक प्रचार नहीं हुआ। आगे चलकर मुसलमानी जमाने में सूफियों की देखादेखी इस भाव की ओर कृष्णभक्ति शाखा के कुछ भक्त प्रवृत्त हुए। इनमें मुख्य मीराबाई हुईं जो लोक-लाज खोकर अपने प्रियतम श्रीकृष्ण के प्रेम में मतवाली रहा करती थीं। उन्होंने कहा था कि 'कृष्ण को छोड़कर और पुरुष है कौन? सारे जीव स्त्री-रूप हैं।' सूफियों का असर कुछ और कृष्ण-भक्तों पर भी पाया जाता है। चैतन्य महाप्रभु में सूफियों की प्रवृत्तियाँ साफ झलकती हैं। जैसे सूफी कव्वाल गाते-गाते हाल की दशा में हो जाते हैं वैसे ही महाप्रभु की मण्डली भी नाचते-गाते मूर्च्छित हो जाती थी—यह मूर्च्छा रहस्यवादी सूफियों की रूढ़ि है। मीराबाई के ही समान कबीर, दादू आदि सन्तों के पदों में प्राप्त प्रेमतत्त्व पर भी सूफियाना प्रभाव स्पष्ट है—कबीर को 'हरि मोर पिउ मैं राम की बहुरिया'—प्रिय से मिलने की उत्कण्ठा, मार्ग की कठिनता, विरह-दुःख निवेदन प्रभृति अभिव्यक्तियों में रहस्यवादी काव्य-स्वर मुखर है। जायसी के समक्ष सूफी रहस्य प्रवृत्ति और हठयोगियों, शून्यवादियों, तान्त्रिकों, रासायनिकों आदि की रहस्य प्रवृत्तियाँ भी विद्यमान थीं। उन्होंने हठवादियों के साधनात्मक उपादानों के साथ ही उनकी रहस्य की प्रवृत्ति और ईश्वर को मन के भीतर ही ढूँढ़ने और पाने की प्रवृत्ति को भी गृहीत किया है।

रहस्यवादी भक्त ईश्वर को अपने परम साध्य एवं प्रियतम के रूप में देखता है। वह उस परमसत्ता के साक्षात्कार और मिलन के लिए वैकल्य का अनुभव करता है, जैसे मेघ और सागर के जल में कोई भेद नहीं है, फिर भी मेघ का पानी नदी-रूप में सागर से मिलने को व्याकुल रहता है; ठीक उसी प्रकार की अभेदजन्य व्याकुलता एवं मिलनजन्य विह्वलता भक्त को भी होती है। जायसी, कुतबन आदि सूफी कवियों

की रहस्योन्मुखता भी इसी श्रेणी की है। शुक्ल जी ने ठीक ही कहा है कि हिन्दी के कवियों में यदि कहीं रमणीय और सुन्दर अद्वैती रहस्यवाद है, तो जायसी में जिनकी भावुकता बहुत उच्चकोटि की है। वे सूफियों की प्रेम-भावना के अनुसार कहीं तो परमात्मा को प्रियतम के रूप में देखकर जगत् के नाना रूपों में उसके रूप को देखते हैं और कहीं सारे प्राकृतिक रूपों और व्यापारों का 'पुरुष' के समागम के हेतु प्रकृति के शृंगार, उत्कण्ठा या विरह-विकलता के रूप में अनुभव करते हैं। दूसरे प्रकार की भावना पद्मावत में अधिक मिलती है। वे समासोक्ति शैली के माध्यम से ईश्वरीय सत्ता की ओर प्रायः संकेत करते हैं। उनके अनुसार समूची संसृति प्रियतम के प्रेमबाणों में बिंधी हुई है। प्रकृति के भीतर दिखाई देनेवाली सम्पूर्ण दीप्ति उसी सत्ता से उद्भासित है। वह सत्ता हृदय में ही स्थित है। उससे ही सम्पूर्ण विश्व रूपायित और आनन्दित है। सम्पूर्ण विश्व उससे मिलने के लिए गतिमान है। उन्होंने रूप-वर्णन, विरह-वर्णन, प्रतीक-योजना आदि के माध्यम से भी रहस्यात्मक भावों की अभिव्यक्ति की है। सूफी साधना में प्रेम और प्रेम-पीर का बड़ा महत्त्व है, प्रेम का सम्बन्ध सौन्दर्य से है—उनका प्रियतम परम सौन्दर्यमय है। कुमारी अंडरहिल ने ठीक ही लिखा है कि 'सूफियों का ईश्वर प्रेम करने योग्य प्राप्त करने योग्य, सजीव और व्यक्तिगत होता है।' संयोग-वियोग, रूप-सौन्दर्य-वर्णन आदि के सन्दर्भ में सूफी कवि लौकिक के माध्यम से अलौकिक की ओर रहस्यात्मक इंगित करते चलते हैं।

षट्चक्रों की साधना नाथ योगियों से निर्गुणियों को मिली। नारी को पारस और मूल मानने की बात कनफटे साधुओं के यहाँ प्रचलित रही। 'नारी अँगकह पारस दे हैं। आज्ञामाँगि शिष्य पहँ लैहैं।' कबीर ने कहा है कि 'पारस पान बाल कहँ दीजैः' 'कामिनी कहँ पारस है सेवा।'

वस्तुतः ससीम ज्ञान, असीम ज्ञान की खोज अनन्त काल से कर रहा है। असीम के अन्वेषण के लिए ससीम के उत्कण्ठित होने में ही रहस्यवाद का मूल निहित है। चिन्तन जगत् का ब्रह्मवाद अथवा अद्वैतवाद ही भावना के क्षेत्र में रहस्यवाद माना जाता है। काव्यगत रहस्यवाद का मुख्यतः हृदय से सम्बन्ध है। सिद्धों ने अपनी बानी द्वारा सहज जीवन पर जोर दिया, दर्शन के रहस्यों को सरल किया और पाखण्ड का विरोध किया, साथ ही ईश्वर की प्राप्ति के लिए सहजता पर अधिक बल दिया।

'मन्तण तन्तण छेअण धारण।'
'सव्ज वि रे बढ़! विब्मम कारण कारण'
'आइण अन्त ण मज्झ, णउमत णउ णिव्वाणु।'
'मार रे जाइया! मूसा-पवना। जेणतूटइ अवणा-गवणा।

गंगा जमुना मा झे रे बहइ नाई
तहँ छूडिलि मातंग पाइआ ला लैं पार करेइ।
जहि मणपवण ण संचरइ रबि-सास णाह पबेस।
तहिं बढ़ चित्त बिसाम करु सरहें किअ उबस्सु।।'

हिन्दी के आदिकालीन साहित्य में रहस्यवाद के प्रस्फुटन के ये कुछ उदाहरण हैं।

हिन्दी के निर्गुण काव्य में नैहर, सासुर, पति, पत्नी आदि अनेक प्रतीकों के माध्यम से मरमी सन्तों ने अपने विरह की अभिव्यक्ति की है—

'घूँघट के पट खोल, तोको पीव मिलेंगे।
खैल ले नैहरवा दिन चारि।
हरि मोरा पीव मै राम की बहुरिया।
बालम आओ हमारे गेह रे,
तुम बिन दुखिया देह रे।'

कबीर को उनकी ऐसी अभिव्यक्तियों के ही कारण 'जिन्दीक' या 'आजाद-सूफी' तक कहा गया है।

आधुनिक हिन्दी के रहस्यवादी काव्य पर अंग्रेजी की रहस्यवादी काव्य-परम्परा का प्रभाव पड़ा है, साथ ही उस पर रावीन्द्रिक रहस्यवाद का भी प्रभाव पड़ा है। पन्त के 'मौन निमन्त्रण' और निराला के 'परिमल' के गीतों पर रवीन्द्रनाथ का प्रभाव पड़ा है। पन्त की अनेक कविताओं (यथा—एकतारा, नौका विहार आदि) में अन्त तक पहुँचते-पहुँचते रहस्यवादी भावना के स्तर मुखर हो उठे हैं। माचवे जी ने लिखा है कि 'हिन्दी की आधुनिक कविता में सच्चा रहस्यवादी स्वर हमें निराला और महादेवी वर्मा—दो कवियों में ही मिलता है। निराला के कई गीतों में और 'तुलसीदास' के मार्मिक स्थलों में वही वैराग्य का तीखा स्वर है, वही विराट्वादी सूक्ष्म अहन्ता है जिसने गेटे और इकबाल की कविता को स्थापत्य-गुण प्रदान किया था। माखनलाल चतुर्वेदी की आरम्भिक राष्ट्रीय कविता में भी 'मेरे आराध्य!' वाला रहस्यमय पुट है। उनके गद्य काव्यों (यथा—साहित्य देवता) में यह रंग पर्याप्त गहरा है। बालकृष्ण 'नवीन' में निहिलिस्ट प्रवृत्ति के बाद दूसरा स्वर यही 'क्वासि की अनुगूँज मेरी बाला है।' दिनकर के काव्य में भी कहीं-कहीं रहस्यवाद का स्वर मिल जाता है। डॉ. रामकुमार वर्मा और बच्चन ने भी खैयामवादी 'उस पार' वाली कविताओं में कहीं-कहीं ससीम-असीम शब्दावली का, मुक्ति-बन्धन का और पूर्ण का प्रयोग किया है।

महादेवी वर्मा के प्रगीतों में रहस्यवाद की भारतीय परम्परा का परिवहन पूर्ण रूप से मिलता है। आत्मा की व्यग्र आकुलता, किसी की पद-चाप के लिए उत्कर्ण

उत्सुकता, एकान्त तन्मयता आदि की दृष्टि से महादेवी की कविताएँ रवीन्द्र के रहस्यवाद की परम्परा में आती हैं। 'तुम दुःख बन इस पथ से आना', 'विरह की घड़ियाँ हुईं अलि मधुर मधु की यामिनी-सी', 'हुए शूल अक्षत मुझे धूलि चन्दन', 'फिर विकल हैं प्राण मेरे', 'मेरे वारस मानस में वे धीरे-धीरे आते' प्रभृति अनेक प्रगीतों में उनकी चिरवियुक्त आत्मा अपने 'करुणामय' के वियोग में छटपटायी है। उनके गीतों में प्रणय का प्रायः विरह पक्ष ही अभिव्यक्त है, उसी की व्यथा से वे शान्त क्लान्त हैं—

'नहीं अब गाया जाता देव! थकी अँगुली हैं ढीले तार।
विश्व वीणा में अपनी आज, मिला लो यह अस्फुट झंकार।।'

महादेवी का दुःखवाद आध्यात्मिक पीड़ा का पर्याय कहा जा सकता है। वेदना की उनकी अनुभूति अत्यन्त गम्भीर, मार्मिक और प्रभविष्णु है। वस्तुतः रहस्यवाद का क्षेत्र अन्तिम सत्य अथवा अनन्त की खोज और उस सत्य का अपने जीवन में अनुभव या वदन-कथन तक सीमित है—यह जीवन में अनेक प्रकार के विस्तृत अनुभवों का फल है। यह आध्यात्मिक अनुभूति की वह दशा है जिसमें साधक ईश्वर के अपरोक्ष साक्षात्कार का चरम प्रयत्न करता है। इसमें एक गम्भीर आध्यात्मिक सूक्ष्म दृष्टि और परिपक्व आत्मानुभूति द्वारा समस्त संसार में व्याप्त एक ही दिव्य सत्ता के देखने की भी चेष्टा की जाती है।

वियोगीहरि और माखनलाल चतुर्वेदी ने भक्ति-सिद्धान्त के आधार पर मानवीय भावनाओं की रहस्यवादी व्यंजना की है। *'आ मेरे आराध्य खिला लूँ, मैं भी तुझे खिलौना सा'* और *'कैसे वह मूरति बिसराऊँ। नैन पीउमय, पीउ नैनमय, किमि दोउन बिलगाऊँ*—में क्रमशः चतुर्वेदी जी और वियोगी हरि ने अपने 'आराध्य देव' का स्मरण किया है। निराला, मुकुटधर पाण्डेय और मैथिलीशरण गुप्त का रहस्यवाद उपनिषदों के दार्शनिक सिद्धान्तों पर है, जो ईश्वर का सर्वव्यापी होना सिद्ध करता है।

(1) *'भर देते हो,*
बार-बार प्रिय, करुणा की किरणों से
क्षुब्ध हृदय को पुलकित कर देते हो।' (निराला, 'भर देते हो' कविता)

(2) *'पर जब तुम हो सभी कहीं, तब मैं ही क्या भटकूँ?*
चाहूँ जिधर उधर ही अपनी दाइ तुम पर पटकूँ।
(मैथिलीशरण गुप्त 'आँखमिचौनी' कविता)

'तेरे घर के द्वार बहुत हैं, किससे होकर आऊँ मैं?'
(मैथिलीशरण गुप्त 'स्वयमागत')

जयशंकर प्रसाद कृत 'झरना' की कई कविताओं में सुन्दर रहस्यवादी अभिव्यक्ति मिलती है, जैसे–

'जीवन-तरो तीर पर लादे।
करुणामय करुणा कर मुझ पर आ दो डाड़ लगा दे।'

'आँसू' की कुछ पंक्तियों में भी रहस्यवादी अभिव्यक्ति खोजी गयी है, जैसे–

'छायानट छवि परदे में, सम्मोहन वेणु बजाता।
सन्ध्या कुहुकिनि आँचल में, कौतुक अपना भर जाता।।'

'लहर' में भावात्मक रहस्यवाद का उत्तम रूप निखरा है। उसमें कवि ने आध्यात्मिक आनन्द की उन तरंगों की अभिव्यंजना की है जिनके स्पर्श से रोम-रोम पुलकित हो जाता है।

प्रसाद जी रहस्यवाद को काव्य की प्रमुख धारा मानते थे। 'कामायनी' में शैवदर्शन (सामरस्य सिद्धान्त) से प्रभावित रहस्यवाद की अनूठी अभिव्यक्तियाँ मिलती हैं। उन्होंने प्रकृति को भी अनेक स्थलों पर रहस्यपूर्ण सत्ता के रूप में देखा है। उन्होंने इच्छा, ज्ञान और क्रिया के समन्वय द्वारा सामरस्य की अभिव्यक्ति की है। केवल एक उदाहरण देना पर्याप्त होगा–

यही कर रहा सागर गान।
हे अनन्त रमणीय! कौन तुम?
यह मैं कैसे कह सकता?
कैसे हो? क्या हो? इसका तो
भार विचार न सह सकता
'हे विराट! हे विश्वदेव! तुम
कुछ हो–ऐसा होता भान।'

निराला का रहस्यवाद वेदान्ती अद्वैतवाद और बंगला के रावीन्द्रिक रहस्यवाद से प्रभावित है। परमल के 'पंचवटी प्रसंग' में 'सुधाधर की कला में अंशु यदि बनकर रहूँ' से स्पष्ट है कि वे ब्रह्म के साक्षात्कार को अधिक महत्त्व देते हैं। रामकृष्ण परमहंस की मातृमूलक भक्ति का प्रभाव भी इनकी कई रहस्यवादी कविताओं में मिलता है। 'तुम और मैं' शीर्षक उनकी एक प्रख्यात रहस्यवादी कविता है जिसमें उन्होंने मायाबद्ध जीव को 'मैं' और ब्रह्मा को 'तुम' द्वारा व्यक्त किया है, यथा–

'तुम तुंगहिमालय-शृंग
और मैं चंचल गति सुरसरिता,

तुम विमल हृदय-उच्छ्वास
औरमैंकान्त-कामिनी-कविता।' आदि।

उनके रहस्यवादी गीतों में संघर्षमय जीवन की विषमताओं—विफलताओं से उत्पन्न खिन्नता भी मिलती है।

कुछ और आधुनिक हिन्दी-कवियों के काव्यों में भी कहीं-कहीं रहस्यवादी अभिव्यक्ति मिल जाती है। अज्ञेय, गजानन माधव मुक्तिबोध इनमें विशेष उल्लेख्य हैं। 1939 के 'हंस' में अज्ञेय की 'रहस्यवाद' शीर्षक एक कविता इस प्रकार छपी है—

'शक्ति असीम है
मैं शक्ति का एक कण हूँ
मैं भी असीम हूँ।' आदि

'मेरे सीमित में विराट् की शक्ति निहित है' यह रहस्यवादी कल्पना उन्होंने अपनी बाद की रचनाओं में दोहराई है। कहा जा सकता है कि 'कामायनी' में जो अनुभूति दर्शन में परिवर्तित हो जाती है उसे अज्ञेय फिर दर्शन से अनुभूति में परिवर्तित करते हैं।

मानव शाश्वत काल से उस अज्ञेय अनन्त सत्ता या परम ज्ञान की खोज में रहा है और भविष्य में भी उसकी खोज होती रहेगी। रहस्यवाद उसी परम सत्ता या परम तत्त्व की अनुभूति होने के कारण मनीषियों-चिन्तकों-सहृदयों की अनुभूति और तज्जन्य अभिव्यक्ति की वस्तु बना रहेगा।

26

यथार्थवाद

—त्रिभुवन सिंह

'यथार्थवाद' अपने निश्चित सैद्धान्तिक रूप में कला और साहित्य के क्षेत्र में 19वीं शताब्दी में प्रकट हुआ। हम यह नहीं कह सकते कि इस सम्बन्ध में निश्चित तिथि का देना कहाँ तक उचित है किन्तु सामान्यतः दो तिथियों का उल्लेख किया जाता है। सन् 1855 ई. में 'कोर्वे' ने अपने चित्रों का प्रदर्शन किया। इन चित्रों में यथातथ्य निरूपण की शैली व्यवहृत हुई और उसके सम्बन्ध में 'रियलिज्म' शब्द का प्रयोग उसके निर्माता ने स्वयं किया। इसके कुछ समय पश्चात् सन् 1856 ई. में 'फ्लावेयर' का प्रसिद्ध उपन्यास 'मेडम बावरी' प्रकाशित हुआ। यह तिथि भी यथार्थवादी आन्दोलन के आविर्भाव का संकेत देती है।[1] वास्तव में इस तिथि का सम्बन्ध इसके आन्दोलन के स्वरूप से है। सन् 1850 ई. के पश्चात् विविध सामाजिक, धार्मिक, राजनीतिक, वैज्ञानिक, समाजशास्त्रीय एवं अर्थशास्त्रीय कारणों से यह एक आन्दोलन के रूप में जनता के सम्मुख आया।

यथार्थ और यथार्थवाद

सम्बन्ध की दृष्टि से 'यथार्थवाद' और 'यथार्थ' एक-दूसरे के पूरक ठहरते है। 'मार्क्सवाद' एवं 'प्रकृतवाद' में इस सम्बन्ध की अन्योन्याश्रयता का स्रोत निहित है। 'जोला' ने प्रकृति और समाज की निजी व्यवस्था को मान्यता प्रदान करते हुए यथातथ्य चित्रण की ओर संकेत किया है। पर कला की दृष्टि से उसकी यह निष्पत्ति शंका के लिए भूमि प्रस्तुत कर देती है। कहा गया है कि 'Realism is stylised picture of reality, It is reality put within a framework.'

जीवन की सच्ची अनुभूति यथार्थ है, पर इसका कलात्मक अभिव्यक्तीकरण यथार्थवाद है। यथार्थ और यथार्थवाद के बीच एक निश्चित भेदक रेखा का खींचना अत्यन्त कठिन है। यथार्थवाद, यथार्थ के आवरण के अतिरिक्त और कुछ नहीं है।

---

1 *साहित्य सिद्धान्त*, डॉ. रामअवध द्विवेदी, पृ. 115-16

यथार्थवाद का प्रयोग साहित्य के अन्दर आदर्शवादी और 'रोमांटिसिज्म' (स्वच्छन्दतावाद) के विरोधी अर्थों में किया जाता है। जो साहित्यकार मानव-जीवन एवं समाज का सम्पूर्ण वास्तविक चित्र उपस्थित करता है और अपने साहित्य की विषयवस्तु काल्पनिक संसार से न लेकर वास्तविक संसार से लेता है, उसे ही हम यथार्थवादी लेखक कह सकते हैं। यद्यपि 'यथार्थ' और 'यथार्थवाद' एक-दूसरे के अत्यन्त निकट हैं, फिर भी दोनों का अपना अलग अस्तित्व है। 'यथार्थवाद' 'यथार्थ' की आधारभूमि पर जीवन का नूतन चित्र है। यथार्थवाद हृदय की वस्तु है और यथार्थ उसका मूलस्रोत, जो अपनी विषय-वस्तु जीवन की यथार्थता से ग्रहण करता है।"

यथार्थवाद : परिभाषा और व्याख्या

'कजामियाँ' के अनुसार 'यथार्थवाद' साहित्य में एक शैली नहीं बल्कि एक विचारधारा है।[1] बहुत से लोगों को इस सम्बन्ध में भ्रम हो जाता है कि यथार्थवाद साहित्य में अभिव्यक्ति की एक शैली का नाम है। परन्तु आगे चलकर शैली विशेष के कारण 'यथार्थवाद' का एक अलग स्वरूप ही 'प्रकृतवाद' (नेचुरलिज्म) के नाम से विकसित हो गया। अगर 'यथार्थवाद' शैलीमात्र नहीं है तो अभिव्यक्ति का एक विशेष प्रकार अवश्य है। 'कजामियाँ' विचार को महत्त्व देता है पर विचारविशेष के अभिव्यक्तीकरण में शैलीविशेष का सहयोग अपेक्षित है।

'जार्ज ल्यूकाक्स' के विचार से "सच्चे यथार्थवादी साहित्य की यह प्रमुख विशेषता है कि लेखक बिना किसी भय अथवा पक्षपात के ईमानदारी के साथ जो कुछ भी अपने आसपास देखता है उसका चित्रण करें।"[2] यह तो हुई वस्तुपरक 'यथार्थवाद' की परिभाषा। परन्तु जहाँ तक भावपरक 'यथार्थवाद' का सम्बन्ध है उसके लिए और भी निश्चित परिभाषा की आवश्यकता है। हमारे लिए यह अत्यन्त आवश्यक है कि हम यह जान लें कि 'यथार्थवाद' की साहित्यिक धारणा मूलरूप में हो क्या सकती है। किसी वस्तु का ज्यों-का-त्यों ग्रहण कर लेना यथार्थ चित्रण कहलायेगा, पर साहित्यकार 'फोटोग्राफर' नहीं होता, वह निर्माता है। साहित्य में सर्जनात्मक प्रक्रिया, वस्तुओं का तद्वतचित्रण न होकर संश्लेषणात्मक होती है, वह मात्र उसका वर्णन नहीं करता बल्कि चुनाव भी करता है। लेखक का कार्य वस्तुओं की गणना नहीं है[3] जिसे 'हैवर्डफास्ट' ने स्वीकार किया है।

---

1 Realism in art is not a method but a tendency.
(A History of English Literature, Legouis & Cazamian)

2 It is condition sinquanon of great realism that the author must honestly record without fear of favour everything he sees around him.

3 In literature the creative process is always a synthesis never a duplication, the writer must select, he cannot enumerate. (*Literature and Reality*, H. Fast)

'यथार्थवाद' वह साहित्यिक संश्लेषण है जो चुनाव तथा रचना के माध्यम से अपने वास्तविक विचारों को समुन्नत रूप में पाठकों के सामने उपस्थित करता है[1] "सच तो यह है कि सत्य उस स्थूल सेव सदृश नहीं जिसे हम जब चाहे तोड़ लें। यह उभयपक्षीय होता है। लेखक को इसकी प्रकृति को समझने के पहले, इसके पक्षविशेष को समझना पड़ता है। यह तटस्थ न होकर स्थितिविशेष का परिचायक है।"[2]

आर.एल. स्टीवेंसन के अनुसार "*यथार्थवाद* का प्रश्न साहित्य में मुख्यतः सत्य से अल्पांश भी सम्बन्ध नहीं रखता। बल्कि उसका सम्बन्ध केवल रचना की कलात्मक शैली मात्र से है। समाज में कुटिल एवं छलछद्मों से भरी हुई कहानियों की अत्यधिक माँग तथा भद्दे एवं कुत्सित चलचित्रों के प्रति बढ़ती हुई अनुरक्ति यथार्थ नहीं है; विनाशोन्मुख और कुत्सित जीवन का चित्रणमात्र है।"

'यथार्थवाद का प्रमुख गुण अवतारवाद का खण्डन है। वह मानव एवं उसके मस्तिष्क को इस संसृत के क्रिया-कलापों एवं व्यवसायों में सन्निहित करके उन्हें उनका उचित स्थान प्रदान करता है। यह एक ओर तो भौतिकता को आदर्शवादी संस्पर्श से मुक्त करता है और दूसरी ओर उन्हें चेतन जीवन का आधार प्रस्तुत करता है। 'यथार्थवाद' मस्तिष्क को ऐन्द्रजालिक विद्रूपताओं से मुक्त करता है और इसके मूल्यों की रक्षा करता है।"[3]

'फ्लावेयर' वस्तुगत दृष्टिकोण और जीवन के सामान्य पक्षों के महत्त्वपूर्ण उद्घाटन को यथार्थवाद की विशिष्टता मानता है। 'हावेल' ने सामान्य जीवन के यथार्थ को महत्त्व देते हुए नैतिक जीवन की अवज्ञा को बताया है। कुछ लोग 'मोपासा' की तरह संवेदन उत्पन्न करने के पक्षपाती हैं। 'डब्ल्यू.एल. कोर्ने' (W.L. Courney) ने मानव जीवन के स्पष्ट यथार्थ को महत्त्व दिया है। पर यथार्थवाद की सचमुच परम सजीव एवं व्यापक उपलब्धि साहित्य के लिए निरन्तर नवीन विषय, परिस्थिति और भाषा की गवेषणा में निहित है।[4]

'बी आओगैंसन' का अभिमत है कि "यथार्थवादी कलाओं की विशिष्टता पाठक तक विचारों को इस स्पष्टता एवं स्वच्छता से प्रेषित करने में निहित है कि सर्वप्रथम आतुर होकर लेखक के हृदय के स्पन्दन का श्रोता बन जाये।"[5]

---

1 Realism being that literary synthesis which through selection and creation heightens for the reader his understanding of reality. (*Ibid.*, P. 17, Chapt- VI)

2 Obviously the truth is not an apple that may one pick. The truth is on one side or other, and before the writer can ascertain the nature of the truth be must choose. The truth is...not neutral. (*Literature and Reality*, H. Fast, p. 18.)

3 *Realism and Phenomenology*, Poderich Mchisholm, p. 186.

4 *Dictionary of World Literature*, p. 335-336

5 *Soviet Litt. Today*, George Reavey, p. 21.

'जोला' का कथन है, "मानव का सामान्य तत्त्वों की भाँति अध्ययन करके उसकी प्रतिक्रिया को नोट करो। मेरे लिए प्रकृतवादी एवं शरीर-विज्ञान सम्बन्धी क्रियाओं का विशेष महत्त्व है। मैं सिद्धान्त निर्माण के स्थान पर इन्हीं नियमों का अनुगमन करना चाहता हूँ। मैं एक वैज्ञानिक की तरह तथ्यों का रहस्योद्‌घाटन करते समय वस्तुस्थिति के अभिज्ञान से सन्तुष्ट हूँ।"[1]

यथार्थवाद के सम्बन्ध में स्वर्गीय प्रेमचन्द की धारणा है कि "यथार्थवाद चरित्रों को पाठक के सामने उनके यथार्थ नग्न रूप में रख देता है। उसे इससे कुछ मतलब नहीं कि सच्चरित्रता का परिणाम बुरा होता है या कुचरित्रता का परिणाम अच्छा। उसके चरित्र अपनी कमजोरियाँ और खूबियाँ दिखाते हुए अपनी जीवन-लीला समाप्त करते हैं और चूँकि संसार में सदैव नेकी का फल नेक और बदी का फल बद नहीं होता, बल्कि उसके विपरीत हुआ करता है, नेक आदमी धक्के खाते हैं, यातनाएँ सहते हैं, मुसीबतें झेलते हैं, अपमानित होते हैं उनको नेकी का फल उल्टा मिलता है। प्रकृति का नियम विचित्र है।"[2]

यथार्थवादी अनुभव की बेड़ियों में जकड़ा रहता है। चूँकि संसार में बुरे चरित्रों की प्रधानता है, यहाँ तक कि उज्ज्वल-से-उज्ज्वल चरित्र में भी कुछ-न-कुछ दाग-धब्बा रहता है, इसलिए यथार्थवाद हमारी दुर्बलता, हमारी विषमताओं और क्रूरताओं का नग्न चित्र होता है। वास्तव में यथार्थवाद का यह लक्ष्य नहीं, यह तो उसके बारे में बना ली गयी गलत एवं संकीर्ण धारणा है। आज जो इस प्रकार के आक्षेप करने का अवसर लोगों को मिल रहा है उसके लिए बहुत-कुछ अधकचरे यथार्थवादी साहित्यकार उत्तरदायी हैं। वास्तव में यथार्थवाद की सृष्टि हमें निराशावादी बनाने के लिए नहीं होती बल्कि उसकी सृष्टि आशा को दृढ़तर बनाने के लिए की जाती है। न उसका यही लक्ष्य है कि वह हमारे सामने एक ऐसा चित्र उपस्थित कर दे कि हमको अपने चारों तरफ बुराई-ही-बुराई नजर आने लगे।

स्वर्गीय जयशंकर प्रसाद के अनुसार 'यथार्थवाद' एक साहित्यिक दृष्टि है। उन्होंने स्वीकार किया है कि "यथार्थवाद की विशेषताओं में प्रधान है, लघुता की ओर साहित्यिक दृष्टिपात। उसमें स्वभावतः दुःख की प्रधानता और वेदना की अनुभूति आवश्यक है। लघुता से मेरा तात्पर्य है, साहित्य के माने हुए सिद्धान्त के अनुसार महत्ता के काल्पनिक चित्रण के अतिरिक्त व्यक्तिगत जीवन के दुःख और अभावों का वास्तविक उल्लेख।"[3] परन्तु यह कोई आवश्यक नहीं है कि प्रत्येक साहित्यकार के प्रस्तुत करने का ढंग एक-सा हो। साहित्यकार की लेखनी यन्त्र नहीं है जिससे कि

---

1 Zola and His Time, Matthew Josephson, p. 97-98

2 गद्यकाव्यतरंगिणी, प्रेमचन्द उपन्यास नामक लेख, पृ. 502

3 *काव्य और कला तथा अन्य निबन्ध*, जयशंकर प्रसाद, पृ. 10

एक ही आकार-प्रकार की वस्तुओं का निर्माण होता रहे। साहित्य और साहित्यकार के अनुसार विभिन्न शैली तथा विभिन्न शिल्प-विधान का होना स्वाभाविक है। क्योंकि यह कोई स्वाभाविक वस्तु नहीं है कि प्रत्येक साहित्यकार का रचनातत्त्व तथा रूपविधान एक-सा ही हो। वास्तविकता एकांगी नहीं होती। 'यथार्थवादी' क्षुद्रों का ही नहीं अपितु महानों का भी है। वस्तुतः यथार्थवाद का मूलभाव है वेदना; जब सामूहिक चेतना छिन्न-भिन्न होकर पीड़ित होने लगती है तब वेदना की विवृत्ति आवश्यक हो जाती है।[1]

डॉ. हजारीप्रसाद द्विवेदी के शब्दों में—'कला-क्षेत्र में यथार्थवाद ऐसी एक मानसिक प्रवृत्ति है, जो निरन्तर अवस्था के अनुकूल परिवर्तित और रूपायित होती रहती है।"[2]

पं. नन्ददुलारे वाजपेयी के मत से "यथार्थवाद वस्तुओं की पृथक् सत्ता का समर्थक है। वह समष्टि की अपेक्षा व्यष्टि की ओर अधिक उन्मुख रहता है। यथार्थवाद का सम्बन्ध प्रत्यक्ष वस्तुजगत् से है।"[3] यथार्थवादी अपने को वैज्ञानिक दृष्टिसम्पन्न बताता है। वह सत्य का खोजी हुआ करता है और उसका सत्य वही है जिसे वह अपनी इन्द्रियों से जान पाया है। आदर्शवादियों के ऊपर यथार्थवादी व्यंग्य करते थे कि "वे घोड़े की पीठ पर बैठ कर शून्य में दौड़ लगा रहे हैं।"[4] वास्तव में यथार्थवाद एक जीवन-दृष्टि है, जिसका प्रभाव साहित्य के विकास पर पड़ता है।"

"महान् साहित्य और कला सदा निर्विकल्प रूप से जीवन की वास्तविकता को ही प्रतिबिम्बित करती है अतः उसकी एकमात्र कसौटी भी उसका यथार्थवाद है।"[5] केवल रसों आदि की सृष्टि ही तथा अन्य साहित्यिक अलंकारों के प्रयोग मात्र से ही महान् कला अथवा साहित्य की सृष्टि नहीं हो सकती, क्योंकि इनका सम्बन्ध कला के रूप से है, उसके मौलिक सत्य विषय से नहीं। "इसका अर्थ कदापि नहीं कि यथार्थवाद के लिए अभिव्यक्ति, टेकनीक और शैली का कोई महत्त्व ही नहीं है या यह कि वास्तविकता को केवल जान-समझ लेना पर्याप्त है और शैली अभिव्यक्ति तथा टेकनीक चाहे बचकानी, भोंड़ी और व्यंग्य-गर्वोक्तियों की वैशाखियों पर चलने वाली लँगड़ी ही क्यों न हो।"[6] यथार्थवाद कलाहीन मानव-अनुभूतियों से शून्य नीरस साहित्य की रचना नहीं है। यथार्थवादी साहित्य महान् प्रतिभा की सृष्टि है।

प्रगतिवादी लेखकों की साहित्यिक मान्यताओं को यदि रचना का मानदण्ड मान लें तो निश्चित ही उस प्रकार का साहित्य, साहित्य तो न हो सकेगा चाहे और जो

---

1 *काव्य और कला तथा अन्य निबन्ध*, जयशंकर प्रसाद, पृ. 10

2 *विचार और वितर्क*, डॉ. हजारीप्रसाद द्विवेदी, पृ. 95

3 *आधुनिक साहित्य*, तृतीय संस्करण, पं. नन्ददुलारे वाजपेयी, पृ. 420

4 'They are riding on horse back over vacuum'.

5 *आलोचना*, सन् 1952, सम्पादकीय टिप्पणी, शिवदानसिंह चौहान

6 *वही*

कुछ भी हो ले। "जहाँ तक मैं समझ सका हूँ, प्रगतिवादी लेखकों का कहना है कि साहित्य, मनुष्य के लिए ही मानवता की पीड़ा, वेदना, अन्याय, शोषण को, जो व्यक्त करे, जिसमें मजदूरों की पुकार हो, जो वर्गवाद का गला टीप दे, पूँजीवाद की पूँछ में पलीता लगा दे, जिसमें कल्पना की कल्लोल न हो, वस्तुवाद का स्वाद हो। जहाँ तक मेरी बुद्धि जाती है, अब तक का सारा-का-सारा साहित्य मनुष्य के लिए है। बैल या गधे के लिए साहित्य-सृजन करने वाले महापुरुष मुझे कभी देखने में नहीं आये।"[1]

यथार्थवाद और प्रकृतवाद

यथार्थवाद साहित्य में उस सत्य को मान्यता प्रदान करता है जिसमें जीवन हो, केवल चित्र मात्र नहीं, जैसा कि प्रकृतवादी मानते हैं। प्रकृतवादियों के अनुसार साहित्य यथार्थ वस्तु का यथावत् चित्र मात्र है। 'जार्ज ल्यूकाक्स' के अनुसार "यथार्थवाद में ऐसे तथ्यों को मान्यता दी जाती है जिनके अनुसार साहित्य की कार्यभित्ति न तो निर्जीव वस्तुओं पर आधारित है जैसा कि प्रकृतवादियों का अनुमान है और न तो व्यक्तिगत सिद्धान्तों पर ही, जिनका निर्माण व्यक्तिगत स्वार्थों को लेकर होता है और जो व्यवहार में अपना कुछ भी मूल्य नहीं रखते, जो शून्यता में परिणत हो जाते हैं।"[2]

"प्रकृतवाद यथार्थ में स्वच्छन्दतावाद का विकृत रूप था, वह विकृति अतिरंजना से उत्पन्न हुई थी। प्रकृतवाद के अन्दर हमें सूक्ष्म विस्तारों, स्थानीय परिपार्श्वों के अतिरिक्त उन सभी स्वच्छन्दतावादी प्रवृत्तियों का अतिरंजित स्वरूप प्राप्त होता है जिन्हें हम पहले देख चुके थे।"[3]

डॉ. हजारीप्रसाद द्विवेदी ने 'हिन्दी-साहित्य' के अन्दर जहाँ पर यथार्थवादी साहित्य की विशेषताओं का वर्णन किया है, वे विशेषताएँ अधिकांशतः प्रकृतिवादी साहित्य की विशेषताएँ हैं। उन्नीसवीं और बीसवीं शताब्दी के कुछ उपन्यासकारों ने जिन्होंने यथार्थवाद को अपनाया है, यथार्थवाद और प्रकृतवाद का प्रयोग एक साथ किया है। इस प्रकार यथार्थवाद तथा प्रकृतवाद परस्पर एक-दूसरे का रूप धारण करते हैं।

"यथार्थवाद शब्द बहुत गलतफहमी का शिकार बन गया है। साहित्य में यथार्थवाद शब्द का प्रयोग नये सिरे से होने लगा है, वह अंग्रेजी साहित्य के 'रियलिज्म' शब्द के तौल पर गढ़ लिया गया है। यथार्थवाद का मूल सिद्धान्त है वस्तु को उसके यथार्थ रूप में चित्रित करना। तो उसकी कल्पना द्वारा विचित्र रंगों से अनुरंजित करना और

1 *सरस्वती* (पत्रिका), जुलाई 1942, कृष्णदेवप्रसाद गौड़

2 Realism is the recognition of the fact that a work of literature can rest neither on an lifeless average, as the naturalists suppose, nor on an individual principle which dissolves its ownself, into nothingness.

–*Study in European Realism*, George Lukacs

3 *History of French Novel*, G. Saintsbury, p. 473.

न किसी धार्मिक या नैतिक आदर्श के लिए उसे काट-छाँटकर उपस्थित करना।"[1] परन्तु यथार्थवाद और प्रकृतवाद के नाम पर जिस नवीन शैली या वाद का विकास हुआ उसमें भी क्रमशः जीवन के स्वस्थ उपकरणों का अभाव ही दिखाई पड़ने लगा।

सत्य और यथार्थ के नाम पर जो रचनाएँ प्रस्तुत की गयीं, उनमें प्रायः विकृत और असन्तुलित चरित्रों की जीवन-गाथा रहा करती थी। इससे आदर्शवादियों ने उनके सम्बन्ध में कहा कि "उन्होंने हमें एक नया संसार देने को कहा था, पर हमें उनसे मिला एक नया अस्पताल।"[2]

'जोला' (Zola) ने निर्भीकतापूर्वक स्वीकार किया है कि प्रत्येक साहित्यकार का यह कर्तव्य है कि वह जीवन के विश्वसनीय यथातथ्य चित्रों को विचित्र करे, चाहे वे कितने ही बुरे एवं भ्रष्ट हों। जब वह मनुष्यों के रोगों तथा कुरीतियों को चित्रित करे तो वह इतना तत्त्वपूर्ण हो कि पाठकों को उसकी वास्तविकता में किसी भी प्रकार का सन्देह न हो। जिस साहित्यकार को युग के सत्य पर विश्वास नहीं, वह कभी भी यथार्थवादी कलाकार नहीं हो सकता। युग के सत्य से शून्य साहित्य घासलेटी साहित्य बनकर रह जायेगा; यही उसकी उपादेयता है। 'फ्लावेयर' (Flaubert) पहला व्यक्ति था जिसने साहित्यकारों से माँग की कि वे दैनिक जीवन के छोटे-से-छोटे एवं नगण्य चित्रों को अपनी कला द्वारा साहित्य के उच्चस्तर पर चित्रित करें। कुशल कलाकार की लेखनी द्वारा वर्ण्य वस्तु का सौन्दर्य आकर्षक बन जाता है, चाहे वह वर्णन की दृष्टि से कितनी ही निम्न कोटि की वस्तु क्यों न हो।

यथार्थवाद का यह कदापि अर्थ नहीं होता कि गन्दी बातों का चाहे जितना भी नग्न प्रदर्शन किया जाये। हमारे अनेक शारीरिक धर्म हैं किन्तु शिष्टता की माप यही है कि उनमें जो जघन्य हैं वे परोक्ष के लिए हैं। इसी के साथ-साथ एक और समस्या प्रकृतवादी साहित्य ने सुलझाने का बीड़ा ले लिया है वह है यौन समस्या यानी सेक्स प्रॉब्लेम। इस प्रकार के साहित्य ने स्त्री-जाति के साथ बड़ा ही अन्याय किया क्योंकि इनकी दृष्टि स्त्रियों के प्रति अत्यन्त एकांगी है और उनके साढ़े तीन हाथ के शरीर की नाप-जोख में ही इनका मन विशेष रमता है।

प्रकृतवाद (नेचुरलिज्म)

"ऐतिहासिक दृष्टि से 'प्रकृतवाद', 'यथार्थवाद' के बाद का आन्दोलन है और वह 'यथार्थवाद' का सुधारक और इसी का विकसित रूप कहा जाता है। 'जोला' के सन् 1880 और 1881 के लेखों में इसकी सर्वोत्तम व्याख्या उपलब्ध होती है। 'जोला' की

---

1 *हिन्दी-साहित्य*, डॉ. हजारीप्रसाद द्विवेदी, पृ. 27

2 'They promised to give us a world instead they gave a hospital.'

—उद्धृत, *आधुनिक साहित्य*, पं. नन्ददुलारे वाजपेयी, पृष्ठ 422

यह मान्यता थी कि मानवीय सत्य निरावृत सत्य है। इसीलिए कला को जीवन के यथार्थ स्वरूप के रूप में ग्रहण करते हुए कलाकृति को उसने मानव एवं प्रकृति के समन्वय के रूप में स्वीकृति प्रदान की। प्रकृति को उसने अपरिवर्तनीय स्वीकार किया। उसका कथन था कि 'यथार्थवाद' का मेरे लिए कोई विशेष महत्त्व नहीं है क्योंकि वह यथार्थ को वैयक्तिक प्रकृति से सम्बद्ध करके प्रस्तुत करना चाहता था। सौन्दर्य को भी वह परम सत्य मानकर एक मानवीय तत्त्व मानता था। अतएव कलाकार का उद्देश्य समसामयिक सौन्दर्य का चित्रण करना था।"[1]

'स्थूल रूप से 'प्रकृतवादी' रचनाएँ उन्हें कहा जाता था जो प्रकृत-प्रेम का वर्णन करती हों। सामान्यतः 'प्रकृतवाद' के अन्तर्गत वे रचनाएँ आती थीं जो प्रकृति के साथ प्रत्यक्ष सम्पर्क रखने की चेष्टा करके 'यथार्थवाद' का रूप प्रस्तुत करती हों। विशेष रूप से 'प्रकृतवाद' उन्नीसवीं शती के उन कलाकारों द्वारा प्रतिपादित मत है जो मानव को प्रकृत रूप में अंकित करना चाहते थे; मानववादी अथवा धार्मिक रूप में नहीं।"[2]

'जोला', 'हापमैन', 'ड्रेजियर', 'फैरेल' आदि प्रकृतिवादी विचारकों का दृष्टिकोण निराशावादी, भौतिकवादी और नियतवादी था। "ये प्रकृति और समाज की ऐसी बाह्य और आन्तरिक शक्तियों पर विशेष रूप से दृष्टिपात करते थे जो मानव स्वतन्त्रता के लिए बाधक और उसके विवेक एवं नैतिक उत्तरदायित्व की संकीर्णता से आबद्ध करने वाली थीं। ये मानव एवं पशुओं की प्रवृत्ति में साम्य देखते थे। अतएव इस विचारधारा के लेखक प्रमुख रूप से व्यवहारवादी एवं प्रकृतवादी स्वरूप के आधार पर प्राकृतिक विवेचन को विशेष महत्त्व देते थे। इस विवेचन का प्रमुख अंश यौन विकृति से सम्बद्ध था।"[3]

प्रकृतवाद दर्शनशास्त्र के एक ऐसे सिद्धान्त के रूप में प्रयुक्त किया जाता है जिसके अनुसार यह मान लिया गया है कि प्रकृति को प्रकृति में रहकर ही समझा जा सकता है। प्रकृति को समझने के लिए अन्य किसी उपादान की आवश्यकता नहीं है। इसके अतिरिक्त मनुष्य को इसके अनुसार पूर्णतः प्रकृति का एक अंग माना जाता है। साहित्य के अन्दर निश्चय ही इनके प्रति धारणा अभी अस्पष्ट है। कुछ आलोचकों के अनुसार यथार्थवाद और प्रकृतवाद शब्द एक-दूसरे के लिए प्रयुक्त किये जाते हैं। दोनों शब्दों में कोई तात्त्विक भेद नहीं है। यह शब्द साधारणतः (1) साहित्यिक कृतियों के लिए प्रयुक्त हुआ है, जिसके अनुसार प्रकृति के प्रति आत्मीयता तथा उसके सौन्दर्य के प्रति आस्था प्रकट की जाती है। (2) साहित्य का अधिक-से-अधिक प्रकृति के निकट

---

1 *Realism and Imagination*, Joseph Chiari, p. 77-78.

2 *आलोचना उपन्यास अंक*, अजीतकुमार, पृ. 23

3 *Dictionary of World Litt.*, p- 99

आना चाहिए यानी 'रूसो' के अनुसार 'पूर्व प्रकृति की ओर लौटने वाला सिद्धान्त'[1] स्वीकार किया जाना चाहिए। (3) मनुष्य के शारीरिक प्रसंगों की ओर अत्यधिक जोर डालता है तथा उसकी पशुओं से निकटता स्थापित करता है।

प्रकृतवाद, रोमांटिसिज्म तथा आदर्शवाद का विरोधी है तथा मानवतावाद से भी इसका मेल नहीं खाता। साहित्य में कुछ अवस्थाएँ ऐसी हैं जबकि यथार्थवाद और प्रकृतवाद एक-दूसरे के समानान्तर होकर चलने लगते हैं। डॉ. हजारीप्रसाद द्विवेदी के अनुसार प्रकृतवाद इसे स्वीकार करता है कि "मनुष्य प्रकृति का उसी प्रकार विकसित जन्तु है, जिस प्रकार संसार के अन्य प्राणी। उसमें पशु-सुलभ सभी आकर्षण-विकर्षण ज्यों-के-त्यों वर्तमान हैं। प्रकृतवादी लेखक मनुष्य को काम-क्रोध आदि मनोरोगों का गट्ठर मात्र समझता है और उसके अर्थहीन आचरणों, कामासक्त चेष्टाओं, अहंकार से उत्पन्न धार्मिक वृत्तियों का विशेष भाव से उल्लेख करता है।"[2] यथार्थवाद प्रकृतवाद के सिद्धान्तों का ठीक-ठीक पोषण नहीं करता, बल्कि मनुष्य की ब्योरेवार चेष्टाओं का चित्रण करते-करते प्रकृतवाद के समानान्तर चलने लगता है। वस्तुतः यथार्थवाद का उल्टा शब्द आदर्शवाद और प्रकृतवाद का उल्टा शब्द मानवतावाद है।

जब आदर्शवाद कल्पना के नाम पर काव्य को इस लोक से बहुत दूर खींच ले गया तो यही प्रवृत्ति भौतिक विज्ञान का बल लेकर यूरोपीय साहित्य में 'प्रकृतवाद' के नाम से प्रकट हुई। यह वाद कार्यतः किसी प्रकार के साहित्यिक अलंकारों का अथवा वस्तुओं या भावों में किसी प्रकार के आदर्शीकरण का विरोधी है और इस बात का समर्थक है कि मनुष्य सभी बातों में पशु के समान है, विशेषकर रति के सम्बन्ध में यह अत्यन्त निम्न और पतित श्रेणी के लोगों के जीवन को अपना सर्वोत्तम विषय समझता है। इसे हम यथार्थवाद की पराकाष्ठा कह सकते हैं। जीवन के विषय में मूल तत्त्व को ढूँढ़ निकालना ही यथार्थवादी का मुख्य ध्येय रहता है। इसलिए उसमें दो बातें विशेष रूप से पायी जाती हैं। एक तो यह कि भद्दे-से-भद्दे और समाज द्वारा निषिद्ध विषयों का भी वह परित्याग नहीं करना चाहता, दूसरे वह अपनी वरार्म वस्तुओं को यथार्थता पर अधिक बल देता है और यथासम्भव उन्हें ज्यों-का-त्यों पाठकों के सामने रखना चाहता है।

बहुत से नीच प्रवृत्तियों के लेखक यथार्थ का दुरुपयोग कर उसे बहुत बदनाम कर देते हैं। उनका उद्देश्य सत्यान्वेषण नहीं होता, वरन् वे केवल जीवन के हेय और अश्लील पक्ष का ही चित्रण करके पाठकों की पाशविक प्रवृत्तियों का मनोरंजन करना चाहते हैं। इसलिए यथार्थवाद अपने विकृत रूप में प्रकृतवाद का रूप धारण कर लेता है। यौन समस्याओं (सेक्स प्रॉब्लेम्स) का उतना ही रूप श्रेयस्कर है जो अपने सापेक्ष रूप

---

1 *Back to Nature*, Rousseau

2 *हिन्दी-साहित्य*, डॉ. हजारीप्रसाद द्विवेदी, पृ. 28-29

में उचित और स्वस्थ है। 'फ्लावेयर', 'जोला' और 'मोपासा' घोर प्रकृतवादी लेखक थे। छायावादी साहित्य जीवन को उसके वास्तविक नग्न रूप को उपस्थित करता है। वह किसी भी वस्तु को साहित्य के लिए गोपनीय नहीं समझता।

मुख्यतः प्रकृतवादी साहित्य जड़ विज्ञान की देन है। प्रकृतवाद के अन्दर मनुष्य की आदिम वासनाओं तथा उनकी शारीरिक चेष्टाओं के प्रति विशेष आग्रह पाया जाता है। यह मनुष्य को, उसकी मानवता के वास्तविक स्वरूप को नहीं देखना चाहता, बल्कि उसके कुत्सित एवं जघन्य प्रदेशों में ही इसका मन विशेष रमता है। सदैव मनुष्यों के, विशेषकर नारी के शारीरिक चीर-फाड़ में ही इनकी सारी शक्ति का अपव्यय होता है। हमारे हिन्दी-साहित्य में जो इस कोटि की रचनाएँ हो रही हैं उनकी प्रत्येक पंक्ति युग-सत्य नहीं, बल्कि उनकी दमित वासनाएँ तथा नारी के प्रति स्वच्छन्द रमण की अभिलाषा है। वे मानव से पशु बनना चाहते हैं। यही कारण है कि लेखक प्रकृतवाद के नाम पर साहित्य के अन्दर घृणा और कुत्सा का अशोभन प्रचार कर रहे हैं।

हिन्दी के अन्दर शुद्ध प्रकृतवादी चित्रण बहुत कम मिलते हैं। प्रकृतवादी शैली को लक्ष्य मानकर हिन्दी में कुछ उपन्यास लिखे गये हैं, जिनमें किसी-न-किसी प्रकार प्रकृतवादी शैली का निर्वाह हुआ है।

अतियथार्थवाद (सररियलिज्म)

अतियथार्थवाद प्रथम महायुद्धजनित विभीषिका का स्पष्ट प्रतिफलन था। महायुद्ध जनित विशृंखलता से ऊबकर नवीन लेखकों ने नग्न यथार्थ से दूर हटकर स्वप्नों की एक दुनिया बसाने का प्रयत्न किया था। ये भग्नाशा भग्न मन व्यक्ति कठोर यथार्थवाद का आघात सहन न करके मन के रहस्यमय गह्वरों में प्रविष्ट होकर सृष्टि के उपादानों को ढूँढ़ने का प्रयत्न करने लगे थे। वास्तविकता से सम्बन्ध विच्छेद करने के परिणामस्वरूप उन्हें अतियथार्थवाद में ही शरण मिल सकती थी क्योंकि सांसारिक प्रवंचना के ये स्पष्ट भुक्तभोगी थे।

'डाडाइज्म' का जन्म प्रथम युद्धकाल में ही हो चुका था। यथार्थ में सररियलिज्म' दादावाद का ही विकसित रूप है। सामाजिक विद्रूपता को सर्वप्रथम प्रश्रय मूर्तिकला में ही मिला था। अतएव इस आन्दोलन का आरम्भ भी मूर्तिकला के क्षेत्र से ही होता है। 'पालम्ली' 'फ्रायडियन' मनोविश्लेषण से परिचित थे। अतः इसके चित्रों में इसकी सफल अभिव्यक्ति हुई है। ये सचमुच अर्धचेतन मन की विद्रूपताओं के कलाकार थे। वे स्पष्ट सत्य की तुलना में अस्पष्ट एवं धूमिल सत्य की अतिरंजना को विशेष महत्त्व देते हैं। परिणामस्वरूप इनमें अन्तर्मन की विद्रूपताओं एवं असंगत कल्पनाओं को विशिष्ट अभिव्यक्ति मिल सकी है। इनका प्रमुख उद्देश्य भौतिक एवं अभौतिक अथवा चेतन एवं

अचेतन तथा बाह्य एवं आन्तरिक विभिन्नताओं की परिसमाप्ति एवं विलयन के आधार पर एक ऐसी अतियथार्थवादी सृष्टि की रचना करना है जिसमें यथार्थ, अयथार्थ, चिन्तन एवं क्रिया समाप्त होकर सम्पूर्ण जीवन के निर्णायक तत्त्व बन जायें।[1]

अतियथार्थवाद की दार्शनिक पृष्ठभूमि भी है। इस स्तर पर हम 'वर्गसाँ', 'हीगेल और मार्क्स का उल्लेख कर सकते हैं। इसमें वर्गसाँ के रचनात्मक विकास, 'फ्रायड' के अचेतन मन, हीगेल की द्वन्द्वात्मक प्रणाली और मार्क्सवाद के इतिहास की व्याख्या के तत्त्वों का परिष्कृत रूप दृष्टिगोचर होता है। ये प्रमुख रूप से सृजन में व्यवस्था के प्रतिपादक रहे हैं। ये कला में बौद्धिकता के स्थान पर कल्पना को विशेष महत्त्व देते हैं। इनके सिद्धान्त का मूल केन्द्र प्रचलित मान्यताओं के खोखलेपन के दर्शन के साथ ही अभिव्यक्ति की स्वच्छन्दता से सम्बन्धित है। आगे चलकर इस विचार को सामने रखकर जिस प्रकार के साहित्य का सृजन हुआ, उसके आधार पर हम कह सकते हैं कि साहित्य में यथार्थवाद की अभिव्यक्ति जब समाज की मर्यादा एवं परम्परा की सीमाओं का अतिक्रमण करके अत्यन्त ही नग्न रूप धारण कर लेती है तो उसे अतियथार्थवाद (सररियलिज्म) कहते हैं। इसे हम एक प्रकार से प्रकृतवाद की चरम अभिव्यक्ति कह सकते हैं। प्रकृतवादी साहित्य की अभिव्यक्ति जिस स्थान पर अपनी पराकाष्ठा को प्राप्त होती है, अतियथार्थवादी साहित्य उसी स्थान से अपनी अभिव्यक्ति आरम्भ करता है, परन्तु प्रकृतवाद और अतियथार्थवाद में मौलिक अन्तर है। प्रकृतवाद यथार्थवाद की चरम अभिव्यक्ति है, परन्तु सररियलिज्म के अन्दर लेखक उन स्वप्निल तत्त्वों का तद्वत् चित्र उतारता है जो उसकी कल्पना में आते हैं। इसका विकास मुख्यतः मूर्तिकाल के माध्यम से हुआ है।

अतियथार्थवादी लेखक मनुष्य के अवचेतन मन पर विशेष जोर देता है। केवल काव्य में ही नहीं, बल्कि चित्रकला में भी इस मत का प्रकाश अति यथार्थवाद के नाम से हो रहा है। इस प्रकार के चित्रकारों ने अवचेतन मन की दुहाई देकर कला और साहित्य के चित्रों को दुर्बोध बना दिया है। समालोचकों ने अवचेतन मन की विलास लीला को ही अतियथार्थवाद या 'सररियलिज्म' के नाम से अभिहित किया है। अतियथार्थवाद के अन्दर जो यौन समस्या ही प्रधान हो उठी है, उसे साहित्यकार की एकांगी दृष्टि ही कहा जा सकता है। यथार्थ चित्रण में नारी-अंगों की चीर-फाड़ ही नहीं आती, बल्कि संसार में और भी बहुत-सी वस्तुएँ ऐसी हैं जिनकी यथार्थ रूप से व्याख्या होनी चाहिए।

हिन्दी-साहित्य के अन्दर अतिनग्नवादी शैली का सर्वथा अभाव है। हमारे भारतीय समाज की सांस्कृतिक मान्यताएँ ही कुछ इस प्रकार की हैं कि जिनके द्वारा मनुष्यों की स्वतन्त्रता पर बड़े-बड़े प्रतिबन्ध लगाये गये हैं।

---

1 Herbert Read.

यथार्थ और रोमांस

"साहित्य में वह सभी यथार्थ है जिसके पीछे साहित्यकार की अपनी अनुभूति है और जिसे वह दूसरों को अनुभूत करा सकता है। मानव अनुभूति के विषय असीम और असंख्य हैं। इनकी सीमा निर्धारण का प्रयत्न कोरी विडम्बना ही होगी। साहित्यकार के लिए एक नियन्त्रण स्वीकार किया जा सकता है, वह है उसके साहित्य का लोककल्याणकारी रूप, उसे समाज का अकल्याण करने का कोई अधिकार नहीं है। उसे कदापि ऐसे यथार्थ चित्रण नहीं करना चाहिए जिससे पाठकों की कुरुचिपूर्ण कुत्सित पशु-वृत्तियों की सहलाहट मिले। परन्तु स्वस्थ रोमांस मानव-जीवन में ताजगी लाने तथा उसे गतिशील बनाये रखने के लिए अति आवश्यक है। साहित्य के क्षेत्र में रोमांस भी उतना ही यथार्थ है जितना रोटी-कपड़ा।"[1]

कहा जाता है कि आज का संघर्षरत मानव किसी प्रकार की रोमानी भावनाओं में दिलचस्पी नहीं ले सकता, जो रोटी-कपड़े के लिए, अपने अधिकारों के लिए, अपने जीवन के लिए शीर्षकों से लड़ रहा है, उसे प्रेम कहानी पसन्द आयेगी किन्तु यह तथ्य नहीं है। घोषित और संघर्षरत व्यक्ति भी मानव है, 'आटोमैटन' नहीं है जो सदा एक ही बात सोचता रहेगा। पेट की भूख के अतिरिक्त मानसिक भूख भी उसे लगती है, उसका अकाट्य प्रमाण प्रत्येक देश के लोकगीत और लोककथाएँ हैं। लोकगीत और लोककथाएँ बुर्जुआ वर्ग की कृतियाँ नहीं हैं, प्रत्येक देश और काल के शोषितों की सर्वहारा वर्ग की रचनाएँ हैं। कोई नहीं कह सकता कि ये रचनाएँ यथार्थ का चित्रण नहीं हैं। मानव-जीवन में प्रेमतत्त्व का पाया जाना चिरन्तन सत्य है और फलस्वरूप साहित्य के अन्दर रोमांस उतना ही शाश्वत है जितना साहित्य में मानव। साधारणतः उस शब्द अथवा साहित्य से हम रोमांटिक (Romantic) शब्द का बोध कर सकते हैं जिसके द्वारा 'रोमांस' की अभिव्यक्ति होती है।

आधुनिक युग से हम यथार्थवाद को रोमांसवाद से बिल्कुल भिन्न वस्तु समझने लग गये हैं; पर रोमांटिक युग के विचारकों की विचारधारा ऐसी नहीं थी। रोमांटिक विचारकों की उत्पत्ति ही कृत्रिमता एवं असत्यता के विरोध में हुई थी, अतः वे स्वाभाविकता एवं यथार्थता के पक्षपाती थे। उनके मत में यथार्थता रोमांसवाद की सारवस्तु है। 'बायरन' ने सत्य के महत्त्व का उद्घोष करते हुए कहा था कि Truth is always stronger than fiction' अर्थात् सत्य सदा ही विचित्र होता है, कथा—कहानी से भी अधिक विचित्र। वर्ड्सवर्थ में इस रोमांसवाद और यथार्थवाद के सम्मिश्रण के बारे में कहने की आवश्यकता नहीं, वह एकदम स्पष्ट है जिसे कोई भी आसानी से

---

1 *कल्पना*, सम्पादकीय, अक्टूबर 1951, पृ. 743

देख सकता है।[1] इस प्रकार हम देखते हैं कि आरम्भ से ही ये दोनों साहित्यिक प्रवृत्तियाँ स्वरूप में भिन्न होते हुए भी एक ही प्रेरणा से उद्भूत हैं।

यथार्थ और वास्तविकता

वास्तविकता की निष्कपट अभिव्यक्ति ही यथार्थवाद का लक्ष्य है।

यथार्थ और सामयिकता

यथार्थवादी साहित्य के अन्दर युग-सत्य की ही नहीं अपितु उसके स्तर विशेष की भी अभिव्यक्ति होती है। परिस्थितियों के अनुसार युग का सत्य भी बदलता रहता है। 'हेवर्ड फास्ट' के अनुसार "जो कविता कभी महान् समझी जाती थी, वह आज केवल अच्छी समझी जाती है और आज से बीस अथवा पचास वर्ष बाद उसकी क्या स्थिति होगी, कोई नहीं कह सकता।"[2]

कला के निर्माण के लिए यथार्थवाद ही साहित्य में सर्वोत्तम शैली है और जिसके द्वारा सम-सामयिक वास्तविक परिस्थितियों का यथार्थ चित्रण किया जाता है।

यथार्थ और सत्य

जो कुछ है वह सत्य है। जो कुछ हम देखते हैं या सुनते हैं, जिसका अनुभव या अनुमान करते हैं, जिसकी कल्पना करते हैं, जिसे बुद्धि से जानते हैं अथवा जिसका हमें आभास मिलता है वह सच है, इसलिए सत्य है। इस दृष्टि से सत्य के दो भेद हुए—एक, व्यक्त सत्य अथवा नित्य और दूसरा, अव्यक्त अथवा अनित्य सत्य। यदि यथार्थ सत्य ही है तो उपर्युक्त दोनों रूप यथार्थ के ही हैं।

यथार्थ से हमारा तात्पर्य केवल व्यक्त पदार्थों अथवा बाह्य पदार्थों से ही है।

व्यक्त सत्य के अतिरिक्त किसी अन्य पूर्ण एवं अनन्त सत्ता की कल्पना यथार्थ नहीं है। "साहित्य का सत्य कल्पना को बिल्कुल नहीं छोड़ देता, वह यथार्थ के आधार पर जितना ही दृढ़ होता है, उतना ही गहराइयों तक पहुँचता है।"[3] प्रत्येक युग में वास्तविकता को ढूँढ़ना ही साहित्य में सच्चा यथार्थवाद है। सत्य का पुट ही लोक-साहित्य को युग-युग तक सजीव रखता है।

यथार्थवाद का वास्तविक स्वरूप

सच्चा यथार्थवाद मानव एवं समाज को एक इकाई के रूप में देखता है। वह उसके एक या कुछ अंगों को ही सामने नहीं लाता। यथार्थवाद की अपनी तीन प्रमुख सीमाएँ हैं—

---

1 *रोमांटिक साहित्यशास्त्र*, देवराज उपाध्याय, पृष्ठ 145

2 'The great poem has become a rather nice poem and what it will be in future twenty or fifty years from now no one can say.'

–*LiteratureAnd Reality H. Fast* p. 12

3 *आलोचना*, 1952, डॉ. रांगेय राघव

(1) सम्पूर्णता, (2) स्वतन्त्र जीवन-चित्रण और (3) मानव के सामाजिक सम्बन्ध। यथार्थवादी साहित्य के अन्दर उन तत्त्वों को पूर्णरूप से बहिष्कृत किया गया है जो मानवव्यक्तित्व को पूर्ण बनने में बाधक होते हैं।

यथार्थवाद न तो इतिहास है कि वह किसी भी घटना की सूची तैयार करता चले, न तो वह कैमरा है कि जो वस्तु उसके सामने जिस रूप में आये उसका हू-ब-हू चित्र उपस्थित कर दे, न तो अजायबघर है कि दुनिया भर की तमाम चीजों को कागज के पन्नों पर संगृहीत कर दे और न तो उसने मानव की जुगुप्सित तथा विलासी प्रवृत्तियों को सन्तुष्ट करने के लिए अज्ञेय एवं गोपनीय जघन्य स्थलों तथा घटनाओं को उपस्थित करने का ही बीड़ा उठा रखा है।

यथार्थवाद का एकमात्र लक्ष्य वस्तुजगत् की स्थितियों को समक्ष रखते हुए सुन्दर-से-सुन्दरतम स्थितियों की ओर समाज को उन्मुख कराना है। यही कारण है कि 'रवीन्द्र', 'शरत', 'प्रेमचन्द' आदर्शवादी दृष्टि रखते हुए भी जनता के हृदय को स्पर्श करने में सफल हुए।

यथार्थवाद की विशेषताएँ

यथार्थवाद का लक्ष्य निस्सन्देह समाज की कुप्रथाओं की ओर ध्यान आकर्षिक करने का है। समाज की कुप्रथाओं की ओर उनका ध्यान आकर्षित करने के लिए यथार्थवाद अत्यन्त उपयुक्त है क्योंकि इसके बिना बहुत सम्भव है कि हम उस बुराई को दिखाने में अत्युक्ति से काम लें और चित्र को उससे कहीं अधिक काला दिखायें जितना कि वह वास्तव में है।

परिभाषा द्वारा किसी साहित्यिक तत्त्व को समझाने तथा उसके एक निश्चित रूप को स्थिर करने के प्रयास में प्रायः असफलता ही मिलती है, तो भी यथार्थ की वास्तविकता को समझाने का अनेक विद्वानों ने प्रयत्न किया है। एक सहृदय विद्वान् के अनुसार "यथार्थता कुछ नहीं केवल कथा—वस्तु का सत्यपूर्ण वर्णन है।" यथार्थवाद की सच्ची परिभाषा नहीं हो सकती। 'इमर्सन' ने यथार्थ को दृष्टि में रखते हुए कथावस्तु के सम्बन्ध में कहा है कि "मुझे महान्, दूरस्थ और काल्पनिक नहीं चाहिए, मैं साधारण का आलिंगन करता हूँ, मैं सुपरिचित और निम्न के चरण में बैठता हूँ।"

वास्तविकता परिवर्तनशील है। जो कल था, वह आज नहीं; जो आज है वह कल नहीं रहेगा। परिवर्तन ही एक शाश्वत सत्य है। यथार्थवादी कलाकार की प्रतिभा की उर्वरता इसी में है कि वह इस शाश्वत सत्य को पहचाने तथा समाज में परिवर्तन लाने वाले उन तत्त्वों को अपने साहित्य में चित्रित करे। "जो अपनी उपयोगिता समाप्त करके मिट रहा है, वह असत्य है और जो उभर रहा है, वही सत्य है।"[1]

1 आलोचना, सन् 1952, सम्पादकीय टिप्पणी, शिवदानसिंह चौहान

"यथार्थवादी साहित्य किसी पिटी-पिटायी सड़क पर चलकर, अपनी नियामक शक्ति का जलवा नहीं दिखाना चाहता। वह बहुत ही स्थूल, एक मद एकांगी और असंवेद्य होगा। उसके लिए बन्धन इतना ही लगाया जा सकता है कि वह सामाजिक हो और सामान्य अनुभूतियों के मेल में यथार्थ का अंकन करे।"[1]

कलाकार मशीन नहीं और न वह कभी मशीन रहा है। कलाकार की देन रचनात्मक होती है। यदि उसने रचना अपने लिए की तो उसकी रचना का हमारे लिए कोई महत्त्व नहीं। कलाकार यदि अपनी कृति कला के रूप में स्थायी रखना चाहता है तो उसे अपने और पाठकों के बीच में सम्बन्ध स्थापित रखने के लिए भावों के आदान-प्रदान का पुल बनाना पड़ेगा। यथार्थ का अभिप्राय यह भी नहीं कि उसका सम्बन्ध नियमतः सत्य से ही हो, बल्कि वस्तुजगत् सम्बन्धी सत्यों का परिष्कृत रूप ही यथार्थवाद का वास्तविक स्तर है।

1 हिन्दी साहित्य में प्रगतिवाद, विजयशंकर मल्ल

27

प्रगतिवाद और हिन्दी साहित्य

—नगेन्द्र

प्रगति का साधारण अर्थ है आगे बढ़ना। जो साहित्य जीवन को आगे बढ़ाने में सहायक हो वही प्रगतिशील साहित्य है। इस दृष्टि से विचार करेंगे तो तुलसीदास सबसे बड़े प्रगतिशील लेखक प्रमाणित होते हैं। भारतेन्दु बाबू और द्विवेदी युग के लेखक, मुख्यतः मैथिलीशरण गुप्त भी प्रगतिशील लेखक हैं। परन्तु आज का प्रगतिवादी इनमें से किसी को भी प्रगतिशील नहीं मानेगा—ये सभी तो उसके अनुसार प्रगतिक्रियावादी लेखक हैं। अतः प्रगति का अर्थ आगे बढ़ना अवश्य है, परन्तु एक विशेष ढंग से, एक विशेष दिशा में। उसकी एक विशिष्ट परिभाषा है। इस परिभाषा का आधार है—द्वन्द्वात्मक भौतिकवाद। द्वन्द्वात्मक भौतिकवाद क्या है, पहले इसे समझ लें।

इसमें दो शब्द हैं—भौतिकवाद और द्वन्द्वात्मक भौतिकवाद का सार यह है कि संसार का मूलाधार पंचभूत है—पंचभूत अर्थात् पदार्थ (मैटर)। उसके सभी दृश्य, सभी सूक्ष्म-स्थूल रूप पदार्थ से ही बने हुए हैं। शरीर की परिचालिका शक्ति मस्तिष्क है और मस्तिष्क भी शरीर की अन्य इन्द्रियों की भाँति भौतिक ही है। बाह्य जगत् की घटनाओं की हमारी इन्द्रियों पर प्रतिक्रिया होती है और इस प्रतिक्रिया के फलस्वरूप एक कम्पन होता है : शरीर का वह सूक्ष्मतम और सबसे अधिक विकसित अवयव, जो इस कल्पना का अनुभव और समन्वय करता है, मस्तिष्क कहलाता है। आत्मा कोई निरपेक्ष सत्ता नहीं है, अधिक-से-अधिक उसे मस्तिष्क के आगे की एक विकसित अवस्था मात्र माना जा सकता है अर्थात् वह भी, अमर है तो पदार्थ की ही अनुभूति है। परन्तु यह पदार्थ क्रियाहीन या गतिहीन नहीं, स्वभाव से ही गतिशील है और इसमें गति पैदा करने के लिए ब्रह्म के ईक्षण की आवश्यकता नहीं पड़ती; वह तो पदार्थ के अन्तर्गत वर्तमान विरोधी तत्त्वों के सतत संघर्ष का सहज परिणाम है। जिस प्रकार जगत् को उत्पन्न करने के लिए किसी आधिवैदिक शक्ति की आवश्यकता नहीं, उसी प्रकार उसके संरक्षण और विनाश के लिए भी नहीं। क्योंकि जो पदार्थ अपनी परस्पर विरोधी शक्तियों के संघर्ष के परिणामस्वरूप स्वयं

गतिशील है उसमें स्वस्थ रूप का उद्भव और अस्वस्थ रूप का लय आप-से-आप होता रहता है।

इसलिए विश्व में केवल एक ही सत्ता है—आधिभौतिक। आध्यात्मिक और आधिवैदिक सत्ताएँ मन की छलना-मात्र हैं। "संसार किसी ईश्वर या मनुष्य की सृष्टि नहीं, वह गतिशील पदार्थ की एक ऐसी जीवित अग्नि-शिखा है जो अंशतः ऊर्ध्व-विकास और अंशतः अधःपतन की ओर उन्मुख है।"

बस, गति की प्रेरक इन्हीं परस्पर विरोधी शक्तियों के जो स्वयं वस्तु में वर्तमान रहती हैं। संघर्ष या द्वन्द्व का अध्ययन करते हुए जीवन-विकास का अध्ययन करना ही द्वन्द्वात्मक प्रणाली है। और द्वन्द्वात्मक भौतिकवाद वह दर्शन है जो जीवन को ऐसी प्रगतिशील भौतिक वास्तविकता मानता है जिसके मूल में विरोधी शक्तियों का संघर्ष चल रहा है। इस विरोधी शक्तियों में निश्चय ही एक विनाश के पथ पर होगी, दूसरी उत्थान के पथ पर। चैतन्य मस्तिष्क का कार्य यही है कि इस तथ्य को ढूँढ़ निकाले और प्रगतिशील शक्तियों को सहायता दे और विनाशोन्मुख शक्तियों का जो अपना अस्तित्व बनाये रखने के लिए व्यर्थ ही छटपटाकर विकास या प्रगति में बाधा डालती हैं, बलपूर्वक नाश करे।

इस प्रकार, जगत् का एकमात्र सत्य भौतिक जीवन ही है। उसी का स्वस्थ उपभोग हमारा ध्येय है, अन्य किसी भी काल्पनिक सुख की खोज में भटकना पलायन है। और इस भौतिक जीवन की प्रमुख संस्था है समाज, जिसका आधार है अर्थ। धर्म, अर्थ काम और मोक्ष में प्रगतिवादी केवल अर्थ का ही अस्तित्व स्वीकार करता है। काम को वह अर्थ के आश्रित मानता है और धर्म को भी भौतिक अर्थ में जीवन की विधि-मात्र मानते हुए अर्थ के ही आश्रित मानता है। मोक्ष को आध्यात्मिक अर्थ में वह एकदम अस्वीकृत कर देता है।

आज के समाज में दो विरोधी शक्तियाँ हैं—पूँजीवाद और समाजवाद। पूँजीवाद, जिसका साम्राज्यवाद भी एक अंग है, विनाशोन्मुख है और समाजवाद विकासोन्मुख। निदान प्रगतिवादी समाजवाद का पोषक है और पूँजीवाद का शत्रु। बल्कि यों कहिए कि प्रगतिवाद समाजवाद की ही साहित्यिक अभिव्यक्ति है। साहित्य सामाजिक कर्मविधान का एक सक्रिय अंग है। अतएव उसे समाज-व्यवस्था के संरक्षण में वांछित सहयोग देना चाहिए। हमारे समाज की जागृत शक्तियाँ वे लोग हैं जो अब तक दलित और शोषित रहे हैं। प्रगतिवादी साहित्य उनकी सहायता करता है, उनके पक्ष में आन्दोलन करता है, उनकी शक्ति को संठित करता है, उनकी पीड़ा को मुखर करता है और उन पर होने वाले अत्याचार का तीव्र विरोध करता है। इस प्रकार उसके अन्तर्गत मानववाद, क्रान्ति और विशेष परिस्थितियों में—जैसे पराधीनता में अथवा बाहर से हमला होने पर—देश-भक्ति भी आ जाती है, यद्यपि इनमें से कोई भी उसका अनिवार्य तत्त्व नहीं है।

समाजवाद से सहज सम्बन्ध होने के कारण प्रगतिवादी साहित्य की मुख्यतः सामाजिक या सामूहिक चेतना मानता है, वैयक्तिक नहीं। जिस प्रकार समाजवाद समष्टि या समूह के हितों की चिन्ता और रक्षा करता है, व्यक्ति के नहीं, उसी प्रकार प्रगतिशील साहित्य समाज के सुख-दुःख की अभिव्यक्ति को ही महत्त्व देता है, व्यक्ति के सुख-दुःख की अभिव्यक्ति को नहीं अर्थात् प्रगतिशील लेखक की भावना सामाजिक भावना है, व्यक्तिगत नहीं। वह सौन्दर्य को अपने हृदय या दूसरे की आँखों में देखने की अपेक्षा सामाजिक स्वास्थ्य में देखता है। अपनी समस्याओं और भावनाओं में उलझे रहना-व्यक्ति को समष्टि से पृथक् देखने का प्रयत्न-मिथ्या है; और साथ ही एक रुग्ण या विकृत मनोवृत्ति का परिचायक है। दूसरे शब्दों में इस प्रकार प्रगतिशील साहित्य का उद्देश्य अहं का समाजीकरण है।

इस प्रकार, दृष्टिकोण बदल जाने से आदर्श और मूल्यों का भी बदल जाना अनिवार्य है। गत युग में जो सत्य-शिव-सुन्दर था वह आज विपरीत अर्थ रखता है। अब तो हमारे मूल्यों का माप केवल एक ही है—जन हित। आज सत्य से तात्पर्य है भौतिक वास्तविकता का, शिव का अर्थ है भौतिक जीवन-सामाजिक स्वास्थ्य-में सहायक होने वाला और सुन्दर का आशय है स्वाभाविक एवं प्रकृत। पहले प्रकृत भावनाओं का संयम, दमन और गोपन ही उनका परिष्कार और संस्कार माना जाता था, परन्तु आज इस प्रकार का दमन और गोपन अनावश्यक ही नहीं, हानिकारक भी समझा जाता है। फ्रायड ने दमन और गोपन का पर्दा फाड़कर, उसकी तह में छिपी हुई कुत्साओं का प्रदर्शन किया है। अतएव प्रगतिवादी स्वस्थ मानव-प्रवृत्तियों को—जिनमें मुख्य क्षुधा और काम है—प्राकृत रूप में व्यक्त करने से नहीं घबराता।

धिक् रे मनुष्य तुम स्वस्थ शुद्ध निश्छल चुम्बन
अंकित कर सकते नहीं प्रिया के अधरों पर!
क्या गुह्य क्षुद्र ही बना रहेगा बुद्धिमान,
नर-नारी का यह सुन्दर स्वर्गिक आकर्षण!!

विचार के साथ अभिव्यंजना भी बदली। सबसे पहले तो कला का दृष्टिकोण ही बदल गया।

'ललित कला कुत्सित कुरूप जग का जो रूप करे निर्माण।'

अब तक काव्य के आलम्बनों में जिस प्रकार प्राकृत, कुत्सित एवं लघु का तिरस्कार और सुन्दर, मनोरम एवं महत् का ही ग्रहण होता था, उसी प्रकार अभिव्यक्ति के उपकरणों में भी। प्रगतिवाद ने कहा कि यह अन्तर काल्पनिक है। जीवन में सब कुछ केवल सूक्ष्म, सुदृढ़ और कोमल ही नहीं है; उसमें स्थूल, दृढ़ और अनगढ़

भी है और जो शायद अधिक उपयोगी है। स्वस्थ जीवन-दर्शन वही है जो उसकी वास्तविकता को स्वीकार रहे—जीवन को उसके सम्पूर्ण रूप में ग्रहण करे। रूप-मोह या मानसिक विलास में पड़ कर जीवन के उन स्वस्थ उपादानों का जिनका बाह्य प्राकृत और अनगढ़ है, तिरस्कार करना क्षयी मस्तिष्क का काम है।

इसलिए प्रगतिवादी ने अपनी अभिव्यक्ति के उपकरण आग्रहपूर्वक साधारण स्वस्थ जन-जीवन से ग्रहण करना आरम्भ किया। वह अपने काव्य-चित्रों का आधार नित्य-प्रति के व्यवहार को बनाता है। उसकी अलंकरण-सामग्री सूक्ष्म, कोमल या चुनी हुई नहीं है, वह स्थूल और प्राकृत है। एक शब्द में उसकी कला विलास, रूप-रंग और रोमांस से प्रेम नहीं करती। इसी तरह प्रगतिवाद की शब्द योजना में भी प्रकृत जन-जीवन का अनगढ़पन मिलता है, रीतिकाल की पालिश और छायावाद की अमूर्त मधुचर्या नहीं। अतएव प्रगतिवादी अभिव्यक्ति खरी, खड़ी और तीखी होती है—क्योंकि वह मुख्यतः भावात्मक न होकर आलोचनात्मक है।

सारांश यह है कि प्रगतिवाद जीवन के प्रति एक वैज्ञानिक दृष्टिकोण का नाम है, जिसके मूल तत्त्व ये हैं—

द्वन्द्वात्मक भौतिकवाद—केवल आर्थिक विधान की मान्यता, ईश्वर और आत्मा की सत्ता की अस्वीकृति।

समाजवाद (जिसके मूल में मानववाद भी अन्तर्निहित है)—समाजवाद का समर्थन, पूँजीवाद और उससे सम्बद्ध राजनीतिक, सामाजिक, नैतिक, धार्मिक और साहित्यिक रूढ़ियों के विरुद्ध क्रान्ति।

राष्ट्रीय भावना—यह केवल भारत जैसे पराधीन देश में—अथवा बाह्य आक्रमण होने पर अन्य देशों में भी—अधिक सुव्यक्त होती है। वैसे समाजवाद की तरह प्रगतिवाद का भी यह अनिवार्य तत्त्व नहीं है।

प्रगतिवाद को प्रभावित करने वाली शक्ति मुख्यतः कार्ल मार्क्स है और किन्हीं अंशों में डारविन और फ्रायड भी। और इसकी अभिव्यक्ति भावात्मक की अपेक्षा बौद्धिक अर्थात् आलोचनात्मक अधिक है।

यह हुआ प्रगतिवाद का तात्त्विक विश्लेषण। परन्तु इसके ये सभी सिद्धान्त निर्विवाद स्वीकार नहीं किये जा सकते—उन पर कुछ मूलगत आक्षेप सरलता से हो सकते हैं।

पहला आक्षेप तो यही है कि प्रगतिवादी जीवन-दर्शन संकुचित है; जीवन की केवल आर्थिक व्याख्या संगत नहीं। इस विषय में सीधी युक्तियों की अपेक्षा एक निषेधात्मक युक्ति अधिक सफल होगी। मार्क्सवादियों ने मानव-इतिहास की जो आर्थिक व्याख्या की है वह अधूरी और अनेक स्थानों पर असंगत एवं अविश्वसनीय है। उदाहरण में कॉडवेल की 'इल्यूजन एंड रियलिटी' पुस्तक के उस सुन्दर एवं महत्त्वपूर्ण परिच्छेद की

ओर संकेत किया जा सकता है जिसमें वे अंग्रेजी साहित्य के इतिहास का विवेचन करते हुए केवल उन्हीं मोटी-मोटी बातों को ले सके हैं जो उसका प्रयोजन सिद्ध करती हैं। अंग्रेजी-साहित्य की अनेक सूक्ष्म और उलझी हुई प्रवृत्तियों को उन्होंने बिल्कुल छोड़ दिया है। मेरी अपनी बौद्धिक सीमाएँ हो सकती हैं, परन्तु मुझे यह सचमुच हास्यास्पद लगता है कि जहाँ फ्रायड जैसे अतलदर्शी मनोवैज्ञानिक मानव-मन की परीक्षा करते हुए अन्त में 'नेति-नेति' कह देते हैं वहाँ मार्क्स का साधारण अनुयायी भी सिर्फ पैदावार की बातचीत करता हुआ उसके अन्तिम सत्यों तक झट से पहुँच जाता है। यह विकास और उत्साह स्तुत्य होने पर भी बुद्धिसंगत नहीं है।

दूसरा आक्षेप यह है कि साहित्य अपने मूल रूप में सामाजिक या सामूहिक चेतना नहीं, वह तो वैयक्तिक चेतना ही हो सकती है। मनुष्य पहले व्यक्ति है पीछे समाज की इकाई; और उसका पहला रूप ही मौलिक रूप है। अतएव साहित्य अपने वास्तविक रूप में जीवन के प्रति व्यक्ति की अथवा अनात्म के प्रति आत्मा की प्रतिक्रिया ही है अर्थात् साहित्य वस्तुतः आत्माभिव्यक्ति है। हमारे आत्म या व्यक्ति की दो प्रवृत्तियाँ हैं : अन्तर्मुखी और बहिर्मुखी। अन्तर्मुखी प्रवृत्ति बहिरंग को अपने अन्दर खींचती हुई गहरी अथवा घनीभूत होती रहती है; बहिर्मुखी वृत्ति अन्तरंग का बाहर प्रसार करती हुई व्यापक होती रहती है। मनुष्य में संस्कार और परिस्थितिवश इनमें से एक का प्राधान्य हो जाता है। साहित्य की सृजन-प्रक्रिया से स्पष्ट है कि वह जीवन की भागवत व्याख्या है। वह जीवन की अन्तर्मुखी साधना है। अतः स्वभाव से ही साहित्यकार में अन्तर्मुखी वृत्ति का ही प्राधान्य होता है। वह जितना महान् होगा उसका अहं उतना ही तीखा और बलिष्ठ होगा जिसका पूर्णतः सामाजीकरण असम्भव नहीं तो दुष्कर अवश्य हो जायेगा। संसार में ऐसा महान् साहित्यकार विरला ही होगा जिसने किसी अपरागत उद्देश्य से पूर्णतया तादात्म्य स्थापित कर लिया हो। गोर्की, इकबाल, गिस्टन आदि के व्यक्तित्व का विश्लेषण असन्दिग्ध रूप से सिद्ध कर देना कि उनके भी साहित्य में जो महान् है वह उनके दुर्दमनीय अहं का ही विस्फोट है, साम्यवाद इस्लाम या प्यूरिटन मत की अभिव्यक्ति नहीं। महान् साहित्य असाधारण प्रतिभा के असाधारण क्षणों की सृष्टि है। और यह असाधारण प्रतिभा समाज या समूह से, जिसका अधिकांश साधारण प्रतिभा और शक्ति वाले लोगों से बना हुआ है, सहानुभूति रखती हुई भी—और यह भी सर्वथा अनिवार्य नहीं—अपनी चेतना को उसमें लय नहीं कर सकती। उसकी अपनी चेतना समाज से बहुत कुछ ग्रहण करती हुई भी सृजन के अर्ध-चेतना क्षणों में वनस्पति से ढकी हुई चिनगारी की तरह प्रज्वलित हो उठेगी।

वास्तव में अपने मूल रूप में जीवन का एक दृष्टिकोण होते हुए भी व्यावहारिक रूप में प्रगतिवाद एक विशेष राजनीतिक विचारधारा का ही उच्चार है जो बलपूर्वक साहित्य द्वारा अपनी प्रत्यक्षाभिव्यक्ति चाहता है। इसलिए उसमें प्रायः वही सामयिक

उत्साह और प्रचार-भावना मिलती है जो साम्प्रदायिक लोगों में सर्वत्र पायी जाती है। अतः जहाँ तक ये लोग अपनी बात कहते हैं उसे आवश्यक काट-छाँट के बाद आसानी से ग्रहण कर सकते हैं, परन्तु जब अपनी उस अन्तिम मार्क्सवादी कसौटी पर ये लोग अपर साहित्य को कसते हैं तो इनके परिणाम सर्वथा भ्रामक और अन्यायपूर्ण होते हैं। मार्क्सवाद एक नवीन और काफी स्वस्थ जीवन-दर्शन है : साहित्य पर उसके द्वारा नवीन प्रकाश पड़ रहा है। परन्तु उसकी उपादेयता व्याख्या तक ही सीमित है : उसके द्वारा किया हुआ मूल्यांकन एकांगी होता है। मुझे सबसे बड़ी आपत्ति प्रगतिवाद के मूल्यों से ही है : वह साहित्य और पैदावार का सीधा सम्बन्ध स्थापित करते हुए उसे रोटी-पानी या जीवन के दूसरे सामयिक प्रश्नों को हल करने का सीधा साधन मानकर बहुत ही सस्ता बना देता है।

आदिकाल से ही मानव-मन अनेक जीवन-दर्शनों का आविष्कार करता रहा है। परन्तु उसके सभी प्रयत्नों का ध्येय रहा है केवल आनन्द की प्राप्ति। साहित्य भी आनन्द-प्राप्ति का एक प्रयत्न है, किन्तु यह प्रयत्न स्थूल और प्रत्यक्ष नहीं है। सुख के लिए किये हुए मानव-प्रयत्नों में साहित्य अत्यन्त सूक्ष्म, परिष्कृत और मधुर प्रयत्न है—आध्यात्मिक चिन्तन इससे भी सूक्ष्म है, पर वह इतना मधुर नहीं। साहित्य की साधना और सिद्धि दोनों में ही आनन्द है। अतएव आनन्द को छोड़कर और कोई कसौटी मानना हमारी समझ में नहीं आता। जीवन के मूल्य चिरन्तन ही मानने पड़ेंगे। क्योंकि जीवन चिरन्तन है, जीवन की मौलिक वृत्तियाँ चिरन्तन हैं—कम-से-कम मानव सृष्टि के प्रारम्भ से अब तक तो चिरन्तन ही चली आयी हैं।

चिरन्तन शब्द का कोई काव्यमय अर्थ करने की आवश्यकता नहीं है। चिरन्तनता अन्त में जाकर एक सापेक्षिक गुण सिद्ध होती है जिससे स्थायित्व का चरम आधिक्य और परिवर्तनशीलता की चरम न्यूनता का ही अभिप्राय है। आज भी हमें वाल्मीकि और होमर की कविताएँ अनेक सामयिक कविताओं से कहीं अधिक आनन्द देती हैं, उनकी प्राणवत्ता अब भी ज्यों-की-त्यों है। इसका कारण यही है कि मानव-मन में कुछ ऐसे गुण हैं, जो देश-काल के परिवर्तनों के बीच भी बने रहते हैं : मनोवैज्ञानिक हमें बताते हैं कि ये गुण और कुछ नहीं, मानव-जीवन की मूल वृत्तियाँ ही हैं। देश-काल का प्रभाव इन पर इतना ही पड़ता है कि किसी विशेष परिस्थिति में कोई विशेष मनोवृत्ति बलपूर्वक एक विशेष रूप में अपने आपको अभिव्यक्त करे। स्वयं समाजवाद का मूल उस आदिम मानव-वृत्ति प्रेम में मिल जाता है। आज जो हम सबको अथवा उन व्यक्तियों को भी, जो स्पष्ट रूप से पूँजीवादी हैं, सुन्दर प्रगतिशील कविता प्रिय लगती है, इसका एकमात्र कारण यही है कि घोर-से-घोर पूँजीवादी और उतने ही कट्टर समाजवादी दोनों के अन्तरतम में कुछ तार ऐसे हैं जो एक सामान्य अनुभूति से झंकृत होकर बाह्य भेदों की अवहेलना करते हुए बरबस मिल

जाते हैं। यह सामान्य अनुभूति है मानववाद; जिसका दार्शनिक नामकरण चाहे कभी हुआ हो पर जो अपने मूल रूप में प्रेम का एक प्रस्फुटन होने के कारण आदि काल से चला आ रहा है। हममें से अधिकांश के हृदय को समाजवाद का विज्ञान स्पर्श नहीं करता—उसकी मूलवर्तिनी मानव-कल्याण या पारस्परिक सहानुभूति की भावना ही स्पर्श करती है।

सारांश यह है कि साहित्य के मूल्यांकन की कसौटी जो अब तक चली आयी है वही ठीक है—अर्थात् आनन्द! साहित्य की सृजन-क्रिया स्वयं साहित्यकार को आनन्द देती है और उसके व्यक्त रूप का ग्रहण पाठक या श्रोता को आनन्द देता है। हमें साहित्य जितना ही गहरा और स्थायी आनन्द दे सकेगा, उतना ही वह महान् होगा, चाहे उसमें किसी सिद्धान्त का—समाजवाद, गाँधीवाद, मानववाद, पूँजीवाद किसी भी वाद का—समर्थन हो या विरोध।

यहाँ यह प्रश्न हो सकता है कि पूँजीवाद की जो प्रवृत्तियाँ स्पष्टतः मानवहित में घातक हैं उनका समर्थन कैसे श्रेयस्कर हो सकता है। पर इसका उत्तर सरल है। पहले तो यह अनुचित समर्थन मानव-मन को आनन्द देने में ही असमर्थ होगा; और यदि समर्थ होगा भी तो लेखक की अनुभूति की तीव्रता और आत्माभिव्यक्ति की निष्कपटता के कारण ही। आप कह सकते हैं कि वह गलत रास्ते पर है लेकिन उसकी ईमानदारी और ताकत की दाद आपको देनी ही होगी। इसी उलझन को सुलझाने के लिए तो पुराने आचार्य ने रसानुभूति को अलौकिक कहा है। यह बेचारा यही कहना चाहता था कि इस प्रकार के लोक-प्रचलित अस्थायी वादों द्वारा साहित्य का रस अशुद्ध हो जाता है। काव्य रसात्मक है सदैव रहा है और आशा यही है कि रहेगा भी। जिसमें रस नहीं है वह अपने उच्च सिद्धान्तों या किसी भी अन्य कारण से काव्य से भी ऊँची कोई वस्तु हो जाये, पर काव्य नहीं हो सकता।

अतएव, जहाँ तक व्याख्या का सम्बन्ध है, मार्क्सवाद ने हमें एक नया मार्ग दिखाया है और उसके लिए हम कृतज्ञ हैं। परन्तु एक तो यह मार्ग अन्तिम : एकमात्र मार्ग नहीं है—फ्रायड आदि द्वारा प्रदर्शित अन्य मार्ग कम उपयोगी नहीं। दूसरे, यह एक परीक्षण विधि-मात्र है, मूल्यांकन की कसौटी नहीं। इस नयी विधि का प्रयोग हमें रस-परीक्षण के लिए, इसकी सीमाओं को स्वीकार करते हुए करना चाहिए। साहित्य के क्षेत्र में तो शुद्ध मनोविज्ञान और सौन्दर्यशास्त्र का ही जो मनोविज्ञान का ही एक अंग है, अधिक विश्वास करना उचित होगा।

एक और आक्षेप, जो प्रगतिवाद के मूल सिद्धान्तों पर किया जा सकता है, यह है कि इसका दृष्टिकोण मूलतः वैज्ञानिक होने के कारण बौद्धिक एवं आलोचनात्मक है। अतएव स्वभाव से ही उसमें वह तन्मयता या आत्म-विसर्जन नहीं है जो काव्य के लिए अनिवार्य है। अस्तु—

हिन्दी में प्रगतिवाद का आदिग्रन्थ 'गोदान' है। परन्तु गाँधी जी में आस्था रखने वाले प्रेमचन्द को शुद्ध प्रगतिवादी शायद न माना जा सके। वे मानववाद के आगे नहीं जा सके। प्रगतिवाद की रूप-रेखा पिछले दो-तीन वर्षों से ही बननी आरम्भ हुई है। यह एक विचित्र संयोग है कि हिन्दी में प्रगतिवाद का भी सबसे पहला लेखक–जिसने उसे गौरव दिया–यही व्यक्ति है जो छायावाद का भी एक प्रमुख प्रवर्तक था। मेरा आशय कवि पन्त से है।

इस वर्ग के कवि-लेखकों में केवल एक ही प्रवृत्ति सर्व सामान्य है–क्रान्ति। शुद्ध प्रगतिवादी दृष्टिकोण तो शायद पन्त और नये कवियों में नगेन्द्र ही ने ग्रहण किया है। और सच तो पन्त और नगेन्द्र में भी यह बुद्धि की प्रेरणा है, संस्कार अभी उनके पीछे को ही दौड़ रहे हैं।[1] शेष कवि-लेखक तो अंशतः ही प्रगतिशील हैं।

चौंकने की बात नहीं; पर यह तो मानना ही पड़ेगा कि हिन्दी में शुद्ध प्रगतिशील रचनाएँ तो मिल जायेंगी, परन्तु इस वैज्ञानिक दृष्टिकोण को सर्वथा ग्रहण कर लेनेवाला पूर्णतः प्रगतिशील कवि या लेखक सामने नहीं आया। लेकिन ऐसा कहना, हिन्दी के प्रगतिशील साहित्य का तिरस्कार करना नहीं है। एक तो उसका इतिहास ही दो-तीन वर्षों में सिमटा हुआ है। दूसरे अन्य देशों में भी, शायद रूस को छोड़कर, आलोचना ही अधिक है, सृजन कम। हिन्दी में भी स्वभावतः आलोचना ही अधिक है। और इसके बाद कई कारण हैं–

1. हिन्दी-कवियों का दृष्टिकोण अभी वैज्ञानिक अर्थात् भौतिक एवं बौद्धिक नहीं बन पाया। अभी वह अधिकांश में भाव-प्रधान है। आत्मा का मोह भी ये कवि नहीं छोड़ पाये हैं। इसलिए हिन्दी-साहित्य में मानववाद या क्रान्ति ही मुख्य है, वैज्ञानिक समाजवाद या द्वन्द्वात्मक भौतिकवाद बहुत कम।

2. हिन्दी में अभी सामाजिक चेतना इतनी प्रबल नहीं हुई है कि व्यक्तिगत प्रतिक्रियाएँ उसमें लय हो जायें। अभी अधिकांश कवियों में वैज्ञानिक नीतितत्त्व की प्रचुरता है।

3. हिन्दी में जिन प्रवृत्तियों ने छायावाद को जन्म दिया उनको पूरी तरह अभिव्यक्त होने का अवसर नहीं मिल पाया। कुछ तो एक साथ बदली हुई राजनीतिक परिस्थिति और कुछ प्रोपेगैण्डा के परिणामस्वरूप वे प्रवृत्तियाँ एक साथ समय से पहले ही दब गयीं। प्रगतिवाद छायावाद की भस्म से नहीं पैदा हुआ, वह उसके यौवन का गला घोंटकर ही उठ खड़ा हुआ है। 'कामायनी', 'तुलसीदास' और 'अनामिका'–उधर 'युग-वाणी' के रचना-काल में कोई विशेष अन्तर नहीं है। आज के अधिकांश प्रगतिवादी कल के छायावादी हैं–अतएव स्वाभाविक है कि इनकी ओर से पूरी-पूरी

---

1 परन्तु अब इन दोनों को भी प्रगतिवादी पार्टी के ह्विप डॉक्टर रामविलास शर्मा ने पार्टी से निकाल दिया हैं –लेखक

कोशिश होने पर भी वह क्षयी रोमांस (?) बार-बार उभर आता है। अब भी ये प्रायः वहीं उस मधु-माधव के उपवन में पलायन कर जाते हैं। दिनकर की 'रसवन्ती', अंचल की 'मधूलिका' और 'अपराजिता', नरेन्द्र और स्वयं पन्त की अनेक कविताएँ मेरे कथन की पुष्टि करेंगी।

4. हिन्दी के अधिकांश प्रगतिशील लेखक उस जीवन से दूर हैं जो उनकी प्रेरणा का मूल स्रोत है। उनके सिद्धान्त पढ़कर और मनन करके प्राप्त किये हुए हैं, सहकर और भोगकर नहीं। केवल बौद्धिक सहानुभूति के बल पर शोषितों की पीड़ा को मुखर करने वाले या हजारों मील दूर पर लड़नेवाली लाल सेना के अभियान-गीत लिखने वाले इन लेखकों की रचनाएँ स्वभावतः प्राणवान् कैसे हो सकती हैं?

अभी भारतीय जीवन में गाँधीवाद और समाजवाद का संघर्ष चल रहा है। गाँधीवाद का भारत के संस्कारी हृदय पर गहरा प्रभाव है। पर यह भी निश्चित है कि उसके विरुद्ध प्रतिक्रिया प्रारम्भ हो गयी है। निदान संक्रान्ति के इस युग में अनमिल तत्त्वों का सम्मिश्रण जीवन की भाँति कविता में भी सहज सम्भव है पर यह न मानना कृतघ्नता होगी कि भारतीय जीवन में समाजवाद की तरह हिन्दी में प्रगतिवाद भी एक जीवित शक्ति है। उसमें उत्साह और चैतन्यता है। आज भारत में प्रगतिवाद का भविष्य समाजवाद के भविष्य के साथ बँधा हुआ है—लेकिन आधुनिक साहित्य के अध्येता को आदर और धैर्यपूर्वक उसकी गतिविधि का निरीक्षण करना होगा।

28

प्रयोगवाद

—प्रिया भारतीय

'प्रयोगवाद' शब्द का सर्वप्रथम प्रयोग नन्ददुलारे वाजपेयी ने अपने निबन्ध प्रयोगवादी रचनाएँ में किया। हिन्दी साहित्य के इतिहास में प्रयोगवाद आधुनिककाल का पाँचवाँ चरण है। हिन्दी काव्य में प्रयोगवाद का प्रारम्भ सन् 1943 ई. में अज्ञेय द्वारा सम्पादित 'तारसप्तक' के प्रकाशन से माना जाता है। जिसमें 7 (सात) कवियों की रचनाओं का पहली बार एक साथ संकलन किया गया अर्थात् सन् 1943 में सात कवि युवकों ने सहयोग के आधार पर एक काव्य संकलन का प्रकाशन किया जिसका नाम संगीत के सुरों के आधार पर तारसप्तक रखा। क्योंकि अज्ञेय इसके सम्पादक की भूमिका में जिस प्रकार स्पष्ट स्वीकारोक्ति रखते हैं कि उन्हें सम्पादक का दायित्व इसलिए सौंपा गया था कि वे योजना विश्वासी थे और योजना को चरम परिणति तक ले जाने का संकल्प भी रखते थे। साथ ही भूमिका में उन्होंने प्रकाशन के इतिहास पर प्रकाश डालते हुए रास्ते में आयी कठिनाइयों का भी संकेत दिया है जिससे स्पष्ट हो जाता है कि यह कार्य केवल एक व्यक्ति का नहीं बल्कि योजनाबद्ध तरीके से सामूहिक रूप से किया गया जिसके अगुआ के रूप में अज्ञेय उभर कर आते हैं। कार्य सम्पन्न होने के उपरान्त कवि ने स्वयं यह स्वीकार करते हुए सन्तोष किया है कि इतना ही बाहरी समाज के लिए पर्याप्त है कि योजना कार्य रूप में सिद्ध होकर एक प्रकाशित कृति बनकर पाठकों के समक्ष पहुँच ही गयी और यह सूची जो सामने आ रही है कई सुविधाओं और आकस्मिकताओं का परिणाम है कि कई शामिल होने वाले कवि छूट गये और योजना में जो नहीं थे, शामिल हो गये।

इन संगृहीत कवियों का कोई वैचारिक या काव्यमूलक दृष्टि साम्य नहीं है, वे साहित्य जगत के किसी स्कूल या दल के समर्थक नहीं हैं उनमें मतैक्य नहीं है, सभी महत्त्वपूर्ण विषयों पर उनकी राय अलग-अलग है जीवन के विषय में, समाज, धर्म और राजनीति के विषय में, काम-वस्तु और शैली के, छन्द और तुक के, कवि दायित्वों के प्रत्येक विषय में, उनका आपस में मतभेद है। सम्पादक की दृष्टि में उनमें यदि कोई

एक सर्वनिष्ठ तत्त्व है तो यह कि वे सभी कविता को प्रयोग का विषय मानते हैं जो यह दावा नहीं करते कि काव्य का सत्य उन्होंने पा लिया है, बल्कि केवल अन्वेषी ही स्वयं को मानते हैं और अज्ञेय इस अन्वेषी पक्ष का महत्त्व बहुत गहरे स्तरों पर मानते हैं क्योंकि यह एक कथन भूमिका में कई बार प्रयोग किया गया है कि सभी राही है, राही नहीं, राहों के अन्वेषी। तारसप्तक में संकलित सातों कवि अन्वेषी हैं अर्थात् अन्वेषण का तत्त्व (खोजी प्रवृत्ति) प्रयोगशीलता का तत्त्व उन्हें जोड़ता है एकत्र करता है। इस संग्रह में अब तक प्रचलित कविताओं की लीक से हटकर ऐसी कविताएँ थीं जो नयी संवेदनाओं, नये भावबोध एवं नये शिल्प से युक्त थीं जैसाकि प्रयोगवादी कवि प्रयोग करने में विश्वास करते हैं तो वे भाषा की दृष्टि से नये प्रयोग, उपमानों की दृष्टि से नए प्रयोग तथा काव्य की दृष्टि एवं शिल्प की दृष्टि से नये प्रयोग किये किन्तु अज्ञेय मानते हैं कि प्रयोग अपने आप में इष्ट नहीं है वरन् वह साधन है। तारसप्तक का प्रकाशन अज्ञेय के सम्पादकत्व में हुआ। पहले यह तीन भागों में प्रकाशित हुआ बाद में चौथे सप्तक का प्रकाशन हुआ। इसमें जिन सात कवियों की रचनाएँ संकलित है उनके नाम हैं—नेमिचन्द्र जैन, गजानन माधव मुक्तिबोध, भारत भूषण अग्रवाल, प्रभाकर माचवे, गिरिजा कुमार माथुर, रामविलास शर्मा तथा सच्चिदानन्द हीरानन्द वात्स्यायन अज्ञेय।

दूसरा सप्तक 1951 ई. में, इसमें संकलित कवि हैं—भवानी प्रसाद मिश्र, शकुन्तला माथुर, हरिनारायण व्यास, शमशेर बहादुर सिंह, नरेश मेहता, रघुवीर सहाय तथा धर्मवीर भारती।

तीसरा सप्तक भी 1959 में अज्ञेय के ही सम्पादकत्व में प्रकाशित हुआ जिसमें संकलित कवि हैं—प्रयाग नारायण त्रिपाठी, कुँवर नारायण, कीर्ति चौधरी, केदारनाथ सिंह, मदन वात्स्यायन, विजयदेव नारायण साही, सर्वेश्वर दयाल सक्सेना।

तारसप्तक के सम्पादन के बाद जब उसे प्रयोगवाद के रूप में सिद्ध किया जाने लगा तब अज्ञेय ने उसे समय और लेखक के प्रयोग की प्रवृत्ति माना न कि किसी एक विचारधारा का पोषक। तारसप्तक की भूमिका में वे लिखते हैं—"प्रयोग का कोई वाद नहीं है, हम वादी नहीं रहे, न ही हैं, न प्रयोग अपने आप में इष्ट या साधन है... प्रयोग निरन्तर आये हैं और प्रयोगों द्वारा ही कविता या कोई भी रचनात्मक कार्य आगे बढ़ सका है। वे कवि कर्म को जीवन भर प्रयोग करने का कार्य ही समझते हैं। उनका मानना है कि जो व्यक्ति या लेखक प्रयोग नहीं करता वह वास्तव में रचनात्मक कार्य करने से बचता है। किसी लेखक या रचनाकार के बारे में उनका मत है कि कोई लेखक या कलाकार केवल शब्दों का या कागज पर लिखी हुई रचना का ही रचयिता नहीं है, बल्कि उसकी रचना समाज को भी प्रभावित करती है और उसके रूप एवं संवेदना को विस्तार देती है, इसलिए जो रचना का स्वातन्त्र्य है वहीं समाज

की रचना का भी स्वातन्त्र्य होगा। इतिहास-साहित्यकार, सामाजिक कर्मी का सम्बन्ध बताते हुए अज्ञेय लिखते हैं कि "इस अर्थ में एक बार फिर सर्जक, साहित्यकार और क्रान्तिकर्मा सामाजिक कर्मी साथ जुड़ जाते हैं। दोनों ही मानव की रचनाधर्मिता की रक्षा और उसकी स्वाधीनता की रक्षा और विस्तार के लिए समान रूप से प्रयत्नशील है।" (तारसप्तक, भूमिका से)

छायावादोत्तर युग में हिन्दी कविता में प्रगतिवादी प्रवृत्ति उभरती है। परन्तु उन कवियों पर साम्यवादी राजनीति का अनुशासन अधिक हावी था और कविता की अन्तरंगता को उतना महत्त्व देना उनके लिए सम्भव नहीं था। एक विचित्र गतिरोध के बिन्दु पर हिन्दी कविता खड़ी थी। तारसप्तक के कवि इस गतिरोध को उस समय किस सीमा तक समझते थे और उसको मिटाने के लिए गहरे स्तरों पर कितना संकल्पबद्ध थे यह कहना उतना सरल नहीं है। परन्तु उनके भीतर गहरी बेचैनी थी और वे अपने और युग के गहरे धरातलों पर उतर कर एक आत्ममन्थन की प्रक्रिया से आत्माभिव्यक्ति की काव्य सरणियों का अन्वेषण करना चाहते थे यह बात उनकी कविताओं में झाँकने से स्पष्ट रूप से दिखाई देती है। तारसप्तक के कवि अत्यन्त सम्भावनाशील कवि हैं—

छायामत छूना
मन, होगा दुख दूना
जीवन में हैं सुरंग सुधियाँ सुहावनी
छवियों की चित्र गन्ध फैली मन भावनी
तन सुगन्ध शेष रही, बीत गयी यामिनी,
कुन्तल के फूलों की याद बनी चाँदनी।
भूली-सी एक छुवन बनता हर जीवित
क्षण—
छायामत छूना
दुख दूना (गिरिजा कुमार माथुर)

तारसप्तक के कवियों की संवेदना बहुआयामी थी। समाज की विषमताएँ भी उन्हें व्यथित करती थीं और मन की अन्तरात्मा भी। उनकी काव्य भाषा भी बड़ी रेशमी सलवटों से युक्त थी। सामान्य व्याकरणिक मान्यताओं को दुतकारते हुए वे अपनी भाषा का बहाव रचते थे। अज्ञेय एक विविध आयामी कवि हैं, उन्हें किन्हीं एक या दो सन्दर्भों से जोड़कर या बाँधकर नहीं देखा जा सकता। उनकी कविताओं में अलग-अलग दिशाओं की प्रतिबद्धताएँ व्यंजित हैं सभी मार्मिक हैं, सच्ची हैं, मर्मस्पर्शी हैं।

'अच्छा खण्डित सत्य
सुधर नीरन्ध्र मृषा से अच्छे अनुभव के कण दो कण
अन्तर्दृष्टि के
झूठे नुस्खे वाद पराये के प्रकाश से
अच्छा अपना ठाट फकीरी
मँगनी के मुख साज से।' (अज्ञेय)

ऐसे अनेक काव्याभिव्यक्तियाँ तारसप्तक के कवियों की काव्य मंजूषा से प्रस्तुत की जा सकती हैं, जो उनकी मूल्यानुभूति की व्यक्तित्व की दिशा की पहचान कराती है। उनके वैशिष्ट्य की सबसे केन्द्रीय पहचान उनकी सर्जनात्मक शब्द यात्रा को माना जा सकता है। ऐसे हजारों परिचित शब्दों में उन्होंने सर्वथा नयी कान्ति नयी अर्थछाया भर दी है। शब्दों का संस्कार उनकी काव्य क्षमता की अचूक पहचान है। अज्ञेय ने स्वयं एक स्थान पर लिखा है कि कविता सबसे पहले शब्द है और सबसे बाद में भी यहीं बात बचती है कि कविता शब्द है। शब्द उनके लिए जीवन्त ईकाई है। सर्जन का प्राणतत्त्व वही है। अज्ञेय और तारसप्तक के कवियों की कविता में जो शील हैं, जो वेदना की धुलावट है, जो समष्टि की अन्तर्वर्ती तादात्म्य भूमि है प्रणयानुभूति की जो मार्मिक सांकेतिक अभिव्यक्ति है, जो उनकी काव्य संवेदना में एक गहरी मनन भूमि है उनके शब्दों में जो एक सर्वथा भिन्न सृजनात्मकता है ये सारे गुण उन्हें अत्यन्त विशिष्ट एवं अलग कवि के रूप में प्रतिष्ठित करते हैं। प्रयोगवाद के प्रणेता कवि अज्ञेय के काव्य सृजन करके हिन्दी काव्य धारा की पूरी अर्द्धशती अनुप्राणित होती रही है। अज्ञेय में वह व्यापक संवेदन क्षमता रही है कि अपने साथ-साथ अपने समकालीन कवियों को भी पूरी अनुशंसा और सहानुभूति से उनकी रचना यात्रा में आगे बढ़ते रहे।

प्रयोगवादी कवियों ने आधुनिक मानव के जीवन में विद्यमान यातना, घुटन, सन्त्रास, कुण्ठा, द्वन्द्व और निराशा को अपने काव्य का विषय बनाया है। इस कविता में ब्रह्म की सत्ता के स्थान पर मानव की सत्ता की स्थापना हुई है। अन्धविश्वासों तथा रूढ़ियों का खण्डन है तथा वर्जनाओं को नकारा गया है। वर्तमान जीवन के कटु सत्य को ईमानदारी से व्यक्त किया गया और परम्परागत मूल्यों की नवीन सन्दर्भों में जाँच-परख की गयी। साथ ही अपने व्यक्तिगत सुख-दुःख को अपनी व्यक्तिगत संवेदनाओं को नये-नये माध्यमों से व्यक्त किया और उस यथार्थ को अभिव्यक्ति प्रदान की, जिसे वह भोगता है, दूसरे शब्दों में कहें तो मध्यवर्गीय समाज का ह्रासोन्मुख जीवन ही प्रयोगवादी काव्य में चित्रित किया गया है। प्रयोगवादी कवियों ने भावुकता के स्थान पर बौद्धिकता को काव्य में स्थान दिया और जीवन की निराशा, कुण्ठा, अनास्था, जड़ता एवं संघर्ष को अभिव्यक्ति प्रदान की। प्रयोगवाद का विकास ही कालान्तर में नयी कविता के रूप में हुआ।

29

अस्तित्ववाद

—त्रिभुवन सिंह

अस्तित्ववाद अपेक्षाकृत दार्शनिक तथा साहित्यिक चिन्तन-पद्धति है। इसका आरम्भ यूरोप के दार्शनिक चिन्तनों में विशेष परिस्थिति में हुआ। अपनी कतिपय क्रान्तिकारी विचारसरणि के कारण आज यह सर्वाधिक चर्चा का विषय बना है। सर्वप्रथम इसका आरम्भ दर्शन के क्षेत्र में हुआ और विभिन्न विद्वानों द्वारा विवेचित होकर आगे चलकर अन्य समस्याओं की ओर भी उन्मुख होता गया। यूरोप की भूमि पर दो महायुद्ध लड़े गये और युद्धकालीन विभीषिका ने मानव-जीवन की क्षुद्रता, नृशंसता, स्वार्थपरता एवं कटुता का ऐसा पर्दाफाश किया कि मानवता के शुभ पक्षों पर से आस्था ही डिगने लग गयी। सर्वत्र निराशा, वेदना और करुणा का वातावरण छा गया जिससे चिन्तन की समस्त परम्परागत मान्यताएँ लड़खड़ा गयीं। मृत्यु के जिस भयंकर स्वरूप एवं परिणाम के दर्शन लोगों को विश्वमहायुद्ध में हुए उसने एक प्रतिक्रिया का रूप धारण कर लिया और जीवन के प्रति एक नवीन दृष्टिकोण का आविर्भाव अनिवार्य हो गया। अतीत और भविष्य को लेकर मानव-जीवन में जो स्वर्णिम कल्पनाएँ होती रहीं, युद्ध के भयंकर परिणामों ने उसकी निस्सारता प्रकट कर दी, जिसे न तो धार्मिक अन्धविश्वास रोक पाये और न तो काल्पनिक आश्वासन। जीवन की यथार्थता का ऐसा अनुभव हुआ कि जागरूक चिन्तक जिन्दगी को नये सिरे से सोचने लगे। यथार्थ का भी कोई निश्चित रूप स्थिर करना सम्भव नहीं, क्योंकि किसी भी क्षण वर्तमान स्थिति में परिवर्तन हो सकता है। स्थिर सत्य एवं यथार्थ की तलाश करते-करते दो ऐसे तत्त्व दिखाई पड़े जिनमें परिवर्तन की कोई सम्भावना नहीं थी। जन्म और मरण दो स्थिर सत्यों के बीच मानव-जीवन की अस्थिरता उससे आँख-मिचौनी किया करती है। जन्म के साथ मृत्यु अनिवार्य रूप से लगी रहती है और ये मानव-जीवन की दो ऐसी अवस्थाएँ हैं जिनमें व्यवधान उपस्थित करना मानव-शक्ति के परे है। उसने जन्म लिया है तो उसे मरना अवश्य पड़ेगा। इन दो अवस्थाओं में से उसे चुनाव भी नहीं करना है। वह स्वयं परतन्त्र है, चुनने की उसे स्वतन्त्रता नहीं है। मरण-क्षण का उसे

तनिक भी ज्ञान नहीं रहता। मृत्यु कब आ धमकेगी, कहा नहीं जा सकता। अतएव जन्म और मरण के बीच कोई एक ऐसा अल्प क्षण ही हो सकता है जिसे व्यक्ति अपना अथवा जिन्दगी का क्षण कह सकता है। ऐसी स्थिति में कम-से-कम समय में ही व्यक्ति को अपने व्यक्तिगत जीवन को एक अर्थ देखकर सार्थक बनाना है। यही वह मूल बिन्दु है जहाँ पहुँच कर व्यक्ति अपने को समाज से अलग रखकर जीने की प्रक्रिया का चिन्तन करने लग जाता है। साहित्य और दार्शनिक विचारों के माध्यम से यह भावना आरम्भ में यत्र-तत्र व्यक्त हुई थी और सुव्यवस्थित सिद्धान्त का स्वरूप इसे आगे चलकर फ्रांस के 'जॉपाल सात्र' ने दिया। जितने भी अस्तित्ववादी विचारक और लेखक अब तक हो गये हैं, उनके विचारों में भी एकरूपता के दर्शन नहीं होते और न तो एक विचारक अथवा लेखक के विचारों में ही आरम्भ से लेकर अन्त तक एकरूपता रही है। परिस्थितियों का जाने-अनजाने प्रभाव जागरूक साहित्यकार पर पड़ता ही है। भले ही वह सैद्धान्तिक आग्रह से प्रेरित होकर सर्जनारत न होता हो पर उसके संकेत का मिल जाना उसकी कृतियों में कठिन नहीं। 'दास्तावस्की' यद्यपि सर्जक साहित्यकार था, पर अस्तित्ववादी विचारों के सूत्र उसकी रचना में मिल ही जाते हैं। विश्व-साहित्य में क्रान्ति उपस्थित करने वाली 'दास्तावस्की' की पुस्तक 'नोट्स-फ्राम अंडर ग्राउंड' सन् 1884 ई. में प्रकाशित हुई, जिसमें उसने मनुष्य के आन्तरिक जीवन को उसके निर्माण में महत्त्वपूर्ण स्थान दिया। उसके अनुसार उसका आन्तरिक जीवन, उसकी अन्तर्दशाएँ, चिन्ताएँ तथा उसके आत्मनिर्णय ही उसके जीवन के निर्धारक तत्त्व हैं, जबकि पूर्ववर्ती चिन्तकों ने इस सम्बन्ध में अपने प्रतिकूल मत स्थिर किये थे। यद्यपि 'दास्तावस्की' को पूर्णतः अस्तित्ववादी स्वीकार करना कठिन है, फिर भी उसकी इस सुप्रसिद्ध पुस्तक 'नोट्स फ्राम अंडर ग्राउंड' के प्रथम भाग में अस्तित्ववादी विचारधारा के प्रमुख सूत्र परिलक्षित होने लग जाते हैं। 'कीर्के-गार्ड' से लेकर 'कामू' तक के अस्तित्ववादी विचारकों के प्रमुख विचार तत्त्व 'दास्तावस्की' में उपलब्ध हैं।

'कीर्के गार्ड' को ही प्रथम अस्तित्ववादी के रूप में स्वीकार करना समीचीन होगा। यह डेनिश था और उसका जन्म डेनमार्क में सन् 1813 ई. में हुआ था तथा सन् 1955 ई. तक जीवित रहा। यह ईश्वरवादी धार्मिक ईसाई था और उसने वैयक्तिक चेतना को ही महत्त्वपूर्ण माना है। 'कीर्के गार्ड' व्यक्ति को जगत् से अलग करके देखना पसन्द करता है। अपनी पहली पुस्तक 'आइदर आर' में उसने उस कठिनाई का प्रतिपादन किया है जो एक स्वतन्त्रचेता व्यक्ति को विशिष्ट अवसरों पर निर्णय लेने में होती है। उसने अन्य दो पुस्तकों 'फिलासोफिकल फ्रेमेंट्स' और 'कनक्लूडिंग अनसाइंटिफिक पोस्ट स्क्रिप्ट' में भी अपने विचारों को व्यक्त किया है जो क्रम से उसे समझने में सहायक है। 'कीर्के गार्ड' के जीवन के दो उद्देश्य थे, एक 'हीगेल' की समष्टिवादिता

का विरोध और दूसरा ईसाई धर्म की पुनर्व्याख्या। वह ईसाई धर्म की मान्यताओं की बुद्धिसंगत व्याख्या करना चाहता था। उसने व्यक्ति को चिन्तन के एक स्वतन्त्र तत्त्व के रूप में स्थापित किया। 'कीर्के गार्ड' ने स्वीकार किया कि 'हीगेल' के समष्टिवाद में तो व्यक्ति का अस्तित्व ही समाप्त हो जायेगा क्योंकि—'हीगेल' का कहना है कि व्यक्ति अपने अस्तित्व की रक्षा समष्टि में ही कर सकता है, उससे अलग उसकी कोई स्थिति नहीं है और समष्टि के हितों के लिए व्यक्ति के हितों को समर्पित होना पड़ेगा। इसी में उसका हित निहित है। पर 'कीर्के गार्ड' के अनुसार ऐसा करने से तो व्यक्ति की स्वतन्त्रता ही समाप्त हो जायेगी, वह अपने को एक ऐसे घुटनशील वातावरण में पायेगा जहाँ उसका साँस लेना भी दूभर है। ऐसी स्थिति में व्यक्ति को व्यक्ति के रूप में सोचना पड़ेगा। वह जो कुछ करता है स्वतः अपने निर्णयानुसार करता है। व्यक्ति के कार्यकलापों का निर्धारण कोई परमसत्ता अथवा परमब्रह्म नहीं बल्कि वह स्वयं करता है। इसी स्थल पर 'कीर्के गार्ड' ईसाई धर्म की बुद्धिसंगत व्याख्या करने का प्रयत्न करता जान पड़ता है। कोरी भावुक आदर्शवादिता में उसका विश्वास नहीं है। वह व्यक्ति को नैतिक दृष्टि से जीवन रहते हुए वास्तविक जीवन के सन्दर्भ में संघर्षशील एवं कर्मरत देखना चाहता है। नैतिक निर्णय और प्रयत्न को बचाकर केवल अनुचिन्तन में लीन रहना अकर्मण्यता है। अस्तित्ववादी व्यक्ति केवल विचारक ही नहीं, बल्कि कर्म करने वाला मनुष्य होता है।

जर्मन विचारक 'नीत्से' जिसका जन्म सन् 1844 और मृत्यु सन् 1900 ई. में हुई, भावनाओं के समर्थन एवं रूढ़ियों के आलोचन में 'कीर्के गार्ड' से किसी प्रकार कम नहीं है। अन्तर इतना ही है कि इसने तर्क की उपेक्षा करके अपने विचारों का प्रतिपादन नहीं किया है। उसने अपनी पुस्तक 'ऐंटी क्राइस्ट', 'द विल टु पॉवर', 'द मे साइंस' और 'जेराथुष्ट्र' में अस्तित्ववादी विचारों को व्यक्त किया है। उसकी रचनाओं में किसी वैचारिक सम्प्रदाय से सम्बन्ध स्थापन का बहिष्कार, किसी भी प्रकार के विश्वास में आस्था का न होना, दार्शनिक पद्धतियों का विरोध, परम्परागत दर्शन की निरर्थकता, केवल अनुचिन्तन मूलक और जीवन से उसे दूर मानकर उनके प्रति असन्तोष का पाया जाना उसे अस्तित्ववादी घोषित करने के लिए पर्याप्त है क्योंकि ये अस्तित्ववादी गुण 'नीत्से' में 'कीर्के गार्ड', 'यास्पर्स' और 'हेडगर' से किसी प्रकार कम नहीं हैं। मृत्यु की भयंकरता से त्रस्त होना 'कीर्के गार्ड' 'यास्पर्स', 'हेडगर' और सार्त्र की प्रमुख विशेषता है जो 'नीत्से' में भी पायी जाती है। परवर्ती अस्तित्ववादियों ने 'नीत्से' की चर्चा को विषय बनाया है।

'कीर्के गार्ड' और 'नीत्से' ने जिस अस्तित्ववाद का बीज वपन किया उसका प्रस्फुटन 'यास्पर्स' में हुआ। 'यास्पर्स' का जन्म फरवरी सन् 1883 में हुआ। सन् 1914 के प्रथम विश्वमहायुद्ध की भयंकरता से वह प्रभावित हुआ था। उसने देखा कि

युद्धोपरान्त यूरोप को आध्यात्मिकता और उदात्त जीवन पुनः उस रूप में नहीं लौटा सका। यही कारण है कि इस काल में अस्तित्ववादी दर्शन को अपेक्षाकृत अधिक गम्भीरता और महत्त्व मिला। 'यास्पर्स' ने रूढ़िबद्ध ईसाई धर्म और 'प्लेटोनिक' आदर्शवाद का विरोध किया। सभी पूर्ववर्ती सिद्धान्तग्रस्त दर्शनों के प्रति उसके मन में विरोध था जिसे उसने अपने निबन्ध 'ऑन माई फिलॉसॉफी' में व्यक्त किया है। उसने व्यक्ति के अस्तित्व की स्थिति पर विचार किया। इसके अनुसार विश्व में एकमात्र मनुष्य की ही ऐसी सत्ता है जो उसकी पहुँच के भीतर है। यहाँ, वर्तमान, निकटता, पूर्णता और जीवन है। मनुष्य वह स्थल है, जहाँ और जिसके द्वारा वह सत्य का रूप धारण करता है, मनुष्य ही वह केन्द्र स्थल है जिसमें हमारे लिए जो भी यथार्थ और सत्य है उसकी स्थिति है। जन्म लेकर जो मानव नहीं बन सका उसकी जीवन-यात्रा निरर्थक और शून्यगामिनी है, मनुष्य क्या है और क्या हो सकता है, उसके सम्मुख यही मूल प्रश्न है। 'यास्पर्स' ने अपनी पुस्तक 'जेनरल साइको पैथोलॉजी' और 'माई फिलॉसॉफी' जो क्रम से सन् 1913 और सन् 1922 में प्रकाशित हुई थी, में अपने इन विचारों को व्यक्त किया है। इसने 'स्वप्न सिद्धान्त' की स्वीकृति प्रदान की है। 'यास्पर्स' ही नहीं बल्कि सभी अस्तित्ववादियों ने मनोविज्ञान को विशेष महत्त्व प्रदान किया है।

'हेडगर' (सन् 1889) ने अपनी कृति 'सीन एंड जिट' जो सन् 1927 में प्रकाश में आयी, में प्रतिपादित किया है कि विश्वसत्ता को आत्मसत्ता या मानवसत्ता के सन्दर्भ में नहीं जाना जा सकता। आत्मसत्ता या मानवसत्ता को वह 'डेसिन' के नाम से पुकारता है। उसके अनुसार मनुष्य की यथार्थ परिभाषा सम्भव नहीं क्योंकि मनुष्य-जीवन की सम्भावनाएँ बदलती रहती हैं और इन सम्भावनाओं में से वह चुनाव करता चलता है। मनुष्य की सत्ता का विश्व की सत्ता से सम्बन्ध है। जगत् व्यक्ति के प्रयोजनों की पूर्ति का क्षेत्र है। व्यक्ति जगत् की वस्तु को अपने प्रयोजनों के अनुरूप व्यवस्थित करता है। एक व्यक्ति का अस्तित्व अन्य व्यक्तियों के अस्तित्व से निर्मित होता है। व्यक्ति कुछ व्यक्तियों से सम्बन्ध तोड़ सकता है, पर मनुष्य से नहीं। पर इस सामान्य ज़ीवन-क्रम से बराबर भय बना रहता है कि व्यक्ति का व्यक्तित्व ही कहीं न खो जाये। अस्तित्ववाद के साथ इस प्रकार का खोया हुआ निर्वैयक्तिक जीवन अवांछनीय और मिथ्या है। वास्तविक जीवन वह है जिसमें व्यक्ति को अपनी सम्भावनाओं के चुनाव की स्वतन्त्रता हो। व्यक्ति को जीवन-दिशा का निर्धारण स्वयं करना है। व्यक्ति जब जीवन-दिशा के निर्धारण में लगता है तब उसमें एक अज्ञात आशंका और भय की उत्पत्ति होती है। ऐसे समय में व्यक्ति के सामने केवल दो विकल्प होते हैं या तो वह पूर्व निश्चित मिथ्या लोकों पर बिना सोचे-समझे चले अथवा अपने अस्तित्व की नाव को स्वयं खेने का जोखिम उठाये। व्यक्ति जब दिशा-निर्धारण करना चाहता है

तभी उसे यथार्थ के तीव्र चेतना की अनुभूति होती है। 'हेडगर' के अनुसार व्यक्तिगत अस्तित्व का अन्त मृत्यु में होता है। मृत्यु ही सत्य है, यथार्थ है और तात्त्विक है, शेष सब मिथ्या है। मृत्यु जीवन की सबसे बड़ी सम्भावना है। भय और चिन्ता तथा मृत्यु की भावना व्यक्तिगत अस्तित्व की प्रमुख विशेषता है तथा वेदना मनुष्य के अस्तित्व का एक अभिन्न अंग है। हेडगर के अनुसार व्यक्ति न अपने अतीत को जानता है और न भविष्य को। वह दोनों ओर शून्य या नकार से घिरा है। नकारात्मकता का अर्थ है अस्तित्व का अभाव, सार्थकता का अभाव। 'हेडगर' अपने विचारों में नास्तिक हैं।

फ्रांस का प्रसिद्ध कथाकार और नाटककार 'ज्यांपालसार्त्र' (जन्म सन् 1905) अस्तित्ववादी सिद्धान्त का प्रमुख व्यवस्थापक है। वह नास्तिक और अस्तित्ववादी दार्शनिक है। इसने अस्तित्ववादी दर्शन को अपने साहित्य में उतारकर दर्शन और साहित्य का नवीन गठबन्धन विश्व के सम्मुख प्रस्तुत किया। उसने अस्तित्ववादी दर्शन को अपने साहित्य के माध्यम से अस्तित्ववादी पात्रों के निर्माण द्वारा प्रस्तुत किया। 'सार्त्र' के प्रमुख ग्रन्थ 'बीइंग एंड नथिंगलेस एक्जिस्टेशियलिज्म' और 'एक्जिस्टेशियलिज़्म एंड ह्यूमेनिज्म' में उसके अस्तित्ववादी विचारों के दर्शन होते हैं। 'सार्त्र' के अनुसार भाव तत्त्व या सत्ता दो प्रकार की होती है। एक है सत्ता अपने में, दूसरी है सत्ता अपने लिए। पहली सत्ता भौतिक अपारदर्शी और अपने से परे सचेतन करने वाली है तथा दूसरी सत्ता चेतन और पारदर्शी है। चेतना सदैव किसी चीज की होती है और उसके लिए विषय अपेक्षित है। स्वयं चेतना अपने विषय से भिन्न होती है। अपने विषय से अपने को भिन्न करती हुई चेतना ही अस्तित्ववान होती है। चेतना सदैव दूसरे की होती है। यह मत 'मीमांसा' के मन्तव्य से भी समानता रखता है और 'कांट' के मत से भी। मनुष्य द्रव्य नहीं है, वह जो सोचता है, वह सब द्रव्यों की भिन्नता है। इस भिन्नता द्वारा चेतना-व्यक्तिगत सम्पन्न होती है। व्यक्तित्व चेतना या आत्मचेतना अपने को नूतन सम्भावनाओं की ओर क्षिप्त करती है। इस क्षिप्त करने का प्रतीक ही इच्छा है। आत्म चेतना अतीत के तथ्य को सम्भावना के रूप में ग्रहण या अनुचिन्तन करती है। 'सत्ता अपने में' की सम्बद्धता में ही चेतना भोगवती और क्रियाशील होती है।

'सार्त्र ने व्यक्ति और समाज के सम्बन्ध पर विचार किया है। उसके अनुसार व्यक्ति और समाज के सम्बन्ध की उचित व्यवस्था करने में अध्यात्मवाद और यथार्थवाद दोनों ही असफल हैं। उसने व्यक्ति और समाज के सम्बन्ध की चर्चा करते हुए लिखा है कि एक व्यक्ति दूसरे को केवल वस्तु-रूप में ही नहीं जानता बल्कि उसे विषयों या कर्ता-भोक्ता के रूप में जानता है। जिस प्रकार एक व्यक्ति स्वयं अपना विषय नहीं होता, उसी प्रकार दूसरे व्यक्ति भी केवल उसके विषय ही नहीं होते। एक व्यक्ति दूसरों के लिए रहस्य बना रहता है। जब एक व्यक्ति का दूसरों के साथ

तादात्म्य हो जाता है तो वह वस्तु रूप बन जाता है। 'सार्त्र' के दर्शन में स्वतन्त्रता का महत्त्वपूर्ण स्थान है। स्वतन्त्रता मनुष्य का स्वभाव है और उसी में मनुष्य की सत्ता भी है। मनुष्य ब्रह्माण्ड के प्रयोजन की पूर्ति का एक यन्त्र मात्र नहीं है। वह स्वतन्त्र है और अपने मूल्यों का निर्माण करता है। 'सार्त्र' का मत है कि मनुष्य का अस्तित्व उसकी सारसत्ता का पूर्ववर्ती है। 'निष्कर्ष यह है कि मनुष्य का कोई निश्चित लक्ष्य या गन्तव्य नहीं है, मनुष्य स्वयं अपने भविष्य का निर्माण करता है, मनुष्य स्वतन्त्र होने और एकाकी निर्णय या चुनाव करने को बाध्य है, स्वतन्त्रता का उपयोग करनेवाला मनुष्य एकाकीपन तथा असहायता का अनुभव करता है, जो स्वयं चुनाव करके दूसरों के पीछे चलता है, वह स्वतन्त्र नहीं है। 'सार्त्र' घोर व्यक्तिवादी है।

अस्तित्ववाद कोई दर्शन नहीं, बल्कि परम्परागत दर्शन के विरुद्ध चलने वाले विभिन्न आन्दोलनों का नाम है। विचार सम्प्रदायों का बहिष्कार, किसी प्रकार के विश्वास समूह में अनास्था, विशेष-पद्धतियों में और परम्परित दर्शन को निरर्थक, शुद्ध अनुचिन्तनमूलक तथा जीवन से दूर मानकर उनसे असन्तोष की अभिव्यक्ति ही अस्तित्ववाद के मूल प्रेरक तत्त्व हैं।

अस्तित्ववाद प्रकृतिवादी यन्त्रवाद का विरोधी है। जगत् में कार्यकारण नियम का अबाधित शासन है, ऐसा अस्तित्ववादी नहीं मानते। व्यक्तिगत स्वतन्त्रता के विरोधी प्रत्येक सिद्धान्त से अस्तित्ववाद का विरोध है। अस्तित्ववाद अध्यात्मवाद और भौतिकवाद दोनों के विरुद्ध व्यक्ति की स्वतन्त्र सत्ता और महत्ता की प्रतिष्ठा करता है। व्यक्ति का स्वतन्त्र अस्तित्व है और वह स्वयं अपना भविष्य निर्माता है। अस्तित्ववाद का यह निश्चित मत है कि मनुष्य एक सिद्ध पदार्थ नहीं है। उसका स्वभाव और उसकी सारसत्ता पहले से निश्चित नहीं है। मनुष्य स्वतन्त्र है और स्वयं वह अपने जीवन की सम्भावनाओं का निर्धारण करता है। प्रत्येक व्यक्ति को दूसरे की स्वतन्त्रता का अनुमोदन और समर्थन करना चाहिए। संक्षेप में अस्तित्ववाद व्यक्तिगत जीवन या अस्तित्व का दर्शन है, वह उस व्यक्ति की स्थिति को समझने का प्रयत्न है जो वास्तविक अर्थ में स्वतन्त्रता का उपभोग करते हुए अपनी जीवन-दिशा का स्वयं निर्धारण करते हुए, अपने कर्मों के लिए स्वयं पूरी जिम्मेदारी महसूस करते हुए, जीवनयापन करता या करना चाहता है। व्यक्तियों की स्वतन्त्रता की सचेत अवगति रखते हुए अस्तित्ववादी यह विश्वास नहीं करते कि इतिहास की व्याख्या की जा सकती है और उसके भविष्य का सफल अनुमान किया जा सकता है। अस्तित्ववादी व्यक्ति स्वतन्त्रता में आस्था रखता है और चाहता है कि व्यक्ति को उसकी स्वतन्त्रता और जिम्मेदारियों के प्रति जागरूक बनाया जाये।

मानव जीवन को निरर्थक समझना, तर्क को अक्षम समझकर उसका बहिष्कार करना, ईश्वर की परम्परागत मान्यताओं में अनास्था, धर्मनिरपेक्ष स्तर पर मानवजीवन

की कल्पना करना, प्रत्येक क्षण का अतुलनीय महत्त्व करते हुए जीवन को एक मानवीय अर्थ तथा मूल्य देने की चेष्टा करना तथा वैयक्तिक स्वतन्त्रता का प्रबल समर्थन करना अस्तित्ववाद अपना परम धर्म मानता है।

'जूलियन ब्रे' ने इसे 'भाव तथा विचार के प्रति जीवन का विद्रोह कहा है।' 'एमानुएल मोनियर' के अनुसार भावों तथा वस्तुओं के जीवनवादी दर्शन के विरोध में मानवीय दर्शन ही अस्तित्ववाद है। 'एलेन' का कहना है कि "अस्तित्ववाद परम्परागत दर्शक की दृष्टि न होकर अभिनेता की दृष्टि है।" इसके अनुसार जीवन की समस्याओं पर विचार मुक्तभोगियों की ओर से होता है। अस्तित्ववाद को समझने में यह मत अधिक सहायक है।

ऊपर ही मैंने संकेत किया है कि अस्तित्ववादी विचारक ईश्वरवादी और अनिश्वरवादी दो वर्गों में विभक्त हो गये हैं। ईश्वरवादी जिन्हें प्रायः 'क्रिश्चियन इक्जिस्टेशिलिस्ट' कहते हैं, मानव-जीवन को ईश्वर से संयुक्त कर उसे उसका वास्तविक मूल्य देना चाहते हैं जिसका प्रतिनिधित्व 'कीर्के गार्ड' और 'यास्पर्स' करते हैं। पूर्णतः अनिश्वरवादी सिद्धान्तों का प्रतिनिधित्व 'सार्त्र' करता है इस मत का जीवन से प्रत्यक्ष सम्बन्ध है जिसके कारण इसका राजनीतिक पक्ष भी उभर कर सामने आया है। सैद्धान्तिक राजनीति का प्रामाणिक विवेचन अस्तित्ववाद में 'अलबर्ट कामुअ' की प्रसिद्ध कृति 'लहोमेरिवोल्ते' में हुआ।

अस्तित्ववादी दर्शन

लोगों ने अस्तित्ववादी दर्शन का उत्स 'अरस्तू' के तत्त्ववाद और 'प्लेटो' की दार्शनिक आदर्श कल्पना में ढूँढ़ने का प्रयत्न किया पर यह विचारधारा मूलतः आधुनिक युग की चेतना तथा द्वितीय महायुद्ध की विभीषिका से उत्पन्न नैराश्यपूर्ण वातावरण एवं शून्यवादी चिन्तन-प्रक्रिया का परिणाम है। अस्तित्ववाद 'ज्याँपाल सार्त्र' और 'कामुअ' के साहित्यिक दस्तावेज के माध्यम से सर्वाधिक मुखर होकर सामने आया है। सन्त्रास और नैराश्य के बीच कच्चे धागे में झूलती जिन्दगी की अर्थशून्यता और अस्तित्व की विभीषिका से मुक्ति पाने के लिए अस्तित्ववाद स्वनिर्माण और नवीन मूल्यों की स्थापना का भयंकर दायित्व मानव पर ही डाल देने का पक्षधर है। विश्व के समस्त जीवधारियों में मात्र मनुष्य ज्ञान, चेतना और विवेक का अधिकारी है। ये गुण उसे वरदान स्वरूप मिले हैं, जिनके कारण वह मनुष्य है और मनुष्य होने के कारण ही वह संसार के अन्य जीवों से विशिष्ट एवं भिन्न है। यही कारण है कि अस्तित्ववादी मानवजीवन को ही मूल केन्द्रबिन्दु मानकर अपनी विचारधारा का प्रणयन करता है। मानवजीवन यापन के मार्ग में 'चयन की स्वतन्त्रता' एक नैतिक कर्तव्य के रूप में अपनी बर्बर भयंकरता के साथ उत्तरदायित्व का निर्वाह मनुष्य को उस परिवेश में

करना है जिसमें सारी पुरातन मान्यताएँ ध्वस्त हो चुकी हैं और उनके स्थान पर नवनिर्माण की चेतना के लिए किसी आदर्श का सर्वथा अभाव भी है। महत्त्वाकांक्षा और जीवन की क्रूर विषमताओं के बीच की गहरी खाई मानव-अस्तित्व के लिए अभिशाप और वरदान दोनों है। अपने जन्म के लिए अनुत्तरदायी मनुष्य, अपने को एक ऐसे विश्व में प्रतिबद्ध पाता है जहाँ उसे सारे परिवेश में विकृतियों के दर्शन होते हैं और उसे अकस्मात् यह आभास होने लग जाता है कि उसका जन्म लेना ही 'प्रथम' अपराध है।

मानव मन अपने आसपास घिरी समस्त प्रतिकूलताओं और भयंकर जीवनबोध के बीच भी जीने की तीव्र लालसा को सार्थकता प्रदान करने के लिए एक वीर सैनिक की भाँति तमाम दुर्धर्ष संघर्षों की भूमिका में अपने को उतारने का नैतिक अपराध करता ही है। इस संघर्ष का परिणाम मनुष्य के लिए सदा तिमिराच्छन्न रहता है। पूर्ण विनाश की नियति भोगने के लिए कटिबद्ध रहने पर भी कहीं कोई सान्त्वना की एक किरण भी उसे दिखाई नहीं पड़ती, फिर भी पूर्ण विनाश के कगार पर पहुँचने के पूर्व ही मनुष्य अपने नैतिक 'वरण' का कार्य सफलतापूर्वक सम्पन्न कर अपने 'अस्तित्व' को औचित्य प्रदान करता है।

मनुष्य अपनी चेतना के विकास क्रम में निर्जीव प्रकृति से विमुख हो चुका है। कदाचित् यह मनुष्य का दुर्भाग्य है कि वह एक चेतनाशील प्राणी के रूप में संसार में रहने के लिए है। मनुष्य जिस संसार में रहने के लिए विवश है वह चेतनाशून्य, सारहीन तथा यान्त्रिक व्यवस्था में जड़ है, जबकि मनुष्य चैतन्य और पूर्ण स्वतन्त्र है। इसी मूल्यहीन, निरर्थक और जड़ प्रकृति व्यवस्था के विरुद्ध विद्रोह-भावना से उत्प्रेरित होकर मनुष्य को एक सार्थक जीवननिर्माण करना है। सम्भवतः इसी भावना का परिणाम है कि इस पागल संसार में दया, ममता, स्नेह, सहानुभूति और मानवीय गरिमा का सृजन फिर से होने लगा है।

अस्तित्ववादी विचारधारा की इस परिणति को ठीक से समझने के लिए इसकी सामान्य दार्शनिक भूमिका का सिंहावलोकन अपेक्षित होगा क्योंकि इस दर्शन के विरुद्ध सबसे बड़ी जो बात कही जाती है कि वह यह समझ में नहीं आता। इस आरोप का उत्तर अस्तित्ववादी बड़े सहज ढंग से देते हैं कि इस संसार में समझने लायक है ही क्या?

सामान्य भाव-भूमि

अस्तित्ववाद सर्वप्रथम एक सच्चे यथार्थ की ओर उन्मुख होने की प्रवृत्ति में निहित है। 'ग्रेब्रियल मार्सल' उन सभी कृतियों में समुचित दार्शनिक गुणों को मानने से इनकार करता है जिनमें यथार्थ की चुभन का अभाव है। अपने बौद्धिक प्रशिक्षण के

परिणामस्वरूप हम व्यक्तियों में उन्हीं गुणों को देखते हैं जो उनमें सामान्य हैं, जिनके द्वारा वे किसी वर्ग (टाइप) का सृजन करते हैं, किन्तु जो कुछ भी उनमें विलक्षण है, अद्वितीय है, उसे हम नहीं देख पाते। हम उसको समझने के लिए कुछ पूर्व निश्चित वर्गों की धारणा के साथ आते हैं और हमारा पूर्व संचित ज्ञान तथा उसकी श्रेणियाँ, जो कुछ हम देखते हैं, उसकी सही पहचान और जानकारी में रुकावट डालती है। इसी प्रकार हम अपने आन्तरिक जीवन को उसके मौलिक विकास के रूप में देखने के बजाय और अधिक स्पष्ट रूप में जानने के लिए हठात् आरोपित मनोवैज्ञानिक श्रेणियों में विभक्त करते हैं जिसका परिणाम यह होता है कि हमें सत्य के मूल्य पर मात्र स्पष्टता प्राप्त होती है। अस्तित्ववादी ठीक इसके विपरीत आन्तरिक जीवन के उतार-चढ़ाव को अत्यन्त विश्वसनीयता के साथ प्रस्तुत करता है। यहीं यह भी ज्ञातव्य है कि अस्तित्ववादी बुद्धि द्वारा प्रस्तुत विवेक के हस्तक्षेप को भी स्वीकार नहीं करता।

अस्तित्ववादी विचारक अपने कार्य के लिए किसी सूक्ष्म भावमूलक विचार अथवा ठोस यथार्थ को सूक्ष्म भावमूलक बोध के लिए अग्रसर नहीं होता, अपितु सूक्ष्म भाव या विचार को ठोस रूप से समझने का प्रयत्न करता है। यही कारण है कि अस्तित्ववादी विचारधारा किसी सैद्धान्तिक सूक्ष्म भावबोधक रचना की अपेक्षा उपन्यास, नाटक या कहानी के स्थूल माध्यम से अधिक तत्परता से अभिव्यक्ति पाती है। वास्तव में यदि सत्वों (इसेंसेस) की व्याख्या दर्शनशास्त्र के क्षेत्र में आती है तो उपन्यास अपने सम्पूर्ण, विशिष्ट और सामयिक यथार्थ में हमें अस्तित्व के मौलिक स्फुरण और अभिव्यक्ति की प्रेरणा को स्वीकृति प्रदान करता है।

सामान्यतः नाटकों, उपन्यासों से जो अर्थ हम लेते हैं, अस्तित्ववादी नाटक और उपन्यास उनसे सर्वथा भिन्न होते हैं। शास्त्रीय साहित्य रूपों में प्रायः एक प्रकार के (टाइप) वर्ग का प्रदर्शन होता है। वे चरित्रों एवं पात्रों का विश्लेषण उनके तौर-तरीकों एवं रस्म-रिवाजों का विवरण यथास्थितियाँ (सिचुएशंस) को विकसित कर मानव और उसके जीवन का वर्णन प्रस्तुत करते क्योंकि उनका उद्देश्य मानव जीवन की सामान्य उपलब्धि है। अस्तित्ववादी साहित्य निश्चित रूप से इस पद्धति से भिन्नता रखता हैं। वह सामान्य की अपेक्षा विशिष्ट में जो मात्र अस्तित्व में है, अपने को सीमित रखता है और उसके निजी वैशिष्ट्य तथा विलक्षणता का उसके अस्तित्वमाना सन्दर्भों में परीक्षण करता है। यही कारण है कि अस्तित्ववादी दार्शनिक प्रेरणा से सर्जित रचनाएँ हमारे ऊपर एक खास विचित्रता, विलक्षणता, आश्चर्य और द्विधा का प्रभाव छोड़ जाती हैं। वे हमारे सामने उन स्थितियों (सिचुएशंस) को लेकर उपस्थित होती हैं जो यथार्थ के अतिरेक में अयथार्थ-सी प्रतीत होती हैं। वे इतनी सच होती हैं कि असम्भव प्रतीत होती हैं।

अस्तित्व का दर्शन और उसकी खोज

अस्तित्ववाद 'सम्पूर्ण ठोस' के प्रति अपने सम्मान में 'वस्तुवाद' से भी कहीं आगे है। अस्तित्ववाद का आग्रह सूक्ष्म धारणाओं की ओर लौटने और स्वयं अस्तित्व की एक व्यापक सम्भावना बना देने के प्रति हो सकता है। जो अस्तित्व में है, अस्तित्ववादी मात्र उसके अस्तित्व से ही सम्बन्ध रखता है। अपने ख्यातिलब्ध उपन्यास 'ल नासिया' में ज्याँपाल सार्त्र ने दिखाया है कि नायक अन्त तक वस्तुओं का निरीक्षण और मात्र उनका प्रयोग ही करता रहा। इसके माध्यम से वह मात्र उस क्रम को सामने रखना चाहता है कि उसने किस प्रकार अस्तित्व की खोज की। हम वस्तुओं के साथ अपने अस्तित्व को सम्बद्ध करके उन पर विचार करते हैं पर वास्तविकता तो यह है कि उनका अस्तित्व हमसे अलग है ही नहीं। वस्तुओं का होना हमारे ज्ञान द्वारा ही सम्भव है।

दुर्भाग्यवश अस्तित्व की चेतना बहुत ही असाधारण है। व्यक्ति अधिकतर इस विश्व की उन्हीं वस्तुओं पर अपना ध्यान केन्द्रित करता है जो उसकी प्रसन्नता और सुख का कारण बनती हैं। जहाँ तक दार्शनिकों का प्रश्न है, उन्हें ज्ञान और सूक्ष्म भाव और विचार अस्तित्व बोध से विमुख कर देते हैं। सम्भावनाओं के अतिरिक्त कोई ज्ञान नहीं होता और हम उन प्रत्येक वस्तुओं को जो हमारे ध्यान में आता है इन्हीं एक या दूसरी सम्भावनाओं के सन्दर्भ में जानने का प्रयास करते हैं। अपनी अत्यन्त घनिष्ठ अनुभूतियों में भी हम अद्वितीय, अस्पष्ट, विलक्षण और अबूझ तत्व को विस्तृत कर एक अच्छी तरह से परिभाषित सार्वभौम प्रकार के विशिष्ट उदाहरण या घटना को ही स्वीकारना पसन्द करते हैं। उनको जो इस तथ्य की जानकारी में सफल हो जाते हैं कि वे 'अस्तित्व' में हैं, 'एक खौफ के साथ पता चलता है कि वे एक असम्भावित संकट पर आरूढ़ हो चुके हैं। 'अरस्तू' कहता है कि 'ज्ञान का प्रारम्भ विस्मय से होता है और अस्तित्ववाद का अस्तित्व के विस्मय से प्रारम्भ होता है।'

अस्तित्व का क्या अर्थ है, यह एक जटिल प्रश्न है और इसका उत्तर सरलता से नहीं दिया जा सकता। 'सार्त्र' का कहना है कि अस्तित्व 'सत्व' का पूर्ववर्ती है और मनुष्य स्वयं के लिए उत्तरदायी है। पर यह व्याख्या केवल मनुष्य के सन्दर्भ में ही लागू होती है। दार्शनिक शब्दावली में यदि हम कहें तो कह सकते हैं कि प्रत्येक वस्तु के पास एक 'सत्व' (इसेंस) होता है, एक अस्तित्व होता है। सत्व उसके गुणों का स्थिर समूह है और अस्तित्व संसार में उसकी एक प्रभावशाली उपस्थिति है। बहुत से लोगों का विश्वास है कि सत्व का आगमन पहले होता है और अस्तित्व का बाद में। यह विचार विशेष रूप से धार्मिक सन्दर्भ में विकसित हुआ था। धार्मिक विचारधारा में 'सत्व' के पूर्वत्व को स्वीकृति इस कारण मिली कि ईसाई प्रभुओं को ईश्वर के अस्तित्व में अटूट विश्वास था। पर ठीक इसके विपरीत अस्तित्ववाद यह स्वीकार करता है कि

मनुष्य के सन्दर्भ में अस्तित्व 'सत्व' का पूर्ववर्ती है। इसका साधारण अर्थ यह ले लेना चाहिए कि मनुष्य अथवा आदमी पहले है, बाद में फिर वह यह या वह, ऐसा-वैसा है।

अस्तित्व एक दशा या वस्तुस्थिति नहीं, अपितु एक क्रिया (ऐक्शन) है। सम्भावना का यथार्थ में रूपान्तर। पदार्थ का परिवर्तन या रूपान्तर अपने कारणों में सन्निहित है और भौतिक पदार्थ में नवीनता का वह उद्वेग नहीं होता जो 'होने' की प्रक्रिया सृजन करती है। सच्चा होना अथवा सच्चे रूप में अस्तित्व में होने की पहली और सर्वाधिक महत्त्वपूर्ण शर्त है, स्वतन्त्रता। पदार्थ जो कि जड़ है उसके सन्दर्भ में स्वतन्त्रता के बोध की कल्पना नहीं की जा सकती। इससे स्वभावतः यह निष्कर्ष निकलता है कि अस्तित्व में होना केवल मनुष्य का ही विशेषाधिकार है।

अस्तित्व की पहली आवश्यकता एवं शर्त यह है कि मनुष्य जो होना चाहे उसको वरण करने की पूर्ण स्वतन्त्रता हो। केवल एक बार वरण कर लेना ही पर्याप्त नहीं है क्योंकि मानवीय यथार्थ अपने मूल स्वभाव में अत्यन्त दुर्बल होता है। मानवीय सत्य अपने प्रयत्नों के आधार की, जिस पूर्णता को प्राप्त करने के लिए कृतसंकल्प है, उसमें उसे आवश्यक परिणाम के रूप में पूर्ण स्वतन्त्रता के साथ वरण करने का अवसर बार-बार मिलता है। वरण की स्वतन्त्रता के लिए 'सार्त्र' का कहना है कि 'स्वतन्त्रता चुनने' की स्वतन्त्रता है किन्तु न चुनना स्वतन्त्रता नहीं है। न चुनना वास्तव में न चुनने का चयन करना है। मैं यह या वह चुन सकता हूँ पर मुझे चुनने से छुटकारा नहीं मिल सकता। परिणामस्वरूप वरण की हुई वस्तुओं का आधार वरण है, वह वरण करने की क्रिया का आधार नहीं है। इसलिए स्वतन्त्रता एक 'एबसर्ड' अर्थात् अर्थहीन चीज है। अस्तित्व अनवरत रूप से ऊपर उठने की प्रक्रिया है अथवा यों कहें कि जो है उससे भी ऊपर आने का अस्तित्व उपक्रम है।

आरम्भ में ही इसका संकेत कर दिया गया है कि अस्तित्ववादी चिन्तन की पृष्ठभूमि में यूरोप की युद्धकालीन विभीषिकाएँ हैं। मानव जीवन की क्षुद्रताओं एवं क्षणभंगुरताओं को देखकर अस्तित्ववादी विचारकों ने अपने साहित्यिक सृजन और कर्मों के माध्यम से एक क्रान्ति को जन्म देने का संकल्प किया। इन लेखकों में से अधिकांश युवक थे तथा वे परम्परागत मूल्यों को प्राणहीन समझकर उनके स्थान पर अधिक सशक्त तथा मानवीय मूल्यों की स्थापना करना चाहते थे। चूँकि अस्तित्ववादी की दृष्टि परम्परागत दर्शक की दृष्टि न होकर अभिनेता की दृष्टि होती है, इसलिए उन्होंने जीवन की विवशताओं से उत्पन्न निराशा तथा वेदना से आगे बढ़ने की प्रेरणा ग्रहण की। अपने आप में यह कितना विचित्र तथ्य है कि अवसाद तथा निराशा में इनके कर्मण्य बौद्धिक आन्दोलन को प्रेरित किया।

अस्तित्ववादी लेखक काल्पनिक साहित्य-सृजन में विश्वास नहीं करता। उसकी दृष्टि में साहित्य जीवन के दैनन्दिन संघर्षों से घनिष्ठ रूप में सम्बद्ध है।

आधुनिक सभ्यता में मानव-जीवन की कारुणिक विभीषिका उसके साहित्य का आधार सेतु है। दार्शनिक धरातल पर मानव-मुक्ति में अस्तित्ववादी साहित्य की अटूट आस्था होती है। इस साहित्य-चिन्तन का आरम्भ 'ज्यापाल सार्त्र' से मानना चाहिए जिसका अनुसरण बाद में अनेक लेखकों ने किया है। इनमें से बहुतों ने सर्जनात्मक साहित्य की रचना की और उनके समानान्तर कुछ विचारकों ने शुद्ध दार्शनिक स्तर पर अस्तित्ववादी विचारधारा को स्थापित करने का प्रयत्न किया।

'सार्त्र' का अस्तित्ववादी साहित्य उसके उपन्यासों (लनासिया, रिप्रीव, रोड टु फ्रीडम, आयन इन द सोल) तथा उसके नाटकों (इन कैमरा, द फ्लाइज, रिस्पेक्टेबल प्रास्टीट्यूट, कीन, इन द मैश) के रूप में उत्कृष्ट कलात्मक उपलब्धि का नमूना है। अस्तित्ववादी चिन्तन के क्षेत्र में 'सार्त्र' की कृतियाँ प्रथम पंक्ति में रखने योग्य हैं। उसकी समीक्षात्मक कृति (ह्वाट इज लिटरेचर) भी विशेष रूप से उल्लेखनीय है। इस क्षेत्र में 'सार्त्र' के साथ ही नोबेल पुरस्कार विजेता 'एल्बर्ट कामुअ' का नाम भी लिया जाता है। इसने भी उपन्यास और नाटक को अस्तित्ववाद की अभिव्यक्ति का माध्यम बनाया है। उसकी महान् कृति 'सहोमेरिवोत्से' को पर्याप्त ख्याति मिल चुकी है। प्रसिद्ध लेखिका 'सिमन दे वोबा' का प्रसिद्ध उपन्यास 'ल सांदे ओत्रे' भी कम उल्लेखनीय कृति नहीं है। इसमें समाज के प्रति व्यक्ति के दायित्व का चित्रण किया गया है। अपनी नाट्य-कृति से भी उसने अस्तित्ववादी विचारधारा को सामान्य जनता तक पहुँचाया है।

अस्तित्ववादी साहित्य के इतिहास पर विहंगम दृष्टि डालने पर यह निष्कर्ष निकलता है कि अस्तित्ववादी विचारधारा को प्रतिपादित करनेवाली रचनाएँ साहित्य में सदैव सफलता के बिन्दु का स्पर्श नहीं कर पायी हैं, कुछेक अपवाद को छोड़कर। यह भी ज्ञातव्य है कि प्रायः सभी अस्तित्ववादी लेखक सर्जनात्मक साहित्यकार होने के साथ ही गम्भीर दार्शनिक भी हैं। इसलिए मूल अस्तित्ववादी चिन्तन इन लेखकों की समीक्षात्मक कृतियों में ही द्रष्टव्य है।

अस्तित्ववादी चिन्तन से ओत-प्रोत सर्जनात्मक साहित्य 'फ्रेंच' में अधिक लिखा गया और कारण चाहे जो भी हो, अस्तित्ववाद अपने सारे महत्त्व के बावजूद अंग्रेजी-साहित्य में बहुत गहराई में नहीं उतर पाया। कदाचित् इसके मूल में यह कारण हो कि युद्ध और विनाश का जो ताण्डव यूरोप में दो महायुद्धों के बीच फ्रांस की धरती पर हुआ उससे इंग्लैंड अछूता रह गया।

हिन्दी-साहित्य में नवीन आन्दोलनों का प्रभाव अंग्रेजी साहित्य के माध्यम से आया। अस्तित्ववादी चिन्तन की चर्चा हिन्दी में प्रायः हुई है और आज भी हो रही है, किन्तु इस विचारधारा का कोई उल्लेखनीय प्रभाव हिन्दी-साहित्य पर देखने को नहीं मिला। हो सकता है कि जिन परिस्थितियों और युग-जीवन बोध की प्रेरणा से

अस्तित्ववादी विचारधारा का पोषण होता है, हिन्दी-संसार में उसकी न्यूनता हो। इसके अतिरिक्त दूसरा कारण यह भी हो सकता है कि हिन्दी को शीघ्र प्रभावित करने वाला अंग्रेजी साहित्य भी इस विचारधारा को अभी तक इतने प्रभावशाली ढंग से न पचा पाया हो कि अपने समवर्ती साहित्य में उस प्रभाव का संक्रमण करा सके। फिर भी हिन्दी साहित्य में 'अज्ञेय' के माध्यम से, जो अंग्रेजी और हिन्दी के क्षितिज को जोड़नेवाले सेतु पर आरूढ़ पाये जाते हैं, यह प्रभाव आया है। 'सार्त्र' के क्षण की असीमता की चर्चा और वेदना की अस्तित्ववादी दृष्टि उनके प्रसिद्ध उपन्यास 'नदी के द्वीप' में देखने को मिल जाती है। बाद में प्रकाशित उनके उपन्यास 'अपने-अपने अजनबी' को अस्तित्ववादी दर्शन अथवा चिन्तन पर आधारित एक सफल कृति के रूप में स्वीकार किया जा सकता है। हिन्दी-उपन्यास-साहित्य में यह मात्र एक रचना है जिसे निर्भ्रान्त भाव से अस्तित्ववादी होने का गौरव प्रदान किया जा सकता है। इस उपन्यास का प्रतिपाद्य जीवन और मृत्यु के बीच वरण की स्वतन्त्रता को तलाशता व्यक्ति अन्त में अपने अस्तित्व को प्रमाणित करने के लिए मृत्यु का वरण करने के लिए स्वतन्त्र हो जाता है। भले ही उसकी यह स्वच्छन्दता उसकी विवशता हो, पर 'अज्ञेय' को इस एक उपन्यास के लिए ही हिन्दी साहित्य उन्हें अस्तित्ववादी साहित्यकार के रूप में कभी विस्मरण नहीं कर पायेगा।

उपन्यास के कथा तथा चरित्र और उसमें घटनेवाली घटनाओं की धरती भले ही अभारतीय हो और साधारणीकरण के धरातल पर उसे हम सम्मान न दे पायें पर अस्तित्ववादी चिन्तन की अभिव्यक्ति के लिए उसकी विवेचना हमारे लिए एक अनिवार्यता है।

30

हिन्दी निबन्ध : उद्भव एवं विकास

—रमेशचन्द्र सिंह

गद्य-साहित्य की नवीन विधाओं में निंबन्ध का महत्त्वपूर्ण स्थान है। गद्य का पूर्ण विकसित और शक्तिशाली रूप निबन्ध में ही समृद्धि पाता है। अतएव भाषा की दृष्टि से निबन्ध गद्य-साहित्य का सबसे परिपक्व रूप है। इसीलिए आचार्य रामचन्द्र शुक्ल ने लिखा है, "यदि गद्य कवियों या लेखकों की कसौटी है, तो निबन्ध गद्य की कसौटी है। भाषा की पूर्ण शक्ति का विकास निबन्धों में ही सबसे अधिक सम्भव होता है।"[1] वस्तुतः गद्य की अन्य विधाओं में भाषा केवल साधन न रहकर साध्य का एक अंग बन जाती है। लेकिन निबन्ध में वह मुख्यतः साधन ही बनी रहती है। निबन्ध में लेखक का व्यक्तित्व झलकता है, जबकि साधारण लेख में उसका व्यक्तित्व दबा रहता है। इसके माध्यम से लेखक के विचारों एवं अन्तर्मन की गहराई का आकलन किया जा सकता है। निबन्ध-साहित्य का इतिहास प्राचीन नहीं है, क्योंकि इसका आविर्भाव गद्य के परिमार्जित एवं परिष्कृत हो जाने के पश्चात् ही हुआ है। इस विद्या का विकास 19वीं शताब्दी में हुआ है, जिस समय भारतीय समाज में एक नवीन सांस्कृतिक एवं राजनीतिक चेतना का उदय हो रहा था। यह वह समय था, जब मुद्रण यन्त्र के आविष्कार, अंग्रेजी-साहित्य के सम्पर्क, समाचारपत्रों के प्रकाशन, सामाजिक पुनर्जागरण आदि विकसित एवं प्रतिष्ठित हो रहे थे। एक प्रकार से समाज के हर क्षेत्र में नवीन चेतना का उदय हो रहा था। इस नवीन चेतना के प्रसार में हिन्दी की तत्कालीन पत्र-पत्रिकाएँ महत्त्वपूर्ण भूमिका अदा कर रही थीं। हिन्दी-लेखक इनके माध्यम से अपनी भावाभिव्यक्ति को रूप दे रहे थे।

'निबन्ध' शब्द के अनेक अर्थ मिलते हैं। आप्टे के शब्दकोश में इसके बारह अर्थ बताये गये हैं, उनमें मुख्य हैं—बाँधना, जोड़ना, रचना, लिखना, साहित्य टीका या कृति, संग्रह आदि। संस्कृत में 'निबन्ध' का अर्थ है 'बाँधना' अर्थात् निबन्ध वह है

---

1 *हिन्दी साहित्य का इतिहास*, संशोधित एवं परिवर्धित, पृ. 343

जिसमें विशेष रूप से बँध या संगठन हो। संस्कृत के अन्य कतिपय विद्वानों ने इसका दूसरा अर्थ किसी विषय पर निश्चित रूप से विचारों की शृंखला बाँधने या संग्रह करने से बताया गया है। हिन्दी शब्द सागर में इस शब्द का अर्थ बताते हुए लिखा गया है कि "निबन्ध वह व्याख्या है, जिसमें अनेक मतों का संग्रह होता है।" वस्तुतः इन दृष्टियों से निबन्ध का तात्पर्य हुआ—गठा हुआ, कसा हुआ, बन्धनयुक्त आदि। सामान्य लोगों में निबन्ध के ही समानान्तर दो शब्द और प्रयुक्त होते हैं—'प्रबन्ध' और 'लेख'। इसलिए निबन्ध का स्वरूप समझने के लिए 'प्रबन्ध' और 'लेख' पर भी विचार कर लेना चाहिए। 'निबन्ध' और 'प्रबन्ध' ये दोनों शब्द संस्कृत के हैं। संस्कृत में इनका प्रयोग काव्य के दो रूपों के लिए होता है। निबन्ध उस रचना को कहते हैं जिसमें एक ही विषय के प्रतिपादनार्थ अनेक व्याख्याएँ संगृहीत की जाती हैं। प्रबन्ध का क्षेत्र निबन्ध से व्यापक होता है। उसमें विभिन्न विषयों और तत्सम्बन्धी अनेक मतों का समावेश होता है। शाब्दिक अर्थ के आधार पर कसावट दोनों की विशेषता मानी जाती है। दोनों में अन्तर मात्र आकारगत और क्षेत्रगत होता है। निबन्ध आकार में लघु और क्षेत्र में सीमित होता है तथा प्रबन्ध दीर्घ एवं व्यापक होता है। 'लेख' शब्द भी संस्कृत भाषा का है। इसका अर्थ होता है लिखा हुआ। विषय की दृष्टि से इसका सम्बन्ध लेखक के व्यक्तिगत भावों, विचारों और मान्यताओं के अनुसार किसी विषय के विवेचन से है। अंग्रेजी में लेख के लिए 'एस्से' और 'आर्टिकल' शब्द का प्रयोग होता है। पत्र-पत्रिकाओं में प्रकाशित किसी भी रचना को 'लेख' कहा जाता है। किन्तु विशिष्ट अर्थ में लेख "उस गद्य-रचना के लिए प्रयुक्त होने लगा है जिसमें लेखक प्रमुखतया निर्वैयक्तिक ढंग से किसी विषय पर शास्त्रीय ढंग से प्रकाश डालता है।"[1] भारतेन्दु युगीन लेखकों में विशेष कर भारतेन्दु एवं बालकृष्ण भट्ट ने लिखा है—"रसिक पढ़ने वाले हास्य रस पर अधिक टूटते हैं। सच पूछो तो हास्य ही लेख का जीवन है। लेख पर कुन्दकली के समान दाँत न खिल उठे तो यह लेख ही क्या।"[2] स्पष्ट है कि ये दोनों शब्द कुछ समय तक एक-दूसरे के पर्यायवाची रूप में प्रयुक्त होते रहे। किन्तु सूक्ष्म दृष्टि से विचार करने पर प्रतीत होता है कि दोनों में अन्तर है। लेख में लेखक का व्यक्तित्व प्रच्छन्न रहता है, जबकि निबन्ध में यह व्यक्तित्व सबसे ऊपर उभर कर सामने आता है। यह वैयक्तिकता निबन्ध का सबसे प्रधान और महत्त्वपूर्ण गुण है। केवल एक इसी गुण द्वारा हम साधारण लेख से निबन्ध को अलग कर सकते हैं।

निबन्ध के पर्याय के रूप में इन शब्दों के अतिरिक्त 'सन्दर्भ' शब्द भी प्रचलित है, सन्दर्भ का अर्थ पिरोना, प्रसंग शब्द निर्वाह, एक साथ बाँधना या बुनना है,

1 *साहित्य कोश* (भाग 1), पृ. 408

2 *हिन्दी प्रदीप*, जिल्द 23, संख्या 1-2—3, पृ. 40

संकलन करना, व्यवस्थित करना, साहित्यिक रचना या वह ग्रन्थ है, जिसमें किसी ग्रन्थ के दुरूह स्थलों का अर्थ दिया गया हो।

साहित्य रूप की दृष्टि से 'निबन्ध' सबसे अधिक आधुनिक रूप है। हिन्दी-साहित्य में काव्य, नाटक, कथा—साहित्य आदि की पूर्व परम्परा किसी-न-किसी रूप में अवश्य मिलती है, पर 'निबन्ध' की परम्परा अद्यतन जिस अर्थ में गृहीत है, नहीं मिलती। वैसे संस्कृत में दर्शन, न्याय, भाष्य आदि पर लिखे गये ग्रन्थों को निबन्ध कहा जाता था, पर वह दूसरे अर्थों में प्रचलित था। यह पहले स्पष्ट किया जा चुका है। संस्कृत में दर्शन, न्याय आदि में कथित निबन्धों में खण्डन-मण्डन की प्रवृत्ति होती थी तथा विचारों का प्राधान्य होता था। हिन्दी का निबन्ध-साहित्य इनमें से कुछ तत्त्वों को लेकर चला, पर बहुत कुछ यह पाश्चात्य प्रभाव में विकसित हुआ है। पश्चिम में निबन्ध का प्रारम्भ फ्रांस के लेखक मॉन्टेन से माना जाता है जिसने सन् 1580 में अपनी आत्मकथात्मक, चिन्तनपरक और नैतिक रचनाओं को 'ऐसाइ' (निबन्ध) कहकर पुकारा। 'ऐसाइ' लैटिन भाषा के 'एग्जीजियर' (निश्चित रूप से परीक्षण) शब्द से विकसित फ्रेंच भाषा का शब्द है जिसका अर्थ है प्रयत्न, प्रयोग अथवा परीक्षण। मॉन्टेन का कथन था कि मेरी ये रचनाएँ साहित्य की एक विशिष्ट नवीन पद्धति के मार्ग में प्रयास मात्र हैं जिनमें एक पक्ष के ग्रहण और दूसरे के त्याग का आग्रह नहीं है। मॉन्टेन से 17 वर्ष बाद फ्रांसिस बेकन ने अंग्रेजी में लिखे अपने निबन्धों को 'ऐरसे' की संज्ञा प्रदान की। मॉन्टेन के निबन्धों में विचार या तर्क प्रस्तुत करने का सचेत प्रयत्न नहीं है किन्तु बेकन ने विचारों पर बल दिया और बताया कि निबन्ध केन्द्रीभूत ज्ञान के वे कुछ पृष्ठ हैं जिनमें विचारों की सहज अभिव्यक्ति होती है। इस प्रकार मॉन्टेन के 'प्रयत्न मात्र 'बेकन तक आते-आते केन्द्रीभूत ज्ञान की सहज अभिव्यक्ति बन गये।

उपर्युक्त विवेचन से स्पष्ट होता है कि पाश्चात्य साहित्य में प्रारम्भ से ही दो प्रकार के निबन्धों का सूत्रपात्र हुआ। पहले प्रकार के अन्तर्गत मॉन्टेन थे, जिनके निबन्ध विषयीप्रधान अथवा व्यक्ति-व्यंजक थे और दूसरे के अन्तर्गत बेकन थे जिनके निबन्ध वस्तुव्यंजक थे। व्यक्ति-व्यंजक निबन्धों में विषय की अपेक्षा लेखक के व्यक्तित्व का महत्त्व रहता है। उसमें उसके विचार-गाम्भीर्य, अनुभव तथा सांस्कृतिक-नैतिक धारणाएँ प्रतिबिम्बित रहती हैं। ऐसा निबन्ध एक विशेष मनोदशा में लिखा जाता हैं। यही विशिष्ट मनोदशा निबन्ध को व्यक्तित्व-प्रधान बना देती है। इसके विपरीत वस्तुनिष्ठ निबन्धों में विचारों का तारतम्य, सुसम्बद्धता एवं सांगोपांग विश्लेषण मुख्य अंग होता है। आगे चलकर इन्हीं परम्पराओं से इस विधा का पर्याप्त विकास एवं विस्तार हुआ। पाश्चात्य साहित्यकारों में काउले, कार्लाइल, स्विफ्ट, लैम्ब, गोल्डस्मिथ, स्टील आदि ने मॉन्टेन की परम्परा को समृद्ध किया तो जानसन एडीसन, जानसन, मैकाले आदि ने बेकन की परम्परा को।

परिभाषा

आधुनिक निबन्ध के स्वरूप एवं उद्‌भव पर विचार करने के पश्चात् यह आवश्यक है कि उसकी परिभाषा पर विचार किया जाये। यों तो किसी भी विधा की सर्वसम्भव परिभाषा देना अत्यन्त दुरूह कार्य है, फिर भी कतिपय विद्वानों ने निबन्ध को पारिभाषित करने का प्रयास किया है। अंग्रेजी के निबन्धकार बेकन ने "निबन्ध को उच्छिन्न चिन्तन बताया है।"[1] डॉ. जानसन ने इसकी परिभाषा लिखी है कि "निबन्ध मन की उस शैथिल्य-भरी तरंग का नाम है जिसमें क्रमबद्धता नहीं मिलती, जिसमें विचारों की परिपक्वता का अभाव दिखाई पड़ता है।"[2] एडीसन ने निबन्ध में विचारों की विरलता, हल्की उपदेशात्मकता और गपशप के रंग को महत्त्वपूर्ण स्थान दिया है।"[3] सेन्टसबरी ने निबन्ध को 'एक गद्य रचना' कहकर बड़े हल्के ढंग से टाल दिया है। इससे भी हल्के ढंग से इसे "मजेदार और बहुश्रुत व्यक्ति का भोजनोत्तर एकान्त सम्भाषण कहा गया है।"[4] ओस्वर्न्स ने निबन्ध की परिभाषा लिखी है, "निबन्ध किसी सामयिक विषय पर लिखे हल्के औपचारिक लेख को कहते हैं।"[5] प्रीस्टले ने निबन्ध को "मौलिक व्यक्तित्व की निष्कपट आत्माभिव्यक्ति बताया है।"[6] इस प्रकार इन परिभाषाओं को देखने पर प्रतीत होता है कि कोई भी ऐसी परिभाषा नहीं है जो अपने में सन्तुलित एवं सम्पूर्ण हो। इनके द्वारा दी हुई परिभाषाओं में आपस में ही विरोध है। अतएव उनमें पूर्णता की खोज करना व्यर्थ है।

हिन्दी के निबन्ध का स्वरूप प्राच्य तथा पाश्चात्य के समन्वय का प्रतिफलन है। इसीलिए वह अपने को भारतीय परम्परा के सन्निवेश के साथ पाश्चात्य निबन्ध-साहित्य के लक्षण से भी विलग नहीं रख सका है। यही कारण है कि हिन्दी-निबन्धों में लेखक के व्यक्तिगत भावों, विचारों और मान्यताओं के साथ-साथ उसका व्यक्तित्व भी प्रस्फुटित हो उठा है। इन्हीं विशेषताओं के आधार पर हिन्दी-विद्वानों ने निबन्ध को परिभाषाबद्ध करने का प्रयास किया है। आचार्य रामचन्द्र शुक्ल ने लिखा है "आधुनिक पाश्चात्य लक्षणों के अनुसार निबन्ध उसी को कहना चाहिए, जिसमें व्यक्तित्व अर्थात् व्यक्तिगत विशेषता हो।"[7] उन्होंने अपने इस कथन को और अधिक स्पष्ट करते हुए पुनः लिखा है, "व्यक्तिगत विशेषता का यह मतलब नहीं कि उसके

---

1 Dispersed meditation.

2 A loose sally of the mind, an irregular, undigested piece not regular and orderly performance.

3 In essay the thought is this and beluted and the tendency is towards light didacticism and towards personal gossip.

4 The after-dinner monologue of an interesting and well-informed man.

5 Essay is a light gossipy article on a topical subject.

6 Essay is a genuine expression of an original personality

7 *हिन्दी-साहित्य का इतिहास*, संशोधित एवं परिवर्धित, पृ. 345

प्रदर्शन के लिए विचारों की शृंखला रखी ही न जाये या जानबूझ कर जगह-जगह से तोड़ दी जाये।"[1] शुक्ल जी के पश्चात् अन्य विद्वानों ने भी अपनी-अपनी दृष्टि से इसे परिभाषाबद्ध करने का प्रयास किया है। एक विद्वान् लेखक के मतानुसार, "निबन्ध वह साहित्यिक और ललित गद्य-रचना है जिसमें लेखक किसी विचार या विषय से प्रभावित होकर अपनी भाषा में, अपने भावों या विचारों की क्रिया तथा प्रतिक्रिया को ऐसे सजीव ढंग से व्यक्त करता हुआ पाठक की मनोवृत्तियाँ को सचेत करता है कि वह कुछ काल के लिए प्रभावित होता रहे या विचार करता रहे।"[2]

यद्यपि इन परिभाषाओं में विद्वान् लेखकों ने निबन्ध की प्रमुख विशेषताओं को प्रकट करने का प्रयास किया है, फिर भी इसे सर्वसम्भव एवं आदर्श परिभाषा नहीं कह सकते। इन परिभाषाओं की अपेक्षा हिन्दी के समन्वयवादी आलोचक बाबू गुलाब राय द्वारा दी गयी परिभाषा सर्वाधिक उपयुक्त है। उन्होंने अपनी परिभाषा में निबन्ध के विकास को ध्यान में रखते हुए सम्पूर्ण विशेषताओं को उद्घाटित करने का प्रयास किया है। उनके द्वारा दी हुई परिभाषा इस प्रकार है, "निबन्ध उस गद्य-रचना को कहते हैं जिसमें एक सीमित आकार के भीतर किसी विषय का वर्णन या प्रतिपादन एक विशेष निजीपन, स्वच्छन्दता, सौष्ठव और सजीवता तथा आवश्यक संगति और सम्बद्धता के साथ किया गया हो।"[3]

उपर्युक्त परिभाषाओं को देखने पर प्रतीत होता है कि पश्चिमी विद्वानों ने निबन्ध को अव्यवस्थित और विशृंखल रचना के रूप में बताया है और हिन्दी के साहित्यकारों ने कसाव, विचारों की सम्बद्धता, गम्भीरता और व्यवस्थिता को निबन्ध का प्रमुख वैशिष्ट्य बताया है। वस्तुतः सत्य यह है कि ये परिभाषाएँ निबन्धकारों की निजी रचनाओं को ध्यान में रखकर उद्घाटित की गयी हैं। जो भी हो, इन परिभाषाओं के आधार पर निबन्ध के सन्दर्भ में निम्नलिखित निष्कर्ष निकलते हैं—

(1) आधुनिक निबन्ध गद्य की एक विधा है। गद्य में ही इसका स्वरूप अधिक निखर सकता है।
(2) इसका सम्बन्ध लेखक की रुचि एवं व्यक्तित्व से है। अतः उसमें लेखक का व्यक्तित्व प्रमुख रूप से उद्घाटित होता है।
(3) इसमें हृदय और बुद्धि का समन्वय होता है।
(4) निबन्ध में संक्षिप्त, लघुता एवं पूर्णता होती है।
(5) इसमें संक्षिप्तता के साथ-साथ रोचकता, सजीवता, भाषा की प्रौढ़ता तथा शैली की प्रांजलता आवश्यक है।

---

1 *वही*, पृ. 345
2 *हिन्दी गद्य के विविध साहित्य-रूपों का उद्भव और विकास*, डॉ. कोतमिरे, पृ. 253
3 *काव्य के रूप*, पृ. 213

(6) निबन्ध के विषय सीमित नहीं हैं, उसका विषय कुछ भी हो सकता है। परन्तु उसमें व्यक्तित्व की अभिव्यंजना आवश्यक है।
(7) मनोरंजनार्थ निबन्ध में यत्र-तत्र हास्य, व्यंग्य एवं विनोद का भी पुट हो सकता है।
(8) निबन्धकार जीवन का व्याख्याता होता है।

निबन्ध के प्रकार

निबन्ध के प्रकार को लेकर विद्वानों ने परिभाषा की ही भाँति आपस में काफी खींचातानी की है। किसी ने विषय के आधार पर, किसी ने रचना-पद्धति के आधार पर, किसी ने भाषा-शैली आदि के आधार पर उसे विभाजित करने का प्रयास किया है। अतः यहाँ सभी प्रकार की विभाजन-पद्धति का उल्लेख करना समीचीन जान पड़ता है। विषय के आधार पर विद्वानों ने निबन्धों को निम्नलिखित श्रेणियों में विभक्त किया है–

(1) विवेचनात्मक
(2) मनोवैज्ञानिक
(3) विवरणात्मक
(4) साहित्य और भाषा सम्बन्धी
(5) ऐतिहासिक और आविष्कार सम्बन्धी
(6) भौगोलिक
(7) राजनीतिक
(8) जीवन चरित्र विषयक
(9) अध्यात्म सम्बन्धी
(10) अन्य विषयों सम्बन्धी

यह ऊपर संकेत किया जा चुका है कि कतिपय विद्वानों का निबन्ध-विभाजन भाषा-शैली पर आधृत है। इस आधार पर निबन्ध के निम्नलिखित भेद हो सकते हैं–

(1) समास या सूत्र शैली
(2) व्यास शैली
(3) अलंकृत शैली
(4) लाक्षणिक या प्रतीकात्मक शैली
(5) अभिधात्मक या प्रसादपूर्ण शैली
(6) हास्य-व्यंग्य-विनोद की शैली
(7) मुक्त अनुबन्ध शैली

जिन विद्वानों ने निबन्ध-विभाजन के लिए रचना-पद्धति को आधार बनाया है उनकी दृष्टि में निबन्ध के पाँच प्रकार है–

(1) विचारात्मक
(2) भावात्मक
(3) आत्मव्यंजक
(4) वर्णनात्मक
(5) कथात्मक

कतिपय विद्वान् इस मत के भी हैं कि उपर्युक्त पाँच प्रकारों को विचारात्मक, वर्णनात्मक एवं कथात्मक इन तीन के अन्तर्गत ही समाविष्ट किया जा सकता है। कुछ विद्वान् इस पक्ष के हैं कि इन प्रकारों को दो वर्गों–विषय-प्रधान अथवा वस्तुनिष्ठ निबन्ध तथा विषयी-प्रधान अथवा आत्मव्यंजक के अन्तर्गत विभक्त किया जा सकता है।

आचार्य रामचन्द्र शुक्ल ने निबन्ध को दो वर्गों में विभक्त किया है–विचारात्मक और भावात्मक और इनमें भी विचारात्मक निबन्धों को श्रेष्ठ बताया है।[1] यहाँ शुक्ल जी के कहने का तात्पर्य यह नहीं है कि विचारात्मक या भावात्मक निबन्धों में भाव या विचार पक्ष शून्य होता है। वस्तुतः साहित्य की किसी भी विधा में दोनों का सामंजस्य रहता है। हाँ, यह अवश्य है कि कहीं पर भाव का प्राधान्य होता है तो कहीं पर विचार का। यहाँ डॉ. वासुदेव सिंह का कथन उल्लेखनीय है, "विचारहीन भाव अथवा भावहीन विचार का कोई अर्थ नहीं। भावहीन विचार नीरस और प्रभावशून्य होंगे तथा विचारहीन भाव पागल का कोरा प्रलाप।"[2]

इस प्रकार निबन्ध के मोटे तौर से दो प्रकार माने जा सकते हैं–विचारात्मक और भावात्मक। इन्हें विषय और शैली की दृष्टि से सामान्यतया निम्नलिखित वर्गों में रखा जा सकता है–

(1) विचार-प्रधान
(2) प्रतीकात्मक
(3) कथात्मक
(4) हास्य व्यंग्यात्मक
(5) ललित निबन्ध
(6) मनोवैज्ञानिक
(7) वर्णनात्मक
(8) भावप्रधान
(9) संस्मरणात्मक

---

1 हिन्दी साहित्य का इतिहास, पृ. 345 (संशोधित एवं परिवर्धित संस्करण)

2 निबन्ध निचय, भूमिका भाग, पृ. 1

हिन्दी निबन्धों का सूत्रपात

हिन्दी-निबन्धों के सूत्रपात के सम्बन्ध में विद्वानों ने आपस में काफी खींचातानी की है। डॉ. श्रीकृष्ण लाल एवं डॉ. लक्ष्मीसागर वार्ष्णेय ने पण्डित बालकृष्ण भट्ट को हिन्दी का सर्वप्रथम निबन्ध-लेखक बताया है। इसके विपरीत लाला भगवानदीन एवं रामदास गौड़ के साक्ष्य पर शिवनाथ ने हिन्दी-निबन्धों का सूत्रपात सदासुखलाल से मानने की वकालत की है। डॉ. रामचन्द्र तिवारी व्यक्तिविशेष द्वारा विधा-विशेष के सूत्रपात की बात को अमान्य ठहराते हुए निबन्धों का आरम्भ भारतेन्दु युग से मानने के पक्षधर हैं। वस्तुतः तिवारी ज़ी का कथन बहुत कुछ समीचीन भी है, क्योंकि विधाविशेष के अभ्युत्थान एवं विस्तार का श्रेय किसी व्यक्तिविशेष को मिल सकता है, पर यह कहना अधिक अच्छा नहीं लगता कि अमुक व्यक्ति ने अमुक समय साहित्य-विधा को जन्म दिया। प्रायः देखा यह जाता है कि साहित्य की किसी धारा के सूत्रपात के साथ उसकी अखण्ड परम्परा और उसके समर्थन की एक देशव्यापी मनोवृत्ति का निर्माण भी होता है। जहाँ तक हिन्दी-साहित्य में निबन्ध की परम्परा का प्रश्न है, साहित्य की कतिपय विधाओं के सदृश इसकी अविच्छिन्न धारा का आरम्भ भारतेन्दु युग से ही हुआ है। अतः सर्वाधिक उत्तम यह है कि हिन्दी-निबन्धों का सूत्रपात भारतेन्दु-युग से ही माना जाना चाहिए।

हिन्दी-निबन्ध विकास के चार चरण

मुख्यतः हिन्दी निबन्धों का विकास चार चरणों में हुआ है। ये चार चरण इस प्रकार है–

(अ) भारतेन्दु-युग–सन् 1873 से 1900 तक।
(ब) द्विवेदी-युग–सन् 1900 से 1920 तक।
(स) शुक्ल-युग–सन् 1920 से 1940 तक।
(द) अद्यतन-युग–सन् 1940-अब तक।

भारतेन्दु युग–भारतेन्दु काल तक देश में अंग्रेजी साम्राज्य पूर्ण सुदृढ़ हो चुका था। दो भिन्न संस्कृतियों में धीरे-धीरे सम्पर्क स्थापित हो रहा था। अंग्रेजी-साहित्य के सम्पर्क में आने के कारण हिन्दी-साहित्यकारों में नवीन चेतना का अभ्युदय हुआ। फलतः पत्र-पत्रिकाओं का प्रकाशन प्रारम्भ हुआ। निबन्ध नामक नवीन विधा के विकास में इन पत्र-पत्रिकाओं ने अविस्मरणीय योगदान किया। इस नवीन चेतना का प्रतिनिधित्व तत्कालीन पत्र-पत्रिकाएँ ही कर रही थीं। हिन्दी के प्रारम्भिक निबन्ध छोटे-छोटे लेखों के रूप में, जो समाचारपत्रों के आवश्यक अंग होते हैं, इन्हीं पत्र-पत्रिकाओं में प्रकाशित हुए थे। ऐसी पत्र-पत्रिकाओं में कविवचन सुधा, उदन्त मार्तण्ड, बंगदूत, हरिश्चन्द्र मैगजीन, बनारस अखबार, काशी पत्रिका, ब्राह्मण, आर्य

दर्पण, भारत बन्धु, हिन्दी प्रदीप, मित्र विलास, नागरी प्रचारिणी पत्रिका, भारत-जीवन आदि गणनीय हैं। प्रायः इन समाचारपत्रों के सम्पादक ही स्वयं इन लेखों के लेखक होते थे।

भारतेन्दु युग हिन्दी के निबन्ध के उद्‌भव का काल है। भारतेन्दु के हिन्दी साहित्य में पदार्पण करते ही उसका प्रत्येक क्षेत्र एक नवीन चेतना से भर उठा। भारतेन्दु-काल के निबन्धकारों में भारतेन्दु हरिश्चन्द्र, बालकृष्ण भट्‌ट, प्रतापनारायण मिश्र, बदरी नारायण चौधरी 'प्रेमघन', राधाचरण गोस्वामी, ठा. जगमोहन सिंह, श्री निवास दास, श्री मोहनलाल विष्णुलाल पण्ड्या, पं. अम्बिकादत्त व्यास आदि प्रमुख हैं।

भारतेन्दु के निबन्ध साहित्य के क्षेत्र में प्रथम प्रयास है। उनके व्यक्तित्व को हम साहित्यकार, समाज सुधारक और भक्त रूप में देखते हैं। उन्होंने सामयिक और स्थायी दोनों प्रकार के निबन्धों की रचना की। उनके निबन्ध 'हरिश्चन्द्र चन्द्रिका' में मुख्यतः प्रकाशित हुए, जिसका संग्रह डॉ. केशरी नारायण शुक्ल ने 'भारतेन्दु के निबन्ध' नाम से किया है। सामाजिक निबन्धों में भ्रूणहत्या, पाँचवें पैगम्बर आदि प्रमुख हैं। सामाजिक विषयों के अतिरिक्त आपने हिन्दी भाषा, रामायण का समय, होली, त्योहार, श्रुति रहस्य, सूर्योदय नाटक, अकबर और औरंगजेब, मित्रता आदि पर अनेक उत्कृष्ट निबन्धों की रचना की। आपने अपने निबन्धों में विचारात्मक, भावात्मक, वर्णनात्मक आदि शैलियों का सफल अनुसरण किया है। आपके निबन्धों में देशप्रेम का भाव प्रधान रूप से देखा जा सकता है। जगह-जगह इनमें व्यंग्य की प्रधानता भी दृष्टिगोचर होती है। आपकी भाषा में उर्दू के शब्द, पण्डिताऊपन, सरलता एवं हास्य का भी सुन्दर पुट हुआ है।

बालकृष्ण भट्‌ट इस युग के महत्त्वपूर्ण निबन्धकार हैं। उन्होंने 'हिन्दी प्रदीप' के सम्पादन द्वारा इस विधा को विकसित करने में महत्त्वपूर्ण भूमिका अदा की। उन्होंने विभिन्न विषयों, जैसे—साहित्यिक, सामाजिक, राजनीतिक, धार्मिक, नैतिक, मनोवैज्ञानिक आदि पर निबन्ध लिखे हैं। इनकी शैली भावात्मक, विश्लेषणात्मक, व्यंग्यात्मक आदि है। भाषा सरस और व्यावहारिक है। कान, नाक, आँख जैसे साधारण विषयों पर भी लिखे गये आपके निबन्ध अत्यन्त सजीव और सुन्दर हैं। आप हास्य को बहुत अधिक महत्त्व देते थे।

प्रतापनारायण मिश्र मनमौजी और विनोदी स्वभाव के लेखक थे। विनोदप्रिय होने के साथ ही वे गम्भीर भी कम नहीं थे। उन्होंने कुछ निबन्ध तो गम्भीर विषयों पर लिखे हैं और कुछ हास्य-व्यंग्यपूर्ण। उन्होंने अपनी भाषा में अंग्रेजी, फारसी, उर्दू, बंगला आदि के शब्दों का भी प्रयोग किया है। उनके निबन्ध 'प्रतापनारायण ग्रन्थावली' नाम से प्रकाशित हैं। उनके निबन्धों में धोखा, वृद्ध, खुशामद, दाँत आदि हास्य और व्यंग्य के निबन्ध हैं। उनके विचारात्मक निबन्धों में 'कवि और कविता' उल्लेखनीय है। उनकी गम्भीर आत्मव्यंजना आप, बात, भौं आदि निबन्धों में दर्शनीय है।

बदरीनारायण चौधरी 'प्रेमघन' के निबन्ध 'आनन्द कादम्बिनी' में प्रकाशित हुआ करते थे। इन्हें सामाजिक, धार्मिक एवं राजनीतिक निबन्धकार माना जाता है। इनकी भाषा ज़टिल और आलंकारिक थी। कहीं-कहीं पर वाक्यों की दुरूहता एवं अनावश्यक बोझ से जी घबड़ाने लगता है। उन्होंने भावात्मक और विचारात्मक दोनों प्रकार के निबन्धों की रचना की है। पं. राधाचरण गोस्वामी भारतेन्दु से प्रेरणा ग्रहण कर निबन्ध-लेखन की तरफ आकृष्ट हुए। आपकी शैली भारतेन्दु के सदृश है। आपके निबन्ध वृन्दावन से प्रकाशित 'भारतेन्दु' नामक पत्रिका में निकलते थे।

ठाकुर जगमोहन सिंह भारतेन्दु युग के उत्कृष्ट वर्णनात्मक निबन्धकार हैं। इनकी भाषा तत्सम प्रधान है। 'श्यामा स्वप्न' इनका महत्त्वपूर्ण निबन्ध है। लाला श्री निवास दास के निबन्धों में 'भरत खण्ड की समृद्धि' उल्लेखनीय है। पण्ड्या जी सामयिक विषयों के निबन्ध-लेखक हैं। उनके निबन्धों में सामयिक घटनाओं का अच्छा चित्रण हुआ है। इनके निबन्ध 'मोहन चन्द्रिका' में छपते थे।

पं. अम्बिकादत्त व्यास संस्कृत के विद्वान् थे। भारतेन्दु युगीन निबन्धकारों में इनका महत्त्वपूर्ण स्थान है। इन्होंने विचारात्मक निबन्ध लिखे हैं—जैसे 'धैर्य और क्षमा' आदि। इनके निबन्धों में सरलता और स्वाभाविकता सर्वत्र प्राप्य हैं। इनकी शैली में कहीं-कहीं पण्डिताऊपन की झलक दृष्टिगोचर होती है।

द्विवेदी-युग—भारतेन्दु युग में हिन्दी-निबन्ध की अविच्छिन्न परम्परा का श्रीगणेश तो हो गया था, किन्तु उनका परिष्कार द्विवेदी युग में हुआ। निबन्ध-विकास के इस द्वितीय चरण का आरम्भ 'सरस्वती' (सन् 1900) के प्रकाशन से प्रारम्भ होता है। इस युग में साहित्य की उन सभी विधाओं का विकास और उन्नति हुई जिनका परिमार्जन भारतेन्दु युग में आरम्भ हो गया था। इस युग में विषय, शैली आदि सभी दृष्टियों से निबन्ध-साहित्य की उन्नति हुई। भाषा और व्याकरण सम्बन्धी शुद्धि इस युग की उल्लेखनीय विशेषता है। इस युग में ऐतिहासिक, भौगोलिक, विचारात्मक, आलोचनात्मक आदि सभी प्रकार के निबन्ध लिखे गये। विचारप्रधान निबन्धों में सूक्ष्मता, गहराई तथा गम्भीर मनोभावों के सुन्दर विवेचन की शक्ति आयी। निबन्धकारों ने अन्य भाषाओं से अनुवाद कर हिन्दी निबन्ध-साहित्य को समृद्ध बनाने का सफल प्रयास भी किया। इस युग के प्रमुख निबन्धकारों में महावीरप्रसाद द्विवेदी, बालमुकुन्द गुप्त, गोपालराम गहमरी, पण्डित गोविन्दनारायण मिश्र, श्यामसुन्दर दास, चन्द्रधर शर्मा 'गुलेरी', अध्यापक पूर्ण सिंह, पदमसिंह शर्मा आदि हैं।

महावीरप्रसाद द्विवेदी अद्वितीय प्रतिभा के व्यक्ति थे। इन्होंने शब्द-भण्डार, प्रचार आदि की दृष्टि से निबन्धों की रचना की। वे 'सरस्वती पत्रिका' के सम्पादक थे। इसमें प्रकाशित होने वाले निबन्धों के माध्यम से उन्होंने लेखकों का ध्यान भाषा के परिमार्जन की ओर आकृष्ट किया। उन्होंने जो निबन्ध लिखा है उसे दो श्रेणियों में

विभक्त कर सकते हैं—मनोरंजक निबन्ध एवं विचारात्मक निबन्ध। इनके निबन्ध संचयन, अद्भुत आलाप, साहित्य सीकर आदि ग्रन्थों के रूप में प्रकाशित हो चुके हैं। इनकी भाषा और शैली विषय के अनुसार ही बदलती हुई है। गम्भीरता इनके विचारात्मक निबन्धों की प्रमुख विशेषता है। इस दृष्टि से इनका 'मेघदूत' एवं 'कवि और कविता' निबन्ध अत्यन्त उल्लेखनीय है।

बालमुकुन्द गुप्त 'भारत मित्र' पत्रिका के सम्पादक थे। वे व्यक्ति-व्यंजक निबन्धकार थे। इनके निबन्धों में उर्दू की हास्य-व्यंग्यात्मक प्रवृत्ति दृष्टिगोचर होती है। इस दृष्टि से इनका 'शिव शम्भु के चिट्ठे' नामक निबन्ध महत्त्वपूर्ण है। गोपालराम गहमरी इस गुण के अच्छे निबन्धकार हैं। ये कौतूहलप्रधान निबन्ध लिखने के पक्षपाती थे। इनकी शैली में सर्वत्र चमत्कार दृष्टिगोचर होता है। भाषा में इसी से आकर्षण आ गया है। इन्होंने अपने निबन्धों में मुहावरों का भी प्रयोग किया है। इनके अधिकांश निबन्ध 'ऋद्धि सिद्धि' नामक ग्रन्थ में प्रकाशित हैं।

पण्डित गोविन्दनारायण मिश्र विचारात्मक निबन्धकार थे। ये बहुभाषाविद् थे। इनके निबन्धों में संस्कृत के क्लिष्ट शब्दों का प्रयोग मिलता है। इनकी शैली अनुप्रासयुक्त और समास-प्रधान है। सरल निबन्ध लिखते समय सरल भाषा का भी प्रयोग इन्होंने किया है। 'कवि और चित्रकार' इनका प्रसिद्ध निबन्ध है।

बाबू श्यामसुन्दरदास अध्यापकीय शैली के निबन्धकार थे। इन्होंने विचारात्मक निबन्ध लिखे हैं। इनका 'साहित्यालोचन' साहित्यशास्त्र-सम्बन्धी निबन्धों का उत्कृष्ट संग्रह है। यद्यपि इनकी भाषा संस्कृत युक्त है, फिर भी उसमें दुरूहता नहीं आने पायी है। इन्होंने तर्क देकर सर्वत्र अपनी बात की पुष्टि की है। इनकी शैली गम्भीर है। 'समाज और साहित्य', 'भारतीय साहित्य की विशेषता' आदि इनके प्रसिद्ध निबन्ध हैं।

चन्द्रधर शर्मा 'गुलेरी' भी इस युग के अच्छे निबन्धकार हैं। यद्यपि इन्होंने बहुत अधिक निबन्ध नहीं लिखे, पर जो लिखे हैं वे उच्चकोटि के हैं। इनके निबन्ध प्रायः भावात्मक हैं। इनके विचार एक-दूसरे से अच्छी प्रकार सम्बद्ध होते हैं जो निबन्ध को प्रभावशाली बना देते हैं। भाषा इनकी साधारण बोलचाल की होती है। 'मारेसि मोहि कुठाउँ' इनका प्रसिद्ध निबन्ध है।

अध्यापक पूर्ण सिंह भावात्मक निबन्धकार हैं। निबन्ध-साहित्य में इनकी विशेषता इसी से जानी जा सकती है कि इन्होंने केवल आठ निबन्धों की रचना की है, फिर भी निबन्धकार के रूप में इनकी विशेष ख्याति है और ये अपनी शैली के एकमात्र निबन्धकार हैं। इनके इन निबन्धों में सच्ची वीरता, आचरण की सभ्यता एवं मजदूरी और प्रेम काफी लोकप्रिय हैं। इन निबन्धों की सबसे बड़ी विशेषता तन्मयता है। इन्होंने अपने निबन्धों में चित्रोपम वर्णन, मार्मिक भाव-व्यंजना, गम्भीर विचार-संकेत और भाषा की ओजस्विता पर विशेष ध्यान दिया है। पण्डित पद्मसिंह शर्मा

संस्मरणात्मक निबन्धकार हैं। इनको धारा एवं विक्षेप शैली का प्रवर्तक बताया जाता है। इनके निबन्धों में पाण्डित्य एवं विनोद का सुन्दर समन्वय दृष्टिगोचर होता है।

इसके अतिरिक्त इस युग के निबन्धकारों में जीवन-चरित सम्बन्धी निबन्धों के लिए बनारसीदास चतुर्वेदी, आध्यात्मिक निबन्धकारों में लक्ष्मीधर वाजपेयी आदि उल्लेखनीय हैं।

इस प्रकार उपर्युक्त विवेचन के आधार पर स्पष्ट होता है कि इस युग में निबन्धों के विषय में पर्याप्त विषयगत व्यापकता आ गयी थी और उनकी शैलियों में पर्याप्त विकास एवं सूक्ष्म विशेषताओं को उद्‌घाटित करने के प्रयास हुए।

शुक्ल-युग—निबन्ध के क्षेत्र में आचार्य रामचन्द्र शुक्ल एक युग-प्रवर्तक के रूप में पदार्पण करते हैं। यद्यपि शुक्ल जी का लेखन कार्य द्विवेदी युग में ही प्रारम्भ हो गया था, पर उनके विचारों की प्रौढ़ता एवं गम्भीर अध्ययन की पटुता बाद में ही दृष्टिगोचर हुई। उनकी लेखन-शैली ने निबन्ध-रचना को प्रभावित किया। उनके द्वारा लिखे गये निबन्ध हिन्दी में सर्वश्रेष्ठ माने जाते हैं। इस युग के अन्य निबन्धकार भी उनके निबन्धों के आदर्श का अनुसरण करते हुए प्रतीत होते हैं। हृदय की सरलता एवं मस्तिष्क की गम्भीरता उनके लेखों में कल्याण-भावना के साथ घुली-मिली रहती है। इस युग के निबन्धों में गठन, भाषा का गम्भीर रूप, प्रवाह और ओज पर्याप्त मात्रा में दृष्टिगोचर होता है। इन निबन्धकारों ने विचारों की प्रौढ़ता एवं कसाव पर विशेष बल दिया है। अतएव इस युग में विचारात्मक निबन्धों को विशेष महत्त्व मिला। इस युग के निबन्ध-लेखकों में आचार्य रामचन्द्र शुक्ल, पीताम्बरदत्त बड़थ्वाल, जयशंकर प्रसाद, नन्ददुलारे वाजपेयी आदि विचारात्मक निबन्धकार हैं। इसी समय कुछ भावात्मक निबन्धकार भी हुए, जिनमें मुख्य हैं—रायकृष्णदास, वियोगी हरि, डॉ. रघुवीर सिंह आदि।

आचार्य रामचन्द्र शुक्ल के निबन्ध पहले 'विचार वीथी' (1930 ई.) नाम से प्रकाशित हुए, जिसे बाद में 'चिन्तामणि' (भाग एक, दो) में स्थान दे दिया गया। शुक्ल जी की लेखन-शैली से निबन्ध को नयी दिशा मिली। उनके निबन्धों में उनकी गहन विचार-वीथियों के बीच-बीच सरस भाव-स्रोत मिलते हैं। इन्होंने दो प्रकार के निबन्ध लिखे हैं—भाव एवं मनोविकार से सम्बन्धित और आलोचनात्मक। भाव एवं मनोविकारों से सम्बन्धित निबन्धों में उत्साह, श्रद्धाभक्ति, करुणा, लज्जा और ग्लानि, लोभ और प्रीति, घृणा, ईर्ष्या, भय, क्रोध आदि आते हैं। उनके आलोचनात्मक या काव्यशास्त्रीय निबन्धों में काव्य में प्राकृतिक दृश्य, साधारणीकरण और व्यक्ति वैचित्र्यवाद, रसात्मक बोध के विविध रूप, कविता क्या है, काव्य में लोकमंगल की साधनावस्था, काव्य में अभिव्यंजनावाद आदि उल्लेखनीय हैं। आलोचनात्मक

निबन्ध भी दो प्रकार के हैं—सैद्धान्तिक एवं व्यावहारिक। सैद्धान्तिक निबन्धों में कविता क्या है, काव्य में लोक-मंगल की साधनावस्था, साधारणीकरण और व्यक्ति वैचित्र्यवाद, काव्य में अभिव्यंजनावाद आदि आते हैं और व्यावहारिक समीक्षा सम्बन्धी निबन्धों में तुलसी का भक्तिमार्ग, मानस की धर्मभूमि, भारतेन्दु हरिश्चन्द्र आदि महत्त्वपूर्ण हैं।

इनके निबन्धों के भावपक्ष एवं कलापक्ष सम्बन्धी कुछ ऐसे धरातल हैं, जिनके कारण वे हिन्दी के सर्वोत्कृष्ट निबन्ध लेखक मान्य होते हैं। विचारों का संगुम्फन शृंखलाबद्ध एवं तर्कपूर्ण है। विषय के विश्लेषण एवं पर्यालोचन की दृष्टि से इनमें एक वैज्ञानिक की-सी सूक्ष्मता और सतर्कता दृष्टिगोचर होती है। मनोविकारों पर लिखे निबन्धों में इन्हें विशेष सफलता मिली है, जिसके लिए ये स्तुत्य हैं। पाठक की रुचि के लिए इन्होंने अपने निबन्धों में जगह-जगह हास्य एवं व्यंग्य का भी सहारा लिया है। उनके व्यंग्य साहित्यिक और सुरुचिपूर्ण हैं।

पीताम्बरदत्त बड़थ्वाल एक गम्भीर विचारक थे। इनके निबन्धों में विचारों का बाहुल्य दृष्टिगोचर होता है। इनकी दृष्टि अनुसन्धानात्मक रही है। तुलसी, कबीर, गंगाबाई आदि इनके महत्त्वपूर्ण निबन्ध हैं। ये निबन्ध उनके गम्भीर चिन्तन के परिणाम हैं। इन निबन्धों के लेखन-क्रम में उनकी बुद्धि ही प्रधान रूप से सक्रिय रही है, जिससे इनमें बौद्धिकता मिलती है।

जयशंकर प्रसाद कविता और नाटक के क्षेत्र में अग्रणी हैं, फिर भी निबन्ध के क्षेत्र में उनका अपना स्थान है। उन्होंने निबन्ध अधिक नहीं लिखे हैं। 'काव्यकला तथा अन्य निबन्ध' में उनके आठ निबन्ध संगृहीत हैं। व्यक्तित्व की निहिति एवं विचार-सौष्ठव इनके निबन्धों की प्रमुख विशेषता है। आचार्य नन्ददुलारे वाजपेयी विचारात्मक निबन्धकार हैं। इनके निबन्धों में गम्भीरता दृष्टिगोचर होती है। ये गम्भीर विचारक और शुक्ल युग के प्रौढ़ लेखक हैं। बहुज्ञता और पाण्डित्य इनकी शैली में सर्वत्र झलकता है।

बाबू गुलाब राय संस्मरणात्मक निबन्धों के लिए अत्यन्त प्रसिद्ध हैं। इनकी 'मेरी असफलताएँ' एवं 'मेरे निबन्ध' इसके उत्कृष्ट उदाहरण हैं। रायकृष्ण दास भावात्मक निबन्धकार हैं। इन्हें नवीन शैली का उद्भावक माना जाता है। इन्होंने अपने निबन्धों में वार्तालाप-शैली को महत्त्व दिया है। साधना, संलाप, प्रवाल, छायापथ आदि में इनके निबन्ध संगृहीत हैं।

रघुबीर सिंह एवं वियोगी हरि के निबन्धों को भी भावात्मक शैली के निबन्धों की कोटि में रखा जाता है। इनके निबन्धों में रोचकता, चित्रात्मकता एवं भावुकता दृष्टिगोचर होती है। वियोगी हरि के तरंगिणी, अन्तर्नाद, पगली आदि निबन्ध-संग्रहों में हास्य-व्यंग्य का अच्छा पुट मिलता है। रघुबीर सिंह की 'शेष स्मृतियाँ' ऐतिहासिक

आधार पर लिखित भावात्मक निबन्धों का उल्लेखनीय संग्रह है। इनकी शैली सजीव तथा भाषा में खड़ी बोली का प्रांजल रूप विद्यमान है।

इसके अतिरिक्त इस युग के निबन्ध-लेखकों में सद्गुरुशरण अवस्थी, चतुरसेन शास्त्री, निराला, सुमित्रानन्दन पन्त, राहुल सांकृत्यायन, महादेवी वर्मा, बनारसीदास चतुर्वेदी आदि प्रमुख रूप से उल्लेख किये जा सकते हैं। सद्गुरुशरण अवस्थी अपने गम्भीर विवेचनापूर्ण निबन्धों के लिए, महादेवी वर्मा अपने संस्मरणात्मक निबन्धों के लिए एवं राहुल सांकृत्यायन यात्रा सम्बन्धी निबन्धों के लिए स्मरणीय हैं। इन निबन्धकारों ने अपनी लेखन-शैली द्वारा निबन्ध-साहित्य को परिमार्जित एवं प्रौढ़ता प्रदान की है।

अद्यतन-युग—अद्यतन युग निबन्ध-काल के चरम विकास का युग है। इस युग में निबन्ध-साहित्य का कथ्य एवं शिल्प दोनों दृष्टियों से पर्याप्त प्रसार हुआ है। इस युग में वैज्ञानिक, आर्थिक, राजनीतिक तथा समाजशास्त्रीय विषयों पर पर्याप्त निबन्ध लिखे जा रहे हैं। आज के युग में मानव व्यस्तता का अनुभव कर रहा है, अतएव मनोरंजनार्थ उसे सरस तथा सुग्राह्य साहित्य की आवश्यकता प्रतीत हो रही है। मानव-प्रवृत्ति में इस परिवर्तन के कारण आजकल वैयक्तिक और ललित निबन्धों का जोर बढ़ रहा है। बहुत से लेखक ऐसे हैं जो अपनी एक नयी परम्परा ही चलाते हुए दृष्टिगत होते हैं। इस युग के निबन्धकारों में मुख्य रूप से आचार्य हजारीप्रसाद द्विवेदी, डॉ. नगेन्द्र, शान्तिप्रिय द्विवेदी, डॉ. रामविलास शर्मा, विद्यानिवास मिश्र, डॉ. रामकुमार वर्मा, शिवदानसिंह चौहान, अज्ञेय, रांगेय राघव, प्रभाकर माचवे, इलाचन्द्र जोशी, नामवर सिंह, वासुदेवशरण अग्रवाल, रामअधार सिंह, ठाकुरप्रसाद सिंह, विनयमोहन शर्मा, डॉ. भगीरथ मिश्र, विश्वनाथप्रसाद मिश्र, कुबेरनाथ राय आदि उल्लेखनीय हैं।

इस युग के निबन्ध-लेखकों में आचार्य हजारीप्रसाद द्विवेदी का स्थान अप्रतिम है। इनके निबन्धों में इनकी काव्य-प्रतिमा प्रकट होती है। इन्होंने व्यक्तिव्यंजक, विचारात्मक, भावात्मक, आलोचनात्मक आदि सभी प्रकार के निबन्धों की रचना की है। हिन्दी के व्यक्तिव्यंजक निबन्धकारों में इनका मूर्धन्य स्थान है। अशोक के फूल, आम फिर बौरा गये, शिरीष के फूल, कुटज, नाखून क्यों बढ़ते हैं आदि इनके प्रमुख निबन्ध हैं। इनके निबन्धों में एक विशेष सांस्कृतिकता और शास्त्रीयता के साथ-साथ विनोदप्रियता दृष्टिगोचर होती है। विषय की दृष्टि से इनके निबन्धों में भारतीय संस्कृति से लेकर भारत के निसर्ग वस्तुओं का अच्छा परिचय मिलता है। वस्तुतः यही कारण है कि इनमें इतिहास, पुरातत्त्व, ज्योतिष, दर्शन, भारत की निसर्ग शोभा आदि का सुगम सार-संग्रह है।

डॉ. नगेन्द्र समीक्षात्मक निबन्धकार हैं। इनके निबन्धों में सहृदयता एवं पाण्डित्य का सन्तुलन दृष्टिगोचर होता है। ये अपने समीक्षात्मक निबन्धों को कोरा

बौद्धिक विवेचन न मानकर ललित अर्थात् रसात्मक एवं हृदयग्राही साहित्य का अंग मानते हैं। शान्तिप्रिय द्विवेदी प्रभाववादी आलोचनात्मक निबन्धकार हैं। इनके निबन्धों में संवेदनशीलता एवं गम्भीरता दृष्टिगोचर होती है। भाषा संस्कृत गर्भित तत्सम शब्दावली से परिपूर्ण है।

डॉ. रामविलास शर्मा आलोचनात्मक निबन्धकार हैं। इनके निबन्धों में भाषा का गम्भीर रूप दिखाई पड़ता है। विद्यानिवास मिश्र ललित निबन्धकार हैं। इनके निबन्धों में लोकजीवन और ग्रामीण समाज मुखरित हो उठा है। इस दृष्टि से इनके निबन्धों में 'चितवन की छाँह' उल्लेखनीय है। इनकी शैली सरसता एवं भावात्मकता से परिपूर्ण है। इनके निबन्धों में भाषा की ताजगी दर्शनीय है। शिवदानसिंह चौहान, रामकुमार वर्मा, अज्ञेय, रांगेय राघव आदि अपने आलोचनात्मक निबन्धों के लिए स्मरणीय हैं।

प्रभाकर माचवे, नामवर सिंह, रामअधार सिंह एवं ठाकुरप्रसाद सिंह व्यक्तिव्यंजक निबन्धकार हैं। प्रभाकर माचवे का 'खरगोश का सींग' और नामवर सिंह का 'बकलम खुद' निबन्ध-संग्रह निबन्ध-शैली की नयी दिशा प्रदान करते हैं। रामअधार सिंह के निबन्धों का संग्रह 'माटी का फूल', 'वार्ता-संग्रह' आदि आधुनिक प्रकाशित निबन्धों में महत्त्वपूर्ण है।

कुबेरनाथ राय के ललित निबन्ध, डॉ. वासुदेवशरण अग्रवाल के पुरातत्त्व विषयक निबन्ध और विनयमोहन शर्मा एवं डॉ. भागीरथ मिश्र के विवेचनात्मक शैली के निबन्ध हिन्दी-साहित्य की निबन्ध विधा के विकास में महत्त्वपूर्ण स्थान के अधिकारी हैं।

इस प्रकार हिन्दी निबन्ध-साहित्य गद्य की आधुनिक विधा होते हुए भी आज विशेष समृद्ध एवं परिपूर्ण है। यद्यपि इसे प्रौढ़ता एवं परिपूर्णता चार चरणों में मिली है, फिर भी आज विषय, शैली आदि हर दृष्टियों से अनेकरूपता रहते हुए भी यह लोकप्रिय बनता जा रहा है। इधर प्रगतिशील साहित्यकारों के चिन्तन से निबन्ध में यथार्थवादी शैली का प्रसार हो रहा है। आज विचारात्मक, संस्मरणात्मक, भावात्मक, आलोचनात्मक, विवेचनात्मक, यात्रात्मक आदि सभी प्रकार के निबन्ध लिखे जा रहे हैं। निबन्ध-साहित्य का यह नया उभरता रूप उसकी नीरसता और बौद्धिकता का परिष्कार कर लेखक और पाठक में सामंजस्य स्थापित कर रहा है। इस विधा के माध्यम से अहिन्दी भाषा-भाषी क्षेत्रों के लोग भी इसकी तरफ (हिन्दी) आकृष्ट हो रहे हैं। अतएव भाषा, शैली, विषय आदि सभी दृष्टियों से यह विधा समृद्ध हो रही है, इसमें सन्देह नहीं।

31

हिन्दी नाटक : उद्भव और विकास

—सत्यप्रकाश सिंह

भारतीय वाङ्मय में साहित्य के जिस रूप का प्रचलन सबसे पहले मिलता है, उसमें नाटक प्रमुख है। जिसमें काव्य संगुंफित रूप में आता है। नाटकों के उद्भव और विकास को लेकर हमारी दृष्टि पहले जहाँ पहुँचती है, वह है—आचार्य भरतमुनि का ग्रन्थ 'नाट्यशास्त्र'। नाट्यशास्त्र की महत्ता तो इसी बात से समझी जा सकती है कि उसे पंचम्वेद नाम से अभिहित किया गया। नाटक के सन्दर्भ में भरतमुनि का कथन है—"न कोई ऐसा ज्ञान है, न शिल्प है न विद्या है, न ऐसी कला है, न कोई योग है, न कोई कार्य ही है, जो इस नाट्य में प्रदर्शित न किया जाता हो।" यानी एक बात जो स्पष्ट हुई कि नाटक प्रदर्शन और दर्शन की चीज है। भरतमुनि ने नाटकों के प्रदर्शन के लिए रंगमंच की भी संकल्पना की थी। उन्होंने नाटक के कुछ प्रमुख अव्यव निर्धारित किये थे जिनमें 'नट', 'नटी', 'नृत्य-वाद्य', 'संगीत', 'संवाद', 'कथावस्तु', 'रंगमंच' प्रमुख हैं। नाटक के सम्प्रेषण के लिए रंगमंच आवश्यक है जहाँ नाटक में सजीवता आती है। यही वह जगह है जहाँ कला के तमाम रूपों का संयोग होता है। नाटक, भारतीय नहीं अपितु विश्व के प्राचीनतम् साहित्य से भी सम्बद्ध है। भारतीय नाटक लेखन में आख्यान परम्परा का विशेष योग है। प्रारम्भिक संस्कृत नाटकों से लेकर आरम्भिक हिन्दी नाटकों तक के लेखन में कथावस्तु का आधार भारतीय आख्यान परम्परा है। महाभारत, रामायण, पुराणों के आख्यानों का नाट्य लेखन में बहुतायत प्रयोग हुआ है।

संस्कृत नाटकों की परम्परा अश्वघोष (ईसा से 50 वर्ष पूर्व) से प्रारम्भ होकर बीसवीं शती तक कभी त्वरित तो कभी मन्थर गति से चलती रही। अश्वघोष के नाटकों में 'शारद्वती पुत्र या सारिपुत्र', 'राष्ट्रपाल', प्रमुख हैं जिनसे पता चलता है कि अश्वघोष के समय संस्कृत नाटक विकसित होना प्रारम्भ हो चुके थे। संस्कृत की बृहद् नाट्य लेखन परम्परा का उत्कर्ष 'कालिदास' के यहाँ मिलता है। कालिदास से पूर्व नाटकों की प्रौढ़ावस्था हमें भास के यहाँ मिलती है। भास ने 'प्रतिज्ञायौगन्धनारायण,

स्वप्नवासवदत्ता, चारूदत्त, तथा 'प्रतिमा' प्रभृति नाटक लिखे जो कालिदास के नाटकों के लिए राजमार्ग तैयार करते हैं। संस्कृत नाटकों का उत्कृष्टम रूप 'विक्रमोर्वशीयम्', 'मालविकाग्नि मित्रम्' तथा 'अभिज्ञानशाकुन्तलम्' में देखा जा सकता है। सम्पूर्ण संस्कृत नाट्य परम्परा में सभी दृष्टियों से अभिज्ञानशांकुतलम्' सर्वश्रेष्ठ नाटक है। जो आद्यन्त अभिनीत है।

कालिदास के तद्नन्तर संस्कृत नाटककारों में शूद्रक का नाम प्रमुख है जिन्होंने 'मृच्छकटिकम' जैसा नाटक लिखा। विशाखादत्त का 'मुद्राराक्षस', 'भवभूति' का 'उत्तररामचरितम्', 'मालती-माधव प्रभृति नाटक, पूरी परम्परा के उत्कृष्ट मोती हैं। नाटकों में सामान्य जीवन के विभिन्न चरित्रों की स्वाभाविकता, वस्तुविन्यास की गतिशीलता, वक्रता और शास्त्रीयता के साथ गहरे जीवन की खोज, संवाद की वैदग्धता, प्रकृति का प्रतिबिम्ब यह सब अपनी सम्पूर्ण कलात्मकता के साथ मिलता है। विषय के सटीक सम्प्रेषण का प्रमुख साहित्यिक उपक्रम नाटक ही है, यह इन नाटकों से पता चलता है। मानव मन की विभिन्न स्थितियों, समाज और व्यक्ति के द्वन्द्व, सम्बन्ध-सभी का समाहार इनमें है।

इस विकास और उत्कृष्टता के दौर के बाद जैसा कि 'इतिहास' का अपना नियम है, ह्रासोन्मुखता का युग आता है जिसमें राजशेखर, मुरारि, जयदेव और क्षेमीश्वर प्रभृति कुछ स्तम्भ नाटककार हुए। लेकिन संस्कृत नाट्य परम्परा पुनः कालिदास जैसा गौरव न अनुभूत कर सकी। इस प्रकार हिन्दी नाटकों के प्रारम्भ होने से पूर्व संस्कृत की नाट्य परम्परा का ह्रास हो चुका था। डॉ. दशरथ ओझा ने अपभ्रंश के रासक ग्रन्थों को हिन्दी का आदि नाटक स्वीकार किया है लेकिन सन्देश रासक के अतिरिक्त ऐसा कोई यानी आधुनिक दृश्य काव्य हमें नहीं मिलता जिससे यह बात आगे तक बढ़े। हिन्दी साहित्य में नाटकों का उद्भव आधुनिककाल से आरम्भ होता है और यदि यह भी कहा जाये कि आधुनिककाल में गद्य के साहित्यिक प्रवर्तन से नाटक का सम्बन्ध है तो भी गलत नहीं होगा। आधुनिककाल, गद्य का आगमन और नाटकों का प्रारम्भ तीनों चीजें आपस में संगुंफित हैं।

आधुनिककाल से पूर्व सत्तरहवीं-अठारहवीं शताब्दी के लगभग कुछ ऐसे नाटक भी उपलब्ध हैं जो ब्रजभाषा में हैं जिनमें कुछ मौलिक और कुछ अनूदित नाटक हैं। मौलिक नाटकों में प्राणचन्द चौहान का 'रामायण महानाटक', कृष्ण जीवन 'लछिराम' का 'करुणाभरण', उदय कवि का 'हनुमान नाटक' महाराजा विश्वनाथ सिंह का 'आनन्द रघुनन्दन (1700 ई.) नाटक गद्य-पद्य मिश्रित ब्रजभाषा में हैं। आनन्द रघुनन्दन हिन्दी नाटक साहित्य का प्रथम मौलिक नाटक माना जाता है। दूसरी ओर अनूदित नाटकों में मुख्यतः महाराज यशवन्त सिंह द्वारा अनूदित 'प्रबोध चन्द्रोदय', नेवाज कवि का 'शाकुन्तल नाटक' और सोमनाथ माथुर का 'माधव विनोद' इत्यादि हैं।

नाटकों की दिशा और स्वरूप को तय करने में रंगमंचों की बड़ी भूमिका रही है। आधुनिक हिन्दी रंगमंच संस्कृत, लोक एवं पारसी रंगमंच की पृष्ठभूमि पर विकसित हुआ है। प्रमुख नाट्य मण्डलियों या कहें रंगमंचों ने नाटकों के विषयवस्तु उद्देश्य आदि को प्रभावित किया है। जिनमें अल्फ्रेड नाटक मण्डली' (1871) 'मॉडर्न थियेटर', 'बनारस थियेटर' (1868), 'नेशनल थियेटर' (1884), 'भारतेन्दु नाटक मण्डली' (1906), 'बलिया नाट्य समाज' (1884), 'आर्यनाट्य सभा', 'श्री राम नाटक मण्डली', 'हिन्दी नाट्य समिति', 'भारत नाट्य समिति', 'भारतीय कला मन्दिर', 'पटना नाटक मण्डली' (1876), 'अमैच्योर ड्रसमेटिक्स एसोसिएशन' आदि हैं। इनके अतिरिक्त हिन्दी रंगमंच के विकास में पारसी रंगमंचों का विशेष प्रभाव पड़ा। इप्टा (इंडियन पीपुल्स थियेटर एसोसिएशन स्थापना 25 मई, 1943) हिन्दी रंगमंच में आमूलचूल परिवर्तन लाने वाला एसोसिएशन था।

हिन्दी साहित्य में नाटकों के विकास को दो भागों में वर्गीकृत करके देखा जा सकता है। 'स्वतन्त्रता से पूर्व' (1868-1947) और स्वतन्त्रता के बाद (1948 से अब तक)

स्वतन्त्रता से पूर्व (1868-1947)

भारतेन्दु युग हिन्दी नाट्य साहित्य का प्रथम चरण है। यह संक्रमणकालीन दौर था। यहाँ सम्पूर्ण भारतीय समाज राजनीतिक, सांस्कृतिक, सामाजिक परिवर्तन के दौर से गुजर रहा था। साहित्य क्षेत्र में बँगला साहित्य समृद्धि पर था, अंग्रेजी साहित्य का परिवर्तनशील और विकसित स्वरूप भारतीयों के सामने उभर रहा था और संस्कृत साहित्य की मजबूत आधारशिला विद्यमान थी। पारसी रंगमंचों की ह्रासोन्मुख एवं कुत्सित प्रवृत्तियाँ सामने थीं। अतः आवश्यकता थी नयी मान्यताएँ, नये आदर्श स्थापित करने तथा सृजनात्मक दृष्टिकोण की नींव डालने की जो भारतेन्दु जी ने किया।

उन्होंने अपने मौलिक नाटकों में राष्ट्रीय चेतना को जाग्रत करके देशद्रोहियों पर कशाधात किया और तत्कालीन सामाजिक और धार्मिक कुव्यवस्था को सुधारने का भी प्रयास किया। 'वैदिकी हिंसा हिंसा न भवति' (1873) में वैदिक धर्मानुयायियों के 'पाखण्ड का चित्रण', 'विषस्य विषमौषधम्' (1876) संवत 1932 में बड़ौदा महाराज गायकवाड़ को अपदस्थ करने पर आधारित 'प्रेमजोगिनी' (1870) में काशी में होने वाली 'पाखण्डों का चित्रण, 'चन्द्रावली' (1870) में 'कृष्ण-प्रेम का वर्णन', 'भारत दुर्दशा' (1880) में भारत की तत्कालीन राजनीतिक व सामाजिक दुर्दशा का प्रतीकात्मक चित्रण और नीलदेवी (1881) में मुगलकालीन शासन की पृष्ठभूमि में नारी जाति की वीरता व ओजस्विता का वर्णन है। 'अँधेर नगरी' (1881) में सत्ता की विसंगतियों, मूर्खताओं और उससे उत्पन्न परिस्थितियों का व्यंग्यात्मक चित्रण है। सतीप्रताप (1883) में सावित्री सत्यवान की पौराणिक कथा है। इसी तरह उन्होंने

नौ नाटक अनूदित किये—रत्नावली (1868), विद्यासुन्दर (1868), पाखण्ड विडम्बन (1872), धनंजय विजय (1873). मुद्राराक्षस (1878), दुर्लभ बन्धु (1880), कर्पूरमंजरी (1878), सत्य हरिश्चन्द्र (1878) और भारत जननी (1877)।

भारतेन्दु को आधुनिक हिन्दी का प्रथम नाटककार माना जाए तो गलत नहीं होगा। उन्होंने पहली बार हिन्दी में अनेक विषयों पर मौलिक नाटकों की रचना की और कथानक के क्षेत्र में वैविध्य उत्पन्न किया। हिन्दी के मौलिक रंगमंच की स्थापना का प्रयास किया और पहली बार हास्य-व्यंग्य प्रधान प्रहसन लिखने की परम्परा का सूत्रपात भी किया।

भारतेन्दु युग के अन्य नाटककारों में अम्बिकादत्त व्यास, हरिहरदत्त दुबे, खड्गबहादुर मल्ल, कार्तिक प्रसाद खत्री, आयोध्या सिंह उपाध्याय 'हरिऔध' (प्रद्युम्न विजय, रुक्मिणी परिणय), श्रीनिवासदास (रणधीर प्रेममोहिनी, तप्ता सँवरण, संयोगिता स्वयंवर प्रहलाद चरित्र) बालकृष्ण भट्ट (जैसा काम वैसा परिणाम, नयी रोशनी का बिष, नल-दमयन्ती स्वयंवर, वृहन्नलला, आचार विडम्बन) देवकीनन्दन खत्री (सीताहरण, रामलीला) शीतला प्रसाद त्रिपाठी (रामचरितावली), द्विजदास (रामचरित्र नाटक), किशोरी लाल गोस्वामी (प्रणयिनी परिणय, मयंक मंजरी) राधाकृष्ण दास (दुःखिनी बाला, पद्मावती, महाराणा प्रताप) राधाचरण गोस्वामी (बूढ़े मुँह मुँहासे, तन मन धन गुसाईं जी के अर्पन, अमर सिंह राठौर, सती चन्द्रावली) आदि थे।

इस काल में सामाजिक, ऐतिहासिक, पौराणिक, राष्ट्रीय एवं व्यंग्यात्मक नाटक ज्यादा लिखे गये। भारतेन्दु मण्डल के लेखक सुधारवादी दृष्टिकोण को लेकर चलने वाले थे। स्त्री को केन्द्र में रखकर इन्होंने अनेक नाटक लिखे। इस काल में पर्याप्त मात्र में प्रहसन भी लिखे गये।

भारतेन्दु के बाद नाटकों के विकास का दूसरा पड़ाव जयशंकर प्रसाद के यहाँ मिलता है। जयशंकर प्रसाद का आविर्भाव हिन्दी नाट्य साहित्य में एक नया अध्याय जोड़ता है। उन्होंने रंगमंच के लिए नाटक नहीं अपितु नाटक के लिए रगमंच गढ़ने की बात कही। जयशंकर प्रसाद ने तत्कालीन समय में चल रहे स्वतन्त्रता आन्दोलन को भावनात्मक स्तर पर मजबूती देने, अपने गौरवशाली अतीत पर गर्व करने तथा स्वतन्त्रता के लिए भारती मानस ने एक झंकार पैदा करने के लिए ऐतिहासिक रूप से स्वर्णयुगीन समय को नाटकों के माध्यम से पुनः सामने लाने का उपक्रम किया।

प्रसाद के सभी नाटक ऐतिहासिक हैं। यह वह समय था जब भारतीय समाज ब्रिटिश उपनिवेश बना हुआ था। भारतीय बौद्धिक समाज गुलामी की दोहरी जंजीरों में जकड़ा था। प्रसाद भारतीय जनता को भारतीय संस्कृति के अपूर्व रूप से परिचित कराना चाह रहे थे। उन्होंने इतिहास के उन पन्नों को खोला जिनमें तत्कालीन परिस्थितियों का उत्तर दिया हुआ था। 'विशाख' की भूमिका में उन्होंने लिखा—

"मेरी इच्छा भारतीय इतिहास के अप्रकाशित अंश में से उन प्रकाण्ड घटनाओं का दिग्दर्शन कराने की है, जिन्होंने हमारी वर्तमान स्थिति को बनाने का बहुत प्रयत्न किया है और जिन पर वर्तमान साहित्य की दृष्टि कम पड़ी है।"

प्रसाद जी ने कुल तेरह नाटक लिखे हैं। जिनमें 'सज्जन' (1910) महाभारत के कथानक पर आधरित है। 'कल्याणी परिणय' (1912) में चन्द्रगुप्त, चाणक्य व विदेशी आक्रमणकारी सेल्युकस की कथा है। करूणालय (1912) में पितृभक्त शुनःशेप एवं राजकुमार रोहित की पौराणिक कथा है। 'प्रायश्चित्त' में (1913) में जयचन्द की मृत्यु की घटना का गैर-ऐतिहासिक वर्णन तथा साथ ही पृथ्वीराज व शहाबुद्दीन मुहम्मद गौरी का वर्णन है। 'अजातशत्रु' (1922) मगध, काशी, कौशाम्बी और कोशल को आधार बनाकर लिखा गया सर्वप्रथम नाटक है। जिसके सन्दर्भ में डॉ. दशरथ ओझा ने लिखा—"...प्रसाद ने विविध घटनाओं को शृंखलाबद्ध करने का जो प्रथम प्रयास किया, उसमें उन्हें सफलता मिली। इसी कारण आगे चलकर समग्र उत्तरी भारत के विविध राज्यों की अनेक घटनाओं को एक सूत्र में ग्रन्थित कर स्कन्दगुप्त और चन्द्रगुप्त नाटक लिखने में सफल हुए। अजातशत्रु नाटक इस नये प्रयोग की प्रथम कृति होने से विशेष महत्त्वपूर्ण है।" दशरथ ओझा जी ने ठीक ही कहा है, स्कन्दगुप्त और चन्द्रगुप्त जैसे प्रसिद्ध नाटकों का प्रारम्भिक बिन्दु अजातशत्रु से ही बनता है।

'कामना' (1927) प्रसाद का सर्वथा मौलिक नाटक है जिसमें भावनाओं को पात्र के रूप में प्रस्तुत किया गया है। प्रबोध चन्द्रोदय की शैली पर आधारित यह काल्पनिक नाटक आधुनिक सभ्यता की कृत्रिमता के प्रभाव के विरोध के साथ ही मानव और प्रकृति के प्रेम सामंजस्य को दिखाता है। दशरथ ओझा कहते है—"कामना में जिस प्रतीकात्मक शैली का सूत्रपात हुआ है, यह आगे चलकर 'आँसू' (काव्य), प्रतिध्वनि (कहानी) और 'एक घूँट' (नाटक) में विकसित हुई और वही 'कामायनी' में प्रस्फुटित हो उठी है।"

प्रसाद के समसामयिक नाटककारों ने भी मुख्यतः इतिहास और पुराण को अपना विषय बनाया, जिनमें उल्लेखनीय है सुदर्शन का 'दयानन्द', बलदेव प्रसाद मिश्र का 'मीराबाई, उग्र का 'महात्मा ईसा', प्रेमचन्द का 'कर्बला, बदरीनाथ नट्‌ट का 'दुर्गावती', मिलिन्द का प्रताप प्रतिज्ञा', वियोगी हरि का 'प्रबुद्ध यमुना', उदयशंकर भट्‌ट का 'चन्द्रगुप्त मौर्य' आदि।

प्रसाद के बाद प्रमुख ऐतिहासिक नाटककार हैं हरिकृष्ण प्रेमी, जिन्होंने देश के आन्तरिक संगठन के लिए जातीय संगठन को मजबूत करने उद्देश्य से इतिहास के उन पृष्ठों को चुना जो मुस्लिम, राजपूत और मराठा इतिहास की घटनाओं से सम्बन्धित थे। 'रक्षाबन्धन', आहुति', 'स्वप्नभंग' और शिवसाधना' जैसे नाटक उन्होंने लिखे, जिनमें जातीय एका की बात प्रदर्शित की गयी है।

प्रसाद जी का युग राजनीतिक रूप से गाँधी जी के नेतृत्व में स्वतन्त्रता आन्दोलन के चरमोत्कर्ष का दौर था। यही कारण है कि उस दौर के सभी नाटककारों के नाटकों में 'मुक्ति' और 'स्वतन्त्रता' केन्द्रीय शब्दों के रूप में उपस्थित हैं। प्रसाद के पास एक विजन है जो कहीं-न-कहीं रामायण, महाभारत कालिदास, भवभूति के यहाँ है। नाटकों में यह विजन या विश्वदृष्टि उपलब्ध करने की चेष्टा प्रसाद जी के यहाँ से ही प्रारम्भ होती है।

जयशंकर प्रसाद के बाद हिन्दी नाटककार इब्सन के 'डाल्स हाउस' या 'एनेमी ऑफ द पिपुल' आदि नाटकों की अनुकृति में समस्यामूलक नाटक लिखने लगे। समस्यामूलक नाटकों के अगुआ के रूप में हमें लक्ष्मीनारायण मिश्र दिखाई पड़ते हैं। जिनका नाटक 'सिन्दूर की होली' बहुत लोकप्रिय हुआ। उपेन्द्रनाथ 'अश्क' जी ने भी 'भँवर', 'अंजोदीदी' जैसे नाटकों के माध्यम से सामाजिक यथार्थ के मनोवैज्ञानिक धरातल पर पड़ने वाले प्रभावों को व्यक्त किया है। इस धारा का पूर्व रूप मिश्र बन्धुओं के 'नेत्रोन्मीलन', मुंशी प्रेमचन्द के संग्राम' और 'प्रेम की वेदी', उग्र के 'आवारा' आदि में देखा जा सकता है।

पं. लक्ष्मीनाराण मिश्र बुद्धिवादी दृष्टिकोण के साथ नाट्य-साहित्य में आये। वे मानते हैं कि "जरूरत है उस रोशनी की जिसका सहारा लेकर हम कुछ दूर आगे बढ़ सकें।" ऐतिहासिक नाटक उनके लिए गड़े मुर्दे उखाड़ना था, वैज्ञानिक युग में जहाँ रूढ़िगत मान्यताओं को तोड़कर आगे बढ़ने की होड़ थी, उन्हें यह प्रवृत्ति नागवार गुजरी। इस तरह साहित्य में आदर्श और भावना की अपेक्षा यथार्थ और बुद्धि तत्त्व का प्रवेश हुआ। लक्ष्मीनारायण मिश्र ने बुद्धिवाद को प्रश्रय देते हुए वैयक्तिक समस्याओं का विश्लेषण करना आरम्भ किया। 'सिन्दूर की होली (1933), आधीरात (1936), राजयोग (1933) संन्यासी (1930), राक्षस का मन्दिर (1931), मुक्ति का रहस्य (1932) आदि अनेक समस्या-नाटकों की रचना की। मिश्र जी ने प्रेम विवाह और काम की समस्याओं का प्रतिपादन भी किया है। उन्होंने पौराणिक नाटक भी लिखे। 'नारद की वीणा' (1946), 'चक्रव्यूह' (1953), 'दशाश्वमेध' (1950) तथा 'वितस्ता की लहरें' (1953) मिश्र जी द्वारा लिखे इसी कोटि के नाटक हैं।

उपेन्द्रनाथ अश्क, मिश्र जी के तद्नन्तर ख्यातिप्राप्त नाटककार हैं। हिन्दी नाटक और रंगमंच को उन्होंने एक नयी दिशा प्रदान की। उनके नाटकों में मध्यवर्गीय समाज की रूढ़ियों, परम्पराओं, उच्चमध्यवर्गीय परिवारों के खोखलेपन, विषमताओं, यौन कुण्ठाओं, घुटन, असन्तोष, शिक्षित युवक-युवतियों के असन्तुलित दाम्पत्य जीवन आदि का मनोवैज्ञानिक और यथार्थपरक विश्लेषण किया है। लक्ष्मी का स्वागत (1938), स्वर्ग की झलक (1940), छठा बेटा (1940) जय-पराजय (1937), देवताओं की छाया (1940), अलग-अलग रास्ते (1954), अंजो दीदी (1955), भँवर (1961),

बड़े खिलाड़ी (1967), लौटता हुआ दिन (1972), कैद, उड़ान आदि उनके प्रमुख नाटक हैं।

इस समय के अन्य नाटककारों में हरिकृष्ण प्रेमी, सेठ गोविन्ददास, वृन्दावनलाल वर्मा, विनोद रस्तोगी, पृथ्वीनाथ शर्मा आदि हैं। सेठ गोविन्ददास ने अपने नाटक 'ग्रहण और त्याग' में गाँधीवाद तथा साम्यवाद में तुलना करते हुए दोनों के मध्य श्रेष्ठता के प्रश्न को उठाया है। 'शेरशाह' में राष्ट्रीय भावना और हिन्दू-मुस्लिम एकता का प्रतिपादन किया है। हरिकृष्ण प्रेमी ने अपने नाटकों 'छाया' और 'बन्धन' में क्रमशः नारी के स्वाभिमान तथा वेश्याओं के जीवन का चित्रण किया है। 'रक्षाबन्धन' उनका प्रसिद्ध नाटक है जो मुगल शासक हुमायूँ और रानी कर्णवती पर आधारित है। इस तरह स्वतन्त्रता पूर्व नाटकों की विषयवस्तु इन्हीं विभिन्न मुद्दो के इर्द-गिर्द घूमती रही। पारसी रंगमंच के प्रभाव से हिन्दी नाटकों को मुक्त करने में इस युग का प्रमुख योगदान रहा है।

स्वातन्त्र्योत्तर नाटक

भारतीय समाज, साहित्य एवं संस्कृति में स्वतन्त्रता प्राप्ति एक नया प्रस्थान बिन्दु रहा है। भारतीय जनमानस ने सदियों से खोई हुई स्वतन्त्रता के गौरव को प्राप्त किया था। स्वतन्त्रता पूर्व उसने जो स्वप्न देखे थे यह युग उन स्वप्नों के साकार होने का युग था लेकिन स्थितियाँ वैसी नहीं रहीं जैसी कल्पना की गयी थी। स्वतन्त्रता के पूर्व विभाजन जैसी त्रासदी ने सम्पूर्ण भारतीय जनमानस को तहस नहस कर दिया। लाखों की संख्या में भूखे, नंगे, लाचार, लुटे शरणार्थियों पर दोहरी मार पड़ रही थी। घर परिवार से दूर जाना, परिवार की सुरक्षा, जातीय एवं लैंगिक हिंसा का सामना करना ये सब नये तरह के प्रश्न हमारे सामने आकर खड़े हो गये। चोरी, डकैती, हिंसा, भ्रष्टाचार का भारतीय समाज में विध्वंसक प्रभाव पड़ा। सरकार की कुव्यवस्थाओं के प्रति जनता का गहरा असन्तोष चारों ओर दिखाई पड़ रहा था। शीघ्र की आजादी से जनता का मोहभंग हुआ, सरकारों का विरोध होना प्रारम्भ हुआ और भारतीय जनता अपनी हालत पर सरकारों के मौन को तोड़ती रही। तात्पर्य यह कि स्वतन्त्रता के बाद समस्याएँ और भी घनीभूत हो उठीं।

स्वातन्त्र्योत्तर दौर में अधिकांश नाटक मध्यवर्ग की आशाओं, आकांक्षाओं और विडम्बनाओं को ध्यान में रखकर लिखे गये। सरकारी प्रोत्साहन के कारण रंगमंच के विकास का प्रभाव भी नाट्य रचना पर पड़ा और कई तरह के नये प्रयोग भी किये गए। विषय की दृष्टि से इस युग में भी पौराणिक, ऐतिहासिक, सामाजिक आदि नाटक लिखे गए।

अश्क का 'अन्धीगली' एवं विनोद रस्तागी का 'आजादी के बाद' मध्यवर्गीय शरणार्थियों की दुर्दशा तथा शोषक और शोषित वर्ग की समस्याओं को उद्घाटित

करता है। भगवतीचरण वर्मा का तुम्हें रुपया खा गया, धन को कुछ समझने वालों की दुर्दशा का चित्र खींचता है। भट्ट जी का 'नया समाज', विनोद रस्तोगी का 'नये हाथ' और नरेश मेहता का 'खण्डित यात्रा' मिटते हुए बुर्जुआओं का जो गोर्की की 'चेरी आर्चर्ड' की नायिका की भाँति पुराने ऐश्वर्य-खँडहरों से चिपके हुए हैं, मानसिक तनाव तथा उनकी जाग्रत सन्तानों की प्रगति के चित्र उभारते हैं। पं. सीताराम चतुर्वेदी का 'समाज' समाज में व्याप्त भ्रष्टाचार का जीवन्त स्वरूप उपस्थित करता है। वृन्दावनलाल वर्मा का 'पीले हाथ' और मोहनसिंह सेंगर का 'पीले हाथ' दहेज प्रथा तथा विवाह पद्धति की ओट में सामाजिक रंगीनी, भ्रष्टाचार एवं सफेदपोश मन्त्री, नेता वकीलों का यथार्थ दर्शन कराता है। नरेश मेहता का 'सुबह के घण्टे' एक राजनीतिक नाटक है। लेखक क्रान्तिकारी की कहानी कहता है, जिसे सुबह फाँसी होने वाली है। इसमें क्रान्तिकारी के जीवन को केन्द्रबिन्दु बनाकर स्वाधीनता पूर्व और पश्चात् की राजनीतिक परिस्थितियों पर प्रकाश डाला है।

जैसा कि ऊपर कहा गया कि स्वतन्त्रता के बाद स्वप्नभंग की जो स्थिति उत्पन्न हुई उससे साहित्य में मध्यवर्ग की आशाओं, आकांक्षाओं और विडम्बनाओं को भरपूर जगह मिली। नाटककारों ने 'नयी कहानी' 'नयी कविता' के तर्ज पर 'नया नाटक' नाम से आधुनिकता बोध के नाटक लिखे। भुवनेश्वर प्रसाद के 'ऊसर' नाटक से आधुनिकता बोध का आरम्भ माना जाता है। इन्हीं के दूसरे नाटक 'ताँबे के कीडे' से 'विसंगतिबोध' के नाटकों की शुरुआत हुई। विसंगति बोध से आशय-मानव जीवन का निरूद्देश्य और अर्थहीन होने से हैं। वस्तुतः पाश्चात्य जगत में जब अस्तित्ववादी दर्शन प्रभाव में आया तो नाट्य लेखन के क्षेत्र में उसके प्रभाव की परिणति विसंगतिवाद (एब्सर्डिज्म) को प्रश्रय देने के सन्दर्भ में हुई। 'अल्वेयर कामू' को एब्सर्ड नाटक का दार्शनिक माना जाता है और विसंगत नाटकों का विकास काफ्का के प्रसिद्ध उपन्यास 'द ट्रायल' के नाट्य रूपान्तरण (1947 ई.) से माना जाता है।

इस दौर में कुछ वे नाटककार भी सक्रिय थे जो स्वतन्त्रता पूर्व की परिस्थितियों पर लिख रहे थे। पं. लक्ष्मीनारायण मिश्र का स्वर इस बदली भूमिका में ही हमें दिखाई पड़ता है। इनके परवर्ती नाटकों नारद की वीणा, चक्रव्यूह, अपराजिता, चित्रकूट, वत्सराज, गरुड़ध्वज, वितस्ता की लहरें, वैशाली में वसन्त आदि सभी में भारतीय नीति, धर्म, सदाचार, संस्कृति, सभ्यता, शिक्षा और अध्यात्म का विश्लेषण है।

स्वतन्त्रता के बाद की महत्त्वपूर्ण घटनाओं में एक है चीन का आक्रमण। चीनी आक्रमण ने भारतीय जनजीवन और जमती अर्थव्यवस्था को बेपटरी कर दिया। कुछ नाटकों यथा रेवतीशरण वर्मा का 'अपनी धरती', राजकुमार का 'पंचमाँगी,' ज्ञानदेव अग्निहोत्री का 'नेफा की एक शाम' तथा डॉ. शिवप्रसाद सिंह का 'घाटियाँ गूँजती हैं' के मूल में यही परिस्थिति है।

जगदीश चन्द्र माथुर प्रसादोत्तर उन नाटकारों में प्रतिष्ठित हैं जिन्होंने हिन्दी नाटक और रंगमंच को पुनः नये कलेवर में ढालने का प्रयास किया। हिन्दी नाट्य लेखन में उनका प्रवेश 'भोर का तारा' से होता है किन्तु एक सशक्त नाटककार के रूप में उन्हें 'कोणार्क' (1951) से प्रतिष्ठा मिली। अपने नाटकों के माध्यम से उन्होंने समसामयिक समस्याओं व मानवीय सम्बन्धों को ऐतिहासिक पौराणिक सन्दर्भों में व्याख्यायित किया है लेकिन उनका समाधान आधुनिक है। 'कोणार्क' (1951) में आज के युवावर्ग की मनःस्थिति तथा नयी एवं पुरानी पीढ़ी के विचार संघर्ष को अत्यन्त प्रभावशाली ढंग से प्रस्तुत किया गया है 'शारदीया' में हिन्दू मुस्लिम एकता को प्रस्तुत किया है। 'पहला राजा' नाटक न तो ऐतिहासिक है, न पौराणिक और न ही यथार्थवादी। यह मॉडर्न एलिगरी (आधुनिक अन्योक्ति) का मंचीय रूप है।

लक्ष्मीनारायण लाल समकालीन हिन्दी नाटककारों में प्रमुख हैं। लक्ष्मीनारायण लाल के नाटकों के सन्दर्भ में डॉ. गणपति चन्द्रगुप्त लिखते हैं, "डॉ. लाल के नाटकों का क्षेत्र बहुत व्यापक है, जिनमें भारतीय गाँवों से लेकर अत्याधुनिक शहरी जीवन की विभिन्न पारिवारिक, सामाजिक, राजनीतिक, सांस्कृतिक, मनोवैज्ञानिक समस्याओं का निरूपण कुशलतापूर्वक किया है। वस्तुतः उनके नाटक, जीवन एवं समाज की विभिन्न असंगतियों और विषमताओं का उद्घाटन सफलतापूर्वक करते हैं।" डॉ. लाल का नाट्य लेखन वैविध्यपूर्ण रहा है। इस कारण उन्हें किसी खास धारा में बाँधकर नहीं रखा जा सकता है। 'अन्धाकुआँ' (1956) ग्रामीण यथार्थ का नाटक है, 'मादा कैक्टस' (1959) प्रतीकात्मक नाटक है। 'मिस्टर अभिमन्यु' (1971) ऐसा नाटक है जिसमें आधुनिक अभिमन्यु और महाभारत के अभिमन्यु के बीच फर्क दिखाया गया है। डॉ. लाल के अन्य नाटकों में–'तीन आँखों वाली मछली' (1960), 'सूखा सरोवर' (1960), 'नाटक बहुरंगी' (1961), 'नाटक तोता मैना' (1962), 'रातरानी' (1962), 'दर्पन' (1962), 'रक्तमाल' (1963), 'सूर्यमुख' (1968) 'कलंकी' (1969), 'कर्फ्यू' (1972), 'दूसरा दरवाजा' (1972), 'अब्दुल्ला दीवाना' (1973), 'नरसिंहकथा' (1978), 'राम की लड़ाई' (1979), 'बलराम की तीर्थयात्रा' (1983), 'कॉफी हाउस में इन्तजार' (1972) आदि प्रमुख हैं।

स्वतन्त्रता के ठीक बाद के नाटकों की ओर देखें तो हमें 'अन्धा युग' (1954) के रूप में एक सशक्त नाटक मिलता है। 1954 में रेडियो रूपक के रूप में लिखा यह नाटक अपने शीर्षक से ही विशिष्ट लगता है। उस युग को जिसे 'नेहरू युग' कहा जाता रहा है, धर्मवीर भारती जी ने 'अन्धा युग' कहकर सम्बोधित किया। वह भी तब जबकि अभी 1962 का भारत-चीन युद्ध होना बाकी है। यह नाटक नेहरू युग की द्विधाविभाजित नीतियों, व्यवहारों पर टिप्पणी है। डॉ. भारती मात्र वैज्ञानिक युग के विध्वंसात्मक परिणति मात्र से पीड़ित नहीं थे, बल्कि उनके अन्दर विभाजन,

साम्प्रदायिक कत्लेआम, प्रजातान्त्रिक व्यवस्था के नाम पर बनी सरकार की विकृतियाँ, पंचवर्षीय योजनाओं की असफलता, एक मूल्यमूढ़ता और दृष्टिहीनता इन सबके प्रति क्षोभ था। 'अन्धा युग' को इस दृष्टि से भी देखा जाना चाहिए।

मोहन राकेश इस युग के उदीयमान नाटककार थे। जिन्होंने 'नवनाट्य लेखन' को एक व्यापक एवं सर्जनात्मक आन्दोलन के रूप में स्थापित किया। उन्होंने आधुनिक संवेदनाओं, आधुनिक मानव के द्वन्द्वों को पकड़ना चाहा है। 'आषाढ़ का एक दिन' (1958), 'लहरों के राजहंस' (1963), 'आधे अधूरे' (1969) उनके तीन प्रमुख नाटक हैं। आषाढ़ का एक दिन (1958) ऐतिहासिक नाटक है जिसमें कवि कालिदास के सत्ता एवं सर्जनात्मकता के मध्य के संघर्ष को दिखाया गया है। यह आधुनिक मानव के मन का भी द्वन्द्व है। 'लहरों के राजहंस' नाटक बुद्ध के भ्राता नन्द पर आधारित है जिसमें भौतिकवाद और अध्यात्मवाद के मध्य द्वन्द्व केन्द्र में है। आधे-अधूरे (1969) उनका सर्वाधिक प्रसिद्ध नाटक है। यह नाटक स्त्री पुरुष सम्बन्ध और दाम्पत्य सम्बन्ध के खोखलेपन तथा पारिवारिक विघटन की जीवन स्थितियों को दर्शाने वाला नाटक है। आज के कठोर यथार्थ की सीधी अभिव्यक्ति इसमें है। नाट्यभाषा की प्रांजलता भी इसमें देखने लायक है। हरकत भरी नाट्यभाषा, मौन, अन्तराल, बीज-शब्द, प्रतीकात्मकता आदि का इसमें सार्थक प्रयोग हुआ है।

मोहन राकेश के तदनन्तर समकालीन नाटककारों में भीष्म साहनी का नाम विशेष उल्लेखनीय है। उनके नाटकों में—'हानुश' (1977), 'कबिरा खड़ा बजार में' (1981), 'माधवी' (1985), 'मुआवजे' (1995), 'रंग दे बसन्ती चोला' (1998), 'आलमगीर' (1999) आदि प्रमुख हैं। इनके नाटकों में विषयगत विविधता बहुत है। 'हानुश' नाटक चेकोस्लोवाकिया की एक लोक कथा पर आधारित है। 'माधवी' एक भारतीय पौराणिक कथा पर आधारित है जिसमें एक प्राचीन स्त्री पात्र को आधुनिक सन्दर्भ में प्रस्तुत किया गया है। 'रंग दे बसन्ती चोला' 'जलियाँवाला बाग' के नृशंस सामूहिक हत्याकाण्ड को आधार बनाकर लिखा गया है, जबकि 'आलमगीर' में औरंगजेब तथा दाराशिकोह के संघर्ष की कथा है।

स्वतन्त्रता के बाद नेहरूयुग की निष्क्रिय तथा स्वप्नजीवी व्यवस्था पर प्रखर आघात करने वाला पहला नाटक ज्ञानदेव अग्निहोत्री का शुतुरमुर्ग (1968) रहा। चीनी सत्ता से पराभव की पृष्ठभूमि पर लिखे इस नाटक में शुतुरमुर्ग को प्रतीक बनाकर ज्ञानदेव अग्निहोत्री ने एक ऐसे राज्य की परिकल्पना की है जिसका राजा शुतुरमुर्ग और नगर शुतुरमुर्ग और राजचिह्न शुतुरमुर्ग है। यह राजा जो पैसा देश के विकास पर खर्च करना चाहिए उसे शुतुरमुर्ग की एक स्वर्ण प्रतिमा बनवाने में खर्च कर रहा है। 'नेफा की एक शाम' (1962) में चीनी आक्रमण का चित्रण किया गया है।

मोहन राकेश के बाद साठोत्तरी दौर के सर्वाधिक महत्त्वपूर्ण नाटककार सुरेन्द्र वर्मा हैं। उनके प्रमुख नाटकों में 'द्रौपदी' (1972), 'सेतुबन्ध' (1972), 'नायक खलनायक विदूषक' (1972), 'सूर्य की अन्तिम किरण से सूर्य की पहली किरण तक' (1975), 'आठवाँ सर्ग' (1976), 'छोटे सैयद बड़े सैयद' (1982), 'एक और एक' (1987), 'शकुन्तला की अँगूठी' (1990), 'कैद-ए-हयात' (1995) आदि हैं। सुरेन्द्र वर्मा ने अपने अनेक नाटकों के कथ्य और कथानक संस्कृत नाटकों की परम्परा से प्राप्त किये हैं, किन्तु व्याख्या आधुनिक सन्दर्भ में तथा आधुनिक दृष्टि से की है।

इस दौर के अन्य नाटककारों में शंकरशेष, मुद्राराक्षस, गिरिराज किशोर, स्वदेश दीपक आदि प्रमुख हैं। स्वदेश दीपक प्रगतिशील चेतना के नाटककार हैं जिनका नाटक कोर्टमार्शल बहुत चर्चित रहा। कोर्टमार्शल में दिखाया गया है कि वर्ग एवं जाति-भेद के रोग से ग्रस्त देश की फौज भी इस रोग से मुक्त नहीं है। मुद्राराक्षस के नाटक 'तिलचट्टा', 'तेन्दुआ' और 'आला अफसर' बहुत प्रसिद्ध रहे हैं।

समकालीन समय के कुछ प्रमुख नाटककारों में असगर वजाहत का नाम सर्वप्रमुख है। उन्होंने कई प्रमुख नाटक लिखे जिनमें, 'फिरंगी लौट आये, 'इन्ना की आवाज' (1986), 'वीरगति' (1981), 'समिधा, जिस लाहौर नहीं देख्या ओ जम्याइ नई' (1991), 'अकी', 'गोडसे@गाँधी.कॉम' (2012) और 2019 में उनका आद्यन्त नाटक 'महाबली' प्रकाशित हुआ है। महाबली नाटक के लिए उन्हें 2021 का व्यास सम्मान भी मिला है। महाबली का कथानक तुलसीदास और अकबर के बीच हुए संवादों से सन्दर्भित है।

आधुनिक युग में गीत नाट्यों के रूप में भी नया प्रयोग सामने आया। हिन्दी में यों तो भारतेन्दु की 'नीलदेवी' से इस परम्परा की शुरुआत माननी चाहिए लेकिन वहाँ से इसका विकास नहीं हुआ। प्रसाद से पूर्व मैथिलीशरण गुप्त का 'अनघ', हरिकृष्ण प्रेमी का 'स्वर्णविहान' (1930) आदि गीति नाट्य लिखे गये लेकिन बाद में इसका ज्यादा विकास हुआ। प्रसाद की 'कामना', भट्ट जी की 'मत्स्य गन्धा', सुमित्रानन्दन पन्त की 'ज्योत्सना', 'रजत शिखर', 'शिल्पी', एवं 'सौवर्ण' में संगृहीत गीतिनाट्य, सेठ गोविन्ददास का 'स्नेह या स्वर्ग', गिरिजाकुमार माथुर का 'कल्पान्तर' दुष्यन्त कुमार का 'एक कण्ठ विषपायी', धर्मवीर भारती का अन्धायुग, नरेश मेहता का 'संशय की एक रात' आदि प्रमुख गीतिनाट्य रहे हैं।

समकालीन दौर में एकांकी लेखन का चलन बढ़ा है। यद्यपि पहली एकांकी प्रसाद जी की रचना 'एक घूँट' को मानना चाहिए। एकांकी के उत्कृष्ट रचनाकारों में डॉ. रामकुमार वर्मा, जगदीशचन्द्र माथुर, उपेन्द्रनाथ अश्क, प्रभाकर माचवे, विष्णु प्रभाकर, देवीलाल सावर, सत्येन्द्र शरत, विनोद रस्तोगी, लक्ष्मीकान्त वर्मा, चिरंजीत, लक्ष्मीनारायण लाल आदि प्रमुख रहे हैं।

रेडियो के चलन में आ जाने से रेडियो नाटकों का भी चलन बढ़ गया था। रेडियो नाटकों का विषय, इतिहास, सामाजिक जागरण, राष्ट्र निर्माण एवं सांस्कृतिक उत्थान रहा है। विष्णु प्रभाकर (उपचेतना का छल, सड़क, साँप और सीढ़ी) अमृतलाल नागर (चक्करदार सीढ़ियाँ और अँधेरा, गूँगा, उतार चढ़ाव), भारत भूषण अग्रवाल (महाभारत की साँझ, अजन्ता की गूँज, खाई बढ़ती गयी), लक्ष्मीकान्त वर्मा (आदमी का जहर, रबड़ का बबुआ, परतों की आवाजें) आदि प्रमुख रेडियो नाटककार हैं।

नुक्कड़ नाटकों का चलन इधर सामाजिक जागरूकता के लिए बढ़ता हुआ दिखाई पड़ता है। वस्तुतः नुक्कड़ नाटक 'इप्टा' की देन हैं। नुक्कड़ नाटकों के विकास में असगर वजाहत, सफदर हाशमी, रमेश उपाध्याय, स्वयंप्रकाश, गुरुशरण सिंह, शिवराम और राजेश जोशी का योगदान सराहनीय है।

नाटक सभी साहित्यिक विधाओं में सर्वाधिक लोकतान्त्रिक विधा है जिसका आगमन काव्य से भी पूर्व हुआ है। मनोरंजन से लेकर जागरूकता, संवेदनाओं के सम्बल से लेकर सहृदयता तक को स्थापित करने का कार्य नाटकों ने किया है। 21वीं सदी में नाटकों का विकास थोड़ा थिर तो हुआ है लेकिन आशा है कि यह नदी फिर कभी जल्दी ही उफान मारेगी।

32

हिन्दी उपन्यास : सन् साठ के बाद

—रामविनोद सिंह

इतना स्वीकार लेना चाहिये कि एक दशक का लेखक जब दूसरे दशक में प्रवेश करता है तब वह अपने संस्कारों, विचारों एवं शिल्प-संस्कारों को साथ ले जाता है। इसके साथ यह भी स्वीकारा जाना चाहिये कि वह नये दशक में घटित राजनीति, आर्थिक नीति तथा सामाजिक नीति के साथ अपनी सोच के कारण कथ्य से लेकर शिल्प में भी थोड़ा परिवर्तन करता है। इस परिवर्तन के बावजूद वह अपने पुराने संस्कारों से सर्वथा मुक्त नहीं हो पाता है। नौवें तथा दसवें दशकों के उपन्यास-लेखन में भी थोड़ा बदलाव लक्षित हो जाता है। शिल्प में सर्वथा नव्यता के साथ 'मुझे चाँद चाहिये', 'कलि-कला', 'प्रेमी-प्रेमिका संवाद' तथा 'पूर्वापर' धमाकेदार उपस्थिति दर्ज कराने में सफल हुए हैं। इन दशकों में रूस में मार्क्सवाद का अवसान तथा इसके समानान्तर भूमण्डलीकरण या मुक्त बाजार व्यवस्था के नाम से पूँजीवाद की तेज पदचाप सुनाई पड़ती है। दोनों घटनाओं ने न केवल विश्व की आर्थिक एवं सामाजिक सोच को प्रभावित किया है, बल्कि इससे उपन्यास-लेखन भी प्रभावित होता है। मार्क्सवाद के पतन से सर्वाधिक द्वन्द्वात्मक स्थिति में मार्क्सवादी चिन्तक तथा लेखक दिखलायी पड़ते हैं। दिल्ली में आयोजित जलेस के सातवें अधिवेशन का उद्घाटन करते हुए चन्द्रकान्त देवताले ने कहा कि 'लेखकों का दायित्व है प्रतिरोध।' साजिदा जैदी का कहना था कि 'ऐसे में ग्लोबलाइजेशन का मतलब है जिन्दगी का कमर्शियलाइजेशन' और 'जिन्दगी का वल्गराईजेशन'। कवि मंगलेश का मानना था कि 'बुद्धिजीवी एक सांस्कृतिक आलोचक तथा प्रतिरोध का प्रवक्ता के रूप में ही रह सकता है।' इन स्वरों में वामपन्थी चिन्तन की टीस है। लेकिन इस आन्दोलन के विष्णु खरे बाजारवाद का समर्थन करने में हिचकते नहीं हैं। पक्ष-विपक्ष के विचारों से विदित होता है कि मार्क्सवादी लेखक भी उपयोगितावादी संस्कृति तथा मार्क्सवादी जुझारू संस्कृति में अन्तर नहीं मानते हैं। विचारधारा का यह अन्तर्विरोध राजनीति में अधिक तीखा एवं मुखर है। पश्चिम बंगाल के

मार्क्सवादी मुख्यमन्त्री आर्थिक दृष्टि से मजबूत पश्चिम बंगाल चाहते हैं, मजबूत मार्क्सवादी सिद्धान्त नहीं।

दूसरी तरफ कुछ साहित्यकारों ने विचारधारा के संघर्ष को किनारे करते हुए भारत की नयी आर्थिक नीति पर प्रहार किया। रामदरश मिश्र ने अपने लघु उपन्यास 'बीस-बरस' में स्पष्ट किया कि भौतिकवादी संस्कृति जब विस्तार एवं महत्त्व पा जाती है, तब आत्मीय संस्कृति या पारिवारिक संस्कृति अग्निसात हो जाती है। उनके शब्दों में 'जब एक प्रथा टूटती है, तो दूसरी प्रथा को उसका स्थान लेना चाहिए। यहाँ तो एक प्रथा की जगह खाली रह गई और वह सूनी की सूनी पड़ी है।' डॉ. मिश्र के अनुसार मार्क्सवाद के अवसान के बाद उस विचारधारा का पूरक नहीं बना। नयी आर्थिक नीति से प्रभावित तमाम संरचना के पक्ष-विपक्ष में चली बहस के बावजूद इतना मानना होगा कि इस नये आर्थिक विचारों ने हिन्दी उपन्यास-लेखन को प्रभावित किया है।

इस प्रभाव का स्पष्ट संकेत उन उपन्यासों से प्राप्त होता है जिनमें मध्यवर्ग की जगह निम्न वर्ग के आक्रोश को स्थान दिया गया है। इन उपन्यासों ने आठवें दशक के उपन्यासों के उस स्वर को निरर्थक घोषित किया है जो मध्यवर्गीय नैतिकता को महत्त्व दे रहे थे। इसके स्थान पर उसने निम्नवर्ग के आक्रोश और संघर्ष को महत्त्व दे दिया है। समय के प्रभाव से विकसित निम्नवर्ग की चेतना की मार्मिक भाषा जगदीशचन्द्र के 'घास गोदाम' में सुनाई पड़ती है। इस उपन्यास की 'अंगूरी' एक जीवित चरित्र है जो अपनी जमीन से प्यार करती है। अपनी थोड़ी-सी जमीन के परायी होने पर वह दुःखी होती है। धरती की बेटी धरती से जुदा होने पर स्मृतियों में जीवित रहती है। लेकिन धरती के आकर्षण से वह कभी मुक्त नहीं होती है। वह धरती को चूमती है, स्पर्श करती है और कभी-कभार आँसू का उपहार देकर अपने पराजित मन को सम्हाल लेती है। 'किस्सा गुलाम' का कुन्दनलाल एक भंगी युवक है। सामाजिक उपेक्षा का भय उसको व्यथित करता है। नागरजी 'सारिका', वर्ष 26, अंक 414 में कहते हैं कि, "बड़ी दृष्टि वह है, जो हमारे भीतर इसका विकास करने के साथ चेतना का विकास करती है, जो कथ्य हमारे मन और भाव तथा बुद्धि दोनों को छू ले, वह बात बढ़िया है...।" उनके अनुसार चेतना तथा अनुभव को विकसित करने वाली रचना महत्त्वपूर्ण हो जाती है। उस दृष्टि से 'किस्सा गुलाम' पठनीय उपन्यास है। 'झीनी-झीनी बीनी चदरिया' निम्नवर्गीय बुनकर समाज के आर्थिक वितुलन से प्रभावित जीवन का चित्रण है। इस उपन्यास की मतीन, इकबाल और रउफ चाचा अपने अधिकारों के लिए संघर्षरत हैं। बीसवीं शती में निम्न वर्ग के जीवन में घटित बदलाव को यह उपन्यास उजागर करता है। 'सावधान नीचे आग है' तथा श्री लाल शुक्ल का उपन्यास 'पहला पड़ाव' श्रमिकों की बेमतलब होती जिन्दगी और मूल्यहीन बने उनके श्रम पर प्रकाश डालता है। उनकी एक टिप्पणी है, "आधी तिहाई मजदूर,

सुअर बाड़े जैसी झोपड़ियाँ, बेइज्जती, कानून से कोई बन्धुआ न होते हुए भी ये सबसे बड़ी जकड़ में फँसे हुए बन्धुआ मजदूर हैं।" श्रमिकों की विवशता, उनके शोषण तथा उनके भीतर के उमड़े हुए आक्रोश को व्यक्त करने में उपन्यास प्रभावशाली बना हुआ है। लेकिन इस उपन्यास की एक सीमा तब बन जाती है जब केवल बाह्य परिस्थितियों को विस्तार देना उपन्यास की सफलता मान ली जाती है। अतः यह उपन्यास श्री लाल शुक्ल की औपन्यासिक यात्रा का कोई आकर्षण केन्द्र नहीं बन पाता है। 'हीरामन हाईस्कूल' में भंगी जीवन का चित्रण है। हमारे समाज में नैतिक प्रतिमान निरर्थकता की सरहदों को लाँघ चुका है, सांस्कृतिक चेतना अधजले शरीर की तरह घिनौना, मानवीय रिश्ते, सरकटी लाश की तरह पहचानहीन और बेइन्तहा भागता हुआ दिशाहीन मन आज की सचाई है। बेमतलब होती पारिवारिक जिन्दगी, निरर्थक यात्रा पर निकले कॉलेज प्राध्यापक, आत्मीयहीन जीवन परिस्थितियाँ, अटपटे विवाद में फँसे हुए बुद्धिजीवी, फैशनपरस्त शिक्षित नारियों की बेहूदी बातें तथा अपनी अस्मिता के प्रति नयी अंगराई से भरा हुआ उपेक्षित वर्ग जैसे दहकते सवालों को सम्प्रेषित करने में उपन्यास सफल है। शिवप्रसादजी का उपन्यास 'शैलूष' जन संस्कृति का प्रामाणिक दस्तावेज है। उपन्यास में कबीलों की जिन्दगी की दर्दभरी कहानी है। ऐसा लगता है कि लेखक नटों के जीवन का केवल स्रष्टा ही नहीं है बल्कि भोक्ता भी है। नटों के जीवन पर कभी रांगे; राघव का उपन्यास 'कब तक पुकारूँ' भी आया था, लेकिन उसमें देहवाद के विस्तार ने उपन्यास की रवानी को नष्ट किया था। इसके विपरीत 'शैलूष' में जनसंस्कृति की ह्रसोन्मुखता तथा विकासोन्मुखता का संगीत सुनाई पड़ता है। नटों की जिन्दगी के अन्तर्विरोध, उसकी सांस्कृतिक चेतना में आये बदलाव, रीतिरिवाज, लोकगीत, लोक-विश्वास, आर्थिक विषमता और अभाव के कारण टूटती नैतिकता, सामाजिक जीवन के साथ निजी जीवन की झाँकियाँ, गैर-समाज से नटों के सम्बन्ध, उसके जुझारू स्वभाव और विलासी स्वभाव का बड़ा ही प्रभावकारी चित्रण इस उपन्यास में उपलब्ध है। श्रमिक जीवन पर आधृत संजीव का उपन्यास 'धार' में श्रमिकों के विद्रोह, विचार, दिशा और परिवेश का सफलतापूर्वक अधिग्रहण हुआ है। इस उपन्यास का शर्मा विचार का वाहक है और मैना अनुभव की सत्ता से निर्मित है। मैना क्रिया के द्वारा विचार को आयाम तथा गति देती है। इसके विपरीत शर्मा विचार की गति से क्रियात्मकता को दिशा और मंजिल देता है। अतः यह उपन्यास श्रमिकों के संघर्ष को सही दिशा में प्रस्तुत करता है। संजीव का नया उपन्यास 'सरकस' भी देखने योग्य है। इस दशक में निम्नवर्ग तथा श्रमिक वर्ग के चित्रण में उपन्यासकारों ने बहुत दिलचस्पी ली है।

एक मजबूत लेखन के रूप में उभरते मिथकीय उपन्यास की मजबूत शृंखलायें नवें एवं दसवें दशकों को पिछले दशकों से भिन्न बना देती हैं। वैसे तो मिथकीय लेखन का

प्रारम्भ 'बाणभट्ट की आत्मकथा' से होता है। लेकिन इन दशकों के साथ 21वीं सदी के प्रारम्भ के दशक में इस दिशा में तेज प्रयास होता है। कथा साहित्य में जो स्थान आधुनिकता का था, इन दशकों में वह स्थान मिथकीय उपन्यासों को प्राप्त है। कभी साहित्य में जो स्थान वाम बनाम आधुनिकता का था, वह स्थान इन दशकों में वाम बनाम मिथकीय उपन्यासों ने प्राप्त कर लिया है। प्रश्न है कि इस नाटकीय परिवर्तन की क्या वजह हो सकती है? क्या मिथकीय लेखन को सामाजिक यथार्थ के सम्प्रेषण के लिए बेहतर माना गया है? उपन्यास-लेखकों ने इसका आश्रय क्यों लिया? मिथक हमारी परम्परित विचारधारा, जीवन-मूल्यों एवं लोकविश्वासों का कोष है। यह अनुभवसम्पन्न कोष है। इसमें लोकमानस अपने सम्पूर्ण अनुभव एवं विभ्रमों के साथ उपस्थित हो जाता है। इसमें केवल काल्पनिक उद्भावनाएँ नहीं होती हैं बल्कि इनमें जीवन का सघन अनुभव भी होता है। इन अनुभवों में काल्पनिक उद्भावनाएँ तथा लोक-अफवाहों का मिश्रण होता है। यही वजह है कि उपन्यास-लेखन में मिथक को ज्यों-का-त्यों नहीं स्वीकारा जाता है। उसमें वर्तमान जीवन-बोध के अनुकूल परिवर्तन किया जाता है। द्विवेदी जी के सभी उपन्यासों में मिथक का बड़ा ही सार्थक उपयोग किया गया है। उनके निधन से रिक्त स्थान की भरपायी आज तक नहीं हो पायी है। जानकीबल्लभ शास्त्री ने अपने उपन्यास 'कालिदास' में मिथक का बड़ा ही सजीव एवं सटीक उपयोग किया है। आधुनिक मानव को यह पच नहीं पाता कि विद्योत्तम जैसी विदुषी पण्डितों के फुहर षड्यन्त्र के प्रभाव में आकर एक मूर्ख व्यक्ति से शादी करना स्वीकार करे। इसलिये शास्त्रीजी ने मिथक को विश्वसनीय एवं तर्कसम्मत बनाने के लिये थोड़ा बदल दिया। उन्होंने दिखाया कि कालिदास के दैहिक सौन्दर्य से प्रभावित होकर विद्योत्तमा ने मानसिक स्तर पर स्वतः ही पराजय को स्वीकार लिया था। वह उद्भावना यथार्थ संगत है। अतः देखा गया है कि सामाजिक यथार्थ के सम्प्रेषण में मिथक कारगर औजार है। कभी-कभी साहित्य में ऐसे रूपविधानों की आवश्यकता महसूस होती है जो सामाजिक अनुभव के बाह्य यथार्थ को आन्तरिक स्तरों पर सृजित करे, जिसमें वैयक्तिक और सामाजिक अनुभव को अन्तः सम्बद्ध किया जा सके। मिथकी लेखन से यह कार्य सरलतापूर्वक निष्पादित हो जाता है। इस दृष्टि से 'महासमर', 'मौन-पीड़ा', 'जोगी मत जा', 'पवन-पुत्र', 'नीला चाँद', 'अराजराज', 'कालिदास', 'वैश्वानर', 'विश्ववाँहु परशुराम', 'अपने-अपने कोणार्क' आदि उपन्यास देखने योग्य हैं। 'नीला-चाँद' एवं 'वैश्वानर' में तो दार्शनिक और वैचारिक अन्तर्विरोध, धार्मिक रूढ़ियाँ तथा दिशाहीन राजनीतिक समझ से बनती विप्लवकारी स्थितियों का अद्भुत विश्लेषण है। इन सभी उपन्यासों में अतीत और वर्तमान के बीच खुला संवाद होता है।

नवें एवं दसवें दशकों को विगत दशकों से विलग पहचान बनाने की एक और वजह है। इन दशकों के उपन्यासों में आधुनिक जीवन की विडम्बना एवं पीड़ादायक

परिस्थितियों को समाज के व्यापक स्तर पर व्यक्त किया गया है। अतीत के गलत कार्यों के परिणाम के साथ ही भविष्य की पीढ़ियों को प्रभावित कर देती है। आर्थिक स्थितियाँ पीढ़ियों को प्रभावित, विचलित तथा साहसी बना देती हैं। इसीलिए माना जाता है कि परिवर्तन का सबल आधार आर्थिक स्थितियाँ ही होती हैं। मनुष्य का सारा संघर्ष आर्थिक विपन्नता से मुक्ति के साथ एक सुखद भविष्य के निर्माण में दिखलाई देता है। आर्थिक वितुलन व्यक्ति को हिंसक बनाने में सहायक होता है। वह समाज के खिलाफ खुला संघर्ष का बिगुल फूँकता है। कभीकभी इस वितुलन के कारण ही वर्ग-संघर्ष की चेतना स्वतः पैदा हो जाती है। आर्थिक वितुलन के संघर्ष का पहला परिणाम ऋणात्मक भी हो सकता है। हिंसात्मक संघर्ष मूलतः ऋणात्मक ही होता है। दूसरी स्थिति यह भी बन जाती है कि संघर्ष शोषणमुक्त समाज के निर्माण के लिये संकल्पित हो जाता है। इन संकल्पित एवं अनन्य परिस्थितियों से प्रभावित उपन्यासों का लक्ष्य समाज को बदल देना हो जाता है। 'खुदा सही सलामत है' (दो खण्डों में), 'कर्करेखा', 'कसम', 'सावधान नीचे आग है', 'शैलूष', 'धार', 'झीनी-झीनी बीनी चदरिया', 'शहर में कर्फ्यू', 'सूखा बरगद', 'नीले-घोड़े पर सवार', 'तोड़म-फोड़म', 'सरकस', 'यातनाघर', 'पीली आँधी', 'बेदखल', 'कलि कथा', 'मुझे चाँद चाहिए', आदि उपन्यास देखने योग्य हैं।

आर्थिक वितुलन तथा सत्ताभोगी नीतिवाली सरकार के खिलाफ लिखे गये उपन्यासों के पात्र किसी आमूर्त्त सत्ता के प्रभाव से निर्मित नहीं हैं बल्कि वे समाज की परती धरती को तोड़कर उत्पन्न हुए हैं। यही वजह है कि वे सभी पात्र हमारे सामाजिक जीवन के प्रतिरूप हैं। जब व्यवस्था आत्मरक्षा के लिए अराजक तत्त्वों या पुलिस वेश का उपयोग करती है, तब विद्रोही मानस स्वतः बन जाता है। व्यवस्था के पैरों के नीचे दबी-कुचली जनचेतना तूफ़ान पैदा करती है। ऐसे संघर्ष में जय-पराजय का बराबर महत्त्व होता है। पराजय में भी मनुष्यता जीत जाती है। 'झीनी-झीनी बीनी चदरिया' के मतीन की पराजय किसी काल्पनिक समाज की नही है, बल्कि उसका सम्बन्ध हकीकत की दुनिया से है। 'सूखा बरगद' की हसीना किसी होटल के ठंडे कमरे से नहीं निकलती है बल्कि वह जिन्दगी के वास्तविक परिवेश से टकराकर आन्दोलित हों गयी है। इन पराजित पात्रों की पीड़ा को बाहरी दुनिया में पहचाना नहीं जा सकता। लेकिन यह सचाई है कि उनकी पीड़ा समाज को गहराई से छू लेती है। इन पराजित पात्रों से भिन्न 'मुझे चाँद चाहिये' कीं वर्षा है जो समाज की परम्परित मान्यताओं एवं जीवनरोधि शक्तियों को दरकिनार करती हुई अपनी मंजिल पर पहुँच जाती है। वह मारक परिस्थितियों में भी अपनी सत्ता का विसर्जन करने को तैयार नहीं है। बाहरी दुनिया से उसका सम्पर्क तथा संघर्ष घृणित एवं आतंकारी स्थितियों से

होता है। बावजूद वह अपनी तयशुदा मंजिल तक पहुँच पाती है। उसकी जिन्दगी में विचलन है। लेकिन यह विचलन यथार्थवादी जिन्दगी के आवश्यक अंग हैं।

आर्थिक जटिलता से घिरे मध्यवर्ग की वर्षा का चरित्र उस वर्ग के संघर्ष का एक प्रामाणिक दस्तावेज है। अपने अवसाद भरे पारिवारिक परिवेश के विरुद्ध वर्षा का संघर्ष न तो उसे पराजित कर पाता और न दिशाहीन। वह अपने अनुभवों से परिवर्तन की दिशा को पहचानती है। वह अपने विवेक से एक स्थिर मंजिल को खोज लेती है। चौथे तथा पाँचवें दशकों में भोग की नैतिकता का जैसा परिवर्तन घटित होता है, उसकी छाया कहीं-न-कहीं बीसवीं शताब्दी के अन्तिम दशक में मिल जाती है। यौन नैतिकता का जैसा खुला उपयोग पहले के दशकों में हुआ था, उसकी निरन्तरता इस दशक में भी है। 'मुझे चाँद चाहिए' में भोग की नैतिकता का इतना विस्तार हुआ कि वहाँ हर प्रकार के व्यवहारों के अलग-अलग प्रतिमान गढ़ लिये गये। यहाँ कुछ भी अमान्य नहीं है। उपन्यास की सारी घटनायें वर्षा के आसपास ही घूमती रहती हैं। वर्षा के व्यवहार की अपनी नैतिकता है जो समय तथा समाज के अनुसार बदलती रहती है। देह-भोग की समस्या हिन्दी उपन्यासों के लिये नयी नहीं है। इस उपन्यास में लेखक यौन व्यवहारों को अमूर्त अभिप्रायों की दुनिया में नहीं ले जाकर गोचर परिस्थितियों के भीतर प्रस्तुत करता है। उपन्यासों में देह भोग की समस्या को द्वैत बताकर व्यंजित करना सरल किया है, चरित्र की पहचान शील से कम तथा व्यवहार से अधिक होती है। सुरेन्द्र वर्मा ने वर्षा के चरित्र को उसकी भोगवादी इच्छा के अनुसार प्रस्तुत किया है। वर्षा के भोग या समर्पण को उसके व्यवहार से पहचाना जा सकता है। अपनी देह के साथ इस दुनिया में होना तथा अपनी देह पर दुनिया की दृष्टि को झेलना दूसरों के लिए चाहे जितना दुखदायी हो, लेकिन वर्षा के लिए वह सुखद अनुभव है। देह की इच्छा को मन के स्तर पर इनकार की कला से वह अपरिचित है। इससे वर्षा का चरित्र उन पराजित चरित्रों से भिन्न है जो सामाजिक-आर्थिक संकट से संघर्ष करते हैं। इसके चरित्र में भी सम्पन्नता तथा विपन्नता का संघर्ष है। लेकिन इस संघर्ष में समाज नहीं है, केवल वर्षा है। वह तो समाज द्वारा वर्जित करार दिये सन्दर्भों में भी भ्रमण करती है। इसलिये वह अपराजित होकर भी पराजित हो जाती है। पिछले दशकों में भोग की नैतिकता में जैसा परिवर्तन हुआ है, वह रचना के स्तर पर बहुत गहरे एवं महत्त्वपूर्ण परिवर्तन की सूचना देता है। स्त्री के साहस तथा स्वीकार का चेहरा पहले भी व्यक्त हुआ है लेकिन उसके साहस एवं स्वीकार की जैसी स्वीकृति इन दिनों में मिली है, वह पहले से सर्वथा भिन्न है। आजादी के बाद उपन्यास लेखन में जो पीढ़ी आयी है, उसकी रचनात्मक दिशा बदली हुई है। वह पात्रों के बाह्य संसार की अपेक्षा आन्तरिक संसार का उद्घाटन करता है। लेकिन सुरेन्द्र वर्मा वाह्य व्यापारों के माध्यम से चरित्र की पहचान करता है। इसलिये वर्षा का व्यवहार तो खुला हुआ है;

लेकिन उसका मानस बन्द है। वर्षा की समस्या नारी-समूह की नहीं है। इसलिए वह संघर्षशील नारी चरित्रों से भिन्न हो जाती है।

इन दशकों में भी आंचलिक उपन्यासों की उपस्थिति दर्ज है। इनमें विचारधारा एवं भावधारा का समान प्रवाह है। बावजूद इसके इन दशकों के आंचलिक उपन्यासों में रेणु जी के उपन्यासों की जीवन्तता एवं लयात्मकता नहीं है। शिवप्रसादजी भी इस क्षेत्र में कभी आये थे। लेकिन वे शीघ्र ही अपना मार्ग परिवर्तन करते हैं। आंचलिक उपन्यासों में अंचल की बाह्य एवं भीतरी स्थितियों की अनुगूंज सुनाई पड़ती है। डॉ. सुरेन्द्र चौधरी के अनुसार 'विशाल हिन्दी प्रदेश के सांस्कृतिक परिदृश्य की विविधता को समझने में आंचलिकता एक हद तक सहायक होती है।' रेणु जी के बाद इस क्षेत्र में कई लेखक अवतरित होते हैं। लेकिन किसी को भी रेणु जी की ऊँचाई नहीं मिल पाती है। गाँवों के विशाल जीवन की धारा के साथ आंचलिक तत्त्वों का महत्त्व भी अक्षुण्ण रह जाता है। यही वजह है कि आंचलिक उपन्यासकार ग्रामीण जीवन के सहवर्ती रूप में अंचल के सांस्कृतिक रुझान को पहचानने का प्रयास करता है। आंचलिक उपन्यासों से ज्ञात हो जाता है कि भारतीय अंचल बदलाव के लिये व्यग्र एवं तत्पर है तथा राष्ट्रीय धारा के अंग बन जाने को उनकी तत्परता देखने योग्य है। इन आंचलिक उपन्यासों से विदित होता है कि ग्रामीण या आंचलिक जीवन की परती टूट रही है और वे आत्मनिर्भर हो जाने को व्यग्र दिखलाई पड़ते हैं। रेणु जी ने जहाँ कोशी के कघार की संस्कृति के भावनात्मक तत्त्वों को उकेरा है, वहाँ विवेकी रायजी उत्तर प्रदेश के विभिन्न अंचलों के संगीत को लय देने की चेष्टा करते हैं। इनके उपन्यास में ही विचारधारा के साथ भावधारा की तरंगें उठती रहती हैं। विवेकी रायजी के 'सोना माटी', 'समर शेष है', 'मंगलभवन', 'नमामिग्रामम' आदि उपन्यास नवें एवं दसवें दशकों में उपलब्ध हैं।

धर्म जब रूढ़ियों की जकड़न से बाहर नहीं आ पाता, तब वह समाज में विभेद उत्पन्न करने के मार्ग का अनुसरण कर लेता है। तब धर्म का रूप समाज की बर्बादी का कारण बन जाता है। धर्म की इस चेष्टा के कारण समाज के साम्प्रदायिक जुनून के खिलाफ हिन्दी में पाँच अच्छे उपन्यास प्रकाशित हो चुके हैं। भारतीय समाज में यह समस्या अब स्थायी बन चुकी है। राजनीति की स्वार्थपरता या सत्ता की उत्कट चाह साम्प्रदायिकता को हवा देती है यशपाल का 'झूठा-सच' विशाल फलक पर लिया गया है। साम्प्रदायिकता के विरुद्ध यह पहला भरा-पूरा उपन्यास है। राही मासूम रजा का 'आधा गाँव', भीष्म साहनी का 'तमस' शानी का 'काला जल' तथा रवीन्द्र कालिया का दो खण्डों में प्रकाशित 'खुदा सही सलामत है' जैसे उपन्यास इस जुनून को व्यक्त करते हैं। इनमें 'तमस' तथा 'काला जल' छोटे उपन्यास हैं, 'शहर में कर्फ्यू' भी साम्प्रदायिक दंगों पर आधृत है। मुद्राराक्षस तो इस उपन्यास को महत्त्व

देते हुए 'गोदान' तथा 'झूठा-सच' के बाद तीसरा महत्त्वपूर्ण उपन्यास मानते हैं। उनके शब्द हैं—"इस स्थिति में अगर 'शहर में कर्फ्यू' काफी हद तक देखा गया है तो इसमें आश्चर्य की बात नहीं होनी चाहिये। हाँ, यह खेद की बात जरूर होगी, अगर इस उपन्यास का सही मूल्यांकन इसके गहरे युगबोध और रचना-सामर्थ्य के लिए होने से रह जाये। यहाँ मैं यह स्वीकार करना चाहूँगा कि निजी तौर पर 'गोदान' और 'झूठा-सच' के बाद यह हिन्दी का तीसरा महत्त्वपूर्ण उपन्यास है जिसमें एक बड़ी चुनौती महसूस हुई। दरअसल दोनों उपन्यासों की विशालता की जगह इसमें एक अच्छी सेहतवाली कहानी की क्षीप्रता है। दरअसल इसमें मंटो की कहानी 'खोल दो' की त्रासदी एवं क्षीप्रता है। एक विवाहित लड़की को एक कमरे में बन्द करना और उसका उपभोग करने तक उसको नहीं छोड़ना में 'खोल दो' की ही त्रासदी है। लेकिन इसमें 'गोदान' या 'झूठा-सच' की त्रासदी नहीं है। 'झीनी-झीनी बीनी चदरिया' की तरह कई उपन्यास दो दशकों में उपलब्ध हैं। इन उपन्यासों में मनुष्य के जंगलीपन का नंगा नृत्य दिखलाई पड़ता है।"

अनेक जटिल अभिप्रायों को समेट कर निर्मित कोलाज शिल्प का यत्र-तत्र उपयोग हिन्दी उपन्यासों में पहले भी हुआ है। लेकिन कोलाज का मुकम्मिल शिल्प के रूप में उपयोग नवें दशक में हुआ है। इसके लेखक हैं कृष्ण बलदेव वैद तथा उपन्यास है 'काला कोलाज'। वैद ने ही दसवें दशक में अपना दूसरा उपन्यास 'मायालोक' कोलाज शिल्प में लिखा है। इस दशक में ही वैद ने 'नर-नारी' भी लिखा है। लेकिन वह भिन्न शिल्प में लिखा गया है। हमारे यहाँ उपन्यास-रचना में इसका कम-से-कम उपयोग हुआ है। इसका उपयोग पहले रंगकला में हुआ है। इसके बाद साहित्य की अन्य विधाओं में यह उपलब्ध हुआ है। रंगकार विविध परिदृश्यों को काट-छाँट कर एक साथ प्रस्तुत करता है। पत्रकारिता में इसका विकास रिपोर्ताज के साथ हुआ है। लेकिन रिपोर्ताज में घटना की प्रधानता होती है। कोलाज में परिदृश्य की अधिकता होती है। रचना में समय और सन्दर्भ के अन्तराल को केवल काल्पनिक परिदृश्यों से भरा नहीं जा सकता। इसके लिए आवश्यक है कि परिदृश्य का सम्बन्ध जीवन के यथार्थ से जोड़ दिया जाए। 'काला कोलाज' में चेतना की शक्तिशाली परतें भी हैं तथा शहर के अनुभव से बने परिदृश्य भी। इस उपन्यास में शहर के परिदृश्य के समानान्तर जिस्म के आकर्षण को भी प्रस्तुत किया गया है। साहित्य की अन्य विधाओं की तरह कोलाज में भी अनुभव को व्यक्त करने का अधिकार है। 'कुरु कुरु स्वाहा' में भी आंशिक रूप से कोलाज का उपयोग हुआ है। यह अवधारणा गलत है कि कोलाज में एक परिदृश्य का दूसरे परिदृश्य में संक्रमण होता है। सम्भव है कि हर परिदृश्य स्वतन्त्र भी हो या उनके भीतर की जमीन एक भी हो। सम्भव है कि इसमें समय और काल में छलाँग भी लगायी जाये। एक बात स्पष्ट है कि चाहे जितने रंगवाले परिदृश्य एक

दूसरे के साथ रखे जायें, उनमें रचनाशीलता का ह्रास हो जाता है। कभी-कभी कोलाज में एक टुकड़े का प्रयोग एक से अधिक बार हो सकता है। लेकिन टुकड़ा हर बार एक नया परिदृश्य बना पाता है।

वैद का उपन्यास 'मायालोक' कोलाज शिल्प में ही लिखा गया है। लेकिन कोलाज शिल्प के निर्वाह की दृष्टि से यह उपन्यास 'काला कोलाज' से कमजोर है। लेखक इस उपन्यास को 'अनुपन्यास' कहना पसन्द करता है। इस शब्द का प्रयोग उपन्यास के रूप में पहली बार हुआ है। लेकिन इसके प्रयोग की आवश्यकता तथा सार्थकता पर लेखक मौन बना रहता है। इस उपन्यास में असम्बद्ध रति-प्रसंगों की काफी संख्या है। स्वाभाविक है कि इसके लिए अनेक पात्रों एवं प्रसंगों का निर्माण किया जाये। इसमें मनोविज्ञान का काफी उपयोग है। लेखक मानता है कि मन के भीतर की सोच में सघन शृंखला नहीं होती है। अर्थात् मन की सोच शृंखलित नहीं होती है। नौवें दशक में डॉ. शिवप्रसादजी का लघु उपन्यास 'मंजुशिमा' भी प्रकाशित हुआ। अपनी बेटी मंजू के निधन से शोकसन्तप्त पिता के दर्द की कथा से उपन्यास बना है। 'सरोज स्मृति' का दर्द 'मंजूशिमा' में उपलब्ध है। इसमें कल्पना को यथार्थ में नहीं बदला गया है, बल्कि शुद्ध यथार्थ के प्रभाव से उपन्यास रचा गया है। इन दो दशकों में कई छोटे-छोटे उपन्यास हैं—जैसे 'पाप', 'दंशकथा', 'वह मेरा चेहरा' आदि इन उपन्यासों से इन दशकों का कोई नया चेहरा नहीं बन पाता है। लेकिन 'पाप' जैसी रचना की उपस्थिति को इनकारा भी नहीं जा सकता है। इसके साथ ही निम्नलिखित महत्त्वपूर्ण उपन्यास हैं—'शहर में कर्फ्यू', 'करवट', 'दशार्क', 'किस्सा गुलाम', 'सोने का मृग', 'सूखा बरगद', 'उड़ने से पेशतर', 'चक्रव्यूह', 'महासमर', 'समर शेष है', 'उम्र एक गलियारे की', 'ठीकरे की मँगनी', 'राजनेता', 'रात का रिपोर्टर', 'हवा घर', 'धार', 'पीढ़ियाँ', 'वह अलग व्यक्ति', 'चाक', 'एक पत्नी के नोट्स', 'बीस बरस', 'कोहरे में युद्ध', 'दिल्ली दूर है', 'हमजद', 'दीवार में एक खिड़की रहती थी', 'बेदखल', 'सूरज सबका है', 'गुजर क्यों नहीं जाता', 'पीली आँधी', 'भोग', 'बिश्रामपुर का सन्त', 'निन्यानवे', 'कोई वीरानी-सी वीरानी', 'यातना घर', 'कालिदास', 'अर्द्धनारीश्वर', 'सरकस', 'प्रतिबद्ध', 'डूब', 'नये मुहावरे', 'रमैनी', 'वारामासी', 'पहला गिरमिटिया', 'ज्वार भाटा' आदि।

इक्कीसवीं सदी के प्रथम दशक में कुछ अच्छे उपन्यास प्रकाशित हुए हैं। सहस्राब्दी अंक (आलोचना) के सम्पादकीय में कहा गया है कि 'आश्चर्य नहीं कि 2004 को उपन्यास की वापसी का वर्ष मान लिया जाये।' इस कथन में थोड़ी निश्चयात्मकता की कमी नजर आती है। लेकिन विनयमोहन सिंह इक्कीसवीं शताब्दी के उपन्यास लेखन के सम्बन्ध में निश्चयात्मक या अधिकारपूर्वक कहते हैं कि 'उपन्यासकार चंगीज आइलमातो' का उपन्यास, 'कसांद्रा दाग' इक्कीसवीं सदी के जीवन और साहित्य का

आभास देने वाला प्रथम उपन्यास कहा जा सकता है। इक्कीसवीं सदी में कहानी के ढाँचे टूटेंगे। एक नये प्रकार की कथा-वस्तु विकसित होगी। इस अंक में उन्होंने यह भी कहा कि 'मैत्रेयी पुष्पा' की 'अल्मा कबूतरी' या जाने को व्यग्र दिखलाई पड़ते हैं। रेणु जी ने जहाँ कोशी के कघार की संस्कृति के भावनात्मक तत्त्वों को उकेरा है, वहाँ विवेकी रायजी उत्तर प्रदेश के विभिन्न अंचलों के संगीत को लय देने की चेष्टा करते हैं। इनके उपन्यास में ही विचारधारा के साथ भावधारा की तरंगें उठती रहती हैं। विवेकी रायजी के 'सोना माटी', 'समर शेष है', 'मंगलभवन', 'नमामिग्रामम' आदि उपन्यास नवें एवं दसवें दशकों में उपलब्ध हैं।

धर्म जब रूढ़ियों की जकड़न से बाहर नहीं आ पाता, तब वह समाज में विभेद उत्पन्न करने के मार्ग का अनुसरण कर लेता है। तब धर्म का रूप समाज की बर्बादी का कारण बन जाता है। धर्म की इस चेष्टा के कारण समाज के साम्प्रदायिक जुनून के खिलाफ हिन्दी में पाँच के अच्छे उपन्यास प्रकाशित हो चुके हैं। भारतीय समाज में यह समस्या अब स्थायी बन चुकी है। राजनीति की स्वार्थपरता या सत्ता की उत्कट चाह साम्प्रदायिकता को हवा देती है। यशपाल का 'झूठा-सच' विशाल फलक पर लिया गया है। साम्प्रदायिकता के विरुद्ध यह पहला भरा-पूरा उपन्यास है। राही मासूम रजा का 'आधा गाँव', भीष्म साहनी का 'तमस' शानी का 'काला जल' तथा रवीन्द्र कालिया का दो खण्डों में प्रकाशित 'खुदा सही सलामत है' जैसे उपन्यास इस जुनून को व्यक्त करते हैं। इनमें 'तमस' तथा 'काला जल' छोटे उपन्यास हैं, 'शहर में कर्फ्यू' भी साम्प्रदायिक दंगों पर आधृत है। मुद्राराक्षस तो इस उपन्यास को महत्त्व देते हुए 'गोदान' तथा 'झूठा-सच' के बाद तीसरा महत्त्वपूर्ण उपन्यास मानते हैं। उनके शब्द हैं—"इस स्थिति में अगर 'शहर में कर्फ्यू' काफी हद तक देखा गया है तो इसमें आश्चर्य की बात नहीं होनी चाहिये। हाँ, यह खेद की बात जरूर होगी, अगर इस उपन्यास का सही मूल्यांकन इसके गहरे युगबोध और रचना-सामर्थ्य के लिए होने से रह जाये। यहाँ मैं यह स्वीकार करना चाहूँगा कि निजी तौर पर 'गोदान' और 'झूठा-सच' के बाद यह हिन्दी का तीसरा महत्त्वपूर्ण उपन्यास है जिसमें एक बड़ी चुनौती महसूस हुई। दरअसल दोनों उपन्यासों की विशालता की जगह इसमें एक अच्छी सेहतवाली कहानी की क्षीप्रता है। दरअसल इसमें मंटो की कहानी 'खोल दो' की त्रासदी एवं क्षीप्रता है। एक विवाहित लड़की को एक कमरे में बन्द करना और उसका उपभोग करने तक उसको नहीं छोड़ना में 'खोल दो' की ही त्रासदी है। लेकिन इसमें 'गोदान' या 'झूठा-सच' की त्रासदी नहीं है। 'झीनी-झीनी बीनी चदरिया' की तरह कई उपन्यास दो दशकों में उपलब्ध हैं। इन उपन्यासों में मनुष्य के जंगलीपन का नंगा नृत्य दिखलाई पड़ता है।"

अनेक जटिल अभिप्रायों को समेट कर निर्मित कोलाज शिल्प का यत्र-तत्र उपयोग हिन्दी उपन्यासों में पहले भी हुआ है। लेकिन कोलाज का मुकम्मिल शिल्प के रूप

में उपयोग नवें दशक में हुआ है। इसके लेखक हैं कृष्ण बलदेव वैद तथा उपन्यास है 'काला कोलाज'। वैद ने ही दसवें दशक में अपना दूसरा उपन्यास 'मायालोक' कोलाज शिल्प में लिखा है। इस दशक में ही वैद ने 'नर-नारी' भी लिखा है। लेकिन वह भिन्न शिल्प में लिखा गया है। हमारे यहाँ उपन्यास-रचना में इसका कम-से-कम उपयोग हुआ है। इसका उपयोग पहले रंगकला में हुआ है। इसके बाद साहित्य की अन्य विधाओं में यह उपलब्ध हुआ है। रंगकार विविध परिदृश्यों को काट-छाँट कर एक साथ प्रस्तुत करता है। पत्रकारिता में इसका विकास रिपोर्ताज के साथ हुआ है। लेकिन रिपोर्ताज में घटना की प्रधानता होती है। कोलाज में परिदृश्य की अधिकता होती है। रचना में समय और सन्दर्भ के अन्तराल को केवल काल्पनिक परिदृश्यों से भरा नहीं जा सकता। इसके लिए आवश्यक है कि परिदृश्य का सम्बन्ध जीवन के यथार्थ से जोड़ दिया जाए। 'काला कोलाज' में चेतना की शक्तिशाली परतें भी हैं तथा शहर के अनुभव से बने परिदृश्य भी। इस उपन्यास में शहर के परिदृश्य के समानान्तर जिस्म के आकर्षण को भी प्रस्तुत किया गया है। साहित्य की अन्य विधाओं की तरह कोलाज में भी अनुभव को व्यक्त करने का अधिकार है। 'कुरु कुरु स्वाहा' में भी आंशिक रूप से कोलाज का उपयोग हुआ है। यह अवधारणा गलत है कि कोलाज में एक परिदृश्य का दूसरे परिदृश्य में संक्रमण होता है। सम्भव है कि हर परिदृश्य स्वतन्त्र भी हो या उनके भीतर की जमीन एक भी हो। सम्भव है कि इसमें समय और काल में छलाँग भी लगायी जाये। एक बात स्पष्ट है कि चाहे जितने रंगवाले परिदृश्य एक दूसरे के साथ रखे जायें, उनमें रचनाशीलता का ह्रास हो जाता है। कभी-कभी कोलाज में एक टुकड़े का प्रयोग एक से अधिक बार हो सकता है। लेकिन टुकड़ा हर बार एक नया परिदृश्य बना पाता है।

वैद का उपन्यास 'मायालोक' कोलाज शिल्प में ही लिखा गया है। लेकिन कोलाज शिल्प के निर्वाह की दृष्टि से यह उपन्यास 'काला कोलाज' से कमजोर है। लेखक इस उपन्यास को 'अनुपन्यास' कहना पसन्द करता है। इस शब्द का प्रयोग उपन्यास के रूप में पहली बार हुआ है। लेकिन इसके प्रयोग की आवश्यकता तथा सार्थकता पर लेखक मौन बना रहता है। इस उपन्यास में असम्बद्ध रति-प्रसंगों की काफी संख्या है। स्वाभाविक है कि इसके लिए अनेक पात्रों एवं प्रसंगों का निर्माण किया जाये। इसमें मनोविज्ञान का काफी उपयोग है। लेखक मानता है कि मन के भीतर की सोच में सघन श्रृंखला नहीं होती है। अर्थात् मन की सोच श्रृंखलित नहीं होती है। नौवें दशक में डॉ. शिवप्रसादजी का लघु उपन्यास 'मंजुशिमा' भी प्रकाशित हुआ। अपनी बेटी मंजू के निधन से शोकसन्तप्त पिता के दर्द की कथा से उपन्यास बना है। 'सरोज स्मृति' का ही दर्द 'मंजूशिमा' में उपलब्ध है। इसमें कल्पना को यथार्थ में नहीं बदला गया है, बल्कि शुद्ध यथार्थ के प्रभाव से उपन्यास रचा गया है। इन दो दशकों में कई

छोटे-छोटे उपन्यास हैं–जैसे 'पाप', 'दंशकथा', 'वह मेरा चेहरा' आदि इन उपन्यासों से इन दशकों का कोई नया चेहरा नहीं बन पाता है। लेकिन 'पाप' जैसी रचना की उपस्थिति को इनकारा भी नहीं जा सकता है। इसके साथ ही निम्नलिखित महत्त्वपूर्ण उपन्यास हैं–'शहर में कर्फ्यू', 'करवट', 'दशार्क', 'किस्सा गुलाम', 'सोने का मृग', 'सूखा बरगद', 'उड़ने से पेशतर', 'चक्रव्यूह', 'महासमर', 'समर शेष है', 'उम्र एक गलियारे की', 'ठीकरे की मँगनी', 'राजनेता', 'रात का रिपोर्टर', 'हवा घर', 'धार', 'पीढ़ियाँ', 'वह अलग व्यक्ति', 'चाक', 'एक पत्नी के नोट्स', 'बीस बरस', 'कोहरे में युद्ध', 'दिल्ली दूर है', 'हमजद', 'दीवार में एक खिड़की रहती थी', 'बेदखल', 'सूरज सबका है', 'गुजर क्यों नहीं जाता', 'पीली आँधी', 'भोग', 'बिश्रामपुर का सन्त', 'निन्यानवे', 'कोई वीरानी-सी वीरानी', 'यातना घर', 'कालिदास', 'अर्द्धनारीश्वर', 'सरकस', 'प्रतिबद्ध', 'डूब', 'नये मुहावरे', 'रमैनी', 'वारामासी', 'पहला गिरमिटिया', 'ज्वार भाटा' आदि।

इक्कीसवीं सदी के प्रथम दशक में कुछ अच्छे उपन्यास प्रकाशित हुए हैं। सहस्राब्दी अंक (आलोचना) के सम्पादकीय में कहा गया है कि 'आश्चर्य नहीं कि 2004 को उपन्यास की वापसी का वर्ष मान लिया जाये।' इस कथन में थोड़ी निश्चयात्मकता की कमी नजर आती है। लेकिन विनयमोहन सिंह इक्कीसवीं शताब्दी के उपन्यास लेखन के सम्बन्ध में निश्चयात्मक या अधिकारपूर्वक कहते हैं कि 'उपन्यासकार चंगीज आइलमातो' का उपन्यास, 'कसांद्रा दाग' इक्कीसवीं सदी के जीवन और साहित्य का आभास देने वाला प्रथम उपन्यास कहा जा सकता है। इक्कीसवीं सदी में कहानी के ढाँचे टूटेंगे। एक नये प्रकार की कथा-वस्तु विकसित होगी। इस अंक में उन्होंने यह भी कहा कि 'मैत्रेयी पुष्पा' की 'अल्मा कबूतरी' या कमलेश्वर के कितने पाकिस्तान' को हिन्दी के इक्कीसवीं सदी के कथा-साहित्य की झलक देने वाले उपन्यास के रूप में देखना चाहिये' (हिमप्रस्थ, अक्टूबर-नवम्बर 2002, पृष्ठ181)। इन दावों के बारे में अभी कुछ भी कहना जल्दीबाजी होगी। लेकिन इतना कहा जा सकता है कि इक्कीसवीं सदी का प्रथम दशक उपन्यास के प्रकाशन की दिशा में समृद्ध है, इससे अच्छे उपन्यासों के प्रकाशन की आशायें बँध जाती हैं। इक्कीसवीं सदी के कुछ अच्छे उपन्यास हैं–कमलेश्वर का उपन्यास 'कितने पाकिस्तान', मैत्रेयी पुष्पा का 'अल्मा कबूतरी', असगर वजाहत का 'कैसी आग लगाई', अलका सरावगी का 'कोई बात नहीं', भगवान दास मोरवाला का 'बाबलं तेरा देस में', दूधनाथ सिंह का 'आखिरी कलाम', काशीनाथ सिंह का 'काशी का अस्सी', गीतांजलि श्री का 'तिरोहित'।

33

हिन्दी कहानी : प्रारम्भ, पहचान और प्रगति

—वेदप्रकाश अमिताभ

कहानी कहने और सुनने की प्रवृत्ति बहुत आदिम है। विश्व के प्रायः सभी देशों के उपलब्ध प्राचीन ग्रन्थों में कहानी किसी-न-किसी रूप में विद्यमान है। भारतीय साहित्य में वैदिक साहित्य से लेकर पुराणों-उपनिषदों, जातक कथाओं, पंचतन्त्र आदि में क़हानी के पुराने स्वरूप को देखा जा सकता है। इन कहानियों में या तो उपदेश देने का भाव है या धार्मिक सिद्धान्तों का रोचक स्पष्टीकरण है। ये कहानियाँ आधुनिक अर्थ में 'कहानी' नहीं कही जा सकतीं। आज कहानी का अर्थ है—जिन्दगी के एक हिस्से से अन्तरंग पहचान जताना, अनुभव की दराजों से सही वस्तु चुनना और उसे शिल्प की तल्खी देना।"[1] इस अर्थ में कहानी उन्नीसवीं शती की चीज है और भारत में इसका जन्म उन्नीसवीं शती के अन्तिम चरण में हुआ है।

हिन्दी की पहली कहानी

हिन्दी की पहली कहानी किसे माना जाये, इस प्रश्न पर विद्वानों में जबर्दस्त मतभेद है। वास्तव में इसका निर्णय करना आसान नहीं है। लगभग एक दर्जन कहानियाँ इस यश की दावेदार हैं और उन्हें वरिष्ठ आलोचकों का समर्थन प्राप्त है।

'कहानी' नाम से प्राप्त होने वाली प्रथम रचना 'रानी केतकी की कहानी' (इंशा अल्ला खाँ) है जो सन् 1803 के आसपास लिखी मानी जाती है। डॉ. रामरतन भटनागर ने इसे 'हिन्दी की पहली कहानी' कहा है। इसे हम आधुनिक कहानी नहीं मान सकते क्योंकि इसमें जिस प्रकार की संयोग-बहुलता और अतिमानवीय तत्त्वों की उपस्थिति मिलती है वह आधुनिक कहानी में ग्राह्य नहीं है। इस सम्बन्ध में डॉ. हजारीप्रसाद द्विवेदी की यह टिप्पणी सार्थक है, "यह नयी परम्परा की प्रारम्भिक कहानी नहीं है, बल्कि मुस्लिम प्रभावापन्न परम्परा की अन्तिम कहानी है।"

---

1 *समीक्षा*, जुलाई-अगस्त, 1972, पृ. 22, 'समानान्तर चलती कथा की नयी विचार पद्धतियाँ', रामदेव आचार्य

डॉ. बच्चन सिंह के अनुसार, "किशोरीलाल गोस्वामी कृत 'प्रणयिनी परिणय' (सन् 1887) हिन्दी की पहली कहानी है। स्वयं लेखक ने इसे उपन्यास कहा है, इसका कारण यह बताया गया है कि सन् 1900 तक कथा-साहित्य को उपन्यास कहने का चलन था। यह कहानी सात निष्कों में बँटी हुई है। प्रत्येक 'निष्क' को अलग-अलग खण्ड मान लेने पर कहानी सात खण्डों में विभक्त दिखाई पड़ती है। इस तरह खण्डों में बाँट कर कहानी लिखने की प्रथा चलती रही है। हर 'निष्क' या 'खण्ड' के प्रारम्भ में श्लोकबद्ध नीति-कथन है। ये श्लोक कहानी के रूप-विन्यास में बाधक सिद्ध होते हैं। किन्तु इन्हें उपन्यास का तत्त्व नहीं कहा जा सकता है।"[1] इस कहानी के सम्बद्ध पर आख्यान पद्धति का पूरा प्रभाव है। संस्कृतनिष्ठ शब्दावली में केन्द्रीय भाव-प्रगाढ़ प्रेम की सुखद परिणति-दिखाई गयी है।"

अलीगढ़ में प्रकाशित 'शिलापंख' मासिक के 'कल की कहानी' स्तम्भ के अन्तर्गत दो कहानियाँ प्रकाशित हुई थीं। उन्हें देख कर लगता है कि हिन्दी की पहली कहानी कहीं ईसाई मिशनरियों द्वारा न लिखी गयी हो। पहली कहानी रेवरेंड जे. न्यूटन कृत 'जमींदार का दृष्टान्त' है और दूसरी कहानी 'छली अरब की कथा' किसी अनाम द्वारा लिखित 'इतिहास मन विलास' संग्रह में संगृहीत है। 'जमींदार का दृष्टान्त' ईसाई धर्म प्रचार के लिए लिखी गयी कहानी है। सम्पादक ने 'शिलापंख' में सन् 1871 में प्रकाशित इस कहानी को अब तक प्राप्त हिन्दी-कहानियों में प्राचीनतम ठहराया है।[2] इस कहानी में प्रतीक पात्रों और प्रतीक घटनाओं के माध्यम से सिद्ध किया गया है कि प्रभु यीशु की कृपा से जीव के सारे पाप नष्ट हो जाते हैं। "भाषा-शैथिल्य तथा शिल्प के अभाव के बावजूद 'जमींदार का दृष्टान्त' को कहानी कहना ही पड़ेगा। इस कहानी में सीधी-सादी वर्णनात्मकता है, जो हिन्दी की प्रारम्भिक कहानियों की सामान्य विशेषता रही है।"[3] 'शिलापंख'–3 में कृष्णचन्द्र खेमका के सौजन्य से प्राप्त 'छली अरब की कथा' का प्रकाशन हुआ है।[4] सन् 1893 ई. में प्रकाशित इस कहानी में भी उपदेशात्मकता है, लेकिन अपने सीमित कलेवर में इतनी चुस्त-दुरुस्त बन पड़ी है कि आश्चर्य होता है। इस कहानी का महत्त्व तब और भी बढ़ जाता है जब हम यह पाते हैं कि सुदर्शन कृत 'हार की जीत' कहानी। इसी कहानी के 'कथ्य' में नाममात्र का फेर-बदल कर, पात्रों का नाम बदल कर गढ़ी गयी है। बाबा भारती की तरह नबोर भी कहता है, "इस घटना का कहीं वर्णन न करना क्योंकि ऐसा वृत्तान्त सुनकर यदि कोई मनुष्य सचमुच कहीं रोगी और दुःखी पड़ा हो तो भी लोग छल से डरकर उसकी सहायता न करेंगे क्योंकि यदि कृपा का काम करें तो कदाचित् नबोर की नाईं हानि न उठावें।"[5]

1 *सारिका*, दिसम्बर, 1976, पृ. 73, 'प्रणयिनी परिणय : एक विवेचन', डॉ. बच्चन सिंह
2 *शिलापंख*, प्रवेशांक, जुलाई 1976, पृ. 11, डॉ. राजेन्द्र गढ़वालिया
3 *वही*, पृ.11
4 *शिलापंख*, सितम्बर, 1976, पृ. 15
5 *वही*, पृष्ठ 16

डॉ. सुरेश सिन्हा जैसे विद्वानों ने किशोरीलाल गोस्वामी कृत 'इन्दुमती' को ही पहली कहानी मानने पर जोर दिया है। उनके विचार में 'प्रथम कहानी' का निर्धारण समयक्रम से होना चाहिए न कि कथानक, शिल्प, विचारधारा या अन्य किसी दृष्टिकोण से। 'इन्दुमती' की चर्चा प्रायः प्रत्येक समीक्षक ने की है, लेकिन इस पर 'टेम्पेस्ट' की छाया मान कर इसकी मौलिकता पर प्रश्नचिह्न लगाया गया है। रामचन्द्र शुक्ल के अनुसार, "यदि 'इन्दुमती' किसी बंगला कहानी की छाया नहीं है तो हिन्दी की यही पहली मौलिक कहानी ठहरती है। इसके उपरान्त 'ग्यारह वर्ष का समय' और 'दुलाईवाली' का नम्बर आता है।"[1] सुरेश सिन्हा को शुक्ल जी के इस कथन में चालाकी की गन्ध मिलती है। उन्हें लगता है कि वे इन्दुमती को अनूदित करार देकर अपनी कहानी 'ग्यारह वर्ष का समय' को प्रतिष्ठित करना चाहते थे। आज यह सिद्ध हो चुका है कि 'इन्दुमती' मौलिक रचना नहीं है अतः इस सम्बन्ध में अधिक बहस की गुंजाइश रह नहीं जाती है।

डॉ. लक्ष्मीनारायण लाल की दृष्टि में शिल्पविधि की दृष्टि से प्रथम मौलिक कहानी रामचन्द्र शुक्ल कृत 'ग्यारह वर्ष का समय' (1903) है।[2] हजारीप्रसाद द्विवेदी ने भी इसे आधुनिकता के लक्षण से युक्त माना है।

देवीप्रसाद वर्मा, ओंकार शरद, देवेश ठाकुर आदि समीक्षकों ने 'छत्तीसगढ़ मित्र' में प्रकाशित माधवराव सप्रे कृत 'एक टोकरी भर मिट्टी' (सन् 1901) को हिन्दी की प्रथम कहानी का श्रेय दिया है। देवेश ठाकुर के अनुसार, "यह एक ओर कालक्रम की दृष्टि से इन्दुमती के एकदम बाद की रचना है, वहीं दूसरी ओर विषय की दृष्टि से यह अपने समय के यथार्थ वस्तुपरक परिवेश से जुड़ी है।" शिल्प की दृष्टि से सहजता, सरलता और भाषा की शुद्धता इसमें है। अतः जब तक दिशा में और कोई शोध न हो जाये, हमें मान लेना चाहिए कि श्री माधवराव सप्रे की 'एक टोकरी भर मिट्टी' ही हिन्दी की पहली कहानी है। आर्थिक चेतना की कहानी होने के कारण यह आधुनिक अर्थमूला कहानियों की पहचान की पहली हिन्दी कहानी है।[3]

डॉ. कृष्णलाल ने बंगमहिला की 'दुलाईवाली' (सन् 1907) को यथार्थवादी चित्रण की सर्वप्रथम रचना माना है।

प्रो. वासुदेव 'इन्दु' में प्रकाशित 'ग्राम' (1911) को हिन्दी की पहली कहानी का गौरव प्रदान करते हैं। 'प्रसाद' की यह पहली कहानी है। शिवदानसिंह चौहान के विचार में हिन्दी कहानी की शुरुआत 'प्रसाद' और प्रेमचन्द से ही मानी जानी चाहिए।

राजेन्द्र यादव का मत इस सन्दर्भ में सबसे पृथक् है। उनके अनुसार हिन्दी की पहली मौलिक और कलापूर्ण कहानी चन्द्रधर शर्मा 'गुलेरी' (सन् 1916) की 'उसने कहा था' है और इसी से आधुनिक हिन्दी कहानी का प्रारम्भ मानना चाहिए।[4]

---

1 *हिन्दी साहित्य का इतिहास*, पृ. 481

2 *हिन्दी-कहानियों की शिल्पविधि का विकास*, पृ53

3 *हिन्दी की पहली कहानी*, देवेश ठाकुर, पृ. 18

4 *हिन्दी-कहानी : एक अन्तरंग पहचान*, रामदरश मिश्र, पृ. 5; *कहानी : स्वरूप और संवेदना*, राजेन्द्र यादव,

वास्तव में हिन्दी-कहानी के जन्म को सन् 1900 के बाद खींचना या सन् 1916 में मानना एक तरह की ज्यादती है। पहली हिन्दी कहानी सन् 1900 से पूर्व लिखी जा चुकी थी। अब यह निर्णय करना कठिन है कि वह 'जमींदार का दृष्टान्त' थी या 'प्रणयिनी परिणय' या कोई और। लगता यही है कि ईसाई मिशनरियों के हाथों अनजाने ही हिन्दी कहानी की आधारशिला रख दी गयी। वे अंग्रेजी-कहानी से परिचित थे और उसी का अनुकरण करते हुए उन्होंने कुछ कहानियाँ सरल और सुबोध हिन्दी में लिखीं या लिखवायीं। उनका उद्देश्य निश्चय ही धर्म-प्रचार था। लेकिन केवल इसी आधार पर उन्हें इस श्रेय से वंचित नहीं किया जा सकता कि वे उपदेशात्मक हैं। 'प्रणयिनी परिणय' और 'एक टोकरी भर मिट्टी' का स्वर भी उपदेशात्मक ही है। इस प्रकार जब तक और कोई नवीन शोध नहीं होता तब तक रेवरेंड जे. न्यूटन की कहानी 'जमींदार का दृष्टान्त' (सन् 1871 ई.) को हिन्दी की पहली कहानी कह सकते हैं। इस कहानी में भी धूमिल-सी आर्थिक चेतना मिल जाती है।

हिन्दी कहानी की प्रगति

हिन्दी-कहानी की लगभग सौ वर्ष की प्रगति को निम्नलिखित चार चरणों में विभक्त किया जा सकता है—

(1) प्रथम चरण (सन् 1870 से 1915 तक)
(2) द्वितीय चरण (सन् 1915 से 1935 तक)
(3) तृतीय चरण (सन् 1935 से 1955 तक)
(4) चतुर्थ चरण (सन् 1955 से आज तक)

प्रायः प्रेमचन्द को केन्द्र में रखकर 'पूर्व प्रेमचन्द युग', 'प्रेमचन्द युग' और 'प्रेमचन्दोत्तर युग' के अन्तर्गत हिन्दी-कहानी के विकास को रखा जाता है। इस वर्गीकरण से कई कठिनाइयाँ सामने आती हैं। 'प्रेमचन्द युग' के नामकरण से 'प्रसाद' का वैशिष्ट्य छिप-सा जाता है, जबकि उन दिनों 'प्रसाद स्कूल' जोरों पर था। इसी तरह 'प्रेमचन्दोत्तर युग' की संज्ञा से हिन्दी कहानी की उस विविधता का बोध नहीं हो पाता, जो प्रेमचन्द के बाद देखने को मिलती है। अतः कहानी की समूची प्रगति को उपर्युक्त चार चरणों के अन्तर्गत रखना अधिक उपयुक्त है।

प्रथम चरण—हिन्दी की प्रारम्भिक कहानियों पर डॉ. रामदरश मिश्र की यह पकड़ सही है कि इनमें यथार्थ-समर्थित आदर्श की व्यंजना (कहीं-कही कथन) लक्ष्य रूप में विद्यमान है।[1] 'जमींदार का दृष्टान्त' और 'प्रणयिनी परिणय' में परोपकार का प्रसंग है, 'एक टोकरी भर मिट्टी' की अन्तिम तान भी परहित पर टूटी है। 'जमींदार का दृष्टान्त' में महाजन, किसानों की दुर्गति सुनकर सोचता है कि मेरे पास बहुत धन-सम्पत्ति है,

---

पृ. 110

1 *हिन्दी-कहानी : एक अन्तरंग पहचान*, रामदरश मिश्र, पृ. 5

अतः मैं इनका क्लेश क्यों न दूर करूँ। 'प्रणयिनी परिणय' में राजा मारशास्त्री की सहायता करता है। इस कहानी में परोपकार वृत्ति के आदर्श के साथ राज्य कर्मचारियों की धनलिप्सा के यथार्थ की ओर भी संकेत किया गया है—"ऐसी चपलता, क्या राज्य कर्मचारी ऐसे-ऐसे भयंकर लालच से बच सकते हैं? फिर तब क्या अनर्थ न्यून होने की सम्भावना हो सकती है? यदि इस समय मैं न होता तो इतर न्यायाधीश अवश्य ही घूस लेकर इसे छोड़ देते।" "ग्यारह वर्ष का समय' में प्रेम का आदर्श निम्नलिखित शब्दों में व्यक्त हुआ है—"इस अदृष्ट प्रेम का कर्म और कर्तव्य से घनिष्ठ सम्बन्ध है। इसकी उत्पत्ति केवल सदाशय और निःस्वार्थ हृदय में हो सकती है।"

इस युग की अधिकतर कहानियों में भावुकता और संयोगों की बहुलता को देखा जा सकता है। 'ग्यारह वर्ष का समय' में एक लम्बे अरसे के बाद पति और पत्नी एक खँडहर अचानक ही मिल जाते हैं। 'इन्दुमती' में चन्द्रशेखर भी संयोग से ही इन्दुमती का अतिथि बनता है। 'कानों में कंगना' (राधिकारमण सिंह) में भावुकता बहुत गहरी है। अधिकतर कहानियाँ अंग्रेजी और बँगला कहानियों की छाया लिये हुए हैं। इनका शिल्प बहुत ऊबड़-खाबड़ है। केवल 'छली अरब की कथा' और 'एक टोकरी भर मिट्टी' शिल्प की दृष्टि से कसी हुई कही जा सकती हैं। इस युग में मास्टर भगवानदास, माधवप्रसाद मिश्र, विशम्भरनाथ 'जिज्जा' आदि ने भी कुछ कहानियाँ लिखी हैं। भले ही ये कहानियाँ उल्लेखनीय और दमदार नहीं हैं, परन्तु इतना अवश्य है कि अब तक कहानीकारों का एक मण्डल तैयार हो चुका था और पत्र-पत्रिकाओं के माध्यम से कहानी एक लोकप्रिय विधा बनती जा रही थी।[1]

दूसरा चरण—दूसरे चरण में हिन्दी कहानी दो विशिष्ट दिशाओं में आगे बढ़ती है। एक दिशा व्यक्ति-हित या व्यक्ति-सत्य के भावात्मक अंकन की है, जिसके सर्वप्रमुख कहानीकार 'प्रसाद' हैं और रायकृष्णदास, विनोदशंकर व्यास और चतुरसेन इस परम्परा को आगे बढ़ाते हैं। "हिन्दी-कहानी के विकास की दूसरी दिशा जिसमें समष्टि-सत्य की संवेदना है, समष्टि-विकास की संचेतना है, समष्टि-मंगल की भावना है, समष्टि-यथार्थ को आत्मसात् करने की प्रेरणा है, प्रेमचन्द के कहानी-साहित्य से आरम्भ होती है।"[2] प्रेमचन्द के समकालीन लेखकों में सुदर्शन और विश्वम्भरनाथ शर्मा 'कौशिक' प्रेमचन्द की कथा-दृष्टि को समर्थन देते दिखाई देते हैं।

प्रसाद की पहली कहानी 'ग्राम' (1911) 'इन्दु' में प्रकाशित हुई और जीवन-पर्यन्त उन्होंने कुल 69 कहानियाँ लिखीं। देवेश ठाकुर के शब्दों में "प्रसाद जी पहले कहानीकार हैं जिन्होंने हिन्दी-कहानी को अंग्रेजी, फ्रेंच आदि के अनुवादों से मुक्त कर, उसके स्वरूप को मौलिकता और स्थिरता प्रदान की।"[3] प्रसाद की कहानियों का

1 *हिन्दी कहानी का विकास*, देवेश ठाकुर, पृ. 46

2 *हिन्दी कहानी : पहचान और परख, 'कहानी की कहानी'*, इन्द्रनाथ मदान, पृ. 13

3 *हिन्दी-कहानी का विकास*, देवेश ठाकुर, पृ. 64

वैशिष्ट्य उनके पात्रों के अन्तर्द्वन्द्व-उद्घाटन, काव्यात्मक अभिव्यक्ति और कहानी के मार्मिक अन्त में निहित है, हालाँकि कविता और नाटक का शिल्प कभी कहानी में प्रमुख हो उठता है और इसकी संरचना में गड़बड़ी पैदा करता है।

'प्रसाद' की कहानियों में वस्तुगत वैविध्य बिल्कुल न हो, ऐसा नहीं है। 'पुरस्कार', में 'दासी', 'गुण्डा' आदि में इतिहास को इस्तेमाल किया गया है जबकि 'मधुआ', 'बेड़ा' और 'छोटा जादूगर' में सामाजिक विषमता को उभारा गया है। अधिकतर कहानियों में काम-सूत्र क्षीण है। लेकिन 'दासी', 'सालवती' आदि कुछ कहानियाँ इतिवृत्ति के फल-विस्तार के साथ लम्बी हो गयी हैं। 'रसिया बालम', 'आँधी' आदि कहानियों में अनावश्यक अंश भी कम नहीं हैं। भावुकता की स्फीति प्रायः कहानीपन को आहत करती है। इन कमियों के बावजूद 'प्रसाद' को कथन-भंगिमा और चरित्र-सृष्टि कहानियों को अविस्मरणीय बना देती है। 'प्रसाद' का शिल्प प्रायः 'ग्राम' कहानी से लेकर 'सालवती' तक एक-सा रहा है और इसकी नकल नहीं हो पायी है। 'प्रसाद' की शैली में लिखी गयी हृदयेश और विनोदशंकर व्यास की बहुत-सी कहानियाँ असफल रही हैं। उनके शिल्प के सम्बन्ध में डॉ. लक्ष्मीनारायण लाल ने लिखा है—"हिन्दी कहानी-साहित्य में प्रसाद जी एक ऐसे कहानीकार हैं जिनकी कहानी भावों की अनुवर्तिनी रही है, शिल्प की अनुवर्तिनी नहीं।"[1]

प्रेमचन्द और उनके सहयोगी कहानीकारों में समकालीन यथार्थ की आदर्शात्मक परिणति मिलती है। अपनी कहानी-यात्रा के अन्तिम चरण में प्रेमचन्द ने स्वयं को आदर्श के मोह से अलग कर लिया था लेकिन सुदर्शन, विश्वम्भरनाथ शर्मा 'कौशिक', ज्वालादत्त शर्मा आदि बराबर आदर्शोन्मुख यथार्थवादी कहानियाँ लिखते रहे। इस दृष्टि से कौशिक की 'रक्षाबन्धन', सुदर्शन की 'एलबम', 'हार की जीत' और 'एथेंस का सत्यार्थी' उल्लेखनीय कहानियाँ हैं। प्रेमचन्द की कहानी-यात्रा के तीन मोड़ माने जा सकते हैं। 'पंच परमेश्वर', 'बड़े घर की बेटी', 'नमक का दरोगा' आदि प्रारम्भिक कहानियों में उनका आग्रह पुरातन आदर्शों को प्रतिष्ठित करने का है। इन कहानियों में उपदेश का प्रच्छन्न स्वर सुनाई देता है। सन् 1920 और 1930 के बीच लिखी कहानियों में गाँधीवादी विचारधारा सतह पर है। 'मैकु', 'शंखनाद', 'दुर्गा मन्दिर', 'सेवा मार्ग' आदि कहानियों में प्रेमचन्द स्थूल कथात्मकता को छोड़कर यथार्थ को विश्लेषण और संकेत के स्तर पर ग्रहण करते दिखाई देते हैं।" चरित्रों के चित्रण में मनोवैज्ञानिक सूक्ष्मताओं का समावेश भी उनमें आ गया है। नाटकीयता तथा व्यंग्य के पैनेपन के कारण उसमें जीवन्तमयता और प्रभावान्विती की घनता आ गयी है।"[2] 'नशा', 'पूस की रात', 'कफन' आदि कहानियाँ प्रेमचन्द की कहानीकला के अन्तिम चरण की हैं। यहाँ तक आते-आते प्रेमचन्द अपनी तमाम आस्थाओं को छोड़ देते हैं

1 *हिन्दी-कहानियों की शिल्पविधि का विकास*, पृ. 171

2 *आधुनिक हिन्दी-साहित्य का इतिहास*, डॉ. बच्चन सिंह, पृ. 259

और जीवन के प्रति उनकी दृष्टि अधिक तीखी और निर्मम हो गयी है। इन कहानियों में जो सूक्ष्मता और सांकेतिकता विद्यमान है वह 'नयी कहानी' की अच्छी कहानियों में भी नहीं है। यह कम महत्त्वपूर्ण नहीं है कि हिन्दी कहानी का विकास प्रेमचन्द द्वारा संकेतित दिशा में ही हुआ है।

प्रेमचन्द की कहानियों में जहाँ एक ओर युग का सच्चा चित्रण है, सामाजिक-आर्थिक, राजनीतिक सन्दर्भों के विश्लेषण की कोशिश है, वहीं दूसरी ओर प्रेम, सहानुभूति, तपस्या, सेवा आदि महनीय मूल्यों का जोरदार समर्थन उनमें है। अपनी तीन सौ से भी अधिक कहानियों में प्रेमचन्द ने जनसाधारण के जीवन को उसी की भाषा में प्रस्तुत किया है। वे सम्भवतः पहले हिन्दी-कहानीकार हैं, जिनकी कहानियों में ग्रामीण जीवन अपनी समूची शक्ति और सीमा के साथ उभरा है। प्रेमचन्द के उपन्यासों को डॉ. रामविलास शर्मा जैसे आलोचक उनकी कहानियों पर तरजीह देते हैं, जबकि वास्तविकता यह है कि प्रभाव की दृष्टि से उनकी कहानियाँ कहीं-कहीं उपन्यासों से भी आगे गयी हैं। उनके समकालीन अनेक कहानीकारों ने उनके अनुकरण की चेष्टा की, लेकिन "मानव-स्वभाव के परिचय, युगबोध, विषय क्षेत्र के विस्तार, कहानीकला के उत्कर्ष आदि की दृष्टि से प्रेमचन्द-स्कूल का एक भी कहानीकार प्रेमचन्द की गरिमा को नहीं पहुँच सका।"[1]

दूसरे चरण के कहानीकारों में चन्द्रधर शर्मा 'गुलेरी' की चर्चा अलग से की जानी चाहिए। वस्तुतः इनकी कहानी 'उसने कहा था' के प्रकाशन से ही कहानी के दूसरे चरण की शुरुआत होती है। सन् 1915 में प्रकाशित यह कहानी एक सुखद आश्चर्य का विषय है। "इसमें पक्के यथार्थवाद के बीच, सुरुचि की चरम मर्यादा के भीतर, भावुकता का चरम उत्कर्ष अत्यन्त निपुणता के साथ सम्पुटित है।"[2] इसमें एक ऐसी प्रेम कहानी है, जो 'प्लेटोनिक' होने के साथ-साथ उत्सर्ग की भावना से भरपूर है। इस कहानी को प्रायः लहनासिंह के प्रेम और बलिदान की कहानी के रूप में देखा गया है। राजेन्द्र यादव ने इसे सूबेदारनी के उदात्त, गम्भीर प्यार और अडिग विश्वास की कहानी के रूप में देखा है।[3] सूबेदारनी के दो वाक्य—'देखते नहीं, यह रेशम से कढ़ा हुआ सालू?' और 'ऐसे ही इन दोनों को बचाना' लहनासिंह की आत्मा में खुद जाते हैं और उसके जीवन की धारणा को मोड़ देते हैं। राजेन्द्र यादव की इस स्थापना में दम है। लेकिन ध्यान से देखें तो एक ओर इसमें प्रेम के कालातीत होने, अमर होने की गवाही है। दूसरी ओर मूक प्रेम की ऊँचाई की पुष्टि है। पच्चीस वर्ष की अवधि के बाद भी लहनासिंह के मन में प्रेम इतना जीवन्त है कि वह प्रेयसी के कहे

---

1 *आधुनिक कहानियाँ (सम्पादन), हिन्दी-कहानी* : एक यात्रा, डॉ. भगवतस्वरूप मिश्र, पृ. 51

2 *हिन्दी-साहित्य का इतिहास*, रामचन्द्र शुक्ल, पृ. 481

3 *कहानी : स्वरूप और संवेदना*, राजेन्द्र यादव, पृ. 21

हुए को शिरोधार्य कर मर मिटता है। गुलेरी जी की अन्य दो कहानियाँ उतनी अच्छी नहीं बन पड़ी हैं।

तीसरा चरण—तीसरे चरण की कहानियों को तीन वर्गों में बाँटा जा सकता है। एक वर्ग व्यक्ति-सत्य का उद्घाटन, मनोवैज्ञानिक धारणाओं के सन्दर्भ में करने वाली कहानियों का है, जिसका प्रतिनिधित्व जैनेन्द्र, अज्ञेय, इलाचन्द्र जोशी, भगवतीप्रसाद वाजपेयी, पहाड़ी आदि कहानीकार करते हैं। दूसरे वर्ग की कहानियाँ समाज-सापेक्ष प्रश्नों से सम्बद्ध हैं और इस वर्ग के प्रमुख कहानीकार हैं—यशपाल, रांगेय राघव, भैरवप्रसाद गुप्त, पाण्डेय बेचन शर्मा 'उग्र' और अमृत राय। तीसरे वर्ग में वे कहानीकार आते हैं, जो व्यक्ति-सत्य और समष्टि-सत्य दोनों को सुविधानुसार अपनी कहानियों का आधार बनाते हैं। 'अश्क', भगवतीचरण वर्मा आदि कहानीकार इसी वर्ग में आते हैं।

जैनेन्द्र सही अर्थ में हिन्दी के प्रथम मनोवैज्ञानिक कहानीकार हैं। डेढ़ सौ से भी अधिक कहानियों में उन्होंने प्रायः व्यक्ति-सत्य को केन्द्र में रखा है, अतः आलोचक उन्हें 'प्रसाद' की परम्परा में स्थान देते हैं। जैनेन्द्र, 'प्रसाद' से कई बातों में भिन्न हैं। वे 'प्रसाद' की अपेक्षा अधिक बौद्धिक और कम रोमांटिक हैं। 'प्रसाद' जैसी काव्यात्मक तरलता उनकी कहानियों में नहीं है। डॉ. इन्द्रनाथ मदान के शब्दों में "जैनेन्द्र की मूल समस्या मुक्ति की समस्या है और मुक्ति एकाकीपन से मुक्ति या गहरी बोरियत से निजात है। इनके लिए सामूहिक मुक्ति या सामाजिक मोक्ष का प्रश्न ही नहीं उठता। ...इस मूल समस्या को, एकाकीपन से मुक्ति पाने की समस्या को, प्रायः प्रेम तथा विवाह के माध्यम से उठाया गया है।"[1] आमतौर पर उनकी कहानियों में यह द्वन्द्व उभरता है कि मुक्ति प्रवृत्ति में है या विधान के पालन में? कुछ कहानियाँ विधान-पालन की विवशता के साथ खत्म होती हैं और कुछ प्रवृत्तिगत स्वतन्त्रता का समर्थन करती हैं। जैनेन्द्र के चिन्तन की बुनावट पर गाँधीवाद का असर काफी है। उनके अधिकतर पात्र आत्म-पीड़न की यातना ढोते देखे जाते हैं और अक्सर वे कुण्ठित तथा पथ-भ्रष्ट देखे जाते हैं। डॉ. देवेश ठाकुर का यह कथन सत्य लगता है कि मध्यमवर्गीय मन की कुण्ठाओं को जैनेन्द्र ने खादी में लपेट कर प्रस्तुत किया है तथा पाठकों में अपने गाँधीवादी मानवीय और दार्शनिक होने का भ्रम फैलाया है।[2]

हिन्दी-कहानी को जैनेन्द्र का प्रदेय शिल्पगत अधिक है, हालाँकि जैनेन्द्र ने शिल्प से अनभिज्ञता ही व्यक्त की है। 'पत्नी', 'एक रात', 'प्रियव्रत', 'कःपन्था', 'मास्टर जी', 'पाजेब', 'अपना-अपना भाग्य' आदि अनेक कहानियाँ उनके सहज और सधे शिल्प का परिचय देती हैं। प्रेमचन्द की तुलना में उनका कथा—शिल्प नया और ताजा लगता है।

---

1 *हिन्दी कहानी : पहचान और परख*, इन्द्रनाथ मदान, पृ. 17

2 *हिन्दी-कहानी का विकास*, देवेश ठाकुर, पृ. 79

राजेन्द्र यादव के अनुसार जैनेन्द्र का महत्त्व इस बात में है कि उन्होंने कहानी को एक बेलौस, सहज, स्वाभाविक, पारदर्शी भाषा और भंगिमा दी, अपनापन और खुलाव दिया।[1] लेकिन यह नहीं भूलना चाहिए कि बहुत जल्दी ही जैनेन्द्र की कहानियों में कथित भाषागत सहजता और अपनापन दार्शनिकता के अवतरण में लिपटकर जीवन से दूर होता गया और जैनेन्द्र एक बनावटी भाषा गढ़ते दिखाई देने लगे।

अज्ञेय की कहानियाँ एक अभिजात बौद्धिक द्वारा लिखी गयी मनोवैज्ञानिक कहानियाँ हैं। कथ्यगत वैविध्य के बावजूद इन कहानियों का अनुभव-संसार निजी और बहुत कुछ सीमित है। मनोविज्ञान के सिद्धान्तों को स्मरण और सचेत रूप में केन्द्र में रखने का आग्रह भी 'कड़ियाँ', 'पुलिस की सीटी', 'लेटर बक्स', 'हीलीबोन की बतखें' आदि कुछ कहानियों में बहुत मुखर है। "अज्ञेय का गरिष्ठ व्यक्तित्व उनकी कहानियों को एक निजता प्रदान करता है। इस निजता की बुनावट बड़ी जटिल है। इसीलिए इनकी कहानियों में लेखक की वैचारिकता, अनुभव, अध्ययन, तटस्थता, मानवीय प्रतिबद्धता आदि का बड़ा ही जटिल सहअस्तित्व दिखाई पड़ता है।'[2] इस जटिल सहअस्तित्व के परिणाम शुभ-अशुभ दोनों हैं। एक ओर वे इसके चलते 'रोज' जैसी अच्छी कहानी लिखने में समर्थ सिद्ध हुए हैं, वहीं दूसरी ओर घोर बौद्धिकता से भरपूर रचनाएँ उन्होंने दी हैं। 'रोज' में एकरस और यान्त्रिक तरीके से जिन्दगी जीने का सन्दर्भ बहुत सहजता किन्तु तीखेपन के साथ चित्रित हुआ है। जैनेन्द्र और अज्ञेय की तुलना में इलाचन्द्र जोशी की कहानी–'सृष्टि'–कम दमदार और कम प्रासंगिक है। अक्सर लगता है, वे मनोविज्ञान के किसी सिद्धान्त के प्रतिपादन के लिए कहानी लिख रहे हैं। अन्य मनोवैज्ञानिक कहानीकारों में भगवतीप्रसाद वाजपेयी और पहाड़ी उल्लेखनीय हैं।

सामाजिक सवालों से जूझने का जो क्रम प्रेमचन्द से शुरू होता है, यशपाल, रांगेय राघव, अमृतलाल नागर और 'उग्र' जैसे कहानीकार उसे आगे बढ़ाते हैं। यशपाल सामाजिक प्रश्नों और समस्याओं को मार्क्सवादी जीवन-दृष्टि के जरिये देखते हैं। 1936 में प्रगतिशील लेखक संघ की स्थापना के बाद, रचनाकारों पर मार्क्सवाद का प्रभाव पड़ना शुरू हुआ और उनकी प्रगतिशील रचनाएँ सामने आयीं। यशपाल इन प्रतिबद्ध रचनाकारों में अग्रणी थे। यशपाल का अनुभवसंसार बहुत व्यापक और बहुत वैविध्यपूर्ण है। एक ओर मध्यमवर्गीय जीवन की विसंगति, असहायता और यातना को व्यक्त करने वाली 'परदा', 'फूलों का कुरता', 'प्रतिष्ठा का बोझ' आदि कहानियाँ हैं, दूसरी ओर मेहनतकश दुनिया के संघर्ष और शोषणतन्त्र की खिलाफत की कहानियाँ हैं, जिनमें 'राग', 'कर्मफल', 'वर्दी', 'आदमी का बच्चा' महत्त्वपूर्ण हैं।

1 *कहानी : स्वरूप और संवेदना*, राजेन्द्र यादव, पृ. 27

2 *हिन्दी-कहानी : एक अन्तरंग पहचान*, पृ. 37

पुरातन मूल्यों, अप्रासंगिक रूढ़ियों और नैतिक निषेधों को तिरस्कृत करने का उनका अन्दाज निजी है। धारदार व्यंग्य उनकी अभिव्यंजना का सबसे सबल हथियार है। यशपाल में जहाँ कथ्यगत समृद्धि है; वहीं शिल्प भी असरदार है। कुछ प्रगतिवादी कहानीकारों की भाँति उनकी कहानियों में शिल्प का अवमूल्यन नहीं हुआ है। रांगेय राघव की कहानियाँ मार्क्सवादी बोध से सम्पन्न होते हुए भी कहीं-कहीं उससे बाहर चली जाती हैं। अनुभव की वास्तविकता उनकी कहानियों की पहली विशेषता है। 'गदल' रांगेय राघव की सबसे अच्छी कहानी है। 'उग्र' को प्रेमचन्द युग के कहानीकार के रूप में देखा गया है। वस्तुतः उनकी कहानी-कला का 'उत्तमांश' प्रेमचन्दोत्तर युग में ही अस्तित्व में आया। वे घोषित मार्क्सवादी न थे लेकिन सामाजिक विसंगतियों को उधेड़ने में वे प्रगतिशीलता का परिचय देते हैं। 'कला का पुरस्कार', 'ऐसी होली खेलो लाल', 'उसकी माँ' आदि उनकी अच्छी कहानियाँ हैं। अन्य प्रगतिशील रचनाकारों में भैरवप्रसाद गुप्त और अमृतराय उल्लेखनीय हैं।

उपेन्द्रनाथ 'अश्क', भगवतीचरण वर्मा आदि कुछ कहानीकार न तो प्रगतिवादी कहानीकार कहे जा सकते हैं और न व्यक्तिवादी। डॉ. रामदरश मिश्र ने 'अश्क' को मार्क्सवादी दृष्टिकोण को लेकर कहानी लिखने वालों की कोटि में रखा है। वास्तव में अपनी संवेदना की दृष्टि से वे प्रगतिशील कथा—चेतना से एक स्पष्ट अलगाव रखते हैं। मनोवैज्ञानिक पकड़ भी उनकी कहानियों में कम नहीं है। उनके भाषा-शिल्प पर प्रेमचन्द का गहरा प्रभाव है। एक ओर 'अश्क' ने 'डाची' और 'काँकड़ा का तेली' जैसी चुस्त और प्रभावशील कहानियाँ लिखी हैं, वहीं 'एम्बेसडर', 'बेबसी' जैसी यौन समस्याओं वाली कहानियों में वे अधिक सफल नहीं रहे। उनकी कहानियों पर टिप्पणी करते हुए हृषीकेश ने लिखा है : "वह इतनी सपाट और आत्मीय हैं कि पढ़कर चिन्ता नहीं होती, न खेद होता है, न अचस्य, न जिज्ञासा और न ही व्यामोह। केवल तरल आनन्दानुभूति देने वाली 'अश्क' की कहानियाँ अन्वेषण तो करती हैं, अन्वेषक नहीं बनातीं और पाठक के सामने आत्म-निर्णय का संचार नहीं करतीं।"[1] 'अश्क' की बहुत-सी कहानियों पर यह टिप्पणी सटीक है। भगवती बाबू अपनी व्यंग्यात्मक कहानियों के लिए चर्चित हुए। 'प्रायश्चित', 'दो बाँके' और 'मुगलों ने सल्तनत बख्श दी' आदि कहानियाँ उन्हें प्रतिष्ठित करने के लिए पर्याप्त हैं, लेकिन 'मोर्चाबन्दी' संग्रह की कहानियों में उनके चूकने के लक्षण बहुत साफ दिखाई देते हैं।

चतुर्थ चरण—इसके अन्तर्गत स्वातन्त्र्योत्तर हिन्दी कहानी आती है। इस अवधि में तीन पीढ़ियों की लिखी कहानियाँ आती हैं। एक ओर तो यशपाल, जैनेन्द्र, भगवतीचरण वर्मा जैसे पुरानी पीढ़ी के कहानीकार सक्रिय रहे, दूसरी ओर आजादी मिलने के समय वयस्क हो रही पीढ़ी के कहानीकारों-राजेन्द्र यादव, कमलेश्वर,

1 *संचेतना-4,* पृ. 12, 'उपेन्द्रनाथ 'अश्क' से आकाशचारी तक'

मन्नू भण्डारी, रेणु, मोहन राकेश आदि ने खूब लिखा। 1960 के अन्त में युवा पीढ़ी ने लिखना शुरू किया जिसने स्वतन्त्र भारत में आँखें खोली थीं। इस पीढ़ी के रचनाकारों में ज्ञानरंजन, रवीन्द्र कालिया, कामतानाथ, इब्राहीम शरीफ, हिमांशु जोशी, महीप सिंह आदि प्रमुख हैं।

स्वतन्त्रता के बाद की हिन्दी कहानी का इतिहास आन्दोलनों का इतिहास है। चार-पाँच साल की अवधि बीतते-बीतते एक आन्दोलन उठ खड़ा होता रहा और उसे लेकर खूब ढोल पीटे गये। इसका एकमात्र सुफल यह हुआ कि कहानी एक गम्भीर और केन्द्रीय विधा के रूप में प्रतिष्ठित हो गयी। नयी कहानी, अकहानी, सचेतन कहानी, सहज और समान्तर कहानी के झण्डों के नीचे इस तीन दशक की अवधि में ढेरों अच्छी-बुरी कहानियाँ लिखी गयी हैं। 'नयी कहानी' कहानी के नयी होने की घोषणा कम, स्वतन्त्रतापूर्व की कहानी के पुरानी पड़ जाने की घोषणा अधिक थी। 1950 तक आते-आते लगने लगा कि जैनेन्द्र की चौंकाने वाली दार्शनिक कथा—मुद्रा, अज्ञेय की सतही प्रगतिशील कहानियाँ और कथा तथा शिल्प के द्वन्द्व में फँसी हुई यशपाल की कहानियाँ अब उतनी प्रासंगिक नहीं रहीं। लगता था, या तो वे कहानीकार चुक चले हैं या कहानी लिखने का आत्मविश्वास गँवा चुके हैं। ऐसी स्थिति में कहानी में नयेपन का आग्रह यदि आन्दोलन के स्तर पर उभरा तो यह आकस्मिक नहीं है।

नयी कहानी—कमलेश्वर के अनुसार जितेन्द्र और ओमप्रकाश श्रीवास्तव ने कहानी को नया रूप देने की कोशिश की और इसके नामकरण का श्रेय दुष्यन्त कुमार को है। डॉ. बच्चन सिंह ने 1950 में प्रकाशित 'दादी माँ' (शिवप्रसाद सिंह) में नयी कहानी के तत्त्व पाये हैं। उनके खयाल में "56-57 में नयी कविता के वजन पर इसका नाम 'नयी कहानी' रख दिया गया है।"[1] सूर्यप्रसाद दीक्षित नयी कहानी के शुभारम्भ का श्रेय कमलेश्वर, मोहन राकेश और राजेन्द्र यादव को सम्मिलित रूप में देते हैं। वास्तव में किसी एक व्यक्ति या किन्हीं व्यक्तियों को किसी आन्दोलन का पूरा श्रेय देना गलत होगा। एक सार्थक आन्दोलन, परिवेश की माँग और एक पूरी पीढ़ी के प्रयास की उपज होता है। हिन्दी-कहानी में नयेपन की शुरुआत 'पूस की रात', 'नशा' और 'कफन' जैसी कहानियों से हो चुकी थी और 50 तक आते-आते कहानी की कथा और शिल्प में काफी अन्तर आ चुका था। नयेपन की यह प्रवृत्ति 56-57 में आन्दोलन का रूप ले लेती है। डॉ. नामवर सिंह उन लोगों में से हैं जिन्होंने नयी कहानी के प्रवक्ता की भूमिका निभायी। कहानी के नववर्षांक 56-57 और 58 में प्रकाशित उनके लेखों में इस आन्दोलन को बहुत बल मिला।

'नयी कहानी' उस समय लिखी गयी, जब रचनाकारों में देश की स्वतन्त्रता को लेकर एक संशय की मुद्रा जन्म ले रही थी, मोहभंग की पृष्ठभूमि निर्मित हो रही थी।

---

1 *हिन्दी साहित्य का इतिहास*, सं. नगेन्द्र, पृ. 692

विभाजन के फलस्वरूप बड़े पैमाने पर मूल्य-संक्रमण और मूल्य-विघटन की स्थितियाँ पैदा हो गयी थीं और राजनीतिक पृष्ठभूमि में भी सेवा, त्याग, करुणा, सत्य, प्रेम आदि गाँधीवादी मूल्य कड़ी आजमाइश में पड़ गये थे। डॉ. भगवानदास वर्मा का यह कथन सही है—"परम्परावादी जीवन-दर्शन की असारता, भारतीय संस्कृति की नये युग के सन्दर्भ में निरर्थकता, स्वतन्त्रता-प्राप्ति और भ्रमभंग की अवस्था, जीवनादर्शों की अनिश्चितता, व्यक्ति जीवन में अकेलेपन, अजनबीपन का अहसास आदि अनुभूत सत्यों के अनेक स्तरीय सन्दर्भों के परिपार्श्व पर नयी कहानी विकसित हो रही है।"

जीवन के जटिल और व्यापक यथार्थ की अभिव्यक्ति 'नयी कहानी' की पहली विशेषता है। बदले हुए परिवेश को अपनी नयी दृष्टि से देखते हुए नये कहानीकारों ने बहुरंगी कहानियाँ दीं। वे न तो व्यक्ति-सत्य तक सीमित रहे और न सामाजिकता के दायरे में बन्द रहे। यही कारण है कि एक ओर पारिवारिक सम्बन्धों की टूटन उनकी कहानियों में है, दूसरी ओर आर्थिक, सामाजिक कारणों से हमारे जीवन में हुई फेर-बदल को उन्होंने उभारा है। मध्यवर्ग की आशा, हताशा और तकलीफ को नयी कहानी में विस्तार से उभारा गया है। देश के विभाजन के बाद की स्थितियों और समस्याओं को लेकर भी कुछ कहानियाँ लिखी गयीं। इस व्यापक यथार्थबोध की कहानियों में 'वापसी' (उषा प्रियवंदा), 'टूटना' (राजेन्द्र यादव), 'राजा निरबंसिया' (कमलेश्वर), 'एक और जिन्दगी' (राकेश), 'हंसा जाइ अकेला' (मार्कण्डेय), 'कर्मनाशा की हार' (शिवप्रसाद सिंह), 'मलबे का मालिक' (मोहन राकेश) आदि उल्लेखनीय हैं। इनमें गाँव, कस्बा, नगर और महानगर के विस्तृत फलक पर जीवन की सचाइयों को लिपिबद्ध किया गया है।

मोहन राकेश के अनुसार नयी कहानी की एक प्रमुख विशेषता-सांकेतिकता है। सांकेतिकता पुराने कथाकारों में भी है, लेकिन वे यदाकदा संकेत देते थे और आमतौर पर उनकी सांकेतिकता विचार के स्तर पर थी। नयी कहानी—कथ्य और कथन—दोनों स्तरों पर सांकेतिक होने का प्रमाण देती है। सुरेन्द्र के अनुसार यह किसी स्तर पर संकेत का उपयोग न होकर स्वयं संकेत होती है। सांकेतिकता की दृष्टि से 'चीफ की दावत' (भीष्म साहनी), 'जिन्दगी और जोंक' (अमरकान्त) आदि द्रष्टव्य हैं। नयी कहानी ने स्थापित नैतिक बोध को चुनौती दी है। 'तलाश' (कमलेश्वर) और 'दाम्पत्य' (राजकमल चौधरी) जैसी कहानियों में परम्परागत नैतिक वर्जनाओं और मान्यताओं को झटका-सा दिया गया है। डॉ. भगवानदास वर्मा के अनुसार—"... स्थापित नैतिक बोध का विघटन आधुनिक कहानी का कथ्य बनकर चित्रित हुआ है। कहीं वह चित्रण परम्परागत मूल्यों के साथ खण्डन का है, कहीं उनकी आग्रहमूलकता के खण्डन का है तो कहीं उनका माखौल उड़ाने वाले प्रसंगों का है।"[1]

---

1 *कहानी की संवेदनशीलता : सिद्धान्त और प्रयोग*, पृ. 195

नयी कहानी की भाषिक संरचना और इसका शिल्प भी नयेपन से लैस है। बिम्बात्मक और सांकेतिक भाषा के साथ-साथ सपाटबयानी की प्रवृत्ति भी इसमें है। नयी कहानी ने कहानी को नये मुहावरे, भाषायी सपाटपन और समकालिक चेतना से जोड़ दिया और उसे नकली और बनावटी भाषा से मुक्त कर दिया।[1] नयी कहानी का शिल्प इसके कथ्य की आन्तरिक माँग के फलस्वरूप स्वतः नया हो गया है यह सचेष्ट सायास उतना नहीं है। राजेन्द्र यादव जैसे कुछ इने-गिने कथाकारों में शिल्प की अतिरिक्त सजगता देखने को मिलती है, अन्यथा बहुत-सी कहानियाँ सहज सम्प्रेषणीय हैं। 'नयी कहानी' ने विधाओं के कटघरों को तोड़ा है, फलतः कहानी में रेखाचित्र, रिपोर्ताज, ललित निबन्ध और यात्रावृत्त का शिल्प भी समाहित हो गया है। इस तरह नयी कहानी, कहानी के परम्परागत ढाँचे को तोड़ती है। एक निश्चित ढंग से कहानी गढ़ना और उसे समाप्त करना नयी कहानी की प्रवृत्ति नहीं है। "फॉर्मूलाबद्ध शिल्प नयी कहानी में समाहत नहीं हुआ, इसलिए निश्चित आदि, अन्त चरमसीमा व इन्हीं जैसे दूसरे नुक्तों का प्रयोग, नये कथाकारों ने अपने यहाँ नहीं किया, जबकि इन नुक्तों ने व्यतीत कहानी के शिल्प को दूर तक निर्देश दिये थे। युग की विडम्बना को सम्प्रेषण देने के लिए तल्खी और व्यंग्य का नयी कहानी में इतना सफल और प्रभूत प्रयोग हुआ है कि जिसके चलते उसमें व्यंग्य भाषा का रूप एक खास कोण से उभर सका है।"[2] व्यंग्य के लिए हरिशंकर परसाई की रचनाएँ विशेष उल्लेखनीय हैं।

हिन्दी-कहानी : नयी कहानी के बाद—नयी कहानी की दुर्बलताएँ उसकी उपलब्धियों की तरह स्पष्ट रहीं। यौन प्रसंगों के प्रति आवश्यक मोह, क्षणवादी-भोगवादी दृष्टि, शिल्पगत चमत्कार की प्रवृत्ति आदि ने नयी कहानी का अवमूल्यन किया। इसके अतिरिक्त एक-दूसरे पर कीचड़ उछालने, स्थापित होकर जबर्दस्ती बने रहने की प्रवृत्ति ने भी उनकी रचनाशीलता को आहत किया। ऐसी स्थिति में 60 के बाद यदि नयी कहानी और उसके नये लेखक पुराने लगने लगे तो यह आश्चर्यजनक नहीं था। अब कहानी में फिर नयेपन की माँग आकस्मिक न थी। इसके फलस्वरूप अकहानी, सचेतन, कहानी, सहज और समान्तर कहानी जैसे नये आन्दोलन जन्मे। डॉ. देवीशंकर अवस्थी ने साठ के बाद की कहानी को नयी कहानी से अलग पाया था। उनके अनुसार—चौथे-पाँचवें दशक के कहानीकार यथार्थ का सृजन करते थे, पाँचवें-छठे दशक के लेखक यथार्थ को अभिव्यक्त करते थे, किन्तु समकालीन कहानीकार यथार्थ को खोजता है। नयी कहानी के लेखकों के सामने कुछ मूल्य थे लेकिन साठोत्तरी कहानीकार असमंजस की स्थिति में रहा। उसके सामने पुराने मूल्य टूट चुके थे,

---

1 *आलोचना*, जनवरी-मार्च, 1975, पृ. 27, डॉ. पवनकुमार मिश्र

2 *नयी कहानी : दशा, दिशा, सम्भावना*, सुरेन्द्र, पृ. 375

जो दिखाई नहीं दे रहे थे। अतः जो कुछ उसने देखा, हड़बड़ी और उत्तेजना में लिखता गया। जैसा कि प्रह्लाद अग्रवाल ने संकेत दिया है, नयी कहानी से साठोत्तरी कहानी का अलगाव समय की दृष्टि से कम, दृष्टि का अलगाव अधिक है। साठोत्तरी अथवा सातवें दशक की कहानी 'बदली हुई मानसिकता' की कहानी है, युवा कहानीकारों ने परम्परागत नैतिकता, चालू मुहावरों और शिल्पगत रूढ़ियों की हद को लाँघते हुए अपने जिये हुए 'सत्य' को कहानी का रूप दिया है।

अकहानी—'अकहानी' की प्रेरणा विदेशी है, यह 'एंटी स्टोरी' आन्दोलन का भारतीय संस्करण[1] कही जा सकती है। लेकिन 'अकहानी' के एक प्रमुख प्रवक्ता डॉ. गंगाप्रसाद विमल ने इसे 'अभारतीय' कहना 'अज्ञान का आग्रह-मोह' माना है, अकहानीकारों के अनुसार अकहानी अपरिभाषेय है। डॉ. रामदरश मिश्र ने अकहानी को स्पष्ट करते हुए लिखा है, 'अकहानी का 'अ' वस्तु और मूल्य के स्तर पर भी निषेध का स्वर मुखर करता है। 'वस्तु' के स्तर पर उसने प्रायः सामाजिक संघर्षों से सम्बन्धित विषय को ग्रहण न कर स्त्री-पुरुषों के सम्बन्धों या यौन-प्रसंगों को ही ग्रहण किया है और मूल्य के स्तर पर उसने न केवल पहले के सारे मूल्यों का निषेध किया, बल्कि 'साहित्य में मूल्य का अस्तित्व है' इस सत्य का निषेध कर दिया।"[2] यथार्थता-बोध या विसंगति की पहचान इसके केन्द्र में जान पड़ती है। श्रीकान्त वर्मा की 'झाड़ी', प्रयाग शुक्ल की 'अकेली आकृतियाँ', विश्वेश्वर की 'दूसरी गुलामी' आदि कहानियों में इस व्यर्थता-बोध को विभिन्न सन्दर्भों में उभारा गया है। अकहानी में विद्रोह का स्वर भी है, लेकिन यौन सन्दर्भों तक सीमित रहने में वह विकृत और सतही बनकर रह गया है। 'रीछ' (दूधनाथ सिंह), 'विध्वंस' (गंगाप्रसाद विमल), 'छलाँग' (ज्ञानरंजन), 'त्रिकोण' (कृष्णबलदेव वैद) आदि कहानियाँ इस सन्दर्भ में उल्लेखनीय हैं। अकहानीकारों को सर्वाधिक सफलता सम्बन्धाभाव और मूल्यहीनता की स्थितियों को उभारने में मिली है। नैतिक वर्जनाओं और निषेधों के प्रति उनकी दृष्टि बहुत आक्रामक रही है।

'नयी कहानी' के रूढ़ हो रहे शिल्प को अकहानी ने बहुत कुछ तोड़ा है। डॉ. नामवर सिंह ने रवीन्द्र कालिया आदि के शिल्प-सामर्थ्य को सराहा है। उनके अनुसार "कहानी के रूपाकार और रचनाविधान की दृष्टि से ये कहानियाँ एक अरसे से उपयोग में आने वाले कथागत साज-सँभार को एकबारगी उतारकर काफी हल्की हो गयी हैं—हल्की, लघु और ठोस। यहाँ तक कि कभी-कभी कथा—चरित्रों के नाम-ग्राम-परिचय का उल्लेख करना अनावश्यक प्रतीत होता है।" 'वह', 'मैं', 'तुम' आदि प्रयोगों से पात्रों को व्यक्त किया गया है। शिल्प की दृष्टि से गंगाप्रसाद विमल

---

1 *हिन्दी-कहानी : दो दशक की यात्रा'* सूर्यप्रसाद दीक्षित (सं. नरेन्द्र मोहन, रामदरश मिश्र), पृ. 204

2 *हिन्दी-कहानी : एक अन्तरंग पहचान*, पृ. 101

की 'इन्ताफिता', रवीन्द्र कालिया की 'काला रजिस्टर' और दूधनाथ सिंह की 'रीछ' का उल्लेख किया जा सकता है।[1]

अकहानी का महत्त्व जहाँ पुरामूल्यों के अस्वीकार और बिगड़े हुए आपसी सम्बन्धों के यथार्थ चित्रण में है, वहीं सेक्स केन्द्रित होने के कारण 'अकहानी' न तो व्यापक बन सकी और न अधिक प्रामाणिक। जीवन की बुनियादी सचाइयों की अवहेलना करने से अकहानी दीर्घजीवी भी न हो सकी। अकहानी के प्रमुख हस्ताक्षरों में दूधनाथ सिंह, ज्ञानरंजन, रवीन्द्र कालिया, भीमसेन त्यागी, कृष्णबलदेव वैद, विश्वेश्वर, श्रीकान्त वर्मा, गंगाप्रसाद विमल आदि प्रमुख हैं।

सहज कहानी—'सहज कहानी' की बात अमृत राय ने उठायी और वे इसके प्रथम और अन्तिम प्रवक्ता बने रहे। नयी कहानी की असमर्थताओं ने श्री राय को 'सहज कहानी' की अवधारणा प्रस्तुत करने के लिए विवश किया। अमृत राय के अनुसार, "सहज कहानी से हमारा अभिप्राय इनमें से किसी एक से या दो से या दस से नहीं बल्कि इन सबसे और इनसे अलग और भी बहुत से हैं। क्योंकि सहज कहानी से हमारा अभिप्राय उस मूल कथारस से है, जो कहानी की अपनी खास चीज है और जो बहुत-सी नयी कही जाने वाली कहानियों में एक सिरे से नहीं मिलता।"[2] इस उद्धरण में 'इनमें से' पद द्वारा हितोपदेश-जातक कथाओं, परी कथाओं आदि की ओर संकेत किया गया है। अमृत राय 'सहज कथारस' पर बहुत जोर देते हैं और उनके विचार में कहानी सम्बन्धी सभी प्रयोग इस सहज कथा—रस को ध्यान में रखकर ही सार्थक हो सकते हैं।

सहजता की व्याख्या करते हुए अमृत राय ने लिखा है कि 'सहज' वह है जिसमें आडम्बर नहीं है, ओढ़ा हुआ मैनरिज्म या मुद्रा-दोष नहीं है, आईने के सामने आत्मरति की भावना से अंग-प्रत्यंग को अलग-अलग कोणों से निहारते रहने का प्रबल मोह नहीं है। अमृत राय ने सहज कहानी के सम्बन्ध में यह स्पष्ट कर दिया था कि यह न तो कोई नारा है और न कोई आन्दोलन; वास्तव में सहज कहानी अकेले कण्ठ की पुकार बनकर रह गयी, इसकी वैचारिकता को कहानीकारों का समर्थन नहीं मिला।

सचेतन कहानी—जब नयी कहानी से सम्बद्ध कहानीकारों की जीवन-दृष्टि विशृंखल और अव्यवस्थित होने लगी, गुटबन्दी की प्रवृत्ति प्रधान हो गयी, तब कुछ युवा कहानीकारों ने यथार्थवादी दृष्टि की 'संचेतना' पर बल दिया। 'आधार' के सचेतन कहानी विशेषांक में कहा गया—'संचेतना' एक दृष्टि है, जिसमें जीवन जिया भी जाता है और जाना भी जाता है। डॉ. महीप सिंह ने सचेतन दृष्टि की आधुनिकता को एक गतिशील स्थिति माना है, जो हमारे सक्रिय जीवनबोध पर निर्भर है।

---

1 *हिन्दी-कहानी : पहचान और परख*, नामवर सिंह, पृ. 150

2 *आधुनिक भावबोध की संज्ञा*, पृ. 91-92

सचेतन कहानी में व्यक्तिवाद का निषेध है और यह आधुनिक जीवनबोध और मनुष्य को उसकी अनुभूतियों के साथ समग्र परिवेश के सन्दर्भ में स्वीकार करती है। यह सापेक्षता पर बल देती है। "समाज और व्यक्ति के ऊपरी सम्बन्धों पर जितनी सूक्ष्मता से उसकी दृष्टि जाती है, उतनी ही व्यक्ति के आन्तरिक सम्बन्धों पर भी। व्यक्ति वहाँ रहता है और आवेगों-संवेगों के साथ व्यवस्थित भावभूमि में रहता है, किन्तु उसकी कार्यशीलता मात्र अपने व्यक्तिगत स्वार्थ की संकुचित पृष्ठभूमि में नहीं होती।"[1] उसमें सामाजिक चेतना बनी रहती है। इस प्रकार सचेत दृष्टि काफी हद तक सन्तुलित और सामयिक है। यह दृष्टि 'नयी कहानी' में दबी-ढँकी थी और 1964-65 के आसपास अच्छी तरह व्यक्त हुई। डॉ. रामदरश मिश्र के अनुसार, "साठ के बाद की अनेक अश्लील कहानियों की भीड़ में एक सामूहिक स्वर में रचनात्मकता के स्तर पर उनका प्रतिवाद करने का प्रयास 'सचेतन' कहानी को एक ऐतिहासिक महत्त्व प्रदान करता है।"[2] सचेतन कहानीकारों में महीप सिंह, रामदरश मिश्र, मनहर चौहान, राजकुमार 'भ्रमर', बलदेव वंशी, कुलभूषण आदि उल्लेखनीय हैं।

'अकहानी' में 'सेक्स' का आतंक बहुत जबर्दस्त था। 'सचेतन कहानी' इस आतंक से मुक्त है। अधिकतर सचेतन कहानियों में किसी-न-किसी सामाजिक, आर्थिक या राजनीतिक विसंगति को उधेड़ा गया है। इसमें अनुभव का वैविध्य और गहराई दोनों हैं। एक ओर युद्ध की विभीषिका को लेकर लिखी गयीं 'दरार' (वेद राही), 'युद्ध मन' (महीप सिंह) और 'उसने नहीं कहा था' (शैलेश मटियानी) आदि कहानियाँ हैं, दूसरी ओर 'चीलें' (हिमांशु जोशी), 'गिरस्तिन' (रामकुमार 'भ्रमर'), 'उड़ने वाली लाशें' (मनहर चौहान) आदि कहानियाँ काम सम्बन्धों के यथार्थ को खोलती हैं। जीवन की कटु विडम्बना पर आधारित कहानियों में 'सीमा' (रामदरश मिश्र), 'एक ओर नारायण' (सुखवीर) और 'एक खुला आकाश' (बलदेव वंशी) उल्लेखनीय हैं।

समान्तर कहानी—'सारिका', अक्टूबर, 1974 से समान्तर कहानी विशेषांकों का एक दौर शुरू हुआ था और इसी के साथ समान्तर कहानी आन्दोलन ने जोर पकड़ लिया था। वैसे समान्तर कहानी आन्दोलन का बीजवपन 1971-1972 में ही हो चुका था। समान्तर-एक (1972) के प्रकाशन से इसका विधिवत् आरम्भ माना जा सकता है। इसके मुख्य प्रवक्ता कमलेश्वर रहे और इब्राहीम शरीफ, कामतानाथ, जितेन्द्र भाटिया, मधुकर सिंह, से.रा. यात्री, मिथलेश्वर, निरुपमा सेवती आदि कहानीकारों ने इसे अपना खुला समर्थन दिया। 'समान्तर कहानी' के कुछ पक्षधर इसे आन्दोलन नहीं मानते हैं। से.रा. यात्री ने इसे आन्दोलन मानने की धारणा से असहमति व्यक्त की है। 'समान्तर कहानी' को लेकर जागरूक समीक्षकों की टिप्पणियाँ एक-सी नहीं हैं।

---

1 *संचेतना*, दिसम्बर, 1967, पृ. 62, 'भोग की प्रक्रिया : नयी कहानी और सचेतन दृष्टि', डॉ. धनंजय

2 *हिन्दी-कहानी : एक अन्तरंग पहचान*, पृ. 108-109

एक ओर इब्राहीम शरीफ और डॉ. विनय इसके प्रशंसक हैं, वहीं दूसरी ओर शैलेश मटियानी जैसे कुछ रचनाकारों ने इसकी तीखी आलोचना की है। श्री मटियानी के अनुसार यह आन्दोलन हिन्दी कहानी के समकालीन दौर का सर्वाधिक हास्यास्पद ही नहीं, हानिकारक आन्दोलन भी है। समान्तर कहानी आन्दोलन की वैचारिकता के खास मुद्दे इस प्रकार हैं

(1) समान्तर कहानीकार रचना और समयगत सत्यों के बीच सामंजस्य स्थापित करता है अर्थात् अपने समय (युग) के समान्तर सोचता और लिखता है।

(2) समान्तर कहानी के केन्द्र में 'आम आदमी' है। समान्तर कहानी आम आदमी की लड़ाई की पक्षधर है। उसे विश्वास है कि एकजुट होकर संघर्ष करने से आम आदमी अपनी लड़ाई जीत लेगा और शोषक शक्तियाँ परास्त होंगी। समान्तर कहानी आदमी को टुकड़े-टुकड़े में न देखकर उसकी सम्पूर्ण लड़ाई को दिशा और रूप देने का काम करती है।

(3) यह आन्दोलन एक सुनिश्चित बदलाव के लिए जन-संघर्ष के प्रति समर्पित है। रचनाकार इस जन-संघर्ष का द्रष्टा नहीं, भागीदार है।

(4) समान्तर आन्दोलन राजनीति के महत्त्व को स्वीकारता है। राजनीति में सक्रिय भाग लेते हुए क्रान्ति के लिए कार्य करना, समान्तर कहानीकार को प्रिय है। यह राजनीतिक लड़ाइयों को सांस्कृतिक परिप्रेक्ष्य देता है और सांस्कृतिक संघर्ष को राजनीतिक दृष्टि।

(5) "समान्तर कहानी ने भाषा के स्तर पर भावुकता को त्याग कर उसे स्पष्ट, डायरेक्ट और प्रभावपूर्ण बनाया है। 'फार्म' का कोई आग्रह इसमें नहीं है।'[1]

समान्तर कहानी की वैचारिकता बहुत स्पष्ट है और इसमें मतभेद की अधिक गुंजाइश नहीं है। लेकिन इस आन्दोलन ने उपर्युक्त वैचारिकता का दुरुपयोग अधिक किया है। एक तो कथित समान्तर कहानियाँ उपर्युक्त वैचारिकता को प्रतिबिम्बित नहीं करतीं, दूसरी ओर व्यावसायिक प्रतिष्ठानों में मोटी तनख्वाह पाने वाले कुछ समान्तर लेखकों की रचनाएँ आम आदमी का जो सतही चित्रण करती हैं, वह पाठक को प्रभावित नहीं कर पाता। इसके बावजूद इब्राहीम शरीफ, हिमांशु जोशी, सूर्यबाला, दिनेश पालीवाल, प्रभु जोशी, देवकी अग्रवाल, मिथलेश्वर आदि की कुछ अच्छी कहानियाँ समान्तर कहानी की उपलब्धि कही जा सकती है। सक्रिय कहानी और जनवादी कहानी के बैनर के अन्तर्गत भी काफी कहानियाँ लिखी गयीं। ये सब व्यवस्था में बदलाव के लिए कृतसंकल्प सोच की कहानियाँ हैं।

हिन्दी-कहानी : नवाँ और दसवाँ दशक—इन दो दशकों में कहानी आन्दोलनधर्मिता-से मुक्त हो गयी। जीवन और समाज की ठोस सचाइयाँ इतनी ज्वलन्त थीं कि आन्दोलन

1 *समकालीन हिन्दी-कहानी*, वेदप्रकाश अमिताभ, पृ. 28

चलाने की विलासिता के लिए अवकाश नहीं रहा। नवें दशक की हिन्दी कहानी का बड़ा हिस्सा पंजाब के उग्रवाद से जुड़ी साम्प्रदायिकता पर केन्द्रित है। 'स्यापा मुका' (विष्णु प्रभाकर), 'झुटपुटा' (भीष्म साहनी), 'पनाह' (सत्येन कुमार), 'भैया एक्सप्रेस' (अरुण प्रकाश), 'यह मौसम गुलाबों का नहीं', 'हिटलिस्ट' (कमलेश भट्ट 'कमल'), 'डायलिसिस' (वीरेन्द्र मेंहदीरत्ता) आदि कहानियाँ इस सन्दर्भ में द्रष्टव्य हैं। 'खबर' (अवधेश प्रीत), 'तीसरा आदमी' (नारायण सिंह), 'कितनी बार' (सरयू शर्मा) आदि व्यवस्था–विरोधी कहानियाँ भी इस दशक में ध्यान खींचती हैं। 'तिरिया चरित्र' (शिवमूर्ति), 'लुगाईजात' (यादवेन्द्र शर्मा 'चन्द्र'), 'नंगा' (शैलेश मटियानी), 'हद से हद तक' (रामदरश मिश्र) आदि कहानियों में नारी की नियति का अंकन गौरतलब है। नवें-दसवें दशक में महिला-कहानीकारों ने बहुत सार्थक लेखन किया है। ऐसे महत्त्वपूर्ण कहानी-संग्रहों में 'खुदा की वापसी', 'सबीना के चालीस चोर' (नासिरा शर्मा), 'इक्कीसवीं सदी का लड़का', 'थैंक्यू सद्दाम हुसैन' (क्षमा शर्मा), 'समागम' (मृदुला गर्ग), 'सांझवाती' (सूर्यबाला), 'नीलगाय की आँखें', 'निकम्मा लड़का' (नमिता सिंह), 'जगदम्बा बाबू गाँव आ रहे हैं' (चित्रा मुद्गल), 'ललमुनियाँ' (मैत्रेयी पुष्पा), 'रिश्तों की सुगन्ध' (शशि पाठक), 'जाने कितने कैक्टस' (उषा यादव), 'यह कहानी नहीं' (राजी सेठ), 'क्रमशः (कमलकुमार), 'खुला आकाश' (नीलम राकेश), 'बूँद' (मंजुल भगत), 'पोशनूल की वापसी' (चन्द्रकान्ता) आदि उल्लेखनीय हैं। पुरुष की निरंकुशता से नारी की मुक्ति इन कहानियों का मुख्य प्रतिपाद्य है।

नारी-विमर्श के समानान्तर हिन्दी कहानी में जो एक अन्य प्रवृत्ति चर्चित हुई है वह है 'दलित चेतना'। डॉ. आम्बेडकर के चिन्तन से प्रेरित और अनुशासित इस प्रवृत्ति की सोच है कि दलित घर में जन्मा साहित्यकार ही दलित साहित्य लिखने का अधिकारी है। दलित कहानीकारों में ओमप्रकाश वाल्मीकि (सलाम, घुसपैठिये), प्रेमशंकर (बित्तेभर जमीन), जयप्रकाश कर्दम (चमार), दयानन्द बटोही (सुरंग), सूरजपाल चौहान (हैरी अब आयेगा), रत्नकुमार साँभरिया (चमरवा) आदि का लेखन एक ओर दलितों की 'यातना' का यथार्थ बयान करता है, दूसरी ओर दलितों में अधिकारों के प्रति उभरी 'चेतना' को सबलतापूर्वक रेखांकित करता है।

लगभग सवा सौ वर्ष की यात्रा में हिन्दी कहानी निरन्तर समृद्ध हुई है और उसने समय, समाज के प्रति अपने दायित्व को निरन्तर प्रमाणित किया है। कहानी एक प्रौढ़ और गम्भीर विधा बन कर सामने आयी है।

34

स्वातन्त्र्योत्तर गीत : विमर्श और मूल्य

—अवधेश नारायण मिश्र

स्वातन्त्र्योत्तर समय को हम एक नयी संस्कृति के सन्दर्भ में देखते हैं जो समाज को नया मानवीय ऐश्वर्य देने की आकांक्षा रखती है। इस प्रयास में राजनीति ही नहीं, साहित्य भी शामिल है, हम भी शामिल हैं। यह दृष्टि समूची भारतीय साहित्य-परम्परा में हमें खड़ा करती है। भवभूति के राम लोक के लिए प्रेम, दया, सुख यहाँ तक कि सीता के त्याग में भी पीड़ा का अनुभव नहीं करते। भले ही यह असम्भव लगे, किन्तु भवभूति के लोकमन का यही ऐश्वर्य है—

स्नेहं दया च सौख्यं च यदि वा जानकीमपि।।
आराधनाय लोकानां मुंचतो नास्ति मे व्यथा।।

नागार्जुन लिखते हैं—

यह विशाल भूखंड आज जो दमक रहा है
मेरी भी आभा है इसमें।

प्रसंगवश दुःख और सुख की बानगी में गेयता का विशिष्ट मानवीय पक्ष है। मनुष्य के उछाह और बिछोह को यह स्वर गतिमान और ऊर्ध्व क्रियाशील बनाता है। कुबेरनाथ राय इंगित करते हैं—"यदि दुःख बृहदत्तर दुःख हो या गम्भीर दुःख हो तो उस का चेहरा ही सार्वभौम और सार्वकालिक होता है और यदि उसकी सार्वभौमिकता और सार्वकालिकता असली है, खाँटी है तो वह कभी भी पुराना और बासी नहीं हो सकता।"[1] आदिकवि वाल्मीकि से चली आ रही यह काव्य परम्परा हमारी यथास्थिति को भंग करती है, हमें गतिशील बनाती है। हमारी चुनौतियों को वह हमसे ओझल नहीं होने देती। किसी भी रचना के भाव-पक्ष का यह धरातल जितना रचनाकार का है, उतना ही पाठक का। फिर यह प्रश्न कि रचना क्यों? नहीं उठ सकता; क्योंकि इसकी जरूरत हमेशा रही और आगे भी रहेगी। गीत जितना गीतकार का है, उतना ही

उसका भी जो उसे गुनगुना रहा है। इसीलिए अनादिकाल से यह सांगीतिक काव्य-विधा के रूप में वैदिक ऋक्-मण्डलों से होते हुए भारतीय नाट्यशास्त्र में लास्य के दस भेदों में 'गेयपद' से अभिहित हुआ और पंचमवेद का भी अंगांगी रहते हुए भास, कालिदास आदि महाकवियों द्वारा सर्जित-आरेखित होकर जैन-बौद्ध कवियों की विविध अनुभूतियों का वाहक बन, सरहपा-लुइपा-कण्हपा-शान्तिपा आदि के रचनाकर्म का हिस्सा बना। नानक, कबीर, रविदास, धर्मदास, दादूदयाल, सुन्दरदास आदि सन्त कवियों और विद्यापति, सूरदास, तुलसीदास, मीरा आदि भक्त और अष्टछाप के कवियों के रचित पदों से यह ऋद्धिमान हुआ है। फिर रीतिकालीन कविता-कामिनी का हृदयोल्लास बना। ग्रीक सौन्दर्यशास्त्रियों ने इसे आत्माभिव्यंजन, भावप्रवणता, संगीतात्मकता, संक्षिप्तता, प्रभान्विति और निर्बन्धता के लक्षण दिये जिसे हिन्दी स्वच्छन्दतावादी कविता ने भी माना। छायावादी काव्य-विमर्श में इसकी प्रमुखता सर्वज्ञात है। उत्तरछायावादी चेतना भी इसके प्रभाव से संसिक्त है; लेकिन प्रयोगवाद के साथ कविता बनाम गीत का विवाद तब शुरू हुआ जब प्रयोगवादियों ने गीत की विषयगत सीमा निर्धारित करके उसे आधुनिकबोध की अभिव्यक्ति के लिए अनुपयुक्त घोषित किया और उसे गतानुगतिक कहकर कविता से अलगा दिया। इस विधागत टकराव के कारण नये गीत की जो प्रवृत्ति बनी, वह नयी कविता से अलग न थी। यह गीत 'नवगीत' कहलाया। जिसे हम स्वातन्त्र्योत्तर गीत कहते हैं उसका एक रूप तो नवगीत है जो रूपवाद और नयी कविता के विषयगत प्रवर्तन को स्वीकार करता है और दूसरा गीत का वह रूप जो जन आन्दोलनों में शामिल होकर नारा तक बन गया है। वह जनवादी गीत है। उसने नवगीत की विश्वदृष्टि का न केवल भाव-पक्ष पर अपितु शिल्प-पक्ष पर भी विरोध किया है। नवगीत नवता और गीतत्व की समष्टि है। नवता से उसका भावबोध संवलित है और गीतत्व से उसका काव्यरूप। उत्तर आधुनिकता नवता का भेदन करती है। वह उसके पार जाना चाहती है और उसके हाशिये की प्रवृत्तियों को उत्तेजित करती है। वह किसी भी पारम्परिक विधा की सीमा पर सन्देह करती है और उस पर प्रश्न खड़ा करती है। गीत संस्कृति की बहुमूल्य देन है। बहुत हद तक उसका और मनुष्य का रिश्ता वैसे ही है जैसे गीत और प्रकृति का। विज्ञान और प्रौद्योगिकी इस समय की शक्तिशाली आवश्यकताएँ हैं। इनके कारण मनुष्य और प्रकृति के ऐतिहासिक सम्बन्ध विघटित होने लगे हैं। गीत/नवगीत इस विघटन के विरोध का स्वर है।

नवगीत के विकास के तीन चरण हैं। पहला चरण सन् 1950-60 का है जिसमें आंचलिकता की प्रवृत्ति प्रमुख है। दूसरा चरण सन् 1961-70 का नगरबोध के गीतों का और तीसरा सन् 1971 के बाद का चरण राजनीतिक गीतों का है। पहले चरण के गीत मुख्यतः ग्राम्यांचलिक हैं। प्रकृति को काव्योपकरण के नये रूपों में ढाला गया है। इस अवधि में स्वतन्त्र प्रकृति-गीतों की रचना भी हुई है और उसको आत्माभिव्यक्ति

का माध्यम भी बनाया गया है। कहना न होगा कि सन् 1950 के बाद का गीत नयी चेतना लेकर आया। यह गीत नयी आकांक्षाओं का गीत था। इधर जन-मन उमंगों से भरा था। इसमें रचनाकार भी शामिल थे। उनकी आँखों में नये देश का स्वप्न था और उस देश को अभिव्यक्त करने के लिए उन्होंने नयी भाषा खोज़ ली थी। इस भाषा की अँगुलियाँ पकड़कर नवगीत सर्वप्रथम अपनी स्वतन्त्रता का इजहार करता दिखाई देता है। वह 'पात-पात पर स्वयं की छाप छोड़ना चाहता है। इस प्रकार प्रथमतः नवगीत में आत्मोल्लास की अभिव्यक्ति मिलती है।[2] इस दौर के गीत नयी अनुभूति के गीत हैं। इन गीतों में छायावादोत्तर रोमान से मुक्ति और लोकसंवेदनाजनित नवरोमान का स्वीकरण दिखाई पड़ता है। वस्तुतः छायावादोत्तर गीतों में आये सरलीकरण से मुक्ति के लिए नवगीतकार लोक प्रचलित गीत-धारा की ओर बढ़े और वहाँ उन्हें उनके भावों के अनुकूल भाषा और छन्द-रचना की उपयुक्त सामग्री प्राप्त हुई। चट्टान के नीचे उगी हुई दूब की भाँति नवगीत में आस्था और संघर्ष की जो ध्वनि सुनाई पड़ती है, उसका बहुत कुछ श्रेय इन्हीं ग्राम्य-गीतों को है।

स्पष्ट है कि नवगीत में जिन नये जीवन मूल्यों और नयी आस्थाओं की चर्चा लोकगीतात्मक स्वर में हुई है उन्हें अन्ततः आल्हा, कजरी, बिरहा बनकर जन-जन तक पहुँचना था; इसलिए इन गीतों का लोकगीतात्मक होना ही पर्याप्त नहीं, उन्हें लोकसंवेदनात्मक भी होना था। आजादी के नये वातावरण में नवगीतकार आशान्वित था कि भारतीय-जन अपनी सांस्कृतिक समृद्धि अर्जित करने में सफल होगा और यह सफलता इतनी भव्य होगी कि इसके लिए इतिहास में कोई उपमा न मिलेगी— 'जिसका सप्तक जिसका सरगम सुना नहीं इतिहास ने/आल्हा, कजरी, बिरहा, दुहरायेंगे उसकी माधुरी।'[3] इस अत्युत्साह में नये रोमान का जन्म हुआ और आंचलिकता आयी। खण्ड चित्र के माध्यम से 'अखण्ड सौन्दर्य के प्रकटन का दर्शन आँचलिकता की रीढ़ है। यह प्रवृत्ति क्षेत्र विशेष के प्राकृतिक पर्यावरण और मानवीय गतिविधियों से गहरी आत्मीयता का साक्षात्कार कराती है।[4] बदलता हुआ लोक इन गीतों की विषयवस्तु बना है। मनुष्य में नये के प्रति स्वाभाविक ललक होती है। यही ललक अन्ततः लोक को भी बदलती है। नये गीतकारों ने गीत के रागात्मक फलक का विस्तार करने में लोक का उपयोग किया। रात पिया, पिछवारे पहरू ठनका किया! में लोकगीतों को जैसे साधा गया, उससे गीत यात्रा में नयी सम्भावनाएँ जन्म लीं। ऐसा लगा कि अर्थ के नये द्वार खुलेंगे। इस प्रकार गाँव की भाषा और प्रकृति के सहारे निजी मन की बात कहने की शैली चल निकली। रचनाकार सुख, वियोग-संयोग को मनःस्थितियों को प्राकृतिक क्रियाकलापों से जोड़कर उन्हें इस तरह प्रस्तुत करने लगा जिससे प्रकृति और जीवन की गहरी अन्तरंगता प्रदर्शित हुई। प्रकृति-दर्शन और प्रेमोच्छ्वास के साथ अपने निजी हर्षोल्लास की अभिव्यक्ति के लिए नवगीतकारों ने इसी शैली का सहारा

लिया है। जैसे, गाँवों से बहुत दूर चले गये सर्वेश्वर ने इस शैली का प्रयोग नववर्ष की शुभकामनाएँ भेजने में किया।[5]

मार्क्सवादी सौन्दर्यशास्त्र का निष्कर्ष है कि सामाजिक व्यवस्था में गुणात्मक परिवर्तन के होने पर ही कला-साहित्य की अन्तर्वस्तु बदलती है। यदि यह परिवर्तन मात्र सतह पर हो रहा है अर्थात् सामाजिक व्यवस्था की बाह्य संरचना भर बदल रही है तो प्रमुखतः रूप के स्तर पर बदलाव दिखाई पड़ता है। प्रथम चरण के नवगीत रूप के स्तर पर अधिक बदले हैं। इस बदलाव में विशुद्ध गीतकारों के साथ-साथ वे रचनाकार भी शामिल हैं जो नयी कविताएँ लिखते रहे हैं। खास बात यह है कि इस काल में औद्योगिक विकास की प्रक्रिया तेज हुई। इस प्रक्रिया में नवमध्यवर्गीय समाज का उदय हुआ और नवगीतकार भी इसमें शामिल हुए। इसलिए नवगीत में इस स्तर पर सामाजिक चुनौतियाँ बहुत स्पष्ट नहीं हैं। हाँ, गीत-रचना में नयापन और ताजगी का अनुभव अवश्य किया जा सकता है। अज्ञेय के सम्पादन में प्रकाशित 'दूसरा सप्तक' (1951) के गीतों ने भी इस दिशा में महत्त्वपूर्ण भूमिका निभायी। गीतेतर काव्य-विधाओं में प्रयोग की प्रवृत्ति पर जोर था। प्रयोगवाद इस प्रवृत्ति को तार्किक आधार दे चुका था। वर्ष 1957 में नवलेखन की घोषणा श्रीकान्त वर्मा ने की और वर्ष 1958 में राजेन्द्र प्रसाद सिंह ने नये गीतों को 'नवगीत' नाम दिया। उन्होंने इन गीतों की परख के लिए पाँच सूत्री प्रतिमान (जीवन-दर्शन, आत्मनिष्ठा, व्यक्तित्वबोध, प्रीति-तत्त्व और परिसंचय) भी दिया; यद्यपि ये प्रतिमान गीत-आलोचना में बहुत उपस्कारक न बन सके और परवर्ती नवगीतों की व्याख्या तो इनसे एकदम न हो सकी।

गीत की अन्तर्वस्तु और उसके शिल्पगत परिवर्तन के सन्दर्भ में वीरेन्द्र मिश्र की यह टिप्पणी महत्त्वपूर्ण है, "हिन्दी में नये गीत का जन्म हुआ है। यह नया गीत फार्म और कण्टेण्ट दोनों ही पक्षों में समृद्ध हुआ है। यह विचारणीय है कि आज की विज्ञप्त काव्यशैलियों की चकाचौंध में कहीं हम गीत की दिशा भुलाये तो नहीं दे रहे हैं।"[6] इस कथन के साथ हमें ठहरकर सोचना होगा। मिश्र जी एक तो गीत में फार्म और कंटेंट के बदलाव की ओर ध्यान दिला रहे हैं और दूसरे गीत की स्वतन्त्र अस्मिता पर बल दे रहे हैं। इस प्रकार यह चरण गीत की दिशा में हो रहे प्रयोगों का चरण है। इसी चरण के गीतों पर नचिकेता की टिप्पणी पठनीय है। वे लिखते हैं, "विषय-वस्तु की दृष्टि से गुणात्मक भिन्नता दिखलाई नहीं पड़ती। लेकिन इन गीतों का सबसे सकारात्मक पहलू यह है कि अपने सीमित साधनों के उपरान्त भी गीत की एक नयी रचना-प्रवृत्ति के उदर्भव की बीज वस्तुएँ इनके भीतर अंकुरित हो रही थीं।[7] नचिकेता यह विश्लेषण उस समय कर रहे हैं जब रूप और अन्तर्वस्तु की द्वन्द्वात्मक एकता की अवधारणा आलोचना का ध्यान आकर्षित कर चुकी है। यहाँ यदि वे स्पष्ट करते कि अनुभूति की नवीनता के कौन से तत्त्व रूप परिवर्तन के लिए उत्तरदायी हैं, तो बहस को तार्किक आधार मिलता।

आलोचक को यह बताना चाहिए कि इस चरण के गीत की अन्तर्वस्तु और आंचलिक दृष्टि से रची गयी पारिवारिक छवियों को क्या कहा जाये? नवगीत का परिवार प्रेमचन्द का परिवार नहीं है, न यहाँ यह दृष्टि है किन्तु, छायावादोत्तर गीतों के मद्देनजर यह कहा जा सकता है कि इस चरण में नवगीतकारों की सौन्दर्य-दृष्टि पूर्वपेक्षया अधिक वस्तुगत और लोकधर्मी हुई। उसमें पारिवारिक परिवेश विकसित होने लगा और मनोरम कल्पना की जगह जीवन्त बिम्बों ने ली।[8] नवस्वच्छन्दता ने रचनाकारों के मन को मुक्त किया था। सामन्ती समाज के मूल्यों से लड़ने की चुनौती शेष थी। नवगीत की प्रेमाभिव्यक्तियों में इस चुनौती का स्पर्श मिलता है। ठाकुर प्रसाद सिंह ने मन और देह के बीच के फासले को आदिवासी संवेदना के अपने गीतों में उरेहा। इसके अतिरिक्त सामाजिक यथार्थ का कोई ठोस रूप इस चरण के नवगीत में नहीं दीखता। कोई प्यार का दिया जलाने में मशगूल था, किसी को चाँदनी गोरी-चिट्टी लग रही थी, किसी की प्रिया टेर लगा रही थी, कोई किसी चिड़िया के द्वारा पगडंडी पर दुहराया जा रहा था तो किसी की तमाम रातें चाँदनी के साथ गुजर रही थीं। अन्तरराष्ट्रीय स्तर पर जगह-जगह युद्ध की जो स्थितियाँ मौजूद थीं, उन्हें वीरेन्द्र मिश्र ने एक संकट के रूप में चिह्नित अवश्य किया किन्तु, अन्तरराष्ट्रीयता का स्वर नवगीत का प्रमुख स्वर न बन सका।

2

नवगीत के दूसरे चरण में अनुभूत सत्य को काव्य-विषय के रूप में चुना गया है। व्यक्ति का अनुभव उसका अनुभूत सत्य है। इसे प्रमुखता देने का अर्थ है—व्यक्ति की ओर लौटना, नदी का द्वीप बनना। नदी का धर्म प्रवाह है। द्वीप बनने का अभिप्राय है कि नवगीतकारों ने व्यक्तित्व की बाधाओं का अनुभव किया। उसे दिशाएँ चीखों से भरी मिलीं। उसने अनुभव किया कि उसके कान सुन्न हो गये हैं और सोये कमरे उठकर सफर बन गये हैं। भीड़ और भागमभाग यही जीवन के सत्य हैं। संसार केवल रेत लगने लगा। ऑफिस, दफ्तर के अतिरिक्त जीवन को परिभाषित करने के लिए जो शब्द नवगीत में प्रयुक्त हैं उनमें रेत, शून्य, बदबू, जहर प्रमुख हैं। बाकी इन्हीं अर्थों को देने वाले शब्द हैं। शामें पेड़ की झुकी टहनी हैं। वाक्य छूछे शब्दों से बनते हैं और उनका अर्थ मुरदे की तरह दिखाई पड़ता है। बौने इन्सान यहाँ इस प्रकार मिलते हैं मानो ये लघुमानव की याद दिला रहे हों। यहाँ ग्रामबोध भी प्रथम चरण के नवगीत जैसा नहीं है। वीरेन्द्र मिश्र ने बादल को त्रासद शक्ति में बदल दिया है[9] और मुनीश मन्दिर को अकेलेपन ने धर दबोचा है। बालस्वरूप राही के सपने दफन होने लगे हैं और रमेश रंजक का तिनका भाग्य के सहारे झूलता मिला है। कितना बुरा है सपनों का मर जाना? किन्तु नवगीत में यह हुआ है और नवगीतालोचकों ने इस प्रवृत्ति की

तारीफ की है। अनास्था और नगरबोध की सघन अभिव्यक्ति इस चरण के गीतों में मिलती है। इस प्रकार सोम ठाकुर, उमाकान्त मालवीय, देवेन्द्र शर्मा 'इन्द्र', माहेश्वर तिवारी, देवेन्द्र कुमार, शलभ श्रीराम सिंह, शान्ति सुमन, नचिकेता आदि के गीतों के द्वारा अस्तित्ववादी वैचारिकी स्थापित हुई।

कहना न होगा कि द्वितीय चरण का प्रत्येक रचनाकार यह अनुभव करने लगा कि वह व्यवस्था के दमन-चक्र के नीचे खुद कुचला जा रहा है; न्याय, सुरक्षा और सम्मान के खोखले आश्वासनों के बीच उसका स्वयं का अस्तित्व संकटग्रस्त है तथा 'लोकतन्त्र' का अर्थ झूठे वायदों और नारों तक सिमट कर रह गया है। अपने इस युगबोध को उसने विशेषतः नगरबोध के माध्यम से मुखरित किया। इसके पीछे एक कारण यह था कि विश्व साहित्य में आधुनिकता नागरिक सन्दर्भों के जरिये ही अभिव्यक्त हुई थी। दूसरे चरण में नगरबोध उसकी मुख्य प्रवृत्ति बन गया। नगरबोध के साथ-साथ इस चरण में नवगीतकार का ग्राम-बोध भी परिवर्तित हुआ। अब वह गाँवों के चित्रण द्वारा अपने युग-यथार्थ को परिभाषित करने में जुटा जहाँ उसे आँगन, देहली, दीवार, लोरी, झूला सब अँधेरे में डूबे हुए मिले। एक खास बात यह है कि इस चरण का गीत एकदम अनुल्लसित और उदास है। उसकी मुख-मुद्रा पर ऊब, अनास्था, कुण्ठा, घृणा, एकाकीपन, आत्मनिर्वासन, निराशा, मृत्युबोध और सन्त्रास जैसे मनोभाव साफ-साफ आरेखित हैं। 'गृहरति' इस चरण के नवगीत की एक उल्लेखनीय प्रवृत्ति है। इसे नवगीतकार के सौन्दर्य-विधान की एक शैली भी मान सकते हैं। इस शैली में स्मृति-बिम्बों के सहारे रचनाकार सुन्दर अतीत की कल्पना में डूबकर वर्तमान जीवन की कड़वाहट की ओर संकेत करता है। अतः गृहरति के अधिकांश चित्र एक खास मनोविज्ञान का उद्घाटन करते हैं और अतीत में ले जाते हैं।"[10] कुमारेन्द्र पारसनाथ सिंह ने अपने एक लेख में इस चरण के नवगीत को लक्ष्य करके लिखा है कि नवगीत का पूरा-का-पूरा दौर मोहभंग की अवस्था में सिमटकर रह जाता है।[11] वे यह मानते हैं कि प्रथम चरण में गीत ने अपना भावात्मक विकास कर मन पर एक सम्मिलित प्रभाव छोड़ने की जो सामर्थ्य हासिल की, उसका दूसरे चरण में अपेक्षित विस्तार न हो सका।

इस अन्तराल में 'पाँच जोड़ बाँसुरी' (1969) का प्रकाशन नवगीत को महत्त्वपूर्णरूप में प्रस्तुत करने के लक्ष्य से किया गया। सम्पादक चन्द्रदेव सिंह के अनुसार यह सन् 49 से 61 के बीच लिखित प्रकाशित ऐसे गीतों का समूह है जिससे उक्त अवधि के व्यक्ति-मन का, मनःस्थिति का सहज परिचय मिल जाये। इसमें निराला और माखनलाल चतुर्वेदी के साथ शम्भुनाथ सिंह, ठाकुर प्रसाद सिंह, वीरेन्द्र मिश्र, रामचन्द्र चन्द्रभूषण, चन्द्रदेव सिंह, सोम ठाकुर, स्व. सूर्यप्रताप सिंह, रवीन्द्र भ्रमर, केदारनाथ सिंह, देवेन्द्र कुमार, नईम, माहेश्वर तिवारी जैसे चालीस रचनाकारों को शामिल किया गया है।

यहाँ गीतकारों की पाँच पीढ़ियाँ एक साथ उपस्थित हैं। इस संग्रह में कुछ आलेख भी संकलित हैं जो नयी कविता के सापेक्ष नवगीत की विशेषताओं को चिह्नित करते हैं।

यहाँ सम्पादक के दो शब्द खासतौर से ध्यातव्य हैं—व्यक्तिमन और मनःस्थिति। नवगीत का समूचा ताना-बाना इन्हीं शब्दों पर टिका है। इस प्रकार मोहभंग ने वैयक्तिक मनोभावों को सर्वाधिक प्रभावित किया। सामाजिक परिस्थितियाँ निराशा का कारण बनीं। नवगीतकार ने मध्यवर्ग की निराशा को अपने ऊपर ओढ़ लिया। इस तथ्य के आलोक में हम देखते हैं कि वैयक्तिक मनोभावों के साथ गृहरति, लोक-सन्दर्भ और प्रणय-चेतना को प्रकृति-चित्रों से जोड़कर नवगीतकार ने इस दशक की नवगीत यात्रा को ऐतिहासिक मोड़ दिया जिससे नवगीत की न केवल वस्तुगत स्थिति बदली अपितु उसका रूप भी नया हुआ। इस प्रकार आंचलिकता के स्वरूप में परिवर्तन आया और उससे वास्तविक जीवन की वस्तुगत सक्रियता ठोस रूप में जुड़ गयी। आधुनिक जीवन-दृष्टि के आलोक में रचे गये इन गीतों की रचना-प्रक्रिया में प्रकृति की तात्त्विक भूमिका विषय की प्रस्तुति में सहायक होने के साथ-साथ उसे रागनिष्ठ और आत्मीय बनाने में भी योग करती रही। देवेन्द्र कुमार के एक प्रणय-गीत[12] एक पेड़ चाँदनी/लगाया है आँगने/फूले तो आ जाना/एक फूल माँगने, से इस तथ्य को समझा जा सकेगा। पर, प्रणयानुभूति का यही रूप नवगीत में स्थिर नहीं है। यान्त्रिकता का दबाव मध्यवर्गीय जीवन पर ज्यों-ज्यों प्रभावी हुआ है, नवगीतकार की अनुभूतियों में परिवर्तन आता गया है। दाम्पत्य सम्बन्धों के अतिरिक्त पारिवारिक एवं सामाजिक सम्बन्धों में व्याप रहे विघटनकारी परिवर्तन को भी इस चरण के नवगीत में अंकित किया गया है। सत्तालोचन और व्यवस्था के मुखौटेपन को उद्घाटित करने के प्रति भी ये रचनाकार सन्नद्ध देखे गये। इस विश्लेषण से यह अनुमान लगाना सहज है कि दूसरे चरण के नवगीत की केन्द्रीय प्रवृत्ति क्या है? निषेध और विसंगति-प्रधान गीतों के अतिरिक्त इसमें जो उल्लास और मांसलता केन्द्रित गीत हैं तथा प्रथम चरण के गीतों के अनुकरण पर लिखी गयीं जो अन्य रचनाएँ मौजूद हैं, उन्हें इस चरण की रचनाधर्मिता के पूरक रूप में ही स्वीकार करना होगा।

3

तीसरे चरण में नवगीत मुखर हुआ और उसने तत्कालीन राजनीति की आलोचना को अपना विषय बनाया। अब वह व्यक्तिमन के घेरे से बाहर आया। इसलिए इस चरण के नवगीत में दैनिक जीवन की समस्याओं, संघर्षों, हड़तालों, राजनीतिक षड्यन्त्रों एवं नौकरशाही के विविध अत्याचारों का चित्रण मुखर हो उठा है। जब हम इस समय के समकालीन साहित्यिक व्यक्तित्व पर ध्यान दें तो पता लगता है कि नवगीत का इस प्रकार मुखर हो जाना कतई आकस्मिक नहीं है। आपातकाल की घोषणा के पश्चात्

उसके तेवर में जो उष्णता आयी है, वह दूसरी आजादी की छटपटाहट से सन्दर्भित है। अनूप अशेष ने अपने को पहली बार बाजार के पिंजरे में कैद पाया।[13] अब सत्तालोचन की प्रवृत्ति प्रगाढ़ हो गयी। साथ ही लोकतन्त्र के खोखलेपन को भी प्रस्तुत किया गया और उस पर सामन्ती अवशेषों के प्रभावी होते जाने की आलोचना की गयी। राजनीतिक षड्यन्त्रों को सामने लाया गया। गुलाब सिंह ने सार्वजनिक सम्पत्तियों को हथियाते परधानों को पेश किया[14] तो विनोद निगम ने राजनीति में रजवाड़ों के वर्चस्व को मुद्दा बनाया।[15] मयंक श्रीवास्तव ने आदमखोरों को मसीहा बनाने वाली राजनीति के राष्ट्रविरोधी चेहरे की पहचान करायी[16] और कुमार रवीन्द्र ने हत्यारे पंजों के वर्चस्व में आने की खबर दी।[17]

प्रत्येक काव्य-विधा अपनी परम्परा से बँधी है। फिर नवगीत अपवाद कैसे हो सकता है? इसलिए दूसरे चरण की गीत प्रवृत्तियाँ लुप्त नहीं हो गयीं। वे भी नये गीतकारों द्वारा आत्मसात् की गयीं। फलतः प्रणयगीत तनाव के पन्नों पर लिखे गये और वैज्ञानिक चेतना की जगह नियतिवाद प्रभावी रहा। अजनबियत पीछा छोड़ने का नाम नहीं ले रही थी। परस्परविरोधी प्रवृत्तियाँ एक साथ, एक ही गीत में उपस्थित हुईं। इस गीत ने आत्मनिर्वासन का सुकण्ठ गायन किया। नवगीत को भारतीय कविता कहने वालों ने यह नहीं पूछा कि अजनबियत और आत्मनिर्वासन की भूमिका पर रचे गये गीत आखिर पश्चिमी कविता और नयी कविता से अलग कैसे हैं? ऐतिहासिक सच्चाई यह है कि नवगीत ने अपने को नयी कविता का स्थानापन्न सिद्ध करना चाहा और अपनी अधिकांश शक्ति आधुनिकतावादी नयी कविता की विषय-वस्तु को समेटकर रचना करने में लगा दी। नीरज के सम्पादन में प्रकाशित 'लय' ने अंशतः इस तथ्य को समझ लिया था। इस पत्रिका के अनुसार नवगीत में "परम्परागत गीत तत्त्वों की आंशिक सत्ता के साथ आधुनिकता की चेतना, विकसित बौद्धिकता, वैज्ञानिक दृष्टि, व्यावहारिक जीवन क्षेत्र के उपमान तथा बिम्ब-प्रयोग की नयी भंगिमाओं से समृद्ध लाक्षणिक प्रतीकात्मक भाषा, भाव, छन्दविधान आदि 'नयी कविता' की प्रवृत्तियाँ भी दृष्टिगत होती हैं।"[18] यह टिप्पणी द्वितीय चरण के गीतों को सामने रख कर की गयी थी। गीतधारा के अन्तर्विरोध को समझने के लिए भी यह टिप्पणी जरूरी है।

नवगीत में मोहभंग की वास्तविकता का पता लगाने के लिए यह स्मरण करना जरूरी है कि 15 अगस्त, 1947 को मिली आजादी का उल्लास देश के विभाजन की कीमत पर प्राप्त हुआ था। साम्प्रदायिक शक्तियाँ अपने मंसूबे में कामयाब हो चुकी थीं। प्रगतिशील ताकतें इस आजादी से असन्तुष्ट थीं। ये इसे समझौते का परिणाम बता रही थीं। फासीवाद सामाजिक संकट के रूप में पहचाना जा चुका था। भारतीय मुसलमान चिन्तित था। किन्तु नवगीत में फासीवाद की समस्या का कहीं अता-पता नहीं चलता। तीसरे चरण में आकर जहीर कुरेशी ने साम्प्रदायिक भीड़[19] का हिंसक चेहरा

खड़ा किया। क्या इसे नईम, इसाक अश्क, जहीर कुरेशी जैसे मुसलमान गीतकारों की निजी पीड़ा कहा जाये या और कुछ? यदि यह उनकी निजी पीड़ा भर नहीं है तो नवगीत के सामाजिक बोध में इसकी उपस्थिति कहाँ है, इसका उत्तर मिलना चाहिए। पूँजीवाद के उत्कर्ष को नवगीत में कैसे अंकित किया गया है, इसकी समीक्षा जरूरी है। अभी तक गीतालोचकों ने यही किया है कि उन्होंने नवगीतकारों की पीठ थपथपायी है कि उन्होंने अजनबियत का अच्छा चित्रण किया है, अँधेरे को नये बिम्बों में ढाला है, कुण्ठा को अभिव्यक्ति दी है।

एक बात तय है कि व्यवस्था की सतह पर हो रहे परिवर्तनों को नवगीतकार ने पकड़ा। कारण, सत्ता परिवर्तन जैसे महत्त्वपूर्ण घटनाक्रमों से उसका अप्रभावित रहना कठिन था। फलतः आपातूकाल के पश्चात् जब जनता सरकार आयी तो उसे 'सर्दियों की भोर'[20] कहा गया और नयी सुबह के प्रति आत्यन्तिक जिज्ञासा के स्वर फूट पड़े। यह नयी सुबह कैसी हो, इसका कोई मूर्त रूप नवगीत में नहीं मिलता। अतः ये गीत मोहभंग की मनःस्थिति के विस्तार हैं। आजादी के बाद जो विकास हुआ, उसकी सभी दिशाओं में आलोचना हुई। अतः उसने गीत की रचना में न समाने लायक विषयों को भी चुना। दुहरा कर कहें तो गीत के ढाँचे में जब कोई रचनाकार मौजूदा शिक्षा-प्रणाली, सरकारी योजनाओं, आर्थिक नीतियों और औद्योगिकीकरण के प्रभावों की आलोचना को अपना विषय बनाता है तो निःसन्देह वह एक जोखिम भरा काम सिर उठा लेता है। नवगीतकारों को इस जोखिम से बार-बार गुजरना पड़ा। इसके अलावा दूसरे चरण में उसने जिस आधुनिकतावादी संवेदना को सिर पर धरा था, उसे तीसरे चरण में भी ढोने को विवश होना पड़ा।[21]

गाँवों की विकृतियों को भी इस चरण में खूब उजागर किया गया और नागरिक जीवन के व्यस्त-चित्र पुनरावृत्त हुए। विश्लेषण की दृष्टि तो इन रचनाकारों की वही रही है जो दूसरे चरण के नवगीतकार की थी। हाँ, इस चरण में नवगीतकारों ने प्रचलित नवगीत शैली का कुछ संस्कार जरूर कर लिया जिससे रचनाओं में तल्खी आयी। विशेषतः सामाजिक रिश्तों की टूटन, मुकदमों की बाढ़ और यान्त्रिकता के दबाव में गाँवों की घुटन को पंक्तिबद्ध किया गया। दूसरे चरण के नवगीत में रचनाकारों के वैयक्तिक मनःचित्र नगर बोध के माध्यम से उभरे, किन्तु इस चरण में ग्राम-बोध के जरिये उन्हें प्रस्तुत किया गया। ऐसे गीत रचनाकारों की अनुभूति के प्रतिबिम्ब है जिनमें उनके समय का सत्यांश समाया हुआ है। जहाँ कहीं गाँव और शहर एक दूसरे से मिले हैं, वहाँ नवगीत का प्रश्नाकुल व्यक्तित्व एक अलग ढंग का निखार प गया है।[22] वस्तुतः नवगीतकार की यथार्थ दृष्टि आधुनिकतावादी है। उसने लोक क हमेशा खण्डित रूप में लिया है। उसके प्रणय-चित्रों और प्रकृति-दृश्यों पर भी य दृष्टि प्रभावी है। अत्यन्त स्वाभाविक होने के बावजूद उसके प्रणय-चित्र पाठक

कहीं से भी नयी काव्यानुभूति नहीं जगाते। कथन-शैली की ताजगी के कारण ये कुछ मनभावन अवश्य लगते हैं।[23] वैसे भी नवगीत में प्रेम प्रायः स्मृतिधर्मी हो गया है। वह कभी था; आज तो सिर्फ आपाधापी है। नवगीतकार की आधुनिकता यान्त्रिकता का लगभग पर्याय है। निश्चित ही इन प्रणय-चित्रों पर इस आधुनिकता की गहरी छाप है। कहीं-कहीं प्रेम का भावात्मक आवेग विद्यमान मिलता है। स्मृति-मूलकता, काल्पनिकता और रोमांटिकता का संयोग भी ऐसे नवगीतों में दीखता है। अन्ततः होता यह है कि नवगीत की धूप का हंसा अकेला ही रह जाता है; जनसंघर्षों के बीच नहीं जा पाता।[24]

इस चरण में नवगीत के ऐसे दो सम्पादित संकलन आये जिनसे नवगीत का समग्र व्यक्तित्व खड़ा हुआ। एक-नवगीत दशक 1, 2, 3; दो-नवगीत अर्द्धशती। नवगीत दशक 1, 2, 3; में तीस नवगीतकारों के प्रतिनिधि गीत शामिल किये गये। दशक के तीन खण्ड क्रमशः सन् 1982, 83 और 84 में आये। डॉ. शम्भुनाथ सिंह के सम्पादन में प्रकाशित इस संकलन के साथ एक बार फिर नवगीत को नये सिरे से स्थापित करने की कोशिशें शुरू हुईं। डॉ. सिंह के अनुसार नवगीत "प्रयोगवाद, प्रगतिवाद और नयी कविता जैसा काव्यान्दोलन न कभी था और न आज है। यह अवश्य है कि वह नयी कविता आन्दोलन में भ्रमवश सम्मिलित था। किन्तु यह भ्रम छठें दशक के अन्त तक हट गया। क्योंकि नयी कविता का नेतृत्व करने वाले कवि आलोचक गीत-विधा को आधुनिकता की अभिव्यक्ति के लिए असमर्थ मानने लगे। नवगीत की रचना करने वाले कवि नयी कविता के विरोधी नहीं थे और उनमें से तो कई नयी कविता के सफल कवि थे, किन्तु नयी कविता के कवियों ने, जो स्वयं सफल गीतकार रह चुके थे, गीत रचना को पिछड़ेपन की निशानी मानकर उससे अपने को विच्छिन्न कर लिया। इस तरह नयी कविता का आन्दोलनात्मक रूप जितना ही उग्र होता गया, नवगीतकारों को साहित्य के क्षेत्र से उतना ही उपेक्षित किया जाने लगा।"[25] यहाँ यह ध्यान देने योग्य है कि सारा झगड़ा 'आधुनिकता की अभिव्यक्ति की सामर्थ्य को लेकर है और उपर्युक्त तीनों संकलन उसी सामर्थ्य को सिद्ध करने में लगे हैं। नवगीत अर्द्धशती (1986) इस सामर्थ्य को पुनः सिद्ध करने के लिए संकलित किया गया है। इसमें 81 रचनाकारों के गीत हैं। इस संकलन से गुजरते हुए कहा जा सकता है कि निराला, शमशेर, केदारनाथ अग्रवाल, नागार्जुन, भवानी प्रसाद मिश्र, केदारनाथ सिंह, सर्वेश्वर दयाल सक्सेना, जगदीश गुप्त, धर्मवीर भारती, शलभ श्रीराम सिंह, सूर्यप्रताप सिंह के गीत जितने अभिव्यक्तिक्षम है, उतने दशक में शामिल रचनाकारों के नहीं। डॉ. सिंह का यह सम्पादन कार्य गीत-यात्रा का सचमुच महत्त्वपूर्ण दस्तावेज है। यदि डॉ. सिंह ने इसमें वीरेन्द्र मिश्र, राजेन्द्र प्रसाद सिंह और जनवादी धारा के रचनाकारों को शामिल कर लिया होता तो इसकी महत्ता और बढ़ जाती।

(4)

'हिन्दी नवगीत— सार्थक कृतियाँ' (1984) में इस लेख के लेखक ने नवगीत की प्रवृत्तियों की जो सूची दी है, वह इस प्रकार हैं—चिर निर्वासन का निर्णय, पश्चात्ताप पीड़ा, मूलोच्छेदित होने का अहसास, दर्द के संगेपन का बोध, मध्यवर्गीय जीवन का आपसी तनाव, असफलता बोध, रिश्तों का पथरीलापन, बेगानापन, आदर्श से मोहभंग, युगीन कृत्रिमता पर व्यंग्य, कालबोध, अर्थ संकट, व्यक्तित्वबोध, आत्मनिष्ठता, सत्तालोचन, उदासी, घुटन, दिगंतव्यापी प्रतिकूलन, नौकरशाही के षड्यंत्र, युगीन विसंगतियाँ, मुखौटापन, आपाधापी, व्यस्तता बोध, सांस्कृतिक संकट, मूल्यहीनता बोध, आत्मलोचन, मूल्य-परिवर्तन, स्वाभिमान-वृत्ति, रिक्तता बोध और खोखलापन।

नवगीत साहित्य से गुजरते हुए यह बार-बार लगता है कि रचनाकारों ने लिखने के लिए विषय चाहे जो भी चुना हो, पर घूम-फिरकर वे सदैव उन्हीं प्रवृत्तियों का अनुगायन कर रहे हैं जिनका नामोल्लेख ऊपर किया गया है। वैसे नवगीत का विषय क्षेत्र वही है जो कविता यानी कि यथार्थ की कुरूपता, विपुल सौन्दर्य, ठोस भौतिकता, सूक्ष्म मनोवैज्ञानिकता, पेट की भूख, आत्मिक क्षुधा, वैयक्तिक सुख-दुख, सामाजिक स्थितियाँ, राष्ट्रीय उद्वेलन, वैश्विक संक्रमण, दानवता का अट्टहास, मानवता का शीतल देवत्व, प्रेम, प्रकृति, नदी, झरने, बदलती ऋतुएँ, सूर, चन्दा, अन्धगुफाएँ और मानव-जीवन के बहुतेरे सन्दर्भ। विडम्बना यह है कि सबके साथ नवगीतकार का अपना निरपेक्ष अनुभव भी जुड़ा है। इस अनुभव के दायरे में बार-बार एक जैसी चीजें आती हैं जिनसे हम खतरे का आभास तो करते हैं पर उसे पूरी तरह पहचान नहीं पाते। ये अनुभव पाठक की अनुभूतियों को तीव्र करके छोड़ देते हैं या एक ऐसे तनाव में डुबो देते हैं जो एकदम निष्क्रिय बना देता है। इतना ही नहीं ये अनुभव उसे बार-बार यह मानने को विवश करते हैं कि उसके तनाव उसकी नियति हैं, इन्हें भोगने के अतिरिक्त दूसरा कोई उपाय नहीं। ये रचनाएँ यदि मध्यवर्गीय पाठकों का मन मोहती हैं, तो इसलिए कि वे अपने समाज से उपजी हैं। इसलिए भी कि इन रचनाओं का तनाव पाठक को उसका अपना तनाव लगता है और वह उससे तादात्म्य स्थापित कर लेता है। इस प्रकार मनोवैज्ञानिक दृष्टि से नवगीतों की भूमिका यथास्थितिवाद के पक्ष में सिद्ध होती है। फिर ऐसी रचनाओं का प्रयोजन ही क्या जो आदमी के समक्ष उसकी दुनिया के सही चित्र पेश करने में समर्थ न हों और न ही उसे बदलने को विवश कर सकें

नवगीत में आत्मानुभूति के नाम पर जो कुछ लिखा गया है, वह वास्तव में इतना काल्पनिक है जितना पहले कभी नहीं रहा होगा। कविता की मुख्य धारा से खारिज होने के भय से नवगीतकारों ने अपने वास्तविक अनुभवों का कितना अनादर किया

कहा नहीं जा सकता। इस काल्पनिक अनुभूति के चलते नवगीत में जितना आक्रोश है, जितना तनाव है, जितनी नपुंसकता है, जितनी दृढ़ता है, जितना क्षोभ है, जितनी पीड़ा है, जितनी उदासी है, उल्लास के लिए जितनी ललक है, मुक्ति के लिए जितनी तीव्र छटपटाहट है, उतना सब कुछ शायद ही कभी गीत में देखा गया हो पर, जब बन्धन ही अवास्तविक हो, तो मुक्ति की छटपटाहट कितनी वास्तविक होगी? इस क्रम में देखें तो एक ओर नवगीतकार सन्त्रास का अनुभव करता है, तो दूसरी ओर उसकी कव्वाली बना देता है–

'चार दीवारें घिरी हैं जो पारदर्शी हैं
एक छत है जो गहरे नीले समुंदर-सी है
बंद अँधियारी गुफाओं से अनगिनत कमरे
एक वीरान इमारत, जो मेरे घर-सी है
अजनबी मैं, इन्हीं कमरों में सफर करता हूँ
देखता हूँ, कहाँ क्या है?
कहीं कुछ भी तो नहीं!

– शम्भुनाथ सिंह

अब तो यह भी कहना न होगा कि सन्त्रास के भोग में यहाँ कितनी निश्चिन्तता है। 'नथिंगनेस' के प्रति असीम व्यामोह नवगीत की वस्तुगतता को ले डूबा और नवगीतकार का 'अजनबी मैं' अस्तित्ववादी हो गया। इस 'अजनबी मैं' का अनुभव-सत्य उसके भोगे हुए यथार्थ का पर्याय है। नवगीतकार का भोगा हुआ यथार्थ ही नवगीत का सम्पूर्ण यथार्थ है जिससे समसामयिक बोध, युगबोध, सामयिक यथार्थ, यथार्थता-बोध आदि अनेक नाम दिये जाते हैं। तर्क यह है कि चूँकि नवगीतकार भी उसी समाज का आदमी है जिसमें वे ढेर सारी विसंगतियाँ हैं जिनका वह अनुगायक है, इसलिए उसका अनुभव प्रामाणिक है और उसके द्वारा भोगा हुआ यथार्थ सम्पूर्ण यथार्थ है। किन्तु यदि नवगीत के यथार्थ को सम्पूर्ण यथार्थ मान लें तो विश्वव्यापी कुरूपता और घनघोर निराशा के अतिरिक्त उसमें कुछ न मिलेगा। इससे साफ हो जाता है कि या तो नवगीत की अपनी एक दुनिया है या नवगीतकार की कोई दृष्टिगत सीमा है, जो उसे इससे आगे देखने नहीं देती। देखा यह गया है कि नवगीतकारों ने जैसे-जैसे अपने सामयिक बोध को क्षणों में बाँटकर भोगा है, वैसे-वैसे उसे रचनाबद्ध किया है। फलतः उनकी रचनाओं में विद्रूपता के कई शेड्स उभरे हैं जिसे अनुभूति की व्यापकता का नाम दिया जाता है। इसलिए जहाँ कहीं भी नवगीत के यथार्थ की चर्चा है, तो उसे यथार्थाभास ही समझना चाहिए, क्योंकि यथार्थ जहाँ कहीं भी होगा वह बेचैन कर देगा, एक लपट पैदा कर देगा और तो और वह सच्चाई की पक्षधरता

की माँग के साथ सामने खड़ा हो जायेगा, न कि निराशा और नियति से जोड़कर चुप्पी साध लेगा। उसमें यदि आबादी वाले पहाड़ की चूती छतें होंगी, नदी का उदास आँचल होगा, छप्पर की उजड़ती ओरी होगी, टूटा हुआ छाजन होगा, भिनसार की मायूसी और अनुदार ज्यादतियाँ होंगी या कि दंगे-फसाद, अकाल-मृत्यु, युद्ध, नुचती औरतें और बिलखते बच्चे होंगे, तो संघर्षरत मानव के अनेक अँधियारी पल भी होंगे, उसके होठों की मुस्कराहटें होंगी, जीने के प्रति उसकी ललक होगी और होंगी बादलों की गड़गड़ाहटें।

कोई भी गीत कविता होने की शर्त पर ही साहित्यिक विवेचना का अधिकारी होता है। स्वतन्त्रता के बाद आये परिवेशगत बदलाव के साथ-साथ कविता के स्वरूप में बड़ा परिवर्तन आया है। इस क्रम में कविता के प्रतिमान बदले गये और नये प्रतिमानों की खोज की गयी। गीत और कविता की रचना-प्रक्रिया में जमीन-आसमान का अन्तर होते हुए भी कितने नवगीतकारों ने अपने गीतों को कविता ही कहा। अपनी समझ से ये गीत के फार्म में कविता ही लिखते रहे; यह बहुत कड़वा सच है। आज वे भले ही 'नवगीत' की अगुआई का श्रेय लेना चाहें पर तब नवगीत उनके लिए क्या था, खूब जानते हैं। इसलिए कविता के नये प्रतिमानों को ग्रहण करने की चेतना तो इनमें रही ही है। ऐतिहासिक सच्चाई यह है कि प्रसिद्ध आलोचक डॉ. नामवर सिंह की समीक्षा कृति 'कविता के नये प्रतिमान' ऐसे वक्त पर आयी जब नक्सलबाड़ी किसान-संघर्ष अपना एक दौर पूरा कर चुका था और आश्चर्य की बात यह है कि यहाँ इसकी अनुगूँज तक न थी तथा इसमें जो प्रतिमान निर्धारित किये गये वे उन कविताओं पर आधृत थे जो कविता के एक विशेष सम्प्रदाय का प्रतिनिधित्व करती थीं। उस समय आलोचना का स्वर इतने उभार पर था कि क्या पूछना! इस प्रकार आठवें दशक में कविता और गीत के रूपवादी रुझान को बरकरार रखने में डॉ. नामवर सिंह और अन्य महत्त्वपूर्ण आलोचकों ने बड़ी भूमिका अदा की।

नवगीत में नये काव्य-मानों की प्रतिष्ठा के लिए प्रमुखतः दो प्रारूप मिलते हैं– (1) नगरबोध का; और (2) ग्रामबोध का। कहीं-कहीं दोनों संश्लिष्ट रूप में भी पाये जाते हैं। वर्तमान को काव्य-नायक के रूप में प्रतिष्ठित करके नवगीतकार ने इन प्रारूपों को विस्तार दिया है। नगरबोध नवगीतकार के सम्पूर्ण अस्तित्ववादी अनुभवों से रचित काव्य प्रारूप है जिसमें न केवल नागरिक जीवन की विसंगतियों–भीड़-भाड़, भाग-दौड़, सम्बन्धों की औपचारिकता, अजनबीयत आदि की व्यस्तमुद्राओं का अंकन है, अपितु इसके माध्यम से वर्तमान जीवन के सम्पूर्ण सन्त्रास को प्रस्तुत करने की चेष्टा की गयी है। सारा दोष महानगरों के मत्थे मढ़कर, महानगरों को बुद्धिमान, चालाक, सन्देहवादी, शंकालु, औपचारिक, अधार्मिक, अनुर्वर और बाँझ बताकर नाग. रिक जीवन की कुरूपता के उद्घाटन में नवगीत ने अपनी बड़ी शक्ति लगा दी है।

वस्तुतः आधुनिकता बोध की सर्जना हेतु यहाँ नगर जीवन की कटुतिक्त अनुभूतियाँ अनायास ही मिथकीय विस्तार पा गयी हैं। इस क्रम में ग्रामबोध भी बहुधा इसी रूप में प्रयुक्त हुआ है। विकृति होती हुई ग्राम्य-चेतना और बदला हुआ ग्रामीण परिवेश नवगीतकार की आँखों में गड़ गया है। स्वतन्त्रता के बाद ग्राम्य जीवन की आन्तरिक संरचना में काफी हद तक अराजकता आयी। पारिवारिक विघटन तेज हुआ जिसे लेकर मुकदमे बढ़े, आपसी वैमनस्य पनपा, व्यावसायीकरण तेज हुआ, विनिमय के मध्य मुद्रा की स्वीकृति हुई, पुराने संस्कार टूटने लगे, नवगीतकार को ऐसा लगा जैसे गाँव सांस्कृतिक पतन का पर्याय हो गया हो।

यहाँ इतना ही संकेत करना समीचीन है कि सन् 1950 के बाद देश में आये परिवर्तन से शहर और गाँव दोनों प्रभावित हुए। शहर कुछ पहले परिवर्तन की रोशनी में आया। उसकी सतह पर भौतिक परिवर्तन की रेखाएँ खिंची। गाँवों की ओर यह परिवर्तन कुछ देर से देखा गया। बाद में चलकर शहर और गाँव दोनों संश्लिष्ट रूप में नवगीतकारों द्वारा गृहीत हुए। फिर दोनों गौण हो गये, सन्त्रस्त वर्तमान उन पर हावी हो गया। गाँव से शहर में आकर बस गये रचनाकार में ग्राम्य-मुग्धता के जो चित्र मिलते हैं, वह इस पैटर्न में नहीं अँटते शुरुआती दौर में ग्राम्य प्रकृति के सम्मो. हक चित्र भी इस सीमा में नहीं आते। अस्तु, सन्त्रास के अखण्ड की अभिव्यक्ति के लिए जहाँ नगर/ग्राम्य-जीवन को मिथकीय रूप में उठाया गया, वहाँ नवगीत की एक अलग मुद्रा बन गयी।

नारी और प्रकृति के माध्यम से काव्य में सौन्दर्य सृजन की परिपाटी चली आ रही है। नवगीत में भी इस परिपाटी के अनुरूप नारी के विविध चित्र अंकित हैं। हाँ, इन चित्रों में जो नारी अंकित होती है वह घरेलू कामकाज में लिप्त मध्यवर्गीय नारी है। नवगीतकार द्वारा एक से एक सुन्दर चित्र न्योछावर हैं अपनी सहचरी पर। इस क्रम में दैनिक उपयोग के आभूषण, कुमकुम, रोली, अगरुगन्ध, काजल, बिन्दिया, सिन्दूर, मेन्हदी, महावर आदि से लसित नारी के मोहक चित्र उसकी सौन्दर्याभा को उद्भासित करते हैं। नवगीतकारों के इन तमाम स्मृतिमूलक प्रेम गीतों के पीछे जो नारी खड़ी है, वह एक विशेष सामाजिक परिवेश को ध्वनित करती है। वह नारी पुरुष की रूपलिप्सा को तो तृप्त करती ही है, उसे हल्के-फुल्के तमाम सुख (सुविधाएँ) देती है जो उसकी पारिवारिक भूमिका से सम्बद्ध हैं—*'आटा मलते हाथ/बिछौनों करता मुख/कौन दे रहा है ये हल्के-फुल्के सुख? किसने धोये केश/प्राण तक गमक उठे?'*—(ओम प्रभाकर)। घरेलू कामकाज के लिए नारी की उपयोगिता मध्यवर्गीय परिवारों की संस्कृति का एक अंग है। इसलिए आस्तीन का बटन टूटने पर या कुर्ते की सीवन खुलने पर उसकी याद नवगीतकार को आती ही है। इन यादों के साथ जुड़ी नारी ही नवगीत की वास्तविक नारी है। ऐसे में रचनाकार की वैयक्तिक चेतना का बलवती हो

उठना अत्यन्त स्वाभाविक है। आंचलिक प्रकृति का सम्मोहन नवगीत में निर्विवाद रूप से प्रतिष्ठित है। इसके अतिरिक्त कुछ विशेष किस्म के पुष्प हैं—पलाश, अमलतास, गुलमुहर, हरसिंगार आदि। ये बहुधा ग्रीष्म में फूलने वाले हैं। इनके अलावा कुछ खास वृक्ष आते हैं जो छायादार तो हैं ही, हमारे सांस्कृतिक बोध को भी तृप्त करते हैं; जैसे—बरगद, पीपल, नीम, जामुन, अशोक आदि। ये सब नवगीतकार के सौन्दर्यबोध की प्रतिच्छवियाँ हैं। इनके प्रयोग से गीत-रचना की जो सांस्कृतिक छवि बनती है, वह मन को बहुत बाँधती है।

विसंगतियों की चर्चा के बीच भी नवगीतकार प्राकृतिक उपकरणों का जिस प्रकार उपयोग करता है, उससे उसके काव्य का चारुत्व निखर जाता है। उसकी रचनाओं में तुलसी का चौरा, पूजाघर का दीपक, मन्दिर, देवल, द्वार पर छापे, स्वस्तिक, शकुन बाँचते खंजन, गंगाजल, अल्पना के रंग में डूबा हुआ आँगन आदि आते हैं जिनसे उसके गीतों का शृंगार हो जाता है। नारी और प्रकृति के अतिरिक्त ये सांस्कृतिक अवयव भी नवगीत रचना को सुन्दर बनाते हैं। 'उदासी' की प्रतिष्ठा करते हुए नवगीतकार उसे बड़े कलात्मक रूप में जब इस प्रकार कहता है—'लीपती आँगन उदासी रोज गोबर से' तो उदासी और उदासी से मुक्त होने का उसका तनाव, दोनों उभरकर एक साथ प्रस्तुति पा जाते हैं। कहना न होगा कि नवगीत का सौन्दर्य इसी द्वन्द्व के बीच विकसित हुआ है।

नवगीत की बिम्ब रचना में उसकी भाषा में आये विशेषणों की भूमिका महत्त्वपूर्ण है। ये विशेषण अधिकांशतः निषेधात्मक अर्थ देते हैं, जिनसे नवगीत की दिशा का व्यापक बोध होता है। बिम्ब गढ़ने की प्रक्रिया के दौरान तमाम रचनाकारों ने औचित्य पर विचार नहीं किया है जो बिम्ब की अनिवार्य विशेषता है। भाषा में व्याकरणिक त्रुटियाँ भी खूब हुई हैं। नये अर्थ देने के लिए क्रियापदों की भी दुर्गति की गयी है।

नवगीत की भाषा का एक और आयाम है जो उसे मिथकों के माध्यम से प्राप्त होता है। मिथक-सन्दर्भों के उपयोग की कला नवगीतकारों को खूब ज्ञात है। इनके जरिये ये काव्य-भाषा को लम्बी परम्परा से जोड़ने में कामयाब हुए— *'होगा सागर-मन्थन देवता न दानव से/होगा माँझी मछुआरों से'* (वीरेन्द्र मिश्र) लिखते हुए रचनाकार व्यवस्था में आमूल परिवर्तन की दिशा रेखांकित करता है और इसका बोझ जनवर्ग के कंधों पर डाल देता है। भावों को फैलाव देने के लिए भी मिथकों का प्रयोग हुआ है। वामन का विराट् हो जाना और तीन डग में इन्द्रलोक नाप लेना आश्चर्यजनक घटना है। दिन के बढ़ने पर गीतकार को ऐसा ही आश्चर्य होता है— *'वामन से बन गया विराट्/यह अबोला/दिगम्बर/अनहोना दिन'*—(शम्भुनाथ सिंह)। अपने 'आत्म' को 'द्वापर के कान्हा' से जोड़कर प्रस्तुत करना भी नवगीतकार ने सीख लिया— *'वंशी में आग अगर होगी तो गूँजेगी/द्वापर का कान्हा यह झूम-झूम गायेगा।'* (वीरेन्द्र मिश्र)।

नवगीत में मिथक उपकरण के रूप में ही आते हैं और वे कथारस की तृप्ति भी करा जाते हैं– *'सुनो जनमेजय/कि समिधा रोक दो'* – (रामचन्द्र चन्द्रभूषण)।

इसी प्रकार नहुष को लेकर विपर्यय-बोध का उद्घाटन किया गया है– *'माटी के पुतले ही थे आखिर भूप नहुष'*–(नईम)। यह नहुष वेदों से लेकर उपनिषद् और पुराण साहित्य में एक प्रतापी राजा के रूप में वर्णित है। लेकिन नवगीत में उसे लघुमानवों की कतार में खड़ा कर दिया गया, वह भी माटी का पुतला बनाकर। ऐसे प्रयोगों का नवगीत में बड़ा विस्तार हुआ है। देवेंद्र शर्मा 'इन्द्र' मिथकों का बहुत तरह से उपयोग कर जाते हैं। खूबी यह कि गीत का गीतत्व कहीं प्रभावित नहीं होता। उपनिषद् का नचिकेता नवगीतकारों को बड़ा मोहक लगा है। क्योंकि वह मृत्यु का स्वयं वरणकर्त्ता है, इसलिए उसे बार-बार गीतों में लाया गया है। 'महाभारत' के बहुत से प्रसंग नवगीत में दुहराये गये हैं। बहुत से अन्धविश्वास नया अर्थ लेकर यहाँ जीवित हुए हैं। अच्छी बात है कि नवगीत के मिथक अलंकार बनकर नहीं रह गये हैं, वे कवि के भावात्मक संश्लेष से मिलकर सजीव और प्रभावक बन गये हैं।

नवगीत का ऐतिहासिक महत्त्व इसलिए है कि वे संवेदना के धरातल पर 'नयी कविता के गीत' से आगे की जमीन पर खड़े हैं। स्वातन्त्र्योत्तर गीत के इतिहास का आदिकाण्ड 'नवगीत' है जो स्वतन्त्रता के लक्ष्यों के विघटन के साथ विकसित हुआ है। उसमें सामाजिक मोहभंग की व्यथा-कथा का दारुण दंश चित्रित है। नवगीत के पूर्व का गीत-प्रवाह 'समय की शिला' पर रचे मधुर-चित्रों के बनने-मिटने की क्रीड़ाओं से बना है; किन्तु यहाँ तो स्वप्न के पालने ही टूट गये हैं। भविष्य की आस ही समाप्त है। दरअसल सन् 1857 से सन् 1947 तक के भीषण संघर्ष के बाद भारतीय समाज जिस मुकाम पर पहुँचा है उसे कविता की आँखों से देखा गया तो क्या मिला कि रथ के पहिये टूटे हुए हैं, सैनिक सिरविहीन हैं, चारो ओर अकाल-मृत्यु नाच रही है, देश दंगे-फसाद से भर गया है, बच्चे बिलख रहे हैं, शामें उदास हैं, सुबह की रोशनी को लकवा मार गया है, भिनसार खो गया है। इस प्रकार नवगीत नेहरू युग की आलोचना में डूब गया-सा लगता है। इसके बावजूद उसमें प्रकृति और प्रेम को विषय के रूप में लिखा गया है यद्यपि यहाँ भी विसंगतियाँ दिखाई गयी हैं और सामाजिक यथार्थ को खोजने की कोशिश की गयी है।

5

सन् 1967 के बाद हिन्दी कविता जनसंघर्षों और जनान्दोलनों के प्रति प्रतिबद्ध होने लगी। अब वह अकविता के सर्वनिषेधवाद से अपने को मुक्त करने लगी। नक्सलवादी किसान संघर्ष की वह अनदेखी नहीं कर सकती थी। उसने सर्वहारा वर्ग की पक्षधर विचारधारा की ओर अपना झुकाव प्रदर्शित किया। कविता का नया स्वरूप गढ़ा गया।

इसने राष्ट्रीय संस्कृति का नया अर्थ खोजा। इस कविता में किसान और मजदूर की शक्ति और छवि की पुनर्रचना हुई। नयी कविता का शहर और गाँव में विभाजित समाज पीछे छूट गया। यह नयी जीवन-दृष्टि की कविता थी जिसमें प्रकृति और मनुष्य ठोस रूप में उपस्थित हुए। नवगीत लिखने वाले गीतकारों में कई ऐसे थे जिन्होंने इस परिवर्तन का अनुभव किया। वे नवगीत के निषेधमूलक स्वर की प्रकृति और शक्ति को समझने के लिए सचेष्ट हुए। नचिकेता ने अनुभव किया कि नवगीत के बोध में 'सामाजिक संघर्ष और जनवादी चेतना की मात्रा कुछ ज्यादा हुई है।'[26]

वस्तुतः इस अवधि में केवल कविता में ही नहीं, साहित्य की प्रत्येक विधा में परिवर्तन के आकुल स्वर सुने जाने लगे। यह मानना पड़ेगा कि साहित्य की विधाओं को प्रभावित करने वाला बदलाव आकस्मिक नहीं हो सकता। इसके पीछे मनुष्य की चेतना में हो रहा उथल-पुथल ही है। इसी उथल-पुथल में नया गीत जन्मा। "होता यह है कि जब भी समाज की सामूहिक चित्तवृत्ति में परिवर्तन आता है और समाज का बहुसंख्यक वर्ग आन्दोलन की मुद्रा में खड़ा होता है तब नये नारे और अभिनव तेवर के गीतों का जन्म भी नयी परिस्थितियों के साथ-साथ होता है।"[27] खास बात यह है कि कोई आन्दोलन मूर्त रूप में आने से पहले जनता के मन-मस्तिष्क में बदलाव की लहर बनकर आ जाता है, परिवर्तन की अन्तर्धारा प्रवाहित होने लगती है; तभी साहित्य में, कला में और लोक-संस्कृति में इस प्रवाह का घर्घर-मर्मर आकार पा लेता है। इस प्रकार साहित्य जनान्दोलन की पृष्ठभूमि तैयार करता है और वह उसका दिशा निर्देशक भी बन जाता है। समाज के बीच खड़ा सजग साहित्यकार वस्तुतः इसी अर्थ में ध्वनिग्राहक होता है। दुर्योग ही कहा जायेगा कि नवगीतकार अपनी परिपाटी से चिपका ही रह गया; यद्यपि राजेन्द्र प्रसाद सिंह ने तीसरे चरण के गीतों को 'जनबोधी नवगीत' कहकर गीत के नये आयाम के विकास की ओर इंगित किया। उनका यह मूल्यांकन सही था कि नवगीत में निम्नवर्गीय अन्तर्वस्तु काव्य संवेदना का सामान्य अंग न बन सकी, पर वे यह नहीं समझ पाये कि ऐसा क्यों हुआ? दरअसल नवगीत का विश्वदृष्टिकोण आधुनिकतावादी था। जनवादी साहित्य वैज्ञानिक दृष्टिकोण अपनाकर सर्वहारा संघर्ष में कूद पड़ा था। उसकी पक्षधरता और प्रतिबद्धता स्पष्ट थी, जबकि नवगीत सहानुभूतिपरक और तटस्थ बना रहा।

नवगीत के आलोचकों ने गीत के इस प्रवाह को बरकरार रखने में बड़ी भूमिका निभायी। उनका ध्यान कविता के नये प्रतिमानों पर टिका रहा जो प्रयोगशील नयी कविताओं को आधार बनाकर तैयार किये गये थे। इस आलोचनाशास्त्र ने मुक्तिबोध के इस कथन की उपेक्षा की कि "नयी कविता में स्वयं कई भावधाराएँ है– एक भावधारा नहीं। इनमें से एक भावधारा में प्रगतिशील तत्त्व पर्याप्त हैं।"[28] बकौल दूधनाथ सिंह इस आलोचनाशास्त्र में 'मुक्तिबोध और नागार्जुन का तो कमण्डलु के

जल की तरह छिड़काव भर है[29], आर्यकल्प (2000), अंक एक, सम्पादकीय, पृ. अर्थात् प्रगतिशील तत्त्वों वाली कविता यहाँ उपेक्षित है।

आपातकाल के दौरान और उसके बाद गीत-धारा नयी दिशा में मुड़ गयी। कथ्य और शिल्प दोनों स्तरों पर क्रान्तिकारी परिवर्तन आया। इस परिवर्तन में क्रोध-प्रतिशोध और विद्रोह का स्वर प्रगाढ़ था। अब व्यवस्था परिवर्तन के लिए गीत खड्गहस्त हुआ। समय के दबाव या साहित्य में हो रहे परिवर्तन को पहचान कर रमेश रंजक, नचिकेता, शान्ति सुमन, शलभ श्रीराम सिंह, अश्वघोष, रामकुमार कृषक, हरीश भदानी जैसे रचनाकारों ने नवगीत की राह छोड़ दी और जनवादी गीत-रचना की दिशा में कदम बढ़ाया। इनके इस परिवर्तन को 'जनवादी वर्गान्तरण का गुणात्मक रूपान्तरण' कह सकते हैं। नये गीतों का कारवाँ बना। मानवतावाद का विखण्डन सर्वहारावाद के रूप में सामने आया। नवगीत के 'मनुष्य' की अवधारणा आधुनिकतावादी थी, ऐसा इन गीतकारों ने घोषित किया और 'सर्वहारा' की प्रतिष्ठा में जनवादी गीतों का युग आरम्भ हुआ। उग्रता और बड़बोलेपन के साथ में गीत अपनी बोल्ड उपस्थिति लेकर सामने आये। इन गीतों की जुबान जनता की जुबान थी, किन्तु साहित्यिक दृष्टि से इनमें एक प्रकार का सरलीकरण था। स्वयं शान्ति सुमन ने ऐसा महसूस करते हुए लिखा- कच्चे गीतों से अच्छा है नारा एक लिखो। यदि प्रयोगवादियों ने गीत को एक पंक्ति में लिखकर उसे गीत की मान्यता दी तो 'नारा' गीत लिखने का आह्वान जनवादी गीतकारों ने किया। नौवें दशक में 'गहरी संवेदना' वाली रचनाओं की पैरवी शुरू हुई, कविता का परिदृश्य बदला। अब समय और संवेदना की साक्षी बुनावट वाली रचनाओं पर बल दिया जाने लगा। कविता और गीत की नदी का उद्दाम वेग शान्त होने लगा और वह ज्यादा गहरी होने लगी।

6

नवगीत अर्द्धशती (1986) के प्रकाशन वर्ष में कई महत्त्वपूर्ण नवगीत संग्रह आये। इसमें शम्भुनाथ सिंह की रचनाओं का संग्रह 'वक्त की मीनार पर' खूब चर्चित हुआ। सिंह साहब 'समय की शिला' के गीतकार बनकर आये थे। अन्त में उन्होंने 'समय' को 'वक्त' और 'शिला' को 'मीनार' पढ़ा। उनका एक कविरूप 'ओ मेरी धूप दिसम्बर की' के साथ भी पहचाना गया। अन्ततः उन्हें 'झूला न हुआ, झूमर न हुआ' की पीड़ा से गुजरना पड़ा। योगेन्द्रदत्त शर्मा के संग्रह 'खुशबुओं के दंश' में गीतकार ने अकेलापन की विविध मुद्राओं को उरेहा। रामसेंगर के संग्रह 'शेष रहने के लिए' और अनूप अशेष के संग्रह 'वह मेरे गाँव की हँसी थी' में नवगीत की अलग-अलग भंगिमाएँ देखी जाती हैं। अशेष ग्राम्य जीवन की स्निग्धता में डूबे हैं। वीरेन्द्र मिश्र के संग्रह 'काँपती बाँसुरी'(1987) की चर्चा नौवें दशक के नवगीत के साथ इसलिए

जरूरी है क्योंकि इसमें छन्दों का वैविध्य देखते बनता है। यहाँ शैल्पिक प्रयोग की दृष्टि से अनूठी रचनाएँ हैं।

साहित्य-जगत् से तनिक भी सम्बन्ध रखने वाले को पता है कि नवगीत की रचना-यात्रा जारी है, संग्रह निरन्तर प्रकाशित हो रहे हैं। नवगीतकार अपने ढंग से अपनी बात कहे चला जा रहा है। शीलेन्द्र कुमार सिंह चौहान के नवगीत की चिन्ता नीम के जीवन के प्रति है–

पीपल बरगद ने आपस में/झगड़े रोज किये
तनातनी के इस मौसम में/कैसे नीम जियें[30]

कुमार रवीन्द्र आश्चर्यचकित हैं कि उनके शिवाले तक नया युग नहीं पहुँचा है। वे नये युग से, उपभोक्तावाद से और बाजारवाद से आक्रान्त हैं–

लग रहा है / यहाँ अब तक / नये युग पहुँचे नहीं हैं
ये हवाएँ / इस शिवाले को / तभी दुलरा रही हैं[31]

नरेन्द्र पाण्डेय अकेलेपन से दग्ध हैं। उनके मन में गंध-वन जल रहा है–'जल रहा है धूप में/यह गन्ध-वन!'[32] प्रेमशंकर रघुवंशी के दो नवगीत-संग्रहों में उनका जीवन और युग सिमटा है। एक जगह उन्हें गाँव की याद आ रही है–

मुझे गाँव की याद आ रही, महानगर की भीड़ में?
लौट रहे होंगे वनपाखी, अपने-अपने नीड़ में।[33]

दूसरी जगह वे कागजों की मंजिलें खड़ी करने वालों की पहचान कर रहे हैं–

इन दीवालों पर उठाये जा रहे हम
कागजों की मंजिलें डटकर
आप, हम, वे, सभी मिलकर[34]

विष्णु विराट की बस्तियों में सर्पदंशी हवाएँ बह रही हैं और ये बस्तियाँ अपना होश खोती जा रही हैं। आखिर यह किन बस्तियों का सच है? रचनाकार के पास सिर्फ एक सुझाव है–'ज़हर मुहरा पास में रखिए।[35] अरुणा दुबे ने सामाजिक यथार्थ को बहुत जाने-पहचाने रूप में प्रस्तुत किया है–

यहाँ लाठी / वहाँ गोली / आग-हत्या लूट-पाट
एक दल / दो में विभाजित / दो दलों में साँठ-गाँठ।
फिर कोई / रूठा हुआ है / बहुदलीय सरकार में।[36]

शालिग्राम सिंह अशान्त का संग्रह 'अँजुरी में आकाश, खिड़की पर चाँद' और शिशुपाल मधुकर का 'अजनबी चेहरों के बीच' नवगीत के चिर-परिचित स्वर दुहराते हैं।

सुरेन्द्र वाजपेयी का संग्रह भी इसी क्रम में उल्लेख्य है। उनकी कहन शैली में लोक गीतों सा माधुर्य है। लाल रंग के प्रति इनकी आसक्ति का क्या मतलब हैः

रंगों में सात रंग / सातों में लाल
क्यों रे गोपाल / हाँ रे गोपाल![37]

माहेश्वर तिवारी की सहानुभूति चम्पा के साथ है। यह वही चम्पा है जो 'काले-काले अक्षर नहीं चीह्न्ती।' पर, उसके मन में मकड़जाल वाली व्यवस्था को लेकर सवाल उगते हैं–

चम्पा के मन में सवाल है / परत-दर-परत मकड़जाल है
मजदूरी करने निकली है / घर से बाहर तक हलाल है।[38]

ऐसे में डॉ. ओमप्रकाश सिंह के लिए बात करता हुआ देश मौन होने लगा है। उनकी चिन्ता है–

आज फिर सच के गले में / झूठ के फंदे कसे हैं[39]

देवेन्द्र शर्मा 'इन्द्र' नवगीत को वैचारिक आधार देते रहे हैं। अपने समय का उनका पाठ हैः

कौन आकर रोज उसको सख़्त कर जाता
गले में हर शख़्स के जो बँधा है फीता।[40]

इतना ही नहीं उनकी साँझ सन्नाटे के प्रेत लेकर आती है और चारों ओर डर का पहरा हो जाता है–'साँझ ढले ही/सन्नाटे के / प्रेत यहाँ विचरें।'[41] वीरेन्द्र आ. स्तिक के संग्रह से गुजरते हुए बन्द किताब-सी सील रही जिन्दगी से सामना होता है। शम्भुनाथ सिंह ने अनुभव किया था कि जिन्दगी दीवारों में जड़ दी गयी है और आस्तिक कहते हैं–'बुद्ध-ईशु को / दीवारों पर कील रही जिन्दगी।'[42] नवगीत को आगे और भी कहना है–

1. *रिश्तों की / हरियाली निगले / भूखा रेगिस्तान*
   मृत्यु-मंत्र / जपता हो जैसे / कापालिक वीरान।[43]
2. *देश काल में बँधे हुये हैं / खौले जल में रंधे हुये हैं*
   फिर भी लगता है अपने ही / पाँवों पर हम सधे हुये हैं।[44]
3. *क्या-क्या हमने नहीं किया है?*
   जीने जैसा जीवन हमने-
   भला कहाँ किस ठौर जिया है?[45]

4. *वही सड़क है और कई / परिचित अनजाने दिखते हैं*
खोये से पग डाल रहे हैं / नींद में जैसे चलते हैं[46] (अंजना वर्मा)

5. *नकबेसर कागा ले भागा*
गिरवी पड़ी नथुनिया—रे![47] (सुधांशु उपाध्याय)

वीरेन्द्र मिश्र, राजेन्द्र प्रसाद सिंह, शम्भुनाथ सिंह, ठाकुर प्रसाद सिंह, रामदरश मिश्र, उमाकान्त मालवीय, रवीन्द्र भ्रमर, ओम प्रभाकर, देवेंद्र कुमार, नईम, देवेन्द्र शर्मा 'इन्द्र', रामचन्द्र चन्द्रभूषण, माहेश्वर तिवारी, शिव बहादुर सिंह भदौरिया, राजेन्द्र गौतम, सत्यनारायण, विनोद निगम, श्रीकृष्ण तिवारी, अनूप अशेष, गुलाब सिंह, जहीर कुरेशी, प्रेमशंकर रघुवंशी, कैलाश गौतम, चन्द्रसेन विराट, इसाक अश्क, बुद्धिनाथ मिश्र, मधुकर अष्ठाना, निर्मल शुक्ल, वीरेन्द्र आस्तिक, ओमप्रकाश सिंह, योगेंद्र दत्त शर्मा, श्यामसुन्दर दुबे, हरीश निगम, यश मालवीय, ओम धीरज, सुरेन्द्र वाजपेयी, शरद सिंह, अरुणा दुबे, महेश अनघ, पूर्णिमा बर्मन, गरिमा सक्सेना, रंजन कुमार झा, चित्रांश वाघमारे आदि नवगीतकारों की पंक्ति में कतिपय उल्लेख्य नाम हैं।

7

...तो नवगीत आज भी लिखे जा रहे हैं। ये नवगीत ऐसे समय में लिखे जा रहे हैं, जब कविता और दूसरी साहित्यिक विधाओं में उत्तर आधुनिकता का स्वर गूँज रहा है। यह ऐसा स्वर है जिसे हम विचारधाराओं के खाने में नहीं रख सकते। प्रगतिशील आधुनिक का स्वर; स्त्री-स्वर, दलित-स्वर, दलित स्त्री-स्वर और इसी प्रकार दूसरी अस्मिताओं के स्वर कविता में एक साथ उपस्थित हैं। भारतीय अर्थव्यवस्था के निजीकरण की गति जैसे-जैसे बढ़ रही है, अस्मिताओं के ये स्वर प्रगाढ़ होते जा रहे हैं। जनवादी कविता के सवालों को पारकर कवि पूरी परम्परा पर प्रश्न चिह्न खड़ा कर रहा है। उसके सवालों का जवाब जनवादी गीत के पास भी नहीं है। कहने का आशय यह है कि अस्मिता-विमर्श के लिए 'सर्वहारा वर्ग' से कहीं ज्यादा 'जाति' महत्त्वपूर्ण है। मनुष्य के चिन्तन से अधिक महत्त्वपूर्ण 'स्त्री चिन्तन' है। आज साहित्य के नये केन्द्र हैं—स्त्री और दलित, पारिस्थितकी, क्षेत्र और क्षेत्रीय समाज। मुझे लगता है कि ये केन्द्र आधुनिकतावाद की कोख से जन्मे हैं। इन्होंने प्रामाणिक अनुभूति की व्याख्या कुछ इस तरह की है कि स्त्री का प्रामाणिक अनुभव स्त्री ही लिख सकती है और दलित ही दलित जीवन का वास्तविक चितेरा हो सकता है। व्यक्ति के अनुभव-सत्य पर नवगीत और प्रयोगशील नयी कविता ने जिस तरह बल दिया, परम्परा और आधुनिकता के बीच फर्क किया, उससे इन सवालों का कमोबेश सम्बन्ध है जो अस्मिता केन्द्रों ने खड़े किये। इन केन्द्रों से नवगीत को देखें, तो वहाँ भाषिक स्तर पर सवर्णता

दिखाई देगी, चेतना के स्तर पर पितृसत्तात्मकता मिलेगी और एक ऐसी अमूर्त अखण्डता का बिम्ब मिलेगा, जहाँ क्षेत्रीय स्वर बिल्कुल विलुप्त हैं।

नवगीत इन अस्मिता-विमर्शों का स्पर्श दूसरी तरह से करता है। कुमार रवीन्द्र लिखते हैं, *'हाँ भाई / सपने भी होते हैं / अलग-अलग जात के।'* [48] राजेन्द्र गौतम इस समय को बाजारवाद से जोड़ते हैं और मैकलुहान के विश्वग्राम तक आते हैं—

हमने शब्द लिखा था / 'रिश्ते'
अर्थ हुआ 'बाजार'
कविता के माने / खबरे हैं
संवेदन 'व्यापार'
भटकन की / उँगली थामे हम
विश्वग्राम तक आये।[49]

बाजार के वर्चस्व की चिन्ता के साथ-साथ फासीवादी संकट को भी यत्र-तत्र उभारा गया है। लेकिन यह विषय पूरी गम्भीरता से नवगीत में उभरकर नहीं आया है। इस बड़ी चिन्ता को गहराई से उभारने की आवश्यकता थी। धर्म आज सृजन का सहोदर नहीं है। फासीवाद के लिए उर्वर भूमि बनाये रखने वाली शक्तियों की आलोचना जरूरी थी। भारतीय समाज की प्रकृति से धर्म जिस तरह जुड़ा है, उसे देखते हुए यहाँ नवगीत की भूमिका पर प्रश्नचिह्न खड़ा होता धर्म और सत्ता के गठजोड़ पर भी नवगीतकार का ध्यान नहीं है। 'फासीवाद' भारतीय रचनाकार के सामने बड़ी चुनौती है। इसका सामना करने की जगह नवगीत जिस तरह हल्के-फुल्के ढंग की टिप्पणियाँ करता है, उसका स्पष्ट अर्थ है कि वह जमीनी संकट से कतरा रहा है या उसे संकट की पहचान नहीं है। वह यदि किसी संकट की पहचान करता भी है तो उसकी जीवन-दृष्टि पर नियतिवाद प्रभावी रहता है। कौशिक रवीन्द्र उपाध्याय का 'बृद्ध बैगा' (बूढ़ा आदिवासी) शीर्षक गीत यहाँ उद्धरणीय है—

रोटियाँ उसको मिलेंगी / फावड़ा जो गह सके
जी सकेगा वही जंगल / जो इसे नित सह सके

फावड़ा उठाने से रोटियाँ मिलेगी, यह ठीक है किन्तु फावड़ा सहने से जीवन बचेगा, यह तो उलटबाँसी हुई। यह सही है कि जंगल जल रहे है, जंगल पर फावड़े चल रहे है, किन्तु इससे जीवन नहीं मिल रहा है। कौशिक नियति का सन्देश देना चाहते हैं, जबकि इशाक 'अश्क' पेड़ बनना चाहते हैं ताकि वे जंगल का दर्द समझ सकें:

काश / हम भी पेड़ होते
जानते / तब- / दर्द कटने का

आग / आरी-से / लिपटने का,
पीठ पर / फल-फूल ढोते।[50]

गुलाब सिंह को पता है कि इस व्यवस्था में क्या होना है–

मलयागिरि / चन्दन के किस्से
विष हरना था / अपने हिस्से
पूजा से अन्तिम पड़ाव तक
घिसे गये / या गये जलाये [51]

नवगीतकार पर स्वातन्त्र्योत्तर काव्य प्रवाह की अनुगूँजें प्रभावी हैं। उनके रचनाकार के संस्कार इसी प्रवाह के साथ विकसित हुए हैं। इस विकास में विसंगतियों वाले स्वर ज्यादा सघन हैं और वही रचनाकार की भाषा में समाये हुए हैं। इस स्वर में मधुकर अष्ठाना का 'आब्जर्वेशन' बहुत चकित करता है। किसी भी कवि के लिए 'आब्जर्वेशन' बहुत महत्त्वपूर्ण है। कबीर लिखते हैं–*चींटी के पग नूपुर बाजे, सोऊ साईं सुनता है।* चींटी के पग की पैंजनी कितनी छोटी होगी और उसे भी कबीर देखते हैं, तो यह देखना चकित करता है। चींटी को लेकर कबीर कितनी बार रचना में उतरते हैं, यह कहना कठिन है, पर उनके यहाँ चींटी बहुत महत्त्वपूर्ण है और ऐसा तभी सम्भव हुआ है जब चींटी से उनका रिश्ता गहन संवेदनशील है। आब्जर्वेशन और संवेदना के मामले में कबीर की कविता का पाठ सबसे निराला है। इसी कबीर को अष्ठाना अपनी एक रचना सम्बोधित करते हैं–

सुनो कबीर / उतर आया है
कुरुक्षेत्र फिर गाँव-नगर में

X X X

जोर शोर से फैल रही हैं
आशंकाए डगर-डगर में।[52]

इस प्रकार वे कबीर को पुकारते हैं, क्योंकि अष्ठाना के लिए कबीर कुरुक्षेत्र के प्रतिपक्ष हैं। नवगीत में महाविनाश का स्वर आद्योपान्त मुखर है। कुरुक्षेत्र महाविनाश का पर्याय है। यह आब्जर्वेशन महत्त्वपूर्ण है कि युद्ध में शत्रु-मित्र का भेद मिट जाता है। संवेदना और मूल्य की जगह अस्त्र-शस्त्र ले लेते हैं। वर्तमान को नायक बनाकर नवगीतकारों ने संकट की पहचान करायी है। यही प्रवृत्ति यहाँ भी देखने लायक है। विशेष बात यह है कि यहाँ कुछ भी उस महाभारत जैसा नहीं है जिसे व्यास ने देखा था। अब इस नये महाभारत में द्रौपदी दुर्योधन की अंकशायिनी है और वह भी स्वेच्छा से। कुन्ती युद्ध के लिए आतुर है और गाँधारी आँख खोलकर रणचण्डी बनी है।

असम्भव-सम्भव हो रहा है। मधुकर अष्ठाना अपने वर्तमान को महाभारत के रूपक में बाँधते हैं और मूल्यहीनता को उजागर करते हैं। 'संशय' इस रचना के केन्द्र में है। पूरी रचना में प्रतिपक्ष की व्याख्या है, केवल सम्बोधन में रचनाकार का पक्ष है। इस प्रकार कबीर रचनाकार का पक्ष है। अच्छी रचना में पक्ष और प्रतिपक्ष दोनों का विकास दिखाई पड़ता है। 'सुनो कबीर' के साथ अष्ठाना मूल्यों का एक ढाँचा भी खड़ा करते हैं। आधुनिकतावादी भी कबीर एवं निराला को जनवादियों की भाँति स्मरण करते रहे हैं, यद्यपि दोनों के लिए वे अलग-अलग कारणों से महत्त्वपूर्ण हैं। नवगीतकार के लिए कबीर सृजन का बीज हैं। पक्ष और प्रतिपक्ष का अर्थ आदिकवि के लिए भी महत्त्वपूर्ण है—

यः स्वपक्षं परित्यज्य परपक्षं निषेवते
स स्वपक्षे क्षयं जाते पश्चात् तैरैव हन्यते।

अतः अष्ठाना का नवगीतकार सजग है; रचना की आन्तरिक बुनावट को लेकर और सम्प्रेषणीयता को लेकर। वह अनेक मिथकीय आख़्यानों के साथ अपने भाव-संसार को गुँजाता है और वर्तमान की व्याख्या करता है—

हुई अतीत लक्ष्मण-रेखा / चुभी संस्कृति नंगी
शिकारियों के रूप / निराले / जिनकी चाल दुरंगी।[53]

ये पंक्तियाँ संस्कृति के पतन की सूचना देती हैं। इस सूचना का सन्दर्भ गाँव से होकर समूचे भारत तक फैला है। गीतकार की चिन्ता में आतंकवाद सांस्कृतिक पतन के रूप में समा गया है। 'गौतम की बखरी में गोली की बरसात' करने वाले आतंकी बबूल के काँटे हैं। फिदायीन के इन बबूल वनों के कारण संस्कृति का सौरभ समाप्त हो गया है। यह सब रचनाकार के लिए 'तनाव' का कारण है। आतंकवाद की समस्या को रचना में उठाते हुए गीतकार जो कुछ देखता है वह ज्यादा बारीक और महत्त्वपूर्ण है। वह देखता है कि बूढ़े शेर बतीसी लगवाकर जंगल में छा गये हैं और भेड़-बकरों की बलि देकर नीम की छाँव गायब हो गयी है। महाकवि व्यास जब संस्कृति पतन का वर्णन करते-करते पृथ्वी को रसातल में डूबी बताते हैं तो साथ-साथ उसके उद्धार की भी चिन्ता करते हैं और महावाराह के अवतरण का आख्यान गढ़ते हैं; किन्तु नवगीतकार तनाव झेलने के लिए अभिशप्त हैं और उनके पास मुक्ति का कोई मार्ग नहीं है। लक्ष्मण-रेखा का मिथकीय मुहावरा रावणी-आतंक का आख्यान दुहरा तो देता है, मगर इसमें जो मर्यादा की दुहाई दी गयी है वह समस्या का हल नहीं है, महज मध्यवर्गीय ताबीज है जिसका कोई असर नहीं है।

समय के अनगिन चेहरे इन नवगीत संग्रहों में मिलते हैं। लोग दलदल में गर्दन तक धंसे हुए हैं, हाथ सुन्न हो गये हैं, पाँव पत्थर से लग रहे हैं। सुबह शूली पर टंगी

है और शाम चिता पर चढ़ गयी है। दोपहर थाली में ढली है, आँखें बुझी-बुझी हैं। खड़े-खड़े निरुपाय हम आकाश निहार रहे हैं। गाँव में कुछ नहीं बचा है। शहर का जहर गाँव को लील गया है। कोई दुःखड़ा सुनने वाला नहीं है किसे दोष दें, वक्त ही जब ऐसा है। नवगीतकार अमूर्त वक्त को माध्यम बनाकर व्यवस्था और मनुष्य के इन सम्बन्धों की पड़ताल करते हैं। ये वस्तुतः रचनाकार के आब्जर्वेशंस हैं जिन्हें वह कलात्मक बनाने की चेष्टा करता है। यह चेष्टा कहीं सफल होती है, कहीं सीधी अभिव्यक्ति का सौन्दर्य हासिल करती है। आखिर इस परिवर्तन के पीछे जो कारण हैं, उन्हें भी नवगीतकार को सामने लाना चाहिए। गाँव को बदल रहे हैं और यह बदलाव धनात्मक है या विध्वंसात्मक? नवगीत में विध्वंस के चित्र बहुलता में मिलते हैं, पर यह नहीं बताया गया है कि विध्वंसक कौन है? आतंकवाद के पीछे कौन-कौन से हाथ हैं? रचना चाहे गीत हो, कविता हो, कहानी हो उसका एक काम जनशिक्षण भी है। जितनी इसकी सार्थकता जनता के भावों को स्वर देने के कारण है, उससे कम सार्थक वह जनशिक्षण के जरिये नहीं होती। जनता में उस व्यवस्था को बदलने की इच्छा पैदा करना भी रचना का ही काम है; ऐसी व्यवस्था को जो जनविरोधी है और जिसमें निराशा, हताशा के सिवाय जनता के हिस्से कुछ नहीं आता। नवगीतकार का मन परिवर्तनकामी तो है, किन्तु यह मन उसके गीतों में मौजूद नहीं रहता। समय की यथातथ्यता उस पर भारी पड़ती है।

8

वस्तुतः जनवादी गीत के रूप में प्रगतिवादी गीत-धारा का नवोन्मेष सामने आया। यह वही प्रगतिवादी गीतधारा थी जो छायावादोत्तर काल की व्यक्तिवादी गीतधारा के विरोध में जन्मी थी। पीछे जाकर देखें तो भक्तिकाल में तुलसी के गीत एक परम्परा का तो सूर और मीरा के गीत दूसरी परम्परा का निर्माण करते हैं। एक परम्परा के केन्द्र में आदर्श तो दूसरी में स्वच्छन्द-प्रेम और सामन्ती अंकुश से मुक्ति के लिए विद्रोह है। इस प्रकार प्रत्येक समय में एक कथित आदर्शीकृत व्यवस्था और जनतान्त्रिक व्यवस्थाकामियों के बीच द्वन्द्व चलता रहता है। यह द्वन्द्व प्रतिगामी और प्रगतिशील या जनविरोधी और जनवादी शक्तियों के बीच ध्रुवीकृत है। जनवादी गीत विभिन्न क्षेत्रों में चल रहे इसी द्वन्द्व के लिए जनता के काम आने की गरज से रचे जाते हैं। जाहिर है कि इन गीतों में संगीत, लोकधुन, लोकमुहावरे और जनता के बीच प्रचलित शब्दावलियों का प्रयोग किया जाता है, ताकि गीत-रचना लोकप्रिय और संवेदनात्मक हो।

जनवादी गीत-रचना का उद्देश्य जन-शिक्षण भी है, ताकि जनता जनसंघर्षों के प्रति सक्रिय और बुर्जुआ प्रचार के प्रति उदासीन हो सके। ऐसे में गीत-रचना के लिए विचारधारात्मक, सौन्दर्यात्मक और संज्ञानात्मक होना अनिवार्य होता है। गीतकार के

सामने एक चुनौती तो रचना को जनसामान्य तक पहुँचाने की होती है और जिसके लिए वह गीत का स्तर ऐसा निर्धारित करता है कि जनता उसे समझ सके और दूसरी चुनौती के रूप में वह जनशिक्षण को स्वीकार करता है, ताकि रचना उद्देश्यपरक और कारगर हो। इस प्रकार वह गीत को संघर्षशील, मेहनतकश जनता की मुक्ति-कामना का शंखनाद मानता है। इस क्रम में वह गीत को 'नारा' में बदल देने तक को अपनी रचना-प्रक्रिया में शुमार करता है या नारों से ही गीत रच डालता है। निश्चित रूप से नारा-गीतों ने जनसंघर्षों के दौरान जनता की हौसला-आफजाई की है और उसके मनोबल को प्रोत्साहित किया है।

ऐसा नहीं है कि नवगीतों में जनसंघर्षों के चित्र नहीं किन्तु, हमने देखा है कि ये चित्र मध्यवर्गीय सहानुभूति के चित्र हैं। नवगीत जनविरोधी व्यवस्था की आलोचना जरूर करता है, लेकिन मुक्ति के उपाय या विकल्प की बात छोड़ देता है। वैचारिक अन्तर्वस्तु की भिन्नता के अनुरूप जनवादी गीत का शिल्प, रूप, तेवर और भंगिमाएँ भी अलग हैं। भाषिक संरचना भी नये रूप में सामने आती है। नवगीत के क्रियापदों एवं विशेषणों से जनवादी गीत के क्रियापद और विशेषण अलग तरह के हैं। इनमें सकर्मकता और ओज को लक्षित किया गया है। बिम्ब-प्रतीक जनजीवन के बीच से गृहीत हैं और उनमें मूर्तत्व प्रधान है।

जनवादी गीतकार कल्पना को यथार्थ के उद्घाटन में सहायक मानता है। वह कल्पना के सहारे गीत को तराशता है और सौन्दर्य को वस्तुतत्त्वों से भरता है। जीवन में गहराई तक धँसकर यह रचनाकार गीत को सामाजिक वस्तु के रूप में प्रस्तुत करता है। गीत इसके लिए निजी या सह अनुभूति का विषय भर नहीं है, अपितु वर्गानुभूति की प्ररोचना है। इसका अर्थ यह है कि जनता में प्रचलित लोकगीतों को वर्गीय आधार पर कस कर और उनमें निहित सामन्ती संस्कारों और प्रतिक्रियावाद के तत्त्वों को निकालकर उनका नया संस्करण किया जाना चाहिए। इन गीतों की संवेदनात्मकता, अनुगूँज और संवाद-योजना को गीत-रचना के तत्त्वों में शामिल करना जनवादी गीतकार की कोशिश का अनिवार्य हिस्सा रहा है, ताकि रचना लोकप्रियता का गुण अर्जित कर सके।

जनवादी गीत एक ओर गेयता का गुण प्राप्त करना चाहते हैं तो दूसरी ओर काव्यत्व की ऊँचाइयाँ छूना चाहते हैं। ये गीत भी अन्ततः कविता ही हैं। गीत और कविता का सन्तुलन लोकसिद्ध रचना की अनिवार्यता है। जनवादी गीतकार इस अनिवार्यता को स्वीकारता है। 'सुलगते पसीने' संग्रह की भूमिका में नचिकेता लिखते हैं—"जनवादी गीतकारों को इस बात का ध्यान सदैव रहता है कि इन गीतों को जनता के बीच जाना है, उन्हीं के बीच जीवित और प्रचारित होना है।'' जाहिर है कि जनवादी गीत जनता के बीच स्थान पाने के उद्देश्य से रचे गये गीत हैं और उनकी समस्या यह है

कि कैसे जनता की रुचि और संस्कार को बदलें ताकि वह बुर्जुआ सम्मोहन से विलग हो मुक्तिकामी संघर्ष को लक्ष्य तक पहुँचाये।

नवगीतकार का समाज वर्गीय दृष्टि से विभक्त समाज नहीं है जबकि जनवादी गीतकार समाज को वर्गों में बँटा पाता है, उसकी रचनाओं में वर्ग-चेतना का प्राधान्य है। वह सर्वहारा वर्ग का पक्षधर है और उसकी रचनाएँ सर्वहारा जीवन के विविध चित्रों से भरपूर हैं। वह नवगीतकार की भाँति तटस्थ न होकर पक्षधर है। यह पक्षधर रचनाकार सर्वप्रथम शोषक-वर्ग की पहचान कराने के साथ रचना में उतरा है—"किन हाथों ने मजलूमों की / बस्ती बसी उजाड़ी है /... / करके इन्हें उघार, आँख अपनी खोलो।[54]

नवगीत और जनवादी गीत के अन्तर्य को रमेश रंजक अपनी गीत पंक्तियों में यों व्यक्त करते हैं— *"आँगनधर्मी गीत / सड़क पर खड़े हो गये हैं"* और तभी वे इतिहास को दुबारा लिखने के लिए जनता को ललकारते हैं—

इतिहास दुबारा लिखो सिद्ध-सामन्तों का
इतिहास दुबारा लिखो दलित मानवता का।[55]

नवगीत आँगनधर्मी है तो जनवादी गीत सड़क का गीत है और यह सिद्ध-सामन्तों के इतिहास को बदलने पर उतारू है। इस गीत में सामाजिक यथार्थ की अनेक परतें उभरती हैं। व्यवस्था के अमानवीय पक्षों की पहचान के साथ गोरख पाण्डेय के 'मेहनत के बारहमासा' शीर्षक गीत को यहाँ स्मरण करना जरूरी है जिसमें वे तन और मन के स्तर पर यातना झेल रहे श्रमिक वर्ग का पक्ष उद्घाटित करते हैं—

धूरि-माटि के बा जिनगी हमार सजना / मेघ ओनवे असाढ़ कजरार सजना
हर-बैल लेके चलल जवार सजना / धान रोपे गइली धनियाँ तोहार सजना
लेकिन घर में अकाल के पसार सजना / सावन खेत-खेत कजरी मल्हार सजना
हम एक जूनि कइली अहार सजना।

'जागते रहो सोने वालों' के इस नागात्मक गीत का वैशिष्ट्य उसकी अनगढ़ तरलता है जो विषय-वस्तु की सच्चाई से मिलकर जनवादी रचना का उत्कृष्ट नमूना लगती है। इसी तरह शान्ति सुमन की ये पंक्तियाँ स्याह व्यवस्था के चित्र सामने लाती हैं—

अपना तो सब कुछ है गिरवी—
बच्चों के दूध, नींद सुबहें[56]

रमेश रंजक तो साफ कहते हैं कि श्रमिक को इस व्यवस्था में बैल समझा जाता है। ये इसका निषेध यों करते हैं—

बैल नहीं है, हमको सानी नहिं चइए
नहिं चहये सरकार सयानी नहिं चइए[57]

इस प्रकार मेहनतकश जनता की जीवन स्थितियों, जीवन-संघर्षों और जनान्दोलनों को विषय बनाकर जनवादी गीतों की रचना की गयी है। यह सच है कि जनवादी गीतकार मध्यवर्गीय है और व्यक्तित्वान्तरण के लिए अभी वह आत्मसंघर्ष की स्थिति में है अर्थात् संवेदनात्मक सघनता इसमें वैचारिक संलग्नता की अपेक्षा न्यून है और इसी कारण उसके गीतों में अन्तर्विरोध भी मौजूद हैं; किन्तु यह तय है कि गुणात्मक रूप में ये गीत नवगीत से भिन्न हैं और इनका अपना सौन्दर्यशास्त्र है।

गीत के साथ 'आत्माभिव्यक्ति' का मिथक जुड़ा हुआ है। जनवादी गीत में यह मिथक टूटा है। यहाँ 'वर्गानुभूति' को इसका स्थान मिल गया है। 'सोये पलाश दहकेंगे' की भूमिका में नचिकेता ने लिखा है–"गीत में व्यक्त 'मैं' 'हम' का प्रतिनिधित्व करता है और इसकी आत्मानुभूति 'वर्गानुभूति' में स्थानान्तरित हो गयी है। इसकी रागात्मकता की तह में शोषणमुक्त समाज-व्यवस्था में रहने वाले मनुष्यों के सामाजिक और उत्पादन सम्बन्धों की रागात्मक आकांक्षा अवस्थित है। अब इसमें 'मैं' के साथ 'तुम' और 'हम' को भी रहने की आजादी है।"[58]

जनवादी गीतकार की राजनीतिक सचेतनता का बहुत बड़ा कारण उसकी विश्वदृष्टि है। वह मानता है कि साहित्य राजनीति का एक हिस्सा है। यहाँ 'राजनीति' शब्द को व्यापक अर्थ में लेना होगा। प्रतिबद्धता को लोग केवल बुद्धि से संचालित मानते हैं किन्तु हृदय की स्वीकृति के बिना क्या विचार-क्रम का स्वरूप निर्मित किया जा सकता है? डॉ. शिवकुमार मिश्र ने इसे यों कहा है–"प्रतिबद्धता व्यक्ति-स्वातन्त्र्य अथवा व्यक्तित्व का ह्रास नहीं विचारों के नये आलोक में, उसके बोध को प्रखर बनाने वाली स्थिति है–परन्तु तभी जब उसके सन्दर्भ युग सापेक्ष हों, प्रगतिशील हों।...उस मनुष्य के प्रति प्रतिबद्ध होइए जो विघटन तथा ह्रास के बवण्डर में भी 'कुतुब सरीखा' खड़ा है; उस मनुष्यता के साथ जुड़िए जो क्षत-विक्षत की जाती हुई भी नया इतिहास रचने को संकल्पबद्ध है।"[59] इसी प्रतिवद्धता के कारण आपात्काल से लेकर पंजाब में आतंकवाद या नक्सली आन्दोलन को जनवादी रचनाकार उसी तरह नहीं देखता जैसा कि नवगीतकार देखता है। दोनों की राजनीतिक चेतना एक ही घटना को अलग-अलग रूप में सामने लाती हैं। इसीलिए नक्सलपन्थी नेता किश्ता-भूमैया इनके लिए महत्त्वपूर्ण होते हैं–*"अपने दिलों से सदा उनके ही गीत/चाहते बदलना जो दुनिया की रीत/सीने में हमारे जिन्दा किश्ता-भूमैया।"* ब्रजमोहन की ये पंक्तियाँ हड़ताल, मजदूरों की समस्याएँ, पंचवर्षीय योजनाओं की आलोचना, आम चुनाव के ज़रिये सत्ता हथियाने की साजिश के क्रम में वैकल्पिक व्यवस्था का रास्ता भी सुझाती हैं और क्रान्तिकारी संघर्ष में विश्वास पैदा करती हैं। प्रतिकार की भावना वाले गीतों की सर्जना कर इन गीतकारों ने शत्रुवर्ग के प्रति शोषितवर्ग के मन में आग पैदा करने की चेष्टा की है। यह भी राजनीतिक व्यूहन का एक जरूरी अंग है। देवेन्द्र लिखते हैं–

माँगेंगे हम हिसाब खून का, पसीने का/हर ढर्रा जीने का, बारहो महीने का।

जनवादी गीतकारों का एक विषय वर्गविहीन समाज का स्वप्न है। इस स्वप्न के कारण वह भविष्य के प्रति बहुत आशावादी है। इसीलिए भविष्य में उसकी गहरी आस्था है। भविष्य सर्वहारा का है—यह विश्वास इस आस्था का मूल है। वह अपने भविष्य की कल्पना किस तरह करता है, इसका एक उदाहरण नचिकेता की पंक्तियों से लीजिए:

वह दिन कितना अच्छा होगा
खेतों की मेड़ों से उठती / जब बिरहा की तानें होंगी
झूमर की लय पर कजरी की / लहराती मुस्कानें होंगी

ऐसे में जनवादी गीतकार पर एक नए तरह की कल्पनाशीलता प्रभावी हो जाती है और वह भविष्य के वर्णन में खो जाता है। 'कुछ धीरज' से ही भविष्य को पाने की उम्मीद बँधाते रमेश रंजक लिखते हैं—

कुछ धीरज धर / मर जायेगा पीला चिंतन
थम जायेगा खण्डित प्रतिमाओं का पूजन।[60]

पूँजीवादी व्यवस्था का विनाश 'कुछ धीरज' से ही नहीं होगा। इसके लिए लम्बे धैर्य की जरूरत है, लेकिन आस्थावादी गीतकार समाजवादी व्यवस्था को बहुत पास देख रहा है। गोरख पाण्डेय भी इसी तरह का स्वप्न देखते हैं—*"अखियाँ के नीरवा भइल खेत सोनवाँ / त खेत भइलें आपन हो सखिया।"*

जनवादी की प्रवृत्तियाँ इन्हीं बिन्दुओं पर केन्द्रित हैं। प्रकृति और प्रेम के गीत अपेक्षाकृत कम लिखे गये हैं। इनकी रचना के लिए इस गीतकार के पास अवकाश नहीं है। हालाँकि प्रकृति और व्यवस्था के बीच का अन्तर मिटा दिया गया है—

"पास नहीं है बैल- बदरा पानी दे! / जालिम है टूवैल बदरा पानी दे।"[61]

जनवादी गीत अपने कथ्य और संवेदना के अनुरूप भाषा के स्तर पर लोकभ. ाषा के निकट है। वह बोलचाल की भाषा में रचा गया है। इस गीत की शब्दावली में राजनीतिक शब्द बहुत आये हैं जिनमें लोकतन्त्र, मानवता, शोषण, झण्डा, श्रमवीर, इंकलाब, मजूर, कुदाली, हथौड़ा, आजादी, उत्पादन, औजार, संसद, संविधान, सत्ता, व्यवस्था प्रमुख हैं। विशेषण प्रयोग देखें—लाल लोहा, मुक्ति युद्ध, लोहित परचम, लाल मशाल, अग्निखोर पेड़, लाल सुआ, मुक्तिकामी खून, खूनी इतिहास, टहटह लहठी, कातिल दुनिया आदि। व्यवस्था के चरित्र को नकारात्मक और जनता के संकल्प बल को सकारात्मक विशेषण दिये गये हैं। अधिकांश गीत अभिधात्मक और सरल शैली में हैं। ये ओज प्रधान हैं और इनमें गेयता है। यहाँ नारे भी हैं और उद्बोधन भी—

धरती गाये, अम्बर गाये, गाये एक समान
जागो जागो रे मजूर, जागो जागो रे किसान।

भाषा में मुहावरों का प्रयोग खूब हुआ है। लोकगीतों के अनुरूप ढले छन्द इस गीत-धारा की उपलब्धि हैं। बिम्ब और प्रतीक जनजीवन से उठाये गये हैं। लय न बिखरे, इसका ध्यान रखा गया है। इसी तरह टेक, तुक, सममात्रिक चरण आदि का निर्वाह हुआ है। समस्त भाषिक एकक इस प्रकार पिरोये गये हैं, जिससे सर्वहारा समाज के चित्र प्रस्तुत हो सकें। ऐसे में शब्दों की भूमिका अहम् हो गयी है। कुल मिलाकर वस्तु और रूप की द्वन्द्वात्मक एकता के सिद्धान्त का पालन हुआ है। अतः गीत का नया जनवादी ढाँचा सामने आया है। इसका उदाहरण, देखिए—

''होठन की सब हँसी सुहानी / लै गये आदमखोर।'' (रमेश रंजक)।

अथवाः

"थमो सुरुज महराज / नयन काजर भर लें।''[62] (शान्ति सुमन)

जनवादी गीतकारों ने भक्तिकालीन गीतों की सांस्कृतिक परम्परा में अपनी रचनाओं का विकास किया है। वे लय और प्रवाह ही नहीं, भाषिक एकक भी वहाँ से लेते हैं और अपने समकालीन बोध को समृद्ध करते हैं। रमेश रंजक का यह गीत इस कथन की पुष्टि में प्रस्तुत है— *''दरद बिना बानी, बेमानी! / दरद निचोरे परबत पाथर / दरद भरे सागर में पानी! / गतिमय होत दरद के आखर / चाकर होत सबद अभिमानी! / भाखा, भूखन, जनहित धर्मा / काल खाय नहिं होय पुरानी!''*[63]

इसी प्रकार लोलार्क द्विवेदी एक पहाड़ी नदी की क्षीण होती धार से भारतीय गाँवों की श्रमशीलता और उनके संघर्ष की गाथा को कबीर के मुहावरे में व्यक्त करते हैं— *''चन्द्रप्रभा की धार गाँव है / करम हथौड़ा पीठ निहाई / सौ चोटनि की एक इकाई / मरी खाल से सार गलाये / ऐसा गजब लुहार गाँव है।''*

शिल्प की दृष्टि से 'बाइस्कोप' का गीत लिखकर नचिकेता ने जनवादी गीतधारा को और सम्भावनाशील बनाया है। नागार्जुन की 'चना जोर गरम' और 'हरगंगे' के बाद एक लम्बी गीत-रचना का यहाँ सफल प्रयास दिखाई पड़ता है। यह एक राजनीतिक गीत है—शुद्ध राजनीतिक गीत जिसके बारे में कुमारेन्द्र पारसनाथ सिंह लिखते हैं— "मुक्ति-संघर्ष जैसे जटिल विषय की जटिल अनुभूति को प्रक्षेपित करने के लिए 'बाइस्कोप' जैसी इतनी आम वस्तु को चुनना अपने आप में एक बहुत जोखिम भरे और असाधारण रचनात्मक इरादे का सबूत है।" रमेश रंजक लोक गीतों और लोकधुनों के विशिष्ट प्रयोक्ता हैं। इन्होंने रसिया, होरी, बिरहा, मल्हार की धुनों को नवीन सन्दर्भ में साधा है। उत्सव, तीज-त्योहार और ऐसे ही अवसरों पर गाये जाने वाले गीतों की शक्ल में लोकपीड़ा को ढालना रंजक का रचना-कौशल है जिसका निर्वाह उनके बाद

की पीढ़ी ने भी किया है। जनवादी गीतधारा के रचनाकारों में रमेश रंजक, नचिकेता, शान्ति सुमन, गोरख पाण्डेय, शलभ श्रीराम सिंह, महेश्वर, कान्तिमोहन, हरीश भदानी, देवेन्द्र कुमार आर्य, महेन्द्र नेह, रामकुमार कृषक, अश्वघोष, विजेन्द्र अनिल, वसिष्ठ अनूप, इत्यादि प्रमुख हैं। नचिकेता ने पद-शैली में भी गीत रचना की है। इस शैली की उत्कृष्ट रचनाएँ अष्टभुजा शुक्ल की आयी हैं जिन्हें काफी सराहा गया है। इन रचनाओं ने इस गीत-धारा पर लगे कलाहीनता और सरलीकरण के आरोप को खारिज किया है।

9

इस उत्तर आधुनिक समय में नवगीत ही नहीं, किसी भी आधुनिकतावादी स्वर को कितनी दूर तक सुना जा सकता है, यह विचारणीय है। यह समय महावृत्तान्तों पर सन्देह करने का है। ल्योतार कहते हैं, "मैं उत्तर आधुनिकता को महावृत्तान्तों के प्रति सन्देह के रूप में देखता हूँ।" महावृत्तान्तों से उनका आशय उन वृत्तान्तों से है जो अपने स्वभाव में सकलतावादी हैं। जैसे आधुनिकतावाद व्यक्ति को सकलता में देखता है। ऐसे ही दूसरे महावृत्तान्त मार्क्सवाद, मनोविश्लेषणवाद, वैश्विक एकीकरण आदि हैं। सार्वभौम सत्य की कल्पना, विराट के प्रति आस्था, भाषा की पारदर्शिता, व्यक्तित्व की खोज या व्यक्ति की स्वायत्तता, मानवमुक्ति, सर्वोदय जैसी अवधारणाएँ भी महावृत्तान्त हैं। इस प्रकार आधुनिक-बोध यानी वे तमाम अर्जित मूल्य जो हमने अपनी परम्परा से पाया है, उत्तर आधुनिकता के कटघरे में हैं। इसमें सत्य, ईसाइयत, हिन्दुत्व सभी निशाने पर हैं। इस प्रकार नवगीत के सभी आग्रहों पर प्रश्नचिह्न लग चुका है। नवगीत ही नहीं, जिस विश्व दृष्टिकोण के परिप्रेक्ष्य में मैंने उसकी विकास-यात्रा का विवेचन किया है, उसे स्वीकार कर लिखी गयी रचनाएँ भी कटघरे में हैं। उत्तर आधुनिकों का कहना है कि ये सकलतावादी प्रयास उन सभी को हाशिये पर डालने वाले औजार हैं जो एक काल्पनिक सम्पूर्णता में स्वयं को विलीन नहीं करते। इनका मानना है कि ज्ञान बिक्री का एक उत्पाद है। अतः उत्तर आधुनिकता सकलतावादी विश्व-व्यवस्था को तोड़ती है। वह उन एकलक्ष्यीय प्रयत्नों को उभारती है जो इस विश्व व्यवस्था में हाशिये पर रखे गये हैं। स्त्री, दलित और पर्यावरण से जुड़े आन्दोलन और इनके विमर्श इसके उदाहरण हैं। नर्मदा बचाओ, चन्द्रप्रभा बचाओ, पहाड़ बचाओ अभियान जैसे एकलक्ष्यीय कार्यक्रम इसके द्वारा जनित हैं। सकलता वैविध्य का समापन करती है, चाहे वह मार्क्सवाद की शोषणमुक्त व्यवस्था हो या लोकतन्त्र। अतः दोनों पर प्रश्न चिह्न खड़ा है? नवगीत की लोकतन्त्री आलोचना भी इसीलिए कटघरे में है।

जो भी हो भविष्य के गर्भ में छिपी सम्भावनाएँ गीत के लिए अधिकाधिक 'स्पेस' बनाये रखेगी। मनुष्य बचा रहेगा, तो वह मुक्तकण्ठ से गायेगा ही। कारण कि ध्वनि एवं स्वरों के संगतराश में प्रवाहशील चेतना मनुष्यता को उत्तरजीवी बनाती है और इस धरित्री के प्रति उत्तरदायी भी। आधुनिकतावादी गीतों का आज कोई भविष्य नहीं है,

वह समकालीनता के दौर से ही जैसे अप्रासंगिक हो चुका है। उसकी ऐतिहासिक भूमिका नयी कविता, अकविता वाले दौर के साथ है। उसी दौर की रचनाशीलता से नवगीत की गरिमा है वैसे उत्तर आधुनिकता ने नवगीत, जनवादी गीत, जनगीत आदि विभाजनों को मिटा दिया है। अब केवल गीत बचा है। कल तक विचारधाराओं को केन्द्र में रखकर लड़ने वाले गीतकार सिर्फ इस बात से खुश हैं कि गीत लिखे जा रहे हैं। उत्तर आधुनिक समय में जबकि साहित्यकार छोटे-छोटे आन्दोलनों को देखने से बच रहा है, गीत के बचे रहने की चिन्ता प्रभावी हो गयी है। समय निरन्तर घने होते 'अँधेरे' के कलात्मक चित्रण और जन-संघर्षों की रोशनी में इसे चीरने वाले गीतों का अपने ढंग से इतिहास लिखेगा; ऐसा विश्वास है।

सन्दर्भः

1. कुबेरनाथ राय; *'किरात नदी में चन्द्र मधु'*; पृ. 33
2. *खड़ी फसल के पात-पात पर / अपने को लिख जाऊँ*
   लहर-लहर पर गिर-गिर नाचूँ / दिशा-दिशा उड़ जाऊँ
   मैं तटवासी, तृष्णा मेरी प्यासी फिर-फिर आये। (रामदरश मिश्र)
3. वीरेन्द्र मिश्र : *लेखनी बेला* (1957)
4. *रात पिया, पिछवारे पहरू ठनका किया!*
   कम्प-कम्प कर जला दिया/बुझ-बुझ कर यह जिया
   मेरा अंग-अंग जैसे/पछुए ने छू दिया
   बड़ी रात गर कहीं पण्डुक पिहका किया! (केदार नाथ सिंह)
5. *नये साल की शुभकामनाएँ*
   गीतों की मेड़ों पर धूल भरे पाँव को
   कुहरे में लिपटे उस छोटे से गाँव को
   नये साल की शुभकामनाएँ
   जाँते के गीतों को, बैलों की चाल को
   करघे को, कोल्हू को, मछुए की जाल को
   नये साल की शुभकामनाएँ
6. *वासन्ती*, दिसम्बर 1962, पृ. 3-4
7. *गीत-रचना की नयी जमीन*, पृ. 67
8. *आँचल से छू तुलसी की थाली / दीदी ने घर की ढिबरी बाली / जमुहाई ले-लेकर उजियाली जा बैठी ताखों में / घर भर के बच्चों की आँखों में / धीरे-धीरे उतरी शाम!* (धर्मवीर भारती)
9. *बादल हर द्वार घिरा है*
   सहमा है आँगना,
   नागिन हर एक निशा है / देहली ना लाँघना द्य
   X X X
   कच्ची दीवारों के बीच / पानी है भर रहा

मन की मीनारों के बीच / अँधियारा झर रहा
लोरी का नेह झूलना / हिलता है जागना (वीरेन्द्र मिश्र)

10. *कहाँ गये बंशी के राग और रागिनी / पशुओं के झुण्ड और चरवाहे*
दूर तक अजाना-सा यन्त्रों का शोर / पहियों की रफ्तारें / भीड़ भरे चौराहे
अनायास खलता है / आँखों में चुभता है अनचीन्हें जंगल का
विस्तृत फैलाव / चलो लौट चलें। (मोहन भारतीय)
11. *शिनाख्त* (सं. नचिकेता, अवधेश नारायण मिश्र)
12. *एक पेड़ चाँदनी / लगाया है आँगने / फूले तो आ जाना / एक फूल माँगने।*
13. *कितनी बड़ी बाजार मैना री / हम-तुम इस पिंजरे में / पहली बार / पहली बार / मैना री*
14. *मुखिया थे मुख से / सरपंच हुए पेट से / बातों की एवज / सम्बन्ध जुड़ें टेंट से / नहर गाँव भर की है / पानी परधान का।*
15. *राजनीति फिर लौट गयी है झोपड़ियों से राजमहल में / प्रजातन्त्र के पाँव धँस रहे, कुर्सी के अन्धे दलदल में।*
16. *आदमखोर मसीहा बनकर / पूजे जाते हैं / अपने आप मील के पत्थर / बनते जाते हैं। युग के ठेकेदार समूचा / देश डकार गये।*
17. *इस बस्ती में आये / कैसे मृगछौने /हत्यारे पंजे हैं, दाव हैं घिनौने।*
18. *लय*, अगस्त-अक्तूबर, 1967, पृ. 24
19. *फिर नदी के / गीत गाने की प्रथा / साम्प्रदायिक भीड़ ने / ली अन्यथा*
गीत गाना जुर्म / घोषित हो गया / फिर पड़ी बाधा / नदी की तान में!
20. *यह सर्दियों की भोर है / कैसे चढ़ेगी सीढ़ियाँ / सब कह रहे हैं यह सुबह*
दिल की बहुत कमजोर है / यह सर्दियों की भोर है। (कुँअर बेचैन)
21. *तय करें / कैसे भला अब / परिचयों का यह सफर / अजनबीपन / काँच-सा जब / राह में जाये बिखर / चुप्पियों की भी चुभन को / जिंदगी भर हम सहें।* (राजेन्द्र गौतम)
22. *पाहुन गाम की कहो / गुबरीले हाथों में / झाड़ू थामे सीता*
भीगते पसीने में, राम की कहो। (विद्यानन्दन राजीव)
23. *जब कभी भी डायरी के / पृष्ठ खोलोगे / तुम अजाने ही हमारा / नाम बोलोगे।* (अखिलेश कुमार सिंह)
24. *बसन्ती साँझ के / प्रतिबिम्ब / तालों में उगे होंगे / उतरती धूप का / हंसा / अकेला उड़ गया होगा।* (श्याम निर्मम)
25. *नवगीत दशक* 1, पृ. 7
26. *आदमकद खबरें* (दृष्टि), पृ. 5
27. *जनवादी गीत : स्वरूप और समस्याएँ* (1987), पृ. 9
28. *नयी कविता का आत्मसंघर्ष*, पृ. 10
29. *आर्यकल्प* (2000), अंक 1, सम्पादकीय, पृ. 4
30. *तपती रेत प्यासे शंख* (2002), पृ. 15
31. *सुनो तथागत* (2003), पृ. 12
32. *शिलालेख धूप-छाँह के* (2000), पृ. 48
33. *अँजुरी भर घाम* (1997), पृ. 139

34. *मुक्ति के शंख* (1998), पृ. 55
35. *हाथ से छूटे कबूतर* (2003), पृ. 13
36. *गीत जिये जाते हैं* (2000), पृ. 28
37. *एक सुबह की खातिर* (1998), पृ. 31
38. *सच की कोई शर्त नहीं* (2003), पृ. 40
39. *जंजीरों को तोड़ो* (2002), पृ. 41
40. *पहनी हैं चूँड़ियाँ नदी ने* (1998), पृ. 74
41. *गन्धमादन के अहेरी* (2003), पृ. 76
42. *आकाश तो जीने नहीं देता* (2002), पृ. 42
43. *बरगद जलते हैं* (1998), पृ. 40
44. *लो इतना तो गाया* (2003), पृ.53
45. *लिख सकूँ तो* (2003), पृ. 32
46. *खुरदई जो दिख रहे हैं* (2003), पृ. 62
47. *समय की जरूरत है यह* (2003), पृ. 59
48. *सुनो तथागत* (2003), पृ. 17
49. *बरगद जलते हैं* (1987), पृ. 13
50. *काश! हम भी पेड़ होते* (1977), पृ. 51
51. *बाँस, वन और बाँसुरी* (2004), पृ. 34
52. *मुट्ठी भर अस्थियाँ* (2008), पृ. 59
53. *मुट्ठी भर अस्थियाँ* (2008), पृ. 44
54. *सोये पलाश दहकेंगे* (1988), पृ.41
55. *इतिहास दुबारा लिखो* (1977), पृ.73
56. *मौसम हुआ कबीर* (1985), पृ. 64
57. *इतिहास दुबारा लिखो* (1977), पृ.25
58. *सोये पलाश दहकेंगे* (1988), पृ.16
59. *दर्शन, साहित्य और समाज,* पृ.105
60. *इतिहास दुबारा लिखो* (1977), पृ.80
61. *इतिहास दुबारा लिखो* (1977), पृ.10
62. *मौसम हुआ कबीर* (1985), पृ.17
63. *दरिया का पानी* (1984), पृ.83

35
दलित और दलित साहित्य

—माता प्रसाद

'दलित' शब्द का अर्थ है दबाया गया, गिराया गया, शोषित, अपमानित, उत्पीड़ित, उपेक्षित, वंचित आदि। इसमें जहाँ हिन्दू धार्मिक ग्रन्थों के अस्पृश्य, चण्डाल, अतिशूद्र आते हैं, वहीं उपेक्षित महिलाएँ, यथा—ईंट के भट्ठे पर काम करने वाली मजदूरिनें, अनुसूचित जनजातियाँ, देवदासियाँ, घुमन्तू जातियाँ, बन्धुआ मजदूर भी आते हैं। विश्व स्तर पर रंगभेद से पीड़ित लोग विशेषकर नीग्रो की भी गणना इसमें की जा सकती है।

दलित शब्द की परिभाषा अन्य विद्वानों ने भी की है। डॉ. भोलानाथ तिवारी दलित का अर्थ—कुचला हुआ, पस्तहिम्मत, हतोत्साहित, अछूत, जनजाति, डिप्रेस्ड कास्ट करते हैं।

हरदेव बाहरी की परिभाषा के अनुसार—कुचला हुआ, दबाया हुआ (जैसे दलित वर्ग), नष्ट किया हुआ (जैसे दलित जाति हैं)।

बृहद् हिन्दी कोश में अर्थ लिखते हुए कहा गया है—दलित-रौंदा हुआ, कुचला, दबाया गया, पदाकाँतवन, हिन्दुओं में शूद्र जिन्हें अन्य जातियों के समान अधिकार नंहीं प्राप्त है।

मराठी कोश में इसके स्वरूप की इस प्रकार पहचान की गयी है—

दल — नाश करने
दलित — नाशपावलेल
दीन — दलित समान शब्द है

सन् 1919 ई. में मांटेग्यु चेम्सफोर्ड रिपोर्ट में अखिल भारतीय स्तर पर दलित वर्ग, अनुसूचित जातियों, जनजातियों और शूद्र समाज एवं बहिष्कृत जातियों के लिए स्वीकृत हो गया था। इसी के आधार पर भारतीय सरकारी भाषा में भारतीय अधिनियम 1935 ई. के अन्तर्गत दलित वर्ग को समानार्थी शब्द में प्रयुक्त किया गया है। सम्प्रति अस्पृश्य जातियों के सन्दर्भ में प्रयोग किया जाता है।[1]

1 *उत्तर संस्कृति, दलित विमर्श और निराला,* लेखक—अवधेशनारायण मिश्र, सुनीता कुशवाह, पृ. 24-25

घनश्याम शाह दलित की परिभाषा करते हैं—दलित, मराठी, गुजराती, हिन्दी और अन्य भारतीय भाषाओं का एक प्रचलित शब्द है, जिसका अर्थ है गरीब और उत्पीड़ित लेकिन सामाजिक, साहित्यिक और राजनीतिक सन्दर्भों में एक भिन्न सांस्कृतिक अर्थ मिल जाता है। इस शब्द का प्रयोग सबसे पहले सत्तर के दशक में बाबा साहब के अनुयायियों ने किया था। इस शब्द में अन्तर्निहित था कि जिसे तोड़ दिया गया है और जिसे उसके सामाजिक दर्जे से ऊपर बैठे लोगों ने जान-बूझकर नियोजित रूप से कुचल डाला है। इस शब्द में छुआछूत, कर्म, सिद्धान्त और जातिगति श्रेणीक्रम निहित है।[1]

आचार्य किशोर कुणाल अपनी 'दलित देवो भवः' पुस्तक की भूमिका में दलित शब्द की व्याख्या निम्न प्रकार करते हैं

दलित कौन? आधुनिक भारतीय साहित्य के सन्दर्भ में—

1. दलित वह है जो दारुण दलन, दोहन एवं शोषण का शिकार रहा है तथा समाज में वंचित, उपेक्षित एवं प्रताड़ित रहा है।

2. शोक जिसका आहार, अश्रु जिसका उद्‌गार और अभिशाप जिसका उपहार रहा है, वह दलित है।

3. दुर्भाग्य जिसका पर्याय, दास्य जिसका व्यवसाय और दरिद्र जिसका अमिट अध्याय रहा है, वह दलित है।

4. बहिष्कार जिसका सत्कार, बेगार जिसका नित्य व्योहार और दुत्कार, फटकार एवं तिरस्कार जिसका पुरस्कार रहा है, वह दलित है।

5. अभाव जिसका भाग्य, अन्याय जिसका साक्ष्य, विलाप जिसका काव्य रहा है, वह दलित है।

6. अपमान जिसका प्रतिमान, पुरुषार्थ जिसका धनुष-बाण और अँगूठा जिसका अनूठा दान रहा है, वह दलित है।

7. बन्धन जिसका कंगन, उत्पीड़न जिसका ईंधन और अधिकार अपहरण जिसका आलिंगन रहा है, वह दलित है।

8. विपत्ति जिसकी नियति, सम्पत्ति जिसकी स्वप्निल स्मृति और क्रान्ति जिसकी प्रसुप्त प्रवृत्ति रही है, वह दलित है।

9. दीनता जिसकी गृहिणी, दासता जिसकी भगिनी, अस्पृश्यता जिसकी संगिनी रही है, वह दलित है।

10. मौन जिसकी वाणी, क्रन्दन जिसकी कहानी और वेदना जिसकी रानी रही है, वह दलित है।

11. श्रम को साध्य, कर्म को आराध्य मानकर भी दैन्य-द्वेष झेलने के लिए जो सदैव बाध्य, रहा है, वह दलित हैं।

---

1 *आधुनिकता के आईने में दलित साहित्य*, लेखक—अरुण कुमार दुबे, पृ. 196

इस प्रकार दलित वह है जो सामाजिक, आर्थिक, राजनीतिक, शैक्षिक, सांस्कृतिक दृष्टि से शोषित, उत्पीड़ित, उपेक्षित, वंचित, बहिष्कृत, विस्थापित, शमित, दमित, घृणित, अस्पृश्यता का जीवन जीकर गुलामी की पीड़ा भोग रहा है।

दलित साहित्य

दलित शब्द के साथ जब साहित्य जुड़ जाता है तो उसका अर्थ ही बदल जाता है। वह नकार का साहित्य बन जाता है, किन्तु उसका नकार, व्यवस्था अर्थात् उन मूल्यों, विश्वासों और मान्यताओं के प्रति है जो समाज और राष्ट्र के हित में अनौचित्यपूर्ण और अनुपयोगी है। चूँकि वे अनुपयोगी हैं और अशुभ हैं, इसलिए उनका कोई मूल्य नहीं है। मूल्य केवल वही शुभ है जो समाज में समता, स्वतन्त्रता और भ्रातृत्व को बढ़ावा देते हैं। यह मूल्य राष्ट्र के लिए कल्याणकारी है। दलित साहित्य इन्हीं शुभ मूल्यों का समर्थक है। वह ऐसे किसी विचार का समर्थन नहीं करता, जो हिंसा, अलगाववाद या असमानता को जन्म देता है या पोषण करता है। इसलिए उसका अन्तिम लक्ष्य भारतीय समाज और राष्ट्र को हिन्दुत्व के हिंसक और अमानवीय शिकंजे से मुक्त कर, उनमें प्रज्ञा, करुणा और शील गुणों से युक्त संस्कृति का विकास करता है, ताकि समानतामूलक समाज और राष्ट्र का निर्माण हो सके।[1]

दलित साहित्य सामाजिक विषमता के विरुद्ध एक आन्दोलन है जो समाज में समता, बन्धुता, न्याय और राष्ट्रीय एकता का समर्थक है। दलित साहित्य भूखे, नंगों की जहाँ पुकार है वहीं उनकी समस्याओं के समाधान की तलवार भी है। जहाँ यह समाज में अपमान से तिरस्कृत जनों की गुहार है, वहीं उनको साहस देने की ललकार भी है। दलित साहित्य जहाँ एक ओर समाज की संवेदना को झकझोरता है, वहीं दलितों में स्वाभिमान की चेतना को भी जाग्रत करता है। दलित साहित्य, विषमताओं का घोर शत्रु है। विषमताओं का जो भी संरक्षण करता है, यह उसका पुरजोर विरोध करता है। दलितों के अधिकारों की लड़ाई कोई दूसरा नहीं लड़ सकता, इसे दलितों को स्वयं ही लड़ना पड़ता है। दलित साहित्य दलितों के लिए संघर्ष करने का एक बहुत बड़ा हथियार है।

दलित साहित्य डॉ. आम्बेडकर के विचारों से प्रेरित है। यह भाग्य, भगवान्, पुनर्जन्म, अन्धविश्वास, पूजा-पाठ, कर्मकाण्ड, स्वर्ग-नरक, पाप-पुण्य की अवधारणा को नहीं मानता। यह वर्ण-व्यवस्था जाति-पाँति, ऊँच-नीच, छोटे-बड़े की भावना का विरोधी है। यह विज्ञान-सम्मत विचारों, समता, स्वतन्त्रता, लोकतन्त्र, विश्व-बन्धुत्व और न्याय का पक्षधर है।

---

1 दलित विमर्श, साहित्य के आयीने में, लेखक-डॉ. जयप्रकाश कर्दम, पृ. 18

दलित साहित्य ब्रह्म को नहीं, जगत् को सत्य मानता है। दलित साहित्य की दृष्टि में ब्रह्म या ईश्वर नहीं, संसार सत्य है। सांसारिक जीवन के सुख-दुःख, संवेदना, संघर्ष, जिजीविषा आदि सत्य है। जीवन में जो कुछ विद्यमान है या घटित हो रहा है, वह सब सत्य है, यथार्थ है। इसलिए समाज के यथार्थ की यथातथ्य अभिव्यक्ति, साहित्य का सबसे बड़ा सौन्दर्य होना चाहिए। दलित साहित्य, दलितों द्वारा भोगे गये सत्य की शाब्दिक अभिव्यक्ति है। दलित लेखकों की कविता, कहानी, नाटक या आत्मकथा आदि समस्त रचनाओं में इसकी अभिव्यक्ति होती है।[1]

दलित साहित्य के कुछ मानदण्ड हैं। इसके आधार पर जो साहित्य लिखा जाता है वही दलित साहित्य है। यदि कोई दलित साहित्यकार भी उसका पालन नहीं करता तो उसका लिखा साहित्य, दलित साहित्य नहीं है। दलित साहित्य में केवल शोषण, उत्पीड़न, अपमान की त्रासदी का ही वर्णन न करके उसके समाधान के उपाय भी बताये जाते हैं।

दलित साहित्य असमानता, वर्ण, जाति, रंग, नस्ल, रूढ़ि, जाति-पाँति का विरोधी है। वह मानवता धर्मनिरपेक्षता को मानता है। वह आँख मूँदकर किसी बात पर विश्वास नहीं करता।

दलित साहित्य स्वानुभूति का साहित्य है। इसमें भोगा हुआ यथार्थ ही लिखा जाता है। यह यथार्थवाद का पोषक है। यह सामाजिक, आर्थिक, शैक्षिक, सांस्कृतिक असमानता का विरोधी है।

दलित रोटी से अधिक सम्मान का भूखा है। इसलिए दलित साहित्यकार दलितों के स्वाभिमान को जाग्रत करने का हामी है। प्रगतिशील साहित्यकारों का मानना रहा है कि यदि दलितों की आर्थिक समस्या का समाधान हो जाता है तो सामाजिक समस्या का समाधान अपने आप हो जायेगा। दलित साहित्यकार इसे नहीं मानता। यातना, संघर्ष और स्वप्न के खम्भों पर खड़ा साहित्य सर्वहारा या आम आदमी का हो सकता है। आर्थिक अभावों में ज़ीनेवाला, पेट की क्षुधा से लड़ने वाला एक दरिद्र व्यक्ति। इस दरिद्र व्यक्ति की सारी वेदना-संवेदना केवल आर्थिक अभाव अथवा शोषण पर केन्द्रित होगी, जबकि दलित का दर्द आर्थिक से ज्यादा सामाजिक है। वर्ण और जाति के कारण घृणा और अपमान का जो दंश कदम-कदम पर झेलना पड़ता है, यह यातना आर्थिक विषमता से कहीं ज्यादा भयावह और त्रासदायक है। दलित साहित्य ऐसी भाषा का समर्थक है जिसे अपढ़ या कम पढ़ा-लिखा भी समझ सके। कुछ लोग दलित साहित्य की आलोचना निम्न बिन्दुओं पर करते हैं–

1. कहीं साहित्य भी दलित होता है। यह अलगाव का साहित्य है।
2. दलित साहित्य गैर-दलित क्यों नहीं लिख सकता?
3. दलित साहित्य में सौन्दर्यशास्त्र का अभाव है।

---

1 वही, पृ. 22

दलित साहित्य, दलित आन्दोलन का एक भाग है। यह लोगों को जोड़ने का काम करता है न कि तोड़ने का। परम्परावादी जरूर इसे अलगाववादी साहित्य कह सकते हैं, क्योंकि यह साहित्य भाग्य, भगवान्, पुनर्जन्म, रूढ़िवाद, अन्धविश्वास, जाति-पाँति को नहीं मानता है। सबकी बराबरी, भाईचारे का यह समर्थक है इसलिए यह जोड़ने वाला है। हाँ, इनको न मानने वालों के लिए यह अलगाववादी लगता है।

कुछ लोगों का यह कहना है कि कहीं साहित्य भी दलित होता है? दलित साहित्य द्वारा उसे विभिन्न जातियों में बाँटा जा रहा है। इस सम्बन्ध में सोचना चाहिए कि क्या दलितों और गैर-दलितों की सामाजिक, आर्थिक और सांस्कृतिक स्थिति भिन्न नहीं है? दोनों की सोच, व्यवहार, चिन्तन, अलग-अलग नहीं हैं? यदि दोनों की स्थिति अलग-अलग है, तो इनके साहित्य भी अलग-अलग होंगे। कमलेश्वर जी का कहना है कि समाज में जब तक दलित हैं, तो समाज में दलित साहित्य भी होगा। दलित अपनी अलग परिस्थितियों में अपना साहित्य लिखता है जिसे दलित साहित्य कहता है तो इसमें किसी को आपत्ति करने का क्या औचित्य है?

क्या गैर-दलित, दलित साहित्य लिख सकते हैं?

दलित साहित्यकार और गैर-दलित साहित्यकार में वही अन्तर है जो अन्तर 'हरिजन' और 'दलित' शब्दों में मिलता है। डॉ. पुरुषोत्तम अग्रवाल कहते हैं कि 'हरिजन' जाति-व्यवस्था में निहित ऐतिहासिक अन्याय की चेतना के सवर्ण दृष्टिकोण को व्यक्त करने वाला शब्द है, इसमें एक प्रकार का पश्चात्ताप का भाव है। 'दलित' करुणा या पश्चात्ताप को नहीं, बल्कि बेवजह दमन और अपमान के स्वाभाविक रोष को व्यक्त करता है। दलित अपने को हरिजन कहना पसन्द नहीं करता, वह अपने को 'दलित' कहना ही पसन्द करता है। इस प्रकार गैर-दलित, दलितों के सम्बन्ध में जो साहित्य लिखते हैं वह हरिजन की तरह सहानुभूति का साहित्य हो सकता है, दलित साहित्य नहीं। इसके विपरीत दलित अपने सम्बन्ध में भुक्तभोगी बातों को जब लिखता है तो उसे दलित साहित्य कहा जाता है। इस सम्बन्ध में एक गैर-दलित लेखक देवेन्द्र दीपक एक टिप्पणी में कहते हैं—'अस्पृश्यता एक अन्धा कुआँ है, कुएँ में गिरे आदमी को लेकर चिन्ता के दो स्तर हैं। एक चिन्ता उस व्यक्ति की चिन्ता है जो कुएँ के भीतर गिरा हुआ है और कुएँ से बाहर निकलने की कोशिश में हलाकान और लहूलुहान हो रहा है। दूसरी चिन्ता उस व्यक्ति की चिन्ता है जो कुएँ की जगत पर खड़ा होकर कुएँ में गिरे व्यक्ति को बचाने की गुहार मचा रहा है। कुएँ में गिरा व्यक्ति दलित है और कुएँ की जगत पर खड़ा व्यक्ति सवर्ण है। दलित की चिन्ता आहत की चिन्ता है और सवर्ण की चिन्ता सदाशयी की चिन्ता है। यकीनन

दोनों की चिन्ताओं के आयाम भिन्न-भिन्न हैं।' देवेन्द्र दीपक की इस टिप्पणी में दलित साहित्य में उठ रही बहुत सारी शंकाओं का समाधान हो जाता है।[1]

मेरा मानना है कि गैर-दलित साहित्यकार जो सदाशयता से दलितों की स्थिति पर लिख रहे हैं उन्हें दलित साहित्यकार तो नहीं कहा जा सकता लेकिन दलितों पर उनके लेखन की सराहना की जा सकती है। ऐसे गैर-दलित साहित्यकारों का लेखन सद्भावना कायम करने में सहायक होता है, इसलिए ऐसे लेखक भी सम्मान के पात्र हैं।

दलित साहित्य का सौन्दर्यशास्त्र

दलित साहित्य पर दूसरा आरोप यह लगाया जाता है कि इसमें सौन्दर्यशास्त्र का अभाव है। दलित जब भूखा-नंगा है, उनकी स्त्रियों के साथ बलात्कार होते रहते हैं, उनका उत्पीड़न होता है, तो उनके वर्णन करने में, दलित साहित्यकार किस प्रकार उनमें सौन्दर्य की स्थापना करें? इस सम्बन्ध में डॉ. जयप्रकाश कर्दम कहते हैं–'साहित्य का असली सौन्दर्य' इस बात में नहीं है कि उसकी भाषा कितनी प्रांजल और शिल्प कितना उत्कृष्ट है अर्थात् उसकी कलात्मकता कितनी उच्च कोटि की है, बल्कि उसका असली सौन्दर्य इस बात में है कि वह जीवन से कितना जुड़ा है। मानवीय समता और संवेदनाओं को कितना महत्त्व प्रदान करता है तथा सामाजिक परिवर्तन में कितना सहायक और उपयोगी है। उपयोगिता जीवन का सर्वोच्च मूल्य और लोकोपयोगी होना, साहित्य का अनिवार्य सत्य है। दलित साहित्य केवल वही बात करता है जो मानव के लिए हितकर, समाज, राष्ट्र की एकता, अखण्डता और मजबूती के लिए आवश्यक है। दलित साहित्य बौद्धिक विलास या मनोरंजन का साधन नहीं है, यह सामाजिक परिवर्तन की एक मुहिम है। दलित को उसकी अस्मिता और पहचान कराने का एक माध्यम है इसलिए रसवत्ता का होना अनिवार्य नहीं है। दलित भूखा-नंगा समाज है। भूखा पेट, शाब्दिक रस का आनन्द नहीं ले सकता, उसे रोटी का उपाय चाहिए, अपमान और जिल्लत से उबरने की शक्ति चाहिए, इसी का आनन्द उसे हो सकता है। जिसका पेट भरा हो उसको कलात्मक और सौन्दर्यशास्त्र की आवश्यकता पड़ती है।[2] दलित समाज नवसाक्षर और साधारण पढ़ा-लिखा होता है, इसलिए दलित साहित्यकार अपने साहित्य में अलंकारयुक्त, क्लिष्ट भाषा का प्रयोग नहीं करता है, जिससे उसकी आवाज दलितों तक पहुँच सकती है। दलित कवि छन्दों के बन्धन को भी नहीं मानता, दलित साहित्य का यही सौन्दर्य है, जो परम्परागत साहित्य से इसे अलग करता है।

---

1 *वही*, पृ. 8-9

2 *वही*, पृ. 16

खण्ड-5

प्रमुख रचनाकार

36

कबीर की कविता : सांस्कृतिक जनवाद की विरासत

—चौथीराम यादव

कबीर मध्यकालीन सामन्ती-पुरोहिती, जाति-व्यवस्था और उसके जनविरोधी प्रभामण्डल का सबसे बड़ा आलोचक है। उसकी आलोचना-दृष्टि समेकित, सन्तुलित और सर्जनात्मक है तो शैली उग्र और आक्रामक। वह अपने समय प्रचलित सभी चिन्तन-पद्धतियों के सामने सप्रश्नता और चुनौतियों के साथ खड़ा है—'अनभैं और अडिग।' उस समय मुख्य रूप से तीन ज्ञान-परम्पराएँ चर्चा के केन्द्र में थीं—भारतीय वेदान्त, सूफी एकेश्वरवाद और बौद्धदर्शन से अनुभावित सिद्धों-नाथों की चिन्तन परम्परा। कबीर किसी भी ज्ञान-परम्परा का न तो अन्ध समर्थक है न अन्ध विरोधी। वह सभी के साथ सार्थक संवाद करना चाहता है जो वाद-विवाद के बिना सम्भव नहीं है। इसीलिए उसके वाद-विवाद में विरोध और सामंजस्य का युगपत सम्बन्ध है। वह पूर्व-स्थापित मान्यताओं और सुनी-सुनायी बातों को ज्यों-का-त्यों मान लेने का कायल नहीं है। अपने सत्य और तर्क की कसौटी पर ही वह किसी बात को स्वीकार अथवा अस्वीकार करता है। सहमति या असहमति का उसका अपना प्रतिमान है। वह नासमझ सहमति से समझदार असहमति को ज्यादा महत्त्वपूर्ण मानता है। उसकी सहमति-असहमति का आधार तथा सत्य और तर्क की कसौटी उसका अपना आँखों देखा 'अनभौ साँचा' ज्ञान है। कबीर अनुभव को सत्य की कसौटी मानता है और ज्ञान का प्रामाणिक आधार भी। यही कारण है कि समाज-सापेक्ष अनुभव प्रधानता के चलते एकेश्वरवादी कबीर इस बिन्दु पर एक ओर जहाँ अद्वैतवादी शंकराचार्य की अपेक्षा द्वैतवादी मध्वाचार्य के निकट प्रतीत होता है, दूसरी ओर व्यावहारिक अनुभव पर आधारित सामाजिक चिन्तन की तार्किक प्रणाली विकसित करने वाले बौद्ध दार्शनिकों की कतार में खड़ा है। अतः कबीर के 'अनभौ साँचा' चिन्तन में किसी व्यवस्थित दार्शनिक प्रणाली की खोज बेकार है। कबीर की भक्ति न तो वेदान्त भक्ति है न उसकी शास्त्रनिरपेक्ष विचारधारा वेदान्तियों के दार्शनिक मकड़जाल की मोहताज। इसीलिए उसमें किसी भी सकारात्मक प्रभाव को सहज ढंग से ग्रहण करने की क्षमता है

तो ग्रहण कराने का सामर्थ्य भी है। कबीर में केवल वेदान्त की ही 'सुनी-सुनाई' चर्चा नहीं मिलती अपितु उसका समग्र चिन्तन इसी 'सुनी सुनाई' चर्चा और सामाजिक अनुभव पर आधारित है जिसे उसने वाद-विवाद की तार्किक प्रणाली से अर्जित किया है। इसी 'सुनी-सुनाई' चर्चा की बदौलत वह *'जैन बौध औ साकत सैना, चारवाक चतुरंग विहूना'* की विभिन्न परम्पराओं से भी परिचित है। *'मसि कागद छूयो नहीं, कलम गह्यो नहिं हाथ'* की घोषणा करने वाले स्पष्टवादी कबीर से पढ़ने-लिखने और व्यवस्थित अध्ययन की आशा की भी कैसे जा सकती है? वैसे भी कबीर जैसे दलितों के लिए वेद और शास्त्र के दरवाजे खुले ही कब थे? इसलिए कबीर ने समाज में जो कुछ देखा और सुना, सत्संग से सीखा और जाना, वह किसी पोथी के बन्द ज्ञान से नहीं बल्कि संघर्षपूर्ण जीवन की खुली किताब से अर्जित किया गया है। कबीर की कविता का स्वर इतना कठोर और पैना है तो इसलिए कि उसका जीवन संघर्ष भी उतना ही कठोर और पैना है।

वाद-विवाद की तार्किक शैली में लिखी गयी कबीर की कविता प्रायः सम्बोधित कविता (ऐड्रेस्ड पोइट्री) है और उसमें सम्बोधन के तीन स्तर हैं जो उसके सामाजिक चिन्तन की दशा और दिशा को निर्धारित करते हैं। पहले स्तर पर कबीर की कविता 'अवधू' अथवा 'अवधूत' को सम्बोधित है तो दूसरे स्तर पर 'पाँड़े', 'पण्डित', 'काजी' और 'मुल्ला' को। इसी प्रकार तीसरे स्तर पर वह जनता को सम्बोधित कविता है जहाँ सम्बोधित शब्द हैं—'साधो' और 'सन्तो' जैसे 'साधो जग बौराना', 'सन्तो घर में झगरा भारी' आदि। सच बात तो यह है कि 'अवधू', 'पाँड़े' आदि से किया गया संवाद भी अन्ततः जनता को ही सुनाया जाता है—*'कहत कबीर सुनो भई साधो।'* तीनों स्तरों पर सम्बोधित कविताओं के अन्त में यह टेक मौजूद है जो आगे चलकर मीरा की सगुण भक्ति के पदों में *'मीरा के प्रभु गिरधर नागर'* की टेक में बदल जाती है। 'अवधू' सम्बोधित पदों के वाद-विवाद से कबीर ने अपनी ही प्रति संस्कृति की परम्परावाले सिद्धों-नाथों के साथ सार्थक संवाद स्थापित किया है।

सिद्धों-नाथों के साथ कबीर का यह वाद-विवाद विरोध और सामंजस्य के युगपत सम्बन्धों पर आधारित है। उनके सामाजिक चिन्तन के साथ कबीर के सामाजिक चिन्तन का सामंजस्य है तो उनकी यौगिक क्रियाओं और सिद्धई की धाक जमानेवाले चामत्कारिक प्रदर्शनों के प्रति विरोध। लेकिन विडम्बना तो यह है कि विरोध की प्रक्रिया में वह स्वयं उन पर अपना प्रभाव जमाने के चक्कर में उनकी रहस्यमयी साधना की तमाम रूढ़ियों और शब्दावलियों का सहारा लेने लगता है जो कबीर की कविता का सबसे कमजोर पहलू है। कबीर के सामाजिक चिन्तन का मूल स्रोत बौद्ध दार्शनिकों के चिन्तन की तार्किक प्रणाली है जो सिद्धों-नाथों के माध्यम से उसे विरासत में प्राप्त हुई है। बौद्ध दार्शनिकों ने वाद-विवाद की जिस आकर्षक तर्क-

पद्धति से वर्ण-व्यवस्था और ब्राह्मण-श्रेष्ठता को स्थापित करने वाले ब्राह्मणों की वैदिक-पौराणिक विचारधारा का उग्र विरोध किया था, हिन्दी साहित्य में उसका विकास सिद्धसरहपाद और कबीर की कविता में हुआ है। वैदिक-पौराणिक विचारधारा के समर्थक वर्ण-व्यवस्था को स्थायी और पुख्ता बना देने के लिए समय-समय पर अनेक मिथ गढ़ते आये हैं। ऐसे ही एक पौराणिक मिथ के अनुसार ब्राह्मण की उत्पत्ति ब्रह्मा के मुख से, क्षत्रिय की भुजा से, वैश्य की जंघा से और शूद्र की पैरों से हुई है। यह रहस्यमयी कल्पना ही ब्राह्मण श्रेष्ठता का आधार है जो अपने आप में नितान्त असंगत और छद्मपूर्ण है।

प्रसिद्ध बौद्ध दार्शनिक दिङ्नाग ने इस विचित्र सिद्धान्त पर बुद्ध की टिप्पणी को इस प्रकार प्रस्तुत किया है—'ब्राह्मण की पत्नियों को भी मासिक धर्म के चक्र से गुजरना पड़ता है, वे भी गर्भवती होती हैं, वे भी बच्चों को जन्म देती हैं, उन्हें दूध पिलाती हैं और उनका लालन-पालन करती हैं। इतने पर भी ये ब्राह्मण, जिनका जन्म स्त्रियों से होता है, यह दावा करते हैं कि वे ब्रह्मा के मुख से पैदा हुए हैं कि वे ब्रह्मा की सृष्टि हैं और उनके उत्तराधिकारी हैं। यह सरासर झूठ है'—(के. दामोदरन् द्वारा 'भारतीय चिन्तन परम्परा' में पृ. 127 पर उद्धृत)। लेकिन जन्मना के इस काल्पनिक सिद्धान्त पर सबसे कड़ा और तीखा प्रहार अश्वघोष ने किया है। 'बज्रसूची' नामक अपने ग्रन्थ में उन्होंने इसकी आन्तरिक असंगतियों की पोल खोलते हुए ब्राह्मणों के सामने तिलमिला देने वाले सवाल खड़े किये हैं—'अगर ब्राह्मण की उत्पत्ति ब्रह्मा के मुख से हुई है तो प्रश्न होगा कि ब्राह्मणी की उत्पत्ति कहाँ से हुई है? निश्चय ही उसकी भी उत्पत्ति ब्रह्मा के मुख से हुई है। खेद है, तब तो वह आपकी बहन हुई। फिर उसके साथ स्त्री-प्रसंग? यह तो लोकविरोधी आचरण होगा'—(बज्रसूची पर मैनेजर पाण्डेय का लेख, 'हंस', अगस्त 1993)। कहने की आवश्यकता नहीं कि झूठ और पाखण्ड पर आधारित इस अलगाववादी वर्ण-व्यवस्था को पुष्ट कर जब भी जनमानस में बद्ध मूल अन्ध विश्वासों को और भी पुख्ता बनाने के प्रयास तेज हुए हैं, इन ऐतिहासिक मोड़ों पर ऐसे उदारमना चिन्तक और रचनाकार भी पैदा हुए हैं जिन्होंने इस अमानवीय समाज-व्यवस्था के छद्म को नंगा किया है। सिद्धों-नाथों की परम्परा में सरहपाद ऐसे ही रचनाकार हुए हैं जो विचारों में ही नहीं, व्यक्तिगत जीवन में भी क्रान्तिकारी थे। ब्राह्मण होकर एक अछूत शिल्पी की कन्या से विवाह कर उन्होंने वर्ण-वाद के छद्म को उद्घाटित किया है। जाति-व्यवस्था के घोर विरोधी सरहपाद कहते हैं—ब्राह्मण ब्रह्मा के मुख से उत्पन्न हुए थे; जब हुए थे तब हुए थे, इस समय तो वे भी दूसरे लोग जिस प्रकार पैदा होते हैं वैसे ही पैदा होते हैं। तो फिर ब्राह्मणत्व रहा कहाँ? यदि कहो कि संस्कार से ब्राह्मण होता है तो चाण्डाल को भी संस्कार दो, वह भी ब्राह्मण हो जाये, यदि कहो कि वेद पढ़ने से कोई ब्राह्मण होता है तो क्यों नहीं चाण्डालों को भी वेद

पढ़ा कर ब्राह्मण हो जाने देते? सच पूछो तो शूद्र भी तो व्याकरणादि पढ़ते हैं और इन व्याकरणादि में भी तो वेद के शब्द हैं, फिर शूद्रों का भी तो वेद पढ़ना ही हो गया और यदि आग में घी देने से मुक्ति होती हो तो सबको क्यों नहीं देने देते ताकि सब मुक्त हो जाये? होम करने से मुक्ति होती हो या नहीं, धुआँ लगने से आँखों को कष्ट जरूर होता है।' (हजारीप्रसाद द्विवेदी, हिन्दी साहित्य की भूमिका, पृ. 41) अश्वघोष और सरहपाद के इन वक्तव्यों को मिलाकर देखने से साफ पता चलता है कि सरहपाद अश्वघोष के विचारों और उनकी तर्क-पद्धति से न केवल प्रभावित थे बल्कि उनकी रचनाओं से भी परिचित थे।

खतरनाक प्रश्न उठाते हुए प्रतिपक्षी से वाद-विवाद की इस तार्किक पद्धति का सबसे सुसंगत विकास कबीर की कविता में देखने को मिलता है। कबीर के समय का भारतीय समाज अश्वघोष और सरहपाद के समाज की अपेक्षा कहीं ज्यादा जटिल और चुनौतीपूर्ण था। हिन्दू और मुसलमानों के दो अलग जाति समुदाय आमने-सामने भी थे और उनकी अपनी आन्तरिक समस्याएँ भी थीं। इसलिए कबीर के जातिगत वर्ण-विरोध का दायरा कहीं ज्यादा व्यापक और सन्तुलित था। कबीर ने दोनों समुदायों के वर्णवादियों और उनकी जातिगत श्रेष्ठता को एक साथ चुनौती दी है– '*जौ तू बाभन बभनी जाया। तौ आन बाट है क्यों नहिं आया/जौ तू तुरक तुरकनी जाया/ भीतर खतना क्यों न कराया।*' कबीर की दृष्टि में मध्यकालीन भारतीय समाज की मुख्य चुनौती उसमें व्याप्त जाति, धर्म और सम्प्रदायगत अलगाववादी प्रवृत्तियाँ हैं और इसीलिए समाज में जाति-पाँत, छुआ-छूत, ऊँच-नीच और छोटे-बड़े का भेदभाव पैदा करनेवालों को उसने कभी क्षमा नहीं किया। कबीर ने अपनी कविता में इन अलगाववादियों को अच्छी तरह से चिह्नित कर लिया है–काजी, मुल्ला, पण्डित और पाँड़े। दूसरे स्तर पर कबीर की कविता इन्हीं को सम्बोधित कविता है और यही उसके गतिशील सामाजिक चिन्तन की सबसे बड़ी शक्ति है। दोनों समुदायों के अलगाववादियों और उनके दिशाहीन भटकाव पर वह एक साथ झुंझला उठता है– '*अरे इन दोऊ राह न पायी। हिन्दुन की हिन्दुआयी देखी, तुरकन की तुरकाई।*' कबीर की यह झुंझलाहट वस्तुतः प्रभुवर्गीय संस्कृति और प्रति-संस्कृति के द्वन्द्वात्मक तनाव का ही प्रतिफल है जो उसके सामाजिक चिन्तन को वृहत्तर मानव-मूल्यों से जोड़कर उसे व्यापक आयाम प्रदान करता है। दोनों समुदायों की अन्ध विश्वासी जनता में धार्मिक उन्माद पैदा कर मन्दिर-मस्जिद की राजनीति करनेवालों से एक छोटा-सा सवाल है, जितना सीधा और सरल, उतना ही गम्भीर और निरुत्तर कर देनेवाला– '*तुरक मसीति देहुरै हिन्दू, दहूँठा राम खोदाई। जहाँ मसीति देहुरा नाहीं, तहाँ काकी ठकुराई।*' इसलिए कबीर की लड़ाई अभी खत्म नहीं हुई है। जिन चुनौतियों से वह जूझ रहा था, वे आज भी हमारे सामने मुँह बाये खड़ी हैं। उनके खिलाफ कबीर

की लड़ाई में शामिल होना और उसे आगे बढ़ाना हमारा कर्तव्य है। लेकिन सवाल यह उठता है कि यह लड़ाई खत्म कैसे हो? जब तक समाज में मुल्ला-मौलवियों और पण्डित-पुरोहितों का वर्चस्व कायम रहेगा, तब तक अलगाववादी झगड़े भी होते रहेंगे और साम्प्रदायिक दंगों पर काबू पाना भी कठिन है। अतः कबीर इनके सामाजिक बहिष्कार की माँग करता है, क्योंकि उसकी दृष्टि में यही झगड़ा मिटाने का सबसे सरल उपाय है– *'हमरा झगरा रहा न कोऊ/पण्डित मुल्ला छाँड़े दोऊ।'* इनकी सबसे बड़ी शक्ति है धर्मशास्त्र जो जातिगत वर्ण-भेदों का समर्थन करते हैं और जिन पर पवित्रता का मुलम्मा चढ़ाकर पुरोहितों ने उन्हें दैवी-विधान घोषित कर रखा है। इनके विरोध में कबीर ने जिस शास्त्रनिरपेक्ष विचारधारा का निर्माण किया है उसमें सारी अमानवीयता, अलगाववाद, रूढ़िगत जड़ता और शास्त्रीय छद्म को नकारने का अदम्य साहस है। इसी वैचारिक शक्ति से उसने प्रभुवर्गीय संस्कृति के पोषक हिन्दू-मुस्लिम पुरोहितवाद पर तीखे आक्रमण किये हैं और उनके लिखे को खारिज किया है– *'पण्डित मुल्ला जो लिख दिया/छाड़ि चले हम कछू न लिया।'*

कबीर ने यह तो अच्छी तरह से समझ लिया था कि प्रभुवर्गीय संस्कृति के विरुद्ध संघर्ष करने के लिए पण्डे-पुरोहितों और मुल्ला-मौलवियों के सामाजिक-धार्मिक वर्चस्व को तोड़ना जरूरी है लेकिन यह कार्य जितना आवश्यक था, उतना ही कठिन भी था। लोक जीवन के विभिन्न मांगलिक कार्यों और धार्मिक अनुष्ठानों के कर्मकाण्डी विधानों में जनता का अन्धविश्वास कुरीतियों की सीमा तक फैला हुआ था और इन्हें सम्पन्न कराने में शेख-सैयद और ब्राह्मण वर्ण के पुरोहितों का एकाधिकार था। पुरोहितों के लिए इनका बना रहना जरूरी था तो जन साधारण का हित इनसे मुक्त होने में था। लोक और परलोक, पाप और पुण्य तथा स्वर्ग और नरक के बीच विधि-निषेध की रेखाएँ खींचने वाले शास्त्रों ने ईश्वरीय चमत्कार तथा नरक एवं पाप के भय से जनता को भयभीत करते हुए उसके अन्धविश्वासों को सतत पुख्ता बनाने का प्रयास किया है। अतः उनके मन से अमंगल के भय को निकाल कर उन्हें जगाया जाना जरूरी था। जन जागरण की इसी प्रक्रिया में कबीर ने दोनों समुदायों में व्याप्त धार्मिक बाह्याचारों और सामाजिक कुरीतियों–रोजा, नमाज, अजान, खतना, जप-माला, छापा-तिलक, श्राद्ध एवं पिंडदान आदि पर कड़े प्रहार किये हैं। ऐसे ही एक लोकाचार-श्राद्ध और पिण्डदान के पाखण्ड को उद्घाटित करते हुए कबीर ने, उसे करने और कराने वाले दोनों से पूछा है– *'जारि बारि कै आवै देहा,/मूँवा पीछै प्रीति सनेहा/जीवत पित्रहिं मारहिं डण्डा, मूँवा पित्र लै घालै गंगा/जीवत पित्र कूँ अन्त न ख्वावै, मूवाँ पाछै प्यंड भरावै जीवत पित्र कूँ बोलैं अपराध, मूवाँ पीछे देहि सराध/कहि कबीर मोहिं अचिरज आवै, कउवा खाइ पित्र क्यूँ पावै।'* इसी प्रकार दान-दक्षिणा को महिमा-मण्डित करने के पीछे छिपे पुरोहिती स्वार्थ और दान से पुण्य कमाकर स्वर्ग जाने के अन्धविश्वास

पर चोट करते हुए कबीर ने दोनों का माखौल उड़ाया है– *'कलि का बाम्हन मसकरा ताहि न दीजै दान। स्यउँ कुंटवु नरकहिं चलै, साथ चला जजमान।'* दान देने और लेने पर ब्राह्मणों का एकाधिकार है और कबीर ने इसका मखौल उड़ाते हुए ब्राह्मण श्रेष्ठता पर चोट की है। इस चोट से आहत होकर ही तुलसीदास ने पलट कर जवाब दिया था– *'सूद्र द्विजन्ह उपदेसहि ज्ञाना। मेलि जनेऊ लेहिं कुदाना ॥'* ध्यान देने की बात है कि शंकराचार्य ने अपने वर्णवादी सिद्धान्तों के सन्दर्भ में मनुस्मृति को उद्धृत करते हुए कि 'केवल द्विज को यज्ञ-पाठ करने तथा दान देने व लेने का अधिकार है', ब्राह्मण श्रेष्ठता को स्थापित किया था। जिस प्रकार कबीर और तुलसी के इस प्रकार के वक्तव्यों से उनकी परस्पर विरोधी विचारधाराओं का परिचय मिलता है, उसी प्रकार यदि तुलसीदास के एतद् विषयक वक्तव्यों को शंकराचार्य की वर्णाश्रमधर्मी वर्णवादी मान्यताओं के साथ मिलाकर देखा जाये तो दोनों में अद्भुत समानता मिलेगी। इस प्रकार शंकराचार्य, कबीर और तुलसी के बीच एक वैचारिक संघर्ष की स्थिति दिखाई देती है। यह संघर्ष वर्णवादी वैदिक-पौराणिक विचारधारा बनाम वर्ण-विरोधी शास्त्र के निरपेक्ष विचारधारा का संघर्ष है, संस्कृति बनाम प्रतिसंस्कृति का संघर्ष है जिसमें शंकराचार्य और तुलसीदास एक साथ खड़े हैं।

कबीर ने वैदिक-पौराणिक विचारधारा का विखण्डन कर उसके समानान्तर जिस शास्त्र निरपेक्ष विचारधारा का निर्माण किया है, उसका अवमूल्यन करते हुए वर्णवादियों ने उसे वेदपुराण की निन्दा कह कर प्रचारित किया है। लोक की चिन्ता से चिन्तित कबीर को उस भारतीय वेदान्त से क्या लेना जो चातुर्वर्ण की सामाजिक संकीर्णता से कभी भी मुक्त न हो सका। कबीर के निर्गुण ब्रह्म का चेहरा शंकराचार्य के निर्गुण ब्रह्म के चेहरे से बिल्कुल भिन्न सिद्धों-नाथों के निर्गुण निरंजन के चेहरे से काफी मिलता-जुलता है। वह एकेश्वरवादियों के अल्लाह का करीबी है तो राम का रूप भी है, लेकिन तुलसी के अवतारी राम से सर्वथा भिन्न। वह एकमात्र यथार्थ भी है और सर्वव्यापक भी, पर शंकराचार्य के निर्गुण ब्रह्म की तरह वर्ण-भेद नहीं करता– *'एक निरंजन अलह मेरा। हिन्दू तुरक दुहूँ नहिं नेरा।'* *वह 'आपै पुरिखा आपै नारी'* है तो 'आपै मुसलमान आपै हिन्दू' भी है। इस प्रकार सिद्धों-नाथों की तरह अद्वैत वेदान्त के साथ भी कबीर का सामंजस्य और विरोध का युगपत सम्बन्ध है। कबीर ने अद्वैत को उसी सीमा तक स्वीकार किया है जहाँ तक वह वर्ण-विरोधी विचारधारा के अनुकूल पड़ता है। धर्मशास्त्रों और स्मृतियों की वैसाखी पर खड़े अद्वैत वेदान्त का वह विरोध ही नहीं करता बल्कि उसके वर्णवादी हो जाने की असंगतियों पर सवाल खड़ा करता है– *'हम तुम्ह माँ है एकै लोहू। एकै प्रान जीवन है मोहू। एकहि जननी जन्यों संसारा। कौन ज्ञान थैं भये निनारा।'* कबीर ने शंकराचार्य के अमूर्त एवं असामाजिक अद्वैत सिद्धान्त को सामाजिक आधार पर प्रतिष्ठित कर अपने वर्णविरोधी भक्ति आन्दोलन

के प्रमुख हथियार के रूप में विकसित किया है। ईश्वर के सामने सभी बराबर हैं—भक्ति आन्दोलन के इस मूल सिद्धान्त के अनुरूप अद्वैत वेदान्त को उसने एक नया अर्थ दिया। दार्शनिक चिन्तन का अन्तिम लक्ष्य यदि लोकहित है तो निश्चय ही कबीर ने उसे लोक की सही जमीन पर खड़ा कर उसे एक व्यावहारिक स्वरूप प्रदान किया जो वर्ण मर्यादा के नाम पर गढ़े गये वाग्जालों से सर्वथा मुक्त था। मध्यकालीन भारतीय समाज में होनेवाले ऐतिहासिक परिवर्तनों को ठीक से न समझ पाने के कारण एकांगी समझ के विद्वान् जहाँ भाष्य पर भाष्य और टीकाओं पर टीकाएँ लिखकर भी वर्ण-विरोधी भक्ति आन्दोलन की आँधी को रोक पाने में असमर्थ रहे, वहीं अशिक्षित कबीर ने अपनी समाज-सापेक्ष एवं शास्त्र-निरपेक्ष विचारधारा से समाज की दशा और उसकी स्वाभाविक दिशा को पहचानते हुए उसे एक क्रान्तिकारी मोड़ देने में अद्भुत सफलता प्राप्त की और रूढ़िवादियों के घोर विरोध के बावजूद निर्गुण भक्ति आन्दोलन की लहर 'सप्त दीप नौ खण्ड' में फैल गयी। इसलिए सामाजिक परिवर्तन के उस ऐतिहासिक मोड़ पर सफलता का सारा श्रेय और सम्मान तो ले उड़ा इतिहास का रथ हाँकने वाला कबीर और शास्त्रों की संगति लगाने वाले पण्डित भीष्म पितामह की तरह रथचक्र के नीचे पिसकर वर्ण-मर्यादा की लीक पीटते रह गये—*'बालि कबीरा ले गया पण्डित ढ़ूढ़ै खेत।'* पहली बार एक किसान-कवि ने योग के खेत से भक्ति की अपनी फसल काटी और ज्ञान की फसल उगाहने वाले खेत को देखते रह गये। इस महान् उपलब्धि से चकित और अवाक् हिन्दी की आरम्भिक आलोचना ने राहत की साँस ली और यह कहकर अपने मन को हल्का कर लिया कि कबीर ने सही मौके पर उपस्थित होकर हिन्दू जनता के बहुत बड़े भाग को मुसलमान होने से बचा लिया। यह धर्मान्तरण की चिन्ता हिन्दूवादियों का ऐसा विलक्षण रोग है जो रोगी की इच्छा पर कभी भी पैदा हो सकता है।

कबीर के सामाजिक चिन्तन की सबसे महत्त्वपूर्ण विशेषता यह है कि उसमें एक अद्भुत सन्तुलन मौजूद है जो किसी भी रचनाकार की लेखकीय ईमानदारी का तकाजा होता है। जाति-धर्म के संवेदनशील मुद्दे पर विवेक-सम्मत सन्तुलन बनाये रखना सचमुच बड़ी बात है। लेकिन यह तभी सम्भव है जब रचनाकार में निश्छल मानवीय संवेदना के साथ ही आग्रह दुराग्रह से मुक्त प्रखर विचार-बोध का सामर्थ्य भी हो। किसी रचनाकार का बड़ा होना बड़ी बात है, पर उससे भी बड़ी बात है उसका बड़ा मनुष्य होना। इस बिन्दु पर कबीर हमें आश्वस्त ही नहीं करता बल्कि कभी-कभी तो लगता है कि उसका संवेदनशील एवं जागरूक मनुष्य उसके कवि से भी महान् है—*'दुखिया दास कबीर है जागै औ रोवे', 'चलती चक्की देखि कै दिया कबीरा रोय। दो पाटन के बीच मैं साबुत बचा न कोय।'* यह आत्म-पीड़ा से उपजी उसकी गलदश्रु भावुकता नहीं बल्कि लोक-पीड़ा को आत्म-पीड़ा में ढाल लेने वाली ऐसी जीवन

साधना है जो विष पीकर अमृत बाँटने का सन्देश देती है। परायी पीर को समझना, मध्यकालीन लोक जागरण का गुरुमन्त्र था जो शताब्दियों से दबी-कुचली मानवता के लिए लोकवेद का मन्त्र बन गया। इस अर्थ में कबीर की कविता मन्त्र-कविता है जो दलित जनता के लिए किसी वेदमन्त्र से ज्यादा पवित्र और सार्थक है। लोगों के दुःख से दुःखी कबीर का दुःख तब और बढ़ जाता है जब वह देखता है कि सच को झूठ और झूठ को सच मान बैठी अन्धविश्वासी जनता की आत्महन्ता आस्था को तोड़ना कितना कठिन है। इस दुःखभरी पीड़ा को शिद्दत से महसूस किये बिना क्या यह लिखा जा सकता था– *'साधो जग बौराना/साँच कहै जग मारन धावै, झूठ कहै पतियाना।* लोक-पीड़ा की चिन्ता से चिन्तित कबीर का सामान्य मनुष्य तब और महान् हो जाता है जब वह पूरी ईमानदारी के साथ आत्म समीक्षा करता है और समाज को भला-बुरा कहने से पहले अपने अन्तर्मन को टटोलना ही जरूरी नहीं समझता, बल्कि अपनी दुर्बलताओं को समाज के सामने खोलकर रख देने का साहस भी रखता है– *'बुरा जो देखन मैं चला, बुरा न मिलिया कोय। जो दिल खोजूँ आपनो, मुझ-सा बुरा न कोय।'* दूसरों का मजाक उड़ाना और उनकी आलोचना करना जितना आसान है, आत्मोपहास करना और अपनी आलोचना सुनकर उसे निर्घात झेल जाना, उतना ही कठिन है। इसके लिए साहस और धैर्य दोनों चाहिए। आ बैल मोहिं मार–का आह्वान कर, उस मार से सीख लेने का प्रयोग कबीर ही कर सकता था– *'निन्दक नियरे राखिए आँगन कुटी छवाय। बिन पानी साबुन बिना, निरमल करै सुभाइ।* आचार्य हजारीप्रसाद द्विवेदी लिख गये हैं कि कबीर में सब कुछ को अस्वीकार करने का अदम्य साहस था तो तुलसी में सबकुछ को स्वीकार करने का अपार धैर्य। मेरे सामने कठिनाई यह है कि मैं कबीर के इस धैर्य का क्या करूँ? क्या अपने दादा गुरु की बात मान इसे तुलसी के खाते में खतिया दूँ? क्या निन्दक के लिए आँगन कुटी छवाने वाला धैर्य तथा शास्त्र की आलोचना से आहत 'निन्दहिं वेद पुराण' वाला धैर्य–दोनों एक ही नस्ल के धैर्य हैं? साहस के बिना धैर्य निष्क्रिय है और धैर्य के बिना साहस निरंकुश। कबीर के व्यक्तित्व में साहस और धैर्य का अद्‌भुत सन्तुलन है जो उसकी शास्त्र-निरपेक्ष विचारधारा और सामाजिक चिन्तन की मौलिक शक्ति है। कबीर का दो टूक 'अनभौं साँचा'–'न मानुषात् श्रेष्ठतरं हि किंचित्' के ऐतिहासिक सच को 'अनभै साँचा' में ढालने वाला वह बीजमन्त्र है जिसे गुरुमन्त्र स्वीकार किये बिना क्या यह गुरुमन्त्र दिया जा सकता था–'किसी से न डरना–गुरु से भी नहीं, मन्त्र से भी नहीं, लोक से भी नहीं, वेद से भी नहीं'–(बाणभट्ट की आत्मकथा) कबीर की शास्त्र-निरपेक्ष विचारधारा, उसके दो-टूक व्यक्तित्व तथा झूठ को झूठ एवं सच को सच कहने के अदम्य साहस ने हजारीप्रसाद द्विवेदी जैसे शास्त्रज्ञ विद्वान् में भी सच को सच कहने का साहस पैदा किया है– *'देख रे तेरे शास्त्र तुझे धोखा देते हैं, जिसे तू पूजता है उसे छोड़ने को कहते हैं... ।'*

'पोथी पढ़ि पढ़ि जग मुआ' का उद्घोष करने वाला कबीर पोथी पढ़कर पण्डित भले न हुआ हो पर उसके भीतर का मनुष्य इतना महान् है कि उसके सामने उस समय के तमाम पोथी-पण्डित असहाय और लाचार प्रतीत होते हैं। पोथी पढ़कर पण्डित हो जाना एक बात है और बिना पोथी पढ़े ही कबीर हो जाना बिल्कुल दूसरी बात। पोथी-पण्डित एक जमाने से अशिक्षित जनता को शास्त्रों की अबूझ पहेलियाँ बुझाते आये हैं और उन्हें कबीर स्वयं अपनी ज्ञान-पहेली बूझने की चुनौती देता है– *'तू बाम्हन मैं कासी का जुलाहा, बूझहु मोर गियाना। तौ पाचे भूपति राजे, हरि सो मोर धियाना।'* इसमें न कोई गर्वोक्ति है और न ब्राह्मण को दी गयी जुलाहे की चुनौती, बल्कि यही कि प्रतिपक्षी की आँखों में आँखें डालकर किया गया संवाद है। सामन्ती-पुरोहिती गठबन्धन के विरुद्ध अपने पक्ष का प्रतिपादन है जिसमें कबीर का अपना पक्ष है, शास्त्र-निरपेक्ष हरि भक्ति और ब्राह्मण खड़ा है सत्ताधारी राजाओं-भूपतियों के पक्ष में। अतः दोनों का मेल नहीं हो सकता। काशी के ही एक लोक कवि रामकेर के शब्दों में कहें तो यही कि *'हमसे तोहँसे ना बनी, तू अपने घरे हम अपने घरे।'* अपना पक्ष तय करने की चिन्ता आज के कवि की चिन्ता है– *'तय करो किस ओर हो तुम'*, कबीर ने तो बहुत पहले ही जनता के पक्ष में अपना पक्ष तय कर लिया था। कबीर की इस सामन्तवाद विरोधी दृष्टि से मिलती-जुलती उक्ति *'कीन्हें प्राकृत जन गुनगाना, सिर धुनि गिरा लागि पछिताना'* के आधार पर तुलसी को सामन्तवाद विरोधी घोषित करते समय प्रायः आलोचक कबीर की इस उक्ति को भूल जाया करते हैं। *'भूमि चोर भूपाल भये'* को क्या कहेंगे, सामन्त विरोधी दृष्टि या निम्नजातीय वन्य नरेशों के प्रति तुलसी के हिकारत और विक्षोभ की अभिव्यक्ति? इन दोनों ही उक्तियों में कबीर जैसी स्पष्टता नहीं है। सामन्तवाद विरोध का मतलब यदि भूपालों और राजाओं के ही विरोध से है तो समूचे मध्यकाल में मीराबाई को छोड़ दूसरा कोई कवि नहीं जिसने किसी सत्तासीन शासक का इतना तीखा विरोध करते हुए उसे 'मूर्ख' और हत्यारा कहने का दुःसाहस किया हो– *'मूरख जण सिंहासण बैठा पण्डित फिरता द्वाराँ।'* मूर्ख इसलिए कि *'राणा भगत संहारा'* है और भक्ति-विरोधी राणा के राज्य में विद्वान् भक्त मारे-मारे फिरते हैं। और यहीं सामन्तवाद के अपने ही गढ़ में उसे चुनौती देनेवाली मीरा का विद्रोही व्यक्तित्व क्रान्तिकारी कबीर के व्यक्तित्व को भी अतिक्रमित करता प्रतीत होता है। मीरा के विरोध का सीधा लक्ष्य सामन्त है तो कबीर का हिन्दू-मुस्लिम पुरोहितवाद जो मध्यकालीन सामन्तवाद का सबसे मजबूत स्तम्भ है। जाहिर है कि कबीर के विरोध का दायरा कहीं ज्यादा व्यापक और सन्तुलित है, जबकि तुलसी की पुरोहितवाद विरोधी भूमिका स्पष्ट नहीं है।

पुरोहितवाद का सारा प्रभामण्डल शास्त्रों पर आधारित है अतः पोथी कबीर का प्रतिपक्ष है। वह पोथी के कर्मकाण्डी पाखण्डों और रूढ़ियों से टकराता हुआ उसके अन्ध समर्थकों को बार-बार चुनौती देता है– *'क्या उजूँ जप संजम कीन्हें, क्या मसीतु*

सिर नाएँ। दिल महि कपट निवाज गुजारै, क्या हज काबैं जायें। बाह्मन ग्यारसि करै चौबीसो काजी माँह रमजाना। ग्यारह मास कहौ क्यूँ खाली एकहि माँह नियाना। पूरब दिसा हरिहि का बासा, पच्छिम अलह मुकामा। दिल महिं खोज दिलै दिल खोजहु, इहइँ रहीमा रामा।' इस प्रसंग में शास्त्र-सापेक्ष सगुण भक्ति के श्रेष्ठ कवि सूरदास भी पोथियों के अन्ध समर्थक नहीं हैं। पोथियों की रटी-रटायी भाषा बोलने वाले उद्धव को चुनौती देती हुई सूर की गोपियाँ भी कबीर के स्वर-में-स्वर मिलाती प्रतीत होती हैं– *'आँखिन मूँदि मूँदि किन देख्यो बँध्यो ज्ञान पोथी को।'* यही कारण है कि कबीर की शास्त्र-निरपेक्ष विचारधारा का क्रान्तिकारी तेवर सूर की कृष्णकाव्य-परम्परा में तो थोड़ा-बहुत मौजूद है लेकिन तुलसी की शास्त्र-सापेक्ष राम-भक्ति में वह जड़ीभूत हो गया है। जाहिर है कि सूर ने शास्त्रों से उतनी ही प्रेरणा ग्रहण की है जितनी वह भक्ति के अनुकूल पड़ती थी और तुलसी ने निम्नवर्गीय भक्ति को उसी सीमा तक स्वीकार किया है जितनी वह शास्त्र-सापेक्ष हो सकती थी। सूर की गोपियाँ वर्ण-मर्यादा जनित कुलकानि और लोक-लाज की धज्जियाँ उड़ाती हैं तो तुलसी कुल मर्यादा और वर्ण मर्यादा के पक्के समर्थक हैं। इस प्रसंग में मीरा भी सूर की गोपियों की कतार में खड़ी हैं और सूर की स्थिति कबीर और तुलसी के बीच की स्थिति है। मर्यादा चाहे कुल की हो या वर्ण की, रक्त गोत्र की शुद्धता का दम्भ ही उसका मूलाधार है जिसके चलते हिन्दू समाज का एक बहुत बड़ा हिस्सा आज भी छुआछूत के अभिशाप से ग्रस्त है। कबीर ने इसे भारतीय समाज की सबसे कठिन चुनौती मानकर इस पर गम्भीर विचार-विमर्श की माँग की थी। इसकी पहल करते हुए उसने इसकी असंगति के सम्बन्ध में शुद्धतावादियों के सामने कई सवाल खड़े किये थे– *'एकै पवन एक ही पाणी करी रसोई न्यारी जानी। माटी सूँ माटी लै पोती, लागी कहौ कहाँ धौं छोती।'* अथवा *'काहैं को कीजै पाँड़े छोति बिचारा। छोतिहिं ते उपना संसारा।'* कबीर द्वारा उठाये गये ये सवाल आज भी उतने ही प्रासंगिक हैं और उन पर विचार-विमर्श की माँग बीच बहस में फँसी हुई समाजशास्त्रियों के सामने चुनौती बनकर खड़ी है। आज अनेक गोष्ठी-सेमिनारों में 'छोति कहाँ तें आयी' पर चर्चा के दौरान विद्वान् प्रायः इस नतीजे पर पहुँचते पाये जाते हैं कि स्मृतियों से पहले वैदिक साहित्य और ब्राह्मण ग्रन्थों में अस्पृश्यता (अनटचबिलिटी) का कोई संकेत नहीं मिलता। तब फिर वेदों की कसम खाकर लिखी गयी स्मृतियों के अमानवीय विधानों की सहायता से पुख्ता बनाये गये वर्णवादी सिद्धान्तों को 'श्रुति सम्मत वैदिक मार्ग' बताकर क्या उसे न्यायसंगत ठहराया जा सकता है? क्या छुआ-छूत की सीमा तक फैले वर्णवादी सिद्धान्तों के विरोध में कबीर की वर्णविरोधी शास्त्र निरपेक्ष विचारधारा से अनुभावित निम्नवर्गीय निर्गुण भक्ति को परम्परा-बाह्य घोषित करना अनुचित नहीं है? क्या बौद्ध दार्शनिकों की वर्ण-विरोधी विचारधारा को भी परम्परा-बाह्य घोषित किया जा सकता है?

क्या वर्ण-धर्म को लोक धर्म का पर्याय माने बिना कबीर को लोकविरोधी कहा जा सकता है? क्या इससे कबीर को लोकविरोधी घोषित करने वाले आचार्य शुक्ल की वर्णवादी मानसिकता का पता नहीं चलता? जाहिर है कि छुआछूत की अमानवीयता और वर्णवादी सिद्धान्तों की असंगतियों के सम्बन्ध में कबीर द्वारा उठाये गये ये सवाल वर्णवाद के अन्ध समर्थकों के साथ तार्किक वाद-विवाद द्वारा सार्थक संवाद की माँग करते हैं। अतः 'वर्णाश्रम के प्रति अश्रद्धा उत्पन्न' करना लोक-विरोधी आचरण नहीं बल्कि लोक जागरण के उस महाभियान में लोक हितकारी प्रगतिशील कदम है।

मध्यकालीन भारत के इतिहास में निर्गुण भक्ति आन्दोलन के प्रवर्तक कबीर की शास्त्र-निरपेक्ष विचारधारा वस्तुतः वैदिक-पौराणिक विचारधारा की स्थापित संस्कृति के विरुद्ध प्रति-संस्कृति का सशक्त हस्तक्षेप है जो मुक्तिकामी जनता के सामाजिक, सांस्कृतिक और आर्थिक सरोकारों से जुड़ा हुआ है। कबीर की कविता धर्म समाज के ठेकेदारों से खतरनाक सवाल पूछने की कविता है; किसी भी अमानवीयता के विरुद्ध साहसिक हस्तक्षेप की कविता है। इस हस्तक्षेप से बच पाना कितना कठिन है, इसे आज का मगध भी जानता है और उसके माध्यम से श्रीकान्त वर्मा भी जानते हैं—*'कितना भी कतराओ। तुम बच नहीं सकते हस्तक्षेप से। जब कोई नहीं करता/तब नगर के बीच से गुजरता हुआ/मुर्दा/यह प्रश्न कर हस्तक्षेप करता है/मनुष्य क्यों मरता है?'* कबीर की कविता इसी मनुष्य की चिन्ता से चिन्तित कविता है जो मुर्दे में भी प्राण-संचार कर प्रश्न पूछने का साहस पैदा करती है। अतः आज कबीर किसी व्यक्ति का नाम नहीं, एक सुचिन्तित विचारधारा है जो जनवादी चिन्तन परम्परा की कीमती विरासत है। कबीर मध्ययुगीन आधुनिकता को आधुनिक बोध से जोड़नेवाला सम्बन्ध-सूत्र है। क्या प्रेमचन्द की 'मन्दिर-मस्जिद' कहानी इसी विरासत के गर्भ से पैदा हुई कहानी नहीं है? क्या गढ़ों और मठों को तोड़ने का संकल्प करने वाले मुक्तिबोध की जनवादी विचारधारा में कबीर के हस्तक्षेप की साहसिक विरासत अनुपस्थित है? क्या कबीर की लुकाठी युद्ध के भरे 'बजार' में थके-हारे निराला के राम के लिए 'दूर कहीं जलती मशाल' की आशा-किरण नहीं बन गयी है? क्या कबीर के हाथ की लुकाठी सर्वेश्वरदयाल सक्सेना के हाथ तक आते-आते, खूँखार शक्तियों के प्रतिरोध का धारदार हथियार नहीं बन गयी है?—*'भेड़िया गुर्राता है; तुम मशाल जलाओ/', 'करोड़ों हाथों में मशाल लेकर/एक-एक झाड़ी की ओर बढ़ो; सब भेड़िये भागेंगे/', 'आदमी साहस से, एक होकर; मशाल लिये खड़ा होगा/इतिहास जिन्दा रहेगा/'* और इस 'इतिहास को जिन्दा रखने के लिए', 'मशाल उठाना सीखने के लिए', 'निर्भय होने का सुख जानने के लिए' तथा 'खुद को पहचानने के लिए' कबीर को जानना बहुत जरूरी है।'

सामाजिक न्याय के लिए आर-पार की लड़ाई लड़ने वाले कबीर के व्यक्तित्व को जाने-पहचाने बिना क्या हजारीप्रसाद द्विवेदी यह लिख सकते थे कि 'न्याय के लिए

प्राण देना सीखो। न्याय जहाँ से भी मिले, बलपूर्वक खींच लाओ।' क्या कारण है कि काशीनाथ जैसा आज का बहुपठित और बहुचर्चित संस्मरण लेखक सलाह-मशविरा के लिए बार-बार कबीर के पास ही क्यों जाता है? जाहिर है कि मध्यकालीन होते हुए भी कबीर अपने सांस्कृतिक जनवाद की क्रान्तिकारी विरासत के साथ आधुनिक भी लगता है और आज के लेखक का समकालीन भी। मेरे पास ऐसी किसी मतगणना का आधार तो नहीं है जिसके द्वारा मैं यह बता सकूँ कि कबीर 'उत्तर भारत की जनता के गले का हार' था या नहीं। पर यह कहने में मुझे कोई संकोच नहीं कि कबीर के पास विविधताओं से भरा एक ठोस पाठक समुदाय तब भी था और आज भी है। किसी रचनाकार के पाठकों की संख्या का ज्यादा होना एक बात है और उसके पास ठोस पाठक समुदाय का होना बिल्कुल दूसरी बात। अन्धविश्वासों और रूढ़ियों में जकड़ी जनता के गले का हार बने लेखक की लोकप्रियता इस वर्ग-विभाजित समाज में हमेशा सकारात्मक ही नहीं होती। बतौर फैशन कबीर की प्रासंगिकता पर चर्चा करते समय लोग यह भूल जाते हैं कि कबीर की प्रासंगिकता और उसकी खतरनाक विरासत पर चर्चा करने का हक उन्हें है जो आज स्वयं भी प्रासंगिक हों, जो कबीर की तरह खतरनाक सवाल पूछने की हिमाकत कर सकते हों और जिनमें किसी भी तरह के छल-छद्म, अत्याचार और अमानवीयता के विरुद्ध हस्तक्षेप करने का साहस मौजूद होय उन्हें नहीं जो विरासत के नाम पर कबीर में 'सर्वधर्म समभाव' की सम्भावना तलाशते हों और उन्हें भी नहीं जो किसी आम्बेडकर पुरस्कार पाने की आशा में किसी-न-किसी पन्थ या मठ से जुड़कर 'गोष्ठी', 'तिलक', 'परचई' जैसे साम्प्रदायिक साहित्य में क्रान्तिकारी कबीर की विरासत तलाशते हों। कबीर की प्रासंगिकता की चर्चा इसलिए भी अप्रासंगिक है कि वह कोई चुका हुआ कवि नहीं है। वह तो इतिहास के हर मोड़ पर, परिवर्तन के हर बिन्दु पर और जन-जागरण के हर अभियान में हर समय हमारे साथ मौजूद है। आज जाति, धर्म और सम्प्रदायगत संकीर्णता के वर्तमान राजनीतिक माहौल में तो कबीर से ज्यादा प्रासंगिक केवल कबीर ही हो सकता है।

37

युगीन हलचल और जायसी

—विद्योत्तमा मिश्र

जायसी को विरासत में वीरगाथाकाल की क्षीण परम्परा मिली थी, वीरगाथाकालीन कवियों ने अपने राजा के वीरत्व एवं श्रृंगार की प्रशस्ति भी की है और पारस्परिक वैमनस्य के संघर्ष से होने वाले विनाश का करुण चित्र भी खींचा है। जायसी के पद्मावत में वीरता है, श्रृंगार है और करुणा भी है, पर वह परम्परा का पोषक नहीं है। दरबारी कवियों की तरह उनकी दृष्टि राजा के वीरत्व की मात्र प्रशंसा में नहीं रही, उन्होंने नासमझ शौर्य और निरर्थक अहं की टकराहट में चूर-चूर होने वाली वीरता और पिसती हुई प्रजा को एक कवि की हैसियत से देखा था। इसीलिए जायसी मुस्लिम होने के कारण न अलाउद्दीन की प्रशंसा कर पाते हैं और न भारतीय होने के कारण रत्नसेन की। इन टकराहटों से उनका मानव-हृदय स्तब्ध हो रहा है, रो रहा है। जाहिर है वे वीरगाथाकाल की क्षीण परम्परा को बढ़ाने वाले कवि नहीं हो सकते थे। उनके अनुसार आतंकित करके साम्राज्य विस्तार करने वाला राजा कभी अनुकरणीय नहीं हो सकता इसीलिए उनका मानव-हृदय अलाउद्दीन को कभी स्वीकार नहीं कर पाता, वे अलाउद्दीन कारण में को खुलकर कोस नहीं पाते, उसके अमानवीय आचरण से क्षुब्ध हो ठहर जाते हैं, उसका आतंकवादी व्यक्तित्व ही आता है, जातीय प्रतिबद्धता नहीं, उनकी सारी सिम्पैथी रत्नसेन के साथ है, उसके जीवन का उतार-चढ़ाव और मार्मिक अन्त के चित्रण में उनकी लेखनी सारहीन संसार में होने वाली टकराहटों के रीतेपन की ओर संकेत करके मौन हो जाती है।

तत्कालीन दरबारी साहित्य आश्रयदाताओं के मनोरंजन और वैभव-प्रदर्शन तक ही सीमित था, इस साहित्य में जनपक्षधरता जैसी बात नहीं थी। हाँ, हिन्दी-फारसी मिश्रित प्रयोग किये गये जिससे जनमानस को भाषायी दिक्कतों का सामना न करना पड़े। इस कोटि के कवियों ने गजल, कव्वालियों के अतिरिक्त जन साधारण के मनोरंजन के लिए प्रचलित भाषा में पहेलियों की भी रचना की। अमीर खुसरो ने इस दिशा में काफी प्रयास किया, वास्तव में उनकी पहेलियों में आधुनिक खड़ी बोली का प्रारम्भिक

रूप नजर आता है। खुसरो ने अलाउद्दीन के युद्ध की प्रशंसा की है, वे धर्मयुद्ध मानकर उसके अमानवीय नरसंहार पर क्षुब्ध नहीं होते। साम्राज्य-विस्तार की प्रबल आकांक्षा से होने वाली आतंकवादी हिंसक मुद्रा का भयावह रूप जायसी को पीड़ित करता है। इसलिए जायसी इस युद्ध की व्यर्थता का बार-बार संकेत करते हैं। जायसी दरबारी कवि तो नहीं हो सकते थे। दरबार क्या, तत्कालीन समाज की उपेक्षा का दर्द उनकी रचना में विद्यमान है।

कवि विआस कवँला रसपूरी, दूरिहि निअर निअर भा दूरी।
निअरहि दूरि फूल संग काँटा, दूरी जो निअरै जाये गुर चाँटा।
भँवर आइ बनखण्ड सन, लेहि कँवल कै बास।
दादुर बास न पावहिं, भलेहिं जो आछहि पास ॥ पृ. 115

उस समय चैतन्य महाप्रभु एवं जयदेव के गीत गोविन्द की प्रेरणा से मनोहर काव्य परम्परा भी दृष्टिगत हो रही है। मैथिल कोकिल विद्यापति ने इसे और उत्कर्ष प्रदान किया। कृष्ण काव्य की धारा सूरदास का योग पाकर बड़े वेग से लोक मानस में प्रतिष्ठित हुई। इसने तत्कालीन त्रस्त समाज के लिए संजीवनी का काम किया, पर रीतिकाल तक आते-आते इसका संजीवनकारी रूप बरकरार नहीं रह सका। कृष्णकाव्य में युग की उथल-पुथल को प्रत्यक्ष चित्रित करने की प्रबलता नहीं दिखाई देती। उस भक्ति में सराबोर होकर हम तन्मयी भावन की स्थिति में जा सकते हैं पर वह मानस लोक की ऊँचाई क्या हमको युगीन संघर्ष से अछूता रख सकती है।

प्रसाद जी ने भी अजातशत्रु में कहा है– *'शुद्धबुद्धि तो सदैव निर्लिप्त रहती है।'* आगे उन्होंने स्पष्ट किया कि वह साक्षी रूप में देखती जरूर है, लेकिन मानस लोक में अपने को इतना विलीन नहीं कर देती कि वह सत्-असत् के संघर्ष में कर्मभूमि में न उतरे। राम का रामत्व इसी में है कि वे रावणत्व से संघर्ष कर रहे हैं। कृष्ण झटके से राक्षसों का संहार करके अपनी लीलाओं में लीन हो जाते हैं। कृष्ण काव्य में लीलाओं के साथ अगर कर्मभूमि का लोकमुखी धरातल व्यापक रूप में नजर आता तो उसका कलेवर ही दूसरा होता। जायसी के समय सन्त कवियों का विद्रोही स्वर भी मुखरित था। कबीर एक निर्भीक समाज-सुधारक के रूप में प्रतिष्ठा प्राप्त कर रहे थे। उन्होंने हिन्दू-मुसलमानों के संघर्ष काल में दोनों की उपासना-पद्धतियों पर प्रश्नचिह्न लगाकर धर्म का वास्तविक रूप प्रस्तुत किया। उन्होंने हिन्दू पूजन-पद्धतियों पर प्रहार किया तो मुसलमानों की परम्परागत रूढ़ियों को भी आड़े हाथों लिया है। जातीय संकीर्णता से मुक्त आध्यात्मिक धरातल पर सन्तों के एकता के स्वर की प्रमाणिकता भी बड़ी लोक कल्याण परक थी, पर राजनीतिक उथल-पुथल में पिसती हुई जनता के दर्द के कारण और निवारण की ओर उनकी दृष्टि नहीं जा सकी। क्योंकि वैभव के लिए उठा-पटक

का उनके लिए कोई मूल्य नहीं था। वास्तव में हिन्दू एवं मुसलमान दोनों ही अपनी रीतियों का परित्याग कर नहीं सकते थे और नये पथ को ग्रहण करना भी उनके वश के बाहर की बात थी। सन्तमत की ओर सकारात्मक रुख रखकर भी उन्होंने उसे भोगा भी था इसीलिए उनकी रचना में सांस्कृतिक सामंजस्य की चेष्टा दिखाई दे रही है। विदेशी हमारे देश की संस्कृति को भले ही रौंदते रहे पर उसके गहरे अस्तित्व बोध के अहसास से मुक्त नहीं हो सके। मुसलमानों का वह वर्ग, जो यहीं बस गया उसने जातीय विद्वेष का स्थान सौमनस्य एवं सांस्कृतिक आदान-प्रदान ने ले लिया था। हिन्दू रीतिरिवाजों के प्रति एक खास किस्म का आकर्षण भी, यहाँ रहने वाले विदेशियों में विद्यमान था। हिन्दू रीतिरिवाजों के भावात्मक जुड़ाव की स्वेच्छ विवशता ने जायसी को व्यावहारिक धरातल पर हिन्दू देवी-देवताओं की कथा को रीतिरिवाजों, आचार-पद्धतियों को साहित्य में जाने-अनजाने प्रस्तुत करने के लिए प्रेरित किया। इस प्रकार का प्रस्तुतीकरण उनके जातीय सौमनस्य ही नहीं, उस संस्कृति में स्वेच्छया जीने का प्रमाण प्रस्तुत करता है। यही कारण है कि उनकी रचना में मुस्लिम धर्म से जुड़ी अन्तर्कथाएँ और रीतिरिवाज नहीं आ पाते। इतनी उदार दृष्टि के बावजूद उनका अध्यात्म का पथ एकांगी ही रहा। इस साहित्यिक परिवेश में जायसी आध्यात्मिक प्रणय साधना और युग की हृदय विदारक उथल-पुथल की तस्वीर लेकर साहित्य के धरातल पर अवतरित होते हैं।

जायसी को कबीर की तरह समाज सुधारक का खिताब नहीं मिला था पर सामन्ती समाज में जीने वाले आम नारी-पुरुष की मानसिकता के साथ-ही-साथ ग्राम्य जीवन की नैतिकता के संस्कार उनकी कविता में मिल जाते हैं। भारत जैसे धर्मभीरु देश में जहाँ जीवन के कदम-कदम पर धर्म की छत्रछाया है, कबीर उपासना-पद्धतियों को चुनौती देकर उनके खोखलेपन को उजागर करके क्रान्तिकारी बन जाते है, लेकिन नारी के प्रति उनकी दृष्टि यही रही *'नारी की झाँई परे अन्धा होत भुजंग कबिरा तिनकी क्या गति से नित नारी संग'*। इतना कहने के बावजूद वे 'हरि को जननी रूप में भी देख लेते हैं इससे आगे जाना उनके वश के बाहर की बात है पर जायसी परम शक्ति को स्रष्टा पोषक संहारक सब कुछ मानते हैं और पुरुषप्रधान समाज में दासता को धर्म के नाम पर अंगीकार करने वाली नारी की मानस व्यथा का भी रूपायन करते हैं। पुरुष के वर्चस्व में 'पति परमेश्वर' के रूप में ईश्वरीय गरिमा को धर्म की मुहर लगाकर स्थापित कर लिया। इसीलिए एक पतिव्रत होना नारी का धर्म बन गया, पर बहुपत्नी प्रथा या रखैलों और दासियों की संख्या में बढ़ोतरी राजा के पौरुष की प्रतीक बन गयी थी। उन्होंने इस समाज में जन्म से ही नैतिकता एवं धर्म के नाम पर आजीवन पराधीन रहने वाली नारी की पीड़ा को पहचाना है। इसकी पहचान तुलसी को भी थी इसीलिए *'नारि चरित कर ढारइ आँसू, और का न*

करै अबला प्रबल' की घोषणा करने के बावजूद वे यह भी कहना नहीं भूलते *'कत विधि सृजी नारि जग माँही पराधीन सपनेहु सुख नाहीं।'* जायसी इस पराधीनता में जीने की विवशता और उसकी व्यथा को मानसरोदक खण्ड में भी व्यक्त करते हैं। विवाह के उल्लास के साथ-ही-साथ सम्भावित पराधीनता का संसार हर्षोल्लास के साथ जलक्रीड़ा करती हुई कुमारिकाओं को भी व्यथित कर देता है। पद्मावती की सखियाँ विवाहोपरान्त नारी-जीवन की पराधीनता से चिन्तित हो पद्मावती का ध्यान भी उसी ओर आकृष्ट करती हैं–

'ए रानी मन देखु विचारी, ए नैहर रहना दिनचारी।
जो लगि अहै पिता कर राजू खेलि लेहु जौ खेलहु आजू।
पुनि सासुर हम गौनब काली, कित हम, कित एह सरवर पाली।
कित आवन पुनि अपने हाथा, कित मिलि कै खेलब एक साधा।
सासु ननद बोलिन्ह जिउ लेही, दारुन ससुर न आवै देही।
पिउ पिआर सब ऊपर सो पुनि करै दहु काह।
कहुँ सुख राखै की दुःख दहुँ कस जनम निवाह।'

पद्मावत, पृष्ठ 160

इस कथन में कुमारी की पीड़ा है कि खेलने का अवसर यहाँ है ससुराल में नहीं। खेलने की ललक बाल–विवाह की ओर भी संकेत करती है। सखियाँ जी भर खेलने का आग्रह पद्मावती से करती हैं, क्योंकि नैहर से सखियों से बिछुड़ना भी है और पराधीन हो जाना है, स्वेच्छा से आना भी सम्भव नहीं हो पायेगा। ससुराल में उस ससुर का कठोर शासन है जो दारुण है, सास-ननद की बोली ही पीड़ादायक है, पति प्यारा है पर पता नहीं सुख में रखेगा या दुःख से कुछ कहा नहीं जा सकता। ससुराल की यातना का वर्णन तद्‌युगीन समाज की वास्तविकता से हमारा परिचय कराता है। सास-ननद नारी है, पर मौका पाकर वे भी मानसिक यातना से बाज नहीं आतीं। सबसे बड़ी चिन्ता है पति की वो हमें कैसे रखेगा? शंका है, इस शंका में नारी की पराधीनता सामन्ती समाज में उसकी परिस्थितियों से समझौता करने वाली दृष्टि की व्यापकता दृष्टिगत हो रही है। हमें वह दुःख से रखे या सुख से, रहना वहीं है क्योंकि वह नारी धर्म है, उसका निर्वाह करना ही जीवन की नियति है, उसका कोई अस्तित्व नहीं है। यह पीड़ा जायसी के मन को कहीं-न-कहीं व्यथित करती है जिसे वे बड़ी सहजता से व्यक्त करते हैं। नारी इस प्रकार समझौतावादी जीवन-दृष्टि अपनाने के लिए विवश है। इस विवशता को वह अभिशाप न समझे इसके लिए नैतिकता एवं धर्म की मुहरबन्द सर्वस्वीकृति छाप भी पहले से ही लगा दी गयी है। आज उस छाप को धुँधला करने में प्रगतिशील जनान्दोलनों की, स्वयं नारी की अपनी सशक्त चेतना

की, समाज की स्वतः बदलती मानसिकता की महती भूमिका रही है, पर जायसी उस समय उसकी पीड़ा को व्यक्त करके ही यथार्थ से हमारा परिचय कराते हैं यही उनकी बड़ी उपलब्धि है। राजघराने से जुड़ी नारियों की पीड़ा आम नारी से कम किसी प्रकार भी नहीं थी, उसे ससुराल की पराधीनता के साथ सौतों का दुःख भी सहना पड़ता था। आम नारी इस व्यथा को इस सीमा तक नहीं सहती थी।

पुरुष पति है, परमेश्वर है इसलिए उसके सारे दोष भी गुणों की तरह गिने जायेंगे। पति के बिना नारी अधूरी है, अस्तित्वहीन है। वह शोषक हो या प्रपीड़क, उसका सम्मान करना नारी का धर्म है, यह पराधीनता, यह नैतिकता नारी की अन्तर्चेतना में नारी धर्म के रूप में समाहित है। नागमती उस पुरुष को परमेश्वर मान रही है जो पारस रूप पद्मावती की रूप-प्रशंसा सुनकर उसके वरण के लिए गया है, वह अपने भाग्य पर रो रही है पर अपने पति को सर्वथा दोषमुक्त मानती है। वह पति के वियोग में रोकर भी पति के पास सन्देश तक भिजवाने का कोई कदम नहीं उठाती (प्रश्नचिह्न लगाना तो दूर की बात है) उसकी सखियाँ भी आकर वही उपदेश देती हैं कि नागमती तुम रहोगी पटरानी ही, तुम्हारा पति चाहे जितनी पद्मिनियाँ ले आये पर वह रहेगा तुम्हारा ही क्योंकि भ्रमर चाहे जितनी कमलिनियों के पास जाये, पर वह मालती का ही होता है। सखियों को स्वयं नागमती को उसकी भ्रमर वृत्ति पर आपत्ति नहीं है, वह पुरुष का स्वभाव है उसे दोषी कहाँ माना जा सकता है। वह इस सामन्ती चौखट और धर्मप्रवण ग्रामीण भावुकता के संस्कार से निकलकर तर्क के उस बिन्दु पर नहीं पहुँच पाती जहाँ रत्नसेन के प्रति कोई प्रश्नसूचक मुद्रा आ सके। जायसी पूरी संवेदना के साथ नागमती के साथ रो रहे हैं। नागमती पीड़ित होकर सामन्ती परिवेश से निकलती है तो मानवीय संवेदना का स्वरूप हमें नहीं दिखाई देता, बल्कि जड़ प्रकृति का संवेदनशील रूप आता जहाँ पक्षी द्रवित हो सन्देश लेकर पहुँचता है। पेड़-पौधे अश्रु में डूब जाते हैं। उसकी वेदना से दग्ध होकर निपाते हो जाते हैं। जायसी उसी की पीड़ा को इतनी तल्लीनता से चित्रित करते हैं कि उसके वेग में रूपक टूट जाता है। वे नागमती को उस भूमिका पर नहीं खड़ाकर पाते जहाँ वह पुरुष की उन्मुक्तता को चुनौती दे सके। हमारे समाज में गुलामी को धर्म मानकर अंगीकार करने वाली नारी ही पतिव्रता कही जाती है। विवाह के बाद पद्मावती भी उसी तरह बन जाती है।

कबीर का रुख हिन्दू एवं मुसलमान दोनों के ढोंगवाद के प्रति आक्रामक ही रहा, उन्होंने दोनों जातियों के अहं और रीतिरिवाजों की विसंगतियों पर तीखा प्रहार कर अपने पथ का अनुगामी बनाने का प्रयास किया। सन्त मत के सार्वभौम सत्य को एक स्वर से स्वीकृति देने के बावजूद जनमानस को पूर्णतया तृप्ति नहीं मिल पाया। वे अपने ढंग से जीने के तौर-तरीके में इतनी गहराई से समा गये थे कि दोनों जातियों में से कोई भी उन्हें तिलांजलि नहीं दे सकता था, साथ रहने की विवशता के कारण

जातीय रिवाजों के अहं के बावजूद हिन्दू रीति-रिवाजों की मर्यादा एवं स्नेह को नकार पाना यहाँ के निवासी मुसलमानों के लिए असम्भव था। जायसी सौमनस्यपूर्ण अवध प्रान्त की संस्कृति में जिये, वहीं काव्य रचा। उन्होंने इस मानसिकता का अहसास ही नहीं किया, बल्कि निकट से टटोला भी था। यही कारण है कि उन्होंने जनश्रुति पर आधारित ऐतिहासिक कथा में हिन्दू रीतिरिवाजों, लोकोत्सवों, हिन्दू धर्म की पद्धतियों, पूजा-पाठ, देवी-देवताओं की महिमा उससे सम्बन्धित अन्तर्कथाओं को प्रसंगानुकूल समायोजित किया है। मुसलमान विदेशी न रहकर यहीं के हो गये थे। अतः उन्हें जातीय सामंजस्य की आवश्यकता का अनुभव भी होने लगा था। यह सामंजस्य टकराहटों को कम ही नहीं करता, वरन् आत्मिक शान्ति भी प्रदान करता है। जायसी ने अपनी कथा के माध्यम से हिन्दू संस्कृति की मर्यादावादी लोकप्रचलित रीतियों को संवेदना के साथ प्रस्तुत किया है। इस मिलीजुली संस्कृति और हमारे कुछ मूल्यों में सामन्ती नैतिकता में जीने की धर्म संकुल विवशता को जायसी ने मर्मस्पर्शी आत्मीयता के साथ चित्रित किया है, उससे गहराई से जुड़कर ही वे साहित्य में आये हैं। यह उस उथल-पुथल वाले युग की माँग थी। यहाँ विदेशियों ने भले हमारी संस्कृति के आकर्षण में बँधकर जीना सम्पर्क जन्य उपलब्धि के रूप में सीखा हो, उनकी कुछ रीतियों और सहज मूल्यों को कभी उसी रूप में तो कभी अपने ही साँचे में ढालकर हम भी अपनाने लगे थे। जायसी इसी मानसिकता के साथ साहित्य में उपस्थित होते हैं।

जायसी हिन्दू-तुर्क लड़ाई से दुःखी हैं। इस पीड़ा का संकेत भी उन्होंने यत्र-तत्र किया है। उनकी कविता में हिन्दू रीतियों की चर्चा भी प्रसंगोचित स्थलों पर मिलती है। कुछ हिन्दू रीतियाँ रिश्तों की आत्मीयता को पुष्ट करने के लिए उपहारों से जुड़ी हैं। उन बिन्दुओं पर खर्च करना प्रतिष्ठा का विषय बनता है। आज के युग में भी हम उस मानसिकता से मुक्त नहीं हो पा रहे हैं। जायसी पद्मावती के विवाह में हर रस्म पर प्रस्तुत किये जाने वाले उपहारों, भोज्य-पदार्थों एवं आचार-विचार का भी चित्रण करते हैं। दान-दहेज की प्रचुरता पद्मावती के पिता की प्रतिष्ठा का विषय है। जायसी उस प्रतिष्ठा का बखान करना नहीं भूलते।

आज व्यवसायी अन्दाज वाली सभ्यता आदर्श के आवरण के भीतर ही अपना फैलाव करती जा रही है। उपलब्धि का भूखा आदमी बड़े बौद्धिक तरीके से इस दोहरी-तिहरी जिन्दगी जीने में सफल भी हो रहा है और कहीं भी उसके पतन का सूत्र हाथ में नहीं आ रहा है। सामन्ती समाज में इतनी बारीकी नहीं आ पाती। वहाँ शोषण और पतन के व्यवसायी अन्दाज के सूत्र प्रकट हो जाते हैं। इस समाज में वेश्याओं की महफिल भी है, आज वह दूसरे रूप में सभ्य समाज की एक प्रच्छन्न शक्ति के रूप में परिलक्षित हो रही है। उसे आधुनिकता का आवरण भी दिया गया है। जायसी ने वेश्याओं का जिक्र भी किया है। साथ-ही-साथ उनसे बचकर चलने की हिदायत

भी दी है, नारी के पवित्र धर्म की चर्चा के बावजूद पनिहारिनों के चित्रण में उनका स्वच्छन्द रूमानीपन भी नजर आता है। ग्रामीण समाज के मेले एवं उनके बाजारों के चित्रण में वे जेबकतरों, तमाशा दिखाने वाले बहेलियों का भी उल्लेख करते हैं। इसी सन्दर्भ में ठग एवं चोरों से सावधान रहने का जिक्र भी करते हैं। उनकी अभिलाषा है कि धरती धनधान्य से सम्पन्न हो, जातीय द्वेष, कुचक्र, षड्यन्त्र न हो और ईश्वर के प्रति आस्था सजीव बनी रहे इसीलिए सिंहल द्वीप के वर्णन में वे पक्षियों को भी ईश्वर का नाम रटते हुए दिखाकर आह्लादित होते हैं।

जावतपंखि जगत के बैठे भरि अंबराउ
आपनि आपनि भाषा लेहिं दइउ कर नाऊँ।। पृ. 121

राजनीतिक धरातल पर सामन्ती राजघराने के रीति रिवाज, झूठी प्रतिष्ठा, निरर्थक टकराहटों का दुष्परिणाम बड़ा हृदयस्पर्शी है। सृष्टि में दो ही तरह के प्राणी हैं—भक्ष्य और भक्षक—जो एक का भक्षक है वह किसी का भक्ष्य भी होता है। इस शाश्वत प्रक्रिया के बावजूद किसी की संख्या घटी नहीं है। मानव समाज में भी शक्तिहीन शक्तिवान का भक्ष्य बनाम शोषक बनाम त्रासद है अस्तित्व का भंजक है। मानव मात्र के अस्तित्व का भंजक ही उसका भक्षक है। मानव का अहं जब किसी पर वर्चस्व जमाने के लिए तलवार का आश्रय लेता है या उक्त तरीकों को अख्तियार कर लेता है तब वह भयावह आतंकवादी बनकर अपनी पहचान से परे हो जाता है। जायसी इस प्रकार की राजसी शक्ति के अत्याचार से क्षुब्ध हैं, पीड़ित हैं और इस अत्याचार से होने वाली विनाशलीला पर आँसू भी बहा रहे हैं। इसलिए उनको रत्नसेन से पूरी सहानुभूति है। उन्होंने रचना के प्रारम्भ में शेरशाह की प्रशंसा की है। उसके पास शक्ति है। शक्ति दुष्टों, चोरों को आतंकित करने के लिए नहीं है, किसी को त्रस्त करने के लिए नहीं इसलिए वे उसके शौर्य की प्रशंसा करते हैं—

सेरसाहि दिल्ली सुल्तानू चारिउ खण्ड तपई जस भानू
ओही छाज छात आ पाटू सब राजा भुइं धरई लिलाटू

x x x

हाथ सुलेमा केरि अँगूठी, जग कहँ जियन दीन्ह तेहि मूठी
दीन्ह असीस मुहम्मद, करहु जुगहि जुग राज
पातसाहि तुम्ह जंग के, जग तुम्हार मोहताज *पृ. 1-3*

शेरशाह सूर्य की तरह तप रहा है इसीलिए सिंहासनासीन होने पर शोभायमान होता है। राजा शीश झुकाते हैं। सूर्य की तरह तपना भी सराहनीय है। उसके पास सुलेमान की अँगूठी है जिसके द्वारा वह संसार के लोगों को जीवन के लिए आवश्यक

वस्तुएँ प्रदान करता है। इसी दानी स्वभाव के कारण जायसी उसे आशीर्वाद देते हैं। अगर जातीय आधार पर समर्थन होता तो अलाउद्दीन की प्रशंसा करते, पर उसके समर्थन में एक भी पंक्ति उनके काव्य में नहीं मिलती। शेरशाह की सैन्य शक्ति ऐसी है कि सभी नतमस्तक हो जाते हैं, जायसी इस सैन्य शक्ति पर मुग्ध हैं। संहार के बल पर शासन करने वाली सैन्य-शक्ति को उनकी आत्मा किसी प्रकार स्वीकार नहीं कर पाती। शेरशाह के शासन में न्याय का वर्चस्व है। इतना आतंक है कि चींटी तक को भी कोई दुःख नहीं देता, दण्ड ऐसा है कि रास्ते में पड़ा सोना कोई छूता तक नहीं, गाय-शेर एक घाट पर पानी पीते हैं, धर्म के अनुसार न्याय-व्यवस्था चलती है, सत्य का बोलबाला है इसीलिए जायसी आशीर्वाद देते हैं कि जब तक गंगा-यमुना की धारा रहे, तब तक शेरशाह का शासन रहे। इसी आशीर्वाद में जायसी का हिन्दू संस्कृति की स्वच्छता व्यक्त हो रही है—

अदल कहौ जस प्रिथिमी होई
चौरहि चलत न दुखवई कोई

x x x

परी नाथ कोई छुवइ न पारा,
मारग मानुस सोन उछारा।
गउव सिंघ रेंगहि एक बाटा,
दुअउ पानि पिउहिं एक घाटा
नीर खीर छानइ दरबारा,
दूध पानि सब करइ निनारा,
धरम निभाउ चलई सत भाषा,
दूवर बरिअ दुनहूँ सम राखा।
सब पिरथिमी असीसइ जोरि जोरि कै हाथ
गंग जमुन जो लहि जल ताँ लगि अम्मर नाथ।

ऐसे राजा को ही सारी पृथ्वी आशीर्वाद देती है। वही चरित्रवान है, सुन्दर है और दाता भी—

पुनि दातार दइअ बड़ कीन्हा,
अस जग दान न काहूँ दीना।

x x x

बलि औ विक्रम दानिबड़ कहे
हैतिम करन तिआगी कहे कहे।

x x x

दान डांक बाजइ दरबारा, कीरति गयी समुन्दर पारा।
कंचन बरिस सूर जग भयऊ, दारिद भागि देसांतर गयेउ।
जो कोई जाइ एक बेर माँगा, जन्महु होइ न भूखा नांगा।
दस अस्वमेध जगि जेई कीन्हा, दान पुन्नि सरि सेउ न दीन्हा
अइस दानि जग उफना सेरे साहि सुलतान
ना अस भयउ न होइहि ना कोई देइ अस दान।

जायसी न्यायप्रिय, दानी, प्रजा को दरिद्रता से रहित करने वाले राजा की प्रशंसा करते हैं। राजधर्म की यह व्याख्या उथल-पुथल भरे उस युग में उनके दृष्टिकोण को व्यक्त करती है। राजव्यवस्था के सफल और सर्वोच्च होने की यही कसौटी है, पर कसौटी राजतन्त्र, लोकतन्त्र की उपाधियों से सर्वथा मुक्त है। उन्होंने सिंहलद्वीप की सैन्य व्यवस्था का भी चित्रण किया है, वहाँ पर उनकी दृष्टि सुरक्षा व्यवस्था पर अधिक जाती है। उसकी सुरक्षा व्यवस्था इतनी सख्त है कि कुमारी होने पर उस द्वीप के राजा की बेटी की ओर कोई आँख नहीं उठा सकता, पर रत्नसेन के पास यह शक्ति नहीं है इसीलिए पद्मावती के वरण के बाद ही वह समस्याओं में घिर जाता है। जिस समय नारी को लेकर युद्ध चल रहे हों उस परिस्थिति में बहू-बेटी वाले राजघरानों की सैन्य-शक्ति प्रबल और सुरक्षा व्यवस्था गहरी होनी अनिवार्य हो गयी थी। यह संकट हिन्दू राजाओं के ऊपर विदेशी और स्वदेशी राजाओं द्वारा बराबर लाया जाता था इसीलिए जायसी शेरशाह की अपेक्षा सिंहलद्वीप नरेश की सुरक्षा व्यवस्था की व्यापक चर्चा करते और प्रसन्न होते हैं। उसका वैभव और घेराबन्दी दोनों दर्शनीय है

हिअ न समाइ दिष्टि नहि पहुँचे जानहु ठाढ़ सुमेर।
कहै लगि कहौ ऊँचाई, कहँ लगि बरनौ फेरि।

उसके चारों ओर खाई इतनी भयानक है कि उसकी सीमा रेखा पार करना भी कठिन है।

परा खोह–चहुँदिसि अस बाँका, काँपि जाँघि जाइ नहि झाँका।
अगम असूझ देखि डर खाई, परे सो सप्त पतारन्हि जाई।

उसी की सीमा रेखा पार करने में ही प्राणों की जोखिम उठानी पड़ेगी। सीमा रेखा पार करने पर दुर्ग तक जाने के मोर्चे भी कठिन हैं–व्यवस्था यही देख-रेख ही करती है।

'नित गढ़ वाँचि चलै ससि सूरू नाहि त वाजि होई रथ चूरू। पँवरी नवौं वज्र कई साजी, सहस सहस तहै बैठे पाजी। फिरहिं पाँच कोटवार सो भँवरी, काँपै पाँय चपत वह पँवरी पँवरहि। पँवरिसिंघ गढ़ि गाजहिं। चाहहि सिर चढ़े, टारहि।

पूँछ पसारहिं जीहा, कुजर डरहिं गुजर लीहा। कनक सिलागढ़ि सीढ़ी लाई, जगमगाहिं गढ़ ऊपर ताई।'

'नवो खण्ड नव पँवरी औ तहँ वज्र केवार
चारि बसेरे सो चढ़े सत सो चढ़ जो पार'
नवौं पँवरि पर दसाँ दुआरू तेहि पर बाज राज घरिआरू
घरी सो बैठि गनै घरिआरी, पहर पहर सो आपनि बारी

x x x

परा जो डाँड जगत सब डाँडा, का निश्चित माटीकर भाँडा
तुम्ह तेहि चाक चढ़े होइ काँचे, आएहु फिरै न थिर होइ बाँचे
घरी जो भरै घटे तुम आऊ का निश्चित सोवहिरे बटाऊ।
पहरि पहरि गजर नित होई हिआ निसोगा जाग न सोई।

आध्यात्मिक संकेतों के साथ जायसी ने उपर्युक्त पंक्तियों में कड़ी सुरक्षा व्यवस्था का चित्रण किया है।

जान को जोखिम में डालकर अगर कोई सीमा रेखा पार करता है तो उसे प्रत्येक द्वार और पँवरी पर पाजी और कोतवालों का सामना करना पड़ेगा। शेरशाह के आतंक से अन्याय पनप नहीं पा रहा है। वहाँ अपना वर्चस्व जमाने की चाहत है पर यहाँ वह चाहत नहीं है अगर उनके दुर्ग में गलत नीयत से प्रवेश करता है तभी वे पाजी और कोतवाल अपना रूप दिखाते हैं। सिंह के चित्र में कारीगरी भी है और सन्देहास्पद लोगों के लिए भयजनक मुद्रा भी है। उस पर चार बसेरे करते हुए भी चढ़ा जा सकता है। उसका प्रताप इतना है चारों पड़ावों को पार करना सैन्य के बल से ही सम्भव है उसी प्रकार इसकी आन्तरिक तेजस्विता के प्रताप से असत् का आश्रय लेकर चलने वाला वहाँ तक जा ही नहीं सकता, उसमें वह शक्ति कहाँ जो इसके सामने टिक जाये। राज्य का घण्टा भी बजकर आयु के घटने की सचाई से बेखबर लोगों को सचेत करता है। इस प्रकार की शक्ति व्यवस्था राजा के लिए अनिवार्य है, उस राजा के यहाँ चार अधिकारी गढ़पति, अश्वपति, नरपति, राजपति रहते हैं। सबके अलग-अलग महल हैं सभी सम्पन्न हैं, हाथियों एवं घोड़ों की संख्या अगणित है। राजसभा में सारे लोग प्रसन्न हैं। गन्धर्व सेन भी सूर्य की तरह हैं पर जायसी ने उसे शेरशाह की तरह तपते हुए नहीं दिखाया। राजारूपी कमलों को खिलाते हुए ही दिखाया है। चारण लोग प्रशंसा करते हैं, रानियों का रूप अपार है। उसके राज्य में शक्ति है, न्याय है, सुरक्षा है, पर आतंक से उसके सामने कोई प्रसन्नता से सर नहीं झुकाता है। यही शेरशाह और गन्धर्वसेन में फर्क है। यही कारण है कि प्रकृति का अपूर्व वरदान उसे मिला है, उसके राज्य में सारे फल-मेवे, धन-धान्य हैं। पक्षी तक

देवता को पुकारते हैं। एक स्थान में विभिन्न सम्प्रदायों को मानने वाले हैं, पर उनमें विवाद नहीं है। सभी जनता सुखी है, संस्कृति का विकास है, राजा-रंक में आत्मिक शक्ति है, बाजार सम्पन्न है, नारियों की स्थिति है कि मालिने भी फूल बेचने का कार्य करती हैं। सामन्ती संस्कृति में जिस सुखी समाज राज्य का चित्र सिंहलद्वीप के माध्यम से जायसी ने प्रस्तुत किया है वही उनका आदर्श है, यह व्यवस्था भारतीय संस्कृति की भूमि पर खड़ी है इसीलिए शेरशाह की अपेक्षा गन्धर्वसेन की राज-व्यवस्था के चित्रण में उनकी दृष्टि अधिक रमी है। क्योंकि उसकी व्यवस्था शेरशाह की अपेक्षा अधिक मानवीय और लोक-कल्याणपरक है। यहाँ शक्ति, वैभव है, पर उन्माद नहीं है, सैन्य शक्ति आतंकित करने के लिए नहीं है बल्कि अन्यायी, अत्याचारी से अपनी रक्षा के लिए है। उसका दुर्गम होना अध्यात्म के अतिरिक्त है उसकी शक्तिता का प्रमाण है। मुगलों की आतंकवादी सेना वहाँ नहीं जा सकती, वहाँ की पद्मिनी नारियाँ, अनिन्द्य सुन्दरी राजकुमारी की ओर कोई आँख उठाकर नहीं देख सकता, उसने माहौल के अनुरूप अपनी शक्ति बना रखी है। आत्म रक्षा और रूप लोभी कामुक राजाओं की चुनौतियों को पस्त करने के लिए यह अनिवार्य भी था। रत्नसेन योगी बनकर आया। उसने अपने चरित्र से संघर्ष से पिता की स्वीकृति से उसका वरण किया, हरण नहीं। यह आदर्श राज्य की प्रजा को आत्मिक शक्ति दे सकता था, पर उनके सामने यह आदर्श नहीं नजर आता जो तख्त के लिए लड़े और वे नरसंहार करने वाली शक्ति के सामने ठहर जाते हैं इसीलिए उनकी रचना भारतीय मापदण्डों के अनुसार सुखान्त नहीं होती। उसका अन्त बड़ा ही करुण होता है, वे इस उथल-पुथल वाले समय में युग की बागडोर थामकर उसे दिशा-निर्देश करने वाले रचनात्मक दायित्व को लेकर कहीं भी उपस्थित नहीं है, बल्कि बढ़ती निरंकुशता, आतंकवादी सत्ता की विनाश-लीला को देखकर क्षुब्ध ही नहीं, असहाय-से खड़े होकर रो रहे हैं और सबकी व्यर्थता का ज्ञान कराते हैं जैसे कि सन्तों की घोषणा रही है। उन्होंने राजघराने के अहं के कारण होने वाले विनाश को देखा था। वह विनाश उनकी पीड़ा का कारण बना है और वही उनकी रचना का यथार्थ बनकर व्यक्त हो रहा है।

कबीर की दृष्टि राजनीतिक संघर्ष से उत्पन्न होने वाले विनाश की ओर नहीं जा सकी है। सत्ता के लिए होने वाले हैवानी संघर्ष की व्यर्थता का बोध इतना प्रबल हो गया था कि वे उसे मूर्खता का पर्याय समझ कर उसकी हँसी उड़ाते हैं। कृष्ण काव्य कर्ता लीला में लीन है तब भी कंस के रूप में उसमें प्रशासकीय अत्याचार की झलक मिल जाती है पर युग की राजनीतिक हलचल उसमें प्रत्यक्ष रूप में नहीं आ पाती, हो सकता है उन लोगों ने अपने जीवन की सार्थकता कृष्णलीला में तल्लीन होने में ही मान ली थी। तुलसी अपने आराध्य राम की प्रतिष्ठा के सन्दर्भ में कलियुग की त्रासदी के निदान रूप में राम को प्रस्तुत करते हैं। जायसी टकराहटों से त्रस्त जनता

की हैसियत से इस भयावह यथार्थ पर निरुपाय होकर रोते नजर आते हैं। वे राजपूत राजाओं के आपसी संघर्ष छोटी-छोटी बातों को लेकर होने वाली अहं की टकराहटों को देख रहे थे, टकराहटों के केन्द्र में सुन्दरी ही रहती थी। कभी वे रूप के लोभवश शक्ति से उसका अपहरण करते थे, तो कभी उसे प्राप्त करना अपने अहं का मुद्दा बनाकर संघर्ष करते थे। इसके कारण कभी वह सुन्दरी (अविवाहिता हो या विवाहिता) आत्महत्या कर लेती या जल मरती। यह उस युग की संस्कृति का, पौरुष संस्कृति का विवेकहीन रूप था। पौरुष का यह मानदण्ड उस समय भी नहीं टूटा जब उन पर मुसलमानों के अत्याचार होने लगे, जायसी ने मुसलमान होने के बावजूद दिल्ली के बादशाहों के उस उन्मत्त आचरण को नकार दिया है जिसके कारण वे छोटे राजाओं की बेटियों, बहनों, पत्नियों की माँग करते, न पूरी होने पर अपहरण और युद्ध तक चले जाते। इस लक्ष्य के लिए उन्होंने सहज रूप में अत्याचार किया क्योंकि यह उनके शान की बात थी। इसीलिए साम्राज्य विस्तार की वह लालसा जो शासक को हैवान बनाती है, उस हैवानियत पर जेहाद (धर्मयुद्ध) का नाम चढ़ा दिया जाता है। जायसी ने धर्म के उस रंग को कभी नहीं अपनाया जहाँ सारी अमानवीयता सारी अय्याशी धुआँ हो जाती है। इस बेरहमी से उनका हृदय विदीर्ण हुआ है इसीलिए अलाउद्दीन की रक्तरंजित विजय और अमानवीय कुचक्रों को वे कभी स्वीकार नहीं कर पाते। एक ओर दिल्ली के बादशाह से राजपूतों की लड़ाई थी तो दूसरी ओर राजपूत राजाओं में आपसी टकराहट, इस टकराहट का कारण सत्ता का विस्तार, अहं का उन्माद, सुन्दरी को हथियाना था—ये सब भी राजपूतों के पौरुष का प्रतीक बन गया था। इसीलिए अपने लक्ष्य की पूर्ति के लिए वे कभी-कभी मुस्लिम शासकों से समझौता कर उनसे सहयोग भी लेते। रत्नसेन मुस्लिम एवं राजपूत दोनों राजाओं के कुचक्र का भी शिकार होता है। इसके केन्द्र में पद्मावती ही आती है। उसका सौन्दर्य ही उसके लिए अभिशाप बना है, वह अपने रूप से अपरिचित भी नहीं है। इस अभिशाप में भी उसे गर्व की अनुभूति होती है, यह उसके व्यक्तित्व की एक कमजोरी ही कही जायेगी। इस अभिशप्त जीवन को झेलती-झेलती वह अन्त में सती हो जाती है। रूप लोभी कामुक राजा देखता ही रह जाता है। रूप लोभ के सामने धन एवं सत्ता-लोभ फीका पड़ रहा है, यह तत्कालीन राजाओं की आम विशेषता थी जो भयंकर अमानवीय लीला के रूप में दिखाई दे रही थी। विजय देवनारायण शाही के शब्दों में—'दिल्ली इतिहास लोक की दिल्ली है, अलाउद्दीन गन्धर्वसेन से कम प्रतापी की राजा नहीं है, कुछ अधिक ही है—गन्धर्वसेन की प्रतापी सेना दीवार पर चित्रित आभूषण की तरह जगमगाती सेना है लेकिन अलाउद्दीन वस्तु जगत् की सेना है जो गाँव उजाड़ती है, दुश्मनों के दाँत खट्टे करती है, गढ़ों को चूर-चूर करती है। यह सेना काव्यात्मक अभिप्रायों की सेना नहीं है। इस दिल्ली का घटनाक्रम किसी वैश्विक सामरस्य से बँधा हुआ घटनाक्रम नहीं करता,

चेतना और वस्तु जगत् को बाँधता नहीं केवल उनमें गहरे विषाद और व्यंग्य भरी खाई उत्पन्न करता है।'

विजयदेव नारायण शाही, *जायसी*, पृ. 98

रत्नसेन एक आदर्श नायक के रूप में नहीं आता है। वह अपने उतावलेपन में इतने निरीह राजा के रूप में हमारे सामने आता है जो किसी प्रकार का चारित्रिक आदर्श हमारे सामने नहीं प्रस्तुत करता, पर हमारी सहानुभूति समेट लेता है। पद्मावतीरूपी परम को प्राप्त करने के बावजूद वह इतनी मुसीबतों के चक्र में पड़ता है, उस समय मन करता है कि जायसी से सवाल पूछा जाये कि 'रत्नसेन सिंहल लोक की छाया में पहुँचा ही नहीं बल्कि वहाँ का रत्न साथ लेकर आया है तब भी उसे मुसीबतों की धूप क्यों सता रही है।'

सारी विपत्तियाँ वहाँ से आने के बाद ही उसे सताती हैं। यही यथार्थ जगत् है (तदयुगीन राजनीतिक यथार्थ) जिसे जायसी ने एक आम सहृदय जनता की दृष्टि से देखा था। राजनीतिक क्रूरता का भयावह रूप हमें उस समय दिखाई देता है जब रत्नसेन बादशाह से जूझ रहा था। उसी समय दूसरे युद्ध की पृष्ठभूमि रची जा रही थी। राघवचेतन तो अपने व्यक्तिगत अपमान का बदला लेने के लिए शत्रु पक्ष का साथ देता है। स्वदेशी राजा देवपाल भी रत्नसेन के इस कमजोर क्षण का फायदा उठाकर पद्मावती को दूती द्वारा हथियाना चाहता है। लौटने पर रत्नसेन राजा देवपाल द्वारा अपना आवाहन और षड्यन्त्र सुनकर भी उसका खून खौलता है। कई राजाओं की दृष्टि के केन्द्र में आने के कारण रानी के अन्तर में गर्व की अनुभूति भी होती है। यह उसकी विवेकहीनता भी है इसीलिए रत्नसेन के तुरन्त पस्त होकर आने पर देवपाल की घटना का तुरन्त जिक्र कर देती है।

थके पस्त रत्नसेन के पुरुषत्व को पुनः चुनौती मिलती है। वह देवपाल से युद्ध करने चल देता है। उसी युद्ध में मृत्यु को प्राप्त करता है। पद्मावती युद्ध का कारण अपने को, अपने रूप को मानती है तब भी रत्नसेन से तुरन्त देवपाल के कुचक्र का बखान करती है। उस युद्ध में रत्नसेन का मरण इस मौके को देखकर तत्काल अलाउद्दीन का आगमन—भीषण युद्ध में श्रेष्ठ योद्धाओं का समापन और दोनों रानियों का सती होना—वेग से घटित होने वाले इस करुण यथार्थ को जायसी हमारे समक्ष हृदय विदारक रूप में प्रस्तुत करते हैं। अकारण होने वाली टकराहटों में देश तहस-नहस होता रहा—वे विषादपूर्ण मुद्रा में इस विवेकहीनता पर प्रश्नचिह्न भी लगाते हैं। वह सामन्ती नैतिकता जो नारी को वस्तु समझ कर दावे के साथ अपनी ताकत की बदौलत सारी मानवता को ताक पर रखकर किसी सुन्दरी (माँ, बहन, बेटी, पत्नी) का आवाहन करती है, स्वीकृति न होने पर अपहरण का कुचक्र रचती और संग्राम-भूमि तक उतर आती है : जायसी सहृदय मन से बड़ी निर्भीकता से मानवता की कसौटी

पर उसे खारिज कर देते हैं। वहाँ जातीय धरातल पूर्णरूपेण तिरोहित हो जाता है। जायसी ऐसे विवेकहीन उन्मत्त पौरुष की हैवानी लीला के दुष्परिणाम पर रोते ही नहीं, बल्कि उसे भी संसार की सारहीनता, युद्ध की व्यर्थता का बोध भी कराते हैं।

राजनीतिक टकराहटों से विनाश ही नहीं हुआ, बल्कि सारा देश पस्त होता चला जा रहा था, आम हिन्दू-मुस्लिम जनता सम्पर्कजन्य आत्मीयता के कारण आंशिक सांस्कृतिक आदान-प्रदान की भूमिका में चल रही थी, पर राजनीति से आनेवाले कुचक्र उसमें भी बाधा पहुँचाते रहते थे। जायसी हिन्दू रीतिरिवाजों, आचार-विचारों की भावप्रवण नैतिकता से परे कभी नहीं जा पाते क्योंकि वहाँ उन्हें वह रिश्तों की तरलता दिखाई देती थी जहाँ सारी उपलब्धियाँ मूल्यों एवं सम्बन्धों के सामने मूल्यहीन हो जाती हैं।

आम जनता की नैतिकता जातीय संकीर्णता एवं धर्म की छिछली भूमिका से ऊपर ही रहती है, पर उच्च वर्ग जाति और धर्म की दुहाई देकर अपने अहं को पुष्ट करना चाहता है, इसीलिए वह उसे तोड-मरोड़ कर प्रस्तुत कर अपने को फिर उसी संकीर्णता में ढकेल कर टकराहटें उत्पन्न करता है और अपने वर्चस्व को बरकरार रखता है। जनता की सोच को कुण्ठित करने का बहुत कुछ श्रेय प्रतिष्ठित सत्तालोभी वर्ग को ही जाता है। इससे जनता और टूटती है। भेदक रेखाएँ गहरी होती चली जाती हैं। जायसी इसकी मूल तह तक पहुँचे थे। कारण यह था कि वे उसमें जिये थे इसीलिए इस मानदण्ड को स्वीकार कर लेना उनके वश की बात नहीं थी। कबीर की तरह वे आक्रोश व्यक्त कर हमारी रीतियों को नकार कर रूल लिये अपने अलग पन्थ का निर्माण नहीं कर पाये बल्कि अपनी सारी धर्मप्रवण मानसिकता को मानवीयता की कसौटी पर उतारते हैं क्योंकि वहाँ मानव-मूल्यों एवं भावात्मक सम्बन्धों की सत्ता है। वे उस सामन्ती नैतिकता को चुनौती नहीं देते जो एक नारी के रहते अनेक पत्नियों, रखैलों की लालसा से संग्राम-भूमि पर उतर रहा है। सिर्फ नागमती की निरीह वेदना के सहचर बनकर एक कवि की हैसियत से रो लेते हैं और अपना आध्यात्मिक रूपक भी भूल जाते हैं। सूर की गोपियों की तरह उनकी नागमती पुरुष की उपेक्षा और उन्मुक्तता पर मानवीय धरातल पर भी किसी प्रकार का प्रश्नचिह्न नहीं खड़ा करती।

राजन्य संस्कृति की अमानवीयता छोटे से लेकर बड़े, राजपूत से लेकर मुसलमान राजाओं में व्याप्त थी, इससे जनता सन्त्रस्त और भयभीत ही नहीं थी बल्कि रोजी-रोजगार के संकट की भी स्थिति उत्पन्न हो गयी थी। इसने जनता में भेदक रेखाओं को गहराई प्रदान कर उसकी आत्मिक शान्ति को भंग कर, विश्वास के संकट में डाल दिया, फलतः जनता सन्देह में जीने लगी। केन्द्र का बादशाह तो कमजोरी पकड़ कर आक्रमण करता ही है, अगर कमजोर राजा नहीं है तो आपस में फूट कराके या फूट का फायदा लेकर कमजोर करने का कुचक्र रचता रहता है।

साम्राज्य विस्तार चाहे नरसंहार से हो या आतंक से वह ठठाकर हैवानी हँसी हँसता है। इधर, राजपूत राजा भी कमजोर जानकर प्रतिद्वन्द्वी की घेराबन्दी करते थे। केन्द्र के बादशाह के अहं में विवेकहीनता नहीं, बुद्धिमानी थी। बुद्धिमान अमानवीयता और विवेकहीन उतावली में बड़ा फर्क है। भारत के राजपूतों में उतावली थी इसीलिए उनकी भावनाओं से खेलना, उनकी कमजोरियों का फायदा उठाना, गुमराह करके हितैषियों से अलग करना, कुचक्र से उलझाकर दूरदर्शी न होने देना केन्द्र के बादशाह के लिए बायें हाथ का खेल था। वह जानता था कि भारत का शौर्य अगर एकजुट हो गया तो उसकी पराजय निश्चित है इसीलिए वह बुद्धिमान कुचक्रों और तलवार के बल पर निरंकुश होकर साम्राज्य विस्तार करता रहा। यह चालाक हैवानी निरंकुशता जायसी की पीड़ा का विषय बनती है। उस समय दरबारी कवि अक्सर युद्धों में जोश भरने के अलावा कुछ भी व्यापक धरातल पर नहीं सोच रहे थे क्योंकि उनका दायरा भी राष्ट्रीयता की व्यापक सीमा तक नहीं था। राजा को आपसी प्रतिद्वन्द्विता से परे जाकर राष्ट्रीय धरातल पर एक होने की मानसिकता पर खड़ा करने की चेष्टा की सफलता निश्चित नहीं थी। इसीलिए कवियों ने किसी प्रकार की जोखिम नहीं उठाई और दिल्ली की सेना धीरे-धीरे रौंदती चली गयी। विदेशी राजा निरंकुश है, पर उसकी निरंकुशता स्वदेशी राजाओं के विवेकहीन अहं, उतावली, भावुकता, सरल एवं मानवी पौरुष के कारण और भी क्रियाशील हो रही है। यह दिशाहीनता रत्नसेन द्वारा ही व्यक्त होती है। उसका विषाद, उसकी पराजय, पूरे राजपूत राजाओं की पराजय है। यहाँ जन्मने और इसी संस्कार में पलने और सबसे ऊपर विशाल मानव-हृदय होने के कारण वे मुसलमान होकर अलाउद्दीन की निरंकुशता का और उन राजपूत राजाओं का भी, जो रत्नसेन ऐसे राजा के कमजोर क्षणों में (नारी के कारण था), अपने अहं की तृप्ति के कारण धावा बोलते हैं, समर्थन नहीं कर पाते हैं। उनकी कविता में इस आचरण को चुनौती देने वाली पौरुष भरी फटकार नहीं है। इसका कारण जायसी की कमजोरी नहीं। ऐसी आवाजों का होने वाला निरंकुश कत्लेआम रहा होगा। सन्तों की सत्यवाणी की सत्यता को स्वीकार करने के बावजूद राजघराना उस पर न तो ध्यान देता है और न उपलब्धि को तिलांजलि देकर उस पथ पर चलता ही है। जायसी ऐसे सन्त भी नहीं थे इसलिए वे केन्द्र के राजघराने की इस निरंकुश संस्कृति को फटकार नहीं पाते।

जायसी इस भीषण उथल-पुथल वाले युग में रो-रोकर विकल्प की तलाश के लिए बेचैन हैं। उनकी रचना में तीन विकल्प आते हैं–

1. अध्यात्म
2. आदर्श
3. संघर्ष की व्यर्थता का बोध

अध्यात्म का रास्ता प्रणय परक होकर दुरूह हो गया फिर अध्यात्म लोक से परम रत्न सहित आकर रत्नसेन को यथार्थ से छुटकारा नहीं मिल पाया इसीलिए जायसी रत्नसेन के यथार्थमय जीवन की दुनिया में उतर आते हैं। वास्तव में अध्यात्म एक मानसी सृष्टि है जहाँ हम जीवन की सत्यता का आत्मा-परमात्मा के सम्बन्धों के अनुमान की सचाई में जीते हैं। हमारा दर्शन हमें राहत दे सकता है। उससे हमें एक मानसी ऊर्जा मिलती है, जो हमारे पुरुषार्थ को सम्बल दे सकती है, यथार्थ की कटुता से जूझने में तो अपना पुरुषार्थ ही साथ देता है। अध्यात्म लोक का परम सत्य निरंकुश अत्याचारी सत्ताधारी का वर्चस्व तत्काल नहीं मेट सका। इसीलिए उस पथ की व्याख्या करके भी वे यथार्थ पर उतर आते हैं। सारी भयावह परिस्थितियों के निदान रूप में उसे प्रस्तुत नहीं कर पाते।

जायसी ने एक राज्य की व्यवस्था (सिंहलद्वीप) को आदर्श रूप में प्रस्तुत किया है। वह राज्य अध्यात्म के रंग में रँगा है। उसमें शक्ति है, वैभव है, पर उन्माद नहीं है, अहं की सत्ता नहीं है, वह आत्म सुरक्षा के लिए अनिवार्य है, पर वह सैन्य शक्ति यथार्थ जगत् में होने वाले संघर्ष से कटी-कटी है। वह भयावह विदेशी शासक के विरोध में किसी की सहायता करने की रिस्क नहीं उठाती। स्वदेशी और स्वदेशी, स्वदेशी और परदेशी राजाओं के संघर्ष से तटस्थ अपनी एकान्तिक दुनिया में प्रसन्न है। हो सकता है कि वह राष्ट्रीय संघर्ष अपने दायरे से निकलती तो उसे भी इस अमानवीय निरंकुश सत्ताधारी से मुठभेड़ लेनी पड़ जाती। इसीलिए आदर्श का यह विकल्प भी समष्टिपरक नहीं हो पाता। ऐसा आदर्श जो समाज की हलचल से कट कर ठण्डेपन से जिये उसका भी कोई मूल्य नहीं है।

जायसी भी उसे पूरे मन से समादर नहीं दे पाते इसीलिए उसकी उपलब्धि की लोककल्याणकारी भूमिका का जिक्र नहीं करते। जायसी के आदर्श को और बारीकी से देखें तो एक विकल्प यह भी दिखाई देता है कि इस उथल-पुथल भरे युग में अमन-चैन के लिए किसी से भी सरोकार न रखकर सम्पूर्ण शक्ति के साथ जीना ही सफल जीवन है, लेकिन जब सारी शक्तियाँ ऐसी ही हो जायेंगी तो राष्ट्रीय दायित्व का निर्वाह कैसे होगा? यह भी आदर्श यथार्थ से कटा-कटा-सा है। जायसी उसके गतिशील रूप को वास्तविक दुनिया में हारते, टूटते, पस्त होते और फिर चुस्त होकर, दूरदर्शिता से संघर्ष करते नहीं दिखा पाते। अगर उस सैन्य-शक्ति को व्यक्तिगत स्वार्थों, अहं से परे होकर संघर्ष करते दिखा देते, तो उसकी तस्वीर तो बदलती ही, जायसी का काव्य भी एक गतिशील विकल्प हमारे सामने प्रस्तुत करता, फिर भी उन परिस्थितियों के परिप्रेक्ष्य में उनकी आदर्श की कल्पना भी वास्तविक दुनिया में ठण्डी, शान्त एवं निर्लिप्त-सी दृष्टिगत होती है। जायसी उससे प्रभावित हैं। पर यह विकल्प भी अध्यात्म की तरह कारगर नहीं हो रहा है। युग के सत्ताधारियों की आपसी टकराहटों में यह पथ पथिक

को सुकून भले ही दे पर उसकी कोई व्यापक उपलब्धि नहीं है। वास्तव में यदि सभी राजा ऐसे ही हो जायें तो देश को गुलाम होते देर नहीं लगेगी। ऐसी तटस्थता किस काम की। एक ओर तो उतावला शौर्य रहा तो दूसरी ओर निर्लिप्त सैन्य शक्ति जिसका राष्ट्रीय हलचल से कोई सरोकार नहीं रहा, यही देश की गुलामी का रहस्य है।

यह ऐतिहासिक सत्य है कि पराजय पर पराजय, कुचक्रों पर कुचक्र में पस्त हो, पिसते हमारा शौर्य नष्ट हुआ और सौन्दर्य की मिसाल रानियाँ स्वेच्छा से सती हो गयीं। नारी को लेकर होने वाले संघर्ष की परिणति इसी विनाश में होती है। अलाउद्दीन के दुर्ग पर अधिकार करने पर यही स्थिति है।

ओई सह गवन भई जब जाई, पात साहिगढ़ छेंका आयी।
तब लगि सो अवसर होइ बीता, भए अलोप राम औ सीता
आइ साह सब सुना अखारा, होइ गा रातदिवस उजियारा।
छार उठाइ लीन्ह एक मूँठी, दीन्हि उड़ाइ पिरथमी झूठी।
जो लगि ऊपर छार न परई, तब लागि नाहि जो तिस्ना मरई।
सगरै कटक उठाई माटी, पुल बाँधा जहँ जहँ गढ़ धारी।
भा धावा भर जूझि असूझा, बादल आइ पँवरि होइ जूझा।
जौहर भई इस्तिरी पुरुष भये संग्राम
पात साहि गढ़ चूरा चितउर भा इस्लाम।

अलाउद्दीन निराश होकर चुपचाप श्मशान भूमि में बैठा है। जिसके लिए इतने कुचक्र रचे, इतना भीषण संहार हुआ, उसकी राख ही हाथ लगी, पर यह पश्चात्ताप क्षणिक ही रहा, उसकी मानसिकता नहीं बदली इसीलिए वह पुनः युद्ध करके बादल सरीखे योद्धाओं को भी नष्ट कर देता है। उनकी अपार भीषण सैन्य शक्ति के सामने चन्द शूरवीर कैसे ठहर सकते थे। इसी के बाद चित्तौड़ को चूर-चूर कर वह उसे इस्लामी राज्य बना देता है। यह विजय-पराजय से भी बदतर है। इसीलिए मुसलमान होकर वे अलाउद्दीन के समर्थन में नहीं खड़े होते। उन्होंने कहा भी है, *'जो रे उवाँ सो आथवा कोई न रहा संसार।'*

जायसी इस विकल्प की जमीन पर खड़े होकर मानो कह रहे हैं कि जब संसार में किसी को हमेशा रहना नहीं है तो उसके लिए अफसोस क्यों? संहारक! साम्राज्यलोभी! एक दिन तुम्हें भी चले जाना है तो इतना नरसंहार क्यों? अहं के उन्माद में, सत्ता के विस्तार में इतनी हैवानियत क्यों? संसार में सभी चन्द दिनों के मेहमान हैं। उसकी अवधि तक ज्ञात नहीं है तब इतना उठापटक क्यों? सारे संघर्ष की व्यर्थता और संसार की सारहीनता का बोध बड़ा मार्मिक है। पश्चात्ताप की एक लहर स्वयं संहारक सत्तालोभी अलाउद्दीन में जगती है, पर ऐसा नहीं हो पाया। अगर स्थायी रूप में यह

आकर अलाउद्दीन जैसे साम्राज्यलोभी संहारक का कर्म व्यापार रोक देती तो जायसी का पथ सफल होता और उनकी आत्मा को सुकून मिलता, पर यह सम्भव नहीं हो सकता। जायसी ने सन्तों के इस विकल्प को राजनीतिक संघर्ष के परिप्रेक्ष्य में रखा है तब भी वह बोध (संसार की क्षणिकता और संघर्ष की व्यर्थता का बोध) क्षणिक रहा, स्थायी नहीं हो पाया इसीलिए पूरे काव्य में जायसी इस हलचल और उथल-पुथल भरे माहौल में, विकल्पों को लिए रो रहे हैं। उन्हें सभी अधूरे लगते हैं उनके अधूरेपन को भरने के लिए न कोई राम-राज आता है, न साधकों की रस वर्षा, न अनहद नाद, न बिना बाती का चिराग। अध्यात्म पथ का साध्य सर्वद्रष्टा न्यायविद् की हैसियत से उतरकर दण्ड देने का, दूध का दूध पानी का पानी करने का कष्ट नहीं उठा रहा है। आम जनता में इतनी ताकत कहाँ कि वह आतंक का जवाब आतंक से दे, अगर वह वैसा रुख अख्तियार करती है तो अपराधी का खिताब उसे मिल जायेगा। तो क्या जनता ऐसे पीसी जाती रहे, अत्याचार सहती रहे–जायसी यह नहीं चाहते, पर सामूहिक विद्रोह की भूमि पर जनता को खड़ा नहीं कर पाते, वास्तव में रत्नसेन और पद्मावती के विनाश द्वारा वे भारत के दुःखद पक्ष से हमारा परिचय कराते हैं और रोने के लिए मजबूर कर देते हैं। इसके साथ-ही-साथ मानव-मूल्यों पर दृढ़ता से जीने वाली जनता के संसार को राजघराने की टकराहटों में उजाड़ते, श्मशान होते हुए दिखाते हैं इसीलिए उन्होंने कहा भी है–

जेई मुख देखा तेई हँसा,
सुना तो आया आँसु।

वे आँसू बहाकर राज्य एवं जनता की त्रासदी लिख रहे हैं और पाठक को भी रुलाना चाहते हैं। अगर पाठक रो देता है तो अपने सृजन को सार्थक मान लेते हैं। उनको विश्वास है कि मेरी कुरूपता पर हँसना और मेरी रचना को सुनकर रोना मानव-मन की विवशता है। शुक्ल जी के शब्दों में यही मुक्तावस्था है। जायसी हमें व्यक्तिगत सीमा रेखा से परे वहीं ले जाते हैं। इसमें कभी न्यूनता नहीं आ सकती।

38

भ्रमरगीत परम्परा और सूरदास का काव्य

—कुमुद प्रभा श्रीवास्तव

'भ्रमरगीत' काव्य की परम्परा अत्यन्त पुरानी है। इसके उद्‌गम स्रोत के लिए हमें 'श्रीमद्‌भागवत' तक जाना पड़ेगा। भागवत में यह प्रसंग बहुत अनोखे ढंग से आया है। गुरुकुल से लौटने के बाद मथुरा में एक दिन श्रीकृष्ण को ब्रज की तीव्र स्मृति हुई। उन्हें नन्द, यशोदा, ग्वाल-बाल, गोपियाँ सभी की बहुत याद आयी, साथ ही उन्हें अपनी इस प्रतिज्ञा का भी स्मरण हुआ जिसमें उन्होंने ब्रज आने की बात की थी। वे व्याकुल हो उठे। उनके मन में यही प्रश्न रह-रह कर उठता था कि ब्रजवासियों के विरह दुःख को कैसे शान्त किया जाये? मथुरा में उनके परम मित्र थे—उद्धव, उनके दुःख-सुख के साथी। अतः उन्होंने अपने हृदय की वेदना मित्र को सुनाई और उद्धव को दूत बनाकर ब्रज में भेजा कि जाओ ब्रजवासियों को ज्ञानोपदेश द्वारा प्रबोधन प्रदान करो। ब्रज पहुँचकर उद्धव ने पहले नन्द यशोदा को ज्ञान का उपदेश दिया। उद्धव को आया जानकर गोपियाँ अत्यन्त आनन्दित होकर आयीं परन्तु ज्ञान योग की चर्चा सुनकर हताश तथा बहुत दुःखी हुईं। उन्होंने कृष्ण को अनेक उपालंभ दिये। उसी समय एक भ्रमर उड़ता हुआ वहाँ आ पहुँचा। वह गोपी के चरणों पर गिरता हुआ दिखाई पड़ा। गोपियों ने उस भ्रमर को कृष्ण का दूत समझकर उसे लक्ष्य करके अपनी सारी खीझ, सारी वेदना अभिव्यक्त कर दी। भ्रमर को लक्ष्य करके गोपियों द्वारा कृष्ण के प्रति उद्धव से कहे जाने वाले वचन 'भ्रमरगीत' कहलाये। यह प्रसंग इतना सरस तथा रोचक हुआ कि अनेक कवियों ने इस पर अपनी लेखनी चलायी। इस प्रसंग में 'भ्रमर' प्रतीक के रूप में चित्रित हुआ। कृष्ण व उद्धव के श्याम वर्ण के आधार पर उन्हें' 'भ्रमर' कहा गया। जैसे भ्रमर कोमल कुसुमों के प्रति निष्ठुर है वैसे ही कृष्ण गोपियों के प्रति। जैसे भ्रमर फूल पर लुब्ध होता है वैसे ही कृष्ण कुब्जा पर अनुरक्त होते हैं। साथ ही भौरे की अस्पष्ट गुनगुनाहट निर्गुण सन्देश के समान ही अस्पष्ट है। इन सब समानताओं के आधार पर 'भ्रमर' बहुत ही सटीक प्रतीक प्रतीत हुआ और यह प्रसंग मन को मुग्ध करने वाला बना। भ्रमरगीत काव्य में उपालंभ काव्य और दूत

काव्य दोनों परम्पराओं का समावेश मिलता है। वस्तुतः यहाँ 'भ्रमर' प्रतीक रूप में आया है। 'भ्रमर' पुरुष के रसिया स्वभाव का प्रतीक है जो नारी की ओर लोभ और रसलोलुप प्रवृत्ति के साथ आकृष्ट होता है। पुरुष अपने इस आकर्षण को प्रेम कहते हैं। भ्रमर के माध्यम से पुरुष के रसिक स्वरूप के समक्ष नारी का उपालंभ व्यक्त हुआ है जिसमें वह अपनी विकलता, विरह वेदना तथा विवशता की भावपूर्ण व्यंजना करती है। प्रतीक योजना, उपालंभ भाव तथा दूतत्त्व की योजना द्वारा इस प्रसंग में नूतनता तथा नाटकीयता का समावेश हुआ है जिससे यह प्रसंग अत्यन्त सरस, मनमोहक तथा मार्मिक बन पड़ा है।"

यह प्रसंग अनेक रूपों में कवियों की रचनाओं में अभिव्यक्त हुआ। कहीं यह स्वतन्त्र विषय के रूप में आया है तो कही अंश रूप में और कहीं यह कवियों की रचनाओं में उल्लेख के रूप में आया है। सूरदास इस परम्परा के प्रमुख कवि हैं। सूर के बाद इसकी लम्बी परम्परा हमें प्राप्त होती है। अष्टछाप के कवि नन्ददास ने 'भ्रमरगीत' को स्वतन्त्र काव्य का स्वरूप प्रदान किया। इनके छन्दों में संगीतात्मकता तथा लय है। सूरदास की गोपियाँ भावुक अधिक हैं तार्किक कम परन्तु नन्ददास की गोपियों में बौद्धिकता अधिक है। वे अपनी तार्किकता से उद्धव को पराजित करने में सफल होती हैं। परमानन्ददास की गोपियों में बौद्धिकता और भावुकता दोनों का अच्छा सम्मिश्रण है। वे उद्धव के ज्ञान और योग से भक्ति और प्रेम को उत्कृष्ट ठहराती हैं। अपनी हृदयगत वेदना के लिए वे विधाता को दोषी ठहराती हैं। परमानन्ददास के गीतों का कोई विधिवत संग्रह नहीं मिलता है। तुलसीदास ने 'कृष्ण गीतावली' में भ्रमरगीत सम्बन्धी पदों की रचना की है। उन्होंने गोपी-उद्धव संवाद के मध्य भ्रमर का प्रवेश नहीं कराया है। गोपियों के विरह का वर्णन करने के पश्चात् गोपियों द्वारा 'मधुप', 'मधुकर' आदि सम्बोधनों द्वारा उद्धव के ज्ञान गर्व को दीनता में परिणत कराया गया है। तुलसी की दास्य भक्ति का रूप यहाँ भी दिखाई पड़ता है।

उत्तर मध्यकाल में कोई भी भ्रमरगीत सम्बन्धी स्वतन्त्र और अंशकाव्य नहीं रचा गया। सभी भ्रमरगीत सम्बन्धी पद प्रकीर्ण हैं। भक्तिकाल की तरह उनमें न तो निर्गुण-सगुण और भक्ति-ज्ञान की चर्चा है तथा न वैसी वाद-विवाद की शैली ही। 'मधुप', 'मधुकर', 'अलि' आदि सम्बोधनों द्वारा उपालंभ के रूप में पदों की रचना अवश्य मिलती है। मतिराम, देव, पद्माकर, सेनापति, भिखारीदास, रहीम, घनानन्द, आलम, ठाकुर आदि कवि हैं जिसमें भ्रमरगीत प्रसंग का उल्लेख मिलता है।

आधुनिककाल में आकर भ्रमरगीत पर पुनः मौलिक रचनाएँ मिलने लगती हैं। इस काल में भारतेन्दु हरिश्चन्द्र, बदरीनारायण चौधरी 'प्रेमघन', सत्यनारायण कविरत्न, अयोध्यासिंह उपाध्याय 'हरिऔध', जगन्नाथ प्रसाद 'रत्नाकर',

रमाशंकर शुक्ल 'रसाल', द्वारिका प्रसाद मिश्र आदि उल्लेखनीय कवि हैं। भारतेन्दु हरिश्चन्द्र द्वारा रचित भ्रमरगीत सम्बन्धी पद भावपूर्ण हैं। ये स्फुट रूप में पाये जाते हैं। गोपियों के वेदनाकुल हृदय का वर्णन भारतेन्दु ने बड़ी कुशलतापूर्वक कराया है। गोपियाँ उद्धव के ज्ञानयोग चर्चा को बुरा नहीं समझती। उनके विचार में उनका विरह दुःख उनके दुर्भाग्य का परिणाम है। बदरीनारायण चौधरी प्रेमघन ने भी भ्रमरगीत सम्बन्धी पदों की रचना प्रकीर्ण रूप में की है। उनकी गोपियाँ बुद्धिमती तथा तार्किक दिखाई पड़ती हैं। सत्यनारायण कविरत्न ने अपने भ्रमरदूत के माध्यम से राष्ट्र की चेतना को स्वर दिया है। उन्होंने देश के प्रति असन्तोष को 'भ्रमरगीत' में अभिव्यक्त किया है। इनके भ्रमरगीत में न तो उद्धव हैं न गोपियाँ। निर्गुण, सगुण की भी चर्चा नहीं है। इसमें माता यशोदा को पराधीन भारत की जननी के रूप में दिखाया गया है। श्रीकृष्ण अपनी जननी को दुःखी देखकर भ्रमररूप धारण करके आते हैं। इसी भ्रमररूप श्रीकृष्ण से जननी कृष्ण को सन्देश भेजती हैं। इस सन्देश में राष्ट्र और समाज के उद्धार की भावना है। कविरत्न ने भ्रमरगीत परम्परा को एक नया मोड़ प्रदान किया है। हरिऔध का 'प्रियप्रवास' इस परम्परा में आता है। यहाँ गोपियों का चरित्र आदर्श रूप में है। वे कृष्ण के कर्मयोग में बाधा नहीं बनना चाहतीं। यहाँ मर्यादा का विशेष ध्यान रखा गया है। आधुनिककाल में भ्रमरगीत परम्परा में रत्नाकर का स्थान विशेष महत्त्व का है। उनका 'उद्धव शतक' एक उत्कृष्ट काव्य रचना है। 'उद्धव शतक' की आत्मा भक्तिकालीन है परन्तु उसका बाह्य रूप रीति कालीन है। 'उद्धव शतक' में विरह का वर्णन कवि ने उभय पक्ष में किया है। कृष्ण के विरह का वर्णन भी कवि ने मनोयोग से किया है। 'उद्धव शतक' का प्रारम्भ बड़े ही सुन्दर ढंग से हुआ है। यमुना की तरंगों में बहते हुए एक मुरझाये कमल पुष्प को देखकर कृष्ण को राधा के प्रेम का स्मरण हो आता है। स्मृति आते ही वे मूर्छित हो जाते हैं। इसके पश्चात् कृष्ण अपने खा उद्धव को ब्रज भेजते हैं। वहाँ उद्धव-गोपी संवाद होता है जिसमें निर्गुण और सगुण का विवाद प्रधान रूप में चित्रित हुआ है। उद्धव के ब्रज प्रवेश से ही उनके ज्ञान की गठरी सरकने लगती है और ब्रज पहुँचते ही ज्ञान की पूँजी समाप्त हो जाती है। वे प्रेम को अपनाते दिखाई पड़ते हैं। प्रेम भक्ति के रस से सराबोर होकर उद्धव ब्रज लौटते हैं। डॉ. रमाशंकर शुक्ल रसाल की 'रसालमंजरी' में भी भ्रमरगीत परम्परा के तत्त्व हैं। इनकी गोपियाँ उद्धव का उत्तर तर्कों से देती हैं। इन तर्कों में कृष्ण पर मार्मिक व्यंग्य है। द्वारकाप्रसाद मिश्र ने 'कृष्णायन' में भी यह परम्परा दिखायी पड़ती है। इस प्रकार हम देखते है कि भ्रमरगीत परम्परा श्रीमद्भागवत् से प्रारम्भ होकर आज तक चली आ रही है। इस परम्परा के सबसे प्रमुख, सबसे अनुपम कवि हैं—सूरदास।

सूरदास ने भ्रमरगीत काव्य परम्परा के कुछ बिखरे सूत्रों को लेकर उसे एक अभिनव रूप प्रदान किया है। सूरदास के पहले इस परम्परा के काव्यग्रन्थ नहीं के

बराबर हैं। श्रीमद्भागवत में यह प्रसंग संक्षिप्त है। इसके पश्चात् सूर को यह प्रसंग कहीं-कहीं ही मिला। भागवत में भ्रमरगीत का स्वर दार्शनिक है। उसका लक्ष्य ज्ञान और योग का प्रतिपादन है किन्तु भागवत के 'भ्रमरगीत' में कृष्ण, उद्धव, गोपियाँ, गोपियों का विरह, उनका उपालंभ आदि तत्त्व हैं। विद्यापति में भी भ्रमरगीत के कुछ तत्त्व मिलते हैं। इनको तथा भारतीय विरह काव्य-परम्परा के तत्त्वों को आत्मसात् करके सूरदास एक अभिनव काव्य-परम्परा का निर्माण करते हैं जिसका प्रभाव हिन्दी साहित्य में बहुत दूर तक दिखाई पड़ता है।

परम्परा से प्राप्त छोटे से प्रसंग को अपनी प्रसंगोद्भावना की अद्भुत क्षमता तथा उत्कृष्ट कल्पना शक्ति के बल पर सूर ने भ्रमरगीत प्रसंग की सृष्टि की है जिसमें कथा-रस तथा नाटकीयता का अद्भुत समावेश दिखाई देता है। यह प्रकरण एक रोचक तथा सरस कथा विधान में बँधा हुआ है जिसे हम चार भागों में बाँट सकते हैं। पहले में, ब्रजवासियों की स्मृति में कृष्ण अत्यन्त व्याकुल हो उठते हैं। अतः अपने परम मित्र उद्धव को विरहाकुल राधा, गोपियों तथा ब्रजवासियों के प्रबोधन हेतु सन्देश देकर ब्रज भेजते हैं। दूसरे में, उद्धव ब्रज पहुँचते हैं, कृष्ण का पत्र सौंपते हैं तथा गोपियों को निर्गुण ब्रह्म, ज्ञान तथा योग का सन्देश देते हैं। तीसरे में, उद्धव का सन्देश सुनकर ब्रजवासी हतप्रभ रह जाते हैं। गोपियों के प्रेमपूर्ण हृदय पर तुषाराघात होता है। उनके दुःख की कोई सीमा नहीं। गोपियाँ अपनी प्रतिक्रियाएँ व्यक्त करती हैं तथा भ्रमर को सम्बोधित कर कृष्ण तथा उद्धव को उपालंभ देती हैं। उद्धव के निर्गुण ब्रह्म, ज्ञान तथा योग सम्बन्धी तर्कों का खण्डन करती हैं और प्रेम का पक्ष सामने रखती हैं। यहाँ सूर ने स्त्री के प्रेम का उत्कर्ष तथा हृदय की विरहाकुलता का जैसा मर्मस्पर्शी चित्रण किया है, वह साहित्य में कभी-कभी ही दिखाई पड़ता है। अन्तिम भाग में कथा एक अद्भुत मोड़ लेती है जहाँ उद्धव का शुष्क हृदय गोपियों के गहन तथा मार्मिक प्रेम से भर जाता है और वे प्रेम के रंग में पूर्णतः मग्न हो जाते हैं। इस सरस कथा–विधान में सूर ने गोपियों तथा राधा के हृदयगत भावों का उद्घाटन अत्यन्त मनोयोगपूर्वक किया है। उसमें सैद्धान्तिकता का समावेश कहीं से भी विरसता उत्पन्न नहीं कर सका है।

यह प्रसंग अनेक स्तरों को अपने में समेटे हुए है। वे इस प्रसंग द्वारा अपने समय के ज्वलन्त प्रश्नों को उठाते हैं। इस कथा में सूर ने निर्गुण बनाम सगुण, ज्ञान बनाम भक्ति, योग बनाम प्रेम, नगर बनाम ग्राम, अनैतिक बनाम नैतिक, अभिजन संस्कृति बनाम लोकसंस्कृति, सामन्तवाद बनाम जनवाद आदि का द्वन्द्व बड़ी कुशलता से पिरोया है। इस चित्रण में उनकी सामाजिक चेतना, लोको-मुखता, प्रेम प्रधान दृष्टि, मानवतावादी चेतना, प्रवृत्तिमूलक चिन्तन तथा स्त्रीवादी चेतना का प्रसार उद्घाटित होता है। सूर अपने समय से बेखबर रहने वाले कवि नहीं थे। तत्कालीन समाज

में व्याप्त अराजकता से वे चिन्तित थे। बौद्ध सिद्धों, शाक्त साधकों, नाथपन्थियों तथा योगियों द्वारा प्रचारित मार्ग से जनता किंकर्तव्यविमूढ़ हो रही थी, साथ ही तान्त्रिकों के चमत्कार से आतंकित थी। हिन्दू समाज के धार्मिक जीवन में अव्यवस्था का वातावरण छा गया था। गोस्वामी तुलसीदास ने अपनी कृतियों में उनका खुलकर विरोध किया है। सूर ने इस स्थिति की प्रतिक्रिया सीधे नहीं की, उन्होंने उद्धव-गोपी संवाद के माध्यम से अपनी बात को भली-भाँति अभिव्यक्त कर दिया है। दोनों का वाद-विवाद और अन्त में गोपियों की जीत से सूरदास अपना मन्तव्य स्पष्ट करने में सफल हुए हैं।

परम तत्त्व को लेकर बुद्धि तथा हृदय में निरन्तर द्वन्द्व रहा है। बुद्धि चिन्तन द्वारा परम तत्त्व को सूक्ष्म से सूक्ष्मतर करती हुई शून्य की स्थिति तक ले जाती है, जहाँ वह 3 हो उठता है। ऐसा ब्रह्म दार्शनिक बुद्धि को भले ही तृप्त कर दे परन्तु उसका कोई व्यावहारिक उपयोग नहीं। वह हमारे दैनन्दिन कार्यों में न सहारा बन सकता है न हमारा कल्याण ही कर सकता है। वह हमारी रागात्मिका वृत्ति का आलम्बन नहीं बन सकता। ऐसा ब्रह्म हमारे किस काम का? हम तो ऐसे परम तत्त्व को चाहते हैं जो हमारे सुख-दुःख में हाथ बँटा सके तथा हमारे प्रेम का भाजन बन सके। परिणामतः अनुभूतिपक्ष प्रबल हो उठता है। इस प्रसंग में सूर ने निर्गुण, निराकार ब्रह्म की दुर्बोधता तथा सगुण साकार ब्रह्म की सुगमता को स्थापित किया है। उद्धव ब्रज पहुँचकर गोपियों को निर्गुण ब्रह्म का उपदेश देते हैं–

सुनौ गोपी हरि कौ सन्देस।
करि समाधि अन्तरगति ध्यावहु, यह उनकौ उपदेस।
वै अविगत अविनासी पूरन, सब घट रहे समाइ
तत्वज्ञान बिनु मुक्ति नहीं है, वेद पुराननि गाइ।
सगुन रूप तजि निरगुन ध्यावहु, इक चित इक मन लाइ।
वह उपाइ करि विरह तरौ तुम मिलै ब्रह्म तब आइ।[1]

इस सन्देश को सुनकर तो सबको बुखार आ गया। *'कोउ ब्रज बाँचत नाहिन पाती'* उस निष्ठुर दुःखदायी पत्र को कौन पढ़े? तभी एक भौंरा वहाँ आ जाता है। उसको सम्बोधित करके गोपियाँ अपने मन की भड़ास निकालती हैं। गोपियाँ तरह-तरह से योग की असाध्यता एवं निस्सारता वर्णित करती हैं। निर्गुण-निराकार होने से यह असाध्य तो है ही, अगम्य भी है। भला उस तक कैसे पहुँचा जाये? जिसका कोई रूप नहीं, जहाँ तक मन की पहुँच नहीं ऐसे निर्गुण ब्रह्म से कैसे प्रेम किया जाये? वे उद्धव से स्पष्ट कहती हैं–

1 *सूरसागर,* पद 4122

अति अगाध स्तुति बचन अगोचर, मनसा तहाँ न जाई।
जाकैं रूप न रेख बरन बपु, संग न सखा सहाई।
ता निरगुन सों नेह निरन्तर, क्यों निबहै री माई।[1]

गोपियाँ उद्धव के ज्ञान योग को कुछ भी महत्त्व नहीं देतीं। इनका कोई भी उपयोग उनके जीवन में नहीं। भला ऐसी निरर्थक वस्तु का क्या किया जाये। वे उद्धव को ऐसे व्यापारी के रूप में देखती हैं जो योग का भारी गट्ठर लेकर ब्रज में उनका सौदा करने आया है। पर प्रेम जैसी अमूल्य वस्तु को देकर भला कौन इस निस्सार तत्त्व को ग्रहण करेगा? वे व्यंग्य करती हैं–

आयौ घोष बड़ो व्यौपारी।
खेप लादि गुरु ज्ञान योग की, ब्रज में आनि उतारी।
फाटक दै के हाटक माँगत, भोरौ निपट सुधारी।
धुरही तैं खोटो खायो है, लिए फिरत सिर भारी।[2]

उद्धव का तरह-तरह से उपहास करती हैं। उन्हें लगता है प्रेम रसमय कृष्ण भला ऐसा नीरस सन्देश कैसे भेज सकते हैं? वे पूछती हैं–

ह्याँ तुम कहत कौन की बातें?
अहौ मधुप! हम समुझति नाहिंन फिरि बूझति हैं तातें।[3]

जरूर कृष्ण ने उद्धव का मजाक बनाया है। पर हमें क्या? हमें तो ऐसी बेढब बातें सुनाकर तुमने हँसा दिया। इस दुःख में हमारा मनोरंजन ही हुआ–

मधुकर भली करी तुम आये।
वै बातैं कहि-कहि या दुख मैं ब्रज के लोग हँसाए।[4]

इन तर्कों द्वारा व्यावहारिक धरातल पर योग की व्यर्थता सूर ने सिद्ध की है। उद्धव के ज्ञानयोग के बारे में सुनकर उसकी दुर्बोधता और प्रेम की सुबोधता को समझते हुए गोपियाँ कहती हैं–

काहे को रोकत मारग सूधौ।
सुनहु मधुप निर्गुन कंटक तें रापन्थ क्यों रूधौं?[5]

---

1 *वही*, पद 4106
2 *वही*, पद 4584
3 *वही*, पद 4550
4 *वही*, पद 4505
5 *वही*, पद 4509

वे तरह-तरह से उद्धव का मजाक बनाकर उनकी बात हवा में उड़ा देती हैं। उनकी भर्त्सना करती हैं, उपालंभ देती हैं तथा व्यंग्य-विनोद के सहारे उन्हें नीच, धूर्त आदि सम्बोधनों युक्त भी करती हैं। इस प्रसंग में उपालंभ की योजना सूर करते हैं। गोपियों का आक्रोश अपने प्रिय कृष्ण के प्रति भी है, जिन्होंने उनसे प्रीति करके, विविध लीलाएँ रचाकर उन्हें विरह-सागर में छोड़ दिया और अब ऐसी निष्ठुर बातें लिखकर भेज रहे हैं। उनको क्या कहा जाये? उनकी स्वार्थपरता, अस्थिर प्रीति, चंचलता, क्षणिक रसलुब्धता का वर्णन 'भ्रमर' सम्बोधन द्वारा किया गया है। गोपियाँ उनके श्याम वर्ण का उपहास करती हैं। जैसा काला शरीर है, वैसा ही स्वभाव भी है। इस तरह गोपियाँ प्रेम की प्रकृति पर व्यंग्य करती हैं। उनका कृष्ण पर क्रोध प्रेममय क्रोध है।

वस्तुतः सूर प्रेम के गायक कवि हैं। भ्रमरगीत प्रसंग का प्रमुख स्वर है—प्रेम। सूरदास इस प्रसंग द्वारा प्रेम के महत्त्व को सर्वोपरि ठहराते हैं। वस्तुतः सम्पूर्ण भक्तिकाव्य का केन्द्रीय तत्त्व है प्रेम। भक्तिकाव्य के अनुसार मनुष्य के जीवन का चरम मूल्य प्रेम ही है। कबीर के अनुभव का निचोड़ है—

'जा घट प्रेम न संचरै सो घट जान मसान'

जायसी का मानना है—

'मानुष प्रेम भयउ बैकुण्ठी, नाहि त काह छार भर मुट्ठी' मनुष्य प्रेम से ही स्वर्गीय बनता। मीराबाई तो प्रेमदीवानी थीं ही। उद्धव गोपी संवाद में सूरदास ने गोपी के मुख से प्रेम की महत्ता प्रगट की है।

प्रेम प्रेम तैं होइ, प्रेम तैं पारहिं प्रेम जइयै।
प्रेम बँध्यौ संसार प्रेम परमारथ लंहियैं।।
सोंचौ निहचौ प्रेम कौ, जीवन मुक्ति रसाल।
एकै निहचौ प्रेम कौ, जबै मिलै गोपाल।।[1]

मथुरा में कृष्ण को ब्रज की बहुत याद आती है। वह किससे अपने मन की बात कहें? यद्यपि वहाँ उनके परम मित्र उद्धव हैं परन्तु उनसे इस विषय में संवादहीनता की स्थिति है। उद्धव परम ज्ञानी हैं परन्तु प्रेमभाव में एकदम शून्य। उनसे प्रेम वियोग की क्या बात की जाये। कृष्ण सोचते हैं—

संग मिली कहौं कासौं बात।
यह तो कहत जोग की बातें जामैं रस जरि जात।[2]

---

1 *वही*, पद 4714

2 *सूरसागर सार*, उद्धवशतक पद संख्या 3

प्रेम के रस से हीन यह पुरुष यद्यपि सुन्दर तन वाला है परन्तु कहीं सुन्दर बुद्धि भी होती तो कितना अच्छा होता। कृष्ण ने सोचा प्रेम की शिक्षा पाने का स्थान ब्रज से बढ़कर और कहाँ होगा? इन्हें ही सन्देशवाहक बनाकर ब्रज भेजना चाहिए। इस तरह से एक पन्थ दो काज हो जायेगा–

प्रेम भजन न नैंकु याकौ, जाइ क्यौं समुझाइ।
सूर प्रभु मन यहै आनी, ब्रजहु देई पठाइ।।[1]

इस तरह कृष्ण प्रकट में तो उद्धव से कहते हैं जाओ ब्रजवासियों को प्रबोधन दो परन्तु वस्तुतः चाहते यही हैं कि यह मेरा नीरस मित्र प्रेम के रस से भींग जाये। कृष्ण के वचन सुनकर उद्धव अभिमान से भर उठे 'नैन अकास चढ़ायौ'। ब्रज पहुँचकर संसार को मिथ्या मानने वाले उद्धव जब सन्देश देने के लिए प्रस्तुत होते हैं तब उनकी ज्ञान योग की बातों को सुनकर गोपियाँ विरह दुःख में डूब गयीं। उद्धव-गोपी संवाद में गोपियों का पक्ष प्रेम का है। कृष्ण से अटूट तथा गंभीरप्रेम करने वाली गोपियाँ अपना पक्ष रखती हैं। गोपियों ने कृष्ण के साथ अत्यन्त प्रेमपूर्वक तथा उल्लासमय जीवन बिताया था। वे स्मृतियाँ उनके जीवन की अमूल्य सम्पदा हैं। कृष्ण के विरह में उनकी स्मृतियाँ ही उनकी साथी हैं। वे उद्धव से अपनी गहरी प्रीति का उद्घाटन करती हैं। यह प्रेम ही जीवन का आधार है, जीवन का प्राण है। कृष्ण से उनका प्रेम 'लरिकाई' का है, सहज ही छूटने वाला नहीं, यह सम्बन्ध अत्यन्त दृढ़ और गहरा है। गोपियाँ उद्धव से अपने प्रेम की एकनिष्ठता को बहुत सशक्त ढंग से व्यक्त करती हैं–

हमारैं हरि हारिल की लकरी।
मनक्रम बचन नन्द-नन्दन उर, यह दृढ़ करि पकरी।।
जागत सोवत स्वप्न दिवस-निसि, कान्ह-कान्ह जकरी।
सुनत जोग लागत है ऐसो, ज्यौं करूई कंकरी।।
सु तौ व्याधि हमकौं लैं आये, देखी सुनी न करी।
यह तौ सूर तिनहिं लै सौंपो, जिनके मन चकरी।।[2]

वे प्रेम पथ में विरह से डरने वाली नहीं हैं क्योंकि प्रेम की परिपूर्णता तो विरह से ही है। गोपियों के हृदय में कृष्ण का सुन्दर रूप समाया हुआ है–वह बंकिम चितवन, वंशीवादन, नृत्य भंगिमा, छेड़-छाड़ सबकुछ। इस प्रेम की तो रीति ही निराली है। विरह में यह वर्द्धमान है तथा सन्तुष्टि प्रदान करने वाला है। गोपियों का प्रेमदर्शन बहुत ही उच्चकोटि का है। वे उद्धव से कहती है कि आज हम बहुत शौभाग्यशाली हैं क्योंकि जिन नेत्रों से तुमने कृष्ण को देखा है हम उन नेत्रों को देख रही हैं। हमें ऐसा प्रतीत

1 *वही*, पद संख्या 2

2 *सूरसागर*, पद 4607

हो रहा है मानों इन नेत्रों के माध्यम से हमने कृष्ण को ही देखा है। प्रेम का कैसा ऊँचा भाव है! प्रिय से सम्बन्धित सभी वस्तुएँ उन्हें प्रिय प्रतीत होती हैं–

ऊधो हम आजु भई बड़भागी।
जिन अँखियन तुम स्याम विलोके, ते अखियों हम लागीं।
जैसे सुमन बास लै आवत पवन मधुप अनुरागी।
अति आनन्द होत है तैसे अंग-अंग सुख रागी।[1]

कृष्ण से प्रेम करना सहज स्वाभाविक है इसके लिए कोई तर्क नहीं, कोई हानि लाभ की बात नहीं, यह तो मन की बात है। वे ऊधौ से कहती हैं–

ऊधौ मन माने की बात
दाख छुहारा छाँड़ि अमृत फल, विषकीरा विष खात
सूरदास जाकौ मन जासौं, सोई ताहि सुहात।[2]

प्रेम तो मन का व्यापार है। इस प्रेम में पूर्ण आत्मसमर्पण है। राधा विगत घटनाओं की स्मृति में खोयी रहती है। प्रेम के वे उल्लासपूर्ण अवसर अब नहीं लौटने वाले। राधा उनका स्मरण करके पछताती है। *'हरि बिहुरन की सूल न जाई।'* हृदय की वृत्तियों का ऐसा दिग्दर्शन बहुत कठिनाई से मिलता है। मानव हृदय में पैठकर उनकी भावनाओं का चित्रण करने में सूर पटु हैं? इस कथा का सौन्दर्य वहाँ है जब कथानक में नया मोड़ आता है। ब्रज में कृष्ण के प्रति सबका अगाध प्रेम देखकर उद्धव चकित विमूढ़ हो गये। प्रेम की ऐसी अनुपम झाँकी उन्होंने कभी देखी न थी। वे अपना ज्ञान योग सब भूल गये। उनके आकाश पर चढ़े नयन धरती पर उतर आते हैं। उनके व्यक्तित्व का रूपान्तरण हो जाता है–

अब अति चकितवंत मन मेरो।
आयौ हौ निरगुन उपदेसन भयौ सगुन को चेरौ।[3]

सूर ने यह हृदय परिवर्तन बड़े ही कौशल से चित्रित किया है। प्रेम में वह शक्ति है जो पत्थर को भी पिघला देती है–जड़ बुद्धि को भी संवेदनशील बना देती है–वही हुआ! ब्रजवासियों के प्रेम को देखकर उद्धव द्रवीभूत होते हैं और प्रेममार्ग में पूरी तरह दीक्षित हो जाते हैं। उनका यह परिवर्तन निर्गुण तथा योग मार्ग पर सगुण तथा प्रेम की विजय है।

साहित्यिक दृष्टि से इस प्रसंग का महत्त्व निर्विवाद है। गोपियों की विरह व्यंजना अत्यन्त मर्मिक है। राधा तथा गोपियों के प्रत्येक हृदयान्दोलन को सूर ने सुना है।

1 *वही*, पद 4151
2 *वही*, पद 4641
3 *वही*, पद 4698

यहाँ कवि ने विरह को अत्यन्त व्यापक चित्रित किया है। इसके अन्तर्गत जड़-चेतन सभी का समाहार है कृष्ण के विरह से न केवल गोपियाँ, राधा, नन्द, यशोदा आदि द्रवित हैं वरन् पेड़-पौधे, गाय, कुंज सभी की दशा शोचनीय है। कृष्ण का स्मरण करते-करते राधा तद्रूप हो गयी है। चेतन अवस्था में वह 'माधव-माधव' रटती हैं और माधवमय हो जाती हैं, तो राधा के विरह में जलने लगती हैं। दोनों ही अवस्था में उन्हें दारुण दुःख सहना पड़ता है–

सुनहु स्याम यह बात और कोउ क्यों समुझाइ कहै
दुहुँ दिसि को अति बिरह बिरहिनी, कैसे कै जु सहै।
जब राधा तबहीं मुख माधो, माधौ रटत रहै।
जब माधव ह्वै जात सकल तन, राधा बिरह दहै।
उभै अग्र दव दारु कीट ज्यों सीतलताहि चहै।
सूरदास अति विकल बिरहिनी, कैसेहु सुख न लहै।[1]

सूरदास भाषा के जादूगर हैं। भाषा में लोकजीवन के शब्दों के प्रयोग से अद्भुत सौन्दर्य और शक्ति का समावेश हुआ है। उद्धव से वाद-विवाद में गोपियों की भाषा में लोकोक्तियों तथा मुहावरों का सुन्दर प्रयोग है। लोकोक्तियाँ तथा मुहावरे भाषा में सजीवता लाते हैं तथा इनमें मानव मन के अनुभव का निचोड़ होता है जो सीधे हृदय को छूने में समर्थ होता है। भाषा में अद्भुत प्रौढ़ता है तथा मुहावरों द्वारा हास्य-व्यंग्य का चित्रण किया गया है।

गोपियों का व्यंग्य ऐसा ही है–
आये जोग सिखावन पाँडे
परमारथी पुराननि लादे ज्यौं बनजारे टाँड़े।
हमरे गति पति कमलनयन की, जोग सिखै तैं राँडे।
कहु षट्पद कैसे खैयतु है, हाथिनी के सँग गाँड़े।
काकी भूख गयी बयारि भखि, बिना दूध घृत माँडे।[2]

विविध अलंकारों द्वारा भावनाओं का अंकन है। विरोधी उपमानों की योजना करके भावों को विरोधाभास अलंकारों द्वारा प्रदर्शित किया गया है। गोपियों की हृदय की चोट विरोधी उक्तियों में प्रकट हुई है–

अँखियाँ हरिदरसन की भूखी
कैसे रहैं रूपरस राँची ये बतियाँ सुनि रूखी।[3]

1 *वही*, पद 4724
2 *वही*, पद 4223
3 *वही*, पद 4176

सूर के चित्रण में ग्रामीण जीवन की झलक देखने को मिलती है। उनमें गाँव और मुख्यतः आहीरों के जीवन से उठाये गये अनेक उपमान मिल जाते हैं। कहीं-कहीं कवि ने एक दम ताजे तथा नवीन बिम्ब प्रस्तुत किये हैं जैसे–

'बारक वह मुख आनि दिखावहु, दुहि पय पिवत पतूखी।'[1]

यहाँ 'पतूखी' का प्रयोग प्रशंसनीय है इसी तरह नये उपमानों की योजना में भी सूर बेजोड़ हैं। 'हारिल की लकरी' का प्रयोग वही कर सकते थे।

भ्रमरगीत प्रसंग में गोपियों और उद्धव के बीच की वार्ता वस्तुतः दो जीवन दृष्टियों की वार्ता है जिससे टकराते हुए सूर अपने समय के सामाजिक, सांस्कृतिक, धार्मिक तथा दार्शनिक मुद्दों को उठाते हैं तथा गोपियों के माध्यम से अपनी बात कहते दिखाई देते हैं। उद्धव निर्गुण योग तथा ज्ञान मार्ग के प्रस्तोता हैं जो 'भ्रमर' के प्रतीक रूप में वर्णित हैं जिसके मूल में रसलोलुपता, सामन्ती मानसिकता वाले शहरी लम्पटों का स्वरूप सूर प्रदर्शित करते हैं। गोपियों का पक्ष लोक का पक्ष है। वे कृष्ण प्रेम में डूबी हुईं, आडम्बर हीन, जीवन जगत के रस से भरी पूरी दिखाई गयी हैं। वे प्रेम को जीवन की सार्थकता से जोड़ती है। यह प्रेम मनुष्यता के उच्च भाव से जुड़ा हुआ, शास्त्र और लोक की मर्यादा को तोड़ता हुआ दिखाई देता है। गोपियों का पक्ष जनसाधारण का पक्ष है। सूर के कृष्ण ईश्वर कम, मानव अधिक हैं, वे साथी, मित्र तथा प्रेमी के रूप में चित्रित हैं। कृष्ण के इस रूप में उच्चवंशीय अभिजन तत्त्वों की अपेक्षा किसान एवं चरवाहा संस्कृति की चेतना अधिक है जहाँ वे भी एक सामान्य जन के रूप में चित्रित हैं। सूर निरन्तर भूलते हैं कि कृष्ण राजवंश के हैं तथा राजा हैं। गोपियाँ ब्रजवासी कृष्ण का बार-बार स्मरण करती हैं जिनके प्रेम की डोर से वे बँधी हैं। उन्हें मथुरावासी राजा कृष्ण से कुछ लेना-देना नहीं। उद्धव से संवाद के दौरान वे बार-बार कहती हैं–

'सब खोटे मधुबन को लोग', 'मधुबन लोगन को पतियाइ'

गोपियों के तर्क लोकजीवन के अनुभव से जुड़े हुए हैं। लोक संस्कृति में प्रकृति का बहुत महत्त्व होता है। अतः कृष्ण लीला में सूर ने तन्मयता से प्रकृति का चित्रण चेतन रूप में किया है।

गोपियों के चिन्तन का आग्रह यही समाज तथा सामाजिक सम्बन्ध हैं। उनकी आस्था जीवन के प्रति है। जीवन के उतार-चढ़ाव, सुख दुःख को वे खुले हृदय से स्वीकार करती हैं। सूर जीवन में रस लेने वाले प्रेम के अनूठे कवि हैं। इस प्रसंग के माध्यम से सूर अद्भुत रूप से जीवनासक्ति के कवि प्रमाणित होते हैं।

---

1 *वही*, पद 4176

39

आधुनिकता की चुनौती और तुलसीदास

—विष्णुकान्त शास्त्री

आधुनिकता की प्रवृत्ति ही है कि जो कुछ पुराना है, परम्परा प्राप्त है, उस पर प्रश्नचिह्न लगाना, उसे बदले हुए परिवेश और जीवन-मूल्यों में अपने अस्तित्व की सार्थकता को प्रमाणित करने की चुनौती देना। मूलतः इसके पीछे सच को झूठ से अलगाने की प्रेरणा रहती है जो।[1] निश्चय ही स्वागत-योग्य है। किन्तु कई बार नवीनता का दम्भ अविवेकपूर्वक परम्परा मात्र को खारिज कर देने की उग्र घोषणा करता है। सवाल उठता है, क्या सचमुच पूरी परम्परा खारिज की जा सकती है? दूसरी तरफ परम्परा के नाम पर 'परम्परावाद' की डुगडुगी पीटनेवालों की भी कमी नहीं है। जहाँ परम्परा समाज में अन्तर्निहित उन आचारों और सिद्धान्तों की समष्टिगत संज्ञा है जिन्होंने अपने अटूट सिलसिले द्वारा पीढ़ी-दर-पीढ़ी भिन्न-भिन्न परिस्थितियों और नये-नये जातीय अनुभवों में भी समाज को अपनी अस्मिता बनाये रखने की क्षमता प्रदान की है और इसी क्रम में जो बार-बार व्याख्यायित एवं मूल्यांकित होती हुई अपने स्वरूप को खोये बिना रूपान्तरित विकसित होती चलती है, वहाँ परम्परावाद अतीत के आचारों और विश्वासों को अपरिवर्तनीय मानकर उनका गौरवगान करता है, उन्हें तद्वत् सुरक्षित रखकर यह माँग करता है कि समाज को आज भी वही, वैसे ही करना चाहिए, जो जैसे अतीत में किया जाता था। स्पष्ट है कि परम्परावाद आधुनिकता की चुनौती के उत्तर में अपना जड़ कवच ही सामने कर सकता है, जिसके धुर्रे उड़ा देना आधुनिकता के लिए सहज है। क्या परम्परा को भी आधुनिकता इसी प्रकार छिन्न-भिन्न कर सकती है और क्या उसे शुभ माना जा सकता है? फिर एक बात और है। चुनौती क्या आधुनिकता ही परम्परा को दे सकती है, परम्परा आधुनिकता को नहीं दे सकती? हवा में इन सवालों पर बहस करने की जगह आज के भारतीय सन्दर्भ में आधुनिकता के समक्ष तुलसीदास को रखकर विचार करने पर अधिक संगत निष्कर्ष पर पहुँचा जा सकेगा।

---

1 *एनसाइक्लोपीडिया ऑफ सोशल साइंस*, खण्ड-9, 10, पृ. 564

चूँकि आधुनिकता की अवधारणा कुछ विशिष्ट मूल्यों से युक्त गतिशील प्रक्रिया के रूप में की जाती। अतः यह भी स्वाभाविक है कि अलग-अलग देशों में उसका रूप थोड़ा-थोड़ा अलग-अलग हो। औद्योगिक दृष्टि से अत्यन्त विकसित अमेरिका जैसे अपेक्षाकृत रूप से नये देश की आधुनिकता सांस्कृतिक दृष्टि से समृद्ध किन्तु औद्योगिक-आर्थिक दृष्टि से पिछड़े, भारत जैसे प्राचीन देश की आधुनिकता के समान कैसे हो सकती है? कोई देश किसी दूसरे देश की नकल करके आधुनिक नहीं बन सकता। आधुनिकता कोई वस्तु नहीं है कि उसे खरीदा या उधार लिया जा सके। आधुनिकीकरण के बाह्य निदर्शकों अर्थात् कल-कारखानों, रेलों, हवाई जहाजों आदि को विकसित देशों से आयातित कर कोई देश जिस तरह वस्तुतः आधुनिक नहीं हो जाता। उसी तरह आधुनिक वेष-भूषा पहनकर, ट्रांजिस्टर, फ्रिज, टेलीविजन आदि-आदि आधुनिक वस्तुओं से अपना घर सजा कर ही कोई व्यक्ति आधुनिक नहीं बन जाता। आधुनिकता तो एक विशेष प्रकार की दृष्टिभंगी है, जिसे अपनी संस्कृति की पृष्ठभूमि में विचारपूर्वक अंगीकार कर अपने आचरण में उतारना पड़ता है। इसका अर्थ यही है कि व्यक्ति है को (और देश को भी) सचेत रूप से कुछ नवीन मूल्यों का सहभागी बनकर और उनके प्रतिकूल पड़नेवाली रूढ़ियों का परित्याग कर स्वयं आधुनिक होना पड़ता है, बल्कि होते रहना पड़ता है। आधुनिकता के पीछे जिन वैज्ञानिक-औद्योगिक उपलब्धियों की शक्ति है उनके बिना कोई राष्ट्र आज के संसार में सम्मानपूर्वक जीवित नहीं रह सकता। अतः पारम्परिक समाजों को भी परम्परा और आधुनिकता के टकराव को एक बड़ी हद तक आधुनिकता के पक्ष में समंजित करना पड़ता है। भारतीय सन्दर्भ में इस टकराव में तुलसीदास की स्थिति कहाँ है, इसकी विवेचना के पहले आधुनिक दृष्टिभंगी की कुछ सामान्य विशेषताओं को समझ लेना चाहिए।

आधुनिक दृष्टिभंगी को उसके बहुमुखी और कहीं-कहीं परस्पर विरोधी तत्त्वों के कारण परिभाषित करना कठिन काम है। फिर भी उसके कुछ प्रमुख लक्षण तो हैं ही जिनमें अग्रगण्य है, नवीन अनुभवों एवं परिवर्तनों के लिए तत्परता। इसके मूल में दो प्रधान प्रेरक तत्त्व हैं—(1) व्यक्तिगत स्तर पर 'उपलब्धि-कांक्षा' (नीड फॉर एचीवमेंट) और (2) सामूहिक स्तर पर 'सामुदायिक कल्याण भावना'।[1] विज्ञान और औद्योगिकी इस परिवर्तन के माध्यम हैं। इन्हीं के प्रभाव के कारण वह बौद्धिक अधिक है, श्रद्धालु कम। इन्हीं के बलबूते पर आधुनिक मनुष्य जगत् को भाग्य या व्यक्तिगत सनक के अधीन न मानकर परिगण्य और निर्भर योग्य मानता है। इन्हीं के सहारे वह

---

1 मायरान वीतर द्वारा सम्पादित ग्रन्थ 'मॉडर्न' इजेशन के अन्तर्गत डेविड सी, मैक्ले लैंड का *'इम्पल्स टु मॉडर्नाइजेशन'* शीर्षक लेख, विशेषतः पृ. 29 तथा 35-36 तथा आधुनिक दृष्टिभंगी के अन्य तत्त्वों के लिए उसी पुस्तक का ऐलेक्स इनकेलेस लिखित 'द मॉडर्नाइ ऑफ मैन' शीर्षक लेख।

योजनाबद्ध रूप से परिवेश को नियन्त्रित करने की क्षमता अर्जित करता है। फलतः वह अतीत की तुलना में वर्तमान या भविष्य के प्रति तथा परलोक की तुलना में इस लोक के प्रति अधिक उन्मुख और समय-सचेतन है। उसके लिए दुनिया बहुत छोटी हो गयी है। अतः वह बृहत्तर क्षेत्र की व्यापक समस्याओं के प्रति उदासीन नहीं रह सकता, उनके प्रति अपना स्वतन्त्र मत व्यक्त करना वह अपना लोकतान्त्रिक अधिकार मानता है। अपनी एवं अन्यों की मानवीय गरिमा के बोध के कारण वह 'योग्यतानुपाती न्याय' (अर्थात् पुरस्कार कार्य के अनुरूप होना चाहिए किसी की विशिष्ट जाति, स्थिति या पदमात्र के अनुरूप नहीं) का समर्थन करता है। निश्चय ही इस तालिका को और बढ़ाया जा सकता है किन्तु अपने विवेचन की पीठिका के लिए मैं इसे यथेष्ट समझता हूँ।

यह भी स्मरण रखना चाहिए कि स्वाधीनता के पूर्व स्वाभिमानी भारतीय बौद्धिकों का आधुनिकता से सम्बन्ध प्रेम-घृणा का था। आधुनिकता द्वारा विकास की अपार सम्भावनाएँ यदि उन्हें आकृष्ट करती थीं तो अंग्रेज शासकों के माध्यम से उपलब्ध होने के कारण उनके शोषण, अत्याचार, स्वेच्छाचार के प्रति घृणा का प्रचुर अंश आधुनिकता की ओर मुड़ जाता था। थोड़े से नक्कालों की बात छोड़ दी जाये तो तत्कालीन अधिकांश भारतीय विचारकों ने आधुनिकता को इस मानसिक प्रतिरोध के कारण आंशिक रूप से ही ग्रहण किया था। इसी के साथ-साथ प्राचीन भारतीय गौरव और सांस्कृतिक उत्कर्ष को भी चित्ताकर्षक रूप से भारतीय जनता के समक्ष उन्होंने रखा था जिसके फलस्वरूप भारतीय पुनर्जागरण के एक प्रमुख परिणाम के रूप में 'संस्कृतीकरण' की प्रक्रिया व्यापक स्तर पर नवोदित एवं उदीयमान वर्गों को प्रभावित कर सकी थी। स्वाधीनता के बाद यह मानसिक प्रतिरोध शिथिल हो गया। राष्ट्रीय प्रयोजन एवं अन्तर्राष्ट्रीय प्रभाव भारत के आधुनिकीकरण के पक्ष में थे। स्वभावतः भारतीय शिक्षित वर्ग का आधुनिकता के प्रति अवरुद्ध आकर्षण अब वेगपूर्वक उसकी ओर उन्मुख हुआ। सामान्य जन इस परिवर्तन से इतने चकित हुए कि शिकायत आम हो गयी कि अंग्रेजों के जाने के बाद भारत में बेतहाशा अंग्रेजियत बढ़ गयी है। वस्तुतः यह अंग्रेजियत न होकर एक हद तक आवश्यक और वांछित 'आधुनिकीकरण' की प्रक्रिया है जिसे कुछ समाजशास्त्री 'पश्चिमीकरण' की संज्ञा देते हैं। सामान्यतः 'पश्चिम' से पश्चिमी यूरोप और अमेरिका का बोध होता है। अतः यह नाम मुझे अपर्याप्त लगता है। नये भारत पर पश्चिम के साथ-साथ रूस का (और कुछ अंशों में चीन का) प्रभाव भी है जो इस नाम से स्पष्ट नहीं होता।

जो हो, इस तथ्य से इनकार नहीं किया जा सकता कि आज के भारत के शक्तिशाली वर्ग (और उदीयमान वर्ग भी) तेजी से 'पश्चिमीकरण' की ओर झुकते जा रहे हैं जब कि संस्कृतीकरण की प्रक्रिया का सम्मान और प्रभाव कम होता जा रहा है।

साम्प्रतिक भारतीय स्थिति दो कारणों से मुझे शोचनीय लगती है। एक तो हमारा औद्योगिकीकरण और आर्थिक विकास निरुद्ध-सा हो गया है, दूसरे स्वाधीनता के बाद वैचारिक-सांस्कृतिक क्षेत्र में ऐसा कोई मूलगामी, तेजस्वी कार्य नहीं हुआ है जिसके द्वारा पुनर्मूल्यांकित, पुनर्व्याख्यात भारतीय परम्परा के सन्दर्भ में आधुनिकता की परीक्षा कर उसके अनुकूल तत्त्वों का संग्रह और प्रतिकूल तत्त्वों का त्याग किया जा सकता। पहली बात के कारण एक ओर तो हमारी साधारण जनता गरीबी और अभावों के शिकंजों को तोड़कर आधुनिक युग में प्रवेश ही नहीं कर पा रही है, दूसरी ओर हमारा छोटा-सा तथाकथित प्रबुद्ध आधुनिक वर्ग अति औद्योगिक राष्ट्रों की मनःस्थिति को (उनकी अपेक्षाओं, आवश्यकताओं, सुविधाओं को) अपनाता चला जा रहा है, जिसका वैधपोषण यहाँ की वस्तुस्थिति से नहीं हो पाता। अतः अवैध पद्धति से यह वर्ग उपलब्ध राष्ट्रीय साधनों को अपने हित में प्रयुक्त करता है। इसीलिए हमारे देश के प्रशासनिक, राजनीतिक, आर्थिक, शैक्षणिक आदि सभी क्षेत्रों में जितना भ्रष्टाचार और खोखलापन आज है, उतना कभी नहीं था। दूसरी बात के कारण नयी पीढ़ी परम्परा से विमुख और सतही अर्थ में आधुनिक होती चली जा रही है। पर अवज्ञापूर्वक नकार देने मात्र से परम्परा से छुटकारा नहीं मिलता न नयी-नयी काट के कपड़े पहनकर और बाल बढ़ाकर आधुनिक हुआ जा सकता है। भीतर छिपी हुई हीनभाव पीड़ित परम्परा और ऊपर से ओढ़ी हुई अविवेचित आधुनिकता के लिए आज की अधिकांश नयी पीढ़ी दोनों की विकृतियों की शिकार बनती है। इसका दोष इतना उसका नहीं, जितना उस सम्मोहित बुद्धिजीवी वर्ग का है जिसने आजादी के बाद परम्परा और आधुनिकता का तालमेल बैठाने के अनिवार्य कर्तव्य की अवहेलना की है।

इस स्थिति में आजादी की लड़ाई के समय गाँधी जी को 'रामराज्य' स्थापित करने की प्रेरणा देनेवाले, स्वाधीनता के सैनिकों में 'पराधीन सपनेहुँ सुख नाहीं' की चेतना जगाने-वाले, निराला, रामचन्द्र शुक्ल आदि को सर्जनात्मक साहित्यिक प्रतिमान जुटाने वाले, तुलसीदास को यदि आज की नयी पीढ़ी का एक अंश पाठ्यक्रम से निकाल देने की माँग करे तो बहुत आश्चर्य नहीं किया जा सकता। परम्परा प्रेमियों के बाहर तो तुलसीदास तभी टिकेंगे जब वे न केवल आधुनिकता की चुनौतियों को झेलेंगे, बल्कि उसकी कुछ प्रमुख कमियों की ओर इंगित करते हुए उन्हें दूर करने के उपायों का निर्देश भी कर सकेंगे।

आधुनिकता के पहले लक्षण 'नवीन अनुभवों एवं परिवर्तनों के लिए तत्परता' के प्रति 'तुलसी-दृष्टि' का आज क्या रुख होना चाहिए, इसका निर्णय अपने समय में परिवर्तन के प्रति तुलसी के रुख के आधार पर ही किया जा सकता है। अपप्रचार के कारण तुलसीदास को साधारणतः संरक्षणशील, परम्परावादी अर्थात् अपरिवर्तनवादी माना जाता है। सचाई यह है कि तुलसीदास मध्यकाल में भारतीय संस्कृति के सबसे

बड़े सर्जनात्मक पुनर्व्याख्याकार थे। केवल तत्त्वविवेचन या केवल साधना में प्रवृत्त न होकर उन्होंने 'रामचरित' को अपने 'कलपभेद' को दृष्टिगत रखते हुए, अपनी मति, अपनी समुझि निजी 'मानस' के अनुसार प्रस्तुत कर भारतीय संस्कृति का पुनर्नवीकरण कर दिया था। इस क्रम में परम्परा के प्रति श्रद्धा रखते हुए भी उन्होंने उसमें कितने परिवर्तन कर दिये थे, यह देखकर आश्चर्य होता है। श्रीराम को ब्रह्म का अवतार उनके पहले भी माना जाता था। तुलसी की अपनी 'समुझि' ने उनके अपूर्व शील पर बल दिया जिसके फलस्वरूप वे मानवमात्र की... चरम उपेक्षित जन की भी पीड़ा का निवारण करने वाले; उनके दुःख-कष्ट से विकल हो जानेवाले, उनके लिए अपनी स्वतन्त्रता तक को विसर्जित कर देनेवाले, उनके प्रेम पराधीन 'नातेदार' बन गये। स्वाभाविक ही है कि तुलसी की रामकथा में न सीता निर्वासन को स्थान मिल पाया, न शम्बूक वध को। उसका माध्यम भी देववाणी न रह पायी, लोकभाषा हो गयी। इतिहास साक्षी है कि अपरिवर्तनवादी परम्परा के उस समय के ठेकेदारों ने तुलसीदास का कड़ा विरोध किया था, जाति-पाँति सम्बन्धी उनकी उदारता के कारण, दुरूह, ज्ञानमार्ग एवं पेंचीदे कर्मकाण्ड से 'सूधेमन' और 'भोले भाव' वाली भक्ति को श्रेष्ठ ठहराने के कारण, वादमुक्त धर्म-समन्वय के कारण स्पष्ट है कि तुलसीदास का परम्परा-बोध स्थितिशील या जड़ न होकर विकासशील और संग्रह-त्यागवादी था। इसका अर्थ यह हुआ कि आधुनिकता की पहली माँग तुलसी-दृष्टि को सिद्धान्ततः स्वीकार है। व्यवहार में संग्रह-त्याग का आधार क्या होना चाहिए, इसमें मतभेद की पूरी गुंजाइश है किन्तु मतभेद तो आधुनिकता का भूषण है, दूष नहीं।

जहाँ तक 'उपलब्धिकांक्षा' और 'सामुदायिक कल्याण भावना' का सवाल है, तुलसी की दृष्टि उनका समर्थन करते हुए उनकी दिशा के बारे में विशिष्ट मत रखती है। 'उपलब्धिकांक्षा' का अर्थ है पहले से श्रेष्ठ, पहले से सुखद, पहले से कम परिश्रम में विविध क्षेत्रों में प्रचुर उपलब्धियों द्वारा अपनी सार्थकता और सफलता को प्रमाणित करने की भावना। यह प्रवृत्ति आधुनिक मनुष्य की ऐसी अदम्य मनोवैज्ञानिक आवश्यकता बन गयी है कि इसकी पूर्ति के लिए वह प्रचण्ड संघर्ष और उद्यम करता है। उपलब्धिकांक्षा की प्रबल अनुप्रेरणा के फलस्वरूप ज्ञान, विज्ञान, औद्योगिकी, राजनीति, अर्थनीति आदि के क्षेत्रों में जितनी प्रगति बीसवीं शताब्दी के 75 वर्षों में हुई है, उतनी मानव जाति के पूरे इतिहास में नहीं हुई थी। इन उपलब्धियों का सुफल उच्चवर्ग के मुट्ठी भर लोगों तक सीमित न रहकर समाज के दुर्बलतम अंग को भी मिले, सामुदायिक कल्याण की यह चेतना भी आधुनिक मानसिकता का प्रमुख तत्त्व है। फलतः सामुदायिक कल्याण के लिए जितनी बड़ी-बड़ी योजनाएँ शिक्षा, चिकित्सा, जीविका, उन्नयन आदि क्षेत्रों में आज क्रियान्वित की जा रही हैं, उतनी अतीत में कभी नहीं की गयी थीं। तुलसीदास इनके विधायक पक्षों का स्वागत करते

तुलसी स्वयं बैरागी थे किन्तु पूरे समाज को बैरागी नहीं बनाना चाहते थे। रामचरित सुनकर राम से जुड़कर व्यक्ति में 'उपलब्धिकांक्षा' *जागे, वह कपटी, कायर, कुमति, कुजाती, लोक बेद बाहेर सब भाँती'* होता हुआ भी 'भुवन-भूषण' बने, *'बुधि बिबेक बिग्यान निधाना'* हो जाये, उसे देखकर लोग कह उठें *'कवन सो काज कठिन जग माहीं, जो नहिं होइ तात तुम्ह पाहीं'*[2] और वह सचमुच असम्भव को सम्भव कर दिखाये, यह सब तुलसीदास को अभीष्ट था। तभी उन्होंने कहा था, *समर बिजय रघुबीर के चरित जे सुनहिं सुजान। बिजय, बिबेक, बिभूति नित, तिन्हहिं देहिं भगवान्।*[3] व्यक्ति विजयी हो, विभूतिसम्पन्न हो यह तो ठीक, पर वह विवेकी भी हो, राम से जुड़ा भी हो अन्यथा अन्ततोगत्वा न वैयक्तिक कल्याण तुलसी की दृष्टि में सम्भव है, न सामुदायिक कल्याण। सुरसरि के समान सब का हित चाहनेवाले तुलसीदास राम को लिखित अपनी वैयक्तिक अर्जी 'विनयपत्रिका' में भी लोककल्याण की भावना से विगलित होकर कह उठे हैं : *दीन दयालु दुरित, दारिद दुख दुनी दुरुह तिहुँ ताप तई है। देव दुआर पुकारत आरत सबकी सब सुख हानि भई है।*[4] सामुदायिक कल्याण का अपना आदर्श उन्होंने 'रामराज्य' की परिकल्पना में व्यक्त किया है। आधुनिक दृष्टि के साथ तुलसी इस बात पर तो सहमत हैं कि *'नहिं दरिद्र सम दुख जग माहीं'*[5] किन्तु वे इसके विलोम को सच नहीं मानते, प्राचुर्य को ही सर्वोपरि सुख करार नहीं देते। उनकी मान्यता है, *'सन्त मिलन सम सुख जग नाहीं।'* भौतिक प्राचुर्य के पीछे पागल उपलब्धिकांक्षा के निषेधक पक्षों को, गला काट प्रतिस्पर्धा को, अतिशय परिग्रह को, अनियन्त्रित भोगलालसा को, सफलता के अनैतिक साधनों को, तुलसीदास का समर्थन प्राप्त नहीं हो सकता। इसी तरह अपने राष्ट्र के सामुदायिक कल्याण के नाम पर दूसरे राष्ट्रों का शोषण और उसके लिए विश्वयुद्ध तक का उपक्रम तुलसी को अस्वीकार्य है।

विज्ञान और औद्योगिकी के प्रति तुलसीदास का रुख निषेधक होता, ऐसा मानने का कोई कारण नहीं है। अपनी पौराणिक शैली में उन्होंने अयोध्या, जनकपुर, लंका आदि की जैसी समृद्धि का चित्रण किया है, विशेषतः पवन, वरुण, कुबेर, अग्नि, काल, आदि की वशवर्तिता का जो संकेत उन्होंने दिया है, उससे ऐसा तो नहीं लगता कि ये दैवी-प्राकृत शक्तियाँ आदि मानव-कल्याण में नियोजित हों तो उन्हें आपत्ति होगी। विज्ञान के सम्बन्ध में दो ऐसी गलतफहमियाँ फैली हुई हैं जिनसे कुछ लोगों ने यह मान लिया है कि वह धर्म-विरोधी है। पहली तो यह कि वह मूल्य-निरपेक्ष है और

---

1 *रामचरितमानस,* 2 119611

2 *वही,* 413015

3 *वही,* 61121 (क)

4 *विनयपत्रिका,* 136 ।1-2

5 *मानस,* ।1121 ।13

दूसरी यह कि वह नास्तिकतावादी है। वास्तव में बात ऐसी नहीं है। विज्ञान-निर्मित वस्तुओं का उपयोग मानवता का द्वेषी कर रहा है या प्रेमी, इस सम्बन्ध में विज्ञान भले कुछ न कह सके लेकिन वह अपने विकास के लिए कुछ मानवीय मूल्यों से युक्त समाज की माँग अवश्य करता है। जिस समाज में सत्य की निश्छल, निर्भय खोज, व्यक्ति स्वाधीनता, पर मत सहिष्णुता, विमति-प्रकाशन, चिन्तन एवं वाणी के स्वातन्त्र्य, न्याय, सम्मान, मानवगरिमा एवं आत्मगौरव जैसे मूल्यों का समादर न हो, उसमें विज्ञान का विकास नहीं हो सकता।[1] चूँकि मध्यकालीन ईसाई धर्म के असहिष्णु अधिकारी चिन्तनस्वातन्त्र्य एवं अनुरूप मूल्यों को दण्डित किया करते थे, अतः पश्चिम में धर्म को विज्ञान का विरोधी मान लिया गया। भारत में कभी किसी चरक, सुश्रुत या आर्यभट्ट, वराहमिहिर आदि को कोपरनिक्स, गैलिलियो आदि की तरह दण्डित नहीं किया गया। *'सत्य मूल सब सुकृत सुहाए', 'धरम न दूसर सत्य समाना'*[2], *'पराधीन सपनेहु सुख नाहीं', 'उत्तर प्रति उत्तर में कीन्हा'*[3], *'नर तन सम नहिं कवनिउ देही'*[4], *'जिन्हके रही भावना जैसी, प्रभु मूरति देखी तिन्ह तैसी'*[5], *'जौ अनीति कछु भाषों भाई, तो मोहि बरजहु भय बिसराई'*[6] जैसी उक्तियों द्वारा तुलसी ने जिन मूल्यों को स्वीकृति मध्यकाल में दी थी वे उन मूल्यों के काफी निकट हैं, जिन्हें आज का विज्ञान अपने विकास के लिए आवश्यक मानता है। भारत में वैज्ञानिक चिन्तन और पौराणिक कल्पना दोनों का सह-अस्तित्व चलता रहा है। तुलसीदास पुराणशैली के रचनाकार हैं। फलतः वैज्ञानिक चिन्तन के विरोधी हैं, यह मानने का कोई कारण नहीं है।

बहुतेरे उग्र आधुनिकतावादियों ने विज्ञान की दुहाई दे-देकर यह भ्रम फैला रखा है कि नास्तिकता आधुनिकता का अनिवार्य तत्त्व है। एक अर्धविक्षिप्त दार्शनिक नीत्शे की उक्ति 'ईश्वर मर गया' वे इस जोशो-खरोश के साथ दुहराते हैं कि लगता है, उन्होंने ईश्वर की लाश बरामद कर ली है। सचाई यह है कि विज्ञान न नास्तिकता का समर्थन करता है, न आस्तिकता का, यह विषय ही उसका नहीं है। यह अधिकृत रूप से कहा जा सकता है कि उन्नीसवीं सदी तक का विज्ञान कार्यकारण की अखण्डनीय शृंखला एवं तर्कणापरकता पर जिस अडिग निष्ठा के कारण जगत् को स्वयंचालित, स्वयंपूर्ण यन्त्र के समान मानता था वह सापेक्षता एवं क्वांटम सिद्धान्तों के आविष्कार के बाद डगमगा-सी गयी है। विज्ञान अब जितना ज्यादा जानता जा रहा है, ब्रह्माण्ड

1 *साइंस एंड ह्यूमन वैल्यूज*, डा. जे. ब्रोनॉस्की कृत पुस्तक, विशेषतः पृ. 75

2 *रामचरितमानस*, 2।88।6 तथा वही 2।95।5

3 *वही*, 7।111।14

4 *वही*, 7।121।9

5 *वही*, 1।24।4

6 *वही*, 7।43।6

उसके लिए उतना रहस्यमय होता जा रहा है। अतः सर्वज्ञता का औद्धत्य त्याग कर वह विनम्र होता जा रहा है। ग्रेब्रिअल मार्सल, किर्केगार्ड, टी.एस. इलियट, गिन्सबर्ग जैसे आधुनिक दार्शनिकों और साहित्यिकों की ही तरह वैज्ञानिकों में भी आइंसटीन, विलियम जेम्स, हवाइटहेड जैसे आस्तिक हुए हैं। हाँ, यह जरूर सच है कि आधुनिकता के कारण ऐहिकतापरक राज्य सम्बन्धी कार्यों में चर्च या सांस्थानिक धर्म का हस्तक्षेप अनुचित माना जाता है। किन्तु व्यक्तियों या समूहों के निजी क्षेत्रों में धर्म की कल्याणकारिणी भूमिका स्वीकारने वाले आधुनिकों की कमी नहीं है। अतः अपनी आस्तिकता के कारण ही तुलसीदास आधुनिकों के लिए वर्ज्य नहीं ठहरते।

यह कहा जा सकता है कि तुलसी ने बुद्धि की तुलना में श्रद्धा को अधिक महत्त्व दिया है जो आधुनिकों को स्वीकार्य नहीं है। निवेदन है कि जिस प्रकार राजा जनक के भोग में योग छिपा था उसी प्रकार तुलसी की श्रद्धा में बुद्धि का उन्नत रूप अन्तर्निहित है। वास्तविक श्रद्धा तो श्रुत् सत्य को धारण करने वाली मनोवृत्ति है जो किसी के प्रति तभी उत्पन्न होती है, जब उसके महत्त्व की अनुभवसिद्ध प्रतीति हो जाये। तुलसी न स्वयं अन्धश्रद्धालु थे न दूसरों को बनाना चाहते थे। इसीलिए उन्होंने वेष, वचन या प्रचारात्मक प्रशंसा के कारण ही किसी पर श्रद्धा कर बैठने वालों को मूढ़ कहा है। *'तुलसी देखि सुवेषु, भूलहिं मूढ़ न चतुर नर। सुन्दर केकिहि पेखु, बचन सुधा सम असन अहि।'*[1] *हृदय कपट, बर वेष धरि बचन कहैं गढ़ि छोलि। अबके लोग मयूर ज्यों क्यों मिलिए मन खोलि।'*[2] *'बचन वेष क्यों जानिए, मन मलीन नर नारि। सूपनखा मृग, पूतना, दसमुख प्रमुख बिचारि।'*[3] कपटपूर्ण वेष और वचन के खोखलेपन को इस प्रकार उजागर करनेवाले तुलसीदास ने मिथ्या प्रचार से आकृष्ट जनता के आचरण की निन्दा करते हुए लिखा है, *'लही आँख कब आँधरे, बाँढ पूत कब ल्याय? कब कोढ़ी काया लही? जग बहरायच जाये।'*[4] सिर्फ इतना ही नहीं, अन्धविश्वासी मूर्ख जनता से प्राप्त सम्मान का अभिमान करनेवालों को भी तुलसी ने मूढ़ माना है और इससे उनके आत्मज्ञान और गौरव के निश्चित रूप से नष्ट हो जाने की बात लिखी, *'तुलसी भेड़ों की धँसनि, जड़-जनतासनमान। उपजत ही अभिमान मो, खोवत मूढ़ अपान।'*[5] तुलसी ने श्रद्धा करने के पूर्व बार-बार परीक्षा लेने पर बल दिया है, *'जौ तुम्हरे मन अति सन्देहु, तौ किन जाइ परीछा लेहु'*[6] *पारबती पहिं जाइ तुम प्रेम परिच्छा लेहु।'*[7]

---

1 *मानस*, 1।161 ख

2 *दोहावली*, 332

3 *वही*, 408

4 *वही*, 496

5 *वही*, 495

6 *मानस*, 1।52।1

7 *वही*, 1।77

'मैं करि प्रीति-परीक्षा देखी'[1] केवल परीक्षा लेने के लिए ही नहीं, परीक्षा देने के लिए भी तुलसी ने तैयार रहने को कहा है क्योंकि प्रभु भी भक्त को अंगीकार करने के पहले उसकी परीक्षा लेते हैं, *उमाकाल भर जाकी ईछा, सो प्रभु जन कर प्रीति परीक्षा,'*[2] *'कृपा सिन्धु मुनि मति करि भोरी, लीन्ही प्रेम परिच्छा मोरी'*[3], इस पर भी यदि कोई तुलसी को अन्धश्रद्धा का प्रचारक या अन्ध श्रद्धालु कहे तो उसकी बलिहारी है। डंके की चोट पर तुलसी की घोषणा है, *'जाने बिनु न होइ परतीती'*[4] अतः स्पष्ट है कि उनका श्रद्धा-विश्वास ज्ञान पर, अपरोक्ष अनुभव पर आधारित था, भेड़ियाधसान पर नहीं। परीक्षित, अनुभूत महत्त्व के प्रति श्रद्धा न रखना मनुष्यत्व से वंचित होना है।

तुलसीदास ने बुद्धि की भी उपेक्षा नहीं की है। बुद्धि जानने, समझने और विचारने की शक्ति है, उसकी उपेक्षा कर कोई भी बड़ा काम कैसे किया जा सकता है। भारतीय चिन्तन, मनन, दर्शन में ही नहीं, धर्म साधना में बुद्धि को गौरवपूर्ण स्थान प्राप्त है। गायत्री और गीता की परम्परा को आगे बढ़ाने वाले तुलसीदास ने शिव कृपा से हृदय में उल्लसित 'सुमति' से रामचरितमानस की रचना की है *'सम्भु प्रसाद सुमति हियँ हुलसी, रामचरितमानस कवि तुलसी'*[5] श्रीराम का सुयश जल तुलसी की मेघारूपी मही पर बरस कर कानों के माध्यम से मानस-सरोवर में भरा था जिसके अत्यन्त सुन्दर श्रेष्ठ संवादरूपी घाटों का निर्माण उन्होंने बुद्धि से विचार कर किया है।[6] किन्तु *'समुझि न परइ बुद्धि भ्रम सानी'*[7], *'बिषय समीर बुद्धि कृत भोरी'*[8] जैसी उक्तियों से यह भी स्पष्ट लगता है कि तुलसीदास की दृष्टि में विषयग्रस्त बुद्धि निर्भर योग्य नहीं है क्योंकि तब वह तर्क के स्थान पर कुतर्क कर उचित को अनुचित और अनुचित को उचित सिद्ध करने की कुचेष्टा करने लगती है। आखिर मन्थरा की बुद्धि के कारण ही कैकेयी ने राम को वन भेजा था, *'कुबरिहि रानि प्रानप्रिय जानी, बार बार बड़ि बुद्धि बखानी'*[9] इसीलिए तुलसीदास ने बुद्धि की तुलना में विवेक को कहीं अधिक महत्त्व दिया है। विवेक अन्तःकरण की वह शक्ति है जिसके द्वारा यथार्थ ज्ञान होता है, भले और बुरे की पहचान होती है, भले की ओर प्रवृत्ति होती है, *'अस बिबेक जब देह*

---

1 *वही,* 2।15।7

2 *मानस,* 6110213

3 *वही,* 7। 11312

4 *वही,* 718917

5 *वही,* 1136111

6 *वही,* 1136

7 *वही,* 1।13416

8 *वही,* 7111817

9 *वही,* 21 23 11

विधाता, तब तजि दोष गुनहि मनु राता'[1] विषयलिप्त बुद्धि सत् को असत् से अलग ही नहीं कर पाती तो सत् की ओर प्रेरित कैसे कर सकती है। बुद्धि विवेकयुक्त हो तभी कल्याणकारिणी हो सकती है। इसी दृष्टि से तुलसी ने कई स्थानों पर बुद्धि को विवेक के साथ-साथ प्रयुक्त किया है, *'जस कछु बुधि बिबेक बल मेरे' तस कहहिउँ हिय हरि के प्रेरे।'*[2] *'सीताकेरि करेहु रखवारी, बुधि, बिबेक बल समय बिचारी।'*[3] *'पवन तनय बल पवन समाना, बुधि बिबेक बिग्यान निधाना'।*[4] आदि। तुलसीदास विवेक को इतना आवश्यक समझते थे कि वेदानुकूल भक्ति मार्गों में भी उसे ही ग्राह्य बताते थे, जो विवेक वैराग्य युक्त हो *'श्रुति सम्मत हरि भक्ति पथ, संजुत बिरति बिबेक'*[5] तुलसीदास की दृष्टि में वास्तविक बुद्धिमान् बुध वही है जो बिबेकी हो, जो रोष और राग से रहित निर्मल बुद्धि सम्पन्न हो, *'बुध सो बिबेकी बिमल मति, जिनके रोष न राग'*[6] कितने आधुनिक बुद्धिजीवी इस कसौटी पर खरे उतर सकते हैं, यह कहना मुश्किल है।

कुछ लोगों का कहना है कि तुलसी वेदमार्गानुयायी होने के कारण अपने अनुभव या चिन्तन को निगमागमसम्मत बना कर ही कह सकते थे अर्थात् वे पुराने निर्णयों द्वारा बँधे थे और आने वाले युगों के लोगों को भी उसी ढाँचे में बाँध गये हैं। इसमें सन्देह नहीं कि तुलसी वेदों का बहुत आदर करते थे। उन्होंने स्पष्ट कहा है *'अतुलित महिमा वेद की, तुलसी किये विचार। जो निन्दन निन्दित भयो बिदित बुद्ध अवतार।'*[7] अपनी परम्परा के उत्स के प्रति श्रद्धा रखना उचित ही है खास कर जब वह अखिल धर्मों का मूल भी हो। किन्तु इसका यह मतलब भी नहीं कि तुलसी वेदों के अक्षरों से बँधे हुए थे। तुलसी ने चरम मूल्य राम को माना है, वेदों को नहीं। उनके अनुसार चारो वेद तो श्रीराम की सहज साँस भर हैं, *'जाकी सहज स्वास श्रुति चारी'*[8] अतः श्रीराम से जुड़ कर वेद का अतिक्रमण कर जाना उनकी दृष्टि में सुसंगत है। तभी तो *'लोक वेद बाहेर सब भाँती'* होते हुए भी निषादराज 'भुवनभूषण' हो गया था। इसी मान्यता के अनुरूप उन्होंने कहा है कि वेदमार्ग से तो राम अगम दुष्प्राप्य हैं जबकि सच्ची लगन से वे सुगम हैं, *'निगम अगम, साहेब सुगम राम सांचिली चाह।'*[9] केवल राम को

---

1 *वही,* 11711

2 *वही,* 113113

3 *वही,* 31 2718

4 *वही,* 413014

5 *वही,* 71100 ख

6 *दोहा* 356

7 *वही,* 464

8 *मानस,* 1 ।204 ।5

9 *दोहा* 80

प्राप्त करने अर्थात् साधना के क्षेत्र में ही नहीं, लौकिक निर्णयों में भी वे वैदिक निर्देश के साथ-साथ अन्य सूत्रों को भी विचारार्थ दृष्टिगत रखने का आग्रह करते हैं *'करब साधुमत, लोकमत, नृपनय, निगम निचोरि।'*[1] निर्णय के खरेपन की कसौटी प्रस्तुत करते हुए वशिष्ठ जी ने कहा था कि भरत की प्रार्थना सुनने के अनन्तर सज्जनों के मत, लोकमत, राजनीति और वैदिक सिद्धान्त के सार के अनुरूप ही श्रीराम अपना निर्णय करें। स्पष्ट है कि वैदिक सिद्धान्तों की समयानुकूल व्याख्या (और पूरकता भी) तुलसी को अभीष्ट थी। विशिष्ट स्थितियों में वे लोक को वेद से भी अधिक महत्त्व देने के पक्ष में हैं, *'जगत बिदित बात है परी समुझिए धों अपने लोक कि बेद बडेरो।'*[2] यह समझ रखना चाहिए कि तुलसी सन्त हैं, पुरोहित नहीं। पुरोहित कर्मकाण्ड और परम्परा का अनुगामी होता है, वह उन सब विधियों से चिपका रहने के लिए करीब-करीब विवश है जो उसे पूर्वजों से उत्तराधिकार सूत्र से प्राप्त होती है। सन्त का उन विधियों में कोई निहित स्वार्थ नहीं होता। वह सब धर्मों और मूल्यों के आदि स्रोत से जुड़ा होता है। अतः जनहित की दृष्टि से प्रचलित विधियों में परिवर्तन करने में संकोच नहीं करता। तुलसी ने सन्तों की महिमा गायी है, पुरोहितों की नहीं। उनकी दृष्टि में पौरोहित्य तो अत्यन्त निम्न स्तर का कर्म है, *'उपरोहित्य कर्म अति मंदा।'*[3] यह ठीक है कि उन्होंने ब्राह्मण के गौरव को भी अक्षुण्ण रखना चाहा है क्योंकि वे यह मानते थे कि श्रुति, स्मृति, इतिहास, पुराण, तन्त्र, दर्शन आदि प्राचीन भारतीय ज्ञान-विज्ञान को धारण करनेवाले तपस्वी, धर्मनिष्ठ ब्राह्मण समाज की यदि रक्षा नहीं की गयी तो इस परम्परा का विलोप हो जायेगा *'कलिमल ग्रसे धर्म सब लुप्त भए सद्ग्रन्थ।'*[4] इसीलिए उन्होंने श्रुतिधारी, निगम धरम अनुसारी, विरक्त, ज्ञानी, विज्ञानी, ब्राह्मण को भगवान् का प्रिय बताया है।[5] साथ ही उन्होंने बिना किसी लागलपेट के यह भी कहा है *'सोचिअ बिप्र जो बेद बिहीना, तजि निज धरमु बिषय लयलीना।'*[6] अधः पतित 'श्रुतिबेचक' ब्राह्मणों को क्षोभ के साथ धिक्कारते हुए उन्होंने यह भी लिखा है, *'बिप्र निरच्छर लोलुप कामी, निराचार सठ वृषली स्वामी।'*[7] इतनी गालियाँ तो कबीर ने भी ब्राह्मणों को नहीं दी हैं। इसके बावजूद वे चाहते थे कि 'यवन महा महिपाल' के साम, दाम, भेदहीन केवल 'कराल दण्ड' के शासनकाल में भी प्राचीन ज्ञाननिधि को प्राणों की बाजी लगाकर बचानेवाले ब्राह्मणों के प्रति सामाजिक श्रद्धा बनी रहे ताकि उनका

1 *मानस,* 2।258

2 *विनयपत्रिका,* 272।8

3 *मानस,* 7।48।6

4 *वही,* 7।79 क।

5 *मानस,* 7।86।5-6

6 *वही,* 2।172।3

7 *वही,* 7।100।8

योगक्षेम चलता रहे, वे जीवित रहें और युगों से संचित सांस्कृतिक धरोहर की रक्षा कर सकें। इतिहास ने सिद्ध किया है कि तुलसी की दृष्टि ठीक थी। सैकड़ों वर्षों तक राज्य का उत्पीड़न झेल कर भी सामाजिक संरक्षण के सहारे ही ब्राह्मणों के माध्यम से यह सांस्कृतिक निधि आधुनिक भारत को प्राप्त हो सकी है। स्वतन्त्र भारत में अन्य समाजों की तरह ही हिन्दू समाज भी अपना सामाजिक विधान अपनी आवश्यकता के अनुरूप बदले यह स्वाभाविक है। किन्तु क्या तुलसी के युग में यह सम्भव था? तुलसी पर ब्राह्मणशाही स्थापित करने का आरोप लगाने वालों को इस पर विचार करना चाहिए। यह तथ्य भी उन्हें याद रखना चाहिए कि ब्राह्मण के प्रति श्रद्धाज्ञापित करते हुए भी तुलसी ने आदर्श मानव के रूप में सन्त को ही प्रस्तुत किया है और उसे किसी जाति-पाँति में सीमित नहीं किया है।

आधुनिक दृष्टि परलोक की चिन्ता न कर इहलोक में इसी जीवन को सुखी बनाने के लिए सतत संघर्ष की प्रेरणा देती है। मनुष्य के दुःख-कष्ट के लिए वह भाग्य को नहीं, अज्ञान एवं सामाजिक दुर्व्यवस्था को जिम्मेदार मानती है। तुलसी ने भाग्य और परलोक को स्वीकारते हुए भी उद्योग और इहलोक के महत्त्व को भलीभाँति प्रतिपादित किया है। सामाजिक दुर्व्यवस्था रावणी अत्याचार के विरुद्ध संघर्ष उन्हें भी अभीष्ट है। राम-रावण के युद्ध के माध्यम से उन्होंने बाहर और भीतर चलने वाले शुभ और अशुभ के द्वन्द्व में शुभ का समर्थक, राम का सैनिक बनने की जबरदस्त प्रेरणा दी है। पूरे मध्यकाल में वे शायद अकेले सन्त हैं जिन्होंने राम का नाम जपने पर जितना जोर दिया है, उतना ही जोर दिया है राम का काम करने पर। *'राम काज लगि तब अवतारा'*[1] राम का काम करने के लिए ही तुम्हारा जन्म हुआ है, यही उनका सन्देश है। राम का काम क्या है? तुलसी ने बताया है कि श्रीराम के अवतार के अनेक हेतुओं में एक प्रमुख हेतु है 'सज्जनों की पीड़ा हरना तथा असुरों का संहार' करना। प्रभु ने भुजा उठा कर प्रतिज्ञा की थी कि मैं पृथ्वी को निशाचरहीन कर दूँगा, *'निसिचर हीन करउँ महि भुज उठाइ पन कीन्ह।'*[2] ये निशाचर न तो *'कोउ मुखहीन, बिपुल मुख काहू, बिन पद कर कोउ बहु पदबाहू'* जैसे किंभूत, किमाकार काल्पनिक जीव हैं, न किसी खास देश, काल या जाति धर्म तक सीमित हैं। तुलसी की व्याख्या के अनुसार परपीड़क, हिंसक, दुराचारी ही निशाचर हैं, *'बरनि न जाइ अनीति, घोर निशाचर जौ करहि। हिंसा पर अति प्रीति, तिड्ड के पापहिं कवन मिति।'*

बाढ़े खल बहु चोरा जुआरा। जे लंपट पर धन, पर दारा।।
मानहिं मातु पिता नहिं देवा। साधुन्ह सन करवावहिं सेवा।।
जिन्हके यह आचरन भवानी। ते जानेहु निसिचर सब प्रानी।।[3]

---

1 *वही,* 4।30।6

2 *वही,* 3।9

3 *वही,* 1।183-1।184।1-3

क्या ऐसे निशाचर आज भी नहीं हैं? और फिर तुलसीदास की कल्पना केवल विध्वंसक ही नहीं है। दुष्टों के दमन पर ही वे नहीं रुकते, इस लोक में ही (किसी साकेत या बैकुण्ठ में नहीं) रामराज्य की स्थापना की विधायक कल्पना भी वे प्रस्तुत करते हैं, जिसका आदर्श हैं–

अल्प मृत्यु नहिं कवनिउ पीरा। सब सुन्दर सब विरुज सरीरा।।
नहिं दरिद्र कोउ दुखी न दीना। नहिं कोउ अबुध न लच्छनहीना।।
सब निर्दम्भ धर्मरत पुनी। नर अरु नारि चतुर सब गुनी।।[1]

क्या हम ऐसा विषमतारहित समाज बना सके हैं? यदि नहीं, तो राम का काम अभी शेष है। फिर *'राम काज कीन्हें बिनु मोहि कहाँ विश्राम'*[2] की मान्यता का अनुयायी सब कुछ भाग्य-भरोसे छोड़ कर सत् और असत् के संघर्ष में तटस्थ कैसे रह सकता है? प्रबल विघ्नों के सम्मुखीन होने पर भी वह उनसे साहसपूर्वक जूझता रहेगा, क्योंकि तुलसी का उपदेश है, *'राम सुमिरि साहस करिय, मानिय हिये न हारि।'*[3] उसकी दृष्टि में तो भाग्य की दुहाई देते रहने वाले कायर और आलसी हैं। *'कादर मन कहुँ एक अधारा, दैव दैव आलसी पुकारा।'*[4] राम की शक्ति से शक्तिमान् होकर वह रावणतुल्य अत्याचारी के सामने भी तन कर कह सकता है, *'मैं तव दसन तोरिबे लायक।'*[5]

तुलसी के लिए रामभक्ति का अर्थ है राम की सेवा। उनका दृढ़ सिद्धान्त है *'सेवक सेव्य भाव बिनु भय न तरिअ उरगारि'।*[6] सेवा तो कर्मठता के बिना हो ही नहीं सकती। फिर तुलसी ने इस भ्रान्ति के लिए भी कोई अवकाश नहीं छोड़ा है कि प्रभु की सेवा अवतार काल में या मन्दिरों में ही हो सकती है। उन्होंने स्वयं श्रीराम के मुख से अपने अनन्य सेवक की व्याख्या इस प्रकार करायी है–

सो अनन्य जाके अस, मति न टरइ हनुमन्त।
मैं सेवक सचराचर, रूप स्वामि भगवन्त ॥[7]

चराचर जगत् को प्रभु का व्यक्त रूप समझ कर उसकी सेवा का अर्थ ही है इसी लोक और इसी जन्म में समष्टि-हित के लिए प्राणपण से प्रयास करते रहना।

---

1 *मानस,* 7।21।5-7
2 *वही,* 5।1
3 *रामाज्ञा प्रश्न,* 5।1।3
4 *मानस,* 5।51।4 5. 6. 7. 8.
5 *वही,* 6।34।1
6 *वही,* 7।11
7 *वही,* 4।3

इसीलिए नरक, स्वर्ग, बैकुण्ठ की चिन्ता छोड़ कर तुलसी ने साफ कह दिया कि मुझे तो इसी संसार में राम के सेवक का जीवन बहुत अच्छा लगता है–

को जाने को जैहे जमपुर, को सुरपुर परधाम को।
तुलसिहिं बहुत भलो लागत जग जीवन राम गुलाम को।।[1]

भाग्य और परलोक की धारणाओं का उपयोग भी तुलसी ने इसी सेवामूलक भक्तिभावना की पुष्टि के लिए किया है, मनुष्य को आलसी बनाने, हौए के रूप में डराने या सब्जबाग दिखा कर लुभाने के लिए नहीं। यह सही है कि तुलसी 'भावी' को प्रबल मानते हैं (आज भी बहुत से मनोविज्ञानी, अर्थशास्त्री और इतिहास अपने-अपने ढंग के 'नियतिवाद' की चर्चा करते हैं) पर वे यह भी बताते हैं कि वह अनुल्लंघनीय नहीं है। उनकी निश्चित मान्यता है कि राम के जनमंगल गुण समूह भाग्य के कठिन, प्रतिकूल लेख को भी मिटा देने में समर्थ हैं, *'मेटत कठिन कुअंक भाल के।'*[2] नारद ने भाग्य को बदल देने की विधि हिमालय को बताया था, *'जो तप करै कुमारि तुम्हारी, भाविउ मेटि सकहिं त्रिपुरारी।'*[3] यह भाग्य पर पुरुषार्थ की विजय की असन्दिग्ध स्वीकृति है। *'तप सुखप्रद दुख दोष नसावा।'*[4] के निर्देश को स्वीकार करने के सुफल के रूप में ही गिरिजा-शंकर का विवाह एवं कार्तिकेय का जन्म हुआ, जिसके लिए तुलसी ने लिखा, *'जग जान षन्मुख जन्म, कर्मु, प्रताप, पुरुषारथु महा।'*[5] इस महापुरुषार्थ के प्रताप का गुणगान करने वाले को यदि आधुनिक बुद्धिजीवी 'भाग्यवाद का प्रचारक' बतायें तो कोई क्या कर सकता। तुलसी की राय में परलोक भी सँवरता है साधन-धाम, मोक्ष के द्वार इसी 'मानुष तनु' द्वारा किये गये सत्कर्मों से। उनके मतानुसार मानव शरीर का फल विषय भोग न होकर 'सकल सुख खानी' भक्ति है, अतः उसी के सुलभ सुखद मार्ग पर चलना चाहिए *'जो परलोक इहाँ सुख चहहू।'*[6] जो ऐसा नहीं करता *'सो परत्र दुख पावइ सिर धुनि धुनि पछिताइ, कालहि, कर्महि ईश्वरहि मिथ्या दोष लगाइ।'*[7] परलोक में दुःख मिलने पर काल, कर्म, ईश्वर को दोष देना गलत है, क्योंकि चूक तो अपनी ही है।

यह सच है कि सैद्धान्तिक स्तर पर तुलसी ने काल के ऐतिहासिक सरलरैखिक प्रत्यय के स्थान पर पौराणिक चक्रवत् आवर्ती चतुर्युगीन प्रत्यय को उसके दार्शनिक

---

1 *विनयपत्रिका*, 155।9-10

2 *मानस*, 1।32।9

3 *वही*, 1।70।5

4 *वही*, 1।73।2

5 *वही*, 1।103। छ-1

6 वही, 7।45।1

7 *वही*, 7।43

पक्ष के साथ स्वीकारा है और यह भी सच है कि इसीलिए उन्होंने अतीत को, सत्ययुग को ही सर्वाधिक गौरव दिया है। यह आधुनिक दृष्टि को अस्वीकार्य है, इसमें कोई सन्देह नहीं। किन्तु व्यावहारिक स्तर पर समय सचेतनता की दृष्टि से वे अद्भुत रूप से आधुनिकों के साथ हैं। आधुनिक जीवन पद्धति का एक बड़ा तत्त्व है समयनिष्ठा! और तुलसीदास की मान्यता है, *'लाभ समय को पालिबो, हानि समय की चूक, सदा बिचारहिं चारु मति सुदिन, कुदिन, दिन दूक'*[1] सामर्थ्य रहते हुए भी ठीक समय पर ही ठीक काम करना चाहिए, तुलसी ने इस सिद्धान्त की पुष्टि में श्रीराम का उदाहरण देते हुए लिखा है; *'समरथ कोउ न राम सों तीय हरन अपराधु, समयहि साधे काज सब समय सराहहिं साधु।'*[2] समग्र कल्प की दृष्टि से होगा सत्ययुग सर्वगुणसम्पन्न युग, पर अपने छोटे से जीवन में बीते हुए समय की तुलना में आनेवाला समय कितना अधिक महत्त्वपूर्ण है, इसका संकेत देते हुए तुलसी ने कहा, *'न करु बिलम्ब, बिचारु चारु मति बरष पाछिले सम अगिलो पल'*[3] देर न कर, सुबुद्धि से सोच कर पिछले वर्षों के समान (मूल्यवान) है अगला पल। बचे हुए जीवन के एक-एक क्षण को इतना महत्त्व देना आज भी सुसंगत है।

मध्ययुग में बड़े पैमाने पर परिवेश को नियन्त्रित कर पाना या अन्तर्राष्ट्रीय समस्याओं की सटीक जानकारी रखकर उनके प्रति अपनी निश्चित धारणा बना पाना, बड़े-बड़े प्रशासकों के लिए भी कठिन था। अतः भौतिक साधनहीन सन्त से इसकी अपेक्षा करना ही अनुचित है। ध्यान देने की बात यह है कि भक्ति साधना में लीन रहते हुए भी वे सम सामयिक, पारिवारिक, सामाजिक, आर्थिक, राजनीतिक स्थितियों के प्रति कितने सचेत थे और कितनी द्विधाहीन भाषा में उन्होंने उनके बारे में अपनी प्रतिक्रिया व्यक्त की है। समाज में व्याप्त विश्रृंखला, आडम्बर, पाखण्ड, अनाचार का विस्तृत चित्रण उन्होंने मानस के कलिकाल वर्णन में, कवितावली के उत्तरकाण्ड के कुछ छन्दों में एवं दोहावली के कुछ दोहों में किया है। ब्रह्मज्ञान की छौंक हर बात में देनेवाले भी किस प्रकार एक कौड़ी के लिए नीच-से-नीच कार्य कर सकते हैं, किस प्रकार काम, क्रोध, लोभ में रत नर-नारी किसी भी सीमा तक का दुराचार करके गाल बजाकर पण्डित, मिथ्यारम्भ कर सन्त, दम्भ कर आचारी कहला सकते हैं, इसका उन्हें मर्मन्तुद ज्ञान था। वाणी में विचार और शरीर पर आचार की झलक देनेवालों के मन में, कार्यों में छल-ही-छल भरा देख कर उन्होंने यह मार्मिक प्रश्न किया था कि अन्तर्यामी को ठग कर कोई कैसे सुख पा सकता है, *'बचन बिचार, अचार तन,*

---

1 *दोहावली*, 444

2 *वही*, 448

3 *विनयपत्रिका*, 24।7

मन करतब छल छूति, तुलसी क्यों सुख पाइये अन्तर्जामिहि धूति।'[1] आर्थिक स्थिति की भयंकरता का उनका चित्रण हृदय को झकझोर देनेवाला है, *'खेती न किसान को, भिखारी को न भीख, बलि, बनिक को बनिज न चाकर को चाकरी। जीविका-विहीन लोग सीद्यमान सोच बस कहें एक एकन सों, कहाँ जाई, का करी।*[2] इसी छन्द में उन्होंने 'दारिद' की सारी दुनिया को ग्रस लेनेवाला रावण बताकर उसके दलन की प्रार्थना श्रीराम से की थी, *'दारिद दसानन दबाई दुनी, दीनबन्धु दुरित-दहन देखि तुलसी हहा करी।'* इसी तरह महामारी और अकाल के प्रकोप के समय भी वे जन-सामान्य के मंगल के लिए प्रभु से आर्त स्वरों में प्राथना कर उठे थे। पीड़ितों के प्रति जितनी सहज और सच्ची थी उनकी सहानुभूति और करुणा, उत्पीड़कों के प्रति उतना ही उग्र था उनका रोष और क्षोभ। निर्भीकतापूर्वक उन्होंने लिखा था *भूप प्रजासन*[3] (प्रजा-भक्षी) और *भूमि चोरी*[4] हो गये हैं, दिन में डाकुओं और रात में चोरों[5] के उत्पात से जीवन दूभर हो गया है। प्रजा के दुखी होने पर राजा को परलोक में नरक मिलेगा। *(जासु राज प्रिय प्रजा दुखारी, सो नृपु अवसि नरक अधिकारी*[6]*)* कहकर ही उन्होंने छुट्टी नहीं पा ली, यह भी कहा कि जो राज्य करते समय अकारण कुचाल, कुसाज, कुठाट करते हैं वे अपने पूरे सहायकों के साथ रावण और दुर्योधन की तरह इसी लोक में समूल नष्ट हो जायेंगे, *'राज करत बिनु काज ही, करें कुचालि कुसाज, तुलसी ते दसकन्ध ज्यों जइहें सहित समाज। राज करत बिनु काज हो ठटहिं जे कूर कुठाट, तुलसी ते कुरुराज ज्यों जइहें बारह बाट।'*[7] स्थापित अत्याचारी राजसत्ता के खिलाफ दीन-हीन दुःखी जनता का पक्ष ग्रहण करने का तुलसी का यह नैतिक साहस क्या आधुनिकता विरोधी, मध्ययुगीन बोध है?

तुलसीदास के अनुसार मानव को विशेष गरिमा प्राप्त होती है, चौरासी लाख योनियों में मानव योनि के कर्मयोनि होने के कारण, उसी के *'भव बारिधि कहुँ बेरो'*[8] हो सकने के कारण। अन्यथा जीवरूप में तो सीय राममय होने के कारण सभी उनके लिए वन्दनीय हैं *'आकर चारि लाख चौरासी, जाति जीव जल थल नभ बासी, सीय राम मय सब जग जानी, करउँ प्रनाम जोरि जुग पानी।'*[9] मानव-शरीर पाकर भी

1 *दोहावली*, 411
2 *कवितावली*, 7 ।97 ।1-4
3 *मानस*, 7 ।98 ।2
4 *कवितावली*, 7 ।177 ।3
5 *दोहावली*, 239
6 *मानस*, 2 ।71 ।6
7 *दोहावली*, 416-417
8 *मानस*, 7 ।44 ।4-7
9 *वही*, 1 ।8 ।1-2

जो राम से स्नेह नहीं करते, तुलसी की दृष्टि में *'तिन्हतें खर, सूकर, स्वान भले।'*[1] आधुनिक दृष्टि 'राम से स्नेह' की न सही, 'मानवता' की अपेक्षा तो रखती ही है, जिसके अभाव में आधुनिक साहित्यकारों को भी मनुष्य भेड़िया, सुअर, कुत्ता, चूहा, केंचुआ जैसा लगने लगा है।

जहाँ तक योग्यतानुपाती न्याय का अर्थात् विशिष्ट स्थिति, जाति या पद मात्र के कारण नहीं, कार्य के कारण पात्रता के अनुरूप पुरस्कार, पद या पारिश्रामिक आदि देने का प्रश्न है, मुझे लगता है कि तुलसीदास बहुत दूर तक इसका समर्थन करते। सामान्यतः वे यही मानते थे कि *'करम प्रधान बिस्व करि राखा, जो जस करइ सो तस फल चाखा'*[2] मोटे तौर पर यह योग्यतानुपाती न्याय का भारतीय प्रतिरूप है। फिर भी दोनों एक नहीं हैं। भारतीय कर्म सिद्धान्त दुधारी तलवार है। एक ओर तो इससे सत्कर्मों को प्रेरणा मिलती है, उनके फलों के भोग का नैतिक अधिकार प्राप्त होता है, दूसरी ओर इसी से पूर्वजन्म, पुनर्जन्म और प्रारब्ध की धारणाएँ पुष्ट की जाती हैं जिनका दुरुपयोग कुछ स्वार्थी लोग निष्क्रियता के समर्थन के लिए 'यथास्थिति' को बनाये रखने के लिए कर सकते हैं। आधुनिक दृष्टि इसके पूर्वार्द्ध को तो स्वीकार करती है, उत्तरार्द्ध को नहीं। तुलसी पूर्वजन्म, पुनर्जन्म और प्रारब्ध को मानते हुए भी पतित यथास्थिति का समर्थन कतई नहीं करते, यह उनके पूरे साहित्य से स्पष्ट है। व्यक्ति और समाज दोनों को पतन से उत्थान की ओर जाने की राह बनाने का कर्तव्य उन्होंने निभाया है। हार कर भागता हुआ निकम्मा कायर भी यदि लौट कर जूझने लगे तो वीर कहलाता है, *'राड़ राउत होत फिरि के जूझे'*[3] यह कहकर व्यक्ति को अपनी स्थिति सुधारने की ओर *'सुनहु सकल पुरजन मम बानी'*[4] द्वारा समाज को सामूहिक मंगलमय विकास करने की प्रेरणा उन्होंने दी है। अतः वे कर्म सिद्धान्त के तेजस्वी रूप का समर्थन करते हैं। व्यवहार में किसी का हक मार कर किसी के अनुचित पक्षपातयुक्त पोषण की दुर्नीति का वे विरोध करते हैं। उन्होंने साफ कहा है, मुखिया तो मुख के समान होना चाहिए जो अकेला भोजन करते हुए भी समस्त अंगों का विवेकपूर्वक अर्थात् उनकी आवश्यकता के और कार्य के अनुरूप पोषण करता है, *'मुखिया मुखसो चाहिए, खान, पान कहुँ एक, पालइ, पोषइ सकल अंग तुलसी सहित बिबेक।'*[5] किन्तु वे यह भी मानते थे कि मनुष्य अपने ही पुरुषार्थ से अपना चरम विकास नहीं कर सकता, उसके लिए भगवत् कृपा आवश्यक है। भगवान्

---

1 *कवितावली*, 7।40।1

2 *मानस*, 2।219।4

3 *विनयपत्रिका*, 176।12

4 *मानस*, 7।43।3

5 *वही*, 2।315

की कृपा अहेतुकी होती है। कृपा योग्यता-अयोग्यता का विचार नहीं करती, इसका मतलब सिर्फ यही है कि कृपा सिद्धान्त को माननेवाला न कर्तृत्व के अहंकार से ग्रस्त हो, न साधनहीनता की निराशा से पस्त। उसमें किसी प्रकार की ढिलाई भी न आये। अपने कर्तव्य कर्म के एकांगी कठिन मार्ग पर चलना शुरू कर तुच्छ सुखों के प्रलोभन से क्षण-क्षण पर विश्राम करना अनुचित है क्योंकि तुलसी के मतानुसार अपना भला अपनी ओर से अपने 'नेम' के निर्विघ्न निबाह में है–

एक अंग मग अगम गवन करि, बिलमु न छिन छिन छाहैं।
तुलसी हित अपनो अपनी दिसि, निरुपधि नेम निबाहैं ॥[1]

कर्म की दृष्टि से योग्यतानुपाती न्याय का समर्थन, भगवत् कृपा की दृष्टि में उसका अतिक्रमण तुलसी की मान्यता को अधिक कल्याणकारी बनाता है, ऐसा मैं मानता हूँ।

आधुनिक दृष्टि से श्रेष्ठ माने जानेवाले कुछ प्रमुख लक्षणों के सन्दर्भ में तुलसी की मान्यताओं के इस संक्षिप्त परीक्षण से यह स्पष्ट है कि दोनों में कुछ बातों में समानता और कुछ बातों में पर्याप्त अन्तर होते हुए भी, ऐसा मौलिक विरोध नहीं है कि दोनों में संवाद ही न हो सके। कृषिमूलक अर्थव्यवस्था पर आधारित सामन्तशाही मुगल युग में उत्पन्न तुलसीदास की कुछ स्थापनाएँ अतीतोन्मुखी हैं और कुछ अपने युग के सांस्कृतिक, सामाजिक, राजनीतिक परिवेश को दृष्टिगत रखकर की गयी हैं। स्वभावतः ऐसी स्थापनाएँ आधुनिक औद्योगिकता की पूँजीवादी तथा राज्यनियन्त्रित वर्गवादी अर्थव्यवस्थाओं के संघात के गतिचंचल युग के अनुकूल नहीं हो सकतीं। आखिर तब से अब तक के मानव-अनुभवों और वैज्ञानिक चेतना एवं आविष्कारों ने हमारे परिवेश को, हमारी सामाजिक-राजनीतिक आशा-आकांक्षाओं को, हमारे औचित्यबोध को बहुत कुछ बदल भी तो दिया है। इसका अर्थ यह है कि जिस तरह तुलसी ने अपनी प्राप्त परम्परा से 'संग्रह-त्याग' किया था, उसी तरह हम लोग भी तुलसीदास से (जो अब स्वयं परम्परा के पुष्ट अंग बन गये हैं) 'संग्रह-त्याग' कर सकते हैं। इसके लिए सत्य और सर्वहित जैसे तत्त्वों से ही निर्मित कसौटी का उपयोग किया जाना चाहिए। इन्हीं को दृष्टिगत कहा जा सकता है कि तुलसी द्वारा समर्थित जन्मनास्थिर वर्णव्यवस्था (शूद्र एवं अस्पृश्य मानी जानेवाली जातियों के प्रति सामाजिक अन्याय जिसका अभिन्न अंग है) नारी की अतिशय नियन्त्रित भूमिका, राजतन्त्र, काल की चतुर्युगी चक्रवत् पुनरावर्ती धारणा, अतीत (सत्ययुग) को ही सर्वश्रेष्ठ मानने के फलस्वरूप इतिहास की सोन्मुख संकल्पना जैसी बातें अब अमान्य हैं। कट्टर तुलसी भक्तों को यह स्मरण रखना चाहिए कि परम्परा से (और तुलसी से भी) हमारा सम्बन्ध सिर्फ

---

1 *विनयपत्रिका*, 65 ।9-10

अनुकरण का नहीं, उसके दाय के स्वस्थ विकास का होना चाहिए। इस क्रम में आज के लिए अहितकर या अनुपयोगी तत्त्वों की छँटाई पीले पत्तों और सूखी डालों की छँटाई के समान ही समाज-वृक्ष के लिए कल्याणकर है। साथ ही यह भी सच है कि ये और इन जैसी कुछ और बातें तुलसी की विचारधारा के गौण अंश हैं।

तुलसीदास की विचारधारा का विपुलांश आज भी वरणीय है। श्रीराम (सगुण या निर्गुणब्रह्म, अवतार, विश्वरूप, चराचर व्यक्त जगत् या चरम मूल्यों की समष्टि और स्रोत... उनका जो भी रूप आपकी भावना को ग्राह्य हो।) के प्रति समर्पित, सेवा प्रधान, पर हितनिरत, आधि-व्याधिरहित, जीवन, मन, वाणी और कर्म की एकता, उदार, परमत सहिष्णु, सत्यनिष्ठ, समन्वयी दृष्टि, अन्याय के प्रतिरोध के लिए वज्र कठोर, प्रेम-करुणा के लिए कुसुम कोमल चित्त, गिरे हुओं को उठने, आगे बढ़ने की प्रेरणा और आश्वासन, भोग की तुलना में तप को प्रधानता देनेवाला, विवेकपूर्ण, संयत आचरण, दारिद्र्य मुक्त, सुखी, सुशिक्षित, समृद्ध समतायुक्त समाज, साधुमत और लोकमत का समादर करनेवाला प्रजाहितैषी शासन... संक्षेप में यही आदर्श प्रस्तुत किया है तुलसी की *'मंगल करनि, कलिमल हरनि'* वाणी ने। क्या आधुनिकता इसको खारिज कर सकती है?

और फिर आधुनिकता को क्या यह आदर्श चुनौती नहीं दे सकता? क्या यह उससे नहीं पूछ सकता कि आधुनिक प्राचुर्य युक्त समाज बाहर से जितना भरा-भरा लगता है, भीतर से उतना ही खोखला क्यों है? भौतिक समृद्धि के साथ-ही-साथ मनुष्य की बेचैनी, छटपटाहट, हताशा क्यों बढ़ती जा रही है? आज की उद्धत बौद्धिकता परम्परागत मूल्यों के खण्डन में सफल होने का जैसा दावा करती है, वैसा दावा हृदय को अवलम्ब दे पानेवाले किसी विश्वास के निर्माण के लिए क्यों नहीं कर पाती? लोकतन्त्र का मुखौटा लगाये पूँजीवादी व्यवस्था हो या समाजवादी रामनामी ओढ़े वर्गवादी, दलीय तानाशाही, क्यों ऐसा है कि दोनों खेमों में झूठ, फरेब, दमन, प्रलोभन पर आधारित हृदयहीन शासनतन्त्र पनप रहा है और विचार की वाणी का दम घोटा जा रहा है? विज्ञान की सहायता से इन्द्रियों को सुख देनेवाले एवं अहं को तृप्त करने वाले पदार्थों द्वारा अपने को सन्तुष्ट करने की अन्धाधुन्ध चेष्टा करने वाला आज का स्नायविक तनावग्रस्त मानव दूसरों से क्यों कटता और अकेला पड़ता चला जा रहा है? कहीं ऐसा तो नहीं है कि उन्नीसवीं सदी के बहुतेरे आधुनिक चिन्तकों ने ईश्वर को...श्रद्धा को नकार कर, उसके स्थान पर मनुष्य को...तर्क को प्रतिष्ठित करने का जो आग्रह किया था, उसका यह दुष्परिणाम है? बीसवीं शताब्दी के दो-दो विश्वयुद्धों में एवं उनके बाद भी छोटे-बड़े युद्धों, संघर्षों एवं शान्तिकाल को तीसरे विश्वयुद्ध की भूमिका के रूप में ग्रहण करने की कुचेष्टाओं के परिप्रेक्ष्य में मनुष्य का जो हृदयहीन, स्वार्थपर घृणित रूप उभरा है उसने मानववादी चिन्तकों द्वारा निरूपित मानव के उदात्त

रूप के प्रति मोह भंग कर दिया है। सन्तों का स्थान न वैज्ञानिक ले सके, न साहित्यिक, न कलाकार, राजनीतिक नेता का तो कोई सवाल ही नहीं उठता। इसी के फलस्वरूप मानव के प्रति बहुत से विचारकों की आस्था नष्ट हो गयी है और उन्हें जीवन अर्थहीन लगने लगा है। व्यवहार में दिन-प्रतिदिन बढ़नेवाली पदार्थलिप्सा और विचार में अविश्वासजनित रिक्तता आज के मानव की सबसे बड़ी सांस्कृतिक समस्या है।

अत्यधिक समुन्नति के भौतिक दुष्परिणामों की ओर भी विचारकों का ध्यान जाने लगा है। नगरों में बढ़ती जनसंख्या, गन्दगी, ट्राफिकजाम, वायु, नदियाँ, समुद्रों का प्रदूषण, जंगली जीवन का नाश, प्राकृतिक सम्पदा का अन्धाधुन्ध अपव्यय, त्वरित परिवर्तमान जगत् में जमने के पहले ही उखड़ती नयी परम्पराएँ एवं विचारधाराएँ, अधिकाधिक स्पर्धा, यान्त्रिक जीवन, शोर, भीड़, सामाजिक-पारिवारिक जीवन का विघटन, आत्मनिर्वासन, कंक्रीट, लोहे की एकरसता आदि, आदि भी तो आधुनिकता की ही देन हैं।[1] यह सच है कि भारत अभी इतना पिछड़ा है कि उसे औद्योगिकीकरण को अभी बढ़ाना ही होगा किन्तु क्या यह भी उचित नहीं है कि इन परिणामों के प्रति सतर्क रहते हुए हम अपना विकास अपनी आवश्यकताओं और परम्पराओं के अनुरूप करें नहीं तो हिप्पी, नशाखोरी, बढ़ती मनोविकृतियाँ, बड़ी संख्या में तलाक, आत्महत्याएँ आदि हमसे भी बहुत दूर नहीं रहेंगी।

आज तुलसीदास होते तो जरूर पूछते कि भाई, मानव को सुखी बनाने के लिए वैज्ञानिक उपलब्धियों द्वारा परिवेश को मानव प्रकृति के अनुकूल बनाने चले थे न तुम, अब वैज्ञानिक उपलब्धियों द्वारा परिवर्तित और विजित परिवेश के अनुकूल मानव प्रकृति को ढलने के लिए विवश कर उसे क्यों अधिकाधिक दुखी बनाते चले जा रहे हो? *'लिखत सुधाकर गा लिख राहू'*[2] की भूल क्यों दुहरा रहे हो? मनुष्य की आवश्यकताएँ और प्रौद्योगिकी (सुपर टेक्नॉलॉजी) की आवश्यकताएँ परस्पर विरोधी भी हो सकती हैं असमाधेय होने की सीमा तक, यह तुम क्यों नहीं समझ पाते? तुम हम पर आरोप लगाते हो न कि हम लोगों ने परलोक की चिन्ता के कारण इहलोक की और अतीत-भक्ति के कारण वर्तमान की उपेक्षा की थी, अब तुम लोग अन्तरिक्ष विजय की आतुरता में धरती की ओर स्वर्णिम भविष्य की रम्य कल्पना के मोह में वर्तमान की उपेक्षा क्यों कर रहे हो? जिन्होंने ईश्वर को मानने से इनकार किया। उन्होंने क्या अपनी पूजा भावना को भी समाप्त कर दिया? ऐसा नहीं हुआ, ईश्वर के स्थान पर मानव, राष्ट्र, विचारधारा, नेता आदि को पूज्य मानकर उन्होंने व्यावहारिक जीवन-दर्शन गढ़े। क्या उनके परिणाम शुभ रहे? क्या बाहरी हजार परिवर्तनों के बावजूद मूलभूत मानवीय प्रकृति भीतर से करीब-करीब अपरिवर्तित

---

1 *'टेकनॉलॉजी एंड ग्रोथ : द प्राइस वी पे'*, श्री ई. जी. मिशान द्वारा लिखित पुस्तक

2 *मानस,* 2।55।2

ही नहीं है और क्या 'अमृतत्त्व' की उसकी तलाश को खारिज कर उसकी पूर्णता का विधान किया जा सकता है?

ये प्रश्न आधुनिकता के प्रबल समर्थकों को भी सोचने के लिए विवश कर देंगे। पर तुलसीदास से हमारा सम्बन्ध केवल विश्वचिन्तन या मानवीय भावबोध के स्तर का नहीं है। हमारा जातीय मानस जिन तत्त्वों से गठित हुआ है, उनके वे अपूर्व ज्ञाता हैं। हमारे जातीय मानस के विविध स्तरों और कहीं-कहीं परस्पर विरोधी दिशाओं में जाने वाले उसके भावों को उन्होंने भली-भाँति समझ कर उनका समाहार अपने साहित्य में.... मुख्यतः रामचरितमानस में किया है। इसीलिए मानस इतना लोकप्रिय और सामान्य हो सका है। यह सच है कि इन चार सौ वर्षों में हमारे जातीय मानस की जटिलता और बढ़ी है, उस पर नयी परतें और चढ़ी हैं। फिर भी हिन्दी में अब भी तुलसी का ही कृतित्व ऐसा है, जिसके द्वारा भारत के जातीय मानस की मौलिक संरचना को समझा जा सकता है और उसके बहुत बड़े अंश को तृप्त किया जा सकता है। अतः तुलसीदास आज भी हम लोगों के लिए अपरिहार्य हैं। आज भी उनका आदर्श एक बड़ी सीमा तक हम लोगों के लिए दिशा-निर्देशक है।

पश्चिमी विचारकों की तेज-तर्रार युक्तियाँ तथा आधुनिक कवियों के विलक्षण शिल्प से प्रभावित बहुत से फैशनपरस्त आधुनिक भारतीयों को भी तुलसी की शैली, शब्दावली, विचारपद्धति अनाकर्षक लग सकती है, किन्तु संग्रह-त्याग क्या बाह्य कलेवर के आधार पर ही किया जा सकता है? यह सवाल मेरा नहीं, तुलसीदास का है–

'मनि भाजन मधु, पारई पूरन अमी निहारि।
का छाड़िय, का संग्रहिय, कहहु बिबेक बिचारि।।'[1]

मणि के पात्र में शराब हो और मिट्टी की परई में अमृत, तो क्या अमृत का त्याग कर पात्र की चमक-दमक से प्रलुब्ध होकर शराब को स्वीकार कर लेना विवेक का सूचक होगा? सर्जनात्मकता का सच्चा प्रमाण तो मणि-पात्र में अमृत की प्राप्ति द्वारा ही दिया जा सकेगा। क्या हम ऐसा प्रमाण देने की चुनौती स्वीकारने की हिम्मत रखते हैं?

---

1 *दोहावली*, 351

40

बिहारी : काव्य का यथार्थ

—अपरबल राम

मानव-जीवन में प्रेम एक ऐसा तत्त्व है जिसका तिरस्कार कर मनुय जी नहीं सकता। इस तथ्य को प्रायः सभी लोगों ने एक मत से स्वीकार किया है। "मानव जीवन में प्रेमतत्त्व का पाया जाना चिरन्तन सत्य है और फलस्वरूप साहित्य के अन्दर रोमांस उतना ही शाश्वत है जितना साहित्य में मानव।"[1] यही कारण है कि सभी कवियों ने साहित्य में इसकी विशद विवेचना की है। *"इश्क के बिना कोई बड़ा नहीं हो सकता। लेकिन इश्क के मातहत नहीं होना चाहिए। जिसने इस पर कब्जा किया वो बढ़ा, जो इसके कब्जे में गया, वो गया।"*[2] "मानव जीवन को सरस और सृजनशील बनाने के लिए प्रेम की बहुत अधिक आवश्यकता होती है।"[3] अतः प्रेम प्रेरक तत्त्व है। "दान्ते की भाँति चाहे अनेक कवियों ने यह कहा भले न हो कि मैं तभी लिखता हूँ जब प्रेम मुझे प्रेरित करता है और मैं वही कुछ बाहर व्यक्त करता हूँ जो प्रेम मुझे भीतर से कहने को मजबूर करता है; किन्तु इतना सत्य है कि दान्ते की भाँति ही अनेक कवियों के जीवन में प्रेम सबसे बड़ी आस्था और वही सबसे बड़ी प्रेरणा रहा है।"[4] स्कन्दगुप्त में देवसेना कहती है—"क्या तुम्हारा हृदय कहीं पराजित नहीं हुआ? विजया! विचार कर कहो, किसी भी असाधारण महत्त्व से तुम्हारा उद्दण्ड हृदय अभिभूत नहीं हुआ? यदि हुआ है तो वही स्वर्ग है जहाँ हमारी सुन्दर कल्पना आदर्श का नीड़ बनाकर विश्राम करती है, वही स्वर्ग है। वही विहार का, वही प्रेम करने का स्थल स्वर्ग है, और वह इसी लोक में मिलता है। जिसे नहीं मिला, वह इस संसार में अभागा है।"[5]

---

1 *हिन्दी उपन्यास और यथार्थवाद*, डॉ. त्रिभुवन सिंह, पृ. 64

2 *आखिरी बात* नामक कहानी से, डॉ. शिवप्रसाद सिंह

3 *बिहारी का नया मूल्यांकन*, डॉ. बच्चन सिंह, पृ. 27

4 *रसरतन की भूमिका*, डॉ. शिवप्रसाद सिंह, पृ. 1

5 *स्कन्दगुप्त*, डॉ. जयशंकर प्रसाद, पृ. 51

इस प्रेम के दो पक्ष होते हैं—संयोग शृंगार और विप्रलम्भ या वियोग शृंगार। सभी कवियों ने संयोग की अपेक्षा वियोग को अधिक महत्त्व दिया है। इस पर विचार करना चाहिए। प्रेमी और प्रेमिका जब मिल न पाने के कारण आनन्द के अभाव का अनुभव करते हैं तो उसकी चर्चा वियोग शृंगार के अन्तर्गत स्वीकार की जाती है—

प्यारी पीव मिलाप बिनु, होत नहीं आनन्द।
सो वियोग शृंगार कहि, बरनत सब कवि वृन्द।[1]

—मतिराम-रसराज

अर्थात् प्रेम की तीव्रतम अनुभूति होने पर भी जब उभय प्रेमी परस्पर मिल नहीं पाते तब उस अवस्था को विप्रलम्भ अथवा वियोग शृंगार कहते हैं। वास्तव में प्रेम के क्षेत्र में संयोग काल का समुचित आनन्द प्रेमी जनों के बीच आ ही नहीं पाता क्योंकि मिलन काल में भी वे वियोग की आशंका से त्रस्त रहते हैं और इस प्रकार संयोग में भी वियोग की-सी स्थिति का वे अनुभव किया करते हैं।

विद्वानों ने साधारणतः विप्रलम्भ शृंगार के तीन भेद स्वीकार किये हैं, जिसके अनुसार—(1) पूर्वानुराग, (2) मान और (3) प्रवास की तीन अवस्थाओं का वर्णन किया जाता है। कुछ लोगों ने इसके एक भेद और 'करुण' का उल्लेख किया है। किन्तु यह समीचीन नहीं जान पड़ता क्योंकि सम्पूर्ण वियोग की अवस्था ही कारुणिक होती है। इसमें सन्देह नहीं कि हिन्दू कवियों के विप्रलम्भ शृंगार की परम्परा अत्यन्त गौरवमयी है जिसमें बिहारी का स्थान अत्यन्त महत्त्वपूर्ण है।

लोकप्रियता

इनकी एकमात्र रचना 'सतसई' ही इनकी लोकप्रियता का मुख्य कारण है। सतसई का एक-एक दोहे एक-एक रत्न के समान है। शृंगार रस के ग्रन्थों में 'सतसई' की ख्याति तो असन्दिग्ध है ही, समग्र हिन्दी साहित्य में भी तुलसी के 'रामचरितमानस' के बाद सम्भवतः बिहारी सतसई ही सर्वाधिक लोकप्रिय रचना है। यही कारण है कि 'बिहारी सतसई' की पचासों टीकाएँ लिखी गयीं और अद्यावधि सतसई के एक-एक दोहे नवयुवकों के कण्ठहार बने हुए हैं। विविध भाषाओं में इस ग्रन्थ का अनुवाद होना इसकी लोकप्रियता का ही द्योतक है। 'मुक्तक कविता में जो गुण होना चाहिए वह बिहारी के दोहों में अपने चरम उत्कर्ष को पहुँचा है, इसमें कोई सन्देह नहीं। मुक्तक में प्रबन्ध के समान रस की धारा नहीं रहती जिसमें कथाप्रसंग की परिस्थिति में अपने को भूला हुआ पाठक मग्न हो जाता है और हृदय में एक स्थायी प्रभाव ग्रहण करता है। इसमें तो रस के ऐसे छींटे पड़ते हैं जिनसे हृदय-कलिका थोड़ी देर के लिए खिल उठती है। यदि प्रबन्धकाव्य एक विस्तृत वनस्थली है

---

1 *दरबारी संस्कृति और हिन्दी मुक्तक,* डॉ. त्रिभुवन सिंह, पृ. 117

तो मुक्तक एक चुना हुआ गुलदस्ता। इसी से यह सभा समाजों के लिए अधिक उपयुक्त होता है।"[1]

जब हम बिहारी सतसई की लोकप्रियता पर विचार करते हैं तब प्रश्न यह उठता है कि वास्तव में सतसई के दोहों में वह कौन-सा जादू है जो पाठकों के मस्तिष्क पर चढ़कर बोलने लगता है और वे कवित्त रस में बूड़ने लगते हैं। कहा जा सकता है कि बिहारी के लघु आकार वाले दोहों में भावों की इतनी कसावट और सघनता पाई जाती है कि कवित्त-सवैया लिखने वाले घनानन्द जैसे सिद्धकवि भी मात खा जाते हैं। घनानन्द ने जिन भावों को कवित्त की आठ पंक्तियों में दिखाया उन्हीं को बिहारी दो पंक्तियों में कदाचित् अधिक सफलता के साथ दिखा पाये हैं। ऐसा करने में उनकी कल्पना की अद्भुत समाहार शक्ति और भाषा की सामासिक पदावली अत्यधिक सहायक सिद्ध हुई है। निम्नलिखित दोहे में असंगति अलंकार के माध्यम से एक लम्बी-चौड़ी प्रेमगाथा की अभिव्यक्ति मिली है, जो उनकी कल्पना की समाहार शक्ति का परिचायक है—

दृग उरझत टूटत कुटुम, जुरत चतुर चित प्रीति।
परत गाँठ दुरजन हिये, दुई नई यह रीति।।

सुन्दर अनुभव योजना

बिहारी ने शृंगार रस के दोनों पक्षों-संयोग एवं वियोग का बड़ा ही सफल चित्रण किया है। संयोग के विविध चित्रों के उरेहने में तो बिहारी को कमाल ही हासिल है। क्योंकि यही उनका अपना क्षेत्र है जिसमें उनकी वृत्ति खूब रमी है। उनकी हाव भाव और अनुभाव योजना इतनी सफल है कि पाठकों के सामने चित्र सजीव होकर मूर्तिमान हो उठते हैं। हाव का एक चित्र देखिए—

भौंहनि त्रासति मुँह नटति, आँखिन सो लपटाति।
ऐंचि छुड़ावति कर इंची, आगे आवति जाति।।

या

बतरस लालच लाल की, मुरली धरी लुकाय।
सौंह करै भौंहनि हँसै, दैन कहै नटि जाये।।

दाम्पत्य क्रीड़ा सम्बन्धी हाव के चित्र भी मार्मिक बन पड़े हैं, जैसे—नवागता वधू का प्रियतम को पान खिलाने की चेष्टा करना, प्रियतम के नकारने का झूठा उपक्रम और अन्त में पान खिलाते समय प्रिय के अधरों से उसकी अँगुली का छू जाना आदि। इसी प्रकार से अभिलाषा, गर्व, हर्ष, अमर्ष, स्मृति आदि कई भाव एक ही साथ निम्न दोहे में देखे जा सकते हैं—

1 *हिन्दी साहित्य का इतिहास*, आचार्य रामचन्द्र शुक्ल, पृ. 247

कहत नटत रीझत खिझत, मिलत खिलत लजियात।
भरे भौन में करत है, नैनन हीं सों बात।।

अब 'बिलास भाव' का एक चित्र लीजिए जिसमें नायिका की चेष्टाएँ व मुद्राएँ किसी भाव से प्रेरित नहीं हैं बल्कि उन चेष्टाओं के प्रभाव का अंकन किया गया है–

कर समेटि कुच भुज उलटि, खयें सीस पट डारि।
काको मन बाँधै न यह, जूरी बाँधनि हारि।।

बिम्ब विधान एवं चित्र योजना

कवि चित्र सफल तभी कहा जायेगा जब वह पाठकों की संवेदना को जगाने और संवेगों को तीव्र करने में समर्थ हो। ये दोनों बातें बिहारी के प्रायः प्रत्येक चित्र में मिलेंगी। एक अत्यन्त सफल चित्र को लिया जा सकता है–

कंज नयनि मंजन किये, बैठी ब्योरति बार।
कच अंगुरिनि बिच दीठि दै, चितवति नन्दकुमार।।

बिहारी के कुछ चित्र केवल चमत्कार दिखाकर ही रह जाते हैं, वे हमारी संवेदना को छू नहीं पाते। उदाहरण के लिए निम्न चित्र देखा जा सकता है–

अहे दहेड़ी जिन धेरै, जिन तू लेहि उतारि।
नीके है छींके छुवै, ऐसें ही रहि नारि।।

पुरुषों को आकर्षित करने के लिए 'कुच' ही नारी का प्रधान अंग है। भुजाओं को उठाकर अँगड़ाई लेते समय खिंचकर तने उरोजों का सौन्दर्य बिहारी जैसे शृंगारी कवि के लिए विशेष आकर्षक रहा है। यही कारण है कि इन्होंने अनेक मुद्रा में नायिकाओं के चित्र उतारे हैं, कहीं तो नायिका को दोनों हाथ ऊपर उठाकर 'दहेड़ी' उतारने पर विवश करते हुए आदेश दिया कि '*नीके हैं छींके छुवै ऐसे ही रहि नारि*' और कहीं पर उससे जूड़ा बँधवाकर अपना मन ही बाँध दिया। एक कामातुर नायिका का चित्र भी देखिए जो नशे में झूमते हुए शराबी की याद दिलाती है :

खलित बयन अधखुलित दृग, ललित स्वेद कन जोति।
अरुन बदन छबि मद छकी, खरी छबीली होति।।

बिहारी की सद्या स्नाता नायिका 'कुच आँचर बिच बाँह दै' सरोवर से बाहर निकलती है। यह कामजन्य संकोच किसी व्यक्ति के सामने ही हो सकता है। नायिका पुरुषों की भीड़ आमन्त्रित कर स्नान करने नहीं गयी रही होगी। हाँ, यह बात दूसरी है कि बिहारी जैसे रसिक व्यक्ति वहाँ अनाहूत पहुँच गये हों।

विरह-वर्णन

बिहारी का विरह-वर्णन फारसी कवियों के विरह-वर्णन से अधिक प्रभावित होने के कारण प्रायः ऊहात्मक हो गया है। बिहारी की नायिका विरह में इतनी दुबली-पतली हो गयी है और चेहरे का रंग इतना फीका पड़ गया है कि सदैव पास में रहने वाली सखियों को भी पहचानने में कठिनाई होती है। इतना ही नहीं, अपनी दुर्बलता के कारण ही—

इत आवति चलि जाति उत, चली छ सातक हाथ।
चढ़ी हिंडोरें सी रहै, लगी उसासन साथ।।

हाँ, इतना अवश्य कहा जा सकता है कि नायिका साँस के झूले पर झूलती हुई तो कही गयी पर बिस्तर झाड़ने की नौबत नहीं आयी।[1] बिहारी ने पूर्वानुराग का वर्णन अधिक किया है, पर प्रवास का वर्णन उससे भी अधिक। मान को भी दूर तक नहीं घसीटा है, मान विरह के कारण नदी तालाब नहीं सुखाये हैं—जैसे पद्माकर ने निम्न दोहे में—

घन घमंड पावस निसा, सरवर लगे सुखान।
परखि प्रानपति जानि गौ, तज्यौ मानिनी मान।।

या अपभ्रंश कवि की नायिका के समान इनकी नायिका रात्रि समाप्त होने की आशंका से भी ग्रस्त नहीं है—

ढोल्लामई तुहँ वारिया मा कुरु दीहा माणु।
निद्दए गमिही रत्तडी दडवड होइ विहाणु।। (हेम.प्रा.व्या.)

इनकी नायिका को बेचारी मृत्यु चश्मा लगाकर भी नहीं ढूँढ़ पाती। नायिका के घर के आसपास '*नित प्रति पूनोई रहै आनन ओप उजास*' अतः तिथि का ज्ञान केवल पत्रा से ही किया जाता है। इसी प्रकार से गुलाबजल के एक भी छींटे का नायिका के शरीर पर न पड़कर बीच ही में सूख जाना तथा जाड़े की कठोर रात्रि में भी गीले वस्त्र पहनकर प्रेमवश बड़ा साहस करके सखियों का नायिका के पास जाना आदि ऐसी ऊहात्मक उक्तियाँ हैं जो हास्यास्पद हो गयी हैं।

परन्तु सर्वत्र ही ऐसा ही हुआ हो ऐसी बात नहीं। उनका विरह-वर्णन कहीं-कहीं पर बड़ा स्वाभाविक और मार्मिक है; जैसे—

कर के मीड़े कुसुम लौं, गई बिरह कुम्हिलाय।
सदा समीपिनि सखिनहूँ, नीठि पिछानी जाये।।

---

1 *इंतहाए लागरी से जब नजर आया न मैं।*
हँस के वो कहने लगे बिस्तर को झाड़ा चाहिए।। —नासिक

प्रवत्स्यत्पतिका का बड़ा ही सुन्दर स्वाभाविक एवं सरल वर्णन बिहारी ने किया हैएक उदाहरण ही काफी है–

अजौं न आये सहज रंग, बिरह दूबरे गात।
अबहीं कहा चलाइयत, ललन चलन की बात।।

प्रेम का आदर्श

बिहारी का प्रेम अपना भौतिक धरातल छोड़ नहीं पाता। जिसके कारण उसमें व्यापकता का अभाव पाया जाता है। बिहारी के प्रेम का आदर्श चौगान का खेल कहा जा सकता है जिसका वर्णन निम्न दोहे में किया गया है–

सरस सुमिल चित तुरँग की, करि करि अमित उठान।
गोय निबाहें जीतिए, खेलि प्रेम चौगान।।

इनका प्रेम रीतिकालीन पिटे-पिटाये साँचे में ढला हुआ है, अतः उसमें वह आवेग नहीं जो प्रेम पात्रों के सामाजिक बन्धन को तोड़ सके। परन्तु बिहारी प्रेम की गम्भीरता और उसके महत्त्व से अपरिचित हों ऐसी बात नहीं। निम्न दोहे में प्रेमादर्श का जो निरूपण मिलता है। उससे प्रेम का गाम्भीर्य एवं महत्त्व स्पष्ट हो जाता है–

गिरि तें ऊँचे रसिक मन, बूड़े जहाँ हजार।
वहै सदा पसु नरन कौं, प्रेम पयोधि पगार।।

भाषा

बिहारी की भाषा शुद्ध एवं साहित्यिक ब्रज भाषा है। बीच-बीच में पूर्वी शब्दों का प्रयोग भी तुकान्त के आग्रह के कारण किया गया है। बुन्देलखण्डी शब्दों का प्रयोग भी अधिक मिलता है। बिहारी का शब्दचयन बहुत ही प्रशंसनीय है। शब्दों का इतना गहरा ज्ञान विरले कवियों को ही होगा। इनकी भाषा में मुहावरों का प्रयोग भी खूब हुआ है। समास पद्धति के माध्यम से सीमित शब्दों में असीमित बात कह देना बिहारी की अपनी विशेषता है। इस प्रकार कविवर बिहारी भाषाप्रवीण कवि थे। "भूषण और देव ने शब्दों का बहुत अंग-भंग किया है और कहीं-कहीं गढ़न्त शब्दों का व्यवहार किया है। बिहारी की भाषा इस दोष से भी बहुत कुछ मुक्त है। दो-एक स्थल पर ही 'स्मर' के लिए 'समर', 'ककै' ऐसे कुछ विकृत रूप मिलेंगे। जो यह भी नहीं जानते कि क्रान्ति को संक्रमण भी कहते हैं.... "यदि पचासों शब्द उनकी समझ में न आएँ तो बेचारे बिहारी का क्या दोष।"[1]

---

1 हिन्दी-साहित्य का इतिहास, आचार्य रामचन्द्र शुक्ल, पृ. 25

कला पक्ष

बिहारी का कलापक्ष-निरूपण बड़ा ही सशक्त एवं मार्मिक है। बिहारी ने दोहे और सोरठे जैसे लघु आकार वाले छन्दों को ही चुना, किन्तु उसमें अपना पूरा आलंकारिक कौशल दिखाया है। बिहारी सतसई में अलंकारों का प्रयोग बड़े ही कौशल के साथ किया गया है। प्रायः सभी प्रमुख अलंकारों का प्रयोग बिहारी ने सफलतापूर्वक किया है। निम्न दोहे में यमक अलंकार का प्रयोग किया गया है—

तो पर वारौं उरबसी, सुनि राधिके सुजान।
तू मोहन के उर बसी, ह्वै उरबसी समान।।

सादृश्यमूलक अलंकारों में रूपक अलंकार के प्रयोग में इन्हें बहुत कम सफलता मिल पायी है। जहाँ भी रूपक का प्रयोग किया गया है, सारा अर्थ-सौन्दर्य नष्ट हो गया है। एक उदाहरण देखा जा सकता है—

कौड़ा आँसू बूँद कसि, साँकरि बरुनी सजल।
कीने बदन निमूँद, दृग मलंग डारे रहत।।

निम्न दोहे में असंगति अलंकार के द्वारा प्रेम की एक लम्बी कहानी कही गयी है—

दृग उरझत टूटत कुटुम, जुरत चतुर चित प्रीति।
परति गाँठि दुरजन हिए, दई नई यह रीति।।

उत्प्रेक्षा अलंकार

सोहत ओढ़े पीत पट, स्याम सलोने गात।
मनौ नील मनि सैल पर, आतप पर्‌यो प्रभात।।

विरोध का उदाहरण भी द्रष्टव्य है—

तन्त्री नाद कवित्त रस, सरस रागरति रंग।
अनबूड़े बूड़े तिरे, जे बूड़े सब अंग।

श्लेष और मुद्रा

अज्यों तरौना ही रह्यो, स्रुति सेवक इक अंग।
नाक बास बेसर लह्यो, बसि मुक्तन के संग।।

यमक, वीप्सा और अनुप्रास

रनित भृङ्ग घंटावली, झरित दान मधु नीर।
मन्द मन्द आवत चल्यो, कुंजर कुंज समीर।।

मन्थरगति से मतवाले हाथी के आगे और समीर बहने की झंकार को एक साथ ही इस दोहे में देखा-सुना जा सकता है।

ग्रियर्सन ने बिहारी के सम्बन्ध में लिखा है कि “बिहारी हैज बीन काल्ड दि थाम्सन् ऑफ इंडिया, बट आई डू नाट थिंक दैट ईदर ही ऑर एनी ऑफ हिज ब्रदर, पोयट्स ऑफ हिन्दुस्तान कैन बी यूजफुल्ली लैंग्वेज।” यह सब होते हुए भी शुक्ल जी की यह पंक्ति मुझे अधिक उपयुक्त जान पड़ती है–“कविता उनकी शृंगारी है, पर प्रेम की उच्च भूमि पर नहीं पहुँचती, नीचे ही रह जाती है।”[1]

वास्तव में यदि अपभ्रंश कवियों का प्रेम-वर्णन और विरह-वर्णन देखा जाये तो बहुत आसानी से इस बात का पता लग सकता है कि बिहारी उनके सामने कुछ नहीं हैं। उनके प्रेम में हमें जितनी सजीवता, जीवन्तता एवं उत्साह दिखाई पड़ता है उसका बिहारी में दर्शन भी नहीं होता।

कहाँ हैं ऐसी औरतें जिन्हें युद्ध के बिना उदास लगता है। औरतें तो सामान्यतः मनाया करती हैं कि किसी तरह प्रिय लड़ाई-भिड़ाई के कामों से छुट्टी पाकर आये तो उसे अंचल तले ढाँक कर रख लें और सुख शान्तिपूर्वक कुछ दिन बितायें। लेकिन यहाँ प्रिया कहती है–

खग्गविसाहिउ जाहिं लहहुँ, पियतहि देसहिं जाहुँ।
रण-दुब्भिक्खे भग्गाइँ, विणु जुज्झें नबलाहुँ।।

प्रिय, यह किस देश में आ गये? जब से यहाँ आये युद्ध का अकाल पड़ा है। अरे, किसी ऐसे देश में चलो जहाँ खड्ग का व्यापार होता हो। हम तो युद्ध के बिना दुबले हो गये और अब बिना युद्ध के स्वस्थ न होंगे।

औरतें गौरा-पार्वती से बेटी, बेटा, धन, अचल सुहाग और न जाने क्या-क्या वरदान माँगती हैं, लेकिन इस काव्य लोक की यह नारी अद्भुत है। माँगती यह है कि–

आयहिं जम्महिं अन्नहिं वि, गोरि सुदुज्जह कंतु।
गयँमत्तहं चत्तंकुसह जो अब्भिडइ हसन्तु।।

वह घर बैठे-बैठे वरदान ही नहीं माँगा करती, स्वयं भी लड़ाई के मैदान में जाकर पति को परामर्श देती है। देखती है कि पति तलवार से भटों का सिर भग्न करता चला जा रहा है। उसे सहसा बेचारे कापालिकों की याद आ जाती है कि वे अभग्न कपाल के अभाव में आज साधना कैसे करेंगे। इसलिए झट कहती है–

प्रिय, एम्बहिं करे सेल्लुकरि, छड्डहि हतुह करवालु।
जं कापालिय बप्पुडा लेहिं अभग्गु कवालु।।

---

1 आचार्य रामचन्द्र शुक्ल, *हिन्दी साहित्य का इतिहास*

उधर पतिदेव कैसे हैं? युद्ध में लड़ते-लड़ते पाँवों में अपनी अतड़ियाँ उलझ गयी हैं, सिर कन्धे पर झूल रहा है फिर भी हाथ तलवार से नहीं हटा–

पाइ विलग्गी अंत्रडी, सिरु ल्हसिउ खंधस्सु।
तोवि कटारइ हत्थडउ, बलि किज्जऊँ कंतस्सु।।

सहज ही अनुमान किया जा सकता है कि ऐसे स्वस्थ तन और मन वालों का स्नेह कैसा हो सकता है? पलङ्ग पर पड़े-पड़े विरह में कराहने वाले नागरजनों का यह प्रेम नहीं है और नहीं है दिन-दहाड़े घर में घात लगाये बैठे रहने वाले छैलों का यह रति रंग। यहाँ विरह तप्त नायिका के ऊपर गुलाब जल और इत्र की शीशी नहीं खाली की जाती। इस काव्यलोक की नायिकाएँ भी आभूषणों और वस्त्रों की दुकान नहीं हैं।[1] नायिका के वेश-विन्यास का तो यह हाल है कि–

सिरि जरि खण्डी लोअड़ी, गलि मणियड़ा न बीस।

फिर भी उसके रूप-गुन का जादू तो देखिए कि–

तोवि गोट्ठड़ा कराविआ मुद्धहे उठ्ठ बईस

इस सीधे-सादे निर्धन लोक जीवन का सौन्दर्य ही ऐसा है कि इसके गोठ में अपने को बहुत लगाने वाले जवान रसिकों को भी उठक-बैठक करनी पड़ती है।

नायिका अभी अच्छी तरह वयस्क नहीं हुई है। शरीर पर जो कुछ है, सब तुच्छ ही हैं, मध्य भाग तुच्छ है और रोमावली तुच्छ है इस पर से तुच्छ हास और तुच्छ जल्पना। लेकिन इसके बाद जो सबसे तुच्छ वस्तु है वह तो कहने में भी नहीं आ सकती।

कटरि थणंतरु मद्धडहे जे मणु विच्चि न माइ।।

स्तनों के बीच की दूरी की कमी तो बहुत जगह देखी गयी लेकिन यह जगह इतनी कम होगी कि उसमें नायक का मन भी न अमायेगा–यह तो यही सुना गया और इसी मुग्धा के यहाँ देखा।

धीरे-धीरे ये स्तन इतने उतुग हो जाते हैं कि नायिका उनसे परेशान हो उठती है। क्योंकि अब उनसे लाभ की जगह हानि होने लगी है–उनके कारण प्रिय उसके अधरों तक पहुँच ही नहीं पाता। बेचारी इतनी भोली है कि प्रिय के अधरों को तो दोष दे नहीं सकती है कि वे गन्तव्य तक पहुँचने से पहले क्यों विरम जाते हैं, इसलिये वह अपने ही अंगों पर खीझ प्रकट करती है–

अइ तुंगत्तणु जं थणहं, सो छेयउ, नहु लाहु।
सहि, जइ केम्बइ तुडि-वसेण अहरि पहुच्चइ नाहु।।

---

1 हिन्दी के विकास में अपभ्रंश का योग, डॉ. नामवर सिंह

ऐसी ही नायिका विष की गाँठ होती है, लेकिन मामूली विष की गाँठ नहीं, 'नवरवी कबि विस-गठि'। इसका नोखापन यह है कि-*भडु पच्चलिओ सो मरइ जाहु न लग्गइ कठि*। नायिका कहती है–

पिय संगमि कउ निद्दडी पिअही परोक्खहो केम्ब।
मइँ विन्निविविन्नासिआ निद्द न एम्ब न तेम्ब।।

प्रिय के संगम में नींद कहाँ। प्रिय के परोक्ष में भी (नींद) कैसी। मैं दोनों ही प्रकार विनष्ट हुई, नींद न यों न त्यों। सम्पूर्ण बिहारी सतसई उलट दी जाये परन्तु एक भी दोहा उसमें इतना जीवन्त नहीं मिलेगा।

इसी प्रकार सन्देश रासक की नायिका कहती है कि–

जसु पवसन्त ण पवसिआ, मुइअ विओइ ण जासु।
लज्जिज्जउ संदेसडउ, दिंती पहिय पियासु।।

हे पथिक, जिसके प्रवास करते प्रवासन नहीं किया और न जिसके वियोग में मरी ही, उस प्रिय को सन्देश देती हुई लज्जित हो रही हूँ। क्या एक भी इस प्रकार का दोहा बिहारी में ढूँढ़ने पर भी मिल सकता है?

बिहारी की नायिका कहती है–

कोरि जतन कोऊ करौ, तन की तपन न जाये।
जौ लौं भीजे चीर लौं, रहैं न प्यौ लपटाय।।

ठीक इसी भाव का एक दोहा अपभ्रंश कवि का देखिये–

जइ केवँइ पाबीसु पिउ अकिआ कुड्डु करीसु।
पाणिउ नवइ सरावि जिवँ सब्बगें पइसीसु।।

नायिका कहती है कि यदि किसी प्रकार प्रिय को पा लूँगी तो अकृत (अपूर्व) कौतुक करूँगी। पानी नये शराब (पुरवा) में जैसे (प्रविष्ट हो जाता है) मैं भी सर्वांग से प्रवेश कर जाऊँगी। निःसन्देह अपभ्रंश की नायिका का कथन अधिक सशक्त और जीवन्त है। क्योंकि भींगा वस्त्र शरीर से अलग हो जाता है परन्तु पुरवा का पानी उसके फूट जाने पर भी उससे अलग नहीं होता।

41
भारतेन्दु युग

—सन्तराम वैश्य

हिन्दी साहित्य के इतिहास का वह काल जिसका प्रतिनिधित्व भारतेन्दु बाबू हरिश्चन्द्र ने किया, 'भारतेन्दु-युग' के नाम से जाना जाता है। आधुनिक हिन्दी साहित्य के इस कालखण्ड को मिश्र बन्धुओं ने 'परिवर्तनकाल' तथा 'वर्तमान हिन्दी काल' का नाम दिया है। आचार्य रामचन्द्र शुक्ल ने गद्य की दृष्टि से इसे 'हिन्दी गद्य साहित्य का प्रवर्तन काल' तथा काव्य की दृष्टि से 'नयी धारा' का काल माना है। जन-चेतना के पुनर्जागरण के कारण भारतेन्दु युग 'पुनर्जागरण-काल' भी कहलाता है। इस युग की परिव्याप्ति 'कवि वचनसुधा' के प्रकाशन काल (1868 ई.) से लेकर 'सरस्वती' के प्रकाशन वर्ष (1900 ई.) तक मानी जाती है।

समकालीन परिस्थितियों की उपज

भारतेन्दु-युग समकालीन परिस्थितियों की उपज है। राजनीतिक दृष्टि से यह भारत में अंग्रेजी साम्राज्य और उसकी विस्तारवादी नीति का काल है। कम्पनी के शासक पूरब से पश्चिम और उत्तर से दक्षिण तेजी से अपना अधिकार जमाते चले जा रहे थे। मराठों की पराजय तो पहले ही हो चुकी थी; 1849 ई. में सिक्ख भी अंग्रेजों से पराजित हुए। आगे चलकर 1856 ई. में अवध भी अंग्रेजी राज्य में मिला लिया गया। अंग्रेजों की इस विस्तारवादी नीति से असन्तुष्ट देशी राजाओं ने उनके खिलाफ व्यापक स्तर पर विद्रोह किया जो इतिहास में 1857 ई. के विद्रोह के नाम से जाना जाता है। यह विद्रोह वस्तुतः पूँजीवादी और सामन्तवादी ताकतों के बीच हुआ जिसमें सामन्तवादी ताकतों का विनाश हो गया। अंग्रेजों ने इस विद्रोह में बड़ी नृशंसता का परिचय दिया। फलस्वरूप ब्रिटिश पार्लियामेंट ने ईस्ट इंडिया कम्पनी समाप्त कर दी और भारतवर्ष का शासन-प्रबन्ध अपने हाथ में ले लिया। 1 नवम्बर 1858 को ब्रिटेन की महारानी विक्टोरिया का घोषणापत्र जारी हुआ जिसमें उन्होंने भारतीयों को उनके धर्म एवं संस्कृति की रक्षा का आश्वासन दिया, साथ ही अपनी आर्थिक, शैक्षणिक

और प्रशासनिक नीतियों में भी परिवर्तन करने की बात की। इससे देशवासियों में कुछ आशा का संचार हुआ। लेकिन यह स्थिति बहुत दिनों तक नहीं रही। 1866 ई. में पड़ने वाले भीषण अकाल, महामारी, टैक्स तथा बेकारी ने लोगों की तन्द्रा भंग कर दी। विद्रोह का स्वर पुनः उभरने लगा। लेकिन इसके विस्फोटक रूप लेने के पहले ही सर ह्यूम द्वारा कांग्रेस की स्थापना कर दी गयी। कांग्रेस का कार्यक्षेत्र पहले सामाजिक सुधारों तक ही सीमित था लेकिन लॉर्ड कर्जन की बंग-भंग नीति ने उसे एक आन्दोलनकारी संस्था का रूप दे दिया। आगे चलकर इसी संस्था द्वारा 1947 ई. में ब्रिटिश शासन का अन्तिम संस्कार हुआ।

अंग्रेज मूलतः व्यापारी थे। उनका मुख्य उद्देश्य था यहाँ से कच्चा माल अपने देश ले जाना और वहाँ से उसे पक्के माल के रूप में भारत लाना और यहाँ के बाजारों में मनमाने दामों पर बेचना। अपने इस स्वार्थ की पूर्ति के लिए उन्होंने यहाँ की अर्थ-व्यवस्था को छिन्न-भिन्न कर एक नयी अर्थ प्रणाली लागू की। इसी क्रम में कुटीर उद्योग-धन्धों का भी विनाश हुआ। कृषि-योग्य भूमि कई टुकड़ों में विभक्त हुई, कृषक और सरकार के मध्य अनेक मध्यस्थ पैदा हुए, उद्योगों के नष्ट होने के कारण कृषि पर अधिक भार बढ़ा। फिर भी इस अर्थ-व्यवस्था से देश को बहुत लाभ भी हुआ। कृषि की दशा में सुधार हुआ, बाजारों का निर्माण हुआ, यातायात के साधनों का विकास हुआ, अन्य बहुत-सी सुविधाएँ मिलीं, जिससे फसल की उपज कई गुना बढ़ गयी। नये उद्योग-धन्धों का विकास हुआ। गाँवों की जड़ता टूटी और शहरों से उनका सम्पर्क हुआ। इस प्रकार भारतीय समाज विकास की नयी दिशा की ओर अग्रसर हुआ।

राजनीतिक और आर्थिक दृष्टियों में परिवर्तन से सामाजिक एवं सांस्कृतिक दृष्टिकोण भी परिवर्तित हुए। पुराने धार्मिक संस्कार और रीति-नीतियाँ पुरानी लगने लगीं। उन्हें नये युग के अनुकूल ढालने की बात महसूस की जाने लगी। इस दिशा में पहला कदम उठाया राजा राममोहन राय ने। उन्होंने 1828 ई. में 'ब्रह्म समाज' की स्थापना की और भारतीय कर्मकाण्ड तथा अन्धविश्वासों का विरोध करते हुए हिन्दू धर्म की वैज्ञानिकता प्रतिपादित की। ब्रह्म समाज को देवेन्द्रनाथ टैगोर तथा केशवचन्द्र सेन से काफी बल मिला। केशवचन्द्र सेन के प्रभाव से ही 1867 ई. में आत्माराम पाण्डुरंग ने बम्बई में 'प्रार्थना समाज' की स्थापना की जो अपने सिद्धान्तों में बहुत कुछ ब्रह्म समाज के ही समान था। भारतीय संस्कृति को नयी व्याख्या देने के लिए स्वामी दयानन्द सरस्वती ने 1875 ई. में बम्बई में ही आर्य समाज की स्थापना की। मूर्तिपूजा, जातिप्रथा, बहुदेववाद, बालविवाह, अनमेल विवाह इत्यादि का विरोध करते हुए स्वामी जी ने हिन्दू धर्म को नवजागरण का सन्देश दिया। समाज सुधार की इस दिशा में 'रामकृष्ण मिशन' और 'थियोसोफिकल सोसायटी' ने भी महत्त्वपूर्ण कार्य किया। ईसाई मिशनरियाँ भी इस कार्य में पीछे न थीं। ईसाई मत

के साथ ही पाश्चात्य सभ्यता एवं संस्कृति का भी वे प्रचार कर रही थीं। इस प्रचार को व्यापक और स्थायी बनाने के लिए उन्होंने इस देश में अनेक शिक्षण संस्थाओं की स्थापना भी की। इन्हीं अंग्रेजी शिक्षण संस्थाओं ने एक ऐसे बुद्धिजीवी वर्ग को जन्म दिया जो जन्म से तो हिन्दुस्तानी रहा लेकिन रहन-सहन और आचार-विचार से इंग्लिस्तानी बन गया। शिक्षा के व्यापक प्रचार-प्रसार एवं प्रकाशन की सुविधा ने नये साहित्यकारों को जन्म दिया। सामाजिक, सांस्कृतिक तथा राजनीतिक क्षेत्रों में होने वाले इन परिवर्तनों ने देश की जनता में एक नयी चेतना तथा पुनर्जागरण की भावना उत्पन्न की। फलतः साहित्यकार भी पुरातनता के मोह को त्यागने तथा नये विषयों से जुड़ने को विवश हुए।

साहित्य की प्रमुख दिशाएँ

भारतेन्दु-युग के पूर्व हिन्दी साहित्य एक बँधी-बँधायी परिपाटी पर ही चल रहा था। भक्ति, शृंगार एवं रीति-निरूपण ही उसके प्रमुख विषय थे। मात्र यहीं तक ही वह अपनी इतिश्री समझता था। भारतेन्दु युग में आकर नयी चेतना ने उसे नये विषय, नये आयाम दिये। फलतः साहित्य की धारा यहाँ आकर बहुमुखी हो उठी। समकालीन परिवेश के प्रति जागरूक भारतेन्दुयुगीन कवियों में राष्ट्रीयता की भावना बड़ी प्रबल है। देश की उन्नति-अवनति के लिए उत्तरदायी परिस्थितियों पर प्रकाश डाल कर इस युग के कवियों ने जन-मानस में राष्ट्रीय भावना के बीजवपन का महत्त्वपूर्ण कार्य किया। भारतेन्दु की 'विजयिनी विजय वैजयन्ती', प्रेमघन की 'आनन्द अरुणोदय', प्रतापनारायण मिश्र की 'महापर्व' और 'नया संवत', राधाकृष्ण दास की 'भारत बारहमासा' और 'विनय' शीर्षक कविताएँ देशभक्ति की प्रेरणा से युक्त हैं। देश-प्रेम के साथ ही राज-भक्ति की भावना भी इस युग के कवियों में मिलती है। राजभक्ति परक कविताओं में भारतेन्दु की 'भारतभिक्षा', 'विजय-वल्लरी' और 'रिपनाष्टक', प्रेमघन की 'हार्दिक हर्षादर्श' और 'स्वागत' तथा राधाकृष्णदास की 'मेक्डानल्ड पुष्पांजलि', 'जुबिली' और 'विजयिनी विलाप' उल्लेखनीय हैं। वस्तुतः ये कविताएँ उस अवसर पर लिखी गयी थीं जब कम्पनी के कठोर शासन का अन्त हो गया था और देश की सत्ता महारानी विक्टोरिया ने सम्हाल ली थी। महारानी की उदार नीति और उनके लम्बे-चौड़े प्रलोभनों ने कवियों को ऐसा करने को विवश कर दिया था। इसलिए हम इन कविताओं को राष्ट्रद्रोही स्वर से युक्त न मानकर नवीन राजनीतिक चेतना की प्रतीक मान सकते हैं।

भारतेन्दु-युगीन कविता में सामाजिक चेतना का भी अपना विशिष्ट रूप है। इस के कवियों ने जनता की समस्याओं के निरूपण की ओर पहली बार व्यापक रूप में ध्यान दिया। नारी-शिक्षा, विधवा-विवाह, अस्पृश्यता आदि को लेकर सहानुभूतिपूर्ण

कविताएँ लिखी गयी। आर्थिक विषमता तथा सामाजिक अन्तर्द्वन्द्व का खुलकर विरोध हुआ। वर्णाश्रम धर्म-व्यवस्था और उसकी संकीर्णता का भारतेन्दु ने अपने नाटक 'भारत-दुर्दशा' में खुलकर विरोध किया। 'मन की लहर' में प्रतापनारायण मिश्र ने बाल-विधवाओं की करुणदशा अंकित की है। स्वदेशी वस्तुओं के उपयोग और विदेशी वस्तुओं के बहिष्कार का स्वर भी इस युग में प्रबल रहा। भारतेन्दु की 'प्रबोधिनी', प्रेमघन की 'आर्याभिनन्दन', प्रतापनारायण मिश्र की 'होली है' तथा अम्बिकादत्त व्यास की 'भारत-धर्म' शीर्षक कविताओं में यही स्वर मुखरित हुए हैं। इस युग के कवियों ने निम्नवर्गीय लोकचेतना का भी प्रतिनिधित्व किया। भारतेन्दु तथा प्रतापनारायण मिश्र ने भाव और शिल्प इन दोनों स्तरों पर इस चेतना का खुला समर्थन किया।

भक्तिभावना से पूर्ण कविताएँ भी भारतेन्दु-युग में खूब लिखी गयीं। वह भावना चाहे राधा और कृष्ण की उपासना से सम्बन्धित रही हो अथवा देशानुराग-व्यंजित। वैसे इस युग की अधिकांश कविताओं में भक्ति और देशप्रेम दोनों का सम्मिश्रण है। शुद्ध भक्ति से सम्बन्धित रचनाओं में बिहार के हरिनाथ पाठक की 'श्री ललितरामायण', वहीं के ही श्री अक्षयकुमार की 'रसिकविलास रामायण' तथा बाबू तोताराम की 'रामरामायण' प्रमुख हैं। ये सभी रामभक्ति से सम्बन्धित हैं। कृष्णभक्ति से सम्बन्धित रचनाएँ भी इस युग में काफी लिखी गयीं। कृष्ण-भक्तों में भारतेन्दु तो बेजोड़ ही हैं। वल्लभ सम्प्रदाय में दीक्षित ये 'कृष्ण के प्यारे सखा' और 'राधारानी के गुलाम' थे। कृष्णभक्ति से सम्बन्धित अनेक लघु ग्रन्थों का इन्होंने निर्माण किया। प्रेमघन की 'अलौकिक लीला' शीर्षक कविता और अनेकानेक फुटकर पद, अम्बिकादत्त व्यास की 'कंस-वध' शीर्षक प्रबन्ध-रचना तथा राधाकृष्ण दास की विनय भाव-युक्त श्रीकृष्ण स्तुति भी कृष्ण-काव्य के उल्लेखनीय उदाहरण हैं। देश-प्रेम से सम्बन्धित भक्ति रचनाओं में भारतेन्दु की 'जैन-कुतूहल' तथा 'प्रबोधिनी' और राधाकृष्ण दास की 'विनय' प्रमुख हैं

भारतेन्दु-युगीन कवि पूर्णतः रीतिकालीन परिपाटी को छोड़ नहीं पाये। फलतः उनमें रीति-निरूपण और शृंगारिकता का मोह बराबर बना रहा। रीति-निरूपणकार कवियों में लछिराम भट्ट, कविराजा मुरारिदान और बालगोविन्द मिश्र उल्लेखनीय हैं। इन कवियों ने अपने काव्यों में नायिका भेद, अलंकारशास्त्र तथा विविध काव्यांगों का वर्णन किया है। रीतिकालीन शृंगारी प्रवृत्ति तो भारतेन्दु-युग के अनेक कवियों में दिखाई देती है। भारतेन्दु ने 'प्रेम-सरोवर', 'प्रेम माधुरी', 'प्रेम-तरंग' तथा 'प्रेम-फुलवारी' नाम रचनाओं में भक्ति-शृंगार और विशुद्ध शृंगार दोनों का समावेश किया है। प्रेमघन की 'युगल मंगल स्तोत्र' तथा 'वर्षा-बिन्दु' भी इसी प्रकार की रचनाएँ हैं। ठाकुर जगमोहन सिंह का इस दिशा में उल्लेखनीय योगदान है। सौन्दर्य-वर्णन के लिए इस युग के कवियों ने प्रकृति का भी सहारा लिया है। भारतेन्दु कृत 'बसन्तहोली', अम्बिकादत्त व्यास

कृत 'पावस पचासा', गोविन्द गिल्लाभाई कृत 'षड्ऋतु' और 'पावस पयोनिधि' नामक कृतियों में ऋतु-सौन्दर्य का आलम्बनात्मक चित्रण है। भारतेन्दु के अनेक नाटकों में भी प्रकृति का सुरम्य वर्णन है।

हास्य-व्यंग्य तो भारतेन्दु युगीन कविता का प्राण ही है। पश्चिमी सभ्यता, विदेशी शासन, सामाजिक अन्धविश्वासों, रूढ़ियों आदि पर इन कवियों ने करारे व्यंग्य किये हैं। भारतेन्दु का इनमें पहला स्थान है। उन्होंने अपने नाटकों तथा निबन्धों में जगह-जगह व्यंग्योक्तियों का प्रयोग किया है। सामाजिक तथा राजनीतिक विसंगतियों को लेकर भी उन्होंने कुछ व्यंग्योक्तियाँ मुकरियों के रूप में लिखी हैं।

भारतेन्दु-युग में काव्य की एक और परम्परा मिलती है और वह है समस्यापूर्ति की। यह उस समय पर्याप्त लोकप्रिय थी। इससे कवियों की सूझ-बूझ उक्ति-वैचित्र्य तथा उनके आशुकवित्व का परिचय मिलता था। समस्यापूर्ति करने वालों में प्रेमघन, लछिराम, विजयानन्द त्रिपाठी, गोविन्द गिल्लाभाई, रामकृष्ण वर्मा, बेनीद्विज तथा ब्रजचन्द वल्लभीय विशेष प्रसिद्ध थे। इस दिशा में अनेक संस्थाएँ भी स्थापित हुईं जिनमें काशी की 'कवितावर्द्धिनी सभा', कानपुर का 'रसिक समाज' तथा आजमगढ़ का 'कवि-समाज' प्रमुख थे।

इन सब के साथ ही इस युग में काव्यानुवादों की भी परम्परा रही। राजा लक्ष्मणसिंह ने रघुवंश तथा मेघदूत का संस्कृत से हिन्दी में काव्यानुवाद किया। भारतेन्दु हरिश्चन्द्र ने भी नारद भक्ति-सूत्र तथा शांडिल्य भक्तिसूत्र का 'तदीय सर्वस्व' तथा 'भक्ति सूत्र वैजयन्ती' नाम से अनुवाद किया। अंग्रेजी ग्रन्थों के अनुवादकों में श्रीधर पाठक प्रमुख हैं। गोल्डस्मिथ कृत 'हरमिट' और 'डेजर्टेड विलेज' को उन्होंने 'एकान्तवासी योगी' तथा 'ऊजड़ग्राम' के नाम से अनूदित किया। काव्य की इन विविध धाराओं के कारण ही भारतेन्दु-युग हिन्दी काव्य जगत् में अपनी एक विशिष्ट पहचान बना सका।

भारतेन्दु-युग के कवि और उनकी कविता

भारतेन्दु-युग के शताधिक कवियों में भारतेन्दु हरिश्चन्द्र, बद्रीनारायण चौधरी 'प्रेमघन', प्रतापनारायण मिश्र, ठाकुर जगमोहन सिंह, अम्बिकादत्त व्यास, राधाचरण गोस्वामी तथा राधाकृष्ण दास अपना प्रमुख स्थान रखते हैं।

भारतेन्दु तो इस कवि समाज की धुरी ही थे। अपने 35 वर्ष के अल्पजीवन काल में ही उन्होंने लगभग सत्तर काव्य-कृतियों का निर्माण किया, जिनमें 'भक्त सर्वस्व', 'प्रेममालिका', 'वैशाख माहात्म्य', 'फूलों का गुच्छा', 'जैन कौतूहल', 'प्रेम-सरोवर', 'प्रेमाश्रु वर्षा', प्रेम फुलवारी', 'भक्तमाल उत्तरार्द्ध', 'प्रेम तरंग', 'प्रेम-विलाप', 'गीत गोविन्दानन्द', 'सतसई सिंगार', 'होली', 'प्रेममाधुरी', 'वर्षाविनोद', 'विनय प्रेम पचासा', 'कृष्णचरित', 'कार्तिक स्नान' तथा 'रागसंग्रह' विशेष उल्लेखनीय हैं। इनका संकलन

'भारतेन्दु-ग्रन्थावली' के प्रथम भाग में किया गया है। उनकी इन रचनाओं में काव्य की नूतन और पुरातन दोनों धाराओं का सम्मिश्रण है। उनकी भक्ति में धार्मिक संकीर्णता का विरोध तथा उनके शृंगार में नवीन कर्तव्य क्षेत्रों का निर्देश है। भारतेन्दु ने, भक्ति, शृंगार राजनीति, देश-प्रेम, समाज-सुधार, प्रकृति आदि को लेकर कविता लिखी है। उनकी भक्ति सम्बन्धी रचनाओं पर सूर, तुलसी, मीरा, रसखान आदि का स्पष्ट प्रभाव है। उनका शृंगार रीतिकालीन परम्परा का अनुकरण होते हुए भी उससे भिन्न है। उसमें आत्माभिव्यक्ति का नया प्रयास है। भारतेन्दु के राजनीतिक और सामाजिक सन्देश उनकी लोक-गीतों के ढंग पर रची हुई कविताओं में मिलते हैं। ये कविताएँ कहीं तो मुकरियों के रूप में हैं और कहीं लावनी, कजली, भजन, पद, गजल, रेखता तथा उर्दू के स्यापा के रूप में। हास्य और व्यंग्य तो भारतेन्दु की कविता का प्राण है। उन्होंने प्रायः अपनी सभी रचनाओं में इस शैली का प्रयोग किया है। उनकी कविता की भाषा ब्रजभाषा रही। खड़ी बोली में भी उन्होंने कुछ कविताएँ लिखने का प्रयास किया। अपनी ओजस्विता, सरलता, भाव-मर्मज्ञता तथा प्रभविष्णुता के बल पर ही उन्होंने प्रायः अपने युग के सभी कवियों को प्रभावित किया।

भारतेन्दु-मण्डल के दूसरे प्रमुख कवि बदरीनारायण चौधरी 'प्रेमघन' थे। देश-दशा पर लिखने वालों में ये प्रमुख थे। तत्कालीन सामाजिक परिवेश तथा धार्मिक आन्दोलनों पर भी इन्होंने कविताएँ लिखी हैं। 'जीर्ण जनपद', 'आनन्द अरुणोदय', 'हार्दिक हर्षादर्श', 'मयंक महिमा', 'अलौकिक लीला', 'वर्षा बिन्दु' आदि इनके प्रसिद्ध काव्य संग्रह हैं। तत्कालीन खड़ी बोली में निर्मित रचनाओं में इनके 'आनन्द अरुणोदय' का महत्त्वपूर्ण स्थान है। इनकी रचनाओं का संकलन 'प्रेमघन-सर्वस्व' के प्रथम भाग में है। भारतेन्दु के काव्य में प्राप्त होने वाली सभी प्रवृत्तियाँ इनकी भी रचनाओं में मिलती हैं। प्रेमघन में प्राचीनता की अपेक्षा नवीनता का आवेश अधिक है। देश की दुरवस्था के कारणों तथा देशोन्नति के उपायों का जितना वर्णन इन्होंने किया है उतना किसी अन्य कवि ने नहीं। कविता की भाषा मुख्यतः ब्रज ही रही, किन्तु खड़ी बोली से इन्हें कोई परहेज न था। कविता में भाषा-शुद्धि की अपेक्षा इन्होंने भावों को अधिक महत्त्व दिया है।

कवि-व्यक्तित्व की अनेक विचित्रताओं के कारण प्रतापनारायण मिश्र भारतेन्दु-युग में अधिक चर्चित रहे। हास्य-व्यंग्यात्मक कविताओं के क्षेत्र में उनका अग्रणी स्थान है। स्वदेशी और स्वदेश के प्रति उनका अपार प्रेम रहा। देश की निर्धनता को उन्होंने बहुत निकट से देखा था तभी तो लिखा है—

बहुतेरे जन द्वार-द्वार मंगन बनि डोलहिं।
तनिक नाज हित दीन बचन जेहि तेहि ते बोलहिं।

x x x

पेट अधम अनगिनतिन अकरम करम करावत।
दारिद दुरगुन पुंज अमित दुःख हिम उपजावत।

'प्रेम पुष्पावली', 'मन की लहर', 'लोकोक्तिशतक', 'तृप्यन्ताम' और 'शृंगार विलास' प्रतापनारायण मिश्र की श्रेष्ठ रचनाएँ हैं। इनकी कविताओं का एक महत्त्वपूर्ण संकलन 'प्रताप लहरी' नाम से प्रकाशित है। भारतेन्दु की तरह इनकी कविता के भी विविध आयाम हैं। पर भक्ति और प्रेम की तुलना में इन्होंने समसामयिक विषयों पर अधिक रचनाएँ की हैं। इनकी भाषा पर अवधी की गहरी छाप है।

मध्य प्रदेश स्थित विजयराघवगढ़ स्टेट के राजकुमार ठाकुर जगमोहन सिंह भी भारतेन्दुयुगीन कवियों में प्रमुख रहे। स्वच्छन्द शृंगार और प्रकृति-वर्णन इनकी कविता की प्रमुख प्रवृत्तियाँ हैं। आचार्य शुक्ल के अनुसार–'प्राचीन संस्कृत काव्यों के प्राकृतिक वर्णनों का संस्कार मन में लिप्त हुए, अपनी प्रेमचर्या की मधुर स्मृति से समन्वित विन्ध्यप्रदेश के रमणीय स्थलों को जिस सच्चे अनुराग की दृष्टि से उन्होंने देखा है, वह ध्यान देने योग्य है।' इनकी रचनाओं में 'श्यामालता', 'श्यामासरोजनी', 'श्यामाविनय' एवं 'देवयानी' स्वच्छन्द प्रेम का प्रतिनिधित्व करने वाली हैं तथा 'सज्जनाष्टक' और 'सम्पत्तिपचासा' प्राचीन काव्य परिपाटी का। कविताओं का मुख्य विषय या तो तात्कालिक समस्याएँ हैं या पौराणिक इतिवृत्त। 'ऋतुसंहार' तथा 'मेघदूत' उनके द्वारा अनूदित ब्रजभाषा की सरस कृतियाँ हैं। कलापक्ष की दृष्टि से इनकी रचनाएँ भारतेन्दु-युगीन कवियों में सबसे सशक्त हैं।

अम्बिकादत्त व्यास का स्थान भी भारतेन्दु युगीन कवियों में मुख्य है। अपनी प्रखर मेधाशक्ति के बल पर इन्होंने भारतेन्दु-युगीन कवियों का ध्यान अपनी ओर आकृष्ट किया था। 12 वर्ष की अवस्था से ही ये कविता लिखने लगे थे। संस्कृत तथा हिन्दी दोनों भाषाओं पर इनका समान अधिकार था। भारतेन्दु बाबू हरिश्चन्द्र ने स्वयं इन्हें सुकवि की उपाधि प्रदान की थी। इनकी हिन्दी की प्रमुख काव्यकृतियाँ इस प्रकार हैं–'पावस पचासा', 'सुकवि सतसई', श्रीकृष्ण की बाललीला पर सात सौ दोहे, 'आनन्द मंजरी', 'गणेश शतक', 'ताशकौतुक पचीसी', 'समस्यापूर्तिसर्वस्व', 'महाताश कौतुक पचासा', 'बिहारी विहार', 'रसीली कजरी', 'हो हो होरी', 'झूलन झमक' तथा 'सहस्रनाम रामायण'। 'बिहारी विहार' इनकी प्रसिद्ध रचना है जिसमें बिहारी के दोहों का कुण्डलिया छन्द में भाव विस्तार है। व्यास जी की भारतीय संस्कृति के प्रति गहन आस्था रही है। इसे हम इनकी रचनाओं के माध्यम से जान सकते हैं।

भारतेन्दु के फुफेरे भाई राधाकृष्णदास भी उच्चकोटि के कवि थे। भारतेन्दु से प्रेरणा प्राप्त कर ही उन्होंने कविता लिखना शुरू किया। उनकी कविता में भक्ति, शृंगार तथा समकालीन सामाजिक-राजनीतिक चेतना को विशेष स्थान प्राप्त है। इनकी कविताओं का संकलन 'राधाकृष्ण ग्रन्थावली' में हुआ है।

भारतेन्दु-युग के अन्य कवियों में रामकृष्ण वर्मा 'बलबीर', लाला सीताराम, बालमुकुन्द गुप्त, नवनीत चतुर्वेदी, गोविन्द गिल्लाभाई, दिवाकर भट्ट, राजा राजेश्वरी प्रसाद सिंह 'प्यारे', राव कृष्ण, देवशरण सिंह 'गोप', बेनी द्विज, हनुमान, व्रजचन्द्र बल्लभीय, नकछेदी त्रिपाठी तथा दुर्गादत्त व्यास का नाम उल्लेखनीय है।

भारतेन्दु-युग का गद्य-साहित्य

हिन्दी में गद्य-साहित्य का आविर्भाव तो पहले ही हो चुका था पर इसका वास्तविक विकास भारतेन्दु-युग में ही हुआ। इस युग में आकर गद्य-साहित्य की विविध विधाओं के विकास का ऐतिहासिक कार्य हुआ। भारतेन्दु-युगीन गद्य-साहित्य कई रूपों में मिलता है जिनमें नाटक, उपन्यास, निबन्ध, कहानी तथा आलोचना प्रमुख हैं।

नाटक

हिन्दी नाटक का आरम्भ भारतेन्दु-युग से ही होता है। यद्यपि इसके पूर्व भी नाटक लिखे गये पर उनमें नाट्यगुणों का सर्वथा अभाव है। भारतेन्दु अपने युग के सर्वश्रेष्ठ नाटककार हैं। अनूदित तथा मौलिक कुल मिलाकर इन्होंने सत्रह नाटकों की रचना की है। इनके मौलिक नाटकों में 'सत्य हरिश्चन्द्र', 'वैदिकी हिंसा-हिंसा न भवति', 'भारत दुर्दशा', 'नीलदेवी', 'चन्द्रावली', 'अँधेर नगरी', 'सती प्रताप' तथा 'प्रेमजोगिनी' का महत्त्वपूर्ण स्थान है। विषय की दृष्टि से भारतेन्दु के नाटक पौराणिक, ऐतिहासिक, धार्मिक, सामाजिक, राजनीतिक तथा राष्ट्रीय हैं जिनमें सर्वत्र प्रेम की व्याप्ति है। उनका यह प्रेम कहीं मानवीय प्रेम के रूप में तो कहीं ईश्वरीय प्रेम या देशप्रेम के रूप में उजागर हुआ है। युगीन परिस्थितियों का स्वर भी भारतेन्दु के नाटकों में सर्वत्र मिलता है। उनके नाटकों में उनका युग भली-भाँति प्रतिबिम्बित हुआ है। भारतेन्दु के अतिरिक्त उस युग के अन्य मौलिक नाटककार हैं—लाला श्रीनिवास दास, राधाकृष्ण दास, किशोरीलाल गोस्वामी, प्रतापनारायण मिश्र, राधाचरण गोस्वामी, अम्बिकादत्त व्यास, कार्तिकप्रसाद खत्री, अयोध्यासिंह उपाध्याय और बालकृष्ण भट्ट।

लाला श्रीनिवास दास के चार नाटक हैं—'रणधीर और प्रेममोहिनी', 'तप्तासंवरण', 'संयोगिता स्वयंवर' तथा 'प्रह्लाद चरित्र'। इनमें से 'रणधीर और प्रेममोहिनी' का कथानक तो काल्पनिक है जबकि शेष तीनों नाटकों का पौराणिक एवं ऐतिहासिक। नवीन शैली में लिखे गये ये उपन्यास युगीन समस्याओं का ज्वलन्त चित्र प्रस्तुत करते हैं। इनमें भारतीय और पाश्चात्य दोनों नाट्यपद्धतियों का सम्मिश्रण है।

राधाकृष्णदास ने 'दुःखिनी बाला', 'महारानी पद्मावती', 'धर्मालाप' तथा 'महाराणा प्रताप' नामक नाटक लिखे। 'दुःखिनी बाला' सामाजिक नाटक है जिसमें

सामाजिक कुरीतियों पर प्रहार है। 'महारानी पद्मावती' ऐतिहासिक रूपक है। 'धर्मालाप' की रचना वार्तालाप शैली में हुई है जिसमें लेखक ने पारस्परिक भेदभाव मिटाकर लोगों को धार्मिक एकता बनाये रखने का उपदेश दिया है। 'महाराणा प्रताप' में उदयपुर के महाराणा प्रतापसिंह की वीरता का वर्णन है। अपने इन नाटकों में राधाकृष्णदास ने भारतीय नाट्यरीतियों का सम्यक् निर्वाह नहीं किया है।

किशोरीलाल गोस्वामी कृत 'मयंकमंजरी' महानाटक भी अपने युग की महत्त्वपूर्ण रचना है जिसमें राजकुमार वीरेन्द्रसिंह और मयंकमंजरी के प्रेम का वर्णन है। इस प्रेम-कथा के माध्यम से लेखक ने सामाजिक सुधार, एकता, नारी स्वतन्त्रता आदि पर बल दिया है। 'प्रणयिनी परिणय' भी इनका इसी तरह का दूसरा नाटक है। 'चौपट चपेट' नाम का इन्होंने एक प्रहसन भी लिखा।

प्रतापनारायण मिश्र ने सामाजिक समस्याओं को लेकर अनेक नाटक लिखे जिनमें से 'भारत दुर्दशा' और 'कलि कौतुक रूप' को विशेष ख्याति मिली। 'भारत दुर्दशा' भारतेन्दु के इसी नाम के नाटक की शैली पर लिखा गया रूपक है जिसमें देश-दशा का चित्रण किया गया है। 'कलिकौतुक रूप' में सामाजिक बुराइयों को दर्शाया गया है और साथ ही उनसे बचे रहने का भी संकेत किया गया है।

राधाचरण गोस्वामी की गणना भारतेन्दु-युग के प्रतिभाशाली नाटककारों में की जाती है। 'सुदामा', 'सती चन्द्रावली', 'अमरसिंह राठौर', इनके बड़े नाटक तथा 'बूढ़े मुँह मुहासे लोग देखे तमाशे', 'तन-मन-धन' गोसाई जी के अर्पन, प्रहसन हैं। अपने प्रहसनों के कारण गोस्वामी जी को विशेष ख्याति मिली। इन प्रहसनों द्वारा इन्होंने वर्ग-संघर्ष की समस्याओं को उठाते हुए समाज-सुधार की चेष्टा की है।

अम्बिकादत्त व्यास को नाटकों के क्षेत्र में ले आने का श्रेय भारतेन्दु को है। उन्हीं के कहने से इन्होंने 'गोसंकट' नाटक लिखा। ब्रजभाषा में 'ललिता' नाम की इन्होंने एक छोटी नाटिका भी लिखी। समाज-सुधार की भावना इनके भी नाटकों में मुखर है।

कार्तिकप्रसाद खत्री के दो नाटक मिलते हैं जिनमें 'उषाहरण' तो पूर्ण है किन्तु 'रेल का विकट खेल' अपूर्ण है। अयोध्यासिंह उपाध्याय ने 'रुक्मिणी परिणय' तथा 'प्रद्युम्न विजय' नामक दो महत्त्वपूर्ण नाटकों की रचना की है।

पं. बालकृष्ण भट्ट ने जीवन्त समस्याओं पर 'नयी रोशनी का विष', 'जैसा काम वैसा परिणाम' तथा 'आचार विडम्बन' नामक नाटक लिखे। बालविवाह पर इन्होंने 'बालविवाह' नामक नाटक लिखा। पौराणिक कथानकों पर भी इन्होंने कुछ नाटकों की रचना की है।

भारतेन्दु-युगीन हिन्दी नाट्यसाहित्य को विकसित करने में बाबू खड्गबहादुर मल्ल, काशीनाथ खत्री, बाबू तोताराम तथा बदरीनारायण चौधरी 'प्रेमघन' का भी कम महत्त्वपूर्ण स्थान नहीं है।

उपन्यास

भारतेन्दु-युग अनूदित उपन्यासों के लिए याद किया जायेगा। मौलिक उपन्यासों की रचना इस युग में कम हो सकी। इस युग में लेखकों को उपन्यास-रचना की प्रेरणा बंगला तथा अंग्रेजी के उपन्यासों से प्राप्त हुई। भारतेन्दु-युगीन उपन्यास साहित्य वस्तुतः तत्कालीन सामाजिक चेतना का प्रतिफल है। प्रायः इस युग के सभी उपन्यासों में सामाजिक चेतना की अभिव्यक्ति ही मुखर हुई है। इस युग के प्रमुख उपन्यासकार हैं—लाला श्रीनिवास दास, किशोरीलाल गोस्वामी, बालकृष्ण भट्ट, ठाकुर जगमोहन सिंह, राधाकृष्णदास, लज्जाराम शर्मा, देवकीनन्दन खत्री और गोपालराम गहमरी।

भारतेन्दु-युग का पहला मौलिक उपन्यास 'भाग्यवती' है जिसे श्रद्धाराम फिल्लौरी ने 1877 ई. में लिखा। यह एक लघु सामाजिक उपन्यास है।

दूसरे उपन्यासकार लाला श्रीनिवासदास हैं जिनके उपन्यास 'परीक्षागुरु' को उस समय बड़ी ख्याति मिली। अंग्रेजी ढंग का यह पहला मौलिक उपन्यास है। इसकी कथा एक अमीर के बिगड़ने और अपने एक मित्र की सहायता से सुधरने को लेकर रची गयी है। वस्तुतः यह एक शिक्षाप्रद उपन्यास है जिसमें जगह-जगह उपदेशात्मक उद्धरणों की भरमार-सी है।

किशोरीलाल गोस्वामी भारतेन्दु-युग के सर्वप्रधान उपन्यास लेखक माने गये हैं। इनके उपन्यासों में मानवीय प्रेम के विविध पक्षों का उद्घाटन मिलता है। 'त्रिवेणी वा सौभाग्यश्रेणी', 'प्रणयिनी परिणय', 'स्वर्गीय कुसुम', 'उदयहारिणी' तथा 'लवंगलता' इनके श्रेष्ठ सामाजिक उपन्यास हैं।

बालकृष्ण भट्ट के उपन्यासों में 'रहस्यकथा', 'नूतन ब्रह्मचारी' और 'सौ अजान एक सुजान' प्रमुख हैं। हास्य-व्यंग्य का पुट प्रायः इनके सभी उपन्यासों में पाया जाता है।

भारतेन्दु-युग के रोमानी उपन्यासकारों में ठाकुर जगमोहन सिंह मुख्य हैं। इनके रोमानी उपन्यास 'श्यामा स्वप्न' की उस युग में बड़ी चर्चा रही। वस्तुतः इस उपन्यास में ठाकुर साहब ने ग्राम्य जीवन एवं प्राकृतिक परिवेश की अद्भुत झाँकी प्रस्तुत की है।

सामाजिक कुरीतियों पर प्रहार करने वाले उपन्यासकारों में राधाकृष्णदास जी उल्लेखनीय हैं। इनके उपन्यास 'निःसहाय हिन्दू' में यथार्थवाद का गहरा रंग है। वस्तु चित्रण की दृष्टि से प्रस्तुत उपन्यास भारतेन्दु-युग में बेजोड़ है।

लज्जाराम शर्मा के दो उपन्यास इस युग में विशेष प्रसिद्ध हुए—'धूर्त रसिक लाल' तथा 'स्वतन्त्र रमा और परतन्त्र लक्ष्मी'। इसमें लेखक ने सामाजिक कुरीतियों का विरोध करते हुए आदर्श परिवार एवं समाज की रचना का सन्देश दिया है।

देवकीनन्दन खत्री और गोपालराम गहमरी दोनों भारतेन्दु-युग के तिलस्मी, ऐयारी उपन्यासकार हैं। देवकीनन्दन खत्री के 'चन्द्रकान्ता', 'चन्द्रकान्ता सन्तति', 'नरेन्द्रमोहिनी', 'वीरेन्द्रवीर' और 'कुसुमकुमारी' तथा गोपालराम गहमरी के 'अद्भुत लाश' और 'गुप्तचर' नामक उपन्यासों ने उन दिनों काफी धूम मचायी। गोपालराम गहमरी ने दो सौ के लगभग जासूसी उपन्यास लिखे लेकिन वे भारतेन्दु युग की सीमा के बाहर हैं।

अनूदित उपन्यासों की संख्या भी इस युग में बहुत अधिक है। सर्वाधिक अनुवाद बंगला भाषा के उपन्यासों के हुए। इसका कारण भी रहा। तत्कालीन बंगला उपन्यासों में राष्ट्रीय जागरण का आलोक था जिसे हिन्दी साहित्य में दर्शाना आवश्यक था। अंग्रेजी के किसी गम्भीर उपन्यास का अनुवाद इस युग में नहीं हुआ।

निबन्ध

हिन्दी निबन्ध भारतेन्दु युग की मौलिक देन है। कविता और नाटक की अपेक्षा निबन्ध-रचना की दृष्टि से यह युग अधिक सफल रहा। विभिन्न पत्र-पत्रिकाओं के विकास से इस रचना को विशेष प्रोत्साहन मिला। इस युग के प्रायः सभी निबन्धकार किसी-न-किसी पत्रिका से अवश्य जुड़े रहे। बहुतों ने तो स्वयं ही पत्रिकाएँ निकालीं। भारतेन्दु ने 'हरिश्चन्द्र मैगजीन', प्रतापनारायण मिश्र ने 'ब्राह्मण', बालकृष्ण भट्ट ने 'हिन्दी प्रदीप', बदरीनारायण चौधरी ने 'आनन्द कादम्बिनी', श्रीनिवास दास ने 'सदादर्श' और राधाचरण गोस्वामी ने 'भारतेन्दु' का सम्पादन किया। इन पत्र-पत्रिकाओं के माध्यम से भारतेन्दु व उनके सहयोगी निबन्धकारों ने जन-सामान्य की समस्याओं को उठाया। इसके साथ ही राष्ट्रीय-सांस्कृतिक एकता को ध्यान में रखते हुए राजनीति, समाजसुधार, धर्म, अध्यात्म, आर्थिक दुर्दशा तथा अतीत के गौरव पर भी विचार व्यक्त किये। इस युग के निबन्धकारों में भारतेन्दु हरिश्चन्द्र, बालकृष्ण भट्ट, प्रतापनारायण मिश्र, बदरीनारायण चौधरी 'प्रेमघन', लाला श्रीनिवास दास, ठाकुर जगमोहन सिंह, अम्बिकादत्त व्यास, राधाचरण गोस्वामी तथा काशीनाथ खत्री का महत्त्वपूर्ण स्थान है।

भारतेन्दु ने पुरातत्त्व, इतिहास, धर्म, कला, समाजसुधार, जीवनी, यात्रा, भाषा, साहित्य आदि अनेक विषयों पर निबन्ध लिखे हैं। उनके इन निबन्धों में उनकी व्यंग्य-भावना के स्पष्ट निदर्शन होते हैं। निबन्धों की शैली अधिकांशतः भावात्मक है।

बालकृष्ण भट्ट तो इस युग के सर्वश्रेष्ठ निबन्धकार हैं। सामयिक समस्याओं पर जितने अच्छे निबन्ध इन्होंने लिखे हैं उतने किसी अन्य ने नहीं। भट्ट निबन्धावली तथा भट्ट निबन्धमाला उनके महत्त्वपूर्ण निबन्धों का संकलन है।

प्रतापनारायण मिश्र ने भी देश की दुर्दशा का चित्र खींचने वाले अनेक महत्त्वपूर्ण निबन्धों की रचना की। वैसे इनके निबन्धों का विषय असीम है। इनके विचारात्मक निबन्ध बहुत अच्छे बन पड़े हैं।

'प्रेमघन' के निबन्धों में आत्मव्यंजना की प्रधानता है। प्रकृति के प्रेमी इस निबन्धकार ने अपनी भाषा को अलंकारमय और काव्यमय बना दिया।

लाला श्रीनिवास दास, ठाकुर जगमोहन सिंह, अम्बिकादत्त व्यास, राधाचरण गोस्वामी तथा काशीनाथ खत्री के निबन्ध भी सामयिक समस्याओं को उजागर करने वाले हैं। इन सभी निबन्धकारों ने अपने निबन्धों द्वारा भारतेन्दु युग को समृद्ध बनाया।

कहानी

भारतेन्दु युग में इस तरह की कहानियाँ नहीं लिखी गयीं जैसी कि आज लिखी जा रही हैं। इस युग की कहानियाँ, कहानियाँ कम कथात्मक निबन्ध ज्यादा हैं। इस युग में कहानियों के नाम पर केवल चार प्रकाशित संग्रह मिलते हैं—मुंशी नवल किशोर द्वारा सम्पादित 'मनोहर कहानी', अम्बिकादत्त व्यास कृत 'कथाकुसुम कलिका', राजा शिवप्रसाद सितारेहिन्द कृत 'वामा मनोरंजन' तथा चण्डीप्रसाद सिंह कृत 'हास्य रतन'। इनमें पौराणिक, ऐतिहासिक तथा लोक-प्रचलित, शिक्षा नीति तथा हास्य से सम्बन्धित कथाएँ हैं जिन्हें उपर्युक्त लेखकों ने या तो स्वयं लिखकर अथवा दूसरे से लिखवा कर प्रकाशित कराया है। राधाचरण गोस्वामी कृत 'यमलोक की यात्रा' और भारतेन्दु कृत 'एक अद्भुत अपूर्व स्वप्न' तथा 'स्वर्ग में विचार सभा का अधिवेशन' निबन्ध होते हुए भी कहानी की कोटि में आते हैं।

आलोचना

साहित्य की अन्य विधाओं की तरह हिन्दी आलोचना का विकास भी भारतेन्दु युग से हुआ। भारतेन्दु-युग की आलोचना चार रूपों में मिलती है। इसमें पहला रूप है पुस्तक समीक्षा का। इसका सूत्रपात बदरीनारायण चौधरी 'प्रेमघन' ने किया। उन्होंने लाला श्रीनिवासदास कृत 'संयोगिता स्वयंवर' और गदाधरसिंह कृत 'बंगविजेता' की विस्तृत आलोचना 'आनन्द कादम्बिनी' में प्रकाशित करायी। इसके बाद बालकृष्ण भट्ट और बालमुकुन्द गुप्त ने इस परम्परा को आगे बढ़ाया। दूसरा रूप काव्य-शास्त्रीय आलोचना का है जिसके अन्तर्गत लक्षण ग्रन्थों का निर्माण हुआ। भारतेन्दु लिखित 'नाटक' काव्यशास्त्रीय आलोचना का महत्त्वपूर्ण ग्रन्थ है। तीसरा रूप टीकाओं का है जो ब्रजभाषा गद्य में लिखी गयीं। बिहारी सतसई की टीका इस युग में विशेष प्रसिद्ध हुई। आलोचना का चौथा रूप इतिहास ग्रन्थों के रूप में मिलता है। आलोच्य युग

में दो इतिहास ग्रन्थ लिखे गये—जार्ज ग्रियर्सन कृत 'द मॉडर्न वर्नाक्युलर लिटरेचर ऑफ हिन्दुस्तान' तथा शिवसिंह सेंगर कृत 'शिवसिंह सरोज'। इनमें हिन्दी के विभिन्न कवियों की प्रशंसात्मक आलोचना की गयी है।

आलोचना के अतिरिक्त कुछ अन्य साहित्यविधाएँ भी भारतेन्दु-युग में मिलती हैं। इनमें जीवनी और यात्रावृत्त विशेष उल्लेखनीय हैं। जीवनियाँ तो भारतेन्दु ने खूब लिखीं। इस युग के अन्य जीवनी लेखक हैं कार्तिकप्रसाद खत्री, काशीनाथ खत्री, राधाकृष्णदास तथा मुंशी देवी प्रसाद। भारतेन्दु द्वारा अनेक यात्रावृत्त भी लिखे गये जिनमें सरयूपार की यात्रा, लखनऊ की यात्रा तथा हरिद्वार की यात्रा प्रमुख हैं। बालकृष्ण भट्ट तथा प्रतापनारायण मिश्र ने भी अनेक यात्रावृत्त लिखे हैं।

भारतेन्दु-युग की उपलब्धियाँ

साहित्य-सर्जना की दृष्टि से भारतेन्दु-युग अपने में पूर्णतः समृद्ध है। आधुनिक साहित्य की प्रायः सभी विधाओं का विकास हमें इस युग में मिलता है। गद्य साहित्य का प्रथम उत्थान होते हुए भी यह भाषा की दृष्टि से पूर्ण विकसित है। हिन्दी खड़ी बोली का इस युग में पूर्ण संस्कार हुआ। गद्य की तरह पद्य में भी इसका खुलकर प्रयोग होने लगा। कविता इस युग में नयी चाल में ढली। सामान्य जनजीवन और उसकी समस्याओं से उसका सीधा सम्पर्क हुआ। कवियों ने धार्मिक आडम्बरों पर करारी चोट की तथा देश की दुर्दशा पर आँसू बहाये। शिल्प के क्षेत्र में भी नये प्रयोग हुए। लोकधुनों और लोकगीतों तथा नवीन छन्दों का खुलकर प्रयोग किया गया। नाटकों के विकास से रंगमंच का निर्माण हुआ। निबन्धों द्वारा युगीन समस्याओं का चित्रण हुआ। कथा साहित्य ने लोगों में पढ़ने-पढ़ाने की रुचि उत्पन्न की। इस प्रकार साहित्य का सर्वांगपूर्ण विकास हुआ। पत्र-पत्रिकाओं ने हिन्दी के व्यापक प्रचार-प्रसार में महत्त्वपूर्ण योगदान दिया। सब मिलाकर भारतेन्दु का युग व्यापक जन-जागरण का काल रहा जिससे हिन्दी भाषा और साहित्य की उन्नति के साथ ही देश की उन्नति हुई।

42

उपन्यासकार प्रेमचन्द : एक कथा-यात्रा

—त्रिभुवन सिंह

उपन्यासकार मुंशी प्रेमचन्द का उदय हिन्दी साहित्य में एक ऐतिहासिक महत्त्व रखता है। समकालीन सामाजिक, सांस्कृतिक एवं राजनीतिक आन्दोलनों की उन्होंने अपने उपन्यासों एवं कहानियों द्वारा न केवल अगुआई ही की, बल्कि नये भारत के निर्माण की दिशा का दिग्दर्शन भी उनकी रचनाओं द्वारा हुआ। उन्होंने अपनी लेखनी द्वारा हिन्दी-कथासाहित्य को गम्भीर साहित्य के रूप में न केवल प्रतिष्ठित ही किया, बल्कि अपनी अद्‌भुत शैली द्वारा हिन्दी कथा के पाठकों की रुचियों का संस्कार कर असंख्य हिन्दी पाठकों का निर्माण भी किया। हिन्दी-गद्य-भाषा को प्रेमचन्द ने जो शक्ति और क्षमता प्रदान की, उससे निश्चित रूप में हिन्दी का उज्ज्वल भविष्य निर्मित हुआ। भारतीय अन्तर्दृष्टि के धनी मुंशी प्रेमचन्द ने दलितों एवं पीड़ितों के प्रति अपने कथा साहित्य में जो करुणा एवं संवेदना-प्रदान की उससे पहली बार हिन्दी साहित्य क्षेत्रीय संकीर्णता, साम्प्रदायिकता, रूढ़िग्रस्त धार्मिकता एवं राष्ट्रीय सीमाओं को पारकर मानवता के हित में अन्तर्राष्ट्रीय जगत् में प्रविष्ट हुआ। अतः मुंशी प्रेमचन्द ने हिन्दी एवं भारतीय साहित्य को जो गौरव प्रदान किया है उसे दृष्टि में रखते हुए उनके उपन्यास साहित्य का मूल्यांकन अभी बहुत कम हुआ है। प्रायः ऐसा देखा जाता है कि लोग अपनी निजी मान्यताओं के आधार पर प्रेमचन्द के साहित्य का मूल्यांकन अपेक्षाकृत अधिक करते हैं और इस प्रकार जो समीक्षात्मक कृतियाँ प्रकाश में आयी हैं उनमें प्रेमचन्द्र की व्यापक दृष्टि को प्रस्तुत करने का प्रयत्न नहीं दीखता, बल्कि पूरे सन्दर्भ से काटकर अपनी रुचि के अनुसार समीक्षकों ने उनके खण्डित-सत्य को ही प्रस्तुत किया है। इस प्रकार प्रेमचन्द के उपन्यास साहित्य पर काम तो बहुत हुआ है, पर उनकी अन्तर्दृष्टि और उनकी रचना प्रक्रिया के क्रमिक विकास और उसे प्रभावित करने वाली परिस्थितियों तथा तत्त्वों को स्पष्ट करने वाले मूल्यांकन की दिशा में कार्य करने की अभी पर्याप्त सम्भावना है। इसमें सन्देह नहीं कि प्रेमचन्द एक प्रतिबद्ध उपन्यासकार थे, पर उनकी प्रतिबद्धता आयातित नहीं, बल्कि स्वदेशी थी

और अपने सम्पूर्ण लेखकीय जीवन में वे युगीन संवेदनाओं के साथ जुड़े रहे। वे युग की नाड़ी पहचानने वाले साहित्यकार थे और उन्होंने उसके स्पन्दन के साथ निज की आत्मानुभूति को केवल जोड़ा ही नहीं था, बल्कि उसका आत्म-साक्षात्कार भी किया था। उनका और उनके आसपास का भोगा हुआ सत्य ही कला एवं कल्पना के बल पर उपन्यासों में व्याख्यायित हुआ है। वे युग के सच्चे सहयात्री थे और आँख खोलकर यात्रा कर रहे थे, जिससे यात्रा में आने वाली सभी समस्याओं से उनका सहज ही परिजय हो गया था। अपने अनुभव की विशालता और दूरगामी अन्तर्दृष्टि के कारण ही प्रेमचन्द अपने उपन्यासों को विषयगत विविधता एवं जीवन्त दृष्टि प्रदान कर सके हैं, जिसके कारण उनकी रचनाओं में उत्तरोत्तर परिवर्तन लक्षित होता है।

'कला कला के लिए नहीं बल्कि मानवता के हित-साधन के लिए है', मुंशी प्रेमचन्द के उपन्यासों का यही मूल स्वर रहा है जिसके कारण न तो उनके विषय चयन की प्रक्रिया में कहीं रूढ़िगत जड़ता है और न तो शिल्पगत अवधारणा में। विषय और शिल्प का अद्भुत सामंजस्य प्रेमचन्द के उपन्यासों में देखने को मिलता है और वे परस्पर एक-दूसरे को प्रभावित करते हैं। विषय परिवर्तन के साथ-साथ उनके उपन्यासों का शिल्प भी परिवर्तित होता रहा और वे परस्पर एक-दूसरे के पूरक होकर सामने आये हैं। अतः विषय और शिल्प का जो सहज विकास उनके उपन्यासों में देखने को मिलता है उसके आधार पर हम प्रेमचन्द की कठिनाइयों का अनुमान लगाते हुए तद्युगीन साहित्यिक, सामाजिक, सांस्कृतिक, धार्मिक एवं राजनीतिक परिस्थितियों के इतिहास को रेखांकित कर सकते हैं।

विषय, शिल्प एवं प्रतिपाद्य सभी दृष्टियों से हिन्दी का आरम्भिक उपन्यास-साहित्य अपनी कोई पहचान नहीं बना सका था। हिन्दी कविता जिस जड़ता का शिकार हो चुकी थी, उसे तोड़ने के लिए माध्यम की तलाश थी और वैज्ञानिक युग की सामाजिक विषमताओं की अभिव्यक्ति में उसकी अक्षमता ने हिन्दी गद्य का मार्ग प्रशस्त किया। विषय, स्वरूप एवं शिल्प की दृष्टि से हिन्दी-गद्य को दाय के रूप में कुछ मिला नहीं था और जो गद्य-साहित्य सुलभ भी था, टीकाओं आदि के रूप में, वह भी खड़ी बोली में न होकर ब्रजभाषा के रूप में था। हिन्दी-खड़ी बोली के आन्दोलन ने अपनी प्राणवत्ता एवं सार्थकता प्रमाणित कर दी थी जिससे हिन्दी गद्य को अपनी पठनीयता एवं लोकप्रियता के लिए एक ऐसे साहित्यरूप की आवश्यकता थी जो उसे सीधे सर्वसाधारण तक पहुँचा सके और यह कार्य हिन्दी उपन्यास के उद्भव द्वारा सम्भव हुआ। अतः आरम्भ में हिन्दी उपन्यासकारों के सामने पाठक की अभिरुचि सर्वाधिक महत्त्वपूर्ण रही जो उनकी रचना की दिशा का नियमन करती थी। पाठकों की रुचिभेद एवं स्वरभेद के कारण हिन्दी उपन्यास के विषय एवं शिल्प में वैविध्य आया और उसकी कोई एक

निश्चित रूपरेखा का निर्माण नहीं हो पाया। शास्त्रीय भाषा में कहना चाहें तो कह सकते हैं कि इन आरम्भिक उपन्यासों को 'उपन्यास' की संज्ञा नहीं दी जा सकती। तिलस्मी, जासूसी, खूनी अस्वाभाविक कल्पना प्रवण एवं उपदेशपरक कहानी-किस्से ही लिपिबद्ध रूप में सामने आये जिनके लिए छापेखानों की लोकप्रियता भी एक हद तक जिम्मेदार है। ऐसे किस्से-कहानियों के कहने-सुनने का चाव यहाँ के लोगों में बहुत पहले से था, चाहे वे सामन्तों के दरबार और उनमें पलने वाले किस्सागो रहे हों अथवा गाँवों में अलावों को घेरकर बैठने वाले दिन-भर के थके-माँदे ग्रामीण किसान-मजदूर या बच्चों को सुलाने के लिए कहानी कहने वाली बुढ़िया दादी रही हो। सभी लोगों में इनके प्रति आकर्षण था जिसे उत्तरमध्यकालीन-हिन्दी कविता आयत्त नहीं कर पायी थी और वे समानान्तर लोकजीवन में किसी-न-किसी प्रकार जीवित रह बराबर लोकप्रिय रहे। उपयुक्त अवसर पाकर यही प्रवृत्ति पुनः आरम्भिक हिन्दी उपन्यासों में उजागर हुई और आगे चलकर इसने समूचे हिन्दी साहित्य पर अपनी वरीयता की मुहर लगा दी। इस प्रकार यह सब कुछ कच्चा माल था, जिसकी शक्ल देना बाकी था और उसे मुंशी प्रेमचन्द जी ने ही स्वरूप प्रदान किया, इसमें सन्देह नहीं। इतिहास के एक ऐसे बिन्दु पर आकर वे खड़े हैं कि पूर्ववर्ती उपन्यासों को अलग से देख पाने की ठोस जमीन मिलती है। अतः रुचियों का परिष्कार कर बिगड़े दिल पाठकों को गम्भीर विषय तक लाने और अव्यवस्थित हिन्दी उपन्यास साहित्य को विषय एवं शिल्प की दृष्टि से साहित्यिकता प्रदान करने की एक बहुत बड़ी चुनौती मुंशी प्रेमचन्द के सम्मुख थी, जिसको उन्होंने स्वीकार किया। इतिहास साक्षी है कि मुंशी प्रेमचन्द ने हिन्दी में वास्तविक हिन्दी उपन्यास साहित्य का प्रणयन एवं विकास किया।

देशवासियों में स्वतन्त्रता प्राप्ति की उत्कट अभिलाषा जग चुकी थी और उसके लिए असफल प्रयत्न भी किये जा चुके थे। सन् 1857 ई. की क्रान्ति कम महत्त्वपूर्ण नहीं थी, पर वह असफल रही। असफलता का मुख्य कारण था पूरे देश के नागरिकों की साझेदारी का न होना क्योंकि वह क्रान्ति राजे-महाराजे तक सीमित रह गयी। इतिहास साक्षी है, थोड़े से आक्रमणकारियों ने जब कभी भी दिल्ली पर कब्जा कर लिया, तो समूचे देश ने उन्हें अपना भाग्यविधाता स्वीकार कर लिया है। उसने कभी भी राष्ट्रीय समस्याओं के साथ जुड़ने का नाम नहीं लिया और न तो शासक वर्ग की ओर से उन्हें जोड़ने का प्रयत्न ही किया गया। सन् 1857 ई. की क्रान्ति उसी की अगली कड़ी बन कर रह गयी। राष्ट्रीय आन्दोलन का नेतृत्व करने वाली भारतीय राष्ट्रीय कांग्रेस का भी आरम्भ में यही फल रहा। वह भी थोड़े से चुने-चुनाये पढ़े-लिखे लोगों तक ही सीमित रही और तब तक स्वरूप नहीं ग्रहण कर सकी जब तक कि सर्वसाधारण उसे जोड़ा नहीं गया। जोड़ने का यह कार्य महात्मा गाँधी द्वारा सम्भव हुआ और

उन्होंने सम्पूर्ण भारतीय सामाजिक चेतना के परिवर्तन की आवश्यकता को पहचाना जिसके अभाव में राष्ट्रीय आन्दोलन में सर्वसाधारण की साझेदारी सम्भव नहीं थी। परिणाम यह हुआ कि सामाजिक, धार्मिक, सांस्कृतिक एवं राजनीतिक सभी स्तरों पर सुधारवादी परिवर्तनों के महत्त्व को स्वीकारा गया और आन्दोलन की गति तेज हुई। इस प्रकार व्यापक परिप्रेक्ष्य में सभी प्रकार के आन्दोलनों को राष्ट्रीय आन्दोलन की संज्ञा मिली। इस दृष्टि से यदि हम देखें तो मुंशी प्रेमचन्द के उपन्यासों में दो विश्व-महायुद्धों के बीच चलने वाले राष्ट्रीय आन्दोलन की गतिविधियों की झाँकी मिल जायेगी। दलित, पीड़ित, दुर्बल एवं उपेक्षित नागरिकों में आत्मविश्वास उत्पन्न कराने का कार्य यथासम्भव राष्ट्रीय आन्दोलन के क्रम में जिस प्रकार और जिस ऐतिहासिक क्रम से हुआ है, प्रेमचन्द के उपन्यासों की घटनाओं, पात्रों एवं प्रतिपाद्यों में, हमें वही क्रम मिल जायगा। कहना असंगत न होगा कि हिन्दी भाषा-भाषी जनता में सम्पूर्ण सामाजिक चेतना के उदय एवं विकास का कार्य मुख्यतः प्रेमचन्द के उपन्यासों के माध्यम से हुआ और यही क्षेत्र आगे चलकर राष्ट्रीय आन्दोलन का केन्द्रबिन्दु बना। पुलिस के आतंक से भयभीत न होने, कारागार की भयंकरता से न डरने, लाठी-डण्डा और गोली तक खा लेने की क्षमता अर्जित करने की स्थिति तक प्रेमचन्द के उपन्यासों ने जनमानस को पहुँचाया। अतः उनके उपन्यासों में राष्ट्रीय आन्दोलन की सही सीधी-टेढ़ी रेखाएँ देखी जा सकती हैं। इस प्रकार प्रेमचन्द के उपन्यासों के विषय में ही नहीं बल्कि शिल्प में भी समयानुसार यथाक्रम विकास अथवा परिवर्तन हुआ है। सेवासदन के एकहरे कथानक से लेकर 'गोदान' के दोहरे कथानक तक शिल्प परिवर्तन की यह प्रक्रिया चलती रही है जिसे विषय एवं तत्कालीन परिस्थितियों को सामने रखकर मूल्यांकित किया जा सकता है।

साहित्य को सामन्ती कटघरे से निकाल कर प्रेमचन्द ने उसे जनता का विषय बनाया। उन्होंने साहित्य के सिंहासन से देवी-देवताओं तथा सम्राट् एवं साम्राज्ञियों को उतार कर समाज की पतित कही जाने वाली बहनों, भिखारियों, किसानों एवं साधारण कामगार स्त्रियों को प्रतिष्ठित किया। शहर गाँव की ओर बढ़े और गाँवों ने शहरों का स्वागत किया। इस प्रकार समूचा राष्ट्र चट्टान की भाँति स्वतन्त्रता प्राप्ति के लिए खड़ा हो गया और परिणामस्वरूप हमें स्वतन्त्रता मिली। यदि हम ध्यानपूर्वक देखें तो स्पष्ट हो जायेगा कि विषय चयन के अनुरूप ही प्रेमचन्द ने अपने उपन्यासों का शिल्प भी निर्मित किया है। इनके महत्त्वपूर्ण प्रमुख उपन्यासों को सुधारवादी, सामाजिक, राजनीतिक तथा समस्याप्रधान चार वर्गों में विभक्त किया जा सकता है। 'सेवासदन, सुधारवादी, 'निर्मला' सामाजिक कुरीतियों के चित्रण, 'कर्मभूमि' एवं 'रंगभूमि' राजनीतिक स्थिति और 'गबन' तथा 'गोदान' क्रम से मध्यवर्गीय आर्थिक समस्या और महाजनी सभ्यता की शोषण वृत्ति को केन्द्र में रखकर लिखे गये हैं।

शीर्षकों के चुनाव तक में हमें प्रेमचन्द की प्रासंगिक शिल्प दृष्टि का परिचय मिलता है। वेश्या समस्या के समाधान के लिए 'सेवासदन', सामाजिक कुरीतियों की शिकार चरित्र रचना के लिए 'निर्मला', राष्ट्रीय संघर्ष में उतरने के लिए 'कर्मभूमि' से अधिक उपयुक्त शीर्षक और क्या हो सकते हैं। आर्थिक प्रश्नों को लेकर लिखे जाने वाले उपन्यास से आश्रम, व्यक्तिपरकनाम और क्षेत्र गायब हो गये। उनके स्थान पर 'गबन' और 'गोदान' जैसे शीर्षकों को प्रतीकात्मक ढंग से प्रस्तुत किया गया जो आर्थिक विषमता और उससे उत्पन्न होने वाली समस्याओं को समाहित करते हैं। इस प्रकार प्रेमचन्द एक सचेतन कलाकार थे और उन्होंने अपने उपन्यासों में विषय और शिल्प का सन्तुलन बराबर बनाये रखा है। उपन्यासों के आकार-प्रकार और कथाओं की बुनावट भी प्रेमचन्द की इस प्रकृति के कारण प्रभावित हुई है। सुधारवादी उपन्यास 'सेवासदन' एक समस्या के इर्द-गिर्द घूमने के कारण कथात्मक एकता बनाये रखता है और चरित्रप्रधान उपन्यास 'निर्मला' की सभी घटनाएँ पात्र विशेष से ही जुड़ी रहने के कारण बिखरने से बच जाती हैं। 'कर्मभूमि' और 'रंगभूमि' में चुस्ती का लाना कठिन था क्योंकि राष्ट्रीय आन्दोलन को उनमें मुख्य रूप से विषय बनाया गया जिसका फैलाव अत्यधिक हो गया था। हिन्दू-मुस्लिम समस्या के समावेश और मध्यवर्गीय आर्थिक समस्या को महत्त्व देने के कारण 'गबन' में स्थान और कालगत फैलाव तो आया पर कथा की बुनावट के बन्द ढीले न होने पाये जो 'गोदान' में आकर शिथिल हो गये। शहर और गाँव को समानान्तर रखने के कारण 'गोदान' दोहरे कथानक का शिकार हुआ जो उसकी दुर्बलता भी है और शिल्पगत उपलब्धि भी। इसी प्रकार यदि हम चाहें तो सभी औपन्यासिक तत्त्वों को सामने रखकर प्रेमचन्द के उपन्यासों की इस विकास-परम्परा को स्पष्ट कर सकते हैं।

औपन्यासिक पात्रों को स्वतन्त्र व्यक्तित्व प्रदान करने का सर्वप्रथम कार्य प्रेमचन्द के उपन्यासों के माध्यम से हुआ। वे उपन्यासकार के हाथों की कठपुतली न होकर समस्याओं एवं परिस्थितियों के बीच स्वतन्त्र आचरण करते जान पड़ते हैं। इस प्रकार उनके उपन्यासों में ग्रामीण भारत अपनी धार्मिक, सामाजिक, सांस्कृतिक, साम्प्रदायिक, राजनीतिक एवं आर्थिक विषमताओं के साथ उभर कर सामने आया है। सत् के प्रति श्रद्धा और असत् के प्रति घृणाभाव उत्पन्न करने की दृष्टि प्रेमचन्द के उपन्यासों में सर्वत्र विद्यमान है। उन्होंने अपने ग्रामीण पात्रों को जो मानवीय मूल्य प्रदान किए, आगे चलकर उन्हीं मूल्यों द्वारा नवीन भारत की कल्पना को साकार करने में सहायता मिली। इस प्रकार सामयिक समस्याओं से जुड़े रहने के कारण प्रेमचन्द के उपन्यासों के कुछ प्रसंग भले ही अपनी प्रासंगिकता समाप्त कर चुके हों, पर उनके द्वारा प्रस्तुत दृष्टिकोण और मूल्यों की अर्थवत्ता अभी तब तक समाप्त नहीं हो सकती जब तक कि स्वतन्त्रता संग्राम के सेनानियों के सपनों के भारत का वास्तविक निर्माण नहीं हो जाता।

किसी भी साहित्यकार अथवा उसके साहित्य की प्रासंगिकता का निर्णायक काल होता है। प्रेमचन्द-साहित्य अपनी प्रासंगिकता अथवा सार्थकता और लोकप्रियता खोकर आज केवल पाठ्यक्रमीय महत्ता और उपयोगिता ही नहीं रखता, इसका प्रमाण आज भी शेष प्रेमचन्द-साहित्य की लोकप्रियता है। हिन्दी कथाकारों में प्रेमचन्द सामान्य पाठक, सभी श्रेणी के छात्रों, शोधार्थियों एवं देश-विदेश में हिन्दी के प्रति रुचि रखने वाले अध्येताओं में आज भी अपेक्षाकृत अधिक लोकप्रिय हैं। यह दूसरी बात है कि उनका समूचा कथासाहित्य आज उतना सार्थक नहीं रह गया है जितना कि वह पहले था। युग के साथ चलने वाले प्रत्येक साहित्यकार के साहित्य के साथ ऐसा ही होता है। प्रेमचन्द जी ने अपनी रचनाएँ युग के साथ कीं और वे अपने को निरन्तर नये सन्दर्भों के साथ जोड़ते रहे। उनके रचनाकाल में भारतीय जीवन अनेक चुनौतियों का सामना कर रहा था क्योंकि सामाजिक, धार्मिक, सांस्कृतिक एवं राजनीतिक क्षेत्रों में होने वाले परिवर्तनों की गति बड़ी तेज थी। समग्र भारतीय जीवन को नव निर्माण की ओर ले चलने का जो उनका संकल्प था, उसके लिए वे सामयिक विषमताओं एवं कुरीतियों को सामने रखते हुए अपने कथा साहित्य में विकल्प की तलाश में लगे रहे। समय के साथ जो कुछ पीछे छूट जाता है वह वर्तमान सन्दर्भ में निरर्थक एवं अप्रासंगिक होता है और जो अगली पीढ़ी के लिए बचा रहता है वह नया और सार्थक होता है। प्रेमचन्द की अधिकांश सामाजिक कहानियाँ तथा सेवासदन और रंगभूमि, कर्मभूमि, निर्मला और गबन जैसे उपन्यास जो पहले अत्यन्त लोकप्रिय एवं सार्थक थे, निश्चित रूप से उनकी अब पाठ्यक्रमत्वमहत्ता रह गयी है क्योंकि समय के साथ वे अब पीछे छूट गयी हैं। पर 'पूस की रात' और 'कफन' जैसी कहानियाँ तथा 'गोदान' जैसा उपन्यास प्रतिपाद्य के धरातल पर आज की पीढ़ी के लिए भी प्रासंगिक एवं सार्थक है। अतः वह पुराना नहीं, नया है।

प्रत्येक युग का साहित्यकार समसामयिक परिस्थितियों से प्रभावित होता है और कथाकार प्रेमचन्द भी प्रभावित हुए थे। समसामयिक जीवन की जटिलताओं एवं परिस्थितियों को जाग्रत् करने के कारण वे अपने रचनाकाल में पूर्णतः आधुनिक थे। उनकी वे कृतियाँ जो पूर्णतः जीवन की जटिलताओं और सामयिक परिस्थितियों को चित्रित करने के लिए अस्तित्व में आयीं, इसलिए अल्पजीवी रहीं कि वे सामयिक बोध पर आधारित थीं। सामयिक बोध, युगबोध की अपेक्षा अल्पजीवी होता है। समस्याओं की समाप्ति के साथ वह अपनी अर्थवत्ता समाप्त कर देता है पर चेतना पर बल देने के कारण युगबोध युग के समग्रतः पकड़ने की शक्ति रखने के कारण एक लम्बे अर्से तक अपनी प्रासंगिकता बनांये रखता है। राष्ट्रीय आन्दोलनकाल में लिखी प्रेमचन्द की प्रचारवादी तथा सुधारवादी संस्थाओं के उद्देश्यों को उद्घोषित करने वाली रचनाएँ

सामयिक बोध के अन्तर्गत ही आती हैं जिनकी लोकप्रियता समाप्त हो गयी है। पर वे रचनाएँ जो युगीन-चेतना एवं युगीन मानव-मूल्यों के साथ जुड़ी रहकर उनका मूल्यांकन प्रस्तुत करती हैं, युगबोध के अन्तर्गत आती हैं और आज भी लोकप्रिय हैं। 'पूस की रात' की मानसिकता, 'कफन' का आर्थिक परिवेश और 'गोदान' की करुणा अभी पुरानी नहीं पड़ पायी है, उसमें आज भी ताजगी है जिससे वह प्रासंगिक है। प्रेमचन्द साहित्य की अगली पीढ़ी की यही देन है जो उन्हें आज भी प्रासंगिकता प्रदान करने में सक्षम है।

प्रेमचन्द इस अर्थ में प्रगतिवादी लेखक थे कि वे परम्परित साहित्य के जड़ीभूत सिद्धान्तों में विश्वास नहीं रखते थे। वे मूलतः मानवतावादी लेखक थे जिससे उन्होंने अपने साहित्य में परम्परा, से स्वीकृत विषयों एवं व्यक्तियों की उपेक्षा कर उपेक्षित विषयों एवं व्यक्तियों को प्रतिष्ठित किया और दूषित व्यवस्था के कारण शोषित एवं प्रताड़ित नर-नारी के हितों की वकालत की।

प्रेमचन्द अपनी मानवतावादी कल्पना को साकार देखना चाहते थे और देवत्व को किसी व्यक्ति विशेष की धरोहर न मानने के कारण वे उसकी तलाश हर सामाजिक प्राणी में करने को तत्पर थे। यही कारण है कि यथार्थ और आदर्श के चित्र समान रूप से उनकी अधिकांश कृतियों में मिल जाते हैं। वे देवत्व की कल्पना भी करते हैं और उसमें प्राण-प्रतिष्ठा भी करना चाहते हैं। नीच, नराधम और पंकिल व्यक्ति को भी जब वे अनुकूल परिस्थितियों में डालकर उसके भीतर छिपे देवत्व का जयघोष कर बैठते हैं तो समीक्षकों को परेशानी हो जाती है कि वे उनके दर्शन को यथार्थवाद के अन्तर्गत रखें अथवा आदर्शवाद के अन्तर्गत। लोगों ने बीच का रास्ता निकालकर उन्हें आदर्शोन्मुख यथार्थवाद के अन्तर्गत रखा है। आदर्शोन्मुख यथार्थवाद शीर्षक पर अब कुछ लोगों को आपत्ति होने लगी है। यथार्थवाद उसी क्षण यथार्थ का स्वरूप खो देगा जिस क्षण वह आदर्श की ओर उन्मुख हो जायेगा। 'गोदान' को छोड़कर उनके प्रायः सभी उपन्यासों की यही स्थिति है कि उनका पूर्वार्द्ध तो यथार्थवादी है और उत्तरार्द्ध आदर्शवादी। अतः प्रेमचन्द न यथार्थवादी रह जाते हैं न तो आदर्शवादी। और वे रह भी कैसे सकते हैं, वे तो मूलतः, मानवतावादी हैं, पर जब तक उनके साहित्य के लिए किसी स्वीकृत शब्दावली का प्रचलन समीक्षकों के बीच नहीं हो जाता तब तक उन्हें आदर्शोन्मुख यथार्थवादी मान लेने में कोई हर्ज नहीं है। इस शब्दावली को नया अर्थ देकर हम इसे प्रेमचन्द साहित्य की प्रकृति के अनुरूप शब्दावली की संज्ञा दे सकते हैं। जहाँ तक आदर्शोन्मुख यथार्थवाद के शाब्दिक अर्थ का प्रश्न है, वह प्रेमचन्द के साहित्य के सन्दर्भ में कोई मानी नहीं रखता। इसे विचार सरणि के रूप में स्वीकार करना उचित होगा।

हिन्दी कथा साहित्य के इतिहास में प्रेमचन्द के आगमन के साथ पहली बार भारतीय जीवन की वास्तविकता को निकट से झाँक कर देखने का प्रयत्न किया गया। दीन, दुःखी, दुर्बल, प्राचीन रूढ़ियों एवं परम्पराओं से जर्जरित तथा नवयुग के जन-जागरण से अपरिचित समाज ही भारत का वास्तविक समाज था जिसे प्रेमचन्द ने अपने कथा साहित्य में स्थान दे उसका यथार्थ चित्रण किया। यथार्थ को प्रस्तुत करने की प्रेमचन्द की अपनी दृष्टि थी। उन्होंने भारतीय जीवन तथा उसके दलित समाज को देखकर उसका यथातथ्य चित्रण मात्र नहीं कर दिया, बल्कि इस हीन स्थिति के लिए जिम्मेदार मूल कारणों को जानने के लिए गम्भीर चिन्तन को भी उन्होंने अपनी कृतियों में स्थान दिया है। कथा साहित्य के माध्यम से वे मानव समाज के सामने एक ऐसा हल प्रस्तुत करने के लिए निरन्तर संघर्षशील रहे जिससे कि समाज दम घुटने वाले वातावरण से किसी प्रकार हट कर पवित्र स्वच्छ वायु में श्वास ले सके। वे जीवन को उसके रूप में केवल देखना ही नहीं चाहते थे, बल्कि जीवन का एक सुनिश्चित रूप उनकी आँखों के सामने नाचता रहता था, जिस आदर्शरूप तक वर्तमान समाज को पहुँचा देने की प्रेरणा अपने कथा साहित्य द्वारा वे प्रदान करना चाहते थे। प्रेमचन्द की दृष्टि महलों की ओर न जाकर सबसे पहले झोंपड़ियों की ओर गयी। उन्होंने टूटी-फूटी झोपड़ियों में पुआलों पर तड़पती भारतीय आत्माएँ देखीं, फटे चीथड़ों में सरल और स्वाभाविक यौवन के सौष्ठव का अनुभव किया और दरिद्रता की चक्की में पिसने वाले दीनजनों में भी महलों-सी प्रेम की पीर पायी। प्रेमचन्द ने अपने जीवन से एक दीक्षा ली थी, जो उनके कथासाहित्य में सचित्र उभर आयी है। सामाजिक, राजनीतिक, धार्मिक और नैतिक विषमताओं की मार को उनका सहिष्णु हृदय सह नहीं पाया और वह आकुल होकर सहानुभूति के स्वर में बोल उठा जिससे तत्कालीन जीवन और युग का यथार्थ चित्र उनकी रचनाओं में उतर आया है। मानवता के पक्के हिमायती होते हुए भी प्रेमचन्द ने अपने उपन्यासों में मानव की स्वाभाविक दुर्बलताओं को खुलकर चित्रित किया है, पर इतना अवश्य था कि वे मानवता की विजय की कामना करने वाले महापुरुषों में से एक थे। इसीलिए समाज के किसी वर्ग के प्रति उनके मन में न तो घृणा थी और न वे किसी वर्ग के विनाश के लिए आन्दोलन करना चाहते थे, बल्कि वे सब में सुधार लाने के पक्षधर थे। यहीं आकर प्रेमचन्द समाजवादी यथार्थ के सीमित कटघरे से निकलकर अलग खड़े हो जाते हैं। समाजवादी यथार्थवाद की यदि उदार व्याख्या की जाये तो हम यह कह सकते हैं कि प्रेमचन्द का झुकाव समाजवादी यथार्थवाद की ओर था, पर यदि उसके रूढ़ स्वरूप को स्वीकार किया जाये जिसके अनुसार साहित्य को मार्क्सवादी संकेतों पर चलने के लिए विवश होना पड़े तो प्रेमचन्द समाजवादी यथार्थवाद से बिल्कुल दूर थे। इस बाद के मूल में

यदि जीवन को गतिशील रूप में चित्रित करने की अभिलाषा निहित है तो प्रेमचन्द के कथा साहित्य में इसके स्पष्ट संकेत मिल जायेंगे। यदि इसके अनुसार सामाजिक विषमताओं के मूल कारणों को पहचान कर उन्हें विनष्ट करने का प्रतिक्रियात्मक हल आवश्यक है, तो यह प्रेमचन्द के साहित्य की प्रकृति के प्रतिकूल है। प्रेमचन्द निम्न वर्ग की भयंकर यातनाओं से भरी स्थितियों का चित्रण तो करते हैं तथा उनकी दयनीय बस्तियों, उनकी क्षुधातुरता और उनकी कष्टगाथाओं का भी चित्र उरेहते हैं, पर इतने से ही उन्हें समाजवादी यथार्थवाद के घेरे में नहीं गिना जा सकता। लखनऊ में हुए सन् 1936 ई. में प्रगतिशील लेखक संघ के अध्यक्षरूप में वे इस विचारधारा के स्पष्टतः निकट आये पर इस समय तक उनकी अधिकांश रचनाएँ सामने आ चुकी थीं और वे एक प्रकार से जीवन के कगार पर खड़े थे। इसके बाद भी यदि उन्हें आगे लम्बा जीवन मिला होता तो सम्भव था कि वे समाजवादी यथार्थवाद को अपने कथा साहित्य में अपनाते जिसके संकेत 'कफन' जैसी कहानी में मिलता भी है। अतः उनमें मार्क्सवादी दुराग्रह से मुक्त समाजवादी यथार्थवाद के संकेत मिलते हैं।

प्रेमचन्द ने अपने कथा साहित्य का निर्माण न तो केवल मनोरंजन के लिए किया था और न तो मात्र व्यावसायिक बुद्धि से। वे सरकारी नौकरी छोड़ने का साहस दिखला चुके थे और कम-से-कम खर्च में जीवनयापन करने का अभ्यास कर चुके थे। सामान्य आर्थिक स्तर के व्यक्ति के लिए ऐसा त्याग तभी सम्भव होता है जब उसके पीछे कोई-न-कोई महान् संकल्प होता है और संकल्प ही रचनाकार की रचनात्मक दृष्टि का निर्माण करता है। जिस लेखक का संकल्प जितना महान् होता है, उसकी रचनात्मक दृष्टि भी उतनी ही उर्वर एवं पैनी होती है। प्रेमचन्द थके, हारे, शोषित एवं उपेक्षित मानवता के वकील थे। उनके अनुभव का क्षेत्र विशाल था और वे ऐसे युग में लिख रहे थे जबकि देश में आन्दोलन की दिशा बहुमुखी थी। अतः यह स्वाभाविक था कि उनकी लेखकीय प्रतिबद्धता के आयाम भी विविध हों जिनका निर्धारण गृहीत विषय के आधार पर ही किया जा सकता है। सुधारवादी आन्दोलनों में वे आर्य समाज से सर्वाधिक प्रभावित थे जिससे अपने आरम्भिक उपन्यासों और कहानियों में उन्होंने समाज में व्याप्त कुरीतियों का भण्डाफोड़ किया है। ऐसी कृतियों के माध्यम से वे पाठकों को वास्तविक स्थिति से परिचित करना चाहते थे और साथ ही वे एक ऐसे विकल्प की ओर इशारा भी करना चाहते थे जिस पर चलकर समाज स्वस्थ एवं तेजस्वी बन सके। सेवासदन, निर्मला और गबन उपन्यास को इसके लिए देखा जा सकता है। महात्मा गाँधी के नेतृत्व में चल रहे स्वाधीनता संग्राम के प्रति प्रेमचन्द पूर्ण आस्थावान थे, उन्होंने गाँधी द्वारा चलाये जा रहे असहयोग आन्दोलन में सक्रिय भाग भी लिया था। सरकारी नौकरी भी छोड़ दी थी और अपने कथा साहित्य

के धरातल पर तो बराबर गाँधीवादी आदर्शों की प्रतिष्ठा एक लम्बे लेखन-काल तक करते रहे। प्रेमाश्रम, कर्मभूमि और रंगभूमि जैसी उनकी कृतियों को उदाहरण के लिए सामने रखा जा सकता है। 'रंगभूमि' का नायक सूरदास तो गाँधीवादी सिद्धान्तों का सच्चा प्रतिनिधि है। ऐसा अकिंचन योद्धा और धीरोदात्त नायक समस्त हिन्दी उपन्यास साहित्य में भी दुर्लभ है। एक लम्बी कालावधि तक प्रेमचन्द की जो राजनीतिक मान्यताएँ रहीं, उसका प्रतिफलन 'सूरदास' के रूप में हुआ है। यदि आप चाहें तो कह सकते हैं कि उस काल की यही उनकी राजनीतिक प्रतिबद्धता थी। बाद के दिनों में वे प्रगतिवादी आन्दोलन के समर्थक बने। यद्यपि उनका यह समर्थन अपने ढंग का था, पर सर्वहारा वर्ग की आर्थिक कठिनाइयों एवं उसके शोषण के मूल कारणों की ओर उनका ध्यान गया। उनका सर्वहारा मिलों में कार्य करने वाला मजदूर नहीं, बल्कि खेतों में मशक्कत करने वाला किसान और बेगार करने वाला अथवा श्रम के बदले में मामूली मजदूरी पाने वाला मजदूर था। अपनी प्रसिद्ध कहानी 'पूस की रात', उपन्यास 'गोदान' और कहानी 'कफन' में इन्हीं प्रश्नों को प्रेमचन्द ने उठाया है। 'पूस की रात' का हलकू किसान कहलाने के गौरव का त्याग करके मजदूर ही बने रहने का निर्णय कर लेता है, 'गोदान' का होरी जीवन भर लोगों के तलवे सहला कर भी किसान नहीं रह पाता और मजदूर बन कर मरता है तथा 'कफन' की बुधिया की मृत्यु के साथ-ही-साथ घीसू और माधव कुछ करने का निर्णय लेते हैं। वे न तो किसान बनना चाहते हैं और न तो मजदूरी करने में ही उनकी किसी प्रकार की आस्था है। वे गाँठ बाँध बैठे हैं कि वर्तमान व्यवस्था में जीवन के लिए सभी प्रयत्न बेकार हैं और जिन्दगी को यों ही किसी अज्ञात के हवाले कर देना ही बेहतर है। इस प्रकार सामयिक परिवर्तनों के क्रम में प्रेमचन्द के कथा साहित्य में स्पष्ट परिवर्तन हुए हैं जिससे उनकी प्रतिबद्धता के लिए हमें उनके संकल्पों तक पहुँचना होगा जिसके कई स्तर हैं।

इसमें सन्देह नहीं कि प्रेमचन्द ने अपने कथा साहित्य में तत्कालीन जीवन्त प्रश्नों को ही स्थान दिया है और उन्हें स्वाभाविकता प्रदान करने के लिए जीवित भाषा का ही प्रयोग किया है। जीवित भाषा से मेरा तात्पर्य उस भाषा से है जो मात्र शब्दकोशों में ही बन्दी नहीं बल्कि जन-जीवन की भावनाओं को स्पन्दित करने वाली है। इनके कथा साहित्य में भारत के सभी स्तर के लोगों का प्रतिनिधित्व है, जिसे शब्दकोशीय भाषा कभी भी सही ढंग से नहीं प्रस्तुत कर सकती थी। पात्रानुकूल भाषा के प्रयोग का महत्त्व सर्वप्रथम प्रेमचन्द जी ने ही समझा था। इन्होंने पात्रों के बीच होने वाले परस्पर संवादों में अधिकतर पात्रानुकूल भाषा का प्रयोग किया। विज्ञान के आविष्कार ने जहाँ पर संसार की दूरी कम कर दी है, वहीं पर उसने सम्पर्क के माध्यम से व्यक्ति के संसार का अत्यधिक विस्तार भी कर दिया है। आज के संसार में न तो केवल हिन्दू

या मुसलमान ही रहते हैं, बल्कि एक देश में हिन्दू, मुसलमान, ईसाई, अंग्रेज आदि सभी रहते हैं और सबसे सबका दैनिक जीवन में सरोकार रहता है। ऐसी स्थिति में यह अत्यन्त स्वाभाविक है कि युग को वाणी देने वाले कथा साहित्य में विभिन्न देशों के भाषा-भाषी पात्र आयें। पात्रानुकूल भाषा के नाम पर यदि सभी पात्रों की भाषा का व्यवहार होने लगे तो साहित्य साहित्य न रहकर भाषा का अजायबघर हो जायेगा। प्रेमचन्द पात्रानुकूल जिस भाषा को स्वीकार करते हैं, वह विभिन्न देश के भाषा-भाषी पात्रों की भाषा नहीं, बल्कि पात्रों के सामाजिक और मानसिक स्तर के अनुकूल बोली जाने वाली हिन्दी भाषा है, जो स्वतन्त्र भारत की भाषा है। मैं मानक शब्द का प्रयोग जानबूझकर नहीं कर रहा हूँ, क्योंकि हो सकता है कि प्रेमचन्द की भाषा को 'मानक' भाषा अथवा उसके सर्वमान्य होने में कुछ लोगों को घोर आपत्ति हो।

इतिहास-दर्शन और दृष्टि की अपेक्षा प्रेमचन्द साहित्य में समसामयिकता अधिक थी इसमें सन्देह नहीं। यही कारण है कि उनके सम्पूर्ण कथा साहित्य में चाहे वे उपन्यास हों अथवा कहानियाँ, सामाजिक चेतना को प्रस्तुत करने का आग्रह मिलता है। प्रेमचन्द के भोगे हुए जीवन का आधार फलक विस्तृत होने के कारण और युगीन चेतना को उसकी समग्रता में पकड़ने के कारण प्रेमचन्द के उपन्यास कला की दृष्टि से चुस्त नहीं बन पाये हैं जबकि कहानियों में विषय एवं शिल्पगत वैविध्य भी आ पाया है और वे कलात्मकता की दृष्टि से भी अपेक्षाकृत अच्छी बन पड़ी हैं। यदि कहना ही है तो मुंशी प्रेमचन्द को उपन्यास-सम्राट् न कहकर कहानी-सम्राट् कहना चाहिए।

समाज की कौटुम्बिक भूमि प्रेमचन्द को अत्यधिक प्यारी थी जिससे पारिवारिक प्रसंगों में उनका मन सर्वाधिक रमा और ये प्रसंग पाठक को अपेक्षाकृत अधिक प्रभावित करते हैं वैसे प्रेमचन्द समकालीन सभी परिस्थितियों के प्रति जागरूक थे और उन्हें पैनी दृष्टि से देखते रहे तथा यथावसर अपने कथा साहित्य में उनका उपयोग भी किया है जिसके कारण उनमें बिखराव दीखता है। पर जिन सामाजिक, सांस्कृतिक एवं राजनीतिक प्रश्नों से वे सीधे जुड़ सके हैं, उनमें कहीं न तो बिखराव है और न तो छिछलापन। इन्हीं प्रसंगों में उनका मन रमा है और ऐसी ही कृतियाँ उनकी सर्जनात्मक भूमिका की उपलब्धियाँ हैं। पर ये समस्याएँ ऐसी थीं कि इनको अधिक दिनों तक टाला नहीं जा सकता था। समस्याओं की समाप्ति अथवा उनके समाधान के पश्चात् उनकी लोकप्रियता का कोई प्रश्न ही नहीं उठता। प्रेमचन्द ने अपने उपन्यासों में जिन समस्याओं को उठाया, उनका प्रभाव उनके समकालीन उपन्यासकारों पर पड़ा। जब प्रेमचन्द स्वयं उत्तरोत्तर अपने को बदलते रहे हैं तब परवर्ती उपन्यासकारों पर उनके प्रभाव पड़ने का कोई सवाल ही नहीं उठता। यह दूसरी बात है कि अपेक्षित सामाजिक अंचलों को जो स्वीकृति प्रेमचन्द ने अपने उपन्यास साहित्य में प्रदान की उसका प्रभाव परवर्ती आंचलिक उपन्यासकारों अथवा ग्रामीण कथाकारों पर अवश्य पड़ा।

ग्रामीण जीवन की भूमि प्रेमचन्द को प्यारी थी, जिसके प्रति उनकी अटूट आस्था थी और उसके चित्रण में ही उनके कथा साहित्य का अधिकांश भाग समाप्त हुआ है। नगर-जीवन से स्वयं जुड़े रहते हुए भी उसके प्रति वे बहुत आस्थावान नहीं थे जबकि अधिकांश उपन्यासों में नगरीय जीवन उनके वस्तु शिल्प और चरित्र प्रतिपादन में सहायक हुआ है। उसे सामने रखकर वे ग्रामीण जीवन का सौन्दर्य और उसकी महत्ता प्रतिपादित करना चाहते थे। उनके इस मोह ने 'गोदान' के शिल्प को अत्यन्त शिथिल एवं अकलात्मक बना दिया है। 'गोदान' का जनपदीय जीवन उसके नगर-जीवन से अपेक्षाकृत अधिक जीवन्त है। जनपदीय समस्याओं को उभाड़ कर तो वे सामने रख सके हैं, पर उस समय तक उनकी मानसिक स्थिति ऐसी नहीं बन पायी थी कि उनमें जनवादी भावनाओं का आरोप करते। वे मात्र उसके लिए भूमि तैयार कर रहे थे। अतः उनका ऐतिहासिक महत्त्व है।

उपन्यासकार के रूप में प्रेमचन्द अभीष्ट भारतीय जीवन को उसकी समग्रता में चित्रित करने का प्रयास करते हैं और वे जिस समस्या अथवा व्यक्ति को अपने उपन्यासों में उठाते हैं उसका ब्योरेवार वर्णन तो करते ही हैं, साथ ही उसकी सूक्ष्मातिसूक्ष्म रेखाओं को भी उभारने का प्रयत्न करते हैं। इस दृष्टि से उन्हें महाकाव्यकार की प्रतिभा मिली थी जिसके कारण ही वे रंगभूमि में 'सूरदास' की सृष्टि कर सके और 'गोदान' में तत्कालीन युग को प्रतिबिम्बित कर सके। अतः उनके गोदान में अपने युग का प्रतिबिम्ब भी है और आने वाले युग की प्रसव वेदना भी जिससे उसे उपन्यास की शैली में भारतीय जीवन का महाकाव्य कहा जा सकता है। 'महाकाव्य' शब्द का प्रयोग शास्त्रीय दृष्टि से जिन काव्यकृतियों के लिए होता रहा, बाद में चलकर उनके आदर्श में परिवर्तन आया और इस शब्द की अत्यन्त उदार व्याख्या की गयी। युगीन परिवर्तन क्रम में आने वाली कृतियों को उनकी श्रेष्ठता के आधार पर स्वीकृत गुणों के अभाव में भी महाकाव्य कहा गया और एक प्रकार से महाकाव्य कहा गया शब्द श्रेष्ठ कृतियों का पर्याय हो गया, इससे लोग परिचित ही हैं। मैं इस प्रश्न को तूल नहीं देना चाहता, इसे सभी जानते हैं कि अब वाल्मीकि कृत रामायण, कालिदास कृत रघुवंश, तुलसी कृत रामचरितमानस और जयशंकर प्रसाद कृत कामायनी सभी महाकाव्य के रूप में स्वीकार किये जाते हैं। गद्य साहित्य में उपन्यास ने अपनी क्षमता के कारण जब महाकाव्य के स्थान अथवा दायित्व का ग्रहण किया तो उसमें भी महाकाव्य तलाश लिये गये। इसे शब्द का ह्रास कहें या विस्तार पर ऐसा हुआ। अब 'गोदान' जैसी कृतियों को 'वार एंड पीस' की तौल पर महाकाव्य विशेषण से विभूषित किया जाने लगा है। अब तो महाकाव्य के लिए एक ही कारगर कसौटी हो सकती है और वह युगीन सन्देश। जिस कृति में युग का सन्देश हो चाहे वह पद्यबद्ध हो अथवा गद्यात्मक, वह महाकाव्य कहलायेगी। इस दृष्टि से प्रेमचन्द महाकाव्यात्मक उपन्यासकार हैं।

प्रेमचन्द ने अपना सारा जीवन स्वाधीनता संग्राम की तैयारी में लगा दिया था और उस संघर्षकाल में वे सोच भी नहीं सकते थे कि आजाद भारत में जन्म लेने वाले आदमी की प्रकृति कैसी होगी। आजादी मिलेगी भी कि नहीं। उन्हें इस ओर देखने की फुर्सत नहीं थी। वे तो उसे हासिल करने के लिए लड़ने का संकल्प ले चुके थे। उन्होंने 'गोदान' में गोबर को जन्म दिया था जो आगे आने वाले भारत का परिवेश प्रस्तुत करता जान पड़ता है, पर उसे वे स्वरूप नहीं दे पाये थे। पराधीन भारत की समस्याओं से स्वाधीन भारत की समस्याओं का कोई तालमेल नहीं रह गया है और आज के उपन्यासों में जिस लघुमानव, सन्त्रस्त मानव और व्यक्तिनिष्ठ मानव की अवधारणा हो रही है उसकी कल्पना भी प्रेमचन्द अपने उपन्यासों में नहीं कर सकते थे।

कथाकार प्रेमचन्द का जितना कुछ अप्रासंगिक है, वह इतिहास का विषय है और जितना कुछ प्रासंगिक एवं लोकप्रिय है वह पुराना नहीं, नया है। इस प्रकार उपन्यासकार प्रेमचन्द की कथायात्रा एक ऐतिहासिक यात्रा है जिसमें हिन्दी उपन्यास के इतिहास की दिशाएँ स्पष्ट दीखती हैं, तत्कालीन भारतीय इतिहास की झलक मिलती है।

43

निराला के काव्य में वैविध्य के आयाम

—बाबूराम त्रिपाठी

आधुनिक हिन्दी कवियों में निराला का व्यक्तित्व सर्वाधिक क्रान्तिकारी रहा है। स्वभावतः विद्रोही होने के कारण रूढ़िवादी एवं जर्जर व्यवस्थाओं से उनकी कभी नहीं पटी। यही कारण था कि उनके तूफानी प्रवेश से तत्कालीन साहित्य के महारथियों में एक खलबली मच गयी थी। वस्तुतः निराला किसी बँधी-बँधाई परम्परा पर चलने के आदी नहीं थे। कोरे आदर्श और थोथी नैतिकता के चक्कर में पड़कर अपने भावों का गला घोंटना उनकी प्रकृति के प्रतिकूल था और यह संकीर्णता उस समय द्विवेदीयुगीन कविता में विद्यमान थी। तत्कालीन साहित्यकारों को अपने भावों को अभिव्यक्त करने के लिए पग-पग पर कानून-कायदों का पालन करना पड़ता था। यद्यपि वे इस प्रकार की परतन्त्रता से ऊब गये थे फिर भी कोई ठोस कदम नहीं उठा पा रहे थे। उनमें इतना साहस नहीं था कि वे द्विवेदी जी की परम्परा से हटकर अपने भावों को सहज अभिव्यक्ति प्रदान कर सकें। यह पुनीत कार्य निराला ने किया। उन्होंने अपनी पहली रचना 'जुही की कली' द्वारा द्विवेदीयुगीन काव्य जड़ता को तोड़कर हिन्दी कविता को एक सहज प्रवाह प्रदान किया। सच तो यह है कि इस क्रान्तिकारी रचना द्वारा कवि निराला ने तत्कालीन काव्यगत रूढ़ियों को तोड़कर एक चुनौती-सी दी है। इसके प्रवाह में उस समय की थोथी नैतिकता और कोरे आदर्श बह-से गये हैं—

'निर्दय उस नायक ने
निपट निठुराई की
कि झोंकों की झड़ियों से
सुन्दर सुकुमार देह सारी झकझोर डाली
मसल दिये गोरे कपोल गोल'

—जुही की कली

श्रृंगार का इतना खुला चित्रण उस समय के लिए एक बहुत बड़ी बात थी। ऐसा साहस निराला ही कर सकते थे। वास्तव में द्विवेदीयुगीन काव्यगत सीखचों में दम तोड़ती हिन्दी कविता को निराला ने एक तरह से उबार लिया। इस तरह रचना द्वारा उन्होंने भावाभिव्यक्ति की स्वतन्त्रता का एक तरह से द्वार ही खोल दिया। एक ओर जहाँ इसके द्वारा छन्दों की कारा टूटी है वहीं तत्कालीन भाषातन्त्र को भी एक झटका मिला है। 'निर्दय', 'निपट', 'निठुराई' आदि ठेठ एवं देहाती शब्दों के सुन्दर प्रयोग से कविता में भाषागत सादगी आयी है। इसके अतिरिक्त इसका एक ऐतिहासिक भी महत्त्व है। हिन्दी काव्य जगत् की यह एक पहली रचना है, जो सर्वप्रथम मुक्त छन्द में निर्मित हुई। काव्यगत बन्धनों को नकारना, स्वतन्त्र भावाभिव्यक्ति आदि इसकी उपलब्धियाँ हैं।

'जुही की कली' के बाद निराला की रचनात्मकता में निखार आता ही गया। एक-से-एक महत्त्वपूर्ण रचनाएँ प्रकाश में आयीं। सन् 1916 से सन् '30 तक उनकी जो भी रचनाएँ सामने आयीं, उनमें भावपक्ष अधिक प्रबल रहा। कलापक्ष कुछ क्षीण-सा रहा। अपनी इन रचनाओं में वे अत्यधिक स्वच्छन्द और विद्रोही रहे हैं। इसी अन्तराल की उनकी एक रचना 'जागो फिर एक बार' है जिसके द्वारा उन्होंने अपने देशवासियों को निराशा और हीनता की गहन निद्रा से जगाने की कोशिश की है—

'तुम हो महान्, तुम सदा हो महान्
है नश्वर यह दीन भाव
कायरता, कामपरता
ब्रह्म हो तुम
पदरज भी रे नहीं पूरा यह विश्व भार
जागो फिर एक बार।'

—जागो फिर एक बार

अंग्रेजों की दमन नीति से तत्कालीन भारत की राजनीतिक चेतना निर्जीव-सी हो गयी थी। भारत हमेशा जगत्गुरु रहा है, यह महत्ता भी मृतप्राय हो चली थी, भारतवासियों को अपनी महानता और शक्ति में विश्वास नहीं रह गया था, उनके अन्दर घोर निराशा छा गयी थी, ऐसी नाजुक परिस्थिति में निराला ने अपने इस जागरण गीत से उनके अन्दर आशा का दीप जलाया, उन्हें अपनी शक्ति और महत्ता से अवगत कराया, उनकी आस्था और विश्वास को मजबूत किया। इस रचना में कवि का अद्भुत साहस वहाँ देखने को मिलता है जहाँ उसने अंग्रेजों को स्यार और अपने देशवासियों को शेर कहा है—

'शेरों की माँद में
आया है आज स्यार
जागो फिर एक बार।' —जागो फिर एक बार

उस समय अंग्रेजों के लिए *'स्यार' शब्द का प्रयोग करना क्रान्तिकारी कवि निराला* के ही बूते की बात थी।

इसी प्रकार उनकी एक रचना 'बादलराग' है जिसमें उनकी क्रान्ति का अद्‌भुत परिचय मिलता है। इसमें उन्होंने सामाजिक विषमता और शोषण के विरुद्ध नारा लगाया है। सच पूछा जाये तो निराला की सामन्तवादी व्यवस्था से कभी नहीं पटी। वे जीवनपर्यन्त शोषण और सामाजिक विषमताओं के विरुद्ध लड़ते रहे। उनका अपना विश्वास था कि जब तक इस सामन्ती और पूँजीवादी जर्जर व्यवस्था को नहीं ढहाया जायेगा तब तक नये समाज का स्वप्न देखना व्यर्थ है। कोई भी निर्माण कार्य विध्वंस के बाद ही सम्भव होता है। जब तक समाज में जीर्ण-शीर्ण व्यवस्था कायम रहेगी, तब तक शोषण और विषमता को दूर करने की बात करना हमारी निष्क्रियता का द्योतक है। इस रचना में 'बादल' से कवि विप्लवकारी रूप धारण करने को कहता है—

'भय के मायामय आँगन पर
गरजो विप्लव के नव जलधर' —बादल राग

विध्वंसकारी क्रान्ति से उन्हें अधिक डर है जो गरीबों का खून चूस-चूस कर अत्यधिक मोटे हो गये हैं। निर्धन मजदूरों का शोषण करके अपनी तिजोरियाँ भर रहे हैं। वह वर्ग जिसके पास खोने के लिए कुछ भी नहीं है, बल्कि इस क्रान्ति से उसे कुछ-न-कुछ मिलेगा ही, अत्यधिक प्रसन्न है। विप्लव के उद्‌घोष से उन्नत लोगों (पूँजीपतियों) की क्या दशा होती है, उसे इन पंक्तियों में देखें—

'अशनिपात से शायित उन्नत शत-शत वीर
क्षत-विक्षत हत अचल शरीर
गगन-स्पर्शी स्पर्धा वीर।'

इस प्रकार 'बादल राग' निराला का एक महत्त्वपूर्ण क्रान्ति गीत है। पूँजीवादी व्यवस्था ढहाकर एक नयी समाजवादी व्यवस्था कायम करना इस रचना का मूल उद्देश्य है।

निराला का विद्रोही स्वर उनकी 'धारा' नामक रचना में देखा जा सकता है। इस रचना में छायावादी कविता के विरोधियों को चेतावनी दी गयी है। ये विरोधी

द्विवेदीयुगीन मठाधीश थे। उनके लिए छायावाद विदेशी और अजनबी था। इस काव्यधारा की नवीनता और ताजगी उनकी रूढ़िवादी और पुरातन प्रिय मानसिकता के प्रतिकूल थी। उन्होंने इस नवीन काव्य प्रवृत्ति को हर तरह से उखाड़ने की कोशिश की, पर कामयाब न हो सके। छायावाद के चारों स्तम्भ इतने कमजोर नहीं थे कि उनके इस विरोध के झोंके से उखड़ जाते। पहले तो निराला ने उन्हें इस धारा की शक्ति से अवगत कराने की कोशिश की, उसे बे-रोक-टोक बहने देने की सीख दी, पर इतने पर भी जब वे उसके तीव्र प्रवाह के सामने से नहीं हटे, तो उन्हें इस तरह की भाषा का प्रयोग करने के लिए विवश होना पड़ा—

'अगर हठ वश आओगे
दुर्दशा कराओगे-बह जाओगे।'

यहाँ मैं इस बात को दावे के साथ कह सकता हूँ कि छायावाद को प्रतिष्ठित करके उसे सुदृढ़ आधार देने का एकमात्र श्रेय निराला को है। यदि उनका जैसा क्रान्तिकारी एवं विद्रोही व्यक्तित्व उस समय न रहा होता तो छायावादी कविता द्विवेदीयुगीन दिग्गजों के विरोधों से अस्तित्वहीन हो गयी होती। आज आलोचक छायावादी कविता का प्रवर्तक चाहे जिसे कह लें, उसका अगुआ चाहे जिसे मान लें, पर निराला ने इसके लिए जो संघर्ष किया, उनके द्वारा इसे जो नवीन दिशा मिली, वे इस काव्यधारा के इतिहास के महत्त्वपूर्ण पहलू हैं।

निराला जी जीवन के किसी भी क्षेत्र में बन्धन को नहीं स्वीकार करते। इसका तात्पर्य यह नहीं है कि वे उद्दण्डता के पोषक हैं। एक अपेक्षित नियन्त्रण उनकी हर स्वच्छन्दतावादी रचनाओं में विद्यमान है।

निराला मुक्त प्रेम के हिमायती हैं। उन्होंने मुक्त प्रेम की वकालत कई जगह की है। 'जुही की कली', 'पंचवटी प्रसंग', 'निवेदन' और 'यमुना के प्रति' आदि रचनाएँ इस दृष्टि से विशेष महत्त्वपूर्ण हैं। 'यमुना के प्रति' में कवि ने जहाँ एक ओर अपनी संस्कृति के प्रति अपार लगाव दिखाया है, वहीं दूसरी ओर मुक्त प्रेम की भी जबर्दस्त वकालत की है। प्रेम की अनेक मनोदशाओं का सहज चित्रण इस रचना की विशेषता है। यहाँ कवि की नूतन सौन्दर्यवादी दृष्टि का परिचय मिलता है। शिल्प पक्ष की दृष्टि से यह एक सफल रचना कही जा सकती है। भाषा भावानुकूल है। संस्कृतनिष्ठ शब्दों के भरपूर प्रयोग से भी अर्थ दुरूहता नहीं आने पायी है। संगीत और लयता की छटा तो देखते ही बनती है।

ऊपर जिन रचनाओं की चर्चा की गयी, वे सभी सन् '16 से सन् '30 के बीच की हैं। इन रचनाओं में भाव पक्ष की प्रबलता होने के कारण कलापक्ष कुछ कमजोर-सा हो

गया है। फिर भी सब मिलाकर ये रचनाएँ कवि की क्रान्तिकारी प्रवृत्ति और उसके विद्रोही व्यक्तित्व को उजागर करती हैं। तत्कालीन हिन्दी भाषा की उपेक्षा को देखते हुए इस काल की रचनाओं की भाषागत क्लिष्टता क्षम्य है क्योंकि उस समय हिन्दी भाषा के विरोधियों को समुचित जवाब ऐसी ही सशक्त भाषा से दिया जा सकता था।

सन् '30 के बाद निराला ने कतिपय अत्यधिक महत्त्वपूर्ण रचनाएँ हिन्दी जगत् को दीं। इन रचनाओं में भावपक्ष तो सशक्त है ही, साथ-साथ कलापक्षीय विशेषताएँ भी देखने को मिलती हैं। इस समय निराला की जितनी भी रचनाएँ प्रकाश में आयीं, उनका महत्त्व दो दृष्टियों से है। प्रथम प्रौढ़ता और दूसरी तटस्थता। इन रचनाओं में जहाँ एक ओर कवि की तटस्थता अपनी चरम सीमा पर है वहीं दूसरी ओर प्रौढ़ता भी दर्शनीय है। कवि का पूर्ववर्ती 'उद्दाम' रूप धीरे-धीरे तिरोहित होता गया है। 'तोड़ती पत्थर' नामक उनकी रचना में ये दोनों विशेषताएँ देखी जा सकती हैं। यद्यपि इसमें भी पूँजीपतियों पर प्रहार किया गया है, पर संयमित रूप से। एक श्रमजीवी महिला प्रचण्ड धूप में इलाहाबाद के एक पथ पर पत्थर तोड़ रही है। कोई छायादार पेड़ भी वहाँ नहीं है जिसके नीचे उसको कुछ राहत मिलती। उसके सामने ही ऊँची अट्टालिकाएँ हैं। उस तरफ भी उसका ध्यान जाता है। वह अपनी टीस और वेदना पीकर अपने प्रिय कार्य—पत्थर तोड़ने में लगी रहती है। यहाँ पर कवि ने महिला को उसके कार्य में तल्लीन दिखाकर अपनी तटस्थता का परिचय दिया है, जबकि इसी तेवर की उनकी पूर्ववर्ती रचनाओं में आक्रोश ही आक्रोश विद्यमान है। उनमें जर्जर समाज की व्यवस्था को रौंद डालने की बेचैनी झलकती है। इस रचना में महिला की विवशता और कर्मठता द्वारा उसके आक्रोश को ठण्डा करने की कोशिश की गयी है। निराला ने उसके द्वारा बार-बार हथौड़े का प्रहार और प्रचण्ड धूप में तरुमालिका अट्टालिका को प्रस्तुत करके अपने विद्रोह को मुखरित किया है—

'करती-बार-बार प्रहार
सामने तरुमालिका अट्टालिका प्राकार....
तोंड़ती पत्थर।' —तोड़ती पत्थर

'सरोज-स्मृति' निराला की एक महत्त्वपूर्ण रचना है। विद्वान् आलोचकों ने इसे हिन्दी का सर्वोत्कृष्ट 'शोक गीत' कहा है। बात सच भी है। संघर्षजीवी कवि की यह एक यथार्थ जीवनगाथा है। यह गीत उन्होंने अपनी पुत्री 'सरोज' के निधन पर लिखा है। सरोज की असामायिक मृत्यु से निराला को जो आघात लगा, उससे वे टूटते ही चले गये। यद्यपि इसके पहले भी उन्हें एक आघात अपनी पत्नी के मरने

पर लगा था, पर उस समय उन्होंने अपने को यथासम्भव सँभाल लिया था। लेकिन इस आघात की पीड़ा ने उन्हें हर तरह से तोड़ दिया। काश! निराला को पागल कहने वाले लोग उन पर लगे इन दोनों आघातों की चोट का अन्दाज लगाते तो शायद वे एक महाकवि को उसकी मानसिक विक्षिप्तता के कारण पागल कहकर गाली न देते। पर उन्हें कहाँ इतना अवकाश है जो किसी की वेदना और पीड़ा के यथार्थ कारणों को खोजते फिरें।

इस रचना में कवि ने अपने शोकाकुल हृदय के उद्‌गार तो प्रकट किये ही हैं, साथ-साथ तत्कालीन अनेक विद्रूपताओं का भी पर्दाफाश किया है। उन्हें सबसे बड़ी कचोट इसी बात पर है कि अर्थाभाव के कारण वे अपनी पुत्री की उचित देखरेख भी न कर सके–

'धन्ये, मैं पिता निरर्थक था
कुछ भी तेरे हित न कर सका।'

परिणाम यह हुआ कि यह कचोट उन्हें जीवन भर सालती रही। इसी अर्थाभाव से ऊबकर वे अपने कवि जीवन की निष्क्रियता को भी कोसने लगते हैं–

'हो इसी कर्म पर वज्रपात
यदि कर्म रहे, नत सदा माथ'

कवि अपनी पीड़ा और टीस को किसी के सामने प्रकट नहीं करना चाहता। जिस दुःख को वह आज तक मूक बनकर झेलता आया, प्रहार-पर-प्रहार खाता रहा पर चूँ तक नहीं किया अब उसे प्रकट करके क्या करेगा–

'दुःख ही जीवन की कथा रही
क्या कहूँ, आज जो नहीं कही'

इस प्रकार वे अपनी पीड़ा को पीते जाते थे और हिन्दी जगत् को नित नूतन रचनाएँ देते रहे। 'सरोज स्मृति' की सबसे बड़ी विशेषता यह है कि अत्यधिक शोकाकुल अवस्था में भी कवि का ध्यान समाज की रूढ़ियों और बुराइयों की ओर बना रहा। धार्मिक पाखण्डों, ऊँच-नीच के भेद-भाव, तत्कालीन समाज की संकीर्णता, दहेज प्रथा और विवाह से सम्बन्धित अन्य बुराइयों पर उन्होंने बड़ा तीखा प्रहार किया है। कन्नौजियों के प्रति उनका विद्रोही स्वर इन पंक्तियों में देखें–

'ये कान्य कुब्ज कुल कुलांगार
खाकर पत्तल में करें छेद' –सरोज स्मृति

इसमें कवि का उपेक्षित कवि जीवन भी चित्रित हुआ है। एक ओर वे हिन्दी जगत् को अपना जीवन निचोड़ कर दे रहे थे और उसके बदले में उन्हें मिल रही थी घोर उपेक्षा। शुरू में उनकी रचनाओं की जो छीछालेदर हुई, पग-पग पर उनका जिस तरह विरोध किया गया, उसे देखकर कोई भी व्यक्ति टूट सकता था। पर महाप्राण निराला वार-पर-वार झेलते रहे। उनकी रचनात्मकता में कहीं भी टूटन नहीं आने पायी। तत्कालीन हिन्दी जगत् द्वारा उनकी की गयी उपेक्षा का एक अंश द्रष्टव्य है–

'पर सम्पादक गण निरानन्द
वापस कर देते पढ़ सत्वर
दे एक पंक्ति दो में उत्तर' –सरोज स्मृति

'सरोज-स्मृति' में कवि की तटस्थता अपनी चरम सीमा पर पहुँची दिखाई देती है। उसने अपनी स्वर्गीया पुत्री की तरुणाई का वर्णन जिस तटस्थ भाव से किया है, वह अप्रतिम है। ऐसा साहस केवल निराला ही कर सकते थे–

'आयी लावण्य भार थर-थर
काँपा कोमलता पर सस्वर
ज्यों मलयकोश नव वीणा पर' –सरोज स्मृति

इस प्रकार निराला ने अपनी पुत्री के सौन्दर्य का वर्णन करके अपनी निर्वैयक्तिकता का भी परिचय दिया है। सबसे महत्त्वपूर्ण बात तो यह है कि इसमें एक साथ कई तेवर मुखरित हुए हैं। गम्भीर भावों के साथ हल्के-फुल्के भावों की सहज संगति कवि के रचना-कौशल की परिचायक है।

कलापक्ष की दृष्टि से भी यह एक बेजोड़ रचना है। निराला ने हास्य-व्यंग्य शैली द्वारा इसकी गम्भीरता को हल्का करने की सुखद चेष्टा की है। व्यंग्य तो इस रचना में देखते ही बनता है। जहाँ भी उन्होंने इस शैली का प्रयोग किया है, वहाँ भाषा भी उसी के अनुरूप प्रयुक्त हुई है। इस दृष्टि से उनकी ये पंक्तियाँ ध्यातव्य हैं–

'वे जो जमुना के से कछार
पद फटे-बिवाई के, उधार
खाये के मुँह ज्यों पिये तेल
चमरौधे जूते को सकेल' –सरोज स्मृति

इस रचना की भाषागत सादगी भी देखने योग्य है। संस्कृति के शब्दों के साथ ठेठ देहाती शब्दों की सुन्दर संगति अत्यधिक सहज बन पड़ी है। खैर, शब्दों की यह कारीगरी उनके लिए कोई नयी चीज नहीं है। भाषागत इस तरह का चमत्कार उनकी अनेक रचनाओं में देखा जा सकता है।

निराला ने अपनी इस रचना में मुक्त छन्द की परम्परा से हटकर छन्दों के अनुशासन को अपनाया है। इसमें तुक बन्दी आद्यन्त विद्यमान है। इन सबका कारण यह है कि वे बँधी-बँधाई परम्परा पर चलने के अभ्यस्त नहीं थे। नित नूतन प्रयोग करना उनकी रचनात्मकता की एक महत्त्वपूर्ण विशेषता है। रस की दृष्टि से भी यह एक सशक्त रचना है। करुण रस के साथ हास्य रस की व्यंजना करके कवि ने इसकी गम्भीरता को हल्का करने की कोशिश की है। समग्रतः कह सकते हैं कि 'सरोज स्मृति' आधुनिक हिन्दी कविता का एक सर्वोत्कृष्ट शोक गीत है।

'सरोज-स्मृति' की ही टक्कर की उनकी दूसरी रचना 'राम की शक्ति पूजा' है जिसे कतिपय विद्वान् आलोचकों ने निराला की सभी रचनाओं से महत्त्वपूर्ण बताया है। कुछ लोगों ने तो इसे समूची आधुनिक हिन्दी कविता की एक बेजोड़ रचना भी माना है। बहरहाल, यह एक सशक्त रचना है, इसमें सन्देह नहीं। 'सरोज स्मृति' की भाँति यह भी निराला के संघर्षमय जीवन की यथार्थ कहानी है। सच पूछा जाये तो इसमें राम के ब्याज से निराला ने अपने संघर्षमय जीवन को निरूपित किया है। इस रचना के सारे-के-सारे चित्र निराला के अपने जीवन के चित्र हैं। यद्यपि रामायणकालीन घटनाओं और पात्रों को लेकर इस रचना के कथानक का निर्माण किया गया है, फिर भी इसमें कवि का ही जीवन अधिक मुखरित हुआ है।

महाकवि निराला को जीवनपर्यन्त विरोधों का सामना करना पड़ा है। उनको उखाड़ फेंकने के लिए तत्कालीन हिन्दी जगत् के रावण पक्ष के लोगों ने कोई कोर-कसर नहीं रखी। राम की सीता भाँति निराला की रचनात्मकता का भी अपहरण हुआ था। अपनी रचनात्मकता के उद्धार के लिए निराला को राम जैसा ही संघर्ष करना पड़ा था। बार-बार प्रयास करने पर भी जब वे तत्कालीन हिन्दी साहित्य के दिग्गजों की शक्ति के सामने अपने को परास्त पाते तो उनकी अन्तर्वेदना कभी फूट ही पड़ती थी–

धिक् जीवन जो पाता ही आया विरोध
धिक् साधन जिसके लिए सदा ही किया शोध। –राम की शक्ति पूजा

पर निराला की यह निराशा कुछ ही क्षणों तक रहती है। थोड़ी ही देर बाद वे पुनः उत्साहित होकर विजय के लिए तत्पर हो जाते हैं–

'वह रहा एक मन और राम का
जो न थका जो नहीं जानता दैन्य नहीं जानता विनय।'

–राम की शक्ति पूजा

इस प्रकार अनेक तरह से उपेक्षित और अपमानित होने पर भी उन्होंने अपनी रचनात्मकता में कहीं भी शिथिलता नहीं आने दी। एक-से-एक सशक्त रचनाएँ देते रहे।

'राम की शक्ति पूजा' में राम और रावण का संघर्ष दो विरोधी शक्तियों का परिचायक है। यह संघर्ष हर युग में होता रहता है। विजय किसकी होती है, यह प्रश्न अवश्य महत्त्वपूर्ण है। प्रायः शक्ति उसी के हाथ में रहती है, जो अन्यायी और अत्याचारी होते हैं। ईमानदार और सच्चरित्र राम को हमेशा अपने युग की रावणीय शक्तियों से परास्त होने की नौबत आती रहती है। अन्याय जिधर रहता है, शक्ति भी उसी ओर रहती है–

'आया न समझ में यह दैवी विधान
अन्याय जिधर है उधर शक्ति' –राम की शक्ति पूजा

निराला के राम को सबसे बड़ी चिन्ता इसी बात की है कि जब आततायी और दुराचारी रावण का साथ शक्ति दे रही है, तब किसी भी प्रकार के न्याय की आशा करना व्यर्थ है। उन्हें रावण से उतना अधिक भय नहीं है जितना कि शक्ति से। निराला ने राम की तरह कवि निराला के भी विरोधी रावण जैसे ही थे, जिनके हाथ में उस समय साहित्य की सत्ता की बागडोर थी। उनसे लड़ना आसान नहीं था।

राम को अपनी पूर्ववर्ती शक्ति की याद आती है। उन बाणों की याद आती है जिनसे महान्-से-महान् विजय प्राप्त करने में उन्हें थोड़ा भी समय नहीं लगा था और आज वही शक्ति और बाण हैं कुछ काम नहीं कर रहे हैं। ऐसा होना स्वाभाविक है। प्रायः जब बुरे दिन आते हैं तब सारी परिस्थितियाँ प्रतिकूल हो जाती हैं। अपने खास लोग भी बेगाने हो जाते हैं। राम की विवशता और बेचैनी का एक चित्र यहाँ देखें–

'पश्चात् देखने लगीं मुझे, बँध गये हस्त
फिर खिंचा न धनु, मुक्त ज्यों बँधा मैं हुआ त्रस्त'

–राम की शक्ति पूजा

उपर्युक्त पंक्तियाँ निराला की भी विवशता को प्रकट करती हैं।

वे भी उस समय छटपटा कर रह जाते थे, जब हर तरह से अच्छी-खासी होने पर भी उनकी रचनाओं की सम्पादकों एवं प्रकाशकों द्वारा उपेक्षा कर दी जाती थी। उन्हें अपेक्षित महत्त्व नहीं मिल पाता था।

'राम की शक्ति पूजा' में विभीषण की भूमिका अत्यधिक कमजोर रही है। उन्हें अपने मित्र राम की विजय की चिन्ता उतनी नहीं है जितनी की अपने लंकापति होने की। अपनी इसी स्वार्थ-भावना को लेकर वे राम को उत्साहित करने की चेष्टा करते हैं, पर उनके इस प्रकार के समझाने-बुझाने का राम पर कोई भी प्रभाव नहीं

पड़ता है। राम केवल अपनी असमर्थता और रावण की असीम शक्ति की चर्चा करके रह जाते हैं। बुरे दिन में उनको सही सलाह जाम्बवान देते हैं–

'दृढ़ आराधन का उत्तर दो आराधन से' –राम की शक्ति पूजा

परिणाम यह होता है कि उनकी यह सलाह राम को जँच जाती है और वे पुनः अपनी साधना में पूरे मनोयोग से तत्पर हो जाते हैं पर दुर्भाग्य यहाँ भी उनका साथ नहीं छोड़ता। साधना के अन्तिम दिन शक्ति पुनः उनके साथ घात कर जाती है। पूजा का अन्तिम फूल उठा ले जाती है। ऐसी स्थिति में राम की दशा बड़ी चिन्तनीय हो जाती है। लेकिन कुछ ही क्षणों में उनका विवेक कार्य कर जाता है। वे अपनी एक आँख देवी पर चढ़ा कर अपनी साधना को पूर्ण करने का निश्चय करते हैं। वे जैसे ही अपनी आँख निकालने के लिए बाण उठाते हैं वैसे ही देवी प्रकट हो जाती है और उनका हाथ पकड़ लेती है और विजय का वरदान, देकर उनके शरीर में लीन हो जाती है–

'होगी जय होगी जय हे पुरुषोत्तम नवीन
कह महाशक्ति राम के बदन में हुई लीन।।' –राम की शक्ति पूजा

निराला के राम की ही तरह निराला स्वयं बार-बार चोट खाने के बावजूद हिम्मत नहीं हारते थे। वे अपने विरोधियों को अपनी सशक्त रचनात्मकता से उत्तर दिया करते थे। जाम्बवान जैसे उनके भी कुछ साहित्यिक मित्र थे जो सदैव उन्हें उत्साहित करते रहते तथा निराला को टूटने से बचाते रहते थे।

यहाँ एक प्रश्न यह उठता है कि क्या निराला को भी राम की भाँति अन्त में विजय प्राप्त हुई थी? इस प्रश्न का उत्तर निराला के कई समर्थ आलोचकों ने यह दिया है कि राम को भले ही विजय मिल गयी पर निराला के लिए यह जीवनभर कल्पना बनी रही। लेकिन मैं इस उत्तर से सहमत नहीं हूँ। निराला को भी राम जैसी ही विजय मिली थी। यह सच है कि कवि के जीवन में निराशा और अन्धकार के क्षण अधिक रहे हैं, पर इसी के साथ यह भी सच है कि अन्धकार और निराशा के बावजूद निराला का साहित्यिक जीवन तत्कालीन साहित्यकारों की तुलना में अधिक सफल रहा है। उनके विरोधी वही थे, जिन्हें उनकी प्रतिभा से हमेशा भय बना रहता था। वही उन्हें चाहे पागल कहे हों या असंस्कृत पर युग के जागरूक साहित्यकार एवं सहृदयों ने उनको उचित सम्मान दिया है। उस समय निराला के नाम पर जो अपार भीड़ जमा हो जाती थी, उनको सुनने के लिए जो लोग व्यग्र हो जाया करते थे, मेरे इस कथन की पुष्टि के लिए पर्याप्त हैं। युवा वर्ग ने तो उन्हें हमेशा अपेक्षित सम्मान

दिया है। यदि 'राम की शक्ति पूजा' को निराला की जीवन गाथा कहना आलोचकों की दृष्टि से समीचीन है तो उसकी आशावादी एवं सफलता की द्योतक इस पंक्ति को भी कवि के संघर्षमय जीवन में खोजना अपेक्षित है—

'होगी जय होगी जय, हे पुरुषोत्तम नवीन।' —राम की शक्ति पूजा

बिना इसके निराला की 'राम की शक्ति पूजा' का मूल्यांकन अधूरा होगा। हमारी आलोचना पद्धति में यही तो सबसे बड़ा दोष है कि यदि किसी ने अपना कोई विचार सामने रख दिया तो उसी को अन्तिम सत्य मान लिया जाता है। इसके बाद उस पर पुनः विचार करने की आवश्यकता लोगों को नहीं महसूस होती। फलतः यदि कहीं किसी से कोई भूल-चूक भी हो जाती है तो वह हमेशा के लिए हो जाती है। लेकिन यह प्रवृत्ति आलोचना के लिए एक अभिशाप है।

'राम की शक्ति पूजा' का वैशिष्ट्य और दृष्टियों से भी है। निराला ने राम को मानवीय धरातल पर उतार कर उनके माध्यम से अपने युग के साहित्यिक परिवेश को प्रस्तुत किया है। उनके राम की सारी की सारी गतिविधियाँ हमारे बीच की हैं। एक संघर्षशील और ईमानदार व्यक्ति का जीवन निराला के राम का जीवन है और खुद निराला का है। अतः 'राम की शक्ति पूजा' एक ऐसा दर्पण है जिसमें हर युग के राम और रावण का दुर्दम युद्ध देखा जा सकता है।

'राम की शक्ति पूजा' का कलापक्षीय विवेचन भी आवश्यक है। कथानक की लघुता के कारण भले ही यह रचना महाकाव्य की श्रेणी में न गिनी जाये, पर उसके अनेक लक्षण इसमें विद्यमान हैं। इसमें जहाँ कलापक्ष की दृष्टि से अनेक अच्छाइयाँ हैं, वहीं कतिपय कमजोरियाँ भी हैं। उनमें भाषागत दुरूहता मुख्य है। 'राम की शक्ति पूजा' में निराला ने अपनी संस्कृत गर्भित एवं समाज बहुला भाषा द्वारा भले ही महाकाव्योचित औदात्य लाया हो, पर यह इस रचना की महत्ता में कहीं-न-कहीं अवश्य बाधक है। कविता का आरम्भिक भाग तो इतना दुरूह हो गया है कि संस्कृत न जानने वाला पाठक तो ठीक से पढ़ भी नहीं पाता, अर्थ समझने की बात तो दूर रही। इस प्रकार की भाषा-संरचना में कवि का जो भी उद्देश्य रहा हो, पर ऐसी भाषा बहुत कम ग्राह्य होती है। इसके अतिरिक्त इसका वाक्य-विन्यास भी अत्यधिक जटिल है। कोई-कोई वाक्य तो इतना लम्बा हो गया है कि यह पता ही नहीं चल पाता कि वह शुरू कहाँ से होता है और कहाँ जाकर समाप्त होता है। अपनी इन दुरूहताओं के कारण ही यह रचना भी केवल कतिपय पढ़े-लिखे लोगों के ही बीच घूम-फिर कर रह गयी है।

निराला वातावरण के चित्रण में भी अत्यधिक कुशल हैं। अपनी चित्रमयी भाषा-शैली से जिस परिवेश और वातावरण का चित्रण करते हैं वह सजीव हो जाता है। इस वैशिष्ट्य को उनकी इन पंक्तियों में देखा जा सकता है—

'है अमानिशा, उगलता गगन घन अन्धकार;
खो रहा दिशा का ज्ञान, स्तब्ध है पवन चार
अप्रतिहत गरज रहा पीछे अम्बुधि विशाल;
भूधर ज्यों ध्यान मग्न केवल जलती मिशाल' —राम की शक्ति पूजा

इसके अतिरिक्त संवाद-योजना, नाटकीयता एवं छन्द-विधान की दृष्टियों से भी यह कविता बेजोड़ है। यद्यपि अपने छन्द-विधान में उन्होंने रोला छन्द को अपनाया है, पर उसमें भी उनकी मौलिकता स्पष्टतः देखी जा सकती है। समग्रतः कहा जा सकता है कि यदि इसकी एक-दो त्रुटियों को नजरअन्दाज कर दिया जाये तो इसे समूची आधुनिक हिन्दी कविता की एक सर्वोत्कृष्ट रचना मानने में कोई आपत्ति नहीं की जा सकती है।

'राम की शक्ति पूजा' के ही समान उनकी एक रचना 'तुलसीदास' है जो कवि की सभी रचनाओं से लम्बी है। 'तुलसी और रत्नावली' से सम्बन्धित लोककथा के आधार पर इस रचना के कथानक का ताना-बाना बुना गया है। मध्यकालीन भारतीय संस्कृति की अधोगति और उसके उद्धार के लिए महाकवि तुलसीदास का बैचेन होना आदि तथ्य इस कविता के मूल उत्स हैं। लेकिन इसी के साथ निराला के कुछ और भी उद्देश्य हैं। ध्यान से देखा जाये तो इस रचना में वर्णित मध्यकालीन भारतीय संस्कृति की अधोगति में परतन्त्र भारत की अधोगति प्रतिबिम्बित होती है। जिस प्रकार उस समय तुलसीदास उसके जीर्णोद्धार के लिए छटपटा रहे थे उसी प्रकार इसमें निराला भी अपने देश की आजादी के लिए व्याकुल दिखाई देते हैं। इस रचना का मूल्यांकन इसी नजरिये से करना अधिक समीचीन होगा। यदि उनका उद्देश्य केवल तुलसी और रत्नावली को ही चित्रित करना रहा होता तो यह निश्चित है कि निराला इस तरह का घटिया काम नहीं करते। क्योंकि उनकी छोटी से बड़ी सभी रचनाओं में कोई-न-कोई महान् उद्देश्य अवश्य छिपा रहता है। निराला जब इस रचना में तत्कालीन असुरों (मुगलों) से त्रस्त पृथ्वी का वर्णन करते हैं तब उसमें मुगलों के रूप में आततायी अंग्रेज और उनके द्वारा रौंदी जा रही भारत माँ के भी चित्र सामने आ जाते हैं—

'फिर असुरों से होती क्षण-क्षण
स्मृति की पृथ्वी यह दलित चरण।' —तुलसीदास

अंग्रेजों के पिट्ठू राजा, महाराजा और जमींदारों द्वारा गरीब किसानों और मजदूरों का खून चूसना और फिर उनकी पिपासा शान्त न होना आदि का कितना सटीक चित्रण कवि ने इन पंक्तियों में किया है—

'वह रंक यहाँ जो हुआ भूप निश्चय रे
चाहिए उसे और भी और
फिर साधारण को कहाँ ठौर?' —तुलसीदास

अर्थात् जब इन शोषकों का ही पेट कभी नहीं भरेगा तो शोषितजन की दुर्दशा का कोई अन्त नहीं है। इस प्रकार निराला ने शोषित जनता के प्रति सहानुभूति दिखाते हुए पूँजीपतियों पर बड़ा तीखा प्रहार किया है। तत्कालीन परिवेश के माध्यम से उन्होंने परतन्त्र भारत का जो चित्र खींचा है वह अत्यधिक प्रभावशाली बन पड़ा है। इसमें उन्होंने साम्यवादी व्यवस्था के सन्दर्भ में जिस क्रान्ति की बात उठाई है, वह आज के चौखटे में भी फिट बैठती है। निराला एक आशावादी कलाकार हैं। फलतः 'राम की शक्ति पूजा' की ही भाँति इसका भी अन्त एक बहुत बड़ी आशा और विश्वास के साथ होता है—

'प्राची दिगन्त उर में पुष्कल रविरेखा' —तुलसीदास

कलापक्ष की कसौटी पर भी यह रचना उसी अनुपात में खरी उतरती है जिस अनुपात में 'राम की शक्ति पूजा।' भाषा की क्लिष्टता से उत्पन्न अर्थ दुरूहता से पाठक कहीं भी अपना पिण्ड नहीं छुड़ा पाता। यह कहना अधिक अनुचित न होगा कि यह कविता गम्भीर और गूढ़ भाषा का एक प्रयोग बनकर रह गयी है। इसमें अनेक शब्द ऐसे प्रयुक्त हुए हैं जिनका अर्थ बहुत माथा-पच्ची करने पर भी पल्ले नहीं पड़ता। बौद्धिक चिन्तन के बोझ से इसकी अर्थवत्ता दब-सी गयी है।

निराला ने ढेर सारी व्यंग्य रचनाएँ भी लिखी हैं जिनमें कुकुरमुत्ता प्रमुख है। इस रचना में गुलाब पूँजीपतियों का प्रतीक है और कुकुरमुत्ता सर्वहारा वर्ग का। कवि ने गुलाब को कुकुरमुत्ता द्वारा किस प्रकार जलील कराया है, उसे इन पंक्तियों में देखें—

'खून चूसा खाद का तूने अशिष्ट
डाल पर इतरा रहा है कैपिटलिस्ट।' —तुलसीदास

यहाँ पर सर्वहारा वर्ग का प्रतीक कुकुरमुत्ता पूँजीपतियों की कुत्सित शोषण वृत्ति को नंगा करके रख देता है।

इस रचना को लेकर आलोचकों में अत्यधिक चर्चा हुई। किसी आलोचक ने यह कहा कि इसमें सर्वहारा वर्ग की वकालत और पूँजीवादी व्यवस्था की कटु निन्दा की गयी है तो कुछ का कहना है कि इसमें बुर्जुआ और सर्वहारा दोनों वर्गों की कटु निन्दा की गयी है। अब प्रश्न यह उठता है कि इस रचना का मूल उद्देश्य क्या है? जहाँ तक मेरी अपनी समझ है, निराला ने गुलाब को जलील करवाकर उसके माध्यम से पूँजीपतियों की शोषण प्रवृत्ति पर एक कटु प्रहार किया है और कुकुरमुत्ता के उपहास

का पात्र बनाने का मूल उद्देश्य यह है कि कुकुरमुत्ता जैसा असंस्कृत व्यक्ति आक्रोश में गाली-गलौज की कुप्रवृत्ति में अधिक विश्वास रखता है। अतः दोनों वर्गों के लोगों को अपने-अपने को सुधारने की आवश्यकता है। देश की उन्नति न तो पूँजीवादी व्यवस्था से सम्भव है और न ही सर्वहारा वर्ग द्वारा उल्टा-सीधा बकने में। दोनों ही वर्गों के लोगों को अपनी-अपनी दुष्प्रवृत्तियों से मुक्त होकर एक मध्यम मार्ग अपनाना होगा और तभी जाकर समाजवादी व्यवस्था देश में आ सकेगी।

'कुकुरमुत्ता' की संरचना देखने से ऐसा लगता है कि निराला ने इसके माध्यम से अपनी रचनात्मकता को एक नवीन मोड़ दिया है। इसके द्वारा उन्होंने गूढ़ और गम्भीर रचनाओं के बोझ से मुक्त होने की पहल की है। भाव और कला दोनों ही दृष्टियों से यह अत्यधिक सादगी लिये हुए है। छायावादी कविता के सारे लक्षणों का इसमें बहिष्कार किया गया है। उपेक्षित विषय 'कुकुरमुत्ता' और उसी के अनुकूल लोक-प्रचलित भाषा का प्रयोग करके कवि ने हिन्दी कविता को एक नवीन दिशा तो प्रदान की ही है, साथ-साथ अपनी रचनात्मकता को जनजीवन से जोड़ने का सुखद प्रयास भी किया है। अतः छायावादी भाषा के आभिजात्य संस्कारों से मुक्त होने की कोशिश ही इस रचना का मूल उत्स है।

इस दिशा में 'कुकुरमुत्ता' तो निराला का प्रयास मात्र है, पर इसके बाद की व्यंग्य रचनाओं में उन्होंने अत्यधिक सरल और सहज भाषा-शैली का प्रयोग किया है। 'राम की शक्ति पूजा' लिखने वाले निराला की जब हम 'रानी और कानी', 'खजोहरा' आदि रचनाएँ देखते हैं, तब आश्चर्य करना पड़ता है। अपनी अन्य व्यंग्य रचनाओं में निराला ने समाज की विद्रूपताओं पर बड़ा तीखा प्रहार किया है और उन्हें समूल नष्ट करने की क्रान्ति का उद्घोष किया है। इसी तरह उन्होंने धार्मिक, आर्थिक और सामाजिक रूढ़ियों एवं विकृतियों की भी धज्जियाँ उड़ाकर रख दी हैं। भाषा-शैली की दृष्टि से तो ये रचनाएँ और अधिक सशक्त हैं। सामान्य जन-जीवन में प्रचलित शब्दों, लोक-प्रचलित मुहावरों, व्यंग्य और हास्यप्रधान शैली आदि के सहज प्रयोग से इनमें अत्यधिक निखार आया है।

व्यंग्य रचनाओं के अतिरिक्त निराला ने कुछ भक्तिपरक और विषादात्मक गीत भी लिखे हैं जिन्हें उनके काव्य संकलन 'अणिमा' में देखा जा सकता है। विषादात्मक रचनाएँ कवि के व्यक्तिगत जीवन से सम्बद्ध हैं। 'मैं अकेला', 'स्नेह निर्झर बह गया' आदि कवि के अवस काल की रचनाएँ हैं। इनमें उसकी टीस एवं वेदना मुखरित हुई है। 'अणिमा' के बाद 'बेला' और 'नये पत्ते' काव्य संकलन प्रकाश में आये। 'बेला' तो कवि की प्रयोगात्मक रचनाओं का संग्रह है। इनमें केवल प्रयोगों का ही चमत्कार दिखाई देता है। 'नये पत्ते' कवि की यथार्थवादी रुझान को प्रकट करती है। इस दृष्टि से इसका एक अलग महत्त्व है। 'अणिमा', 'बेला' और 'नये पत्ते' तीनों में व्यंग्य और

हास्य का सहारा लिया गया है। भाषा भी हिन्दू-उर्दू मिश्रित है। कहीं-कहीं ठेठ-देहाती शब्दों का प्रयोग भरपूर मात्रा में किया गया है। 'बेला' में उर्दू के शब्दों का बाहुल्य मिलता है। इस प्रकार कलापक्ष की दृष्टि से 'बेला' एक निहायत प्रयोगात्मक रचना है। 'नये पत्ते' में कलापक्ष तो हावी हुआ है, पर उसमें भावपक्ष की उपेक्षा नहीं होने पाई है। इसमें संकलित प्रायः सभी रचनाएँ अत्यधिक महत्त्वपूर्ण हैं।

निराला के अन्तिम दौर की रचनायें—'आराधना', 'अर्चना', 'गीतगुंज' और 'सांध्यकाकली' के स्वर आध्यात्मिक हैं। इसके अतिरिक्त कुछ शृंगारिक एवं प्रकृति सम्बन्धी ऋतुगीत भी मिलते हैं। लेकिन यहाँ भी कवि समाज की विद्रूपताओं, विषमताओं एवं विकृतियों पर प्रहार करने में नहीं चूका है। शृंगारपरक गीतों में उद्दाम वेग की जगह एक संयम दिखाई देता है। प्रायः हर जगह शान्त रस की अभिव्यंजना परिलक्षित होती है। भाषा-शैली की दृष्टि से ये रचनाएँ कवि की प्रारम्भिक दौर की रचनाओं के अधिक निकट हैं। इसमें भी संस्कृत के शब्दों एवं सामसिक पदों का भरपूर प्रयोग मिलता है। खैर, भाषागत यह बदलाव निराला के लिए कोई नयी बात नहीं है। भाषा वैविध्य तो उनकी काव्यकला की एक महती विशेषता है।

समग्रतः कहा जा सकता है कि महाकवि निराला समूची आधुनिक हिन्दी कविता में अपना सानी नहीं रखते। उनकी रचनात्मकता बेजोड़ है। बहुत दिनों बाद हिन्दी जगत् में कबीर जैसा अक्खड़पन, उन्हीं जैसा क्रान्तिकारी एवं विद्रोही व्यक्तित्व निराला में देखने को मिला। सच तो यह है कि कबीर और निराला जैसे कवि कभी-कभी पैदा होते हैं।

44

सुमित्रानन्दन पन्त के 'प्रकृति-चित्रण' का आलोचनात्मक पुनर्स्थापन

—शुकदेव सिंह

ऐतिहासिक रूप से गलत होते हुए भी पन्त और उनके आलोचकों ने यह मान लिया है कि पन्त को कविता करने की प्रेरणा प्रकृति-निरीक्षण से मिली है जिसका श्रेय उनकी जन्मभूमि कूर्मांचल प्रदेश को है। कवि जीवन के पहले पन्त प्राकृतिक दृश्यों को एकटक देखा करते थे और कोई अज्ञात आकर्षण उनके भीतर एक अव्यक्त सौन्दर्य का जाल बुनकर उनकी चेतना को तन्मय कर दिया करता था। यह कहकर पन्त कदाचित् यह सिद्ध करना चाहते हैं कि यह तन्मयता ही वह सहज थी जिसके कारण उन्होंने कविता लिखी और इस तन्मयता ने ही उनकी आरम्भिक कविताओं में प्रकृति से सम्बन्धित सम्मोहन के अनेक बिम्बों को रूप और अर्थ दिया। जैसे पन्त ने सबसे पहले और बिल्कुल अकेले प्रकृति से प्रेरणा पायी और प्रकृति पर कविता लिखी। जैसे समकालीन काव्य-संवेदना में इसके कारण न रहे हों या कि पन्त यह कहना चाहते हैं कि श्रीधर पाठक, रामनरेश त्रिपाठी, मुकुटधर पाण्डेय जैसे तमाम कवियों ने उनके पहले प्रकृति प्रेम की कविताएँ नहीं लिखी थीं या कि उन्होंने पन्त से पहले प्रकृति प्रेम को काव्य-विषय के रूप में स्थिर नहीं कर दिया था। ऐतिहासिक सच के खिलाफ यह एक सीधी, सपाट और झूठी कार्रवाई है जो अपनी प्रतिरक्षा में समय, संवेदना, इतिहास तथा कविता के समानान्तर कविता की प्रेरणा के महत्त्वपूर्ण पक्षों को एकसाथ इनकार करना चाहती है। सचाई तो यह है कि पन्त के पूर्व ही काव्य-विषयक के रूप में प्रकृति को स्थिरता मिल चुकी थी और पन्त के अनेक पूर्ववर्ती कवि प्रकृतिप्रेम को रचनात्मक धरातल पर एक प्रचलित विषय बना चुके थे। वास्तव में पन्त को प्रकृति-चित्रण की प्रेरणा समकालीन काव्यधारा तथा अपने अग्रज कवियों से मिली, जिसे बहुत बाद में उन्होंने स्वयं स्वीकार किया और कहा, 'द्विवेदीयुग

के कवियों की कृतियों ने मेरे हृदय को अपने सौन्दर्य से स्पर्श किया और उसने एक प्रेरणा की शिखा जगा दी।'[1]

यह दूसरी बात है कि पन्त ने समकालीन संवेदना को अधिक आन्तरिकता के साथ ग्रहण किया और अपनी व्यक्तिगत रुचि तथा प्रवृत्ति के कारण एक शुरू हो जाने वाली कार्यपद्धति को अपने तरीके से प्रकर्ष तक पहुँचा दिया। यह भी सच है कि पन्त की प्रकृतिचित्रण से सम्बन्धित कविताएँ पिछली रचनाओं की तुलना में ज्यादा ठीक और अर्थ के अनेक-अनेक स्तरों से बँधी हुई हैं। यह भी हो सकता है कि प्रकृति-प्रेम की उनकी कविताओं ने ऐतिहासिक रूप से वह प्रतिमान निर्धारित कर दिया जिससे इतिहास की तराशने वाली प्रक्रिया ने उनके पहले लिखी हुई कविताओं को भुला दिया। पन्त के प्रकृति-चित्रण को सही ढंग से समझने के लिए इन भूली हुई कड़ियों को अच्छी तरह समझना होगा तभी यह सम्भव है कि सही ढंग से यह पता लगाया जा सके कि पन्त का प्रकृति-चित्रण पीछे की कविता से कितना जुड़ा हुआ है, कितना अलग है। परम्परा की रचना और कवि की रचना में कहाँ अन्तर है। प्रसिद्धि और लोकप्रियता के बावजूद पन्त ने प्रकृति-चित्रण की दिशा में क्या योग दिया है? उनकी स्वयं की रचनात्मकता के भीतर तथा समकालीन कविता के समानान्तर उनके प्रकृतिचित्रण का क्या महत्त्व और क्या देय है?

कोई भी शुरुआत आकस्मिक नहीं होती। व्यक्ति के परिवेश और इतिहास की संघटना से जुड़ी हुई होती है। दरअसल शुरुआत भी नतीजा है—एक निर्माणाधीन नतीजा जो कटकर या बँटकर कहीं से भी अलग नहीं होता बल्कि बहुत सारे स्रोतों से एक साथ कई-कई स्तरों पर बँधा रहता है। पन्त के पहले राष्ट्र प्रेम के नाम पर अपनी माटी और अपनी संस्कृति के प्रति एक जागरण का भाव व्याप्त है। राजनीतिक और सामाजिक सभी स्तरों पर अपने देश को समझने व बहुत गहराई से आत्मसात् करने की एक लहर विचार तथा भावना के दोनों स्तरों पर गतिशील थी। उस समय की पूरी मानसिकता कुछ ऐसी थी कि आलोचना और रचना के सभी स्तरों पर ऐसा अनुभव किया जाने लगा था कि 'यदि किसी को अपने देश से प्रेम है तो उसे अपने देश के मनुष्य, पशु-पक्षी, लतागुल्म, पेड़-पत्ते, कण-पर्वत, नदी-निर्झर सबसे प्रेम होगा; सबको वह प्यार भरी दृष्टि से देखेगा।"[2] इसी मानसिकता के कारण एक ओर मैथिलीशरण गुप्त जैसे लोग पुरानी कथाओं का पुनराख्यान कर रहे थे, दूसरी ओर श्रीधर पाठक, रामनरेश त्रिपाठी जैसे अनेक कवि भारतीय प्रकृति का शब्दचित्र बना रहे थे। राष्ट्रप्रेम के नाम पर एक ओर अपनी संस्कृति और मिट्टी को समझा व रचा जा रहा था दूसरी ओर विदेशी शासकों का बहिष्कार करने के लिए विदेशी कपड़ों से

1 *रश्मिबन्ध* : परिदर्शन (1958)

2 *चिन्तामणि*, भाग 1, रामचन्द्र शुक्ल, पृ. 104

लेकर पढ़ाई-लिखाई तक को छोड़-छोड़ कर युवक राष्ट्रीय आन्दोलन में सम्मिलित हो रहे थे। सुमित्रानन्दन पन्त ने भी अपनी पढ़ाई छोड़ी, लेकिन एक अधबनी मानसिकता के कारण नारे लगाना, पिकेटिंग करना, झण्डे उठाना, उन्हें रास नहीं आया, न उन्होंने खद्दर पहना न गाँधी टोपी लगायी। बराबर रेशमी मोजे पहनते रहे और रेशमी सूट पहनकर ऐंग्लोइंडियन लड़की का वहम पैदा करते हुए स्वतन्त्रता का आन्दोलन चलाते रहे। संयोग था कि देशभक्ति के साथ ही मातृभाषा का मोहिनीमन्त्र भी उन्हें मिल गया था, इसलिए उनके प्राणों का मधुकर प्रकृतिप्रेम के मधुर रस में डूबकर गूँज उठा

'देशभक्ति के साथ मोहिनीमन्त्र मातृभाषा का पाकर
प्रकृतिप्रेम-मधुरस में डूबा गूँज उठा प्राणों का मधुकर।' (आत्मिका)

कविकर्म में लगने के समय तक पन्त युवक हो चुके थे। पहाड़ों और प्रकृति की सुन्दर दुनिया छोड़ कर मैदान में आ गये थे। बचपन और बचपन में देखे हुए प्रकृति के बिम्ब अब केवल स्मृतियों और छुट्टी की छोटी-छोटी यात्राओं में ताजे हो पाते थे। स्वभाव की कोमलता के कारण वे एक युवा पुरुष की अपेक्षा युवा कन्या की तरह सज-धजकर अकेले में रहने लगे थे और एकान्त में बैठकर आत्मलीन होने लगे थे। एकान्त और आत्मलीनता ने उन्हें अतीतदृक् बना दिया। अतीतदृक्ता ने उन्हें बचपन में देखे हुए प्रकृति के बिम्बों, हरी घाटियों, टहलते हुए बादलों, सुन्दर ऊषाकाल, डूबती सन्ध्याओं, फैली हुई रातों, फूल, कोकिल, कलरव, मरमर और नदी-निर्झर की दुनिया में वापस भेज दिया। एकान्त और अतीतदृक्ता की इसी प्रक्रिया में पन्त को बचपन की यादें आने लगीं। इनकी आरम्भिक कविताओं में बच्चे का तुतलापन है और प्राकृतिक दृश्यों के ऐसे छोटे-छोटे टुकड़े हैं जो बच्चों को आकृष्ट करते हैं। रंगीन, कोमल और रूप बदलते हुए ये छोटे-छोटे प्रकृति के टुकड़े किशोर कवि पन्त के निरीक्षण से काव्यविषय नहीं बन गये हैं बल्कि एक ऐसे युवक की यादों से बने हैं, जो बचपन को याद कर रहा है। याद करने की प्रक्रिया में होने के कारण ही इन कविताओं में तारतम्यशून्यता और अर्थहीन असम्बद्धता है। एक तो इन चित्रों को याद के सहारे पकड़ा जा रहा है, दूसरे बचपन के सहारे पकड़ा जा रहा है—'सरल शैशव की सुखद सुधि सी वही, बालिका मेरी मनोरम मित्र थी।' अगर बचपन के सहारे नहीं पकड़ा गया होता तो युवक कवि द्वारा लिखे जाने पर भी इन कविताओं में बच्चों जैसी चंचलता, प्रार्थनापरकता और 'माँ', 'माँ' के सम्बोधनों की बार-बार आवृत्ति नहीं होती। पन्त ने यादों वाले इस तथ्य को दूसरे ढंग से समझा और अपने ढंग से स्पष्ट करने का प्रयत्न किया है, 'तब छोटा-सा, चंचल, भावुक किशोर था। मेरा काव्यकण्ठ अभी नहीं फूटा था, पर प्रकृति मुझे मातृहीन बालक कविजीवन के लिए बिना जाने ही जैसे तैयार करने लगी थी। मेरे हृदय में वह मीठी स्वप्नों से भरी चुप्पी अंकित कर

चुकी थी जो पीछे मेरे भीतर अस्फुट, तुतले स्वरों में बज उठी।'[1] युवा काल में यह तुतलापन स्मृतियों के माध्यम से ही आ सकता था।

आरम्भिक कविताएँ स्मृतियों की कविताएँ हैं, बचपन की संवेदनाओं की कविताएँ हैं। उनमें राष्ट्रीय भावना और समकालीन कविता की प्रकृति-चित्रण सम्बन्धी प्रेरणा भी जुड़ी हुई है, इसलिए एक साथ ये कविताएँ एक युवा कवि को वर्तमान से जोड़ते हुए अतीत में भी ले जाती हैं। यादों के सहारे सृजन की छवियों को पकड़ने के कारण पन्त के प्रकृति-चित्रण में सौन्दर्य के कोमल चित्र ही अधिक उभर पाये हैं। कोमलता के कवि के रूप में उन्हें जो प्रतिष्ठा मिली उसका एक रहस्य उनकी अतीतदृकता में भी है। कर्माश्रय देह और स्वभाव के कारण पहाड़ी क्षितिज की रंगीन सुगन्धित तहें ही उनकी पकड़ में आयीं। बचपन के सहारे इन छवियों को पकड़ा गया, इसलिए एक बच्चे के तुतलेपन के साथ ही एक बच्चे के सम्बोधन भी उनकी काव्यभाषा में साफ-साफ दिखाई पड़ते हैं। अनेक कविताओं में 'माँ' के प्रति सम्बोधन यूँ ही नहीं है। *'बजा मधुर वीणा निज मात, एक गान कर मम अन्तर'; 'तेरी आभा को पाकर माँ, जग का तिमिर-त्रास हर दूँ'; 'अति अपार यह पारावार, नहीं खोलता है माँ, अपने अद्‌भुत रत्नों का भण्डार'; 'माँ, वह दिन कब आयेगा जब मैं तेरी ही छवि देखूँगी, जिसका यह प्रतिबिम्ब पड़ा है जग के निर्मल दर्पण में'; 'उस फैली हरियाली में कौन अकेली खेल रही माँ?' 'रोम-रोम के छिद्रों से माँ, फूटे तेरा राग गहन'* जैसी अनेक रचनाओं में एक अतीतदृक् बालवृत्ति पायी जाती है जिसे लक्ष्य करते हुए पन्त ने स्वयं स्वीकार किया है, 'मेरे किशोर प्राणमूक कवि को बाहर लाने का सर्वाधिक श्रेय मेरी जन्मभूमि के उस नैसर्गिक सौन्दर्य को है जिसकी गोद में पलकर मैं बड़ा हुआ।'[2]

माँ के सम्बोधन के अतिरिक्त प्रारम्भिक स्तर की कविताओं में प्रकृति-चित्रण की जो कड़ियाँ उभरी हैं वे शैशव की अनुभूतियों की कड़ियाँ हैं। एक ओर प्रकृति पन्त के लिए माँ है दूसरी ओर दृश्य है। वे प्रकृति के दृश्यों का अंकन करते 'हुए किसी वृहत्तर काव्यार्थ से चित्रण को जोड़ नहीं पाते। एक छोटा बच्चा जैसे खिलौनों को उलटता है, पलटता है, उसकी संगीनियों से किलकता है, मुग्ध होता है लेकिन किसी सन्दर्भ से इन रंगीनियों का सम्बन्ध नहीं बिठा पाता। उसी तरह पन्त ने भी प्रकृति-चित्रण से सम्बन्धित कविताओं में सन्दर्भहीन दृश्यबन्ध प्रस्तुत किये हैं। उन्हें इस बात का अहसास भी है और उन्होंने खुद स्वीकारा भी है कि जब उन्होंने कविता लिखनी प्रारम्भ की थी तब उन्हें यह पता नहीं था कि 'काव्य की मानव-जीवन के लिए क्या उपयोगिता या महत्ता है।'[3] यह अनजानापन या अज्ञान पन्त की प्रकृति-चित्रण

1 *रश्मिबन्ध* में उद्धृत 'मेरा रचनाकाल, मैं और मेरी कला', पन्त

2 *रश्मिबन्ध* : परिदर्शन, 8 (1958)

3 *वही*, 1

सम्बन्धी सारी आरम्भिक कविताओं को आँखों का विलास बनाकर छोड़ देता है। कुछ चीजें बिना किसी सन्दर्भ के भी सुन्दर होती हैं लेकिन यदि सुन्दरता की समझ के साथ उन्हें देखा जाये तब महज देखा जाये और समझा न जाये तो सब कुछ दृश्य है, तमाशा है। उनकी 'प्रथम रश्मि' कविता में निराकार तम सहसा ज्योतिपुञ्ज में साकार हो जाता है और जल्दी ही 'नाम रूपात्मक जगत् जाल' में बदल जाता है। निराकार से साकार बनने की यह प्रक्रिया एक दार्शनिक सूत्र के सहारे खड़ी की गयी है। लेकिन पन्त इस सूत्र को फैला नहीं पाते। फिर बिना किसी आन्तरिक सन्दर्भ के 'द्रुमदल सिहरने' लगते हैं, पुलकने लगते हैं। सुप्तसमीकरण अधीर होने लगता है और कुसुम-अधरों पर मोती जैसा दाना हिलने लगता है। पलकें खुल जाती हैं; सुनहरी हरी छवि फैल जाती हैं; गन्ध जग जाती है और मधुवाल डोलने लगते हैं। आखिर क्यों? निराकार से साकार का जो दार्शनिक सूत्र इस प्रकरण में पकड़ा गया था; उसकी सार्थकता क्या है? क्या पन्त के लिए प्रकृति महज तमाशा नहीं है? इसी तरह 'मोह' शीर्षक कविता में एक ओर सुन्दरी बालिका है, दूसरी ओर सुन्दरी प्रकृति है। पन्त को विकल्प चुनना है। प्रकृति से बोल नहीं सकते, इसलिए सम्बोधन बालिका को कर रहे हैं। प्रकृति में यह सुन्दर है, वह सुन्दर है इसलिए ऐ बालिके, तेरे बालजाल में आँखें कैसे उलझा लूँ। जहाँ उलझती हैं वहीं उलझाइए, मजबूरी क्या है? क्या केवल सताने के लिए यह बताना जरूरी है कि प्रकृति सुन्दर है इसीलिए सुन्दरी बालिका नाकारा है। यह कौन-सी तूती है जिसे नाकारखाने में बजाया जा रहा है? इसी प्रकार 'बादल' शीर्षक में जो 'मोनोलाग' प्रस्तुत किया गया है वह किसी सन्दर्भ से जुड़ नहीं पाता। दृश्य बनते हैं अर्थ नहीं बनता। बादलों का यह कहना कि हम इन्द्र के अनुचर जगत्प्राण के सहचर हैं 'आगे नहीं बढ़ता। इन्द्र और जगत् के बीच जो पौराणिक सन्दर्भ है, जिन धर्म-क्रियाओं (रिचुअल्स) से इन्द्र और बादल को जोड़ा गया है, उसे यदि फैलाया गया होता तो यह 'मोनोलाग' आगे बढ़ता। लेकिन अचानक बादल मेघदूत की सजल कल्पना बन जाते हैं और फिर चातक के लिए स्वाति के मेघ। एक मिथक दूसरे काव्य-सन्दर्भ में और तीसरे कवि समय में जाकर इस क़द्र टूट जाता है कि अर्थ की रेखा बन ही नहीं पाती। फिर ये बादल मुग्ध शिखी का नाच, स्वाति नक्षत्र का मोती, विहगवर्ग के गर्भ-विधायक और फिर अचानक कृषक-बालिका के जलधर बन जाते हैं। गर्भ-विधान की क्रिया बताने के बाद सहसा बालिका को ले आना अप्रासंगिक भी है, अश्लील भी है। इसी तरह असम्बद्धताओं का एक लम्बा सिलसिला है, एक विशाल जंबालजाल है जिसमें उलझने के बाद यह पता नहीं चलता कि कुमुदकला क्यों दमयन्ती-सी है और क्यों बादल स्वर्ण-हंस से नल का सन्देश कह रहे हैं। नल कौन हैं? कुमुद के लिए चन्द्रमा, तो फिर चन्द्रमा कहाँ है? यह उपमेयलुप्तता इतनी अनालंकारिक और त्रस्त है कि न केवल अर्थ टूटता है,

बल्कि कविता भी टूटती है और इसी तरह त्रुटियों से अबुधि की महान् कल्पना 'बादल' शीर्षक कविता बनी हुई है।"

पन्त के प्रकृति-चित्रण से सम्बन्धित दूसरे स्तर की कविताएँ 'मौन निमन्त्रण', 'नौकाविहार' और 'एकतारा' के रूप में दिखाई पड़ती हैं। मौन निमन्त्रण में प्रकृति-सौन्दर्य के कुछ ललित टुकड़े लिये गये हैं और इनके माध्यम से किसी अनजान संकेत को लक्ष्य किया गया है। जैसे प्रकृति की सुषमा दार्शनिक द्विरुक्ति से भरी हुई है। चाँदनी है तो तारे संकेत दे रहे हैं, बादल और वर्षा है तो बिजली। बसन्त और खिले हुए फूल हैं तो गन्ध, झरने और बुलबुले हैं तो लहरें सुबह की बेला और पक्षियों की आवाज है तो खिलती कलियाँ, अँधेरी रात और झींगुरों की आवाज है तो जुगनू, सुबह की बेला और भोर है तो ओस की बूँदें, सन्ध्या है और नींद है तो सपने अनजान दिशाओं की ओर संकेत करते हैं। इस कविता में प्रकृति की ऐसी कलाओं का वर्णन है जो अपनी एक खास भंगिमा के कारण कलाकार को ही संकेतित कर रही हैं। 'नौकाविहार' में स्थिति भिन्न है। उज्ज्वल चाँदनी रात और गंगा का किनारा और इनके सम्बन्ध में प्रकृति की अलग-अलग छवियाँ इस कविता में बड़े विस्तार के साथ गुँथी हुई हैं। प्रकृति के बिम्ब बहुत ही जीवित और गतिमान हैं जो शब्द और अर्थ के दोनों स्तरों का उपयोग करते हुए प्रस्तुत किये गये हैं। इस रूपाभ चाँदनी में एक नौकाविहार भी होता है, लेकिन यह नौकाविहार विलास या सुख नहीं बन पाता, दृष्टि बन जाता है। यही स्थिति 'एकतारा' कविता में भी है। शब्दहीन सन्ध्या की बेला है, पत्तों के झुके हुए होंठों पर वन की सारी आवाज सो चुकी है। पक्षियों का कूजन भी लीन हो चुका है। झींगुर बोलने लगे हैं। गंगा के जल में किरणों का कमल कुम्हला चुका है। पश्चिमी आकाश में एक उज्ज्वल तारा उग आया है। एकाकीपन का अन्धकार फैल रहा है। इस तरह से इस पूरी कविता में साँझ की उदासी और सन्नाटे का वर्णन है, लेकिन यह उदासी जीवन से नहीं जुड़ी हुई है, दर्शन से जुड़ जाती है। आत्मा और जगत् के सम्बन्ध को समझने के लिए 'एकतारा' का एकतारा सेतु बन जाता है। 'एकतारा' और 'नौकाविहार' दोनों एक ही रचनाधीन मनःस्थिति की कविताएँ हैं, एक ही वर्ष की लिखी हुई हैं; इसलिए भाषिक संरचना और सम्प्रेषण की दृष्टि से दोनों में एक विशेष तरह की समानता है। प्रकृति-चित्रण की इस दूसरी भंगिमा में पन्त एक विचारशील और जिज्ञासु कवि के रूप में सामने आते हैं। पहले उनके लिए प्रकृति 'रहस्य' थी अब 'ज्ञान-जिज्ञासा' बन गयी है। वे अनित्य जगत् में 'नित्य जगत्' की खोज करने लगे हैं। उन्होंने इस तथ्य को स्वीकार करते हुए लिखा है, 'वीणाकाल' के प्राकृतिक सौन्दर्य का प्रेम 'पल्लव' की रचनाओं में भावना से सौन्दर्य की माँग बन गया है और प्राकृतिक रहस्य की भावना ज्ञान की जिज्ञासा में परिणत हो गयी है।'[1]

---

1 रश्मिबन्ध : परिदर्शन, 11 (1958)

'परिवर्तन' शीर्षक कविता में अनित्य जगत् में नित्य जगत् की खोज की प्रक्रिया के माध्यम से पन्त ने प्रकृति को एक वृहत्तर अर्थ में लिया है। इसी कविता में उन्होंने जीवन और जगत् को प्रकृति के गतिमान व्यापार के रूप में लेकर दार्शनिक प्रज्ञा से समझने की कोशिश की है। यह दार्शनिकता 'एक-तारा', 'नौका-विहार' और 'मौननिमन्त्रण' जैसी अनेक कविताओं में लक्षित है। धीरे-धीरे पन्त प्रकृति को माध्यम के रूप में लेने लगे। 'युगान्त' की 'द्रुतझरो' शीर्षक कविता में प्रकृति माध्यम है। वास्तव में 'युगान्त' पन्त की रचना-प्रक्रिया के भीतर का युगान्त है। यहाँ आकर उनकी अन्तर्दृष्टि केवल परिवर्तित नहीं होती, बल्कि एक खास मोड़ पर आकर समाप्त हो जाती है। प्रगतिशीलता के दर्शन से प्रेरणा लेने के कारण वे प्रकृति को भी जनजीवन से जोड़ने लगते हैं। 'गंगा' शीर्षक कविता में 'नौकाविहार' की गंगा भी बदल जाती है। गंगा की जिन लहरों ने उन्हें कभी 'अमरत्व' दिया था वे ही लहरें अब 'जड़ गंगा' बन गयीं और 'जनगंगा' की लहरें 'कुछ प्रकाशमय अंकित' करने लगीं। इस गंगा में जो क्रिया प्रारम्भ हुई थी उसका ही एक रूप 'दिवास्वप्न' शीर्षक कविता में दिखाई पड़ा था और प्रकृति की सारी सुषमा महज 'व्यथा भुलाने' की चीज बनकर रह गयी थी (अपने चिर स्नेहातुर उर की व्यथा भुलाऊँ)। इसी प्रकार जो चाँद 'चाँदनी' या 'नौका विहार' में सम्मोहन के रूप में दिखाई पड़ता था वही चाँद सन् 1945 में लिखी 'प्रभात का चाँद' शीर्षक कविता में 'भू के श्रम से सिक्त नम्र मानव के शारद-युक्त सा शोभन' जान पड़ने लगा। यह एक बदलाव था जो कवि के भीतर हुआ था। अब पन्त के लिए प्रकृति न दृश्य थी न तमाशा, जीवन को समझने का एक सार्थक माध्यम बन गयी थी। पन्त के भीतर का यह परिवर्तन सार्थकता और समझदारी की खोज के क्रम में हुआ। इस समझदारी के आते-आते उनकी कविता का 'यौवन' चला गया। प्रकृति की सुषमा के प्रति जो उनका अल्हड़, अनजान और चकित भाव था, वह समाप्त हुआ, तो कविता भी समाप्त हो गयी। भाषा की सर्जनात्मकता और बिम्बों का नवोन्मेष चुक गया। समझदारी ने उन्हें धीरे-धीरे प्रकृति से अलग किया, कविता से अलग किया और अध्यात्म, आत्मकथन, उदात्तीकरण जैसे अनेक सूत्रों को पकड़कर 'मुक्तक' के आकाश में विचरने वाला यह 'गीत-विहग' धीरे-धीरे प्रबन्ध के पिंजरे में कैद होता चला गया। पन्त के परवर्ती काव्य में एक ऐसे बूढ़े आदमी का बयान मिलता है जो आयु के एक छोर पर बैठा हुआ कभी लोरियाँ गाता है (लोरी), कभी 'कैशार्य' के बारे में, कभी तारों के बारे में, कभी वार्धक्य के बारे में, कभी 'युग विषाद' के बारे में, कभी 'युगछाया' और कभी 'काव्य-चेतना' के बारे में बातें करते 'युगदान', 'निर्माण-काल', 'जीवन-दान', 'गाँधीयुग' और 'भारतगीत' जैसे निहायत सामयिक विषयों पर कविता लिखता है। एक थका हुआ कवि कभी-कभी वक्तव्यों को भी कविता समझने लगता है। इसका सबसे अच्छा नमूना पन्त का परवर्ती साहित्य है।

लेकिन बीच-बीच में पन्त के प्रकृति-प्रेमी स्वभाव की खिड़कियाँ वस्तुनिष्ठता के पिंजरे के बाहर भी खुल जाती हैं और 'भारतगीत' गाने के बाद वे अनुभव करते हैं कि उन्हें 'वर्षागीत' भी गाना है। सन् 1950 में लिखी हुई उनकी 'वर्षागीत' कविता ठेठ प्रकृति प्रेम की कविता है जिसे सधे हुए लय में पूरी गीतात्मकता के साथ ध्रुवक में बाँधकर उन्होंने लिखा है। चातक के लिए प्रिय यह वर्षा सिन्धु की पुत्री है, आकाश में जिसके साँवले कुन्तल फैले हुए हैं, पृथ्वी पर 'हरा आँचल' फहरा रहा है और यह 'सिन्धु-सुता' 'शैलमालजघना' बनी हुई 'क्षितिज के तले लेटी' हुई है। पूरा सांगरूपक है, वर्षा का सांगरूप है, भींगती हुई प्रकृति का सांगरूपक है। इसी तरह सन् 1954 में लिखी हुई 'गिरि-प्रान्तर' शीर्षक कविता में वे प्रकृति प्रेम की पुरानी दुनिया में लौटते हुए दिखाई पड़ते हैं। यहाँ तक आकर भाषा काफी साफ हो गयी है। प्रकृति के प्रति चकित होकर देखने वाली दृष्टि अब ठहर चुकी है। अब 'दूधधुली ऊनी भापों की किरणों की भेंड़े' हिम चरने लगी हैं और 'द्वाभाएँ' हँसकर गिरि प्रान्तर में 'दिग्प्रभूत वैभव' बरसाने लगी हैं।

बदली हुई नजर प्रकृति को सुन्दरता के अलावा उपयोगिता, सार्थकता और सृजनशीलता के प्रतीक के रूप में देखने लगी है। 'आह! धरती कितना देती है' शीर्षक कविता में मनुष्य और प्रकृति की रचना के विरोधाभास को प्रस्तुत किया गया है। आदमी भौतिक होने के क्रम में इतना बदल-बिगड़ चुका है कि पैसे को ही सब कुछ मानने लगा है। इस तथ्य को व्यंग्य की अर्थवत्ता से जोड़कर पन्त ने पैसे और सेम का बीज बोने के नतीजे के रूप में देखा है। बंजर धरती से पैसे का एक भी अँखुआ नहीं फूटता। बन्ध्या मिट्टी एक भी पैसा नहीं उगलती, लेकिन सेम के एक छोटे बीज से पूरा आँगन भर जाता है। मखमली 'चन्दौवे' टँग जाते हैं। तरह-तरह की फलियाँ फलने लगती हैं, लेकिन धरती तभी देती है जब उसके सृजन की क्षमता को समझ लिया जाये। प्रकृति-चित्रण की यह एक नयी नजर है।

पन्त के प्रकृति-चित्रण के कई-कई आयाम हैं। कहीं वे बचपन में देखे हुए चंचल चित्रों को शब्दों, पदबन्धों, बिम्बों की सहायता से चित्रित करते दिखाई पड़ते हैं। ऐसे स्थानों में प्रकृति उनके लिए केवल दृश्य है। कहीं वे प्रकृति को मनुष्य से अलग करके देखने लगते हैं, और प्रकृति को प्यार करने के लिए जरूरी मानते हैं कि आदमी से अलग रहा जाये। जैसे प्रकृति आदमी के बाहर, आदमी से अलग, आदमी के खिलाफ कोई चीज हो। *'बाले तेरे बालजाल में कैसे उल्झा दूँ लोचन'* जैसी पंक्तियों में यही आशय है। कहीं उनके लिए प्रकृति एक बीच की चीज है। आदमी और ईश्वर के बीच में एक सेतु, एक माध्यम। कहीं वे प्रकृति को आदमी से छोटी चीज समझने लगते हैं और मनुष्य ही उन्हें सम्पूर्ण सृष्टि की 'तिलसुषमा' से बना हुआ 'चिरनिरूपम' जान पड़ने लगता है। रूप और आभा की गंगा जड़गंगा बन जाती है और जनगंगा उनके

लिए अधिक महत्त्वपूर्ण हो जाती है। कभी आँखों में सपने फैला देने वाला चन्द्रमा और उसका प्रकाश व्यापार उन्हें दुनिया से अलग कर देता था अब सुबह का उदास चन्द्रमा थके हुए आदमी के मुँह जैसा जान पड़ने लगा है। पन्त प्रकृति के मामले में कभी सार्थक और व्यापक दृष्टिकोण बना ही नहीं पाते। प्रकृति को और रहेंगे तो आदमी के खिलाफ हो जायेंगे और आदमी की ओर होंगे तो प्रकृति के खिलाफ। आमने-सामने की यह स्थिति बनाये रखने में कोई संवाद नहीं हो पाता। संवाद के बिना सम्बन्ध सम्भव नहीं है और सम्बन्ध नहीं होगा तो रचना में रागात्मकता भी नहीं आयेगी। यही कारण है कि पन्त की प्रकृति-चित्रण सम्बन्धी रचनाएँ कहीं दृश्य हैं, कहीं शब्दों का खेल है; कहीं रंग, कहीं रूप, कहीं ज्ञानवर्धक माध्यम, लेकिन एक सम्पूर्ण और सम्बन्धों में बँधी हुई इकाई नहीं। प्रकृति को यदि सार्थक सन्दर्भ दे पाने में सफलता मिली होती तो पन्त निश्चित रूप से प्रकृति की ललित भंगिमाओं के अन्यतम कवि होते। निराला की 'बादलराग' शीर्षक कविता और पन्त की 'बादल' शीर्षक कविता में सार्थक सन्दर्भ के स्तर पर ही अन्तर हो जाता है। पन्त दृश्यों को जोड़ नहीं पाते, उसे काव्यात्मक संगति नहीं दे पाते। निराला की 'सन्ध्यासुन्दरी', 'बादलराग' जैसी कई कविताएँ इसी स्तर पर पन्त की कविताओं से अलग और ऊँची हो जाती हैं। 'राम की शक्तिपूजा' में प्रकृति को आदमी के संघर्ष के साथ इतनी कुशलता से जोड़ा गया है जैसे प्रकृति और आदमी एक ही सत्ता की मिली-जुली परस्पर गुँथी हुई एक-दूसरे से प्रेरित और प्रभावित संकुल इकाइयाँ हैं। प्रकृति-चित्रण की यह सार्थकता, संगति पन्त में नहीं है। प्रकृति-चित्रण से सम्बन्धित पन्त के काव्य-साहित्य को देखने पर यह भी पता लगता है कि पन्त प्रकृति के दृश्यों को देखने के बाद उन दृश्यों के समानान्तर वक्तव्य नहीं खोल पाते। वे दृश्यों के लिए शब्द चुनने में लग जाते हैं, ऐसे शब्द जो उच्चारण और कविता में भी कोमल और कान्त हों। यह पूरी प्रक्रिया भाषिक संरचना के स्तर पर विशेषणों की खोज की प्रक्रिया है। विशेषण महज चीजों को एक-दूसरे से अलग करते हैं, निर्धारित करते हैं, उसे नाम और आख्यात के पारस्परिक दबाव के क्रम में व्यक्त नहीं कर पाते। पन्त की प्रकृति-चित्रण सम्बन्धी कविताओं की दुर्बलता वाक्यों और उक्तियों की तलाश के अभाव में निहित है। उनका सम्पूर्ण प्रकृति-चित्रण विशेषणों का सम्भार-मात्र है; एक तरह का अलंकरण है, रचना नहीं।

45
अज्ञेय की रचनाधर्मिता

—सूर्यप्रसाद दीक्षित

कवि अज्ञेय की रचना-दृष्टि ने हिन्दी साहित्य में नूतन प्रयोग किये हैं। प्रगतिशील हिन्दी साहित्य को अज्ञेय की रचना-दृष्टि ने ही रस, छन्द, अलंकार, उपमान, प्रतीक, बिम्ब और भाषा की नूतनता प्रदान की है। अज्ञेय ने नये प्रयोगों द्वारा नया मार्ग चुनकर उसका राही बनना स्वीकारा है। उन्होंने रूढ़ प्रणालियों को तोड़कर अपनी अनुभूति एवं नवीन शिल्प-योजना द्वारा हिन्दी साहित्य को सजाया-सँवारा है।

वस्तुतः बहुमुखी प्रतिभा सम्पन्न एवं परिपक्व रचना-दृष्टि द्वारा अज्ञेय ने साहित्यसौन्दर्य-चेतना को संवेदित किया है। अपने इस लक्ष्य की प्राप्ति के लिए अज्ञेय ने अनेक प्रश्नचिह्नों की चट्टानों को तोड़ने के लिए नयी आस्था और शक्ति के विश्वास का सहारा लिया है. सदैव जिजीविषा एवं मानवास्था को साथ लेकर अज्ञेय निरन्तर प्रगतिशील रहे हैं। सत्यान्वेषण ही उनकी रचना-दृष्टि का लक्ष्य है, नये प्रयोग ही उनके सम्बल हैं।

'रचना-दृष्टि' प्रत्येक रचनाकार की अक्षय सम्पदा होती है। रचनाकार अपनी प्रारम्भिक रचना से लेकर अन्तिम रचना तक जिस रचना-दृष्टि को बनाये रखता है, वस्तुतः वही उसकी रचनाओं का सारतत्त्व होता है। अज्ञेय की 'रचना-दृष्टि' भी उनकी रचनाओं की एक ऐसी ज्योति है, जिससे उनकी चेतना का आभास होता है। अज्ञेय ने 'ज्ञात' में 'अज्ञात' खोजकर अपनी बौद्धिक जागरूकता को प्रबुद्ध जनों के समक्ष प्रस्तुत किया है। अज्ञेय ने मनोवैज्ञानिक यथार्थ को व्यक्त करने पर जोर दिया है और मनोवैज्ञानिक अनुभूतियों की अभिव्यक्ति को परम्परागत शिल्प-विधान द्वारा अभिव्यक्त न करके, नये शिल्प-विधान द्वारा अभिव्यक्त किया है। नये प्रयोग अज्ञेय की महत्त्वाकांक्षा हैं, जो उनके अन्दर हमेशा अग्रसर होने की ललक पैदा करते आये हैं।

अज्ञेय एक सजग शिल्पकार हैं। उनकी मौलिक 'रचना-दृष्टि' को उनके शिल्प-प्रयोगों द्वारा ही समझा जा सकता है। शिल्प की दृष्टि से भाषा एक महत्त्वपूर्ण उपकरण है। भाषा के जटिल एवं दुरूह होने पर कथा का कोई महत्त्व नहीं रहता है।

अज्ञेय ने स्वानुभवों को प्रेषणीय बनाने में शब्द-चयन पर अत्यधिक ध्यान दिया है। उन्होंने गढ़ी हुई भाषा का एक पक्ष कभी नहीं लिया है। अनुभूति, प्रसंग और परिस्थिति की माँग पर अज्ञेय की भाषा स्वयमेव गतिशील होती हुई सार्थक व्यंजनाओं से युक्त दिखाई देती है। सही शब्द की तलाश और शब्द के साथ अनुभूति का गठबन्धन अज्ञेय की काव्य-भाषा का महत्त्म आयाम है।

अज्ञेय ने संस्कृत शब्दावली, देशज शब्दावली तथा बोलचाल की व्यावहारिक शब्दावली को अपनाया है। संस्कृत शब्दावली का प्रयोग आपने बहुतायत से किया है। कहीं-कहीं तो कविताओं के शीर्षक ही संस्कृत के हैं, यथा—'तं तु देशं न पश्यामि', 'ध्रुपद : शं', 'अहं राष्ट्र संगमनी जनानाम', 'ब्रह्म मुहूर्त स्वस्ति वाचन' आदि। संस्कृत शब्दावली के अतिरिक्त देशज शब्दों का प्रयोग भी अज्ञेय ने पर्याप्त मात्रा में किया है। इन शब्दों में तिसूल, क्लौस, अँजुरी, नीकी, कनियाँ, तलैयै, कौंध, गलियारे आदि शब्दों को गिना जा सकता है। इसके साथ ही उन्होंने उर्दू, फारसी, ब्रजभाषा एवं अंग्रेजी के शब्दों का भी प्रयोग किया है। शब्दचयन के अन्तर्गत अज्ञेय ने जन-साधारण की लोकभाषा को भी लिया है। उदाहरणार्थ—'जाट रे जाट तेरे सिर पर खाट परजातन्तर की।' इस तरह के लोकभाषा के वाक्यों को अपनाकर अज्ञेय ने अनगढ़ शब्दों से आक्रान्त कर्कशता को त्यागकर अपनी उलझी संवेदनाओं को सुलझाया है। अपनी अभिव्यक्ति को प्रभावशाली बनाने के लिए अज्ञेय ने भाषा में कहीं कोष्ठकों का, कहीं बिन्दुओं का और कहीं 'कि' का प्रयोग भी खूब किया है। कहीं-कहीं भाव को रेखांकित कर कहने की इच्छा से उन्होंने शब्दों की पुनरावृत्ति और क्रिया-आवृत्ति भी की है। इससे भाषा अधिक सार्थक तथा बोलचाल के निकट दिखाई देती है।

अज्ञेय साहित्य के क्षेत्र में मूल समस्या प्रेषणीयता की मानते हैं। उन्हें आज का जीवन अत्यधिक जटिल एवं विषम परिस्थितियों से जूझता हुआ लगता है, जिसके कारण अनुभूति की अभिव्यक्ति एक समस्या बन गयी है। अज्ञेय यह स्वीकार करते हैं कि भाषा ऐसी होनी चाहिए जो सर्वबोधगम्य हो, परन्तु इसके साथ ही वे आज के कवि की भाषा की गूढ़ता को उसकी विवशता भी मानते हैं। नये प्रयोगों के प्रति अज्ञेय आग्रहशील इसलिए भी हैं, क्योंकि एक ओर आज के वैज्ञानिक आविष्कार व्यक्ति को एक निश्चित साँचे में ढालने के लिए प्रयासरत हैं और दूसरी ओर जीवन की जटिलता भयानक रूप धारण करती जा रही है, ऐसे में एक महत्त्वाकांक्षी साहित्यकार का प्रयोगशील बनना अत्यावश्यक हो जाता है।

अज्ञेय को अनुकृति स्वीकार्य नहीं है, इस कारण वे नये शिल्प की खोज में रहे हैं। इनका प्रत्येक शिल्प नवीन, सबल एवं सार्थक है। वे शिल्प के प्रति पूर्णतः ईमानदार रहे हैं, क्योंकि उनके प्रयोगों में सार्थकता है। यही सार्थकता उनकी अनुपम

उपलब्धियाँ हैं। उनके प्रतीकविधान, बिम्ब-विधान, अलंकरण, भाषा एवं छन्द-योजना में प्रयोगशीलता एवं बौद्धिकता के तत्त्व परिलक्षित होते हैं।

अज्ञेय ने अपने प्रतीक-विधान में स्वप्न, सत्य अनुभूति और इन्द्रियबोध को विचित्र ढंग से संयोजित करके वर्ण्यवस्तु को अपने अन्तःकरण के उद्‌गारों का प्रतीक बनाने का प्रयास किया है। जब उनकी भावनाओं और वर्जनाओं के मध्य संघर्ष चलता था तब उनकी भावनाएँ सरल अभिव्यक्ति माँगती थीं पर सामाजिक विषम स्थितियाँ उनमें बाधक होती थीं, इसी कारण अज्ञेय ने अनुभूति की अभिव्यक्ति पर प्रतीकों का आवरण चढ़ाया। ये प्रतीक नैतिक सुरक्षा एवं सामाजिक व्यवस्था की दृष्टि से सफल एवं प्रभावक रहे हैं। नवीनता अज्ञेय के प्रतीकों की प्रथम शर्त है।

प्रतीक के प्रति यह आकर्षण बौद्धिकता का आग्रह है। अज्ञेय के प्रतीक तर्कपूर्ण हैं। उनकी प्रतीक-योजना उनके नवीन दृष्टिकोण की परिचायक है। उनके प्रतीकों का स्वरूप उनकी काव्यवस्तु के अनुरूप वैयक्तिक है। उन्होंने उदासीन मनःस्थिति के लिए शिशिर, मोहभंग की स्थिति के लिए रेत, जीवन-विस्मय की स्थिति के लिए काँच की टंकी में पली सोन-मछली, नागरिक मानव की चेतना के लिए साँप, अभिशप्त मानव की चेतना के लिए गिरगिट, नवीन आलोक के लिए बावरा अहेरी, मानव व्यक्तित्व के लिए नदी का द्वीप, समष्टि के लिए सागर तथा व्यष्टि के लिए मछली के प्रतीकों का प्रयोग किया है। ये प्रतीक उनकी बौद्धिक चेतना का परिणाम हैं।

बौद्धिक प्रतीक के अतिरिक्त अज्ञेय ने कामभावना और मनोविश्लेषण से प्रेरित होकर यौन प्रतीकों का भी प्रश्रय लिया है। दमित कामभावना की अभिव्यक्ति के लिए अज्ञेय ने प्रकृति के क्षेत्र में भी प्रवेश किया है। कामभाव की अभिव्यक्ति के लिए उन्होंने स्वप्न का भी सहारा लिया है, क्योंकि दुःख की भाँति स्वप्न भी अन्तःकरण की शुद्धि करते हैं। स्वप्न देखने से अचेतन में दबी हुई वासनाएँ बाहर निकल आती हैं। व्यक्तित्व की शुद्धि के लिए यह अभिव्यक्ति आवश्यक है। अज्ञेय ने स्वप्नप्रतीक का भी खूब प्रयोग किया है।

अज्ञेय ने अपने काव्य में विभिन्न प्रतीकों का प्रयोग किया है। उन्होंने अपने प्रतीकों के निर्माण में प्रकृति, मनोविज्ञान, समाज, राजनीति, धर्म, दर्शन, पुराण आदि का सहारा लिया है। पारम्परिक प्रतीकों के साथ-साथ उन्होंने नवीन जन-सामान्य से जुड़े हुए प्रतीकों का भी प्रयोग किया है। इसके अतिरिक्त उन्होंने आत्मान्वेषण, रहस्य-दर्शन, जीवनसत्य आदि को दर्शाने वाले दार्शनिक प्रतीकों को भी लिया है। यद्यपि अज्ञेय पर पश्चिम के कवियों, हिन्दी के सन्त कवियों, बौद्ध दर्शन, औपनिषद दर्शन आदि का प्रभाव पड़ा है, पर उस प्रभाव को उन्होंने एक विशिष्टता के साथ ही ग्रहण किया है जिससे कि प्रतीकों में नवीनता आ गयी है।

अज्ञेय अन्तश्चेतनावादी रचनाकारों की श्रेणी में आते हैं। उनके लिए छन्दों का निर्वाह दुरूह प्रतीत होता है, क्योंकि उनकी चेतना के अविरल प्रवाह के लिए शब्द

माध्यम भर होते हैं। छन्दों की कड़ी नियमावली निश्चय ही ऐसी उलझी अनुभूतियों की अभिव्यक्ति में बाधक होती है। अभिव्यक्ति की स्पष्टता के लिए अज्ञेय ने जटिल नियमों का पालन करना अनिवार्य नहीं माना है। मुक्त छन्दों को अपनाने के कारण ही अज्ञेय को गहरे विरोध से गुजरना पड़ा है, किन्तु वे छन्दों में नवीनता खोजने के ही पक्षपाती रहे हैं। उन्होंने छन्दों की बँधी हुई परिपाटी का खण्डन किया है। सामान्यतः अक्षरों की संख्या मात्रा अथवा वर्ण गणना, यति गति आदि से सम्बन्धित विशिष्ट नियमों से नियोजित पद्य-रचना छन्द कहलाती है। किन्तु अज्ञेय के अनुसार 'छन्द का अर्थ केवल तुक या बँधी हुई समान स्वरमात्रा या वर्णसंख्या नहीं है... छन्द योजना का ही नाम है। जहाँ भाषा की गति नियन्त्रित है, वहाँ छन्द है।'

अज्ञेय का आरम्भिक काल नियमित छन्दों के प्रयोग का काल रहा है, किन्तु इन्हें भी उन्होंने पुराने छन्दों से ग्रहण किये गये प्रभाव के संस्कार के साथ उपस्थित किया है। उन्होंने बरवै, कवित्त, वीर, गरिगीतिका, गीतिका, रोला, मालिनी आदि छन्दों का यत्र-तत्र प्रयोग किया है। कविता के श्रव्य से 'पठ्य' हो जाने के कारण वस्तुतः उसे परम्परा से प्राप्त छन्दशास्त्र से बँधने की आवश्यकता ही नहीं रही। अज्ञेय ने परम्परा से प्राप्त छन्दों में भी नवीनता लाने की सजग चेष्टा की है। इस दिशा में नये प्रयोग करके उन्होंने लय को छन्द के महत्त्वपूर्ण तत्त्व के रूप में पाया है। उन्होंने लय के भी कई भेद खोज निकाले हैं यथा—'नाद-लय', 'अर्थलय', 'आन्तरिक-लय' आदि। इस प्रकार उन्होंने भाषा के संगठन एवं नियमन को ही छन्द माना है। छन्द द्वारा उन्होंने साधारण बोल-चाल के गद्य की लय को भी नियमित किया है, स्वरमात्राओं के परस्पर सम्बन्धों को सरलतम बनाया है और परम्परागत छन्दों के अन्तर्गत उन्होंने लोकगीतों को भी लिया है।

छन्दों के निर्माण में अज्ञेय की अभिव्यक्ति बहुधा कुण्ठित और निष्प्राण हो गयी है। उनके प्रारम्भिक छन्द अधिकांशतः नियमित हैं। इसके पश्चात् मुक्त छन्द की ओर उनका प्रयाण वरण न होकर एक हद तक उनकी विवशता है। मुक्त छन्द के उनके प्रयोग लयहीनता के कारण कहीं-कहीं तो गद्य मात्र ही रह गये हैं। अनेक स्थलों पर वे 'मुक्तछन्द' तथा 'छन्दमुक्त' के मध्य में संचरण करते हैं। इस कोटि में लोकगीत की लय वाले मुक्तछन्द भी हैं। इनमें यत्र-तत्र केवल छन्दों की अन्तिम पंक्तियों में अन्त्यानुप्रास की योजना से एकता का साधन किया गया है।

अज्ञेय की कविता प्रायः सर्वत्र लयात्मक है। अज्ञेय सृष्टि की सारी घटनाओं में लय निहित देखते हैं। उन्हें सारी गतिविधियाँ लययुक्त दिखाई देती हैं। जूही के फूल पर क्षण भर को पंख फड़फड़ाते हुए अधर में अटक जाना, अच्छी तैराकी, घुड़दौड़ की सरपट, अबाबील की लहराती या बाज की सीधा उड़ान, हिरण की छलाँग, कुम्हार के चाक पर सकोरे का रूपायन, दुनिया की बदलती रंगीनियों आदि में उन्हें लययुक्त

गतियाँ दिखाई देती हैं। इसी कारण अज्ञेय के काव्य में लय सम्बन्धी विविध प्रयोग हुए हैं। दो-दो एवं एक-एक शब्द की पंक्तियों वाले विशिष्ट छन्दों का भी अज्ञेय ने अनेक स्थलों पर प्रयोग किया है।

अज्ञेय ने काव्य में नियमित छन्द और मुक्त छन्द के साथ-साथ विदेशी प्रभाव से हाँइकू एवं रेंगा छन्द, पंजाबी एवं बंगाली शैली के छन्दों का भी प्रयोग किया है। उनके काव्य में लय की स्थिति प्रकृति की तरह अनियमन में नियम से युक्त है। उनके सम्पूर्ण काव्य में अनन्त लययुक्त गतियों का अंकन है। काव्य के अतिरिक्त उनकी गद्यात्मक रचनाओं में भी स्वर ध्वनियों से उत्पन्न आन्तरिक लय निहित रहती है। लय उत्पन्न करने के साधनों में नादात्मक, अनुरणात्मक एवं स्फोटात्मक शब्दों का सहारा लेने के साथ-साथ अज्ञेय ने काकु की भी मदद ली है। अज्ञेय की छन्दमय उक्ति प्रबुद्ध जनों को शब्दार्थ ही नहीं देती, रंजना विशिष्ट भावार्थ भी प्रदान करती है।

अज्ञेय ने काव्य में नये उपमानों को लाने का प्रयास किया है। उन्होंने अपनी प्रारम्भिक रचनाओं में छायावादी उपमानों का प्रयोग ही अधिक किया है। यथा—'इत्यलम्' में झंझा सान्ध्यरश्मि, तारा, उल्काकुल, निकुंज, उच्छ्वास, इन्दु एवं इसी प्रकार के उपमान बहुतायत में मिलते हैं। किन्तु इसी संग्रह में उनका झुकाव नवीनता की ओर बढ़ा है। अज्ञेय द्वारा प्रयुक्त अप्रस्तुत नवीन, औचित्यपूर्ण, मौलिक और प्रभाव-साम्य, रंग-साम्य एवं गुण-साम्य पर आधारित हैं। 'इत्यलम्' में प्रयुक्त कुछ उपमान एकदम नवीन हैं। यथा—बादलों के लिए 'हशिया' तथा कूजों की डार के लिए 'पात काली' का प्रयोग किया गया है। 'हरी घास पर क्षण भर' काव्यसंग्रह से लेकर 'पहले मैं सन्नाटा बुनता हूँ' तक की कविताओं में अज्ञेय ने अप्रस्तुत विधान में नवीनता ला दी है। इन कविताओं में उनकी अप्रस्तुत योजना मूर्तामूर्त विधान के सभी रूपों से पूर्ण है।

अज्ञेय ने अप्रस्तुत की सार्थकता अभिव्यक्ति को पुष्ट करने में ही मानी है। कविता को पढ़कर यदि सहृदय पाठक में संवेदन की प्रक्रिया उत्पन्न न हो, तो साधारणीकरण असम्भव है। इस विषय पर विचार करते हुए अज्ञेय ने पूर्व-प्रचलित उपमानों का प्रयोग भी किया है। रात्रि का मोम-सा गलना, आस का बाती-सा जलना तथा सीपी में मोती के सदृश मूल्यवान का अदृश्य रहना आदि कल्पनाएँ अपनी पूर्व-परम्परा की ही अनुकृति हैं।

अज्ञेय ने अप्रस्तुत-विधान का प्रयोग कतिपय स्थलों में ही किया है। व्यंग्य रचनाओं में ही अप्रस्तुतों का प्रयोग हुआ है, वहाँ वे उपयुक्त भी हैं। 'इत्यलम्' से पूर्व की कविताओं में अज्ञेय का मुख्य कथ्य प्रेम रहा है। उपमान-योजना भी तद्नुरूप ही है। उसमें कोई नवीनता या विशेषता नहीं है। उन्होंने 'नीहार स्पर्श', 'प्राण सुधा', 'मधु घूँट', 'टूटे वीणा तार', शिशिर हृदय', 'मधुर सुमनस-सौरभ तरंग', 'जीवन माला'

इत्यादि का संसार रचा है। 'चिन्ता' के 'एकायन' खण्ड में प्रिय की समता 'चिर अखण्ड आलोक', 'खर निदाध ज्वाल की ऊर्ध्वगतप्त पुकार' तथा 'सघन-पावन-व्योम' की उल्लास धारासार' से की गयी है। प्रेमानुभूति का स्वरूप भी उपमानों से सजा हुआ है। बाहुबद्ध युग्म में मौन, अचंचल वासनाहीन विशुद्ध प्रेमानुभूति का संचार पवित्र भावना के संकेत द्वारा व्यक्त किया गया है। नखशिख-वर्णन में सर्वथा नवीन उपमानों की योजना है, जिनको कवि ने प्रकृति के आँगन से चुना। नेत्रों के लिए किया गया 'दो ओस की बूँदों' का प्रयोग नेत्रों की स्निग्धता एवं आर्द्रता को स्पष्ट कर देता है।

अज्ञेय ने शारीरिक सौन्दर्य के स्थान पर भावात्मक सौन्दर्य को भी स्थान दिया है। भावपरक प्रस्तुतों के लिए प्रयुक्त उपमान-योजना सटीक है। नेत्रों के लिए 'दीप्तियुक्त तारे की चमक' एक प्रकार की आर्द्र तीक्ष्णता है। एक स्थल पर उन्होंने अपने प्यार को आकाश कहा है। स्मृति को शेफाली लिखकर अज्ञेय ने नवीन उपमान का परिचय दिया है। इसके साथ ही अज्ञेय ने प्रकृति से भी उपमानों को चुना है। जल प्रकृति से निर्झर, सरिता, नदी के द्वीप आदि का प्रयोग किया गया है। थल प्रकृति से मरु, पहाड़, जंगल, घास-फूस आदि उपमान ग्रहण किये गये हैं। शून्य प्रकृति से आकाश, तारे, वारिद आदि लिये गये हैं। अप्रस्तुत का प्रयोग अज्ञेय ने मुख्यतः मूर्तामूर्त विधान के लिए किया है। चीड़ वन के सन्दर्भ में डगर के चढ़ने के लिए 'उमंगों-सी' का अमूर्त अप्रस्तुत समर्थ है। नदी का 'दर्द की रेखा' की तरह बिछी होना भी भावाभिव्यंजक है। अमूर्त के लिए मूर्त के प्रयोग में अज्ञेय ने महामौन का विराट् रूप शिविर एवं सरिता की सहायता से उपस्थित किया है। इसी प्रकार लूके लिये 'दुर्दम दुर्दम घोड़े' का एवं 'सूप-सूप भर धूप' के लिए 'कनक' का प्रयोग किया है। मूर्त के लिए मूर्त के प्रयोग में झागों से युक्त तरंग के लिए 'पंख युक्त वीणा' को अप्रस्तुत बनाया है। अमूर्त के लिए अमूर्त अप्रस्तुत में अज्ञेय ने अमूर्त धूप के लिए अमूर्त 'हँसी के प्रतिबिम्ब' का प्रयोग किया है। 'धूप' में स्निग्धता का भाव लाने के लिए कवि ने ऐसा किया है। इस प्रकार अज्ञेय की अप्रस्तुत योजना सायास एवं कृत्रिम न होकर सहज और स्वाभाविक है, साथ ही भावों की अभिव्यक्ति में सहायक भी है।

अज्ञेय ने अपने काव्य में ज्ञानेन्द्रिय द्वारा ग्रहण किये गये ऐन्द्रिय बिम्बों की अपनी भाषा में रूपान्तरित करके अपनी कल्पना से उन्हें पूरी तरह सजाया है। इन बिम्बों के प्रयोग से उनकी भाषा में मूर्तीकरण की क्षमता, चिन्तन को अधिक प्रेषणीय बनाने की शक्ति, वस्तु को अधिक ग्राह्य एवं स्पष्ट करने की क्षमता तथा भाषा को प्रतीक से युक्त कर सत्यान्वेषण की शक्ति प्राप्त होती है। अज्ञेय ने अपने प्रारम्भिक काव्यों में बिम्बों का प्रयोग बहुलता से नहीं किया है। परवर्ती काव्यसंग्रहों में शनैः-शनैः उनके बिम्बों के प्रयोग में अधिकता होती गयी है। 'हरी घास पर क्षण भर' काव्य-संग्रह में उनके बिम्ब-प्रयोग की कुशलता क्रमशः बढ़ती गयी है।

अज्ञेय ने बिम्ब का प्रयोग मूर्त और अमूर्त दोनों ही प्रकार के मानसिक चित्रों की अभिव्यक्ति में किया है। वस्तुतः अज्ञेय ने भावानुभूति द्वारा श्रेष्ठ चित्र प्रस्तुत किये हैं, इसी कारण बिम्ब उनकी काव्याभिव्यक्ति का सशक्त और सफल माध्यम है। उन्होंने अपने काव्य में बिम्बों का प्रयोग अत्यन्त व्यापक ढंग से किया है। प्रारम्भिक रचनाओं में 'इत्यलम्' में अज्ञेय का बिम्बों के प्रति आकर्षण स्पष्ट है। 'इत्यलम्' की 'ओ पिया पानी बरसा' कविता में नायिका नायक से प्रतीक-भाषा में पानी बरसाने के लिए कहती है। आकाश में बादल छा गये हैं, जो हाशिये के समान लगते हैं। बीच में कूजों की डार ऐसी लगती है, जैसे बिजली ने काली पंक्तियाँ लिखी हों। ये पंक्तियाँ प्रिय-सन्देश की हैं। इसमें व्यापक परिवेश ही बिम्ब को महत्त्वपूर्ण बनाये हुए है।

अज्ञेय के बिम्बों में संश्लिष्टता और सघनता पर्याप्त है। वे चाक्षुष गुण से तो परिपूर्ण हैं ही, रंग स्पर्श, घ्राण और ध्वनि बिम्बों का प्रयोग भी अज्ञेय के काव्य में हुआ है। उनके द्वारा प्रयुक्त बिम्बों में सद्यता, नवीनता, औचित्य और मूर्तीकरण का अद्‌भुत गुण भी विद्यमान है। उन्होंने साध्य रूप में बिम्बों का प्रयोग यद्यपि अत्यल्प ही किया है, फिर भी अनेक कविताओं में उनका लक्ष्य एक बिम्ब प्रस्तुत कर देना मात्र ही प्रतीत होता है। 'शरत् पूर्णिमा' कविता इसी का उदाहरण है, जिसमें कवि का मूल उद्देश्य शरत् पूर्णिमा का बिम्ब प्रस्तुत करना है। बिम्बों का साधन रूप में उपयोग ही अज्ञेय के बिम्बांकन का वास्तविक रूप है। साध्य एवं साधन रूप में बिम्बों के प्रयोग के अतिरिक्त अज्ञेय ने मानवीय संवेदना के सभी केन्द्रों को छूनेवाले बिम्बों का भी प्रयोग किया है। ऐन्द्रिय बिम्बों के अतिरिक्त उन्होंने प्राकृतिक, पौराणिक, वैज्ञानिक, प्रगतिसूचक, मनोवैज्ञानिक एवं प्रतीक सम्बन्धी आदि बिम्बों का भी प्रयोग किया है। गति की दृष्टि से गत्यात्मक एवं स्थिर, स्पर्श पर आधारित कोमल एवं कठोर, आकार पर आधारित विराट्, लघु आदि बिम्ब उनके काव्य में यत्र-तत्र दिखाई देते हैं।

अज्ञेय की अनेक कविताएँ प्रकृति पर आधारित हैं। प्रकृति के खण्डित एवं विशृंखल बिम्बों का प्रयोग उन्होंने बखूबी किया है। प्रकृति के ये बिम्ब कहीं अलंकृत हैं, कहीं मानवीकृत तथा कहीं प्रकृति पर चेतना का आरोप करके उसे चेतन सत्ता के रूप में चित्रित किया है। 'ऋतुराज' कविता में प्रकृति का मानवीकृत रूप भी दर्शनीय है। ऋतुराज ने वसन्त का दुकूल पहन लिया है तथा वायु पराग लेकर उड़ने लगी है। इसके साथ ही तिरस्कृत बबूल भी पीले वस्त्रों में दमक उठा है, काँटे उसके लिए मुकुट समान बन गये हैं, इससे अवश्य ही ऋतुराज की महिमा प्रकट होती है। इसी प्रकार कवि ने अन्य ऋतुओं का बिम्बांकन भी अपनी कविताओं में किया है।

ऐन्द्रिय बिम्बों के अन्तर्गत अज्ञेय ने उन बिम्बों का प्रयोग किया है, जो रूप-रंग, ध्वनि, गन्ध, स्पर्श, रसों आदि से सम्बन्धित हैं। उनके रंग-बिम्ब प्रयोग का वैशिष्ट्य यह है कि उन्हें रंगों की बारीकियों का ज्ञान है तथा उन्होंने इसके मिश्रित रूप का

भी प्रयोग किया है। रंगसंवेदना द्वारा उन्होंने सिर्फ चित्र के रूप को रंग नहीं दिया है, बल्कि इसका उपयोग प्रतीक के रूप में भी किया है। 'डह डह अंगारे' के समान लाल रंग से ऊषा की धुँधली-सी अरुणाली भिन्न है। इसी प्रकार उजलापन लिये हुए मालती की लालिमा, घाम से लाल हुए बदन की लाली से सर्वथा अलग है।

अज्ञेय ने ध्वनि-बिम्बों के प्रयोग में मौलिकता का परिचय दिया है। प्रकृति-जगत् की विविध ध्वनियों के अंकन में ओस के गिरने के लिए 'तिप-तिप्' का प्रयोग तथा पहाड़ी काक के लिए 'हाक-हाक' का प्रयोग सर्वथा मौलिक है। प्रकृति-जगत् के अतिरिक्त उन्होंने कोलाहलपूर्ण शहरी जीवन की अकुलाहट के लिए 'चिहुँकती हुई रेलें', 'गरजता हुआ गरुड़ यन्त्र' आदि का प्रयोग किया है। उन्होंने रस-बिम्बों का प्रयोग अधिकांशत लाक्षणिक अर्थों की व्यंजना के लिए किया है। इसके साथ-साथ उन्होंने स्पर्श-बिम्बों में आर्द्र, स्निग्ध, कठोर, मिश्रित आदि बिम्बों का प्रयोग किया है।

अज्ञेय ने 'दिति कन्या को' एवं 'ओ निस्संग मँमेतर' कविता में पौराणिक एवं धार्मिक अनुष्ठान से सम्बन्धित बिम्बों का प्रयोग किया है। यह उनकी रचना-दृष्टि की ही मौलिकता है कि उन्होंने अत्यन्त कुशलतापूर्वक पुराने बिम्बों का प्रयोग भी आकर्षक रूप में प्रस्तुत किया है। इससे उनके बिम्बों में विविधता एवं नवीनता आ गयी है तथा भावानुभूतियों की अभिव्यक्ति सरल एवं स्पष्ट हो गयी है। रूपाकार में निराकार भावों को प्रतिष्ठित कर देना तथा निराकार को आकार प्रदान करने की अनुपम क्षमता उनके बिम्ब की महत्त्वपूर्ण विशेषता है।

अज्ञेय की रचना-दृष्टि के अन्तर्गत ही उनके काव्य-शिल्प की एक विशेषता, नूतन एवं प्राचीन शैलियों का अभिनव प्रयोग भी है। छायावादी शैली के गीत की तरह अज्ञेय ने संगीतात्मकता से ओत-प्रोत गीत लिखे हैं। इन गीतों में कहीं-कहीं टेक मिलती है और कहीं-कहीं उन्होंने टेक के स्थान पर पंक्ति को ही दोहरा दिया है। इसमें प्रयुक्त शब्दावली कोमल तत्सम, श्रुतिमधुर तथा दीर्घनादी है। अज्ञेय के इन गीतों में जयशंकर प्रसाद का प्रभाव दिखाई देता है। उन्होंने इन गीतों का प्रयोग शृंगार, करुण, प्रेम आदि कोमल भावों की अभिव्यक्ति के लिए किया है। उनके ये गीत कैशोर्य भावना से अनुप्राणित हैं।

अज्ञेय ने अपने काव्य में कहीं-कहीं ग्रामीण अंचल में प्रचलित लोकगीतों को भी उभारा है। इन गीतों में वे अपनी संस्कृति के अस्तित्व को देखते हैं। वस्तुतः लोकगीत की शैली का प्रयोग अज्ञेय को जनसामान्य के अधिक नजदीक ला देता है। उनके ये लोकगीत सरल लोकसंस्कृति को सुरक्षित किये हुए हैं। उन्होंने अपने लोकगीतों में उन गाँवों व खलिहानों का वर्णन किया है, जिन पर सामान्य जनजीवन निर्भर है। इसका एक सशक्त उदाहरण 'माघ-फागुन-चैत' शीर्षक कविता है, जिसमें भोलेभाले देहाती को उसकी पूर्ण सरलता के साथ चित्रित किया है। अज्ञेय के गीतों में प्रारम्भ में

एक गीतात्मक चढ़ाव दिखाई देता है, जो कुछ ही दूर चलकर बिखर जाता है। 'फूल कचनार के गीत' इसका उदाहरण है।

अज्ञेय ने अपने काव्यशिल्प के शब्द-चयन, छन्द, प्रतीक, उपमान, बिम्ब व शैली को तो महत्त्व दिया ही है, साथ ही रस की उपेक्षा भी नहीं की है। अज्ञेय ने रस की महत्ता को तो स्वीकारा है, पर काव्य में उसकी सार्वभौम स्थापना को नहीं स्वीकारा है। उनकी दृष्टि में रस भाव-सत्य और प्रभाव का पर्यायवाची है। उनके मतानुसार कलाकार और रसिक दोनों की दृष्टि से रचना का रसमय होना अत्यावश्यक है। लेकिन यह रचनाकार की आन्तरिक विवशता होती है कि वह साहित्य-सृजन की ओर प्रवृत्त होता हुआ अपनी मौलिकता को रचना में स्थान देता है। 'त्रिशंकु' में अज्ञेय का वक्तव्य है कि यदि रसिक कला से 'रस' माँगता है, तो कलाकार को अपनी कला में वही देना चाहिए और ऐसे रूप में देना चाहिए कि उसमें रस की अवहेलना न हो, उसमें नीरसता और शुष्कता न आने पाये। संक्षेप में उनकी रचना-दृष्टि को समझने के लिए उनकी रस-योजना पर दृष्टिपात करना भी अत्यावश्यक है। उन्होंने अपने संयोग श्रृंगारवर्णन में किसी नायिका की देह-यष्टि को ही नहीं बाँधा है, अपितु आलम्बन की उस विराटता को भी लिया है, जिसमें आलम्बन के साथ समता भाव था, सखा-सखी भाव था।

'छलकता अन्तर से स्मृति रस, लो पुलक उठी मेरी नस-नस, तुमसे सार्थक मेरी रजनी, तू पुण्य परस' आदि भावों में शारीरिक अनुभाव होते हुए भी ये सात्विक होने के कारण मानसिक सत्ता को अक्षुण्ण बनाये हुए है। इसमें रतिभाव का प्रस्फुटन केवल हृदयगत उल्लास के रूप में ही हुआ है, शारीरिक उद्दीपन, शारीरिक आकर्षण और शारीरिक चेष्टाओं के रूप में नहीं। स्निग्ध वातावरण उद्दीपन विभाव के रूप में है।

अज्ञेय का वियोग ऋतुओं के अनुसार अपनी दुःख-व्यंजना प्रकट करता है, परन्तु उसका स्वरूप रीतिकालीन कवियों की परम्परा से सर्वथा भिन्न है। अज्ञेय की इन कविताओं में उनकी अपनी मनोवृत्तियाँ और मानसिक दशाएँ प्रकट हुई हैं। कवि अज्ञेय ने करुण रस को सृष्टि के लिए नवीन आलम्बन और उद्दीपनों की उद्भावना की है। उनकी 'हिरोशिमा' नामक कविता इसका ज्वलन्त उदाहरण है, जिसमें अनुभावों का कोई स्पष्ट संकेत नहीं है।

अज्ञेय की रचना-दृष्टि का विषय रसचक्र में श्रृंगार रस के अन्तर्गत आता है। रस सम्बन्धी उनकी मान्यताएँ ये पायी गयी हैं—रस कला की मूलभूत अनिवार्यता है, स्थायी भाव और संचारी भावों के चमत्कारिक संयोग से रस उत्पन्न होता है, इसके बिना रचना के मूर्त रूप का चित्रण नहीं हो सकता है। काव्य-रचना की चमत्कारिक तीव्रता में कहीं रस होता है और कहीं नहीं भी होता है। इस प्रकार अज्ञेय ने रस को काव्य का आवश्यक अंग तो माना है, किन्तु रस की सार्वभौम स्थापना को महत्त्वपूर्ण नहीं माना है।

अज्ञेय ने अलंकारों का प्रयोग काव्य में एक सीमा तक ही उपयुक्त माना है, जिससे काव्य सहज रूप में सजे-सँवरे और निखरकर अध्येता के समक्ष आये। वे अलंकारों के ऐसे प्रयोग के विरोधी रहे हैं, जिनसे काव्य मात्र चकाचौंध करनेवाला रह जाये। वस्तु की अपेक्षा अलंकारों पर ही दृष्टि ठहर कर रहे जाये, ऐसे अलंकार प्रयोग अज्ञेय को अभीष्ट न थे। मानवीकरण, अनुप्रास, रूपक, उपमा, विशेषण-विपयर्य आदि अलंकारों का प्रयोग उनके काव्य में यत्र-तत्र मिलता है। मानवीकरण के प्रयोग में अज्ञेय ने अमानवीय वस्तुओं और व्यापारों को मानवीय रूप में अभिव्यक्त किया है। उन्होंने प्रकृति के विभिन्न उपकरणों के माध्यम से मानवीय व्यापारों की अभिव्यंजना की है। उनके द्वारा प्रयुक्त मानवीकरण अलंकार का सबसे सुन्दर उदाहरण है—मानव की तरह आकाश का भी किन्हीं खयालों में डूब जाना। नीला आकाश हमें अजनबी लगता है, किन्तु किसी खयाल में खोया आकाश हमारा बहुत अपना आत्मीय-सा हो जाता है।

अज्ञेय अलंकारों के बन्धन में फँसना न चाहते हुए भी, अनुप्रास के बन्धन को नहीं तोड़ पाये हैं। शब्दों तथा वर्णों की आवृत्ति काव्य में जीवन्तता ला देती है। अज्ञेय काव्य की इस जीवन्तता का मोह नहीं छोड़ पाये हैं। उनके द्वारा प्रयुक्त ध्वन्यात्मक काव्य मधुर लगता है। टेक वाली तथा तुकान्त दोनों ही पंक्तियों के अन्त में 'रे' और 'हे' जैसे प्रत्ययों के प्रयोग से गीत में लय की मात्रा बढ़ गयी है। इसी प्रकार अज्ञेय ने अन्य अलंकारों का प्रयोग भी वस्तुतः काव्य को अलंकृत करने के लिए ही किया है, उसको कान्तिहीन बनाने के लिए नहीं किया है।

अज्ञेय की सम्पूर्ण 'रचना-दृष्टि' का अनुशीलन करने पर निष्कर्ष रूप में यह कहा जा सकता है कि नवीनता के प्रति आग्रह का भाव अज्ञेय की एक प्रकार की महत्त्वाकांक्षा रही है, जो उन्हें निरन्तर सर्जना की ओर अग्रसर करती चलती है। इसी कारण वे एक ऐसे आधुनिक साहित्य के अनुसन्धानकर्ता रहे हैं, जिन्होंने लोगों के विरोध को सहते हुए भी अत्यन्त संयम और विवेक का सहारा लेकर साहित्य-सर्जना के क्षेत्र में अपना मार्ग स्वयं प्रशस्त किया है। यदि वे अपनी साहित्य-सर्जना की यात्रा में पीछे मुड़े हैं, तो मात्र यह देखने के लिए कि वे औरों से कितने आगे निकल आये हैं। उन्होंने यदि कहीं परम्परा को अपनाया भी है, तो उसे भी अपनी नूतन दृष्टि देकर ही अपनाया है। नवीन राहों के अकेले राही वस्तुतः 'अज्ञेय' ही हैं और यही उनकी रचना-दृष्टि है।

46

नागार्जुन की कविता

—कुमुद प्रभा श्रीवास्तव

नागार्जुन स्वाधीन भारत के प्रतिनिधि जनकवि हैं। वे हमारे जातीय कवि हैं—लोकधर्मी परम्परा के कवि। वे क्यों लिखते हैं? किसके लिए लिखते हैं? इस बारे में उन्हें कहीं कोई दुविधा नहीं है। उनके लेखन का उद्देश्य बिल्कुल स्पष्ट है। वे मानते हैं कि साहित्य का प्रधान रिश्ता जनता से होता है। उन्होंने देखा कि भारत की बहुसंख्य जनता अभावग्रस्त, निर्वस्त्र, गरीबी की मार झेलती हुई, शोषित तथा संघर्षमय है। नागार्जुन जनता के सुख-दुःख, आशा-निराशा, जय-पराजय तथा आक्रोश-संघर्ष में शामिल होने वाले कवि हैं क्योंकि उपेक्षित मनुष्य के सम्पूर्ण रूप को उन्होंने निकट से देखा है। खास बात यह है कि नागार्जुन उन्हीं में से एक प्रतीत होते हैं। वे लोक जीवन में गहरे धँसे हुए कवि हैं। आम आदमी के साथ-साथ चलने वाले, जनता की शक्ति से भरपूर, संघर्षरत कवि। इस जनता की तरफ से सब कुछ कहने का साहस उनमें है। साधारण को असाधारण और विशेष को सामान्य करने की प्रक्रिया उनके लेखन में देखी जा सकती है।

मिथिला के गरीब ब्राह्मण परिवार में जन्मे नागार्जुन संस्कृत, प्राकृत, पालि, मैथिली, हिन्दी तथा बँगला भाषा के अच्छे ज्ञाता थे तथा देश-विदेश में भ्रमण करते हुए उन्होंने अपने व्यक्तित्व को अनुभव से अर्जित ज्ञान से समृद्ध किया था। आरम्भिक शिक्षा काशी में हुई। फिर श्रीलंका के केलानिया मठ में बुद्ध-दर्शन के साथ-साथ मार्क्सवादी विचारों की गहरी छाप उन पर पड़ चुकी थी। उनकी प्रगतिशीलता अचानक नहीं फूट पड़ी थी। वह राष्ट्रीय आन्दोलनों, आर्यसमाजी प्रभावों तथा समाजवादी नेतृत्ववाले जन आन्दोलनों के प्रभाव से सहज रूप में उनमें आयी थी। इसके अतिरिक्त वे जन आन्दोलनों से भी जुड़े जैसे—किसान आन्दोलन तथा बिहार का जन आन्दोलन तथा जेल भी गये। इस तरह उनके व्यक्तित्व की लोकोन्मुखता तथा जुझारूपन को एक वैचारिक दर्शन प्राप्त हो गया था। परन्तु अपने विवेक और चिन्तन से उन्होंने समझौता कभी नहीं किया। श्री मनोहर श्याम जोशी से बातचीत के सिलसिले में

वे स्पष्ट कहते हैं, "हम संगठन के विरुद्ध नहीं हैं, लेकिन संगठन के साथ होने का मतलब अगर यह लगाया जाता है कि हम अपने विवेक के शत्रु हो जायें तो हमें स्वीकार नहीं। हम सर्वहारा के साथ हैं अपनी राजनीति में, अपने साहित्य में, किन्तु हमें इस विषय में किसी की लगायी कोई कैद मंजूर नहीं है।" प्रगतिवादी दृष्टि के साथ वे लेखन में प्रवृत्त होते हैं तथा लेखन में अपनी प्रतिबद्धता स्पष्ट करते हैं—

*प्रतिबद्ध हूँ, जी हाँ, **प्रतिबद्ध हूँ**—*
बहुजन समाज की अनुपल प्रगति के निमित्त
अपने आप को भी 'व्यामोह' से बारम्बार उबारने की ख़ातिर
प्रतिबद्ध हूँ, जी हाँ, शतधा प्रतिबद्ध हूँ![1]

उनका बुनियादी सरोकार यही है। मेहनतकश आम जनता सुखी रह सके-प्रगतिपथ पर बढ़ सके। वे भारत की गरीब और संघर्षरत जनता से गहरा प्रेम करते हैं। सरकार की जनविरोधी नीतियों की आलोचना करते हैं तथा चालाक, भ्रष्ट नेताओं का पर्दाफाश करते हैं। उनके लिए कविता एक सार्थक संवाद है। इसी के साथ वे बहुत महत्त्वपूर्ण बात कहते हैं। कहते हैं कि अपने आप को भी 'व्यामोह' से उबारने की खातिर प्रतिबद्ध हैं। कहीं मोहवश अपनी राह न भूल जायें। नागार्जुन बहुत ईमानदार और कर्मठ रचनाकार हैं। अपना परिचय देते हैं—'तरल आवेगों वाला, अतिभावुक, हृदयधर्मी, जनकवि।' डॉ. विश्वनाथ त्रिपाठी की मान्यता है कि "इस जनकवि की घोषणा में एक विशेष तेवर है—एक आन्दोलन, एक ऐतिहासिक विचारधारा से जुड़े रहने का स्वाभिमान है। बहुत कुछ उस प्रकार का जैसे भक्त कवियों को भक्ति का बल होता था। यह 'जन' जैसे उनके कुलशील का परिचायक हो।" यह विशेषण नागार्जुन ने स्वयं अर्जित किया है—यह किसी का दिया हुआ नहीं है। वे जनता के आँसू को, दुःख को, उसकी पीड़ा का अनुभव करते हैं क्योंकि वे स्वयं भी तो अभाव के भोक्ता रहे हैं—

पैदा हुआ था मैं
दीनहीन अपठित किसी कृषक कुल में
आ रहा हूँ पीता अभाव का आसन ठेठ बचपन से।[2]

शोषक वर्ग कितनी बेरहमी से गरीब आदमी का खून चूसता है, यह उनसे ज्यादा अच्छी तरह कौन जान सकता है? दीनहीन बेबस जनों का खून चूसकर मजे से जीने वाले शोषक वर्ग के प्रति उनकी घृणा अत्यन्त तीखी है। कहते हैं—

---

1 *नागार्जुन : प्रतिनिधि कविताएँ*, सम्पादक—नामवर सिंह, पृ. 15

2 *नागार्जुन : चुनी हुई रचनाएँ-2*, सम्पादक—शोभाकान्त मिश्र, पृ. 28

मैं दरिद्र हूँ
पुश्त-दर-पुश्त की यह दरिद्रता
कटहल के छिलके जैसी खुरदुरी जीभ से
मेरा लहू चाटती आयी।[1]

उन्होंने देखा उनके जैसे लाखों-करोड़ों लोग हैं। उनके स्वयं का दुःख उन जैसों से मिलकर एक हो गया–

स्वगत शोक में बीज निहित हैं विश्वव्यथा के
विश्वव्यथा में बीज निहित हैं स्वगत शोक के।[2]

उनमें सर्वहारा पर दया नहीं वरन् स्वयं का अनुभव बोलता है तभी वह इतना मार्मिक बन पड़ा है।

नागार्जुन स्पष्ट कहते हैं–

लेखनी ही है हमारा फार
धरा है पट, सिन्धु है मासिपात्र
तुच्छ से अति तुच्छ जनकी जीवनी पर
हम लिखा करते
कहानी, कथ्य, रूपक, गीत
क्योंकि हमको स्वयं भी तो तुच्छता का भेद है मालूम।[3]

पूरा नागार्जुन साहित्य शोषण के छल-छद्म तथा आडम्बर का पर्दाफाश करता है। मानव-जीवन की विसंगतियों, अन्तर्विरोधों का बहुत सच्चा चित्रण हमें उनमें मिलता है।

नागार्जुन मानवीय करुणा के कवि हैं। जहाँ दुःख है, अभाव है वहाँ नागार्जुन की कविता है। दीनदलित के प्रति ममत्व, गहरा प्यार, जुड़ाव उनका स्वभाव है। दीनजनों पर अन्याय तथा शोषण उन्हें शान्ति से जीने नहीं देता। वे विकल ही रहना चाहते हैं क्योंकि तभी तो वे उनके लिए कुछ कर सकेंगे। उनकी कामना है–

चाहिए मुझको नहीं यह शान्ति
चाहिए सन्देह, उलझन, भ्रान्ति
रहूँ मैं दिन-रात ही बेचैन
आग बरसाते रहे ये नैन।[4]

---

1 3. वही, पृ. 85

2 वही, पृ. 91

3 वही, पृ. 68

4 *नागार्जुन : प्रतिनिधि कविताएँ*, सम्पादक-नामवरसिंह पृ. 19

वर्गचेतना की विचारधारा से युक्त उनका स्पष्ट अभिमत है कि समाज में दो वर्ग हैं, एक शोषिक तथा दूसरा शोषित। वे समाजवाद का स्वप्न देखने वाले कवि थे। उन्होंने नंग-धड़ंग छोकरों, फटी बिवाइयों वाले, खुरदुरे पैरों, गुट्ठल घट्ठों वाले, कुलिश कठोर पैर, ठूँठ बाँहों, धँसी आँखों को नजदीक से देखा है। भूख तथा अभाव से पीड़ित, मुक्ति की आकांक्षा लिये संघर्ष करते लोग। नागार्जुन इस अभावग्रस्त जनता को इस नर्क से मुक्ति दिलाने को कृतसंकल्प हैं। वे शोषक शक्तियों पूँजीवाद, साम्राज्यवाद तथा सम्प्रदायवाद का विरोध करते हैं। साथ ही बाबुओं, मलिकानों, बुद्धिजीवियों, आधुनिकाओं तथा अभिजात मानसिकता का भी विरोध करते हैं जो मामूली आदमी की उपेक्षा करते हैं। नागार्जुन की पूरी सहानुभूति इस उपेक्षित मनुष्य के साथ है। इस सम्बन्ध में पक्षधरता का समर्थन करते हैं–

इतर साधारणजनों से अलहदा होकर रहो मत
कलाधर या रचयिता होना नहीं पर्याप्त है
पक्षधर की भूमिका धारण करो।[1]

उनके काव्य में देश के लोकतान्त्रिक यथार्थ के अनेक पहलुओं का चित्रण है। उनकी कविताएँ अपने समय की प्रामाणिक दस्तावेज हैं। स्वाधीन भारत की बहुविध छवियाँ, नित्य प्रति के जीवन की घटनाओं को वे अपनी कविताओं में वर्णित करते चलते हैं। समाज की हलचलों तथा परिवर्तनों पर उनकी सचेत दृष्टि बराबर लगी रहती है। भूख, गरीबी, अन्याय, अशिक्षा, असमानता, कर्फ़्यू, बन्दी, दंगे, गोलीकाण्ड– सभी पर उन्होंने लिखा है। कबीर की परम्परा में वे 'आँखों देखी' रचनाएँ हैं। पूँजीवाद की निरन्तरवृद्धि, राजनीति और वैभवशाली शक्तियों का गठजोड़, निरक्षर जनता से उनकी दूरी, शोषण के नये-नये ढंग-ये सब उनकी चिन्ता के विषय हैं। यह संसार, इसके दाँव-पेंच, उठापटक सब सच है। कहते हैं, इससे भागकर कहाँ जाऊँ–

सामने फैला पड़ा शतरंज सा संसार
स्वप्न में भी मैं न इसको समझता निस्सार
इसी में भव, इसी में निर्वाण
इसी में तन-मन, इसी में प्राण[2]

इस अभावग्रस्त जनता के लिए उनका मन कुसुम कोमल-सा हो जाता है। श्रम करते हुए, विपरीत परिस्थितियों में भी शक्ति और सौन्दर्य के साथ जीते हुए लोग उनके प्रेम और श्रद्धा के पात्र हैं। वे श्रम को महत्त्व देते हैं और उनके आगे झुक जाते

---

1 *नागार्जुन : चुनी हुई रचनाएँ-2*, सम्पादक-शोभाकान्त मिश्र पृ. 80

2 *नागार्जुन : प्रतिनिधि कविताएँ*, सम्पादक-नामवर सिंह, पृ. 21

हैं। 'खुरदुरे पैर' शीर्षक कविता में रबरविहीन ठूँठ पैडलों को चलाते हुए रिक्शेवाले के खुरदुरे पैर उनके मन में घर कर जाते हैं–

'खुब गये/दूधिया निगाहों में/फटी बिवाइयों वाले खुरदरे पैर/धँस गये/कुसुम-कोमल मन में/गुट्ठल घट्ठों वाले कुलिश-कठोर पैर।' वे अन्दर तक भींग उठते हैं–

देर तक टकराये/उस दिन इन आँखों से वे पैर/
भूल नहीं पाऊँगा फटी बिवाइयाँ... ।[1]

इन कविताओं को पढ़कर लगता है यों ही नहीं नागार्जुन ने स्वयं को 'तरल आवेगोंवाला, अतिभावुक, हृदयधर्मी जनकवि' कहा है। उनकी यह प्रतिक्रिया अत्यन्त सार्थक है जो गहरे विवेक से आती है। उनके प्रति कटुता व्यक्त करते हुए नागार्जुन कहते हैं–

'प्रतिहिंसा ही स्थायीभाव है मेरे कवि का' तथा 'जन-जन में जो ऊर्जा भर दे मैं उद्गाता हूँ उस रविका'।[2] उनमें कबीर की तरह सबकुछ कहने का साहस है। उनकी इस हिंसा की मार से कोई नहीं बचा है न पूँजीपति, न सामन्त, न नेता यहाँ तक कि गाँधी, नेहरू, माओ, विनोबा, इन्दिरा गाँधी कोई भी नहीं। उनके यहाँ कोई रियायत नहीं। जनता सबसे बढ़कर है। यह पारदर्शिता है उनमें–'जनकवि हूँ मैं, साफ कहूँगा, क्यों हकलाऊँ?' भारत के करोड़ों अभावग्रस्त बूढ़े, युवा और बच्चों के पक्ष की यह प्रतिहिंसा उनमें अपार शक्ति तथा साहस का संचार कर देती है। उनका यह क्रोध, यह आक्रोश इतना बढ़ जाता है कि वे सागरशायी विष्णु भगवान् को भी नहीं बख्शते–

मन करता है/मैं नंगा होकर चिल्लाऊँ/मैं जोर-जोर से चिल्लाऊँ/यदि मरा न होगा सुन लेगा भगवान विष्णु सागरशायी/मन करता है...मैं उस अगस्त्य-सा पी डालूँ सारे समुद्र को अंजलि से/उस अतल-वितल में तब मुझको/मुर्दा भगवान दिखाई दे।[3]

तर्क यह है कि यदि कहीं भगवान् है तो निरीह लोग इतने कष्ट में क्यों? उनकी यह प्रतिहिंसा उनके व्यंग्यों में धारदार रूप में प्रकट हुई है। वे सामन्तों-पूँजीपतियों, राजनीतिज्ञों, बुद्धिजीवियों, पण्डितों, पुरोहितों आदि को अपने व्यंग्य का लक्ष्य बनाते हैं। उन्हें दरिद्र देश में धनिक वर्ग घृणित प्रतीत होते हैं। सामाजिक विरूपता पर व्यंग्य करते हैं–*बताऊँ?/कैसे लगते हैं दरिद्र देश के धनिक/जैसे कोढ़ी-कुढ़व तन पर मणिमय आभूषण/*[4] उनके व्यंग्य गहरी मानवीय करुणा से युक्त हैं। स्वाधीन भारत

---

1 *वही*, पृ. 35

2 *नागार्जुन : चुनी हुई रचनाएँ-2*, सम्पादक-शोभाकान्त मिश्र, पृ. 258

3 *नागार्जुन : प्रतिनिधि कविताएँ*, सम्पादक-नामवर सिंह, पृ. 92

4 *नागार्जुन : चुनी हुई रचनाएँ-2*, सम्पादक-शोभाकान्त मिश्र, पृ. 100

में नेताओं के भ्रष्ट चरित्र को उद्घाटित करते हैं। नागार्जुन का व्यंग्य यहाँ देखते ही बनता है—*सिंडीकेटी प्रभुओं की पगधूरि झार के/'स्वेत श्याम रतनार' अँखियाँ निहार के/लौटे हैं दिल्ली से कल टिकट मार के/खिले हैं दाँत ज्यों दाने अनार के/आये दिन बहार के।*[1] सरकार की जनविरोधी नीतियों की आलोचना करते हैं। धनी वर्ग के तिकड़म, भ्रष्टाचार और प्रदर्शन पर व्यंग्य करते हैं। 'यह उन्मत्त प्रदर्शन', 'पैसा चहक रहा है', प्लीज एक्सक्यूज मी' 'घिन तो नहीं आती', 'भुस का पुतला', 'बाकी बच गया अण्डा', 'आये दिन बहार के', 'तीनों बन्दर बापू के' आदि कविताएँ इन्हें उद्घाटित करती हैं। एक भारतीय आत्मा की तरह कवि जनता की मुक्ति की कामना करता है। कहते हैं—*आओ, आओ, आओ, आओ/तुम भी आओ, तुम भी आओ/देखो, जनकवि, भाग न जाओ/तुम्हें कसम है इस माटी की/इस माटी की/इस माटी की/इस माटी की!*[2]

लेखन में उनके अपने हैं—खेतिहर, कुली, मजदूर, मेहनतकश, ठेला खींचनेवाले, लॉरी चलाने वाले, भिखारी, बूढ़े, बच्चे। ये अभावमय तो हैं परन्तु जीते-जागते सच्चे, खरे लोग हैं। नागार्जुन उनके रहन-सहन, कुण्ठाहीन जीवन तथा श्रमपरायणता को महत्त्व देते हैं। उनकी मस्ती, उनकी हँसी, उनके व्यंग्य की शक्ति—उनकी धड़कन को नागार्जुन ने वाणी दी है। कहते हैं—

ये तो बस इसी तरह
लगायेंगे ठहाके सुरती फाँकेंगे
भरे मुँह बातें करेंगे अपने देस कोस की।[3]

उनमें व्यंग्य के अनेक स्तर एक साथ मिल जाते हैं। और तो और, नागार्जुन स्वयं अपने को भी व्यंग्य का निशाना बनाते हैं। 'पछाड़ दिया मेरे आस्तिक ने' कविता में एक ओर जहाँ स्वयं पर व्यंग्य है वहीं दूसरी ओर कम्युनिस्टों पर भी व्यंग्य है। उनके विचारों की पारदर्शिता इस कविता में देखते ही बनती है। सुबह-सुबह बहुत दिनों के बाद कवि उगते हुए सूर्य को देखते हैं। अपने पर व्यंग्य करते हुए कहते हैं—

सोते ही बिता देता हूँ शत-शत प्रभात
छूट सा गया है जनपदों का स्पर्श
हाय रे आंचलिक कथाकार।[4]

---

1 *नागार्जुन : प्रतिनिधि कविताएँ*, सम्पादक-नामवर सिंह, पृ. 104

2 *नागार्जुन : प्रतिनिधि कविताएँ* सम्पादक-नामवर सिंह, पृ. 119

3 *नागार्जुन : प्रतिनिधि कविताएँ*, सम्पादक-नामवर सिंह, पृ. 36-37

4 *वही*, पृ. 18

उगते हुए सूर्य की आभा तथा सौन्दर्य से अभिभूत हो उसे अर्घ्य देते हैं। कहते हैं–

पछाड़ दिया है आज मेरे आस्तिक ने मेरे नास्तिक को
साक्षी रहा तुम्हारे जैसा नौजवान 'पोस्ट ग्रेजुएट'
मेरे इस 'डेविएशन' का
मुकर जाऊँ शायद कभी...
कहाँ! मैंने तो कभी झुकाया नहीं था यह मस्तक!
कहाँ! मैंने तो कभी दिया नहीं था अर्घ्य सूर्य को!
तो तुम रत्नेश्वर मुस्कुरा भर देना मेरी मिथ्या पर![1]

यहाँ 'डेविएशन' शब्द का प्रयोग अत्यन्त सार्थक है और इसकी गूँज कहीं दूर तक जाती है।

इसी तरह 'प्रेत का बयान' अद्भुत कविता है। यह एक लज्जाजनक कडुवी सचाई है कि स्वाधीन भारत में भुखमरी से लोग मरते हैं। इस तथ्य को गाँव के प्राइमरी स्कूल के मास्टर के जीवन-संघर्ष द्वारा वर्णित किया है। मृत्यु के बाद नरक पहुँचे भास्टर से यमराज प्रश्न करता है कि तुम कैसे मरे? भूख से या अकाल से। 'स्वाधीन भारतीय प्राइमरी स्कूल के भुखमरे स्वाभिमानी सुशिक्षित प्रेत' का 'दहाड़भरा' उत्तर सुनकर यमराज भी निरुत्तर रह जाते हैं। इस कविता में नागार्जुन की तीखी व्यंग्य-क्षमता देखते ही बनती है–

साक्षी है धरती, साक्षी है आकाश
और और और भले व्याधियाँ हों भारत में किन्तु
उठाकर दोनों बाँह
किट्-किट करने लगा जोरों से प्रेत
'भूख या क्षुधा का नाम हो जिसका
ऐसी किसी व्याधि का पता नहीं हमको
सावधान महाराज
नाम नहीं लीजिएगा
हमारे सामने फिर कभी भूख का।'[2]

यह है अपने समय पर कवि की प्रतिक्रिया जो गहरी करुणा, सहानुभूति और दायित्वबोध से उत्पन्न हुई है।

---

1 *वही*, पृ. 18-19

2 *वही*, पृ. 16

नागार्जुन की कविता मनुष्य की सच्ची पहचान की कविता है। वे सिर्फ सफल तथा विजयी लोगों को ही महत्त्व नहीं देते वरन् जो प्रयत्न तो करते हैं परन्तु अपने प्रयत्न को सफलता तक नहीं पहुँचा पाते, जो विजयी नहीं हो पाते, कवि उन्हें प्रणाम करते हैं—*जो नहीं हो सके पूर्णकाम/मैं करता हूँ उनको प्रणाम/जिनकी सेवाएँ अतुलनीय/पर विज्ञापन से रहे दूर/प्रतिकूल परिस्थितियों ने जिनके/कर दिये मनोरथ चूर-चूर/उनको प्रणाम!*[1]

तात्कालिक विषयों के साथ-ही-साथ प्रेम, वात्सल्य, करुणा जैसे गम्भीर विषयों को भी समेटती हैं इनकी कविताएँ। नागार्जुन की प्रेम कविताएँ, अपने ढंग की अनोखी कविताएँ हैं। 'सिन्दूर तिलकित भाल', 'दन्तुरित मुस्कान', 'तन गयी रीढ़', 'यह तुम थीं', 'गुलाबी चूड़ियाँ' आदि कविताएँ इसकी साक्षी हैं। 'सिन्दूर तिलकित भाल', 'यह तुम थी', 'तन गयी रीढ़'—इन कविताओं में प्रेम का गहरा तथा प्रेरणाप्रद रूप देखा जा सकता है। वे जब पत्नी को स्मरण करते हैं तब उनका प्रेरक, ज़ीवनदायिनी रूप सहज ही अभिव्यक्त होता है—

सिकुड़ गयी रग-रग/झुलस गया अंग-अंग/
बनाकर ठूँठ छोड़ गया पतझार/उलंग असगुन सा खड़ा रहा कचनार/
अचानक उमगी डालों की सन्धि में/छरहरी टहनी/
पोर-पोर में गसे से टूसे/यह तुम थीं।[2]

प्रेम को इतनी ऊँचाई तक पहुँचाना, उसे चित्रित करना-यह नागार्जुन का बहुत बड़ा अवदान है। इसी तरह केदारनाथ अग्रवाल तथा शमशेर बहादुर सिंह में भी स्त्री के प्रेरक, सुन्दर, जीवनदायक रूप की छटा दिखाई पड़ती है। नागार्जुन के प्रेम-चित्रण की यह विशेषता है कि उन्होंने प्रेम का एकान्तिक चित्रण नहीं किया है, वह सामाजिक जीवन की विविध परिस्थितियों के बीच फलता-फूलता है। प्रेम साहचर्यजनित है। प्रवासकाल में कवि जब पत्नी के 'सिन्दूर तिलकित भाल' का स्मरण करते हैं तो साथ में मिथिला प्रदेश, वहाँ के लोग, वहाँ का जीवन, वहाँ की प्रकृति, सब कुछ स्मरण आता-जाता है—

हो गया हूँ मैं नहीं पाषाण!/ याद आते स्वप्न/
जिनकी स्नेह से भीगी अमृतमय आँख/
स्मृति विहंगम की कभी थकने न देगी पाँव/
याद आता मुझे वह अपना 'तरउनी' ग्राम/याद आती लीचियाँ, वे आम/
याद आते मिथिला के रुचिर भू-भाग/याद आते धान[3]

---

1 *वही*, पृ. 61
2 *वही*, पृ. 32
3 *वही*, पृ. 28

माँ के ममत्व पर तो बहुत कविताएँ मिल जायेंगी—नागार्जुन ने पिता के वात्सल्य पर मार्मिक कविताएँ लिखी हैं। 'वह दन्तुरित मुस्कान' कविता में प्रवास में रहने के कारण बहुत दिनों बाद पिता पुत्र को जब पहले-पहल देखता है तो उसका स्वरूप बहुत 'छविमान' प्रतीत होता है और बालक की दन्तुरित मुस्कान उन पर जादू-सा असर करती है। भावविभोर पिता कहता है—

तुम्हारी यह दन्तुरित मुस्कान/मृतक में भी डाल देगी जान/
धूलि-धूसर तुम्हारे ये गात/छोड़कर तालाब मेरी झोंपड़ी में
खिल रहे जलजात।[1]

इस कविता का महत्त्वपूर्ण हिस्सा वह है जहाँ कवि अपनी पत्नी की अभ्यर्थना करते हैं जिनके कारण उन्हें यह स्वर्गिक अनुभूति प्राप्त हो सकी—

यदि तुम्हारी माँ न माध्यम बनी होती आज/मैं न सकता देख/
मैं न पाता जान/तुम्हारी यह दन्तुरित मुस्कान/
धन्य तुम, माँ भी तुम्हारी धन्य!/चिर प्रवासी मैं इतर, मैं अन्य[2]

इसी तरह 'गुलाबी चूड़ियाँ' कविता में अधेड़ उम्र के रोबीले, मुच्छड़ ट्रक ड्राइवर की सात साल की बच्ची ने चार गुलाबी चूड़ियाँ बस में गियर के ऊपर टाँग रखी हैं। कवि के पूछने पर बोला—

क्या बिगाड़ती हैं ये चूड़ियाँ/किस जुर्म पर हटा दूँ इनको यहाँ से...

और यह कहते-कहते—

छलक रहा था दूधिया वात्सल्य बड़ी-बड़ी आँखों में
तरलता हावी थी सीधे-सादे प्रश्न पर[3]

आज की नौजवान युवा पीढ़ी को नागार्जुन बहुत प्यार देते हैं। अशिक्षित, दलित बालकों, युवाओं को आत्मीयता देते हैं। उनकी एक कविता हैं, 'आओ मैं तुम्हें अपना चुम्बन दूँगा।' उनकी कई कविताएँ हैं जिनमें युवा पीढ़ी का वे चित्रण करते हैं, जैसे—'चन्दू, मैंने सपना देखा', 'पछाड़ दिया मेरे आस्तिक ने', 'सिके हुए दो भुट्टे' आदि। वे शिशुओं तथा युवाओं से अपनी आत्मीयता स्वीकार करते हैं—

---

1 *वही*, पृ. 30
2 *वही*, पृ. 30
3 *वही*, पृ. 34

आबद्ध हूँ, जी हाँ, आबद्ध हूँ—
तीसरी-चौथी पीढ़ियों के दन्तुरित शिशु-सुलभ हास में
लाख-लाख मुखड़ों के तरुण हुलास में
आबद्ध हूँ, जी हाँ, शतधा आबद्ध हूँ।[1]

नागार्जुन के काव्यसंसार का बड़ा हिस्सा प्रकृति से जुड़ा हुआ है। अपनी माटी से गहरी आत्मीयता रखने वाले नागार्जुन प्रकृति के बीच फूलों-सा महक उठते हैं। वे घुमक्कड़ प्रकृति के थे परन्तु कहीं भी रहें, उन्होंने गाँव की धरती की महक अपने भीतर सँजोकर रखी थी। उससे उनका नाता बराबर जुड़ा रहा। वे उस धरती को धन्य मानते हैं जिसकी गोद में वे खेले और जिसका अन्न खाकर पले-बढ़े। उस धरती के ऋण को वे कभी नहीं चुका सकते। 'सिन्दूर तिलकित भाल' कविता में जब वे अपनी पत्नी का स्मरण करते हैं तब साथ-साथ मिथिला की प्रकृति और जीवन भी स्मृति में आ जाता है। जिस गहराई और पवित्र भाव से वे मिथिला की धरती पर स्मरण करते हैं वह उन जैसा संवेदनशील कवि ही कर सकता है। कहते हैं—

धन्य वे जिनके मृदुलतम अंक/हुए थे मेरे लिए पर्यंक/
धन्य वे जिनकी उपज के भाग/अन्न-पानी और भाजी साग/
फूल-फल औ कन्द-मूल, अनेक विध मधु-मांस
विपुल उनका ऋण, सधा सकता न मैं दशमांश।[2]

बहुत दिनों के बाद कवि अपने घर देश पहुँचा है। मिथिला की धरती और वहाँ का जीवन उन्हें कैसे अन्दर तक तृप्त करता है—प्रकृति के सान्निध्य-सुख का अनुभव, रूप, श्रवण, घ्राण, स्पर्श और स्वाद द्वारा कैसे वे करते हैं इसे 'बहुत दिनों के बाद' कविता में देखा जा सकता है। कविता छोटी है। उसे सम्पूर्णता में ही देखना उचित होगा।

बहुत दिनों के बाद/अबकी मैंने जी-भर देखी
पकी-सुनहली फसलों की मुसकान/बहुत दिनों के बाद
बहुत दिनों के बाद/अबकी मैं जीभर सुन पाया/
धान कूटती किशोरियों की कोकिल-कण्ठी तान/बहुत दिनों के बाद
बहुत दिनों के बाद/अबकी मैंने जी भर सूँघे/
मौलसिरी के ढेर-ढेर से ताजे-टटके फूल/-बहुत दिनों के बाद
बहुत दिनों के बाद/अबकी मैं जी भर छू पाया।

---

1 *वही*, पृ. 10
2 *वही*, पृ. 29

अपनी गँवई पगडंडी की चन्दनवर्णी धूल/-बहुत दिनों के बाद
बहुत दिनों के बाद/अबकी मैंने जी-भर ताल मखाना खाया
गन्ने चूसे जी-भर/बहुत दिनों के बाद
बहुत दिनों के बाद/अबकी मैंने जी भर भोगे/
गन्ध-रूप-रस-शब्द-स्पर्श सब साथ-साथ इस भू पर
—बहुत दिनों के बाद।[1]

इस कविता को पढ़कर ऐसा लगता है कि कवि के लिए अगर स्वर्ग का सुख कहीं है तो केवल और केवल मिथिला की धरती पर है। प्रकृति के सान्निध्य में वे तरोताजा हो उठते हैं। अपनी धरती की बोली-बानी, खान-पान, हँसी-ठिठोली, सबके रस से सराबोर हो उठते हैं। 'सुबह-सुबह' कविता उनकी प्रकृति विषयक आत्मीयता तथा उससे प्राप्त उल्लास के स्वर को व्यंजित करती है—

सुबह-सुबह/तालाब के दो फेरे लगाए/
सुबह-सुबह/रात्रिशेष की भीगी दूबों पर/
नंगे पाँव चहलकदमी की..........
सुबह-सुबह/गँवई अलाव के निकट/
घेरे में बैठने-बतियाने का सुख लूटा/
सुबह-सुबह आंचलिक बोलियों का मिक्सचर/
कानों की इन कटोरियों में भरकर लौटा/सुबह-सुबह।[2]

इस सम्बन्ध में डॉ. नामवर सिंह का कथन उद्धृत करने का लोभ सँवरण नहीं कर पा रही हूँ। डॉ. सिंह कहते हैं—"अपने प्राकृतिक परिवेश के प्रति नागार्जुन की यह कच्ची और अ-संस्कृत प्रतिक्रिया अनायास ही ऋक् की आदिम ऋचाओं और 'आदिकाव्य' की वन्य अभिव्यक्तियों की याद ताजा कर देती है। हिन्दी में नागार्जुन से पहले और पीछे भी ग्राम प्रकृति के प्रति उत्सव और उल्लास का यह स्वर सुनने को नहीं मिलता।"[3]

छायावादी काव्य में प्रकृति का उदात्त चित्रण है। नागार्जुन के यहाँ प्रकृति बहुत निजी में तथा आत्मीय है। प्रकृति का सौन्दर्य मन को अभिभूत कर देता है। उगते हुए सूर्य को देखकर कवि भावुक हो उठते हैं। कहते हैं—

---

1 *वही*, पृ. 71-72
2 *वही*, पृ. 32-33
3 *आलोचना-56-57*, पृ. 4, सम्पादक—नामवर सिंह, सम्पादकीय—'जमीन की कविता और कविता की जमीन' में उद्धृत,

देखेंगे आज जी भरकर
उगते सूर्य का अरुण-अरुण पूर्ण बिम्ब
जाने कब से नहीं देखा था शिशु भास्कर
आओ रत्नेश्वर, कृतार्थ हों हमारे नेत्र।[1]

प्रकृति से तादातम्य का अनुभव करते हैं। 'मेरी भी आभा है इसमें' कविता में कहते हैं कि प्रकृति के नाना-रूपों में उनकी भी आभा समायी हुई है।

उनकी संवेदना का विस्तार पशुओं, पक्षियों तथा प्रकृति के नाना रूपों तक जाता है। वे नितान्त नयी दृष्टि से उन्हें देखते हैं। साथ-ही-साथ अपनी संवेदना के केन्द्र में उन पशुओं और पक्षियों को आत्मीयता देते दिखाई देते हैं जो कविता में गायब रहे हैं जैसे नेवला। जेल के एकरस वातावरण में यह छोटा-सा प्राणी नेवला मानवीय और सरस वातावरण पैदा करता है। वह सबके प्रेम और आकर्षण का केन्द्र बना हुआ है—

कौन नहीं लाड़ लड़ाना चाहता है इससे?
कौन नहीं गोद में उठा लेना चाहेगा इसको?
कौन नहीं खुश होता है इसकी आँखों में आँखें डालकर?
जंबू, जमूरा, मोतिया, दुलरुआ
जाने कितने नाम मिल गये हैं इसे।
—हम सारे ही बन्दियों का
बड़ा ही लाड़ला खिलौना है यह तरुण नेवला।[2]

मादा सूअर भी भला कविता का विषय हो सकती है? नागार्जुन उसे भारतमाता की बेटी का गौरव प्रदान करते हैं और बड़ी रागमयता से उसका चित्रण करते हैं—

धूप में पसरकर लेटी है/मोटी-तगड़ी, अधेड़, मादा सूअर/
जमना-किनारे/मखमली दूबों पर/
पूस की गुनगुनी धूप में/पसरकर लेटी है।
यह भी तो मादरे हिन्द की बेटी है/
भरे-पूरे बारह थनोंवाली। वही[3]

पशुओं-पक्षियों से उनका ऐसा गहरा नाता है कि देखते ही बनता है। भैसों के खुरों के निशान देखकर बाबा का मस्तक झुक जाता है। नीलकण्ठ को उड़ता देखते

---

1 *नागार्जुन* : प्रतिनिधि कविताएँ, सम्पादक—नामवर सिंह, पृ. 18
2 *वही*, पृ. 47
3 *वही*, पृ. 80

हैं तो आत्मीयता से भर उठते हैं। कोयल की मीठी कूक सुनकर सहसा लगता है कि इस मौसम में कोयल की कूक पहली बार सुनी है। एक कविता है 'डियर तोताराम' जो बाबा के आनन्दी कौतुकी स्वभाव से मिलकर अलग ही मजा देती है।

उल्टा लटककर/वो कुतर रहा है नासपाती/
दस का गुच्छा ही/इसे जाने क्यों भाया?
लीजिए, हमारी आहटपाकर/वो उड़ गया/पहाड़ी तोता/...

नागार्जुन अपने खास अन्दाज में कहते हैं—

आप तो नाहक ही/हमारे पैरों की आहट से भड़क गये!/
भला ये भी कोई बात हुई!/आइए, इत्मीनान से/
इन टहनियों में उल्टा लटकिए!/मौसम की ताजगी का स्वाद लीजिए/
हमारा मनोरंजन कीजिए!
प्लीज, डियर तोताराम![1]

ये तो कुछ उदाहरण हैं। जाने कितने-कितने पशुओं और पक्षियों से समृद्ध है उनका काव्य-संसार। प्रकृति उनसे अलग नहीं है—मानव-जीवन का ही विस्तार है इसलिए जीवन की अच्छी-बुरी सब छटाएँ उन्हें उसमें दिखाई देती हैं। 'काली-काली घटा' में 'काली-काली करतूत' दिखाई देती है बाबा को। जैसे किसान फसल को देखकर हुलस पड़ता है, बाबा भी उसी तरह पकी फसल का सोना देखकर प्रसन्न हो उठते हैं। 'गीले पाँक की दुनिया गयी है छोड़', 'मुर्गे ने दी बाँग', 'बाघ आया उस रात', 'बादल को घिरते देखा है', 'ऋतु-सन्धि', 'मेघ बजे', 'धन-कुरंग', 'फूले-कदम्ब', 'नीम की दो टहनियों', 'फिसल रही चाँदनी', 'जान भर रहे हैं जंगल में' आदि उनकी महत्त्वपूर्ण प्रकृति विषयक कविताएँ हैं। आज के अकेले तथा संवेदना से शून्य होते जा रहे समय में ये कविताएँ अपना खास महत्त्व रखती हैं।

नागार्जुन पर आरोप लगते रहे हैं कि उनमें पुनरावृत्ति बहुत है। साथ ही कहीं-कहीं उनकी उक्तियों में विरोधाभास भी दिखाई पड़ता है। वस्तुतः नागार्जुन की कविताओं में जनता के विविध रूप वर्णित हैं। उनकी कविता जितनी व्यापक भावभूमि पर स्थित है उतनी ही विविधतामयी भी है। वैविध्यपूर्ण जनता के परिवर्तनशील तथा गतिशील स्वभाव को अभिव्यक्त करने के लिए उसे थोड़ा लचीला होना ही पड़ेगा। उसे विरोधाभास कहना उचित नहीं है। भारत की जनता की अनेकानेक भंगिमाओं को पकड़ती हैं उनकी कविताएँ। उनकी भाषा का रेंज बहुत बड़ा है। संस्कृत के तत्सम शब्दों से लेकर बोलियों के कितने ही 'मिक्सचर' तथा कहने के हजार ढंग हैं

---

1 *वही*, पृ. 84-86

उनके पास। नागार्जुन प्रयोगधर्मी कवि हैं—न जाने कितने प्रयोग किये हैं उन्होंने। वे लोकधर्मी कवि हैं। अपनी धरती, वहाँ की भाषा, वहाँ की प्रकृति तथा जनजीवन से जुड़कर दी उनकी लोकधर्मिता का विकास हुआ है। लोक के शब्दों से भाषा को समृद्ध किया है उन्होंने। यही कारण है कि उनकी भाषा में गजब की जीवन्तता है। 'साधारण को असाधारण में बदल देना कविता का जोखिम है।' यह जोखिम वे उठाते रहे हैं। जटिल कथ्यों को, जटिल स्थितियों में भी सहज तथा मार्मिक कविताएँ लिखते रहे हैं। उनका ईमानदार, भावुक तथा पारदर्शी व्यक्तित्व कृतियों में अनोखा रंग और प्रामाणिकता की सृष्टि करता है। उनकी कविताओं में सहजता, सरलता तथा सरसता है। ऐसी कविता लिखना बहुत कठिन है। उनकी सरल लगने वाली कविताओं में भी गहरी उथल-पुथल तथा जटिल स्थितियाँ हैं। परन्तु लेखन में वही अत्यन्त सहजता से वर्णित होती हैं जैसे 'अकाल और उसके बाद', 'प्रेत का बयान' 'शासन की बन्दूक़' कविताएँ। 'अकाल और उसके बाद' को ही लें। महज आठ पंक्तियों की कविता है। चार पंक्तियाँ अकाल पर, चार अकाल के बाद की स्थिति पर। पूरी कविता में मनुष्य कहीं नहीं है, भूख कहीं नहीं है। छोटी-छोटी सामान्य-सी स्थितियों तथा पशुओं, पक्षियों और चूल्हा-चक्की से इतना बड़ा कथ्य रचा गया है।

नागार्जुन आशावादी कवि हैं। उनमें निराशा नहीं, पलायन नहीं, एक जुझारूपन है जो अन्याय से संघर्ष करने की प्रेरणा देता रहता है। महान कथाकार कृष्णा सोबती से बातचीत के क्रम में वे कहते हैं—"कवि की कविता, उसका काव्य संसार, अनुभव, लयकारी और उसकी तात्कालिक संवेदना से भी बड़ा है उसका जीवन दर्शन-जिन्दगी से उसका संवाद। यहीं उसके बुनियादी सरोकारों की सार्थकता भी अर्थवान हो उठती है। अपनी बात करूँ तो मेरे यहाँ कोई निराशावाद नहीं। पलायन भी नहीं। दुःख-रूदन-सन्त्रास भी नहीं।" विपरीत स्थितियों में भी आस्था और आशा का स्वर नहीं छोड़ते। उनकी दृढ़ धारणा है कि शोषक कितना ही क्रूर और हृदयहीन क्यों न हो वह मनुष्य और उसके भविष्य के स्वप्न को कभी नष्ट नहीं कर सकता—

जली ढूँठ पर बैठकर गयी कोकिला कूक।
बाल न बाँका कर सकी शासन की बन्दूक़।[1]

1 वही, पृ. 105

47

शमशेर : संवेदना की कलात्मक अभिव्यक्ति

—कुमुद प्रभा श्रीवास्तव

छायावाद के बाद अन्तर्वस्तु और रूपविधान की दृष्टि से हिन्दी कविता के विकास में जिन कवियों ने अपनी निर्णायक भूमिका निभायी है, उनमें शमशेर का स्थान अत्यन्त महत्त्वपूर्ण है। शमशेर इस धारणा को तोड़ते हैं कि संघर्षों का कवि कोमल भावनाओं और प्रेम की कविता नहीं लिख सकता। वे प्रगतिशील कवि के साथ उच्चकोटि के कलाकार भी हैं। शमशेर अपने काव्य व्यक्तित्व के निर्माण में अनेक प्रभावों को स्वीकार करते हैं। छायावाद की रोमांटिक कल्पना एवं सूक्ष्मता, उर्दू कविता की नाजुक खयाली व सांकेतिकता, प्रगतिवाद की समाजवादी विचारधारा तथा प्रयोगवाद की प्रयोगशीलता जिनमें मुख्य हैं। इसके अतिरिक्त पश्चिम के रचनाकारों एजरा पाउंड, इलियट, शेक्सपियर तथा कीट्स ने उनकी कविताओं को गहराई तक प्रभावित किया है। शमशेर अत्यन्त सजग तथा सचेत कलाकार हैं। वे देश-विदेश में होने वाले आन्दोलनों, घटनाओं तथा हलचलों से प्रभावित होते हैं। ईमानदारी से कई विचारधाराओं और सिद्धान्तों से प्रेरणा लेते हैं और नया दृष्टिकोण विकसित करते हैं। वे बड़े उदार कवि हैं—खुले हृदय से प्रभाव स्वीकार करते हैं। उनकी चेतना में स्वीकार-ही-स्वीकार है। जहाँ से जो अच्छा लगा, लिया। देशकाल की सीमाबद्धता उनमें नहीं है। अपने समकालीनों में शमशेर को जानना बहुत दिलचस्प हो सकता है, साथ ही चुनौतीभरा भी। वस्तुतः नागार्जुन, त्रिलोचन, शमशेर, केदारनाथ अग्रवाल, मुक्तिबोध सभी प्रगतिशील कवि हैं लेकिन जहाँ अन्य कवियों के मूल्यांकन में कोई बाधा नहीं वहीं शमशेर की कविताएँ अपनी खामोशी, संक्षिप्तता, वायवीयता एवं सघनता के कारण मूल्यांकन की राह में चुनौती बनकर खड़ी हो जाती हैं। वे अपने ढंग के विलक्षण कवि हैं। अपनी शर्तों पर कविता रचने वाले, प्रकाशन की परवाह किये बगैर। उनका मानना है कि एक बार लिखी जाकर कविता प्रकाशित हो जाती है। लिखते हैं—'कला कैलेंडर की चीज नहीं है। वह कलाकार की अपनी बहुत निजी चीज है।

जितनी ही अधिक वह उसकी अपनी निजी है, उतनी ही कालान्तर में वह औरों की भी हो सकती है।'[1] उनके ऊपर कविता लिखने का कोई बाहरी दबाव नहीं है। वह उनके निकट बहुत निजी तथा आत्मीय है। न उन्हें कविता लिखने की जल्दी है, न प्रकाशित होकर विख्यात होने की होड़ है और न पुरस्कार पाने की कामना। क्या लिखा जा रहा है, क्या लिखने का फैशन है, शमशेर को इससे कुछ लेना-देना नहीं। वे तो वही लिखेंगे जो उनके अन्तर्मन से निकली बात हो।

शमशेर की कविताएँ पहली बार 1952 में 'दूसरा सप्तक' के माध्यम से सामने आयीं। प्रथम काव्य-संग्रह 'कुछ कविताएँ' 1959 में प्रकाशित हुआ जबकि वे छायावाद के तुरंत बाद से 1932-33 से लगातार लिख रहे थे। 'उदिता' (अभिव्यक्ति का संघर्ष) में 1932-1947 तक की कविताएँ संकलित हैं। 'उदिता' का उपशीर्षक 'अभिव्यक्ति का संघर्ष' विशेष अर्थव्यंजक है। यह एक नयी प्रतिभा के उदयकाल की रचनाएँ हैं। यहाँ कवि छायावाद से प्रभावित होते हुए नयी राह बनाते दिखाई देते हैं। शमशेर नयी राह की खोज में निराला को प्रेरणा तथा आदर्श के रूप में देखते हैं। निराला को वे किस रूप में देख रहे थे, यह उनकी 'निराला के प्रति' कविता के इस अंश से प्रमाणित हो जाता है—

भूलकर जब राह—जब-जब राह भटका मैं
तुम्हीं झलके, हे महाकवि,
सघनतम की आँख बन मेरे लिए...
हाँ, तुम्हीं हो, एक मेरे कवि :
जानता क्या मैं—
हृदय में भरकर तुम्हारी साँस—
किस तरह गाता,
(ओ विभूति परम्परा की!)
समझ भी पाता तुम्हें यदि मैं कि जितना चाहता हूँ,
महाकवि मेरे![2]

शमशेर प्रकृति से प्रगतिशील और मनुष्यता के पक्षधर कवि थे। पाखण्ड से दूर, बाहर-भीतर एक समान, प्रेमी कलाकार, बेचैनी से भरपूर लेकिन परम शान्त। 'उदिता' की भूमिका में अपना परिचय देते हुए लिखते हैं—

'एक प्रेमी कलाकार, एक मध्यवर्गीय भावुक नागरिक जो मार्क्सवाद से रोशनी भी ले रहा है और सांस्कृतिक और धार्मिक विविध परम्पराओं में अपनी नैसर्गिक शक्ति

---

1 *कुछ और कविताएँ*, भूमिका

2 *प्रतिनिधि कविताएँ : शमशेर बहादुर सिंह*, सम्पादक—नामवर सिंह, पृ. 21-22

और ऊर्जा के स्रोत भी (अपनी सीमा में अपनी शक्ति भर) तलाश रहा है एक ऐसा व्यक्ति जिसको सभी देशों, सभी धर्मों और भाषाओं और साहित्यों से प्यार है, और सबसे अपने दिल को जोड़ता है।'[1] पूरे विश्व को अपना समझने वाला कवि 'अमून का राग' कविता में कहते हैं–

ये पूरब पश्चिम मेरी आस्था के ताने बाने हैं
मैंने एशिया की सतरंगी किरनों को अपनी दिशाओं के
गिर्द लपेट लिया
और मैं यूरोप और अमेरिका की नर्म आँधी की
धूपछाँव पर
बहुत हौले-हौले नाच रहा हूँ
सब संस्कृतियाँ मेरे सरगम में विभोर हैं
क्योंकि मैं हृदय की सच्ची सुख शांति का राग हूँ
बहुत आदिम, बहुत अभिनव[2]

उनकी चेतना में व्यापकता तथा उदारता है। शमशेर प्रेम और सौन्दर्य चेतना के विलक्षण कवि हैं। उनमें छायावादी सौन्दर्यबोध और भावबोध का प्रभाव भिन्न तरीके से पड़ा। उनका सौन्दर्य बोध उच्चकोटि का है। 'दूसरा सप्तक' के अपने वक्तव्य में वे कहते हैं–"सुन्दरता का अवतार हमारे सामने पल-छिन होता रहता है। अब यह हम पर है, खासतौर से कवियों पर कि हम अपने सामने और चारों ओर की इस अनन्त और अपार लीला को कितना अपने अन्दर घुला सकते हैं।"[3]

प्रकृति का सौन्दर्य परिवर्तनशील है। उसके हर पल की गतिशीलता को ऐन्द्रिय स्तर पर अनुभव करना और उसमें डूब जाना शमशेर की खूबी रही है। कवि 'उषा' का चित्र खींचते हुए एक-एक शब्द को, 'विजुअल' की तरह प्रयुक्त करते हैं–

प्रात नभ था बहुत नीला शंख जैसे
भोर का नभ
राख से लीपा हुआ चौका
(अभी गीला पड़ा है)
बहुत काली सिल जरा से लाल केसर से
कि जैसे धुल गयी हो
स्लेट पर या लाल खड़िया चाक

---

1 *उदिता*, भूमिका

2 *प्रतिनिधि कविताएँ*, पृ. 92

3 *दूसरा सप्तक*, वक्तव्य

मल दी हो किसी ने
नील जल में या किसी की
गौर-झिलमिल देह
जैसे हिल रही हो।
और.....
जादू टूटता है इस उषा का अब
सूर्योदय हो रहा है।[1]

नवीन उपमान योजना, रंगों के सही शेड्स का प्रयोग, कल्पनाशीलता, दृश्यों का चमत्कृत करने वाला सौन्दर्य वे जिस खूबी से चित्रित कर सके हैं–कोई और कवि नहीं कर सका है। शमशेर का सौन्दर्यबोध अपने समकालीनों में सबसे अलग और उच्चकोटि का है। वे शब्दों से चित्र बनाने वाले चित्रकार की चेतना से युक्त कलाकार हैं। एक साक्षात्कार में अपनी इस विशेषता के बारे में बताते हुए वे कहते हैं–"बचपन से मुझे शौक था चित्रकारी का... आप यकीन मानिए कि मैं यह फैसला नहीं कर सका मुद्दतों तक और आज भी मेरे मन में यह सवाल उठता आया है कि मैं साहित्य में रहूँ, साहित्य-रचना ही करूँ, कविता ही लिखूँ या चित्र बनाऊँ।... रचना प्रक्रिया जो चित्र में है, वही रचना प्रक्रिया कविता में भी आयेगी।...यूरोप के जो चित्रकार थे और जो आन्दोलन अतियथार्थवाद का वहाँ चला था उसने बहुत गहराई से मुझको प्रभावित किया है और उन रूपों को मैंने अपने ढंग से कविता में पेश करने की कोशिश की।"[2]

प्रकृति के ताजे, अनूठे व अछूते बिम्ब उनके यहाँ हैं। शमशेर अत्यन्त कल्पनाप्रवण कलाकार थे जिन्होंने अपनी प्रतिभा से जादुई लोक की सृष्टि की है। सौन्दर्य को देखने की विशिष्ट सूक्ष्म दृष्टि तथा कलाकार की चेतना से युक्त होकर ये चित्र अनूठे बन पड़े है। हिन्दी काव्य-जगत इन विलक्षण प्रकृति चित्रों से समृद्ध होता हुआ दिखाई पड़ता है। पाठकों में नयी संवेदनाएँ जगा रही थीं ये कविताएँ–

पूरा का पूरा आसमान है
एक इन्द्रधनुषी ताल
नीला साँवला हलका गुलाबी
बादलों का धुला पीला धुँआ[3]

1 प्रतिनिधि कविताएँ, पृ. 102
2 साक्षात्कार, अगस्त 1981
3 प्रतिनिधि कविताएँ

चाँद निकला बादलों से पूर्णिमा का
गल रहा है आसमान
एक दरिया उमड़कर पीले गुलाबों का
चूमता है बादलों के झिलमिलाते स्वप्न जैसे पाँव[1]

कोठरी के आईने में खड़ी
हँस रही है
पारदर्शी धूप के पर्दे
मुस्कुराते

मौन आँगन में
मोम सा पीला
बहुत कोमल/नभ
एक मधुमक्खी हिलाकर फूल को
बहुत नन्हा फूल
उड़ गई[2]

प्रकृति चित्रों की तरह शमशेर के मानवीय सौन्दर्य के चित्र भी अनूठे हैं। नारी-सौन्दर्य का चित्रण ऐन्द्रिय भावबोध से युक्त है। उनकी कविताओं में नारी-सौन्दर्य गठा हुआ, साँचे में ढला हुआ एक सुन्दर मूर्ति की तरह है जो अत्यन्त आकर्षक है—

चिकनी चाँदी सी माटी
वह देह धूप में गीली
लेटी है हँसती सी।[3]

सौन्दर्य के प्रभाव के चित्र हमें उनके यहाँ मिलते हैं। सौन्दर्य का प्रभाव व्यापक है। उसके साक्षात्कार के समय ऐसा प्रतीत होता है मानो—

एक सोने की घाटी जैसे उड़ चली/जब तूने हाथ उठाकर/
मुझे देखा/एक कमल सहस्रदली होठों से/दिशाओं को
छूने लगा।[4]

सौन्दर्य का अस्तित्व लौकिक स्तर से कहीं पार जाकर है—

---

1 वही, पृ. 103
2 वही, पृ. 131
3 वही, पृ. 182
4 वही, पृ. 147

सौन्दर्य जो त्वचा में नहीं/थिरकते रक्त में नहीं/
मस्तिष्क में/नहीं, कहीं इनके पार से/
बरसता है अणु-अणु-पल-पल में।[1]

सौन्दर्य को पाने की आकांक्षा माध्यम द्वारा नहीं, माध्यम के परे जाकर है। तभी वे कहते हैं–

ओ स्पर्श/मुझे क्षमा करना/
कि तुम मुझी में होकर मुझी से परे हो/ओ माध्यम!/
क्षमा करना/कि मैं तुम्हारे पार जाना चाहता हूँ![2]

शमशेर प्रेम की बहुत ऊँची कविता लिखते हैं। प्रेम को पाने की तीव्र आकांक्षा उनमें दिखाई पड़ती है। *'तुम मुझसे प्रेम करो जैसे मछलियाँ लहरों से करती हैं।'* उनमें सहज, स्वाभाविक तथा स्वच्छन्द प्रेम की कल्पना है। प्रेम बाँधता नहीं, मुक्त करता है। *'टूटी हुई बिखरी हुई'* उनकी उत्कृष्ट प्रेम कविता है। छोटे-छोटे असम्बद्ध चित्रों द्वारा प्रेम की गहराई व्यंजित की गयी है। प्रेमिका के चित्र में उर्दू शायरी की रूमानियत और चमत्कार का रंग भी दिखाई देता है–

एक खुशबू जो मेरी पलकों में इशारों की तरह
बस गयी है, जैसे तुम्हारे नाम की नन्हीं-सी
स्पेलिंग हो, छोटी-सी प्यारी सी, तिरछी स्पेलिंग,
आह, तुम्हारे दाँतों से जो दूब के तिनके की नोक
उस पिकनिक में चिपकी रह गयी थी,
आज तक मेरी नींद में गड़ती है।[3]

रोमांटिक मूड की ये कविताएँ अद्भुत बन पड़ी हैं। प्रेम की परिकल्पना अत्यन्त विराट् है। *'चुका भी हूँ मैं नहीं!'* में कहते हैं–

चुका भी हूँ मैं नहीं
कहाँ किया है मैंने प्रेम अभी
जब करूँगा प्रेम
पिघल उठेंगे
युगों के भूधर
उबल उठेंगे
सात सागर।[4]

---

1 *प्रतिनिधि कविताएँ*, पृ. 132
2 वही, पृ. 133
3 वही, पृ. 112
4 वही, पृ. 30

उनकी प्रेम साधना का रास्ता शारीरिक, लौकिक व प्रेमछल से होकर गुजरता है—

उसकी बात-बात में छल है
फिर भी है वह अनुपम सुन्दर
माया ही उसका संबल है
फिर भी है वह अनुपम सुन्दर[1]

इस शारीरिक प्रेम को अतिक्रांत करके ही वे शुद्ध अशरीरी प्रेम तक पहुँचाते हैं—अत्यन्त सघन और पार्थिव होते हुए भी वे प्रेम को अपार्थिव धरातल पर उठा देते थे—

जाओ/किन्तु मुझमें बसकर/सुगंध की तरह/मेरे साथ/
मैं हवा की तरह अदृश्य ही जब हो जाऊँ/जहाँ कहीं जाओ।[2]

"इसीलिए शमशेर कहते हैं कि सौन्दर्य वह नहीं जो स्थिर है, जड़ है, बल्कि वह जो स्थिर काल को बेधता हुआ रुका रहता है। क्योंकि भाव वही है जो भावों के भीतर से होता हुआ उससे पार चला जाये। सुख वही, जो आनन्द से परे हो, सत्य वही, जो काल पर सवारी करने को तत्पर तैयार। यही द्वन्द्व भाव ही तो वह सौन्दर्य है, जो स्थिर काल में नहीं है और जिसके लिए शमशेर और शमशेर जैसे कवि मारे-मारे फिरते हैं। यही जोगी का उच्छिन्न जोगेश्वर भाव है।"[3]

प्रेम और सौन्दर्य के कवि शमशेर सामाजिक चेतना को बहुत महत्त्व देते थे। उनके अनुसार कलाकार को सामाजिक चेतनासम्पन्न होना बहुत जरूरी है। मुक्तिबोध को वे इसी आधार पर बड़ा कवि मानते हैं और उनसे प्रभावित होते हैं। प्रगतिवादी चेतना उनकी कविता का अभिन्न अंग रही है। जनवादी क्रान्तिचेतना के पक्षधर रचनाकार के रूप में वे महत्त्वपूर्ण हैं।

यथार्थ चेतना तथा कला एवं सौन्दर्य दोनों को समान महत्त्व देते हैं। 1936 में प्रेमचन्द की अध्यक्षता में 'प्रगतिशील लेखक संघ' की स्थापना हुई थी और उस समय इलाहाबाद महत्त्वपूर्व केन्द्र के रूप में था। उस दौर में शमशेर मार्क्सवादी चेतना के सम्पर्क में आये। 'उदिता' की भूमिका में लिखा—'उस जमाने में मैंने अपनी घोर वैयक्तिक अनार्किक भावुकता, रोमानी आदर्शवाद आदि से रचनात्मक संघर्ष करना शुरू कर दिया था और मार्क्सवादी मॉडल प्रबल रूप से मुझे अपनी ओर खींच रहे थे, उर्दू कविता का शानदार प्रगतिशील उभार भी प्रभावित कर रहा था। धीरे-धीरे मगर काफी धीरे-धीरे कुछ परिवर्तन आया।'[4] शमशेर मार्क्सवाद को अपने अनुभव-संसार में रचा-पचाकर उसे अपनी जीवन दृष्टि का अभिन्न अंग बनाने वाले प्रगतिशील कवि हैं।

---

1 वही, पृ. 16
2 टूटी हुई, बिखरी हुई, पृ. 72
3 वसुधा, दूधनाथ सिंह, पृ. 105
4 उदिता, भूमिका

शमशेर के काव्य विकास में 1940-1948 तक का समय बहुत महत्त्वपूर्ण रहा है। इसी समय वे 'हंस' और प्रगतिवादियों के सम्पर्क में आये तथा कम्युनिस्ट पार्टी से जुड़े। 190 तक वे बंबई में पार्टी मुखयालय 'कम्यून' में रहे, पार्टी के सदस्य बने तथा पार्टी की साहित्यिक पत्रिका 'नया साहित्य' के संपादन का काम डॉ. रामविलास शर्मा के साथ किया। उनकी कविताओं में जनोन्मुखता काफी प्रबल है। वे समाज को व्यक्ति के ऊपर स्थान देते हैं–

मैं समाज तो नहीं; न मैं कुल
जीवन;
कण-समूह में हूँ मैं केवल
एक कण[1]

सामान्य जन के प्रति गहरी सहानुभूति उनमें हैं–'शाम निर्धन की न भूलूँ मैं' शहीदों की याद में भी भी उन्होंने कई कविताएँ लिखी हैं। वे स्वाधीनता आन्दोलन की घटनाओं को कविता का विषय बनाते हैं।

'ग्वालियर की एक शाम' में रोटियों के बदले गोलियाँ खाए मजूरों को देखकर कवि कह उठता है–

गरीब के हृदय/टँगे हुए/कि रोटियाँ/लिए हुए निशान/
लाल लाल/जा रहे कि चल रहा/लहू-भरे ग्वालियर
के बाजार में जुलूस/जल रहा/धुआँ धुआँ/
ग्वालियर के मजूर का हृदय।[2]

'बात बोलेगी' कविता को प्रगतिवाद के घोषणापत्र की तरह प्रचारित किया गया–

बात बोलेगी/हम नहीं!/भेद खोलेगी/बात ही/.....
दैन्य दानव; काल/भीषण; क्रूर/स्थिति; कंगाल/
बुद्धि; घर-मजूर/सत्य का/क्या रंग?/पूछो/एक संग।[3]

'फिर वह एक हिलोर उठी', 'लेकर सीधा नारा', 'जीवन की कमान', 'य' शाम है', 'बात बोलेगी', 'वाम वाम वाम दिशा', 'अम्न का राग', 'समय साम्यवादी' उनकी प्रगतिवादी विचारधारा की मुख्य रचनाएँ हैं।

भाषा के क्षेत्र में शमशेर का योगदान अपूर्व है। उन्होंने भाषा का रूप बदला तथा भाषा शिल्प के क्षेत्र में अनेक प्रयोग किए। उनकी भाषा में शब्दों का ही नहीं, अन्तरालों का भी महत्त्व है। उर्दू-हिन्दी दोनों भाषाओं की विशेषताओं से उत्पन्न भाषिक सौन्दर्य उनमें दिखायी पड़ता है। वस्तुतः वे उर्दू का संस्कार

1 प्रतिनिधि कविताएँ, पृ. 31
2 वही, पृ. 41-42
3 वही, पृ. 43

लेकर हिन्दी में आए। पश्चिम के रचनाकारों तथा समाजवादी विचारधारा ने भी उनकी भाषा को सशक्त बनाया। मितकथन शमशेर की कला की खास विशेषता हैं। एक साक्षात्कार में वे कहते हैं–"कला उसे कहते हैं जिसमें कम-से-कम उपादानों के साथ अधिक-से-अधिक प्रभाव पैदा किये जा सकें। शब्द कम हों, चित्र हैं तो रेखाएँ कम हों, रंगों का बहुत उपयोग न किया गया हो, मगर जो प्रभाव चाहिये वह उतने में पूरा अधिक-से-अधिक हो।"[1] हिन्दी कविता को शमशेर की सबसे बड़ी देन कविता में कला के योगदान को लेकर है। वे शिल्पसजग कवि हैं। उनकी कविताओं की विलक्षणता में सर्जनात्मक भाषा और कलात्मकता का बहुत योगदान है। कविता में विविध कलाओं की उपस्थिति चित्रकला, मूर्तिकला तथा संगीतकला उसे समृद्ध बनाती है।

काव्यक्षेत्र व्यापक तथा विविधतापूर्ण है। छायावादी रोमांटिक कविता, गजल, सॉनेट, प्रतीकवादी कविता, प्रयोगवादी रचनाएँ, लोकगीत, रूबाइयाँ, शेर, राजनीतिक कविता–सभी तरह की कविताएँ हमें उनके यहाँ मिल जायेंगी। शमशेर स्वीकार करते हैं कि उन्होंने किसी 'फॉर्म' शैली या विषय का सीमा बन्धन स्वीकार नहीं किया।

शमशेर की कविताओं पर विचार करते हुए आलोचक विद्वानों ने उन पर तरह-तरह के आरोप लगाए हैं। उन्हें आत्मग्रस्त कवि के रूप में देखा गया है। उनकी कविताओं पर अमूर्त्तन, दुरूहता तथा अत्यधिक निजता का आरोप लगाया जाता रहा है। कहा गया उनमें शिल्प का आग्रह अत्यधिक है इसीलिए उनकी कविताएँ उलझी हुई हैं और उनमें संप्रेषण की भारी समस्या है। विषय-वस्तु भी सीमित है। वस्तुतः शमशेर कविता में कला को बहुत महत्त्व देते हैं। शिल्प को लेकर वे बहुत गम्भीर थे। शिल्प पर उन्होंने बहुत प्रयोग भी किए। डॉ. रंजना अरगड़े से बातचीत के क्रम में वे स्वीकार करते हैं–

"असल में मेरी दृष्टि–शिल्प पर पहले से ज्यादा रही। I am very conscious of style' "[2] शिल्प को लेकर वे इतने गम्भीर थे कि 'चीन' नामक कविता लिखने में उन्हें डेढ़-दो वर्ष लग गए। शिल्प साधंने के क्रम में वे मितकथन के हिमायती रहे हैं। मितकथन तथा अमूर्त्तन के कारण कहीं-कहीं उनकी कविता में उलझाव तथा दुरूहता आ गयी है और कभीकभी खींचकर अर्थ लगाना पड़ता है।

शमशेर की जनवादी संघर्ष की कविताओं को लेकर बड़ी असमंजस की स्थिति देखी जाती है। उनकी समाजवादी विचारधारा से युक्त कविताओं को आलोचक सहजता से नहीं ले पाते। उनके अनुसार यह शमशेर की स्वाभाविक भूमि नहीं है। एक तरह से देखा जाये तो शमशेर सबसे कम समझे गये कवि हैं। उनके काव्य-व्यक्तित्व

---

1 साक्षात्कार, अगस्त, 1981

2 कवियों का कवि, रंजना अरगड़े, पृ. 224

को टुकड़ों में बाँटकर देखा गया है। सौन्दर्यवादी या समाजवादी? शमशेर दोनों क्यों नहीं हो सकते। प्रश्न उठता है कि उनकी प्रेम और संघर्ष दोनों तरह की रचनाओं में कोई सम्बन्ध है या नहीं? अधिकतर समीक्षक शमशेर को रोमांटिक भाव बोध से युक्त सौन्दर्यवादी तथा रूपवादी कवि मानते हैं। उनके अनुसार उनकी संघर्ष और क्रान्ति की रचनाएँ कमजोर हैं। स्वयं शमशेर क्या कहते हैं, उसे देख लेना चाहिये। 'दूसरा सप्तक' के अपने 'वक्तव्य' में वे कहते हैं—"अपने चारों तरफ की जिन्दगी में दिलचस्पी लेना, उनकी ठीक-ठाक यानी वैज्ञानिक आधार पर (मेरे नजदीक यह वैज्ञानिक आधार मार्क्सवाद है) समझना और अनुभूति और अपने अनुभव को इसी समझ और जानकारी से सुलझाकर स्पष्ट करके पुष्ट करके अपनी कला भावना को जगाना। यह आधार इस युग के हर सच्चे और ईमानदार कलाकार के लिए बेहद जरूरी है। इस तरह अपनी कला चेतना को जगाना और उसकी मदद से जीवन की सचाई और सौन्दर्य को अपनी कला में सजीव से सजीव रूप देते जाना, इसी को मैं 'साधना' समझता हूँ और इसी में कलाकार का संघर्ष छिपा हुआ देखता हूँ।" वस्तुतः शमशेर जीवन की सचाई और कला तथा सौन्दर्य चेतना दोनों को महत्त्व देते हैं। शमशेर समाजवादी तथा सौन्दर्यवादी चेतना में कोई दूरी नहीं देखते थे। वस्तुतः शमशेर किसी बने-बनाये चौखटे में समाने वाले कवि नहीं हैं।

उनकी कविताओं को समझने का सूत्र उनके जीवन संघर्ष तथा व्यक्तित्व में समाया हुआ है। जीवन के संघर्ष तथा दुःख ने शमशेर की कविता को गहराई से प्रभावित किया है। पत्नी की असामयिक मृत्यु तथा आर्थिक कष्ट (जिसके कारण उन्हें कम्पाउन्डरी भी करनी पड़ी) उन्हें सहन करने पड़े—'यह विवशता बना देती सरल जीवन को खून की आँधी'। वे व्यक्तिगत दुःख को सामाजिक करुणा में बदलते रहे। उनके जीवन में निचाट अकेलापन था। अभाव ही अभाव थे—

> खुश हूँ कि अकेला हूँ/कोई पास नहीं है/बजुज एक सुराही के/
> बजुज एक चटाई के/बजुज एक जरा से आकांश के/
> जो मेरा पड़ोसी है मेरी छत पर/ (बजुज उसके, जो तुम होतीं—
> हो फिर भी/यहीं-कहीं अजब तौर मगर से)[1]

जीवन में दुःख, अभाव, संघर्ष, अकेलापन, वियोग तथा उदासी ने उन्हें सच्चा हमदर्द तथा प्रेम की ऊष्मा से भरपूर बना दिया जिससे उनकी कविता समृद्ध होती दिखायी पड़ती है। उनकी कविताओं से उनको अलग करना मुश्किल है। जीवन में प्रेम तथा सौन्दर्य को पाने की ललक वे कविता में पूरी करते हैं। प्रेम छलावा है फिर भी वे अमर प्रेम करते रहेंगे। उनका जीवन जितना बेरंग था, कविता उतनी ही रंगीन थी। "निपट और निचाट गरीबी के वे जैसे आदी हो गये थे। तब सिर्फ बिम्ब, कविताएँ

---

1 टूटी हुई, बिखरी हुई, पृ. 148

और मिथक उनके सम्पूर्ण अस्तित्व में घुले रहते थे। विराट डिप्रेशन से कविता ही उन्हें उबारती थी। भूखे-प्यासे, निश्चिन्त, मस्त वे रचना की विराट और अभूतपूर्व समृद्धि का आख्यान नजर आते थे। कोई, कुछ नहीं कर सकता था। दुनिया से पूरी तरह गैरहाजिर यह कवि, दुनिया और मनुष्य की सघनतम सच्चाइयों को उकेरने में लीन रहता था।"[1]

शमशेर स्वभाव से रोमांटिक, विचारों से प्रगतिशील तथा एक सचेत कलाकार थे। उनकी कविताओं में ये तीनों रूप ऐसे घुलमिल गये हैं कि उन्हें अलगाना बहुत मुश्किल है। इन तीनों स्तरों से समृद्ध होकर उनकी कविता विलक्षण रूप ग्रहण करती है। यही कारण हैं कि जटिल होने के बावजूद कई बार उनकी कविता दैनिक व्यवहार से जुड़ती दिखायी देती है। 'ओ मेरे घर', 'लौट आ, ओ धार', 'काल, तुझसे होड़ है मेरी', 'टूटी हुई, बिखरी हुई', 'एक नीला आइना बेठोस', 'उषा', 'एक पीली शाम', 'घिर गया है समय का रथ', 'अम्न का राग', 'यह विवशता', 'बात बोलेगी', 'बैल' जैसी कालजयी रचनाएँ शमशेर ने हिन्दी-साहित्य को दी हैं। एक कवि के रूप में वे लगातार विकसित होते गये हैं। सीमाओं के बावजूद उनकी कविताओं की शक्ति का भी मूल्यांकन होना चाहिये। चिन्ता की बात है कि शमशेर सबसे कम समझे गये कवि हैं। इसका कारण सम्भवतः यह भी हो सकता है कि वे किसी बने-बनाये चौखटे में समाने वाले कवि नहीं हैं। इस सम्बन्ध में श्री एकान्त श्रीवास्तव का यह कथन बहुत उचित प्रतीत होता है–

"शमशेर जैसे कवियों के सामने आलोचना जैसे असहाय-सी हो जाती है—कविता को परिभाषित करने में। स्वयं कवि श्रेष्ठ कविता लिखकर जैसे कविता को परिभाषित करता है, शास्त्र और टीकाएँ यहाँ एक तरफ खड़ी रह जाती हैं हाथ बाँधे मौन.... कविता कवि के और मनुष्य के अन्दर है। व्याख्या और आलोचना के स्पर्श से वह कर्पूर की तरह उड़ जायगी।"[2]

---

1 वसुधा, दूधनाथ सिंह, पृ. 121

2 वागर्थ, अंक 142, एकान्त श्रीवास्तव, पृ.. 10

48

खरेपन के कवि : केदारनाथ अग्रवाल

—तपेश्वर नाथ

केदारनाथ अग्रवाल व्यापक सामाजिक चेतना के कवि हैं। वे अपनी कविता को वस्तुजगत् में निर्मित व्यक्तित्व की कविता कहते हैं। डॉ. तनूजा तिवारी के शब्दों में—'केदारनाथ अग्रवाल ने एक रचनाकार के स्तर से वर्तमान सामाजिक उत्तरदायित्व को निभाया है। समाज की जीवन-क्रिया पर दृष्टि रखकर समाज में जन्म लेने वाली प्रत्येक ध्वनि पर स्वयं को केन्द्रित किया है। आर्थिक द्वन्द्व, जातिगत स्थिति और नारी रूप अथवा पद्धति को ठुकराकर सर्वथा नवीन आदर्शों की स्थापना की है। विरोधी परिस्थितियों में रहकर भी सामाजिक सत्य के प्रति अपनी भावना तथा आग्रह को नहीं बदला है।'[1]

इनके वस्तु-जगत् में गाँव का सरल कृषक है जो अभाव तथा ऋण में डूबा हुआ है तथा मजदूर है, जिसके रक्त को मालिक चूस रहे हैं। सूदखोर, महाजन, पूँजीपति, कर्मचारी और अधिकारी एकजुट होकर अपनी सुविधा के लिए यथास्थिति बनाये रखना चाहते हैं। स्वार्थ-साधना में रत होकर इन्होंने मानवीय संवेदना को भुला दिया है। शासन-तन्त्र अपनी शक्ति से क्रान्ति की आवाज को दबाकर अनेक विधि से शोषण करता है। अशोक त्रिपाठी भी केदारनाथ को धरती, खेत, खलिहान तथा पीड़ा का कवि मानते हैं, जो मनुष्य बनना चाहता है।[2]

पुरोहितवादी सामाजिक व्यवस्था और सामन्ती संस्कृति देवी-देवता की आधार शिला पर टिकी हुई है। केदारनाथ की रचनाओं में देवी-देवताओं और मूर्तियों के विरोध का सन्दर्भ मिलता है।

श्री अग्रवाल की रचनाओं ने समाज के चिन्तन को नयी दिशा दी है। समाज की प्रगति खातिर कविताएँ इतिहास और आन्दोलन बनकर सामने आती हैं। प्रगतिवादी दृष्टि, दुख, संघर्ष, हास्य, व्यंग्य आदि के चित्रण के पीछे एक विचार-सारणी को अपनाना चाहती है।

---

1 *प्रगतिवादी कविता में सौन्दर्य-चिन्तन*, डॉ. तनूजा तिवारी, पृ. 141

2 *कहे केदार खरी-खरी*, केदारनाथ अग्रवाल, पृ. 11-12

केदारनाथ व्यंग्य के सशक्त कवि हैं। उनके 'पंख और पतवार' में व्यंग्य-वैविध्य के दर्शन होते हैं। अपने सशक्त व्यंग्यों के माध्यम से उन्होंने तथ्यों को उभारा है। डॉ. नामवर सिंह ने व्यंग्य को केवल केदारनाथ और नागार्जुन में ही सशक्तता में स्वीकार किया है।[1] वस्तु-तथ्यों को देखने का केदारनाथ का ढंग राजेश जोशी की दृष्टि में पूर्णत चित्रात्मक हैं।[2]

केदारनाथ अग्रवाल ने आधुनिक विचारधाराओं के सन्दर्भ को पूरी ईमानदारी से अपनी रचनाओं में निरूपित किया है। समसामयिक समाज में वर्ग-वैषम्य है, निराशा है, दुख और अभाव है। चतुर्दिक् निराशान्धकार देखकर कवि उसको निरूपित करता है। वह हतप्रभ समाज में आशा, विश्वास और साहस का संचार करता है। मार्क्सवादी कवि परम्परागत धार्मिक मान्यताओं, रूढ़ियों, सड़ी-गली परम्पराओं तथा रूढ़िग्रस्त धर्म तथा मूर्ति पूजा का निषेध करता है। उनकी दृष्टि में प्रगतिशील समाज के ये बाधक तत्त्व हैं। इसलिए प्रगतिवादी रचनाकार उन तमाम परम्परागत असंगत मान्यताओं को मानने से इनकार कर देता है जो समाज को पतनोन्मुख बनाता है। जनकवि केदारनाथ अग्रवाल की कविता में रूढ़िग्रस्त धर्म तथा मूर्तिपूजा के विरोध के सन्दर्भ में मिलते हैं–

'छोटी सी देव-मूर्ति
आले में रखी थी
बेचारी औचक ही
चूहे के धक्के से
दांसा के पत्थर पर
नीचे गिर टूट गयी।
ताज्जुब है मुझको तो
करुणा के सागर के
अन्तर की एक बूँद
भूमि पर न छलकी।'[3]

कवि रोजी-रोटी की समस्या को मार्क्सवादी दृष्टि से कविता में निरूपित करता है। वह कहता है कि राम-भरोसे बैठकर रोटी प्राप्त नहीं होगी–

'रोटी तुमको राम न देगा, वेद तुम्हारा काम न देगा,
जो रोटी के लिए लड़ेगा, वह रोटी को आप वरेगा।'[4]

---

1 *प्रगतिशील कविता में सौन्दर्य-चिन्तन*, डॉ. तनूजा तिवारी, पृ. 142

2 *वही*

3 *गुलमेंहदी*, केदारनाथ अग्रवाल, पृ. 33

4 *वही*, पृ. 138

मार्क्सवादी विचारधारा के प्रबल समर्थक होने के कारण कवि ने धर्मान्धता पर करारी चोट की है तथा रूढ़ि-ग्रस्त धर्म की खिल्ली उड़ायी है। कहीं वे चित्रकूट के यात्रियों के कल्पित स्वर्ग का उपहास करते हैं तो कहीं सुनार के क्रन्दन सुनकर कोयले की आग में पिघलने वाले सोने के देवता की हँसी उड़ाते हैं।[1] कभी धर्म की चर्चा में सन्तों के गुड्डों को ले आते हैं जिन्हें रामकृष्ण मानकर वह अपने जीवन का अमूल्य भाव अर्पित करते हैं और संसार की धार्मिक भावना के विकास की प्रक्रिया में उसी को स्वीकार करते हैं।[2] तो कभी किसी थाने को भैरों के भैसों की संज्ञा देकर बधिया करने की बात करते हैं।

कवि ने राजनीतिक व्यक्तियों का भी उपहास किया है। पूँजीवादी समाज में शोषितों को न्याय नहीं मिल पाता है। चतुर्दिक् अन्याय देखकर कवि का मन बिदक उठता है। सर्वत्र मिथ्याचारियों का प्रभुत्व है। न्यायालयों में सड़ी-गली नौकरशाही है। सर्वत्र जोर-जुल्म और भ्रष्टाचार है। केवल कागज पर सरकार की योजना बनती है और मिटती है। सत्य की हत्या हो रही है। कुर्सीधर अधिकारी इतने निष्क्रिय हो गये हैं कि उनसे कोई सन्तुष्ट नहीं है। राजनेता अपने भाषण से बड़ी-बड़ी शिक्षा देते हैं परन्तु उनका चरित्र विश्वसनीय नहीं है। कवि राजनेताओं के खण्डित व्यक्तित्व के सन्दर्भों को रेखांकित करता है–

'न तुम भविष्य को उज्ज्वल कर सकते हो
न आज को सुन्दर कर सकते हो।'[3]

कवि सड़ी-गली नौकरशाही का विरोध करता है। वह दृढ़चित्त से नौकरशाही का सिर फोड़ना चाहता है–

'जनता का जमघट मैं बाँधू
इनका तोड़ूँ नौकरशाही
अफ़सरशाही सिर फोड़ूँ।'[4]

अयोग्य व्यक्तियों को सिंहासन पर पदासीन देखकर कवि का मन क्षुब्ध है। 'सिंहासन पर बदलते चरित्र के लोग हैं जो गिरगिटवत् अपना रंग बदलते हैं, गर्दभ-सदृश बुद्धिहीन व्यक्ति चाटुकारिता करते हैं और बाज के समान वृत्ति वाले बीन बजाकर रिझाने की चेष्टा करते हैं। इस प्रकार सोने-चाँदी के जूतों पर खीर पकाने वाले इस नेता के आसन का मखौल उड़ाते हैं।'[5]

---

1 *वही*, पृ. 32

2 *कहे केदार खरी-खरी*, केदारनाथ अग्रवाल, पृ. 37-38

3 *वही*, पृ. 188

4 *गुलमेंहदी*, केदारनाथ अग्रवाल, पृ. 128

5 *कहे केदार खरी-खरी*, केदारनाथ अग्रवाल, पृ. 125

कवि नारियों को दलित स्थिति से ऊपर उठाना चाहता है। नारी-स्वतन्त्रता के सन्दर्भ भी कवि के यहाँ मिलते हैं। कवि नारी की उस शृंखला को तोड़ देना चाहता है जो उनको नारकीय जीवन जीने के लिए विवश करती है।

'देखता हूँ द्रौपदी को और शैव्या को, शची को, रूप की दूकान खोले

x x x

जिन्दगी को मुक्त करता हूँ नरक से।'[1]

कवि शोषण की प्रथा के सन्दर्भ को व्याख्यायित करता है–

'शोषण की प्रत्येक प्रथा की
अंधियार गहन मिटाये जा
नये जन्म का नया उजाला
धरती पर बरसाये जा।'[2]

केदारनाथ अग्रवाल ने सामान्य जनता की व्यापक संवेदना को अपनी रचनाओं में मुखरित किया है। ये लिखते हैं–'कवि केदार की जनवादी लेखनी पूर्णरूपेण भारत की सोंधी मिट्टी की देन है। इसीलिए इनकी कविताओं में भारत की धरती की सुगन्ध और आस्था का स्वर मिलता है। केदारनाथ की लेखनी ने भारतीय जन को अमरता दी है।'[3] कवि साहित्यकार के दायित्व को निरूपित करते हुए कहता है–

'लाल सोने का सबेरा चमचमाओ
लेखनी के लोक में आलोक लाओ।'[4]

केदारनाथ अग्रवाल के काव्य में कानपुर के मजदूरों से लेकर बाँदा जिले के किसानों के जीवन का वास्तविक चित्रण मिलता है। जनता के जीवन का चित्रण करते हुए कवि बेरोजगारी का चित्रण करता है–

रद्दी की टोकरी का जीवन है। संज्ञाहीन, अर्थहीन। बेकार, चिरे-फटो टुकड़ों-सा पड़ा है। देही है–एक दिन, एक बार, आग के छूने की। राख हो जाना है।[5]

केदार ने अपनी कविता में भूख का चित्रण किया है। कवि कानपुर के श्रमजीवियों के वर्णन में भूख के सन्दर्भ को देखता है–

---

1 *वही*, पृ.68-69
2 *गुलमेंहदी*, केदारनाथ अग्रवाल, पृ. 161
3 *विवेक-विवेचन*, वही, पृ. 1
4 *गुलमेंहदी*, केदारनाथ अग्रवाल, पृ. 122
5 *वही*, पृ. 29

देश के करोड़ पुत्र। छोड़ सिन्धु, गंगा, ब्रह्म, विन्ध्य के महाप्रदेश, क्षीण, वृत्तिहीन, त्रस्त का पछाड़, यत्र-तत्र पेट को मरोड़ते।[1]

कवि ने अपनी कविता 'हे मेरी तुम' द्वारा निम्नमध्यवर्गीय वस्त्राभाव को, मायूसी को, मानवीय प्रेम-पत्नी-प्रेम के प्रसंग द्वारा प्रतिध्वनित किया है—

हे मेरी तुम
कल कमीज में बटन नहीं थे,
कुरता देखा तो आगे से फटा हुआ था
धोती में कुछ दाग पड़े थे,
बक्स और आलमारी देखी,
नहीं एक भी मिला तौलिया।[2]

पत्नी को सम्बोधित इस कविता में कैसी अनिवार्य बेबसी चित्रित हुई है।

केदारनाथ अग्रवाल के काव्य में मकान की समस्या पूर्णता में प्राप्त नहीं होती है। अपूर्ण रूप में साधारण जनता की बदहाली के चित्रण में मकान की समस्या का चित्रण दिखता है। कवि की काव्यमयी अभिव्यक्ति द्रष्टव्य है—

बहुत धूप खायी है मैंने
जैसे और लोग खाते हैं मलाई की वर्क
न सही, मेरे पास मकान
रुपये बनाने की दूकान, न सही,
मेरे दोस्त, अभी मैं बहुत साल जिऊँगा।[3]

अग्रवाल जी ने अपनी काव्य-यात्रा के प्रथम चरण में निम्नजातियों का उद्‌बोधन किया है। उनकी 'मछुआड़े' और 'दीन-कुनवा' इस सन्दर्भ को अच्छी तरह चित्रित करती है। दीनों की बदहाली का चित्रण करते हुए कवि अपनी कविता दीन-कुनबा में कहते हैं—

दीन दुखी वह कुनबा
जाड़े की थर्र-थर्र में काँपता
अपनी चौपड़ी में बैठा
ताप रहा है कौड़ा।[4]

---

1 *केदारनाथ अग्रवाल से उद्धृत,* अजय तिवारी, पृ. 102

2 *गुलमेंहदी,* केदारनाथ अग्रवाल, पृ. 177

3 *बहुत धूप खायी है हमने,* केदारनाथ अग्रवाल, सम्पादक-डॉ. अजय तिवारी, पृ. 115

4 *गुलमेंहदी,* केदारनाथ अग्रवाल, पृ. 54

इनकी 'मछुआड़े' शीर्षक कविता भी निम्नजातियों के उद्बोधन के सन्दर्भ को प्रतिबिम्बित करती है–

अर्राती चौगुनी धार को
सहज चीरकर बढ़नेवाले
गंगा तट के ये मछुआड़े
नैया पार लगाने वाले।[1]

केदारनाथ ने अपनी पुरानी कविता गाँव में अपने यहाँ के गँवई गाँव के जीवन को रेखांकित करते हुए वहाँ की निरक्षरता को दर्शाया है–

गाय, बैल, भेड़, बकरी
पशुओं के दल में
मूर्ख मनुष्यों का समाज
खोया रहता है।'[2]

केदारनाथ ने अपनी कविता 'रनिया' द्वारा नारी स्वतन्त्रता की बात कही है। इन्होंने 'रनिया' को 'देश-बहन' कहकर सम्बोधित किया है। इसमें नारी के प्रति कवि के सम्मान का भाव प्रकट होता है। कविता द्रष्टव्य है–

'अब रनिया के दिन आये हैं।
जग उसके माफिक बदलेगा।'[3]

केदारनाथ ने अपनी कविता द्वारा राजनीतिक अराजकता पर भी गहरा व्यंग्य किया है। कांग्रेसी शासन पर इनका व्यंग्य द्रष्टव्य है–

कांग्रेस के राज में
आयो नहीं वसन्त!
अपत कटीली डाल के,
गावत हैं गुन पन्त।[4]

भारत के स्वाधीन होने के बाद, भारतीय नेताओं के पतनोन्मुख चरित्र पर केदार ने 1976 में आक्रोश एवं चिन्ता व्यक्त करते हुए कहा है–

---

1 *वही*, पृ. 62

2 *गुलमेंहदी*, केदारनाथ अग्रवाल, पृ.-63

3 *वही*, पृ.-48

4 *कहे केदार खरी-खरी*, केदारनाथ अग्रवाल, पृ. 90

सत्ताइस साल में तुम। न तुम रह गये तुम।
न हम रह गये हम। तुम हो गये खूँख्वार।
हम हो गये बीमार। अभावग्रस्त, लाचार।[1]

कवि जनवादी सरकार बनाने की आकांक्षा करता है। वह कांग्रेस सरकार की आलोचना इसलिए करता है कि वह भारत में ब्रिटिश अर्थ-नीति लागू करना चाहता है। कवि की काव्यमयी अभिव्यक्ति द्रष्टव्य है—

अर्थनीति में राजनीति में गहरा गोता खाया।
जनवादी भारत का उसने सब कुछ वहाँ गँवाया।"[2]

कवि ने 1978 में जनतन्त्र की दुर्गति का मार्मिक चित्रांकन अपने काव्य में किया है। उसने आक्रोश के स्वर में कहा कि अगली पीढ़ी जब आयेगी तभी देश की पीड़ा पहचानेगी। कविता यों है—

तुम्हारा जनतन्त्र। जनतन्त्र। आदमियों के।
मारने का। तुम्हारा चौमुखी। षड्यन्त्र।[3]

केदार ने सन् 1978 में साम्यवादी जन-क्रान्ति के सन्दर्भ को अपने काव्य में निरूपित किया। उन्होंने प्रतीकों का सहारा लेकर पहेली के लहजे में भारतीय आम जनता में क्रान्ति की चेतना को जागृत किया है—

सिपाही का डंडा। तोड़ता है अंडा।
शान्ति का दिया हुआ। अंडे से निकल
आया। असन्तोष,। भभक उठा रोष।
लहर उठा झंडा। क्रान्ति का।[4]

कवि आततायी सत्ता को खोखलेपन तथा उसके अनाचार को बेनकाब करता कहता है—

आग लगे इस रामराज में
ढोलक मढ़ती है अमीर की।
चमड़ी बजती है गरीब की।
खून बहा है राम राज में। आग लगे...[5]

---

1 *वही*, पृ. 186
2 *वही*, पृ. 52
3 *मार प्यार की थापें*, केदारनाथ अग्रवाल, पृ. 79
4 *आग का आईना*, केदारनाथ अग्रवाल, पृ. 67
5 *कहे केदार खरी-खरी*, केदारनाथ अग्रवाल, पृ. 81

यहाँ कवि का भाव-बोध ओजपूर्ण एवं विशिष्ट है।

निष्कर्षतः केदारनाथ अग्रवाल की कविता में अनुभूत सत्य की सशक्त अभिव्यक्ति हुई है। स्वयं कवि के शब्दों में 'मेरी कविताओं में... युगबोध और यथार्थबोध भी है। प्रत्येक कविता आत्मान्वेषिणी होते हुए भी यथार्थान्वेषिणी भी है।'[1]

आरम्भिक चरण में इनकी कविता यौवन, प्रेम और उमंग की तरंगों से पूरित थी। वही आगे चलकर प्रकृति-चित्रों में लोकधुनों के जीवन-सत से जीवन्त हुई और तृतीय चरण में वह शोषितों-दलितों के भाण में पूर्णतः समर्पित हो गयी। अन्त में, वह कविता को लड़ाई का मोरचा घोषित करते हुए कह उठा है–

मैं लड़ाई लड़ रहा हूँ मोरचे पर
रक्त की धारा बहाकर
किरकिराती रेत को भी उर्वरा मैं कर रहा हूँ
शब्द के कर्मण्य कर से जोत धरती
मानवी स्वाधीनता के बीज बोता जा रहा हूँ
और श्रमजीवी हितों के अंकुरों को मैं
उगाता जा रहा हूँ।

---

1 *फूल नहीं रंग बोलते हैं*, भूमिका, केदारनाथ अग्रवाल, पृ. 4

49

कविवर भवानीप्रसाद मिश्र

—रामसुधार सिंह

भवानीप्रसाद मिश्र 'दूसरे सप्तक' के प्रमुख कवि हैं। यद्यपि उनकी काव्य-रचना का आरम्भ सन् 1930 से ही हो गया था किन्तु इसका पल्लवन और विकास प्रयोगवाद तथा नयी कविता के ही युग में हुआ। भवानीप्रसाद मिश्र ने कविता की मूल प्रेरणा के सम्बन्ध में कहा है कि प्रारम्भ में 'मैंने लिखना किसी बड़ी व्याकुलता या प्रेरणा से शुरू नहीं किया था। शुरू शायद इसलिए किया कि थोड़ा पढ़ लिया था, थोड़ा जी चुका था और मन में यह खयाल आ गया था कि पढ़े लोग लिखकर सार्थक होते हैं।'[1] इसीलिए भवानीप्रसाद मिश्र ने आरम्भ में किसी दर्शन, वाद या टेकनीक की बात नहीं सोची। 'बेशक भूल से ही यह सब मेरे हाथों बन पड़ता है, क्योंकि कभी कोई दर्शन, वाद या जिसे टेकनीक कहते हैं, मैंने नहीं सोचा।[2] कवि ने आरम्भ में रोजमर्रा के सुख-दुःख को कविताओं में व्यक्त करना प्रारम्भ किया, लेकिन उसका यह विचार केवल व्यक्तिगत विचार न होकर अधिकांश लोगों का विचार प्रतीत हुआ[3] 'धीरे-धीरे मुझे अपनेपन की यह आवाज अच्छी लगने लगी। इससे भी अच्छा यह लगने लगा कि दूसरे को भी वह अच्छी लग रही है।[4] भवानीप्रसाद मिश्र की आरम्भिक रचना प्रक्रिया को समझने के लिए ये बिन्दु आवश्यक हैं। इसे 'व्यक्ति सत्य' की 'समूह सत्य' में परिणति भी कहा जा सकता है। कवि ने आरम्भ में नितान्त निजी मनःस्थितियों को कविता में व्यक्त करना आरम्भ किया था, लेकिन इस समय वह जो कुछ भी कहता था 'तर्क की सीढ़ियाँ सँभाल कर कहता था, क्योंकि वह ख़याल था और दूसरों का होने से यह भरोसा नहीं था कि अन्त तक मेरा साथ देगा इसलिए कुछ समाज,

1 *बुनी हुई रस्सी*, भवानीप्रसाद मिश्र, 'अपनी ओर से', पृ. 505

2 *दूसरा सप्तक*, सम्पादक अज्ञेय, पृ. 5

3 *वही*, पृ. 505

4 *बुनी हुई रस्सी*, भवानीप्रसाद मिश्र, 'अपनी ओर से', पृ. 6

कुछ दर्शन, कुछ धर्म, कुछ छन्द, भाषा आदि से बाँध कर घसीटता था। अपने निजी सुख-दुःख, सौन्दर्य-बोध तथा प्रभावों की अभिव्यक्ति की आरम्भिक अवस्था में कवि ने विचार-दर्शन और कलागत मूल्यों की अभिव्यक्ति का जो उद्देश्य स्थिर किया था उसे बाद में वह स्वयं बन्धन समझने लगा 'लेकिन धीरे-धीरे अपने को व्यक्त करने की जरूरत ही सबसे बड़ी लगने लगी। लगने लगा व्यक्ति को व्यक्त करने के सिवा और कुछ नहीं कर सकता। यह उसकी नियति है। खालिश अपने को व्यक्त करके आदमी पूरा व्यक्ति बन सकता है।'[1] इस तरह से भवानीप्रसाद मिश्र ने आरम्भ से लेकर अन्त तक आत्माभिव्यक्ति को ही कविता का मूल उद्देश्य माना है। किन्तु उनके आरम्भिक दृष्टिकोण और कालान्तर में किंचित् संशोधित दृष्टिकोण में यह अन्तर है कि 'गीतफ़रोश' तक कवि अपनेपन की आवाज में सामाजिक-विचारधारा, दार्शनिक मतवाद, धार्मिक दृष्टि अथवा शिल्पगत मूल्यों को समाविष्ट कर दिया करता था, किन्तु धीरे-धीरे अपने को व्यक्त करना ही उसने मूल उद्देश्य मान लिया। अन्य समस्त मूल्य केवल बाह्य उपादान प्रतीत होने लगे।

आत्माभिव्यक्ति को काव्य का मूल उद्देश्य मानने के साथ ही काव्य लेखन के सम्बन्ध में उनका दृष्टिकोण यह स्थिर हो जाता है कि काव्य लेखन कवि की विवशता है, 'मैं कविता नहीं लिखता, कविता मुझको लिखती है... कविता लिखते समय मेरा मन और मन ही नहीं, समूचा अस्तित्व शब्दों में ध्वनित होने वाली झंकार से काँपता रहता है... इसलिए मैं कविता के सन्दर्भ में अपने को शब्दों के रव में बहने वाले कोई व्यक्ति समझता हूँ।'[2] इसी मत को मिश्र जी ने 'गीत फरोश' की भूमिका में भी प्रकट किया है।

यहाँ वे लिखते हैं कि पहले मैंने शब्दों के महल को बनाया था। ये शब्द महल कवि के इशारे पर अपना स्वरूप ग्रहण करते थे। लेकिन इस दृष्टिकोण में परिवर्तन हुआ। अब कवि उन शब्दों के महल बनाना चाहता है तो बन नहीं पाता है। कभी-कभी वे शब्द स्वयं कवि के खिलाफ खड़े हो जाते हैं, इसीलिए वह सोचता है कि मेरे शब्द मुझसे भी बड़े हो गये हैं। ये शब्द केवल कवि की ही नहीं सुनते, अपनी भी सुनाना चाहते हैं। इस स्थिति को भवानीप्रसाद मिश्र यह मानते हैं कि अब कवि और उसके शब्दों में कोई मित्रता नहीं रह गयी है–

याने अब मैं और मेरे शब्द
अलग-अलग नहीं हैं
एक हैं।[3]

---

1 *वही*

2 *बुनी हुई रस्सी*, भवानीप्रसाद मिश्र, 'अपनी ओर से', पृ. 7

3 *गीत फरोश*, भवानीप्रसाद मिश्र, पृ. 10

काव्य-कृतियाँ—भवानीप्रसाद मिश्र ने केवल कविताओं की रचना की है। अन्य समसामयिक रचनाकारों के समान उन्होंने समीक्षा या कथा साहित्य की रचना नहीं की है। भवानीप्रसाद मिश्र की अब तक नौ काव्य कृतियाँ प्रकाशित हो चुकी हैं—

1. गीत फरोश
2. चकित है दुःख
3. अँधेरी कविताएँ
4. गाँधी पंचशती
5. बुनी हुई रस्सी
6. खुशबू के शिलालेख
7. व्यक्तिगत
8. परिवर्तन
9. अनाम तुम आते हो

उपर्युक्त काव्य संग्रहों के अतिरिक्त 'दूसरा सप्तक' में उनकी 12 कविताओं का संग्रह है। इन कविताओं ने अपनी संवेदना और बोध के कारण लोगों का ध्यान अपनी ओर आकृष्ट किया था। इन संग्रहों की ताजगी और सरलता किसी अन्य समसामयिक काव्यसंग्रह में नहीं दिखाई पड़ती है।[1]

'गीत फरोश' का प्रकाशन सन् 1956 में हुआ था। इसमें सन् 1930 से लेकर सन् 1945 तक की रचनाएँ संगृहीत हैं। सन् 1953 में 8 अप्रैल को अपने बहुत से गीतों और कविताओं के बीच से छाँट कर कुल 68 कविताओं का संग्रह 'गीत फरोश' नाम से उन्होंने प्रकाशित कराया। 'गीत फरोश' की भूमिका कविता में लिखी गयी है। इसलिए कुछ लोग यह भी कहते हैं कि इसमें सन् 1930 से लेकर सन् 1953 तक की काव्य-यात्रा पूरी हुई है।[2] सच तो यह है कि भवानीप्रसाद मिश्र की सन् 1930 से 1945 तक की कविताएँ इनमें आयी हैं। इसकी भूमिका सन् 1953 की है और अन्तिम कविता गीत फरोश 1947 की। वैसे मिश्र जी पत्र-पत्रिकाओं और कवि सम्मेलनों के माध्यम से 1939-40 में ही प्रतिष्ठित हो चुके थे। उनके काव्य संग्रह के प्रकाशन में बहुत अधिक विलम्ब हुआ। शायद इसके लिए स्वयं मिश्र जी का संकोची और फक्कड़ व्यक्तित्व उत्तरदायी है। अपनी काव्य कृति को विलम्ब से प्रकाशित कराने के लिए मिश्र जी सही ऐतिहासिक परिप्रेक्ष्य में मूल्यांकित नहीं हो सके। सन् 1930 से लेकर

1 *नयी कविता*, विश्वम्भर मानव, पृ. 204

2 *भवानी भाई*, में संगृहीत डॉ. रामाधार शर्मा का 'गीत फरोश' शीर्षक निबन्ध, सम्पादक-प्रेमशंकर रघुवंशी, पृ. 186

सन् 1945 तक के मध्य उन्होंने सैकड़ों कविताओं की रचना की, जिसमें से केवल 68 कविताएँ इस संकलन के माध्यम से सामने आ सकी हैं।

'गीत फरोश' की समस्त कविताओं का विषय की दृष्टि से विभाजन किया जाये तो उसमें प्रकृति सम्बन्धिनी, प्रगतिशील तथा वैयक्तिक क्षणों से सन्दर्भित कविताएँ प्राप्त होंगी। प्रकृति सम्बन्धिनी कविताओं में भी दो वर्ग हैं—एक में मध्य प्रदेश की उन्मुक्त प्रकृति है और दूसरे में प्रकृति का व्यापक परिवेश। प्रगतिशील वर्ग सुविधा की दृष्टि से रखा गया नाम है। वैसे मिश्र जी कभी प्रगतिवादी नहीं रहे। गाँधीवाद के उदात्त मूल्यों से प्रतिश्रुत मिश्र जी की इन कविताओं में सामाजिक, राजनीतिक और धार्मिक दृष्टिकोण प्रकट हुए हैं। वैयक्तिक कविताओं में मिश्र जी का परिवेश और उसमें उद्‌बुद्ध होनेवाली उनकी मनःस्थितियों के चित्र हैं। इसमें कुछ इतिवृत्तात्मक कविताएँ भी संगृहीत हैं। नयी कविता में वैयक्तिकता के स्वर को भवानीप्रसाद मिश्र ने अपने इस प्रथम काव्य संग्रह के माध्यम से ही शक्तिशाली बनाया था। इसके साथ ही नाटकीयता, संलापशैली तथा भाषिक संरचना की दृष्टि से भी इस संग्रह का बहुत अधिक महत्त्व है। 'साध और मन की बात' को कहने का जो संकल्प कवि ने इस संग्रह की पंक्ति में लिया है, उसका निर्वाह केवल इसी संग्रह में ही नहीं अपितु नव्यतम संग्रहों तक होता रहा है।

'चकित है दुःख' भवानीप्रसाद मिश्र का दूसरा काव्य संग्रह है, जो सन् 1968 में प्रकाशित हुआ है। सन् 1947 के बाद महानगर दिल्ली में रहते हुए मिश्र जी ने जीवन के जिन कटु अनुभवों को संगृहीत किया, उन्हीं की कभी करुणामूलक और कभी व्यंग्यात्मक अभिव्यक्ति इस दूसरे काव्य संग्रह में हुई है। इस प्रकार 'चकित है दुःख' का सबसे अधिक मुखर स्वर सामाजिक चेतना का है। जो स्थान 'गीत फरोश' में प्रकृति का है, वही यहाँ सामाजिक चेतना का है। मिश्र जी आधुनिक जीवन की भाग-दौड़, कृत्रिमता, व्यस्तता जन्य पीड़ा आदि से घबड़ाकर स्वाभाविक जीवन के लिए बेचैन दिखाई पड़ते हैं। इसके अतिरिक्त दूसरा वर्ग उन वैयक्तिक कविताओं का है जिनमें भवानीप्रसाद मिश्र का आत्म-संघर्ष, प्रेम, त्याग और नैतिक मूल्य व्यक्त हुए हैं। कुछ कविताओं में आज के व्यक्ति का प्रकृति से सन्दर्भण और उसकी प्रतिक्रिया भी प्रकट हुई है। इस प्रकार की कविताओं में मध्यवर्ग की दुहरी जिन्दगी भी बार-बार उभर कर सामने आती है। इस प्रकार आज के व्यक्ति की दुहरी जिन्दगी, यथार्थ से साक्षात्कार, संघर्ष से तटस्थ होने की मनःस्थिति, स्वार्थ के अन्धकार में पारस्परिक संघर्ष, उदासी, एकाकीपन, प्रकृति के परिवेश में व्यक्ति का तटस्थ मन, पर-पीड़न, निराशा और आशा के बीच झूलते हुए बोध, जीवन के चोंचलों और भागदौड़ के

साथ ही इस संग्रह में संवेदना की तलाश, यथास्थिति से चिढ़, संघर्ष के बीच साथी की तलाश, पृथ्वी से प्यार की आकांक्षा, अन्यों को जगाने की चिन्ता, आगे बढ़ने की प्रेरणा, युद्ध की विभीषिका को देखकर शान्ति और अहिंसा की कामना, जीवन को तीर्थयात्रा समझकर अग्रसर होने की मनोवांछा आदि भी व्यक्त हुआ है।

सन् 1968 में 'अँधेरी कविताएँ' का प्रकाशन हुआ। इसके सम्बन्ध में इसका शीर्षक ही बहुत कुछ कह देता है। कुछ लोगों ने इस संग्रह को कवि के उस अहसास का साक्षी बताया है जहाँ वह जिन्दगी के उस आस्था के निकट पहुँच गया है और जहाँ उसके सहकर्मी अपनी प्रतिष्ठा का उपयोग करने लगते हैं। वे अपने बाहरी दुनिया की ओर पीठ कर लेते हैं और अपने भीतर झाँकने लगते हैं, लेकिन कवि अपने सम्पूर्ण स्थापित व्यक्तित्व को नये सिरे से परिभाषित करता हुआ जोखिम लेने की सन्नद्धता, अनुभव क्षेत्र के अतिक्रमण तथा विचारों और अनुभूतियों की सीमा का बोध करने लगता है। ऐसे लोगों का कहना है कि ये कविताएँ उस मनःस्थिति की प्रतीक हैं जिसमें उजाले से अँधेरे में जाने की आकांक्षा एक सेतु का काम करती है।[1] इस प्रकार इस संग्रह में जहाँ एक ओर कवि के यथार्थ जीवन का भोगा हुआ अहसास है, वहीं दूसरी ओर लोकमानस के संघर्ष की अभिव्यक्ति हुई है। इस संग्रह में कवि व्यक्तित्व ही प्रधान है। इस संग्रह में कवि की दो प्रकार की मनःस्थितियाँ हैं, एक में उसने अपनी शारीरिक निःशक्तता, पीड़ा और मृत्युबोध, को अनासक्त होकर व्यक्त किया है। दूसरी प्रकार की कविताओं में वे पूर्ववर्तिनी विचारधारा की पुनर्व्याख्या और पुनर्मूल्यांकन करते हैं। समूचे संग्रह में व्याप्त कवि की मनःस्थिति पीड़ा और जिजीविषा के बीच संघर्ष में उलझी हुई है। बात-चीत की शैली के कारण भाषा में सहजता होने से यहाँ भी कलागत मानदण्डों में कोई बदलाव नहीं दिखाई पड़ता।

'गाँधी पंचशती' कवि की सन् 1930 से लेकर सन् 1968 तक की कविताओं का संग्रह है। इसमें कुल 308 कविताएँ तथा 'बचनछाया' शीर्षक से गाँधी जी के उपदेशों पर लिखी गयी दो सौ और कविताएँ हैं। यह गाँधी शताब्दी वर्ष में प्रकाशित हुई थी। इसके माध्यम से कवि ने गाँधी जी को श्रद्धांजलि अर्पित की है। भवानीप्रसाद मिश्र ने गाँधीवाद को काव्य में और जीवन में समान रूप से प्रतिष्ठित किया है। सियारामशरण गुप्त तथा सोहनलाल द्विवेदी भी हिन्दी काव्य में गाँधीवादी-काव्य के उन्नायक हैं, किन्तु गाँधी पंचशती तथा गाँधीवादी विचारों पर कहा जा सकता है कि इन सभी में भवानीप्रसाद मिश्र सर्वश्रेष्ठ गाँधीवादी रचनाकार हैं। 'गाँधी पंचशती' में लम्बी कालावधि की रचनाएँ संगृहीत के कारण विषय का वैविध्य दिखाई पड़ता है, फिर भी गाँधी का व्यक्तित्व, परिवेश, कृतित्व और वातावरण ही इसका केन्द्रबिन्दु है। गाँधी-युग

1 *भवानी भाई*, सम्पादक–प्रेमशंकर रघुवंशी, पृ. 217-223

का वातावरण, प्राकृतिक परिदृश्य, उन्मुक्त-चिन्तन, उद्‌बोधन और बलिदान इस काव्य संग्रह में बार-बार उभरते हैं। गाँधी और गाँधीयुग की छाया सर्वत्र विद्यमान है। इस काव्य संग्रह में चार प्रकार की कविताएँ हैं। प्रथम वर्ग में गाँधी का जीवन और उसके क्रियाकलाप, द्वितीय वर्ग में उनकी वैचारिकी, तृतीय वर्ग में उनके जीवन-दर्शन से प्रभावित व्यक्तियों का शब्दचित्र और चतुर्थ में सम्पूर्ण गाँधीयुग का परिवेश दिखाई पड़ता है। शैली की दृष्टि से यहाँ भी कोई परिवर्तन नहीं है। गाँधी की जीवन-दृष्टि से प्रभावित होने के कारण सहजता का होना अनिवार्य भी है।

सन् 1971 में प्रकाशित 'बुनी हुई रस्सी' भवानीप्रसाद मिश्र का पाँचवाँ संग्रह है। इसमें कुल 128 कविताएँ हैं। 'बुनी हुई रस्सी' की कविताओं का केन्द्रबिन्दु पुनः स्वयं कवि है। उनकी यह वैयक्तिकता शारीरिक निःशक्तता, उदासी, पीड़ा, मृत्युबोध आदि के रूप में बार-बार अभिव्यक्त हुई है। प्रतीक विधान और ध्वन्यात्मकता पर निर्भर होने के कारण यह संग्रह अर्थगर्भित है। इसीलिए स्वयं कवि ने इसे रन्ध्रवती कविताओं का संग्रह कहा है। इस संग्रह की सभी कविताएँ एक अवस्था की विभिन्न मनोदशाओं को अभिव्यक्त करती हैं। दैनिक जीवन के ब्योरेवार संवेदनात्मक चित्र और मनःस्थितियाँ इस काव्य संग्रह में विद्यमान हैं। इन कविताओं में एक अन्विति है। इसके साथ ही कवि ने व्यक्तिसत्य को युग का सत्य बनाकर इस संग्रह को युग का ऐतिहासिक दस्तावेज बना दिया है। फिर भी विषय कीं दृष्टि से दो प्रकार की कविताएँ इसमें दिखाई पड़ती हैं—प्रथम वर्ग में स्वयं कवि केन्द्र बिन्दु है और दूसरे में उसने युग के बोध और विचारधारा को प्रकट किया है। दूसरी प्रकार की कविताओं के माध्यम से उन्होंने व्यक्तिसत्य को 'युग का सत्य' बनाना चाहा है। कलागत मूल्यों की दृष्टि से यह संग्रह अधिक उल्लेखनीय है, क्योंकि इसके प्रतीकों और भाषिक संरचना का अन्य घटकों में बहुत अधिक निखार है।

अप्रैल सन् 1973 में प्रकाशित 'खुशबू के शिलालेख' भवानीप्रसाद मिश्र का छठाँ संग्रह है। इसमें कुल 22 लम्बी कविताएँ संगृहीत हैं। 'एक किरन अधिकमूल', 'एकतरफा बात चीत जीवन के प्रभु से', 'खुशबू के शिलालेख' एवं 'शब्दों के तत्त्व पर' आदि कविताएँ बहुत लम्बी हैं। 'खुशबू के शिलालेख' भवानीप्रसाद मिश्र के जीवन मूल्यों का प्रतिफलक संग्रह है। वे जीवन का अन्तिम लक्ष्य प्रेम, सद्‌भाव, सुख और शान्ति मानते हैं। कवि भविष्य के प्रति सचेत है। इसकी कुछ कविताएँ कवि के व्यक्तित्व से सन्दर्भित हैं और शेष उसके विचारों से, दूसरी प्रकार की कविताओं में जीवन में आसक्ति, उसके प्रति आस्था, क्षण का बोध, नये अहसास को ग्रहण करने की कामना, निराशा तथा पाश्चात्य मूल्यों की अस्वीकृति आदि प्रकट हुई है। यहाँ कवि ने वैयक्तिक सुख-दुःख की बातें बहुत कम कही हैं। निजी सन्दर्भ किसी सिद्धान्त की स्थापना के लिए ही आये हैं। वह मानता है कि जीवन के रंग और प्रकाश

अर्थात् सौन्दर्य और ज्ञान महत्त्वपूर्ण है। अपनेपन की प्राप्ति ही समष्टि का व्यष्टि में और व्यष्टि का समष्टि में लय होना है। इस काव्य संग्रह में भवानीप्रसाद मिश्र जीवन के परिवेश को आत्मसात् करके उसे व्यक्तिसत्य बना देते हैं।

सन् 1974 में प्रकाशित 'व्यक्तिगत' उनकी कविताओं का सातवाँ संग्रह है। इसकी भूमिका 'व्यक्तिगत के आगे-पीछे' में संगृहीत कविताओं का इतिहास बताते हुए भवानीप्रसाद मिश्र ने कहा है कि 'खुशबू के शिलालेख' की लम्बी कविताओं को लिखते-लिखते 'व्यक्तिगत' संग्रह की छोटी-छोटी कविताएँ भी द्वार पर आकर खड़ी होती रहीं। 'खुशबू के शिलालेख' की कुछ लम्बी कविताओं को काँट-छाँट करने पर मन में जो एक काँट-छाँट के खिलाफ विचित्र-सा भाव पैदा हुआ 'व्यक्तिगत' की छोटी कविताओं में उसे भाव कहिए या घाव कहिए की मरहम पट्टी है।'[1] 'व्यक्तिगत' के माध्यम से कवि ने जगत् के व्यापक विस्तार को अपने निकट अनुभव किया है। इसकी संवेदनाएँ कवि के शरीर और मन दोनों से सम्बन्धित हैं। किन्तु 'चकित है दुख' और 'अँधेरी कविताएँ' की वैयक्तिक पीड़ा का यहाँ अभाव है। विचारों को अभिव्यक्त करने वाली कविताओं में जिजीविषा, लोकमंगल, यथार्थ का उद्वेलन, पारिवारिक सुख, वैयक्तिक विश्वास, अनासक्ति आदि को व्यक्त किया है। इस संग्रह की भाषा सहज है, लेकिन प्रतीक-योजना और अर्थ संकेत 'बुनी हुई रस्सी' तथा 'खुशबू के शिलालेख' के समान ही यहाँ भी विकसित है।

'व्यक्तिगत' के बाद सन् 1976 ई. में 'परिवर्तन जिए' और 'अनाम तुम आते हो' नामक दो काव्य संग्रह प्रकाशित हुए जिनका भवानीप्रसाद मिश्र की काव्य-यात्रा को समझने में बहुत महत्त्वपूर्ण स्थान है। 'परिवर्तन जिए' जहाँ छोटी-से-छोटी कविताओं का संग्रह है वहीं 'अनाम तुम आते हो' में बहुत लम्बी कविताएँ संगृहीत हैं। विशृंखलित जीवन को एक विशेष तारतम्य में रखकर देखना कवि का लक्ष्य रहा है और उसी की पूर्ति 'अनाम तुम आते हो' संग्रह में हुई है। इस संग्रह में कुल सात कविताएँ हैं जिनमें 'अनाम तुम आते हो' दो टुकड़े देश दस टुकड़े जनम दिन, अवधिहीनछोरों से लौटकर, और 'पुरुष प्रधान' काफी लम्बी कविताएँ हैं। पूरे संग्रह में एक तारतम्य दिखाई पड़ता है। अध्यात्म, व्यवहार, यथार्थ, आदर्श और अन्य कितने या जितने पहलू जीवन के हो सकते हैं, वे सभी इन लम्बी कविताओं में उस ताकत के साथ मिल-जुलकर बह रहे हैं और बहा रहे हैं जिसे शा ने 'लाइफ फोर्स' और बर्ग्रसाँ ने 'एवान-वाइटल' कहा है।[2] 'परिवर्तन जिए' कवि के शब्दों में 'इन्कलाब जिन्दाबाद' का भाषान्तर है। इस संग्रह में कुल 99 छोटी कविताएँ संगृहीत हैं जो छोटी होने के बावजूद अपना स्वतन्त्र व्यक्तित्व रखती हैं। 'परिवर्तन जिए' की कविताएँ आज

---

1 *व्यक्तिगत*, भवानीप्रसाद मिश्र, 'व्यक्तिगत के आगे पीछे', पृ. 4

2 *अनाम तुम आते हो*, फ़्लैप से, भवानीप्रसाद मिश्र

के सौन्दर्य बोध और आज की अनाश्वस्त मानसिकता को कहीं उसके 'पॉजिटिव', तो कहीं उसके 'नेगेटिव' रूप में व्यक्त करते हुए किसी प्रकार के शाश्वत बोझ को अस्वीकार करने वाली कविताएँ हैं।[1] इस तरह से भवानीप्रसाद मिश्र की क्रमिक काव्य यात्रा वस्तुन्मुखता और ब्योरेवारी से शुरू होकर अनुभूति के व्यापक और समुन्नत शिखर पर अधिष्ठित होने की कथा है।

काव्यगत-विशेषताएँ–भवानीप्रसाद मिश्र के काव्य में सर्वाधिक उल्लेखनीय वैशिष्ट्य वैयक्तिकता है। नयी कविता की दृष्टि मानव व्यक्तित्व की स्थापना और उसकी उपयोगिता में विकसित होती है। वह मानव की सम्पूर्ण विसंगतियों को स्वीकार करते हुए उसे अपनी मर्यादा के प्रति जागृत् करती है। श्री लक्ष्मीकान्त वर्मा ने नयी कविता में विद्रोहात्मक सक्रियता, अहं की स्थापना, यथार्थ और कल्पना की अनुभूति का समन्वय तथा बौद्धिक जागरूकता को प्रतिष्ठित किया है। ये तत्त्व व्यक्ति के निर्माण में सहायक होते हैं। भवानीप्रसाद मिश्र अपनी कविताओं में आत्माभिव्यक्ति को सबसे बड़ा लक्ष्य मानते हैं। 'चकित है दुःख', 'अँधेरी कविताएँ', 'बुनी हुई रस्सी', 'खुशबू के शिलालेख', 'व्यक्तिगत', और 'अनाम तुम् आते हो' में यह वैयक्तिकता 'गीत फरोश' से अधिक प्रखर है। 'खुशबू के शिलालेख' और 'व्यक्तिगत' में कवि अपने व्यष्टि के सत्व को समष्टि के सत्व अन्तर्लीन कर देता है। भवानीप्रसाद मिश्र इन संग्रहों में सन्त्रास, कुण्ठा और संघर्षों के बीच एक लघुमानव ही नहीं प्रतीत होते अपितु इतिहास की क्रिया-प्रतिक्रिया जनित दुश्चक्रों को बेधकर उनके ऊपर उठ जाने वाले अपराजेय जीवनी शक्ति के उद्गाता भी दिखाई पड़ते हैं। वैयक्तिक निःसंगता और अपनेपन की साक्षात्कारात्मक प्रतीति इन संग्रहों की सबसे बड़ी विशेषता है। भवानीप्रसाद मिश्र की वैयक्तिकता को तीन चरणों में विभाजित किया जा सकता है। 'गीत फरोश' प्रथम सोपान है, 'चकित है दुःख' तथा 'बुनी हुई रस्सी' द्वितीय सोपान है एवं 'खुशबू के शिलालेख', 'व्यक्तिगत' एवं 'अनाम तुम आते हो' को तृतीय सोपान माना जा सकता है। वस्तुन्मुखता के कारण 'गीत फरोश' में मिश्र जी की वैयक्तिकता किंचित् दब-सी गयी है। 'चकित है दुःख' और 'बुनी हुई रस्सी' में उसका उत्कर्ष होता है। 'व्यक्तिगत' और 'अनाम तुम आते हो' तक आकर कवि का व्यक्तिबोध जीवन मूल्यों की सृष्टि करता है।

'गीत फरोश' में भवानीप्रसाद मिश्र प्रकृति के शब्द-शिल्पी के रूप में प्रतिष्ठित हुए, किन्तु इस संग्रह में प्रकृति के प्रति उनका दृष्टिकोण वस्तुन्मुख ही है। 'गीत फरोश' में प्रकृति का उल्लासमय, यथातथ्य परक और बिम्बात्मक स्वरूप दिखाई पड़ता है। किन्तु 'चकित है दुःख' में प्रकृति उसकी निजता का सन्दर्भ बन गयी है।

---

1 *परिवर्तन जिए फ़्लैप से*, भवानीप्रसाद मिश्र

'बुनी हुई रस्सी', 'खुशबू के शिलालेख' और 'व्यक्तिगत' में प्रकृति के प्रति मिश्र जी का दृष्टिकोण पुनः परिवर्तित हुआ है। 'चकित है दुःख' से लेकर आगे तक की कविताओं में प्रकृति कहीं मिश्र जी के राग-विराग की सहचरी बनकर आयी है और कहीं उनका मन प्रकृति से एकदम तटस्थ और निर्लिप्त है। अपनी रुग्णता और आन्तरिक विपर्यस्तता के कारण कवि प्रकृति का पहले जैसा भोक्ता नहीं रह गया है। यहाँ कवि के यथार्थ के तीखेपन का अहसास होता है। 'बुनी हुई रस्सी' की कविताओं में भी कवि अपने अकेलेपन, शारीरिक निःशक्तता और मृत्युबोध से जूझने के कारण प्रकृति से वीतराग दिखाई पड़ता है लेकिन 'खुशबू के शिलालेख' और 'व्यक्तिगत' में प्रकृति के प्रति उसका दृष्टिकोण पुनः परिवर्तित होता है। 'एक अनुभव' नामक कविता इस परिवर्तन की साक्षी है। पतझड़ के लिए बाहर का पर्यावरण उसके हृदय में सुना जाता है। कवि उसके सौन्दर्य में डूब जाता है। इस प्रकार 'गीत फरोश' में कवि ने प्रकृति से जो आत्मीयता स्थापित की थी, 'व्यक्तिगत' में आकर वह और सौहार्दपूर्ण बन गयी है।

भवानीप्रसाद मिश्र मूलतः गाँधीवादी जीवन दर्शन से प्रभावित हैं। लेकिन इसके साथ ही युग-सत्य और आत्म-सत्य द्वारा भी उन्होंने अपने जीवन दर्शन का निर्माण किया है। यही कारण है कि एक ओर उनकी वैचारिकी में गाँधीवाद की अहिंसा, सत्य तथा सत्याग्रह की भावना प्रकट होती है तो दूसरी ओर युग-सत्य अथवा नयी कविता से गृहीत क्षण, काल और मानव की इयत्ता से सम्बन्धित अवधारणाओं के साथ ही कवि के आत्मसत्य के रूप में अनासक्त मृत्युबोध, कर्मयोग, आशावादिता तथा बौद्धिकता की अपेक्षा अनुभूति के ऊपर बल एक साथ ही सगुंफित हो गये हैं। हिन्दी काव्य जगत् में सियारामशरण गुप्त के पश्चात् भवानीप्रसाद मिश्र ही गाँधीवाद के प्रति सबसे अधिक आस्थावान कवि दिखाई पड़ते हैं। इन्होंने अपने काव्य के माध्यम से गाँधीवाद दर्शन को गुप्त जी से भी अधिक शक्तिशाली और अनुमूल्यात्मक ढंग से व्यक्त किया है। अकेले 'गाँधी पंचशती' में गाँधीवाद के सत्य, अहिंसा और सत्याग्रह के अतिरिक्त गाँधी युग का समस्त पर्यावरण अभिव्यक्त हुआ है। गाँधी की अहिंसा में अत्यधिक विश्वास करने के कारण वे युद्ध का किसी भी स्तर पर विरोध करते हैं। गाँधीवादी जीवन-दर्शन के सम्बन्ध में मिश्र जी की दूसरी अवधारणा शुद्ध आचरण सम्बन्धिनी है, जिसे वे आज की नकारात्मक प्रकृति के रूप में व्यक्त करते हैं।

भवानीप्रसाद मिश्र का आत्मसत्य, उनकी आस्था और भविष्य के प्रति आशा में समाहित है। आस्थावादी दृष्टिकोण और आशावादिता के अतिरिक्त 'गीता' का कर्मयोग और अनासक्ति उनके आत्मसत्य के उल्लेखनीय तत्त्व हैं। इस प्रकार से भवानीप्रसाद मिश्र की जीवन दृष्टि गाँधीवाद, युग-सत्य और आत्मसाक्षात्कारात्मक प्रतीतियों से निर्मित हुई है।

50

मुक्तिबोध : आधुनिक सन्दर्भ

—सुरेन्द्र प्रताप

मुक्तिबोध की कविताओं के बारे में अब तक काफी लिखा जा चुका है और लिखा जा रहा है लेकिन उनकी कविता की पहचान अभी जारी है।

मुक्तिबोध की कविता 'तार सप्तक' से 'चाँद का मुँह टेढ़ा है' के आगे तक की एक 'जटिल यात्रा' है। कवि ने 'अँधेरे' को व्यापक जीवन सन्दर्भों में प्रयुक्त किया है। यह अन्धेरा युगीन '*ट्रैजेडी*' और समकालीन सामाजिक-आर्थिक तथा राजनीतिक संक्रान्ति (क्राइसिस) का प्रतीक है। यह आज के युग के मेल में दिखाता है। शायद इसलिए कवि इस 'अँधेरे' को अपनी कविता के लिए चुनता है। मुक्तिबोध को समझने के लिए उनके काव्य की 'रचना-प्रक्रिया' समझना जरूरी है।

मुक्तिबोध और उनकी कविता के बारे में आलोचकों-कवियों के अलग-अलग मत हैं। मुक्तिबोध की कविता असुरक्षित जीवन की कविता है (रामविलास शर्मा), इनकी कविता का संसार कुल मिलाकर निषेध का निषेध है (नामवर सिंह), इनकी कविता अद्‌भुत संकेतों भरी, जिज्ञासाओं से अस्थिर, कभी दूर से शोर मचाती, कभी कानों में राग की बातें कहती चलती हैं (शमशेर बहादुर सिंह), इनका काव्य संगीत का विरोध करता है, कवि संगीत को कविता विरोधी मानता है (श्रीकान्त वर्मा), मुक्तिबोध की कविता लावा है (प्रभाकर माचवे)। इसके अतिरिक्त अनेक समीक्षकों और कवियों ने अलग-अलग विवेचनाएँ प्रस्तुत की हैं।

शमशेर का कथन सही है, मुक्तिबोध कोई आसान कवि नहीं हैं। कुछ कवि एवं समीक्षक अचानक भावुक और श्रद्धा से अभिभूत हो उठे। इसी का नतीजा है कि मुक्तिबोध की कविताओं का मनमाना ऊलजलूल अर्थ आका गया। मुक्तिबोध की कविता जटिल है। इसकी जटिलता के अनेक कारण हैं। उनकी कविताओं में और अचेतन मन में अँधेरी गहरी सुरंगें, घाटियाँ हैं जो नाटकीय ढंग से जुड़ी हैं। उनकी कविताएँ 'धूप छाँही' की तरह क्षण-क्षण रंग और सन्दर्भों के साथ तेवर बदलती रहती हैं। कभी स्वप्न में चलती हैं, कभी स्वप्न टूटने पर यथार्थ में।

मुक्तिबोध को कवियों का कवि कहा गया है। इनकी कविताओं में दहशत, भय, खौफ, घृणा, स्नेह, अकेलापन, साथीपन, टूटने-जुड़ने, विभिन्न प्रकार के स्वर हैं। इसी प्रकार इनकी कविताओं में गहरा मानसिक संघर्ष, तनाव, छटपटाहट है। 'तारसप्तक' के अपने वक्तव्य में उन्होंने स्वयं कहा है, 'ये मेरी कविताएँ अपना पथ ढूँढ़ने वाले बेचैन मन की ही अभिव्यक्ति हैं। उनका सत्य और मूल्य उसी जीवन-स्थिति में छिपा है।'

'चाँद का मुँह टेढ़ा है' संग्रह में कुछ कविताएँ छोटी हैं, कुछ लम्बी हैं—'मूल गल्ती', 'पता नहीं', 'मुझे कदम-कदम पर', 'मुझे नहीं मालूम', 'मेरे लोग', 'मैं तुम लोगों से दूर हूँ', 'कल जो हमने चर्चा की थी', 'अरुण शून्य के प्रति', 'नक्षत्र खण्ड' आदि इनके माप से छोटी कहीं जा सकी हैं और 'ब्रह्मराक्षस', 'डूबता चाँद कल डूबेगा', 'मुझे याद आते हैं', 'चकमक की चिनगारियाँ', 'एक अन्तर्कथा', 'शून्य', 'एक स्वप्न कथा', 'इस चौड़े ऊँचे टीले पर', 'चम्बल की घाटी में', 'अँधेरे में' आदि लम्बी रचनाएँ हैं। इनकी कविता की पहचान के लिए मुख्य रूप से दो कविताओं को आधार बनाया जा सकता है—'ब्रह्म राक्षस' और 'अँधेरे में'। इन दोनों कविताओं से मुक्तिबोध की कविता और उनकी रचना-प्रक्रिया दोनों को समझा जा सकता है।

मुक्तिबोध की कविता में रहस्यों की कमी नहीं, रहस्य की अनेक पर्तें हैं जिसे कवि कविता के साथ खोलता चलता है। 'एक साहित्यिक की डायरी में' कवि लिखता है, 'मुझे लगता है कि भूमि के गर्भ में कोई प्राचीन सरोवर है, उसके किनारे पर डरावने घाट, आतंककारी देव-मूर्तियाँ और रहस्यपूर्ण गर्भकक्षों वाले पुराने मन्दिर हैं...मेरे मन के अँधेरे को उसके प्रकाश ने विच्छिन्न नहीं किया, किन्तु मुझे उसके योग की बातें रहस्य के मर्मभेदी डरावने अँधेरे की भाँति आकर्षित करती रहतीं, मानो मैं किन्हीं गुहाओं के अँधेरे में चला जा रहा हूँ और कहीं से (किसी स्त्री की) कोई मर्मभेदी पुकार मुझे सुनाई दे रही है...।' अँधेरा और अँधेरे में सुनाई पड़ने वाली मर्मभेदी पुकार कवि की ही नहीं, युग की भी है। मर्मभेदी पुकार को सुनना कवि का 'विज्ञान' है। उसकी काव्य प्रक्रिया को समझने के लिए अँधेरा और अँधेरे की मर्मभेदी पुकार को विश्लेषित करना पड़ेगा।

नयी कविता के प्रतीकों तथा मुक्तिबोध के प्रतीकों को मूल्यांकन के स्तर पर देखा जाये तो मुक्तिबोध के प्रतीक अन्य कवियों के प्रतीक से भिन्न हैं—रूपाकार में और इसलिए अर्थवत्ता में भी। मुक्तिबोध ने ब्रह्मराक्षस, औरंग-उरांग, चकमक पत्थर, चम्बल की घाटी आदि प्रतीकों को अपनी कविता के लिए चुना है। इसके साथ-साथ चलने वाले अन्य प्रतीक सूनी बावड़ी, जीना, ब्रह्मराक्षस को 'मिथ' बना देती हैं और 'मिथ' विचारों की अनेक पर्तें खोलता है।

'ब्रह्मराक्षस' की शुरुआत शहर के खँडहर के पास की एक सूनी बावड़ी से होती है। बावड़ी गहरी है, अनेक सीढ़ियाँ जल में डूबी हैं :

परित्यक्त सूनी बावड़ी
के भीतरी
ठण्डे अँधेरे में
बसो गहराइयाँ जल की...
सीढ़ियाँ डूबी अनेकों
उस पुराने घिरे पानी में...
समझ में न आ सकता हो
कि जैसे बात का आधार
लेकिन बात गहरी हो।

'ब्रह्मराक्षस' मुक्तिबोध की सारी कविताओं से भिन्न तथा अलग व्यक्तित्व रखती है। यह एक फैंटैसी का विधान रचती है और उसे लेकर चलती है। कुबेरनाथ राय 'ब्रह्मराक्षस' कविता को एक समृद्ध रचना इसलिए मानते हैं कि इसमें बिम्ब विधान (चित्र, बिम्ब और ध्वनि बिम्ब) की नवीनता है, रूप योजना की सफलता है और विचारों की स्वतन्त्रता के हिसाब से भी यह सम्पन्न है। इस प्रकार सब मिलाकर 'ब्रह्मराक्षस' का व्यक्तित्व स्वतन्त्र है। लेकिन कुबेरनाथ राय नामवर सिंह की तरह कविता को सीधे न समझ कर बैसाखियों से समझने की कोशिश करते हैं। बच्चन सिंह मानते हैं कि 'ब्रह्मराक्षस' आरकेटाइपल प्रतीक है जो युगीन ट्रैजेडी का बोध जगाता है और यह बोध मूल्यों के अन्तर सम्बन्धों की ओर ले जाता है। बावड़ी में वह कैद है। पागल की तरह बड़बड़ाता है। वह अपनी मैल को निरन्तर धो रहा है लेकिन मैल नहीं छूटता–

ब्रह्मराक्षस घिर रहा है देह
हाथ के पंजे बराबर
बाँह-छाती-मुँह छपाछप
खूब करते साफ,
फिर भी मैल!
फिर भी मैल!!

यह मैल कैसा है? क्यों नहीं छूटता? यह मैल ब्रह्मराक्षस का है जिसे वह घिसता है, साफ करता है। वह सुमेरी बैबिलोनी जन कथाओं की ऐतिहासिकता के साथ मार्क्स, एंजेल्स, रसेल, टांएन्बी, होडेग्डर व स्पेंग्लर, तसार्त्त तथा गाँधी तक के वचनों की भी व्याख्या करता है। कविता में आखिर तक रहस्यमयता नहीं बनी रहती है। कवि संयम में न रहकर बिम्ब परिवर्तन से पूर्व बात पूरी तरह खोल कर रखता जाता है।

बुद्धिजीवी की सबसे बड़ी ट्रैजेडी रही है कि इतिहास में वह किसी प्रकार का परिवर्तन नहीं ला सका। वह बराबर असफल रहा, क्योंकि वह ज्ञान (Idea) को क्रिया (Action) में परिवर्तित नहीं कर सका। कवि की आस्था है कि अधूरा कार्य अन्ततः बुद्धिजीवी ही कर सकता है। उसका विश्वास है। इसलिए वह ब्रह्मराक्षस को चुनता है। अपना अधूरा कार्य करने, उसे एक परिणति पर ले जाने, पहुँचाने के लिए–

मैं ब्रह्मराक्षस का सजल-उरशिष्य
होना चाहता
जिससे कि वह अधूरा कार्य
उसकी वेदना का स्रोत
संगत, पूर्ण निष्कर्षों तलक
पहुँचा सकूँ।

अभिशप्त मनुष्य की 'वेदना का स्रोत' और संगत, पूर्ण निष्कर्षों की खोज की विवशता के कारण ही मुक्तिबोध के सारे साहित्य में एक ही विशाल अनुभव की सैकड़ों सूरतें हैं। इस कविता का विधान फैंटेसी का है।

दिमागी गुहान्धकार का 'ओराँग-उराँग' कविता में भी ब्रह्मराक्षस की तरह 'ओराँग उराँग', जो मानव के अवचेतन में बन्द है, का चित्रण है। यह वह जानवर है जो इन्सान के अवचेतन में बन्द रहता है। इस कविता में वह एक गुप्त प्रकोष्ठ के साँवले गुहान्धकार के कोठे की मजबूत सन्दूक में बन्द है जो मजबूत और भारी-भरकम है। जब वह भीतर से हुंकारता है, कवि का नंगा मन सहसा आतंकित हो आता है–

स्वयं की ग्रीवा पर
फेरता हूँ हाथ कि
करता हूँ महसूस
एकाएक गरदन पर उगी हुई
सघन अयाल और
शब्दों पर उगे हुए बाल तथा
वाक्यों में ओराँग-उराँग के
बढ़े हुए नाखून

एक अजीब पीड़ा में पड़ा मनुष्य कराह रहा है। इसके लिए जरूरी है कि हम अहं को विसर्जित करें लेकिन अहं नहीं टूटता। इसलिए कवि विवादग्रस्त उन लोगों पर चोट करता है। इसी प्रकार 'लकड़ी का बना रावण' लकड़ी का बना पौराणिक नायक नहीं है, बल्कि एक वृहदाकार 'अहं' का प्रतीक है। जब तक जन-चेतना जाग्रत नहीं होती, लकड़ी का बना रावण शैल-शिखर पर खड़ा अपनी 'विराटता' का अहसास करता है।

मैं ही वह विराट पुरुष हूँ
सर्व-तन्त्र, स्वतन्त्र, सत्-चित्।।

लकड़ी के बने रावण की तरह आज की सत्ता स्वयं को विराट् समझती है। लेकिन जनता अब सचेत हो गयी है। अपनी वास्तविक स्थिति का पता 'सत्ता' को तब तक नहीं चलता जब तक जनता विद्रोह न कर उठे। अब 'सत्ता' के विरुद्ध सिर्फ कवि ही नहीं, जनता भी है–

पर, एक रेला और
पीछे से चला और
अब मेरे साथ है

लकड़ी के बने रावण की तरह 'सत्ता' का अहं भी टूटेगा। कवि जानता है कि पूँजीवादी व्यवस्था जनता को और अधिक गुमराह नहीं कर सकती–

पूँजी से जुड़ा हुआ हृदय बदल नहीं सकता,
स्वतन्त्र व्यक्ति का वादी
छल नहीं सकता मुक्ति के मन को
जन को।

मुक्तिबोध की एक लम्बी कविता 'चाँद का मुँह टेढ़ा है' में चाँद-चाँदनी के माध्यम से समकालीन स्थिति का चित्रण किया गया है। कविता की शुरुआत सन् '53 की आधी रात के किसी नगर से प्रारम्भ होती है। आसमान में कर्फ़्यू और धरती पर सन्नाटा है, 'चुपचाप जहरीली छिः थूः है।'

इस कविता में जिस रंग का संकेत किया गया है वह साँवलेपन, कालेपन का है। उसका उजाला भी उजाला नहीं है, भुसभुसा है–

बाहर का वख़्त है
भुस-भूसे उजाले का फुसफुसाता षडयन्त्र
शहर के चारों ओर
जमाना भी सख़्त है।

सख़्त जमाने का वर्णन जिस रूप में किया गया है, जिन प्रतीकों, बिम्बों के माध्यम से इसे उद्‌घाटित किया गया है, इनके आधार पर आगे की कविता आकी जा सकती है।

कवि अपनी अन्य कविताओं की तरह पहाड़, खँडहर, खोह का उल्लेख करता चलता है। ताल के उस पार एक पहाड़, चबूतरा, उसके सिर पर खँडहर और उसमें बूढ़ा पेड़। ये सारी चीजें पूर्व स्थिति का अहसास कराती हैं कि पहले यहाँ क्या होता था? अब क्या हो रहा है? या आगे क्या होने वाला है? यह अतीत और वर्तमान का प्रतीक है।

अब हड़ताली पोस्टर चिपकाये जाने वाले हैं, ताकि रास्ते में खड़े लोग-बाग जिन्दगी की आग को पढ़ सकें। इसके बाद पेन्टर, कारीगर का संवाद प्रारम्भ होता है। उनके लिए पोस्टर कविता और कविता पोस्टर है।

वेदना के रक्त से लिखे गये
लाल लाल घनघोर, धधकते पोस्टर गलियों के कानों से
बोलते हैं
धड़कती छाती की
प्यार भरी गर्मी में
भाप बने आँसू के
खूँखार अक्षर!!

जिन्दगी के तजुर्बात
बोलते हैं एक साथ
जैसे तुम भी आदमी
वैसे मैं भी आदमी
चिल्लाते हैं पोस्टर।

मुक्तिबोध निसर्ग के निःसंग में अकेले भटकने वाले कवि हैं। उनकी लम्बी कविताओं में विस्तार और सूनापन, भटकन, खोज, अकेलापन, कुहासा और कुहासे के नीचे की हलचल है। 'चाँद का मुँह टेढ़ा है' में मुश्किलें दूर नहीं होतीं। इसी प्रकार 'डूबता चाँद कब डूबेगा' में डूबता नहीं, उसके डूबने का इन्तजार है। 'शून्य' तथा 'एक अरूप शून्य के प्रति' छोटी कविता है। इसमें अनेक प्रकार के बिम्बों की माला है। बिम्बों के माध्यम से कवि ने उस 'अरूप' को रूप दिया है।

'ओ काव्यात्मन् फणिधर' नौ भागों में विभक्त एक लम्बी कविता है। इस कविता में 'रहस्य लोक' का सृजन है जिसमें युग की दुर्दशा, भय, आतंक और त्रास है और यह 'रहस्य लोक' रहस्यवादी न होकर फैंटेसी का है जिसके भीतर से वास्तविकता झाँकती है। इसी प्रकार 'चकमक की चिनगारी' कविता भी आठ अंशों में विभक्त महत्त्वपूर्ण कविता है।

'चाँद का मुँह टेढ़ा है' की अन्तिम दो कविताएँ 'चम्बल की घाटी में' और 'अँधेरे में' अत्यन्त महत्त्वपूर्ण हैं। वास्तव में यह एक ही कविता है जो चम्बल की घाटी से शुरू होती है और अँधेरे में खत्म हो जाती है। चम्बल की घाटी में पहाड़ों, पठारों, दरों को रूपक में बाँधा गया है। यह कविता भयानक अँधेरे के उमड़ने से शुरू होती है, जिसे दूर किसी जंगल में उपहास करती ठहाके गूँज काट देती है और कवि अधखुले रहस्यों में होता हुआ किसी फिक्र में टीलों के बीच चक्कर काटने लगता है।

चम्बल की घाटी का टोला 'जड़ता' (डेडनेस) का प्रतीक है। मुक्तिबोध इसी जड़ता को तोड़ना चाहते हैं। यहाँ टूटने का अभिप्राय आदमी का टूटना नहीं है। कवि की दृष्टि स्पष्ट है कि शोषण से मुक्ति के लिए जड़ता का टूटना जरूरी है।

डाकू शोषण-अव्यवस्था की स्वाभाविक परणति है। लेकिन उनकी कार्रवाई जनसाधारण के विरुद्ध जाती है। जनसाधारण का आक्रोश 'डाकू और व्यवस्था' दोनों के प्रति समान है। इस कविता का सत्य टूटने में नहीं है, बल्कि इसे अर्थवत्ता प्रदान करने में है—

अपने ही दर्रों के
लुटेरे इलाकों से जोरदार
आज जो गिरोह हैं,
पीड़ित जनों को
जन साधारण को उनकी ही टोह है।

कहीं-कहीं 'चम्बल की घाटी' की भाषा एकाएक बदल जाती है। उसकी भाषा की बनावट और तनाव समकालीन हो जाता है।

भयानक दंगा है, भीतरी हिस्सों में तेज
फेंक कर मारी जाती कुरसियाँ
माथों को तोड़ती है मेज
विधानों की अन्तः सभाओं में
वारदातें सनसनीखेज!!

यहाँ कवि का तेवर बदला हुआ है। इसमें भाषा का तनाव ही नहीं, अनेकानेक यथार्थ स्थितियों की अनेक स्तरों पर जीवन्त अभिव्यक्ति भी है। यह सनसनीखेज वारदातें आज की वारदातें हैं। रोजमर्रा की जिन्दगी में घटने वाली वारदातें हैं। इस लम्बी कविता का अन्त पीड़ित लोगों द्वारा लुटेरों की टोह (खोज) और उनके नाश से होता है। लेकिन कवि सचेत करता है, 'कट जाओ, टूट जाओ। टूटने से विस्फोट-शब्द जो होगा, गूंजेगा जग-भर, किन्तु अकेली की, तुम्हारी ही वह सिर्फ, नहीं होगी कहानी।' रामविलास शर्मा इसमें अस्तित्ववाद, रहस्यवाद और मार्क्सवाद का समन्वय ढूँढ़ते हैं और अनेक सवाल खड़े करते हैं। वह कविता के ब्यौरे में सीधे न जाकर अस्तित्ववाद, रहस्यवाद तथा मार्क्सवाद की चौहद्दी में भटक जाते हैं। पूर्ण विनाश 'पूर्ण ध्वंस' का आकांक्षी है। बिना पूर्ण ध्वंस किये व्यवस्था को नहीं बदला जा सकता। जब तक यथा–स्थिति (Status-Iuo) नहीं टूटती, शोषण से मुक्ति नहीं मिलेगी। कवि अपनी बात को फैंटेसी के माध्यम से व्यक्त करता चलता है। कहीं-कहीं एक बात से उसे सन्तोष नहीं होता तो उसी को अनेकानेक उपमानों, प्रतीकों से व्यक्त करता है। इसलिए कहीं-कहीं कविता में 'रिपीटिशन' आ गया है।

'अँधेरे में' मुक्तिबोध की अन्तिम तथा इस संग्रह की आखिरी कविता है। यह मुक्तिबोध की सबसे लम्बी कविता है। आलोचकों ने इस कविता को अलग-अलग ढंग से पहचानने की कोशिश की है और यह आज भी जारी है। इसके सन्दर्भ में शमशेर का कहना है कि—यह कविता देश के आधुनिक जन इतिहास का स्वतन्त्रता-पूर्व और पश्चात् का एक दहकता इस्पाती दस्तावेज है। इसमें अजब और अद्भुत रूप से व्यक्ति और जन का एकीकरण है। देश की धरती, हवा आकाश, देश की सच्ची मुक्ति, आकांक्षा, नस-नस इसमें फड़क रही है और भावनाओं के अनेक गुंथित स्तर पर। इसे महान् रचना का नाम भी दिया गया है। कवि शमशेर का दावा है कि आधुनिक युग की यह सबसे बढ़िया कविता है। श्रीकान्त वर्मा को खेद इस बात का है कि इसे पहचानने में हिन्दी कविता को पचास साल लग गये। अब इसकी परिशिष्ट यानी 'अँधेरे में परम अभिव्यक्ति की खोज' में नामवर सिंह कविता के अन्त में सहमति व्यक्त करते हुए कहते हैं, 'अँधेरे में' कविता की ये अन्तिम पंक्तियाँ उस अस्मिता या 'आइडेंटिटी' की खोज की ओर संकेत करती हैं, जो आधुनिक मानव की सबसे ज्वलन्त समस्या है। निःसन्देह इस कविता का मूल कथ्य है अस्मिता की खोज; किन्तु कुछ अन्य कवियों की तरह इस खोज में किसी प्रकार की आध्यात्मिकता या रहस्यवाद नहीं, बल्कि गली-सड़क की गति-विधि, राजनीतिक परिस्थिति और अनेक मानव-चरित्रों की आत्मा के इतिहास का वास्तविक परिवेश है। आज के व्यापक सन्दर्भ में जीने वाले व्यक्ति के माध्यम से ही मुक्तिबोध ने 'अँधेरे में' कविता में अस्मिता की खोज को नाटकीय रूप दिया।

इस प्रकार कविता के वस्तु-शिल्प को समेट कर आगे इसकी वस्तु और इसके शिल्प का विस्तार से विश्लेषण किया गया है। इसके शिल्प विधान को नाटकीय कौशल कहा गया है जिसमें काव्य-नायक 'मैं' और दूसरा उसका प्रतिरूप 'वह' है। रामविलास शर्मा काव्य नायक को अपराध-भावना से धिरा पाते हैं जो आदम की अपराध भावना से भिन्न है। वह पूरी तरह न तो जनता के साथ है और न ही शोषकों के साथ। उदाहरण देखिए—

विचित्र अनुभव!!
जितना मैं लोगों की पाँतें पार कर
बढ़ता हूँ आगे,
उतना ही पीछे रहता हूँ अकेला

उसका अकेलापन रामविलास शर्मा की दृष्टि में अस्तित्ववादी, रहस्यवादी चिन्तन का परिणाम है और नामवर सिंह इसे आत्म-निर्वासन और मार्क्सवादी चिन्तन की परिणति मानते हैं।

यह कविता आठ भागों में विभक्त है। कविता का प्रारम्भ एक तिलस्मी खोह के रहस्यमय दृश्य से होता है, जो नाटकीय है—

जिन्दगी के....
कमरों में अँधेरे
लगाता है चक्कर
कोई एक लगातार।

लेकिन यह रहस्यमय व्यक्ति नहीं दिखाई देता, सिर्फ उसके चलने की आहट बार-बार सुनाई पड़ती है। अकस्मात् भीत के फूले हुए पलस्तर, गिरते हैं, चूने भरी रेत गिरती है और पपड़ियाँ इस प्रकार खिसकती हैं कि खुद-ब-खुद कोई बड़ा चेहरा बन जाता है। नुकीला नाक, भव्य ललाट, दृढ़ हनु। प्रश्न उठता कौन मनु? इस प्रश्न के साथ ही काव्य नायक प्रकट होता है। उसे याद आता है कि यह रहस्यमय व्यक्ति वही है, जो कभी शहर के बाहर पहाड़ी के उस पार तालाब के सलिल के तमश्याम शीशे में कुहरीली श्वेत आकृति के रूप में प्रकट हुआ था और फिर थोड़ी देर बाद लाल-लाल कुहरे में से एक रक्तालोक स्नात पुरुष के रूप में निकलता हुआ दिखाई देता है। रात के अँधेरे में बन्द दरवाजे की साँकल को खटखटाने वाला शायद वही पुरुष है। कवि इसी पुरुष की तलाश में है–

वह रहस्यमय व्यक्ति
अब तक न पाई गई मेरी अभिव्यक्ति है,
पूर्ण अवस्था वह
निज सम्भावनाओं, निहित प्रभावों, प्रतिमाओं की
मेरे परिपूर्ण का आविर्भाव
हृदय में रिस रहे ज्ञान का तनाव वह,
आत्मा की प्रतिमा।

मुक्तिबोध के अनुसार वह मनु है, पूर्ण अभिव्यक्ति है। उससे काव्य नायक डरता है, कतराता-बचता रहता है और इसलिए उसे टालता है। अन्ततः वह दरवाजा खोलने का संकल्प करता है लेकिन बाहर कोई नहीं दिखाई देता। रात का पक्षी कहता है–

वह चला गया है
वह नहीं आयेगा, आयेगा ही नहीं
अब तेरे द्वार पर।

रात के पक्षी के कथन के बाद काव्य नायक को स्वप्न में वह रहस्यमय पुरुष पुनः दिखाई देता है। इस बार वह कर्फ़्यू के समय शहर में दिखाई देता है। शहर में कर्फ़्यू लगा है और मार्शल ला जारी है। काव्य नायक के घटनाक्रम में रहस्यमय पुरुष एक बार पुनः मिलता है, अंतिम बार जब शहर में 'जन-क्रान्ति' छिड़ जाती है। माहौल ऐसा कि 'कहीं आग लग गई, कहीं गोली चल गई।' एकाएक वह व्यक्ति दिखता है,

गलियों, सड़कों पर, लोगों की भीड़ में, चला जा रहा है। पुकारने के लिए मुँह खुलता है लेकिन तब तक वह किसी जन-यूथ में खो जाता है।

खोज और उपलब्धि के बीच भी दुविधा या 'सस्पेंस' ही 'अँधेरे में' कविता को अद्भुत नाटकीयता प्रदान करती है और मुक्तिबोध उसे ढूँढ़ते हैं। वह जिसे ढूँढ़ते हैं वह पूरी तरह अभिव्यक्त नहीं हुआ है, कवि अपनी पूर्ण अभिव्यक्ति की तलाश करता है। वह व्यक्ति पूर्णता का आदर्श रूप है, वह कवि का गुरु है लेकिन वह कवि के पास कभी आया नहीं, कभी पास बैठा नहीं, उसे तिलस्मी खोह में पहली और आखिरी बार देखा था। पर वह जगत् की गलियों में घूमता है, प्रतिपल वह फटेहाल रूप। कवि इस स्थिति को जानता है। अतः वह तलाशता है।

खोजता हूँ पठार... पहाड़... समुन्दर
जहाँ मिल सके मुझे मेरी वह खोई हुई
परम अभिव्यक्ति अनिवार
आत्म-सम्भावना

कवि की तलाश पूर्णता की तलाश है। यह पूर्णता क्रान्ति की परिपक्व स्थिति है। इस पूर्णता से वह ज्ञान को क्रिया में बदलना चाहता है। जब तक ज्ञान (Idea) क्रिया (Action) में रूपान्तरित नहीं होगा, पूर्णता सम्भव नहीं है। कवि की तलाश कलाकार की तलाश नहीं है। वह समाज की भी तलाश है। इसीलिए कवि 'सोसाइटी' और अपनी 'आइडेंटिटी' को एक कर देता है। उसकी अपनी अलग कोई आइडेंटिटी नहीं है (वह अलग करना नहीं चाहता)।

अस्मिता की तलाश वह गली-सड़क तक ही नहीं करता बल्कि हर देश और हर राजनीतिक परिस्थिति, जिसमें भी सम्भव हो इसके अतिरिक्त वह पठार पहाड़ समुन्दर हर जगह तलाशता है। वास्तव में जहाँ कवि और समाज दोनों की खोज एक बिन्दु पर मिलती है वही अस्मिता और अस्मिता के खोज में पूर्णता है।

प्रतीक और बिम्ब—यदि नयी कविता के प्रतीकों के समानान्तर मुक्तिबोध के प्रतीकों को देखा जाये तो उनके प्रतीक भिन्न मिलेंगे। यह भिन्नता रूपाकार तथा अर्थवत्ता, दोनों में मिलेगी। अज्ञेय ने मछली, सेतु, सागर आदि को प्रतीक के रूप में ग्रहण किया है। इनके माध्यम से 'अन्वेषी' स्वयं अपने अहंकार से उत्पन्न पूर्व ग्रहों की छाया के पार देखता है। और निस्संग साक्षात्कार करते हुए विस्मय की गहराइयों में डुबकियाँ लगाने लगता है। अज्ञेय की तरह मुक्तिबोध जीवन को काँच में न देखकर यथार्थ के धरातल पर देखते हैं। इसीलिए उनके फोकस में आज की जिन्दगी उभरती है। अज्ञेय के प्रतीक अपने आप में विस्मय की सृष्टि भले ही कर लें लेकिन वे व्यापक जीवन के जटिल और बुनियादी सवालों को नहीं उठा पाते।

मुक्तिबोध के कुछ प्रतीकों को देखा जा सकता है—ब्रह्मराक्षस, ओराँग-उटाँग, चकमक पत्थर, चम्बल की घाटी आदि। इसके अतिरिक्त इससे सम्बन्धित अन्य प्रतीक सूनी बावड़ी, जीना, अथाह पानी आदि उसे भिन्न बना देते हैं।

मुक्तिबोध का बिम्ब विधान उतना ही जटिल है जितनी उनकी कविता। यूँ आधुनिक हिन्दी कवियों में बिम्बों की विविधता और प्रचुरता अज्ञेय की कविताओं में मिलेगी, मुक्तिबोध की कविताओं में मानव-जीवन से सम्बन्धित बिम्बों की बहुलता है, जबकि अज्ञेय में प्राकृतिक बिम्बों की अधिकता स्पष्ट है। मुक्तिबोध को पहाड़, पठार, गुफाएँ अधिक पसन्द हैं, ये इनके बिम्बों में बराबर आती हैं। मुक्तिबोध के बिम्बों में आदिम जीवन के कुछ उपकरणों की कई बार आवृत्ति ध्यान देने योग्य है, जैसे 'बरगद की घनघोर शाखाओं की गठियल अजगरी मेहरबान', 'परित्यक्त सूनी बावड़ी' आदि उनके बिम्ब माहौल को भयपूर्ण तथा आतंककारी बनाते हैं। मुक्तिबोध ने सैनिक जीवन से सम्बद्ध बिम्बों का प्रयोग किया है। उन्होंने अनेक प्रकार के बिम्बों का प्रयोग अलग-अलग स्थितियों, स्थानों पर अलग-अलग ढंग से किया है। उनके काव्य में दृश्य बिम्बों का आधिक्य है।

काव्य-भाषा—मुक्तिबोध की काव्य-भाषा उसी प्रकार से स्वतन्त्र और मौलिक है जिस प्रकार से उनकी विचारधारा। निराला की भाषा की तरह उनकी भाषा संस्कृतनिष्ठ है। मुक्तिबोध ने अपनी अभिव्यक्ति के लिए उपयुक्त शब्दों की खोज की। उन्होंने जिसे उपयुक्त समझा उसी का प्रयोग किया, चाहे वह अंग्रेजी, उर्दू, मराठी का शब्द क्यों न हो। मराठी के ऐसे शब्द जो हिन्दी लिये अजनबी हैं, उनका भी प्रयोग धड़ल्ले के साथ किया है। उर्दू के अतिरिक्त अंग्रेजी के प्रचलित शब्दों के लिए हिन्दी-रूप देने का प्रयत्न नहीं किया। उसे सहज ढंग से कविताओं में प्रयोग किया है जैसे पोसेशन, गैस लाइट, आर्टिलरी, मिलिट्री, कर्नल, कोब्रा, मैगनेट आदि।

मुक्तिबोध की काव्य-भाषा की एक बहुत बड़ी शक्ति है मुहावरों का प्रयोग। इतने सटीक और सहज अर्थ देने वाले मुहावरों का प्रयोग नयी कविता में बहुत कम हुआ है। मुक्तिबोध की भाषा में क्रियाशीलता या गतिमानता के उदाहरण भी दिखाई पड़ते हैं। उन्होंने अभिव्यक्ति को यथार्थ बनाने के लिए उपयुक्त शब्दों की तलाश की है। चलने की आवाज के लिए 'सटर-पटर', कूदने की क्रिया को 'धड़ाम' द्वारा सांकेतित किया है। इसी प्रकार रहस्य, आतंक को प्रकट करने के लिए खास तरह के अर्थसूचक शब्दों का चयन किया है।

वातावरण के निर्माण में उनका रेहटारिक कहीं-कहीं आवश्यकता से अधिक लम्बा हो जाता है जिसमें बहुत से भर्ती के शब्द या निरर्थक विशेषण आ जाते हैं। परन्तु समग्रतः मुक्तिबोध ने शब्दों, ध्वनियों, लयों को नया अर्थ देने का प्रयास किया है।

51

फणीश्वरनाथ रेणु और 'मैला आँचल'

—विजय बहादुर सिंह

फणीश्वरनाथ रेणु एक ऐसे रचनाकार हैं जिन्होंने आजादी की लड़ाई में सक्रिय भूमिका निभाई और जेल भी गये। उन्होंने भारतीय संस्कृति और इतिहास का बड़ा ही गहराई के साथ अध्ययन किया था। इसके साथ ही समसामयिक घटनाचक्र पर उनकी गहरी पैठ थी।

नामकरण

रेणु जी को 1942 की क्रान्ति में गिरफ्तार कर हजारीबाग जेल में लाया गया, जहाँ प्रशान्त जैसे किसी देहात में जाकर काम करने वाले डॉक्टर की कल्पना उनके मन में जन्मी। अपने अस्पताली जीवन की चर्चा करते हुए वे अक्सर कहा करते थे कि अस्पताल में लतिका जैसी पत्नी मिली और मन में घुमड़-घुमड़ रहा 'मैला आँचल' का कथानक क्रमबद्ध हुआ। लतिका के रूप में 'मैला आँचल' की ममता है। रेणु जी यहाँ नायक प्रशान्त से विवाह नहीं कराते और व्यावहारिक जीवन में लतिका से शादी करते हैं। यदि बारीकी से विचार किया जाये तो 'मैला आँचल' की ममता रेणु जी की लतिका ही है। उन्होंने ममता को शरद के उपन्यासों की नारी की संज्ञा दी है।

मैला आँचल शब्द का अर्थ है मैला आँचल, लाक्षणिक अर्थ है—मैला पिछड़ा-प्रान्त या प्रदेश, यह नाम फणीश्वरनाथ रेणु ने सुमित्रानन्दन पन्त की निम्नलिखित पंक्तियों से लिया है—

'भारतमाता ग्राम वासिनी।
खेतों में फैला है श्यामल
धूल भरा मैला-आँचल।'[1]

1 *मैला आँचल*, पृ. 113

'मैला आँचल' उपन्यास में कमली और उसकी माँ के संवाद में एक अन्य लाक्षणिक अर्थ है—आँचल नारीत्व-सतीत्व को मैला मत करना बेटी। फणीश्वरनाथ रेणु ने 'मैला आँचल' के प्रथम संस्करण की भूमिका में स्पष्ट लिखा है—'यह है मैला आँचल एक आंचलिक उपन्यास। कथानक है पूर्णिया। पूर्णिया बिहार राज्य का एक ज़िला है, इसके एक ओर है नेपाल, दूसरी ओर पाकिस्तान और पश्चिम बंगाल। विभिन्न सीमा रेखाओं से इसकी बुनावट मुकम्मल हो जाती है, जब हम दक्खिन में सन्थाल परगना और पच्छिम में मिथिला की सीमा रेखाएँ खींच देते हैं। मैंने इसके एक ही हिस्से के एक ही गाँव को—पिछड़े गाँवों का प्रतीक मानकर—इस उपन्यास-कथा का क्षेत्र बनाया है। इसमें फूल भी हैं, शूल भी, धूप भी, गुलाल भी, कीचड़ भी है, चन्दन भी, सुन्दरता भी है, कुरूपता भी—मैं किसी से दामन बचाकर निकल नहीं पाया।'[1]

आंचलिक उपन्यास के विविध स्वरूप

आंचलिक उपन्यास मूलतः आजादी मिलने के बाद के युग की देन है। 'मैला आँचल' के प्रकाशन वर्ष 1954 के पश्चात् ही उपन्यासों का आंचलिक उपन्यास जैसा वर्गीकरण किया जाने लगा। कुछ समीक्षक रेणु-पूर्व प्रेमचन्द, वृन्दावनलाल वर्मा, शिवपूजन सहाय आदि की कृतियों में भी आंचलिकता परिलक्षित करने लगे हैं। इतिहास की तरफ दृष्टि दौड़ाई जाये तो शिवपूजन सहाय की 'देहाती-दुनियाँ' (1926), वृन्दावनलाल वर्मा के 'झाँसी की रानी' (1946) तथा मृगनयनी (1950) को भी आंचलिक उपन्यासों की श्रेणी में रखा जा सकता है। वास्तविकता तो यह है कि रेणु से पूर्व नागार्जुन ने 'रतिनाथ की चाची' (1948) तथा बलचनमा (1952) द्वारा आंचलिक उपन्यासों की सुदृढ़ नीव रख दी थी। वैसे वास्तव में आंचलिक उपन्यासों का प्रारम्भ फणीश्वरनाथ रेणु के 'मैला आँचल' से ही माना जाना अधिक समीचीन होगा।

आचार्य नन्ददुलारे वाजपेयी के अनुसार—"आंचलिक उपन्यास हम उसे कहते हैं जिसमें अपरिचित भूमियों और अज्ञात जातियों के जन-जीवन का वैविध्यपूर्ण चित्रण हो। आंचलिक उपन्यास की सबसे बड़ी विशेषता अपरिचित और किसी हद तक आदिम जातियों के जीवन में पायी जाती है।" वहीं दूसरी तरफ धनंजय वर्मा का कथन है—"लोकरंग को उभार कर किसी अंचल विशेष का प्रतिनिधित्व करने वाली कृतियाँ आंचलिक उपन्यास कहलाती हैं।"

विषय फलक और शिल्प

'मैला आँचल' की कथावस्तु को बहुत स्पष्ट और सीधे रूप में प्रस्तुत करना आसान नहीं है। 'मैला आँचल' में कोई अधिकारिक कथा है ही नहीं, एक अंचल विशेष

1 *वही*, प्रथम संस्करण की भूमिका

मेरीगंज में रहने वाले लोगों के जीवन की भिन्न-भिन्न उपकथाओं और घटनाओं को ही कालखण्ड और परिवेश में अभिव्यक्ति मिली है। यह परिवेश ही उन नितान्त स्वतन्त्र कथाओं को परस्पर जोड़ने का कार्य करता है। फलस्वरूप 'मैला आँचल' की कथा मूलतः व्यक्ति चरित्रों की विशिष्ट कथा न होकर मेरीगंज अर्थात् परिवेश की कथा हो गयी है। 'मैला आँचल' उपन्यास 250 पृष्ठों में फैला हुआ है। यह दो खण्डों में विभक्त है। प्रथम खण्ड एक ओर मेरीगंज अंचल की स्वतन्त्रता पूर्व की दशा का चित्र प्रस्तुत करता है, वहीं दूसरा खण्ड आजादी के बाद गाँव के नेताओं की असफलता, असमर्थता और उनके अवसादमय अन्त को रेखांकित करता है। प्रथम खण्ड की महत्त्वपूर्ण घटना मलेरिया सेंटर की स्थापना और आधुनिकता के वाहक मलेरिया सेंटर, चरखा सेंटर एवं प्राचीनता के वाहक धार्मिक मठ जातियों के मुखिया से सम्बद्ध है।

'मैला आँचल' में पूर्णिया के एक पिछड़े गाँव मेरीगंज की कथा है। उपन्यास का प्रारम्भ मेरीगंज में मलेरिया सेंटर के खुलने की सूचना से होता है। फणीश्वरनाथ रेणु ने मेरीगंज गाँव के नामकरण के सम्बन्ध में बताया है कि "आज से करीब पैंतीस साल पहले, जिस दिन डब्लू.जी. मार्टिन ने इस गाँव में कोठी की नींव डाली, आस-पास के गाँवों में ढोल बजवाकर ऐलान कर दिया—आज से इस गाँव का नाम हुआ मेरीगंज।"[1] मेरीगंज गाँव के सम्बन्ध में रेणु जी लिखते हैं—"मेरीगंज एक बड़ा गाँव है, बारहों बरन के लोग रहते हैं। गाँव के पूरब एक धारा है जिसे कमला नदी कहते हैं। बरसात में कमला भर जाती है, बाकी मौसम में बड़े-बड़े गड्ढों में पानी जमा रहता है, मछलियों और कमल के फूलों से भरे हुए गढ़े। पौष पूर्णिमा के दिन इन्हीं गढ़ों में कोशी-स्नान के लिए सुबह से शाम तक भीड़ लगी रहती है।"[2] गाँव की सामाजिक संरचना की ओर 'रेणु' जी संकेत करते हैं—"अब गाँव में तीन प्रमुख दल हैं—कायस्थ, राजपूत और यादव। ब्राह्मण लोग अभी भी तृतीय शक्ति हैं। गाँव के अन्य जाति के लोग भी सुविधानुसार इन्हीं तीनों दलों में बँटे हुए हैं।"[3] राजपूतों और कायस्थों में पुश्तैनी मन-मुटाव और झगड़े होते आये हैं। ब्राह्मणों की संख्या कम है इसीलिए वे हमेशा तीसरी शक्ति का कार्य करते रहे हैं। यादवों को सरकार ने राजपूत मान लिया है। राजपूतों को ब्राह्मण वर्ग के लोगों ने समझाया कि "जब-जब धर्म की हानि हुई है, राजपूतों ने ही उनकी रक्षा की है। घोर कलिकाल उपस्थित है। राजपूत अपनी वीरता से धर्म को बचा लें।"[4] फणीश्वरनाथ रेणु ने 'मैला आँचल' के बूढ़े ज्योतिषी जी के

1 *मैला आँचल*, पृ. 12
2 *वही*, पृ. 13
3 *वही*, पृ. 14
4 *मैला आँचल*, पृ. 14

माध्यम से कहा है कि "यह राजपूतों के चुप रहने का फल है कि आज चारों ओर हर जाति के लोग गले में जनेऊ लटकाये फिर रहे हैं।—भूमफोड़ क्षत्री तो कभी नहीं सुना। शिव हो! शिव हो!"[1] "सारे मेरीगंज गाँव में मात्र दस आदमी पढ़े-लिखे हैं—पढ़े-लिखे का मतलब हुआ अपने दस्तक करने से लेकर तहसीलदारी करने तक की पढ़ाई। नये पढ़नेवालों की संख्या है पन्द्रह। गाँव की मुख्य पैदावार है—धान, पाट और खेसारी। रबी की फसल कभी-कभी अच्छी हो जाती है।"[2] संक्षेप में यह है मेरीगंज गाँव की स्थिति। उपन्यास का सर्वाधिक चर्चित या यूँ कहें कि केन्द्रबिन्दु जिसे अलग कर दिया जाये तो उपन्यास में कुछ बचता ही नहीं है, कोठारिन अर्थात् लक्ष्मी। लक्ष्मी का प्रवेश और बालदेव से उसकी पहली मुलाकात चौथे परिच्छेद में होती हैं—

रेणु जी ने किसनू के माध्यम से मेरीगंज मठ के महन्त सेवादास के सम्बन्ध में टिप्पणी की है—"अन्धा महन्त अपने पापों का प्राच्छित कर रहा है। बाबा जी होकर जो रखेलिन रखता है, वह बाबा जी नहीं। ऊपर बाबा जी भीतर दगाबाजी! क्या कहते हो? रखेलिन नहीं दासिन है? किसी और को सिखाना। पाँच बरस तक मठ में नौकरी किया है; हमसे बढ़कर और कौन जानेगा मठ की बात? और कोई देखे या नहीं देखे, ऊपर परमेसर तो है। महन्त जब लछमी दासिन को मठ पर लाया था तो वह एकदम अबोध थी, एकदम नादान। एक ही कपड़ा पहनती थी। कहाँ वह बच्ची और कहाँ वह पचास बरस का बूढ़ा गिद्ध! रोज रात में लछमी रोती थी, ऐसा रोना कि जिसे सुनकर पत्थर भी पिघल जाये। हम तो सो नहीं सकते थे। उठकर भैसों को खोल कर चराने चले जाते थे। रोज सुबह लछमी दूध लेने बथान पर आती थी, उसकी आँखें कदम के फूल की तरह फूली रहती थीं। रात में रोने का कारन पूछने पर चुपचाप टुकुर-टुकुर मुँह देखने लगती थी... ठीक गाय की बाछी की तरह, जिसकी माँ मर गयी हो...। वैसा ही चण्डाल है यह रमदसवा। वह साला भी अन्धा होगा, देख लेना।"[3]

छठे परिच्छेद की स्वप्न कथा और एक विशेष प्रकार के मनोविज्ञान से सम्बन्धित है। जिस प्रकार फिल्म देखने के लिए बैठे हाल में 90% से अधिक लोग फिल्म के किसी रोमांटिक दृश्य के साथ अपने को जोड़ लेते हैं। वस्तुतः ऐसा होता नहीं है। केवल उनके मस्तिष्क में यह बात रहती है फिर भी वह समाप्त हो जाती है। इसी शैली का प्रयोग रेणु जी ने इस परिच्छेद किया है। बालदेव, कोठारिन अर्थात् लक्ष्मी को बहुत चाहता है। विशाल जनसभा का दृश्य है—"जहाँ तक नजर जाती है, आदमी ही आदमी दिखाई पड़ते हैं। बाँस के घेरे को तोड़कर लोग मंच की ओर बढ़े आ रहे हैं। मंच पर बालदेव के बगल में लछमी बैठी हुई है। लछमी के पैर की चमड़ी फट गयी है।

---

1 *वही*, पृ. 14

2 *वही*, पृ. 15

3 *वही*, पृ. 22

मंच की सफेद चादर पर लहू की बूँदें टप-टप गिर रही हैं।... लछमी भाखन दे रही है। कौन हरगौरी? हरगौरी लछमी के गले में माला डालने के लिए आगे बढ़ रहा है। लछमी माला नहीं पहनती है। माला लेकर बालदेव को पहना देती है—गेंदे के फूलों की माला। फूल से लछमी के शरीर की सुगन्धी निकलती है।... भीड़ मंच की ओर बढ़ जाती है। हरगौरी आगे बढ़ आया है, लछमी को पकड़ रहा है।... बालदेव चिल्ला रहा है, लेकिन आवाज नहीं निकल रही है। लोग हल्ला कर रहे हैं। बहुत जोर लगाकर बालदेव चिल्लाता है—'हरगौरी बाबू।' गन्ही महातमा की जै। 'जै' बालदेव हड़बड़ाकर उठता है, आँखें मलते हुए बाहर निकल आता है। सवेरा हो गया है। गाँव भर के नौजवानों को बटोरकर, जुलूस बनाकर, कालीचरन जय-जयकार करता हुआ जा रहा है।"[1]

'मैला आँचल' उपन्यास का नायक प्रशान्त का सातवें परिच्छेद में मेरीगंज गाँव में प्रवेश होता है। बालदेव गाँव के प्रतिष्ठित व्यक्तियों से डॉ. प्रशान्त का परिचय कराता है। रेणु जी ने डॉ. प्रशान्त के जन्म की कहानी नौवें परिच्छेद में इस प्रकार बतायी है—"प्रशान्त अज्ञात कुलशील है। उसकी माँ ने एक मिट्टी की हाँड़ी में डालकर बाढ़ से उमड़ती हुई कोशी मैया की गोद में उसे सौंप दिया था। नेपाल के प्रसिद्ध उपाध्याय परिवार ने, नेपाल सरकार द्वारा निष्कासित होकर उन दिनों सहरसा के अंचल में 'आदर्श आश्रम' की स्थापना की थी। एक दिन उपाध्याय जी बाढ़-पीड़ितों की सहायता के लिए रिलीफ की नाव लेकर निकले। झाऊ की झाड़ी के पास एक मिट्टी की हाँड़ी देखी—नयी हाँड़ी। उनकी स्त्री को कौतूहल हुआ, 'जरा देखो न उस हाँड़ी में क्या है?' नाव झाड़ी के पास पहुँची, पानी के हिलोर से हाँड़ी हिली और उससे एक ढोढ़ा साँप गर्दन निकालकर फों-फों करने लगा। साँप धीरे-धीरे पानी में उतर गया और हाँड़ी से नवजात शिशु के रोने की आवाज आयी, मानो माँ ने थपकी देना बन्द कर दिया। बस यही उसके जन्म की कथा है।"[2] लोक जीवन में कहानी अलग है, लोग उस पर अँगुली उठाकर कहते हैं, "उस लड़के को देखते हो न? उसे उपाध्याय जी ने कोशी नदी में पाया था। बंगालिन डॉक्टरनी ने उसे पाल-पोसकर बड़ा किया है।"[3] जब प्रशान्त के बारे में उससे पूछा जाता है तो वह कहता है—"नाम पूछने के बाद ही लोग यहाँ पूछते है—जात? जीवन में बहुत कम लोगों ने प्रशान्त से उसकी जाति के बारे में पूछा है। लेकिन यहाँ तो हर आदमी जाति पूछता है। प्रशान्त हँसकर कभी कहता है—'जाति डॉक्टर।' 'डॉक्टर! जाति डॉक्टर!' बंगाली है या बिहारी?"[4]

---

1 *मैला आँचल*, पृ. 31

2 *वही*, पृ. 41-42

3 *वही*, पृ. 41

4 *वही*, पृ. 41

लछमी सातवें परिच्छेद में डॉ. प्रशान्त में रुचि लेती है। लछमी दासिन टकटकी लगाकर डॉक्टर साहब को देख रही है।... "कितना सुन्दर पुरुष है। बेचारे का मन इस देहात में लग रहा है। नौकरी कोई भी हो आखिर नौकरी ही है। मन घर पर टँगा हुआ होगा। बीबी-बच्चों की याद आती होगी... कुछ दिनों में मन लग जायेगा। फिर बाल-बच्चों को भी ले आवेंगे। अचानक वह पूछ बैठती है, आपके घर पर और कौन-कौन है, डॉक्टर बाबू? 'जी' डॉक्टर ने जरा हकलाते हुए कहा, 'जी' मेरा कोई नहीं। माँ-बाप बचपन में ही गुजर गये।"[1]

महन्त सेवादास और लछमी के सम्बन्धों को बड़े ही मनोयोग से रेणु जी ने रेखांकित किया है। सेवादास लछमी को अपने पास बुलाते हैं—"लछमी। ओ लछमी।" "आयी!" लछमी कुनमुनाती उठती है।... उस दिन बीजक छूकर कसम खायी थी और आज फिर पुकारने लगे। सतगुरु हो, तुम्हारी बुलाहट कब होगी? बुला लो सतगुरु अपने पास दासी को। "लछमी।" "महन्त साहेब चित्त को शान्त कीजिए। सतगुरु का ध्यान कीजिए। सब माया है लछमी। लेकिन एक बार पास आओ।" "अन्धा आदमी जब पकड़ता है तो मानो उसके हाथों में मगरमच्छ का बल आ जाता है। अन्धे की पकड़। लाख जतन करो मुट्ठी टस-से-मस नहीं होगी।... हाथ है या लोहार की 'सँड़सी' दन्तहीन मुँह की दुर्गन्ध।... लार! लार!"[2] बुढ़ौती में तो आदमी की इन्द्रियाँ शिथिल हो जाती है, माया के प्रबल घात को नहीं सँभाल सकती है। फलस्वरूप साधु ब्रह्मचारी लोग बुढ़ापे में ही माया के बस में हो जाते हैं। यह महन्त साहेब का दोष नहीं है। उसका भाग्य ही खराब है। यदि वह नहीं होती तो महन्त साहेब सतगुरु के रास्ते से नहीं डिगते। यह ध्रुव सत्य है। दोष तो लक्ष्मी का ही है। एक ब्रह्मचारी का धरम भ्रष्ट करने का पाप उसके माथे है?[3]

रेणु जी प्रशान्त के माध्यम से मेरीगंज गाँव का चित्र प्रस्तुत करते हैं। प्रशान्त रेणु का साहित्यिक संस्करण है। वे उसके द्वारा अपनी महिला मित्र ममता को लिखे गये पत्र के माध्यम से अपनी टिप्पणी करते हैं—"गाँव के लोग बड़े सीधे दिखते हैं; सीधे का अर्थ यदि अपढ़, अज्ञानी और अन्धविश्वासी हो तो वास्तव में सीधे हैं वे। जहाँ तक सांसारिक बुद्धि का सवाल है, वे हमारे और तुम्हारे जैसे लोगों को दिन में पाँच बार ठग लेंगे। और तारीफ़ यह है कि तुम ठगी जाकर भी उनकी सरलता पर मुग्ध होने के लिए मजबूर हो जाओगी। यह मेरा सिर्फ सात दिन का अनुभव है। सम्भव है पीछे चलकर मेरी धारणा गलत साबित हो। मिथिला और बंगाल के बीच

---

1 *वही*, पृ. 36

2 *मैला आँचल*, पृ. 37

3 *वही*, पृ. 39

का यह हिस्सा वास्तव में मनोहर है। औरतें साधारणतः सुन्दर होती हैं, उनके स्वास्थ्य भी बुरे नहीं....।"[1]

समाज में ऐसे बहुत से लोग मिल जायेंगे जो अनैतिक व्यापार से अपना जीविकोपार्जन करते हैं। समाज के भीतर बहुत-सी ऐसी चीजें पायी जाती हैं जिनका चित्रण साहित्य में श्रेयस्कर नहीं समझा जा सकता है। यथार्थ चित्रण के नाम पर रचनाकार को इस बात का ध्यान रखना चाहिए कि ऐसा चित्रण न आ जाये जो अवांछित हो। 'रेणु जी' ने 'मैला आँचल' में जहाँ प्रेम-प्रसंगों का वर्णन किया है उसमें इतने तल्लीन हो गये हैं कि वह क्या लिख रहे हैं उस पर उनका ध्यान नहीं जाता। समाज पर उसका क्या असर पड़ेगा इसकी उन्हें चिन्ता नहीं। प्रेम प्रसंग के वर्णन ही 'मैला आँचल' उपन्यास के कमजोर पक्ष हैं, और वे ही उसकी कथा में कसावट और मजबूती भी प्रदान करते हैं। इस सन्दर्भ में 'मैला आँचल' में आये ग्यारहवें परिच्छेद को रेखांकित किया जा सकता है। महँगूदास के पास खलासी जी एक वर्ष से उनकी विधवा बेटी फूलिया से विवाह करने के लिए दौड़ रहे हैं। हर बार खलासीजी झोरी में मोरंगिया (नेपाली) गाँजा लाते हैं, तन्त्रिमाटोली के पंचों को पिलाते हैं, सुरंगा सदाब्रिज गाते हैं, गाँव के बीमार लोगों को झाड़-फूँक देते हैं। खलासीजी सरंगा-सदाब्रिज की कथा कह रहे हैं। खलासीजी का तीर खाया दिल तड़प रहा है। कथा और गीतों में फूलिया यह भूल जाती है कि सहदेव मिसर शाम से ही कोठी के बगीचे में उसके इन्तजार में मच्छड़ कटवा रहा है। खलासी के गले में जादू है।

'रेणु जी' ने राजपूत वर्ग के मुखिया रामकिपाल सिंघ के सम्बन्ध में रमजूदास की स्त्री जो तन्त्रिमाटोली की स्त्रियों की सरदारनी है, टिप्पणी की है—"उँह बूढ़ा हो गया है, चाट लगी हुई है। सिर के बाल सादा हो गये हैं, मन का रंग नहीं उतरा है...हमारा मुँह मत खुलवाइए सिंघ जी...उससे सभी डरते हैं। न जाने कब किसका भेद खोल दे! सभी उसकी खुशामद करते हैं। टोले भर की जवान लड़कियाँ उसकी मुट्ठी में रहती हैं। उससे कोई बाहर नहीं।"[2] फुलिया की माँ के बारे में वह कहती है..."अरे फूलिया की माये! तुम लोगों को न लाज है और न धरम। कब तक बेटी की कमाई पर लाल किनारी वाली साड़ी चमकाओगी? आखिर एक हद होती हैं किसी बात की! मानती हूँ कि जवान बेटा-बेटी दुधारु गाय के बराबर है। मगर इतना मत दूहो कि देह का खून ही सूख जाये।"[3]

सहदेव मिसर और फूलिया के प्रसंग को बड़ी ही तन्मयता के साथ 'रेणु जी' ने इक्कीसवें परिच्छेद में रेखांकित किया है। रात को सहदेव मिसर तन्त्रिमाटोली में

---

1 वही, पृ. 44

2 *वही*, पृ. 48

3 *मैला आँचल*, पृ. 49

महँगूदास के घर में पकड़े गये। तन्त्रिमाटोली के लोगों ने सहदेव को बाँधकर रखा था। सुबह पंचायत बैठी। तहसीलदार विश्वनाथ प्रसाद पुरैनियाँ गये हैं। पंचायत में सिंघ जी अकेले बोल रहे हैं। काली टोपी वाले संयोजक भी हैं। बालदेव भी है। कालीचरन बिना बुलाये ही आया है। सिंघ जी अकेले ही जिरह बहस कर रहे हैं। सिंघ जी ने महँगूदास से पूछा..."बात पूछने पर एक घण्टे में तो जवाब मिलता है।... हाँ, जब आँगन में हल्ला होने लगा तब तुम्हारी नींद खुली...सुन लीजिए सभी पंच लोग।...अच्छा जब तुम्हारी नींद खुली तो तुमने क्या देखा? सहदेव मालिक को आँगन में घेरकर सभी हल्ला कर रहे थे।"[1] सहदेव मिसर ने इस बात की पुष्टि निम्नलिखित पंक्तियों में की—"रात में हमारे पेट में जरा दर्द हुआ। लोटा लेकर बाहर निकले। जब दिसा-मैदान से हम लौट रहे थे तो देखें कि कमला किनारे वाले खेत में किसी का बैल गहँमू चर रहा है। इसीलिए महँगू को जगाने गया था।"[2] पंचायत में एकतरफा बात हो रही थी। कालीचरन चुप कैसे रह सकता था। उसने कहा, सिंघ जी मुझे कुछ पूछने दीजिए, सिंघ जी क्रोध से लाल हो गये। लेकिन पंचायत में गुस्सा नहीं होना चाहिए। राजपूत टोली के जवान आपस में कानाफूसी करने लगे। जोतखी ने आपत्ति की कि हम लोग कालीचरन को पंच नहीं मानते। कालीचरन ने कहा, पहले इस बात का फैसला हो जाये कि पंचायत में कितने लोग हमें पंच मानते हैं। एक आदमी के चाहने और न चाहने से क्या होता है? कालीचरन के पक्ष में पंचायत के लोग रहे, यहाँ तक कि जोतखी का लड़का नामलरैन ने भी कालीचरन के पक्ष में ही हाथ उठाया। कालीचरन ने फूलिया से कहा, देखो यह पंचायत है। पंचायत में परमेसर रहते हैं। पंचायत में झूठ बोलने से हाथों-हाथ इसका फल मिलता है। सच-सच बताओ कि सच्ची बात क्या है?'...'बोलो सहदेव मिसर हमारे घर में घुसे थे।' तुमने हल्ला क्यों नहीं किया?... 'बोलो डरने की कोई बात नहीं।' 'बाबा के डर से।' 'बाबा के डर से?' हाँ बाबा सहदेव मिसर का करजा धारते हैं। 'बैठ जाओ।...महँगू! महँगू हाथ जोड़कर फिर खड़ा होता है। क्या बात है? फूलिया जो कहती है, ठीक है?... 'डरो मत! जो बात है, बताओ।' कौन गाँछ ऐसा है जिसमें हवा नहीं लगती और पत्ता नहीं झड़ता है।' 'दूसरों की बात मत कहो, अपनी बात बताओ।' 'अकेले हमको क्यों दोष देते हैं? गाँव भर का यही हाल है कौन घर ऐसा है... मैं तुमसे पूछता हूँ।'[3] जोतखीजी बहुत साहस करके कहते हैं कि 'पहले तुम अपनी माँ से जाकर इमान-धरम से पूछो कि तुम किसके बेटा हो।'[4] इसका जवाब वासुदेव देता है—'जोतखी काका, हमको अपने

---

1 *वही*, पृ. 90

2 *वही*, पृ. 90

3 *वही*, पृ. 91

4 *वही*, पृ. 91

बाप के बारे में मालूम है। जोतखी अपनी स्त्री से पूछें कि उनके पेट में किसका बच्चा है। कौन नहीं जानता कि जोतखीजी का नौकर...।[1] पंचायत में यह तय हुआ कि महँगूदास अपनी बेटी फूलिया का विवाह खलासी से कर दे और आज से टोले के लोग बाबू लोगों पर नजर रखें। फूलिया की रुझान खलासी की तरफ ग्यारहवें परिच्छेद में स्पष्ट हो जाती है—'खलासीजी के गले में जादू है। ओझा-गुनी आदमी है। जब बाबा चुमौना के लिए राजी नहीं होगे तब मैं तुम्हारे साथ भाग चलूँगी।[2] इसी क्रम में 'रेणु जी' ने चौबीसवें परिच्छेद में, जिसमें सगाई के बाद फूलिया अपने मैके आयी है। वह जाना नहीं चाहती है। इस परिच्छेद में 'रेणु जी' ने फूलिया और सहदेव के रागात्मक सम्बन्ध को बड़ी ही गहराई से व्यक्त किया है—"पिछले साल की बात याद आते ही फूलिया का देह सिहरने लगता है। भाँग पीकर धुत्त था सहदेव मिसिर। एक ही पुआ को बारी-बारी से दाँत से काटकर दोनों ने खाया था।...अरे, जात, धरम से फूलिया तू हमारी रानी है, तू हमारी जाति, तू ही धरम, सब कुछ। बाबू को दारू पीने के लिए डेढ़ रुपया दिया था और माँ को अठन्नी।....रात-भर सहदेव मिसिर जगा रह गया था।... फूलिया के देह के पोर-पोर में मीठा दर्द फैल रहा है। जोड़-जोड़ में दर्द मालूम होता है। कोई बाँहों में जकड़ कर मरोड़े कि जोड़ की हड्डियाँ पटपटाकर चटख उठें और दर्द दूर हो जाये।"[3] चौतीसवें परिच्छेद में फूलिया खलासी को छोड़ देती है। उसका कारण है कि खलासी का वेश्या से सम्बन्ध था। सहदेव और फूलिया का पुनः मिलन होता है। उन्हें कोई सामाजिक भय नहीं है। 'फूलिया, जब से तुम गयी मैंने कभी इस टोले में पैर नहीं दिया।' 'रहने दो! गहलोत टोले में नहीं जाते थे?... पनबतिया के यहाँ कौन जाता था? झूठ मत बोलो।' फूलिया हँसती है। नहीं फूलो।[4] फूलिया गाँव के प्रतिष्ठित लोगों पर आरोप लगाती है—"तहसीलदार की बेटी शाम से ही, आधे पहर रात तक, डॉक्टर बाबू के घर में बैठी रहती है; चाँदनीरात में कोठी के बगीचे में डॉक्टर के हाथों में हाथ डाल कर घूमती है। तहसीलदार साहब को कोई कहने की हिम्मत कर सकता है कि उनकी बेटी का चाल-चलन बिगड़ गया है?... तहसीलदार हरगौरी सिंह अपनी खास मौसेरी बहन से फँसा हुआ है। बालदेव जी कोठारिन से लटपटा गये हैं। कालीचरन ने चरखा स्कूल की मास्टरनी जी को अपने घर में रख लिया है। उन लोगों को कोई कुछ कहे तो!... जितना कानून और पंचायत है सब गरीबों के लिए ही।"[5]

---

1 *वही*, पृ. 91-92

2 *मैला आँचल*, पृ. 50

3 *वही*, पृ. 100-101

4 *वही*, पृ. 136-137

5 *वही*, पृ. 137

'रेणु जी' ने उनतालीसवें परिच्छेद में सामूहिक बलात्कार का दृश्य रेखांकित किया है जिसे वे बचा सकते थे। साहित्य की दृष्टि से और कला की दृष्टि से कोई वर्णन सर्वोत्तम हो सकता है, परन्तु समाज की दृष्टि से उसका क्या महत्त्व है? इसका ध्यान रचनाकार को रखना चाहिए। 'रेणु जी' लिखते हैं... 'एकदम फिरी'। आजादी है, जो जी में आये करो। बूढ़ी, जवान, बच्ची जो मिले। आजादी है। पाट का खेत है। कोई परवाह नहीं है।... फाँसी हो या कालापानी, छोड़ो मत।' सन्थालिनें भी रोती हैं, दर्द से छटपटाती हैं?... चिल्ला-चिल्लाकर रोती हैं या गाती हैं?.. कहाँ दो सौ आदमी और कहाँ दो दर्जन सन्थाल, डेढ़ दर्जन सन्थालिनें! सब ठण्डा! सब ठण्डा! सन्थालिनें दुहरे दर्द से कराह रही हैं।[1]

'रेणु जी' ने जहाँ प्रेम प्रसंगों की चर्चा की है, वहाँ वे तन्मय हो गये हैं और बहुत ही सुन्दर वर्णन बन पड़ा है। उपन्यास का कमजोर पक्ष भी यही है और सबल पक्ष भी। जो समीक्षक यह आरोप लगाते हैं कि आंचलिक उपन्यासों में प्रेम और सौन्दर्य के चित्रण का अभाव है, उनके लिए 'मैला आँचल' के ये प्रसंग पठनीय हैं, जिससे वे अपनी दृष्टि बदल सकें।

बारहवें परिच्छेद में लरिसिंह दास द्वारा यह सूचना मिलती है कि मेरीगंज मठ पर काशी जी से आचार्य जी आ रहे हैं और महन्त का टीका करेंगे। मेरीगंज मठ की अपार धन-सम्पत्ति और खासतौर से वहाँ की अमूल्य निधि कोठारिन पर वे आकर्षित होते हैं। वे वहाँ के महन्त बनने की इच्छा रखते हैं और अपने दुराचरण के कारण निकाले जाते हैं। लरसिंघदास मानसिक रूप से विकृत हैं जिसके फलस्वरूप वे मेरीगंज मठ के भावी महन्त रामदास द्वारा निकाले जाते हैं। लरसिंघदास के सम्बन्ध में कोठारिन की टिप्पणी है—'रामदास'! गरदनियाँ देकर निकाल दो इसको। यह साधु नहीं, राक्षस है। इसके सिर पर माया सवार है। इससे पूछो, आज सबेरे जब मैं स्नान कर रही थी तब बाँस की पट्टी में छेद करके यह क्या देखता था? सैतान?[2] उपन्यास में एक स्थान पर 'रेणु जी' ने कोठारिन के चरित्र को नागा साधु के माध्यम से रेखांकित किया है—'तैरी जात को मच्छड़ काटे! हरामजादी! रण्डी! तैं समझती क्या है री! ऐं, दुनियाँ को तैं अन्धा समझती है? बोल?... लाल मिर्च की बुकनी डाल दूँ? छिनाल! तैं आचरज गुरु को गाली देती है? तेरे मुँह में कुल्हाड़ी का डण्डा डाल दूँ, बोल! साली, कुत्ती साधु का रगत बहाती है और बाबू लोगों से मुँह चटवाती है। दूँ अभी तेरे गाल पर चाँटा, हट जा यहाँ से, कातिक की कुतिया।[3] रेणु जी ने बाईसवें परिच्छेद में रामदास और कोठारिन के सम्बन्ध को रेखांकित किया है—'महन्त रामदास के आँगन में नदी बह रही है और वह

---

1 *मैला आँचल*, पृ. 156

2 *वही*, पृ. 53

3 *वही*, पृ. 74

प्यास से मर रहे हैं। पूर्वजन्म का पुण्य है कि उसे महन्ती की गद्दी मिल गयी नहीं तो ऐसे लोगों को भैस चराने के अतिरिक्त कोई काम नहीं मिलता। जहाँ तक कोठारिन के चरित्र का प्रश्न है वह मजबूरी में महन्त सेवादास और महन्त रामदास के समक्ष आत्मसमर्पण करती है। लरसिंघदास जब वह स्नान कर रही थी, बाँस-पट्टी में से उसे देख रहा था। यह एक खास तरीके का मनोविज्ञान है और लरसिंघदास की मानसिक विकृति की तरफ इशारा करता है। कोठारिन ने रामदास को आदेश दिया कि इसे गरदनियाँ देकर बाहर निकाल दो। दूसरी तरफ महन्त रामदास की महन्त होने के नाते कोठारिन बड़े ही जतन से उसकी सेवा करती है। 'मैला आंचल' में बालदेव गाँधीवादी विचारधारा का प्रतिनिधित्व करता है। कालीचरन बराबर आता रहता है। उपर्युक्त घटना के बाद बालदेव चरखा सेंटर खोलने के लिए मदद हेतु मठ पर आया है। कोठारिन का मन बालदेव को देखकर चंचल हो उठता है। रामदास का वह विरोध करती है। बालदेव और रामदास में वय की सीमा है। रामदास के यहाँ मजबूरी है जबकि बालदेव के साथ ऐसा नहीं है। कोठारिन टिप्पणी करती है—"आजकल तो हाथ एकदम खाली है। आप तो आजकल इधर का रास्ता ही भूल गये हैं। हमसे जो अपराध हुआ है, छिमा कीजिए।"[1] कोठारिन की मनःस्थिति क्या है और वह बालदेव के विषय में क्या सोचती है, यह निम्नलिखित पंक्तियों से स्पष्ट हो जाता है..."न जाने क्यों, लछमी का जी आज बालदेव को देखकर इतना चंचल हो रहा है। बालदेव जी सच्चे साधु हैं।"[2] सातवें परिच्छेद में प्रशान्त को देखकर उसका मन चंचल हुआ था। वहाँ वह प्रायश्चित्त करती है। रामदास से घृणा करती है। फणीश्वरनाथ रेणु ने वर्तमान भारतीय राजनीति को बालदेव और कालीचरन के माध्यम से रेखांकित किया है। गाँधीवादी बालदेव और बावनदास हैं, जो उस समय नरम दल के रूप में जाना जाता था और गरम दल जिसमें बालगंगाधर तिलक, विपिनचन्द्र पाल, लाला लाजपतराय थे, जिसका प्रतिनिधित्व कालीचरन करता है। आधुनिक चेतना के प्रतीक चरखा सेंटर की स्थापना तेईसवें परिच्छेद में होती है। बावनदास को मेरीगंज इसलिए भेजा गया था कि बालदेव द्वारा जनता को सस्ते कपड़े उपलब्ध हो सकें। बालदेव इस कार्य में अत्यधिक व्यस्त हो गया था। इसके माध्यम से 'रेणु जी' सहकारिता आन्दोलन की तरफ संकेत करते हैं। इसी क्रम में बावनदास बालदेव को सहायता एवं मेरीगंज गाँव की जनता की सेवा हेतु कांग्रेस द्वारा भेजा गया।

लोकजीवन को बड़े ही सार्थक ढंग से 'रेणु जी' ने चौबीसवें परिच्छेद में रेखांकित किया है। वे एकदम उसमें रम गये हैं। होली का दृश्य है। इस दृश्य का उन्होंने बड़ा ही रस लेकर वर्णन किया है। डॉ. प्रशान्त को अब गाँव प्रिय लगने लगा है।

---

1 *वही*, पृ. 95

2 *वही*, पृ. 95

होली का अवसर है। तहसीलदार साहब के दरवाजे पर पैर रखते ही डॉक्टर के मुँह पर गुलाल मल दिया गया। डॉक्टर की आँखें बन्द हैं लेकिन वह स्पर्श में ही समझ गया है कि गुलाल किसने मला है। उसके पास न अबीर है और न रंग की पिचकारी। 'रेणु जी' डॉ. प्रशान्त और कमली के होली खेलने के दृश्य को इन शब्दों में व्यक्त करते हैं–'लीजिए डॉक्टर बाबू अबीर लीजिए और इस बाल्टी में रंग है।' 'बेचारा डॉक्टर रंग भी नहीं देना जानता, हाथ में अबीर लेकर खड़ा है। मुँह देख रहा है, कहाँ लगावें' जरा अपना हाथ बढ़ाइए तो। 'क्यों?' 'हाथ पर गुलाल लगा दूँ।[1] कमली डॉ. प्रशान्त से कहती है–'आप होली खेल रहे हैं या इंजेक्शन दे रहे हैं! चुटकी में अबीर लेकर ऐसे खड़े हैं मानो किसी के माँग में सिन्दूर देना है।'[2] 'रेणु जी' ने गाँव के लोगों के सहज विश्वास को इन शब्दों में रेखांकित किया है–"डॉक्टर अबीर की पूरी झोली कमली पर उलट देता है। सिर पर लाल अबीर बिखर गया–मुँह पर, गालों पर और नाक पर।.... कहते हैं, सिन्दूर लगाते समय जिस लड़की की नाक पर सिन्दूर झड़कर गिरता है, वह अपनी पति की बड़ी दुलारी होती है।"[3] डॉ. प्रशान्त की तरफ उसकी रुझान का संकेत चौदहवें परिच्छेद में ही मिल जाता है। इस सन्दर्भ में कुछ पंक्तियाँ द्रष्टव्य हैं... डॉक्टर की मुस्कुराहट बड़ी जानलेवा है। जब आवेगा तो मुस्कुराते हुए आवेगा–डर लगता है! हाँ हाँ डर लगता है तो तुमको क्या! तुमको तो मजा मिलता है न! मुस्कराये जाओ गले में आला लटकाये फिरते हैं बाबू साहब! छाती और पीठ में लगाकर लोगों के दिल की बीमारी का पता लगाते हैं। झूठ! इतने दिन हो गये, मेरे दिल की बात, मेरी बीमारी को कहाँ जान सके! क्या जानबूझकर अनजान बनते हो डॉक्टर! तुम्हारी मुस्कुराहट से तो यही मालूम होता है।...अच्छा डॉक्टर! सच-सच बताना, तुम क्यों मुस्कुराते हो? तुम मुझे जलाने के लिए इस गाँव में क्यों आये?'... 'माँ, तुम्हारा डॉक्टर क्या है जानती हो? माटी का महादेव।'[4] कमली तिरछी निगाहों से चोरी-चोरी डॉक्टर को देखती है... 'हाँ जी, मुझे पगली कहते हो! लेकिन मुझे पगली बना कौन रहा है?[5] इसी क्रम में रेणु जी ने बावनदास और तारावती के प्रेमप्रसंग का उल्लेख पचीसवें परिच्छेद में किया है। प्रेम प्रसंग कह लें या बावनदास जैसे गाँधीवादी शुद्ध विचार के व्यक्ति का क्षण भर के लिए विचलित होना और बाद में गाँधी जी की तस्वीर देखकर अपने मन को शान्त करना। इस प्रकरण के माध्यम से 'रेणु जी' यह सन्देश देना चाहते हैं कि हमारे देश में समाज के हर स्तर पर व्याप्त भ्रष्टाचार

1 *मैला आँचल*, पृ. 103-104
2 *वही*, पृ. 104
3 *वही*, पृ. 104
4 *वही*, पृ. 58
5 *वही*, पृ. 59

का प्रायश्चित्त केवल गाँधी जी के नाम लेने से हो जाता है। उनकी आड़ में हम सब कुछ करने के लिए स्वतन्त्र हैं। तारावती और बावनदास से सम्बन्धित चित्रण उपन्यास में आये सभी प्रेम प्रसंगों और सौन्दर्य चित्रण में सर्वोत्तम है—"एक दिन चन्दन पट्टी आश्रम में, दोपहर को तारावतीजी बिछावन पर आराम कर रही थीं। सामने के दरवाजे पर पर्दा पड़ा हुआ था और पर्दे के इस पार ड्यूटी पर बावनदास। फागुन की दोपहरी आम की मंजरियों का ताजा सुवास लेकर बहती हुई हवा पर्दे को हिला-डुलाकर अन्दर पहुँच जाती थी। तारावती जी की आँखें लग गयीं। बावन ने हिलते-डुलते पर्दे के फाँक से यों ही जरा झाँककर देखा था। उसका कलेजा धक् कर उठा था, मानो किसी ने उसे जोर से पीछे की ओर धकेल दिया हो... धीरे-धीरे पर्दे को हिलाने वाली फागुन की आवारा हवा ने बावन के दिल को भी हिलाना शुरू कर दिया। बावन ने एक बार चारों ओर झाँककर देखा, फिर पर्दे के पास खिसक गया। झाँका। चारों ओर देखा और तब देखता ही रह गया मन्त्र-मुग्ध-सा... पलंग पर अलसायी सोई जवान औरत! बिखरे हुए घुँघराले बाल, छाती पर से सरकी हुई साड़ी, खद्दर की खुली हुई अँगिया।"[1] दूसरी तरफ रेणु जी ने राजनीतिक विचारधारा की तरफ भी संकेत किया है। कांग्रेसी, समाजवादी और कम्युनिस्ट दलों का भी उल्लेख किया है। मेरीगंज गाँव में फैले हैजे के प्रकोप में गाँव के पहले रोगी को बचा लिया गया, लेकिन गाँव को नहीं बचाया जा सका। डॉक्टर ने ढोल पिटवाकर लोगों को सुई लेने की खबर दी लेकिन कोई नहीं आया। कुएँ में दवा डालने के समय लोगों ने दल बाँधकर विरोध किया—"चालाकी रहने दो! डॉक्टर कूपों में दवा डालकर सारे गाँव में हैजा फैलाना चाहता है। खूब समझते हैं।"[2] हैजे से गाँव वालों को दवा देने और इसी क्रम में आस पास के गाँव में भी सहायता के लिए डॉ. प्रशान्त की मदद करते हैं—कालीचरन, बालदेव और चरका सेंटर की शिक्षिका मंगलदेवी। डॉक्टर लोगों को ठीक करने में स्वयं अस्वस्थ हो जाता है। वह कई दिनों से कमली से नहीं मिला। वह बहुत दिनों बाद तहसीलदार साहब के यहाँ गया था। कमली डॉक्टर साहब को देखकर सब कुछ भूल गयी। डॉक्टर का चेहरा एकदम काला हो गया है। आँखें धँस गयी हैं। प्यारू ठीक कहता था—"डॉक्टर साहब दुनिया भर को आराम कर रहे हैं, लेकिन खुद बीमार होते जा रहे हैं। खाना-पीना तो एकदम कम हो गया है।" कमली चाहती है कि "माँ थोड़ी देर के लिए डॉक्टर को अकेला छोड़ दे। आज वह डॉक्टर से लिपट जायेगी।"[3]

उपर्युक्त मनःस्थिति के पीछे कमली का जो मनोविज्ञान था वह यह था कि कमली ने पन्द्रह दिन बाद डॉक्टर की सूरत देखी थी। स्त्री के स्वाभाविक जलन को 'रेणु जी'

---

1 *मैला आँचल*, पृ. 108

2 *वही*, पृ. 115

3 *वही*, पृ. 116

रेखांकित करते हुए लिखते हैं कि "मैं मर जाती। आपका क्या बिगड़ता? चरखा सेंटर की मास्टरनी जो थी।.... रातभर खूब चाय बनाकर पिलाती थी न![1] डॉक्टर को देखते ही वह सब कुछ भूल गयी। 'रेणु जी' प्रशान्त की मनःस्थिति का वर्णन करते हुए कहते हैं कि... "मजदूरों की झोंपड़ियों में आने का सौभाग्य या दुर्भाग्य प्राप्त हुआ है। रोगियों को देखकर उठते समय, छींके पर टँगी हुई खाली मिट्टी की हाड़ियों से उसका सिर टकराया है। सात महीने के बच्चे को बथुआ और पाट के साग पर पलते देखा है। उसने देखा है... गरीबी, गन्दगी और जहालत से भरी हुई दुनिया में भी सुन्दरता जन्म लेती है। किशोर-किशोरियों और युवतियों के चेहरे पर एक विशेषता देखी है उसने। कमला नदी के गड्ढों में खिले हुए कमल के फूलों की तरह जिन्दगी के भोर में वे बड़े लुभावने, बड़े मनोहर और सुन्दर दिखाई पड़ते हैं किन्तु ज्यों ही सूरज की गर्मी तेज हुई, वे कुम्हला जाते हैं। शाम होने से पहले ही पपड़ियाँ झड़ जाती हैं।... कश्मीर के कमल और पूर्णिया के कमल में शायद यही फर्क है .... और कमली तो राजकमल।"[2]

उनतीसवें परिच्छेद में नये वर्ष के उपलक्ष्य में मेरीगंज मठ पर भोजन हेतु विशेषरूप से बालदेव और बावनदास को कोठारिन ने आमंत्रित किया है। लछमी दासिन के दिल में बालदेव ने घर कर लिया है। लछमी का मन चंचल है पर चोर नहीं। बालदेव जी चोरी से उसके मन में नहीं आते हैं। मन के लक्षदुआर हैं, बालदेव जी एक ही साथ लक्षदुआर से उसके मन में बैठ जाते हैं—एक लक्ष बालदेव जी। तीसवें परिच्छेद में रेणु जी ने ममता के माध्यम से शहरी संस्कृति का बड़ा ही यथार्थ चित्रण किया है। 'बुशर्ट का युग है। पाँच साल पहले बाँकीपुर की सड़कों पर, पार्कों और मैदानों में दानापुर कैंट के गोरे फौजियों ने जिन्दगी के जिन कुत्सित और वीभत्स पहलुओं का प्रदर्शन किया। हमारे समाज के अचेतन मन पर उसकी ऐसी गहरी छाप पड़ी कि आज हर आदमी के अन्दर का भूखा टामी अधीर हो उठा है। युद्ध की विषैली गैसों ने सारे समाज के मानस को विकृत कर दिया है। काले बाजार के अँधेरे में एक नयी दुनिया की सृष्टि हो गयी है, जहाँ सूरज नहीं उगता, चाँद नहीं चमकता और न सितारे ही जगमगाते हैं... इस दुनिया में माँ, बेटा, पिता-पुत्र, भाई-बहन और स्वामी-स्त्री जैसा कोई सम्बन्ध नहीं।... कल एक गरीब ने विटामिन 'सी' की सूई आठ रुपये में खरीदी है। पाँच आने का छोटा-सा ऐप्यूल.... मेरे मुहल्ले के महराज मेहता को तुम जरूर जानते होंगे। उसकी छोटी बेटी 'फूलमतिया' जो मिल्क सेंटर में पिछले साल तक दूध पीने आती थी और ताली बजा-बजाकर नाचती थी, उसे तुम भूले नहीं होगे।" शायद परसों से अस्पताल में पड़ी हुई है। रामनवमी की शाम को नयी रंगीन साड़ी पहनकर फुदकती हुई राम मन्दिर गयी थी और रात को दो बजे पुलिस ने

---

1 *वही*

2 *वही*, पृ. 117

'सिटी' के एक पार्क में कराहते हुए पाया। फूलमतिया का बयान है... 'टेढ़ी नीम गली के पास एक मोटर गाड़ी रुक गयी और दो आदमियों ने पकड़कर उसे गाड़ी में बैठा दिया।... बड़े-बड़े बाबू लोग थे।[1] 'चरखा सेंटर' की शिक्षिका मंगलादेवी और 'मैला आँचल' का सबसे जीवन्त पात्र कालीचरण से सम्बन्धित एक्कीसवाँ परिच्छेद है जिसमें मंगलादेवी बीमार हैं। फलस्वरूप कालीचरण की निकटता मंगलादेवी से बढ़ती है। मंगलादेवी की पुरुषों के सम्बन्ध में क्या अवधारणा इसे 'रेणु जी' ने रेखांकित किया है—'मंगलादेवी ने दुनिया को अच्छी तरह पहचाना है। आदमी के अन्दर के पशु को उसने बहुत बार करीब से देखा है। विधवा आश्रम, अबला-आश्रम और बड़े बाबुओं के घर आया की जिन्दगी उसने बितायी है। अबला नारी हर जगह अबला ही है। रूप और जवानी... नहीं यह भी गलत है। औरत होना चाहिए; रूप और उम्र की कोई कैद नहीं। एक असहाय औरत देवता के संरक्षण में सुख-चैन से भी नहीं सो सकती। मंगला देवी के लिए जैसा घर वैसा बाहर। उसका कौन है, अपना! कोई नहीं।'[2] कालीचरण के पहलवान गुरु ने कहा था, 'पट्ठे जब तक अखाड़े की मिट्टी देह में पूरी तरह रचे नहीं' औरतों से पाँच हाथ दूर रहना।[3] मंगलादेवी के सन्दर्भ में कालीचरण का यह व्रत टूट जाता है। बालदेव और कालीचरण के राजनीतिक जीवन पर प्रश्नचिह्न लगता है जिसके मूल में कोठारिन और मंगलादेवी है। कोठारिन तो सत्तर चूहा खाये हुई है। मास्टरनी जी बिना कालीचरण के पूछे पानी भी नहीं पीतीं। फणीश्वरनाथ रेणु ने अड़तीसवें परिच्छेद को बड़ा ही रस लेकर लिखा है। उपन्यास के सभी प्रमुख पात्र कोठारिन 'मंगलादेवी' कमला अपनी मनःस्थिति को स्मरण के आधार पर सोचती है। वर्षा का मौसम है। दो-तीन घण्टे के लिए वर्षा रुकती है और फिर प्रारम्भ हो जाती है। कोठारिन को नींद नहीं आ रही है। उसका चित्त बड़ा चंचल है। वह विरह के वाण से घायल मन-ही-मन सिसक कर रह जाती है। वह बालदेव को अच्छी तरह से जानती है। बालदेव के सम्बन्ध में, महन्त सेवादास ने कहा था—'शुद्ध विचार का आदमी है। संस्कार बहुत अच्छा है।' वही कोठारिन की बालदेव के प्रति अपनी दृष्टि है। वह बालदेव के सम्बन्ध में क्या सोचती है, 'रेणु जी' ने रेखांकित किया है—तैतालीसवाँ परिच्छेद सबसे महत्त्वपूर्ण इसलिए है कि बालदेव और कोठारिन का प्रेम अपने चरम बिन्दु पर है अथवा यों कहा जाये कि 'रेणु जी' ने कोठारिन और बालदेव को पति-पत्नी के रूप में रेखांकित किया है—'बालदेव जी की गवाही पर ही मुकदमे की सारी बात है।' लछमी सब कुछ कह देगी बालदेव जी से। 'आप चन्नन पट्टी चले जाइएगा....और मैं!' 'आप' 'हाँ' मैं कहाँ जाऊँगी? मेरा क्या होगा?

---

1 *मैला आँचल*, पृ. 124

2 *वही*, पृ. 126

3 *वही*, पृ. 127

महन्त की दासी बनकर ही मैं मठ पर रह सकती हूँ। लछमी की आँखें भर आती हैं। 'नहीं लछमी, तुम... रामदास की दासी नहीं। मैं... तुम... आप' 'बालदेव जी'। लछमी पगली की तरह बालदेव जी से लिपट जाती है, 'रच्छा करो बालदेव। तुम कह दो एक बार तुम्हें रामदास की दासी नहीं बनने दूँगा। तुम बोलो—चन्नन पट्टी नहीं जाऊँगा। मुझे छोड़कर मत जाओ बालदेव। दुहाई।' 'लछमी'! बालदेव जी लछमी को सँभालते हुए कहते हैं, 'कोई देख लेगा' लछमी बालदेव जी के गले से हाथ छुड़ाकर अलग बैठ जाती है। सिर नीचा करके सिसकती है।'[1]

'मैला आँचल' के दूसरे खण्ड में देश स्वतन्त्र हो चुका है। फणीश्वरनाथ रेणु ने इस खण्ड में मुख्यरूप से पाँच बातों को रेखांकित किया है। तीसरे परिच्छेद में रामदास की रामपियारिया को दासिन के रूप में रखने की अनुमति का मिलना और बालदेव का कोठारिन के पीछे बैरागी होना? पाँचवें परिच्छेद में वे हिन्दू मुस्लिम एकता की बात करते हैं। ग्यारहवें परिच्छेद में कमली के विवाह के पूर्व गर्भधारण की सूचना उसके परिवार वालों को मिलती है, जिससे उसके पिता तहसीलदार विश्वनाथ प्रसाद के सामाजिक जीवन में आँच आती है। अठारहवें परिच्छेद में डॉ. प्रशान्त द्वारा कमली को अपनाया जाना और गाँव में रहने का निर्णय है। रेणु जी ने 'मैला आँचल' के प्रथम खण्ड में गुलाम भारत में आजादी की तैयारी और दूसरे खण्ड में आजाद भारत की तस्वीर को रेखांकित किया है।

'मैला आँचल' का समाज

भारतीय गाँवों को राष्ट्र की मुख्य धारा से जोड़ने और उनमें रहने वाले लोगों को शोषणमुक्त करने, सामाजिक एवं धार्मिक कुरीतियों से निजात दिलाने तथा दूषित परम्परित अन्धविश्वासों से निकाल कर वास्तविक सामाजिक जीवन जीने के लिए उपदेश देने वाले उपन्यासों की पर्याप्त रचनाएँ स्वतन्त्रता-पूर्व भारत में आ चुकी थीं। मुंशी प्रेमचन्द के उपन्यासों का स्वर उनमें सबसे ऊँचा रहा। जमींदार, महाजन, सरकारी कर्मचारी, गँवई दलाल तथा धर्म के ठेकेदार ग्रामीणों विशेषकर किसानों की दयनीय स्थिति के कारण माने गये। उपन्यासकारों ने खूब चटखारे लेकर शोषण, उत्पीड़न और सामाजिक भ्रष्टाचार में लिप्त लोगों के अमानवीय क्रिया-कलापों का चित्रण किया। लोगों का ध्यान तो इस ओर अवश्य गया पर हर असहजता के कारण नारेबाजी बनकर रह गया। हृदय-परिवर्तन एवं आत्मचिन्तन का वातावरण निर्मित करने में वे ग्रामीण उपन्यासकार बहुत सफल नहीं हो सके। यथासमय जो समाज में परिवर्तन आया वह महापरिवर्तन के बाद आया। सत्ता के हस्तान्तरण एवं गणतन्त्र की स्थापना के पश्चात् स्थितियाँ बदलीं। 'मैला आँचल' का समाज यद्यपि पराधीन

1 मैला आँचल, पृ. 166-167

और स्वतन्त्र भारत तक फैला हुआ है, फिर भी उसमें जैसी सहजता और स्वाभाविक चित्रोपमता देखने को मिलती है वह अन्यत्र दुर्लभ है। 'मैला आँचल' के समाज में व्यक्ति नहीं बल्कि उसका समूह है और उस समूह में हिंसा, रागद्वेष तथा शोषण की अपेक्षा सहअस्तित्व की भावना अधिक है। सहअस्तित्व की इस भावना के माध्यम से उपन्यासकार यह संकेत देना चाहता है कि यह भावना भारतीय समाज की बहुत बड़ी सम्पत्ति है जिसकी सहायता से एक सुदृढ़ एवं स्वस्थ राष्ट्र का निर्माण सहज सम्भव है।

'मैला आँचल' में प्रस्तुत भूखण्ड में सभी जातियों के लोग हैं। रेणु जी यदि कटाक्ष करते है तो केवल ब्राह्मण और 'भूमफोड़' क्षत्रियों पर। ब्राह्मण के अल्पसंख्यक होने के नाते उन्होंने उसे तीसरी शक्ति की संज्ञा दी है जो समय-समय पर क्षत्रियों का मन विकृत करती रहती है। कुछ लोगों ने सिंह लिखना शुरू कर दिया है जिस पर उपन्यासकार कोई प्रतिकूल टिप्पणी नहीं करता पर ब्राह्मण जाति के लोगों के जनेऊ धारण के प्रसंग में व्यंग्य किया है। एक समय आया था जब जनेऊ धारण करने और न धारण करने की जातीय योग्यता को लेकर भारी विवाद चला था जो अब प्रायः समाप्त है। अब तो परम्परा से जनेऊ धारण करने वाले लोगों ने भी जनेऊ पहनना छोड़ दिया है। पण्डित जी ने 'भूमफोड़' क्षत्रिय के नाम पर आश्चर्य अवश्य व्यक्त किया है। इस समाज में न तो जमींदारों का जुल्म है और न ही महाजनों की सूदखोरी है। सरकारी कर्मचारियों का न तो उत्पीड़न है और न तो हरी बेगारी के लिए जोर-जबरदस्ती। धार्मिक शोषण भी कम है। आदिवासियों के सन्दर्भ में सामूहिक बलात्कार की चर्चा अवश्य है, पर पुरानी सामन्ती व्यवस्था एवं जातीय वर्चस्व की छाया में आर्थिक अभाव के कारण कमजोर वर्ग की स्त्रियों के साथ जो अघोषित बलात्कार हो रहा था वह 'मैला आँचल' में नहीं है। असहमति के होते हुए भी उक्त यौन शोषण के साथ लोगों ने एक समझौता कर रखा था। जो कुछ हो रहा था उससे पुरजन और परिजन सभी विज्ञ थे। इस सामाजिक अभिशाप की ओर प्रेमचन्द युगीन उपन्यासकारों ने ध्यान अवश्य आकर्षित किये थे, पर उन स्थितियों में तब तक परिवर्तन नहीं आया जब तक कि सत्ता का हस्तान्तरण नहीं हुआ। जमींदारी उन्मूलन नहीं हुआ और मतदान का सबको अधिकार नहीं मिला। 'मैला आँचल' के समाज की स्थिति इससे भिन्न है। यहाँ आकर स्त्री-पुरुष के अवैध सम्बन्ध जोर-जबरदस्ती पर आधारित न होकर परस्पर सहमति पर निर्भर हैं। अंचलों में स्थापित छोटे-छोटे मठों में महन्तों और दासियों के बीच चलने वाले अनैतिक भ्रष्टाचार मरण धर्माधर्म स्थानों के ध्वंसावशेष हैं जिनके सन्दर्भ में अनुमति का प्रश्न ही नहीं उत्पन्न होता। लछमी कोठारिन को इच्छा के विरुद्ध महन्तों की अंकशायिनी बनना पड़ता है जिसके साथ उसने समझौता कर लिया है क्योंकि उसे वह एक कोठारिन की नियति मानती है। इस सन्दर्भ को उठाकर उपन्यासकार ने एक सामाजिक कोढ़ की ओर अँगुली उठायी है

और लछमी कोठारिन को अन्त में उससे छुटकारा दिलाकर उसने एक प्रकार से उसके अन्त की घोषणा कर दी है। स्त्री विषयक दुर्बलता के शिकार अंचल के सामाजिक एवं राजनीतिक कार्यकर्ता भी हैं, पर उनमें सब कुछ सहमति और प्राकृतिक चेतना के चलते ही है जो सहज स्वाभाविक है। स्वतन्त्रता संग्राम के सेनानियों के यौन दुर्बलता सम्बन्धी जो कच्चे चिट्ठे आज सामने आ रहे हैं उससे तो स्पष्ट होता है कि कुछ ही बड़े राजनेता ऐसे रहे हैं जिन्हें इस दृष्टि से साफ-पाक कहा जा सकता है, शेष किसी-न-किसी स्तर पर विचलन के शिकार रहे। 'रेणु जी' ने इसे परखा है और बड़े ही स्वाभाविक ढंग से इस सामाजिक चेतना को अपनी सहमति प्रदान की है क्योंकि इसके प्रस्तुतीकरण से 'मैला आँचल' की न केवल पठनीयता बढ़ी है, बल्कि उसकी विश्वसनीयता बढ़ी है।

ग्रामीण एवं नगरीय दोनों ही समाजों के प्रति 'रेणु जी' ने न्याय किया है। जिस आचरण को नगरीय समाज सिद्धान्ततः बुरा मानता है, उसे ग्रामीण इतना बुरा नहीं मानते, पर नगरीय समाज को संकोच है। इसे डॉ. प्रशान्त और कमली के व्यवहार में देखा जा सकता है। कोठारिन मंगला तथा अन्य ग्रामीण महिला और पुरुषों में वह संकोच नहीं है, जो प्रशान्त और कमली में है।

रेणु जी अपना रास्ता सहजता और बिना शोर-शराबे के तय कर लेते हैं। शहर से आये डॉ. प्रशान्त और तहसीलदार की पुत्री कमली के प्रेम प्रसंग को लेकर अंचल में चर्चा तो है पर तूफान नहीं है। उसकी शीतल बयार एक प्रकार से ग्रामीण प्रेमीजनों को तृप्त ही करती है। कुँआरी माँ के गर्भ से जन्मे अपने ही शिशु को स्वीकार कर डॉ. प्रशान्त ने अगली पीढ़ी का मार्ग प्रशस्त किया है जो रेणु जी का अवदान है। आज भी पत्र-पत्रिकाओं में ऐसे सन्दर्भों को लेकर खुली बहस हो रही है जिसे रेणु जी ने उसी समय देख लिया था।

'मैला आँचल' के समाज में नेताओं और कार्यकर्ताओं का अद्भुत समन्वय देखा जा सकता है। 'समाज' राजनीतिक पार्टियों में रेखांकित है। कांग्रेसी भी गाँधीवादी नरम दल और गरम दल में बँटे हुए हैं पर कोई संघर्ष नहीं है न तो कोई सैद्धान्तिक वाद-विवाद ही है। पूरा अंचल इन छोटे-भाइयों के उत्साह से आप्लावित है जिसमें स्त्री-पुरुष दोनों हैं। अतः 'मैला आँचल' में व्यक्ति नहीं बल्कि व्यक्ति समूह है, नेता नहीं बल्कि नेता और कार्यकर्ताओं का सम्मिलित समूह है और अच्छाइयों और बुराइयों से युक्त लुभावना एवं भोला-भाला पिछड़ा हुआ समाज, जो देश की मुख्य धारा से जुड़ने की प्रतीक्षा कर रहा है। सब कुछ मैला तो है पर अस्पृश्य नहीं है और न ऐसा है जो गले से न लग सके। सद्भावना और उपचार से यह अंचल धवल और स्वस्थ बन सकता है। राष्ट्र की यह महत्त्वपूर्ण इकाई अपनी समग्रता में ही विवेच्य है। इसमें चित्रित समाज को खण्ड-खण्ड करके नहीं देखा जा सकता क्योंकि यह तो खण्ड का

समाज है ही अपनी अनेकता में एकता की स्थापना करने वाला 'मैला आँचल' ही इस उपन्यास की कथा भी है और कथानायक भी। इसका प्रत्येक व्यक्ति अपनी निजी विशेषताओं को रेखांकित करते हुए अंचल का अविभाज्य अंग बन गया है। किसी को वैसाखी की आवश्यकता नहीं है, वे अपने पाँवों पर खड़े हैं और चलते-फिरते नजर आ रहे हैं।

'मैला आँचल' भारतीय राष्ट्र की एक पिछड़ी इकाई का सवाक फिल्मांकन है। इसमें पुरुषों की अपेक्षा स्त्रियाँ अधिक संवेदनशील और तेजस्वी दिखाई पड़ती हैं जो आदिवासीजन-जातियों एवं पहाड़ी प्रदेशों में रहने वाले समाज की प्रमुख विशेषता है। दोनों ही संस्कृतियों का संस्पर्श करने वाला है 'मैला आँचल' का अंचल और नगरीय बोध के भी नागरिक आकर घुलन-मिल गये हैं। अद्भुत सामाजिक रसायन की सृष्टि है 'मैला आँचल' का समाज।

रेणु के 'मैला आँचल' में आये समाज की बोली बानी का चमत्कार देखा जा सकता है। आंचलिक उपन्यासों में प्रयुक्त होने वाली भाषा की इस विविधता को लोग इसलिए स्वीकार करने में हिचकते हैं कि इससे हिन्दी का राष्ट्रीय स्वरूप खण्डित होगा और वह हिन्दी को क्षेत्रीयता के सीमित दायरें में बाँध देगी। इससे जुड़ा हुआ दूसरा सवाल यह उठता है कि क्षेत्रीय भाषाओं के विपुल प्रयोग से रचनाओं का क्या अन्य अन्तर्राष्ट्रीय भाषाओं में अनुवाद सम्भव है? यदि सम्भव नहीं है तो श्रेष्ठ-से-श्रेष्ठ कृतियाँ साहित्य के अन्तर्राष्ट्रीय क्षितिज पर प्रतिष्ठित होने से वंचित हो जायेंगी। इसमें सत्यता का अंश अवश्य है और कोई भी इसका अनुभव कर सकता है कि 'मैला आँचल' जैसी कृति का प्रामाणिक अनुवाद अंग्रेजी जैसी भाषा में सम्भव नहीं है। इससे सम्बद्ध भाषा सम्बन्धी महत्त्वपूर्ण जो दूसरा पक्ष है वह यह कि क्या किसी कृति का अनुवाद होना ही उसकी अर्थवत्ता है। उसकी अर्थवत्ता तो इसमें है कि वह भाषा के विकास में कितना योगदान करती है। हिन्दी साहित्य के इतिहास पर यदि हम ध्यान दें तो स्पष्ट हो जायेगा कि जब भाषा की 'नर्सरी' सूख गयी तो भाषा शीतगृह (कोल्ड स्टोरेज) की वस्तु बनकर रह गयी चाहे वह 'अवधी' रही हो अथवा ब्रजभाषा। हिन्दी खड़ी बोली का भी वही हश्र होगा यदि उसको क्षेत्रीय भाषाएँ समृद्ध नहीं करती रहेंगी। इस दृष्टि से 'मैला आँचल' में प्रयुक्त क्षेत्रीय भाषाएँ हिन्दी खड़ी बोली की नर्सरी हैं जिससे वह बराबर जीवन्त और ताजी बनी रहेगी। अंग्रेजी जैसी समृद्ध भाषा भी प्रतिवर्ष विश्व की भाषाओं से शब्दों का आयात करती है तो क्या 'मैला आँचल' की भाषा को यह गौरव परिनिष्ठित खड़ी बोली के सन्दर्भ में नहीं दिया जा सकता? इस प्रकार के प्रयास नींव के पत्थर प्रमाणित होंगे जिन पर राष्ट्रीय भाषा हिन्दी का भव्य महल खड़ा होगा। 'मैला आँचल' में भारतीय भूखण्ड का एक ऐसा भूखण्ड लिया गया है जो अत्यन्त छोटा होता हुआ भी अपने आप में पूर्ण है

और भारत के पिछड़े अंचल का प्रतिनिधित्व करता है। इसमें आये समाज में बोली जाने वाली भाषागत विविधता हिन्दी भाषा को समृद्ध बनाने वाली तो है ही, वह इस बात का संकेत भी देती है कि इन्हीं विविध स्तरों पर सामाजिक उन्नयन का कार्य अपेक्षित है। अतः निश्चित रूप से आंचलिक भाषाओं के प्रयोग से साहित्यिक हिन्दी भाषा को संजीवनी मिलती है।

लोकोन्मुख साहित्यरूप के रूप में प्रतिष्ठित होने और यथार्थवादी दृष्टि रखने के कारण हिन्दी उपन्यासकार के सम्मुख भाषा-व्यवहार की समस्या बराबर बनी रहेगी। प्रेमचन्द युगीन उपन्यासों में पात्रानुकूल भाषा व्यवहार को मान्यता मिली, पर उसका सफलतापूर्वक निर्वाह नहीं हो सका। जिस काल खण्ड में तद्युगीन उपन्यास लिखे जा रहे थे उस समय तक भारतीय ग्रामीण समाज बहु भाषाभाषी बन चुका था और उसमें संस्कृत, अंग्रेजी, उर्दू तथा क्षेत्रीय भाषा बोलने-समझने वाले लोगों की रोजमर्रा की जिन्दगी में पर्याप्त आना-जाना होने लगा था। ऐसी स्थिति में यदि लोग उपन्यास के पात्र बनते और पात्र बनना उनके लिए अनिवार्य था तो भाषा के स्तर पर उपन्यास एक तमाशा बनकर रह जायेगा। उपन्यास की पठनीयता भी बाधित होगी क्योंकि इतनी भाषा जानने वाले पाठकों का सर्वथा अभाव होगा और उपन्यास उन पाठकों तक नहीं पहुँच सकेगा, जिनके लिए वह विशेष रूप से लिखा जा रहा था। प्रेमचन्द जी ने स्वयं पात्रानुकूल भाषा का तात्पर्य पात्रों के सामाजिक स्तर के अनुसार व्यवहृत होने वाली भाषा से लिया है और परिनिष्ठित खड़ी बोली का प्रयोग उन्होंने या तो स्वगत कथनों में किया है या तो सम्भ्रान्त पढ़े-लिखे पात्रों के माध्यम से उसको प्रस्तुत किया है। हिन्दी ऐतर और क्षेत्रीय भाषाओं का व्यवहार प्रेमचन्द युगीन उपन्यासों में भाषागत ताजगी के लिए 'छौंक' के रूप में ही किया गया है न कि अधिकारिक भाषा के रूप में। सुधारवादी सामाजिक दृष्टि और राष्ट्रीय आन्दोलन के प्रति प्रतिबद्धता के कारण तत्कालीन उपन्यासों में विषयगत इतना वेग था कि पात्रानुकूल भाषा व्यवहार के लिए अवकाश ही नहीं रह गया था।

इस खेवे के उपन्यासों ने गद्यविधा को समृद्धि तो प्रदान की और उन्होंने उसे अभिव्यक्ति की दृष्टि से सक्षम भी बनाया, पर उसके शब्द-भण्डार को भरने की प्रक्रिया का शाश्वत द्वार वे नहीं खोल पाये। यह कार्य हिन्दी के आंचलिक और विशेषकर 'रेणु' के उपन्यासों ने किया।

आंचलिक उपन्यासों का इतिहास वास्तविक दृष्टि से स्वतन्त्र भारत की देन है। शिल्प के माध्यम से भले ही उसका विषयफलक स्वतन्त्रता-पूर्व भारत के समाज तक फैला हो, पर उसे अस्तित्व में लाने वाली परिस्थितियाँ स्वतन्त्र भारत में ही पैदा हुई हैं। स्वतन्त्रता के लिए संघर्ष कर रहे लोक मानस में त्याग की भावना ही पूँजीभूत थी, पर स्वतन्त्रता मिलते ही उसमें भोग की भावना ने प्रवेश ले लिया। भोग की

यह वृत्ति समाज की न्यूनतम इकाई तक में परिलक्षित हुई जिसे आंचलिक उपन्यासों ने भी हवा दी। समता की भावना ने समाज में व्यक्ति के अतिरिक्त महत्त्व को नकारना आरम्भ किया और प्रत्येक व्यक्ति का आत्मसम्मान जगा और उसकी भाषा महत्त्वपूर्ण बनी। यही कारण है कि आंचलिक उपन्यासों में परिनिष्ठित खड़ी बोली का वर्चस्व कम हुआ।

भाषा-सम्पदा

फणीश्वरनाथ रेणु ने अपने इस उपन्यास में भाषा सम्बन्धी नवीन प्रयोग किया है। भाषा ऊपर से ओढ़ी जाने वाली वस्तु नहीं है। वह मानव-संस्कारों के साथ पूर्णतया जुड़ी हुई है। किसी अंचल का विशिष्ट स्वरूप उसकी स्थानीय रंगत से ही उभरता है। स्थानीय रंगत को उभारने के लिए उपन्यासकार लोकभाषा, बोलियों, उपबोलियों, लोक कहावतों, मुहावरों, लोकगीतों आदि का प्रयोग करता है। 'रेणु जी' ने मेरीगंज ग्राम्य जीवन की प्रत्येक गतिविधि का ही नहीं अपितु समूचे बिहार के ग्राम जीवन की प्रत्येक गतिविधि का चित्रांकन किया है। ऐसा प्रतीत होता है कि मानो लेखक मेरीगंज अथवा किसी अन्य गाँव में जाकर 'स्नैप शॉट्स' लेता चला गया है और एक अल्बम-सा बनाकर रख दिया है। लोक जीवन के स्थानीय रंगों को इतनी बहुलता से भरने का हिन्दी में यह पहला ही प्रयास है। उपन्यास में पात्रों और लेखक की भाषा के बीच की दूरी जितनी कम होती है, वह उपन्यासकार और उपन्यास उतना ही श्रेष्ठ तथा सफल आंचलिक उपन्यास कहा जा सकता है। 'रेणु' के 'मैला आँचल' की श्रेष्ठता और सफलता का यही रहस्य है। 'रेणु' के गद्य में काव्य का-सा सम्मोहन है। उनके उपन्यास की श्रेष्ठता का प्रमुख कारण उनका भाषा-शिल्प है। उन्होंने आंचलिक भाषा का इतना प्रभावशाली प्रयोग किया है कि वह उपन्यास का सबसे महत्त्वपूर्ण पक्ष बन गया है। 'मैला आँचल' उपन्यास में सामान्य चरित्रों की वास्तविक प्रक्रियाओं का चित्रण करने में पूर्णिया में बोली जाने वाली भाषा का प्रयोग बड़े ही सार्थक ढंग से किया गया है। उत्तर भारत की ग्रामीण भाषाओं से अनभिज्ञ पाठक को कहीं-कहीं वह भाषा समझने में कठिनाई हो सकती है लेकिन तब भी वह प्रादेशिक भाषा के इतने सशक्त प्रयोग से प्रभावित हुए बिना नहीं रह सकता।

फणीश्वरनाथ रेणु की भाषा में स्थानीय रंगत उनकी प्रमुख विशेषता है। सारा वातावरण स्थानीय बोली, स्थानीय गीतों तथा स्थानीय संकेतों से युक्त है। 'रेणु' ने भाषा की विविध बोलियों को अपने उपन्यासों का आधार बनाया है। भोजपुरी, मैथिली और अवधी के साथ-साथ बँगला और नेपाली शब्दों का भी उन्होंने प्रयोग किया है तथा संस्कृतनिष्ठ हिन्दी, अंग्रेजी तथा उर्दू को भी यथास्थान अपनाया है। उदाहरणार्थ—'हुजूर, पबली को भलाय के वास्ते इतना दूर से कष्ट उठाकर आया है

और हम लोग हुजूर की कोई सेवा नहीं कर सके। हुजूर, सेवक का नाम रामकिरपाल सिंघ वल्द गरीबनेवाज सिंघ मोतत्फा जात राजपूत, मोकाम गढ़बुन्देल राजपुताना, हाल मोकाम मेरीगंज।[1]

'मैला आँचल' में प्रयुक्त भाषा सम्बन्धी कुछ उदाहरण

कालीचरन, तुम बहुत बहादुर लोजमान हो। लेकिन जोस में होस भी रखना चाहिए। हम खुश है, लेकिन उपसा करेंगे।'[2]

'बीजक से भी लछमी के देह की सुगन्धी निकलती है। इस सुगन्ध में एक नशा है। इस पोथी के हरेक पन्नों को लछमी की उँगुलियों ने परस किया है।... लछमी को देखने से ही मन पवित्र हो जाता है।[3]

'अमारा स्टेट में एक भी बदमास को अम नहीं देखने माँगटा। टुम टेसलिगार को झूठा बोला। अमारा अमला जूठा? टुम साला का बच्चा सच्चा!'[4]

'बाप काटे घोड़ा का घास और बेटा का नाम दुरगादास।'[5]

'शास्तर बचन कभी झूठ नहीं होता... राँड़ एंड कनमोचड़; जूता मारं पवित्तरम! समझे तहसीलदार साहब राँड़ और कानों को काँटीवाले जूते से बस में किया जाता है।'[6]

'बाघ के मुँह से छूटी तो बिलार के मुँह में गयी।'[7]

'लालमिर्च की बुकनी डाल दूँ। कातिक की कुतिया।'[8]

---

1 मैला आँचल, पृ. 11

2 *वही*, पृ. 19

3 *वही*, पृ. 40

4 *वही*, पृ. 111

5 *वही*, पृ. 120

6 *वही*, पृ. 120

7 *वही*, पृ. 22

8 *वही*

52

धर्मवीर भारती के साहित्य की मूल चेतना

—देवीप्रसाद कुँवर

धर्मवीर भारती को प्रायः रोमानी कवि और कभी रोमांटिक उपन्यासकार कहकर उनकी सारी उपलब्धियों को अस्वीकार करने का प्रयास किया गया। बहुत हुआ तो 'सूरज का सातवाँ घोड़ा' के नये औपन्यासिक शिल्प अथवा 'अन्धा युग' के कथ्य की चर्चा करके उनके सम्पूर्ण साहित्यिक शिल्प को धीरे से अनदेखा कर दिया गया। लेकिन धर्मवीर भारती एक ऐसे रचनाकार हैं जो जीवन की नयी दृष्टि और शिल्प की नयी भंगिमा के कारण नयी कविता में जितने महत्त्वपूर्ण हैं, उपन्यास और कहानी में उतने ही अविस्मरणीय। हिन्दी रिपोर्ताज तथा सम्पादकीय टिप्पणियों के लेखन में तो वे अप्रतिम हैं। इसी तरह से गद्य की अन्य विधाओं को भी उन्होंने सम्पन्न बनाया है। ऐसे रचनाकार का सम्पूर्ण साहित्यिक अध्ययन तथा विश्लेषणात्मक मूल्यांकन एक नये क्षितिज के उद्घाटन के साथ नयी पीढ़ी को एक प्रकाश भी दे सकता है।

भारती जी वैविध्य के साहित्यकार हैं, उन्होंने लगभग सभी साहित्यिक रूपों में रचना की है। यही कारण है कि भारती जी ने सैद्धान्तिक धरातल पर आधुनिक बोध को जिस रूप में स्वीकार किया है, ठीक उसी रूप में उनकी कविताओं में भी यह प्रकट हुआ है। 'अन्धा युग' में आधुनिक बोध अधिक प्रखर है तो 'ठण्डा लोहा' में प्रणय का स्वर अधिक प्रखर है लेकिन इसके बावजूद उसकी कुछ कविताएँ भारती जी के आधुनिकता बोध को सफलतापूर्वक व्यक्त करती हैं। 'सात गीत वर्ष' में वह आधुनिकता बोध अधिक प्रखर है।

धर्मवीर भारती की कविताओं का पहला संकलन 'दूसरा सप्तक' में हुआ था। इनमें भारती जी की कुल बारह कविताएँ हैं, जिनमें 'एक फैंटेसी' तथा 'जाड़े की शाम' नामक कविताओं को छोड़कर शेष सभी 'ठण्डा लोहा' में संकलित की गयी हैं। 'जाड़े की शाम' का कथ्य मूलतः रोमांस है। कवि सन्ध्या के झुटपुटे में अपनी प्रियतमा को याद करता है लेकिन इसके बीच कवि आधुनिक मध्यमवर्ग के जीवन के तनाव और संघर्ष को भी प्रतिबिम्बित करता है। जाड़े की शाम होते ही चूल्हे सुलगने लगते हैं।

एक सुनसान अँधेरा चारों तरफ धुँधुआता है। छप्पर से छनता हुआ धुआँ हवा की पर्तों पर छा जाता है। ऐसे में थके हुए क्लर्क की डाँट-डपट, बच्चों की चीख-पुकारें और पत्नी की मुन-मुन के बीच भी सन्नाटे और मुर्दा खामोशी की अनुभूति का चित्रण करके कवि मध्यवर्गीय जीवन के तनाव और घुटन को अत्यन्त व्यंजनात्मक ढंग से प्रस्तुत कर देता है–

दफ्तर के थके हुए क्लर्कों की डाँट-डपट
बच्चों की चीख-पुकारें
पत्नी की मुन-मुन
लेकिन फिर भी इस शोरगुल के बावजूद
इतना सन्नाटा, इतनी मुरदा खामोशी
जैसे घर में हो गयी मौत पर लाश अभी रखी है।

'ठण्डा लोहा' में वैयक्तिकता अधिक सघन है। यह वैयक्तिकता कभी-कभी प्रेम गीतकारों की सीमा को स्पर्श करने लगती है। लेकिन कवि युग के दबाव और उसकी पीड़ा से निरपेक्ष नहीं है। इस तरह से भारती जीवन के संघर्ष और पीड़ा को ज्यों-का-त्यों चित्रित करने के बजाय उसमें निहित गम्भीर अर्थ की तात्त्विक उपलब्धि में अधिक विश्वास करते हैं। जीवन के संघर्षों से जन्मी पीड़ा जड़ बना देने के लिए पूरा प्रयास करती है–

एक पर्त ठण्डे लोहे की
मैं जमकर लोहा बन जाऊँ
यह शर्त ठण्डे लोहे की

'ठण्डा लोहा' आज की विसंगतियों का दबाव, जीवन का संघर्ष और उसमें मिली हुई पीड़ा अथवा युग बोध की तल्खी से जन्मी हुई जड़ता भी हो सकती है। लेकिन 'हार मान छू/यह शर्त ठण्डे लोहे की' पंक्तियों की यह व्यंजना है कि तनाव, संघर्ष, पीड़ा के बावजूद कवि पराजय मानने को तैयार नहीं है। व्यक्ति और व्यक्ति के सहज सम्बन्धों को कुचलने के लिए उनके बीच 'ठण्डा लोहा' आकर खड़ा हो गया। लेकिन इन बिखराओं और उनकी प्रक्रियाओं से परिचित होना भी उनके प्रति असहमति है। इस कविता की आरम्भिक पंक्तियों में कवि पीड़ा-ग्रस्त है। हम जिस दबाव को अनुभव कर रहे हैं, आरम्भिक पंक्तियों में कवि उसकी भावाकुल अभिव्यक्ति करता है। सम्पूर्ण कविता के मध्य में कवि जीवन के सभी सन्दर्भों को व्याप्त कर लेने वाले 'ठण्डा लोहा' की पीड़ा से उत्पन्न बेचैनी को प्रकट करता है। अन्तिम पंक्तियों में कवि प्रतीकों के माध्यम से जीवन में प्रविष्ट हुई विसंगतियों की व्यंजना भी करता है किन्तु दृश्य के प्रकोष्ठ में पराजय की अस्वीकृति भी अन्तर्निहित है–

अगर जिन्दगी की कारा में
कभी छटपटाकर मुझको आवाज लगाओ
और न कोई उत्तर पाओ
यही समझना कोई इसको धीरे-धीरे निगल चुका है
इस बस्ती में कोई दीप जलाने वाला नहीं बचा है
सूरज और सितारे ठण्डे
राहें सूनीं
शीश झुकाये
खड़ी मौन है
बचा कौन है?
ठण्डा लोहा ठण्डा लोहा ठण्ड लोहा!

'सातगीत वर्ष' में धर्मवीर भारती ने अपने व्यष्टि में समष्टि का साक्षात्कार करना रचना के क्षणों की सार्थक स्थिति माना है। *'कभी अपने में सर्व का/प्रत्येक का साक्षात्कार करना/और कभी सर्व में प्रत्येक में अपना/यह सब जाने कितनी स्थितियाँ हैं।'* जो रचना के क्षणों में सार्थक होती हैं। इनके साथ ही वे अन्धकार और अनिश्चय को भी स्वीकार करते हैं। एक ओर वह यह मानते हैं कि विराट् अनस्तित्व, शून्य और अन्धकार है लेकिन दूसरी ओर वे यह भी मानते हैं कि हम सब के सब उस अन्धकार से बच जाते हैं। अनस्तित्व और अस्तित्व दोनों की स्थितियों को स्वीकार करता हुआ कवि दोनों के अस्तित्व को प्रधान मानता है–

कितना अजीब अकेलापन
राह है–कदम है, घर है
लेकिन कुछ भी नहीं एक विराट अनस्तित्व
अँधेरा, अनिश्चय, विराट अथाह और उसके समक्ष मैं...
शायद यह यात्रा हम जीवन भर करते रहते हैं और कितनी बार
यह अनस्तित्व, यह शून्य हमको जीने लगता है
और हम पाते हैं हमारा समस्त आसपास
उजाला मोड़-भीड़ विज्ञान, दर्शन
अकस्मात अनस्तित्व में लीन हो गया है।

x x x

लेकिन फिर हम पाते हैं कि हम अँधेरे से बच गये हैं।

आस्था के टूटे हुए प्रतिमान और मूल्यगत ढाँचों की निस्सारता का अहसास 'सात गीत वर्ष' की कई कविताओं का कथ्य है। 'कौन चरण' में इसी अहसास के रूप में

आधुनिकता का स्वरूप प्रकट हुआ है। हम सब अपना सब कुछ समाप्त कर रहे हैं। हमें स्वयं अपना ही विश्वास नहीं है। जिस आधार पर हम स्थित हैं वह मेरा साथ देने को तैयार नहीं है। ऐसी स्थिति में हम एकदम टूटे हुए, अधूरे साबित हुए हैं। यह प्रभुपथ ही जन-पथ है। यही समूह शक्ति है। जब हमारा व्यक्ति सत्य ही पराभूत और टूटा हुआ है तो फिर समूह सत्य की यथोचित उपलब्धि असम्भव है—

सब टूटे और अधूरे हम
इस जनपथ को
इस प्रभु पथ को
कर पायेंगे किस तरह ग्रहण

यह आधुनिक संकट बोध से उत्पन्न त्रास है, जिसने चतुर्दिक् बेचैनी और निराशा का बीजारोपण किया है। इस संकट बोध की बेला में हम जीवन को नहीं बल्कि जीवन हमको जीता है। वह हमें बूँद-बूँद करके पीता है और पीने के बाद खाली प्याले के समान हमें रास्ते के ऊपर छोड़ देता है। इसलिए जीवन ऐसा प्रतीत होता है कि जो सूर्य रहा हो किन्तु उसे मध्याह्न बेला में ही अन्धकार ने तोड़ दिया हो—

देखो मुझे
हाय मैं हूँ वह सूर्य
जिसे भरी दोपहरी में
अँधियारे ने तोड़ दिया।

यह आधुनिकता से उत्पन्न संकट बोध है, किन्तु निराशा का स्वर न होकर आधुनिकता से जमा हुआ संकट बोध है। परिप्रेक्षण की नवीनता मानव सत्य तथा मानवीय संवेदनाओं पर आधारित होने के नाते जीवन के बदलते हुए सन्दर्भों को नये मानदण्डों पर स्थापित करती है। इस चेतना ने जीवन को उत्तरदायी बना दिया। समसामयिक साहित्य में अनुभवगत सचाई और आत्मसाक्षात्कार के अभाव पर कवि व्यंग्य करता है।

कैसा लगेगा तुम्हें
जब तुम यह जानोगे
कि दूसरे जब जूझ रहे थे
मैंने सिर्फ उत्तरा की गुड़िया सजाई थी।

धर्मवीर भारती ने संकट बोध को बराबर व्यक्त किया है, लेकिन उसके साथ ही वे मूल्यों की संवेदना रखने वाले एक कलाकार हैं। वे साहित्यकार का दायित्व राजनीति और देह की राजनीति दोनों से परे होकर विवेक का उद्‌बोधन मानते हैं।

अपने इतिहास से, अपने समय से, अपने परिवेश से, अपनी परिस्थितियों से, अपनी सम्पृक्ति की ईमानदारी को समझना, समस्त जीवन-शक्ति से पदार्थ को झेलना, अपने पूर्ण उद्‌बुद्ध विवेक से ग्राह्य और अग्राह्य को जाँचना, पूर्ण साहस से जो कठोर सत्य मिले उसे स्वीकारना और जीवन से सम्पृक्त हमें जो कठिन भूमिका या दायित्व मिला है उसका पूरी निष्ठा से निर्वाह करना यही राह लेखन की सदा से रही है। इसलिए अपने परिवेश की यथार्थता को पहचान कर उसमें नये मूल्यों की खोज ही हमारा सबसे बड़ा लक्ष्य बन सकता है। भारती जी यह मानते हैं कि एक ओर विराट् विघटन है और दूसरी ओर नये मूल्य बोध का उदय है। हमारा पिछले 50 वर्षों का साहित्य उन्हीं दोनों के टेनशन के बीच लिखा गया है। भारती का अपना साहित्य परिवेश और परिस्थिति की सत्यता को स्वीकार करते हुए उसमें निरन्तर मूल्यों की तलाश करता है। 'निराला के प्रति' कविता में साहित्यकार की इसी प्रकार की संकल्प शक्ति की अभिव्यक्ति करता हुआ कवि कहता है कि निराला जैसा पागल चैतन्य महाप्रभु, सरदम और ईसा मसीह में भी था जिन्होंने अपने युग का तख्ता पलट दिया–

कहते हैं
चैतन्य महाप्रभु, सरदम में
ईसा में भी
कुछ ऐसा ही पागलपन था
उलट दिया था जिसने युग का तख्ता।

'अन्धा युग' को कई दृष्टियों से हिन्दी गीति गद्य परम्परा में–एक नया मोड़ उपस्थित करने वाला गीत नाट्य कहा जाता है। इसमें छन्द की दृष्टि से भी नयापन विद्यमान है। करुणालय से लेकर उदयशंकर भट्‌ट के गीत नाट्यों तक अतुकान्त छन्दों का प्रयोग किया गया है। किन्तु 'अन्धा युग' में पहली बार मुक्त छन्दों का व्यवहार हुआ। उसमें एक ओर पत्रों की मनस्थितियों की अभिव्यक्ति में सफलता मिलती है तो दूसरी ओर मुक्त छन्दों के कारण अभिनय में सुविधा होती है। 'अन्धा युग' की तीसरी विशेषता यह है कि उसके पूर्ववर्ती सभी गीति नाट्य लघु कथावस्तु पर आधारित हैं, जबकि 'अन्धा युग' का कथाफलक विस्तृत है। इस नाट्य कृति का एक अन्य वैशिष्ट्य समसामयिक सन्दर्भ से नितान्त संगति है। इस कृति के पात्रों की संवेदनाओं की अभिव्यक्ति, पात्रों तथा कथा की प्रतीक योजना द्वारा भारती जी ने समसामयिक परिस्थितियों से कृति को अनुबन्धित कर दिया है। उपर्युक्त विशेषताओं के अतिरिक्त 'अन्धा युग' की सर्वोपरि विशेषता यह है कि रचनाकार ने महाभारत युगीन अन्ध स्वार्थपरता, कुण्ठा, विवेक-शून्यता और तत्कालीन अर्द्ध सत्यों का सम्पृक्त प्रखरता के साथ चित्रण करते हुए भी मर्यादा, आस्था, आशावादिता आदि की अन्ततः प्रतिष्ठा की है।

पात्रों में गलित भावुकता का सन्निवेश करके यह आशावादी स्वप्न को जन्म नहीं देता अपितु घनघोर कुण्ठा, विवेक-शून्यता और अन्ध स्वार्थपरता से उद्भ्रान्त अश्वत्थामा तथा गान्धारी जैसे पात्रों की सृष्टि करते हुए भी उनके कार्यव्यापार और उनकी अन्तर्वृत्तियों के घात-प्रतिघात के बीच श्रीकृष्ण को आशा की हल्की-सी ज्योति के रूप में अधिष्ठित करता है।

इस गीत नाट्य के आरम्भ में नाट्यकार युद्धोपरान्त के पथभ्रष्ट, आत्म-पराभूत और विगलित अन्ध युग की सारी स्थितियों, मनोवृत्तियों, आत्माओं को विकृत रूप में देखता है और अन्त में नाट्यकार किसी तथ्य को स्थापित करता हुआ मानव-मर्यादा की व्यंजना करता है। धर्मवीर भारती ने अपने किसी विचार का आरोप भोड़े ढंग से नहीं किया है। घटना के घात-प्रतिघात के अन्तराल से वह मानव-मर्यादा की ओर इंगित करते हैं। व्यक्ति सत्य को समष्टि सत्य के रूप में प्रतिष्ठित करता हुआ वृद्ध, गीत नाट्य के समापन में कहता है कि प्रभु ने अवसान के क्षणों में कहा था कि मेरा रूपान्तरण मात्र हो रहा है। अब तक सबका दायित्व अपने ऊपर लिया था लेकिन अब अपना दायित्व सबके ऊपर सौंप जाता हूँ। इस अन्ध युग में मेरा एक अंश निष्क्रिय, आत्मघाती और विगलित रहेगा। संजय, युयुत्सु और अश्वत्थामा का दायित्व मैंने लिया है। लेकिन शेष सभी मेरा दायित्व लेंगे। यही व्यक्ति सत्य समष्टि सत्य के रूप में धर्मवीर भारती द्वारा प्रतिष्ठापित है—

मेरा दायित्व वह स्थित रहेगा
हर मानव मन के उस वृत्त में
जिसके सहारे वह
सभी परिस्थितियों का अतिक्रमण करते हुए
नूतन निर्माण करेगा पिछले ध्वंसों पर।

यद्यपि 'कनुप्रिया' 'अन्धा युग' से पहले लिखी गयी थी, लेकिन वह उससे एकदम भिन्न धरातल पर प्रतिष्ठित होकर आज की समस्याओं को एक भिन्न स्तर पर उभारती है। 'अन्धा युग' महाभारत के जटिल चरित्रों और घटनाओं को वर्तमान संक्रान्ति के सन्दर्भ में प्रतीकवत् प्रस्तुत करने वाली कृति है। जब कि 'कनुप्रिया' की मूलवृत्ति संशय या जिज्ञासा की नहीं, भावाकुल तन्मयता की है। 'अन्धा युग' में कवि मर्यादाहीनता और आस्था से उत्पन्न संक्रान्ति के बीच आस्था और मर्यादा के मन्द प्रकाश को प्राप्त करने के लिए सचेष्ट है। किन्तु संक्रान्ति की तीक्ष्णता की तुलना में मानव-मूल्य की धारा अत्यन्त क्षीण है। इसके विपरीत 'कनुप्रिया' की भूमि तन्मयता और आस्था से जन्मती है। 'कनुप्रिया' में आज के युद्ध-जर्जर, राजनीति-पीड़ित, अनास्थावादी विश्व में घटित होने वाले नैतिक संघर्षों को जो आस्था और अनास्था,

घृणा और सौन्दर्यबोध, प्रेम और युद्ध की प्रवृत्तियों के बीच निरन्तर चल रहे हैं उन्हें राधा-कृष्ण के प्रेम के माध्यम से उपस्थित किया गया है। इस तरह से जहाँ 'अन्धा युग' संक्रान्ति के बीच सुमुद्भूत संशय को शक्तिशाली ढंग से प्रस्तुत करता है वहीं 'कनुप्रिया' उस प्रक्रिया को दूसरे भावस्तर से देखती है। 'कनुप्रिया' की मूल संवेदना तन्मयता की विभिन्न स्थितियों को विभिन्न प्रक्रियाओं में अभिव्यक्त करने पर आधारित है। भारती जी चरम तन्मयता के उस क्षण को सबसे अधिक महत्त्व देते हैं जो एक स्तर पर सारे बाह्य इतिहास की प्रक्रिया से ज्यादा मूल्यवान सिद्ध हुआ है। वे तन्मयता के क्षणों में डूबने को ही सार्थकता मानते हैं और उनके अनुसार यही सहज मन से जीवन तन्मयता के क्षणों में डूबकर सहजमन से जीवन को सार्थकतापूर्वक जीने वाला व्यक्ति किसी की उद्घोषित महानताओं से अभिभूत और आतंकित न होकर उससे आग्रह करता है कि वह भी सहज की कसौटी पर सबको कसे। 'कनुप्रिया' की राधा कृष्ण की महत्ता से अभिभूत और आतंकित न होते हुए उनसे आग्रह करती है कि वे भी सहज की कसौटी पर सबको कसें। कनुप्रिया की राधा कृष्ण की असाधारणता को स्वीकार करते हुए अपनी तन्मयता की विभिन्न स्थितियों को ही इस रचना के चारों खण्डों में व्यक्त करती है।

'अन्धा युग' की अपेक्षा 'कनुप्रिया' अपने वस्तु विन्यास, विषय प्रतिपादन, चरित्र विकास आदि की दृष्टि से संक्षिप्त कृति है किन्तु वह अन्धा युग की एक पूरक कृति के रूप में हमारे सामने उपस्थित होती है। दोनों में मिथक हैं लेकिन उनका सन्दर्भ आधुनिक जीवन से है। दोनों रचनाओं में से एक आज के युग की संक्रान्ति में परिव्याप्त संशय, मर्यादाहीनता और जनास्था के स्वर को अधिक तीक्ष्णता से उभारती है तो दूसरी युग की संक्रान्ति के बीच सहज मन और तन्मयता के जीवन को प्रतिष्ठित करती है। इसीलिए स्वयं भारती जी ने भी कहा है कि 'लेखक के पिछले दृश्य काव्य में एक दृष्टि से इस समस्या पर दृष्टिपात किया जा चुका है।' गान्धारी, युयुत्सु और अश्वत्थामा के माध्यम से। 'कनुप्रिया' उनसे सर्वथा पृथक्, बिल्कुल दूसरे बिन्दु से चलकर उसी समस्या तक पहुँचती है। उसी समस्या को दूसरे भावस्तर से देखती है और अपने अनजाने में ही प्रश्न के सन्दर्भ उद्घाटित करती है और पूरक सिद्ध होती है। इस तरह से 'अन्धा युग' और 'कनुप्रिया' एक ही सन्दर्भ के दो पक्ष हैं। एक में केवल प्रश्न है दूसरे में समाधान।

इसी तरह से कवि भारती का एक रोमानी रूप भी है लेकिन यह रोमानियत युग-सापेक्ष हैं। धर्मवीर भारती की रोमानियत अहम्‌वादी प्रवृत्ति, प्रेमानुभूति, विविधरूपों में प्रकृति-चित्रण, बिम्ब संयोजन, प्रतीक योजना आदि के रूप में दिखाई पड़ती है। अप्रस्तुत योजना, बिम्बविधान, प्रतीक योजना आधुनिक बोध के भी अनिवार्य सन्दर्भ हैं। इसलिए अहम्‌वादी प्रवृत्ति तथा प्रणयानुभूति को ही हम भारती जी की रोमानियत कह सकते हैं। अहम् का विकृत रूप प्रयोगवादी कविता में बार-बार उभरा है।

नयी कविता में यह विकृति नहीं अपितु प्रकृति है। इसमें वैयक्तिकता और सामाजिकता दोनों स्वीकृत हैं। भारती जी ने अहम् का समन कर बाहर की सचाई को हृदयंगम करते हुए संकीर्णताओं से ऊपर उठकर मानव के लिए एक व्यापक भूमि का निर्माण करना चाहा है। इसलिए इनकी वैयक्तिकता संकीर्णताओं को इनकार करती है। उनकी वैयक्तिकता आज के संकट बोध को अनुभव करते हुए व्यक्ति सत्य का साक्षात्कार मानव-मूल्य से कराती है। इसलिए उनकी वैयक्तिकता कुण्ठाओं की परिमिति से दूर रहकर जनवादी मूल्य प्रतिष्ठित करने वाली है। इसे हम कोरी रोमानियत कहकर टाल नहीं सकते। प्रणयानुभूति में अवश्य भारती जी एक भावुक कवि हैं। उनकी आरम्भिक कविताओं में किशोरोचित उन्माद और शारीरिकता है। 'ठण्डा लोहा' तक वे छायावादोत्तरकालीन गीतकारों के प्रेमोन्माद पर ही अधिष्ठित दिखाई पड़ते हैं। 'सात गीत वर्ष' में उनकी प्रेमानुभूति का फलक कुछ अधिक विकसित हुआ है। यहाँ अहसास की सचाई है। उन्होंने आधुनिक विसंगतियों में बदलते हुए प्रेमप्रसंग को अधिक अच्छी तरह पहचाना है। लेकिन 'कनुप्रिया' में यह अनुभूति अधिक परिष्कृत हुई है। शारीरिक आकर्षण यहाँ भी प्रेम सम्बन्ध का अनुसंग है किन्तु चरम तन्मयता के क्षण को कवि उसकी अपेक्षा महत्त्वपूर्ण मानता है। कृष्ण राधा के प्रेम संवेदन से अभिषिक्त होकर सम्पूर्ण काव्य में परिव्याप्त हो रहे हैं। इस तरह से भारती जी प्रारम्भ में किशोरोचित उन्माद का अनुभव करते हुए क्रमशः उसे जीवन की सन्तुलित भूमि पर प्रतिष्ठित कर देते हैं।

भारती जी ने प्रेम के अहसास को उपन्यासों में भी इसी तरह क्रमशः विकसित जीवन के सन्दर्भ में अंकित किया है। 'गुनाहों का देवता' रोमानी प्रेम को अंकित करता है तो 'सूरज का सातवाँ घोड़ा' सामाजिक और आर्थिक दबाव के कारण प्रेम के बदलते हुए स्वरूप को चित्रित करता है। सुधा का पवित्र प्रेम केवल आत्मिक सम्बन्ध में ही तृप्त होने वाला है। चन्दर भी आरम्भ में प्लेटोनिक प्रेम करता है किन्तु बाद में उसका प्रेम शारीरिक प्रेमोन्माद की सीमा तक पहुँच जाता है। इस तरह से 'गुनाहों का देवता' में मूल समस्या भावना और वासना में डूबे व्यक्तित्व के उन्नयन और विकास की है। भावना जीवन का आदर्श है और वासना उसका यथार्थ। प्रेम के दोनों पक्षों में 'गुनाहों का देवता' भटक कर जीवन का समन्वित रूप प्रस्तुत करता है। सम्पूर्ण उपन्यास के प्रारम्भिक अंश में भावना की प्रधानता है। उत्तरार्द्ध में वासना का ज्वार दिखाई पड़ता है, जिसे जीवन नाटक का भावना अंश और वासना अंश भी कहा जा सकता है। 'गुनाहों का देवता' के बारे डॉ. शिवनारायण लाल ने लिखा है कि 'प्रेम वही सार्थक होता है जिससे व्यक्ति के विकास में सहायता मिले, उसका देवत्व जागृत हो, जो समाज की उपेक्षा करके नितान्त एकान्तिक न हो उठे, वरन् समाज के कल्याण में जिसका योग हो, लेकिन यह प्रेम की आदर्शात्मक कल्पना है। इस उद्देश्य का निर्वाह करने में स्वयं चन्दर असफल हो जाता है और उसकी नायिका सुधा तो

नष्ट हो जाती है। जीवन के यथार्थ में इस मूल्य का निर्वाह नहीं हो पाता। इसलिए इस द्वन्द्व को प्रदर्शित करने के लिए धर्मवीर भारती ने 'गुनाहों का देवता' में चन्दर के साथ एक ओर सुधा जैसी नायिका को प्रतिष्ठित किया है तो दूसरी ओर विनती और पम्मी जैसी नायिकाओं की कल्पना की है। विनती तो अपनी सीमाओं में बँधी है और पम्मी यौन आकर्षण और तृप्ति को ही जीवन का सर्वस्व मान लेती है। इस उपन्यास की मुख्य समस्या यही है। इसके अतिरिक्त चन्दर के अहम् की प्रखरता, नारियों का टूटना, प्रेम के विविध चरित्रों की कल्पना, मध्यवर्गीय शिक्षित परिवार की सृष्टि तथा भाषिक संरचना भी विशेष रूप से उल्लेखनीय है। नारी के मनोविज्ञान की सृष्टि में भी इस उपन्यास का विशेष महत्त्व है। इसके माध्यम से लेखक ने कुछ प्रश्नों को उभारा है। सुधा मध्यवर्गीय शिक्षित नारी है। उसमें पूर्वाकर्षण की ग्रन्थि है। उसका पूर्ण चारित्रिक विकास दिखाई पड़ता है। विनती तो सुधा और चन्दर की ही अनुसंग है। पम्मी यौन और तलाक की समस्या को उभारती है। सुधा हमारे मध्यवर्गीय नारीसमाज की प्रौढ़ महिला का एक दूसरा रूप प्रस्तुत करती है तो गेसू आजीवन कुमारी रहने का निश्चय करके नारी के त्याग का एक दूसरा रूप सामने लाती है। किन्तु उसका निश्चय जीवन के संघर्षों के बीच से न उभर कर रूमानियत से प्रेरित है। इस तरह से चन्दर और सुधा के प्रेम के माध्यम से भारती जी ने समाज के अन्य सन्दर्भों को भी स्पष्ट किया है।

'सूरज का सातवाँ घोड़ा' भारती का दूसरा उल्लेखनीय उपन्यास है। भारती जी ने उसे नवीन कथा प्रयोग एवं एक नये ढंग का उपन्यास कहा है क्योंकि आसिफ लैला और पंचतन्त्र के समान ही उसकी कहानी में से कहानी निकलती है। स्वयं धर्मवीर भारती के अनुसार एक छोटे-से चौखटे में लम्बा घटनाक्रम और काफी विस्तृत क्षेत्र का चित्रण किया गया है। वस्तुतः यह उपन्यास विषम जीवन परिस्थितियों को उनके यथार्थ परिवेश में विभिन्न दृष्टि बिन्दुओं से इसमें देखने का प्रयत्न है। आज के विषम आर्थिक ढाँचे के कारण ही उसके पात्रों की कथाएँ दुःखान्त हो गयी हैं। अपने विषम प्रतिपादन की इस नवीनता के साथ ही शिल्प की दृष्टि से यह उपन्यास हिन्दी में अप्रतिम है। धर्मवीर भारती ने जमुना और तन्ना के माध्यम से नैतिक विकृति और झूठी मर्यादाओं को व्यक्त किया है तो सत्ती के माध्यम से बौद्धिक, नैतिक और आर्थिक दृष्टि से निम्न स्तर का होते हुए भी अधिक ईमानदार, अधिक चरित्रवान और अधिक वफादार व्यक्ति का रूपांकन किया है। माणिक मुल्ला विकृत मनोग्रन्थि के शिकार हैं। उनका प्रेम न तो सामाजिक दृष्टि से निम्न स्तर की सत्ती का विकास करने में समर्थ है और न माणिक मुल्ला का ही आत्मोत्थान हो पाता है। इस तरह भारती जी के दोनों उपन्यास जीवनानुभवों के द्योतक हैं।

उपर्युक्त काव्य और उपन्यास के समान कहानियों में भी भारती जी क्रमशः विकसित हुए हैं। वे पहले यथार्थवादी कहानियाँ लिखते थे, उसके बाद कल्पना प्रवण

कहानियों की रचना करने लगे, फिर सामाजिक यथार्थवादी कहानियाँ लिखीं और अब नये जीवन के अहसास को व्यक्त करने वाली कहानियों का सृजन कर रहे हैं। आरम्भिक कहानियों में भारती जी ने कल्पना पर आश्रित रहते हुए केवल मूल्यों को प्रतिष्ठित करने का प्रयास किया है। कथ्य की दृष्टि से हम इन्हें मूल्यात्मक और शैली की दृष्टि से भावात्मक कहानियाँ कह सकते हैं। नारी और पुरुष के पारस्परिक सम्बन्ध तथा प्रेमानुभूति को केन्द्र बनाकर पूजा, स्वप्न श्री और श्री रेखा, शिंजिनी, कला एक मृत्यु चिह्न, तारा और किरण, मंजिल तथा स्वर्ग और पृथ्वी नामक कहानियाँ लिखी गयी हैं। प्रेम और निर्वाण तथा प्रेम और साधना के द्वन्द्व के द्वन्द्व को चित्रित करने वाली कहानियाँ क्रमशः नारी और निर्वाण तथा आधार और प्रेरणा हैं। इस तरह से भारती जी इन कहानियों में सबसे अधिक प्रेम, यौवन तथा स्त्री-पुरुष के सम्बन्धों को ही विषय बनाते हैं।

धर्मवीर भारती ने 'मुर्दों का गाँव' की यथार्थवादी कहानियों तथा 'स्वर्ग और पृथ्वी' की कल्पना प्रवण कहानियों के बाद 'गुल की बन्नो' और उसके अनन्तर की कहानियों को सामाजिक यथार्थ के अन्तर्गत रखा है। लेकिन 'चाँद और टूटे हुए लोग' के प्रथम खण्ड की सात कहानियों को 'मुर्दों का गाँव' और 'बन्द गली का आखिरी मकान' के बीच की मैं कड़ी मानता हूँ। इन कहानियों में एक ओर धर्मवीर की सामाजिक चेतना विकसित हुई है तो दूसरी ओर उनके शिल्प में निखार आया है। 'हरिनाकुस और उसका बेटा', 'मरीज नम्बर सात' और 'धुआँ' नामक कहानियाँ भारती की नयी कहानियों में प्रतिबिम्बित निम्न मध्यवर्ग में व्यक्त सामाजिक यथार्थ की पूर्वपीठिका हैं। 'हरिनाकुस और उसका बेटा' इनमें सबसे उत्कृष्ट कहानी है। फाँसी देने वाले चौधरी की मानसिकता को ऐसे प्रकोष्ठ से लेखक ने उभारा है जिसके माध्यम से इसके जीवन का सम्पूर्ण तनाव प्रकट हो जाता है।

भारती की 1955 से लेकर 70 के बीच लिखी गयी कहानियाँ यथार्थ की प्रामाणिकता की दृष्टि से विशेष रूप से उल्लेखनीय हैं। ये कहानियाँ व्यक्ति के बहिरंग और अन्तरंग अर्थात् व्यक्ति के अन्तरमन के विभिन्न घटकों और उसके सामाजिक परिवेश को बड़े ताट्स्थ्य और ईमानदारी के साथ उद्घाटित करती हैं। 'चाहे गुल की बन्नो' हो अथवा 'आश्रम' दोनों में व्यक्ति और उसके चतुर्दिक् के परिवेश के विभिन्न स्तर के दोष पाप से अनुबन्धित हैं। ठीक यही दशा सावित्री नम्बर दो, गुल की बन्नो, यह मेरे लिए नहीं तथा बन्द गली का आखिरी मकान की भी है। कहानी के शिल्प की दृष्टि से इनमें चाहे गुलकी बन्नो को सर्वोत्कृष्ट कह दिया जाये किन्तु जिस तरह से जीवन के विभिन्न स्तरों पर बहस करने वाले उससे सम्पृक्त केन्द्रीय पात्रों तथा यथार्थ की तलाश का साक्ष्य 'गुल की बन्नो' प्रस्तुत करती है ठीक उसी तरह से भारती जी की अन्य नयी कहानियाँ भी। सब मिलाकर भारती जी की नयी कहानियों में आज के जीवन का यथार्थबोध अत्यन्त विश्वसनीयता के साथ उभरा है।

उसे हम भारती के समसामयिक जीवन की पीड़ा, घुटन, सन्त्रास और बिखराव के साथ ही उसकी बाह्य परिस्थितियों के विरोध का सही दस्तावेज भी कह सकते हैं। इसलिए यह कहना सरासर गलत है कि भारती जी की शुरू की कहानियों में जिन्दगी के घिसते हुए मानवों में जो आस्था थी वह जाने किन अँधेरी पर्तों में तिरोहित हो गयी। वस्तुतः भारती जी ने आज के जीवन के बदलाव को अच्छी तरह से परख कर बड़े ताट्स्थ्य के साथ आधुनिकता के उलझे हुए सूत्रों को सुलझाते हुए आज के बोध और चेतना का शिल्प सम्पूर्ण शक्ति के साथ उभारा है। व्यक्ति की पीड़ा, घुटन, एकाकीपन, उलझाव को व्यक्त करने वाली कहानियाँ बड़े सांकेतिक ढंग से कहीं-न-कहीं मानव की आस्था, समर्पण की प्रकृति और जिजीविषा को प्रतिध्वनित कर देती हैं।

विचारात्मक, व्यंग्यात्मक, व्यक्ति व्यंजक गद्य काव्य, शब्द चित्र, केरीकेचर, श्रद्धांजलि, रिपोर्ताज, सम्पादकीय टिप्पणियाँ और यहाँ तक कि समीक्षात्मक कृतियों और अनुवाद में भी भारती जी ने उपेक्षित मानव और उसकी आन्तरिकता को प्रतिष्ठित करने का निरन्तर प्रयास किया है। वे सच्ची मानवता के ध्वजवाहक एक ऐसे साहित्यकार हैं जो पाश्चात्य उपलब्धियों को भारत की प्राचीन उपलब्धि और आधुनिकता के सन्दर्भ में देखना और परखना चाहते हैं। उन्होंने किसी आयातित विचारधारा को साहित्य में प्रतिष्ठित करने का कभी गलत प्रयास नहीं किया। सच्चे अर्थों में ऐसे आधुनिक भारतीय हैं जो अपने परिवेश को अच्छी तरह पहचान कर जीवन-दृष्टि को निर्धारित करते हैं। इस तरह से भारती जी की बहुत सुलझी हुई और नितान्त भारतीय जीवन-दृष्टि है।

भारती जी प्रयोगशील रचनाकार हैं। पद्य और गद्य दोनों में उन्होंने नये-से-नये प्रयोग किये हैं। लेकिन प्रयोक्ता रचनाकार अपनी सफलता के कारण अधिक मूल्यवान होता है। भारती जी ने जितने प्रयोग किये हैं, उनमें उनको भरपूर सफलता मिली है। इसलिए वे एक ऐसे प्रयोक्ता रचनाकार हैं जो अपने विश्वास के साथ नये प्रतिमान का निर्माण करते हैं, भारती जी की भाषा तो हिन्दी में एक प्रतिमान स्थापित करती है। पद्य और गद्य दोनों प्रकार की भाषाओं में भंगिमा के साथ-साथ कथन को सम्पूर्ण प्रखरता के साथ उभारने की पूर्ण क्षमता विद्यमान है। बिम्बों और प्रतीकों के संयोजन से उन्होंने पद्य और गद्य दोनों को प्राणवान बनाया है। कविता के समान कथात्मक कृतियों में भी बिम्बों को संकेत गर्भित कर अन्य रचनाकारों को भी उन्होंने नयी दिशा दी है। वे नये अप्रस्तुतों के आनबन में भी पूर्णतया सफल हैं। इसलिए उनकी भाषा में जहाँ एक ओर सृजनात्मक सौन्दर्य है वहीं दूसरी ओर उसमें यथार्थ को प्रतिबिम्बित करने की पूर्ण सामर्थ्य है। इस प्रकार से भारती जी कथ्य और शिल्प की इन उपलब्धियों के सन्दर्भ में सम्भावनाओं से भरे हुए एक ऐसे प्रौढ़ रचनाकार हैं, जो भविष्य में अधिक-से-अधिक सफल कृतियों की रचना में सक्षम हैं।

53

त्रिलोचन : शब्दों की लहरों पर, जीवन की हलचल में

—मीना कुमारी

मानव जीवन के संघर्ष और सौन्दर्य की बहुरंगी छवियों के कवि त्रिलोचन उस देश के कवि हैं जब प्रगतिशील चिन्तन को समकालीन फैशन के विरुद्ध समझा जाता था। अपने समय के अन्य प्रगति-चेतनासम्पन्न कवियों-निराला, नागार्जुन, मुक्तिबोध, शमशेर आदि की भाँति त्रिलोचन भी पुरानी मान्यताओं को तोड़ने के क्रम में काल और परिवेश से टकराते हैं लेकिन तथाकथित' नयी लीक' की परवाह किये बिना। लोकधर्मी कवि त्रिलोचन बहिष्कृत होने के खतरों से जूझते हुए भी उस परम्परा के विकास में संलग्न रहे जो रूढ़ियों का परित्याग करती हुई एक ऐसा रूप सँवारती है जो परम्परागत होकर भी सही अर्थों तथा सम्बन्धों में नया होता है। त्रिलोचन स्वाधीन भारत के अग्रगण्य जनवादी कवि हैं। समाज में फैले वैषम्य एवं असमानता को दर्शाने के क्रम में ही उनका मार्क्सवादी रूप मुखरित हुआ है। धरती (1945), गुलाब और बुलबुल (1956), दिगन्त (1957), ताप के ताये हुए दिन (1980), शब्द (1980), उस जनपद का कवि हूँ (1981), अरघान (1984), तुम्हें सौंपता हूँ (1985), अनकही भी कुछ कहनी है (1985) तथा सबका अपना आकाश (1987) उनके प्रमुख काव्य-संग्रह हैं।

परम्परा के साथ द्वन्द्वात्मकता में त्रिलोचन के सृजन का बीज निहित है।[1] उनके काव्यवृत्त का केन्द्र—'लोक' है। उनकी कविता में लोकजीवन की क्रियाएँ, स्पन्दन तथा आरोह-अवरोह साफ-साफ महसूस किये जा सकते हैं। वहाँ हर समय आदमी की इच्छाशक्ति, जिजीविषा और गरिमा की अनुभूति होती रहती है। उन्होंने हिन्दी कविता को, उन लोगों की कविता स्वीकारा है, जो श्रमजीवी हैं, जो अभावों से जूझकर भी अपराजेय हैं। उनके गीत पैदल चलने वाले नंगों-भूखों के गीत हैं—

---

1 *आलोचना*, जुलाई-सितम्बर 1987, पृ. 6, 'सम्पादकीय', सम्पादक—नामवर सिंह

उस जनपद का कवि हूँ जो भूखा दूखा है,
नंगा है, अनजान है, कला-नहीं जानत।[1]

जनजीवन के भविष्य में उन्हें आस्था है। वे स्वानुभूत जीवन को, अपनी कविताओं में बिना लाग-लपेट के, अंकित करते हैं। अवध के गाँव में पैदा होने वाले कवि त्रिलोचन ने बचपन से ही जीवन की विषमताओं को नजदीक से जाना है, गाँवों की जनता के लिए शिक्षा और संस्कृति के बन्द द्वार देखे हैं। किशोरवय में ही उन्हें अपनी शिक्षा को बीच में ही समाप्त कर दर-दर की ठोकरें खानी पड़ीं। परिवार से दूर रहते हुए भी उनके भीतर परिवार की ममता कौंधती रही। लेकिन बुरे दिनों से वे टूटे नहीं, बल्कि उनका मनोबल और दृढ़ हुआ।[2] उनकी कविता का आधार गरीबी, अन्धविश्वास और अशिक्षा के बीच मरती-जीती जनता का संघर्ष और उसके लिए मंगलाशा है।

त्रिलोचन संघर्ष के साथ-साथ सौन्दर्य को साथ लेकर चलने वाले कवि हैं। वे जेठ की लू से घबराते नहीं, अपितु कोयल की पंचम तान और तपिश से दूर करना चाहते हैं। कुण्ठा, आक्रोश, विद्रोह और प्रतिवाद के निर्जीव साम्यवाद के स्थान पर वे प्रेम और भावुकता से सने जनवाद के हिमायती हैं। वे जीवन की उलझनों, समस्याओं के बीच भी कला का निखार करते चलते हैं। वे जीवन को फूल मानते हैं और गीतों को जीवन का इत्र। अन्याय व उत्पीड़न ने उन्हें और उनकी कविता को परिधियों से मुक्त किया है।[3] त्रिलोचन की कविता का अपना व्यक्तित्व है जो किसी गहरे दार्शनिक सूत्र की मदद से यथार्थ को पहचानने और उसमें अर्थ भरने की कोशिश नहीं करता।

जिस समाज में तुम रहते हो
यदि तुम उसकी एक शक्ति हो
उसकी ललकारों में से ललकार एक हो
उसकी अमित भुजाओं में दो भुजा तुम्हारी
चरणों में दो चरण तुम्हारे
आँखों में दो आँख तुम्हारी
तो निश्चय समाज-जीवन के तुम प्रतीक हो।

त्रिलोचन की इन पंक्तियों के विशेष विवेचन की आवश्यकता नहीं है। इनमें 'तुम' की परिभाषा और रचनाकार का दृष्टिकोण स्पष्ट है। इन पंक्तियों को पढ़कर हम यह नहीं कह सकते कि ये केवल दिमाग से नहीं लिखी गयी हैं और हम यह भी नहीं कह

---

1 *उस जनपद का कवि हूँ*, त्रिलोचन, पृ. 17

2 *कृति ओर-46*, पृ. 34, 'कवि त्रिलोचन शास्त्री', चन्द्रबली सिंह

3 *हिन्दी साहित्य कोश* (भाग-2), सम्पादक—धीरेन्द्र वर्मा, पृ. 239

सकते कि इनमें हृदय का स्पन्दन नहीं है। इनमें 'तुम' के प्रति गहरी आत्मीयता है। इस 'तुम' की जगह कोई एक संज्ञा नहीं ले सकती क्योंकि यह हजारों-हजार संज्ञाओं के बदले आया है। वह जो समाज की शक्ति नहीं, उसकी ललकार नहीं, उसकी भुजा नहीं, उसका चरण नहीं; वह इस 'तुम' से बहिष्कृत है। पूछा जा सकता है कि आखिर वह कौन-सी चीज है जो 'तुम' को इस प्रकार विभक्त करने के लिए विवश करती है और समाज-जीवन का निश्चित प्रतीक ढूँढ़ने के लिए रचनाकार को प्रेरित करती है। इसका सीधा उत्तर होगा, प्रतिबद्धता। वस्तुतः 'प्रतिबद्धता' समाज-जीवन के प्रतीक की खोज के लिए उकसाती है। त्रिलोचन का 'तुम' संघर्षशील समाज का प्रतिनिधि है। पंक्तियों में आये पद, शक्ति, ललकार, हाथ, चरण और आँख इसी संघर्षशीलता के विविध आयामों की सर्जना करते हैं।[1]

वर्ड्सवर्थ ने जिस तरह अपनी 'माइकेल' शीर्षक कविता में इंग्लैंड के देहाती जीवन और उसके बदलते परिवेश को चित्रित किया है, उसी तरह त्रिलोचन ने अपने नायक 'नगई महरा' के माध्यम से भारत के देहात का अद्‌भुत चित्र पेश किया है। ग्राम्य जीवन में व्याप्त विषमता, रूढ़ियाँ और पिछड़ेपन के साथ ही उसके सकारात्मक पहलू भी इस कविता में चित्रित हुए हैं। कवि ने अपनी तरफ से यथार्थ में न तो कुछ अतिशय जोड़ने की कोशिश की है और न ही 'अहा ग्राम्य जीवन भी क्या है' की भावुकता का शिकार होकर वहाँ के जीवन को आदर्शीकृत ही किया है। 'नगई' का परिचय देते हुए त्रिलोचन कहते हैं।

> *'नगई कहार था/अपना गाँव छोड़कर/चिरानीपट्टी आ*
> *बसा/पूरब की ओर।*[2]

त्रिलोचन का नायक भाँड़ झोंकता है, पानी भरता है, रस्सियाँ बटता है, सुतली कातता है, अधिया की खेती करता है, घरनी भी कमाती है तब जाकर तीन प्राणियों का पेट भर पाता है। काम करने का कितना विचित्र तर्क है यह—

> *'कहता था, दैव ने मुँह चीर दिया है/उसमें कुछ देने को*
> *हाथ तो चलना है'*

उसमें काम करने की ताकत ही नहीं है अपितु 'बोलने-बतियाने' का शऊर भी है, क्योंकि दूसरे वर्ग के अन्तर्विरोधों की संगति ने उसे सम्पूर्ण एवं तीव्र बना दिया है। नगई के जीवन में उसकी पिछड़ी चेतना के बावजूद अन्तर्विरोध नहीं के बराबर हैं।

---

1 *शिनाख्त*, पृ. 110, 'जनवादी गीत-रचना का संघर्ष और प्रतिबद्धता', डॉ. अवधेशनारायण मिश्र

2 *प्रतिनिधि कविताएँ* : त्रिलोचन, 'नगई महरा' पृ. 52

आचरण, चेतना का प्रवेश द्वार है। यही यदि मलिन है तो फिर चेतना तक पहुँचने की स्थिति कहाँ बन पायेगी? नगई के व्यक्तित्व में पुराने संस्कार रचे-बसे हैं; पंच परमेश्वर और रामचरितमानस के प्रति उसकी अपार श्रद्धा है—

'नगई ने बेठन को खोलकर पोथी को/माथे से लगा लिया/फिर उसे खाट के सिरहाने रखा/लोटे में पानी लेकर मुझसे कहा/चरण मुझे धोने दो' मैंने पोथी खोल ली/पूछा, कहाँ पढ़ूँ/उसने कहा सुन्दरकाण्ड। पृ. 58

बावजूद *'नगई ने अपने सगे भाई की सास को/घर में बैठाया था/उसी घर में माँ-बेटी, जेठानी-देवरानी थीं/सम्बन्धों की छीछालेदर/घर में न हो गाँव भर में होती थी।'* (पृ. 56) 'दसों नँह जोड़े' खड़े रह सकने वाले नगई के चरित्र में यह अन्तर्विरोध है। उसके यहाँ आस्था एक ओर है तथा छोटे भाई की सास को बिठा लेना दूसरी ओर। वह भारत के देहात के भीतर परम्परा-भंजन की दुहरी प्रवृत्तियों का आधार बना है जिस पर स्थित होकर वह अपने समय को अतिक्रमित कर जाता है।[1] नगई के व्यक्तित्व को सही रूप में तब माना जा सकता है जब वह वासुदेव सिंह से ये पंक्तियाँ कहता है—

'दुनिया है दुनिया का ज्ञान है आदमी है
आदमी को क्या-क्या नहीं जानना है
देखते-सुनते और करते ज्ञान होता है
अपनी जब होती है समझ नयी होती है' पृ. 60-61

ये चार पंक्तियाँ नगई के चरित्र की पुनरुत्थानवादी सम्भावनाओं को समाप्त कर उसे नायक के रूप में प्रतिष्ठित कर देती हैं—एक ऐसे नायक के रूप में जो बिना किसी घोषणा के चुपचाप एक युद्ध लड़ता जा रहा है—बहुत कुछ प्रेमचन्द के होरी के जीवन-युद्ध की तरह।[2] त्रिलोचन, तुलसीदास की भाँति ही जीवन संघर्ष को मान देने वाले कवि हैं। समय और परिस्थितियों से उत्पन्न और स्वयं द्वारा अर्जित उनकी मनोभूमि उन्हें तुलसी के और अधिक करीब लाती है—*'मित्रों, मैंने साथ तुम्हारा तब छोड़ा था/जब मैं हारा थका नहीं था, लेकिन मेरा/तन भूखा था, मन भूखा था, तुमने टेरा/उत्तर मैंने नहीं दिया तुमको; घोड़ा था/तेज तुम्हारा, तुम्हें ले उड़ा, मैं पैदल था/विश्वासी था। 'सौरज धीरज तेहि रथ चाका'* जिससे विजयश्री मिलती है और *पताका/ऊँचे फहराती है।'* यदि साधन सम्पन्नता की बाह्य शक्ति नहीं है तो संघर्ष में विजय के लिए नैतिक शक्ति का तेज आवश्यक होता है। इतिहास के लोकयुद्ध और जनसंघर्ष इस बात को पुष्ट करते हैं।[3]

---

1 *धरती* : 4—5, पृ. 9, 'त्रिलोचन की कविताई', चंचल चौहान

2 *मेरे समय के शब्द*, केदारनाथ सिंह, 'ताप के ताये त्रिलोचन' पृ. 83

3 *कृति ओर-46*, पृ. 48, 'लोककवि से जनकवि तक', जीवन सिंह

'तुलसी बाबा, भाषा मैंने तुमसे सीखी/मेरी सजग चेतना में तुम रमे हुए हो।' (दिगन्त) की स्वीकारोक्ति के बावजूद त्रिलोचन का तुलसी से अलगाव और लगाव दोनों तरह का सम्बन्ध है। वे परम्परा से अलगाव के साथ लगाव रखते हैं और लगाव के साथ अलगाव।[1] वर्तमान और परम्परा अन्योन्याश्रित तो है किन्तु परस्पर स्थानापन्न नहीं। त्रिलोचन किसी भ्रम में नहीं हैं। उन्हें यह पता है कि मन का पुराना साज आज नहीं बजेगा—

'तुलसी और त्रिलोचन में अन्तर जो झलकें/वे कालान्तर के कारण हैं,
देश वही है/लेकिन तुलसी ने जब-जब जो बात कही है/उसे
समझना होगा सन्दर्भों में कल के/वह कल, कब का बीत चुका है।'

त्रिलोचन, तुलसी, गालिब और निराला से एक जैसी आत्मीयता रखते हैं। उनके लिए *'गालिब ग़ैर नहीं/अपनों से अपने हैं'।* (दिगन्त), त्रिलोचन ने गजलें भी लिखीं हैं! इनका एकमात्र गजल संग्रह 'गुलाब और बुलबुल' है। इसका प्रकाशन 'धरती' से ग्यारह वर्ष बाद एवं 'दिगन्त' से कुछ माह पहले हुआ था। इस गजल संग्रह में 'दिगन्त' जैसा अभिव्यंजना सौन्दर्य तो नहीं, किन्तु 'धरती' के कवि त्रिलोचन की चिन्तना एवं भाव-भंगिमा के विस्तार का निदर्शन अवश्य मिलता है।

त्रिलोचन प्रेम तथा उसकी पीड़ा को अपनी गजलों एवं रुबाइयों में पर्याप्त स्पेस देते हैं, लेकिन उसका धरातल आध्यात्मिक न होकर जीवन के यथार्थपरक परिवेश की उपज है। प्रेम-पीर गजलों का अन्यतम वर्ण्य-विषय है, किन्तु त्रिलोचन की गजलों का 'प्रेमी' आम प्रेमियों की तरह इश्क का मारा नहीं है बल्कि उसका दर्द आत्मा को प्रसार देता है, दूसरों से जोड़ता है और हमारे भावों का विरेचन कर हमें सुकून पहुँचाता है। इसलिए वे दर्द को हमेशा सीने में ही बसाये रखने के हिमायती हैं—

'दर्द जो आया दिल में उसे जगह दे दी
आके जो बैठ गया मुझसे उठाया न गया।'[2]

शिल्प और संवेदना के धरातल पर गजल को वृहत्तर हिन्दी-पाठक समुदाय तक पहुँचाने एवं भारतीय जनमानस के सांस्कृतिक एवं बौद्धिक संसार को अक्षत रखते हुए उसकी भाषागत भूमि में पैठकर उसको पकड़ने एवं पहचानने की कोशिश ही त्रिलोचन के जेहन का मूल प्रश्न है, उनकी बड़ी चिन्ता है। 'गुलाब और बुलबुल' इसी संस्कार की पहचान करने के प्रयास का रचनात्मक दस्तावेज है। जनपदीय अनुभवों, विश्वासों और संस्कारों के चित्रण ने इस संग्रह की गजलों में नवीन एवं अद्भुत आकर्षण भर दिया है।

---

1 *वही*

2 *गुलाब और बुलबुल*, पृ. 33

उनकी गजलों में अधिकतर प्रयुक्त शब्द—आम, बसन्त, मन्दिर, फागुन, ऋतुराज, मेघ, कोयल की पंचम तान आदि—उर्दू गजलों में नहीं ही पाये जाते। उनकी गजलों से भी लोक जीवन के गहरे सरोकार हैं—

चाहता हूँ मैं मनुज के ताप को कुछ हर सकूँ।
शून्यता उसके हृदय की हो सके तो भर सकूँ।

उनके कोंचने वाले व्यंग्य अनवधानता की कोई गुंजाइश नहीं छोड़ते। लेकिन व्यंग्यों के धारदार होने का यह अर्थ नहीं है कि उनका मानवतावादी पक्ष धूमिल हो गया—

पद्मभूषण जो हँसे हँसते रहे,
हम जो लहरों में फँसे फँसते रहे/बाघ बूढ़ा व कड़ा सोने का
लोग दलदल में फँसे, फँसते रहे।

'कहते हैं कि गालिब का अन्दाजे बयाँ और'—जैसी गर्वोक्तियों से उर्दू-गजल संसार अँटा पड़ा है किन्तु त्रिलोचन की स्थिति भिन्न है, इससे सर्वथा भिन्न। वे अपने विनम्र और संवेदनशील स्वभाव का परिचय देते हुए मनुष्यता के हर दुःख को हर लेना चाहते हैं। 'न्यायात् पथः प्रविचलन्ति पदं न धीराः'[1] जैसी उक्ति कितनी महत्त्वपूर्ण है—

रंग कुछ ऐसा रहा मौज कुछ ऐसी रही

x x x

चाहता हूँ मैं त्रिलोचन न्याय के पथ पर रहूँ
न्याय को धारण करूँ फिर न्याय से ही डर सकूँ।

त्रिलोचन बस उतना ही कहने के हिमायती हैं जितना उनका अपना सच है। उनका सच जीवन की अनवरत धारा का सच है, व्यक्ति और समाज का सच है। केवल अपने सच को कहने की उनकी टेक उन्हें बड़बोलेपन से बचाती है—

'यह नहीं वह नहीं है यह कहा ही जायेगा,
जानता हूँ खूब क्या देना है क्या देता हूँ मैं।'

गजल और रुबाइयों की विशेषता होती है—रूपात्मक सघनता एवं भावगत गहनता। इनसे हर शब्द और उसकी अर्थानुभूति को सहज ढंग से ऊपर उठाया जा सकता है।

---

1 निन्दन्ति नीति निपुणाः यदि वा स्तुवन्तु
लक्ष्मी समाविशतु गच्छतु वा यथेष्ठम्।
अद्यैव मरणं युगान्तरे वा,
न्यायात् पथः प्रविचलन्ति पदं न धीराः।

लेकिन त्रिलोचन में वाग्विदग्धता और गजल कहने के विशिष्ट अन्दाज का अभाव है, इसलिए उनकी गजलों में एक तरह का रीतापन परिलक्षित किया जा सकता है। त्रिलोचन की गजलें, नयी गजल को एक व्यक्तित्व तो प्रदान करती हैं किन्तु यह रीतापन उन्हें सार्थकता की उस परिधि में नहीं जाने देता जो कविता के सार्वगुणीन महत्त्व के लिए विवक्षित होती है। अनेक स्थानों पर शब्द-गठन ढीला है, वजह है—उनकी अभिव्यक्ति की ऋजुता, इससे कविता के 'कथन' तक सीमित रह जाने के खतरे बढ़े हैं। गजलों में कहीं-कहीं लय और छन्द में अनायास ही ऊबड़खाबड़पन जान पड़ता है और कहीं-कहीं सरल शब्दों की पीठ पर कोई भारी-भरकम शब्द आकर उक्ति की कमर तोड़ देता है। उर्दू की तरह उच्चारण की सुविधा के लिए दीर्घ को ह्रस्व तथा ह्रस्व को दीर्घ बनाने की प्रवृत्ति दिखाई देती है किन्तु छन्द और लय में मुक्ति और उदारता की सम्भावना को दृष्टिगत करने पर केवल यह दोष गुणवत्-ग्राह्य हो सकता है।

प्रगतिवादी कवियों में त्रिलोचन का सौन्दर्यवादी रुझान सर्वाधिक है। गजल संग्रह का शीर्षक भी उनके इस दृष्टिकोण का परिचायक है। उक्त रुझान उनके लिए केवल प्रेम तक सीमित नहीं है बल्कि समूचे अस्तित्व में है। उसका धरातल उन सामान्य प्रयत्नों और अनुभूतियों का है जो हमारे जीवन के यथार्थ परिवेश की उपज है। त्रिलोचन की प्रगतिशीलता इसमें है कि वे प्रयत्नों और अनुभूतियों को स्वस्थ रूप में ग्रहण करते हैं।[1] इस आत्मव्यंजक रुबाई से प्रगतिशील त्रिलोचन का व्यक्तित्व, गुनगुनाता हुआ झाँकता दिखाई देता है—

'बिस्तरा है न चारपायी है
जिन्दगी हमने खूब पायी है।'

हिन्दी में सॉनेट और त्रिलोचन एक दूसरे का पर्याय बन गये हैं।[2] सॉनेट गीतिकाव्य की एक विशेष विधा है जिसके प्रथम प्रयोक्ता दान्ते हैं और मूल स्थान—इटली। विचारशीलता, एकाग्रता, भाव-गाम्भीर्य, अर्थों की सघनता और चौदह पंक्तियों की सीमा में भाषा की अपेक्षित कसावट, सॉनेट की विशेषता है। यह खास तौर पर अपनी प्रेमिका को सम्बोधित करने वाला एक महत्त्वपूर्ण काव्यरूप रहा है। कविता के अन्तर्गत बातचीत की कला, बातचीत के अन्दाज के कारण इसमें अक्सर इसी से सम्बद्ध उद्बोधन और सम्बोधन विद्यमान रहते हैं।[3] सॉनेट शास्त्री त्रिलोचन ने इसे साधा है। इस विजातीय विधा के विन्यास में उन्होंने रोला छन्द को इस तरह

1 *कृति-ओर 46*, पृ. 38, 'कवि त्रिलोचन शास्त्री', चन्द्रबली सिंह

2 *मेरे समय के शब्द*, केदारनाथ सिंह, पृ. 83

3 *भाषा (जनवरी-फरवरी 2000)*, पृ. 82, 'प्रगतिवादी कवि त्रिलोचन और उनका सॉनेट', डॉ. किरण सिंह

से ढाल दिया है कि पल भर को तुक की अनदेखी की जाये तो बेहतरीन अतुकान्त कविता का बोध होता है।

सॉनेट के तुक-विधान और चरणों के विभाजन का ज्ञान त्रिलोचन ने इटली के कवि पेट्रार्क, अंग्रेजी के शेक्सपीयर और मिल्टन की काव्य-पद्धतियों से प्राप्त किया। स्पेंसर और मरे की तुकबन्दियों को आत्मसात् करते हुए उसे भारतीय स्पर्श प्रदान किया। पेट्रार्क ने सॉनेट को अष्टक और षष्टक में विभाजित किया हैं। शेक्सपीयर के काव्य में चार-चार पंक्तियों की तीन चतुष्पदियाँ हैं और अन्तिम दो स्वतन्त्र हैं। त्रिलोचन के 'दिगन्त', 'शब्द' और 'फूल...' के अधिसंख्य सॉनेट पेट्रार्कीय पद्धति के हैं। इनमें आठ और छह पंक्तियों का विभाजन है। 'दिगन्त' के प्रारम्भ के 24 सॉनेट्स में चार-चार और दो का विभाजन है, जब कि 'शब्द' और 'फूल...' में आठ और छह का। 'तुम्हें सौंपता हूँ' में पेट्रार्कीय, शेक्सपीयर और मिल्टन शैली के विभिन्न भेद हैं। 'अनकही भी कुछ कहनी है' में शेक्सपीयर पद्धति—चार-चार और दो के अनुसार सॉनेट हैं। 'अरघान' में बारह और दो का विभाजन है।

त्रिलोचन ने सॉनेट के लिए प्राचीन मात्रिक छन्द-रोला को अपनाया, जिसे वह अपने यहाँ के साहित्य का नेशनल मीटर कहते थे, किन्तु खास बात यह है कि उन्होंने रोला पर भी सॉनेट का अनुशासन रखा यानी छन्दों की भीतरी लय और चौबीस मात्राओं का अनुशासन। वैसे तो त्रिलोचन ने सॉनेट में गेय तत्त्व का उल्लेख किया है, लेकिन सॉनेट में तरल संगीत की गुंजाइश न के बराबर होती है। त्रिलोचन के सॉनेट्स में मधुरता है लेकिन स्वरों की कोमलता तथा स्निग्धता नहीं। उसमें चिन्तन के दृढ़, कठोर स्नायु हैं। रोला छन्द हिन्दी का अत्यन्त गेय छन्द रहा है लेकिन त्रिलोचन ने जानबूझ कर उसमें भावों की इकाइयों को एक पंक्ति में खींचकर, संगीत की समानान्तर इकाइयों की जगह, यतियों की विविधता का सौन्दर्य उत्पन्न किया है। इस तरह वे तुकों के बन्धन में रहकर भी अंग्रेजी के अतुकान्त काव्य के संगीत-अनुच्छेद (verse paragraph) की सृष्टि कर सके हैं।

त्रिलोचन जनकवि थे, लोकसाधारण के लिए लिखते थे इसलिए सॉनेट में जनभाषा के शब्द मौजूद मिलते हैं—

'इधर-उधर के तीरों पर बैठे संकुचे थे
जल उछालते, राह ताकते'
'काली रेखा
उभरी मुख पर, मर्द हो गये, हुआ न यह भी'

'त्रिलोचन ने अपने सॉनेट्स में देसी रंग भरने का प्रयास किया है और भाषा में देसीपन तथा हिन्दी जनता के जीवन और लय को पकड़ने के कारण वे सफल भी हुए हैं।

जीवन और जगत् के अधिकांश आयामों का उनकी अचूक दृष्टि एवं भारतीय मन ने संस्पर्श किया है। त्रिलोचन द्वारा एक विजातीय काव्यरूप पर ऐसे विलक्षण अधिकार के कारण लोग चकित भी होते हैं और चोटिल भी। एक अजनबी काव्यरूप में इतने सशक्त ढंग से अभिव्यक्ति को साधने के कारण उन्हें अनेक साहित्यिक रणनीतियों का शिकार होना पड़ा। उन पर विजातीयता को प्रश्रय देने के आरोप लगाये गये। एक स्थान पर, विजातीयता के सवाल का उत्तर देते हैं—"बहुत-सी वनस्पतियाँ और पहनावे विदेशी होकर भी हमारी मिट्टी और सभ्यता के अंग बन गये हैं और किसी काव्यरूप पर विजातीय होने का आरोप लगाना तभी ठीक है जब उसमें व्यक्त भाव-वस्तु और दृष्टि भी विजातीय हो।"

सॉनेट, त्रिलोचन की शक्ति भी है और सौन्दर्य भी। द्वन्द्व मानव जीवन एवं सभ्यता का अकाट्य सत्य है। पूरी सृष्टि इसी द्वन्द्व पर आधारित है। द्वन्द्व के फलस्वरूप सुख और दुःख से ही जीवन आगे बढ़ता है, इसी का सन्देश काशी की गंगा की रमणीयता में वे दे जाते हैं—

'शोभा हरित शस्य की निखरी, विषम कूल की
अखिल शून्यता हरती है, छवि से मढ़-मढ़कर
मानव आकृतियाँ निःस्वन गति से पढ़-पढ़कर
जीवन मन्त्र कहानी देतीं शूल-फूल की'

उनके द्वारा संस्कृत साहित्य की क्लासिकी परम्परा से प्रभावित होकर प्रकृति की रमणीयता और ऋतुवर्णन पर सॉनेट खूब लिखे गये हैं और क्या खूब लिखा है! वर्षा ऋतु के वर्णन में उन्होंने बारिश को अपने शब्दों में बाँध-सा दिया है—

हस्ति-महिष-वाराह उल्लसित घूम रहे हैं
वारिद का निर्घोष श्रवणकर वसुधा गलकर
शिथिलबन्ध निरुपाय पड़ी है, विहग गान है
जल के तल पर और विटप सब झूम रहे हैं।

त्रिलोचन का प्रकृति के प्रति मुग्ध-आत्मीय भाव प्रकट हुआ है यहाँ। दृश्य बिम्ब के माध्यम से वर्षा को जीवन्त बना दिया गया है।

त्रिलोचन बेहद संजीदा और संवेदनशील व्यक्ति थे। मानवीय सम्बन्धों और आपसी रिश्तों-नातों में दिनोंदिन बढ़ती स्वार्थपरता से वह बहुत दुःखी थे। इसकी उनको न केवल बहुत सही पहचान थी बल्कि गाहे-ब-गाहे वह उसे तार-तार करने से भी नहीं कतराते थे। तेनजिंग, माओत्से-तुंग के प्रशस्तिगान, सामाजिक विकृतियों, हास्य के मूड्स को भी उनकी प्रतिभा ने समेटा है। वे प्रगतिवादी होते हुए भी 'परिवार'

से एकदम छिन्न-मूल नहीं है। 'गोविन्द आज तुम नहीं हो' की कुछ पंक्तियाँ एतदर्थ अवश्य उद्धरणीय हैं–

भैया
तुम कैसे हो
कहाँ हो
स्वस्थ हो कि नहीं
कभी-कभी मेरी भी याद तुम्हें आती है?
कहो, कभी मेरी भी याद तुम्हें आती है? ('धरती' से)

यहाँ न तो रंग-रोगन किया गया है न ही कूँची के करतब उन्होंने दिखाये हैं। यहाँ न तो कोई बिम्ब है और न किसी शब्द का प्रतीकवत् प्रयोग है। बस ऐसे सीधे-सादे चित्रण में कुछ है तो आदिम संवेदना से सम्पृक्त एवं संतृप्त कवि की सच्चे अर्थों में आधुनिक दृष्टि।

'अरघान' काव्य संग्रह में संकलित 'महाकुम्भ पर' में उन्होंने क्रम से महाकुम्भ के उल्लासमय जनमहोत्सव का, फिर उसकी वीभत्स विकृति और अन्त में सामूहिक संहार का-अन्तरंग जन की तरह–अद्भुत वर्णन किया है। 'दिगन्त' के सॉनेट्स में वैयक्तिक भावों को ही अभिव्यक्ति मिलती है, प्रेम के विविध रूपों का ही सूक्ष्मांकन होता है। 'फूल नाम है एक... में 52 से लेकर 56 तक के सॉनेट उन्होंने नागार्जुन पर लिखे हैं जिसमें उनके रंग-रूप, रहन-सहन, स्वभाव, उनकी सामाजिक चेतना आदि का वर्णन है। नागार्जुन उनके जीवन और कविता के मीत हैं और प्रिय कवि भी। त्रिलोचन सॉनेट के माध्यम से लोकजीवन के भावात्मक स्तर पर सीधे जुड़ते हैं। उनका पूरा जीवन दर्शन मानव सम्बन्धों की रागात्मिका वृत्ति पर टिका हुआ है। सीधे-सादे त्रिलोचन अँधविश्वास के प्रतिकार के लिए अक्खड़ बन जाते हैं। पत्थर पूजा, अष्टग्रही से भयाक्रान्त लोग, भविष्य के लिए किये जाने वाले प्रयत्न, भविष्यवेत्ताओं की उक्तियाँ आदि सभी पर उन्होंने चुन-चुनकर करारा प्रहार किया है और इसके लिए उन्होंने अपने जनपद के लोगों तक को नहीं बख्शा है–

मैंने देखा प्रणति भक्ति दोनों हैं छूछी
इसमें भाव कहाँ जो मूर्तिकार में जागे।

अज्ञान से अँधविश्वास ही उपजते हैं। वास्तव में गरीबी के साथ अज्ञान (अशिक्षा) को मिला देने पर ही शोषण का चक्र पूरा हो पाता है। गाँधी बाबा की इच्छा के बावजूद 'चम्पा काले अच्छर नहीं ही चीन्हती!' माहेश्वर तिवारी की भी सहानुभूति चम्पा के साथ है[1]– *'चम्पा के मन में सवाल है/परत-दर-परत मकड़जाल है/मजदूरी*

1 *हिन्दी नवगीत का रचना विधान*, डॉ. अवधेशनारायण मिश्र (2004), आर्यभाषा संस्थान, पृ. 19

करने निकली है/घर से बाहर तक हलाल है।[1] किन्तु त्रिलोचन की नटखट चम्पा शिक्षित होने का कोई तर्क नहीं मानती भले ही कलकत्ते पर उसे 'बजर' गिराना पड़े!!

मार्क्सवादी जीवन दर्शन के कारण त्रिलोचन ने उपयोगितावाद, उपभोक्ता संस्कृति और पूँजीवादी व्यवस्था पर अपना निशाना साधा। रोटी पर बड़े चुटीले अन्दाज में एक सॉनेट में उनकी अभिव्यक्ति है–

> *'एक हजार आठ स्वामी...जी ने डकार ली। हाथ पेट पर फेरा; बोले,*
> *अधिक खा गया।*
> *मर्यादा पुरुषोत्तम प्रभु का ध्यान आ गया।'* (एक हजार आठ स्वामी)

बात भी ठीक है, दूसरों का हिस्सा हड़पने वालों को ही भगवान् की याद आती है! बेचारे गरीब का प्रेम तो रोटी के जुगाड़ करने में ही दम तोड़ देता है–

> *प्रेम जागता जीवन यों तो दे जाता है*
> *मगर पेट के आगे वही हार जाता है।*

जनपदीय चेतना, आन्तरिक संरचना (Structure) और गठन (texture) एवं जनभाषा के संस्कार से अभिमण्डित कर त्रिलोचन सॉनेट का जो ढाँचा तैयार करते हैं, वह हिन्दी साहित्य में अनूठा है–

> *मैं बिल्कुल स्वस्थ हूँ। तन मन में कोई कम्पन*
> *नहीं है और कल के उस क्षण तक मैं बहुत प्रसन्न था।*
> *अब जी को चैन नहीं। आखिर किसने अपना प्राण भरा?*
> *अवसाद मेरे मन में भर दिया'*

इस तरह के अनूठे सॉनेट सतही स्तर पर तो सपाट दिखते हैं पर उनकी आन्तरिक भित्ति बहुत ही संश्लिष्ट है। 'शब्द', 'दिगन्त', 'अरघान', 'तुम्हें सौंपता हूँ', 'उस जनपद का कवि हूँ' संकलन में संगृहीत सॉनेट्स त्रिलोचन के वस्तु-विन्यास का प्रभावी परिचय देते हैं।

त्रिलोचन ने सॉनेट में रोला छन्द को ढाला है जो अन्य कवियों को भी अपनी लेखनी चलाने के लिए आमन्त्रित कर रहा है। ऐसा नहीं है कि अपनी सुविधा के लिए उन्होंने यह रास्ता पकड़ा, क्योंकि जिस प्रकार का सृजनात्मक अनुशासन का रंगारंग रूप उनके यहाँ मिलता है उससे सॉनेटों को उनकी अभिव्यक्तिपरक सुविधा मान लेना सही नहीं। त्रिलोचन अपने कर्तृत्व में उसकी शक्ति और सीमा दोनों से परिचित लगते हैं।

---

1 *सच की कोई शर्त नहीं*, महेश्वर, पृ. 37

त्रिलोचन की भाषा कबीर, सूर, तुलसी और निराला की भाषा की तरह चित्रात्मक है। उनके आदर्श वे तुलसीदास हैं जिनकी कविताई एक साथ बोली के सारे ठाट और अभिव्यक्ति की सारी परिचित-अपरिचित भंगिमाओं को अपने भीतर समेट कर चलती है। त्रिलोचन भाषा के प्रति बेहद सजग कवि हैं। वे अपनी भाषा के सम्पूर्ण परास (Range) से वाकिफ हैं। उनकी कविता में भाषा के विविध धरातल दिखाई पड़ते हैं। ठेठ अवधी के कवि त्रिलोचन में अवधी बोली की सर्जनात्मक क्षमता से खड़ी बोली को अधिक आत्मीय एवं समर्थ बनाने का उत्कट आग्रह विद्यमान है। लेकिन इसके बावजूद वे जनभाषा और अभिजनोचित भाषा के बीच कोई सुविधाजनक सेतु निर्मित करने की कोशिश कभी नहीं करते। इसीलिए त्रिलोचन की कविता में बोली के अपरिचित शब्द जितनी सहजता से आते हैं, कई बार संस्कृत के कठिन और लगभग प्रवाहच्युत शब्द भी उतनी ही सहजता से कविता में प्रवेश करते हैं।[1] त्रिलोचन ऐसे कवि हैं जिनके यहाँ भाषा की श्रेणियाँ नहीं बनायी जा सकतीं।

त्रिलोचन के यहाँ बिम्ब उनके कथन के प्रवाह में स्वयमेव निर्मित होते हैं, अलग से लाकर चिपकाये नहीं जाते। उनके लिए बिम्ब स्वतन्त्र महत्त्व के अधिकारी नहीं हैं, वे कथ्य को आलोकित करते हैं, कथ्य उन्हें आलोकित करता है। उनके बिम्ब उनकी आस्था की ही भाँति, उन्नतशिर और उन्नतबाहु हैं।[2] निराला की भाँति ही, जीवन की छोटी-से-छोटी स्थिति को भी नाटकीय आकस्मिकता से स्वप्नलोक का विस्तार और भव्यता देने की उनकी जो शैली है, वह अन्यतम है

आवेगों की संयमित अभिव्यक्ति और सुर की तटस्थता[3] के कवि त्रिलोचन का अब तक सही मूल्यांकन नहीं हो पाया है। उनकी कविता को शैली विज्ञान के निकष पर कसे जाने की आवश्यकता लगातार महसूस की जा रही है। यहाँ उनकी दो काव्य-पंक्तियों को समानान्तरता की कसौटी पर कसकर देखा जा सकता है–

'रिमझिम-रिमझिम, छक् छक् छक् छक् सर सर सर सर
चम चम चमक-धमाके घन के, उत्सव निशिपद

x x x

वहाँ टोटा टोटा छोड़कर और क्या था?'

यहाँ रेखांकित व्यंजन ध्वनि के आवर्तन के द्वारा ध्वनि स्तर पर समतामूलक समानान्तरता व्यक्त हुई है। इन ध्वनियों के आवर्तन से एक ध्वनिमय चित्र उपस्थित हो जाता है। कानों में वर्षा-ध्वनि घुलती महसूस होती है। 'छक् छक् सर सर' जैसी

---

1 *प्रतिनिधि कविताएँ* : त्रिलोचन, भूमिका, सम्पादक-केदारनाथ सिंह, पृ. 78

2 *वासुदेव सिंह 'त्रिलोचन'* : जनवादी समीक्षा दृष्टि और जनवादी रचनाकार, इन्द्र बहादुर सिंह, पृ. 105

3 *वही*, पृ. 93

ध्वनि की आवृत्ति से जहाँ वर्षा के शब्दों को साफ-साफ सुना जा सकता है वहीं 'चम चम चमक-धमाके घन के'—से वर्षा का दृश्य बिम्ब भी उपस्थित होता है। पूरी पंक्ति संगीतबद्ध लय से आबद्ध है। इसी प्रकार से इन पंक्तियों का विश्लेषण अग्रप्रस्तुति के अन्य उपकरणों, यथा—चयन, विचलन इत्यादि को आधार बनाकर शब्द, पद, प्रोक्ति, वाक्य, अर्थ एवं अन्य स्तरों पर किया जा सकता है।

वस्तुतः त्रिलोचन की कविता, प्रचलित समकालीन कविता के समानान्तर एक प्रतिकविता की हैसियत रखती है और इसलिए इस बात की माँग भी करती है कि उसका मूल्यांकन करते समय आधुनिक कविता के प्रचलित मान-मूल्यों को लागू करने की जल्दी न की जाये।[1] चलते-फिरते विश्वविद्यालय[2] और परातभर खिचड़ी खाने[3] वाले कवि-व्यक्तित्व की कविताएँ एक नये काव्यशास्त्र की माँग करती हैं[4] तथा पाठक से और उससे ज्यादा आलोचक से एक नये प्रकार के मुक्त और सीधे सम्बन्ध की अपेक्षा रखती हैं, क्योंकि इनके मूल्य इनकी बनावट में ही निहित हैं

'मुझे शब्द शब्द में देखो
मैं कहाँ हूँ।' (त्रिलोचन)

---

1 *मेरे समय के शब्द*, केदारनाथ सिंह, पृ. 79

2 *कथादेश* (जनवरी 2008), पृ. 11, 'उसी त्रिलोचन को देखा', विश्वनाथ त्रिपाठी

3 *वही*, पृ. 7

4 *आलोचना*, जुलाई-सितम्बर 1987, पृ. 3, सम्पादकीय, सम्पादक-नामवर सिंह

54

नाटककार मोहन राकेश

—द्विजराम यादव

मोहन राकेश आधुनिक युग के प्रसिद्ध प्रतिष्ठित एवं प्रतिभाशाली साहित्यकारों में हैं। इन्होंने साहित्य की विभिन्न विधाओं में अपनी गहन अनुभूति, चिन्तन-शक्ति और शिल्पकौशल का परिचय दिया है। उनकी प्रतिभा सबसे अधिक नाटकों के माध्यम से मुखरित हुई है। नये परिवेश में लिखा गया, 'अँधेरे बन्द कमरे' (उपन्यास) अपने नये वातावरण के कारण पाठकों का मर्म स्पर्श करने में सफल हुआ है। उनकी कहानियों का रसास्वादन कर पाठकों को सन्तोष मिलता है। यात्रा-विवरण में राकेश जीवन के यथार्थ को उद्‌घाटित करते हुए सरस हो गये हैं। उन्होंने अल्पावधि में हिन्दी साहित्य को एक नयी भूमि प्रदान की है।

'आषाढ़ का एक दिन' का कथानक कालिदास के जीवन और साहित्य सृष्टि के सम्बन्ध में प्रचलित विभिन्न मतों के सार पर आधारित है। इस नाटक का आधार इतिहास है, परन्तु इतिहास को साहित्य में ग्रहण करने का अपना एक दृष्टिकोण है—'इतिहास या ऐतिहासिक व्यक्तित्व का आश्रय साहित्य को इतिहास नहीं बना देता। इतिहास तथ्यों का संकलन करता है, उन्हें एक समय-तालिका में प्रस्तुत करता है। साहित्य का ऐसा उद्देश्य कभी नहीं रहा। इतिहास के रिक्त पृष्ठों की पूर्ति करना भी साहित्य का उपलब्धि-क्षेत्र नहीं है। साहित्य इतिहास के समय से बँधता नहीं, समय में इतिहास का विस्तार करता है; युग से युग को अलग नहीं करता, कई युगों को एक साथ जोड़ देता है। इस तरह इतिहास के 'आज' और 'कल' उसके लिए 'आज' और 'कल' नहीं रह जाते, समय की असीमता कुछ ऐसे जुड़े हुए क्षण बन जाते हैं, जो जीवन को दिशा-संकेत देने की दृष्टि से अविभाज्य हैं।' इस तरह साहित्य में इतिहास अपनी यथातथ्य घटनाओं में व्यक्त नहीं होता, घटनाओं को जोड़ने वाली ऐसी कल्पनाओं में व्यक्त होता है जो अपने ही एक नये और अलग रूप में इतिहास का निर्माण करती है। यह निर्माण रूढ़िगत अर्थ में इतिहास नहीं है। 'आषाढ़ का एक दिन' प्रसाद के 'स्कन्दगुप्त' से प्रेरित नाटक है और इतिहास का आवरण लिये हुए है।

'प्रत्यक्ष रूप में यह नाटक ऐतिहासिक है लेकिन यह ऐतिहासिक कहने भर को है। वास्तव में पूरा नाटक आधुनिक ही नहीं है, पूरा यथार्थवादी भी है, क्योंकि 'प्रसाद' के ऐतिहासिक नाटकों से इसका सर्वथा भिन्न रूप है। 'प्रसाद' की तरह 'राकेश' ने न तो अतीत के इतिहास का ज्यों-का-त्यों विवरण प्रस्तुत किया है न तत्कालीन घटनाएँ दोहरायी गयी हैं, न ऐतिहासिक और काल्पनिक पात्रों का जमघट है न अतीत के गौरव का गान ही।' 'आषाढ़ का एक दिन' में राकेश ने ऐतिहासिक परिवेश में आधुनिक युगबोध का चित्रण किया है, इसलिए कुछ समीक्षक इसको 'मिथक' की संज्ञा देते हैं। कुछ विद्वानों ने इस नाटक में इतिहास और कल्पना का मणि-कांचन संयोग माना है। कुछ घटनाएँ इतिहा ससम्मत अवश्य हैं, परन्तु राकेश ने इस पुराने विषय को नये रूप में प्रस्तुत किया है। इस कथानक को मौलिक ढंग से प्रस्तुत करने में नाटककार को अभूतपूर्व सफलता प्राप्त हुई है। इस सन्दर्भ में राकेश के विचारों को भी यहाँ उद्धृत किया जा सकता है, यह बात तब तक मन में स्पष्ट होने लगी थी—विशेष रूप से इन दो कथानकों को लेकर जो बहुत दिनों से 'आषाढस्य प्रथम दिवसे' तथा तरंस्तरंगेष्विव राजहंसः, इन पंक्तियों के रूप में मन में थी।

कहने का अभिप्राय यह है कि 'आषाढ़ का एक दिन' का कथानक कल्पित (उत्पाद्य) है जिस पर इतिहास की छाया है, वास्तविकता कुछ और है। कथानक मौलिक और नाटककार के आधुनिक मस्तिष्क की उपज है जो सृजन मार्ग पर एक नया प्रयोग है। इसका कथानक संक्षिप्त है जो नाटक की सफलता का कारण है। प्रथम अंक कवि कालिदास की भूमि (जीवन-भूमि) से आरम्भ होता है। उसकी रचना शक्ति पर राजकीय पुरस्कार मिलता है, फलस्वरूप अपनी बाल-संगिनी मल्लिका के आग्रह पर उज्जयिनी चला जाता है। दूसरा अंक मल्लिका का चरित्र उद्घाटित करता है तथा उसके हृदय में कालिदास के प्रति निहित भावना का प्रस्फुरण करता है। तृतीय अंक की 'ट्रैजेडी' का आभास दूसरे अंक में ही मिल जाता है। इस प्रकार हम कह सकते हैं कि 'आषाढ़ का एक दिन' का कथानक संक्षिप्त, चुस्त और ठोस है। नाटक का आदि, मध्य और अन्त सन्तुलित है तथा अरस्तू द्वारा निर्मित नाट्य-गुण जो ट्रैजेडी में होना चाहिए, उससे पूर्ण है। इसके आरम्भ की कथा किसी पूर्ण कथा पर अपेक्षित नहीं है। दूसरा अंक कथानक का प्रतिफलन है। उसमें कथा-विकास की सम्भावनाएँ छिपी हैं जो तीसरे अंक में प्रतिफलित होती हैं। नाटक में अन्तर्बाह्य संघर्ष है, जो निश्चित रूप से पाश्चात्य नाट्यशास्त्र की देन मानी जा सकती है। कालिदास आदि से अन्त तक मल्लिका की भाँति अन्तर्बाह्य संघर्ष करता है। अम्बिका प्राचीन परम्पराओं की प्रतीक है तथा मल्लिका आधुनिक युग के रोमांस और वास्तविकता की। इन दोनों का संघर्ष नये और पुराने का संघर्ष है। इस प्रकार मल्लिका और अम्बिका के माध्यम से नवीन और प्राचीन का संघर्ष दिखाकर नाटककार ने 'इस नाटक के माध्यम से आधुनिकता का रूप प्रस्तुत किया है।'

'आषाढ़ का एक दिन' भारतीय नाट्य शास्त्र की छाया लिये हुए पूर्णतः पाश्चात्य नाट्य सिद्धान्तों पर आधारित है। इस प्रकार आरम्भ, विकास, चरम सीमा, निगति और अन्तिम अवस्था में संगठन किया गया है। नाटक चरम सीमा पर उस समय पहुँचता है जब कालिदास मल्लिका के घर के पास से आकर लौट जाता है। मल्लिका जब सर्वदा घृणा करने वाले व्यक्ति विलोम को स्वीकार कर लेती है तब नियताप्ति है। और अन्त में पाश्चात्य दृष्टिकोण से नाटक का अन्त 'ट्रैजेडी' (दुःखान्त) में होता है।

मोहन राकेश के नाटक अभिनय के क्षेत्र में अभूतपूर्व सफलता प्राप्त कर चुके हैं। मोहन राकेश ने स्वयं 'लहरों के राजहंस' की पहली भूमिका में लिखा है कि रंगमंचीय सम्भावनाओं को लेकर जो आशंकाएँ थीं, उनका उत्तर काफी हद तक अब तक दिया जा चुका है। दिल्ली, कलकत्ता, लखनऊ, इलाहाबाद, नागपुर, कानपुर, ग्वालियर तथा कई अन्य स्थानों पर उसे सफलतापूर्वक खेला गया है। अलकाजी जैसे निर्देशक तथा अनामिका जैसी संस्था ने उसे लेकर सर्वथा अलग-अलग दृष्टिकोण से प्रयोग किये हैं। आकाशवाणी के विभिन्न केन्द्रों से सभी भारतीय भाषाओं में उसे प्रसारित किया गया है। नाटक की रंगमंचीय सफलता का नाटककार को गर्व है जो उसकी प्रवृत्ति का परिचायक है। परन्तु नाटककार का यह फर्ज था कि वह इस विषय पर अपना वक्तव्य न देकर इसका भार समीक्षकों एवं दर्शकों पर छोड़ देता। हिन्दी जगत् में मोहन राकेश के नाटक अभिनव प्रयोग हैं। उनके पहले नाटक, 'आषाढ़ का एक दिन' द्वारा हिन्दी नाट्य-साहित्य को एक नयी भूमि प्राप्त हुई है। लेकिन इस भूमि को विकसित करने के लिए कुशल नाटककार के साथ-साथ कुशल अभिनेता और दर्शक चाहिए। इन तीनों के सफल प्रयास से नाट्य साहित्य में एक अभिनव प्रगति हो सकती है। मोहन राकेश के नाटकों को रंगमंचीय सफलता मिलने में ये सभी कारण हैं।

कथानक की संक्षिप्तता के साथ-साथ इसमें रोचकता भी है। सम्पूर्ण नाटक में उत्सुकता बनी रहती है। इस नाटक में कम पात्र हैं। पात्रों की अधिकता नाटक की सफलता में बाधा पहुँचाती है। नाटक में जिस प्रकार की भाषा का प्रयोग हुआ है वह परिस्थिति और समय का बोध कराने के लिए है, फलस्वरूप कुछ स्थानों पर संस्कृत के ऐसे शब्दों का व्यवहार हुआ है जो 'सामाजिक' की पकड़ के बाहर हो जाते हैं। यद्यपि इस नाटक में प्रयुक्त संस्कृत शब्द वातावरण तैयार करने में सहायक होते हैं तथापि नाटक की सफलता पर आघात करते हैं। ऐसी स्थिति में 'सामाजिक' का सुशिक्षित और सुसंस्कृत होना आवश्यक है।

'लहरों के राजहंस' ऐतिहासिक कथानक को आधार मानकर लिखा गया मोहन राकेश का दूसरा नाटक है। अश्वघोष का 'सौन्दरनन्द' इसका मूल आधार है। सौन्दरनन्द से कथावस्तु लेने पर भी यह नाटक पूर्णतः ऐतिहासिक नहीं कहा जा सकता, क्योंकि 'प्रस्तुत नाटक का आधार भी ऐतिहासिक है, परन्तु इतने ही अर्थ

में जितना इस व्याख्या में आता है। कथा का आधार अश्वघोष का 'सौन्दरनन्द' है, परन्तु समय के विस्तार में परिस्थितियों का परिक्षेपण करने के कारण यह काल्पनिक अश्वघोष का 'सौन्दरनन्द' भी है। क्योंकि संस्कृत तथा पालि साहित्य में जो कथा उपलब्ध थी, उसका अश्वघोष ने अपनी दृष्टि से परिक्षेपण किया है।' इस प्रकार हम देखते हैं कि यह नाटक ऐतिहासिक होते हुए भी नाटककार की स्वतन्त्र कल्पना के कारण काल्पनिक भी है। 'आषाढ़ का एक दिन' के कथानक और संघर्ष में जो सरलता है, वह सरलता 'लहरों के राजहंस' में नहीं मिलती। इसमें आधुनिक अन्तर्द्वन्द्व का जो रूप प्रस्तुत किया गया है, वह अपने आपमें बेजोड़ है। फलस्वरूप इस नाटक से आधुनिक युग की हमारी अपेक्षाएँ और अधिक बढ़ जाती हैं।

नाटक का आरम्भ ऐतिहासिक परिवेश में हुआ है। सुन्दरी नन्द की पत्नी है जो बहुत दिनों के बाद कामोत्सव मनाना चाहती है। कपिलवस्तु नगर में राजकुमार नन्द के भवन में सुन्दरी के कक्ष से नाटक का आरम्भ होता है। पर्दा उठते ही—

धम्मं शरणं गच्छामि
संघं शरणं गच्छामि
बुद्धं शरणं गच्छामि

का समवेत स्वर सुनाई पड़ता है। इस समवेत स्वर के माध्यम से नाटककार ने सामाजिक पर ऐतिहासिक प्रभाव डालने का प्रयास किया है, परन्तु यह प्रभाव नाटक में स्थायी रूप ग्रहण नहीं कर पाता। ज्यों-ज्यों कथानक आगे बढ़ता है त्यों-त्यों वह आधुनिकता की ओर अग्रसर हो जाता है। सुन्दरी का कक्ष कामोत्सव की तैयारी में सुसज्जित किया जा रहा है। श्वेतांग, श्यामांग और नीहारिका कक्ष को सुसज्जित करने में लगे हैं। काम करते हुए सभी बातें भी करते हैं और इन्हीं बातों से जाहिर होता है कि श्यामांग सोचता अधिक है। भावनाओं में डूबा रहने के कारण श्यामांग ठीक से कोई काम नहीं कर पाता और उसका मन भी किसी काम पर नहीं लगता। इसीलिए वह कहता है 'पता नहीं क्या हो रहा है। बार-बार आँखों के सामने जाने कैसा अँधेरासा घिर आता है। इसी समय श्वेतांग के इस कथन से यह आभास हो जाता है कि कई वर्षों के बाद सुन्दरी ने कामोत्सव का आयोजन किया है। यह प्रश्नचिह्न श्वेतांक के सामने खड़ा हो जाता है कि क्यों आज ही वर्षों के बाद यहाँ कामोत्सव का आयोजन किया गया है। इस बात को सभी लोग सोचते हैं लेकिन कह नहीं पाते हैं। कामोत्सव बड़ी धूमधाम से मनाया जाये, इसलिए सुन्दरी ने अतिथियों के सत्कार के लिए विशेष प्रकार की मदिरा का प्रबन्ध किया है। श्यामांग इस बात की सूचना देता है कि कल प्रातः देवी यशोधरा भिक्षुणी के रूप में दीक्षा ग्रहण करेंगी और यहाँ रात भर नृत्य होगा। वह कुछ विक्षिप्त-सा दिखाई देता है या जिसका मूल कारण उसका

भीतर-ही-भीतर टूटना या घुटना है। इसीलिए वह किसी काम में मन नहीं लगा पाता। सुन्दरी श्यामांग से घृणा करती है तथा अलका उससे प्रेम करती है। सुन्दरी को जब यह मालूम हो जाता है कि अलका श्यामांग से प्रेम करती है तब श्यामांग को दिया गया दण्ड वापस कर लेती है तथा श्यामांग को दक्षिण के अन्धकूप में से निकाल लाने का आदेश देती है। सुन्दरी ने श्यामांग को यह दण्ड पानी में पत्थर फेंकने के कारण दिया था। यह श्यामांग पूरे नाटक में नन्द का प्रतीक है। श्यामांग का बाह्य अन्तर्द्वन्द्व नन्द का ही अन्तर्द्वन्द्व है।

कथानक का सम्बन्ध जहाँ तक ऐतिहासिकता से है वहाँ यही कहा जा सकता है कि आधुनिक युग के अन्तर्द्वन्द्व को अभिव्यक्त करने के लिए इतिहास का सहारा लिया गया है। इस सम्बन्ध में नाटककार ने स्वयं कहा कि 'इतिहास या ऐतिहासिक व्यक्तित्व का आश्रय साहित्य को इतिहास नहीं बना देता। इतिहास तथ्यों का संकलन करता है, उन्हें एक समय तालिका में प्रस्तुत करता है। साहित्य का ऐसा उद्देश्य कभी नहीं रहा। साहित्य इतिहास के समय से बँधता नहीं, समय में इतिहास का विस्तार करता है।' ऐतिहासिक परिवेश में लिखा गया यह नाटक सर्वथा आधुनिक है। आधुनिक जीवन की संघर्षपूर्ण स्थिति का बयान करना इस नाटक का मुख्य उद्देश्य है।

मोहन राकेश के अन्य नाटकों की भाँति 'लहरों के राजहंस' में भी बहुत कम पात्र हैं जो रंगमंच पर उपस्थित होते हैं। ये पात्र हैं—सुन्दरी, नन्द, श्वेतांग, श्यामांग, अलका, शशांक, मैत्रेय, नीहारिका, भिक्षु आनन्द। इस प्रकार हम देखते हैं कि नाटक में अन्य पात्र केवल नाटक को गति देने में सहायक हैं—केवल सुन्दरी और नन्द ही प्रमुख कथा की धुरी हैं। और सच पूछा जाये तो सम्पूर्ण कथा सुन्दरी को केन्द्र बनाकर आगे बढ़ती है। अतः कहा जा सकता है कि सुन्दरी इस नाटक की प्रमुख पात्र है।

नाटक की भाषा अभिनय के अनुकूल है। शुद्ध साहित्यिक भाषा होने के साथ-साथ प्रवाहपूर्ण एवं भावानुकूल है। भाषा के माध्यम से नाटककार ने सरसता और चित्रात्मकता पैदा कर दी है। नाटककार ने दर्शकों को रुझाये रखने के लिए कामोत्सव और नन्द-सुन्दरी का प्रणय प्रसंग, शृंगार-प्रसंग का आयोजन किया है। एकरसता को भंग करने के लिए, नन्द का मुण्डित होना, श्यामांग प्रसंग आदि लाकर नाटककार ने दर्शकों की रुचि को बनाये रखने का सफल प्रयास किया है। 'लहरों के राजहंस' अभिनेयता की दृष्टि से अत्यन्त सफल नाटक है।

'आधे-अधूरे' मोहन राकेश का तीसरा नाटक है। इसका प्रकाशन सन् 1969 ई. में हुआ। वर्तमान जीवन का यथार्थ चित्रण करने वाला यह नाटक हिन्दी साहित्य में महत्त्वपूर्ण स्थान रखता है। इसमें मध्यम वर्ग के परिवार की संघर्षपूर्ण कहानी नाटकीय ढंग से प्रस्तुत की गयी है। पारिवारिक विघटन की समस्या को नाटककार ने बड़े ही आकर्षक ढंग से प्रस्तुत किया है। नर-नारी के आपसी तनाव से परिवार के

बच्चे भी टूटते हैं, घुटन का अनुभव करते हैं। इस सामाजिक नाटक में न तो अंकों का समायोजन है और न तो दृश्यपरक विधान। पति-पत्नी का गृह-कलह और कुण्ठाएँ पारिवारिक जीवन को क्लेशपूर्ण एवं असहनीय बना देती है।

'आधे-अधूरे' नाटक की कथावस्तु काल्पनिक है। उसकी समस्याएँ पश्चिमी समाज से जुड़ी हुई हैं—इसका प्रभाव पूरब के देशों पर भी पड़ता जा रहा है। परन्तु यदि कोई यह कहे कि आज भारत में भी इस प्रकार की पारिवारिक समस्याएँ हैं, तो शायद सही नहीं होगा। यह कहा जा सकता है कि आने वाले युग में इस समस्या का दायरा भारत में भी फैल सकता है। 'आधे-अधूरे' नाटक अंकों और दृश्यों में विभाजित नहीं है। कथावस्तु विन्यास से ही अंकों का अन्दाजा लगाया जा सकता है। पात्रों के परिचय के उपरान्त महेन्द्रनाथ घर की परिस्थितियों से ऊब कर यह कहकर कि 'सचमुच महसूस करता हूँ। मुझे पता है मैं एक कीड़ा हूँ जिसने अन्दर-ही-अन्दर इस घर को खा लिया है।'

नाटक 'आधे-अधूरे' इस बात का प्रमाण है कि निराडम्बर सत्य को, अकृत्रिम रूखड़ भाषा में कहना मोहन राकेश को प्रिय है और ऐसा करना जरूरी इसलिए हो जाता है कि वे व्यंग्य को प्रायः अपनी शैली का अनिवार्य अंग मानकर चलते हैं। नाटक 'आधे-अधूरे' में सीधा-सादी रोजमर्रा की हिन्दी है जिसमें अरबी-फारसी के अतिरिक्त अंग्रेजी शब्दों का व्यवहार हुआ है। यह कहना गलत होगा कि राकेश की नाट्य-भाषा यहाँ एकदम बदल गयी है। 'आधे-अधूरे' जीवन के यथार्थ की भाषा में लिखा गया है। मोहन राकेश ने अभिनय की दृष्टि से ही नाटकों की सृष्टि की है। अतः रंगमंच का ध्यान रखते हुए ही उन्होंने दृश्यों आदि की योजना अपने नाटक में की है। 'आधे-अधूरे' में अंक और दृश्य नहीं हैं। सभी घटनाएँ एक ही स्थान और एक ही दृश्य में सम्पन्न होती हैं। रंगमंच पर किसी प्रकार की विशेष रंग-सज्जा का आयोजन नहीं करना पड़ता। एक मध्य वित्तीय परिवार (जो टूट चुका है) के घर का दृश्य ही सम्पूर्ण नाटक में काम आता है। अतः कहा जा सकता है कि दृश्य-योजना की दृष्टि से 'आधे-अधूरे' नाटक अत्यन्त सफल है। इस नाटक में पात्रों का जमघट नहीं है। एक साथ मंच पर चार पात्रों से अधिक नहीं आते इसलिए दर्शकों का ध्यान इधर-उधर बँटता नहीं। अपना अभिनय करने में सभी पात्र उचित अवसर पाते हैं। अतः हम कह सकते हैं कि अभिनय की दृष्टि से इस नाटक की पात्र-योजना अत्यन्त सफल है।

नाटक वर्तमान युग की पारिवारिक समस्या को उद्घाटित करता है इसलिए इसकी समस्या आधुनिक मध्य वित्तीय परिवार की ज्वलन्त समस्या है। सावित्री को 'आधे-अधूरे' में एक महत्त्वाकांक्षिणी, कामातुर आधुनिक नारी के रूप में प्रस्तुत किया गया है, जो पति की असमर्थता और आर्थिक विषमता को उसका अधूरापन मानकर

स्वयं अपने को अन्य पुरुषों से जुड़कर पूरा करने का असफल प्रयास करती है और यह पुरुष आकर्षण उसके व्यक्तित्व को ही तोड़ कर रख देता है। नाटककार इसी पारिवारिक विषमता को इस नाटक के माध्यम से प्रस्तुत करना चाहता है और अपने इस उद्देश्य में उसे पूर्ण सफलता मिली है। संकलनत्रय की दृष्टि से भी विचार करने पर यदि हम देखें तो समय, स्थान और कार्य की संगति अच्छी बैठायी गयी है। एक ही स्थान पर एक सीमित समय में नाटक की सारी घटनाएँ स्वाभाविक ढंग से घटित हुई हैं। अतः कहा जा सकता है कि 'आधे-अधूरे' हर दृष्टि से अभिनेय है। इसका मंचन भी कई स्थानों पर हो चुका है।

परम्परागत रूढ़ियों से हटकर जब कोई रचना युग के सन्दर्भ और परिवेश में की जाती है तथा उसमें प्राचीन का मोह छोड़ कर नवीन के प्रति साहित्यकार जागरूक होता है तब उस रचना को आधुनिक कहा जा सकता है। परन्तु इसके अतिरिक्त भी बहुत सारी चीजें आधुनिक रचना के लिए आवश्यक हैं। केवल साहित्यिक परम्पराओं का त्याग ही किसी रचना को आधुनिक नहीं बना सकता है। उसमें साहित्यिक, सामाजिक, राजनीतिक एवं पारिवारिक बन्धनों का त्याग भी आवश्यक होता है। साहित्यकार नयी दिशाओं का अनुसन्धान करता है, जो उसके जीवन-संघर्ष तथा परिवेश के साथ उसके समायोजन की आकांक्षा को सम्पूर्तित करती हैं—फलतः साहित्य सृष्टा को एक ओर तो परिवेश के परम्परित मूल्यों का अन्वेषण करना होता है और दूसरी ओर परिवर्तित युग के अनुसार उन्हें नया संस्कार भी देना होता है। न वह परम्परा का एकान्त निषेध कर सकता है और न परिवर्तनों के विरुद्ध अपनी भावभूमि का निर्माण ही। दोनों के अन्तःसंस्कार से ही उसकी भावभूमि निर्मित होती है। वर्तमान युग में हम देखते हैं कि आज का मानव व्यक्तिगत रूप में सिमटता जा रहा है। आधुनिक युग-परिवेश के अनुसार जिनकी रचना सफल होती है वही चर्चा का विषय बनता है।

नाटककार मोहन राकेश ने इस परिवेश को पहचाना है और इस परिवेश को निकट से देखने का अवसर उन्हें पारिवारिक और व्यक्तिगत जीवन से मिला है। अतः उन्होंने अपनी रचनाओं में इसे अनेक प्रयोगों और माध्यमों से प्रस्तुत किया है। 'इन सन्दर्भों की खोज करते हुए जहाँ राकेश ने अपनी कहानियों के माध्यम से आज के आदमी की एकान्तिक पीड़ा, उसकी आन्तरिक अकुलाहट, भीड़ के बीच अज्ञात और निर्वासित होकर जीने की विवशता, अपने स्व को सुरक्षित रखने की ललक को आत्मसात् कर व्यक्ति, घटना और परिस्थिति को एक व्यापक सन्दर्भ में देखा और पहचाना है, वहीं नाटकों में व्यक्ति को उसके लघु इकाई रूप और विराट् सामाजिक स्वरूप को एक विस्तृत कैनवास पर फैला कर कुछ नये रंग, कुछ नयी रेखाएँ देकर चित्रांकित किया।' इस प्रकार विभिन्न मोड़ों से गुजरता हुआ मोहन राकेश अपनी

हरेक रचना में युग यथार्थ और परिवेश को समेटने में सफल हुआ है। मानव-जीवन की आरम्भिक दो नाट्य-कृतियों में नाटककार इतिहास का सहारा अवश्य लेता है परन्तु यह सहारा केवल 'सहारा' ही रह जाता है उसका कथ्य आधुनिक परिवेश से जुड़ जाता है।

'आषाढ़ का एक दिन' की कथा इतिहास से सम्बन्ध रखती है, कालिदास संस्कृत का महाकवि है। इस प्रख्यात महाकवि के जीवन और साहित्य की प्रेरणा के आधार पर उसकी रचना हुई है, परन्तु नाटककार की दृष्टि से 'कालिदास उसके लिए एक व्यक्ति नहीं, हमारी सृजनात्मक शक्तियों का प्रतीक है, नाटक में वह प्रतीक उस अन्तर्द्वन्द्व को संकेतित करने के लिए है जो किसी भी काल में सृजनशील प्रतिभा को आन्दोलित करता है। व्यक्ति कालिदास को उस अन्तर्द्वन्द्व में गुजरना पड़ा था या नहीं यह बात गौण है। मुख्य बात यह है कि हर काल में बहुतों को उसमें से गुजरना पड़ा है, हम भी आज उसमें से गुजर रहे हैं।' अतः कहा जा सकता है कि कालिदास पूर्णतः आधुनिक परिवेश का व्यक्ति है। गाँव में भी प्रतिभा का विकास होता है, हर व्यक्ति में प्रेम-भाव निहित रहता है—कालिदास ऐसे आधुनिक व्यक्ति का प्रतिनिधित्व करता है।

साहित्यकार राजाश्रय में पनप नहीं सकता। कालिदास के माध्यम से राजनीति की छत्रछाया में पलनेवाले आज के कुण्ठित साहित्यकारों का परिचय दिया गया है। मुक्त परिवेश और वातावरण का साहित्यकार राजनीति के फन्दे में फँस कर छटपटा रहा है, ऊबता है, परेशान होता है और अन्त में उससे सम्बन्ध तोड़ कर अपने स्वाभाविक वातावरण में लौट आता है। आधुनिक साहित्यकारों की सही माने में यह भी एक जिन्दगी है। अवसर आने पर राज-वैभव और नारी-सौन्दर्य में कालिदास का आकृष्ट होना कोई आश्चर्यजनक बात नहीं है—मानवीय स्वभाव के अनुकूल है। कलाकार के जीवन से सम्बद्ध दो समस्याओं को उभारने की चेष्टा इस नाटक में की गयी है, पहली का सम्बन्ध है कलाकार के प्रेम से और दूसरी का राज्याश्रय स्वीकार करने से। कालिदास की यह समस्या आज के साहित्यकार की भी है। इस प्रकार राकेश ने एक ऐसे युग सत्य को पकड़ा है जो हर युग के परिवेश में खप सकता है। जिस प्रकार समय किसी की प्रतीक्षा नहीं करता, उसी प्रकार मल्लिका भी अपने प्यार की और ज्यादा प्रतीक्षा नहीं कर सकी और अन्त में कालिदास लौट कर भी उसे सर्वदा के लिए अँधेरे में छोड़ कर चला जाता है। आज हमारे समाज में यह भी एक जटिल सवाल है। पुरुष अनेक स्त्रियों के सम्पर्क में आने पर क्यों अपने को पवित्र समझता है और नारी यदि ऐसा करती है तो वह त्याज्य हो जाती है। अन्त में कालिदास का मल्लिका को छोड़कर चला जाना आज की ज्वलन्त समस्या का उद्घाटन करता है।

मोहन राकेश ने अपने दूसरे नाटक 'लहरों के राजहंस' में आधुनिक मानव की जटिलता और अन्तर्द्वन्द्व को रूपायित किया है। आज का मानव नन्द की भाँति

संघर्षपूर्ण स्थिति में बेचैनी, विवशता से जूझ रहा है। 'नारी का आकर्षण पुरुष को पुरुष बनाता है, तो उसका अपकर्षण उसे गौतमबुद्ध बना देता है।' मानव-मन की उलझनों एवं अन्तर्द्वन्द्व को जिस प्रकार प्रतीकों के माध्यम से नाटककार ने इसमें प्रस्तुत किया है, वह अपने आप में एक नया प्रयोग है। ये प्रयोग नये परिवेश और आधुनिक सन्दर्भ में किये गये हैं। अतः हम कह सकते हैं कि ऐतिहासिक कथानक को नये परिवेश और आधुनिक सन्दर्भ में प्रस्तुत करने के कारण मोहन राकेश का वह नाटक भी युग यथार्थ की व्याख्या करता है।

दिशा-विहीन आज का मानव भी नन्द की परिस्थितियों में घुट रहा है। अभावों और मानसिक विचारों के द्वन्द्व में संघर्ष करता हुआ आज का मानव भी ऐसे चौराहे पर खड़ा है जहाँ सारी समस्याएँ उसे लील लेना चाहती हैं। आज मानव किसी भी तरह कोई निश्चित दिशा निर्धारित नहीं कर पाता, फलस्वरूप उसे कोई निश्चित आधार नहीं मिल पाता। इस प्रकार मानव के शाश्त्रत अन्तर्द्वन्द्व का सामयिक चेतना के रूप में 'लहरों के राजहंस' में सशक्त चित्रण हुआ है।

आधुनिक युग में नर-नारी के पारस्परिक सम्बन्धों में निरोध है। सुन्दरी के समान आधुनिक नारी भी अन्तर्द्वन्द्व में जी रही है। 'शंका आधुनिक स्त्री-पुरुष के पारस्परिक सम्बन्धों को भयावह बना देती है। इस प्रकार हम कह सकते हैं कि प्राचीन आख्यानों से सामयिक चेतना के नवीन सन्दर्भों को अभिव्यक्त करने में नाटककार को सफलता मिली है। आज के समाज में स्त्री-पुरुष के बीच जो तनाव, बिखराव, अलगाव हमारे सामने है उसका सजीव चित्रण किया गया है। अतः निष्कर्ष यह है कि युग-बोध इस नाटक की रीढ़ है।

मोहन राकेश ने 'आधे-अधूरे' नाटक में विघटित होते हुए आज के मध्यवर्गीय शहरी परिवार का कड़वाहट भरा चित्रण किया है जिसकी विडम्बना यह है कि व्यक्ति स्वयं अधूरा होते हुए भी औरों के अधूरेपन को सहना नहीं चाहता। काल्पनिक पूरेपन की तलाश में भटक कर अपनी और दूसरों की जिन्दगी को नरक बना देता है। सम्पूर्ण नाटक में 'पूरेपन' की तलाश में नाटक के सभी पात्र व्याकुल रहते हैं परन्तु कोई भी इसको प्राप्त नहीं कर पाता। पूरा परिवार स्त्री (सावित्री) के व्यवहार के कारण बेचैनी अनुभव करने लगता है। बड़ी लड़की अपनी माँ की आदतों का शिकार होती है, लड़का प्रेम करता है और छोटी लड़की स्कूली सामान के अभाव में हीन भावना से ग्रसित है और स्त्री पूर्ण पुरुष की तलाश में घर बर्बाद करने के बाद भी कुछ प्राप्त नहीं कर पाती। सबसे दयनीय स्थिति पुरुष की है, वह निठल्ला होते हुए भी सहानुभूति का हकदार बन जाता है परन्तु सावित्री के प्रति किसी की भी सहानुभूति नहीं जागती। इस प्रकार हम देखते हैं कि आधुनिक जीवन में लोग पारिवारिक सम्बन्धों की लाश ढो रहे हैं। यहाँ परिवार से सम्बन्धित विवाह और प्रेम प्रसूत समस्या को नाटककार

ने उठाते हुए भी उसकी बनावट में यद्यपि एकदम नये मुहावरे का प्रयोग किया है पर उसके व्यंग्य का रुख भारतीय परिवार के परम्परागत मूल्यों-सन्दर्भों के प्रति विशेष है। मध्य वित्तीय परिवार को नारी की महत्त्वाकांक्षा और उसके सामाजिक क्रिया-कलापों को यहाँ स्वीकृति नहीं दी गयी है। लेकिन सोचता हूँ अगर वह दी गयी होती तो इस देश के समाज परिवार को देखते हुए वह सही भी न लगती।

इस प्रकार हम देखते हैं कि मोहन राकेश ने अपने तीनों नाटकों में युग सत्य के साथ आधुनिक जीवन और परिवार की भयंकर समस्याओं का उद्घाटन किया है। इन नाटकों के अतिरिक्त एकांकी, बीज और पार्श्व नाटकों के माध्यम से भी नाटककार ने कुछ महत्त्वपूर्ण समस्याओं को हमारे सामने रखा है।

नयी नाट्य-कला के प्रयोग द्वारा उन्होंने हिन्दी रंगमंच की सम्भावनाओं का पता लगाया है। उनके हर एक प्रयोग नये थे और प्रत्येक में उन्हें सफलता प्राप्त हुई है। मोहन राकेश ने आधुनिक जिन्दगी को, जिन्दगी की समस्याओं को करीब से और बहुत कुछ झेल कर पहचाना है। उसके बाद उसे विभिन्न आयामों से रूपायित किया है। परिवार और समाज की टूटन उनके नाटकों का मुख्य विषय है। अतः कहा जा सकता है कि मोहन राकेश के नाटक आधुनिक परिवेश के अनुकूल हैं।

मोहन राकेश ने अपने नाटकों में संकलनत्रय का विशेष खयाल रखा है। कार्य, काल और स्थान की अन्विति बड़ी सफलतापूर्वक की गई। 'आधे-अधूरे' और 'लहरों के राजहंस' में इसका ध्यान विशेषरूप से रखा गया है। परन्तु 'आषाढ़ का एक दिन' में दीर्घ-काल की घटना को एक कमरे और एक स्थान पर समेटने का प्रयास किया गया है।

सब मिला कर कहा जा सकता है कि अपने अभिनव रंगमंच-प्रयोगों के माध्यम से मोहन राकेश ने हिन्दी को एक रंगमंच प्रदान किया है जो उसका अपना है। अलका जी ने इनके नाटकों का विभिन्न दृष्टियों से सफलतापूर्वक रंगमंचीय प्रयोग किया है और उन्होंने सिद्ध कर दिया है कि हिन्दी का अपना रंगमंच है।

55
धूमिल की कविता

—विश्वनाथ प्रसाद

धूमिल की चेतना क्रमशः विकसित हो रही थी। आरम्भिक रोमानी कविताओं से 'संसद से सड़क तक' और 'संसद से सड़क तक' से 'कल सुनना मुझे' तक उनकी चेतना विकास के दौर से गुजरती हुई दिखाई पड़ती है। पहले वे श्रम और प्रेम के भावुक कवि के रूप में दिखाई पड़ते हैं, फिर आर्थिक विसंगति को काव्य का विषय बनाने वाले प्रगतिशील कवि दिखाई पड़ते हैं और फिर भारतीय गाँवों में फैले हुए शोषण के विविध रूपों को जनवादी दृष्टि से निरखने-परखने वाले आम आदमी के कवि दिखाई पड़ते हैं। धूमिल की आरम्भिक कविताओं में रोमांस और कृषि-कर्म को बहुत महत्त्व दिया गया है। रोमांस धीरे-धीरे काव्य के विषय से छूटकर शिल्प को नयी-नयी दिशा देने लगा, किन्तु कृषि के प्रति धूमिल का लगाव अन्तिम कविताओं में वैज्ञानिक दृष्टि में परिवर्तित हो गया है। अपनी इसी चेतना के कारण वे कविता में आम आदमी की स्थापना एक दशक पूर्व करने में समर्थ हो सके। उनका आम आदमी आज की नयी कहानी से इस अर्थ में भिन्न है कि उसका परिवेश और मानसिकता दोनों हिन्दी भाषा—भाषी प्रदेश के गाँवों की मानसिकता है।

धूमिल की ये आरम्भिक कविताएँ एक ऐसे भावुक कवि की कमजोरी साबित होती हैं जो सौन्दर्य और यथार्थ दोनों पर एक साथ रीझता है। यथार्थ का दबाव उसे कहीं सोचने के लिए मजबूर नहीं करता है। सौन्दर्य और यथार्थ के प्रति रुझान धूमिल की कविताओं में अन्त तक दिखाई पड़ती है। फर्क सिर्फ इतना आ गया कि 'संसद से सड़क तक' और 'कल सुनना मुझे' की कविताओं में भावुकता की जगह समझदारी आ गयी। यह समझदारी ही यथार्थ-बोध की पहली शर्त है। धूमिल की आरम्भिक कविताओं में इसका नितान्त अभाव है। केवल किसानों और मजदूरों के प्रति भावुकता से भरी हुई सहानुभूति है। समझदारी आ जाने का एक परिणाम यह हुआ कि धूमिल का सौन्दर्य-बोध उनके यथार्थ-जगत् से नियन्त्रित होने लगा।

यहीं से धूमिल ने जनवादी बनने की कोशिश की। कोशिश इसलिए कि धूमिल गाँव के एक आम आदमी होते हुए भी ऐसे समाज से आये थे जिसमें बड़प्पन का अहसास अभी बाकी है। धूमिल ने इस अहसास को खत्म करने की बारहा कोशिश की और शायद जिन्दा होते तो गाँव के आम आदमी की जिन्दगी को अधिक सचाई से जी कर दिखा सकते थे। लेकिन बड़प्पन के अहसास से जूझने के दौरान ही वे अन्दर से टूटने लगे। जनवाद को सैद्धान्तिक स्तर पर भी वे बहुत अच्छी तरह से पचा नहीं पाये थे। इसलिए 'पटकथा' जैसी लम्बी कविताओं में भी उनकी उलझन बिम्बों के चुनाव में साफ जाहिर होने लगती है। लगता है जनतान्त्रिक शासन व्यवस्था पर चोट करना ही जनवादी विचारधारा है। फिर इसके साथ वह 'तीसरी ज़ुबान' यानी तीसरी दुनिया को भी नफरत और साजिश कहता है। एक साथ जनतान्त्रिक प्रणाली और तीसरी दुनिया दोनों पर चोट करके कवि किस राजनीतिक मूल्य को स्थापित करना चाहता है? कवि खुद कनफ्यूज्ड लगता है। लेकिन यह तो धूमिल की कमजोरी है। अपनी समझदारी के कारण जहाँ धूमिल बहुत मजबूत हैं, वह दूसरी जमीन है। धूमिल ने पहली बार आम आदमी को हिन्दी कविता में लाकर खड़ा कर दिया। यह आम आदमी भोजपुरी अंचल का है। इसमें होरी से अधिक आंचलिकता है लेकिन पूरे हिन्दुस्तान के नक्शे पर होरी की तरह जूझता हुआ दिखाई पड़ता है। होरी टूट जाता है लेकिन यह सिर्फ जूझता है और जूझता है। हिन्दी में कई दशकों से प्रगतिवादी आन्दोलन चल रहा था। लेकिन यथार्थ की कुछ रेखाओं को आड़ी-तिरछी खींचकर ही लोग सन्तुष्ट हो लेते थे। हिन्दी कहानियों में धूमिल के एक दशक बाद आम आदमी की बात होने लगी। इस आम आदमी की शुरुआत धूमिल ने की थी। नयी कविता के पहले दौर के अन्य कवियों की तरह धूमिल पहले शहरी जिन्दगी की ओर झुके। एक आदमी, शहर का व्याकरण, शहर में सूर्यास्त, शहर, शाम और एक बूढ़ा, मैं जैसी शहरी जिन्दगी की कविताओं से गुजरते हुए धूमिल प्रौढ़ शिक्षा, खेवली, गाँव में कीर्तन जैसे गँवई अहसास की ओर आ रहे थे। इस तरह से इनका आम आदमी गाँव में पैदा होकर भी शहर में आँख खोलता है। फिर वहाँ भी आपाधापी और स्वार्थपरता से ऊबकर गाँव की ओर जाता है। वहाँ की जिन्दगी बदतर दिखाई पड़ती है। लेकिन वह भागता नहीं, उससे जूझता है। 'संसद से सड़क तक' में ऐसे आदमी की शहरी जिन्दगी का अहसास है जिसकी जिन्दगी की जड़ें गाँव की माटी में हैं। धूमिल का आम आदमी आर्थिक विसंगति का शिकार है।

शहर में सूर्यास्त, मकान, एक आदमी, शहर का व्याकरण, शहर शाम और एक बूढ़ा : मैं तथा नगर कथा कविताएँ सीधे शहरी जीवन से जुड़ी हुई हैं। लेकिन इन कविताओं में वर्ग चेतना की अपेक्षा सांस्कृतिक संक्रान्ति का तनाव ज्यादा है। यह सक्रान्ति व्यक्ति और समाज दोनों स्तरों पर समान रूप से घटित हो रही है।

शहर में सूर्यास्त के अन्दर आज के व्यक्ति की संक्रमित मनोदशा है। आज के व्यक्ति के अन्दर से खत्म होती हुई आत्मीयता, विदेशी भाषा का वर्चस्व, मन्त्रियों के अन्दर व्याप्त चरित्रहीनता, व्यक्ति की निराशा और पूरे समाज की गिरती हुई नैतिकता आज की विघटित होती हुई संस्कृति का सन्दर्भ है। भारतवर्ष के सामान्यजन के संक्रमित होते हुए चित्त का एक खाका कवि ने पेश कर दिया है। इस कविता के आखिर में धूमिल जनतन्त्र पर चोट करते हैं, लेकिन अन्त में एक नारे की तरह यह बात चिपकाई हुई लगती है। बहुत समझदारी से किसी निष्कर्ष पर आयी हुई बात नहीं लगती। जनतन्त्र के कारण यह विसंगति नहीं है। जनवादी देशों में भी यही संक्रमण है इसलिए पूरी कविता केवल सांस्कृतिक विघटन तक रह जाती है। 'मकान' आज के एक आदमी की समस्या है। किसी बड़े कस्बे या शहर में मकान बनवा लेना आसान नहीं। आर्थिक तंगी के कारण हर आदमी परेशान है। इस तरह से विषय आर्थिक विसंगति का है, लेकिन धूमिल उसकी शुरुआत जनवादी नजरिये से नहीं करते। जनवादी बुनियादी जरूरतों के लिए जलता है। यहाँ शुरुआत में ही विरक्ति दिखाई पड़ती है। पूरी कविता में एक ऐसे आदमी का अहसास उभरता है जो आर्थिक तंगी से परेशान होकर मकान बनवाने की बात सोच कर ही सन्त्रस्त है। उसकी आर्थिक मजबूरी कोई आर्थिक प्रश्न न उभर कर ऐसे आदमी का अहसास उभारती है जो इस समस्या को सोचकर ही उससे कतरा जाना चाहता है। कविता के बीच में आम आदमी की आर्थिक मजबूरी कुछ बिम्बों में बहुत तेज हो जाती है। जिनके संडास घरों में खासी/किवाड़ों का काम करती है। लेकिन फिर आदमी आदमी के चुके हुए रिश्तों की बात करके चित्त के संक्रमण की ही बात करने लगता है।

'एक आदमी' में शहरी आदमी की तनहाई परेशानी, बेकारी, पेचीदगी, हविस, झेंप और बेहयाई का एकदम अनछुए बिम्बों और नयी भाषा में खाका खींचा गया है। यहाँ शहर के बेकार आदमी की आर्थिक तंगी से अधिक ध्यान उसकी शारीरिक रुग्णता और मानसिक गिरावट पर कवि की दृष्टि है।

'शहर का व्याकरण' में सारी बात कही गयी है राजनीतिक लहजे में, लेकिन आम आदमी की विवशता ही इसके केन्द्र में है। साधारण जन का इतना अवमूल्यन हुआ है कि जिन्दा रहने के लिए पालतू बनना आवश्यक हो गया है। शहरी मध्य वर्ग के एक सामान्य आदमी के मिथ्या दम्भ और चापलूसी की विवशता के परिप्रेक्ष्य में विदेशियों के सामने हमारे भिखमंगेपन और सुविधाजीवी होने पर कवि तीखा व्यंग्य करता है। लेकिन यहाँ भी कुल-ले-देकर बात शहरी मध्य वर्ग की मानसिक गिरावट तक ही सिमट कर रह जाती है। 'शहर, शाम और एक बूढ़ा : 'मैं' में मध्यवर्गीय व्यक्ति की निरर्थकता का

बोध उभरता है। यह एक आदमी का अहसास नहीं है। एक आम मेहनतकश आदमी विद्रोह कर सकता है, लेकिन ऐसी आत्महीनता की पीड़ा से घुट नहीं सकता। 'नगर कथा' में मध्यवर्गीय आदमी के कठोर श्रम, विवशता और संघर्ष को कहने की कोशिश है। 'सापेक्ष्य संवेदन' में मध्यवर्गीय व्यक्ति की संवेदनशून्यता, स्वार्थपरता, विवशता, अनिश्चित भविष्य को कवि ने ताजे बिम्बों और धारदार भाषा में बाँधा है। लेकिन ये सारी कविताएँ शहर के पढ़े-लिखे मध्यवर्गीय लोगों के ऐसे अनुभवों और मनोदशाओं को खोलती हैं जिससे आठवें दशक के शहरी मन की संक्रान्ति ही प्रकट होती है। शहर में ही रहनेवाले आम गरीब लोगों का न तो कहीं अहसास है और न उनकी आर्थिक विसंगति ही है। शहर के मध्य वर्ग की विवशता, बेकारी, आर्थिक विसंगति, चाटुकारिता, यौनग्रन्थि, हीनता, राजनीतिक शोषण, निरर्थकता के बोध, अपराध-भावना, सम्बन्धों की रिक्तता आदि को ही बार-बार कवि नये-नये बिम्बों और सांकेतिक किन्तु धारदार भाषा में उभारता है। इसीलिए धूमिल का शहरी आदमी मध्यवर्ग का ऐसा आदमी है जो सांस्कृतिक संक्रान्ति से विघटित हो गया है।

'मोचीराम' धूमिल के शहरी अहसास की एकदम अलग कविता है। इसमें शहर या कस्बे का एक ऐसा मेहनतकश आम आदमी उभरता है जिसके सामने उसी की तरह गरीबी झेलते हुए निचले तबके के लोग हैं तो आत्मघाती दर्प के शिकार पूँजीवादी व्यवस्था की पेन्दी में चिपके हुए लोग भी हैं। यहाँ धूमिल की वर्गचेतना बहुत साफ है। सवर्णता का बोध या जातीय मिथ्या अहंकार से मुक्त होकर कवि साधारण जन और टुटपुँजिये व्यवसायियों के बीच अर्थ के साथ-साथ मानसिक विभाजन की भी लकीर खींचता है। लेकिन शुरुआत की पंक्तियाँ भ्रम उत्पन्न करती हैं

...मेरी निगाह में
न कोई छोटा है
न बड़ा है
मेरे लिए, हर आदमी एक जोड़ी जूता है
जो मेरे सामने मरम्मत के लिए खड़ा है।

मोचीराम को हर आदमी जूते की नाप से बाहर नहीं दिखाई पड़ता। लेकिन ऐसा इसलिए कि उसके पास चकत्तियों की थैली वाले ऐसे जूते मरम्मत के लिए आते हैं जिनके पहनने वाले उसी के समान आर्थिक तंगी के शिकार हैं। दूसरे प्रकार के जूतों को पहनने वाले लोग वे हैं जो न तो अक्लमन्द हैं, न वक्त के पाबन्द। वे घण्टे भर

खटवाकर रोब मारते हुए कुछ सिक्के फेंक कर चले जाते हैं। मोचीराम के सामने उन बड़े लोगों ने जूते आते ही नहीं जो जूते की नाप से बाहर हैं। लगता है मोचीराम शहर से अधिक कस्बाई मानसिकता को उधेड़ रहा है। आम आदमी जिन्दा रहने के लिये पेशा कर रहा है। रामनामी बेचकर कोई कमा रहा है तो कोई रण्डियों का पेशा करके। पेशे के स्तर पर हर आदमी भीड़ का एक हिस्सा है। यहाँ धूमिल जनवादी रुझान के कारण ही हर पेशे के आदमी को एक ही जमीन पर लाकर खड़ा कर देते हैं। हर पेशा रुपये के लिए होता है लेकिन पेशे की मानसिकता में जो फर्क होता है, धूमिल उसे नजरअन्दाज कर जाते हैं। इस कविता के उत्तरार्द्ध में धूमिल दो अहसासों को और मिला देते हैं। मोचीराम ताँत की तरह तने हुए बसन्त को देख कर बहकने-सा लगता है। उसमें कहीं-न-कहीं सौन्दर्य की चेतना है और मौका पाते ही उसी की मानसिकता के अनुसार उभरती है। आम आदमी की इस सौन्दर्य चेतना पर उसके यथार्थ की जिन्दगी सवार है। उसका दूसरा अहसास भाषा का है। यह एक ऐसा सवाल है जिसे धूमिल आठवें दशक के कवियों में सबसे अधिक जोरदार ढंग से उठाते हैं। लेकिन ये सारे अहसास उनकी वर्गचेतना के अहसास में शामिल होकर उनका एक सन्दर्भ बन जाते हैं। कविता की समाप्ति आम आदमी के सन्तोष से होती है। कुल मिलाकर इस कविता में धूमिल की वर्ग-चेतना अधिक साफ है। एक केन्द्रीय अहसास को धूमिल ने शुरू से आखिर तक विकसित किया है। इस अहसास की एकाध धारा अगर अलग हुई है तो वह फिर मुख्य धारा में शामिल होकर उसे अधिक चौड़ा और तेज बना देती है। मोचीराम के सामने सभी मरम्मत के लिए खड़े हैं। मोचीराम सही माने में एक आम आदमी है। उसके अन्दर एक बेचैनी है। जब वह अपने को और आसपास के लोगों को सही अर्थ देने का प्रयास करता है तब वह धूमिल का अपने और अपने समाज को तलाशने का उपक्रम होता है। इससे कविता में आन्तरिक तनाव आता है। बसन्त वाले सन्दर्भ से यह तनाव ज्यादा जोरदार हो जाता है। अन्त में अहसास की अन्विति भी धारदार बन जाती है।

धूमिल गाँव के आदमी थे। शहर में तो नौकरी के लिये रहना पड़ता था। गाँव की गरीबी, राजनीति, मिथ्याचार, मुकदमेबाजी और अनेक सामाजिक विसंगतियों को वे जीवन भर झेलते रहे। गाँव की तुच्ची दलबन्दी और तनावों को झेलते-झेलते वे जर्जर हो गये थे। उनका गाँव सम्बन्धी यह अहसास बहुत तल्ख था। इसलिए गाँव के सन्दर्भ को वे जहाँ पकड़ते हैं, वहाँ उसकी सारी कमजोरियाँ उधड़ जाती हैं। इन कविताओं में अन्तर्विरोधों के साथ जीवन-मूल्यों का भी ध्वन्यात्मक संकेत धूमिल करते हैं। 'संसद से सड़क तक' में प्रौढ़ शिक्षा इसका श्रेष्ठ उदाहरण है। ऐसा नहीं कि कवि के बोध

में केवल विसंगतियाँ हैं। गाँव के आम आदमी के अज्ञान को ही कवि उनकी आर्थिक विसंगति का कारण मानता है। इस कविता के अन्त में धूमिल का आक्रोश लफ्फाजी का रूप ले लेता है। इसीलिए उत्तरार्द्ध में आकर भाषा भी ढीली होकर सपाट हो गयी है। आरम्भ में सांकेतिकता के कारण भाषा बहुत चुस्त है और बीच में बिम्बों के कारण कलात्मक और अर्थ-गर्भित हो गयी है। किन्तु अर्थ में आक्रोश के कारण भाषा पर से कवि की पकड़ छूट जाती है। भाषा वहीं से धूमिल के हाथ से छूटने लगी है जहाँ वे नितान्त निजी ढंग के मुहावरेदार प्रतीकों को गढ़ने लगते हैं—'गर्म गुत्ता खा रहे थे। सफेद घोड़ा पी रहे थे।' जब धूमिल यह कहते हैं कि हर भाषा तुम्हारे अँगूठा निशान की स्याही में डूबकर मर गयी थी तो वे आम आदमी की अस्मिता को सर्वोच्च घोषित करना चाहते हैं। कुछ लोगों को इस प्रकार की बात किसी विशेष राजनीतिक विचारधारा के विरुद्ध लग सकती है, लेकिन धूमिल ने हमेशा एक खास विचारधारा से बँधकर ही नहीं लिखा है। नाटकीयता और सन्दर्भित विषय से ही भाषा का चुनाव इस कविता को अच्छा बना देता है। मवेशीखाना, सुराजिये, पृथ्वी पुत्र, अन्नदाता जैसे संज्ञापद ही नहीं सकारना जैसे क्रियापद भी इस कविता की ध्वनि को दूर तक ले जाते हैं।

'खेवली' और 'गाँव में कीर्तन' दोनों एक ही जमीन की कविताएँ हैं। लेकिन गाँव के कीर्तन में इतने चित्र हैं कि गाँव के आम आदमी का पूरा जीवन सामने नाचने लगता है। नयी कविता के पहले और दूसरे दौर में यथार्थ के ऐसे अहसास के साथ ग्रामीण जीवन पर कविता नहीं लिखी गयी है। कीर्तन तो एक माध्यम है वहाँ की विसंगति को व्यक्त करने का। कीर्तन और अपराध दोनों विरोधात्मक हैं। इन मनोदशाओं के अन्तर्विरोध का काव्यकौशल के रूप में उपयोग करते हुए धूमिल अपनी बात को कह जाते हैं। कीर्तन को धूमिल अपराध स्वीकृति का सामूहिक उत्साह कहते हैं। डफ में सूराख करने वाले काले घुड़सवार स्वयं कीर्तन करने वालों की अपराधी मनोदशाएँ हैं। यह कीर्तन के प्रति धूमिल का अपना नजरिया है। उसके पासपड़ोस में जो था, उसी का हुआ सत्य है। पूरा गाँव खुले हुए जीवन के आकर्षक सन्दर्भों से कटा हुआ या तो बेमतलब के कामों में व्यस्त है या आलस्य से कहीं पड़ा हुआ है। इसके सारे चित्र एक खास नजरिये से चुने गये हैं। बेकार के कामों में समय गँवाने, आलस्य और लापरवाही को कंपित करने वाले बिम्ब हैं। औरत आँगन में बैठकर पुतड़ा धोती है। छोटे बच्चों के मलमूत्र के कपड़ों को भोजपुरी में 'पुतड़ा' कहते हैं। मदरसे से आये हुए बेटे की कमीज पर गिरी हुई स्याही को देखकर बाप पढ़ाई के बारे में निश्चिन्त हो जाता है। सब भाग्यवादी हैं। ग्रामसभा की लालटेन टूटना सांकेतिक है। फिर इसी क्रम में गाँव का कलह, मार-पीट और फौजदारी का सांकेतिक बिम्ब हिन्दी कविता के लिए एकदम नया है—

नलकूप की नालियाँ झरना हो गयी हैं
उनमें अब लाठियाँ बहती हैं
और पानी की जगह
आदमी का खून रिसता है।

इन सारी विसंगतियों को झेलता हुआ कवि उदास नहीं होना चाहता, लेकिन उसकी मजबूरी है, चाहकर भी वह ऐसा नहीं कर पाता। यहाँ धूमिल किसी विचारधारा से प्रतिबद्ध होकर गाँव की बात नहीं कहते हैं। यह उनका भोगा हुआ यथार्थ है। 'प्रौढ़ शिक्षा' प्रतिबद्ध कविता है और गाँव में कीर्तन प्रतिबद्ध नहीं है। भोगी हुई जिन्दगी के कुछ खास चित्रों को कवि सांकेतिक ढंग से रख देता है। ये केवल चित्र होते तो कविता सामान्य ढंग की होकर रह जाती, किन्तु चित्रों में संकेत हैं और कवि का आन्तरिक तनाव इन चित्रों के चुनाव में सहज ही प्रकट हो जाता है। कविता का आरम्भ जिस विरोधात्मक स्थिति और नाटकीयता से किया गया है, उसकी समाप्ति भी उतनी ही व्यंजनापूर्ण है। गाँव के आम आदमी के बारे में धूमिल का अपना अहसास इस कविता में सबसे अधिक है। यह कविता धूमिल के विकास की दिशा भी बताती है। धूमिल ने जिस यथार्थ-बोध के साथ गाँव को यहाँ रखा है, शायद आगे भी वे इसी दिशा में बढ़ते। इस कविता में जो बात चित्रों के माध्यम से कही गयी है, 'खेवली' में उसी को तथ्यों के माध्यम से कहा गया है। यथार्थ पर टिकी हुई संवेदना दोनों कविताओं के प्रभाव को सघन बनाती है। 'खेवली' कविता के तीन खण्ड हैं। पहले में गाँव के लोगों की घुटन और चुप्पी से भरी हुई पीड़ा है। दूसरे में गाँव का त्रासद अभाव और तीसरे में वैयक्तिकता का स्पर्श करके गाँव के जीवन की विडम्बना का संकेत है। कविता की पहली पंक्ति—'वहाँ न जंगल है न जनतन्त्र'—अन्तिम पंक्ति—*'सच को भी सबूत के बिना/बचा पाना मुश्किल है'*—से समन्वित हो गयी है। पहली पंक्ति में उभारा गया तथ्य अन्तिम पंक्ति के बोध में समाकर गहरा प्रभाव डालता है। यह प्रभाव क्रमशः कविता में उभार है। इस कविता में गाँव के लोगों के उपेक्षित, पीड़ित और त्रासद जीवन के व्यंजनापूर्ण ढंग से उभारा गया है। मैं धूमिल का वैशिष्ट्य ऐसी ही कविताओं में पाता हूँ। धूमिल ने अछूते सन्दर्भ को कविता में रखा है। उन्होंने कथा के विषय को कविता के केन्द्र में स्थापित कर दिया है। और ऐसी ही कविताओं में धूमिल के आम आदमी का सही रूप निखरता है। निराला का सामाजिक बोध धूमिल से बहुत आगे था। लेकिन धूमिल ने गाँव के उस जीवन

को कविता में रख दिया है जिसे निराला ने गद्य कथाओं में रखा। मुक्तिबोध की वर्ग-चेतना धूमिल से स्पष्ट और प्रसार है, लेकिन धूमिल के समान आम आदमी को कविता के केन्द्र में वे नहीं बैठा पाये।

धूमिल की चेतना का दूसरा उल्लेखनीय सन्दर्भ जनतन्त्र-विरोध है। कुछ कविताओं का मुख्य कथ्य ही जनतन्त्र विरोध है और कुछ स्थलों पर उन्होंने प्रसंगतः जनतन्त्र विरोधी भावना को प्रकट किया है। जनतन्त्र का विरोध करते समय वे समझदारी की जगह आवेग से काम लेते हैं। आठवें दशक की कविता का यह हादसा भी है कि धूमिल, लीलाधर जगूड़ी, मणिमधुकर आदि ने जनतन्त्र विरोध को अपना मुख्य विचार बना लिया। लूट-खसोट, अराजकता आदि सामूहिक चरित्र की गिरावट का परिणाम है। जब पूरे समाज की नैतिकता गिर जाती है तब हर शासन-व्यवस्था कमजोर सिद्ध होती है। धूमिल ने जनतन्त्र-विरोधी भावना को ही जनवाद मान लिया था। 'जनतन्त्र के सूर्योदय में', 'नक्सलवाड़ी', 'पटकथा', 'प्रजातन्त्र के विरुद्ध' तथा कविता—'श्रीकाकुलम' में कुवि ने जनतन्त्र का सीधे-सीधे विरोध किया है। इन कविताओं जनवादी शासनपद्धति को कवि ने लोककल्याणकारी माना है। 'देश प्रेम मेरे लिए' में प्रतीकात्मक ढंग से जनवादी शासन की तरफदारी है। 'बीस साल बाद', 'अकाल दर्शन', 'बसन्त', 'शान्तिपाठ', 'पतझड़', 'मुनासिब कार्रवाई', 'भाषा की रात', 'एक कविता—कुछ सूचनाएँ' तथा 'रोटी और संसद' में जनतन्त्र विरोध की व्यंजना है। इन कविताओं में सामाजिक, राजनीतिक तथा आर्थिक विसंगतियों को कवि ने उभारा है। संकेत से यह जनतान्त्रिक शासन को ही इन कमियों का जिम्मेदार ठहराता है। 'जनतन्त्र के सूर्योदय में' रक्तपात और नौकरशाही के अहसास से शुरू होकर भारत के संविधान की कमी, मातृभाषा की दुर्दशा, मुर्दा इतिहास के रोमानीपन और अखबारों की साजिश की बात करता हुआ कवि आम आदमी की यातना के लिए जनतन्त्र को ही उत्तरदायी ठहराता है। यहाँ जनतन्त्र की आलोचना कवि का मुख्य उद्देश्य नहीं है। मातृभाषा का सवाल कवि को बार-बार सालता है। शेष बातें तो यथार्थ दृष्टि के कारण उत्पन्न हुई हैं। फिर भी प्रजातन्त्र का विरोध एक आवेग लग रहा है। उसमें समझदारी की अपेक्षा पूर्वाग्रह है। 'नक्सलवाड़ी' कविता में धूमिल अपनी बात को अधिक समझदारी से कह सके हैं।

कवि अपने को विपक्ष में पाता है। धूमिल का विपक्ष व्यवस्था के प्रति विद्रोह और विसंगतियों के प्रति आक्रोश है। इसीलिए धूमिल को प्रतिपक्ष का नहीं बल्कि प्रतिबद्ध कवि कहना चाहिए। यह प्रतिबद्धता आम आदमी के प्रति थी जो क्रमशः जनवाद की ओर मुड़ रही थी। धूमिल के विचार से निर्वाचन एक धोखा-धड़ी है। उसके बाद

आम आदमी बुरी तरह से उपेक्षित होता है। लेकिन यह उपेक्षा नयी पीढ़ी को बदले के लिए प्रेरित करती है। नफरत आदमी को खून करने के लिए मजबूर कर देती है। इस कविता में धूमिल ने अपनी बात को बहुत समझदारी के साथ कहा। आर्थिक और सामाजिक शोषण से बात आरम्भ करके संसद की निरर्थकता और आम आदमी के उत्पीड़ा की बात कवि ने की है। अन्त में यह नयी पीढ़ी की असहमति, आक्रोश और बदले की भावना को सांकेतिक ढंग व्यक्त करता है। संसद और आदमी को बीच में रखकर कविता की रचना की गयी है। वहीं कविता समाप्त भी हो जाती है। कवितापन पर पूर्वाग्रह के कारण कहीं खरोच नहीं आने पाती। इसीलिए सारी बात कहते हुए भी धूमिल ने कहीं प्रजातन्त्र का नाम नहीं लिया है। वह तथ्य को बारीकी से खोलकर सामने रख देता है।

'पटकथा' धूमिल की सर्वाधिक लम्बी कविता है। इसमें देश की वर्तमान विसंगतियों के साथ प्रजातन्त्र के प्रति कवि का विरोध है। लेकिन पूरी कविता में 'नक्सलवाड़ी' के समान वैचारिक प्रौढ़ता नहीं दिखाई पड़ती। केवल पृष्ठभूमि के रूप में चीन-पाकिस्तान युद्ध, देश की जड़ता और स्वार्थपरता की रेखाएँ खींचने के बाद कवि प्रजातन्त्र के विरोध की अपनी लँगड़ी भिन्न हल करने लगता है। समझदारी से स्थापित की गयी पृष्ठभूमि दिखाई ही नहीं पड़ती। देश में तमाम विसंगतियाँ हैं, लेकिन उनके समाधान का न तो प्रत्यक्ष और न सांकेतिक उपाय कवि सुझाता है। समझ में नहीं आता है कि धूमिल आखिर चाहते क्या हैं? जनतान्त्रिक प्रणाली कवि को एकदम पसन्द नहीं, लेकिन कविता के आरम्भ में ही तीसरी जबान यानी तीसरी दुनिया को भी वह नफरत और साजिश कहता है।

यह धूमिल ही नहीं, सारे जनवादियों का अन्तर्विरोध है। चीन को सबसे बड़ा इन्कलाबी कहने वाले लोग भारत पर उसके आक्रमण को देख सकते में आ गये। एक विशेष प्रकार की शासन-पद्धति से मोह-ग्रस्त होने के कारण कवि स्वयं 'कन्फ्यूज्ड' है। इस मनःस्थिति के कारण कविता का शिल्प भी बिखर गया है। आरम्भ से अन्त की संगति बैठाने में दिक्कत होती है। कविता की शुरुआत होती है तो व्यक्ति अपने दिमाग में आँतों का एक्सरे लेकर बाहर आता है और अन्त में सारा देश उसका कारागार बन जाता है। भूख से व्यक्ति स्वातन्त्र्य की ओर कवि जाता है। आरम्भ प्रतीक से होता है, फिर बिम्ब उभरते हैं और अन्त में भाषा फैल जाती है। आरम्भ के बिम्बों के संकेत धुँधले हैं। क्रम का विपर्यय भी बहुत हुआ है। किसके बाद क्या कहना और क्या रखना है, यह नियोजित नहीं है। कुछ कहना है तो कह दिया गया है। पूरी कविता बढ़ती चली गयी है। लगता है आरम्भ में कवि के दिमाग में बात

साफ नहीं थी। आधे के बाद असली बात पर आता है, फिर चुनाव की प्रक्रिया पर चोट करता हुआ ठहर जाता है। लेकिन कविता में इधर-उधर उभरे हुए बिम्ब इस कविता की सबसे पहली विशेषता है। इन बिम्बों के कारण कोलाज की रचना हो जाती है। कवि देश की विसंगतियों को चुनकर सीधे, आड़े-तिरछे एक जगह चिपका देता है। इस कविता की दूसरी विशेषता नाटकीयता है। 'पटकथा' में नाट्यतत्त्व दृश्य विधान जैसा है। कविता में संवेदना का सरलीकरण और सपाटबयानी को नाटकीयता कुछ ढकने का प्रयास करती है।

'प्रजातन्त्र के विरुद्ध' में शुरू से आखिर तक नाटकीयता है। धूमिल ने इसे तीन हिस्सों में बाँटा है। पहले खण्ड में कार्य की क्षिप्रता है—पेट में लगे हुए छुरे के साथ अलारक्खी भागती है। दूसरे हिस्से में इस घटना के दर्शक का वेग उसके सम्बोधन के कारण नाटकीयता से भर गया है। तीसरे में यह नाटकीयता और बढ़ती है। अन्त में प्रजातन्त्र पर प्रहार करता हुआ कवि कविता समाप्त कर देता है।

'कविता श्रीकाकुलम्' में धूमिल का नक्सलवाद जोर मारता है। वे जनवादी मूल्य को स्थापित करने के लिए रक्तपात का चटकदार भाषा में समर्थन करते हैं। एक आदमी की गरदन को धड़ से अलग कर देना किसी मिस्त्री का बाल्टू से नट अलग कर देना है। धूमिल इस प्रकार की हत्या को मैकेनिज्म टूटना कहते हैं। 'प्रजातन्त्र के विरुद्ध' में प्रजातन्त्र का विरोध नगर-जीवन की आर्थिक संक्रान्ति को नाटकीय ढंग से कहा गया है, लेकिन 'कविता श्रीकाकुलम्' में धूमिल प्रजातन्त्र की कोई बात न करके सीधे रक्त-क्रान्ति की बात करते हैं। पहली कविता में धूमिल ने अपनी बात कविता के माध्यम से कही है, लेकिन दूसरी में उनके मतवाद का आग्रह बड़ा प्रबल बन गया है।

'बीस साल बाद' में आम आदमी की प्रजातान्त्रिक पद्धति के प्रति निराशा, अकाल दर्शन' में आम आदमी को नपुंसकता और तटस्थता की सीमा तक पहुँचा देने वाला छलावा, 'बसन्त' में समस्याओं से परेशान आम आदमी की सौन्दर्य से विरक्ति, 'शान्ति पाठ' में भारत की बेकारी-गरीबी-भुखमरी और अनैतिकता की समस्याओं के साथ उसकी असफल विदेशनीति, 'पतझड़' में बेकार युवकों के लिए देश-प्रेम की निरर्थकता, 'कवि 1970' में आम आदमी की गरीबी, 'किस्सा जनतन्त्र' में आम हिन्दुस्तानी की आर्थिक तंगी में बिखरी हुई गृहस्थी, 'एक कविता : कुछ रचनाएँ' में भारत की सांस्कृतिक संक्रान्ति, घुटन और निष्क्रियता, 'रोटी और संसद' में पूँजीवादी व्यवस्था की विकृति तथा 'आज मैं लड़ रहा हूँ' में बिखरते हुए सम्बन्धों के बीच कवि की अपनी अस्मिता की तलाश है। इस तरह से धूमिल ने अपने समय के सांस्कृतिक और आर्थिक विघटन के प्रति अपने आक्रोश को बार-बार प्रकट किया है।

धूमिल अपने जीवन में बात-बात में आक्रोश में आ जाते थे और यही हाल कविताओं में भी है। धूमिल की राजनीतिक समझदारी से ज्यादा उनका आक्रोश सब जगह दिखाई पड़ता है। इस आक्रोश के ही कारण कहीं-कहीं धूमिल अपनी पूर्व स्थापनाओं या अवधारणा से हटते हुए दिखाई पड़ते हैं। कहीं-कहीं आवेश में गाली-गलौज की भाषा का इस्तेमाल करने लगते हैं। इसीलिए धूमिल प्रतिपक्ष के ही नहीं, बल्कि आवेग और आक्रोश के कवि सिद्ध होते हैं। जहाँ वे प्रतिबद्ध हैं, वहाँ उनकी प्रतिबद्धता आवेग जनित लगने लगती है। धूमिल में राजनीतिक समझदारी थी, हालाँकि वह पुखता नहीं थी। अभी वे निर्माण की प्रक्रिया में थे।"

धूमिल ने यौन-बिम्बों, प्रतीकों और मुहावरों का प्रयोग बहुत किया है। यह उनके ऊपर गिन्सवर्ग और राजकमल चौधरी का प्रभाव है। धूमिल ने यौन प्रयोगों को केवल चौंकाने के लिए ही नहीं, वरन् भाषा को अधिक तेज बनाने के लिए लिया है। 'राजकमल चौधरी के लिए' कविता में यौन सन्दर्भ बहुत अधिक आये हैं। 'योनि की सफलता', 'देह के अँधेरे में उड़द और अजवाइन का सपना', 'मासिक धर्म में डूबे हुए क्वारेपन', 'बवासीर की गाँठ की तरह शब्द लहू उगलते रहे' जैसे प्रयोगों में यौन मुहावरों और अप्रस्तुतों को रखकर कवि भाषा को इतना तेज बनाता है कि उससे अनचाहे अर्थ को सहज ही पाया जा सकता है। इन प्रयोगों से, हमारी सामाजिक विकृति भी सामने आ जाती है। धूमिल यौन-बिम्बों से भी व्यंग्य को खोलते हैं–

मासिक धर्म रुकते ही सुहागिन औरतें सोक्ष्म की पंक्तियों का रस
(चमड़े की निर्जनता को गीला करने के लिये)
नये सिरे से सोखने लगती हैं
जाँघों में बढ़ती हुई लालच से
भविष्य के रंगीन सपनों को
जोखने लगती हैं

इस पूरी कविता में एक खास प्रकार की भाषा, बिम्ब और प्रतीक आये हैं। इन सबका एक अलग सन्दर्भ है। एक खास सामाजिक विकृति और मनोविज्ञान को व्यक्त करने वाले ये प्रयोग धूमिल के नहीं वरन् राजकमल चौधरी के जीवन-सन्दर्भ तथा अवधारणा को खोलते हैं। राजकमल चौधरी के जीवन, विद्रोह तथा उनकी विचारधारा को प्रकट करने के लिए यही भाषा उपयुक्त थी। लेकिन अन्य कविताओं में धूमिल का यौन प्रयोग उनके आक्रोश या जुगुप्सा को प्रगट करता है।

'नक्सलवाड़ी' के सन्दर्भ जब धूमिल नैतिकता की बात करते हैं, *'तमाम उमर गुजर जाती है मगर गाँड़/सिर्फ बायाँ हाथ धोता है'* तो उनका आक्रोश चरम सीमा पर

होता है। विसंगतियों की बात करते-करते धूमिल तैश में आ जाते हैं और भोजपुरी गालियों को मुहावरा बनाकर प्रयुक्त करने लगते हैं। लेकिन कुछ ऐसे भी प्रयोग हैं जहाँ धूमिल ने केवल अपनी मानसिक विकृति को प्रकट किया है– *'हर लड़की/तीसरे गर्भपात के बाद/धर्मशाला हो जाती है'* अथवा 'पागल औरत के गाभिन पेट की तरह।' इन पंक्तियों में धूमिल घृणा को उभारना चाहते हैं जब कि ये सन्दर्भ करुणा और आक्रोश के हैं। वस्तुतः स्त्री के सम्बन्ध में धूमिल का दृष्टिकोण सामन्ती है। वे स्त्री को पुरुष दर्प से पीड़ित किसी कुण्ठित मध्यवर्गीय व्यक्ति की तरह देखते हैं। इसलिए जगह-जगह स्त्री के बारे में उन्होंने जो बातें कहीं हैं, उससे लगता है कि उनका मत आधुनिकता से कटा हुआ है। 'किस्सा जनतन्त्र' तथा 'आतिश के अनार की वह लड़की' नामक 'कल सुनना मुझे' की दो कविताएँ धूमिल के पहले वाले अहसास से हट कर हैं। इन कविताओं में स्त्री का अधिक सही रूप है। पहली कविता में अभाव से भरी हुई गृहस्थी में टूटती हुई भारतीय स्त्री का जो रूप धूमिल ने प्रस्तुत किया है, वह नयी कविता में दुर्लभ है–

करछुल
बटलोही से बतियाती है और चिमटा
तवे से मचलता है
चूल्हा कुछ नहीं बोलता
चुपचाप जलता है और जलता रहता है

भाषा और कविता भी धूमिल की चेतना के खास बिन्दु हैं। भाषा का सवाल धूमिल को बराबर कुरेदता रहा। धूमिल ने किसी वाद के तहत भाषा के मुद्दे पर समझौता नहीं किया। उनके मन में भारत की हर भाषा लिये प्यार था। त्रिभाषा फार्मूला को वे दोमुहे राजनीतिज्ञों की धोखाधड़ी मानते थे। भाषा के नाम पर फैलायी जा रही नफरत से 'भाषा की रात' की शुरुआत होती है। भाषा के नाम पर उत्तर और दक्षिण के किये जाने वाले विभाजन पर धूमिल को गहरा आक्रोश है।

धूमिल भाषा के मामले में बहुत साफ दिमाग के थे। भारत में यहाँ की सारी भाषाओं का समान महत्त्व है। कविता के बारे में धूमिल ने बहुत कुछ कहा है। उन्होंने कविता को 'भाषा में आदमी होने की तमीज', 'घेराव में बौखलाये हुए आदमी का संक्षिप्त एकालाप' और 'शब्दों की अदालत में अपराधियों के कटघरे में खड़े निर्दोष आदमी का हलफनामा' कहा है। क़विता लाश के पास गये हथियारों की पड़ताल करती है, ताकि फिर हत्या न हो। इसीलिए कवि एक मजबूत बन्धक है जहाँ खाली

वक्त में आदमी अपना जूता भी उतार सकता है। कवि अपनी व्यावहारिकता और संवेदनाओं के बीच यातना झेलता है। लेकिन इसे झेलता हुआ भी कवि आम आदमी को भूख, नफरत और प्यार का मतलब बताता है। कुल का निष्कर्ष यह है कि धूमिल ने कविता को ऐसे ईमानदार आम आदमी का अहसास माना है जो अनियन्त्रित भीड़ में गिर गया है। धूमिल कविता को आम आदमी का अहसास मानते हुए उसे आम आदमी को संस्कारित करनेवाला भी मानते हैं। इस तरह से धूमिल ने कविता को यथार्थ के चौखटे में मढ़ने के साथ उसे उदात्त मूल्यों से जोड़ा है। जिन्दगी ने उन्हें सीया था, लेकिन पीड़ा से वे पराभूत नहीं हुए। अपनी अस्मिता की खोज करते हुए आम आदमी से जुड़ गये। उस अहसास, छटपटाहट और आक्रोश को जिस भाषा में व्यक्त किया है, उसके एक-एक शब्द ठीक-ठीक कर रखे गये हैं।

धूमिल की चेतना में गाँव और शहर दोनों का वस्तुबोध तथा जीवनानुभव समाया हुआ था। वे गाँव की खींचातानी, मारामारी और खूनखराबे से जिस तरह बेचैन थे उसी तरह शहर के स्वार्थ, आपाधापी और तुच्ची राजनीति से विक्षुब्ध थे। पेशेवर राजनीतिज्ञों की स्वार्थपरता ने धूमिल को बहुत अधिक उद्विग्न किया था। इसीलिये धूमिल सिर्फ आम जनता के लिए समर्पित थे, किसी वाद के संकीर्ण दायरे में वे बँध नहीं पाते। आम आदमी के अहसास और उसके इर्द-गिर्द बिखरी हुई वस्तुओं को वे बार-बार अपनी कविताओं में व्यक्त करते हैं। आम आदमी की भाषा को वे धारदार बना देते हैं। आम आदमी को बेरोजगारी, बेबसी, उधार, बाढ़, अकाल, स्वार्थ, उकताहट, आक्रोश और यहाँ तक कि आत्महत्या का अहसास है तो जुआ तोड़ कर भागते हुए बैल, बैलमुत्ती, तनीका, परखी और मोची की रापी से लेकर शो केस में सजे जूते, ऐसे संडासघर जिन पर खासी ही पर्दा का काम करती है, पछोरते हुए सूप, काली आँधी, मालगोदाम की आग बुझाने वाली बाल्टी, गरमाहट से छिटकता हुआ मशीन का पुर्जा, तेली की घानी, गगरी में रखी हुई आँटे की पोटली, आटा सानने की कठवत, ढढ्ढा साइकिल, मिस्त्री के बाल्टू से अलग होते हुए नट, फूटते हुए कल्ले, नेकर के नाड़े और लोहे की लगाम का भी जबरदस्त अनुभव धूमिल की चेतना में समाया हुआ था। इसीलिए धूमिल उन अहसासों और वस्तुओं के बोध को कविता में टाँकने में समर्थ हुए हैं जो उनके साथ के अन्य कवि नहीं कर सके। इन्हीं अहसासों द्वारा वे या तो आम आदमियों में प्रचलित शब्दों या मुहावरों को ज्यों-का-त्यों उठा लेते हैं अथवा एक झटके से उसे नया तेवर दे देते हैं। बैलमुत्ती इबारत, फिरंगी हवा, जलते जनतन्त्र का सर्वोदय, बसन्त बुनना, शील सेकना, मांसपेशियों को विदेशी मुद्रा में ढालना, गर्भ गद्‌गद औरत, देह का अँधेरा, उड़द और आजवाइन के पौधों

का सपना, जाँघों में बढ़ती हुई लालच, चिलम भरना, जीभ और जाँघ का भूगोल, जूता-चकत्तियों की थैली, मुहावरों के हवाई हमले, पुरखों का रंगीन बलगम, भूख के दलाल खेत, शहर का व्याकरण, जनवादी मुद्रा, नकचढ़ी हवा, जनसंघी नुस्खे, हरजाई तुकबन्दी, हथकड़ी पहने हुए खेत, खून में दौड़ती हुई काली आँधी, गड़गच्च अँधेरा, गवें-गवें उठना, बदू मुहावरा, पनरोपना डिब्बा, चखनों में गुलेल बाँधना, कौरीधावा जैसे प्रयोग धूमिल की भाषा को नया तेवर देते हैं। धूमिल की कविता इस प्रकार के प्रयोगों के अतिरिक्त नाटकीयता से भी समर्थ हुई है। भाषा के नये प्रयोगों में जीवन के नये सन्दर्भों का बोध है। बिम्ब धर्मी विशेषणों, प्रस्तुत वस्तुओं की रंगरेखाओं और अप्रस्तुत की पच्चीकारी से वे अपनी कविताओं में जान डाल देते हैं। नाटकीयता इनकी कविताओं में उत्तरोत्तर बढ़ती गयी है। पहले काव्य संग्रह की अपेक्षा दूसरे में नाटकीयता अधिक है। वे एकालाप शैली के संवादों, आकस्मिक घटनाओं, तिलस्मी अन्दाज आदि में नाटकीयता उत्पन्न करते हैं। छन्दों में आन्तरिक लयात्मकता बराबर मिलती है। लेकिन शायद गीत से नयी कविता की ओर आने का परिणाम था कि धूमिल का आग्रह तुकबन्दियों के प्रति बराबर बना रहा। वे तुकबन्दियों का प्रयोग कहीं-कहीं 'इंटर लाक सिस्टम' के रूप में करते हैं। *'सड़कों में होता हूँ/बहसों में होता हूँ/रह रह चकराता हूँ'* कहने के तीन पंक्तियों बाद वे फिर कहते हैं—'महकता हूँ।' 'शान्तिपाठ' में थोड़े-थोड़े अन्तराल से 'उलीच रहा हूँ', ढाल रहा हूँ; बाँट रहा हूँ; काट रहा हूँ; सिखा रहा हूँ; चमक रहा हूँ; कह रहा हूँ; दब गया हूँ और 'बन्द हूँ' से ये पंक्तियाँ इंटर लॉक की गयी हैं। दूसरे संग्रह के 'किस्सा जनतन्त्र' में जितने टुकड़े हैं उनका अन्त इस प्रकार हुआ है—जलता रहता है, बोलती रहती है, खेलते रहते हैं, बोलते रहते हैं, चलता रहता है, खाता है और गाने लगती है। यह प्रवृत्ति थोड़ी-बहुत कई कवियों में मिल जायेगी। यह प्रवृत्ति उनमें अवशिष्ट रूमानियत का संकेत देती है। बिम्बों के चुनाव में भी हल्के रूमानीपन का बोध है। लेकिन इसका मतलब नहीं कि धूमिल एक दम रूमानी थे। रूमानियत कविता के लिए अच्छी चीज भी हो सकती है, यह बात धूमिल की कविताओं से साफ जाहिर है। वस्तुतः धूमिल ने कवितापन को सर्वोच्च प्राथमिकता दी। उन्हें जो कुछ भी कहना था उसे कविता के माध्यम से कहा। उनका आम आदमी, उनका संघर्ष, उनका आक्रोश उनका समाज और उनके युग की सारी विसंगतियाँ कविता में ढल कर सामने आती हैं। उनकी बिम्ब योजना, भाषा का नयापन, अप्रस्तुत का विधान, नाटकीयता यह सब उनकी कविता को बहुत मजबूत बना देता है। वैसे ये सारी चीजें सातवें दशक के कवियों में भी विद्यमान थीं। बिम्बों के लिए अज्ञेय और शमशेर, नाटकीयता के लिए धर्मवीर भारती उल्लेखनीय हैं। लेकिन आम आदमी और भाषा का नया तेवर धूमिल की एकदम अलग पहचान है।

सम्पर्क-सूत्र

1. **(स्व.) डॉ. किशोरीलाल गुप्त** : पूर्व प्राचार्य, जमानिया डिग्री कॉलेज, गाजीपुर।
3. **(स्व.) डॉ. विजय बहादुर सिंह** : प्रोफेसर, हिन्दी विभाग, काशी हिन्दू विश्वविद्यालय, वाराणसी।
2. **डॉ. महेन्द्रनाथ दुबे** : अवकाश प्राप्त प्रोफेसर, 2 दयालबाग, जगनपुर बेला, बसेरा मोड़, दयालबाग, आगरा।
4. **डॉ. सत्यप्रकाश सिंह** : हिन्दी विभाग, काशी हिन्दू विश्वविद्यालय, वाराणसी।
5. **(स्व.) डॉ. मैनेजर पाण्डेय** : प्रोफेसर एवं पूर्व अध्यक्ष, हिन्दी विभाग, जवाहरलाल नेहरू विश्वविद्यालय, नयी दिल्ली।
6. **(स्व.) डॉ. त्रिभुवन सिंह** : पूर्व कुलपति, महात्मा गांधी काशी विद्यापीठ व प्रोफेसर एवं पूर्व अध्यक्ष, हिन्दी विभाग, काशी हिन्दू विश्वविद्यालय, वाराणसी।
7. **डॉ. राजमणि शर्मा** : अवकाश प्राप्त प्रोफेसर, हिन्दी विभाग, काशी हिन्दू विश्वविद्यालय, वाराणसी।
8. **(स्व.) डॉ. देवेन्द्रनाथ शर्मा** : पूर्व कुलपति, पटना विश्वविद्यालय, पटना।
9. **(स्व.) डॉ. भोलानाथ तिवारी** : पी-4/23, मॉडल टाउन, दिल्ली।
10. **डॉ. एन.सी. यादव** : 'छाया', एम.आई.जी.-23, कमला नगर, नेउराबाद, इलाहाबाद।
11. **(स्व.) डॉ. उदयभानु सिंह** : प्रोफेसर एवं पूर्व अध्यक्ष, हिन्दी विभाग, दिल्ली विश्वविद्यालय, दिल्ली।
12. **(स्व.) डॉ. राममूर्ति त्रिपाठी** : प्रोफेसर एवं पूर्व अध्यक्ष, हिन्दी विभाग, विक्रम विश्वविद्यालय, उज्जैन।
13. **(स्व.) डॉ. भोलाशंकर व्यास** : प्रोफेसर एवं पूर्व अध्यक्ष, हिन्दी विभाग, काशी हिन्दू विश्वविद्यालय, वाराणसी।
14. **(स्व.) डॉ. शंकरदेव अवतरे** : पूर्व प्राचार्य. मोतीलाल नेहरू कॉलेज, नयी दिल्ली।
15. **(स्व.) डॉ. प्रेमशंकर** : प्रोफेसर एवं पूर्व अध्यक्ष, हिन्दी विभाग, डॉ. हरिसिंह गौर विश्वविद्यालय, सागर।
16. **(स्व.) आचार्य हजारीप्रसाद द्विवेदी** : रवीन्द्रपुरी, वाराणसी।

17. **(स्व.) डॉ. शिवनाथ** : अवकाश प्राप्त प्रोफेसर, हिन्दी विभाग, विश्वभारती, शान्ति निकेतन, पश्चिम बंगाल।
18. **डॉ. कुमार पंकज** : अवकाश प्राप्त प्रोफेसर एवं अध्यक्ष, हिन्दी विभाग, काशी हिन्दू विश्वविद्यालय, वाराणसी।
19. **डॉ. शोभनाथ त्रिपाठी** : पूर्व शोध सहायक, राज्य हिन्दी संस्थान, वाराणसी।
20. **डॉ. राम सुधार सिंह** : पूर्व अध्यक्ष, हिन्दी विभाग, उदय प्रताप स्वायत्तशासी स्नातकोत्तर महाविद्यालय, वाराणसी।
21. **डॉ. किरन सिंह** : एस.एन. कंसाग्रा शिक्षण संस्थान, राजकोट, गुजरात।
22. **डॉ. कृष्ण मोहन सिंह** : प्रोफेसर, हिन्दी विभाग, काशी हिन्दू विश्वविद्यालय, वाराणसी।
23. **डॉ. श्रीपाल सिंह 'क्षेम'** : पूर्व अध्यक्ष, हिन्दी विभाग, तिलकधारी महाविद्यालय, जौनपुर।
24. **(स्व.) डॉ. शिवसहाय पाठक** : प्रोफेसर एवं पूर्व अध्यक्ष, हिन्दी विभाग, विक्रम विश्वविद्यालय, उज्जैन।
25. **(स्व.) डॉ. नगेन्द्र** : प्रोफेसर एवं पूर्व अध्यक्ष, हिन्दी विभाग, दिल्ली विश्वविद्यालय, दिल्ली।
26. **(स्व.) डॉ. प्रिया भारतीय** : हिन्दी विभाग, श्री अग्रसेन कन्या पीजी कॉलेज, वाराणसी।
27. **डॉ. रमेशचन्द्र सिंह** : हिन्दी विभाग, जवाहरलाल नेहरू डिग्री कॉलेज, देहरी आन सॉन, बिहार।
28. **डॉ. रामविनोद सिंह** : प्रोफेसर एवं पूर्व अध्यक्ष, हिन्दी विभाग, मगध विश्वविद्यालय, बोधगया।
29. **डॉ. वेदप्रकाश अमिताभ** : पूर्व अध्यक्ष, हिन्दी विभाग, धर्म समाज डिग्री कॉलेज, अलीगढ़।
30. **डॉ. अवधेश नारायण मिश्र** : पूर्व प्रोफेसर, हिन्दी विभाग, काशी हिन्दू विश्वविद्यालय, वाराणसी।
31. **(स्व.) माता प्रसाद** : पूर्व राज्यपाल, अरुणाचल प्रदेश।
32. **डॉ. चौथीराम यादव** : प्रोफेसर एवं पूर्व अध्यक्ष, हिन्दी विभाग, काशी हिन्दू विश्वविद्यालय, वाराणसी।
33. **डॉ. विद्योत्तमा मिश्र** : प्रोफेसर, हिन्दी विभाग, काशी हिन्दू विश्वविद्यालय, वाराणसी।
34. **डॉ. कुमुद प्रभा श्रीवास्तव** : प्रोफेसर, हिन्दी विभाग, महिला महाविद्यालय, काशी हिन्दू विश्वविद्यालय, वाराणसी।

35. **(स्व.) आचार्य विष्णुकान्त शास्त्री** : प्रोफेसर, हिन्दी विभाग, कोलकाता विश्वविद्यालय, कोलकाता, पूर्व राज्यपाल, उत्तर प्रदेश।

36. **(स्व.) डॉ. अपरबल राम** : प्राचार्य, समता स्नातकोत्तर महाविद्यालय, सादात, गाजीपुर।

37. **डॉ. सन्तराम वैश्य** : प्रोफेसर एवं पूर्व अध्यक्ष, हिन्दी विभाग, गुरुकुल कांगड़ी विश्वविद्यालय, हरिद्वार, उत्तरांचल।

38. **डॉ. बाबूराम त्रिपाठी** : हिन्दी विभाग, केन्द्रीय तिब्बती उच्च शिक्षा संस्थान, सारनाथ, वाराणसी।

39. **(स्व.) डॉ. शुकदेव सिंह** : अवकाश प्राप्त प्रोफेसर, हिन्दी विभाग, काशी हिन्दू विश्वविद्यालय, वाराणसी।

40. **डॉ. सूर्यप्रसाद दीक्षित** : प्रोफेसर एवं पूर्व अध्यक्ष, हिन्दी विभाग, लखनऊ विश्वविद्यालय, लखनऊ।

41. **डॉ. तपेश्वर नाथ** : प्रोफेसर एवं पूर्व अध्यक्ष, हिन्दी विभाग, तिलकामाँझी विश्वविद्यालय, भागलपुर, बिहार।

42. **डॉ. सुरेन्द्र प्रताप** : पूर्व प्रोफेसर, हिन्दी विभाग, महात्मा गांधी काशी विद्यापीठ, वाराणसी।

43. **डॉ. देवीप्रसाद कुँवर** : प्राचार्य, कुलभास्कर आश्रम डिग्री कॉलेज, इलाहाबाद।

44. **डॉ. मीना कुमारी** : सहायक प्रोफेसर, हिन्दी विभाग, इलाहाबाद विश्वविद्यालय, इलाहाबाद।

45. **डॉ. द्विजराम यादव** : पूर्व प्राचार्य, श्री गांधी स्नातकोत्तर महाविद्यालय, माल्टारी, आजमगढ़।

46. **(स्व.) डॉ. विश्वनाथ प्रसाद** : पूर्व अध्यक्ष, हिन्दी विभाग, उदय प्रताप स्वायत्तशासी स्नातकोत्तर महाविद्यालय, वाराणसी।

❑❑❑

त्रिभुवन सिंह

जन्म : 31 जुलाई, 1929 ई. आजमगढ़ ज़िले के खानजहाँपुर ग्राम में।

शिक्षा : 1955 ई.—एम.ए. (हिन्दी), 1958 ई.—पीएच.डी., काशी हिन्दू विश्वविद्यालय; 1972 ई.—डी.लिट्., भागलपुर विश्वविद्यालय।

वृत्ति : 1958 ई. में काशी हिन्दू विश्वविद्यालय के हिन्दी विभाग में अध्यापन प्रारम्भ। 1989 ई. में काशी हिन्दू विश्वविद्यालय के हिन्दी विभाग के अध्यक्ष पद से अवकाश ग्रहण। 7 जुलाई, 1990 ई. से 6 जुलाई, 1993 ई. तक महात्मा गांधी काशी विद्यापीठ, वाराणसी के कुलपति।

निधन : 26 मार्च, 2008 ई. वाराणसी में।

विजय बहादुर सिंह

पूर्व प्रोफ़ेसर एवं अध्यक्ष, हिन्दी विभाग, काशी हिन्दू विश्वविद्यालय।

जन्म : 1 जुलाई, 1959 ई. आजमगढ़ ज़िले के खानजहाँपुर गाँव में।

शिक्षा : 1980 ई.—एम.ए. (हिन्दी), 1983 ई.—पीएच.डी., काशी हिन्दू विश्वविद्यालय; 1988 ई.—डी.लिट्., भागलपुर विश्वविद्यालय।

वृत्ति : 1984 ई. से 1987 ई. तक जोधपुर विश्वविद्यालय के हिन्दी विभाग में स्थायी सहायक प्रोफ़ेसर। 6 अप्रैल, 1987 ई. से 31 जनवरी, 1991 ई. तक केन्द्रीय उच्च तिब्बती शिक्षा संस्थान (मान्य विश्वविद्यालय), सारनाथ, वाराणसी में स्नातकोत्तर अध्ययन एवं शोध के हिन्दी प्रवक्ता। 1991 ई. से मृत्युपर्यन्त काशी हिन्दू विश्वविद्यालय के हिन्दी विभाग में अध्यापन।

पता : बी-37/1-एफ-2, बैजनत्था, वाराणसी।

निधन : 9 अप्रैल, 2023।

निबन्ध/Essays

वाणी प्रकाशन

वाणी प्रकाशन का लोगो मक़बूल फ़िदा हुसेन की कूची से
Vani Prakashan's signature motif is created by *Artist Maqbool Fida Husain*

ISBN : 978-93-5775-186-5

E-book Available

₹ 695

आवरण : वाणी स्टूडियो

हमसे जुड़ें

vaniprakashangroup
VaniPrakashanBooks
Vani_Prakashan
Vani Prakashan Group
+91-9643331304

vaniprakashan.com